Suisse

UNE PÉPITE NATURELLE AU CŒUR DE L'EUROPE !

Des neiges éternelles aux palmiers, choisir la Suisse, c'est prendre de la hauteur. Non seulement par les dénivelés lors de parcours entre plaines et montagnes, mais surtout en laissant vos pensées s'évader et profiter de cet environnement serein et régénérant. Entre lacs et hautes montagnes, la Suisse offre des paysages à couper le souffle : dans la fraîcheur de l'été au milieu des alpages verdoyants, au bord de l'eau azur de ses lacs purs, mais aussi sous la neige, avec ses sapins, ses sommets ensoleillés dominant les mers de nuages qui embrument les villes lacustres. Tout un poème qui a d'ailleurs inspiré des auteurs comme Jean-Jaques Rousseau ou Lamartine. Vous apprécierez les chalets de mélèzes ornés de géraniums, les vaches laitières dans les pâturages. Vous serez ravi de côtoyer les Suisses pour leur sens de la courtoisie, leur engagement en matière d'écologie, et bien sûr leur savoir-faire chocolatier ou fromager ! L'art de prendre son temps a toute sa valeur dans ce pays où les plus grands horlogers ont trouvé l'inspiration pour penser des mécanismes aux complications multiples. La montagne est belle : laissez-vous envahir par ce sentiment d'évasion que ses panoramas procurent. Prenez donc de la hauteur en grimpant les parois rocheuses des Alpes suisses, en sautant en parapente, en vous promenant dans un train à crémaillère ou en voyageant en téléphérique. Une myriade de découvertes traditionnelles et culturelles à vivre !

Retrouvez cette offre en page 98

SOMMAIRE

6 INSPIRER

La Suisse vous ouvre ses portes toute l'année avec des activités propices pour chaque saison. Au cœur de l'Europe, son accessibilité est facile.

31 DÉCOUVRIR

Vingt-six cantons, vingt-six destinations à visiter ! Chacun d'entre eux a son originalité, sa langue [français, allemand ou italien, et même romanche] et ses spécialités.

99 SUISSE ALÉMANIQUE

C'est la carte postale de l'authentique Suisse avec des paysages montagnards à perte de vue. L'économie se concentre autour de Zurich, Berne [la capitale] et Bâle.

239 SUISSE ROMANDE

La Romandie est constituée de sept cantons francophones. Les grandes villes de Genève et Lausanne sont riches de découvertes culturelles et de balades autour des lacs.

463 SUISSE ITALIENNE

« La Toscane de la Suisse » est caractérisée par des montagnes massives et des vallées entaillées qui s'avancent vers le bassin du lac Majeur. Une véritable petite Italie.

505 ORGANISER SON SÉJOUR

La Suisse est proche de tout et accessible en train. Seul hic : le budget. Retrouvez ici toutes les informations pratiques pour préparer votre voyage !

La belle Lucerne.

FRANCE
Rhin
BASEL
(BÂLE)
Boncourt
Sissach
Frick
Breitenbach
Balsthal
Moutier
Aare
Doubs
COURTELARY
Dagmersellen
Kriegstetten
Huttwill
Sempache
NEUCHÂTEL
BERNE
MURTEN
Lac de Neuchâtel
Saane
MONT PILATE
GRANDSON
FRIBOURG
THUN (THOUNE)
Thuner See
Brienzer See
L'ABBAYE
Moudon
Echallens
INTERLAKEN
GRINDELWA
LAUSANNE
ADELBODEN
JUNGFRAU
AUBONNE
VEVEY
MONTREUX
Lac Léman
LEUKERBAD
LES DIABLERETS
Raron
Monthey
SION
GENÈVE
SANKT NIKLA
Rhône
Sembrancher
SAAS-FEE
Orsières
Mauvoisin
ZERMATT
FRANCE
30 KM

Danube
ALLEMAGNE
SCHAFFHOUSE
Lac de Constance
STEIN AM RHEIN
RZACH
Andelfingen
Romanshorn
Glatt
Thur
SAINT-GALL
lsdorf
Arbon
Pfäffikon
ZURICH
Herisau
Sitter
Töss
Wetzikon
Wattwil
oltern
Horgen
Nesslau
Gams
Benken
loch
ZUG
Buchs
AUTRICHE
Flums
LIECHTENSTEIN
Zuger See
Stans
Vierwaldstätter See
Linthal
Landquart
Landquart
CHUR (COIRE)
Vorderrhein
Wassen
Thusis
Zernez
Albula
Inn
ZUOZ
Splügen
SANKT MORITZ
Pontresina
Biasca
Ticino
CEVIO
BELLINZONA
ASCONA
LOCARNO
LUGANO
Lac de Côme
MORCOTE
Lago di Lugano
c Majeur
ITALIE

QUAND Y ALLER

JANVIER

-4° / 2°

LONGINES CSI BASEL
(BÂLE)
Plus de 200 000 spectateurs se rassemblent pour admirer les meilleurs cavaliers et cavalières de saut d'obstacles au monde.

FÉVRIER

-3° / 4°

CARNAVAL
(FRIBOURG)
Petits et grands se rassemblent pour brûler l'affreuse « rababou ». Un événement à ne pas manquer pour sa tradition et son énergie.

MARS

1° / 9°

BASLER FASNACHT - CARNAVAL DE BÂLE
(BÂLE)
Le plus grand carnaval de Suisse est à vivre absolument. Même si la fête commence dès 4h du matin, ce carnaval est très sérieux…

JUILLET

13° / 23°

AUBES MUSICALES
(GENÈVE)

© AUBES MUSICALES

C'est un moment exceptionnel : chaque matin, des groupes de jazz et de musique hétéroclites rendent hommage au jour qui se lève.

AOÛT

13° / 22°

FÊTE NATIONALE SUISSE
Le 1er août, floraison de drapeaux et feux d'artifice dans toute la Suisse. Ce spectacle magique commémore sept cents ans d'histoire.

SEPTEMBRE

10° / 19°

FÊTE DES VENDANGES DE RUSSIN
(GENÈVE)
Un festival très suisse et très original : pendant le week-end du jeûne fédéral, caves et fermes sont animées par des fanfares.

Voici un pays qui se visite à l'année ! Vous pouvez cibler les villes pour les escapades d'un week-end toute l'année et privilégier les mois de juin à septembre pour le côté « balnéaire » des lacs suisses ou les activités de plein air. De mai à septembre, la période est favorable aux randonnées. Les montagnes offrent leur manteau neigeux de novembre à mars pour ceux qui cherchent à les dévaler et vivre d'intenses moments. La période de Noël est magique avec de nombreux marchés artisanaux.

AVRIL

4° / 14°

WATCHES & WONDERS GENEVA
(GENÈVE)
La capitale de la haute horlogerie sert d'écrin au salon qui met en valeur le savoir-faire horloger suisse et genevois.

$

MAI

8° / 18°

BLUES FESTIVAL
(BADEN)
Un festival très renommé en Suisse alémanique qui fait connaître les stars montantes du blues et du jazz. Ambiance intimiste.

$

JUIN

11° / 21°

MONTREUX JAZZ FESTIVAL
(MONTREUX)

© JOSEPH S L TAN MATT - SHUTTERSTOCK.COM

Le festival qui fait rayonner Montreux dans le monde entier réunit plus de 220 000 personnes chaque année. Réservez bien en amont !

$$

OCTOBRE

5° / 13°

LAUSANNE MARATHON
(LAUSANNE)
Un marathon populaire mais exigeant qui réunit plus de 15 000 coureurs chaque année, avec comme toile de fond le lac Léman.

$

NOVEMBRE

1° / 7°

LAUSANNE LUMIÈRES
(LAUSANNE)
Les artistes travaillent la lumière en lui donnant vie à travers des projections, des sculptures ou par une belle mise en scène.

$

DÉCEMBRE

-2° / 3°

MONTREUX COMEDY FESTIVAL
(MONTREUX)
Probablement le plus gros festival d'humour à l'échelle francophone. L'assurance de se marrer, à ne rater sous aucun prétexte !

$$$

LES BONNES RAISONS D'Y ALLER

LES PAYSAGES EPOUSTOUFLANTS

Montagnes enneigées, lacs aux eaux turquoises, forêts de mélèzes : la nature est grandiose.

UN PAYS AUTHENTIQUE ET RUSTIQUE

La tradition est très bien sauvegardée et le patrimoine alpin toujours mis en valeur.

DES TRAINS AU TOP !

Parcourir les Alpes suisses en train est une expérience de découverte en soi.

© ASCENTXMEDIA - ISTOCKPHOTO.COM

UNE DESTINATION SÛRE

La stabilité politique, la qualité de vie en font un pays à visiter très sécurisant.

© DMITR1CH - ISTOCKPHOTO.COM

LE CHOCOLAT

La qualité du chocolat suisse dépasse les frontières depuis le XIXe siècle !

© ANDRIUS KAZILIUNAS - SHUTTERSTOCK.COM

LA SCÈNE INTERNATIONALE

Siège de l'Onu et de nombreuses ONG, la Suisse est au centre du monde diplomatique.

© MARGOUILLATPHOTOS - ISTOCKPHOTO.COM

LE FROMAGE

Le fromage est partout. Alors, prêt à manger la meilleure fondue ou raclette de votre vie ?

LES BONNES RAISONS D'Y ALLER

LES SPORTS EN EXTERIEUR

Terrain de jeu à ciel ouvert, c'est l'univers des sports de glisse et tout-terrain.

LES ALPES

Atteindre des sommets, c'est le rêve de tous. Plus de 48 montagnes dépassent 4 000 m.

L'HORLOGERIE DE LUXE

Le savoir-faire horloger est un patrimoine qui se dévoile au fil des musées et des visites.

LES 12 MOTS-CLÉS

#BANQUES ET SECRETS

Avec pas moins de 250 banques représentées, le secret bancaire est éventé depuis 2015. Au nom de la transparence, l'Union européenne et l'Organisation de coopération et de développement économiques ont décidé que les banques suisses devaient communiquer les noms de leurs clients pour ne pas être accusées de complicité d'évasion fiscale.

#CHOCOLAT

La plus ancienne marque est celle de François-Louis Cailler, qui a ouvert en 1819, à Corsier-sur-Vevey. Philippe Suchard en ouvre une à Serrières. Charles-Amédée Kohler à Lausanne. Quant au chocolat au lait, il apparaît en 1875, à Vevey, grâce à Daniel Peter. La réputation du chocolat n'est plus à faire et perdure avec des innovations.

© DMITR1CH - ISTOCKPHOTO.COM

#COUTEAU SUISSE

Outil indispensable de l'armée suisse depuis 1961 (marque Victorinox ®), à l'époque de couleur argentée, le fameux petit couteau rouge à croix blanche est devenu un emblème de la Suisse. Sans cesse amélioré, il fait plus que couper et peut aussi comporter une loupe, un cure-dents, un coupe-cigares, un stylo bille, une lampe, un baromètre.

#ÉCOLOGIE

La question de l'environnement est primordiale dans l'économie de la Suisse. Le pays a fait de véritables recherches autour de l'écologie afin de trouver des solutions en matière de recyclage, d'énergie. Les Suisses sont ainsi souvent cités comme des exemples à suivre en matière de recyclage, comme en 2018 dans l'indice de performance énergétique.

#CROIX-ROUGE

Basé à Genève, le Comité international de la Croix-Rouge (CICR), organisation qui se veut impartiale, neutre et indépendante, a été créé en 1863 par Henri Dunant. En effet, il fut témoin de nombreuses blessures lors de la bataille de Solférino. Le CICR est aujourd'hui l'une des institutions les plus importantes de l'action humanitaire.

© GALLEY JOELLE - SHUTTERSTOCK.COM

#MULTILINGUISME

Avec quatre langues officielles, la Suisse est le pays plurilingue par excellence. L'allemand est la langue officielle dans 17 cantons (sur 26). Quatre cantons, Genève, Vaud, Neuchâtel et Jura, sont exclusivement francophones. Traverser le pays demande de s'adapter aux langues telles que l'allemand, le français, l'italien ou encore le romanche.

#NEUTRALITÉ

La seule fois où la Suisse a tenté une alliance militaire, avec les Milanais lors de la bataille de Marignan en 1515 contre les troupes de François Ier, ce fut un échec. Sinon, elle signera un traité de paix avec la France, à l'origine du statut de neutralité, qui sera reconnu aux yeux du droit international en 1815, lors du traité de Vienne.

#ONU

Bien que le deuxième siège de l'Onu après celui de New York soit établi à Genève, ce n'est que le 10 septembre 2002 que la Suisse est devenue membre à part entière de l'Organisation des Nations unies. Elle a pareillement collaboré à diverses activités onusiennes pour le maintien de la paix dans le domaine logistique ou financier.

LES 12
MOTS-CLÉS

#TRAIN-FUNICULAIRES

Le réseau suisse compte en moyenne 122 km de voies ferrées pour 1 000 km². La moyenne de l'Union européenne est de 46 km de voies pour 1 000 km². À relief escarpé, un funiculaire est dressé ! Cela va presque de soi, mécanique et montagne réunies, c'est donc un Suisse du nom d'Egben qui mit au point le principe du funiculaire en 1879.

© LIANEM - SHUTTERSTOCK.COM

#VIGNOBLES

Ancienne plaque tournante européenne dans la répartition géographique des cépages à l'époque romaine, la Suisse occupe une place de premier ordre dans l'histoire contemporaine du vin. La Suisse produit aujourd'hui quelques vins de réputation internationale. Les vignobles en terrasse du Lavaux sont inscrits au Patrimoine mondial de l'Unesco.

© MICHAL BALADA - SHUTTERSTOCK.COM

#VÉLOS

Les Suisses habitant les grandes villes sont nombreux à se déplacer à vélo. On y trouve souvent un vrai circuit de pistes cyclables. La pratique du VTT est aussi très appréciée : la plupart des offices du tourisme présentent des parcours détaillés. On peut louer des bicyclettes dans toutes les gares ou en emprunter dans certaines villes.

#VOTE

« Votation » plutôt que vote ! En Suisse, on vote tout le temps, cela s'appelle la démocratie directe. Le droit de vote n'a été accordé aux femmes qu'en 1971. Et il a fallu vingt ans de plus, pour que cette mesure s'applique au canton d'Appenzell Rhodes-Intérieures. Les votes se font majoritairement par digital et tous les sujets sont abordés.

VOUS ÊTES D'ICI, SI...

- **Vous n'arrivez pas en retard à un rendez-vous** : la ponctualité est de mise.
- **Vous vous abstenez de toute arrogance.** Les Suisses repèrent très rapidement les Français prétentieux !
- **Vous ne jetez pas de papiers par terre** : l'environnement est, ici, l'affaire de tous !
- **Vous faites trois bises** et non pas deux.
- **Vous plantez un drapeau suisse** dans votre jardin ou sur votre balcon.
- **Vous mangez au moins 10 kg de chocolat par an** et maîtrisez la recette de la fondue moitié-moitié
- **Vous êtes fiers** de votre accent cantonal.
- **Vous laissez systématiquement un pourboire** dans les restaurants ou bars.
- **Vous jonglez** avec les 4 langues du pays.
- **Vous laissez volontiers votre place** dans le bus pour des personnes plus âgées.
- **Vous dites « service » pour merci,** « natel » pour téléphone et « syndic » pour désigner le maire d'une ville.

MA GENÈVE

avec Séverine Vulliez, auteure du guide

© DR

Interview

Quelle chance de vivre dans un si bel environnement avec le lac Léman, les Alpes et une ville cosmopolite comme Genève qui déploie une diversité culturelle sans pareille ! Promouvoir la Suisse fait partie de son ADN et c'est pour elle une vraie passion. Auteure de ce guide, elle adore également dévoiler les pépites helvétiques lors des visites guidées qu'elle anime.

IDÉES DE SÉJOUR

À l'image de sa population et de son multilinguisme, la Suisse regorge de paysages d'une grande variété et qui autorisent un large choix d'activités sportives. S'ajoutent un riche patrimoine et de nombreuses options culturelles. Ainsi vaut-il mieux prévoir un séjour sur place d'au moins une semaine. L'escapade week-end de trois jours est favorable aux villes comme Genève, Lausanne, Zurich ou Lugano. Ces villes permettent d'allier le frénétique shopping, les visites culturelles dans les magnifiques musées et le farniente au bord des lacs. Si vous êtes plutôt vacances prolongées, n'hésitez pas à jouer à saute-montagne et dévaler les sommets alpins en dégustant de bons petits plats fromagers typiques et séjourner dans des boutiques-hôtels typés chalets. La campagne suisse reste très authentique et l'accueil est toujours des plus charmant. La palette thématique de séjours est très large !

EXPLOREZ LA SUISSE EN TRAIN

La Suisse a le réseau de transports publics le plus dense au monde ! D'une longueur de 29 000 km, il relie chacune de ses villes, mais aussi villages, montagnes et lacs. Le train, c'est une passerelle entre les régions. Un patchwork de territoires des plus méridionaux comme le canton du Tessin au plus montagneux comme les Alpes valaisannes. Un voyage panoramique qui a de quoi déboussoler les pendules !

› Jour 1: En route pour « Le Grand Train Tour »

Nulle part ailleurs en Europe le train est utilisé aussi souvent qu'en Suisse. Munissez-vous de votre Swiss Travel Pass et embarquez pour 8 jours sur le Grand Train Tour of Switzerland. Swiss Travel System a lancé en 2015 le Grand Train Tour of Switzerland qui regroupe huit trajets bien distincts dans une seule offre et qui relie sur environ 1 280 km les principales attractions helvétiques.

› Jour 2 : Genève à Zermatt

En route pour les vues panoramiques à couper le souffle ! Depuis la gare Cornavin de Genève, on se dirige vers Zurich en train de ligne CFF en traversant les vignobles de Lavaux ★★ (p.358) inscrits au Patrimoine mondial de l'Unesco et on admire les Préalpes françaises depuis la Riviera vaudoise. Le château de Chillon nous fait de l'œil, posé délicatement sur son éperon rocheux au bout du lac Léman.

› Jour 3 : Zermatt, Gornergrat et le Glacier Express

Vous touchez de près les hautes cimes et pas des moindres... Zermatt ★★★ (p.448), avec ses rues pittoresques, vous convie à la promenade des chèvres ou une journée shopping de haute altitude ! Grimpez dans le Gornergrat, le plus haut chemin de fer à crémaillère à ciel ouvert d'Europe, pour caresser des yeux les glaciers et l'emblématique Cervin. A 36 km/h, le train panoramique Glacier Express vous emmène à Coire.

Le Gornergrat.

© ASIANDREAM - ISTOCKPHOTO.COM

La ville de Saint-Gall.

› Jour 4 : Coire, Heidiland, Saint-Gall

Après avoir traversé d'impressionnants viaducs, Coire vous invite à déguster les «Capuns» feuilles de blettes enroulées autour de spätzle, et découvrir son histoire de plus ancienne ville de Suisse. Une échappée dans la campagne vous conduit au village d'Heidi à Maienfeld pour revivre l'histoire émouvante de cette petite fille des montagnes. On rejoint **Saint-Gall** ★★★ (p.195) par les plaines verdoyantes.

› Jour 5 : Saint-Gall, Zurich

Petit bijou d'architecture au bord du lac de Constance dont le joyau est la Bibliothèque de la Collégiale inscrite au Patrimoine mondial de l'Unesco, **Saint-Gall** ★★★ (p.195) est enchanteresse ! Par bateau ou par train, laissez-vous guider par les effluves de chocolat jusqu'à Kilchberg pour visiter le tout nouveau Musée Lindt. Rejoignez la trépidante Zurich pour une soirée animée dans la Vieille-Ville.

› Jour 6 : Zurich et Lucern-Interlaken Express

Première dame de Suisse par sa population, Zurich, ses musées, son cadran solaire, ses boutiques de luxe, se savoure grâce à la qualité de son offre touristique. Après avoir fait le plein de souvenirs, embarquez dans le Lucern-**Interlaken** ★★★★ (p.126) Express jusqu'à Lucerne. Le paysage vallonné est interrompu par des lacs aux eaux cristallines. Traversez le Pont de la Chapelle et sillonnez le bourg historique.

› Jour 7 : Interlaken, Thoune

De Lucerne, un petit saut de Puce à **Interlaken** ★★★★ (p.126) s'impose, par bateau ou par train. Les parapentes colorent le ciel d'**Interlaken** ★★★★ (p.126) et le train panoramique de la Jungfrauhoch vous conduira jusqu'aux neiges éternelles de l'Eiger lors d'un voyage sensationnel. Rejoignez Thoune pour visiter son château et faire une croisière sur son lac aux eaux paisibles.

› Jour 8 : Thoune, le Golden Pass Panoramic, Montreux et Genève

Depuis Thoune, le Golden Pass Panoramic sillonne les prairies de la Suisse pour rejoindre les abords du Léman. Il se trémousse entre les vallées et les vignobles pour ralentir face aux eaux calmes du lac. **Montreux** ★★★ (p.377), avec sa riviera, ses palmiers et sa statue de Freddie Mercury, mérite une belle promenade avant de rejoindre Genève.

LE GRAND TOUR DE LA SUISSE EN 12 JOURS

Bien sûr, visiter la Suisse en 12 jours est bien ambitieux et vous passerez beaucoup de temps dans les trains. Mais ces derniers sont très confortables et vous traverserez des paysages magiques. Par ailleurs, rien ne vous empêche de prendre ce circuit comme base mais en séjournant dans chaque endroit plus longtemps, et en visitant également les points d'intérêt situés entre les principales villes indiquées.

› Genève

Connue pour être « la plus petite métropole du monde » ou encore « la ville de la paix », **Genève** ★★★★ (p.245) est une cité internationale. Commencez la visite par une balade au bord du lac – avec son célèbre **jet d'eau** (p.268) – puis dans les ruelles de la vieille ville ★★★en vous arrêtant notamment devant la **cathédrale Saint-Pierre** (p.262) et le **Mur des Réformateurs** (p.264). Humez le charme international de la ville en visitant le siège de l'**ONU (Palais des Nations)** (p.271) et bénéficiez de son tempérament latin en découvrant une gastronomie et des vins renommés.

› Lausanne

Prenez un train de Genève pour **Lausanne** ★★★★ (p.323) (de 30 à 45 minutes). Le matin, visite de la cité médiévale ★★★ de Lausanne, sa cathédrale et ses ruelles escarpées, notamment le samedi quand s'y tient un marché animé. Après avoir déjeuné dans le centre, deux possibilités : les amateurs d'art pourront monter sur les hauteurs de Lausanne pour visiter la **Fondation de l'Hermitage** (p.341), qui propose toujours de très belles expositions temporaires, tandis que les sportifs ou ceux qui voyagent en famille pourront descendre sur les quais d'Ouchy et visiter le Musée olympique. Le soir, sortie dans l'un des endroits branchés du **Flon** (p.336). Autre possibilité, descendez au port d'Ouchy et embarquez-vous à bord d'un bateau de la CGN (Compagnie générale de navigation) pour une croisière sur le lac jusqu'à Chillon. Visitez le château, puis reprenez le bateau (ou le bus VMCV 1) jusqu'à **Vevey** ★★★ (p.365). Après un déjeuner à **Vevey** ★★★ (p.365), prenez le train des vignes jusqu'à **Chexbres** (p.361), très joli village. Balade à **travers** ★ (p.406) les vignobles de **Lavaux** ★★ (p.358), soit vers **Saint-Saphorin** ★ (p.360) (30 minutes), soit vers Cully (2 heures). Prenez ensuite un train CFF pour Lausanne/Genève depuis l'un ou l'autre de ces villages.

› Montreux

Visite de **Montreux** ★★★ (p.377), la « perle de la Riviera », surtout à l'occasion du Festival de jazz en juillet (mais réservez un hôtel longtemps à l'avance !). À pied ou à vélo (en prêt à **Lausanne** ★★★★ (p.323) et **Vevey** ★★★ (p.365)), suivez la promenade qui longe le lac jusqu'au **château de Chillon.** (p.382) Le soir, prenez un train pour **Fribourg** ★★★ (p.415) (le trajet dure 1 heure 10) et passez la soirée dans un bar animé.

› Fribourg - Berne

L'une des plus belles villes médiévales d'Europe et des plus animées de Suisse grâce à ses nombreux étudiants. En début d'après-midi, prenez un train (environ 25 minutes) pour **Berne** ★★★★ (p.106) (patrimoine mondial de l'Unesco) et ses 6 km d'arcades qui permettent de la visiter aisément même par temps de pluie !

› Interlaken

Tôt le matin, prenez un train pour **Interlaken** ★★★★ (p.126) (environ 1 heure), située entre le lac de Thoune et le lac de **Brienz** ★★ (p.135). La ville n'a pas beaucoup d'intérêt en soi, mais constitue un excellent point de départ de randonnée ou d'excursion, notamment vers la **Jungfraujoch** (p.129), la plus haute gare ferroviaire d'Europe (3 454 m), d'où l'on mesure l'imposante silhouette du grand glacier d'**Aletsch** ★ (p.451).

› Vers Ascona

Quittez **Interlaken** ★★★★ (p.126) pour **Ascona** ★★★ (p.483), un long voyage de 4 heures 10 environ.

› Détente à Ascona

Surnommée la perle du lac Majeur, **Ascona** ★★★ (p.483) est une invitation à revenir dans le Tessin, pour explorer les autres villages qui bordent le lac. Savourez une cuisine italienne raffinée ou, tout simplement, bronzez sur un bateau à pédalier…

› Direction les Grisons

Encore un long trajet en train de 5 heures 30 mais pour une destination incontournable : les Grisons.

› Saint-Moritz

Détendez-vous au sein de la station huppée mais à l'ambiance néanmoins familiale de Saint-Moritz, avec au choix ski l'hiver ou randonnée l'été, notamment autour du lac de Saint-Moritz (1 heure).

› Appenzel

Prévoir 4 heures de train en moyenne depuis St-Moritz. Petite ville au sud du lac de Constance et aux coutumes encore très présentes. Admirez les façades pittoresques des maisons. Le soir, poursuivez le voyage jusqu'à **Zurich** ★★★★ (p.213) (1 heure 40).

› Zurich

Baladez-vous dans les ruelles de la vieille ville ★★★et sur les rives du lac, sans oublier une parenthèse shopping dans la très chic Bahnhofstrasse. Visitez le Musée des Beaux-Arts : le **Kunsthaus** (p.217). Le soir, prenez un train pour **Lucerne** ★★★★ (p.159) (4 heures 30).

› Lucerne

Le matin, visite de la vieille ville ★★★de Lucerne (et croisière sur le lac des Quatre-Cantons si vous avez le temps). Puis rendez-vous à Bâle (1 heure 10 depuis Lucerne). Promenez-vous dans les ruelles pittoresques de cette ville de culture et d'histoire, posée sur les bords du Rhin. Admirez l'**hôtel de ville** (p.417), et la cathédrale connue pour abriter la tombe d'Érasme.

SE REPÉRER / SE DÉPLACER

DE L'AÉROPORT AU CENTRE-VILLE

Les aéroports principaux de Suisse (Genève, Bâle, Zurich) ne sont jamais loin des centres-villes. À Genève Cointrin (www.gva.ch) par exemple, vous accédez à la gare CFF par le niveau des arrivées sans sortir de l'aéroport, juste prévoir de marcher 5-8 min. Vous pouvez également rejoindre la gare Cornavin au centre-ville avec les bus gratuitement. Il vous suffit de prendre un ticket côté tapis bagages et avant de passer la douane. Depuis Zurich aéroport (www.flughafen-zuerich.ch), il faut prévoir environ 11 min pour parcourir en train la distance de 8 km entre Aéroport Zurich et Zurich Gare centrale. Environ 194 trains partent d'Aéroport Zurich et arrivent à Zurich Gare centrale chaque jour ! Depuis l'aéroport de Bâle Euroairport (www.euroairport.com) la liaison vers la gare CFF de Bâle se fait par le bus n° 50, lien vers les horaires : (www.bvb.ch/de/fahrplan/haltestellen-fahrplan/?l=Linie 50). En effet, l'EuroAirport n'est pas directement accessible par le réseau de voie ferrée.

ARRIVÉE EN TRAIN

- Arrivée depuis la France - L'accessibilité de la Suisse est optimale avec le TGV Lyria. Depuis Paris jusqu'à Genève/Bâle (3h00), Lausanne (3h40) et Zurich (4h00). www.tgv-lyria.com. ✆ 3635
Pour Genève, 8 allers-retours en semaine ; meilleur temps de parcours : 2 heures 58. Pour Lausanne, jusqu'à 5 allers-retours par jour ; 3 heures 40 pour le meilleur temps de parcours.

ARRIVÉE EN BATEAU

- Eh oui… la Suisse n'est pas connue pour être un port maritime et pourtant on peut arriver par bateau de France en Suisse. Depuis la Haute-Savoie, il est très facile de rejoindre le canton de Vaud. Il existe 3 lignes de ferry administrées par la CGN (N1, N2, N3) : Lausanne-Évian, Lausanne-Thonon, et enfin Nyon-Yvoire. Les navettes placées sous l'égide CGN-Mobilité sont relativement pratiques pour relier les deux pays de manière pratique, rapide et économique. Pour acheter vos traversées : www.cgn.ch.

- Pays de lacs et croisières en vue ! Plusieurs grandes compagnies vous permettent de sillonner les plus grands lacs de Suisse et d'ainsi vous créer un itinéraire. Pour le lac de Lugano, c'est la Société de navigation du lac de Lugano (www.lakelugano.ch/fr/top/horaireticket), pour le lac de Constance, c'est la société de navigation du lac de Constance (sbsag.ch), pour le lac des Quatre Cantons, la société de navigation du lac (www.lakelucerne.ch/fr/).

TRANSPORTS EN COMMUN

- **Swiss Travel System (STS)** : pour vous permettre de voyager confortablement dans toute la Suisse et profiter de nombreux avantages, votre Swiss Travel Pass est presque indispensable. Accès illimité aux trains, cars et bateaux. Accès illimité aux transports publics de 90 villes. Trains de montagne compris : Rigi, Stanserhorn et Stoos. Entrée libre dans plus de 500 musées en Suisse. Pour les voyages en train, bus et bateau, deux applications d'information gratuites sont à votre disposition. Sur le Grand Train Tour of Switzerland, découvrez les sites incontournables et collectionnez les tampons et récompenses grâce à l'application du même nom. Lors de votre voyage, l'application Swiss Travel Guide vous emmène sur plus de 500 sites marquants, grâce à des cartes, des horaires et des astuces intégrés.

- Chaque canton dispose d'un réseau de transports publics qui lui est propre. Très bien organisés, les transports publics (bus, tram) sont très fiables et facile d'utilisation. Certains jouissent même d'un transport transfrontalier, comme c'est le cas à Genève avec le Léman Express (RER) qui rejoint la Haute-Savoie du Nord. 230 km de ligne et 45 gares sont connectées dans un rayon de 60 km autour de Genève. Les billets peuvent être achetés en ligne sur les sites de la SNCF, des TPG et des CFF.

VÉLO, TROTTINETTE & CO

Malgré les pentes parfois vertigineuses, la Suisse est un pays bien aménagé pour la pratique du vélo, de la bicyclette et du VTT. De nombreuses pistes balisées et des itinéraires entièrement tracés d'une ville à l'autre permettent de traverser pratiquement tout le pays sur plus de 3 300 km de pistes cyclables signalisées. Vous pouvez aussi combiner votre tour confortablement avec les transports publics grâce aux horaires des parcours relais recommandés. Ainsi, vous éviterez les montées et les passages dangereux en prenant un train ou un car. Vous obtiendrez des guides dans les librairies ou sur www.veloland.ch.

▸ Le site www.cycliste.ch/itineraires-velo-route/ vous suggère des itinéraires. L'application Suisse Mobile www.schweizmobil.ch/ est un must à télécharger avant le départ. Elle fournit une mine d'informations telles que 32 000 km d'itinéraires (nationaux, régionaux et locaux) balisés pour la mobilité douce, des cartes nationales de Swisstopo jusqu'au 1 : 10 000 (les meilleures, 60 000 km de chemins de randonnée pédestre, soit tous ceux balisés, Fonctions de géolocalisation et boussole...

▸ **Rent a Bike** vous permet de louer ou emprunter des vélos dans toutes les villes de Suisse. La plupart des villes proposent des services gratuits. Rent a Bike loue des vélos dans toute la Suisse, dans plus de 200 stations, car c'est en partenariat avec les gares ferroviaires du pays que vous pouvez louer des vélos de ville, vélos électriques ou VTT, remorque enfant, siège bébé, combiner un circuit en train avec vélo autorisé à bord... avec la possibilité de restituer les vélos dans une autre gare que celle de retrait. C'est un service très pratique pour sillonner la Suisse en randonnée cyclable ! Le site internet vous propose des itinéraires dans tout le pays. On apprécie la mise à disposition de vélos spécifiques pour les personnes avec handicap.
www.rentabike.ch - info@rentabike.ch

▸ **Les trottinettes** peuvent être en libre-service. Pour cela, le site de la confédération vous indique où trouver les prestataires dans les villes de suisse : www.sharedmobility.ch

AVEC UN CHAUFFEUR

De nombreuses compagnies de services avec un chauffeur existent en Suisse. N'oublions pas que de grandes villes comme Zurich, Genève et même Davos accueillent de grands sommets internationaux qui favorisent la diversité de l'offre. Mais attention ces services ne sont pas bon marché. En outre, ils vous permettent d'avoir un voyage privilégié avec des arrêts sur mesure ! Si ce type de voyage vous convient, pensez à le combiner avec un guide local qui vous délivrera tous les secrets de la Suisse. Certains DMC (Destination Management Company) proposent des offres personnalisées comme SMT Travel à Genève (smtravel.com). De nombreux VTC (Véhicule Tourisme avec Chauffeur) vous accompagneront partout en Suisse, comme Geneva Limousine.

EN VOITURE

La voiture garantit, bien sûr, une grande liberté, mais attention, il n'est pas toujours facile de trouver une place de stationnement dans les villes importantes !

▸ **Vignette autoroutière.** Pour pouvoir circuler sur le réseau autoroutier et semi-autoroutier suisse, même sur quelques mètres, une vignette est obligatoire pour les voitures comme pour les motos. Elle coûte 40 CHF, est valable jusqu'au 31 janvier de l'année suivante et peut s'acheter aux postes de douane suisses, dans la plupart des stations-service et dans les bureaux de poste. Si le montant vous paraît élevé, sachez qu'ensuite vous n'aurez plus aucun péage. (Excepté pour certains tunnels routiers alpins, dont celui du Grand-Saint-Bernard.)

▸ **Contrôles.** Outre sa courtoisie, la police est assez discrète, veillant au bon ordre avec efficacité. Vous ne pouvez certes pas impunément

© SARO17 - ISTOCKPHOTO.COM

Balade à vélo vers le lac de Poschiavo.

vous livrer à des acrobaties en centre-ville, mais les contrôles sont assez rares, y compris donc pour cette fameuse vignette autoroutière. Les plus grosses entraves à la loi consistent généralement en un stationnement interdit et la sanction est alors imparable. Les contraventions pour non-paiement d'horodateurs sont autour de 40 CHF, soit le double de la France. Mais pour ce prix-là, vous avez droit à une mise sous plastique pour vous permettre de déchiffrer le procès-verbal, même par temps de pluie.

- **Règles de circulation.** Les limitations de vitesse ne sont pas tout à fait les mêmes qu'en France et les radars sont nombreux : En ville : 50 km/h ; Routes ordinaires hors agglomération : 80 km/h ; Autoroutes : 120 km/h. Les couleurs sont également différentes : vert pour les autoroutes, bleu pour les routes nationales.
- **En cas de panne,** le triangle de sécurité est obligatoire en complément des feux de détresse. Enfin, les piétons ont toujours la priorité et en Suisse, ce n'est pas une éventualité ! À noter que les prix des carburants sont inférieurs à la moyenne européenne.
- **L'hiver :** pensez à vous équiper de pneus neige avant de partir, car les routes sont verglacées et prenez vos chaînes dans le coffre, en cas de chutes de neige.
- Pour les véhicules circulant au gaz naturel, la liste des stations est sur le site www.erdgastanken.ch

ACCESSIBILITÉ

La Suisse est un véritable modèle à suivre en matière de structures adaptées aux voyageurs handicapés. Depuis les transports en commun à l'accès aux musées, en passant par les restaurants et autres excursions, une personne handicapée pourra voyager dans des conditions confortables. En voiture, les visiteurs handicapés étrangers peuvent stationner sur les places de parking réservées. Il faut alors placer son macaron ou sa carte derrière le pare-brise ou à un autre endroit bien visible. Des véhicules spécialement adaptés aux besoins des personnes handicapées peuvent être loués auprès de différentes sociétés de location de voiture et organisations. Pour les voyages en train, il suffit de téléphoner au Centre d'appel pour handicapés des CFF au ✆ 0800 007 102 (numéro gratuit) une heure avant le départ du train (ou au ✆ 0041 51 225 71 50 depuis l'étranger). Une aide à l'embarquement et/ou au débarquement sera assurée.

Pour les voyages internationaux, prévenir trois jours ouvrables à l'avance. Ce service est gratuit pour tous les voyageurs en fauteuil roulant, personnes à mobilité réduite, aveugles ou malvoyantes ainsi que les handicapés mentaux. Pour en savoir davantage, vous pouvez consulter la brochure *Voyageurs avec un handicap*, disponible dans les gares et téléchargeable sur le site Internet des CFF en format PDF (www.cff.ch - cliquer sur «voyages», puis «services» dans «marché du voyage», puis «plus d'infos», et enfin «voyageurs avec un handicap»). Les passagers qui ont besoin d'une assistance particulière à la gare peuvent bénéficier du service bénévole Compagna, présent dans toutes les grandes gares.

- Si vous présentez un handicap physique ou mental ou que vous partez en vacances avec une personne dans cette situation, différents organismes et associations s'adressent à vous, comme www.myswitzerland.com/fr-fr/handicapes.html.

Accompagnement des personnes souffrant d'un handicap :

- Compagna-reisbegleitung : www.compagna-reisebegleitung.ch/fr
- Mobilitiy International Suisse (MIS) https://www.procap.ch/
- My Switzerland, accessiblité pour tous : www.myswitzerland.com/fr-ch/planification/transports-sejour/voyager-sans-obstacles/

LES ATTRAPE-TOURISTES

- Lorsque l'on vient de la France, le prix de stationnement vous semblera exorbitant. Toutefois, il est préférable de privilégier des parkings privés souterrains par exemple que de vous hasarder sur des places sans être sûr du paiement. Les contraventions sont très faciles à recevoir et leur prix sera le budget de votre repas (pas moins de 40 CHF pour commencer). Privilégier les P+R aux extrémités des villes qui offrent un parking prolongé à des tarifs préférentiels avec le titre de transport publics inclus.
- Lorsque vous louez une voiture en Suisse, elle ne sera jamais équipée de la vignette pour les autoroutes suisses sous peine d'une amende de 200 CHF. Vous pouvez vous les procurer aux bureaux de douane, stations service et poste au prix de 40 CHF.
- Pour rester informé sur la route, pensez à regarder les infos trafic sur www.tcs.ch et www.rts.ch/info/trafic.

PRATIQUE

A VOIR / A FAIRE

HORAIRES

Les attractions et activités touristiques commencent rarement avant 9h. Bien sûr, une descente en rafting vous obligera à sortir du lit plus tôt ! Mais pour les visites culturelles, les musées ouvrent entre 9h et 10h et ferment entre 17h et 18h. À savoir que des nocturnes peuvent-être organisées selon la saison.

- Vous risquez d'être déçus si vous voyagez les lundis. C'est en effet le jour de fermeture de nombreux musées en Suisse. Mieux vaut se renseigner avant. Le site www.museums.ch vous sera d'une grande aide.

- Attention aux jours fériés : il existe 3 jours fériés communs à toute la Suisse : le jour de l'an (1er janvier), la fête nationale (1er Août) et Noël (25 décembre). Certains cantons ont d'autres jours fériés.

A RÉSERVER

Il convient de réserver vos visites guidées au préalable, ainsi que certaines excursions qui demandent une organisation. Si par exemple vous souhaitez vivre l'expérience d'une découverte en train des plus beaux panoramas des Alpes (Glacier Express, Bernina Express...) vous devrez réserver votre place auprès des CFF ou des compagnies ferroviaires directement www.glacierexpress.ch, www.rhb.ch/fr/panoramic-trains/bernina-express.

BUDGET / BONS PLANS

Les enfants sont presque toujours pris en considération dans les musées et autres lieux culturels ainsi qu'à bord des moyens de transports, à travers diverses réductions et autres petites attentions telles que des programmes de visites adaptés ou des coins jeux (notamment dans certains restaurants). Des sites Web existent pour les activités avec les enfants par cantons comme www.genevefamille.ch ou encore www.vaudfamille.ch.

Presque toutes les villes proposent des Pass découverte avec un grand nombre d'activités à prix très intéressant si vous cumulez les visites.

- **Le Ticino ticket.** Le canton du Tessin vous tend les bras et vous accueille pour profiter à 100 % de ses activités culturelles, sportives et ludiques... Le Ticino Ticket vous sera remis pour tout séjour dans une auberge, une chambre d'hôtes, ou un hôtel de la région. Il vous permet de vous déplacer gratuitement partout dans le Tessin sur les lignes ferroviaires, vous octroie des réductions sur les remontées mécaniques, les navigations sur les lacs côté suisse et sur les principales attractions touristiques

- **www.ticino.ch/fr/ticket.html**

LES ÉVÉNEMENTS

Avec un terrain de jeu si diversifié, le pays accueille et organise des évènements de tout type

Régate du Bol d'or Mirabaud sur le lac Léman.

© BENNY MARTY - ISTOCKPHOTO.COM

Visite de la cathédrale Saint-Pierre à Genève.

toute l'année. L'hiver, les stations s'animent et les courses de ski comme des coupes du monde ou d'Europe, les concours de glisse en tout genre (même une course de luge aux Diablerets, Vaud) feront le bonheur des férus de montagne. L'été, la montagne permet des courses de VTT, d'Enduro comme le World Series à Crans-Montana, des fêtes d'alpage.

- Privilégier des évènements typiques comme le festival de lutte au caleçon de Rigi-Staffel, manifestation populaire ou encore la Fête de l'escalade à Genève en décembre où des cortèges costumés avec les uniformes d'époque célèbrent la bataille gagnée contre l'envahisseur savoyard en 1602. C'est l'occasion de déguster les marmites en chocolat et écouter les chants du Cé qu'è lainô.
- Les lacs sont de vraies petites mers intérieures et le Léman accueille une célèbre régate toutes les années en juin : le Bol d'or Mirabaud.
- De nombreux festivals de musiques ont lieu tous les étés et le Paléo (yeah.paleo.ch) est l'un des plus connus. Chaque année ce ne sont pas moins de 270 000 spectateurs et 300 concerts et spectacles qui animent les rives du Léman.

VISITES GUIDÉES

Rien de tel que de se laisser porter par les paroles d'un guide confirmé et passionné par le patrimoine de sa ville. Les offices de tourisme vous guideront sur les tours de ville en bus ou en mini-train. Ils organisent également des visites guidées thématiques, il suffit de se rapprocher d'eux. De nombreux pass, comme le Geneva City Pass à Genève propose de suivre une visite gratuitement.

- En suisse romande, IdGenève peut également vous accompagner grâce à ses thématiques insolites et gourmande (visite guidée et dégustation de chocolat) : idboxgeneve@gmail.com.
- Très sympathique à tester également, les visites théâtralisées (www.balades-touristiques-theatralisees.ch) qui mèlent action et informations.
- Rares sont les musées qui ne proposent pas de visites guidées. Renseignez-vous auprès d'eux pour vous inscrire.
- Les Musées organisent leurs propres visites guidées, renseignez-vous directement sur leurs sites internet ou sur www.thematis.ch/ et www.museumspass.ch/fr/

FUMEURS

Depuis le 1er mai 2010, l'interdiction de fumer dans les établissements publics est entrée en vigueur dans toute la Suisse.

LES ATTRAPE-TOURISTES

Privilégier des canaux de réservation comme les offices de tourisme. Ils connaissent leurs partenaires et vous n'aurez pas de mauvaises surprises en cas de réservation hasardeuse.

SE RÉGALER

HORAIRES

Le week-end, le brunch est fortement apprécié. En général, les cafés ouvrent de bonne heure vers les 7h et ferment entre 19h et minuit, selon s'ils proposent une restauration le soir. Le soir, on « dîne » ou on « soupe » dès 18h30 jusqu'à 22h (heures moyennes du service). La pause lunch ou le déjeuner se prend entre 12h et 14h comme en France. Dans les grandes villes, de nombreux restaurants sont fermés le dimanche à part dans les quartiers touristiques. Il est bien de vous en assurer au préalable.

BUDGET / BONS PLANS

Savourer les bons petits plats du pays a un prix en Suisse. Mais la qualité sera au rendez-vous si vous optez pour des restaurateurs aux spécialités locales. En moyenne le plat du jour est entre 16 et 19 CHF, le menu pour 25 CHF pour les repas de midi. Le soir, la carte est souvent proposée. Dans un restaurant ni gastronomique, ni bon marché, la moyenne d'une entrée-plat-dessert est de 40-50 CHF.

- Pour les amateurs de bons petits plats qui souhaitent faire des économies, le site de la «Fourchette» vous permet d'avoir des réductions sur une liste assez complète de restaurants.
- Demander un *doggy bag* n'est pas encore très répandu mais sur demande, c'est accepté.
- Attention, au pays des banques... certains petits établissements n'acceptent pas les cartes bancaires.

EN SUPPLÉMENT

- Les pourboires sont toujours très appréciés si vous êtes satisfaits du service. Il n'y a pas de règle quant au pourcentage. C'est à votre bon gré.
- Le pain est gratuit, mais il peut être oublié parfois. En Suisse, on ne mange pas autant de pain qu'en France par exemple.
- L'eau est potable partout et même dans de nombreuses fontaines de grandes villes ! À table, il vous sera souvent servi une eau en bouteille, pensez à préciser si vous souhaitez une carafe.

C'EST TRÈS LOCAL

- Lorsque vous commandez un café, pensez à bien préciser expresso ou double expresso. Le café suisse est très allongé.
- Brunch : le week-end c'est relâche et on adore voir les terrasses en été à l'heure du petit-déjeuner tardif. La table est pleine de petits plats de l'œuf bénédictine aux pancakes. C'est clair, surtout dans les grandes villes, on adore le brunch et de nombreux restaurants le proposent à la carte le samedi et dimanche. Sur Loisir.ch, vous trouverez une centaine d'idées en Suisse romande.

Marché à Bâle.

- Les marchés : vous avez les marchés couverts, comme les très belles Halles de Rive à Genève par exemple, ou les marchés hebdomadaires dans les villes et villages de Suisse. C'est une sortie à privilégier pour découvrir les produits du terroir suisse, comme le cardon du canton de Genève, les abricots et asperges du Valais, les châtaignes du Tessin, le safran de Mund, les fromages et charcuterie.
- Agrotourisme : manger à la ferme, au milieu des vignobles, c'est possible avec l'agritourisme très répandu en Suisse. Pour tout connaître : myfarm.ch
- Les buvettes d'alpage : c'est en été que vous pourrez profiter des buvettes d'alpage qui proposent une restauration simple, authentique à base de produits du terroir.
- La semaine du goût : à ne pas manquer chaque mois de septembre dans toute la Suisse. Vous dégustez des produits locaux et rencontrez des acteurs du territoire qui valorisent leurs produits. www.gout.ch
- Les *street food festivals* organisés dans certaines villes sont aussi l'occasion d'aiguiser son palais à de nouvelles saveurs. https://street-food-festivals.ch/

A ÉVITER

Il n'est pas d'usage de tutoyer les personnes du service et de parler trop fort. Les Suisses sont discrets !

ENFANTS

Les enfants sont toujours des petits rois. Ils bénéficient de menu adapté à leur petite faim avec des prix réduits en conséquence. Vous trouverez même des restaurants *kid friendly* qui accueillent plus que volontiers vos bambins. Sur place, des jeux éducatifs les attendent et des menus équilibrés sont préparés pour eux. Car la loi interdit aux restaurants de trier la clientèle, que ce soit selon des critères d'âge, de religion ou encore d'origine.
Le Label Unicorn (labelunicorn.ch) répertorie ces lieux *kid friendly*.

FUMEURS

La loi fédérale interdit de fumer dans les établissements publics fermés et restaurants depuis 2010. Les sanctions sont très fortes et peuvent aller jusqu'à 1 000 CHF pour les personnes qui enfreignent la loi.

LES ATTRAPE-TOURISTES

Comme partout, éviter les enseignes où le menu apparait dans toutes les langues et privilégier des petits restaurateurs à des chaines locales pour plus authenticité.
Attention au bord des lacs ! Les poissons à la carte comme les filets de perches, spécialités locales, ne sont rarement du lac en question. Demander toujours la provenance si vous souhaitez être sûr du produit pour votre dégustation.

FAIRE UNE PAUSE

HORAIRES

Planifiez bien vos sorties : les restaurants ferment avant minuit, et seuls les bars de nuit ferment aux alentours de 2h du matin.

Les bars à smoothies, les cafés et les fast-foods sont ouverts non stop en journée. Les salons de thé-chocolateries sont rarement ouverts les dimanches et avant 10h. Privilégiez vos pauses gourmandes en semaine. Le week-end, c'est une bonne occasion de tester les brunchs proposés par les grands restaurants ou hôtels.

BUDGET / BONS PLANS

Les consommations sont plus onéreuses en Suisse que partout en Europe. C'est pourquoi, privilégiez les *happy hours* qu'organisent certains établissements. Aux abords des quartiers estudiantins, les bars et restaurants offrent des formules intéressantes.

Les pourboires sont inclus dans le prix, mais si vous êtes satisfaits, ils seront très appréciés. Il n'est pas d'usage de laisser des pourboires dans les magasins, les points touristiques, les spas…

A PARTIR DE QUEL ÂGE

La vente de vin, bière et cidre est autorisé aux jeunes de moins de 16 ans. Mais il est interdit par la loi de consommer de l'alcool fort tels les spiritueux et apéritifs pour les moins de 18 ans. L'accès aux bars est autorisé à tous.

Certaines grandes surfaces comme Migros, pour des raisons historiques, ne vendent pas d'alcool.

C'est très rare, mais certains restaurants ne servent pas d'alcool, comme la Taverne de Madeleine à Genève.

C'EST TRÈS LOCAL

Les Suisses sont fêtards et certains cantons plus que d'autres. Dans les villages stations de ski, il est de bon ton de partager une planchette de viande séchée et de fromage à l'heure de l'apéritif. En général, on privilégie les sorties, les apéritifs le vendredi soir et le samedi. L'été, les terrasses et les parcs sont pris d'assaut pour partager un bon moment autour d'un vin local.

ENFANTS

Les enfants sont les bienvenus à part dans les établissements de nuit. Si vous voyagez avec des enfants, voici les sites qui répertorient les activités et restaurants avec un accueil spécialement pour eux :

- www.week-end-famille.ch
- www.loisirs.ch/
- www.lesparents.ch/sorties

FUMEURS

Depuis le 1er mai 2010, la loi fédérale sur la protection contre le tabagisme passif est entrée en vigueur en Suisse. Il est interdit de fumer dans les espaces fermés accessibles au public comme les écoles, les musées, les bâtiments administratifs, les hôpitaux, les centres commerciaux…

Pause dans la ville d'Ascona.

(SE) FAIRE PLAISIR

HORAIRES

Les magasins sont généralement ouverts de 9h à 18h30, mais jusqu'à 18h seulement le samedi. Les supermarchés ferment en semaine à 19h. Le dimanche, très peu d'enseignes sont ouvertes. Vous trouverez à faire du shopping dans les galeries marchandes des gares le dimanche. Les administrations sont ouvertes habituellement de 9h à 16h.

Attention aux jours fériés qui sont à la fois fédéraux et cantonaux.

BUDGET / BONS PLANS

- C'est parti pour une journée shopping dans une ville de Suisse... D'abord il faut compter 3 CHF pour un ticket de bus pour 60 min de transport (à moins de séjourner dans un hôtel où la Transport Card est souvent offerte) ; un café pour booster notre marathon shopping 3,70 CHF ou petit-déjeuner complet 15 CHF ; une belle robe dans une boutique dans les 50-100 CHF, une boite de 20 chocolats d'une boutique renommée à 40 CHF ; un cadeau souvenir spécial suisse : un stylo Caran d'Ache 30 CHF, un couteau suisse Victorinox 60 CHF ; une sortie sur un lac d'une heure 18 CHF, un cocktail sur un roof top pour fêter la fin de la journée 16 CHF ; et un excellent repas du soir menu 3 plats dans une brasserie CHF 60 et pour finir en apothéose, un concert dans un grand théâtre 40 CHF.

- Puisque votre destination finale est hors de l'Union européenne, vous pouvez bénéficier du Duty Free (achats exonérés de taxes). Attention, si vous faites escale au sein de l'Union européenne, vous en profiterez dans tous les aéroports à l'aller, mais pas au retour. Par exemple, pour un vol aller avec une escale, vous pourrez faire du shopping en Duty Free dans les trois aéroports, mais seulement dans celui de votre lieu de séjour au retour.

- Les magasins de marques peuvent être très intéressants surtout en période de solde. Vous en trouverez de nombreux, dont par exemple en suisse romande Outlet Aubonne www.outlet-aubonne.ch ou encore dans le canton du Tessin Foxtown outlet : www.foxtown.ch

- Achat de Tax Free : la TVA de 7,7% est incluse dans le prix de vente. Si vous êtes domiciliés à l'étranger, vous pouvez obtenir la détaxe pour un minimum de CHF 300 d'achats dans un seul magasin. Le chèque de remboursement à demander au magasin. Les marchandises doivent être exportées dans les 30 jours suivant la date d'achat. En quittant la Suisse, les marchandises, le reçu, une pièce d'identité et le chèque de remboursement sont à présenter à la douane. Le remboursement de la TVA s'effectue auprès d'un bureau Global Refund:
www.premiertaxfree.com
www.global-blue.com

SOLDES

Côté soldes, on les attend tous car les prix sont souvent plus onéreux en Suisse ! Eh bien il va falloir être chanceux ou vous renseigner à l'avance, car les soldes peuvent être à tout moment. La réglementation n'impose pas de dates précises. Les commerces s'organisent comme ils le souhaitent. Mais les mois d'août et janvier sont à cocher dans votre calendrier, car souvent consacrés aux soldes. Pensez également à regarder dans les magasins et plutôt les grandes enseignes suisses, un rayon est souvent consacré au surplus dégriffé.

C'EST TRÈS LOCAL

Vous pourriez être surpris de voir que la vente de cannabis, chanvre à faible de taux de CBD est toléré en Suisse. De nombreuses boutiques existent et ont pignon sur rue. Vous en trouverez également dans des kiosques à journaux. A savoir que seule la vente de produits de moins de 1% de CBD est autorisée.

- Les boutiques de seconde main sont très prisées et même des grandes institutions comme l'Armée du Salut ou la Croix Rouge proposent des ventes de produits (vêtements, mobilier) à prix intéressants.

LES ATTRAPE-TOURISTES

Même si le pays inspire la sécurité et que la police et les douanes veillent, il est possible de trouver des contrefaçons de produits de luxe par exemple. Au pays des montres, il s'agit de toujours vous rendre chez des boutiques horlogères certifiées et demander votre certificat d'authenticité après achat.

BUDGET / BONS PLANS

Randonner en Suisse fait partie des activités les plus appréciées. Il faut dire que le terrain de jeu est grand et de nombreuses associations proposent des sorties de tout niveau. L'association Suisse Rando www.randonner.ch, est un site très précis avec des cartes et itinéraires et des évènements.

Localement et selon les saisons, des promenades sont organisées pour déguster les produits du terroir. Déguster les vins et se promener dans les vignes plait beaucoup. Cela permet de rentrer en contact avec les exploitants et se régaler tout en bougeant.

- https://swisswine.ch/fr/bienvenue-aux-caves-ouvertes-2021
- www.geneveterroir.ch/fr/
- https://mescavesouvertes.ch/caves-ouvertes-2021/

Si vous êtes en quête d'activités, de sport et que vous souhaitez partager ces moments avec d'autres, le site «on va sortir» www.onvasortir.com vous encourage à bouger tout en découvrant.

C'EST TRÈS LOCAL

En hiver, rejoignez les Suisses dans leurs bains thermaux. Citons les plus connus tels que les bains de Saillon, d'Ovronnaz, d'Yverdon les bains...

- torpille.ch/bains-thermaux-suisse-romande/

Pour les plus téméraires, participez aux différentes courses nautiques hivernales où vous pourrez nager dans un lac en plein hiver comme la Coupe de Noël à Genève.

Pour poursuivre dans les activités durant la saison froide, chaussez vos raquettes ou vos skis et découvrez la belle nature montagnarde de la Suisse.

VOS PAPIERS SVP

Difficile à croire mais la destination attire les plongeurs. Les lacs Léman, de Zurich et les lacs de montagnes attirent les plongeurs. La certification PADI est la plus représentée www.padi.com/fr/plonger-en/suisse/

Pour ceux qui préfèrent être en surface et piloter des bateaux, le permis de plaisance français est reconnu. En revanche, attention aux législations qui diffèrent pour les lacs aux eaux frontalières, comme le Léman.

A RÉSERVER

Du moment où vous souhaitez faire une activité avec un nombre de participants limité, pensez à réserver.

HORAIRES

Les soirées commencent avec les happy hours qui sont généralement plus largement organisés en été et en hiver durant la saison touristique. Généralement, le rendez-vous est 17h-18h pour les happy hours.
En Suisse, on « dîne » tôt. Vous pouvez être servis dès 18h30 sans que cela puisse choquer. De manière plus large, les services du soir sont à 19h ou 21h.

BUDGET / BONS PLANS

Au niveau culturel, les billets d'entrée peuvent souvent être vendus en direct par les théâtres et les salles de spectacle. Il est préférable de vous y prendre à l'avance pour réserver.

A RÉSERVER

Pour les restaurants, il est toujours recommandé de réserver dans les établissements de luxe ou ceux qui sont prisés, comme les restaurants au bord des lacs ou en station de ski.
Pour vos sorties en discothèque, si vous êtes nombreux, il est préférable de réserver une table.
Pour vos sorties culturelles : théâtre, spectacle, concert, match de hockey, il est conseillé de réserver vos tickets à l'avance directement sur les sites organisateurs ou par des canaux de vente comme Fnac ou ticketcorner.

TRANSPORTS NOCTURNES

Les trains circulent aussi la nuit entre les grands axes avec les CFF, www.sbb.ch/fr/
Dans toutes les villes en Suisse où la culture et les lieux de sortie sont concentrés, les transports publics disposent de services nocturnes :

- à Genève, ce sera les TPG avec les noctambules www.tpg.ch/fr/service-nocturne ;
- à Berne : www.moonliner.ch/fr ;
- à Zurich : www.zvv.ch/zvv ;
- à Lugano : www.tplsa.ch/en/

C'EST TRÈS LOCAL

Après les journées de travail et surtout le vendredi soir, il est très courant que les collègues se rejoignent pour boire un petit verre dans les endroits branchés et les bars. L'été, les terrasses sont prises d'assaut dès 17h.
Le soir comme la journée, même en bord de lac qui peut sembler être un bord de mer, il convient de porter une tenue appropriée.
La tenue « maillot de bain » est réservée lors de vos sorties à la plage et non de shopping, par exemple.

© FOKKE BAARSSEN - SHUTTERSTOCK.COM

FUMEURS

Il est toujours possible de vapoter dans les lieux publics car aucune réglementation n'est encore actée. Par contre, fumer (cigarettes et cigares) est interdit dans les lieux publics et fermés.
La vente de cigarettes est également interdite pour les mineurs.

LES ATTRAPE-TOURISTES

En règle générale, n'achetez pas de billets de spectacle autrement que *via* les canaux de réservations connus.

PRATIQUE

SE LOGER

BUDGET / BONS PLANS

C'est le gros du budget pour des vacances en Suisse. Difficile de se loger à bas prix quel que soit le canton, même si certaines destinations haut de gamme sont plus chères que d'autres.

- Auberges de jeunesse : la formule est répandue en Suisse et certaines auberges de jeunesse sont abritées dans de très beaux bâtiments. Il en existe près de 80, réparties dans tout le pays. On ne s'avance pas trop en précisant qu'elles sont toutes d'une impeccable propreté et souvent bien situées dans les villes importantes. Le lit en dortoir coûte environ 40 CHF pour une nuit. Site de la Fédération unie des auberges de jeunesse en Suisse : www.youthhostel.ch

- Chambres d'hôtels à prix intéressants : Swiss Charm Hôtels est une association qui fédère 90 membres qui sont tous hébergeurs. C'est une sélection d'hôtels, de dortoirs, d'auberges et de pensions qui permettent de séjourner en Suisse de manière confortable et à prix abordable. www.rooms.ch – info@rooms.ch - ✆ +41 31 378 18 35

- Hôtels : les tarifs hôteliers sont, à prestation égale, près de deux fois plus chers en Suisse qu'en France. Pas de chambre double agréable et confortable à moins de 120 CHF. Se loger en Suisse coûte donc cher, mais les hôtels sont, de manière générale, très bien tenus et de qualité. Du reste, la présence de nombreuses écoles hôtelières dans la région lémanique, dont celle très réputée de Lausanne, témoigne de cette vieille tradition locale, et notamment en matière de service, quasiment irréprochable. Toutefois, les salles de bains sont souvent les dernières à être rénovées, et il n'est pas rare, même dans un 4-étoiles, de trouver un carrelage désuet et un sèche-cheveux vintage années 1970. Autre solution, les chambres d'hôtes qui commencent à se répandre tout doucement.

- Les campings : vous rêvez d'un lieu idyllique au bord d'un lac, d'une vue spectaculaire sur un sommet alpin ou d'une escapade en ville ? TCS (Touring Club Suisse, institution née en 1896, comptant aujourd'hui 1,6 million de membres) Camping, c'est 25 campings d'un bout à l'autre de la Suisse pour des vacances en plein air d'un excellent rapport qualité-prix. À la montagne, au bord d'un lac ou d'une rivière, en ville, vous avez le choix des environnements. Pour pratiquer randonnée et alpinisme, sports nautiques, shopping, visites culturelles… À noter que le camping de Lugano est ouvert toute l'année, certains uniquement en été, d'autres pour les saisons estivales et hivernales. www.tcs.ch/fr/voyages-camping/camping/

- Attention ! Le camping sauvage est interdit en Suisse.

- Location : AirBnB. Attention ! Avec ce type de logement, vous ne bénéficiez pas de la carte de transports offerts par les établissements payant une taxe de séjour.

A RÉSERVER

L'affluence varie en fonction des lieux et saisons touristiques. En hiver, les stations de montagnes sont très prisée pour les activités neige. Il est préférable de vous y prendre à l'avance. Les mois d'octobre et début novembre sont considérés comme basse-saison. Vous risqueriez de n'avoir que très peu de choix et vous retrouver dans des stations fantômes !
L'été est une très belle saison. Les réservations sont conseillées à cette période.

C'EST TRÈS LOCAL

Passer une nuit ou faire un périple en pleine nature, c'est très local. On aime se ressourcer et profiter des nombreux refuges au confort simple, mais dans un environnement grandiose. Des cabanes, des chalets, des maisons de pierre vous attendent pour profiter des Alpes suisses. Les Refuges du Club Alpin Suisse (CAS) vous guidera dans votre choix : www.sac-cas.ch - info@sac-cas.ch
Pour une aventure sur la paille, une soirée au chalet ou un bivouac dans les arbres ? Des exploitants agricoles proposent des chambres et appartements à louer, dans une atmosphère chaleureuse et parfois insolite. Voici où trouvez votre prochaine expérience: www.tourisme-rural.ch - info@tourisme-rural.ch

POUR LES GOURMANDS

Dans les hôtels, les petits-déjeuner buffet vous invitent à déguster les produits du terroir local. Les brunchs du week-end ont le vent en poupe et sont les nombreux les restaurants qui en proposent.

ALLO ?

Le « Natel » en Suisse. Les indicatifs des téléphones portables sont les suivants : 076, 077, 078 ou 079.

Pour appeler depuis la France vers un portable suisse : 0041 + l'indicatif sans le 0 (soit 76, 77, 78 ou 79) + 7 numéros. Plusieurs opérateurs suisses proposent des cartes sim prépayées (20 CHF en moyenne, pour un crédit de communication du même montant). Il suffit d'apporter une carte d'identité, un téléphone portable « débloqué » et d'y insérer cette nouvelle puce. Cela peut être une bonne solution si vous comptez appeler souvent en Suisse ou avoir un numéro suisse joignable sans passer par votre opérateur habituel.

ACCESSIBILITÉ

La Suisse est un véritable modèle à suivre en matière de structures adaptées aux voyageurs handicapés. Depuis les transports en commun à l'accès aux musées, en passant par les restaurants et autres excursions, une personne handicapée pourra voyager dans des conditions confortables.

- En voiture, les visiteurs handicapés étrangers peuvent stationner sur les places de parking réservées. Il faut alors placer son macaron ou sa carte derrière le pare-brise ou à un autre endroit bien visible. Des véhicules spécialement adaptés aux besoins des personnes handicapées peuvent être loués auprès de différentes sociétés de location de voiture et organisations.
- Pour les voyages en train, il suffit de téléphoner au Centre d'appel pour handicapés des CFF au ✆ 0800 007 102 (numéro gratuit) une heure avant le départ du train (ou au ✆ 0041 51 225 71 50 depuis l'étranger). Une aide à l'embarquement et/ou au débarquement sera assurée. Pour les voyages internationaux, prévenir trois jours ouvrables à l'avance. Ce service est gratuit pour tous les voyageurs en fauteuil roulant, personnes à mobilité réduite, aveugles ou malvoyantes ainsi que les handicapés mentaux. Pour en savoir davantage, vous pouvez consulter la brochure *Voyageurs avec un handicap*, disponible dans les gares et téléchargeable sur le site Internet des CFF en format PDF (www.cff.ch - cliquer sur « voyages «, puis « services « dans « marché du voyage «, puis « plus d'infos «, et enfin « voyageurs avec un handicap «). Les passagers qui ont besoin d'une assistance particulière à la gare peuvent bénéficier du service bénévole Compagna, présent dans toutes les grandes gares.

Lugano.

SANTÉ

- Le site Fédéral de l'OFSP vous renseigne sur toutes les mesures de santé à connaître sur le pays : www.bag.admin.ch

URGENCES SUR PLACE

- Urgences : 144
- Police : 117
- Pompiers : 118
- REGA : 1414
- Tox Info Suisse : 145
- Appels d'urgence en Europe : 112

LGBTQ

L'homosexualité est très bien acceptée en Suisse. En témoigne la Street Parade (cortège techno) qui a lieu chaque année à Zurich, au mois d'août ou encore la Pride à Genève en septembre. Certains lieux sont réservés à une clientèle « gay », mais de manière générale, les homosexuels sont parfaitement intégrés partout ailleurs.
De nombreuses associations agissent pour le respect des LGBT et prodiguent des conseils, comme l'association Asile (asile-lgbt.ch) et bien d'autres comme l'association 360, Dialogai, Lestime et Think Out, ainsi que les associations cosignataires ÉPICÈNE et DécadréE. Dans chaque canton, vous trouverez conseils, aide et rencontres et agendas des évènements.
Le mariage entre personnes du même sexe est autorisé en Suisse depuis septembre 2021.

AMBASSADE ET CONSULATS

- Vous trouverez l'Ambassade de France à Berne : Schosshaldenstrasse 46 - 3006 Berne / + 41 (0)31 359 21 11 https://ch.ambafrance.org/
- Le Consulat de France à Genève : 2, cours des Bastions (0,29 km) - www.consulfrance-geneve.org

POSTE

Les postes sont ouvertes, comme en France, en semaine et le samedi matin. Il faut savoir que la poste suisse est assez lente et que de nombreux Suisses postent leur courrier important en France ! En entrant dans le bureau de poste, n'oubliez pas de prendre un numéro.
Pour les affranchissements. Le service rapide se nomme le « courrier A » et le service économique le « courrier B ».

Boite aux lettres suisse.

DÉCOUVRIR

La soif de découverte est inextinguible tellement l'offre est grande et diversifiée. Vous aimez la montagne ? Toutes les activités au plein air sont possibles : canyoning, randonnées pédestres, balade en train à crémaillère, parapente, sports de glisse, dégustation de fromages. Les panoramas de montagne sont à couper le souffle et le confort maximal. Les lacs vous promettent de belles escapades sur les bateaux à vapeur, des plongées dans les lacs gelés de haute montagne ou encore des baignades dans les eaux cristallines des rivières. D'intérêt touristique incontournable, les musées se visitent avec engouement et certains sont emblématiques de la destination comme ceux du chocolat ou encore de l'horlogerie. Le côté bucolique et authentique est mis en valeur par des animations dans les villages, des musées en plein air, des expériences pour partager le savoir-faire local (fabrication de fromage, ateliers chocolats…).

LE CHOCOLAT SUISSE

Un vrai pouvoir de séduction, le chocolat suisse ! Produit de luxe au XVIIe siècle, les Suisses sont devenus les plus grands consommateurs avec 10,3 kg par an et par personne. Sous toutes ses formes, tablettes, bonbons pralinés, branches chocolatées, chocolat en poudre, cette gourmandise est exportée dans environ cent cinquante pays. Qui n'a jamais eu un coup de cœur pour un petit carré ou la tablette entière d'ailleurs ? Et tant mieux car les éléments qui le composent sont bons pour le cœur ! Belle excuse pour craquer pour une échappée au pays du chocolat de qualité. Ne cherchez pas les cacaoyers, ils n'arborent pas les rives du lac, mais vous êtes sûr d'y trouver une des plus larges palettes de gourmandises chocolatées et une tradition chocolatière d'excellence qui se perpétue depuis le XVIIe siècle. Parcourez la ville ou assistez au festival Festichoc, à la rencontre des meilleurs chocolatiers de Genève.

Zoom sur le cacaoyer

Un petit arbre qui fait des miracles ! Le cacaoyer poussait de manière sauvage mais très tôt les civilisations d'Amérique latine développent des plantations pour récolter les fèves de la cabosse (20 à 40 fèves par cabosse). Il pousse sous un climat tropical chaud et humide autour de l'équateur, les Antilles et l'Afrique (Ghana, Tanzanie). Il mesure entre 3 et 8 m à l'ombre d'autres arbres.

L'or brun des Mayas

La monnaie d'échange des Mayas a bien évolué ! Ils utilisaient les fèves de cacao contre de la nourriture, des vêtements et pour tout troc en général. Ils confectionnaient un breuvage à partir des fèves broyées, bouillies avec du poivre, différentes espèces de piments et du roucou (colorant naturel). C'est à l'apogée de la civilisation maya (vers 600 apr. J.-C.) que le cacao prend toute sa valeur. Cette boisson très amère et légèrement granuleuse était initialement réservée aux prêtres, aux rois et aux nobles aztèques. La « nourriture des dieux » était bue lors de rituels et de cérémonies. Une boisson sacrée qu'ils nommèrent *xocoatl* (*xoco* = épicé; *atl* = eau). La légende maya du Serpent à plumes raconte que l'année 1519 devait voir revenir le richissime roi des Aztèques Quetzalcoalt. C'est Hernán Cortes, explorateur du Nouveau Monde, qui se présenta avec ses troupes couvertes d'armures en forme d'écailles flamboyantes, tel des serpents reluisants ! Cette boisson est donc initialement liée à celle de la colonisation. Dès 1524, l'or brun des Mayas se transforma en or pour les Espagnols et très vite la boisson chocolatée inonda les grandes cours d'Europe pour ses vertus dynamisantes, euphorisantes et aphrodisiaques.

Cacaoyer.

Les pionniers suisses

Pourquoi la Suisse est devenue le pays du chocolat ? Au XVIIe siècle, la boisson chocolatée est sirotée par toute l'aristocratie d'Europe. La recette a évolué et devient plus onctueuse avec l'ajout de sucre, de vanille, de fleur d'oranger. C'est à Bruxelles, en 1679, que le maire de Zurich goûte pour la première fois le breuvage en vogue. Comme beaucoup d'autres, il le fait découvrir à son cercle d'amis et sa réputation se diffuse. Dans les années 1800, le chocolat change de forme : des fabriques voient leur apparition en Italie. Le chocolat à boire devient donc « à croquer » et des pionniers, sur les rives du lac Léman, comme François-Louis Cailler, ouvrent une manufacture très moderne à Corsier-sur-Vevey en 1819. Il devient le père de la tablette en chocolat. Le chocolat sous cette forme est rendu possible grâce une mécanisation moderne et s'exporte plus facilement.

Le chocolat suisse atteint des sommets

Avant-gardistes, les Suisses changent la recette de base limitée au seul chocolat noir. En 1826, c'est au tour de Philippe Suchard de se lancer dans la fabrique de chocolat dans le canton

© STUDIO PEACE - SHUTTERSTOCK.COM

de Neuchâtel. Jacques Foulquier est le prédécesseur de Jean-Samuel Favarger (chocolatier genevois). Charles-Amédée Kohler ajoute en 1830 des noisettes à la recette et diversifiera la gamme commercialisable.

C'est à Daniel Peter (époux de Fanny Cailler) que revient la création du chocolat au lait en 1875. Les pâturages suisses voient grandir de belles vaches laitières qui fournissent une matière naturelle de qualité. Avec son épouse, il expérimente de nombreuses recettes et découvre le secret de la réussite : marier le cacao avec du lait en poudre. Qui ne connaît pas la croustillante et onctueuse branche Cailler ? C'est une révolution et très vite il sera imité. L'héritage perdure et la maison Cailler, dans le canton de Fribourg, vous accueille dans son musée pour une expérience interactive, l'histoire chocolatière et une délicieuse dégustation. Vous découvrirez que la maison s'unit en 1929 à Nestlé, le numéro un mondial de l'agroalimentaire. Les chocolatiers se multiplient en Suisse et le chocolat n'est plus seulement réservé à une élite. Au XIXe siècle, la notoriété et le savoir-faire de cette poignée de maîtres chocolatiers dépassent les frontières et, pour certains, ils sont toujours une référence dans le monde. Par ailleurs, Rodolphe Lindt développe une nouvelle recette en 1879 : le chocolat fondant obtenu grâce une technique de conchage qui malaxe le chocolat en le chauffant pendant des heures. Sa texture devient veloutée et onctueuse. L'anecdote veut que la recette soit issue d'une erreur. M. Lindt aurait laissé la machine à brasser tourner 72h au lieu de 2h ! Le résultat est une nouvelle révolution.

Toutes les inventions, les techniques utilisées (la machine à mélanger, la conche, la méthode de broyage, le chocolat au lait, aux noisettes, fourré) sont la base des chocolatiers actuels. Les précurseurs suisses ont contribué à développer le savoir-faire dans le monde entier.

Une industrie florissante

Les chocolatiers les plus innovants et les plus connus au monde sont suisses. Ambassadrices de la qualité helvétique, les marques suisses de chocolat sont de véritables icônes et trônent dans les duty-free de tous les aéroports de la planète. À Genève, vous retrouverez toute la gamme de ce patrimoine gastronomique industriel dans les centres commerciaux. **Manor** (p.299) et sa grande boutique vous invitent à confectionner votre assortiment de boules Lindor, à choisir d'emporter un couteau suisse en chocolat et toutes les innovations récentes. Les marques suisses sont gravées dans notre esprit. Certaines nous sont indissociables des Alpes suisses comme la tablette Milka, connue pour son paysage montagnard et sa vache violette. Créée par Suchard Suisse en 1901, elle devient américaine dans les années 1970, achetée par Mondelēz International. Tout comme la barre crénelée Toblerone, créée par Thedor Tobler en 1908 et rachetée en 1990 par le même groupe américain. L'énergique barre Ovomaltine, « l'énergie pour déplacer les montagnes », et ses dérivées, à base de malt d'orge, de lait écrémé, de cacao et de levure est créée en 1904 en suisse. En 2002, Associated British Food rachète la marque à Novartis Suisse.

La concurrence mondiale est bien présente et parfois même au sein d'un même groupe ! L'envers du décor, c'est que certains produits très marketing deviennent mitigés en goût, sont parfois finalisés dans d'autres pays et peuvent s'éloigner des valeurs suisses.

La production chocolatière suisse

Le volume de chocolat fabriqué en Suisse a pour la première fois passé le seuil des 200 354 t en 2019. Les exportations s'établissent à environ 147 600 t. Le chocolat est avant tout vendu sous forme de tablette (50 %), puis de confiseries (20 %) ou de produits semi-finis comme les poudres (20 %). Le poids en chiffre d'affaire équivaut à 1,79 milliard de francs suisses en 2019. La même année, ce secteur employait 4 607 personnes (chiffres communiqués par la fédération chocosuisse.ch). Les industries déploient de nouvelles idées afin de trouver de nouvelles variétés et rester compétitives et innovantes. Malgré tout, le chocolat *Swiss made* reste inégalé en notoriété.

Le cœur tout chocolat de Genève

Obélix est tombé dans la potion magique étant petit, les Suisses ont le chocolat qui coule dans les veines ! La production est commune au pays tout entier. Dans chaque ville une poignée de chocolatiers excellent dans l'artisanat. Ces maîtres chocolatiers innovent et bouleversent l'industrie du chocolat. Pour eux, le savoir-faire artisanal est la valeur qu'ils transmettent. Genève est une pépite ou plutôt un lingot d'or avec le nombre de maîtres chocolatiers qui ravissent les palais, des initiés aux plus curieux. La culture épicurienne et le goût de l'excellence des Genevois se traduisent par des produits chocolatés haut de gamme. Les recettes perpétuent la tradition en apportant cette touche de modernité. Les effluves de cacao se dispersent dans les rues de Genève et vos sens sont en éveil. Vous devenez un vrai électron libre. Laissez-vous séduire par ce filtre chocolaté au travers des maisons de renom. Si vous êtes mordus de truffes et de pralinés, la maison Zeller est faite pour vous. Les chocolats au lait de la **Chocolaterie Micheli** (p.294) ravissent les palais autant que l'esprit élégant de la boutique. **Auer** (p.297)quant à lui incarne cinq générations de savoir-faire et ses amandes chocolatées se dégustent sans privation ! **Du Rhône Chocolatier** (p.299)est l'une des plus anciennes maisons, créée en 1875. Comme de nombreuses célébrités, on fond pour sa ganache avec le chocolat Coline à 70 % fèves de cacao ou encore son chocolat chaud. Joël Dicker, l'écrivain suisse à succès, en a fait son péché mignon en achetant la maison en 2019 pour perpétuer la tradition du chocolat de son enfance.

Tendance, le chocolat de qualité sait se réinventer et devient branché avec la mèche de Titeuf aux trois chocolats (héros de bande dessinée du Carougeois Philippe Chappuis, dit Zep) vendue en coffret. D'autres chocolateries sont alléchantes comme Chocolaterie Ducret, Stettler & Castrischer, Philippe Pascoët, Martel et le tout nouveau Charlie Ganache.

Enfin, une odeur enivrante de chocolat vous attire de manière hypnotique de l'autre côté de l'Arve, vers la chocolaterie de Carouge. La maison Rohr est iconique et ses fameuses « poubelles » de Genève (coque de chocolat qui renferme une masse truffée) et ses pavés glacés ont contribué à sa réputation.

Pour vivre à la fois une expérience gustative et découvrir l'histoire de la ville, laissez-vous guider par **id.geneve** (p.261) et sa « Choc'visite ».

La dernière fabrique historique

Une fabrique demeure à Versoix, la seule du canton, la Chocolaterie Favarger. Dans son « jus », elle a gardé l'authenticité de la manufacture de 1826. Elle est gravée dans l'inconscient collectif des Genevois et fait partie de leur histoire. Car plus qu'une simple marque, c'est la beauté d'une rencontre amoureuse entre deux emblèmes genevois. L'union d'un horloger (Jean-Samuel Favarger) et la fille d'un artisan chocolatier (Suzanne Foulquier) aboutira à l'épopée Favarger. L'Aveline, créée en 1922, est le produit phare de la gamme. La manufacture a tout d'une grande mais reste la plus petite de Suisse : il faut une semaine pour produire une aveline, de la fève à la boîte. Les fèves de cacao sont le sésame d'un bon chocolat : à la fois la matière première et la matière précieuse garantissant l'excellence. C'est pourquoi la manufacture Favarger torréfie elle-même sa sélection de fèves. Après sept générations, la famille Favarger a décidé de céder son empire en 2003 à l'entrepreneur croate de l'agroalimentaire, Luka Rajić. Plongez dans les cuves de Favarger en suivant les visites guidées organisées par la fabrique. Vous fondrez de plaisir en découvrant la fontaine de chocolat. La Chocolaterie Favarger, quai des Bergues au bord du Rhône, vous invite à composer votre brochette de fruits et délicatement l'immerger dans l'avalanche chocolatée. La déclinaison d'avelines (caramel, praliné, noisettes…) terminera de vous faire perdre la tête par l'équilibre parfait de leur composition.

Quand le chocolat devient symbole !

Ne cherchez pas l'ours (de Berne, la capitale) en guimauve ou le jet d'eau en puzzle chocolaté, mais plutôt la marmite de la Mère Royaume ! Les mois de décembre, cette marmite en chocolat irradie par son opulence (légumes en pâte d'amandes) toutes les vitrines des plus grands chocolatiers genevois. Un patrimoine gourmand qui commémore l'événement historique le plus marquant de la ville, « l'Escalade ». On casse la marmite pour fêter la défaite des ennemis savoyards lors de leur tentative d'assiéger la ville le 12 décembre 1602. La légende raconte que la Mère Royaume donna l'alarme en jetant sa marmite remplie de soupe de légumes sur les ennemis !

GÉOGRAPHIE

De la neige toute l'année, c'est possible ? Pays alpin par excellence, en Suisse les sommets de plus de 2 000 à 4 000 m jalonnent une grande partie du paysage et offrent toute l'année une vue sur les pointes enneigées. Plus de 20 % de la surface du pays se situe à plus de 2 000 m. Sans accès sur la mer et située au cœur de l'Europe et des Alpes, la Suisse côtoie l'Autriche, l'Allemagne, la France, l'Italie et la principauté de Liechtenstein comme pays voisins. C'est l'un des plus petits pays d'Europe avec une superficie de 41 285 km² où les Alpes couvrent 60 % du territoire. Cascades de rêve, gorges vertigineuses, glaciers, pâturages verdoyants, grottes, lacs et forêts offrent un terrain de jeu grandeur nature. La Suisse bénéficie d'une grande biodiversité et reste très soucieuse de son environnement et de sa qualité de vie. Les cantons s'efforcent de sauvegarder ce patrimoine naturel si riche.

Tout en relief ou presque !

Trois ensembles se partagent le pays (les Alpes, le Jura et le Plateau). Au sud et à l'est se dressent les Alpes culminant à 4 634m au mont Rose ; elles s'ordonnent autour des massifs cristallins méridionaux, en avant desquels on trouve, au nord, les Préalpes sédimentaires, moins élevées. Seulement 11 % de la population habite dans les Alpes. Ces montagnes, au climat rude, forestières et herbagères, ont été sculptées par les glaciers quaternaires. Il subsiste 140 glaciers dont certains permettent la pratique des sports nordiques. Le glacier d'Aletsch dans le Valais est le plus grand et classé au patrimoine de l'Unesco. Glacier 3000 au col du Pillon, les Diablerets et ses nombreuses attractions permettent de vivre une expérience sur les neiges éternelles pour toute la famille. Rejoindre deux sommets sur une passerelle de 107 m de long est très impressionnant et unique au monde ! Pour atteindre des sommets en Suisse, vous aurez le choix entre 48 sommets de plus de 4 000 m, dont 39 valaisans et 9 bernois. Le premier sommet gravi fut la Jungfrau en 1811 (4 158m), le plus haut de Suisse est la pointe Dufour culminant à 4 634 m, le plus célèbre est sans doute le Cervin, haut de 4 478 m (le onzième le plus haut). De quoi réjouir les férus d'alpinisme ! Pour flirter avec la montagne, sentir sa typologie abrupte en la contemplant de près, rien de tel que parcourir la Suisse en train. La Suisse a le réseau de transport le plus dense au monde, représentant 29 000 km : chaque petit village perché est rendu accessible. Le tracé du « Grand Train Tour » (www.suisse.com/grandtraintour) et ses 1 280 km vous invitent à vivre un spectacle contrasté entre lacs, montagnes, plaines, viaducs et tunnels. Vous partirez à l'assaut sans vous fatiguer dans les grands cols et rejoindrez la gare la plus haut perchée d'Europe, à 3 454 m au sommet du Jungfraujoch. Avec votre « Swiss Travel Pass », véritable sésame, vous aurez accès aux « Bernina Express », au « Gothard Panorama Express » et au « Glacier Express » pour les trains plus connus.

Le lac Léman.

© SERJI074 - ISTOCKPHOTO.COM

Paysage du Jungfraujoch.

Du lac Léman jusqu'au nord de Zurich s'étend l'arc jurassien (10 % du territoire). Il fait office de frontière naturelle avec la France. Cette moyenne montagne plissée culmine à 1 677 m (la Dôle, canton de Vaud) et où le climat, humide et froid en hiver, favorise les belles forêts et l'opulence des pâturages. C'est d'ailleurs dans le Jura que certaines vallées forment des « cuvettes à froid » favorisant des températures extrêmes comme à La Brévine avec un record de - 41,8 °C. Ce massif principalement calcaire est propice aux randonnées et activités nordiques comme la raquette à neige et le ski de fond (Saint-Cergues, Vaud). Des spectacles naturels sont accessibles, comme l'impressionnante reculée du Creux-du-Van et ses 160 m de falaises vertigineuses sur plus de 1 km de circonférence, située dans le canton de Neuchâtel. La richesse souterraine a favorisé le gisement de matériaux, comme l'asphalte longtemps exploité dans les mines d'asphalte du Val de Travers. Pour les amateurs de cavités, le lac souterrain de Saint-Léonard est le plus grand lac souterrain d'Europe avec 260 m de long sur 29 m de largeur.

Entre les Alpes et le Jura, le Moyen Pays (Mittelland), dit aussi Plateau (30 % du territoire), est la région vitale de la Confédération et la plus peuplée. C'est un paysage de collines, de forêts (24 %), de plaines fertiles et de nombreux lacs (Léman, Neuchâtel, Quatre-Cantons, Constance), découpé dans des sédiments détritiques et des moraines par l'Aar et ses affluents. C'est ici que se trouve le « grenier » de la Suisse avec des surfaces agricoles qui occupent la moitié de ce Plateau. Les zones urbaines et industrielles se situent dans ce paysage vallonné où les axes de circulations sont fortement développés.

Le château d'eau de l'Europe

Un rapide coup d'œil sur une carte nous montre à quel point la Suisse est riche en rivières (61 000 km de cours d'eau) et en lacs (environ 1 500). Montagnes obligent et leurs 140 glaciers constituent le principal château d'eau de l'Europe (sources du Rhin, du Rhône, de l'Inn et de l'Aar). Environ 4 % de la surface du pays est recouverte en eau. La plupart de ces cours d'eau traversent sur le territoire un ou plusieurs lacs, qui ont le double intérêt de régulariser leur cours et de décanter leurs eaux, les débarrassant des nombreuses impuretés arrachées à la montagne. Le Rhône traverse le lac Léman (franco-suisse), considéré comme le plus grand lac d'Europe occidentale, pour enfin terminer sa course dans la Méditerranée. L'eau est précieuse et de tout temps les hommes ont développé des astuces pour récolter l'eau des montagnes. Les canaux d'irrigation du Valais, les bisses, sont le témoignage historique de ces réalisations. Le musée des Bisses raconte cette histoire et comment les hommes ont su conjuguer avec la géographie alpine. L'été, les rivières deviennent des bains de fraîcheur (19 °C en moyenne) et il n'est pas rare de voir les plus téméraires descendre avec leur sac étanche le Rhin depuis Bâle ou la Sarine depuis Fribourg.

La Suisse est véritablement un pays de lacs. Les lacs sont souvent d'anciens glaciers comme le lac Léman (580 km2), le lac de Constance (536 km^2), le lac Neuchâtel (215 km^2), le lac des Quatre-Cantons (114 km^2), le lac de Zurich (88 km^2), le lac de Thoune (48 km^2), le lac de Bienne (39 km^2) ou le lac de Morat (22 km^2). Le plus grand lac de Suisse est celui de Neuchâtel. Ces grands lacs donnent un côté très balnéaire à la destination car, l'été, leur température permet la baignade et toutes les activités nautiques. Les bateaux à vapeur (www.cgn.ch) qui les sillonnent permettent une balade très romantique et une approche différente des villes. La pêche est toujours une activité professionnelle malgré une baisse notable de la reproduction des poissons due en partie au réchauffement climatique.

▶ Pour ne pas vous perdre lors de vos escapades helvétiques, repérez-vous sur les plans de villes suisses : www.swissgeo.ch

ENVIRONNEMENT

L'imaginaire associé à la Suisse convoque souvent de verdoyants alpages aux chalets de bois et pâturés de vaches, qui a beaucoup emprunté à la littérature. Le roman *Heidi* de Johanna Spyri célèbre ainsi une nature idéalisée, à l'heure de la transformation industrielle du pays. L'agriculture helvète est aujourd'hui majoritairement industrielle mais les productions biologiques se développent et des voix s'élèvent pour l'arrêt des pesticides. Le pays est aussi un bastion de l'agrochimie, mais aussi de la finance, deux secteurs aux impacts environnementaux importants. La pollution plastique a gagné les lacs et le changement climatique affecte le pays, déjà soumis à une augmentation de plus de 2 °C par rapport à l'ère préindustrielle. La Suisse demeure largement dépendante aux énergies fossiles et sa stratégie carbone est aujourd'hui encore insuffisante au regard des objectifs fixés par les accords de Paris. Mais de nombreuses initiatives fleurissent pour une véritable transition écologique.

Parcs nationaux

La Suisse est constituée d'un réseau comprenant différents types d'aires protégées (parcs nationaux, parcs régionaux et parcs naturels périurbains). Elle compte un parc national :

- **Le parc national suisse** : situé en Engadine, il protège des écosystèmes montagnards, associés à une grande diversité floristique. À la différence des autres types de parcs du pays, il ne fait l'objet d'aucune intervention humaine afin de permettre la régénération naturelle des milieux. Le territoire a en effet été fortement dégradé dans le passé par les activités anthropiques (déforestation massive liée à l'industrie et à l'élevage). Pour aller plus loin : www.nationalpark.ch

Des études sont également menées en Suisse sur la nature en ville, qui visent à étudier la biodiversité dans sa dynamique évolutive face aux impacts des activités humaines. L'université des sciences appliquées de Zurich travaille notamment sur l'évolution des oiseaux en milieu urbain. Pour plus d'information : www.natureenville.ch

Des avancées en matière d'agriculture

Pays agricole et viticole, la Suisse n'a pas échappé à l'agriculture industrielle. L'agriculture biologique se développe également sur le territoire, corrélée à une hausse de la consommation des produits issus de l'agriculture biologique et des circuits courts. Parmi les mesures favorables à la biodiversité et la santé, on notera l'interdiction, en vigueur depuis 2021, d'exportation de cinq pesticides déjà interdits en Suisse, une victoire pour les militants (et notamment l'ONG Public Eye) face au lobby agropharmaceutique. La Suisse accueille en effet l'agrochimiste Syngéta (à Bâle), devenu ChemChina depuis son rachat par une entreprise chinoise. De nombreuses actions portées par des ONG continuent à s'organiser pour obtenir l'interdiction totale de production et d'exportation de pesticides. Cependant, en juin 2021, les Suisses se sont prononcés contre l'interdiction des pesticides de synthèse et l'octroi d'une subvention aux agriculteurs qui produisent sans pesticide ou qui n'utilisent pas d'antibiotique de manière préventive pour leurs animaux. L'argument, mis en avant par le gouvernement et qui aurait fait basculer les Suisses, est celui-ci : les mesures d'interdiction des pesticides ne permettraient pas d'assurer la souveraineté alimentaire du pays.

Lutter contre la pollution plastique des lacs

La transparence des lacs suisses cache une pollution plastique préoccupante, parfois comparable à celle de la Méditerranée. Ainsi 50 t de plastiques se déverseraient chaque année dans le lac Léman selon une étude parue en 2018. Les macroplastiques proviennent essentiellement des déchets d'emballage.

© ORIETTA GASPARI - ISTOCKPHOTO.COM

Parc national suisse.

© SARO17 - ISTOCKPHOTO.COM

La Suisse est très accessible à vélo.

Quant aux microplastiques, ils sont issus des poussières de pneus majoritairement, mais aussi des vêtements et des cosmétiques. Prévenir ce type de pollution, à titre individuel, peut consister à ne pas jeter ses déchets dans la nature (ce qui représente d'ailleurs une infraction) mais aussi à choisir des produits – dont des vêtements – sans matières plastiques, en prenant par exemple l'habitude de bien lire et décrypter les étiquettes. On peut aussi faire le choix d'installer des filtres à particules dans les machines à laver (un dispositif qui sera rendu obligatoire pour les fabricants de machines à laver à partir de 2025 en France).

Face au changement climatique

Pays montagneux, la Suisse connaît aujourd'hui une hausse des températures supérieure à + 2 °C par rapport à l'ère préindustrielle, quand on sait que le changement climatique doit être contenu à + 2 °C afin de maintenir les conditions d'un monde vivable pour l'humanité. La hausse des températures va accélérer la fonte des glaciers et augmenter la fréquence et l'intensité des phénomènes extrêmes (inondations, sécheresses, glissements de terrain). Le rapport du GIEC, paru en août 2021, ne laisse aucun doute quant à la responsabilité humaine du changement climatique et appelle les décideurs à des actions urgentes. Le pays a d'ailleurs été interpellé en 2019 par le Comité des droits de l'enfant de l'ONU pour l'insuffisance de ses objectifs climatiques. La stratégie carbone de la Suisse, qui repose sur la loi CO_2 et protection du climat, est insuffisante pour atteindre la neutralité carbone en 2050. Cependant, la révision de cette loi – en vue d'intégrer des objectifs de réductions des émissions de gaz à effet des serre conformes aux accords de Paris – a été refusée – de peu – par une votation populaire en juin 2021. Les enjeux climatiques du pays restent liés à sa dépendance aux énergies fossiles. Parmi les défis à mener pour baisser les émissions de gaz à effet de serre se trouvent la décarbonation des transports (réduction du trafic automobile et aérien), l'efficacité énergétique des bâtiments, l'agriculture, mais aussi la finance, dont les flux servent à développer des projets liés aux énergies fossiles. Selon une déclaration de l'ONG Swiss Youth for Climate de 2019, le secteur financier émettrait vingt fois plus de gaz à effet de serre que la Suisse. Cette même année, des militants de l'ONG Collective Climate Justice occupaient le siège du Crédit suisse et de la banque UBS à Zurich pour dénoncer les pratiques du secteur.

Voyager autrement

La Suisse est aisément accessible par les modes actifs (vélo, marche à pied et train). Le pays, qui est traversé par quatre véloroutes européennes (EuroVelo 5, 6, 15 et 17) compte 8 500 km cyclables (pour plus d'informations : www.schweizmobil.ch). Envie de vous lancer à vélo, n'hésitez pas à lire les ouvrages d'un des plus célèbres cyclos helvètes, Claude Marthaler (voir : www.claudemarthaler.ch). Amoureux de la marche à pied, la Suisse offre de nombreux itinéraires pédestres (pour des idées de randonnées, voir par exemple www.myswitzerland.com). L'itinéraire européen Sur les pas des huguenots permet, en partant de la France, de traverser une partie de la Suisse (pour aller plus loin : www.surlespasdeshuguenots.eu). La Suisse offre aussi des possibilités de navigation à la voile, notamment sur le lac Léman, qui a vu de nombreux navigateurs et navigatrices sur ses bords, dont certains devenus célèbres, à l'image de l'exploratrice Ella Maillart.

CLIMAT

Chapeaux de paille ou bonnets de laine ? La Suisse n'a pas fini de vous surprendre par son climat ! La géographie particulière du pays offre un climat varié selon quatre grandes régions climatiques : l'arc jurassien, les Alpes, le Plateau et le Tessin. Le climat est de type continental. De juin à septembre les températures moyennes sont comprises entre 18 °C et 28 °C et varient en fonction de l'altitude. On peut perdre jusqu'à 6 °C tous les 1 000 m de dénivelé. L'été est propice à la découverte de la Suisse car vous ne souffrirez pas de grandes chaleurs et les randonnées se font sous des températures agréables. L'automne est une période magnifique avec des températures douces sur le Plateau et à l'abord des lacs. L'hiver est bien sûr plus rigoureux et permet toutes les activités nordiques : de la dégustation de fondue sous igloo à la plongée sous lacs glacés et les sorties en skis dans une des 200 stations et des 7 123 km de pistes.

Pays alpin avec des variations climatiques

La Suisse présente un climat différent suivant les régions. Le relief et les Alpes prédominent et influencent un climat continental, pourtant certaines régions ont un climat beaucoup plus doux. L'arc jurassien : en été, le climat y est très plaisant pour des promenades et des tours à vélo, et, l'hiver, on peut y pratiquer le ski de fond sur les lacs gelés de la vallée de Joux. C'est une région surtout appréciée pour le loisir en famille. Sur le Plateau, qu'on définit comme la diagonale entre le lac Léman au sud-ouest et le lac de Constance au nord-est, les conditions climatiques ne sont ni trop chaudes, ni trop froides avec peu de pluie. Les deux tiers de la population habitent dans cette partie. Les régions lacustres du Plateau sont les plus privilégiées, c'est pour cette raison que de nombreux vignobles y sont plantés, comme celui du Lavaux, classé au patrimoine mondial de l'Unesco. Berne, la capitale, située à 500 m au-dessus du niveau de la mer sur le Plateau, bénéficie d'une température moyenne de 0 °C degré en hiver et de 18,5 °C en été. Zurich enregistre des moyennes semblables et présente des journées nuageuses les hivers. Genève, par sa situation plus à l'ouest et sur les rives du lac Léman, a un climat plus clément. Les chutes de neige sont rares, les étés sont chauds et ensoleillés. Grâce à sa grande masse d'eau, le lac Léman tempère la région et l'hiver restitue la chaleur emmagasinée durant l'été. Lausanne et en particulier Montreux jouissent d'un microclimat qui adoucit les températures. On parle d'ailleurs de « Riviera vaudoise » où la douceur du climat favorise une végétation luxuriante aux allures méditerranéennes avec des vignes, des arbres fruitiers, des palmiers sur les promenades…

Les Alpes (60 % du territoire) composent une réunion de microclimats qui vont du climat méditerranéen jusqu'au climat arctique. Les Alpes sont la région de prédilection de la pratique des sports d'hiver. Des stations familiales valaisannes comme Champéry aux plus chics comme Saint-Moritz dans les Grisons ou la plus haute comme Zermatt (3 899 m), pas moins de 346 stations vous accueillent.

DÉCOUVRIR

Abricotiers suisses.

© CDBRPHOTOGRAPHY - ISTOCKPHOTO.COM

Glacier d'Aletsch dans les Alpes Bernoises.

Une expérience folle est de toucher la poudreuse en été. Skier sur les glaciers des Alpes est réalisable toute l'année. Autre particularité liée aux Alpes : ses vents. Le fœhn, vent local, descend le long des montagnes. Chaud et sec, il entraîne une fonte des neiges rapide au printemps et favorise les cultures. Il souffle surtout au printemps et à l'automne et peut dépasser les 150 km/h. La bise ou le mistral local, quant à elle, est un vent du nord qui souffle fréquemment au printemps et en hiver et peut geler les pontons des lacs. Selon les dictons locaux, elle souffle généralement par rafales ininterrompues trois, six ou neuf jours d'affilée.

Enfin, le Tessin au sud du pays dispose d'un climat plus chaud et d'une ambiance d'influence méditerranéenne. Les Alpes agissent ici comme effet barrière. Il bénéficie de près de 2 300 heures de soleil par an contre 1 700 à Zurich ou 1 600 à Turin, pourtant situé en Italie. Le climat est doux et la végétation le long des lacs est semblable aux pays du Sud. On y parle italien, déguste des spécialités aux accents typés et surtout on investit les terrasses tard dans la saison. Attention tout de même en été, les orages sont assez fréquents le soir et l'automne peut sembler pluvieux.

La Suisse, le pays des cônes glacés et des abricots !

49 sommets de plus de 4 000 m dont 39 valaisans et 9 bernois : la Suisse est d'abord reconnue comme pays alpin et, depuis le XVIIIe siècle, elle n'a cessé de séduire les alpinistes du monde entier. Son climat montagnard favorise les neiges éternelles et skier sur les glaciers est rendu possible l'été. Le tourisme suisse est principalement basé sur les stations et les sports d'hiver. Des abricots au cœur des Alpes ? Vous ne rêvez pas, la Suisse a elle aussi sa vallée du Rhône avec ses arbres fruitiers et ses vignobles grâce au microclimat présent dans le canton du Valais. La particularité du Valais central est d'être entouré de hautes montagnes qui le protègent des dépressions maritimes. Les journées sont fortement ensoleillées et les nuits fraîches sont favorables à la culture des arbres fruitiers et de la vigne. Le Rhône, quant à lui, irrigue abondamment ces terres fertiles et si bien exposées.

Le réchauffement climatique

Il y a 20 000 ans la Suisse était un paysage de glace. Pourtant, plus qu'ailleurs, le pays est particulièrement affecté par les changements climatiques. Depuis l'ère préindustrielle, la température moyenne y a gagné près de 2 °C, soit deux fois plus que la moyenne mondiale. Les glaciers pourraient-ils disparaître ? C'est alarmant et bien réel… Les glaciers pourtant en place depuis des millénaires vont disparaître et c'est irréversible. Ils reculent chaque année et les accords de Paris attestent que d'ici à 2100 seulement 48 glaciers sur les 1 400 en Suisse survivront. Le plus grand glacier d'Europe (23 km), celui d'Aletsch dans les Alpes bernoises, perdra 90 % de sa superficie actuelle. Le glacier du Rhône a perdu 350 m d'épaisseur depuis 1850 et 40 m depuis dix ans. Même si c'est indéniable, des moyens expérimentaux sont mis en place pour ralentir la fonte des glaciers. Des bâches de protection en géotextile viennent parfois recouvrir la langue des glaciers afin de l'isoler des rayons UV. Ces bâches isolantes ralentissent de manière minime mais jouent tout de même un rôle protecteur. Pour comprendre la vie d'un glacier, le musée Aquatis à Lausanne vous décrit celui du Rhône de manière pédagogique.

Face à cet accroissement de dangers potentiels dus au réchauffement climatique, une vraie prise de conscience se ressent en Suisse. Le tourisme s'oriente vers un développement plus durable et favorise les labels et les partenaires vers des actions plus responsables.

NATURE

Véritable château d'eau de l'Europe, les Alpes suisses dominent le réseau hydrographique d'Europe centrale. De nombreux cours d'eau y prennent leur source, parmi lesquels évidemment le Rhin, le Rhône, mais aussi l'Aar, le Tessin ou l'Inn. La plupart d'entre eux traversent des lacs qui régularisent leurs eaux, les débarrassant des nombreuses impuretés arrachées à la montagne. Les Alpes, le Plateau, vaste plaine vallonnée, et, au nord-ouest, le Jura, largement boisé, divisent le territoire suisse et offrent une multitude de paysages. Des facteurs climatiques, influencés par le relief et par l'homme, ont progressivement modelé le paysage. Deux régions se distinguent par leur diversité biologique particulière : la vallée du Rhône, au cœur des Alpes (climat aride et chaud), a créé des milieux riches en biodiversité, et le Tessin, au sud des Alpes, abrite un cortège d'espèces typiques des régions influencées par le climat subméditerranéen (insubrien).

Faune et flore

Au fil des siècles est apparu un paysage rural varié, riche en microstructures paysagères. L'activité agropastorale pratiquée autrefois, basée sur une exploitation extensive des ressources naturelles, a créé de nombreux biotopes, telles les prairies à litière ou les prairies sèches, abritant une importante diversité d'espèces animales et végétales aux exigences les plus diverses. La Suisse compte quelque 2 700 espèces de plantes vasculaires, dont deux sont endémiques, *Draba ladina* et *Artemisia nivalis*. Les bryophytes sont particulièrement riches puisque sur les 1 600 espèces de mousses présentes en Europe, près des deux tiers se trouvent sur le territoire helvétique. La fleur emblématique de la Suisse, l'edelweiss, présente sur de nombreux supports publicitaires et souvenirs, est représentative de la flore helvético-alpine. Cette étoile des Alpes est protégée dans quatorze cantons. Près de 412 espèces de lichens sont recensées en Suisse et on estime à environ 40 000 le nombre d'espèces animales, dont seulement 1 % de vertébrés.

Les parcs nationaux

Les parcs suisses d'importance nationale se caractérisent par la beauté de leurs paysages, leur biodiversité et leur patrimoine. La population des communes concernées s'engage à préserver ces richesses, à les valoriser et à les exploiter pour promouvoir le développement économique et social de leur région. Dix-neuf parcs sont labellisés. Les parcs d'importance nationale sont répartis en trois catégories : les parcs nationaux (mais il n'y en a qu'un seul), les parcs naturels régionaux et les parcs naturels périurbains (un seul également : le Wildnispark Zürich Sihlwald). Le doyen des parcs, le magnifique parc naturel national suisse, qui a fêté ses cent ans en 2014, est situé aux Grisons. Pour organiser votre visite des parcs, le site www.parks.swiss vous sera utile.

- **Parc national** : Parc Naziunal Svizzer – Schweizerischer Nationalpark.
- **Parcs d'importance nationale** : Naturpark Beverin, Landschaftspark Binntal, parc régional Chasseral, Regionaler naturpark Diemtigtal, parc naturel régional du Doubs, parc Ela, Unesco Biosphäre Entlebuch, Regionaler naturpark Gantrisch, parc naturel Gruyère pays d'Enhaut, Jurapark Aargau, parc naturel régional Jura vaudois, Naturpark Pfyn-Finges, Regionaler naturpark Thal, Biosfera Val Müstair, Wildnispark Zürich Sihwald, Regionaler naturpark Schaffhausen.
- **Labellisés depuis 2020 et 2021** : le parc du Jorat, Parco Val Calanca.

Les sites naturels classés au patrimoine de l'Unesco sont spectaculaires et tous avec des particularités différentes, comme les Alpes suisses Jungfrau-Aletsch : étendu sur 23 km, le glacier d'Aletsch est le plus long fleuve de glace des Alpes, son caractère est unique avec ses glaciers et chaînes de montagnes.

© GILLES_OSTER - ISTOCKPHOTO.COM

Marmotte.

© SOBLUEWEINA - ISTOCKPHOTO.COM

L'edelweiss.

Le haut lieu tectonique Sardona, entre les cantons de Glaris, de Saint-Gall et des Grisons, à ciel ouvert, montre le plissement des roches et la naissance des montagnes. Le Monte San Giorgio dans le canton du Tessin est un véritable témoignage géologique de la présence de la mer Téthys, on peut encore y apercevoir des fossiles de reptiles marins datés de 240 millions d'années. Les vignes en cascade sur le Léman du Lavaux dans le canton de Vaud, en terrasses, sont le travail des hommes depuis le XIe siècle.

Une nature généreuse qu'il faut sauvegarder

La Suisse est riche en paysages extrêmement divers mais, comme partout, l'urbanisation fait beaucoup de dégâts. L'association Pro Natura gère 700 réserves et des centres naturels dans tous les pays et propose de faire découvrir la faune et la flore des zones protégées. La faune sauvage est d'une grande richesse avec tous les mammifères alpins comme le bouquetin, le cerf, le chevreuil, la marmotte et le chamois, de nombreuses espèces d'oiseaux comme le milan royal, le tétras lyre, l'aigle royal et le gypaète barbu. Les lacs et rivières sont peuplés de perches, d'ombles chevaliers et de truites.

Il existe de nombreux parcs partout en Suisse et comme à Genève (surnommée « la ville des vingt-cinq parcs »), les **conservatoire et jardin botaniques** (p.270) sont un lieu exceptionnel propice à la détente et à la découverte de 12 000 espèces sur 28 ha.

Les zoos et les fermes animalières jouent également un rôle de sauvegarde et de sensibilisation. Certains zoos ne sont consacrés qu'à la faune locale comme le zoo de la Garenne et ses 180 espèces, le zoo des Marécottes avec ses 35 000 m² de faune alpine (chamois, bouquetin, lynx, cerfs…). D'autres abritent des espèces plus exotiques comme le grand **zoo de Zurich** (p.220) et ses 4 000 animaux. Il favorise la protection de la nature et la préservation de la variété biologique. Le musée Aquatis à Lausanne est exceptionnel en son genre : sur le thème de l'eau, il vous embarque pour un voyage sur les cinq continents (dragon de Komodo, poisson alligator…), le cheminement du glacier du Rhône et la découverte des poissons des lacs d'eau douce. C'est d'ailleurs le plus grand aquarium-vivarium d'eau douce d'Europe.

Les actions de l'homme sur la nature

Comme partout ailleurs, l'homme a façonné la nature et modulé les paysages pour en récolter le fruit. Cela donne lieu à des paysages merveilleux comme les vignes du Lavaux, inscrites au patrimoine mondial de l'Unesco dans le canton de Vaud. Ce vignoble en terrasse s'étend sur environ 30 km le long du lac Léman, depuis les faubourgs de Lausanne jusqu'au château de Chillon, au sud de Montreux. La paysage est grandiose ! Les balades sur les sentiers à travers les vignes sont bucoliques à souhait. Pour tout connaître de cette culture en terrasse qui remonte au XIe siècle, visitez le musée Lavaux Vinorama à Rivaz.

En Valais, c'est le précieux élixir des torrents de montagnes que l'on « domestique » dans des canaux d'irrigation pour acheminer l'eau dans les prairies, vignobles ou vergers. Les bisses sont de petits canaux d'irrigation de faibles pentes (0,5 à 1 %). Ils sont l'héritage de l'ingéniosité romaine (Ier siècle av. J.-C.) et c'est à partir du Moyen Âge que les paysans valaisans vont dompter les eaux de ruissellement par captation pour favoriser l'irrigation de leurs cultures céréalières. Des ouvrages audacieux sont réalisés, comme le bazot (tronc évidé de bois de mélèze), le chéneau, constitué d'un assemblage de planches, et les berges en pierres disposées perpendiculairement. Le musée des Bisses vous raconte l'histoire de ces constructions artisanales.

LES ENJEUX ACTUELS

L'attrait de la Suisse est très vif. Au cœur de l'Europe sans en être membre, elle reconnaît les accords bilatéraux (libre circulation des biens, des personnes et des services). Grâce à son économie libérale, sa stabilité politique, sa fiabilité, sa fiscalité modérée et la confiance qu'elle dégage, la Suisse est un des pays les plus compétitifs au monde. Pourtant le pays manque de ressources naturelles. Son économie n'en reste pas moins un modèle de dynamisme. Les taux de chômage et d'inflation y sont particulièrement bas. En terme de produit intérieur brut (PIB) par habitant, elle se situe au deuxième rang mondial après le Luxembourg. Terre d'accueil des activités de services et des industries de pointe, le pays met en avant ses spécialités de haute qualité et ses puissances productives. Il a de nombreux atouts et sait travailler en partenariat avec les centres de recherches et multinationales pour rester brillant en innovation.

Les principales ressources

L'agriculture et la sylviculture occupent 3,1 % de la population active et représentent 0,7 % du PIB de l'économie suisse en 2018. Toutefois, ce taux ne peut être maintenu que grâce à la protection et aux subventions de l'État fédéral. L'agriculture apporte sa contribution à la protection de l'environnement en étant directement intégrée à la vie rurale et aux paysages et à l'économie touristique. L'élevage, essentiellement bovin (et même hautement symbolique de la Suisse !), représente les trois quarts de la production agricole. Une grande partie du lait est valorisée et transformée en produits dérivés et essentiellement exportés – lait en poudre (Nestlé), chocolat (Suchard, Lindt, Cailler) ou fromages (gruyère, emmental). L'agriculture enregistre une progression et on dénombre 49 363 exploitations en 2020 avec un engouement pour la culture biologique (7 561 exploitations).

Le secteur industriel représente 22 % du PIB et emploie environ 23 % de la population. L'industrie pharmaceutique chimique et mécanique, les microtechniques ainsi que l'horlogerie représentent les principaux pôles industriels de la Suisse, avec l'agroalimentaire (Nestlé). Le bassin industriel de La Chaux-de-Fonds est particulièrement connu pour abriter les marques et sous-traitants automobiles et de l'horlogerie. L'horlogerie et la maîtrise de technologies de haute précision se découvrent au **musée international de l'Horlogerie** (p.408) de La Chaux-de-Fonds. On peut citer les marques de luxe Breitling, Chopard, Patek Philippe, Rolex, Swatch ou Vacheron Constantin, qui rapportent beaucoup d'argent au pays.

Un secteur pharmaceutique de pointe

La Suisse figure parmi les plus grands producteurs de produits pharmaceutiques. Les biotechs et autres technologies médicales sont d'avant-garde et placent la Suisse en tête sur le marché international. La ville de Bâle est un pôle chimique et pharmaceutique avec les groupes Roche, Novartis et Syngenta principalement. En près de vingt ans, le nombre d'employés a plus que doublé. Le secteur représente 3,5 % du PIB du pays et se situe à cet égard au deuxième rang national, juste derrière l'industrie des machines, qu'elle tend à rattraper. Depuis 1990, la part des exportations pharmaceutiques à l'ensemble des exportations a connu une croissance spectaculaire, passant de 10 % en 1990 à 26,3 % en 2006 et 38,3 % en 2010. En 2021, une société neuchâteloise a développé un bracelet connecté pour mesurer la pression artérielle en continu. Et ce n'est pas fini ! Avec cette croissance fulgurante, l'industrie pharmaceutique s'est imposée comme l'un des principaux moteurs du secteur exportateur suisse.

Un secteur tertiaire très développé

La plupart des salariés travaillent pour le secteur tertiaire. 70 % du produit intérieur brut provient du secteur des services. La progression dans ce domaine est surtout due à l'efficacité du système éducatif, du système de santé, des activités financières, des assurances, des transports ainsi que des entreprises dites de conseil. En 2019, le secteur des services regroupait 75 % de la population active et représentait 72,5 % du PIB. Aux côtés des multinationales qui occupent 10 % de la population active, le secteur tertiaire parvient à maintenir plus de 2,5 millions d'emplois.

Un secteur bancaire exceptionnel

Le secteur bancaire génère presque 10 % du produit intérieur brut (PIB) de la Suisse et crée de nombreux emplois. Il représente ainsi une branche essentielle de son économie. Toutefois, après avoir connu une importante croissance dans les années 1980 et 1990, il connaît une entrée difficile dans le XXIe siècle et doit faire face à la crise mondiale à partir du milieu de l'année 2008.

En 2020, la Suisse est toujours l'une des principales destinations financières du monde avec un choix de 246 banques différentes. Elle est également exemplaire en matière de gestion des fortunes. La loi de la transparence sur le secret bancaire que Berne a signée lors la convention de l'OCDE en 2016 est entrée en application sur l'entraide en matière fiscale. Elle doit mettre fin au secret bancaire, une révolution feutrée dans les bureaux des banques suisses pour contribuer à la lutte contre l'évasion fiscale mondiale. Les deux grandes banques sont Crédit suisse et UBS, qui se partagent plus de 50 % du total des bilans. Apparaissent ensuite les banques étrangères et les banques cantonales, ainsi que les banques régionales et les caisses d'épargne. Les banques Raiffeisen, troisième groupe bancaire du pays, détiennent le réseau d'agences le plus dense, mais possèdent un statut particulier puisqu'elles fonctionnent comme des coopératives. Enfin, les banquiers privés comptent parmi les plus anciens établissements de Suisse et sont spécialisés dans la gestion de fortune pour la clientèle privée et institutionnelle. Puisque nous sommes au pays des banques, il apparaît presque logique que les grands magasins comme Migros ou Coop proposent eux aussi des services bancaires à leurs clients.

L'innovation, une passion fleurissante

Toujours à la recherche de nouveaux enjeux économiques, l'innovation bat son plein en terre helvétique. En 2020, elle culmine en tête du classement mondial du Global Innovation Index pour la dixième fois. L'État, l'offre publique de formation et de recherche, les investissements privés favorisent le développement et l'émergence de nouvelles technologies et de savoir-faire. De nombreuses petites étincelles voient le jour dans les start-up ou pôles de développement comme le Campus Biotech à Genève, l'EPFL Innovation Park à Lausanne, le BioArk à Visp et à Monthey, le Bio-Technopark à Zurich, le Biopôle à Lausanne ainsi que le parc technologique de Bâle. Parmi les exemples prometteurs : un Wifi sous-marin pour les drones, l'élevage de mouches pour éliminer les déchets…

Un pays tourné vers l'exportation

La Suisse excelle également en matière d'exportations et maintient ainsi sa réputation d'actrice sur le plan international. Le commerce extérieur est le principal acteur du PIB du pays. Dans certains secteurs, plus de 90 % des biens et services sont exportés. C'est vers l'Europe que la Suisse exporte le mieux ses produits, principalement les montres, le chocolat et le fromage, ainsi que la chimie et l'industrie pharmaceutique qui constituent 60 % des exportations totales.

Les ressources humaines

Nouveau secteur actif dans l'économie suisse, la gestion des ressources humaines devient très compétitive. À défaut de posséder des ressources naturelles – excepté l'énergie hydroélectrique –, la richesse économique de la Suisse dépend avant tout de ses ressources humaines basées sur la réputation de sa main-d'œuvre qualifiée, de l'apport des ouvriers étrangers qui occupent jusqu'au quart des emplois, des conditions sociales caractérisées depuis 1937

L'élevage représente les trois quarts de la production agricole.

© IOANA CATALINA E- SHUTTERSTOCK.COM

Le tourisme constistue un secteur important dans l'économie du pays.

par « la paix du travail » qui évite les grèves, du contexte financier (secret bancaire) et de la neutralité politique. De nombreuses compagnies internationales ont établi leurs départements de gestion du personnel à Genève. Ce changement est dû au fait que la Suisse offre un environnement social stable et un taux de fiscalité modéré. Le droit suisse en matière d'emploi peut également sembler plus flexible pour les employeurs de l'Union européenne.

La place du tourisme

La Suisse est l'un des pionniers du tourisme. Située au cœur de l'Europe, c'est une terre de passage millénaire qui dispose d'un potentiel naturel évident. Elle a par ailleurs bénéficié d'excellents « publicitaires » avec tous les auteurs romantiques qui se sont laissé bercer, surtout aux XVIIIe et XIXe siècles, par ses paysages de lacs et de montagnes. Les Suisses étant très compétents en matière d'organisation, il n'en fallait pas plus pour faire du tourisme l'un des secteurs majeurs de l'économie, en termes d'emplois, de recettes et de devises. Aujourd'hui, le tourisme constitue un secteur économique important du pays. Néanmoins, le secteur traverse une grave crise en raison du franc très fort et des prix exorbitants pour les non-Suisses. En conséquence, 45 % des touristes sont… suisses ! Près de 40 % sont européens : allemand d'abord, aussi anglais et français, mais également des Américains, Chinois et Japonais.

La Suisse aujourd'hui

Aujourd'hui, la Confédération suisse fait partie des pays les plus performants du monde. La croissance économique de la puissance helvète se poursuit, le franc se renforce. Devant cette santé économique incroyable, la Suisse attire beaucoup de candidats à l'immigration qui rêvent de décrocher un travail, notamment les Français frontaliers, de plus en plus nombreux. En 2021, les étrangers résidents représentent un tiers de la population, et le taux de chômage est toujours aussi bas (3,3 %). Malgré son besoin de main-d'œuvre pour poursuivre son développement, l'heure est au protectionnisme, et même au conservatisme. La Suisse a voté ces dernières années une série de lois visant à réduire l'immigration à ses frontières. L'initiative « contre l'immigration de masse » a été votée en février 2017.

Tous secteurs économiques confondus, le pays se tourne davantage vers « le durable » et l'État incite les initiatives. En 2021 le Conseil fédéral a adopté la Stratégie pour le développement durable 2030. Les trois thèmes prioritaires sont « consommation et production durables », le climat, « énergie biodiversité » et « égalité des chances et cohésion sociale ». Ce plan d'action aura des répercussions sur le développement économique de la Suisse.

Dans ce contexte de pandémie de Covid-19 affaiblissant l'économie du monde, la Suisse n'est pas à plaindre. Le secteur bancaire reste un facteur du succès sur la place financière mondiale. Même les taux négatifs pour l'emprunt instaurés par les banques ne déstabilisent pas le marché. Peut-être que le changement climatique aura une incidence sur le futur de ce pays alpin car les possibilités de sinistres liés au climat s'accentueront et le risque de perte pourra être significatif. À suivre…

HISTOIRE

L'histoire suisse est davantage une histoire de cantons qu'entre des illustres personnages. Avec vingt-six cantons, quatre langues nationales et des dialectes, la Confédération suisse possède une histoire riche, tiraillée entre ses puissants voisins et des aspirations contradictoires. Cet héritage passe par des conflits parfois violents du temps de la Réforme qui ont entraîné une paralysie politique durant trois siècles, expliquant la neutralité consacrée en 1647 par le Defensional de Wil. Après être devenue « République helvétique une et indivisible », conçue sur ordre de la France révolutionnaire, avoir servi de champ de bataille entre les armées françaises et la coalition austro-russe, la Suisse fait reconnaître son indépendance, sa neutralité et l'inviolabilité de son territoire en 1815 au traité de Vienne. À la création du Comité international de la Croix-Rouge en 1863, s'ajoute un formidable développement économique. Suivons l'histoire de cette diplomatie.

10 000 AV. J.-C	Premier habitat régulier.
500 AV. J.-C	Des tribus celtes s'installent sur le territoire (l'âge de la Tène).
58 AV. J.-C	Les Helvètes tentent d'envahir la Gaule et sont repoussés par César à Bibracte.
IER SIÈCLE AV. J.-C.	Les territoires peuplés par les Celtes, dont la tribu helvète, deviennent progressivement des provinces de l'Empire romain.
DU IVE AU VIIE SIÈCLE AP. J.-C	Christianisation des futurs territoires suisses.
ENTRE LES VE ET VIE SIÈCLES	Constitution de la frontière linguistique : les Burgondes à l'ouest se romanisent, les Alamans à l'est conservent la langue allemande. Progression de la CHRistianisation : premiers évêchés et monastères.
DU VIE AU IXE SIÈCLE	Le territoire de la Suisse actuelle est sous domination franque. En 843, le traité de Verdun divise l'empire carolingien et coupe la Suisse en deux.
XIE SIÈCLE	Le pays retrouve une unité en intégrant le Saint Empire romain germanique.
XIIIE SIÈCLE	La route du Saint-Gothard est ouverte, la Suisse devient un carrefour du commerce européen.

1er AOÛT 1291 Enrichies par le commerce, trois communautés s'accordent sur des velléités d'indépendance. C'est l'acte de fondation de la Confédération suisse ou pacte du Grütli (encore appelé « serment des trois Suisses ») : le gouvernement suisse (Conseil fédéral) est constitué d'un collège de sept membres élus par le Parlement. Il n'y a pas de président. Le Parlement (Assemblée fédérale) compte 246 membres, élus par le peuple. Il se compose de deux chambres : le Conseil national (200 membres) et le Conseil des États (46 membres). Le sigle CH est l'abréviation du latin Confoederatio Helvetica, Confédération helvétique en français, à l'origine en latin car c'était la seule manière d'avoir le même signe pour les francophones, les germanophones et les italophones.

Le pacte ou le serment de Grütli

Une poignée de montagnards s'insurgent contre la domination des Habsbourg. Ces représentants des cantons primitifs de Schwyz, Uri et Unterwald se rencontrent dans ce qu'on appelle le Grütli, sorte de prairie en montagne. Ils s'associent et se jurent défense mutuelle en cas d'attaque dans leurs cantons respectifs. Cette histoire représente la première alliance en tant que cantons et les premières décisions collectives. À cette époque la Suisse n'existe pas encore mais on s'accorde à prendre le serment de Grütli comme mythe fondateur du pays.

1315 L'alliance de 1291 est confirmée par l'empereur Louis de Bavière.

1353 À cette date, l'esprit de confédération progresse : les « ligues suisses », soit huit cantons, sont associées.

1499 Avec la paix de Bâle, la Suisse se débarrasse enfin de la tutelle des Habsbourg et n'est plus sous dépendance du Saint Empire romain germanique. Les cantons deviennent indépendants en 1499 suite à la guerre de Souabe.

1516 Après Marignan, la Suisse signe un pacte de paix perpétuelle avec la France (pacte qui inclut la fourniture de mercenaires, début de la tradition des gardes suisses). C'est le premier pas du pays vers la neutralité.

1525-1530 Début de la Réforme en Suisse (Zwingli puis Calvin). En 1528, Berne adopte la Réforme et des marchands suisses et allemands font connaître les idées luthériennes à certains Genevois. Guillaume Farel cherche à convertir les territoires bernois francophones à la Réforme.

La Réforme

À partir du XVIe siècle, la Réforme coupe le pays en deux, au terme d'un conflit parfois violent, et cette division religieuse entraîne une paralysie politique qui va durer trois siècles. Le parlement (la Diète), partagé, ne prend presque plus de décision importante et le lien fédéral est minimal. Cependant, si le pays s'est déchiré intérieurement pour des questions religieuses, il refuse de le faire avec le reste de l'Europe : il opte pour la neutralité pendant la guerre de Trente Ans, neutralité consacrée en 1647 par le Defensional de Wil, qui réduit l'armée suisse à un contingent de 36 000 hommes, jugé suffisant pour protéger le territoire en cas de besoin. Malgré sa non-implication, la Suisse tire profit de la guerre : elle obtient la reconnaissance officielle de son indépendance aux traités de Westphalie en 1648.

Le courant débute dès 1522 à Zurich avec Ulrich Zwingli. Très vite, les villes de Berne, Saint-Gall, Bâle et Schaffhouse seront convaincues par les idées de la Réforme. De 1529 à 1531, les guerres de Kappel illustrent les oppositions entre catholiques et protestants. Zwingli (figure du protestantisme) sera d'ailleurs tué sur le champ de bataille le 11 octobre 1531. En 1536 Berne, aidée de Fribourg, conquiert le pays de Vaud sous domination savoyarde et donc catholique.

À partir de 1536, Jean Calvin introduit la Réforme à Genève. Le musée international de la Réforme (MIR) à Genève vous expose tous les détails de la Réforme protestante : vous déambulerez dans les 400 m de l'hôtel particulier du XVIIIe siècle, la maison Mallet. Un film retrace toute l'histoire de Luther puis celle de Calvin en passant par les guerres de religion qui déchirèrent la France.

Les protestants valorisent rationalisme et dur labeur, et considèrent l'aisance financière comme une récompense de Dieu, éthique qui a permis de poser les fondements de la prospérité suisse moderne.

© NASTASIC- ISTOCKPHOTO.COM

Luther et Zwigli en 1529 pendant la Réforme.

Jean Calvin

Jean Calvin est la figure marquante de la Réforme. Il est né le 10 juillet 1509, à Noyon en Picardie. Il fait ses études à Paris et étudie le droit à Orléans et à Bourges où il s'intéresse aux idéologies évangélistes qu'il trouve plus proches de CHRistianisme. Calvin ne partage pas le culte des saints, la vénération des reliques et la croyance dans les pouvoirs surnaturels de guérison du roi, etc. Il s'éloigne du catholicisme de Rome et remet en cause la suprématie du pape. La Réforme s'impose en lui et il prend l'exil en direction de Bâle où les pensées de Luther et de Zwingli lui font écho. Jean Calvin s'établit pour la première fois à Genève, le 5 septembre

1509-1564 1536, sous l'invitation de Guillaume Farel, prédicateur. Le 25 mai 1536, le Conseil général genevois prend l'engagement de vivre « selon l'Évangile » et adopte la Réforme. La devise de Genève « Post tenebras lux » : après les ténèbres, la lumière, suggère l'ère dans un homme nouveau. Le mur des Réformateurs dans le parc des Bastions à Genève immortalise dans la pierre la doctrine calviniste et met en relief les quatre grands prédicateurs Guillaume Farel, Jean Calvin, Théodore de Bèze et John Knox. Par ses actions et ses pensées, Calvin va faire de Genève la « pépinière de la Réforme ». Il fera édifier l'Académie, ancêtre de le l'université, traduire la Bible en plusieurs langues, ce qui propulsera la doctrine calviniste à travers l'Europe. Calvin s'éteint à cinquante-cinq ans et comme il le souhaitait. Sa sépulture est simple et empreinte d'humilité. Sa tombe se trouve au cimetière de Plainpalais à Genève.

1618-1648 Malgré les cantons catholiques et protestants, les Suisses ont la sagesse de ne pas participer à la guerre de Trente Ans. Les traités de Westphalie (1648) reconnaissent leur indépendance.

1618-1648 Malgré les cantons catholiques et protestants, les Suisses ont la sagesse de ne pas participer à la guerre de Trente Ans. Les traités de Westphalie (1648) reconnaissent leur indépendance.

1688 Saviez-vous que l'expression « avoir le mal du pays » est d'origine suisse ? C'est la première fois en 1688 que le docteur alsacien Hofer va nommer et diagnostiquer cet état mélancolique qui affecte tout aussi bien l'esprit que le corps de l'homme par des symptômes de fièvre et de toux irrégulière. Le médecin naturaliste zurichois Johann Jakob Scheuchzer affirmera plus tard que cette maladie s'explique par les variations de pression atmosphérique que peuvent ressentir les montagnards habitués à une faible pression dans les hauteurs des montagnes. Cet état mélancolique n'est pas anodin dans l'histoire suisse car de nombreux vaillants mercenaires voyaient en ultime solution celle de déserter lors de leurs expéditions, tel le mal émotionnel était puissant. Le chant populaire *Le Ranz des vaches* était souvent fredonné par les mercenaires pour leur donner du courage loin de leur pays. Mais il semblait aussi conditionner les durs soldats à s'enfuir des rangs, à tel point que la France interdit à ses mercenaires venus de Suisse de chanter cet air.

Le philosophe Jean-Jacques Rousseau décrit dans son *Dictionnaire de la musique* ce chant comme étant « cet air si chéri des Suisses qu'il fut défendu, sous peine de mort, de le jouer dans leurs troupes, parce qu'il faisait fondre en larmes, déserter ou mourir ceux qui l''entendait, tant il excitait en eux l'ardent désir de revoir leur pays ».

XVIIIe SIÈCLE Naissance d'un sentiment national appelé « helvétisme » qui sera largement développé dans les textes de Voltaire et J.-J. Rousseau. Nous sommes dans la nouvelle ère du siècle des Lumières qui fourmille d'idées et de concepts nouveaux, notamment au niveau de la politique.

1712 - 1778

Jean-Jacques Rousseau

Musicien, philosophe et écrivain, auteur notamment des *Confessions*, d'*Émile ou De l'éducation*, du *Contrat social* et de *Julie ou la Nouvelle Héloïse*, c'est à Genève qu'il passa les seize premières années de sa vie. La maison Rousseau à Genève illustre sa vie et ses œuvres. Sa pensée jugée trop moderne, ses textes politiques, notamment *Le Contrat social*, l'obligeront à fuir Genève dès 1728. Vous contemplerez la statue de l'écrivain genevois sur l'île Rousseau à Genève. Près de Vevey, la maison de Mme de Warens rappelle son attachement à cette femme.

19 FÉVRIER 1803 Par l'acte de Médiation, Napoléon Bonaparte, Premier consul, rétablit la Confédération des cantons suisses, supprimant la République helvétique créée par les révolutionnaires français du Directoire en 1798.

1815 Le traité du congrès de Vienne reconnaît le statut de neutralité de la Suisse. Les frontières de la Suisse actuelle sont ainsi tracées – ou presque. Genève, le Valais et Neuchâtel entrent dans la Confédération suisse.

XIXe SIÈCLE Révolution industrielle, surtout développée dans les villes protestantes.

1847 Tentative de sécession des cantons catholiques (Sonderbund) restés plus ruraux, qui débouche sur une guerre civile.

10 AOÛT 1847 Début de la construction du chemin de fer en Suisse entre Zurich et Baden, « train des petits pains espagnols » en référence à la spécialité boulangère que dégustaient les Zurichois.

12 SEPTEMBRE 1848 Constitution d'un État fédéral structuré avec la promulgation d'une Loi fondamentale. Berne devient la capitale fédérale. En 1851, le pays adopte le franc suisse.

Le palais de la Confédération

L'architecte Hans Wilhelm Auer, né en 1847 à Wädenswil (Zurich), supervise les travaux du Palais fédéral en respectant les valeurs symboliques d'unité entre cantons. Inauguré en 1902, le bâtiment accueillait lors de la construction les deux Chambres du parlement et l'ensemble de l'administration fédérale. Par 300 m de long, l'édifice s'impose au sommet de la ville et forme un rectangle. Afin d'afficher cette volonté d'unité, 95 % des matériaux proviennent de Suisse. L'architecte intègrera trente sortes de pierres provenant de trente cantons différents. La coupole est mise en valeur par des vitraux symbolisant les armoiries des cantons qui se rejoignent autour de la croix suisse et la devise « Un pour tous, tous pour un ». Partout dans le palais vous trouverez des emblèmes propres à cette unité fédérale. Rien de tel qu'une visite guidée du palais de la Confédération pour en apprécier son architecture et comprendre la naissance de la Suisse. Si vous souhaitez assister à l'une des sessions de votation, c'est aussi possible ! Pour faire écho aux vingt-six cantons, la place Fédérale (Bundesplatz) est riche de vingt-six jets d'eau pouvant atteindre jusqu'à 7 m.

La Constitution de 1848, créant l'État suisse fédéral tel que nous le connaissons, a été conçue par des radicaux protestants qui pensaient qu'une plus grande centralisation était essentielle au développement de l'économie industrialisée. L'État fédéral a frappé une monnaie unique en remplacement des diverses monnaies cantonales et a fait disparaître les barrières qui handicapaient le commerce intérieur. Le Musée historique de Berne vous transpose dans l'histoire de la Suisse pour mieux en saisir les détails.

Palais Fédéral à Bern.

La particularité du drapeau suisse

C'est en 1848 que le drapeau suisse a été officiellement adopté sous sa forme actuelle. Ses origines sont toutefois bien plus anciennes, puisqu'elles renvoient directement à l'histoire de la Confédération. La croix blanche, symbole CHRétien déjà utilisé sur la monnaie, serait apparue en 1339 comme signe de ralliement national lors de la bataille de Laupen : bien que chaque canton ait conservé son propre blason, la croix blanche distinguait d'abord les Suisses des autres soldats sur le champ de bataille. C'est ensuite en 1814 que la croix blanche fut incrustée pour la première fois sur un fond rouge, avant de devenir officiellement l'étendard de l'unité helvétique en 1848. À noter qu'avec celui du Vatican, le drapeau suisse a la particularité d'être carré. Ainsi, lors de l'adhésion de la Suisse à l'ONU en 2002, il a fallu prévoir une exception à l'obligation pour les drapeaux des pays membres d'être de forme rectangulaire : la surface du drapeau suisse ne devait pas dépasser celle des autres.

1863 - 1864

Création de la Croix-Rouge (Henri Dunant). En 1864 a lieu la signature de la Convention de Genève sur les blessés de guerre. Le musée de la Croix-Rouge à Genève vous relate toute l'histoire et les responsabilités actuelles de la Croix-Rouge et du Croissant-Rouge.

Henri Dunant

1828-1910

Henri Dunant est un citoyen genevois, il se rend sur le champ de bataille de Solférino en juin 1859 pour échanger avec Napoléon III avec lequel il souhaite commercer. Face à la stupeur et à l'horreur de la guerre, des 6 000 morts et 40 000 blessés, il décide de venir en aide aux familles des victimes. Dès son retour à Genève, il rend compte de ce drame dans son livre *Un souvenir de Solférino*, qu'il publiera en 1862. De ses idées humanitaires et de neutralité en temps de guerre va naître un comité de seize gouvernements. La première convention de Genève est signée le 22 août 1864. Les fondements principaux et les valeurs communes d'engagement sont : soigner les blessés sans distinction de nationalité, la neutralité (l'inviolabilité) du personnel sanitaire et des établissements sanitaires et arborer le signe distinctif de la Croix-Rouge sur fond blanc comme emblème protecteur. À Genève, vous trouverez son buste situé au pied de la montée de la Treille, place Neuve, et dans la vieille ville les lieux de signature de la convention.

1874

Révision de la Constitution et introduction du droit de référendum.

La démocratie directe

La particularité du système politique suisse est la démocratie directe. Ainsi, les citoyens sont appelés à voter tous les trois mois sur des sujets précis, comme une nouvelle loi sur l'immigration, sur les allocations sociales, etc. Les décrets sont généralement pris par les élus, mais n'importe qui a le droit de contredire ces décisions et de lancer un référendum populaire. En effet, en Suisse, les citoyens disposent de deux instruments qui leur permettent d'agir sur un acte décidé par l'État : le référendum facultatif ou obligatoire. Le référendum facultatif permet de discuter une loi votée par l'Assemblée fédérale. À cet effet, 50 000 signatures doivent être réunies dans une période de cent jours. Le référendum obligatoire exige quant à lui nécessairement une consultation populaire dans les cas prévus par la Constitution fédérale. Il suppose la double majorité de la population et des cantons. L'initiative populaire est le droit d'une fraction du corps électoral de déclencher une procédure permettant l'adoption, la révision ou l'abrogation d'une disposition constitutionnelle, à condition de réunir 100 000 signatures.

1919 Le traité de Versailles, à l'issue de la guerre, reconnaît la neutralité perpétuelle de la Suisse en échange de l'abandon du droit d'occuper la Savoie en cas de conflit. La Première Guerre mondiale crée un fossé entre Suisses allemands, en faveur d'une victoire de l'Allemagne, et Suisses romands, qui souhaitent voir la France et ses alliés l'emporter.
Genève est choisie comme siège de la Société des Nations (SDN) et du Bureau international du travail (BIT).

1945 La Suisse ne participera pas aux deux guerres mondiales et accueille de nombreuses organisations internationales. Elle rejoint le Conseil de l'Europe en 1963 et l'Organisation des nations unies en 2002.

1961

L'hymne national suisse

À l'origine, c'est un cantique. Écrit par un journaliste de Zurich au milieu du XIXe siècle, mis en musique par un prêtre, ce chant liturgique est adopté comme chant patriotique dès 1961, puis officialisé en 1981. Il remplace dès lors *Ô monts indépendants* qui ressemblait trop à *God Save the Queen* anglais.

« Sur nos monts, quand le soleil/Annonce un brillant réveil,/Et prédit d'un plus beau jour le retour,/Les beautés de la patrie/Parlent à l'âme attendrie ;/Au ciel montent plus joyeux/Les accents d'un cœur pieux,/Les accents émus d'un cœur pieux./Lorsqu'un doux rayon du soir/Joue encore dans le bois noir,/Le cœur se sent plus heureux près de Dieu./Loin des vains bruits de la plaine,/L'âme en paix est plus sereine,/Au ciel montent plus joyeux/Les accents d'un cœur pieux,/Les accents émus d'un cœur pieux. »

7 FÉVRIER 1971 La Confédération accorde le droit de vote aux femmes pour les échéances nationales, donc fédérales (il était temps !). La décision est prise par 66 % de oui, avec un taux de participation de 58 %.

Le droit de vote aux femmes

Pourquoi donner le droit de vote aux femmes ? Telle est la question que les Suisses se sont longtemps posée. Se basant sur des arguments des plus saugrenus, la majorité masculine suisse a refusé les requêtes exprimées en faveur du droit de vote des femmes. Peu importe si les Néo-Zélandaises l'ont obtenu en 1893 et si la majorité des Européennes l'ont obtenu dès la fin de la Première Guerre mondiale. Quand cette question a été soumise en 1959 à la population – c'est-à-dire à la moitié masculine d'entre elle – comme l'exigeait la Constitution suisse, les deux tiers ont rejeté la recommandation du Parlement. Ce n'est que le 5 février 1971, sous l'initiative du comité d'action « Oui aux femmes », que les Suissesses ont été autorisées légalement à prendre part à la vie politique… et les habitantes du canton d'Appenzell-Rhodes Intérieures ont dû attendre novembre 1990 !

1978 Un nouveau canton est formé : le Jura (francophone) était au préalable intégré au canton germanophone de Berne.

1992 Consulté par référendum, le peuple suisse refuse d'adhérer à l'Europe (50,3 % de « non », mais l'UE a supprimé les droits de douane depuis 1972). Adhésion au FMI et à la Banque mondiale.

DÈS 1992

La Suisse et l'Union européenne

À la suite du refus de la Suisse de ratifier par référendum l'accord sur l'espace économique européen (EEE) en 1992, le Conseil fédéral suisse entreprend une série de négociations bilatérales avec l'Union européenne. Celles-ci aboutissent à la signature, en 1999, des accords bilatéraux. Ces accords portent essentiellement sur l'ouverture réciproque des marchés. Ils concernent sept domaines particuliers : la libre circulation des personnes, les obstacles techniques au commerce, les marchés publics, l'agriculture, le transport aérien et les transports terrestres ainsi qu'une participation de la Suisse aux programmes de recherche de l'UE. L'ensemble de ces accords, approuvé par 67,2 % des électeurs suisses en 2000, est entré en vigueur en 2002. En 2001, la Suisse et l'Union européenne décident d'ouvrir de nouvelles négociations bilatérales sur dix thèmes. De son côté, la Suisse propose de prendre en considération les thèmes des conventions de Schengen et de Dublin et, du côté de l'EU, on veille à introduire des réglementations sur la fiscalité de l'épargne et la lutte contre la fraude. Les accords bilatéraux II sont signés en 2004. De manière générale et en grande majorité, les Suisses préfèrent la coopération actuelle sous forme d'accords bilatéraux avec l'UE plutôt qu'une adhésion véritable, pour des raisons économiques essentiellement.

En outre, lors de la votation du 9 février 2014 (« Non à l'immigration de masse »), le peuple suisse s'est prononcé pour un meilleur contrôle décidé de son immigration. Le texte qui a été voté prévoit notamment des dispositions qui ne sont probablement pas compatibles avec la libre circulation des personnes et les accords bilatéraux, comme la mise en place de quotas de frontaliers. Le Conseil fédéral doit proposer une nouvelle loi sur l'immigration et la mettre en œuvre. Finalement, fin décembre 2016 une loi « eurocompatible » est approuvée qui ne remet pas en cause les relations avec l'Union européenne.

Les accords bilatéraux et la libre circulation des personnes restent ainsi d'actualité en Suisse, les offices de placement et caisses de chômage doivent juste être au courant de l'annonce des postes vacants pour des embauches.

1997-2000

Remise en cause de la position de la Suisse envers les Juifs pendant la Seconde Guerre mondiale. Menacée d'embargo par les États-Unis, la Suisse accepte de dédommager les personnes spoliées.

1ER JANVIER 2000

La nouvelle Constitution fédérale entre en vigueur.

2002

Entrée de la Suisse à l'ONU

Bien que le deuxième siège de l'ONU après celui de New York soit établi à Genève, ce n'est que le 10 septembre 2002 que la Suisse est devenue membre à part entière de l'Organisation des Nations unies. Cette adhésion tardive n'a pas empêché la Suisse de travailler depuis longtemps dans des institutions spécialisées des Nations unies. Elle a pareillement collaboré à diverses activités onusiennes pour le maintien de la paix, que ce soit dans le domaine logistique ou financier.

2008

Entrée en vigueur de l'accord Schengen/Dublin.

2010

Entrée en vigueur de la nouvelle Constitution suisse.

OCTOBRE 2013 Berne a signé la convention de l'OCDE sur l'entraide en matière fiscale qui doit mettre fin au secret bancaire, étape importante dans la lutte contre l'évasion fiscale qui concerne les banquiers suisses. Puis en 2015, application de la loi de la transparence sur le secret bancaire.

DÉCEMBRE 2016 Mise en service du tunnel de base du Saint-Gothard, long de 57,1 km, soit le plus long tunnel ferroviaire du monde.

2020

La crise sanitaire

La crise sanitaire a largement affecté le tourisme en Suisse, mais l'économie de la Confédération helvétique a relativement bien résisté dans l'ensemble. À noter qu'au moins un travailleur sur trois a connu le chômage partiel. La Confédération a aidé les entreprises financièrement grâce à une indemnité de réduction des horaires de travail (RHT).

JUIN 2021 Sommet Poutine-Biden. Une fois encore la Suisse orchestre des rencontres entre les puissances mondiales pour contribuer à l'équilibre des grands pays de ce monde.

25 SEPTEMBRE 2021 Le mariage pour tous est accepté à 64 % par la votation fédérale. Désormais, le droit à l'adoption pour tout couple homosexuel est également autorisé.

GUILLAUME TELL

SAVEZ-VOUS QUI SE TROUVE SUR LA PIÈCE DE 5 CHF ?

Mythe ou réalité ?

À chacun son Robin des Bois ! Dans ce petit pays de montagnes qu'est la Suisse, Guillaume Tell est un héros national. Légende ou vrai personnage ? Le mythe est bien présent et nous imaginons totalement ce grand gaillard muni de son arbalète, prête à être dégainée, pour chasser le chamois dans les montagnes. L'imagination dépasse la réalité et Guillaume Tell est ancré dans le cœur des Suisses comme s'il avait vraiment existé. Partons dans le canton d'Uri où cette légende a commencé.

Le chef-lieu du canton, Altdorf, est connu pour être la ville du mythique Guillaume Tell. Cet ancien mercenaire, retiré dans ses montagnes originelles, était un expert de l'arbalète. Le canton d'Uri dépendait à cette époque (1307) du Saint Empire romain germanique. Le souverain d'Autriche (un Habsbourg) avait pour ambition d'aliéner le canton d'Uri. Son administrateur autrichien, Hermann Gessler, fut désigné en tant que bailli. Il semait la terreur dans la contrée et obligeait les habitants à se plier aux ordres. Afin d'asseoir son autorité, il dressa un pilier sur la place principale de la ville et y suspendit son chapeau, à charge pour les fermiers de se courber devant ce couvre-chef en guise de soumission. Il s'agissait de mettre à l'épreuve la fidélité du peuple. Mais le fier Guillaume Tell passa un jour avec son fils devant le poteau chapeauté sans se courber. Il fut arrêté, mais refusa toujours de se soumettre. Le bailli Gessler lui ordonna, sous peine de mise à mort, de trouer d'une flèche une pomme posée sur la tête de son fils avec son arbalète. À cent pas de la cible (environ 115 m), Guillaume Tell parvint à accomplir la prouesse. Il dit au bailli que s'il avait assassiné son fils dans cet essai, il aurait instantanément tiré une deuxième flèche sur lui. Cette remarque impertinente mit Gessler dans une forte colère : il emprisonna Guillaume Tell. Ce dernier promit alors de se venger. Le bailli, son équipage et le prisonnier partirent sur une barque pour le château de Gessler à Küssnacht en Autriche, naviguant sur le lac des Quatre-Cantons. Guillaume Tell ayant toutes les qualités, même celle de naviguer, réussit à s'échapper lors d'une tempête sur le lac. Obligé d'accoster, notre héros réussit à s'échapper.

Qu'incarne Guillaume Tell ?

Cet épisode épique aurait été à la source de la révolte des Suisses contre les souverains d'Autriche, ce qui mena à la fusion des cantons et à l'indépendance du pays. Par son acte de rébellion et sa ténacité, Guillaume Tell représente le caractère intrinsèque propre au peuple suisse. Les valeurs de liberté, d'engagement pour la patrie et l'amitié confédérale se retrouvent dans le serment de Grütli qui pose les bases de la première Confédération. Pourtant, si l'on cherche bien, on s'aperçoit que d'autres histoires semblables ont la même finalité, comme celle de Palnatoke au Danemark au Xe siècle. Les héros partagent les mêmes prouesses et ont pour but celui de rendre la liberté au pays occupé. L'histoire a inspiré plusieurs opéras, comme celui de Rossini, ou de nombreux films et séries.

Sur les pas de Guillaume Tell

Outre les arbalètes dans les magasins de souvenirs, vous pourrez pénétrer dans la ville d'Altdorf et commencer votre « pèlerinage ». En son centre se trouve le monument historique avec la statue en bronze de Tell érigée en 1895 par Richard Kissling. L'office de tourisme propose également des visites guidées et le musée de Tell, à Bürglen, vous fait revivre toute l'épopée au travers de plus de 500 documents d'archives et des objets d'art consacrés à la légende. Dans le village, la chapelle de Tell est vraisemblablement le lieu de l'ancienne maison du héros. Pour continuer la pittoresque balade autour du lac des Quatre-Cantons, rendez-vous sur le site historique de Tellplatte. Une chapelle fut érigée en 1388 à l'endroit présumé où notre héros aurait quitté la barque et retrouvé la liberté. Puis continuez votre tour du lac en direction du rocher de Schiller devenu célèbre dans le *Livre blanc de Sarnen* de 1470. Ce rocher indique la route qui mène au Grütli. Justement, terminez par le Graal… le Grütli, cette prairie qui fut le théâtre du serment des trois cantons primitifs d'Uri, de Schwyz et d'Unterwald et la naissance de la Suisse.

ARCHITECTURE

La Suisse a vu naître Le Corbusier, le plus célèbre des modernistes, ainsi que Peter Zumthor, Jacques Herzog et Pierre de Meuron, tous trois détenteurs du prix Pritzker, le Nobel de l'architecture. Bien d'autres grands noms de l'architecture ont étudié dans ses prestigieuses écoles, contribuant à développer et à diffuser une culture architecturale unique mêlant avec élégance savoir-faire pratique et geste créateur, une culture qui prend sa source dans les richesses du passé. Des sites lacustres préhistoriques aux puissantes forteresses médiévales, des élégants palais Renaissance aux foisonnantes églises baroques, des prouesses d'ingénierie aux élans de la modernité, le patrimoine suisse retrace l'histoire millénaire d'un pays qui peut aussi s'enorgueillir de posséder une architecture vernaculaire qui a inspiré le monde entier.

Trésors du passé

La Suisse est le pays d'Europe qui abrite le plus grand nombre de sites palafittiques, trésors lacustres de la préhistoire. Sur les rives des lacs de Neuchâtel, Zurich, Zoug, Hallwil ou Bienne, vous pourrez ainsi découvrir les vestiges de ces étonnants villages mêlant maisons flottantes ou sur pilotis, et maisons sur la terre ferme… qui prenaient bien souvent la forme de tertres artificiels. De plan rectangulaire, souvent longues et étroites et abritées sous un large toit de chaume à deux pans, ces maisons étaient faites en madriers (troncs de bois équarris) ou à colombages, les murs étant alors formés d'un entrelacs de branches et revêtus de torchis. Elles étaient alignées en plusieurs rangées et étaient protégées par des palissades de bois, des fossés et remblais. Les vestiges et reconstitutions du Laténiumparc et musée d'archéologie d'Hauterive sont incontournables. Les Celtes et les Helvètes établirent les premiers centres urbains ou *oppida*, divisés en différents quartiers et fortifiés de puissants remparts de terre, bois et pierres. La presqu'île de l'Enge à Berne en abrite des vestiges. Puis ce fut au tour des Romains de mêler avec brio pragmatisme, monumentalité et richesse domestique comme le montre la très belle villa gallo-romaine d'Orbe-Boscéaz avec ses superbes mosaïques. Ne manquez pas non plus la ville romaine d'Augusta Raurica avec ses thermes, sa fontaine souterraine, les puissants murs de soutènement de sa basilique et les restes de fours destinés à la fabrication de tuiles réalisées à base d'argile séchée et dont beaucoup portent la marque de la légion. Eh oui, à cette époque, les forces armées étaient aussi les premières entreprises du bâtiment !

© ASSALVE - ISTOCKPHOTO.COM

Abbaye de Saint-Gall.

Puissance médiévale

L'époque carolingienne (VIIIe-Xe siècles) est une période de grand renouveau pour l'architecture monastique chrétienne. L'abbaye de Saint-Gall (p.196) en est l'exemple le plus célèbre. Son plan idéal d'une grande fonctionnalité révèle une séparation entre est-sacré et ouest-profane et deux puissantes tours flanquent la façade occidentale de son église. Des traits que l'on retrouve dans le très beau couvent des Sœurs à Müstair. Ce dernier possède également le plus important ensemble de fresques romanes du pays, ce roman dont les murs massifs, les arcs en plein cintre et les décorations sculptées vont se répandre partout dans le pays sous l'influence des ordres religieux. L'église abbatiale de Romainmôtier est l'un des grands chefs-d'œuvre du roman suisse avec ses voûtes croisées portées par de puissants piliers, tout comme le monastère de Muri ou bien encore l'église Santa Maria di Castello à Mesocco, avec son superbe campanile en pierre aux baies géminées. Avec ses arcs brisés, ses voûtes d'ogive et ses fins mais puissants arcs-boutants, le gothique se fait vertical et aérien. Superbes vitraux, portails sculptés et voûtes nervurées sont autant de témoins de la richesse décorative gothique.

Les façades colorées d'Appenzell.

Mais peu d'édifices sont construits *ex nihilo*, se basant au contraire sur des fondations carolingiennes et romanes, créant ainsi un somptueux mélange des styles dont les cathédrales sont les plus fières représentantes. Ne manquez pas la cathédrale Notre-Dame de Lausanne, la cathédrale Saint-Nicolas de Fribourg ou bien encore la cathédrale de Coire avec sa belle nef alternant puissants piliers romans aux chapiteaux élégamment sculptés et voûtes aériennes gothiques. Un mélange que l'on retrouve également dans l'étonnante **basilique Notre-Dame de Valère** (p.430), rare exemple d'église fortifiée et preuve que le Moyen Âge est une période pour le moins mouvementée ! Ce qui explique la présence de nombreux châteaux forts. Ces derniers passent de simples tours isolées à puissantes forteresses. La cité fortifiée de Bellinzona, aux trois châteaux et puissants remparts épousant les contours accidentés de la topographie, est unique en son genre, tout comme le légendaire **château de Chillon** (p.379) avec son double visage, entre forteresse et palais gothique princier. Les cités en plein développement se protègent également derrière d'impressionnants remparts. Tours d'horloge, hôtels de ville et maisons de guilde se parent des atours du gothique. Rez-de-chaussée en maçonnerie composé d'arcades, étages à colombage avec oriels (fenêtres à encorbellement) caractérisent souvent les hautes et étroites maisons médiévales. Les villages de Stein-am-Rhein et Reggensberg comptent parmi les plus pittoresques du pays. Lucerne, elle, impressionne avec ses étonnants ponts couverts en bois et son Museggmauer, 850 m de remparts et tours parfaitement préservés. Mais c'est bien sûr la vieille ville de Berne qui se fait la plus belle représentante de ce Moyen Âge suisse avec ses longues ruelles pavées bordées d'arcades, ses petites places agrémentées de fontaines, son Rathaus à la façade aux beaux reliefs de pierre et sa Käfigturn.

© MICHELE VACCHIANO - SHUTTERSTOCK.COM

Château de Chillon.

Renaissance, baroque, néoclassicisme

Face à un gothique omniprésent, la Renaissance se fait plutôt discrète en Suisse. Dans la partie alémanique, il n'est ainsi pas rare de voir se côtoyer encorbellements, tourelles et pignons à gradins gothiques et élégantes cours à colonnades Renaissance. Elle s'imposera davantage dans le Centre et le Sud, où l'influence italienne est plus forte. À Lucerne, le **palais Ritter** (p.162) et le Rathaus, avec leurs façades bosselées, rappellent les palais de la Renaissance florentine. Alors que la Réforme protestante a partout dépouillé les édifices CHRétiens de leurs richesses décoratives, leur opposant des temples d'une grande austérité, le baroque va se faire l'arme de la reconquête idéologique. Partout l'on construit ou reconstruit à grands renforts de courbes et contre-courbes, trompe-l'œil et d'une abondance décorative où stucs et dorures règnent en maîtres. Les clochers à bulbes apparaissent dans le ciel et les grands palais urbains redessinent les villes avec leurs majestueux escaliers d'apparat menant à des cours fastueuses. Parmi les chefs-d'œuvre de l'époque, ne manquez pas le Kloster Einsiedeln avec ses somptueuses fresques et peintures et sa bibliothèque aux lignes complexes, et la foisonnante bibliothèque de l'abbaye de Saint-Gall avec son parquet en marqueterie et ses plafonds ornés de stucs et trompe-l'œil. Une surcharge ornementale qui tutoie les exubérances rococo. La fin du XVIIIe siècle se fera plus apaisée avec les formes épurées du néoclassicisme, que l'on retrouve notamment dans les « campagnes », grands domaines ruraux de la campagne lausannoise dominés par d'élégantes maisons de maître.

Bouillonnants XIXe et début du XXe siècle

Avec la révolution industrielle s'ouvre une période d'incroyables avancées techniques. Les grandes villes se dotent de superbes ponts, à l'image du pont Saint-Antoine de Genève, premier pont suspendu à l'aide de câbles d'acier. Les marchés et galeries commerçantes succombent également aux sirènes de cette architecture métallique, comme le montrent la belle verrière en oriel de la galerie Saint-François de Lausanne et les halles du marché de Montreux. Cette alliance de l'architecture et de l'ingénierie culmine dans les superbes ouvrages d'art ponctuant le tracé des nouvelles lignes de chemin de fer, alternant entre massives structures en maçonnerie de pierre et élégantes silhouettes métalliques. Le chemin de fer permet également le développement des premières stations touristiques qui se peuplent d'hôtels et villas

DÉCOUVRIR

cossues. C'est sur la Riviera vaudoise que cette architecture hôtelière va rayonner. Eugène Jost imagine le Caux Palace bâti sur une terrasse de 500 m de long, alternant échauguettes médiévales, colonnades Renaissance et décors de bois sculptés traditionnels. Mais les hôtels n'ont pas l'apanage de cet étonnant éclectisme historicisant que l'on retrouve aussi bien dans les bâtiments officiels que dans les grandes villas bourgeoises. Le palais Eynard à Genève avec son style néopalladien culminant dans sa façade à colonnes ioniques, l'Opéra de Zurich avec sa façade décorée à la mode néobaroque, le très néogothique château des Crêtes de Montreux, le manoir de Ban à Corsier-sur-Vevey avec ses pilastres cannelés et son péristyle néoclassique ou bien encore le Bundeshaus néo-Renaissance de Berne en sont de très beaux exemples. En parallèle se développe également le Heimatstil ancré dans les traditions locales et régionales et faisant la part belle aux bois sculpté, à la pierre taillée et au fer forgé. Cette période est aussi celle d'un grand renouveau urbain. Les grandes villes abattent leurs fortifications pour s'agrandir, les aménagements paysagers se multiplient et la planification urbaine est érigée au rang de science, comme le montre le nouveau tracé des villes horlogères de La Chaux-de-Fonds et du Locle. Rationnel et fonctionnel, ce nouveau schéma urbain organisé en bandes parallèles, imbriquant habitat et ateliers, a transformé ces deux cités en villes-manufactures. C'est également à La Chaux-de-Fonds que Charles L'Eplattenier, professeur à l'École d'art, va développer un art décoratif régional, mêlant nouveautés formelles Art nouveau et inspiration locale, baptisé « style sapin » en référence aux sapins jalonnant l'horizon jurassien. Le crématoire de la ville en calcaire du Jura en est l'édifice le plus représentatif.

Éloge de la modernité

Terre natale de Charles-Édouard Jeanneret, *alias* Le Corbusier, la Suisse peut se vanter d'être le berceau du modernisme. La villa Jeanneret-Pierret, surnommée la maison Blanche, possède encore des atours néoclassiques, et pourtant le maître y laisse déjà poindre son modernisme *via* les principes de la fenêtre en bandeau et du toit-terrasse. Le style Le Corbusier va ensuite évoluer entre cubisme et rationalisme, libérant l'espace des lourdeurs des structures traditionnelles pour un plan libre qu'aucune décoration superflue ne vient troubler. Forme et fonction s'allient dans des constructions aux lignes géométriques et épurées. Parmi les grandes réalisations du maître, ne manquez pas **la villa turque** (p.408) à l'étonnante ossature en béton armé constituée de planchers soutenus par des poteaux carrés révélant un espace ouvert et modulable, **la villa « Le Lac »** (p.375) ou l'art du minimalisme, l'immeuble Clarté de Genève, baptisé la « maison de verre » du fait de sa façade libre à pan de verre, chef-d'œuvre d'inventivité avec ses logements à plan ouvert et aux fenêtres coulissantes sur billes (une grande nouveauté pour l'époque !), sans oublier bien sûr l'une de ses dernières réalisations, son pavillon tout de verre et d'acier non loin du Zürichhorn Park. La Riviera vaudoise est l'un des terreaux du modernisme en Suisse. Les villas de Le Corbusier y côtoient notamment la villa Karma, bâtiment nu et épuré repensé par Adolf Loos, et la villa Kenwin, surnommée le « Bauhaus sur Léman », toute en horizontalité avec ses balcons-coursives. À la même époque, Dornach voit sortir de terre d'étranges édifices sur lesquels vous ne verrez aucun angle droit, à l'image du monumental Goetheanum tout en béton. Ces édifices suivent à la lettre les principes édictés par Rudolf Steiner, théoricien de l'anthroposophie, doctrine qui fait du monde matériel une manifestation visible du monde spirituel. Le pays se lance également dans de nouvelles recherches urbanistiques. La cité-jardin du Prélaz est une des premières du genre. Elle regroupe immeubles et petites maisons mitoyennes dans un ensemble urbain épousant les contours du relief lausannois. La maison mitoyenne à deux ou trois étages avec jardin est le schéma d'habitat le plus utilisé, comme le montre bien le Freidorf, lotissement imaginé par Hannes Meyer, l'un des directeurs du Bauhaus. Après-guerre, ces lotissements font place aux grands ensembles. Le plus célèbre d'entre eux est le Lignon à Vernier. Sa silhouette en ligne brisée s'étend sur 1 065 m de long. En complète opposition à ce monumentalisme résidentiel, Pascal Häusermann imagine autour de Genève des habitations en forme d'œuf ou de bulle, silhouettes insolites déterminées par une économie de moyen et une recherche de fonctionnalité. Étonnant !

Effervescence contemporaine

La Suisse a vu naître quelques-uns des plus grands créateurs contemporains. Mario Botta est la figure tutélaire de l'école du Tessin qui se démarque par une architecture sensible et sensuelle dont les lignes sont inspirées autant par l'environnement que par les besoins individuels des utilisateurs. Mario Botta est célèbre pour ses réalisations aux formes géométriques simples qui s'animent sous d'étonnants jeux d'ombre et de lumière, révélant la pureté des matériaux employés, la brique en tête. Parmi les plus belles réalisations de l'architecte, ne manquez pas la somptueuse chapelle perchée de Monte Tamaro, l'église San Giovanni Battista à Mogno avec sa magnifique polychromie de marbre blanc et de granit gris, le **muséum Jean Tinguely de Bâle** (p.146), tout en grès rose pâle, ou bien encore l'incroyable spa du Tschuggen Grand Hotel.

Livio Vacchini, autre éminent membre de l'école du Tessin, a réalisé, lui, l'étonnante Ferriera de Locarno dont la structure en grillage d'acier noir sert autant de support que de décor. Autre figure phare de l'architecture suisse, Peter Zumthor qui, avant d'être architecte, fut ébéniste. On comprend mieux ce respect du matériau qui habite chacune de ses créations. L'architecte ne se revendique d'aucun style, préférant faire de chacune de ses réalisations une expérience architecturale unique en lien avec l'histoire du lieu, à l'image de ses magnifiques thermes de Vals tout en gneiss local. Un respect du lieu et de son histoire que l'on retrouve chez le plus célèbre des duos d'architectes Herzog & de Meuron. Rigueur formelle, pureté des lignes et simplicité des volumes caractérisent leurs réalisations. On leur doit notamment la tour de l'Institut Roche de Bâle. Bernard Tschumi, qui a entièrement repensé le quartier du Flon à Lausanne avec ses ponts habitables, et Roger Diener, qui a dessiné la Kunsthaus Pasquart de Bienne, étonnant monolithe cubique associé à l'ancien hôpital de la ville, comptent parmi les autres grandes figures de l'architecture suisse. Mais la Suisse a également accueilli de grands noms de l'architecture internationale, notamment sur deux sites étonnants. Le plus célèbre est le Vitra Design Museum et son campus. Le bâtiment principal, imbrication de différents volumes dans une géométrie contorsionnée, est la première réalisation européenne de Frank Gehry. Les pavillons et halls de production y ont été imaginés par Tadao Ando, l'agence SANAA, l'agence Grimshaw et Alvaro Siza, tandis que Renzo Piano y a créé une « micro-maison ». Herzog & de Meuron ont imaginé la Vitra Haus, superposition sur cinq étages de maisons à pignons aux façades vitrées servant de showroom, tandis que, non loin, Zaha Hadid a redessiné la caserne de pompier, véritable sculpture architecturale, dont l'auvent de béton semble suspendu dans les airs. Le campus de l'École polytechnique de Lausanne abrite, lui, le Rolex Learning Center à la silhouette ondulante imaginée par l'agence SANAA, l'Art Lab, étonnant pavillon de bois au toit pivotant et ondulant pensé par Kengo Kuma, et les bâtiments en verre polychrome de Dominique Perrault. Bien d'autres trésors contemporains vous attendent à travers le pays comme le Kultur und Kongresszentrum Luzern, bâtiment de verre et d'acier au toit de cuivre en porte-à-faux imaginé par Jean Nouvel, les bureaux de Tamedia à Zurich dont la structure en bois de 50 m de long réalisée sans supports métalliques a été créée par Shigeru Ban, ou bien encore les très beaux Centre Paul Klee de Berne et musée de la **Fondation Beyeler de Bâle** (p.144), élégantes créations de Renzo Piano créant un dialogue étonnant entre nature et architecture.

Architecture traditionnelle

Commençons par démonter le mythe du « chalet suisse ». Ce modèle qui s'est répandu dans le monde entier n'est pas suisse du tout ! Il s'agit en réalité d'une vision idéalisée de la rusticité alpestre imaginée par des architectes européens pour satisfaire leurs clients fortunés désireux de s'offrir un luxueux retour à la nature. Mais cette vision idéalisée de l'architecture suisse n'est pas totalement sans fondement. Le pays regorge en effet de richesses vernaculaires. Il y a les insolites d'abord. Dans le Val Poschiavo, vous croiserez peut-être d'étonnantes petites constructions rondes en pierres superposées sans mortier et aux allures d'igloo. Il s'agit souvent d'espaces de stockage. Le Val Bavona, lui, est célèbre pour son architecture de pierre, entre maisons en pierres sèches du Val (les *Rustici*), et abris troglodytes de plan souvent circulaire aux parois de pierres sèches et aux rochers servant de toit (les *Splüi*), pierre que l'on retrouve à Zermatt, célèbre pour ses *Gädini*, bâtiments reposant sur des dalles de pierre plates elles-mêmes supportées par des pilotis. Leur structure en bois de mélèze se noircit au fil du temps en permettant de stocker plus facilement la chaleur. Le toit est couvert de lourdes plaques de roche pour renforcer la stabilité de l'ensemble. Si la pierre est très présente, c'est bien sûr le bois qui reste le matériau privilégié dans l'architecture traditionnelle. Les maisons d'Engadine et d'Appenzell sont de véritables bijoux. Leurs façades sont des explosions de couleurs rythmées par les encadrements peints des portes et fenêtres. En Engadine, certaines façades utilisent également la technique du sgraffite consistant à gratter la couche supérieure d'un enduit pour donner l'illusion de motifs en reliefs.

Les maisons d'Appenzell sont célèbres, elles, pour leurs grandes rangées de fenêtres et leurs pignons aux formes diverses. À travers la Suisse, nombreuses sont les maisons de bois à offrir une riche décoration : balcons, portails et poutres faîtières sculptés, frises et lambrequins ciselés telle de la dentelle… Les potentialités du bois sont infinies ! Dans les régions alpestres, les maisons de bois possèdent souvent un rez-de-chaussée en maçonnerie afin de permettre stabilité et isolation. Le toit à débordement pour protéger les façades est également la règle. Mais qu'elles soient en madriers ou à colombages (comme les très belles maisons chaulées de blanc à colombages rouges de Marthalen), qu'elles aient un toit de chaume en croupe ou un toit à deux pans en bardeaux de bois ou en tuiles, toutes ces maisons témoignent d'une architecture vernaculaire pensée en harmonie avec la nature. La Suisse n'a pas usurpé sa réputation de musée à ciel ouvert !

BEAUX-ARTS

Au cœur de l'Europe, la culture helvète s'est tissée au fil des rencontres. De même qu'on y parle de nombreuses langues, la Suisse a accueilli une multitude d'apports au cours de son histoire. De ce creuset multicolore sont nés des génies. On pense aussitôt aux silhouettes d'Alberto Giacometti et aux fontaines captivantes de Jean Tinguely. Tous les ans, la foire d'art contemporain Art Basel attire la crème de l'art contemporain. Le reste de l'année, quantité de galeries et de centres d'art valorisent l'art contemporain. Aussi bien à Genève, Vevey, Lausanne, Neuchâtel et Zurich, la création s'expose dans toute sa variété. N'oublions pas que c'est à Lausanne que la collection de l'Art brut (p.341)fondée par Jean Dubuffet a trouvé refuge, une démarche pionnière en matière de création marginale et, pour vous, une étape majeure pour sortir des sentiers battus. De la rue aux institutions de prestige, toutes les voix ont ici leur place !

Premiers temps

L'Antiquité romaine a laissé de nombreux vestiges en Suisse. Parmi les plus exceptionnels, les mosaïques d'Orbe proviennent du site de Boscéaz, dans le nord des Alpes. Elles composent des scènes figuratives et géométriques, en excellent état de conservation. À l'origine, elles ornaient une luxueuse villa du site. Le Musée romain de Vallon abrite lui aussi des mosaïques, parmi lesquelles la célèbre « Bacchus et Ariane ». Bâti en lieu et place d'une ancienne villa gallo-romaine, ce musée nous éclaire au fil de ses vitrines sur la vie quotidienne de l'époque. L'incontournable musée d'Art et d'Histoire (MAH) de Genève expose une large variété de sculptures en marbre, entières ou fragmentaires, notamment des portraits saisissants en ronde bosse.

Art médiéval

Dans la lignée de l'art de Sens et de Senlis, le portail de la cathédrale Notre-Dame de Lausanne s'impose comme le chef-d'œuvre de la statuaire du XIIIe siècle. Le tympan est dominé par le couronnement de la Vierge dans un édifice qui fait par ailleurs la part belle au CHRist en gloire. Ce qui fait l'originalité du portail est sa polychromie. Patiemment restauré, il a retrouvé ses tonalités qui en font une exception dans l'art médiéval européen.

À l'heure gothique, la sculpture suisse s'enrichit principalement d'apports venus d'Île-de-France. En peinture, une tendance naturaliste se mêle aux sujets religieux omniprésents depuis des siècles. Le peintre Konrad Witz (1400-1447) réalise une œuvre originale qui fascine pour ses jeux de perspective associés à des influences qui l'apparentent à la pré-Renaissance. De Witz, on peut admirer *La Pêche miraculeuse*, qui montre les environs du lac Léman, ce qui en fait le premier tableau de l'histoire à situer une scène religieuse dans un décor naturel réaliste. Réalisée pour la cathédrale de la ville, cette détrempe faisait partie du retable de saint Pierre malmené par la Réforme protestante. Alors que les jalons de la Renaissance se posent, les fresques cèdent le pas aux paysages et aux personnages peints sur des panneaux de bois.

Par la suite, les artistes de la Renaissance sont sollicités pour exécuter les statues destinées aux fontaines urbaines. Le milieu du XVIe siècle voit se dresser quantité de fontaines qui suivent une thématique dictée par les classes aisées de la population : bravoure et justice sont mises à l'honneur.

Réforme et contre-Réforme

Au XVIe siècle, Jean Calvin impose son empreinte. L'iconoclasme sévit dans les villes réformées de Zurich, Berne, Bâle et Genève. Toutes les images, jugées néfastes, sont prohibées. Les églises sont vidées de leurs sculptures et les œuvres d'art sont détruites. Les artistes se tournent vers les commandes de particuliers et exécutent pour eux vitraux et portraits. Il faut attendre le siècle suivant pour que la contre-Réforme relance les commandes, surtout pour les sculpteurs baroques. Hans-Ulrich Räber témoigne d'un style populaire dans les onze statues de sa *Mise au tombeau* de Blatten (1645). Simon Bachmann de Muri participe à l'introduction du style baroque italo-flamand.

De la Révolution à Füssli

À l'époque de la révolution de 1798, les sculpteurs s'affranchissent du système corporatif. Cette autonomie s'accompagne d'un sentiment d'appartenance nationale. Les sculpteurs exilés rentrent au pays et font carrière dans les villes réformées. Les peintres suisses, faute de disposer d'une école des beaux-arts ou de mécènes, partent quant à eux se former et travailler à l'étranger. Le talent de portraitiste et de miniaturiste de Jean-Étienne Liotard (1702-1789) est acclamé dans les cours européennes. Ce grand voyageur peint aussi les plus modestes, s'aventurant jusqu'au Proche-Orient. De son œuvre variée, retenons son *Liotard riant*, un autoportrait exposé au MAH.

Parmi ceux qui choisissent de tenter leur chance à l'étranger, le Genevois Jacques-Laurent Agasse devient peintre animalier en Angleterre et Johann Heinrich Füssli (né à Zurich en 1741-décédé en Angleterre en 1825) se spécialise dans les sujets fantastiques. Le peintre du *Cauchemar*, également écrivain, sera par la suite reconnu par le mouvement surréaliste comme l'un de ses précurseurs. Fils d'un peintre, il reçoit une éducation classique puis est ordonné pasteur quand il est contraint de s'exiler. D'un pays à un autre, il enseigne l'art et s'illustre dans une sorte de romantisme avant l'heure. Il met son talent d'illustrateur au service des écrits de Shakespeare et de Dante. L'expressivité de son univers fantastique fera sa renommée.

L'art du paysage

Le tourisme se développe très tôt dans les Alpes. La beauté des montagnes devient rapidement un sujet en vogue, développé en peinture mais aussi en photographie. Caspar Wolf et le Genevois François Diday peignent les paysages d'altitude avec réalisme.

Au moment où la Suisse se constitue en État fédéral, les artistes locaux sont perçus comme peu affirmés dans le contexte européen. Des sociétés artistiques se constituent afin de promouvoir les artistes helvètes. Des tournus, ou manifestations artistiques itinérantes, se déroulent à partir de 1840.

Le XIXe siècle voit émerger un art patriotique. Les particuliers commandent des monuments patriotiques aux sculpteurs et fresquistes. Ce genre atteint son apogée avec les peintures que Ferdinand Hodler réalise pour le musée national suisse. Après la nouvelle Constitution de 1848, chaque canton érige son monument à l'effigie de réformateurs, de savants ou de guerriers. Karl Alfred Lanz réalise à Genève la statue équestre du général Guillaume-Henri Dufour.

Toepffer, Hodler, Hans Erni

L'école genevoise trouve sa figure de proue en Wolfgang Adam Toepffer (1766-1847), peintre de genre et caricaturiste formé à Paris. Barthélemy Menn devient en 1850 directeur de la future École des beaux-arts de Genève où il enseigne pendant quarante-deux ans. Élève de Menn, Ferdinand Hodler (1853-1918) s'établit à Genève en 1872. Figure majeure du symbolisme, il est considéré par nos voisins comme l'un des pères de l'art moderne. Son réalisme cru déconcerte ses contemporains. Dans ses tableaux les plus connus, il met en scène des artisans en introduisant le symbolisme dans des détails minutieux et une lumière étudiée.

Extrêmement populaire en Suisse, Hans Erni (1909-2015) se forme à Paris où il rencontre les cubistes, Mondrian et Kandinsky. Au cours de sa longue carrière, il pratique la peinture, la sculpture et la gravure. Son style unique se distingue par ses contours soulignés au trait blanc et ses personnages dodus accompagnés d'animaux. L'artiste aime confronter l'Antiquité au monde moderne, la science à la mythologie. À Genève, on peut admirer le bas-relief de céramique qui orne la façade de Manor, ou Placette. L'année

Tympan de la cathédrale Notre-Dame de Lausanne.

de ses cent ans, sa fresque monumentale commandée par la ville sur le thème de la Paix pare l'entrée du palais des Nations.

Giacometti et l'époque moderne

Dans toute la Suisse, divers courants bouleversent l'art du XXe siècle. Des groupes se forment : l'abstraction concrète engendre le Rot-Blau à Bâle. Le mouvement Dada né à Zurich réunit Jean Arp, Sophie Taeuber, Tristan Tzara ou encore Hugo Ball. D'autres se tournent vers l'étranger : Cunot Amiet s'associe à Die Brücke, Le Corbusier établit le purisme à Paris.

Fils d'un peintre impressionniste estimé, Alberto Giacometti (1901-1966) est l'un des plus grands artistes de notre époque. Pour découvrir son art, un parcours a été conçu pour vous guider dans différents lieux marquants de sa carrière. Perché dans les Grisons, dans le village de Stampa qui a vu grandir le maître, l'atelier de Giacometti est ouvert en été et complète le Centro Giacometti ainsi que le musée local, Ciasa Granda. En chemin, la visite du Kunsthaus de Zurich, fondation suisse Giacometti constitue l'étape majeure. Outre ses milliers d'œuvres du XIIIe siècle à nos jours, la collection offre à l'art de Giacometti un espace spectaculaire, qui fait écho à la fondation de Paris. Plus modeste, le musée des Beaux-Arts de Coire (Chur) consacre lui aussi une salle aux Giacometti père et fils.

Autre ambiance, la Pensiun Aldier de Sent rend hommage à Alberto et Diego, les frères Giacometti, ainsi qu'à Ernst Scheidegger, photographe et galeriste proche du sculpteur, qui a immortalisé sa vie et son œuvre de 1943 à sa mort. Un musée associé à une demeure parsemée d'objets précieux, de photographies originales et de sculptures de Diego.

Des années 1970 à nos jours

D'abord peintre abstrait, Jean Tinguely (1925-1991) se révèle dans la sculpture du mouvement à travers ses étonnantes machines. Au-delà de leur joyeuse liberté, ses œuvres d'esprit dadaïstes questionnent l'absurdité du monde. Elles égaient de nombreuses villes suisses, notamment Fribourg et Bâle.

Dans les années 1970, les explorations se poursuivent avec le Body Art, le Land Art, les installations ou encore l'art vidéo. À la pointe de l'art actuel, le MAMCO défend la scène genevoise depuis 1960. Installé dans le même bâtiment, qu'il partage également avec le Centre de la photographie, le Centre d'art contemporain promeut la scène émergente locale et internationale.

Les Suisses explorent l'art photographique depuis quelques petites décennies. Elle est promue discipline artistique avec l'ouverture des premières galeries dans les années 1980. Avant cela, dans les années 1950, un premier style suisse se caractérise par la netteté et la neutralité des images. La photographie objec-

© MATTEO COZZI - SHUTTERSTOCK.COM

Kunsthaus à Zurich.

tive alors représentée par Hans Finsler, Werner Bischof ou René Burri s'oppose à une photographie expérimentale venue d'Allemagne. Plus tard, les photographes suisses expérimentent l'abstraction, le clair-obscur, le surréalisme. Deux musées, l'Élysée de Lausanne et le musée de la Photographie de Winterthour, exposent tous les genres abordés par la photographie du monde entier.

Le Summer Street Art Festival de Genève accueille en septembre la scène urbaine locale et internationale. Les amateurs ont le choix entre plusieurs quartiers d'exploration, à commencer par celui des Grottes, derrière la gare Cornavin. La traque au Street Art se poursuit à l'ouest, dans Jonction, sur les berges du Rhône et autour de la Pointe. Jazi, Eazyone et le collectif EDK Crew trouvent ici des supports inspirants. Les graffeurs genevois ont laissé exploser les couleurs sur les murs d'un ancien restaurant de l'avenue de Champel, dont une fresque de Frankenstein qui se repère de loin. À Carouge, les murs extérieurs et intérieurs des halles de la Fonderie sont couverts d'œuvres picturales. Autre destination Street Art, Bâle, par ailleurs connue pour sa célèbre foire Art Basel. Graffitis et fresques se déploient dans le centre-ville mais aussi au Schänzli, le long des voies de la gare centrale. Spécialiste de la culture urbaine, la galerie Artstübli propose des circuits Street Art. Depuis peu, le Kunstmuseum (p.141) Basel s'est doté d'un troisième espace d'exposition pour mettre l'art contemporain à l'honneur.

MUSIQUES ET SCÈNES

Si près et pourtant si loin. À quel point connaissons-nous nos voisins suisses ? Si ses paysages vallonnés de carte postale nous sont familiers, il semblerait que sa culture nous échappe un brin. Il y a pourtant un monde à découvrir ici, aussi bien du côté de Lausanne, cœur tambourinant de la Riviera suisse, grand centre du jazz mondial et terre d'accueil de Maurice Béjart, que de Genève, une des villes d'Europe les plus généreuses dans son budget annuel consacré à la culture en passant par Zurich qui, derrière ses allures industrielles, contient quelques trésors comme l'Orchestre de la Tonhalle. La Suisse jouit d'ailleurs d'une histoire musicale riche, souvent liée à celle de France et criblée de noms passionnants comme Alfred Cortot ou Arthur Honegger. Mais si la Suisse est proche de nous, elle l'est tout autant de l'Autriche, avec qui elle partage énormément culturellement. Un air de famille criant dans la musique folklorique et ses instruments : yodel, le cor des Alpes, ländler, schlager...

La musique traditionnelle

Tout au long du XXe siècle, la musique folklorique a été encouragée en Suisse, perçue comme un véhicule idéal pour préserver l'identité suisse. C'est ainsi que les Suisses sont toujours fidèles aux traditions de leur pays et qu'il n'est pas rare de les entendre célébrer les fêtes folkloriques avec du *yodel*, ce chant d'onomatopées passant rapidement d'une voix de poitrine à une voix de tête, du *lyoba*, chant lent traditionnel des vachers aussi appelé *ranz des vaches*, du cor des Alpes, célèbre trompe géante, ou encore du *hackbrett*, instrument typique du pays d'Appenzell, sorte de cithare à cordes frappées comprenant vingt-cinq chœurs de cinq cordes. Si vous demandez aux Suisses un grand nom de la musique traditionnelle, ils vont répondront sans doute Oesch's die Dritten, groupe familial de yodleurs venant de l'Oberland bernois, qui a connu un grand succès et jouait notamment du *schwyzeroergeli*, petit accordéon typique de Suisse. Ce dernier se retrouve quasi systématiquement dans le *Ländler*, danse traditionnelle à trois temps aussi populaire en Allemagne et en Autriche, et qui prend différentes formes selon les régions.

Si la moindre célébration est l'occasion de jouer et entendre de la musique folklorique, les Rencontres de folklore internationales se tenant chaque année en août à Fribourg demeurent un moment privilégié pour écouter des musiques et voir des danses folkloriques. Autrement, les marchés folkloriques de Vevey proposent de nombreux concerts et danses traditionnelles, tous les samedis matin en juillet et août.

La musique classique

C'est à partir de la seconde moitié du XIXe siècle que l'on voit apparaître les premières figures importantes de la musique suisse avec notamment Friedrich Hegar (1841-1927). Compositeur, violoniste et chef d'orchestre, il fut le premier à diriger l'Orchestre de la Tonhalle de Zurich et devint une influence essentielle sur le développement musical du pays. À la même époque, Hans Huber (1852-1921) joue aussi un rôle majeur en élaborant quelques-unes des premières symphonies suisses importantes dont *Tellsinfonie*, dérivée de l'histoire de Guillaume Tell, le héros national. Dès 1900, apparaissent de plus en plus de figures centrales, comme Ernest Bloch (1880-1959), compositeur proche du mouvement néoclassique, resté célèbre pour sa direction d'institutions musicales américaines (Cleveland ou San Francisco). Bien qu'injustement oublié, Othmar Schoeck (1866-1957) est, en son temps, un important auteur d'opéras, souvent très inventifs, et le premier compositeur suisse à connaître une réputation mondiale. Ami de ce dernier dont il resta dans l'ombre, Fritz Brun (1878-1959) commence petit à petit à être redécouvert. Auteur de dix symphonies remarquables, celui qui fut chef de l'Orchestre symphonique de Berne a laissé derrière lui une œuvre installée dans l'héritage de Brahms.

Dans les années 1920, deux artistes suisses participent aux années folles françaises : Arthur Honegger et Heinrich Sutermeister. Le premier, Honegger (1892-1955), joint le fameux « groupe des six » formé par Poulenc, Milhaud, Auric, Durey et Tailleferre – sous l'égide de Jean Cocteau – et fondé en réaction au « wagnérisme » et à l'impressionnisme musical. Le second, Heinrich Sutermeister (1910-1995), a aussi fréquenté le « groupe des six » mais sans en faire partie et s'est inscrit dans le style néobaroque de l'époque. Profondément néoclassique et inspiré par Carl Orff, son *Requiem* de 1953 créé sous la direction d'Herbert von Karajan raconte un compositeur plus surprenant qu'il n'y paraît. Durant la seconde moitié du XXe siècle, le pays est lui aussi marqué par le dodécaphonisme, incarné ici par des figures locales de l'avant-garde telles qu'Alfred Keller (1907-1987), élève de

© AVATAR_023 - SHUTTERSTOCK.COM

Joueurs de cor des Alpes.

DÉCOUVRIR

Schönberg, ou Rolf Liebermann (1910-1999), aussi célèbre pour ses mises en scène tranchantes et sa direction de l'Opéra Garnier. Citons également Frank Martin (1890-1974), grand compositeur mal connu, un temps inspiré par le dodécaphonisme mais n'ayant jamais rompu avec la tonalité.

Plus récemment, ce sont Norbert Moret (1921-1998), figure suisse de la musique contemporaine adorée d'Armin Jordan, Seiji Ozawa ou de Mstislav Rostropovitch, ainsi que Klaus Huber (1924-2017), compositeur et pédagogue, qui ont marqué la création musicale du pays. Plus iconoclaste, Jacques Guyonnet (1933-2018) est une autre grande figure de la création contemporaine suisse. Rayon contemporain, impossible de ne pas mentionner Michel Tabachnik. Autrefois chef titulaire de l'Orchestre de la Fondation Calouste-Gulbenkian à Lisbonne, il est bien connu chez nous car il a fondé l'Orchestre philharmonique de Lorraine à Metz puis créé et dirigé l'Ensemble intercontemporain à Paris à la demande de Pierre Boulez (dont il fut proche).

Citons également le Lausannois Richard Dubugnon (né en 1968), qui est aujourd'hui l'un des compositeurs suisses les plus joués de sa génération et l'un des plus couronnés de succès. L'autre grande fierté de la ville est Ernest Ansermet (1883-1969). Illustre chef d'orchestre originaire de Vevey, il fonde en 1918 l'Orchestre de la Suisse romande (OSR) puis se voit confier la direction musicale de spectacles des Ballets russes par Serge de Diaghilev de 1915 à 1923 – ce qui lui confère une dimension internationale. L'OSR est devenu depuis l'orchestre symphonique le plus important du pays. Il a été dirigé par de grands noms tels que Marek Janowski (2005-2012), Neeme Järvi (2012-2015) ou encore Armin Jordan (1985-1997), une des personnalités suisses les plus importantes de la direction d'orchestre, avec son fils Philippe Jordan (directeur musical de l'Opéra national de Paris) et Charles Dutoit.

Les mélomanes trouveront à Lausanne quelques très belles scènes, dont un opéra (au rayonnement international), le palais de Beaulieu (résidence de l'OSR) ou encore la salle Métropole, où l'on peut croiser l'Orchestre de chambre de Lausanne. Se déroulent dans la ville quelques événements intéressants comme Septembre musical, grand festival de musique classique conviant de prestigieux artistes, la Semaine internationale de piano et de musique de chambre, festival de haut niveau dans la somptueuse église de la Chiésaz, le festival Bach, rendez-vous articulé autour de l'étude et de l'interprétation des œuvres de Bach, ou encore Musique à Saint-Sulpice, consacré à la musique de chambre.

Souvent perçue comme une belle endormie autour de son jet d'eau, Genève entretient pourtant une vie musicale des plus trépidantes. Pour le constater, les mélomanes n'ont qu'à rejoindre la place Neuve, de l'autre coté de la plaine de Plainpalais. C'est ici que se niche le quartier dédié à la musique. Vous y trouverez le Grand Théâtre – qui n'est autre que l'opéra de Genève –, magnifique édifice aux faux airs de palais Garnier. Entre son intérieur tout en moulures, dorures et faux marbre et sa programmation de haute volée – devenue hyper-audacieuse sous la houlette d'Aviel Cahn –, le lieu est une véritable institution genevoise, un incontournable en Suisse pour une représentation d'art lyrique et chorégraphique, un récital voire une pièce de théâtre. Sur la même place (Neuve), on croise aussi le Conservatoire de musique où se déroule chaque année le Concours international de musique de Genève.

Un peu plus loin, derrière la Maison des arts du Grütli, se dresse le Victoria Hall, haut lieu de concerts à la façade néoclassique et à l'acoustique exceptionnelle. C'est notamment ici que se déroule le fameux festival de musiques contemporaines Archipel et que l'on peut voir l'OSR en ville. À noter qu'outre des lieux, Genève dispose de quelques beaux événements faisant la part belle au style classique comme Aubes musicales, dédié aux plus matinaux des amoureux de musique et qui permet d'assister à un beau concert – gratuit et en plein air – les matins de 6 à 7h, durant le lever du soleil, aux Bains des Pâquis (p.303). Un réveil magnifique.

Zurich l'industrieuse aussi possède un bel ensemble : l'Orchestre de la Tonhalle. Inauguré en 1895, il a été dirigé par les noms les plus prestigieux de leur époque – Brahms, Wagner, Richard Strauss, Hindemith – et a aussi évolué sous la direction du grand chef suisse Charles Dutoit. Ce dernier reste surtout célèbre pour son travail à la tête de l'Orchestre symphonique de Montréal de 1977 à 2002 puis comme directeur musical de l'Orchestre national de France de 1991 à 2001. Citons aussi l'Opéra de Zurich dont la réputation n'est plus à faire. Plus de 300 spectacles y sont programmés chaque année dont 70 créations internes. L'Opéra accueille de nombreux chanteurs et chanteuses lyriques de renommée mondiale. L'Opéra de Zurich possède son propre ballet, lui aussi de renommée internationale.

Bâle n'est pas en reste avec un orchestre de chambre et surtout un orchestre symphonique (*Sinfonieorchester Basel*), très porté sur le répertoire contemporain et autrefois dirigé par l'Américain Dennis Russell Davies. Aussi formé à Bâle, mentionnons Hespèrion, ensemble international de musique ancienne et baroque, fondé par le fameux violiste Jordi Savall.

Ces lieux et villes ont vu passer quelques-uns des grands interprètes du pays comme Hugues Cuénod (1902-2010), ténor suisse remarquable par sa longévité et l'étendue de son répertoire, Lisa della Casa (1919-2012), soprano qui a brillé dans les opéras de Mozart et Strauss, ou encore Maria Stader (1913-1999), réputée pour la luminosité de son timbre. Le pays vit naître également un immense pianiste, Alfred Cortot (1877-1962), interprète virtuose de Chopin, Beethoven, Schumann ou Liszt qui fut un grand pédagogue (Haskil, Perlemuter ou Lipatti comptèrent parmi ses élèves). Pas moins virtuose, la Suisse est également la patrie d'Edwin Fischer (1886-1960), interprète fantastique de Mozart, Schumann ou Brahms. Bien qu'il ne fût pas musicien, l'industriel suisse Paul Sacher (1906-1999) a joué un rôle immense dans la musique classique contemporaine du pays. Comptant parmi les plus grandes fortunes de Suisse et d'Europe en son temps, ce généreux mécène a été le commanditaire de près de trois cents œuvres, devenant ainsi une figure essentielle et motrice dans la création nationale. En 1976, Mstislav Rostropovitch commande un cycle de douze œuvres pour violoncelle à douze compositeurs différents en hommage à Paul Sacher.

Le jazz

La Suisse le prouve, on peut être un petit pays et occuper une grande place dans le paysage du jazz. Si la scène helvétique est aujourd'hui aussi vigoureuse, c'est parce qu'elle s'appuie sur une personnalité bien trempée, forgée avec le temps. Le genre s'introduit dans le pays durant l'entre-deux-guerres. Dans les années 1930, une scène s'y développe et le jazz suisse commence à briller hors de ses frontières, incarné par le saxophoniste Teddy Stauffer (1909-1991). Il ouvre la voie à de nombreux musiciens suisses qui vont connaître plus tard, eux aussi, un succès international. C'est notamment le cas de Sylvie Courvoisier, pianiste exilée aux États-Unis qui a enregistré avec des pontes comme John Zorn et Yusef Lateef ou encore George Gruntz (1932-2013), lui aussi pianiste et sans doute l'un des musiciens de jazz les plus influents en son temps. Il a col-

L'Opéra de Zurich.

laboré avec des géants du genre comme Louis Armstrong, Dexter Gordon ou Don Cherry et a été pendant plus de vingt ans le directeur artistique du JazzFest de Berlin. Citons également des figures internationales de la musique improvisée telles que la pianiste Irène Schweizer et le percussionniste Pierre Favre, auteurs d'œuvres dantesques où la musique contemporaine n'est jamais loin. N'oublions pas Daniel Humair, un des batteurs parmi les plus importants à s'être distingués en Europe durant ces cinquante dernières années, grâce à son jeu puissant et complexe. Humair a probablement joué avec tous les grands noms du jazz de son temps, excepté Miles Davis. Aujourd'hui, ce sont le saxophoniste CHRistoph Erb et son jazz sombre et abstrait ainsi que le tromboniste Samuel Blaser qui font rayonner le jazz helvétique hors de ses frontières.

Aussi, les festivals ont joué un rôle majeur dans l'essor du jazz suisse. On pense en premier lieu à l'incontournable Montreux Jazz Festival qui depuis 1967 est devenu un rendez-vous mythique conviant la crème du jazz – et de la musique dans son ensemble. Monument suisse, une statue à l'effigie de Claude Nobs, son fondateur, a été dressée dans le parc du Montreux Palace. Quelques kilomètres plus loin au bord du lac, se tient chaque année le festival de jazz de Cully. Créé en 1983, le rendez-vous reste axé autour du jazz contemporain et propose des affiches de haut vol dans un cadre splendide. À noter également : le Jazzonze+Festival, rendez-vous valorisant les musiques improvisées et le jazz contemporain, l'AMR Jazz Festival, excellent rendez-vous réunissant des artistes d'envergure internationale à Genève, et le JazznoJazz de Zurich qui propose une vingtaine de concerts chaque année. Côté clubs, le Chorus est peut-être le meilleur à Lausanne, et voit se croiser grands musiciens et groupes inconnus, les **Montreux Jazz Café** (p.384) de Genève Aéroport et Montreux (évidemment) convoquent l'esprit du festival et le Bird's Eye Jazz Club de Bâle invite les plus grands noms de la scène jazzy internationale.

La danse

La danse contemporaine est une autre passion suisse. Le pays possède de nombreuses compagnies, dont la plus célèbre est bien sûr le Béjart Ballet Lausanne. Bien que marseillais de naissance, le danseur et chorégraphe Maurice Béjart (1927-2007) est pour tous les Suisses une vraie personnalité du pays. S'installant à Lausanne à la fin de son expérience bruxelloise, Béjart dissout le Ballet du XXe siècle pour créer le Béjart Ballet Lausanne. Cinq ans plus tard, il fonde également l'École-atelier Rudra-Béjart sur place, devenue rapidement l'une des écoles de danse les plus prestigieuses au monde.

L'autre grand danseur et chorégraphe de Suisse, c'est Philippe Saire. Figure majeure en Suisse, l'artiste a créé sa propre compagnie en 1986,

© ROSTISLAV AGEEV - SHUTTERSTOCK.COM

Statue de Claude Nobs, fondateur du Montreux Jazz Festival.

via laquelle il a participé (et participe toujours) à l'essor de la danse contemporaine dans le pays. Auteur d'une trentaine de spectacles à ce jour, il a également fondé le théâtre Sévelin 36 en 1995, sur les Docks, devenu un lieu majeur de la ville. Parmi les chorégraphes suisses à connaître, citons également Heinz Spoerli, largement considéré comme l'un des plus grands chorégraphes européens de son temps, Thomas Hauert, qui explore la tension entre ordre et désordre, Caroline Denervaud, inspirée par Pina Bausch et Anne Teresa de Keersmaeker, ainsi que Maria Ribot, intéressée par les questions du corps, et Alexandra Bachzetsis, travaillant sur celles de genre.

Aussi, chaque année, depuis 1973, Lausanne accueille le prix portant son nom, concours international prestigieux pour jeunes danseurs. Considéré comme un des meilleurs au monde, le prix a massivement contribué à associer Lausanne au monde de la danse. Genève aussi est bien pourvue avec des institutions classiques comme le Ballet du Grand Théâtre qui, depuis quelques décennies, sous l'impulsion de son directeur Philippe Cohen, est synonyme d'audace chorégraphique (et la critique ne tarit pas d'éloges). On peut y voir des travaux de grands chorégraphes genevois comme Gilles Jobin, illustre nom de la danse suisse, ou Ioannis Mandafounis, très en vue. Autrement, la référence à Genève depuis 1986 pour la promotion de la danse contemporaine est sans conteste l'Association pour la danse contemporaine (ADC), à voir entre la salle des Eaux-Vives et le Pavillon de danse, sa future résidence attitrée. À Bâle, on trouve l'un des plus grands centres pour la scène – théâtre, danse et performance – de Suisse : la **Kaserne.** (p.155) Hyperdynamique, il est devenu avec le temps un partenaire incontournable des grands événements de la scène locale, nationale et internationale.

LITTÉRATURE

Pays de 9 millions d'habitants, la Suisse a la particularité de posséder quatre langues nationales, auxquelles il ne faudrait pas oublier d'ajouter des dialectes majoritairement utilisés à l'oral. Ce plurilinguisme se retrouve en littérature où il a suscité, particulièrement au XIXe siècle et pendant l'entre-deux-guerres, un débat : existe-t-il une base commune ou le clivage, que résume parfaitement l'expression *röstigraben* (barrière des rösti), est-il inévitable ? Bien sûr, des thèmes se recoupent – l'amour de la montagne et celui de la patrie, pour ne citer que les plus évidents –, mais si influence (ou rivalité) il y a, elle est certainement plus à chercher du côté des pays voisins. En fait, la question est sans doute stérile, d'autant plus dans une confédération où chacun peut se prévaloir de multiples origines et de la pratique de plusieurs langues. Quatre littératures pour un même pays, une richesse dont les Suisses ont certainement conscience.

La littérature romanche

Langue rétho-romane comme le frioulan, le romanche témoigne de la conquête des Alpes par les Romains en 15 av. J.-C. Pourtant, son passage à l'écrit et l'apparition de sa littérature se font tardifs, au moins pour trois raisons : la concurrence de l'italien et de l'allemand, toujours réelle aujourd'hui, le canton des Grisons est d'ailleurs le seul à être trilingue, le faible nombre de locuteurs, environ 50 000 de nos jours, ce qui vaut au romanche d'être inscrit sur la liste des langues menacées établie par l'Unesco, et le fait que le terme romanche englobe cinq langues différentes – le sursilvan, le surmiran, le vallader, le sutsilvan et le puter –, ce qui complexifie leur préservation. En 1982 fut créé le rumantsch grischun, une « langue-toit » unifiée à l'écrit qui facilite surtout la traduction des documents fédéraux, une obligation depuis qu'une votation en 1996 a ajouté à son statut de langue nationale (obtenu en 1938) celui de langue officielle.

La plus ancienne trace manuscrite remonterait au Xe siècle à Würzburg, mais c'est vraiment à l'heure de la Réforme que la langue se déploie à l'écrit, notamment grâce à l'Engadinois Johann Travers qui raconte en 1527 sa captivité au château de Musso (*Chanzun de la guerra dalg Chiastè d'Müs*). Les premiers textes sont surtout des traductions de textes religieux, Jachiam Bifrun (1506-1572) donne ainsi une version puter du Nouveau Testament en 1560. Il faut ensuite attendre le XIXe siècle pour que d'une part apparaissent les prémices de la standardisation, Zaccaria Pallioppi fixe par exemple l'orthographe de la langue de la haute Engadine en 1857, et que d'autre part fleurisse la poésie. Elle raconte l'émigration sous la plume de Conradin Flugi von Aspermont (1787-1874) dans *Alchünas rimas romaunschas*, puis se fait patriotique sous celle de Gion Antoni Huonder dont *Il Pur suveran* (*Le Paysan libre et indépendant*, 1865) est devenu hymne régional, une veine que creusera avec brio Giachen Caspar Muoth (*Il Gioder*, 1886 ; *A mesiras*, 1896) qui évoquera aussi l'histoire des Grisons (*Il Cumin d'Ursèra de 1425*, 1896). Un autre poète important est Peider Lansel, né à Pise en 1863 et mort à Genève en 1943, qui se consacra lui aussi à défendre la culture romanche, comme le confirment ses essais parus de 1913 à 1917 dans une collection au titre évocateur : *Ni Italians, ni Tudais-chs, Rumantschs vulains restar* (*Ni Italiens, ni Allemands, nous voulons rester Romanches*). Il a par ailleurs publié plus de deux cents poèmes qui lui valurent le prestigieux prix Schiller en 1943. Nous pourrions également citer Selina Chönz (auteure) et Alois Carigiet (illustrateur) pour leur série de livres pour enfants *Schellen-Ursli*, le novelliste Gian Fontana, Fluri Darms pour ses traductions vers le romanche de grands classiques de la littérature mondiale, Cla Bert pour son récit autobiographique *Une jeunesse en Engadine*, les talentueux frères Andri et Oscar Peer (*Hannes*, éditions d'En Bas, *Coupe sombre*, éditions Zoé), le très audacieux Hendri Spescha (1928-1982) dont il faut découvrir les recueils *Il Giavin dalla siringia* (1984) et *Uss: poesias* (1998), et le romancier Toni Halter qui s'interrogea sur la modernité. Le romanche a la particularité d'être la seule langue suisse à ne pas s'adosser à un autre pays, elle y a gagné une vigueur soutenue par la Ligia Romontscha dans laquelle Theo Candinas s'était impliqué. Toujours fragile, la relève semble quand même assurée par une nouvelle génération que représentent Leo Tuor, lauréat de nombreuses distinctions, et Arno Camenisch, qui sait avec habilité naviguer entre les langues ; son cycle grison se découvre aux éditions Quidam.

La littérature suisse italienne

Quand il est question de Suisse italienne, et malgré quelques vallées italophones dans les Grisons, c'est généralement au Tessin que l'on se réfère. Créé en 1803, ce canton reste culturellement tourné vers l'Italie bien que son « (r)attachement » à la confédération ait provoqué ses premiers « écrits suisses » : *La Svizzera italiana* (1840), ouvrage statistique du futur homme politique Stefano Franscini (1796-1857), et la *Correspondance* que Vincenzo d'Alberti (1763-1849), secrétaire d'État, entretint avec Paulus Usteri. En littérature, Francesco Chiesa (1871-1973) s'interroge lui aussi sur l'identité tessinoise et exerce une grande influence en s'engageant notamment pour la défense du patrimoine. Il obtiendra le prix Schiller en 1928 et est, en autres, l'auteur de *Racconti puerili* et des *Sonetti di San Silvestro*. Giuseppe Zoppi (1896-1952), quant à lui, chante le mode de vie des paysans tessinois dans *Il libro dell'alpe* (*Le Livre des Alpes*, 1922) qui lui vaut une grande renommée. Il est en outre le traducteur italien de Ramuz.

En 1921 naît à Airolo celui qui est considéré comme le plus grand poète suisse italien : Giorgio Orelli (1921-2013), aussi à l'aise avec la métrique la plus stricte qu'avec le vers libre, il offre ainsi de nouvelles perspectives à une poésie restée jusqu'alors très classique. Usant du dialecte et de l'italien, il interroge le quotidien et oppose la splendeur de ses paysages aux affres de la modernité. Il est aussi le témoin de la difficulté des auteurs tessinois à se faire reconnaître : lui qui publiait régulièrement en revue et figurait dans des anthologies en Italie, ne vit son recueil *Sinopie* entièrement traduit en français qu'en 2000 (éditions Empreintes). Les éditions Circé publient en 2021 ses nouvelles sous le titre *Un jour de la vie*. Son cousin, Giovanni Orelli (1928-2016), se fit connaître comme romancier en Italie, des traductions sont parues en France (*Le Rêve de Walaceck*, 1998, Gallimard) et en Suisse (*Les Myrtilles du Moléson*, 2020, La Baconnière). Sa langue savoureuse et âpre mêlait le tessinois à l'italien et lui valut le prix Schiller en 2012. Enfin, Fabio Pusterla, par ailleurs traducteur de Jaccottet, a lui aussi acquis une certaine renommée au-delà des frontières cantonales, preuve peut-être que la tendance s'inverse comme semblent le confirmer le grand prix suisse de Littérature remis en 2016 à Alberto Nessi et la bonne réception des travaux de Pierre Lepori qui publie (et s'autotraduit !) aux éditions d'En Bas (*Comme un chien*, *Nuit américaine*) et d'Anne Ruchat, née à Zurich en 1959, élevée dans le Tessin et résidant désormais en Italie.

La littérature romande

La rivalité supposée entre la Suisse francophone et la France tiendrait-elle au fait que celle-ci ait parfois la fâcheuse habitude de s'approprier certains auteurs, comme elle put le faire avec Jean-Jacques Rousseau (*Du contrat social*, *Rêveries du promeneur solitaire*) dont on oublie trop souvent qu'il est né à Genève en 1712 ? L'histoire se répète avec Mme de Staël, l'auteure d'une *Correspondance* devenue classique – bien que ce soit à Paris qu'elle ait vu le jour, toutefois dans une famille genevoise –, puis avec Benjamin Constant (*Adolphe*, *Le Cahier rouge*), Lausannois de naissance, naturalisé Français en 1790. Au XIXe siècle,

© ZU_09 - ISTOCKPHOTO.COM

Jean-Jacques Rousseau.

Henri-Frédéric Amiel s'interroge et publie *Du mouvement littéraire dans la Suisse romane et de son avenir* en 1849, tout en tenant un volumineux *Journal* empreint de philosophie. Pendant ce temps, dans cette même cité genevoise, Rodolphe Töpffer invente la bande dessinée.

Le siècle est aussi celui qui voit naître de très grands écrivains qui, même s'ils cèdent parfois aux sirènes parisiennes, n'en demeurent pas moins représentatifs d'une vraie âme suisse, Édouard Rod (*Le Sens de la vie*, *La Course à la mort*) refuse d'ailleurs de siéger à l'Académie française pour ne pas avoir à renoncer à sa nationalité. Les frères Cingria, Alexandre et Charles-Albert, rivalisent dans tous les arts, tandis que Charles-Ferdinand Ramuz (1878-1947) s'affirme dans la veine régionaliste et dans un style au plus proche du parler vaudois. Ses romans – *Aline*, *La Grande Peur dans la montagne*, *Derborence*, etc. – sont incontournables. Au XXe siècle, la littérature de voyage offre à la Romandie certaines de ses plus belles pages grâce à Blaise Cendrars (*Prose du Transsibérien*, *Bourlinguer*), Ella Maillart (*Oasis interdites*, *La Voie cruelle*) et à l'inestimable Nicolas Bouvier (*L'Usage du monde*, *Le Poisson-scorpion*), mais la poésie n'est pas en reste : l'œuvre de Gustave Roud (1897-1976) et celle de Maurice Chappaz (1916-2009) précédent celle de Philippe Jaccottet (1925-2021) qui connut l'honneur rare d'entrer dans la Pléiade de son vivant. En 1973, Jacques Chessex rafle le Goncourt avec *L'Ogre* et n'en finit pas de présenter une image bien peu policée de la Suisse romande, comme le fera en 1982 Yvette Z'Graggen dans *Les Années silencieuses*. En voix féminines, il faudrait citer encore Corinna Bille, Alice Rivaz, Anne Cuneo, Monique Saint-Hélier, et en voix contemporaines hésiter, tant elles sont nombreuses et talentueuses : Noëlle Revaz, Joël Dicker, Daniel de Roulet, Thomas Sandoz, Blaise Hofmann, etc.

Le poète Gottfried Keller.

La littérature alémanique

L'allemand, utilisé par 60% de la population, se décline à l'oral en patois locaux (züritüütsch, bärndütsch, etc.) mais s'écrit en respectant le « bon allemand » selon la formule consacrée, bien que périodiquement des auteurs préfèrent user du dialecte (Carl Albert Loosli, Ernst Burren, Pedro Lenz…). Littérature séculaire, elle offre dès le Moyen Âge des chefs-d'œuvre au nombre desquels se comptent le *Codex Manesse*, somptueux manuscrit de poésie lyrique (minnesang), et la traduction de la Bible réalisée par Ulrich Zwingli. Le siècle des Lumières voit Zurich devenir sphère d'influence du monde des lettres germanophones, les maisons d'édition s'y multiplient et les intellectuels s'y pressent : Johann Jakob Bodmer, Johann Jakob Breitinger, Albrecht von Haller, Johann Gaudenz von Salis-Seewis… Le XIXe siècle se teinte d'un certain patriotisme, le Bernois Albert Blitzius – sous le pseudonyme de Jeremias Gotthelf – loue le monde rural en usant parfois du dialecte dans la saga d'*Uli* à lire chez L'Âge d'homme, il craint la modernité à laquelle aspire Gottfried Keller (*Les Gens de Seldwya*, éditions Zoé). En poésie domine Conrad Ferdinand Meyer (1825-1898) même si ce sont surtout ses nouvelles qui ont été traduites en français (*La Femme juge*, éditions de l'Aire, *Coup de feu en plein sermon* à L'Âge d'homme), et la littérature jeunesse accueille avec bonheur *Heidi* sous la plume de Johanna Spyri (1827-1901).

À l'heure de la Première Guerre mondiale, Zurich se fait dada quand le Roumain Tristan Tzara y fait la rencontre de l'Allemand Hugo Ball, et le Bâlois Carl Spitteler devient prix Nobel de littérature en 1919. Dix ans plus tard, Robert Walser entre en clinique psychiatrique, il y restera jusqu'à sa mort, en 1956. Ce n'est vraiment qu'après celle-ci que sera reconnue la force de son étrange parcours littéraire, de ses romans à ses « microgrammes » : *Les Enfants Tanner*, *Seeland*, *La Rose*, etc. Dans les années 1970, au buffet de la gare d'Olten se réunit un groupe éponyme, cette association d'écrivains peut s'enorgueillir de compter dans ses rangs, comme dignes représentants de la Suisse alémanique, l'écrivain multifacettes Max Frisch (*Stiller*, Grasset, *Journal berlinois*, éditions Zoé) et le dramaturge Friedrich Dürrenmatt que les éditions Albin Michel ont entrepris de republier intégralement. Ses romans (*La Promesse*, *La Panne*, *Le Juge et son bourreau*, *Le Soupçon*) ont fait l'objet d'un premier tome en 2021, et son théâtre, indispensable, est disponible chez Arche éditeur : *Le Météore*, *Les Physiciens*, *Les Fous de Dieu*… La littérature contemporaine est toujours d'une extrême vivacité, comme le suggèrent les succès de Peter Stamm, Martin Suter, Alain Claude Sulzer, Matthias Zschokke ou Lukas Bärfuss.

Le poète Jeremias Gotthelf.

TOP 10

LECTURE

Le « petit pays » du centre de l'Europe s'amuse de ses multiples facettes. Évoluant en quatre langues nationales, se montrant tout aussi à l'aise en poésie, théâtre, bande dessinée ou récit de voyage, la Suisse aura sans aucun doute l'heur de plaire à tous les publics. Petit aperçu d'une grande littérature.

DÜRRENMATT : LA LIBERTÉ DE PENSER

© ÉDITIONS INFOLIO

Portrait de l'un des plus célèbres dramaturges du XXe siècle, et un premier aperçu d'une œuvre sans concession.
Marie-Pierre Walliser-Klunge, éditions Infolio.

HISTOIRES DE FAMILLE N° 15

© ÉDITIONS ZOÉ

Viceversa est une revue littéraire publiée dans les trois principales langues du pays : italien, allemand et français. Un panorama annuel indispensable !
Collectif, éditions Zoé.

RANDOS BIÈRES EN SUISSE

© ÉDITIONS HELVETIQ

L'art d'allier le plaisir de la randonnée et celui d'une bonne bière locale et artisanale, 59 parcours rafraîchissants pour visiter le pays.
Monika Saxer, éditions Helvetiq.

L'USAGE DU MONDE

© ÉDITIONS LA DÉCOUVERTE

Emblématique du mouvement des grands voyageurs suisses, ce journal sensible raconte le périple que l'auteur a vécu avec son ami Thierry Vernet en 1953 et 1954.
Nicolas Bouvier, éditions La Découverte.

CHÂTEAU DE SABLE

© ÉDITIONS ATRABILE

Ses *Pilules bleues* ont propulsé le bédéiste genevois au firmament de son art. Il revient avec une fiction couronnée par le prix des Utopiales.
Frederik Peeters et Pierre-Oscar Lévy, éditions Atrabile.

L'ART BRUT

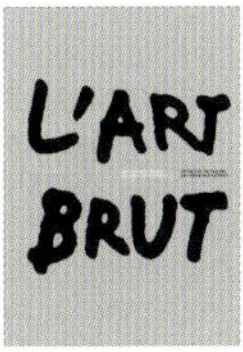

© ÉDITIONS FLAMMARION

Présentation richement illustrée de cent des œuvres collectées par Jean Dubuffet et exposées à Lausanne, la ville qui sut accueillir l'artiste snobé en France.
Collectif, éditions Flammarion.

MARS

© ÉDITIONS FOLIO

Un autre regard sur la bonne société de Zurich, et un sous-titre lapidaire : « Je suis jeune et riche et cultivé, et je suis malheureux, névrosé et seul. »
Fritz Zorn, éditions Folio.

HISTOIRE DE LA LITTÉRATURE EN SUISSE ROMANDE

© ÉDITIONS ZOÉ

Pierre angulaire de toute bonne bibliothèque, cet ouvrage s'impose comme une référence incontournable.
Collectif, éditions Zoé.

ŒUVRES

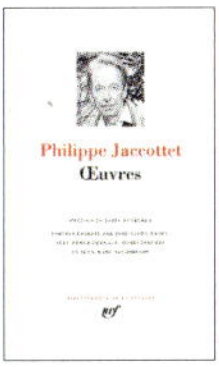

© LA PLÉIADE - GALLIMARD

Anthologie établie par José-Flore Tapy de poèmes, essais et récits du célèbre écrivain romand décédé en 2021.
Philippe Jaccottet, éditions Gallimard.

SUISSE : L'INVENTION D'UNE NATION

© ÉDITIONS NEVICATA

Un éclairage utile pour appréhender un pays qui se décline en plusieurs langues, religions et réalités socio-économiques.
André Crettenand, éditions Nevicata.

A L'ÉCRAN

Comparée à celle de ses voisins, la production cinématographique suisse reste mineure, toutefois, la jeune génération est particulièrement active. Comme dans beaucoup d'autres petits pays, le cinéma helvétique dépend du soutien des institutions publiques et de ce fait les films suisses ne connaissent pas vraiment de succès international, à quelques exceptions près. C'est sans nul doute Jean-Luc Godard qui marqua le plus l'histoire cinématographique de ce pays, aux côtés d'autres, comme Leopold Lindtberg. Les premières projections de cinéma muets ont lieu lors de l'Exposition nationale de Genève en 1896, par les frères Lumière. Après des balbutiements dans des studios à Genève et Lausanne dans les années 1920, la Suisse sert de décors à de nombreux films. L'exil de cinéastes et techniciens allemands en Suisse sous le IIIe Reich sera bénéfique à la production nationale, mais les films à parti pris durant la Seconde Guerre mondiale sont censurés.

Léopold Lindtberg et Jean-Luc Godard

Le cinéma national naît réellement dans les années 1940 avec un premier long-métrage humaniste, *La Dernière Chance* de Léopold Lindtberg (1945, grand prix du festival de Cannes). Cet émigré viennois est le premier grand réalisateur helvétique. Il obtient l'oscar du meilleur scénario pour *Marie-Louise* et l'oscar de la meilleure histoire originale en 1948 avec *The Search*. En 1955, il a l'honneur d'être membre du jury à Cannes.

Jean-Luc Godard est né de parents suisses à Paris, mais a grandi à Nyon, dans le canton de Vaud. Il réalise ses premiers courts-métrages en Suisse, avant de repartir en France où il devient un chef de file de la Nouvelle Vague. C'est avec *À bout de souffle* qu'il se fait remarquer en 1959, et le début de la décennie suivante marque sa consécration : *Bande à part*, *Pierrot le fou*, *Le Mépris*...

Après sa rencontre avec Anne Wiazemski au milieu des années 1960, il fréquente le milieu militant étudiant. *La Chinoise* (1967) en est le fruit. La même année, il réalise *Camera Eye*, court-métrage faisant partie du projet de CHRis Marker, *Loin du Vietnam*. Godard vire à gauche de plus en plus radicalement jusqu'à décider, en 1968, d'arrêter le cinéma tel qu'il le pratiquait. Il s'engage alors, comme CHRis Marker, à réaliser des *ciné-tracts* et *Le Gai Savoir*, film didactique censuré à sa sortie. La même année, il milite auprès des grandes figures de la Nouvelle Vague française pour l'annulation du festival de Cannes en soutien aux étudiants, et fonde le groupe Dziga Vertov avec Jean-Pierre Gorin. Godard poursuit son engagement politique avec *Un film comme les autres*, tourné dans une usine et mettant en scène des discussions entre ouvriers et étudiants. Suite à un grave accident de moto en 1971, il se lie avec une grande figure du cinéma suisse, Anne-Marie Miéville. Elle deviendra sa proche collaboratrice pendant plusieurs décennies, et coréalise avec lui pour le petit comme pour le grand écran (*Ici et ailleurs* ; *Deux fois cinquante ans de cinéma français* ; *The Old Place*).

Godard demeure prolifique depuis près de soixante ans. Ainsi en 2010, il défrayait à nouveau la CHRonique sur la croisette avec *Film socialisme*, et continue dans la veine de son cinéma politique avec *Adieu au langage* (2014) et *Le Livre d'images* (2018). Il tend ainsi vers des formes de plus en plus expérimentales.

L'acteur Bruno Ganz.

Les réalisateurs suisses à l'international

Au niveau international, le cinéma suisse détient une belle vitrine avec Alain Tanner, Claude Goretta et Michel Soutter. Ensemble, en 1968, ils ont créé le Groupe des cinq, avec Jean-Louis Roy et Jean-Jacques Lagrange, outil de coalition pour encourager le jeune cinéma suisse.

Depuis quelques années, le cinéma suisse se ranime grâce à une nouvelle génération. Notons Jean-Stéphane Bron, l'un des cinéastes suisses les plus prometteurs du moment, connu pour

Festival du film de Locarno, sur la Piazza Grande.

ses documentaires politiques, comme *Cleveland contre Wall Street* (2010), et enfin Stefan Haupt, un Zurichois qui s'est fait connaître avec son film *Le Cercle*, primé meilleur documentaire à la Berlinale en 2014. Récemment le film d'animation franco-suisse *Ma vie de courgette*, réalisé par Claude Barra, a remporté deux césars en 2016.

Marc Forster, de nationalité allemande mais qui a grandi en Suisse, cartonne à Hollywood. On lui doit le vingt-deuxième *James Bond*, *Quantum of Solace* (2008), et le film de zombies *World War Z* en 2013.

De grands interprètes

Ursula Andress est peut-être la plus grande actrice helvétique. Elle a tourné dans de nombreux films italiens et français tout au long de sa carrière. On retiendra notamment *Soleil rouge* (1971), où elle jouait aux côtés d'Alain Delon, Charles Bronson et Toshiro Mifune. Primée aux Golden Globes en 1963 pour son rôle dans *007 contre docteur No*, elle acquiert enfin une renommée internationale. Elle est aussi la seule *James Bond girl* à apparaître en personne dans un des romans de Fleming (*Au service de Sa Majesté*).

Bruno Ganz est un célèbre acteur suisse. On retiendra son interprétation magistrale d'un Hitler sur le déclin dans *La Chute* (2004) mais aussi son rôle de Damiel dans *Les Ailes du désir* de Wim Wenders (1987) et sa suite, *Si loin, si proche* (1993). Il a joué pour les plus grands, comme avec Ridley Scott dans *Cartel* (2008), et dans l'un de ses derniers rôles avant sa mort, il interprétait Verge de Lars von Trier dans *The House that Jack Built* (2018).

Les festivals et l'ouverture internationale

Le rendez-vous cinématographique le plus attendu du pays est évidemment le festival international du Film de Locarno. Fondé en 1946, il a pour vocation de présenter les nouvelles tendances, courants et cinéastes en promouvant le cinéma d'auteur et de qualité artistique. La Piazza Grande est le lieu emblématique du festival. Certains films y sont projetés en plein air sur un très grand écran. La récompense principale décernée par le jury est le léopard d'or.

Le festival Visions du réel de Nyon, quant à lui, est consacré aux films documentaires, c'est le deuxième plus grand festival helvétique. Le festival a été créé en 1969, et s'est toujours ouvert à des documentaires des quatre coins du monde.

Terre d'accueil pour nombre de productions, la Suisse a ainsi servi de décor à de grands films de la décennie passée, de *Sils Maria* d'Olivier Assayas au *Loup de Wall Street* de Martin Scorsese, en passant par *Le Crime de l'Orient Express* de Kenneth Brannagh ou encore *Youth* de Paolo Sorrentino (qui avait déjà tourné en Suisse *Les Conséquences de l'amour* dans la ville de Lugano).

La Head et l'Ecal, viviers de cinéastes émergents

La Suisse peut aussi se targuer d'avoir deux des meilleures écoles de cinéma européennes : la HEAD à Genève, orientée documentaire, ainsi que l'Ecal de Lausanne, de l'autre côté du lac Léman. Parmi les figures émergentes de ces formations, on peut retenir deux diplômés des dernières années : Lou Rambert Preiss, de la promotion 2018 de la section cinéma de l'Ecal, qui a notamment réalisé le court-métrage *Ici le chemin des ânes*, remarqué lors de sa tournée en festival (Locarno, Côté court), ou encore June Balthazard, sortie du master cinéma de la HEAD en 2015 et qui, après avoir intégré le Fresnoy, a notamment été exposée à la Biennale de Taipei.

POPULATION

La Suisse, à l'image de la majorité des pays occidentaux, voit sa population vieillir. Avec ses 8,6 millions d'habitants pour une superficie de 41 285 km², la population suisse accroît son nombre en dépit de la diminution des naissances. Ce phénomène a lieu exclusivement grâce à l'apport démographique des étrangers résidant sur le territoire. L'espérance de vie, qui ne cesse de progresser en Suisse, est l'une des plus hautes du monde. Championne en la matière, elle était de 81,9 ans pour les hommes et de 85,6 pour les femmes, selon les dernières données publiées par l'Office fédéral de la statistique (OFS) en 2019. C'est dans le Tessin et l'arc jurassien, ainsi que dans les grandes villes, que les Suisses vivent le plus longtemps. C'est dans les villes que la population grandit le plus. Parmi les trois cantons les plus peuplés vous trouverez Zurich (1,5 million), Berne (1 039 474 habitants) et Genève (504 128 habitants).

Terre d'accueil

La Suisse est incontestablement une terre d'accueil. Le nombre d'étrangers résidant en Suisse est de l'ordre de 21 % par rapport à la population totale. En 2020, la population résidente étrangère, comprenant tous les titulaires d'autorisation de résidence, représente 2,2 millions d'habitants en grande majorité d'origine européenne. La plus grande communauté étrangère de Suisse est formée par les Italiens (14,6 % de la population étrangère totale), suivis des ressortissants de l'Allemagne (14,1 %), du Portugal (12 %), de la France (6,4 %), du Kosovo (5,2 %), de l'Espagne (3,9 %), de la Turquie (3,1 %) et de la Macédoine du Nord (3,1 %). Près d'un quart des étrangers vivant en Suisse sont nés et ont grandi dans le pays. Malgré la forte augmentation des naturalisations, un faible nombre des ressortissants étrangers en Suisse obtiennent la nationalité.

Un tour d'horizon sur la répartition de la population par canton et dans le monde

Plus de 776 300 Suisses vivent à l'étranger en 2020, dont 200 900 en France et 94 400 en Allemagne. Cela s'explique par la situation géographique frontalière que représentent ces deux pays. Les États-Unis accueillent 81 300 Suisses, loin devant l'Italie avec 50 200. La Suisse est divisée en vingt-six cantons, eux-mêmes subdivisés en communes. Voici quelques caractéristiques de ces différents cantons.

- Appenzell Rhodes-Intérieures (AI). Superficie : 173 km². Population : 16 128 445 hab. Langue la plus parlée : allemand 94,9 %.
- Argovie (AG). Superficie : 1 403,7 km². Population : 685 845 hab. Langue la plus parlée : allemand 86,4 %.
- Bâle-Campagne (BL). Superficie : 517,5 km². Population : 289 468 hab. Langue la plus parlée : allemand 86,2 %.
- Bâle-Ville (BS). Superficie : 37,1 km². Population : 195 844 hab. Langue la plus parlée : allemand 76,8 %.
- Berne (BE). Superficie : 5 958,9 km². Population : 1 039 474 hab. Langue la plus parlée : allemand 83,7 %.
- Fribourg (FR). Superficie : 1 670,8 km². Population : 321 783 hab. Langue la plus parlée : français 69 %.
- Genève (GE). Superficie : 246 km². Population : 504 128 hab. Langue la plus parlée : français 79,6 %.
- Glaris (GL). Superficie : 685,2 km². Population : 40 590 hab. Langue la plus parlée : allemand 86,5 %.
- Saint-Gall (SG). Superficie : 2 025,6 km². Population : 510 734 hab. Langue la plus parlée : allemand 87,7 %.
- Tessin (TI). Superficie : 2 812,5 km². Population : 351 491 hab. Langue la plus parlée : italien 88,6 %.
- Thurgovie (TG). Superficie : 990,9 km². Population : 279 547 hab. Langue la plus parlée : allemand 89,1 %.
- Uri (UR). Superficie : 1 076,6 km². Population : 36 703 hab. Langue la plus parlée : allemand 93,5 %.
- Valais (VS). Superficie : 5 224,5 km². Population : 345 525 hab. Langue la plus parlée : français 67,8 %.
- Vaud (VD). Superficie : 3 212,1 km². Population : 805 098 hab. Langue la plus parlée : français 82,6 %.
- Zoug (ZG). Superficie : 238,8 km². Population : 127 642 hab. Langue la plus parlée : allemand 80,3 %.
- Zurich (ZH). Superficie : 1 728,8 km². Population : 1 539 275 hab. Langue la plus parlée : allemand 80,7 %.

© TRABANTOS - SHUTTERSTOCK.COM

Dans les rues de Bâle.

- Grisons (GR). Superficie : 7 105,2 km². Population : 199 021 hab. Langue la plus parlée : allemand 75,2 %.
- Jura (JU). Superficie : 838,6 km². Population : 73 584 hab. Langue la plus parlée : français 89,8 %.
- Lucerne (LU). Superficie : 1 493,5 km². Population : 413 120 hab. Langue la plus parlée : allemand 88,6 %.
- Neuchâtel (NE). Superficie : 803,1 km². Population : 176 496 hab. Langue la plus parlée : français 87,7 %.
- Nidwald (NW). Superficie : 276,1 km². Population : 43 087 hab. Langue la plus parlée : allemand 90,6 %.
- Obwald (OW). Superficie : 490,5 km². Population : 37 930 hab. Langue la plus parlée : allemand 92 %.
- Schaffhouse (SH). Superficie : 298,5 km². Population : 82 348 hab. Langue la plus parlée : allemand 86,8 %.
- Schwyz (SZ). Superficie : 908,3 km². Population : 160 480 hab. Langue la plus parlée : allemand 83,3 %.
- Soleure (SO). Superficie : 790,7 km². Population : 275 247 hab. Langue la plus parlée : allemand 87,1%.

Le multilinguisme

Avec quatre langues officielles, la Suisse est le pays plurilingue par excellence. La Suisse reconnaît quatre langues nationales qui en pratique ne représentent que 92 % de la population : l'allemand est la langue officielle dans dix-sept cantons (sur vingt-six), soit 64 % des habitants qui parlent suisse allemand. Quatre cantons, Genève, Vaud, Neuchâtel et Jura, sont exclusivement francophones, soit 19 %. Trois cantons, Berne, Fribourg, Valais, emploient les deux langues. Dans la partie sud-est, dans le Tessin et dans quatre vallées du sud des Grisons, on dialogue en italien, soit 8 %. L'autre partie de ce même canton est trilingue : allemand, italien et romanche. Cette dernière langue est parlée par 0,5 % de la population. Les dialectes couvrent les 8 % restants. Le romanche a émergé de celles-ci pour accéder au rang de langue nationale par la pression politique de la Ligue romanche, en 1938. Elle reste une langue en fait divisée en cinq dialectes, ce qui limite l'établissement d'une véritable identité culturelle romanche. Les frontières linguistiques sont floues et chaque langue compte plusieurs variantes selon les régions. On ne peut pas dire que cela facilite la communication entre les différents cantons. Il n'est donc pas rare que dans ce même pays les habitants n'arrivent pas à communiquer. En effet, un Genevois ne parle pas forcément l'allemand ! L'obligation scolaire d'apprendre au moins une des autres langues nationales est insuffisante ; l'anglais est considéré comme plus utile.

Les Suisses pacifistes et engagés avec leur armée de milice

Vous croiserez certainement de nombreux uniformes gris-vert. L'armée suisse est en effet une armée de milice, où les civils sont formés pour participer à des missions militaires en complément de leurs activités professionnelles. Ainsi, tous les hommes de 18 à 34 ans (42 ans pour les gradés) doivent faire leur service militaire. Après quatre mois dans une école de recrues, ils suivent des cours de répétition de deux à trois semaines. Mobilisables 24h/24, ils gardent leur arme chez eux. Ceux qui ne font ni service militaire ni protection civile doivent payer 3 % de leur revenu imposable.

SOCIÉTÉ

La Suisse est championne de la qualité de vie, une harmonie sociale à faire pâlir les pays voisins. Pas moins de trois villes suisses proposent la meilleure qualité de vie au monde (Zurich, Genève et Berne). Outre les paysages enneigés idylliques, le chocolat qui coule à la source, le pays cumule des montagnes de points forts. Sécurité, éducation, système médical à la pointe de technologies, une politique stable et démocratique, taux de chômage bas (5 %), situation financière dans les premiers rangs mondiaux, infrastructures modales efficaces et surtout douceur de vivre ! Le peuple partage des valeurs communes et un fort sentiment patriotique. À en voir le nombre de drapeaux à croix blanche sur fond rouge apposés partout en Suisse, on comprend que l'amour de la Confédération est sans limite. Une cohésion sociale existe véritablement malgré les disparités linguistiques et culturelles. Mais quel est le secret de cette *dolce vita* helvétique ?

Vingt-six cantons, vingt-six façons de vivre la Suisse

L'organisation du pouvoir politique en Suisse s'articule autour d'un système fédéral composé de vingt-six cantons, subdivisés eux-mêmes en communes. La Constitution fédérale confère la souveraineté au peuple. Depuis la naissance de ce système, en 1848, l'organisation politique repose sur deux piliers qui, au premier abord, semblent contradictoires : un système politique libéral, favorisant les libertés aussi bien individuelles qu'économiques, et un système de solidarité pour une intégration de tous les citoyens, issus de tous les courants politiques et sociaux, au sein de la communauté. Ces deux principes constituent le pilier de la Suisse et un facteur indéniable de stabilité et de cohésion intérieure. Chaque canton organise sa vie sociale et les lois diffèrent. Cette autonomie entraîne des disparités selon les cantons. Par exemple la fiscalité varie et il sera plus intéressant de payer ses impôts dans le canton de Vaud ou que dans les Grisons. Il est possible de s'asseoir sur les pelouses dans le canton de Genève mais cette pratique est non autorisée au Tessin. Les vacances scolaires varient selon les cantons, les horaires des magasins également. Ce qui les unit, c'est le sentiment de confiance pour les institutions helvétiques.

Une neutralité unique au monde

Souvent critiquée, la neutralité politique fait partie de la construction de la Suisse. Située entre de grandes puissances, elle a longtemps

© ROSSHELEN - SHUTTERSTOCK.COM

Berne est l'une des 3 villes suisses qui proposent la meilleure qualité de vie au monde.

craint de perdre son indépendance. La seule fois où la Suisse a tenté une alliance militaire, avec les Milanais lors de la bataille de Marignan en 1515 contre les troupes de François Ier, ce fut un échec. La Suisse signera alors un traité de paix perpétuelle avec la France, à l'origine du statut de neutralité, qui sera reconnu aux yeux du droit international en 1815, lors du traité de Vienne. Un statut qui continue d'être soutenu par 90 % des Suisses et qui a incité de nombreuses organisations internationales à établir leur siège en Suisse. Le pays semble toutefois s'ouvrir davantage ces dernières années ; s'il refuse d'adhérer à l'Union européenne, il collabore étroitement avec cette dernière et est devenu membre de l'ONU en 2002.

Sentiment de grande sécurité

La Suisse est depuis longtemps synonyme de sécurité. Même si les partis populistes agitent de plus en plus la peur de l'insécurité, le taux de criminalité reste très bas et ne préoccupe pas vraiment la population suisse. De nombreuses nationalités cohabitent en Suisse avec le record de 192 pour Genève, ville d'un siège des Nations unies. Les grandes villes sont bien sûr plus enclines à des phénomènes de criminalité et autre délits, mais le système suisse est très persuasif. Les sanctions pour les infractions incitent à respecter les lois. À titre d'exemple, le dépassement entre 21 et 24 km/h de la vitesse autorisée en agglomération peut vous coûter 600 francs suisses et retrait de permis. *Idem* pour le stationnement, pensez à bien respecter les consignes selon les zones et le temps toléré. Une fois que l'on connaît les secrets du savoir-vivre suisse et que l'on adopte le respect des règles, la vie est très paisible. Ce sentiment de sécurité se retrouve dans la défense nationale. La Suisse possède une armée de milice, c'est-à-dire une armée de mobilisation avec très peu de professionnels engagés. La milice suisse est l'héritage de l'interdiction, selon la Constitution de 1874, d'entretenir une armée fédérale permanente.

Un cadre idyllique mais cher

Tous les Suisses ne roulent pas sur l'or ! À en croire les clichés de belles voitures de luxe, de montres de grands horlogers et la concentration des banques, la Suisse peut sembler une destination de luxe où le niveau de vie est plus qu'enviable. Tout cela se mérite et de nombreux citoyens ne peuvent accéder à la propriété et s'endettent sur plus d'une génération. Le système médical est onéreux et mieux vaut épargner pour sa retraite (AVS-assurance vieillesse et survivants). D'ailleurs son échéance ne cesse de reculer (65 ans pour les hommes et 64 ans pour les femmes). La pauvreté existe donc au pays de l'eldorado bancaire : en 2019, 8,7 % de la population (environ 735 000 personnes)

© PRACHAYA ROEKDEETHAWEESAB- SHUTTERSTOCK.COM

Albert Einstein résida à Berne de 1902 et 1909.

vivait dans la pauvreté en termes de revenus. Cela dit, le pays reste un des meilleurs au niveau de l'accueil et de la qualité de vie.

Un melting-pot culturel et social

La Suisse fut et demeure une terre d'accueil ; la qualité de vie qu'elle offre semble favoriser les belles pensées et les entreprises artistiques ou politiques marquantes. Sans suivre l'ordre CHRonologique, voici un florilège de personnalités attestant de la diversité culturelle, historique et artistique en Suisse : Charlie Chaplin près de Vevey, Érasme à Bâle, Jean Calvin faisant de Genève le centre de la Réforme, Hermann Hesse s'établissant à Montagnola près du lac de Lugano dans le Tessin, Paul Klee à Berne. Mais aussi Georges Simenon, Elias Canetti, Mme de Staël, Blaise Cendrars, Jean-Jacques Rousseau, Albert Cohen, James Joyce, Thomas Mann, Vladimir Nabokov, Hortense de Beauharnais et le futur Napoléon III, Albert Einstein qui résida à Berne de 1902 à 1909 lors de la rédaction de ses fameuses équations sur la relativité ou encore Vladimir Ilitch Oulianov (Lénine) : la Suisse possède un substrat culturel surprenant !

Outre ce melting-pot culturel, on estime qu'entre 6 000 et 30 000 enfants vivent dans des familles arc-en-ciel en Suisse. Les personnes LGBT bénéficient des mêmes droits que le reste de la population depuis 2021 grâce à la votation par référendum en faveur de l'ouverture du mariage civil et du droit à l'adoption aux couples homosexuels. La procréation médicalement assistée a été autorisée aux couples de lesbiennes également.

DÉCOUVRIR

RELIGIONS

« Au nom de Dieu tout-puissant ! » est une des premières phrases de la Constitution suisse qui n'a pourtant pas de religion d'État. La liberté de culte est un droit fondamental depuis la Constitution de 1874. Le paysage religieux suisse est donc diversifié avec des temples protestants, des églises catholiques, des églises orthodoxes, des mosquées, des monastères tibétains... Selon les statistiques de la Confédération, fin 2019, les groupes confessionnels les plus importants parmi la population résidante permanente âgée de 15 ans ou plus sont l'Église catholique romaine (34 %) et l'Église réformée évangélique (23 %). S'ajoutent moins de 5 % de membres des communautés islamiques et 0,3 % des communautés juives. La part des personnes sans appartenance religieuse atteint 29 % et a augmenté ces dernières années. Comme dans tous les pays occidentaux, on observe une baisse de la pratique religieuse et des croyances.

Un héritage catholique et protestant

Le catholicisme romain et le protestantisme ont joué un rôle important dans la formation de la Suisse moderne et dans la façon dont les Suisses se voient. Majoritaire en Suisse, avec plus de 3 millions de personnes, l'Église catholique romaine est bien évidemment très largement représentée dans le pays. Elle est dominante dans les cantons ruraux et dans les villes ayant accueilli dans les années 1970 l'immigration de l'Europe du Sud. Parmi les cantons fortement catholiques figurent Uri (à plus de 90 %), Schwyz, Nidwald et Obwald, ceux-là même qui prêtèrent serment de confédération en 1291, fondement de la Suisse moderne. En se rassemblant à cette époque, ils ont pu affirmer aux yeux des puissances extérieures leur droit ancestral à disposer d'eux-mêmes et à se gouverner librement. De nos jours, ce sont ces mêmes régions qui, lors des votes, sont le plus violemment contre tout changement qui pourrait à leur avis rapprocher la Suisse de ses voisins et menacer sa neutralité. Par ailleurs, la Suisse a abrité deux des personnages clés de la Réforme protestante qui a traversé l'Europe au XVIe siècle : Ulrich Zwingli et Jean Calvin. À l'échelle du pays, ce sont les cantons ruraux les plus riches et les villes où se sont ensuite développés des centres industriels qui ont adopté la nouvelle religion. Genève en particulier est devenue une des places fortes du protestantisme et un havre pour les réfugiés, dont Calvin fuyant l'oppression des pays catholiques. Genève est d'ailleurs surnommée la Rome protestante. Le musée de la Réforme, le mur des Réformateurs (p.264) à Genève et les visites guidées de la ville proposées par Genève Tourisme vous emmènent sur les traces de cette période calviniste. Les réfugiés huguenots des XVe et XVIe siècles ont largement contribué à la vie économique et intellectuelle du pays. L'horlogerie n'est-elle pas l'héritière de ce savoir-faire transmis par les réfugiés protestants ? Les protestants valorisent rationalisme et dur labeur, et considèrent l'aisance financière comme une récompense de Dieu, éthique qui a permis de poser les fondements de la prospérité suisse moderne.

Le Mur des Réformateurs à Genève.

Tradition et innovation

C'est un pays de légendes dont certaines ont donné naissance à la Suisse avec le sentiment de liberté et l'esprit d'indépendance qu'incarne l'épopée de Guillaume Tell. L'autre mythe qui symbolise la Suisse à travers le monde est sans nul doute l'histoire d'Heidi, la petite fille des montagnes. Johanna Spyri (1827-1901) en a fait un best-seller. Le village d'Heidi (HeidiLand) vous transportera dans le décor originel de l'histoire.

QUE RAPPORTER ?

Assurez-vous d'avoir une valise supplémentaire au cas où votre gourmandise vous surprenne ! À défaut de soulager les coffres-forts de lingots des banques suisses, votre valise pèsera son or en chocolat. Vous succomberez devant les souvenirs typiques. L'avantage, c'est qu'ils sont nombreux à être de bonne qualité, qu'il en soit de la qualité artisanale avec le chocolat sous toutes ses formes, de la qualité ancestrale avec les coucous en bois, de la qualité multifonction avec le couteau suisse (que vous pouvez faire graver gratuitement à votre nom ou à vos initiales) et bien sûr les montres. Impossible d'être déçu ! Profitez aussi de votre séjour dans les différents cantons pour rapporter des spécialités locales telles qu'un sachet de bricelets (biscuits traditionnels vaudois). Comme on le dit souvent, le meilleur des souvenirs est celui que l'on vit, alors rapportez la Suisse dans le cœur !

Souvenir à croquer tout simplement

Les marques de chocolats les plus connues du monde sont suisses. Vous pourrez découvrir les secrets de la fabrication et leur histoire fascinante en visitant les musées Lindt à Kilchberg ou le musée Cailler à Broc. Vous craquerez aussi pour l'une des dix-huit entreprises et marques du pays : Toblerone et la forme iconique de sa tablette, Camille et Bloch, Nestlé, Frey, Läderach, Ovomaltine, Villars, Suchard, Favarger... Toutes ces marques sont ambassadrices de la qualité chocolatière et préservent les recettes traditionnelles tout en continuant d'innover. De nombreux supermarchés dans tout le pays, comme Manor, Coop et Migros vous permettent de retrouver toute la palette de ces délicieuses gourmandises. Un petit régal à suggérer tout de même : la barre Cailler ou l'Ovomaltine en pot à tartiner. Profitez aussi de votre voyage pour déguster les meilleures friandises artisanales et locales. Dans chaque ville, vous croiserez des maîtres chocolatiers comme la Chocolaterie du Rhône à Genève, Blondel à Lausanne, Bachmann à Lucerne, Sprüngli à Zurich... Rassurez-vous, vous avez de la marge, les Suisses consomment presque 12 kilos de chocolat par an.

Comme les astronautes, équipez-vous d'un couteau suisse !

Voilà un souvenir utile à s'offrir : un couteau suisse ! Avec son petit drapeau suisse sur le manche, il est reconnaissable entre tous. Bien plus qu'un gadget multifonction, ce couteau a d'abord été conçu pour les soldats suisses en 1891 par Karl Elsener. Il visait à permettre aussi bien l'ouverture des boîtes de conserve que de couper. Puis en 1897, le « couteau d'officier et de sport » donnera naissance au fameux couteau suisse. Ce couteau militaire a bien évolué grâce aux innovations de la société Victorinox. Son véritable atout est son usage multiple et sa qualité. Les astronautes américains n'hésitent jamais à l'emporter dans leurs missions. Le musée Swiss Knife Valley à Brunnen vous raconte l'histoire des lames Victorinox et de l'artisanat du couteau suisse.

L'artisanat, un savoir-faire rural et alpin

Dans de nombreux villages de Suisse, vous pourrez admirer le travail du bois, mais également des dentelles, de la poterie et du découpage, reflétant une tradition artisanale séculaire. À partir de bois de frêne, saule, sapin ou épicéa, mélèze ou noyer, séchés pendant deux ans avant d'être travaillés, le boisselier fabrique des objets utiles et de décoration. À Gruyère, la louche en bois pour verser la double-crème accompagnera votre service à dessert. On peut également assister à la fabrication du cor des Alpes, à partir de bois d'épicéa, souvent plus que centenaire.

Le chocolat, un incontournable à rapporter dans ses valises.

Autre particularité locale, les découpages traditionnels en papier représentant des scènes de la vie quotidienne à la montagne ou des fêtes folkloriques, nés vers la fin du XVIIIe siècle, sont spectaculaires (musée du Vieux pays d'Enhaut à Château-d'Œx). L'artisanat de la dentelle reste aussi vivant en Suisse. On peut notamment citer les dentelles de Gruyère, de facture 100 % manuelle. N'oublions pas les clochettes, cloches ou sonnailles pour faire résonner les Alpes suisses à la maison. Elles sont l'emblème même des petits hameaux de montagnes et symbole de tradition. Ici, chaque vache a sa propre cloche… à vous la vôtre !

Pour un apéro découverte 100 % suisse

Quoi de plus sympathique que d'organiser un apéro amical au retour de votre voyage afin de partager les spécialités culinaires suisses ? Le choix est vaste parmi les charcuteries. Certaines sont très typées comme la charcuterie des Grisons que l'on déguste en fine tranches de viande séchée. Les saucisses peuvent être très douces avec la saucisse de veau, jusqu'à plus relevées avec la longeole assaisonnée aux graines de fenouil, que l'on apprécie les hivers dans le canton de Genève (Boucherie du Molard à Genève). Le fromage s'invite cru sur la table, issu de fabrication artisanale. Le fromage de montagne possède un arôme intense, unique en son genre. Façonnez quelques « rebib » de tête de moine AOP avec une girole ou tranchez quelques fines lamelles de gruyère AOP ou d'étivaz (fromage d'alpage) en guise de grignotage, ou préférez la version fromage fondu avec la raclette ou la fondue trois fromages (gruyère, vacherin, emmental). Vous trouverez des sachets tout assemblés dans les supermarchés ou encore plus frais dans les fromageries artisanales. Dans la partie alémanique, les bretzels accompagneront votre apéro et côté français, les tresses briochées se marient très bien avec le salé. Le Parfait, pâté en tube, ou le Cénovis, pâte à tartiner à base d'extrait de levure, rehausseront le goût de vos petits canapés. Pour apporter une touche sucrée et réaliser un dessert gourmand facile et 100 % suisse, optez pour un tube de crème de marrons vermicelles, des petites meringues et une généreuse couche de double-crème de gruyère. Tout le terroir suisse fondra dans votre bouche !

Des cépages dans vos bagages

Un pays alpin avec du bon vin ! Le vin comme les bons produits du terroir font partie de l'environnement culinaire et de la culture suisse. Comment ne pas accompagner une fondue d'une bonne bouteille de chasselas ou une planchette apéritive d'un fendant ? Le vin se cultive depuis l'Empire romain et certains vignobles sont extraordinaires comme celui du Lavaux, classé au patrimoine mondial de l'Unesco. Le dézaley grand cru est un petit délice ! Classé 132e au rang mondial pour la superficie qu'il occupe sur le territoire, le vignoble suisse ne manque pourtant pas de panache. On ne recense pas moins de 252 cépages dont les principaux cultivés seront le pinot noir, le chasselas (indigène), le gamay et le merlot. La typicité de chaque vin dépendra des régions. Le Tessin est très méridional par exemple, les vins sont à 90 % du merlot et leur arôme très fruité est à en faire

© YUELAN - ISTOCKPHOTO.COM

Fleurs de tête de moine, délicieuses à l'heure de l'apéro.

© FXQUADRO - STOCK.ADOBE.COM

La Suisse réputée pour sa fabrication de montres haut-de-gamme.

pâlir les bordeaux. De passage dans le canton de Genève ? Profitez-en pour faire une balade à vélo dans les vignobles (www.geneveterroir.ch) et déguster en toute discrétion un gamay ou un chasselas pour le blanc. Le Valais quant à lui offre le vin qui s'accorde parfaitement avec les mets au fromage. Un tiers de la production est issu des vignobles alpins valaisans. Ici, le chasselas devient du fendant et s'apprécie dans des petits verres sans pied. Le site swisswine.ch saura vous guider pour choisir votre vin et votre destination.

Montre-moi la Suisse !

Fleuron de l'horlogerie, il serait dommage de ne pas repartir avec une montre au poignet dernier cri, comme la dernière Swatch pour les petites envies ou avec une montre de créateur et horloger de renom : Rolex, Audemars Piguet, Patek Philippe, Hublot, Fréderic Constant, Piaget, Tissot, Baume et Mercier… Près de 95 % des montres de luxe produites en Suisse sont vendues à l'étranger. Les grands magasins comme Manor proposent une belle gamme de montres. Pour un conseil personnalisé, il est recommandé d'aller rencontrer les bijoutiers certifiés. Attention tout de même, des copies peuvent être vendues à des prix bas même en Suisse ! Si vous souhaitez être le « maillon fort » de l'horlogerie, plusieurs musées sont immanquables, comme l'**Espace horloger de la vallée de Joux** (p.399), le **musée international de l'Horlogerie** (p.408) à La Chaux-de-Fonds et le musée privé Patek Philippe à Genève. Dans un tout autre registre mais avec la même intention d'indiquer l'heure, le coucou suisse est un souvenir vintage et musical qui embellira votre salle à manger !

Pour écrire et dessiner dans votre carnet de voyage

Les stylos peuvent sembler classiques à l'heure du tout digital et pourtant le crayon Caran d'Ache est ultratendance et à la portée de toutes les bourses. Son design et sa grande qualité sont l'œuvre d'Arnold Schweitzer qui en 1924 rachète la société Ecridor et l'a rebaptisé Caran d'Ache. Ce nom est un petit clin d'œil à Emmanuel Poiré, célèbre caricaturiste français d'origine russe surnommé « karandach », « crayon » en russe. À l'époque, la fabrique révolutionne le marché de l'écriture avec le Fixpencil, puis avec les célèbres Neocolor en 1952, et en 1970 avec le premier stylo à plume Madison. Depuis, la gamme s'est élargie et les stylos, crayons, pastels et peintures perdurent en qualité. La société est basée dans le canton de Genève et vous pouvez visiter la **boutique Caran d'Ache** (p.297) sur la place Bourg de Four à Genève ou retrouver un éventail de la gamme dans les boutiques de l'aéroport et des grands magasins.

Pour sentir l'élégance de la plume entre ses doigts, le stylo Montblanc est un *must*. Le trio Claus Johannes, fabricant de papier, Alfred Nehemias, banquier hambourgeois, et August Eberstein, ingénieur berlinois, sont à l'origine de la marque Montblanc. En 1908, ils lancent le premier stylo à plume avec réservoir d'encre et en 1924 le stylo plume Meisterstück marquera les esprits pour son élégance et sa finesse d'écriture. S'offrir un Montblanc, c'est comme s'offrir un bijou luxueux et de haute qualité. Vous découvrirez l'éventail de la gamme dans les grandes boutiques de Genève, Crans-Montana, Zurich…

SPORTS ET LOISIRS

La Suisse est un pays de sportifs qui, malgré sa petite taille, parvient de temps en temps à s'imposer sur la scène internationale. Les Bleus de Deschamps, sortis en 8e de finale par l'équipe helvète lors de l'Euro de football en 2021, peuvent en témoigner… Mais c'est surtout son cadre naturel exceptionnel, entre lacs et montagnes, qui offre aux locaux comme aux touristes de passage une infinité de possibilités pour se dépenser. En hiver, le ski et les sports de glisse en général sont très populaires. On trouve des dizaines et des dizaines de stations à travers les Alpes, les Préalpes et le Jura, dont certaines ont une aura internationale. À la fonte des neiges, c'est la randonnée qui est l'activité reine avec près de 60 000 km de sentiers balisés. Quelques treks d'exception peuvent aussi être au programme. Sinon, vélo, activités nautiques dans les lacs, thermalisme et sports extrêmes peuvent être envisagés.

Roger Federer, la légende suisse

Né à Bâle d'un père suisse et d'une mère sud-africaine, le célèbre tennisman suisse est professionnel depuis 1998. À plus de 40 ans, il est une légende de la petite balle jaune et avait amassé fin 2021 pas moins de vingt titres du Grand Chelem (un record partagé avec Djoković et Nadal). Une carrière époustouflante pour celui qui est peut-être le meilleur joueur de l'histoire et qui a ajouté à son palmarès personnel une coupe Davis remportée pour son pays en 2014 avec son acolyte Stan Wawrinka, un autre grand joueur suisse qui s'est offert trois titres du Grand Chelem (Open d'Australie 2014, Roland-Garros 2015 et US Open 2016). Une génération en or !

La randonnée, l'activité reine

La Suisse offre des panoramas naturels uniques comme la région de l'Entlebuch, située en Suisse centrale entre Berne et Lucerne, première réserve de biosphère classée monument historique au patrimoine de l'Unesco. Mais partout des marais énigmatiques, des cascades sauvages, des rochers morcelés et des prairies de montagne couvertes de fleurs forment un décor naturel particulièrement propice aux randonnées. Car voici une activité très prisée en Suisse, sûrement la plus populaire même. Il faut dire que la géographie du pays s'y prête parfaitement, d'où les très nombreuses possibilités de circuits. Ce ne sont pas moins de 60 000 km de sentiers balisés qui sont répartis sur le territoire, ainsi que des parcours didactiques, ponctués de panneaux explicatifs sur l'environnement immédiat des marcheurs.

Trekking – Haute Route. La Suisse offrant également une infinité de possibilités en matière de trekking, le choix dépendra de vos buts, de votre expérience et de la période de l'année

DÉCOUVRIR

© MARKUS THOENEN - ISTOCKPHOTO.COM

Randonnée dans les environs d'Interlaken.

© LNCREATIVEMEDIA - ISTOCKPHOTO.COM

Paddle, canton des Grisons.

où vous planifiez votre séjour. Le plus emblématique des treks suisses est sans doute la Haute Route. En hiver à ski ou en été avec ses chaussures de marche, elle est un monument de la randonnée. Cette extraordinaire et difficile traversée qui relie Chamonix en France à Zermatt en Suisse (en cinq à sept jours en général) passe en contrebas de dix des douze plus hauts sommets de la chaîne des Alpes. On dort soit en tente, soit en refuges de montagne (ouverts de mi-juin à mi-septembre, réservation fortement conseillée en juillet et août). Question treks, il faut aussi citer le célèbre et physique tour du Cervin (une semaine entre Suisse et Italie) ou le tour du mont Rose (une semaine également), la Haute Route de l'Oberland ou encore la traversée du Jura vaudois.

Un paradis de la glisse

Les activités pendant la saison hivernale sont multiples. S'adonner aux joies de la glisse avec le ski, le snowboard, une balade en raquettes, de la relaxation dans des bains chauds en piscine naturelle, tout ça dans un paysage enneigé magique, c'est ça la Suisse en hiver. Des stations de très grande qualité, voire très prestigieuses pour certaines, attendent les visiteurs. Saint-Moritz par exemple est connu dans le monde entier comme le lieu de naissance du tourisme hivernal et a organisé deux fois les Jeux olympiques d'hiver. Gstaad est un lieu privilégié de la jet-set internationale et aux pieds des pistes, on ne compte plus les hôtels 5 étoiles, les boutiques haute couture et les luxueux joailliers. Au pied du mythique mont Cervin, Zermatt fait, elle, le bonheur des skieurs les plus exigeants. Son snowpark a une belle réputation chez les *riders* et son domaine de ski d'été, le plus grand et le plus haut d'Europe, est fréquenté par de nombreux professionnels. En plus on peut y faire la fête ! Pour ne rien gâcher, son village a gardé son caractère authentique. De son côté, Davos est une station de sports d'hiver mais surtout une vraie ville, la plus haute des Alpes (1 560 m). Connue pour son centre de congrès qui accueille chaque année le Forum économique mondial, Davos fait aussi le bonheur des sportifs, été comme hiver. Dans le Valais, Crans-Montana offre une vue à couper le souffle sur les sommets du Cervin au mont Blanc. Si on y fait du ski en hiver, les autres activités ne manquent pas en été : randonnées, baignade dans les cinq lacs, golf, tennis, canyoning, escalade, parapente, etc. Beau panorama aussi à Verbier qui fait le bonheur des *riders* en hiver et des adeptes de VTT en été (avec plus de 800 km de pistes et un bike park). Enfin, on peut aussi citer le charmant village de Grindelwald, ses points de vue sur de majestueux glaciers, ses activités hivernales et estivales qui en font une destination prisée, mais aussi le village de glaciers de Saas-Fee, le village de Suisse centrale d'Engelberg, le village traditionnel et romantique d'Arosa ou encore le village thermal de Leukerbad. Faites votre choix !

Un pays de cyclistes

Les Suisses habitant les grandes villes sont nombreux à se déplacer en vélo. On y trouve souvent un vrai circuit de pistes cyclables. On peut louer des bicyclettes dans toutes les gares ou dans certaines villes, à la manière des Velib' parisiens. Le VTT est aussi très apprécié : la plupart des offices de tourisme des stations de ski présentent des parcours détaillés pour se faire plaisir dès la fonte des neiges.

Les lacs, spots de choix pour les activités nautiques

Baignades, planche à voile, catamaran, aviron ou pédalo, toutes les activités nautiques se pratiquent sur les lacs où il est possible de louer tout le matériel nécessaire. De nombreuses rivières traversent également les villes, comme l'Aar qui coule dans la capitale et où les Bernois apprécient particulièrement de s'y laisser porter pendant l'été.

Sensations et sports d'aventures

Pour les amateurs de sensations fortes, la Suisse offre aussi de belles possibilités : saut à l'élastique, canyoning et rafting dans les montagnes ou encore deltaplane ou en parapente au-dessus de paysages spectaculaires sont accessibles assez facilement.

Une destination bien-être

Presque tous les hôtels 5 étoiles possèdent des espaces détente, avec piscines, hammams, fitness, massages et soins de beauté, accessibles à tous, clients de l'hôtel ou non. Les amateurs de thermalisme trouveront de quoi se faire plaisir. En outre, les « cliniques » poussent comme des champignons en Suisse : cures de revitalisation, lutte contre le vieillissement ou le stress, chirurgie esthétique, stages de remise en forme, etc. Leurs tarifs peuvent atteindre des sommets…

Cent cinquante ans de sports d'hiver

Le tourisme d'été était déjà florissant en Suisse quand, par une belle soirée de septembre 1864, Johannes Badrutt, hôtelier en Engadine, s'installa devant sa cheminée avec quatre visiteurs britanniques et se mit à refaire le monde. Ceux-ci repartaient le lendemain et, le whisky aidant, Badrutt leur proposa de revenir dès l'hiver pour profiter du soleil. Ils ne se firent pas prier et, en décembre, ils arrivèrent en Engadine, par le col du Julier, en voiture à cheval. Le soleil était au rendez-vous et les touristes restèrent jusqu'à Pâques. Bronzés et reposés, ils apprécièrent de séjourner sous la neige. Ils venaient d'inventer les vacances d'hiver dans les Alpes. C'est du moins la légende.

Quoi qu'il en soit, c'est à cette époque que furent découverts les atouts touristiques de l'hiver dans les Alpes suisses. Saint-Moritz, alors petit village rustique de haute Engadine, ouvrit la voie en préparant des champs de glace, en traçant des pistes de luge et en améliorant les abords. En 1880 y fut célébré le tout premier match de curling d'Europe continentale, puis deux ans plus tard le premier championnat d'Europe de patinage et, en 1888, le premier match de hockey sur glace en Suisse. Longtemps avant que le ski ne se démocratise, la bonne société anglaise délaissait volontiers la Côte d'Azur ou l'Égypte pour passer l'hiver dans les Grisons. Dès 1870, des Britanniques fondèrent le premier club de patinage de Suisse, à Davos. La plus grande patinoire d'Europe y fut inaugurée en 1877, faisant de la station la capitale des sports de glace du Vieux Continent.

L'hiver suisse… *so British* ! Les Britanniques jouèrent ainsi un rôle de tout premier plan dans l'essor du tourisme d'hiver en Suisse. Passionnés par le monde sauvage des montagnes et les coutumes exotiques, ils imaginèrent des loisirs farfelus : faire rouler une roue en bois sur la glace, se livrer à des combats de pelle à neige, jouer à la banane pendue, souffler un œuf, se déplacer avec des échasses ou s'adonner au ski-jöring, discipline qui consiste à se faire tracter par un cheval sur un lac gelé. Mais le sport d'hiver numéro un est longtemps resté la luge, elle-même apparue à Davos. Après la première course internationale, jusqu'au village voisin de Klosters, en 1883, Davos et sa mythique « davosienne » devinrent les références absolues de cette discipline.

Le canton des Grisons fut ainsi le pionnier des sports d'hiver. Il faut attendre 1889 pour voir le premier hôtel de l'Oberland (le Baer), à Grindelwald, ouvert en hiver. En 1904 fut inaugurée la première piste de bobsleigh au monde, entre Saint-Moritz et Celerina. À la veille de la Première Guerre mondiale, la Suisse comptait trois grandes régions de sports d'hiver : l'Oberland bernois, les Alpes vaudoises et les Grisons. Les Anglais étaient alors les touristes les plus nombreux.

▶ Le coup de pouce des JO. Les sports d'hiver conservèrent leur caractère élitiste jusque dans les années 1920. C'est à travers le ski que s'esquissa un mouvement de démocratisation. La tenue des Jeux olympiques de 1928

© MBIRDY - ISTOCKPHOTO.COM

Ski à Zermatt.

à Saint-Moritz, avec la première course de ski, y contribua fortement. Mais ce n'est qu'après la Seconde Guerre mondiale que le tourisme en Suisse connut un réel essor et que l'hiver devint la principale saison touristique des Alpes. Gstaad, Zermatt, Saint-Moritz et Davos devinrent des marques de qualité de renommée mondiale. Saint-Moritz fut sans doute le plus habile à tirer parti de cette évolution, au point même qu'à l'étranger, certains se mirent à parler de la Suisse comme ce « joli petit pays situé tout autour de Saint-Moritz ». Les pays voisins lui emboîtèrent le pas, rattrapant leur retard à une vitesse fulgurante, mais aucun ne fut aussi efficace et inventif que la petite Suisse. Les stations s'équipèrent de trains de montagne pour faciliter l'arrivée des visiteurs. La ligne Coire-Davos vit le jour en 1890 tandis que les Chemins de fer rhétiques furent créés en 1904 (à travers un site aujourd'hui classé au patrimoine mondial). Il y a tout juste cent ans était inaugurée en grande pompe la ligne d'Arosa. Il apparut rapidement que, pour les visiteurs, le cadre unique des montagnes suisses n'était plus une simple toile de fond à admirer, mais un terrain de jeu à explorer. Il fallut donc rendre la montagne compatible avec les sports d'hiver : en 1912, les premiers funiculaires construits spécialement pour les sports d'hiver relièrent Murren à Allmendhubel et Saint-Moritz à Chantarella.

Quant au premier téléski à archet au monde, invention des Suisses Ernst Constam et Jack Ettinger, il ouvrit en 1934, sur le Bolgen, à Davos.

Confort au sommet. La Suisse compte aujourd'hui près de 1 800 téléphériques, télécabines et téléskis en opération employant plus de 9 000 personnes, représentant un chiffre d'affaires de près d'un milliard de francs. Premières bénéficiaires : les régions périphériques, où ces installations sont souvent une force motrice du tourisme. Mais il n'est pas rare que ces modes de transport fournissent un coup de pouce décisif à d'autres destinations plus réputées. Zermatt, par exemple, a investi plus de 300 millions au cours des douze dernières années pour propulser les touristes et les accueillir confortablement à 4 000 m d'altitude. Avec son « rocksresort », le groupe Weisse Arena de Flims-Laax a donné forme à sa vision du tourisme hivernal de demain. L'investissement dans ce paradis des vacances résolument tourné vers l'avenir a coûté 80 millions, mais fera école. Andermatt, en plein cœur de la Suisse, crée à son tour un resort exceptionnel pour plus d'un milliard de francs.

Les innovations se poursuivent : en 2001, Joe Steiner lance l'air-board, qui consiste à se laisser glisser à plat ventre sur une piste spécialement conçue. Depuis 2011, le village de Tenna, dans le Safiental (Grisons), exploite le premier téléski solaire au monde. Laax, quant à elle, a inauguré en 2012 le premier télésiège pivotant à 45 degrés, conçu par les designers de Porsche. En 2015 le glacier des Diablerets a ouvert un pont suspendu entre deux pics et le mont Pilatus a inauguré son nouveau téléphérique. Toutes les stations investissent dans des événements, infrastructures pour des activités et attractions fonctionnelles aussi bien en été qu'en hiver. Mais le principal capital hivernal – comme estival ! – de la Suisse reste sa nature, son univers de montagne unique au monde, avec ses « 4 000 », ses glaciers et ses lacs, et cela fait plus de cent cinquante ans que cela dure… sans compter les millénaires d'avant !

GASTRONOMIE

Avec 118 restaurants étoilés Michelin, la Suisse possède le plus grand nombre d'établissements étoilés au monde par habitant. Pourtant on connaît peu la cuisine de ce pays lové au cœur des Alpes. Longtemps restée rurale et pauvre, la gastronomie suisse s'articule autour du veau, du bœuf, du porc, de la pomme de terre, du chou et d'une foule d'autres légumes, sans oublier bien sûr de nombreux produits laitiers dont une immense diversité de fromages. S'étirant entre la France, l'Allemagne, l'Italie et l'Autriche, la Suisse puise donc des influences diverses auprès de ses voisins, sentiment d'autant plus renforcé par le découpage culturel du pays. En revanche, tout le monde s'accordera sur l'excellence du chocolat suisse, complété par une foule d'autres douceurs. Le pays est aussi remarquable pour ses vins, méconnus, mais de bonne qualité. À noter enfin qu'ici on ne prend pas un petit déjeuner mais un déjeuner, on dîne à midi et on soupe le soir.

Fromages et charcuteries

Il existe plus de 475 variétés de fromages dans le pays, presque uniquement au lait de vache. Citons l'emmental (Berne) et le gruyère (Suisse romande) qui sont bien suisses malgré ce que les Français pensent souvent. C'est également le cas du raclette AOC produit au Valais et à Fribourg, sans oublier l'appenzeller, l'étivaz (Vaud), la tête de moine (Jura bernois) ou la tomme vaudoise. Le vacherin mont d'or est originaire du canton du Jura. Ce fromage à pâte molle est contenu dans une sangle en épicéa et se déguste bien chaud à la cuillère. À ne pas confondre avec le vacherin fribourgeois, plus ferme, qui ressemble à un reblochon.

De cette abondance de fromages sont nées de multiples recettes dont l'emblématique fondue qui se décline dans chaque canton. On retrouve ainsi la fondue vaudoise (gruyère), neuchâteloise (gruyère et emmental), appenzelloise (appenzeller) ou la moitié-moitié (gruyère et vacherin fribourgeois). La fondue fribourgeoise (vacherin fribourgeois) est un peu différente car le fromage ne fond pas dans du vin blanc mais dans de l'eau et elle est servie avec des pommes de terre et non du pain. En plus des versions traditionnelles, il existe des variantes plus modernes parfumées à la tomate, au piment, aux olives ou aux champignons, notamment aux morilles.

La raclette (*bratchäs* en allemand) est également une spécialité suisse, originaire du canton du Valais. Enfin la croûte au fromage se compose d'une épaisse tranche de pain grillé, imbibée de vin blanc et recouverte de fromage. Elle peut être couronnée d'un œuf ou d'une tranche de jambon par-dessus.

Côté charcuterie, la Suisse est connue pour sa viande des Grisons/Bündnerfleisch IGP et l'appenzeller mostbröckli, à base de viande de bœuf ou de cheval séchée servie en très fines tranches. Le saucisson vaudois et la saucisse aux choux bénéficient d'une IGP, tout comme le jambon cru du Valais, sans oublier les gendarmes/Landjäger, à la saveur épicée venant des graines de carvi. On retrouve également des saucisses à cuire ou fumée comme la saucisse d'Ajoie, la longeole IGP de Genève, le schübling de Saint-Gall ou encore la kalberwurst (veau et porc) et la bratwurst de Saint-Gall (veau) semblables à du boudin blanc.

Pour accompagner toutes ces spécialités, la Suisse produit des pains variés : pain bâlois, Bauernbrot, pain fribourgeois ou encore pain de seigle valaisan/Walliser Roggenbrot AOP. Ils sont généralement ronds, mais certains sont en forme de baguette comme le Wurzelbrot. Le Fastenwähe ressemble à une petite fougasse au carvi. Ces pains s'accommodent très bien d'une saucisse fumée et d'un peu de moutarde de Bénichon, aigre-douce.

Les classiques de la cuisine suisse romande

Le papet vaudois est le plat le plus typique de cette partie du pays. Composé de poireaux, de pommes de terre et de saucisse au chou, il est emblématique du canton. La compote aux raves et choucroute est un type de choucroute garnie avec saucisses où une partie du chou blanc est remplacée par du chou-rave râpé fermenté. Citons enfin la gratinée des Vieux Cabinotiers, une soupe à l'oignon épaisse avec des croûtons de pain gratinés au gruyère.

Les immanquables röstis sont des galettes de pommes de terre râpées et d'oignons hachés, parfois agrémentés de jambon, œuf ou fromage. Le gratin vaudois est une sorte de gratin dauphinois parfumé avec des oignons et du vin blanc. Idéale en hiver également, la soupe des brigands du Jorat est un potage de pois cassés et de pieds de porc. La salade de dents-de-lion se prépare avec des pousses de pissenlit, du lard, des œufs durs et des croûtons. Le malakoff est un beignet au fromage pané et le taillé aux

© ALLEKO - ISTOCKPHOTO.COM

Zürcher Geschnetzeltes, servi avec des röstis.

greubons est une sorte de pâte feuilletée garnie de petits morceaux de lard, sans oublier la fricassée de porc à la genevoise, un ragoût de viande de porc et de lard, garni de légumes, dont la sauce est épaissie avec le sang de l'animal. Le terme « fricandeau » désigne ce que l'on connaît en France sous le nom de paupiette, c'est-à-dire de fines escalopes – souvent de veau – farcies de chair à saucisse et ficelées. Parmi les autres plats de viande, citons la fricassée de caïon, une ragoût de viande et de foie de porc mijotés dans une sauce crémeuse au vin.

Dans le lac Léman, on pêche la féra, que l'on mange en poisson entier, en filets, fumé, sous forme de mousse ou encore de terrine. On retrouve aussi des truites, des brochets, des ombles chevaliers et des écrevisses. L'omble chevalier à la genevoise est cuit avec une sauce crémeuse au vin blanc, aux petits légumes et à l'estragon.

Plat d'automne par excellence, l'assiette valaisanne est simplement un assortiment de charcuterie et de fromage de la région servi avec du pain de seigle valaisan. La brisolée vient du même canton et présente des ingrédients similaires, mais le pain est remplacé par des châtaignes justes grillées sur les braises.

La gastronomie suisse allemande et italienne

Parmi les plats les plus connus de cette partie du pays, citons le Berner Platte ou plat bernois, un assortiment de plusieurs sortes de viandes et saucisses fumées ou cuites : langue de bœuf, lard fumé, épaule de porc, pied de porc, saucisses à cuire, etc. Sinon, plus délicat, le Zürcher Geschnetzeltes ou émincé de veau à la zurichoise est une recette de veau mijoté avec de la crème, du vin blanc et des champignons. Le terme Rahmschnitzel désigne une escalope à la crème alors que le Fleischvogel est une paupiette de bœuf. Enfin le Ghackets mit Hörnli est un ragoût de viande hachée au vin rouge servi avec des pâtes. Parmi les rares recettes de poissons, citons le Forellenfilet Zuger art, des filets de truites avec une crème au vin blanc.

On retrouve aussi des plats complets comme les Älplermagronen, des macaronis au gruyère fondu avec oignon et lard fumé. La Appenzeller Käsefladen et la Basler Käsewähe sont deux types de quiche au fromage, alors que la Zibelechueche est une tarte aux oignons de Berne. Plus sophistiqué, le Luzerner Chügelipastete ou vol-au-vent lucernois est un dôme de pâte feuilletée avec viande de veau, crème, raisins secs et pommes. Les salades suisses ne sont pas toujours légères comme la Schweizer Wurstsalat, une salade avec pomme de terre, lanières de saucisses et oignon.

Entouré par la Lombardie et le Piémont, le Tessin a une cuisine typique du nord de l'Italie, avec une abondance de polenta (semoule de maïs) et de riz rond pour préparer le risotto, alors que la pomme de terre permet de confectionner des gnocchi au gorgonzola ou encore le minestrone, une soupe aux légumes variés. Pour Noël on sert même du panettone, comme à Milan.

Au royaume du chocolat et autres douceurs

Difficile de penser au chocolat sans penser à la Suisse à qui on doit l'invention en 1875 du chocolat au lait par le confiseur Daniel Peter qui utilisera comme base du lait concentré, inventé par Henri Nestlé, lui aussi suisse. Parmi les chocolatiers suisses les plus réputés, citons par exemple Cailler (1819), Favarger (1826), Suchard (1826), Kohler (1830), Lindt (1879), Tobler (1899), Villars (1901) ou Camille Bloch (1929). Sans surprise les Suisses sont les plus gros consommateurs de chocolat au monde avec presque 9 kilos par an et par habitant.

Mais la Suisse ne se résume pas qu'à son chocolat. Citons par exemple l'Aargauer Rüeblitorte (gâteau aux carottes d'Argovie) avec son glaçage au citron, la Zuger Kirschtorte (gâteau au kirsch de Zoug) composée de génoise, de meringue aux amandes et de crème au beurre au kirsch, ou l'Osterfladen, un flan pâtissier avec des raisins secs préparé à Pâques. Le vermicelle au marron est similaire à notre mont-blanc et se consomme en petites tartelettes. La meringue de l'Emmental est nappée de crème fouettée.

On retrouve une multitude de pains d'épice comme les Basler Läckerlis, de Bâle, de petits pavés au miel, fruits confits et amandes, nappés d'un glaçage blanc. Le Luzerner Lebkuchen est un gâteau moelleux aux épices alors que les magenbrot sont des cubes de pain d'épice couverts d'une coque en chocolat. Enfin le Berner Lebkuchen est un biscuit rectangulaire avec un motif d'ours – symbole de la ville de Berne – qui peut être aux noisettes (*Haselnusslebkuchen*) ou au miel (*Honiglebkuchen*). Les Tirggel sont des sablés de Noël au miel de Zurich alors que les Biber(li) sont des biscuits fourrés de pâte d'amandes d'Appenzell.

Dans les Grisons on trouve la Bünder Nusstorte, une tarte fourrée de caramel à la crème et de noix alors que la Birnbrot est une sorte de pain cylindrique fourré de poires séchées, de noix, de raisins secs, d'écorces d'orange et d'une foule d'épices : très nourrissante. Les Fasnachtschüechli ou merveilles sont des galettes frites croustillantes. À Berne on apprécie la Meitschibei, une viennoiserie en forme de U garnie de pâte de noisette. Les Zigerkrapfen (chaussons au sérac) contiennent du sérac, un fromage frais à base de petit-lait, parfumé avec amandes, écorce d'orange et cannelle. On trouvera aussi le Zopf, un pain brioché tressé, et la taillaule, une brioche aux raisins secs de Neuchâtel. Enfin le Birchermuesli ou müesli, à base de flocons d'avoine, est une invention suisse que l'on doit au docteur Maximilian Oskar Bircher-Benner (1867-1939).

Boissons et alcools

Côté boissons chaudes, les Suisses figurent à la 7e place des plus gros consommateurs de café au monde avec presque 8 kg par an et par habitant. Au carrefour des influences germaniques, françaises et italiennes, on retrouve différents types de cafés : espresso, crème, cappuccino ou simple café noir. Sinon on savoure également d'excellents chocolats chauds.

Si l'eau du robinet est excellente en Suisse, on sert rarement des carafes d'eau gratuitement. Mais vous pourrez commander du Rivella, une limonade à base de petit-lait, très populaire, ou du jus de pommes de la marque suisse Ramseier, similaire à un cidre sans alcool, à moins de préférer une bière. Cardinal, Feldschlösschen, Gurten, Hürlimann, Warteck, Valaisanne ou encore Rugenbräu sont les marques les plus populaires. En Suisse romande on trouve aussi des eaux-de-vie de qualité : absinthe, génépi, alcool d'abricot ou de poire Williams. Peu connus, les vins helvétiques méritent pourtant le détour. La Suisse possède une cinquantaine de cépages répartis sur 14 700 ha, concentrés majoritairement en Suisse romande et au Tessin. Les vignobles en terrasses du Lavaux, près de Lausanne, surplombant majestueusement le lac Léman, sont même classés à l'Unesco depuis 2006.

Les cépages classiques de Bourgogne et de Loire donnent en Valais et près de Genève la dôle, le féchy et le dézaley, sans oublier aussi le chasselas, le gamay, le chardonnay, l'aligoté et le gamaret. En Suisse du Nord et de l'Est, le pinot noir prend le nom de klevner et donne des rouges de belle composition, tandis que les cépages alsaciens, sylvaner, gewurztraminer et tokay donnent des blancs secs. Le Tessin se spécialise dans le merlot.

Fondue.

AGENDA

Des événements prestigieux dans les grandes villes aux manifestations populaires et ancestrales qui animent un week-end par an un village de montagne, la Suisse sait faire la fête. De Montreux à Lausanne, de Bâle à Interlaken ou Coire, de multiples rendez-vous. Fête nationale du 1er août, festivals du cinéma, de la photographie ou de la musique, foires autour du vin ou de l'art, les très célèbres carnavals, les illuminations et marchés de Noël, descentes aux flambeaux ou feux d'artifice, fêtes du vélo ou du polo, du jazz ou des jardins, traditions alpines autour des yodleurs, ou du combat des reines avant la montée à l'alpage… Ne manquez pas les évènements proposés par les musées et les ateliers pour les enfants. La culture et la tradition sont mise en avant et de manière très qualitative. Un patchwork très coloré et hétéroclite pour vive intensément la joie de partager et le savoir-festif de la Suisse !

« HARMONY GENÈVE MARATHON FOR UNICEF »

Jardin Anglais
GENÈVE
www.harmonygenevemarathon.com
Les 14 et 15 mai 2022. 8 courses. Inscriptions en ligne. Plusieurs courses : marathon, le marathon relais…

Huit courses. Ville internationale et aussi dans le sport avec ce marathon qui accueillent 120 nationalités participantes. Courir pour défendre une cause telle est la mission de Genève Harmony Marathon qui se mobilise pour l'UNICEF. Huit parcours à la carte : le marathon et marathon relais (42 km), le semi-marathon (21 km), la Genevoise réservée aux femmes (5 km), les courses juniors (de 1 à 3 km), le marathon en équipe et la course handbike-fauteuil (20 km).

ACRO SHOW

VILLENEUVE
www.acroshow.ch
3 jours fin août. Gratuit.

Le ciel pour scène de magnifiques spectacles, voilà ce que vous propose l'Acro Show. Danger ? Adrénaline ? Oui, il est sûr qu'en tant que spectateur on serre les dents en voyant les voiles des parapentes virevolter énergiquement sur le lac en tentant de se poser sur une plateforme flottante. C'est aussi le rendez-vous des adeptes de parapente et de deltaplane avec compétition de vol libre. Compétition internationale de parapente acrobatique, coupe du monde et battle. Démos de delta, parapente, avion et base jump. Un rendez-vous de haut vol !

ALLIANZ CINEMA

Münsterplatz
BÂLE
www.allianzcinema.ch
Billet : 10 CHF, 15 CHF pour les avant-premières. Buvettes.

Il s'agit du plus grand cinéma en plein air de Bâle. Sur la Münsterplatz, un écran géant s'installe tout le mois d'août et ravit les spectateurs dans un cadre exceptionnel, avec la cathédrale illuminée. La plupart des films sont projetés en version originale. La magie du septième est tellement appréciée que le festival se déroule également l'été dans deux autres grandes villes : Genève et Zurich. À Genève, le lac Léman en toile de fond donne une impression d'infini et la même impression se ressent à Zurich. Une manière de vivre le cinéma autrement !

AMR AUX CROPETTES

Rue de Montbrillant - **GENÈVE**
✆ + 41 22 716 56 30
www.amr-geneve.ch
Accueil et renseignement ouvert du lundi au vendredi de 9h à 20h (mercredi jusqu'à 19h) et le samedi de 12h à 18h.

Différents concerts organisés et offerts par l'AMR (Association pour l'encouragement de la musique improvisée). L'association constituée de musiciens genevois a été fondée en 1973 dans le but de travailler collectivement la musique improvisée, de la promouvoir et en assurer son enseignement : ce sont les Ateliers de l'AMR, qui sont officiellement fondés en 1975. Durant plusieurs périodes de l'année, on profite joyeusement de la musique comme, en plein air au parc des Cropettes ou à l'Orangerie. L'AMR se déroule dans le parc des Cropettes fin juin.

ARCHIPEL

8, rue de la Coulouvrenière - **GENÈVE**
✆ +41 22 329 42 42
www.archipel.org
Fin mars-début avril. Festival de musiques d'aujourd'hui. Pass festival en vente en ligne, de 40 à 90 CHF.

Genève est une ville qui s'exprime, la musique est partout et le Festival Archipel propose des musiques d'aujourd'hui programmées dans diverses salles dédiées à la musique : Conservatoire, radio, théâtre, Victoria Hall... Depuis 1989 et chaque année, Archipel suit l'évolution de la musique contemporaine. Ce festival s'intéresse à toutes les formes de la création musicale : œuvres scéniques et multimédia, improvisation, musiques électro-acoustiques et installations sonores. Archipel attire un public grandissant à la fois international et intergénérationnel.

ARTGENÈVE

30 Route François-Peyrot - **GENÈVE**
✆ +41 22 761 11 11
www.artgeneve.ch
Du 27 au 30 janvier 2022. Ouvert de midi à 20h. Prix : adultes 20 CHF, seniors 10 CHF, enfants de moins de 6 ans gratuit.

Moment fort des foires d'Art, Artgenève est l'événement annuel de l'art de la décoration de luxe, moderne et design. Rencontre internationale mettant en lumière les expositions de galeries internationale, de collections institutionnelles. Les rencontres d'artistes, de galeristes, d'éditeurs d'art et de musées provenant du monde entier transforment ce salon en une effervescence de créativité. Une grande ouverture sur le panel artistique – peinture, photographie, vidéo, sculpture – fait de cette rencontre une des plus prisées de l'année.

AUBES MUSICALES

Quai du Mont-Blanc 30 - **GENÈVE**
✆ +41 22 732 29 74
www.aubp.ch
De mi-juillet à fin août. Divers concerts matinaux gratuits aux Bains des Pâquis. De 6h à 7h les matins. Entrée libre.

Comment mieux commencer la journée si ce n'est de vivre paisiblement la cérémonie naturelle du lever du soleil sur des notes musicales ? Un festival inédit et original qui prend place aux Bains des Pâquis, face au Léman, pour saluer le soleil de mi-juillet à fin août. Tous les matins de 6h à 7h des groupes de musique, de danses ou des spectacles sont programmés en hommage au jour qui se lève. En guise de petit déjeuner on vous sert au menu un choix très éclectique de musique bien choisie. À chacun son réveil, que ce soit au son de musique ou de danse.

BASLER FASNACHT - CARNAVAL DE BÂLE

16 Blumenrain
BÂLE
✆ +41 061 261 25 75
www.fasnachts-comite.ch
Les festivités auront lieu du 7 au 9 mars 2022.

C'est le plus grand carnaval de Suisse. Temps fort du carnaval de Bâle, à l'heure du Morgenstreich, tous les habitants se donnent rendez-vous pour le lancement du carnaval à 4h du matin ! Toutes les lumières de la ville s'éteignent, les « Vorträbler » (figurants), ouvrent la marche et portent des lanternes fixées sur des bâtons. 200 lanternes sur lesquelles figurent les thèmes choisis par les « cliques » se déploient dans toute la ville. À vivre absolument.

BASLER RHEINSCHWIMMEN (BAIGNADE DANS LE RHIN)

Schaffhauserrheinweg 93 - **BÂLE**
www.rheinschwimmen.ch
Tous les ans en été. Gratuit. Départ : Schaffhauserrheinweg 93 > Arrivée : Höhe Leuengasse/ Johanniterbrücke.

Les Bâlois s'approprient le Rhin toute l'année et y ont chacun leurs habitudes. Mais il y a un jour particulier où tout le monde se jette à l'eau, c'est en été, pour le traditionnel « Basler Rheinschwimmen ». C'est une grande baignade que l'on organise entre amis,. On ne plonge pas dans le Rhin, on y entre... Il faut nager en se laissant porter en veillant à bien rester sur la rive droite. Le tout-Bâle se baigne, la tête reposant sur le sac-bouée étanche, le fameux « Schwimmsack ». Après la baignade : nombreuses douchettes sur les rives... Un moment unique !

BD-FIL

Quartier de la Riponne
LAUSANNE
✆ +41 21 312 78 10
www.bdfil.ch
Festival de la bande dessinée. Été 2022.

Festival international de bande dessinée avec expositions, programme cinéma, dédicaces et présentations d'auteurs. Ce festival riche en animations distrait chaque année plus d'adeptes. En 2022, l'invité d'honneur sera l'Italien Lorenzo Mattotti, connu pour être un magicien de la couleur au niveau de la bande dessinée. Les auteurs viennent de plusieurs pays pour l'occasion. Au programme de chaque édition : des tables rondes, des conférences, des ateliers, des expositions et bien sûr des rencontres avec des auteurs talentueux et prometteurs.

BLUES FESTIVAL

BADEN

www.bluesfestival-baden.ch

Du 21 au 28 mai 2022.

Pendant une semaine, Baden accueille un excellent festival de blues très renommé en Suisse alémanique. C'est la rencontre des virtuoses du jazz qui viennent de par le monde pour l'occasion. Dans la salle Hans Huber Saal, le public vient profiter des concerts et des performances en duo et solo de ces musiciens hors pair qui savent nous emmener dans leur univers artistique à partir de quelques notes. C'est aussi l'occasion pour les artistes de se faire davantage connaître comme Justina Lee Brown. Un festival intimiste pour les amateurs de blues.

BOL D'OR MIRABAUD

Port Noir - **GENÈVE**

✆ +41 22 707 05 00

www.boldormirabaud.com

Régate sur le Léman : mi-juin. Possible d'assister à la sortie des voiliers.

Créée en 1939 avec 26 bateaux, c'est à ce jour la plus importante régate européenne de voiliers en bassin fermé. Organisée par le Cercle de la Voile de la Société Nautique de Genève (SNG). Les concurrents venus de l'Europe entière se retrouvent sur la ligne de départ : 3 000 participants, environ 500 voiliers monocoques et multicoques inscrits. Un parcours aller et retour de 66,5 milles nautiques (123 km) de Genève au Bouveret et retour. 30 heures de course maximum (entre 5 heures 01 min et 19 heures 33 min pour les plus rapides, selon les années et les vents).

CALIENTE

ZÜRICH

✆ +41 44 401 50 50

www.caliente.ch

Trois jours en juillet dans les rues du quartier de Zürich-West. 1er-3 juillet 2022.

C'est l'un des plus grands festivals de musique latine en Europe ! Les musiques tropicales sud-américaines enflamment Helvetiaplatz. Le quartier est bouclé pour laisser toute la place aux danseurs et aux spectateurs. Une ambiance incroyable ! Les musiques et danses s'enchaînent et le soleil des tropiques déferle à Zurich pendant quelques jours. Au programme, des concerts de merengue, des DJ nationaux et internationaux, des spectacles de danses de samba. Un grand marché de 250 stands propose également de goûter à des spécialités et des boissons exotiques.

CAPRICES FESTIVAL

CRANS-MONTANA

✆ +41216200410

www.caprices.ch

Week-ends du 8 au 10 et du 15 17 avril 2022.

Ce festival de musiques actuelles, créé en 2004 par un groupe d'amis, fait vibrer toute la station à chaque fin de saison, en avril, et accueille toujours plus de célébrités. À 2 200 m d'altitude, le son dépasse tout les sommets ! Chaque année, plus de 18 000 personnes profitent d'un panorama exceptionnel et se trémoussent devant des DJ internationaux qui mettent le feu à la station. Un caprice de courte de durée que l'on savoure avec intensité dans les Alpes valaisannes. N'oublions pas qu'un caprice, au titre musical c'est une interprétation libre. Alors vive la liberté !

CARNAVAL

FRIBOURG

Du 25 février au 1er mars 2022.

Comme plusieurs autres villes catholiques, Fribourg accorde une grande importance au carnaval. A cette époque, les rues et les cafés se remplissent de groupes musicaux costumés (Guggenmusik). On brûle aussi le « rababou », affreuse et gigantesque poupée qui symbolise tous les malheurs de l'année précédente. Cette date est très populaire et toute la ville vit sur les rythmes endiablés des processions et des cacophonies musicales en tout genre. Les enfants sont rois, mais les adultes s'en donnent tout autant à cœur joie.

CAVES OUVERTES

GENÈVE ✆ +41 22 388 71 55

www.geneveterroir.ch

Dates sur Genève Terroir dès 2022. Navettes gratuites mises en place par Transports Publics Genevois. Entrée gratuite.

Se promener dans les vignes et prendre un bon bol d'air frais. Partez pour une escapade œnologique au travers des vignobles genevois. Une manifestation organisée en collaboration avec les producteurs par l'Office de promotion des produits agricoles de Genève. Muni de votre « Graal », achetez 5 CHF, dégustez les spécificités et la diversité des vins genevois et rentrer en contact avec les vignerons et leur passion. Saveurs, bonnes odeurs, promenades, rencontres et savoir-faire voici le programme de cette belle journée que vous proposent pas moins de 90 vignerons.

CAVES OUVERTES VAUDOISES

LAUSANNE

Septembre 2022. Forfait dégustation 15 CHF. Navettes gratuites.

Manifestation œnotouristique conviviale qui permet de découvrir les vignobles, les vins et les vignerons du canton. Produits du terroir à déguster et 300 caves à découvrir. C'est une excellente façon de découvrir le terroir suisse et les six régions viticoles du canton de Vaud : La Côte, Bonvillars, Côtes de l'Orbe, Lavaux, Vully et Chablais. Les récoltants vous parleront de leur savoir-faire et surtout vous apprendrez à différencier les différents cépages comme le chasselas, le pinot blanc et le cabernet sauvignon. Blancs et même rouges, les vins sont divins !

CULLY JAZZ FESTIVAL

CH1096 Cully

✆ +41 21 799 99 00

www.cullyjazz.ch

Entre fin mars et courant avril.

Chaque année au printemps, les habitants ouvrent leurs portes, leurs caves et leurs caveaux pour accueillir des musiciens et permettre un partage et une convivialité inimitables. Le festival accueille des têtes d'affiche internationales de jazz sur trois scènes pendant neuf jours et organise de nombreux concerts gratuits dans les caveaux et « pintes » du joli bourg de Cully. Avec son cadre détendu, ses guinguettes, sa programmation de haut niveau, la vue sur le lac ou derrière son épaule vers les rangs de vigne, le Cully Jazz Festival connaît un succès grandissant.

CIRQUE KNIE

Plaine de Plainpalais

GENÈVE

✆ 0848 56 43 26

www.knie.ch

Spectacles de cirque de fin août à mi-septembre. Prix des billets : de 15, 70 CHF à 75 CHF.

C'est le rendez-vous incontournable de la rentrée ! Une véritable institution et un rendez-vous magique chaque année. Pendant 2 semaines, la plaine de Plainpalais vit au rythme des spectacles inventifs et dans le plus grand respect des artistes et des animaux. La famille Knie perpétue cet art depuis huit générations (1803). Il mérite son appellation de Cirque national suisse et reçoit toujours une ovation dans les 39 villes parcourues. Les décors, lumières, costumes et scénarios de chaque spectacle vous transportent dans une atmosphère de rêve.

EXPOVINA

Bürkliplatz

ZÜRICH

www.expovina.ch

Deux semaines en novembre à la Bürkliplatz.

Le salon du vin zurichois est très original puisqu'il vous invite à monter à bord de 12 bateaux amarrés près de la Bürkliplatz pour déguster plus de 4 200 vins d'une petite trentaine de pays des 5 continents et répartis sur pas moins de 170 stands ! Plusieurs restaurants sont aussi ouverts pour l'occasion. Pas moins de 150 professionnels de la recherche, de la production, de l'importation et du commerce viticoles/vinicoles (œnologues, sommeliers). Les amateurs de vins ne trouveront pas plus grand en Suisse. Les vins viennent du monde entier avec bien sûr les vins suisses.

COUPE DE NOËL

Bains des Pâquis

GENÈVE

✆ +41 22 342 19 72

www.gn1885.ch/cdn/

Un dimanche à la mi-décembre.

C'est le rendez-vous glacé et vivifiant de la fin d'année. Il y en a pour tout le monde, ceux qui admirent cette immersion dans les eaux froides du lac et ceux qui décident de se jeter à l'eau ! Voilà une course réservée aux réchauffés ! En effet, la Coupe de Noël est une course de natation ayant lieu dans les eaux glaciales du lac. Et pas moins de 400 participants pour la course CHRonométrée et 1 200 pour la course humoristique. Chaque année, c'est un plaisir pour ces passionnés de se retrouver pour savourer cette immersion en eaux froides.

FESTIVAL SION SOUS LES ÉTOILES

À côté du stade Le Tourbillon

SION

www.sionsouslesetoiles.ch

Du 13 au 16 juillet en 2022. Billetterie en ligne sur le site du festival. Tarif moins de 12 ans. CB non acceptée.

Le festival Sion sous les Etoiles envoie du rêve ! En effet, il offre à son public une programmation musicale et artistique de grande qualité pour un public intergénérationnel. Quatre jours placés sous le signe de l'échange durant le mois de juillet. Le programme de cette année est exceptionnel, avec des artistes au top ! De grands noms de la scène française et des stars internationales à ne rater sous aucun prétexte ! De quoi avoir des étoiles plein les yeux...

FÊTE DE L'ESPOIR

12, route de Vessy
GENÈVE
www.espoir.ch
Tous les derniers samedis de mai. Concerts, ateliers, démonstrations, jeux pour enfants gratuits tout public.

Comment ne pas croire et partager cette philosophie humaniste, le partage et la conciliation entre tous ? Réunir toute une population autour d'une grande fête musicale, offrir une journée exceptionnelle et accessible à tous les publics. Elle a pour objectif de réunir des artistes de tous horizons. Le stade du Bout du Monde se transforme en plate-forme artistique et ludique. L'après-midi : initiation et jeux, match de gala avec la participation des artistes renommés. A partir de 17h, des artistes nationaux et internationaux se produisent sur scène.

FÊTE DE L'ESCALADE

GENÈVE
✆ + 41 22 312 37 39
www.1602.ch
Un week-end début décembre. Défilé costumé, animations, théâtre...

C'est la fête historique la plus populaire de Genève. La Fête de l'Escalade commémore la victoire des Genevois sur leurs assaillants savoyards le 12 décembre 1602. Ancrée dans le cœur des Genevois, elle symbolise la victoire et surtout elle est synonyme de l'indépendance de Genève. Pendant plusieurs jours des défilés historiques en costumes du XVIIe siècle, des jeux, des stands de vin chaud et des concerts animent la ville et cité historique. Le cortège d'enfants costumés parcourt la ville de bistrot en bistrot en chantant notamment le chant patois « Ce q'uè l'ainô » qui raconte cet épisode.

FÊTE DES VENDANGES DE RUSSIN

Russin - **GENÈVE**
www.fetedesvendangesrussin.ch
Mi-septembre 2022. Se renseigner sur le site web. Parking côté Satigny. Village piéton durant la fête.

Le vin est divin et on le fête à Russin ! Un village viticole du canton de Genève qui fête chaque année la vigne et le vin. Les 500 habitants de Russin sont à pied d'œuvre pour vous faire partager leur passion de la vigne. De nombreuses caves et fermes nous ouvrent leur porte pour déguster des crus genevois. Deux jours animés par des fanfares, des groupes musicaux et folkloriques. Le dimanche, un cortège de chars fleuris défile en début d'après-midi. A noter qu'un service spécial et gratuit de transports en commun est assuré par les Noctambus.

FÊTE NATIONALE SUISSE

GENÈVE
www.ville-geneve.ch
Le 1er août.

Le 1er août est aux Suisses ce que le 14 juillet est aux Français. On commémore un événement qui daterait de sept cents ans : l'alliance entre les cantons d'Uri, de Schwytz et d'Unterwald en 1291 marquant la naissance du pays. Discours, défilé aux lampions, spectacle patriotique. Des forains sont installés sur le quai Wilson la première semaine d'août. Mais le clou du spectacle, ce sont les « grands feux », les feux d'artifice sur le lac, qui ont lieu la deuxième semaine d'août. Ils constituent un spectacle absolument magique : c'est le *must* absolu de l'été.

FLOSS FESTIVAL

BÂLE
✆ +41 76 338 80 60
www.imfluss.ch
Du 26 juillet au 13 août 2022.

Le Floss Festival est une scène-radeau posée sur le Rhin qui propose une programmation musicale éclectique de très belle facture. Depuis plus de vingt ans, Bâle vit au rythme des concerts pendant trois semaines dès fin juillet. La scène à voile flotte est en mouvement et le public, lui, est assis sur les berges. Sur scène, les groupes jouent devant des centaines de spectateurs qui se promènent et s'arrêtent sur les bords du Rhin. Floss Festival est gratuit : pour contribuer, il suffit de jeter quelques pièces dans les filets des matelots lors de la collecte.

FOIRE COMMERCIALE D'AUTOMNE

BÂLE
www.basel.com/fr/Foire-d-automne
Lieu des attractions : Barfüsserplatz, Messeplatz, Kaserne, Petersplatz et Münsterplatz.

La Foire d'automne de Bâle est la plus grande et plus ancienne foire de Suisse. C'est une grand-messe commerciale, informative et ludique qui attire des milliers de visiteurs chaque année plus d'un million. Les visiteurs viennent en famille, se distraire, faire du carrousel, déguster des produits du terroir et des friandises sur les stands. On vient aussi y découvrir des métiers qui ont presque disparu, la broderie le textile, la menuiserie et les fabricants de jouets en bois, mais aussi les souffleurs de verre et les bijoutiers...

GENEVALUX FESTIVAL

GENÈVE

✆ +41 22 418 24 70

www.ville-ge.ch/genevaluxfestival/

Festival de lumières. Janvier 2022. Possibilité de suivre des visites guidées. Renseignements à l'office de tourisme.

La ville se revêt de lumière lors du festival Geneva Lux. Initié par la ville de Genève et orchestré par Julien Pavillard, directeur artistique émérite, chaque année vingt-cinq œuvres rehaussent les quartiers de la ville d'art et de lumière. Cette dimension artistique contemporaine se découvre une fois la nuit tombée : *mapping* sur des façades, œuvres techniques et esthétiques qui éveillent les sens. Le festival a le vent en poupe grâce à son originalité et à sa qualité. Possibilité de suivre des visites guidées pour découvrir en détail l'univers des artistes.

LA BÂTIE - FESTIVAL DE GENÈVE

GENÈVE

✆ + 41 22 738 19 19

www.batie.ch

Tous les ans, de fin août à fin septembre. Carte festivalier tarif normal : 100 CHF, Navette gratuite.

La Bâtie-Festival de Genève, c'est le rendez-vous culturel de la rentrée. Plus de 30 000 festivaliers ! Chaque année, la programmation offre 16 jours de spectacles de qualité dans plusieurs salles de Genève, ses communes, en France voisine et dans le canton de Vaud. Un panel éclectique d'art scénique et des performances innovantes. C'est ici que l'on découvre en primeur des artistes issus de la scène internationale des arts vivants. Un fort succès à chaque édition.

LAUSANNE LUMIÈRES

LAUSANNE

✆ + 41 21 804 10 70

www.lausannelumieres.ch

Dans toute la ville, les soirs de 18h30 à minuit. De mi-novembre à fin décembre. Gratuit.

Depuis 2012, à l'approche des fêtes de fin d'année, en nocturne, la ville se transforme en œuvre d'art lumineuse. Plusieurs quartiers sont impliqués, avec des illuminations colorées, scintillantes, clignotantes, qui donnent à Lausanne un air de fête joyeux et original. Une douzaine de projets sont installés dans les lieux de vie du centre-ville. Ce festival se veut comme un cadeau à la population et à ses visiteurs. Il réunit les acteurs de la ville autour d'un même objectif : faire découvrir ou redécouvrir Lausanne sous une autre lumière !

LAUSANNE MARATHON

Avenue de Rhodanie 54

CH 1007 **LAUSANNE**

✆ + 41 21 806 30 16

www.lausanne-marathon.com

En octobre.

Le marathon de Lausanne est à la fois populaire et athlétique qui réunit de nombreux adeptes chaque année, avec comme toile de fond le magnifique lac Léman. Depuis sa première édition en 1993, le Lausanne Marathon comptabilise plus de 230 000 coureurs. On espère que l'événement sera maintenu malgré le contexte sanitaire actuel, tant il transcende la ville et offre une énergie unique à tous les participants. Possibilité de s'inscrire aussi pour un semi-marathon et un 10 km.

LES AUTOMNALES

30, route François-Peyrot

GENÈVE

✆ +41 22 761 14 14

www.automnales.ch

Foire objets et tendances. Début novembre.

Le rendez-vous de l'automne pour faire le plein d'idées nouvelles, de découvertes et remplir son agenda ! Les Automnales réunissent pendant 10 jours plus de 650 exposants et accueillent 150 000 visiteurs. Que ce soit pour dénicher un objet phare, ou participer à un atelier de construction de cabane, ou admirer les sculptures en chocolat des grands chefs, cette grande vitrine commerciale permet d'avoir une vue d'ensemble sur de nombreux secteurs d'activités. Cette foire d'automne intègre également 8 salons parallèles dont le salon nautique du Léman..

MONTREUX COMEDY FESTIVAL

MONTREUX

www.montreuxcomedy.com

Festival en début décembre.

Le Montreux Comedy Festival est devenu, au fil des éditions, le plus grand festival d'humour d'Europe et le plus important au monde à l'échelle francophone. Les comiques les plus en vue du moment, des artistes confirmés et de nouveaux talents, s'y réunissent pour offrir ce qui se fait de meilleur dans le domaine de l'humour sous toutes ses formes. Alors si vous êtes dans le coin à ce moment-là, on vous conseille vraiment d'y aller ! Le seul risque serait de sortir avec un bon gros mal à la mâchoire à force de rire, mais on parie que vous serez prêt à le prendre.

LAUSANNE MARATHON
23 OCTOBRE 2022
22 OCTOBRE 2023
LE MUSÉE OLYMPIQUE
10 KM - ½ MARATHON - MARATHON
10 KM WALKING / NORDIC WALKING
www.lausanne-marathon.com
LAUSANNE MARATHON

MAXI-RIRES FESTIVAL

1 Route du Ctre Sportif - **CHAMPÉRY**
www.maxi-rires.ch

Fin mai. Festival d'humour international. Prix de spectacles dès 85 CHF. Package VIP, restaurant éphémère, boutique.

Lorsqu'un festival enflamme de bonne humeur toute une vallée, résonne de montagnes en montagnes, c'est forcément qu'il y a un maximum de rire, de convivialité, une programmation exceptionnelle et un décor majestueux ! Le Maxi-Rires Festival est non seulement une réussite en soi mais une aventure humaine qui fédère plus de 200 bénévoles à chaque édition. Il conjugue qualité et authenticité et fait naître des vocations, encourage des jeunes artistes et met en lumière le petit village de Champéry qui brille sous les étoiles !

Chaque année au mois de mai et cela depuis plus de 10 ans, le Palladium revêt son costume de fête. Une année de préparatifs, 15 jours d'installation technique pour donner le meilleur au public et recevoir à la manière champérolaine les artistes venus du monde entier. Intarissables d'idées, Mathieu Exhenry et Maxime Délez, les fondateurs du Festival, fils du pays, partagent leur passion avec une grande humilité. A 20 ans, ils réalisaient leur premier festival à Champéry dans le seul but d'animer leur village, de favoriser les rencontres et faire vivre un moment de partage et de plaisir. Pari réussi grâce à leur engouement sans limite et leur ténacité sans faille. Toute l'équipe, devenue une vraie famille, œuvre corps et âme pour que la magie opère. Les 4 valeurs (plaisir, innovation, qualité, professionnalisme) sont toujours respectés en apportant une évolution constante et créative au festival. Sur scène en 2019 une belle palette d'artistes, Éric Antoine, CHRistelle Chollet, Patrick Sébastien, Jean-Marie Bigard, Rachid Badouri, Malik Benthala, Ahmed Sylla, D'Jal, Ben et Arnaud Tsamère, Marie-Thérèse… Un festival de qualité qui ne se prend pas au sérieux, à ne pas manquer !

- **La Web-TV du festival** : pour vivre le festival sous toutes ses formes en passant des coulisses, à l'accès VIP, le village du rire, la boutique et bien sûr les spectacles.
- **La Tables des artistes** : dans un cadre intimiste, conjuguez pépites gustatives et pépites du rire ! Les grands chefs locaux agitent les papilles avec un menu gastronomique entre les spectacles.
- **Un envol du Palladium** : une idée de haut vol avec des tours en hélicoptère pour contempler les Dents du Midi.
- **Billetterie et réservations :** offices de tourisme de la Vallée d'Illiez, dans les Grands Magasins Manor de Suisse romande et sur www.maxi-rires.ch.
- **Festival partenaire,** en juin à Morges : www.morges-sous-rire.ch

MONTREUX JAZZ FESTIVAL ★★★

MONTREUX
✆ +41 21 966 44 44
www.montreuxjazz.com

De fin juin à mi-juillet. Certains concerts sont gratuits et d'autres peuvent aller jusqu'à 350 CHF l'entrée.

L'événement qui a fait connaître Montreux dans le monde entier ! La première édition du festival de jazz de Montreux, en 1967, n'avait duré que trois jours, mais comptait déjà de sacrées têtes d'affiche : Charles Lloyd Quartet avec Keith Jarrett, Cecil McBee et Jack DeJohnette, ainsi que douze autres groupes. Aujourd'hui, sa durée est de quinze jours et, sur ses différentes scènes (Auditorium Stravinski, Miles Davis Hall et casino), ont défilé tous les plus grands, de Miles Davis à Ray Charles, en passant par David Bowie ou Massive Attack. Créé par Claude Nobs, ce festival est devenu au fil des ans un point de ralliement incontournable pour les amateurs de musique, de Suisse comme de l'étranger. Si le jazz constitue sa source historique, le festival s'est très vite ouvert à d'autres musiques : blues, rock, pop, folk, reggae, R&B, hip-hop, techno, électro pop, etc. La plupart des concerts sont payants et fort chers, mais il y a également un festival off de qualité et des concerts gratuits le long des quais ou dans les bars. Certains artistes poursuivent même leur show gratuitement dans ces locaux après un concert plus formel ! LE bar où il faut aller : le Montreux Jazz Café, au Centre de congrès, le lieu gratuit et dansant du festival. Mais chaque bar en bord de lac a une ambiance propre et rien que la beauté des lieux devrait vous animer. Ce grand événement réunit chaque année à Montreux plus de 220 000 personnes. Si vous souhaitez y loger en cette période, il vous faudra réserver au moins six mois à l'avance.

ZÜRCHER THEATER SPEKTAKEL

Landiwiese
ZÜRICH
✆ +41 44 412 35 51
www.theaterspektakel.ch

Du 18 août au 4 septembre 2022.

Le Zürcher Theater Spektakel est un festival international de théâtre et d'arts du spectacle qui se tient chaque été dans le parc Landiwiese depuis 1980. Pendant plusieurs semaines de mi-août à début septembre, les artistes de rue du monde entier montent sur scène en extérieur pour vous enchanter avec leurs shows. C'est l'un des plus importants festivals européens du genre ! Un événement à découvrir en famille si vous êtes de passage à Zurich à cette période.

DÉCOUVRIR

SUISSE ALÉMANIQUE

Également nommée Suisse allemande, la Suisse alémanique est la partie germanophone de la Confédération helvétique. Elle couvre environ 65 % du pays et tire son nom des Alamans, peuplade germanique installée dans la région au Ve siècle. En dépit de la parenté linguistique, les Suisses alémaniques ont relativement peu d'affinités avec leurs voisins allemands. C'est que la Suisse alémanique fut séparée du reste des régions germanophones dès la fin du Moyen Âge, officiellement depuis les traités de Westphalie en 1648. Quoi qu'il en soit, les touristes doivent savoir que l'on parle essentiellement allemand dans cette partie de la Suisse. La Suisse alémanique abrite les plus grandes villes du pays, Zurich et Bâle, sans oublier la capitale, Berne, et de sublimes paysages alpins qui évoquent la gentille Heidi dans les Grisons ou l'Appenzell, notamment, et des bourgs médiévaux de toute beauté.

Suisse Alémanique
FRANCE
ALLEMAGNE
AUTRICHE
ITALIE
BÂLE
AUGST
LIESTAL
PORRENTRUY
Laufen
Delémont
SAIGNELÉGIER
COURTELARY
SAINT-IMIER
BIENNE
Grenchen
Lac de Bienne
MORAT
FRIBOURG
BULLE
SAANENWALD
GSTAAD
GSTEIG
STEIN
Rheinfe den
Sissach
Waldenburg
SANKT NIKLAUS
SOLEURE
SOLOTHURN
Kriegstetten
BERTHOUD
BERNE
EMMENTAL
BRÜNNEN
Gantrisch
THUN
SIMMENTAL
LAUTERBRUNNEN
ZWEISIMMEN
ADELBODEN
FRUTIGLAND – KANDERSTEG
MÜRREN
EIGER – MONCH – JUNGFRAU
GRINDELWALD
INTERLAKEN
BRIENZ
MEIRINGEN
SARNEN
MONT PILATE
LUCERNE
SEMPACH
AARAU
WILDEGG
SCHÖNENWERD
LENZBURG
Unterkulm
Muri
Laufenburg
BRUGG
BADEN
Dielsdorf
Bülach
Andelfingen
Hallau
SCHAFFHOUSE
STEIN AM RHEIN
FRAUENFELD
WINTERTHUR
ZURICH
Meilen
Lac de Zurich
ZOUG
ZUG
AEGERITAL
GERSAU
Lac des Quatre Cantons
VITZNAU
STANS
ENGELBERG
TITLIS
SCHWYZ
BRUNNEN
ALTDORF
ANDERMATT
DISENTIS
Faido
Acquarossa
Biasca
EINSIEDELN
Lachen
RAPPERSWIL-JONA
Hinwil
FISCHINGEN
WIL
KREUZLINGEN
KONSTANZ
AMRISWIL
Lac de Constance
ROMANSHORN
ARBON
RORSCHACH
Heiden
ALTENRHEIN
ALTSTÄTTEN
HERISAU
SAINT-GALL
APPENZELL
EICHBERG
URNÄSCH
WILDHAUS
WERDENBERG
Vaduz
WALENSEE
WALENSTADT
Glarus
GLARIS
MELS
SARGANS
BAD RAGAZ
PFÄFERS
Landquart
FLIMS
LAAX
WALDHAUS
DOMAT/EMS
COIRE
Thusis
Beverin
Parc Ela
AROSA
KLOSTERS
DAVOS
SCUOL
ZUOZ
Biosfera Val Müstair
Samedan
ST. MORITZ
MALOJA
SILVAPLANA
SILMS IM ENGADINE

PAGES

Le deuxième plus grand canton de Suisse, après les Grisons, a énormément d'attraits pour le visiteur. Pour les touristes francophones, tout d'abord, sachez qu'il est bilingue français-allemand, et si les germanophones dominent clairement, le français est très bien compris. Berne, la capitale fédérale, est une ville magnifique, et le canton abrite des centaines de lacs de montagne, des sommets aux neiges éternelles, des domaines de ski parmi les plus beaux et vertigineux du pays, et, enfin, ses habitants s'avèrent très courtois. La Suisse alémanique représente la plus grande partie du pays (65 % du territoire) et compte 21 cantons sur 26. Si l'on y parle partout le suisse-allemand (toutefois dépassé par le français à Fribourg et en Valais), les différences culturelles sont très marquées d'un canton à l'autre. Terre de contrastes, on y trouve à la fois les plus grandes villes du pays (Zurich, Bâle, Berne la capitale...) et des paysages dignes d'Heidi (Grisons, Appenzell...).

Au nord-ouest de la Suisse, le canton de Soleure est situé sur le Plateau suisse et le Jura. Son paysage est marqué par la plaine alluviale de l'Aar et par les montagnes de basse altitude du Jura soleurois. Son altitude la plus élevée, 1 445 m, est au sommet de l'Hasenmatt.

PAGES

C'est le parc de loisirs verts, de détente et de quelques attractions culturelles ou gourmandes des habitants de Zurich. Bienvenue au « Pays de l'Aare », Aargau en allemand. Situé dans le nord de la Suisse, le canton d'Argovie est bordé par l'Allemagne, les cantons de Zoug, de Zurich, de Lucerne, de Bâle-Campagne, de Soleure et de Berne. C'est l'un des cantons les moins montagneux et, longtemps dirigé par la dynastie des Habsbourg, il compte de nombreux châteaux forts aux histoires mystérieuses... C'est aujourd'hui un canton d'art et de culture, particulièrement apprécié par les amateurs de nature, de sport, de détente et par les familles.

Ce canton est situé au centre de la Suisse, à l'extrémité occidentale du lac des Quatre-Cantons, dans les Préalpes (Brienzer Rothorn, 2 350 m ; mont Pilate, 2 132 m). A l'est, c'est la vallée de l'Entlebuch et le Plateau, au nord s'étend une région de petits lacs (Baldegg, Sempach). L'agriculture demeure bien vivante autour de l'élevage, la culture céréalière, l'arboriculture fruitière, la culture du tabac. De petites entreprises animent également l'économie locale : mécanique, métallurgie, textiles et habillement, papeterie, arts graphiques, industrie agroalimentaire. Mais c'est le tourisme qui est devenu le moteur de la région avec le joyau que représente la ville de Lucerne, les rives du lac des Quatre-Cantons, sans oublier les sommets alentour. Joker insolite : des parcours dédiés où pratiquer le skate en reliant les villages et en longeant le lac.

C'est l'un des quatre cantons fondateurs (avec Uri et les deux demi-cantons d'Unterwald), et celui qui a donné son nom au pays... Géographie et histoire obligent : Schwyz est au cœur de la Suisse et apparaît comme un concentré des paysages du pays avec ses lacs (Vierwaldstättersee, Zugersee, Sihlsee ou Wägitalersee), ses sommets et ses villages typiques en fond de vallée.

Située au centre de la Suisse, au sud du lac de Lucerne, cette confédération est composée de deux demi-cantons Obwalden et Nidwalden. S'ils ne sont pas très touristiques, une escapade au mont Pilate, à cheval sur les deux cantons, par le vieux train à vapeur, s'avère une belle échappée.

PAGES

●● LE CANTON DE ZOUG

Zoug (en allemand, Zug) est surtout connu en Suisse pour les avantages fiscaux offerts aux établissements qui décident d'installer leur siège dans le canton, ainsi qu'aux particuliers fortunés. C'est en effet ici que l'on paie les impôts les plus bas de Suisse ! Pourtant, le canton présente d'autres attraits, offrant notamment deux beaux lacs : celui de Zoug et celui de la vallée d'Ägeri. Ainsi que la montagne du Zugerberg, idéale pour les randonnées pédestres. C'est une région aux paysages magnifiques, entre lacs, montagnes et plaines verdoyantes. On y rencontre régulièrement de petites villes, généralement au bord de l'eau, et de vieilles fermes plus isolées, solides chalets carrés (à voir notamment autour d'Ennetsee, à l'est du lac). La région compte également quelques belles églises perdues en pleine campagne, par exemple St. Wolfgang, près de Hünenberg, dont l'architecture très sobre s'accorde à merveille avec la douceur du paysage. Parmi les documents disponibles, les amateurs de vélo retiendront la brochure Velotouren im Kanton Zug, qui décrit (en allemand, mais cartes à l'appui) plusieurs balades à vélo à la découverte du canton.

●● LES CANTONS D'URI ET DE GLARIS

Au sud du lac des Quatre-Cantons, voici deux des trois cantons fondateurs de la Confédération suisse.

Le canton d'Uri s'agit d'un canton montagnard et rural marqué par de magnifiques paysages alpins. L'économie locale s'articule autour de l'agropastoralisme, de l'exploitaiton forestière et du tourisme, bien entendu. La région du lac d'Uri représente un paradis pour les amateurs de sports nature. En hiver, la vallée Urserntal, avec ses 13 remontées mécaniques reliant plus de 74 km de pistes, est l'un des domaines les plus sûrs de Suisse quant à son enneigement. Le canton est traversé par l'axe du Gothard, qui relie rapidement le plateau suisse au canton du Tessin et à l'Italie du Nord par un tunnel routier de 17 km, et une ligne ferroviaire ouverte dès 1882. En été, plusieurs cols permettent d'accéder aux cantons voisins : Furka (Valais), Susten (Berne), Klausen (Glaris), Oberalp (Grisons). Le nom « Uri » proviendrait du celtique « ure », signifiant « taureau », ou du vieil allemand « aurochs ». Une tête de taureau figure sur les armoiries du canton !

Le canton de Glaris est dominé par la vallée de la Linth. La majeure partie du secteur est montagneuse. Le point culminant du canton est le Tödi avec un sommet situé à 3 614 m. Le canton abrite le lac artificiel de Klöntal où l'on pêche et s'adonne aux sports nautiques en été, et où l'on patine sur la glace en hiver. Le Pays de Glaris est riche en curiosités géologiques et minières. Il est à ce titre intégré, comme le Pays de Sargans et la région du lac de Walen, au parc géologique qui traverse plusieurs cantons. L'ancienne mine d'ardoise, le Landesplattenberg, située près d'Engi, et l'usine d'ardoise d'Elm, les fossiles marins du Kerenzerberg ou les traces de dinosaures au Tödi sont autant de sites remarquables.

●● LE CANTON DES GRISONS

Situés à l'extrême sud-est de la Suisse – aux frontières de l'Italie, de l'Autriche et de la principauté du Lichtenstein – les Grisons forment le plus vaste des 26 cantons suisses (1/6e du territoire national). C'est l'un des joyaux du pays avec des perles comme la vallée de l'Enganine ou le val d'Anniviers, des paysages de montagnes tels qu'on les rêve et une nature préservée riche d'une grande biodiversité, des villages typiques, des troupeaux à l'alpage, des traditions, une gastronomie de terroir... Riches de 615 lacs et de 150 vallées, les Grisons offrent aux touristes des sommets aux neiges éternelles (Piz Bernina 4 049 m, Piz Palu 3 905 m), des glaciers spectaculaires et accessibles (Moterasch, Roseg) et une atmosphère toute particulière qui inspira Proust, Hesse, Nietzsche, Cocteau, Ella Maillart ou encore Giacometti. C'est aussi un immense château d'eau délimitant les bassins versants et leurs réseaux fluviaux du Danube, du Rhin et du Pô.

●● LES CANTONS DE SAINT-GALL ET D'APPENZELL

Le canton de Saint-Gall existe depuis 1803. Il est le seul du pays à avoir une frontière commune avec trois pays : Allemagne, Autriche, Liechtenstein. Le domaine collégial de son chef-lieu, avec la cathédrale et la bibliothèque, est inscrit au patrimoine mondial de l'Unesco. Le lac de Constance et le Säntis sont deux autres joyaux de ce territoire, naturels ceux-ci.

Au nord-est du pays, la région d'Appenzell est de plus divisée en deux petits cantons : Innerrhoden (Appenzell Rhodes-Intérieures, avec comme chef-lieu Appenzell) et Ausserrhoden (Appenzell Rhodes-Extérieures, dont le chef-lieu est Herisau). C'est la Suisse profonde. Enclavée dans le canton de Saint-Gall et mal desservie par les infrastructures de transport, la région a peu d'ouverture sur le monde extérieur, garantie de calme et d'une région vraiment typique et préservée, connue pour ses traditions rurales comme la descente des alpages ainsi que ses particularités culturelles dont la musique et les danses folkloriques. Le pays d'Appenzell se partage entre deux types de paysages : en altitude, les petits sommets du massif préalpin de l'Alpstein ; en vallée, si l'architecture est encore un brin pavillonnaire, les paysages sont bien ceux de la campagne suisse telle qu'on se l'imagine, prairies vert tendre et douces collines, vaches grasses paissant langoureusement pour produire le plus délicat et le plus parfumé des fromages suisses. Le massif de l'Alpstein est un paradis pour les randonneurs.

●● LES CANTONS DE THURGOVIE ET DE SCHAFFHOUSE

Au sud du lac de Constance, entre lac et Préalpes suisses, le canton de Thurgovie est un territoire verdoyant et irrigué, notamment par le Rhin. C'est le canton de l'eau, de l'arboriculture et de la viticulture, des fortifications et des châteaux forts. Un canton de tourisme vert et doux où l'on profite d'une nature préservée, d'un mode de vie rural où s'adonner à la voile, la randonnée ou la baignade, faire des excursions en vélo ou simplement se reposer. Ce canton vous invite même, pour une immersion totale, à dormir sur la paille ou loger dans une ferme. Parmi les incontournables : la chartreuse d'Ittingen, le Musée Napoléon d'Arenenberg ou encore une escale à Conny Land, le parc familial de loisirs au bord du lac de Constance.

Le canton de Schaffhouse se trouve tout au nord de la Suisse et partage plus de 80 % de ses frontières avec l'Allemagne. Ce canton, aux paysages somptueux marqués par la présence du Rhin et le point d'orgue constitué par ses chutes, attire de nombreux touristes, particulièrement venus de l'autre côté du fleuve. Vous n'entendrez pas trop parler français ici ! Le canton abrite plusieurs villes ou villages médiévaux absolument remarquables.

●● LE CANTON DE ZÜRICH

© SILVANBACHMANN - SHUTTERSTOCK.COM

Winterthur.

BERNE ★★★★

Capitale fédérale depuis 1848, Berne n'est que la cinquième ville en population, compte près de 141 000 habitants *intra-muros*. Le canton compte quant à lui 1 026 513 personnes. La vieille ville est un joyau d'architecture classé au patrimoine mondial de l'Unesco depuis 1983. On qualifie souvent Berne de ville campagne pour l'environnement naturel qui règne encore aux alentours. Avec ses 6 km d'arcades, l'une des plus longues promenades commerçantes couvertes d'Europe, Berne est une ville où flâner est un pur plaisir. On y trouve un somptueux mélange d'architecture médiévale (voir la tour de l'Horloge et l'hôtel de ville) et d'architecture ouverte aux courants les plus modernes, tel le bâtiment Zentrum Paul Klee. À ses tours historiques et ses onze fontaines incomparables, qui décorent les rues principales en racontant l'histoire de Berne, s'ajoute le siège du gouvernement suisse, dernière preuve du dynamisme étonnant et de l'ouverture de cette ville. Cette cité est inspirante : Einstein y a développé sa théorie de la relativité et Tobler y fabrique le chocolat Toblerone. Son architecture surprenante et envoûtante lui vaut aussi d'être le centre de multiples romans noirs et de thrillers allemands et suisses. Il est même possible de réaliser des excursions découvertes sur ce thème (« Bern kriminell »). Les accros du shopping sont à la fête : ils peuvent déambuler à loisir sous 6 km d'arcades, l'une des plus belles galeries commerciales au monde.

Sports / Loisirs

Baignade. L'été, se baigner à Berne est un délice, soit à Marzili, la piscine en plein air située au bord de l'Aar (comme dans toutes les piscines publiques de Berne, l'entrée y est gratuite), soit en réalisant une descente fulgurante de l'Aar. Déposez vos affaires à la piscine Marzili puis marchez quelques mètres à contre-courant avant de vous laisser porter dans le sens inverse.

Canot pneumatique. Sortie guidée en canot pneumatique qui permet de découvrir Berne depuis la rivière. Bien plus ludique qu'en marchant ! Réservation auprès de l'office de tourisme ou sur le site www.bern.com/fr/aar/guide-ultime-beteau-pneumatique. Comptez 40 CHF par personne (tarif dégressif en fonction du groupe).

Tourisme

Nous vous conseillons le pass Museum Card, 24h à 28 CHF ou 48h à 35 CHF, plus économique, si vous comptez visiter intensément la ville. Il ouvre les portes d'absolument tous les musées. Plus d'informations sur le site dédié : www.museen-bern.ch/fr

Transports

Comment venir à Berne lors de votre séjour ? Les solutions sont nombreuses. Si vous arrivez par avion, il est possible de prendre un taxi. Pour cela, comptez entre 40 et 60 CHF. Aussi, des loueurs proposent des voitures directement à l'aéroport. Le temps de trajet entre l'aéroport et le centre est de 10 km, soit environ 20 minutes. Sachez également que des bus desservent régulièrement la gare routière depuis l'aéroport (la ligne 160 direction Berne centre). Vous souhaitez venir par le train ? Berne est la seule capitale européenne reliée par les trois trains à grande vitesse (TGV, ICE et Cisalpino) : autant dire que l'arrivée à Berne se fait le plus souvent par voie ferroviaire.

Bus et tram. La vieille ville se visite facilement à pied, mais pour rayonner davantage, Berne dispose d'un réseau de transports en commun performant dont le centre est la place de la Gare, récemment transformée avec la construction d'un immense auvent en forme de vague. Les bus et les trams circulent de 6h à minuit. Les billets sont à prendre aux guichets automatiques de chaque arrêt. Si vous passez une nuit dans un des partenaires hôteliers de la ville, le Bern Ticket vous permet de circuler gratuitement toute la durée de votre séjour.

Taxi. Les emplacements officiels se trouvent sur la Casinoplatz et à la gare.

COLLÉGIALE SAINT-VINCENT DE BERNE ✞ ★★

Münsterplatz 1

✆ +41 31 312 04 62

www.bernermuenster.ch/de/index.php

Ouvert tous les jours.

La cathédrale de Berne domine la ville de ses 100 mètres de hauteur. C'est la plus importante construction de gothique du pays. On admire le portail et sa représentation du Jugement dernier, ainsi que son grand orgue du XVIIIe siècle, reconstruit en partie en 1999. Un panorama fantastique vous attend depuis le clocher qui abrite l'ensemble de cloches : le plus imposant de Suisse. Le grand bourdon, coulé en 1611, pèse à lui seul 9 940 kg ! L'édifice est inscrit à l'Unesco.

FONTAINES ★

Surnommée la ville des fontaines, Berne en compte plus de cent dans sa ville. Celles qui datent du milieu du XVIe siècle (la fontaine de la Justice et de l'Ogre notamment) représentent la richesse de la bourgeoisie. Elles permettent aux Bernois et aux visiteurs de découvrir l'histoire de la cité médiévale et de se souvenir que jadis c'était un lieu de rencontre où les habitants venaient s'approvisionner. Onze fontaines gardent encore des sculptures allégoriques peintes minutieusement. Pendant votre visite, flânez dans les rues à la découverte de ces œuvres !

LA STAR DE BERNE, L'OURS.

Berne doit son nom, selon la légende, au duc Berthold V de Zähringen (fondateur de la ville). Il s'était juré de donner à la future ville qu'il souhaitait bâtir sur l'Aar le nom du premier animal qui serait tué dans les environs. Lors d'une chasse organisée, le premier animal à terre fut un ours (*Bärn*, devenu Berne). L'animal apparaît pour la première fois sur l'écusson de la cité en 1224. Près du pont du Nydegg, la fosse aux Ours (*Bärengraben* en allemand) a bien sûr fait polémique mais la vie des plantigrades s'est fortement améliorée. Ils disposent d'un parc de 6 000 m² le long de la rivière et ne restent que très peu de temps dans la fosse.

KUNSTMUSEUM BERN (MUSÉE DES BEAUX-ARTS DE BERNE) ★★

Hodlerstrasse 8-12 ✆ +41 31 3280944
www.kunstmuseumbern.ch
Ouvert le mardi de 10h à 21h et du mercredi au dimanche de 10h à 17h. Collection permanente : 10 CHF.

Huit siècles d'art à comprendre et contempler ! Le plus ancien musée de Suisse (fondé en 1809) présente une collection d'œuvres qui recouvrent huit siècles, de la période gothique à l'art contemporain. Il possède actuellement plus de 4 000 tableaux et sculptures, et environ 45 000 dessins, gravures, photographies, vidéos et films. Parmi les artistes du XXe siècle, Paul Klee, Giacometti, Pablo Picasso, Ferdinand Hodler et Meret Oppenheim, lui confèrent une portée internationale.

MAISON D'EINSTEIN ★

Kramgasse 49
✆ +41 31 312 00 91
www.einstein-bern.ch
Ouvert tous les jours. Entrée adulte : 6 CHF, étudiant/enfant : 4,50 CHF.

Situé à 200 m de la tour de l'Horloge, aux deuxième et troisième étages du n° 49 de la Kramgasse, ce musée est une reconstitution de l'appartement d'Einstein dans lequel il réalisa ses premiers travaux sur la théorie de la relativité. Portraits, photos, film, copies de documents et de lettres nous aident à mieux comprendre ce génie. La visite vous conduit dans la vie d'Einstein, de sa femme Mileva et de leur fils Hans Albert entre 1903 et 1905. Vous déambulez dans les deux étages autour des meubles d'époque. Il est possible de suivre une visite guidée.

Vue sur la ville de Berne.

LA TÊTE DE MOINE

Dans le Jura bernois se cache un fromage qui adore qu'on lui tourne la tête ! À l'aide d'une girolle, on tourne délicatement la lame sur la surface lisse du fromage pour en obtenir de goûteux copeaux. Insolite ! Les moines de l'abbaye de Bellelay seraient à l'origine de sa fabrication dès le XIIe siècle. Sa hauteur doit être comprise entre 70 % et 100 % du diamètre, qui va de 10 à 15 cm. Il faut environ 10 litres de lait cru de vache pour fabriquer un fromage de 850 grammes environ. L'appellation « tête de moine » serait restée après une boutade de Napoléon lors de sa campagne en Suisse, le fromage décalotté lui rappelant la tonsure d'un moine.

LA MAISON DE LA TÊTE DE MOINE

Domaine de Bellelay ✆ +41 32 484 03 16
www.maisondelatetedemoine.ch

Ouverture selon saison, voir le site Internet. Visite du musée avec iPad (un appareil pour 4 personnes) : adulte 6 CHF.

Un fromage que l'on déguste avec une planchette de charcuterie. À la maison de la Tête de Moine, vous découvrez le savoir-faire depuis huit cents ans de fabrication. La visite ludique et interactive se suit à l'aide de votre iPad. Vous remontez le temps en découvrant le savoir-faire d'antan d'une ancienne fromagerie et d'une cave à fromage. Vous prolongerez la visite dans la vie locale et dégusterez de bons produits du terroir. Vous assisterez peut-être à la fabrication au feu de bois.

MUSÉE ALPIN SUISSE ★

Helvetiaplatz 4
✆ +41 31 350 04 40
www.alpinesmuseum.ch

Ouvert du mardi au dimanche de 10h à 17h, et le mardi jusqu'à 20h. Adultes : 16 CHF

Ce musée couvre, en quatre langues, tout ce qui concerne le massif alpin : son histoire, sa culture et ses traditions, sa faune et sa flore, sa place dans l'art, les sports alpins... Il propose également des expositions temporaires sur les questions environnementales et développement durable pendant toute l'année. Le musée aborde les ascensions les plus connues et la vie des hommes en pays alpin. Photos et commentaires viennent alimenter les expositions temporaires. Sur le site, vous trouverez le programme complet à venir. Sur place, un restaurant vous attend.

MUSÉE D'HISTOIRE NATURELLE

Bernastrasse 15 ✆ +41 31 350 71 11
www.nmbe.ch

Du lundi de 14h à 17h, mardi au vendredi de 9h à 17h, mercredi jusqu'à 18h, et le week-end de 10h à 17h. Entrée : 8 CHF.

Tout a commencé par la bibliothèque aux petits oiseaux et un cabinet naturel installés dans la bibliothèque principale. Grâce à des mécènes, la collection s'est enrichie ! La plus importante collection d'Europe, présentée en diorama, avec 226 vitrines. Mammifères d'Europe et oiseaux exotiques y sont replacés dans leur environnement naturel. On y trouve également une collection de pierres précieuses. Barry, le Grand-Saint-Bernard mort en 1814, est le préféré des visiteurs.

MUSÉE DE LA COMMUNICATION

Helvetiastrasse 16 ✆ +41 31 357 55 55
www.mfk.ch

Ouvert du mardi au dimanche de 10h à 17h. Exposition permanente : adulte 12 CHF, retraité/étudiant 8 CHF.

Le seul musée suisse à se consacrer exclusivement à l'histoire de la communication sous tous ses aspects. A travers un parcours interactif et très ludique, les trois expositions permanentes du musée nous racontent l'histoire des télécommunications et de la communication. Vous cheminerez dans le musée au travers des objets et des documents conservés par les postes. Une « aventure » qui encourage les échanges, les rencontres, le dialogue – en bref, la communication !

MUSÉE HISTORIQUE DE BERNE ★

Helvetiaplatz 5
✆ +41 31 350 77 11
www.bhm.ch

Ouvert du mardi au dimanche de 10h à 17h. Entrée adulte : 13 CHF.

Par sa taille, c'est le second musée historique suisse après celui de Zurich. Il retrace l'histoire de la ville, mais aussi de la région depuis la préhistoire, à travers des collections archéologiques, historiques ou ethnologiques. Il comprend l'original des sculptures de plusieurs fontaines historiques et du Jugement Dernier de la cathédrale. Une partie est également consacrée à Albert Einstein, qui vivait à Berne lorsqu'il formula, en 1905, sa célèbre équation $E = mc^2$.

SUISSE ALÉMANIQUE

PALAIS FÉDÉRAL (BUNDESHAUS) ★

Bundesgasse 3 ✆ +41 58 322 90 22
www.parlament.ch
Visites en français les mardis, jeudis et samedis à 11h30. Réservation conseillée par e-mail ou par téléphone.

Siège du gouvernement suisse (Conseil fédéral) et du Parlement (Conseil national et Conseil des États), le bâtiment du Palais fédéral a été achevé en 1902. Sous la coupole centrale et dans les deux salles des conseils, de nombreuses représentations symboliques de l'histoire de la Suisse sont évoquées. La place devant, avec ses 26 fontaines symbolisant les cantons, a été inaugurée en 2004 et est LE point de rendez-vous des Bernois. Sous vos pieds, repose l'or de la Banque nationale.

PARC AUX OURS ★

Grosser Muristalden 6
✆ +41 31 357 15 25
www.baerenpark-bern.ch
Ouvert tous les jours. Entrée gratuite.

Mais pourquoi des ours à Berne ? Venaient-ils des montagnes ? Selon la tradition, Berthold V de Zähringen, fondateur de la ville, aurait abattu un ours sur la presqu'île de l'Aar, ce qui donna son nom à la ville (*Bär* = ours). Depuis, des ours vivent à Berne et il est possible de les observer de près en train de jouer, de se baigner et de grimper dans un parc de 6 000 m² créé en 2009 sur les bords de l'Aar. Actuellement, Finn, Björk et Ursina sont les trois stars du parc aux Ours. On peut les observer toute l'année sauf pendant la période d'hibernation.

TOUR DES PRISONS (KÄFIGTURM) ★

Édifice historique.

Bâtie entre 1256 et 1344, cette tour, seconde porte ouest de Berne, a servi de prison de 1641 à 1897. Des expositions politiques y sont régulièrement organisées. On relate que la mère de Ferdinand Hodler (un des plus célèbres peintres suisses) était cuisinière dans cette tour au XIXe siècle. Depuis 1999, elle abrite le siège du forum politique de la Confédération. La tour des Prisons est à présent le symbole de la démocratie, de la participation et de l'échange.

TOUR DE L'HORLOGE (ZEITGLOCKENTRUM) ★★★

Bim Zytglogge 1
www.zeitglockenturm.ch
Visite possible de la tour en tour guidé.

Créée en 1191, il s'agit de la première porte ouest de la ville abritant l'horloge principale de la ville depuis 1530. Le sommet de la tour offre un très beau panorama sur la ville. L'horloge doit sa renommée à son carrousel de figurines qui s'animent à toutes les heures. On doit ce chef-d'œuvre à Casper Brunner. Les automates, de 1527-1530, commencent leur ballet en avance (4 min), avec le chant du coq et la cloche du bouffon. Puis, à l'heure, viennent les ours, qui font autant de tours qu'il y a d'heures. Le personnage central, Cronos, retourne ensuite son sablier et signale les heures avec son sceptre, tandis que le lion fait de même par un hochement de tête ; pendant ce temps, tout en haut, Hans Von Tal sonne les heures sur la cloche. Au-dessus du cadran, les divinités romaines Vénus, Mars et Jupiter sont peintes sur le mur avec leurs attributs. Puis le coq clôt le ballet en chantant une troisième fois (allusion à la parole de Jésus à saint Pierre). Le mouvement de l'horloge, visible sur demande, est encore assuré, fait rare, par le mécanisme d'origine ; une main dorée indique l'heure solaire, le Soleil, le signe zodiacal en cours ; dans la partie rouge extérieure figure le jour de la semaine ; une boule noire et or indique les phases de la Lune en tournant sur elle-même ; enfin, une étoile indique le jour de la semaine, en calendrier Julien (c'est-à-dire sans tenir compte des années bissextiles). Une escale incontournable à chaque heure pour admirer les automates.

© BERN TOURISME

SUISSE ALÉMANIQUE

ZENTRUM PAUL KLEE - CENTRE PAUL KLEE ★★★

Mounument im Fruchtland 3 ✆ +41 31 359 01 01
www.zpk.org
Ouvert du mardi au dimanche de 10h à 17h. Adultes : 20 CHF, étudiants : 10 CHF, enfants (de 6 à 16 ans) : 7 CHF.

1 750 m² dédiés aux expositions. C'est une Institution entièrement consacrée à la vie et à l'œuvre de Paul Klee, artiste allemand né en Suisse tout près de Berne, mais qui s'est illustré en France pendant la vague moderniste. C'est un temps fort de la visite de Berne. Inscrit dans un bâtiment réalisé par l'architecte Renzo Piano, ce centre abrite une collection de 4 000 œuvres au total. Elle présente en permanence 200 d'entre elles autour d'une thématique sans cesse renouvelée.

AEROPORT INTERNATIONAL DE BERN-BELP

Flughafen Bern-Belp Alpar AG
✆ +41 31 960 21 27
www.flughafenbern.ch

Un petit aéroport où transitent chaque année 180 000 personnes pour des destinations de vacances comme Palma de Majorque ou encore la Sicile mais également pour des destinations régionales avec la compagnie SkyWork. A seulement 10 km du centre de Berne, il est très facile d'accès par train ou bus. Pour ceux qui sont friands de visite insolite, il est possible de suivre une visite guidée de l'aéroport et de saisir la complexité logistique et la gestion du trafic aérien.

GARE CENTRALE

Bahnhofplatz
Guichets ouverts tous les jours de 6h15 à 21h. Comptez 40 CHF pour un aller simple Bâle-Berne.

La gare de Berne est une des rares à accueillir plusieurs TGV de pays différents. En dehors de ces horaires, prendre son billet au guichet automatique. Dans la gare, vous trouvez un service de location de vélos et un ensemble commercial de 70 magasins. Son avantage, c'est que la gare est située au pied de la vieille ville de Berne. C'est donc très facile de visiter la partie historique, même en transit. Outre la gare, il est utile de se renseigner sur BernMobile Infocenter pour tout connaître du réseau de bus afin de privilégier la mobilité douce.

BERNE ROULE (BERN ROLLT)

Bahnofplatz
✆ +41 79 2772857
www.bernrollt.ch
Ouvert tous les jours de mai à fin octobre, de 7h30 à 21h30.

Posons la voiture, le vélo est plus pratique pour les villes. L'organisation Berne Roule permet d'emprunter à moindre coût des City-Bikes, vélos enfants, vélos électriques, trottinettes et skate-boards durant les mois d'été. La ville de Berne favorise la mobilité douce et en fait même une priorité. Plus de 2 000 places de stationnements pour les vélos réparties dans six stations payantes : Vélostation Milchgässli - Vélostation PostParc - Vélostation Bollwerk - Vélostation Schanzenbrücke - Vélostation Waisenhausplatz - Vélostation Hochschulzentrum vonRoll.

MOONLINER

3 Eigerplatz
✆ + 41 31 321 88 12
www.moonliner.ch
Du lundi au vendredi de 8 h à 17 h. Tarifs entre 6 et 27 CHF suivant les trajets. 20 lignes partout en Suisse.

Des autobus de nuit Moonliner circulant les jeudi, vendredi et samedi permettent de relier depuis la gare centrale les grands points de la ville. Très pratiques pour les fêtards, ils circulent entre 1h et 4h du matin. Au total 263 communes sont déservies. Ils conduisent dans les principales villes suisses de Thoune, Soleure, Interlaken, Berne et Bienne. 2 135 personnes voyagent sur le réseau Moonliner chaque nuit. C'est un concept qui privilégie la mobilité collective et assure une sécurité sur les routes pour les retours de soirée.

BERN BACKPACKERS HOTEL GLOCKE €

75 Rathausgasse
✆ +41 31 311 37 71
www.bernbackpackers.com
Horaire de la réception : 8h-12h et 15h-22h. Avec salle de bains commune : dortoir dès 37 CHF.

Voici un *hostel* intéressant à Berne situé dans un immeuble plein centre, un excellent atout pour visiter la ville (avec la Bern card pour les transports gratuits inclus). On trouve ici un seul dortoir de six places (très sollicité), des chambres basiques doubles ou *twin* avec salles de bains partagées ou privées, selon les budgets, et des chambres familiales. On apprécie la propreté générale, la cuisine équipée commune, le salon avec TV, les informations pratiques données à l'arrivée.

LANDHAUS HOTEL €

Altenbergstrasse 4
✆ +41 31 348 03 05
www.landhausbern.ch

Lit en dortoir dès 38 CHF. Chambre simple de 90 à 100 CHF, double dès 130 CHF, 3 personnes 200 CHF, 220 CHF 4 personnes.

Dans une demeure bourgeoise d'un charme fou. A 10 minutes de la fosse aux ours, de la gare et au bord de l'Aar, cet hôtel-auberge de jeunesse alternatif est extrêmement bien placé au cœur de la ville. Les chambres simples mais bien tenues avec vue sur la rivière. La décoration arty, vont du dortoir de 6 lits à la chambre familiale pour 4 personnes, en passant par la double, avec salle de bains privative et télévision. Un petit restaurant cosy et délicieux fait office de salon confortable. Accueil chaleureux par Albert et Frida.

B&B WILDROSE €€

7 Mayweg
www.bnb-wildrose.ch

Simple dès 120 CHF, double dès 150 CHF, petit déjeuner inlcus. Beau jardin.

Cette magnifique maison bourgeoise parfaitement située au centre de berne à deux pas de la gare propose deux suites magnifiques et à bon rapport qualité-prix. Charmant accueil des hôtes Sonya et Stefa. Plancher ancien magnifique rehaussé par des meubles splendides d'époque et déjeuner buffet copieux font le charme de cette adresse. Comme dans une maison de poupées, toute la décoration est minutieusement pensée. Un côté bucolique et champêtre à la fois émane de ce havre de paix. Un cadre vert et calme au cœur de la ville à privilégier.

CITY AM BAHNOF €€

7 Bubenbergplatz
✆ +41 31 311 53 77
www.fhotels.ch

58 chambres. Chambre dès 110 CH. Petit déjeuner : 20 CHF. Wifi gratuit.

Situé en face de la gare, cet hôtel présente une façade moderne et offre des chambres confortables pour un séjour de qualité. Vous pouvez bénéficier gratuitement du spa de l'autre hôtel de la chaîne, l'Ambassador, à 7 minutes en tram du centre de Berne. Idéal pour une virée en centre-ville près de toutes les commodités. La famille Fassbind possède plusieurs hôtels et aime décliner des ambiances distinctes entre eux. Très citadin, le City Am Bahnof est idéal pour un séjour urbain et plonger directement au cœur des atouts de la ville.

HÔTEL ALLEGRO €€

Kornhausstrasse 3
✆ +41 31 339 55 00
www.kursaal-bern.ch

Chambre simple ou double à partir de 188 CHF, sans petit déjeuner.

Pour ceux qui aiment le côté branché, ici on aime la fête ! Le Kursaal Bern est un vaste complexe qui abrite une salle de conférence, un restaurant, un casino et l'Hôtel Allegro. Un 4-étoiles qui propose des chambres savamment pensées avec vue panoramique sur la vieille ville et les Alpes. La vaste suite penthouse avec balcon et vue sur les Alpes est vraiment le nec plus ultra ! Des packages sont organisés comme « enterrer sa vie de garçon ». Un beau complexe qui garde l'esprit d'antan en modernisant des offres alléchantes et de belles prestations.

HOTEL AMBASSADOR & SPA €€

Seftigenstrasse 99 ✆ +41 31 370 99 99
www.fassbindhotels.ch

97 chambres. Simple dès 120 CHF, double dès 145 CHF, triple dès 210 CHF selon saison. Petit déjeuner : 22 CHF.

Il a tous les atouts d'un hôtel business avec le privilège d'offrir détente et belle vue. L'hôtel Ambassador est un édifice moderne qui offre des chambres au décor design épuré avec une vue imprenable sur la vieille ville. Demandez les chambres des étages supérieures orientées du côté du Palais Fédéral. L'accueil y est très convivial ; petit détail non négligeable, la plupart du personnel parle français ! Son principal atout : une piscine intérieure, un sauna finlandais, un hammam et une salle de remise en forme, le tout au cœur de Berne.

HOTEL BERN €€

Zeughausgasse 9
✆ +41 31 329 22 22
www.hotelbern.ch

Chambre double à partir de 245 CHF, petit déjeuner inclus. Parking payant.

Si la rue est pavée d'hôtels, peu présentent un aussi bon rapport qualité-prix que l'hôtel Bern.

Habitué à la clientèle d'affaires, l'accueil y est très professionnel et les prestations correspondent aux standards de la gamme. Le style Art nouveau de l'édifice apporte une touche élégante qui se décline dans les chambres par une décoration ponctuée de petits détails. Chaque chambre est personnalisée. Préférez une chambre mansardée pour le côté *cocooning* et *cosy*. Si vous cherchez un lieu bien placé et de bon confort, c'est ici qu'il faut séjourner.

HÔTEL JARDIN €€

38 Militärstrasse
✆ +41 31 333 01 17
www.hotel-jardin.ch
Chambres à partir de 138 CHF. Jardin et salle de conférence.

L'hôtel-restaurant Jardin est riche d'histoire. C'est à cet emplacement qu'en 1890 se trouvait un jardin militaire et un hôtel. Un accueil familial vous sera réservé par la quatrième génération de propriétaires. Les chambres vous accueillent dans une décoration sobre avec tout le confort pour décompresser simplement. C'est aussi avec goût que les chambres ont toutes été rénovées et présentent un aspect moderne dans cette maison pleine de charme. Une ambiance un peu désuète qui ne manquera pas de vous séduire lors de votre halte à Berne.

HOTEL NATIONAL €€

Hirschengraben 24
✆ +41 31 552 15 15
www.nationalbern.ch
Chambre avec salle de bains privée simple à partir de 126 CHF, double 156 CHF. Petit déjeuner compris.

Ce bâtiment historique au cœur de la capitale est majestueux. L'hôtel qui s'y trouve compte 5 étages et 46 chambres dont certaines avec salle de bain sur le palier. Les autres sont beaucoup plus luxueuses, toutes sont différentes et possèdent un certain cachet et une jolie décoration. Charmante cour intérieure, ascenseur d'époque et restaurant *slow food* branché au rez-de-chaussée. Le Théâtre National fait aussi partie de l'édifice. Un lieu plein d'histoire et de poésie qui ne vous laissera pas insensible. Petit déjeuner buffet très copieux.

BELLEVUE PALACE €€€

Kochergasse 3-5
✆ +41 31 3204545
www.bellevue-palace.ch
Chambre simple à partir de 365 CHF et chambre double à partir de 475 CHF.

Avec vue sur les Alpes bernoises, ce palace 5-étoiles est remarquablement placé, près du théâtre et du Parlement. Il offre des prestations de très grand luxe. La vue depuis la terrasse est exceptionnelle avec la rivière qui serpente et attire tous les regards. Les chambres offrent une esthétique délicate avec des couleurs douces et un mobilier en bois d'époque sélectionné avec soin. Digne des palaces, le service est impeccable et votre séjour sera précieux dans un écrin distingué. Un bel endroit pour une escapade enveloppée de luxe à Berne.

SCHWEIZERHOF €€€

Bahnhofplatz 11
✆ +41 31 326 80 80
www.schweizerhof-bern.ch
99 chambres. Double dès 375 CHF. Accès gratuit au spa, à la piscine et à la salle de fitness.

150 ans que cet établissement évolue dans l'art du luxe hôtelier. Très attachées à l'élégance et au savoir-faire de qualité, les équipes du Schweizerhof sont à vos petits soins pour rendre votre séjour princier. La chaîne suisse d'hôtels de luxe détient l'un de ses plus beaux palaces au cœur de la ville de Berne. Service et prestations haut de gamme. Près de 100 chambres et un spa de 5 000 m². On apprécie les touches contemporaines dynamisantes dans les chambres. Cela donne l'impression d'être dans un lieu d'exception qui sait avancer avec son temps.

BUPPHA GLATTHARD €

57 Münstergasse
✆ +41 31 311 59 36
Spécialités thaïlandaises. Ouvert du lundi au samedi de 10h à 22h, le dimanche de midi à 21h30. Pad thai à 20 CHF.

Comme toute grande ville suisse, Berne a ses petits restaurants asiatiques délicieux. Au cœur du centre-ville médiéval et à deux pas de la cathédrale, Buppha Glattard Tab Tim II est une des excellentes adresses. Pad thai au poulet, salade de papaye verte pimentée (som tam)... Ici, vous pourrez goûter des spécialités thaïes débordant de légumes colorés et de saveurs orientales. La salle du restaurant et la terrasse extérieure sont agréables avec une décoration typique, et les prix sont abordables. Parfait pour une escale gourmande entre deux visites.

CAFE POSTGASSE €

48 Postgasse
✆ +41 31 311 60 44
www.cafepostgasse.ch
Ouvert du mardi au vendredi de 17h30 à 23h30 et le samedi de 10h à 23h30. Plat de 11 à 41 CHF.

Légèrement excentré mais toujours dans la vieille ville, entouré de magasins d'antiquaires, le Café Postgasse possède une belle salle entièrement boisée, avec plafond peint, piano et chandelles sur les tables. Dans le style Art déco, il vous invite à déguster une cuisine d'inspiration française, dont quelques spécialités comme les moules marinières ou un très bon cordon bleu. On y entre par la porte en bois à gauche et non par l'entrée principale. Jolie petite terrasse devant les arcades, entourée de verdure. C'est un lieu idéalement décontracté.

RESTAURANT HARMONIE €

3 Hotelgasse
✆ +41 31 313 11 41
www.harmonie.ch

Ouvert seulement en semaine de 11h à 23h. Plat du jour 18 CHF. Fondue dès 29,50 CHF, mets classiques dès 18,50 CHF.

Une des adresses les plus authentiques de Berne. L'un des plus vieux restaurants aussi, créé en 1915 et transmis de père en fils jusqu'à aujourd'hui. C'est dans ce cadre rustique et chaleureux que l'on déguste de bonnes fondues, des recettes de grand-mère et sans doute le meilleur rösti de la capitale ! Ne manquez pas le best-seller unique qu'est le gratin d'épinard. Un ambiance rustique qui s'accompagne d'une cuisine du terroir où l'on aime garder l'âme intacte sans revisiter les plats. Amateurs d'ambiance locale, c'est une étape gourmande à saisir !

KLOSTERLI WEINCAFE €€

Klösterlistutz 16
✆ +41 31 350 10 00
www.kloesterlibern.ch

Ouvert tous les jours de 11h à 23h30. Menu du midi : 20 CHF. Plats entre 20 et 35 CHF.

Voici un établissement pittoresque et plein de charme, à la fois restaurant et bar à vin, dont les propriétaires ont conservé des éléments architecturaux datant du XVIIIe siècle. Implanté dans la vieille ville, le Klosterli Weincafe dispose d'une belle terrasse ombragée. La carte des mets est restreinte mais propose des produits de saison d'excellente qualité. Certains plats sont proposés en deux versions, petite ou grande portion que vous pourrez accompagner d'un verre d'un excellent vin parmi une sélection de plus de 120 crus disponibles. Pensez à réserver.

KORNHAUS KELLER €€

18 Kornhausplatz
✆ +41 31 327 72 72
www.kornhauskeller.ch

Ouvert tous les jours. Spaghettis : 25 CHF, plats de 37 à 60 CHF.

En plein centre de Berne, le Kornhaus Keller a des allures de salle de bal. Quand on descend les escaliers, on tombe immédiatement sous le charme de l'architecture baroque de ce restaurant, ancien grenier à grain datant de 1717. La salle immense sous de grandes voûtes est exceptionnelle et vaut le détour. Le décor est élégant et la qualité de la cuisine proposée, suisse et méditerranéenne, parfaite. Un bar est installé dans la galerie surplombant la salle et propose une belle sélection de vins, dont des crus de la région. Service irréprochable.

LORENZINI €€

Hotelgasse 10
✆ +41 31 318 50 67
www.lorenzini.ch

Ouvert du lundi au samedi de 11h30 à 14h et de 18h à 23h30. Menu autour de 40 CHF.

Niché à deux pas de la Zytglogge, la fameuse horloge de Berne, le restaurant Lorenzini propose une cuisine traditionnelle italienne dans un cadre chic et élégant. Cet immense restaurant est l'un des endroits recherchés de la capitale ! La belle salle à la décoration très soignée se consacre à une fine cuisine à influence transalpine – nom oblige – mais qui convient à une clientèle internationale. Atmosphère classe, service souriant et plein d'attention. Vous trouverez à la carte d'excellents vins italiens pour accompagner le menu. Incontournable.

SCHWELLENMATTELI €€

Dalmaziquai 11
✆ +41 31 350 50 01
www.schwellenmaetteli.ch

Ouvert 7j/7 jusqu'à 23h30. Plat du jour 22,50 CHF et autour de 35 CHF pour un plat principal. Au bord de la rivière.

Romantique grâce à sa situation au bord de l'Aare, ce « restaurant de la Riviera » (Schwellenmätteli) est divisé en trois espaces : la Terrasse, la Casa (spécialités italiennes) et la Kultur-Lounge (salon culturel). On y déguste des moules, des produits de saison. Flottant sur l'eau, la Terrasse est le plus beau restaurant de Berne en été. Avec son architecture résolument contemporaine, ses parois de verre et ses chaises longues, elle attire toutes les générations pour une ambiance conviviale et d'excellents plats de poisson. Un endroit charmant.

JACK'S BRASSERIE €€€

Bahnhofplatz 11
✆ +41 31 326 80 80
www.schweizerhof-bern.ch

Ouvert du lundi au samedi de 6h30 à 10h30, de midi à 13h30 et de 18h à 21h30, le dimanche de 6h30 à 11h30.

C'est le restaurant du luxueux hôtel Schweizerhof. Cette brasserie haut de gamme propose une cuisine française et suisse dans un décor très fin de siècle. Service raffiné, ambiance chaleureuse, assiettes généreuses et gastronomiques. En dégustant les mets de la brasserie comme un wiener schnitzel, vous plongez directement dans la cuisine bourgeoise bernoise. Succulents, distingués et toujours revus au goût du jour, les plats ne manqueront pas d'éveiller votre palais. L'été, buvez un apéritif au Sky Terrace pour une vue magnifique sur la ville.

ADRIANO'S BAR & CAFE

Theaterplatz 2
✆ +41 31 318 88 31
www.adrianos.ch
Ouvert du lundi au mercredi de 7h à 23h30, jeudi et samedi jusqu'à minuit 30 et le dimanche de 9h à 23h30.

Situé en face de la tour de l'Horloge, l'Adriano's Bar propose une cuisine méditerranéenne de choix. C'est également l'un des meilleurs cafés de la ville avec toutes sortes de cafés. Il est possible d'acheter des machines à café avec des conseils avisés. Très hétéroclyte, vous rencontrerez des personnes venues de partout. C'est idéal pour « réseauter » et en profiter pour glaner des idées de visites touristiques. Surtout, ne manquez pas le café, le vrai, le barista et sa petite déco qui s'agite dans la mousse à la surface. Un endroit très agréable.

BARBIÈRE

40 Breitenrainplatz
✆ +41 31 536 70 77
www.barbiere-bern.ch
Ouvert du lundi au vendredi de 7h à 0h30, le samedi à partir de 9h, fermé le dimanche.

Vous cherchez un lieu tendance ? Barbière est une brasserie et bar à bière dans la capitale du houblon. Branché, il est bon de tester les malts locaux, blondes, brunes, ambrées, ale et stout, accompagnés d'un snack à l'apéro. Cadre hipster à souhait. Les murs en brique et le mobilier en fer à l'état brut vous plongent dans un décor industriel et urbain. Très local, les Bernois aiment s'y retrouver pour partager une planchette apéritive ou tout simplement un café de style *barista* avec la petite déco toute mignonne dans la mousse de lait.

CONFISERIE TSCHIRREN

Kramgaasse 73
✆ +41 31 311 17 17
Chocolaterie artisanale. Ouvert du lundi au vendredi de 8h15 à 18h30, samedi de 8h à 17h, dimanche de 9h à 17h.

Une boutique à s'en lécher les babines ! La maison existe depuis 1919 et propose des chocolats fins d'excellente qualité. Vous trouvez dans cette magnifique boutique toute la collection de truffes à la crème, à l'abricot, au malaga, au champagne, aux noisettes, au rhum, au miel… et de pralines aussi variées que divines. Les petits cornets au chocolat noir, les brioches et les petits four qui se devinent depuis la vitrine vous invitent à les déguster. De la boutique émane un charme d'antan où les bonnes odeurs attirent les passants. Une valeur sûre.

EINSTEIN KAFFEE

49 Kramgasse
✆ +41 31 312 28 28
www.einstein-cafe.ch
Ouvert du lundi au jeudi de 8h30 à 22h30, jusqu'à 0h30 les vendredi et samedi et le dimanche de 9h à 18h.

C'est dans cette demeure que le mathématicien mit au point sa théorie de la relativité. Le site abrite aujourd'hui un musée mais aussi un café *cosy* et confortable où l'on vient se détendre et se réchauffer. Craquez pour les spécialités de viennoiseries et de pâtisseries, elles sont délicieuses. Comme c'est un café assez prisé, il est parfois difficile de trouver une table. C'est un endroit contemporain qui contraste avec le côté authentique de la maison et du musée Einstein. Le côté jardin est magnifique et idéal en soirée au coucher de soleil.

LEICHTSINN LOUNGE BAR

Kornhausplatz 10 ✆ +41 31 312 12 00
www.leichtsinn.ch
Ouvert du lundi au mercredi de 9h à 23h, et les jeudis, vendredis et samedis jusqu'à 0h30.

En plein cœur de la ville, un café agréable à toute heure de la journée. En journée pour un soft ou le soir venu pour un verre de vin, dans une ambiance presque berlinoise. Très épuré, ce bar et restaurant favorise une ambiance colorée en apportant des saveurs d'ailleurs aux plats proposés au menu. Ici, la spécialité est les *ceviche* (poissons crus marinés) et les tartares. L'apéritif est très prisé car le bar propose un *happy hour* séduisant. Un lieu idéal pour passer de bonnes réjouissances dans une ambiance stylée et joyeuse.

ZAR CAFE BAR

9 Pestalozzistrasse
✆ +41 79 336 31 50
www.zarbar.ch
Ouvert du mardi au vendredi de 8h30 à 12h et de 15h à 0h30, le samedi à partir de 10h, fermé le dimanche et lundi.

Ce micro bar de quartier bobo est charmant, pour son ambiance, sa terrasse microscopique elle aussi, son public sympathique, son fond musical branché et ses petits concerts, encore plus compressés. On aime les bières locales, les cocktails maisons et les apéros servis ici. C'est un lieu à part des grands standards, et c'est justement ce que l'on vient chercher ici. Loin d'être un endroit épuré et standardisé, on aime se retrouver avec les locaux et échanger sur les actualités autour d'un verre et de quelques tapas. Le Zar est bien loin d'être bizarre !

DOMAINE DE BELLELAY [TETE DE MOINE]

Case Postale 19 ✆ +41 32 484 03 16
http://bellelay.ch/fr/
Possibilité de repas et d'hébergement. Ouvert de juin à septembre les mercredis après-midi de 14h à 16h.

Vous êtes au cœur du savoir-faire de la tête de moine ! Ce domaine abrite un musée dédié à la tête de Moine, fromage emblématique de la Suisse. Des expositions interactives vous font découvrir les secrets de fabrication, les traditions et les senteurs typiques des montagnes jurassiennes. Une girolle magique et un atelier de dessin permettent de varier agréablement les plaisirs. Vous pouvez assister à la fabrication de fromage (sur demande) et bénéficier d'une dégustation.

GROUPE DES ASTRONOMES AMATEURS DE LA CÔTE

Rue des Cordeires 18a
✆ +41 79 658 98 59
www.astrac.ch
Gymnase de Morges, à Marcelin (chemin de la Morgettaz, Morges).

Cette association propose des soirées d'observation ouvertes au public chaque premier mardi du mois, à partir de 20h30 en été et 19h30 en hiver. L'observatoire ne se situe pas à Gollion, mais à une dizaine de kilomètres plus au sud, vers le lac Léman, dans la commune de Morges. De passage vers le gymnase de Marcelin, vous remarquerez peut-être la coupole installée sur son toit ! Sur le site web de l'association, un agenda annonce les dates des activités éventuelles.

KAPITEL

41 Bollwerk
✆ +41 31 311 60 90
www.kapitel.ch
Ouvert les mardi et mercredi de 11h à 23h30, le jeudi jusqu'à 3h30, le vendredi jusqu'à 5h, et le samedi de 16h à 6h.

Un lieu de sortie bien connu des Bernois pour sa programmation toujours attrayante. Sur place, vous trouverez un complexe assez atypique avec d'une part un restaurant, mais c'est aussi et surtout un club où l'on danse jusqu'au petit matin. Toute l'année, les vendredis sont propices aux concerts et les Bernois aiment venir s'amuser dans ce lieu complet. La programmation est riche et très hétéroclite, on ne se lasse donc jamais de se rendre au Kapitel. Il est bien sûr possible de venir déguster un hamburger la journée ou de « chiller » au moment de l'apéritif.

TURNHALLE

Speichergasse 4
✆ +41 31 311 15 51
www.turnhalle.ch
Ouvert du lundi au mercredi et le dimanche de 9h à minuit 30, jeudi de 9h à 2h, vendredi et samedi de 9h à 3h30.

Le Thurnalle n'est pas seulement un lieu où bavarder en buvant un verre, c'est aussi un espace de concert et même une salle de sport. En été, la cour intérieure est particulièrement agréable. Cet ancien établissement scolaire offre un décor atypique pour boire un verre. Le côté bohème du jardin avec des petites roulottes et bar à bières dans la cour offre un cadre particulier, à la fois intime pour ceux qui se plaisent à lire et d'échange pour papoter avec les amis. L'ancien gymnase se transforme en club la nuit avec une programmation culturelle variée.

COURTELARY

Cette commune du Jura bernois, dans la partie francophone, se trouve à 1h de route de Berne. Cette petite commune est surtout connue pour être devenue la plus gourmande des haltes pralinées autour de Berne. C'est ici que la famille Bloch a développé sa chocolaterie depuis 1935. C'est bien simple, on repère très vite les lieux par les odeurs de chocolat qui s'échappent de la fabrique : tout de même 3 700 tonnes confectionnées chaque année ! La vedette de Courtelary, c'est la fameuse barre de Ragusa qui associe plusieurs fines couches de chocolat et pralinés. Sinon, profitez de Courtelary pour vous promener le long de la Suze et de ses ponts en pierre.

CHEZ CAMILLE BLOCH

Grand-Rue 21
✆ +41 32 945 13 13
chezcamillebloch.swiss
Ouvert dès 10h. à 18h. Voir les différents horaires sur le site. Parcours découverte 27 CHF. Entrée adulte 14 CHF.

« Chez Camille Bloch », c'est bien plus qu'un musée du chocolat ! C'est l'immersion au cœur d'une saga familiale, dont les générations successives ont transmis au fil des ans, des valeurs d'authenticité, d'innovation et de durabilité, au travers de leurs marques cultes Ragusa et Torino. Dans le monde de Chocolats Camille Bloch, vous pouvez approcher au plus près de l'histoire de l'entreprise, de ses marques traditionnelles et de sa production moderne. Grâce à un parcours découverte et des ateliers, la visite fait appel de manière ludique à tous vos sens.

GSTAAD ★★

À Gstaad, la pionnière, le tourisme s'est développé dès 1920. La station possède l'un des plus grands domaines skiables en Europe qui s'étend sur toute la région et comprend les pistes de Saanen, Gstaad (Eggli, Wispile, Wasserngrat), Schönried, Saanenmöser, Zweisimmen, St Stephan, Rougemont et Château-d'Œx, ainsi que celles de Glacier 3000. De tout temps la station a attiré le gotha et cela continue ! Parmi les célébrités qui ont séjourné ici, citons Louis Armstrong, Liz Taylor, Roger Moore et Johnny Hallyday.

Gstaad a le bon goût de rester un vieux village montagnard chic, où les chalets début de siècle montrent leurs sculptures ouvragées, où les palaces se sont discrètement modernisés et où la vie semble facile et insouciante pour ceux qui y séjournent. Gstaad constitue sans doute un bel exemple de la fameuse qualité de vie que l'on trouve en Suisse. La rue principale « Promenade », bordée de boutiques de luxe, est exclusivement piétonne.

Se loger

Difficile de se faire une idée précise des tarifs tellement ceux-ci évoluent selon les saisons. En hiver, c'est une envolée généralisée ! Pour les petits budgets, se rendre à l'auberge de jeunesse de Saanen.

Se restaurer

L'offre gastronomique est innombrable dans la station, des restaurants et hôtels plus ou moins luxueux, voire très luxueux, aux petits restaurants d'altitude sur les pistes. Buvette d'alpage en été ou table étoilée (Alpina, Chesery), vous avez le choix.

Sports / Loisirs

- **L'Oberland bernois.** Le Haut-Pays bernois est la région montagneuse du canton de Berne, englobant les stations les plus prestigieuses de Suisse (Gstaad, Adelboden, Grindelwald et Wengen, notamment). C'est également une région de lacs, autour de la grande et chic station d'Interlaken, qui marque le départ vers les sommets. La région est délimitée par des reliefs naturels : au nord, par les lacs de Thoune et de Brienz, à l'est par le massif du Saint-Gothard, au sud par le Haut-Valais et à l'ouest par les Alpes vaudoises. Après la ville de Berne, c'est de loin la zone la plus touristique du canton. L'Oberland tient de la magie, avec ses lacs encaissés (Thoune, Brienz), ses sommets toujours enneigés et, dessinant l'ensemble de ce paysage, des sommets de légendes (Jungfrau, Eiger, etc.), des glaciers (dont Aletsch, le plus grand d'Europe) et des vallées de torrents (Haslital, Simmental, etc.). Sans conteste, l'un des plus beaux sites d'Europe. Les Américains le comparent au parc Yosemite. C'est dire !
- **Randonnées.** Randonnée Saanen-Gstaad-Gsteig. Depuis la gare de Saanen, longez la rive droite de la Sarine, en direction de Gstaad. A Mättlen, passez de l'autre côté de la rive. Vous continuez sur le chemin qui suit la rive et arrivez au centre du village et vers la gare de Gstaad. Poursuivez le long de la rive. Le parcours vous offre des vues sur les névés du fond de la vallée et sur les pyramides du Oldenhorn. Le sentier se poursuit dans la vallée : forêt, clairières de pâturages. Changez encore une fois de rive, par le chemin le long de la rivière jusqu'au petit village de Gsteig.
  Sentier météorologique du Wispile. Au départ de Gstaad, environ 1h30 pour grimper à 1 850 m d'altitude. Idéal pour les familles. La vue est évidemment superbe, mais l'intérêt de cette balade, ce sont également les 13 arrêts qui vous expliquent les petits secrets de la météo. Ce sentier est spécialement destiné aux enfants : petit zoo, jeux, parc aventures et tente Tipi. En route, visite possible d'une fromagerie artisanale (entre 10h et 11h) pour suivre la fabrication du fromage d'alpage de Gstaad.

Transports

- **En train.** Des trains desservent Gstaad depuis Berne, Lucerne et Lausanne, avec correspondances.
- **En voiture.** Depuis Berne, Autoroute A6 jusqu'à Spiez, puis suivre la route 11 qui passe dans une belle vallée. Comptez 1h30 de route.

GSTAAD SAANENLAND TOURISMUS

Promenade
✆ +41 33 748 81 81
www.gstaad.ch
Ouvert tous les jours sauf le dimanche. Selon les saisons, les horaires changent.

L'office de tourisme de cette station de ski de renom est situé dans l'artère principale de la station-village, à droite de la gare. De mai à octobre, la Gstaad Card donne un libre accès à presque tous les moyens de transport, chemins de fer de montagne inclus, ainsi qu'aux musées et piscines de la région, et de nombreux rabais sur d'autres activités comme sur le téléphérique Glacier 3000 ou encore la carte journalière de la compagnie du chemin de fer Montreux-Oberland bernois.

GRAND HOTEL BELLEVUE €€€

Untergstaadstrasse 17 ✆ +41 33 748 00 00
www.bellevue-gstaad.com
Chambre double à partir de 950 CHF, suite à partir de 1 500 CHF.

Golf, Spa et personnel aux petits soins... Ici, tous les standards du luxe sont réunis. Installé au cœur d'un parc au centre de Gstaad dans un décor féerique, le Grand Bellevue, hôtel de luxe 5 étoiles, vous offre tout le confort et même bien plus. Les suites sont exceptionnelles, notamment la suite Panorama offrant une vue à couper le souffle. L'établissement possède également plusieurs tables, dont Le Petit Chalet, adresse de charme dans les jardins proposant des spécialités locales. Goûtez-y la fameuse fondue suisse. Un délice !

GRAND HÔTEL PARK €€€

Wispilenstrasse 29
✆ +41 33 748 98 00
ww.parkgstaad.ch
Chambres et suites de 495 à 1 770 CHF. Menus 75 et 110 CHF ; compter de 110 à 240 CHF à la carte.

Tout proche de la Promenade, ce célèbre palace aux allures de chalet cosy s'est offert une cure de jouvence à l'occasion de son centième anniversaire. Les chambres et suites, tournées vers les montagnes ou la forêt, offrent un décor authentique et chaleureux aux lignes contemporaines. Côté restaurants, le chef sert une cuisine de saison de haut niveau aux notes méditerranéennes. Un Spa de 1 000 m^2, avec piscine intérieure d'eau saline, piscine extérieure, salle de fitness, saunas, hammams et cabines de massages et de soins complète l'offre de grand luxe.

LE SAANENLAND

C'est la Suisse des alpages façon carte postale ! Cette région, nichée dans la pointe sud-ouest du canton de Berne, est composée des villages de Saanen, Schönried, Saanenmöser, Lauenen, Gsteig, Feutersoey et Gstaad. Si c'est le premier qui lui donne son nom, c'est le dernier qui, de loin, est le plus renommé. 7 000 habitants, dont 90 % vivent du tourisme, et beaucoup plus de vaches qui produisent le fromage d'alpage hobelkäse. Historiquement, les habitants du Saanenland sont autant alémaniques que romands : jusqu'en 1555, la région appartenait au comté de Gruyère (elle fut alors cédée par un comte désargenté). Le Saanenland était connu des amateurs de repos et de détente dès le XVIIe siècle, mais le développement touristique de la région a vraiment été rendu possible par l'ouverture de la ligne de chemin de fer Montreux-Oberland bernois (MOB), en 1905. Le Saanenland a alors pu étaler tous ses atouts pour attirer les touristes : montagnes et soleil, particulièrement généreux grâce à une large ouverture de la vallée et à la douceur des reliefs. Été comme hiver, la région offre une panoplie complète d'activités montagnardes. Grâce à une réglementation stricte mise en place suffisamment tôt, le développement des infrastructures touristiques a pu se faire en préservant la qualité des paysages : toutes les habitations sont de style chalet. Le maintien d'un artisanat de qualité (sculpteurs sur bois, fabricants de cors des Alpes, etc.) ajoute un supplément d'âme au magnifique Saanenland.

SUISSE ALÉMANIQUE

Hôtel près de Gstaad.

GSTAAD PALACE €€€

Palacestrasse 28
✆ +41 33 748 50 00
www.palace.ch
Ouvert du 20 décembre 2021 au 6 mars 2022 et du 24 juin au 11 septembre 2022. Chambre double à partir de 850 CHF.

On ne peut pas vraiment occulter l'un des plus célèbres établissements suisses perché sur les hauteurs du village, qui a vu passer tant de célébrités, sous prétexte que les tarifs ne sont pas très « Futés ». Il est à connaître et, à défaut d'y séjourner, vous pouvez, pour savourer cette ambiance unique, y prendre le thé. L'établissement dispose d'un Spa magique de 1 800 m², avec piscines, sauna, hammam, salles de soin et de repos bénéficiant d'une vue panoramique également accessible aux non résidents (mais c'est plus cher qu'un thé !).

HÔTEL ARC EN CIEL €€€

Egglistrasse 24
✆ +41 33 748 43 43
www.arc-en-ciel.ch
Chambre double à partir de 226 CHF, suite à partir de 318 CHF.

L'hôtel Arc en Ciel est un grand chalet au bois presque rouge, dont le calme est d'autant plus appréciable qu'il n'est pas trop cher face à ses concurrents 4-étoiles. Préférez le bâtiment principal ancien plus authentique à l'annexe plus moderne. Ici, les chambres sont très confortables et décorées avec goût et une touche contemporaine. Piscine, sauna et jeux pour enfants viennent compléter l'offre. Le restaurant de cuisine fine italienne de l'hôtel sert aussi d'excellentes pizzas. Vous avez également la possibilité de louer aussi des appartements.

L'ALPINA LOUNGE & BAR

Alpinastrasse 23
✆ +41 33 888 98 88
www.thealpinagstaad.ch
Saison hivernale du 10 décembre 2021 au 13 mars 2022 de 10h à 1h.

Au cœur de Gstaad, L'Alpina Lounge & Bar est un bar à cocktails sophistiqué et luxueux ouvert en continu. Ici, plongez dans un lieu à l'atmosphère cosy et lounge : on s'assoit sur de larges fauteuils en tissus brodés suisses, dans un décor en bois ancien. On se laisse charmer par la belle baie vitrée donnant sur la terrasse extérieure, par l'ambiance chaleureuse près de la cheminée et surtout par la carte des cocktails. Antipasti, plats de pâtes, burgers et fruits de mer sont également disponibles à la carte pour vos déjeuners ou dîners.

GSTEIG ★★

L'arrivée à Gsteig est l'occasion de découvrir une très jolie vallée. Gsteig est le village à l'altitude la plus élevée de la vallée de la Saane. Ce village de montagne proche de Gstaad se situe à la pointe ouest du canton de Berne, au pied du col du Pillon. Signe qui ne trompe pas, l'église et le centre du village sont classés. La première, de style gothique, possède une intéressante décoration intérieure avec sa chaire Renaissance, ses décors en marqueterie et ses peintures (versets en caractères gothiques). Le second s'enorgueillit à juste titre de plusieurs grosses maisons aux façades richement décorées (Bären, Alte Post).

SAANEN ★

Au cœur de l'Oberland bernois, situé juste en dessous de Gstaad, Saanen n'a pas la même notoriété, mais présente des similitudes avec son grand frère, comme son pittoresque ensemble à 1 000 m d'altitude (maisons en bois centenaires, fresques peintes de l'église Saint-Maurice), et a tout de même donné son nom au pays. Le village affiche la carte de l'authentique et nombreuses sont les boutiques d'artisanat. Pour rejoindre Saanen, vous pouvez prendre le train Montreux-Oberland bernois (MOB) depuis Montreux en direction de Château-d'Œx. Il existe un bus reliant les Diablerets à Gstaad *via* Gsteig. Depuis Gstaad, prendre le train MOB.

ÉGLISE SAINT-MAURICE

Édifice religieux. Entrée libre.

La première fois que l'église de Saanen est mentionnée date de 1228. Très belle et gardant tout son cachet, on remarque avant tout son clocher en forme de tour romane (style clocher bernois) datant de 1444. A l'intérieur, un ensemble de fresques du XVe siècle, peintures *al fresco*, retrace le martyre du saint qui lui donne son nom et du côté nord de la nef, le Jugement dernier. On peut admirer dans les balustrades, l'orgue du milieu du XVIIIe siècle au buffet imposant de style baroque avec de jolies peintures restées intactes malgré le temps.

© BRYTTA - ISTOCKPHOTO

Saanen et le village de Gstaad en fond.

MAISON TRACHSELHAUS

Édifice historique en bois.

La région de villégiature Gstaad-Saanenland est caractéristique par son architecture typique et le village de chalets de Saanen. En 1575, le village a été détruit presque en totalité par un incendie. Cependant, certaines maisons sont encore antérieures à cette reconstruction. La maison Trachselhaus est la plus fameuse des nombreuses maisons de bois du village, typiques de la région avec leurs formes carrées et leur large toiture qui fait auvent. Certaines datent du XVIe siècle. Il est possible de se munir d'un audioguide et de parcourir le village.

OFFICE DU TOURISME DE SAANEN

Au centre du village.
✆ +41 33 748 81 60
www.gstaad.ch
Ouverture selon saison. À vérifier sur le site Internet.

Le village de Saanen était jadis plus étendu que Gstaad. Saanen enchante par la beauté de son architecture et la nature à perte de vue. Au niveau patrimonial, jetez un œil sur la belle maison de style baroque construite en 1757 : la maison du Sel. Elle était vendue jusqu'à la fin des années 1950.Les plafonds ont été travaillés avec un rabot spécial permettant de réaliser les « griffes de chat » typiques. L'équipe de l'office de tourisme vous guidera lors de votre séjour.

HÔTEL ALPINE LODGE €€

Wysmülleriweg 10
✆ +41 33 74 84 151
www.alpinelodge.ch
Chambre double de 142 à 352 CHF selon chambre et saison. Petit déjeuner compris. Spa.

Un lodge sous le signe du cocooning contemporain. Beaucoup de charme pour cet établissement fort de 29 chambres à la décoration moderne et originale (skis anciens accrochés, roues de vélo au plafond, photos grand format aux murs…). Le restaurant sert une cuisine inventive suisse ou internationale. L'atout du lieu : un espace bien-être avec une piscine intérieure, et extérieure chauffée en hiver ! Le côté non conventionnel de l'hôtel vous charmera pour son côté « boutique hôtel ». Les chambres sont bien pensées et toutes différentes.

ZWEISIMMEN ★

Dans le canton de Berne, Zweisimmen, cet autre point d'accès, moins huppé que le domaine skiable de Gstaad, propose en été plus de 200 km de chemins de randonnées et dispose d'un centre de randonnées d'altitude, avec quatre chemins panoramiques qui enchanteront les amoureux de la montagne. Le paradis pour les marcheurs ! Ici, tous les sports d'aventure (mountain bike, rafting) ou presque sont également praticables. Un vrai spot avec la tranquillité en plus. Pour loger, optez pour un des chalets posés sur les rives du magnifique lac Forellensee : vous pourrez profiter du restaurant, faire de la pêche… En un mot, vous ressourcer !

SIMMENTAL - DIEMTIGTAL ★

La vallée du Simmental débute à l'ouest du lac de Thoune entre la pyramide du Niesen et le Stockhorn d'où la vue s'étend sur plus de deux cents sommets. Tout comme celle du Diemtigtal, elle est verdoyante et abrite des fermes richement décorées et surtout un réseau d'itinéraires pédestres et plusieurs domaines skiables. Les sentiers relient des lacs de montagne d'un bleu profond comme le Seebergsee, dans la réserve naturelle de Spillgerten, et l'Aegelsee avec la zone de haut marais protégée du Diemtigbergli. Quant au Wiriehorn, c'est l'eldorado des amateurs de descente en VTT (montée en télésiège). On peut aussi suivre un sentier au fond du Diemtigtal alliant jeux et découvertes où les enfants apprendront l'histoire passionnante de Grimmimutz et de la méchante sorcière Pfefferhexe.

Sports / Loisirs

- **Randonnée de Thoune à Gstaad** par le Simmental (1 heure en voiture, 12 heures à pied). On suit la rivière Simme et sa vallée, le Simmental. C'est en particulier à partir d'Erlenbach que la route s'élève entre les sapins, avec la haute montagne en perspective. On passe Därstetten où une pause, voire une nuitée peut être envisagée en joignant le pratique à l'agréable. On parvient enfin à Zweisimmen.
- **En hiver.** On vient surtout pour le ski de fond (plusieurs sentiers bien aménagés, 40 km de pistes en Diemtigtal, randonnées dans l'Arbenhorn et le Rauflihorn) et la luge (5 km de pistes à Wiriehorn). On y trouve plusieurs petits domaines skiables pour les débutants et familles (de 8 km de pistes à Rossberg à 15 km à Wiriehorn).

© NICOLAS MCCOMEER - ISTOCKPHOTO

Les vaches de Simmental.

CAMPING JAUNPASS €

Alfred et Monika Schafroth
✆ +41 33 7736953
www.campingjaunpass.ch
Ouvert toute l'année. Tarif adulte dans dortoir 16 CHF. Petit déjeuner 6,50 CHF.

Situé au sommet du col du Jaun, ce camping bénéficie d'une vue exceptionnelle sur les alentours. En été, point de départ de nombreuses excursions en montagne. Ce camping propose également des chambres dortoirs au confort simple mais très bien entretenues. Sur place, vous apprécierez les rencontres au petit bistro pour échanger sur les randonnées à expérimenter dans les environs ou encore les sites d'escalade. Un petit magasin d'alimentation vous permet de ne pas vous charger trop à l'avance et c'est aussi parfait pour le dépannage.

ADELBODEN - LENK ★

La vallée en terrasses autour d'Adelboden, dominée par le Wildstrubel et le Steghorn, offre des paysages magnifiques comme les sublimes chutes d'Engstligen. On comprend dès lors qu'elle utilise ses atouts. Adelboden est une destination de détente privilégiée. Implantée à 1 350 m d'altitude, la station se trouve à une hauteur idéale notamment sur le plan de la santé. Le climat y est doux et vivifiant, une grande fraîcheur émane des montagnes, l'eau de ses sources est pure et le mode de vie respecte la tradition. La Coupe du monde de ski FIS d'Adelboden fait partie des quatorze plus importantes manifestations sportives suisses de haut niveau.

OFFICE DU TOURISME DE LENK-SIMMENTAL

Rawilstrasse 3
✆ +41 33 7363535
lenk-simmental.ch
Horaires d'ouverture selon la saison, à vérifier sur le site Internet.

L'équipe de l'office vous accueille pleine de pep pour vous proposer de multiples activités à pratiquer dans le Simmental. La région est verte de pâturages et de paysages vallonnés. Les vaches sont les reines des prairies et leur viande est connue comme une des meilleures de Suisse. Les activités sportives sont très nombreuses et la région est bien connue pour l'escalade. Le *must*, c'est de profiter des fêtes alpestres et des déjeuners à la ferme.

CAMPING DE LENK-HASENWEIDE €

Hasenweide 1 ✆ +41 33 733 26 47
www.camping-hasenweide.ch
Ouvert toute l'année. En plus des emplacements de tentes, le camping possède quelques chambres : 25 CHF par personne.

En pleine nature, à proximité des chutes de la Simme, bordé par la forêt, ce camping est très soigné et possède des aménagements de qualité. C'est un petit camping avec des emplacements en pleine nature. Vous vous sentirez revivre car l'endroit est ressourçant. Sur place, de nombreuses balades balisées vous emmènent à la découverte de paysages grandioses comme les chutes de la Simme. Le camping ombragé est un lieu idéal pour partir au cœur de l'univers alpin et de sa culture.

HÔTEL BÄREN €€

Dorfstrasse 22
✆ +41 33 6732151
www.baeren-adelboden.ch
Chambre double dès 80 CHF. Hôtel fermé de la mi-novembre à la mi-décembre et de fin avril à début juin.

L'hôtel Bären est un magnifique établissement chalet, dans le meilleur de la tradition, avec des chambres entièrement boisées, pour offrir tout le confort attendu. C'est une excellente adresse pour ceux qui aiment l'accueil familial et maternant des gérants. L'équipe est très avenante pour vous faire passer un merveilleux séjour. Vous profiterez d'une décoration design aux couleurs pastel dans les chambres, sublimées par un balcon ouvrant sur les montagnes. Le restaurant sert une cuisine traditionnelle de qualité dans un cadre plutôt contemporain.

HÔTEL BEAU-SITE €€

Dorfstrasse 5
✆ +41 33 6732222
www.hotelbeausite.ch
Chambre simple 105 à 140 CHF, double 170 à 260 CHF, familiale 280 à 320 CHF, petit déjeuner compris.

Un boutique-chalet-hôtel de charme qui affiche 4 étoiles méritées et offre des prestations de standing (espaces bien être sauna, hammam et fitness). Le confort des chambres est irréprochable, elles sont cosy avec une belle décoration et des lambris. On apprécie la vue sur les montagnes et la proximité avec la vie de village. L'ambiance est sympathique, presque familiale. On se sent vite à l'aise dans cet environnement montagnard et chaleureux. Le restaurant est aussi un des meilleurs du village avec au menu des plats aux saveurs françaises et italiennes.

FRUTIGLAND - KANDERSTEG ★

Frutigland (ou en français Frutigen) et Kandersteg sont deux communes du canton de Berne situées dans l'arrondissement de Frutigen-Bas-Simmental. Cette sublime région est située au pied de plusieurs massifs : Blümlisalp, Oeschinenhorn, Fründenhorn et Doldenhorn. Un paysage de forêts, de montagnes, de lacs et de torrents s'offre à vous. À 10 minutes de Kandersteg se tient un des joyaux de la région, le lac d'Oeschinen, un sublime lac au bleu turquoise à 1 578 m d'altitude, si exceptionnel qu'il est classé au patrimoine mondiale de l'Unesco. Sur place, on ne saurait que trop vous recommander le sentier de randonnée panoramique et la balade sur le lac.

FUNICULAIRE DE NIESEN

Niesenbahn AG
✆ +41 33 676 77 11
www.niesen.ch
Aller trajet Mülenen–Niesen Kulm 37 CHF, A/R 57 CHF, aller trajet Mülenen–Schwandegg 23 CHF. Fermé de novembre à mars.

Le sésame pour un panorama à 2 336 m d'altitude, de la Forêt-Noire aux hautes Alpes bernoises. Le funiculaire qui y mène en 30 min vous épargne la montée des 11 674 marches de l'escalier voisin (record mondial !), réservé au personnel de service ou, une fois par an, aux concurrents de la course officielle de l'escalier de Niesen. On peut s'arrêter à différents paliers pour faire des randonnées ascendantes ou descendantes. Le funiculaire n'est pas ouvert toute l'année, privilégier donc la période estivale pour vivre l'expérience.

CHALET-HÔTEL ADLER €€

Äussere Dorfstrasse 19
✆ +41 33 675 80 10
www.chalethotel.ch
Chambre simple à partir de 94 CHF et chambre double à partir de 108 CHF. Petit déjeuner à 19 CHF.

Un vrai chalet du début du siècle dernier en bois et chaleureux ! L'ambiance montagnarde et rustique ne s'arrête pas au chalet : le décor des chambres et la vue la confortent. Sur demande, il est possible d'installer un bain bouillonnant sur le balcon. Notez aussi que vous pouvez vous offrir la « love room » : une nuitée romantique dans une chambre de satin rouge avec dîner en amoureux et sauna privé… Le Wellness, avec une piscine couverte spacieuse, un sauna, un bain de vapeur et un solarium, est à la disposition exclusive des clients de l'hôtel.

THUN ★★★

Située à l'extrême ouest du lac éponyme, Thun (en français Thoune), la ville des ducs de Zähringen (XIIe siècle), compte aujourd'hui 43 800 habitants. Son château de style roman surplombe la vieille ville datant du Moyen Âge tardif : un joyau architectural. L'une des caractéristiques surprenantes de la ville, ce sont les hauts trottoirs de la rue principale où magasins et restaurants se répartissent sur deux niveaux. Parmi les célébrités qui ont séjourné à Thoune, citons Joséphine de Beauharnais, Felix Mendelssohn, Napoléon III… Ne manquez pas de traverser le pont couvert et les écluses du moulin et de Scherzlig d'où l'on peut voir les surfeurs.
La ville s'est organisée et développée autour de la rivière Aar, dont les berges ont été soigneusement préservées et aménagées pour la plus grande joie des habitants et des touristes. Les quais de l'Aar sont en effet la principale attraction du lieu et la promenade y est très plaisante, en particulier l'été lorsque toutes les terrasses fleuries s'animent et font palpiter le cœur de la ville, mélange de moderne et d'ancien. On parcourt particulièrement l'île centrale (Belitz) où sont concentrés commerces, bars et petits restaurants, avec en point de mire la glorieuse citadelle qui veille sur la ville depuis des siècles. La première partie de l'île est accessible aux automobiles, la seconde entièrement piétonne.
Au bout de l'île, on passe Kuhbrücke, le pont aux Vaches, et on reprend les quais de l'autre côté. Le quai le plus branché, c'est Rathausquai (rive droite), entre l'hôtel de ville et la rivière. On en profite pour passer sur Rathausplatz, vaste espace piéton. À cette hauteur, sur les quais, ont été aménagés des bancs et un espace pour discuter, rêver ou même piqueniquer. On rejoint le centre-ville par Aarequai. Sur la rive gauche, la grande rue commerçante est Obere Hauptgasse. Détente au casino, culture au musée d'Art. Depuis Sinnebrücke, vous apercevez sur la gauche un petit pont en bois adorable, avec des panneaux mobiles pour réguler le cours de la rivière. Sur la droite, jolie vue également, rivière, terrasse de l'hôtel Freienhof d'où l'on nourrit cygnes et canards. Mühleplatz est très aérée et agréable, avec sa sculpture moderne vert pâle et sa vue sur les saules pleureurs et la rivière ; on regrettera peut-être seulement le manque d'unité des maisons environnantes. Terrasse très agréable du café du même nom ; à l'intérieur, grand tabouret de bar en bois, ambiance décontractée. Après Mühlebrücke, vue agréable sur la place, et en hauteur sur l'église, vue sur la citadelle à gauche carrée avec deux tours rondes et une belle toiture en vieilles tuiles. Enfin, ne manquez pas d'aller vous détendre au Schadaupark, un grand parc au bord du lac avec vue sur le trio Eiger, Mönch et Jungfrau.

Balade

Entre Interlaken et Berne, le lac de Thoune n'a pas le charme coquet de ses voisins plus montagneux et plus sauvages. Il est, en effet, bordé par un axe fréquenté, et l'architecture développée sur ses berges est contemporaine. Pourtant, les épaules rocheuses et les sommets enneigés sont au rendez-vous. Tout concourt à offrir au visiteur la sensation de nature. On l'appréciera mieux encore en suivant le lac par sa face nord, à partir d'Interlaken, au pied du Niederhorn pour passer à Merligen, Gunten et Oberhofen. Dans cette région de sentiers de randonnée, le lac offre de nombreuses activités (bateau, pêche, baignade, voile, ski nautique, plongée et canotage). L'école de voile est la doyenne suisse.

© SÉVERINE VULLIEZ

Ville de Thun.

CHÂTEAU D'OBERHOFEN ★★

Schloss 4
✆ +41 33 243 12 35
www.schlossoberhofen.ch
Ouvert de mi-mai à mi-octobre, du mardi au dimanche de 11h à 17h. Entrée 10 CHF, enfants 2 CHF.

Entre lacs et montagnes, le château d'Oberhofen s'intègre à merveille au panorama et la vue de l'ensemble est saisissante, surtout la nuit quand le château est illuminé. Dans le détail, les plus exercés distingueront les reconstructions opérées, du XVIIe au XIXe siècle, autour de la tour d'habitation originelle du XIIe siècle. L'intérieur abrite une annexe du musée d'Histoire de Berne, avec une belle sélection de mobilier et des collections régionales sur l'Oberland bernois. On conclura la visite par une balade dans le parc du château, au bord de l'eau.

Château d'Oberhofen.

CHÂTEAU DE THOUNE [SCHLOSS THUN] ★

Schlossberg 1
✆ +41 33 223 20 01
www.schlossthun.ch

Ouvert tous les jours. Entrée adulte 10 CHF, tarif réduit 8 CHF, enfant 3 CHF.

Ce château a été construit pour sa première partie entre 1180 et 1190 par les ducs de Zähringen puis, à partir de 1218, par la famille de Kybourg. C'est de la première période que date le donjon et de la seconde la coiffe et les quatre tourelles d'angle. Le château passera de main en main jusqu'en 2006, année de rachat par la ville qui y installera jusqu'en 2009 le tribunal régional. Il abrite aujourd'hui le musée historique. La vue à partir de ses tours est très belle.

MUSÉE DES BEAUX-ARTS [KUNSTMUSEUM THUN] ★

Hofstettenstrasse 14 ✆ +41 33 2258420
www.kunstmuseum-thun.ch

Ouvert du mardi au dimanche de 10h à 17h, jusqu'à 19h le mercredi. Tarif adulte 10 CHF et tarif réduit 8 CHF.

Logé dans un ancien hôtel, ce musée présente une collection permanente intéressante composée d'œuvres d'artistes suisses de pop art, paysages et d'art contemporain. On peut citer les maîtres suisses Lory, Aberli, Lafond or Wocher et des artistes du XIXe et XXe siècle comme Ferdinand Hodler, Cuno Amiet, René Auberjonois, Paul Klee. On peut coupler le billet avec le Thun Panorama qui abrite des panoramas peints par un peintre du XIXe siècle à 360°, le Bâlois Marquard Wocher.

PARC FUNLAND

Tempelstrasse 18
✆ +41 33 336 12 00
www.funland.ch

Ouvert lundi et mardi de 13h30 à 18h, mercredi à dimanche de 10h à 18h.

Parc pour le plaisir de tous les enfants jusqu'à 10 ans situé à l'intérieur. Les petits peuvent passer de bons moments à se défouler avec la multitude de jeux gonflables. De grands toboggans, des constructions en mousse, des jeux de réflexions comme Puissance quatre distrairont les enfants en manque d'activités. Funland est un endroit rêvé pour fêter son anniversaire ou venir s'amuser en partageant une collation au bistrot sur place. Il dispose d'un libre-service de plats chauds, de glaces et de boissons. Les enfants raffolent de ce lieu.

EMMENTAL €€

Bernstrasse 2
✆ +41 33 2220120
www.hotelemmental.ch

Chambre simple à partir de 80 CHF, double à partir de 120 CHF selon les saisons. Petit déjeuner compris.

Situé dans la vieille ville, cet établissement, créé en 1898, propose des chambres modernes et confortables, récemment rénovées, sous de hauts plafonds, dans un édifice historique à l'architecture noble et pittoresque, à la façade travaillée en bois sculptés. Jolie terrasse avec vue sur le château et les montagnes. Plancher ancien et meubles d'époque. L'Emmental possède aussi un resto-bar apprécié pour ses concerts gratuits dont le menu change chaque semaine selon l'humeur du chef et les ingrédients de saison. Un bel endroit.

HÔTEL KRONE €€€

Obere Hauptgasse 2
+41 33 2278888
www.krone-thun.ch

Chambre simple à partir de 135 CHF, double à partir de 207 CHF. Petit déjeuner compris.

Magnifique hôtel particulier classé datant du XVe siècle, situé sur une vieille place splendide, dont la tour surmontée d'un clocher pointu à encorbellement est remarquable. L'intérieur est design et épuré, remarquablement luxueux, des chambres aux deux restaurants de l'hôtel, un grill et une table gastronomique de spécialités fusion chinoises. Cet hôtel de charme au cœur de la ville historique est situé directement sur la Rathausplatz. Sur place, le plus ancien restaurant de la ville vous garantit une évasion gustative et qualitative.

RAMA THAI €

24 Untere Hauptgasse
+41 33 223 64 64
www.ramathai.ch

Fermé le mardi, ouvert le reste de la semaine de 11h30 à 13h30 et de 18h à 22h, week-end le soir. Dès 15 CHF le plat.

Ce restaurant thaïlandais est une bonne alternative aux tables régionales de Thun, car ici vous mangez léger, sain et rapide. Plats exotiques aux saveurs exquises et épicées, les traditions culinaires de la Thaïlande sont ici fidèlement reproduites. Les soupes tom yam, le canard et les plats aux crevettes sont des mets délicieux aux saveurs délicates. Pour ne rien gâcher, les prix sont abordables et vous pouvez commander à emporter pour manger au bord de la rivière. Un tout petit cocon connu des locaux où il est plus prudent de réserver.

RISTORANTE PIZZERIA RIALTO €

Freienhofgasse 13
+41 33 221 71 51
www.sottoriva.ch

Ouvert tous les jours de 11h à 23h. Environ 20 CHF la grande pizza, compte à partir de 30 CHF les plats de viande.

Ce restaurant italien n'est probablement pas le moins onéreux de la ville mais son emplacement, sur l'îlot historique avec sa terrasse sur les bords de l'Aar, explique tout à fait les tarifs pratiqués. Les pizzas cuites au feu de bois devraient sans problème remporter l'unanimité. Quand aux autres plats de spécialités tels que les pâtes, viandes et poissons, ils sont vraiment délicieux. Nous vous conseillons de réserver pour être placé sur les rives de la rivière.

RISTORANTE BEAU RIVAGE DA DOMENICO €€

6 Hofstettenstrasse
+41 33 221 41 10
www.beau-rivage-thun.ch

Ouvert tous les jours de 9h à minuit 30. Entrée autour de 25 CHF, plat de pâte 25 CHF, poisson et viande à 40 CHF.

Restaurant italien de haute volée réputée comme la meilleure table de la ville. Les prix sont salés mais les plats parfaitement assaisonnés, inventés avec des ingrédients nobles et ultra frais. Mention spéciale pour les pâtes fraîches et le carré d'agneau à l'ail et romarin. Terrasse extérieure très agréable et salle intérieure chic avec nappes blanches. La carte des vins italiens est à la hauteur des plats servis. L'ambiance amicale vous charmera.

MANI'S COFFEE & BAGELS

Panoramastrasse 1A
+41 33 221 60 65
www.manis.ch

Ouvert du lundi au vendredi de 7h à 22h le week-end de 9h à 18h. Bagels entre 8,5 et 10,5 CHF, smoothies à 6 CHF.

Cette adresse en face de la gare, sans prétention, ravira ceux qui veulent prendre un café en fin d'après-midi ou manger sur le pouce. On sert ici des smoothies, du thé et café à toute heure, de délicieux bagels, sandwichs et le soir d'excellents vins locaux et italiens. Le pain tiède reste bien croustillant à l'extérieur et moelleux à l'intérieur. Ici les bagels ont des noms de villes, comme les délicieux New York et Pittsburgh. L'endroit est très fréquenté par les locaux. Terrasse extérieure des plus agréable, très arborée et calme.

RATSSTÜBLI BAR

Rathausplatz 6
+ 41 33 222 41 40
www.ratsstuebli.ch

Ouvert du dimanche au jeudi de 10h à 23h, le vendredi jusqu'à 2h et le samedi de 9h à 2h.

Au cœur de la vieille ville de Thoune, sur la place de l'Hôtel de Ville, se tient ce bel établissement logé sous une arcade : le Ratsstübli. Dans ce bar-bistro, vous trouverez une belle carte de boissons : bières locales, verres de vin, ainsi qu'une grande sélection de whiskies et de cocktails, sans oublier quelques snacks gourmands (pizzas, tartes flambées, sandwichs...). Ici, l'animation est toujours au rendez-vous avec des concerts et des soirées DJ organisés chaque mois. Un endroit très appréciable avec un service agréable et une ambiance chaleureuse.

EIGER - MONCH - JUNGFRAU ★★★★

Ce trio majestueux fait déplacer le monde entier ! Voici l'une des régions les plus spectaculaires du pays et elle attire chaque année des dizaines de milliers de touristes désireux de profiter des richesses de ce site classé au patrimoine mondial de l'Unesco. Cet Oberland, « pays d'en haut », est dominé par trois sommets : la Jungfrau, l'Eiger (dont la célèbre face nord constitue l'une des ascensions les plus difficiles d'Europe) et le Mönch. Avec ses lacs et ses montagnes, c'est la destination touristique la plus prisée de l'Oberland bernois, tant des skieurs en hiver que des randonneurs en été. Interlaken est un camp de départ idéal.

Sports / Loisirs

Au pied de l'Eiger, du Mönch et de la Jungfrau, les domaines de ski de Grindelwald, Wengen, Mürren, Lauterbrunnen et Interlaken offrent 200 km de pistes. Au-dessus de Grindelwald, des pentes douces (First Region) font le bonheur des débutants, l'ensoleillement celui de tous les skieurs. Le domaine de Männlichen s'étend de Grindelwald à Lauterbrunnen et Wengen. Il se présente comme un vaste cercle autour de l'arrêt du train sur la Kleine Scheidegg. À vous de choisir l'objectif de votre descente. Ce domaine skiable est, pour les connaisseurs, l'un des plus variés de Suisse. La plus longue descente de Coupe du monde (environ 2 minutes 30) se trouve justement à Wengen, incontournable classique du Cirque blanc.

Tourisme

On doit le développement du tourisme et de l'hôtellerie aux pionniers Peter Ober et Eduard Ruchti. Dès 1834, Interlaken offrait déjà onze pensions et auberges. La première ligne du chemin de fer de la Jungfrau, reliant Interlaken à la Jungfraujoch, a été ouverte en 1912, ce qui a donné une précieuse avance à la région. C'est Adolf Guyer-Zeller qui développa le ferroviaire. Pour avoir un aperçu du domaine de Mürren-Schilthorn et de son « tracé de l'enfer », visionnez *Au service de Sa Majesté* : c'est au sommet du domaine que trône le Pitz Gloria où le restaurant panoramique à 360 degrés servit de cadre au tournage. Si vous vous en sentez le courage, après avoir revu la fameuse scène de poursuite, vous pourrez participer à l'Inferno, la plus grande course amateur du monde.

GRINDELWALD ★★★

Grindelwald est un village des Alpes bernoises situé à 1 034 m d'altitude, qui combine les charmes de la haute montagne toute proche et d'une vallée verte et boisée. Les imposants sommets autour, tels l'Eiger et le Wetterhorn, font du village le point de départ de randonnées dans la région et l'endroit idéal pour les sports d'hiver. La fréquentation est d'ailleurs à la hauteur de cette réputation. Parmi les activités incontournables du lieu, impossible de ne pas citer les impressionnantes gorges du glacier du Grindelwald, une véritable beauté de la nature, ou encore le petit, mais non moins magnifique lac de Bachalp, situé à plus de 2 000 m d'altitude.

Randonnée dans les environs de Grindelwald.

SUISSE ALÉMANIQUE

GORGES DU GLACIER DE GRINDELWALD ★★

✆ +41 33 854 12 80

www.grindelwaldsports.ch

Ouvert tous les jours de mai à mi-novembre de 9h30 à 18h. Ouvert le vendredi jusqu'à 22h. Entrée adulte 19 CHF.

Autrefois recouvertes par le glacier, les gorges sont aujourd'hui accessibles par des galeries et des tunnels creusés dans le rocher. À la fin du Moyen Âge, ce glacier descendait jusqu'à Grindelwald. En 1864, il avait tellement reculé qu'on y exploitait le marbre rose. À la sortie des gorges, un musée des Cristaux expose les minéraux de la région. La visite des gorges, avec leurs marmites glaciaires, leurs pierres polies et leurs blocs de marbre roses et verts, est toujours féerique.

GRINDELWALD-FIRST ★

Depuis la gare de la vallée au nord du centre du village, trois sections jusqu'à Grindelwald-First.
✆ +41 33 828 72 33
Télécabine à partir de 32 CHF du 18 décembre au 27 mars et du 14 mai au 23 octobre. Offre aventure à partir de 50 CHF.

Envie de sensation fortes ? Découvrez quatre activités proposées dans le Grindelwald. Du côté des tyroliennes, le First Glider propulse ses quatre passagers à 72 km/h au-dessus des montagnes tandis que le First Flyer offre des sensations inoubliables le temps d'une traversée de 800 m entre le First et Schreckfeld à une vitesse maximale de 84 km/h. D'autres activités sont possibles sur place comme le mountain cart, croisement entre le kart et la luge qui permet dévaler la route non goudronnée reliant Schreckfeld à Bort sur 3 km. À tester en famille !

ALPENBLICK €

Obere Gletscherstrasse 16
✆ +41 33 853 11 05
www.alpenblick.info
Chambre double à partir de 92 CHF, dortoir à partir de 31 CHF. Petit déjeuner compris. Menu du jour à 15 CHF.

L'hôtel Alpenblick est niché dans la vallée de Grindelwald, à 10 minutes de marche du centre du village. Parfaitement situé près des pistes et des sentiers, l'établissement propose des dortoirs à lits superposés, ainsi que des chambres lumineuses et confortables avec un beau panorama sur les paysages alpins. Au rez-de-chaussée, le bar ne désemplit pas lors de la saison de ski et propose un « beer and burger » à petit prix. À la carte du restaurant, vous trouverez également des plats traditionnels suisses. Idéal pour les petits budgets.

CAMPING EIGERNORDWAND €

Bodenstrasse 4 ✆ +41 33 853 12 42
www.eigernordwand.ch
Ouvert du 21 mai au 10 octobre et du 17 décembre au 24 avril. Adulte 9 CHF la nuit, enfant 6 CHF, emplacement 16 CHF.

Situé dans le petit village de Grindelwald, le camping Eigernordwand séduit par sa localisation, au pied de la montagne Eiger et à seulement 5 minutes à pied du centre du village. Depuis le camping, vous pourrez explorer les environs, été comme hiver. La télécabine tricâble Eigerexpress vous emmène de votre logement jusqu'à la station du glacier de l'Eiger en un quart d'heure. Un accès privilégié à la montagne ! Sur place, chalets, cabines de douche, salons télé, barbecue et aires de jeux pour les enfants vous offrent tout le confort pour des vacances réussies.

INTERLAKEN ★★★★

Qui rêve d'altitude, de neiges éternelles, de miroirs naturels, de chalets en bois et de verts pâturages sera comblé par la région d'Interlaken. Entre les lacs de Thoune et de Brienz et au pied de la triade composée de l'Eiger, du Mönch et de la Jungfrau, Interlaken jouit d'une situation exceptionnelle et de paysages magnifiques, surtout si l'on prend de la hauteur en marchant ou en empruntant le train à crémaillère. Les parapentes font le show chaque jour en se posant au cœur de la ville, sur une grande étendue d'herbe. Été comme hiver, les touristes se pressent pour venir découvrir Interlaken et adorent déambuler dans la ville à bord des calèches.

Balade

Itinéraires de visite jusqu'au Jungfraujoch – Top of Europe

- **Itinéraire 1** : demi-journée conseillée : depuis la gare d'Interlaken, aller-retour. Le plus spectaculaire. Si vous optez pour cette option, nous vous recommandons fortement de faire une boucle en train pour voir des paysages différents à l'aller et au retour suivant cet itinéraire : Interlaken > Lauterbrunnen > Kleine Scheidegg > Jungfraujoch > Kleine Scheidegg > Grindelwald > Interlaken. Il faudra prendre un des trois trains à l'aller comme au retour.
- **Itinéraire 2** : journée conseillée. Si vous voulez terminer par une belle balade, vous pouvez prolonger la visite avec une vue fantastique sur les trois géants Eiger, Monch et Jungfrau, et vous dégourdir les jambes après tant de train par une balade très agréable et facile, carrossable avec des poussettes. Une fois à Lauterbrunnen, prenez un petit funiculaire jusqu'à Grütschalp. Le chemin balisé qui mène à Murren compte à mi-parcours une terrasse, celle du restaurant Winteregg, pour se reposer. Une fois à Mürren, n'avez plus qu'à prendre un petit train à crémaillère de 4 km qui vous ramènera à Grütschalp, puis le funiculaire à Lauterbrunnen.
- **Itinéraire 3** : pour les pressés. Vous pouvez aussi décider de vous garer directement à Lauterbrunnen, car c'est à partir de ce village alpin que les sensations fortes commencent ! Le second train reliant Lauterbrunnen à Grindelwald est le plus long train à crémaillère d'Europe. Vous passez par des pâturages, des cols, admirez les sommets de l'Eiger, du Monch et de la Jungfrau, les parois imposantes du Lauterhorn et du Mannlichen, des vallées vertes parsemées de chalets de montagne. Il passe par la station de ski Wengen, qui n'a aucune route carrossable. L'hiver, le train sert de remonte-pente aux skieurs entre Wengen et Wengernalp, le haut de station. D'ici on peut

aussi descendre en luge en hiver. Il faudra vous arrêter à Kleine Scheidegg pour prendre le dernier train de Jungfraujosch.

Se loger

Cette ville touristique a le bon goût de proposer des hôtels de charme à l'ancienne avec de grandes chambres à prix abordable, mais aussi aux deux bouts de la chaîne des palaces et des auberges de jeunesse (huit en tout) ou des campings. Il faut préciser que la région d'Interlaken a très vite su bénéficier du tourisme et s'est développée autour de son accroissement. Vous croiserez donc dans les rues des touristes de luxe qui s'adonnent au shopping et des randonneurs qui partent à l'assaut des cimes. La particularité d'Interlaken, c'est de ne pas avoir de saisons mortes comme de nombreuses autres destinations très touristiques qui s'éteignent entre l'hiver et l'été. Tout est donc ouvert, les hébergements comme les restaurants, et bien entendu les boutiques, tout au long de l'année.

Sports / Loisirs

Les touristes suisses, allemands et français constituent une partie importante de la clientèle. La plupart sont des sportifs et de vrais amoureux de la montagne qui viennent pour l'alpinisme et bien sûr pour les sensations fortes. Interlaken est réputé pour ses pistes de ski et ses activités à fortes sensations, été comme hiver. Rafting, escalade, saut en élastique depuis un téléphérique au-dessus du lac, parapente... la liste des activités est longue. Vous n'êtes pas ici dans une station de ski, mais dans une petite ville de 15 000 habitants (en incluant les communes mitoyennes de Matten et Unterseen) au pied des pistes que vous pouvez rejoindre gratuitement en bus ou en train.

Tourisme

Avec 5 000 lits touristiques, la vocation de la station est affichée. Les boutiques de souvenirs et de montres de luxe attirent une clientèle en quête d'air pur et de sommets. Le prestigieux hôtel Victoria Jungfrau, les plaques commémorant le passage de Lord Byron et le début du tourisme à Interlaken, le casino et quelques hôtels de charme et beaux chalets façon Belle Époque donnent un charme particulier à cette station de villégiature. Festival western, rencontres culturelles, marathon, festivités autour du fromage, arts de la rue : il se passe toujours quelque chose à Interlaken. L'hiver, l'immense patinoire ludique au centre-ville et son marché de Noël ont quelque chose de magique.

Transports

Vous pouvez arriver facilement à Interlaken en train (45 minutes depuis Berne, 1h45 depuis Zurich). Ensuite nul besoin de voiture pour vous déplacer. Vous profitez d'un réseau des bus de la ville gratuitement si vous résidez à l'hôtel, dans une auberge de jeunesse ou dans un camping, et même d'un accès gratuit au pied des pistes en bus si vous avez un forfait de ski. Les villes et villages des bords des deux lacs sont également accessibles en bus ou en train et ceci avec de nombreuses liaisons quotidiennes.

JARDIN JAPONAIS - JAPANISCHER GARTEN INTERLAKEN ★

Schlossstrasse 1
✆ +41 79 888 88 88
Gratuit.
Au cœur de la ville d'Interlaken se tient ce petit parc apaisant et inattendu : un jardin japonais. Créé en 1995 par un architecte paysagiste d'Otsu, ville japonaise jumelée, ce *Japanischer Garten* est le premier de Suisse. Dans ce petit espace, une belle harmonie se dégage entre les minéraux et les végétaux. Une jolie balade dans un lieu tout en douceur, qui symbolise l'amitié entre les deux villes, Interlaken et Otsu. À visiter au printemps pour profiter des couleurs de la saison.

SUISSE ALÉMANIQUE

© MICHAELUTECH

Le train de Jungfrau.

LE JUNGFRAUJOCH

Imaginez arriver jusqu'à la gare la plus haute d'Europe qui culmine à 3 545 m. La vue au sommet est à couper le souffle ! Une excursion immanquable vous attend. Prévoyez de vivre intensément votre expérience en utilisant le téléphérique Eiger Express, ou d'opter pour le chemin traditionnel par train. Classé au patrimoine mondial alpin de l'Unesco, le Jungfraujoch – Top of Europe fait la fierté de la région. Voilà plus de cent ans que ce train réalise la prouesse de relier les villes en plaine à cette terrasse d'observation qui trône véritablement au cœur des Alpes suisses. Là-haut, c'est un autre monde, celui des neiges éternelles, des froids perpétuels (prenez des vêtements chauds !) et d'un soleil quasi constant. Il est difficile de réaliser combien les travaux titanesques ont été nécessaires pour permettre cette ligne creusée dans la montagne.

- Le site de Jungfraujoch abrite un laboratoire de recherche en géologie, en climatologie, en physique, en météorologie et en astronomie. Sur place, vous pourrez déguster du chocolat ou encore vous essayer au snowtubing en dévalant sur un pneu la piste Snow Fun Park (mai à octobre).
- L'observatoire du Jungfraujoch. Une fois arrivé au sommet à 3 454 m tout de même, l'observatoire une véritable attraction ! Au-delà de la vue sur toute la chaîne alpine environnante, le parcours circulaire compte une galerie des glaces avec des animaux sculptés, un écran panoramique à 360 degrés répliquant la vue depuis le sommet, une collection de miniatures, des restaurants et différentes terrasses d'observation, dont le plateau glacier – lieu idéal pour prendre des photos avec le drapeau suisse et le glacier le plus long des Alpes : celui de l'Aletsch.
- Le palais de Glace qui tapisse les anciennes galeries creusées par les guides de montagne vous entraîne dans la découverte d'œuvres éphémères comme un aigle, un pingouin...
- Le chemin pédestre à la cabane de Mönchsjoch. C'est justement celui qu'il faut absolument emprunter muni de bonnes chaussures de randonnée pour sortir de la foule bruyante qui se presse pour faire des selfies au sommet. Même en été, le parcours est enneigé, mais il est balisé et tassé par le gardien de la cabane, l'ultime but de cette randonnée de 45 minutes aller, autant au retour. Attention, la randonnée à cette altitude demande beaucoup d'énergie !

MUSÉE DU TOURISME DE JUNGFRAU ★

Obere Gasse 26
✆ +41 33 826 64 94

Ouvert du mercredi au dimanche 14h à 17h. Tarif adulte 8 CHF, enfant 4 CHF.

Voici un musée pour toute la famille ! Dans ce lieu ludique, vous pourrez suivre sur trois étages, le développement du tourisme dans la région au cours des 200 dernières années. La présentation est faite sur un mode humoristique. Vous y découvrirez la coutume du Kiltgang, ou visite nocturne des jeunes garçons chez les jeunes filles, avec passage par la fenêtre obligatoire. Typique, paraît-il, du canton de Berne, la coutume semble avoir été exportée largement !

SCHYNIGE PLATTE

Hauptstrasse
✆ 41 33 828 73 51
jungfrau.ch/schynigeplatte

Billets Schynige Platte Bahn à partir de 32 CHF. Randonnée Breitlauenen-Schynige Platte à partir de 27,50 CHF.

Si vous partiez en immersion au pays des edelweiss après une petite grimpée en train depuis Wilderswil pour retrouver toutes les traditions suisses ? Une fois arrivé sur la Schynige Platte, promenez-vous dans le jardin alpin afin d'admirer les richesses de la flore alpine comme les azalées et la gentiane à feuilles étroites, ou profitez d'une randonnée sur les crêtes pour admirer les sommets environnants. Les sentiers offrent des panoramas à couper le souffle ! Un lieu de prédilection où la nature nous transperce par sa beauté.

OFFICE DU TOURISME D'INTERLAKEN

Postfach 1
✆ +41 33 8265300
www.interlaken.ch

Ouvert du lundi au vendredi de 8h à 12h et de 13h30 à 18h, le samedi de 10h à 14h.

Installé au cœur de la ville d'Interlaken, à deux pas de la gare routière, cet office du tourisme vous apporte toute l'aide nécessaire à l'élaboration de votre séjour. Ici, l'accueil est excellent et vous serez conseillé avec soin : choix des excursions, visites à ne pas manquer sur place et dans la région, programme des festivités, petits restaurants à découvrir, horaires de trains touristiques... Les nombreuses brochures seront très utiles pour votre périple.

JUNGFRAUJOCH ★★★★

Höheweg 37
✆ +41 33 828 72 33
www.jungfrau.ch

Depuis les gares d'Interlaken Ost jusqu'au sommet et retour : à partir de 184,80 CHF et 2h aller.

En train jusqu'au sommet de l'Europe ! C'est la promesse tenue par le Jungfraujoch – Top of Europe qui vous dépose à 3 545 m dans la plus haute gare du continent et sa terrasse d'observation. Classé par l'Unesco, voilà plus de cent ans que le mythique train fait la fierté des Alpes suisses. Le panorama depuis la terrasse d'observation restera gravé à jamais dans votre mémoire. Depuis décembre 2020, relevez votre expérience en y accédant par le téléphérique Eiger Express. Snowtubing, chemin pédestre, observatoire ou chocolat chaud compléteront l'expérience.

SCHILTHORN - PIZ GLORIA

Station Schilthornbahn
✆ +41 33 826 00 07 - www.schilthorn.ch
Téléphérique de Stechelberg toutes les 30 min de 7h55 à 15h25. Funiculaire Allmendhubel 9h à 17h toutes les 15 minutes.

Depuis les années 1960, le sommet du Schilthorn est accessible en téléphérique. C'est ici que fut construit le premier restaurant tournant du monde, placé au milieu de sommets de 3 000 et 4 000 m. Célèbre grâce au film *Au service secret de Sa Majesté*, il est devenu un véritable lieu de pèlerinage et d'expériences telles que la visite du Bond World. Vous pourrez vous immerger dans le fameux tournage, vous attabler au restaurant 360° et contempler quelque deux cents sommets le temps d'une rotation de 45 minutes et profiter du panorama inoubliable.

HARDER FUNICULAIRE

✆ +41 33 828 72 33
www.jungfrau.ch/fr-ch
Toutes les 30 minutes d'avril à fin novembre. Vérifier les horaires. Tarif aller-retour 30 CHF.

On retient son souffle et on ne regarde pas la falaise que le funiculaire va gravir ! Votre appréhension sera vite récompensée par l'attrait du paysage. La montée est rapide, 10 minutes environ, avec une inclinaison de 64 % qui vous emmène tout droit au sommet de l'Harder Kulm, à 1 322 m d'altitude. Amoureux des beaux spectacles alpins, vous serez ravis de marcher sur la plateforme située dans le vide. Au-dessus des lacs et sur la montagne, votre regard sera captivé par la beauté du paysages. Un restaurant vous accueille pour déguster des fondues, même en été.

TRAIN BÖDELI - BÖDELIBAHN CITYTOUR

Kanalpromenade 1
✆ +41 79 764 62 60
boedelibahn.business.site
Plusieurs départs tous les jours de mi-avril à mi-octobre.

Et si vous faisiez une visite de la ville en petit train ? Montez à bord et laissez-vous guider par un chauffeur très agréable et passionné. Voici une attraction qui plaira à toute la famille : amusant pour les enfants et reposant pour les parents ! À travers un parcours de 30 ou 60 minutes avec explications, découvrez les différents villages de Matten, Unterseen et Interlaken. Les visites sont disponibles en allemand, anglais, en français, en italien et en espagnol.

BACKPACKERS VILLA SONNENHOF €

Alpenstrasse 16
✆ +41 33 826 71 71
www.villa.ch
Chambre familiale à partir de 99 CHF. À partir de 40 CHF en dortoir. Petit déjeuner compris. Parking, piscine, minigolf.

Chez Villa Sonnenhof, vous êtes logé dans un ancien chalet confortable du centre-ville, et bénéficiez d'une ambiance cosmopolite et chaleureuse. Ici, tout le confort est mis à votre disposition : petit déjeuner buffet compris dans le tarif des chambres, possibilité d'utiliser les cuisines 24h/24, Wifi haut débit, entrée gratuite dans les piscines (intérieure et extérieure), au minigolf et sur le court de tennis… Le meilleur rapport qualité-prix de la ville.

BALMERS HOSTEL €

Hauptstrasse 23-33
✆ +41 33 822 19 61
www.balmers.com
Chambre double à partir de 44 CHF, dortoir à partir de 34 CHF. Petit déjeuner 10 CHF.

Balmers Hostel est une institution et une légende pour les voyageurs en sac à dos ! Depuis plus de 50 ans, cet établissement anime Interlaken et ses alentours en faisant bénéficier aux jeunes et aux moins jeunes voyageurs, surtout américains, des merveilles de la région à travers l'organisation de multiples activités sportives. Une ambiance formidable, festive et tout en simplicité combiné à des prix très attractifs. Canyoning, parapente, rafting, parachutisme, randonnées, snowboard, luge de nuit, raquette… L'équipe de Balmers n'est jamais à court d'idées !

CAMPING MANOR FARM 1 €

Seestrasse 201
✆ +41 33 8222264
www.manorfarm.ch
12 CHF la nuit par adulte, 6 CHF par enfant (6/15 ans). Parcelle de terrain : 12,50 CHF la nuit.

Idéalement situé sur les berges du lac de Thoune, au coeur de l'Oberland bernois, ce camping au bord de l'eau propose à ses hôtes un vaste programme d'animations et de très bons équipements. Au programme : ski nautique, excursions en bateau, location de vélos et de bateaux, tennis, pêche, baignade… Du côté des logements, ce camping dispose de nombreuses parcelles pour tentes, camping-cars et caravanes, ainsi que la location de mobil-homes, de tentes et d'appartements au bord du lac. Un restaurant de cuisine italienne est également à disposition.

ZOOM

SUR LES TRACES DE JAMES BOND

FRISSONS GARANTIS AU DOMAINE DE SCHILTHORN

Le plus haut domaine de l'Oberland bernois, Mürren-Schilthorn, est un paradis pour ceux qui aiment skier en hiver et parcourir des sentiers de haute montagne à pied ou en VTT en été au cœur de paysages à couper le souffle. L'expédition commence en téléphérique depuis Stechelberg. Une fois atteint le sommet du Schilthorn, la vue circulaire offerte sur les hauts sommets alpins et le patrimoine mondial de l'Unesco avec Eiger, Mönch et Jungfrau a de quoi laisser d'impérissables souvenirs en tête.

Mais c'est aussi une tout autre aventure qui attend les visiteurs sur place : celle d'une immersion dans l'univers de James Bond. C'est en effet sur le domaine de Schilthorn qu'a eu lieu le tournage du film *Au service secret de Sa Majesté*, sixième opus de la série. L'aventure commence par un repas au Piz Gloria, restaurant tournant qui a gardé le nom reçu dans le film. La décoration et les plats proposés rappellent à chaque instant l'univers de James Bond.

Au premier étage, une exposition interactive, « Bond World », évoque sept scènes clés du film. On y découvre des informations générales sur tous les sites liés à Bond et on se met dans la peau de l'agent secret en testant notamment le simulateur d'hélicoptère dans la carcasse de l'Alouette III d'Air Glaciers.

Pour les montées d'adrénaline, la station intermédiaire de Birg est le lieu parfait. On passe d'abord par la plateforme d'observation Skyline Walk pour surplomber les nuages, le gouffre au-dessous et bénéficier d'un sublime panorama sur les sommets. La construction s'intègre harmonieusement au paysage rocheux.

Arrive ensuite le Thrill Walk, construction de 200 m accrochée à la roche. La passerelle part de la terrasse de Birg, puis descend le long des falaises du massif rocheux. On trouve alors différents tronçons : une passerelle standard, un pont de verre, une section grillagée à traverser en rampant.

TÉLÉPHÉRIQUE SCHILTHORN SA

Lengwald 301 - CH-3824 Stechelberg
✆ +41 33 856 21 50
E-mail : info@schilthorn.ch
www.schilthorn.ch

SCHILTHORN - PIZ GLORIA

Station Schilthornbahn
✆ +41 33 826 00 07 - www.schilthorn.ch

© SCHILTHORNBAHN AG

© SCHILTHORNBAHN AG

© SCHILTHORNBAHN AG

HAPPY INN LODGE €

Rosenstrasse 17 ✆ +41 33 822 32 25
www.happyinn.com

Chambre simple à partir de 31 CHF. Chambre double à partir de 44 CHF. Dortoir à partir de 21 CHF.

Située à seulement 5 min à pied de la gare Interlaken Ouest, cette auberge de jeunesse tenue par des Hollandais a une très bonne réputation. Le bar-restaurant du rez-de-chaussée attire aussi bien les touristes que les habitants d'Interlaken. En dortoir, en lit simple ou double, chacune des chambre dispose de lavabos et de casiers de rangement. Les douches et les toilettes sont disposées à chaque étage ou dans les chambres, selon les cas. La cuisine est accessible avec micro-ondes, bouilloire, *rice-cooker* et grille-pain. Idéal pour des vacances entre amis.

HOTEL CENTRAL CONTINENTAL €€

Bahnhofstrasse 43
✆ +41 33 823 10 33

À partir de 135-170 CHF la chambre double. Petit déjeuner compris.

L'Hotel Central Continental est installé dans un élégant bâtiment historique. Dans ce bel hôtel du début du siècle dernier avec beaucoup de charme et de cachet, les chambres lumineuses disposent de tout le confort et certaines jouissent même d'un balcon avec une vue sur la montagne. Vous pourrez contempler le massif de la Jungfrau depuis votre chambre. Au rez-de-chaussée, un restaurant. Au sous-sol, un night-club. Devant l'hôtel coule l'Aar qui relie les deux lacs d'Interlaken...

HÔTEL DERBY €€

Jungfraustrasse 70
✆ +41 33 822 19 41
www.derby-interlaken.ch

Chambre double à partir de 145 CHF hors saison, 180 CHF haute saison. Chambre familiale à partir de 195 CHF.

Le Derby est un petit hôtel familial à 5 min à pied du centre-ville qui vous réjouira par son accueil très chaleureux. Un salon TV, un jardin fleuri, une salle à manger conviviale, un accès aux piscines intérieures et extérieures, sans oublier des chambres agréables dont les « chambres d'amour »... Cet hôtel est un bon point de départ pour visiter la région, d'autant que ses propriétaires mettent tout en œuvre pour vous proposer des tarifs packagés intéressants. Bon à savoir : l'hôtel met à disposition un véhicule moyennant un supplément à la demande.

HÔTEL DU LAC €€

Höheweg 225
✆ +41 33 822 29 22
www.dulac-interlaken.ch

Chambre double à partir de 160 CHF, chambre douche côté rivière à partir de 220 CHF. Petit déjeuner et parking compris.

L'hôtel du Lac se trouve au bord de la rivière Aar, à 100 m de la gare Interlaken-Ost et à côté de l'embarcadère pour les bateaux du lac de Brienz. Hôtel familial et traditionnel, il possède une quarantaine de chambres, dont quelques-unes communicantes pour les familles. Les chambres sont confortables, bien équipées et ont gardé le cachet de l'ancien. Cet hôtel accueille des habitués depuis plusieurs dizaines d'années. C'est tout vous dire ! A noter que le restaurant attenant, La Rivière, propose une cuisine française et internationale.

HOTEL INTERLAKEN €€

Höheweg 74
✆ +41 33 826 68 68
www.hotelinterlaken.ch

A partir de 116 CHF et 180 CHF la double petit déjeuner inclus.

C'est le plus vieil hôtel de la région. Son origine remonte au temps du monastère à l'origine d'Interlaken en 1421. C'était, à l'époque des moines, une maison d'hôtes pour les visiteurs prestigieux. Cet établissement a bénéficié d'une rénovation complète et luxueuse, entre 1980 et 1985. C'est aujourd'hui un hôtel de luxe et de charme aux chambres spacieuses et décorées dans le style chalet suisse, avec des photos anciennes de la ville en format poster. Lord Byron et Felix Mendelssohn furent au nombre des hôtes célèbres de cette maison mythique.

HOTEL RÖSSLI €€

Hauptstrasse 10
✆ +41 33 822 78 16
www.roessli-interlaken.ch

Chambres et appartement. Petit déjeuner 15 CHF. Parking 5 CHF par jour.

Christopher et son épouse Nadine perpétuent avec passion la tradition hôtelière familiale. Les parents de CHRistopher ont créer un cocon où il fait bon vivre. Depuis l'hôtel a su évoluer pour répondre aux besoins de la clientèle cosmopolite. Tout a été réfléchi pour le bien-être des clients : une salle de détente, une cuisine à disposition en self-service, un espace jeux pour les enfants... Les chambres confortables mêlent modernité et décoration boisée propre au style alpin d'Interlaken et certaines sont gratifiées d'un balcon avec vue sur les sommets.

HOTEL METROPOLE AG €€€

Höheweg 37
✆ +41 33 8286666
96 chambres. À partir de 94 CHF une chambre single standard en basse saison.

Au milieu des montagnes suisses, cet hôtel se distingue par son architecture contemporaine. Confort et charme sont au rendez-vous dans cet établissement 4 étoiles. Si la décoration de la réception a conservé un esprit années 1980, les chambres ont été rénovées de manière simple et agréable. Montez au dernier étage : la vue sur les montagnes est à couper le souffle ! L'accès à la piscine et au sauna est inclus dans le tarif des chambres, le buffet du petit déjeuner est excellent et le restaurant possède une vue panoramique. Sans faute !

HÔTEL ROYAL SAINT-GEORGES €€€

Höheweg 139
✆ +41 33 822 75 75
De 180 à 500 CHF la double avec petit déjeuner. Spa.

Cet hôtel de la collection MGallery est l'un des fleurons de l'hôtellerie de luxe et de charme d'Interlaken. Le bâtiment Belle Epoque dont la façade date de 1908, sur la rue principale est d'une élégance remarquable et donne un cachet tout particulier au centre-ville. Confort et service impeccables comme on est en droit de les attendre dans un établissement de cette catégorie. Le bâtiment abrite plusieurs restaurants et, bien entendu, des boutiques de luxe.

BRASSERIE 17 €

Rosenstrasse 17 ✆ +41 33 8223225
www.brasserie17.ch
Ouvert tous les jours de 8h30 à minuit 30, le dimanche à partir de 16h30. Menu du jour à 15,50 CHF.

Si vous êtes à la recherche d'un endroit animé et convivial, courez vite dans cet établissement au cœur d'Interlaken. Tenu par un Hollandais, il appartient à l'auberge de jeunesse Happy Inn Lodge, mais n'accueille pas que des backpackers ! Les locaux aiment aussi venir ici, notamment pour la restauration d'un rapport qualité/prix imbattable, les concerts de musique, les écrans sur lesquels sont projetés les grands matchs et qui attirent du monde jusque sur la terrasse… Sans oublier les fameuses moules fraîches de Hollande servies tout le mois de novembre.

LE CAFÉ DE PARIS €

Am Marktplatz Marktgasse 14
✆ +41 33 821 69 10
www.cafe-de-paris-interlaken.ch
Ouvert tous les jours de 8h30 à 23h. Carte de rösti à partir de 23 CHF. Plats et sandwichs.

Dans une magnifique maison-chalet à la façade ornée de fresques, ce restaurant-bar façon brasserie parisienne branchée anime la place du marché. Ici, le service est très amical et la décoration extrêmement soignée. Les jours de beau temps, il est très agréable de se poser en terrasse pour siroter un verre ou déjeuner au soleil. À la carte, vous trouverez une sélection de sandwichs baguette pour manger sur le pouce, mais également une jolie proposition de plats, parmi lesquelles des recettes de rösti, ces fameuses galettes de pomme de terre typiques.

LATERNE €

Obere Bönigstrasse, 18
✆ +41 33 822 11 41
www.restaurant-laterne.ch
Ouvert du lundi au samedi de 7h30 à 23h et le dimanche de 9h à 23h. Menu du jour à 15 CHF.

À 10 minutes à pied du centre-ville se tient cette excellente adresse traditionnelle. Boiseries, poutres, mobilier montagnard authentique, cloches, feu de cheminée et nappes vichy… le décor est planté ! C'est dans cet espace typique et chaleureux que l'on vient déguster de bons plats en famille ou entre amis. À la carte, des recettes de saison gourmandes : chevreuil avec choux de Bruxelles, châtaignes et spätzli maison, foie de veau sauce madère servi avec des Berner Röstis (au lard et au fromage)… Des plats végétariens sont également proposés.

OUTDOOR - INTERLAKEN BASE

Hauptstrasse 15
✆ +41 33 224 07 07
www.outdoor-interlaken.ch
Ouvert du lundi au dimanche de 8h à 18h. Canyoning à partir de 152 CHF.

Interlaken est réputée pour être une ville de sports d'aventure, et Outdoor vous en propose la plupart. Au programme : rafting, canyoning, kayak, escalade, parachutisme et, en association avec le Paragliding, parapente et deltaplane. Vous avez également la possibilité de prendre des cours de kayak et d'escalade. Les réservations peuvent se faire à l'office du tourisme, ainsi que dans les deux gares d'Interlaken. À tester entre amis ou en famille.

LAUTERBRUNNEN ★

Lauterbrunnen se niche dans l'une des plus impressionnantes vallées alpines, flanquée de gigantesques parois rocheuses et de hauts sommets. Alpages fleuris et hôtels de montagne isolés font tout le charme estival de cette vallée qui abrite l'une des plus importantes réserves naturelles de Suisse. On rejoint la station de Lauterbrunnen depuis Interlaken par le train (parcours spectaculaire). À l'arrivée, on ne peut être qu'impressionné par la cascade géante flanquée du drapeau suisse planté dans la roche et qui vous souhaite la bienvenue. Ici touristes en chaussures de ville et alpinistes se croisent dans une atmosphère bon enfant. La haute montagne en arrière-plan (sauf brouillard). En hiver, on n'a pas trop le temps de s'attarder, la foule vous aspire et vous emmène presque illico vers le funiculaire qui monte à Wengen.

Tourisme

La plus haute cascade de Suisse est située dans la vallée de Lauterbrunnen. C'est celle de Mürrenbach, avec ses 750 m. Elle dévale cinq paliers de falaise et apparaît particulièrement impressionnante à la fonte des neiges, au printemps, ou après un violent orage estival. Vous pouvez voir de nombreuses autres cascades dans cette vallée dite des soixante-douze cascades, dont la cascade du Staubbach qui inspira et inspire toujours les artistes, et les cascades du Trümmelbach.

Mannlichen, montagnes de Lauterbrunnen.

CHUTES DU TRÜMMELBACH ★

Trümmelbach Fälle
✆ +41 33 855 32 32
www.truemmelbachfaelle.ch

Ouvert tous les jours de 9h à 17h de début avril à début novembre, et de 8h30 à 18h en juillet et août.

Les chutes de Trümmelbach sont un ensemble de dix cascades de glacier à l'intérieur de la montagne, aménagé avec un ascenseur tunnel et de l'éclairage. Ce sont les seules chutes issues des parois glaciaires des trois montagnes de l'Eiger, du Mönch et de la Jungfrau. Le résultat est un spectacle unique en Europe ! Ces immenses chutes sont absolument impressionnantes, avec un débit pouvant atteindre 20 000 litres par seconde au printemps. En effet, c'est lors de la période de fonte des glaciers que le tableau est le plus extraordinaire.

SCHÜTZENBACH BACKPACKERS & CAMPING €

Beim
✆ +41 33 855 12 68
www.schutzenbach.ch

Chambre double à partir de 69 CHF. Dortoir à partir de 29 CHF. Chalet pour 6 à 185 CHF.

Face à la cascade, au pied des massifs d'Eiger, de Mönch et Jungfrau, ce camping, qui possède aussi un chalet, plusieurs dortoirs et des chambres double, bénéficie d'équipements confortables et d'une vue splendide. Le camping dispose également d'une petite boutique à la réception (pour tous les produits de première nécessité) et se situe tout près d'un domaine skiable. Idéal ! En prime, vous bénéficierez d'un accueil très chaleureux et anglophone.

HÔTEL SILBERHORN €€

Bir, Zuben 465
✆ +41 33 856 22 10
www.silberhorn.com

Chambre simple à partir de 109 CHF, chambre double à partir de 179 CHF. Petit déjeuner compris.

Silberhorn est un hôtel de charme très bien placé pour ceux qui arrivent en train. Situé dans la vallée aux 72 chutes d'eau, aux pieds des Alpes, cet établissement est au calme et offre une belle vue sur les montagne depuis les balcons des chambres. L'hôtel possède un jardin d'hiver très agréable et plusieurs parties entièrement neuves dont des chambres rénovées que nous vous conseillons. À 150 m, vous trouverez la gare qui vous permettra de vous rendre dans les stations de ski et d'accéder aux sentiers de randonnées. Une belle halte à découvrir en Suisse.

MÜRREN ★

Pour atteindre ce village, il faut réaliser une ascension spectaculaire en funiculaire. Située sur une terrasse à 1 650 m d'altitude et faisant face (en la dominant légèrement) à Wengen, Mürren est une charmante station sans voiture jouissant d'un panorama sur l'Eiger, le Mönch et la Jungfrau… le rêve. Plus petite et rustique que Wengen, moins ensoleillée aussi, un soupçon moins snob mais tout aussi envoûtante. Le domaine skiable est le plus élevé de l'Obernois et le restaurant tournant à 360 °, le Piz Gloria, qui coiffe le Schilhorn, est un des grands lieux où a été tourné *Au service secret de Sa Majesté*, avec le seul interprète de James Bond de nationalité australienne…

Transports

Mürren est village de montagne sans voiture. il faut donc monter en téléphérique, soit depuis Lauterbrunnen (à la gare, pratique si vous arrivez d'Interlaken), soit depuis Stechelberg.

▸ **Depuis Stechelber.** Trajet Stechelberg – Gimmelwald – Mürren – Birg – Schilthorn, téléphérique toutes les 30 minutes, de 7h55 à 15h5. Dernière descente 16h55.

▸ **Pour faire un tour complet** Lauterbrunnen – Grütschalp – Mürren – Schilthorn – Stechelberg – Lauterbrunnen : tour depuis Interlaken – Lauterbrunnen – Grütschalp – Mürren – Schilthorn – Stechelberg – Lauterbrunnen – Interlaken.

CASCADE DU MÜRRENBACH ★

Bahnhofplatz,

Située dans la vallée de Lauterbrunnen, la cascade du Mürrenbach est la plus haute cascade de Suisse. À 750 m d'altitude, elle dévale cinq paliers de falaise. Des énormes masses d'eau dévalent la rivière Mürrenfluh sur ces cinq paliers sur une hauteur de 417 mètres. Elle est encore plus impressionnante à la fonte des neiges ou après un orage d'été. Elle est néanmoins moins spectaculaire que sa voisine la cascade de Staubbach car elle est cachée dans les rochers quand sa voisine tombe à pic. Un sublime endroit à découvrir pendant votre séjour !

BRIENZ ★★

La région du lac de Brienz est l'une des merveilles que la Suisse propose aux amateurs de la nature. Le lac, au cœur des forêts et des montagnes, séduit d'abord par ses couleurs, tout en nuances de gris, vert et bleu. Les rives, très abruptes et montagneuses au nord, faites de collines et de champs au sud, offrent une grande variété. On peut en jouir au cours d'une excursion en bateau. Dans un replat au bord du lac, Brienz est une agréable petite ville où alternent les chalets récents (construction moderne au rez-de-chaussée, abritant un magasin, et construction de type chalet au-dessus) et d'autres anciens dans le style montagnard suisse. Toutes les maisons d'habitation sont des chalets en bois sombre. Excepté l'hôtel Adler de la gare, les offres d'hébergement sont sur les hauteurs. Belles promenades, donc, le long de ses rives, avec vue sur les montagnes les pieds dans l'eau. Camp de base également pour partir en randonnée dans l'Oberland. Le plus : il est possible de suivre des stages de sculpture sur bois, la spécialité de la ville.

▸ **Biosphère d'Entlebuch.** À quelques kilomètres de Brienz, attendez-vous à découvrir une aire très marécageuse classée réserve de biosphère par l'Unesco pour cette particularité de karstiques préalpins à découvrir en randonnée. C'est ici que se trouvent les marais les plus vastes et les plus nombreux du pays, ainsi qu'une flore et une faune particulières.

Sports / Loisirs

Le travail du bois est une activité traditionnelle de la région, que maintiennent vivace les écoles cantonales de sculpteurs sur bois et de luthiers de Brienz. Cette école est la seule de Suisse. Des manifestations relatives à cette activité sont organisées, comme la remise du Maillet d'or et la sculpture en direct sur les quais (début août). Les sculptures sont donc omniprésentes dans la décoration. On peut visiter des ateliers, pour le plaisir des yeux ou pour rapporter un souvenir.

▸ **Sports d'hiver.** La principale station de la région de Brienz est celle de l'Axalp, qui s'étend de 1 540 à 2 000 m d'altitude. De dimension modeste, elle permet néanmoins le ski alpin, le ski de fond ou le snowboard, sur un domaine relativement varié et en général bien enneigé.

▸ **Sports nautiques.** Le lac se prête évidemment à de nombreuses activités nautiques, au premier rang desquelles les excursions en bateau et la pêche (sans permis sur les rives du lac).

MUSÉE SUISSE EN PLEIN AIR BALLENBERG ★★

Museumsstrasse 100 ✆ +41 33 9521030
www.ballenberg.ch
Ouvert tous les jours de 10h à 17h, de mi-avril à fin octobre. Adultes : 28 CHF. Enfants (6-16 ans) : 12 CHF.

La fondation existe depuis cinquante ans et perpétue les traditions et le savoir-faire local. En grandeur nature, vous êtes plongé dans l'architecture suisse avec plus de 80 maisons et fermes traditionnelles suisses, dans leur état d'origine, avec leurs champs, leurs potagers et leurs animaux. Vous découvrirez le jardin des plantes médicinales et de nombreux métiers artisanaux, du boulanger au forgeron, en passant par la dentellière et les tisserands (démonstrations quotidiennes).

LE ROTHORN ★★

Brienzer Rothornbahn (BRB)
✆ +41 33 9511232
www.brienz-rothorn-bahn.ch
Trajet Brienz > Rothorn aller simple 47 CHF, aller-retour 94 CHF.

Le Rothorn est une attraction historique ! Cette petite locomotive rouge emmène les touristes jusqu'au sommet du Rothorn depuis 1892. À bord du train à vapeur, découvrez la région, du lac de Brienz jusqu'au sommet, à plus de 2 300 m d'altitude. D'en haut, le panorama est exceptionnel. Accessible de juin à octobre en train, ce site panoramique est un incontournable. Les jours de grande clarté on peut distinguer plus de 100 sommets du Rothorn. Bon à savoir : le trajet est gratuit à bord du train à vapeur le jour de votre anniversaire.

CAMPING AAREGG €

Seestrasse 22
✆ +41 33 951 18 43
www.aaregg.ch
Ouvert du 1er avril au 31 octobre 2022. Tarif adulte 11 à 13 CHF ; parcelle tente et voiture de 20 à 25 CHF.

Idéalement situé sur les rives du lac de Brienz, le camping Aaregg dispose de plus de 200 emplacements touristiques et saisonniers. Certains donnent directement sur le lac pour une vue imprenable. L'établissement dispose de tout le confort (électricité, raccordements à l'eau et aux égouts...) et de nombreux services : espace aménagé pour aller nager, activités nautiques, emplacements ombragés, snack-bar et wifi. Le camping possède également un restaurant, l'Aareggstube, qui propose de nombreux plats typiques : rösti, grillades et schnitzel.

FREE SPIRIT LODGE €

Hinter-Schöniseistrasse 6
✆ +31 41 488 03 33
www.free-spirit.ch
Chambre double à partir de 100 CHF, chambre familiale à partir de 150 CHF, petit déjeuner inclus.

Imaginez ce beau chalet proche de la réserve de biosphère d'Entlebuch reconnue par l'Unesco depuis 2001, doté d'un domaine forestier privé de 36 000 m^2 ! Situé à côté du village à pied, il est en pleine nature et propose quatre chambres dont certaines à petit prix pour les familles, toutes avec salle de bain privative, cheminée et kitchenette équipée. Dans le jardin, un petit sauna pour 2 à 3 personnes, une maison à fondue et un barbecue ! De plus les remontées mécaniques sont à portée et René propose des sorties en raquettes et du matériel de ski de location.

HOTEL STEINBOCK €€

Hauptstrasse 123
✆ +41 33 951 40 55
www.steinbock-brienz.ch
Chambre simple à partir de 110 CHF, chambre double à partir de 160 CHF. Petit déjeuner compris.

C'est au cœur de la cette région alpine qu'est niché cet hôtel de seulement neuf chambres. Situé à 10 minutes à pied de la plage du lac et à côté du centre du village, l'hôtel Steinbock jouit d'un superbe emplacement. Mira et Mato Kovacevic et leur fille Diana vous accueillent dans ce charmant chalet en bois, labellisé Minergie dans l'économie d'énergie. Dans ce cadre d'exception sont proposées des chambres assez sobres mais très douillettes avec TV satellite et salle de bain privative. La vue sur les montagnes depuis la terrasse est fantastique.

GRANDHÔTEL GIESSBACH €€€

Giessbach ✆ +41 33 952 25 25
www.giessbach.ch
Chambre à partir de 195 CHF. Petit déjeuner compris.

Construit en 1873, ce palace Belle Epoque offre un véritable voyage dans le temps, avec des chambres et des suites spacieuses meublées de pièces d'époque. Un vrai charme romantique pour une escapade en couple ! Fermé de longues années et menacé de démolition, il a finalement été sauvé par une association fondée par l'écologiste Franz Weber et est aujourd'hui classé monument historique. L'hôtel se tient fièrement dans ce lieu d'exception. Le Grandhôtel Giessbach abrite également deux excellents restaurants : les Cascades et le Tapis Rouge.

MEIRINGEN ★★

Situé dans le canton de Berne et dans l'arrondissement d'Interlaken-Oberhasli, le charmant village de Meiringen vaut surtout comme point de départ pour les multiples sites naturels des environs. Les chutes du Reichenbach sont une visite incontournable à proximité. Au cœur de la ville de Meiringen, certains monuments valent le détour : notamment l'église, plus pour les traces laissées par les précédents édifices (crypte du XIe siècle, fresques et clocher romans) que pour son aspect actuel, ainsi que le fameux musée Sherlock Holmes, personnage incontournable de la région. Pour venir, comptez 15 minutes en voiture ou en train depuis Brienz.

CHUTES DE REICHENBACH ★

Hausenstrasse 34
✆ +41 33 982 26 26
www.reichenbachfall.ch
Ouvert de mai à début octobre, de 9h à 17h30. Aller-retour adulte : 12 CHF, enfant 6 ou 8 CHF selon l'âge.

© WATCHARAKUL RONGKAVILIT - SHUTTERSTOCK.COM

Les chutes de Reichenbach se visitent de début mai à début octobre. Elles doivent une partie de leur renommée à l'écrivain Sir Arthur Conan Doyle et à son mythique personnage Sherlock Holmes. C'est en effet ici que le célèbre détective a mis en scène sa propre mort en sautant de cette cascade haute de 120 m. Pour y monter, un train historique s'élève dans les hauteurs et mène à une plateforme. Depuis cette station supérieure, également accessible à pied, vous aurez une vue spectaculaire sur la chute d'eau et sur la vallée du Hasli.

GORGES DE L'AAR ★

Depuis Meiringen, traverser l'Aar, puis suivre les indications à gauche.
✆ +41 33 971 10 48
www.aareschlucht.ch
Ouvert d'avril à octobre. Entrée adulte 10 CHF, enfant 6 CHF.

Sur près de 1 400 m de sentiers, vous pourrez admirer ces gorges formées par le glacier de l'Aar dans un sol fragilisé à l'époque glaciaire. Une merveille de la nature ! Les parois très abruptes plongent parfois sur 200 m de profondeur et ne sont, par endroits, distantes que d'un mètre. Le sentier qui court le long de ces parois rocheuses réserve des moments impressionnants. Ces gorges somptueuses sont l'occasion de partir à l'aventure et à la découverte de la géologie, un spectacle naturel à ne manquer sous aucun prétexte.

GORGES DU GLACIER DE ROSENLAUI ★

Gletscherschlucht Rosenlaui
✆ +41 33 971 24 88
www.rosenlauischlucht.ch
Ouvert tous les jours de fin mai à fin octobre de 9h à 18h (mai et octobre de 10h à 17h). Adulte 10 CHF, enfant 5 CHF.

Les eaux du glacier issues du massif du Wetterhorn ont creusé avec ces gorges un paysage particulièrement sauvage. L'aventure est inoubliable entre les cascades, les grottes, les rochers et l'énergie indomptable de l'eau. Les gorges du glacier de Rosenlaui ne se visitent qu'en montée (jusqu'à 115 m) pour une durée d'environ 45 minutes. La descente se fait ensuite à travers la forêt. À votre arrivée, prenez une petite collation au Café Schluchthüttli.

MUSÉE SHERLOCK HOLMES ★★

Bahnhofstrasse 26 ✆ +41 33 972 60 08
www.sherlockholmes.ch
Ouvert tous les jours du 1er mai au 31 octobre de 13h30 à 18h. Entrée adulte 5 CHF, enfant 3 CHF.

C'est en le précipitant dans les chutes de Reichenbach que Conan Doyle décide de faire mourir son célèbre héros en 1891, après un duel avec le professeur Moriarty (*The Final Problem*). Comme on ne se débarrasse pas si facilement du plus célèbre détective du monde, sir Arthur sera contraint de le ressusciter pour d'autres aventures, mais cet épisode valait bien un musée. Bâti sur le site d'une ancienne église anglaise, il abrite, dans une reconstitution du fameux salon du 221b Baker Street, plusieurs centaines de pièces authentiques qui feront le bonheur des fans.

SUISSE ALÉMANIQUE

HASLIBERG

La partie est de l'Oberland bernois n'est pas en reste pour la beauté de ses paysages et ses richesses naturelles. Pour les découvrir, la région offre un réseau de 300 km de sentiers de randonnée et 250 km d'itinéraires de VTT. De quoi faire le bonheur des sportifs, n'est-ce pas ? Les amateurs d'alpinisme apprécieront particulièrement la région du Haslital. Lieu de mystère – pourquoi diable Sherlock Holmes est-il tombé ici ? –, c'est aussi là que vivent les nains Hasli, de petites créatures fabuleuses dont il est possible de retracer la vie sur le sentier pédestre nommé « Muggestutz ».

EMMENTAL ★

Vallée de la rivière Emme, l'Emmental est situé à l'est de Berne. Le nom ne trompe pas : ici, on est évidemment au pays du fromage ! On ne s'étonnera donc pas d'y trouver en abondance des fermes, des troupeaux de vaches et bien sûr des fromageries. La vallée Emmental, aux coutumes encore bien vivaces, se déploie dans un paysage apaisant de collines verdoyantes. Pendant votre visite, goûtez ainsi au vrai emmental, fabriqué à partir de lait de vache de la région et visitez la fromagerie de démonstration, l'Emmentaler Schaukäserei. Côté activité, le programme sera également chargé entre randonnées, ski de fond, marche nordique, VTT, équitation, poterie…

BIENNE (BIEL) ★★

À l'ouest, Bienne/Biel avec ses 56 000 habitants est la ville bilingue suisse par excellence. Son atout numéro un est bien sûr son lac et ses activités nautiques, mais la ville elle-même et les villages environnants ne manquent pas d'attraits. C'est la première région suisse pour la production de fruits et de légumes. Ici, on découvre sur le lac l'île Saint-Pierre, où habita quelque temps Rousseau. L'essentiel de la vieille ville se concentre autour du Ring, qui n'est pas, comme à Vienne, un grand boulevard mais une jolie place et le cœur historique de la ville. Pour y accéder, il faudra d'abord marcher dix bonnes minutes depuis la gare.

Balade

En se promenant à Bienne, on appréciera les belles maisons anciennes, notamment dans Obergasse, où se répondent maisons bernoises typiques et d'autres qui évoquent la Bourgogne, ainsi que de jolies brocantes et boutiques de créateurs. De nombreuses fontaines ornent la ville, comme celles de Berne. Elles datent essentiellement du XVIe siècle. Dès que l'on redescend vers le lac, par la rue Faubourg-du-Lac, on retrouve la ville moderne, agréable, surtout sur les bords du lac. L'occasion, au hasard des enseignes ou des noms de rue, de mesurer l'impact réel du bilinguisme officiel : Bienne marque la frontière entre les langues française et allemande, mais cette dernière prédomine nettement.

FROMAGERIE D'EMMENTALER - EMMENTALER SCHAUKÄSEREI

Schaukäsereistrasse 6
✆ +41 34 435 16 11
www.emmentaler-schaukaeserei.ch
Ouvert tous les jours de 9h à 17h.

Avis aux amateurs de fromage et aux fins gourmets, voici une attraction qui va vous plaire : la visite de la fromagerie d'Emmental. Chaque année, plus de 300 000 visiteurs viennent découvrir les secrets de la fabrication du fromage. Sur place, un restaurant avec toutes les spécialités au fromage, fondues en vedette ! Avant de partir, n'oubliez pas de passer par la boutique : la vitrine regorge de fromages. Vous trouverez le plus grand choix d'emmental AOP et de nombreuses spécialités.

CENTRE D'ART PASQUART ★★

Faubourg du Lac 71-73
✆ +41 32 322 55 86
www.pasquart.ch
Ouvert du mercredi au vendredi 12h à 18h et le week-end de 11h à 18h. Entrée adulte 11 CHF.

Créé en 1990 dans l'ancien hôpital de la ville de Bienne, le Centre d'art Pasquart programme des expositions temporaires innovantes d'art contemporain et des projections de films autour de ce thème. Le musée est riche d'une collection de plus 1 800 œuvres de 130 artistes, parmi lesquels Clare Goodwin, Rachel Lumsden ou encore Susan Morris. Jusqu'en février 2022, vous pourrez découvrir le projet de Haus am Gern dans le jardin du centre : un projet ambitieux et conceptuel. Des visites guidées sont régulièrement organisées en français.

NOUVEAU MUSÉE BIENNE - HISTOIRE ART ARCHÉOLOGIE ★★

Faubourg du Lac 52
✆ +41 32 328 70 30
www.nmbienne.ch
Ouvert du mardi au dimanche de 11h à 17h. Entrée 11 CHF.

En 2012, ce nouveau musée est né de la fusion des musées Schwab et Neuhaus d'histoire, d'art et d'archéologie. L'exposition permanente d'archéologie du musée Schwab a été transférée à Neuhaus tandis que les expositions temporaires se trouvent désormais dans le premier édifice. Les expositions permanentes se consacrent notamment au passé horloger de la ville, aux frères Karl et Robert Walser, peintre et écrivain, et à la vie bourgeoise au XIXe siècle.

PRESQU'ILE SAINT-PIERRE ★★

À pied (comptez 1 heure), en vélo ou en bateau depuis Erlach.
Accessible à pied, en bateau ou à vélo.

À l'ouest du lac de Bienne, la presqu'île Saint-Pierre est un coin de paradis recouvert de vignes et de châtaigniers et parcourue de larges sentiers. Elle abrite une auberge (un ancien cloître clunisien érigé en 1127) dans laquelle Jean-Jacques Rousseau a séjourné deux mois, en 1765. Goethe, l'impératrice Joséphine Bonaparte, les rois de Prusse, de Suède et de Bavière ont également visité ces lieux. Le restaurant de l'auberge offre un décor authentique et une merveilleuse terrasse sur laquelle on déguste des spécialités de poisson.

BURGDORF ★

Burgdorf, appelé Berthoud en français, est une petite commune de 16 000 habitants, nichée dans l'arrondissement d'Emmental. Ce petit bourg très agréable possède de nombreux lieux à visiter. Votre première halte sera au château de Berthoud, château fort construit au XIIe siècle et reconnaissable à son donjon carré. C'est l'une des plus anciennes forteresses de Suisse. Pendant votre visite, vous pourrez également vous rendre dans les musées Franz Gertschet et Schloss Burgdorf. Les marcheurs apprécieront quant à eux la randonnée Flüeweg Burgdorf, passant par la vieille ville et par la Gysnauflüe, surplombant la ville et offrant une vue sublime.

CHÂTEAU DE BERTHOUD - SCHLOSS BERTHOUD

✆ +41 34 4230214
www.swisscastles.ch/Bern/burgdorf.html
Ouvert tous les jours de 10h à 18h d'avril à octobre. Fermeture les lundi et mardi de novembre à mars. Entrée 14 CHF.

Sur les hauteurs de Burgdorf, le château de Berthoud a été construit au XIIe siècle par les Zähringen. Il est une des plus anciennes forteresses de Suisse, extrêmement bien conservé. Plusieurs fois restaurée, cette imposante bâtisse abrite aujourd'hui un musée avec plusieurs collections en rapport avec l'art et l'histoire de la région, ainsi qu'une auberge de jeunesse, un restaurant et accueille des événements privés. Vous pourrez donc passer la nuit ici et vivre la vie de château !

SAINT-IMIER

Découvrez la passionnante histoire de Saint-Imier, petite ville horlogère, grâce au parcours Energies horlogères, qui vous emmène de la gare au funiculaire, et admirez les bâtiments qui rappellent l'essor industriel et horloger de la région. Haute précision et créativité sont devenues une seconde nature dans le vallon de Saint-Imier. Les promeneurs apprécieront le sentier découverte, sur les hauteurs de Saint-Imier, qui relie la centrale solaire de Mont-Soleil (1 180 m) à la centrale éolienne de Mont-Crosin (1 178 m). Ce parcours se pratique toute l'année à pied, à vélo, en trottinette, à cheval, à ski de fond ou encore à raquette.

PARC RÉGIONAL CHASSERAL

Place de la Gare 2
✆ +41 32 942 39 49
www.parcchasseral.ch

Situé à moins de 20 minutes des communes de Bienne, La Chaux-de-Fonds, Neuchâtel et à côté de la vallée de Tavannes ou des Franches-Montagnes, le parc régional Chasseral est un magnifique endroit entre montagnes et vallées, plaines et lacs. Ici, le massif du Chasseral voit converger plusieurs cultures en son sommet : francophone et alémanique, artisanale et industrielle, rurale et urbaine, terrienne et lacustre... Créé en 2001, le parc régional Chasseral a pour objectif d'améliorer l'accueil du public et de maintenir et valoriser le patrimoine naturel de la région.

SOLEURE ★★

Soleure, 16 600 habitants, située au pied méridional du Jura sur la berge de l'Aar à une trentaine de kilomètres de Bienne, est connue comme la plus belle ville baroque de Suisse. Du XVIe au XVIIIe siècle, cette ville catholique fut la résidence des plénipotentiaires des rois de France. Véritable joyau de la ville, la cathédrale Saint-Urs, dont la façade fut financée par Louis XIV, est incontournable. L'intérieur est agrémenté d'un stucage baroque très raffiné. Soleure est également connue pour harmoniser en un même lieu la grandeur italienne, le charme français et la bonhomie suisse alémanique.

Balade

Rejoignez Marktplatz, où vous profiterez de son animation, mais aussi de sa jolie fontaine peinte du XVe siècle et de la Zeitglockenturm (tour de l'Horloge) qui se dresse au-dessus de la ville pour en marquer le destin : trois personnages symboliques vous font signe à chaque heure, le roi, noble, mais éphémère, se trouvant posté entre la mort et le soldat saint protecteur de la ville, saint Urs.

Sports / Loisirs

- **Randonnée Soleure – Oberdorf – Hinter Weissenstein – Rötiflue – Balmfluechöpfli – Soleure.** 5h30 de marche, difficulté : facile à moyenne. Splendide randonnée jurassienne, variée, avec différents points de vue magnifiques : le premier tronçon, de Soleure à Oberdorf, peut se faire en train (la vue n'est pas très spectaculaire). D'Oberdorf, on longe la route du Weissenstein puis, à l'entrée de l'Oberdorfer Chlus, on bifurque à gauche et on commence la montée sur Hinter Weissenstein, une grimpette qui représente la seule réelle difficulté de cette balade. À Hinter Weissenstein se trouve un bon restaurant du même nom. Après une petite montée plus douce, on arrive à la crête d'où l'on a une excellente vue du Jura.

La balade continue en direction de Kurhaus où se trouve l'hôtel Weissenstein. Par temps clair, on a de cet endroit une vue unique, du Säntis par les Alpes bernoises jusqu'au mont Blanc. On rejoint ensuite Rötiflue sur un terrain peu incliné. Nouveau point de vue exceptionnel, par temps dégagé, sur le nord et la Forêt-Noire. L'arrêt suivant est Balmfluechöpfli, le plus impressionnant : vue sur la ville de Soleure, le Plateau suisse et les Alpes bernoises. Puis commence la descente en forêt jusqu'à Falleren avant que quelques kilomètres supplémentaires ne vous ramènent à Soleure.

CATHÉDRALE SAINT-OURS ET SAINT-VICTOR ✝ ★

Seilergasse 4
✆ +41 32 626 46 46
Ouvert tous les jours de 8h à 18h30.

La cathédrale Saint-Ours-et-Saint-Victor tient son nom de deux martyrs : Ours de Soleure, saint CHRétien romain, et Victor de Soleure. En dépit de ses dimensions et de sa décoration, cette cathédrale de style néo-classique, datant de 1773 impressionne par son harmonie, la justesse de ses proportions et le soin apporté à sa réalisation, en pleine époque baroque par des maîtres d'œuvre et des artisans originaires du Tessin – de véritables orfèvres. C'est l'une des plus belles du pays.

CHÂTEAU DE WALDEGG - SCHLOSS WALDEGG ★

Waldeggstrasse 1
✆ +41 32 627 63 63
Ouvert du 1er avril au 31 octobre, les mardis, mercredis, jeudis et samedis de 14h à 17h et le dimanche de 10h à 17h.

Construit à la fin du XVIIe siècle, le Schloss Waldegg, qui ressemble en réalité plus à un manoir qu'à un château, offre un intérieur et un jardin baroques. Il est aujourd'hui aménagé en musée, illustrant la vie de ses propriétaires au XVIIIe siècle. C'est également un centre de rencontre entre les différentes langues de la Confédération. L'édifice a beaucoup d'allure et la visite est le prétexte à une petite balade bien sympathique. A faire en famille.

ÉGLISE DES JÉSUITES ★

Hauptgasse 75
✆ +41 32 623 32 11

Dans la commune de Soleure se tient la Stiftung Jesuitenkirche Solothurn, la superbe église des Jésuites, réputée pour être l'un des plus beaux monuments baroques de toute la Suisse. Bâtie au XVIIe siècle entre les années 1680 et 1689, selon les plans du jésuite Heinrich Mayer, elle se distingue par sa statue de la Vierge en pierre calcaire sur la façade principale, ainsi que par son orgue, construit un siècle plus tard, à la fin du XVIIIe siècle. D'ailleurs le lieu accueille régulièrement des concerts d'orgue absolument remarquables.

KUNSTMUSEUM [MUSÉE DES BEAUX-ARTS] ★★

Werkhofstrasse 30
✆ +41 32 624 40 00
www.kunstmuseum-so.ch
Ouvert du mardi au vendredi de 11h à 17h, le samedi et le dimanche de 10h à 17h, fermé le lundi. Entrée libre.

Le musée des Beaux-Arts de Soleure est aménagé dans une belle bâtisse néoclassique et existe depuis 1902. Un cadre d'exception pour une institution remarquable : en effet, elle compte de nombreuses œuvres datant du Moyen Âge, de maîtres suisses des XIXe et XXe siècles, de peintres français (de Degas à Léger), d'art primitif et cabinet graphique, et surtout une belle connaissance d'art suisse et étranger : Cézanne, Matisse, Van Gogh, Klimt. À découvrir !

MUSEUM ALTES ZEUGHAUS [MUSÉE DE L'ANCIEN ARSENAL] ★

Zeughausplatz 1 ✆ +41 32 623 35 28
www.museum-alteszeughaus.ch
Ouvert du mardi au samedi de 13h à 17h, dimanche de 10h à 17h. Entrée : adulte 6 CHF, réduction 4 CHF, famille 10 CHF.

L'Altes Zeughaus, ou ancien arsenal, est un des plus impressionnants bâtiments de Soleure, ce qui n'est pas peu dire ! Ce musée est resté fidèle à sa vocation militaire, puisqu'il abrite une collection d'armes et d'uniformes, depuis la hallebarde jusqu'au pistolet automatique. À l'intérieur de cet édifice, vous pourrez en effet admirer de nombreuses armes à feu, ainsi que près de 400 armures du XVe au XVIIe siècle. Les expositions sont ludiques et adaptées à toute la famille.

STATION DE CIGOGNES D'ALTREU ★

Accessible depuis Bienne et Soleure (6 km) à vélo, en bateau et en train.
Parc animalier – Cigognes.

Dans ce village, Max Bösch, surnommé « le père des cigognes », fonda, après la dernière guerre, un parc pour cigognes pour assurer la survie de cet oiseau en Suisse. Le fait est que, sur de nombreux toits du village, nichent des familles entières de cigognes qui accueillent les visiteurs. Actuellement, une vingtaine de nids sont occupés et 200 cigognes environ viennent vivre ici. La cigogne noire, espèce menacée, est coutumière des lieux. Les cigognes sont plus nombreuses en été.

BASELTOR €

Hauptgasse 79
✆ +41 32 622 34 22
www.baseltor.ch
Plats entre 23 et 40 CHF.

Le restaurant de l'hôtel Baseltor est une table excellente à l'ambiance conviviale. Brasserie au rez-de-chaussée et salle de restaurant cossue au 1er étage. Cuisine préparée à base de produits frais ; grand choix de plats végétariens. La maison est engagée dans la démarche de slow-food (contraire de fast-food), mouvement culinaire dans le respect des produits et des traditions culinaires, originaire d'Italie. La *slow food* et l'art de déguster les produits du terroir sont le signe de distinction de ce restaurant qui favorise la qualité.

SOLHEURE

Ritterquai 10
✆ +41 32 625 54 34
www.solheure.ch
Ouvert du mardi au dimanche à 11h30. Fermeture à 19h le dimanche, 23h le mardi mercredi et minuit 30 du jeudi au samedi.

Voici le bar-restaurant-lounge le plus long de Suisse ! Mélange de déco design avec quelques éléments traditionnels pour rappeler que l'on est en territoire helvétique. Ouvert sur le lac en été, il offre une grande terrasse et de nombreux concerts. Le genre d'endroit où l'on vient pour l'apéro et où l'on reste dîner. On apprécie cet endroit chaleureux à toute heure et le dimanche pour le célèbre brunch qui vous invite à voyager autour du monde. C'est un peu un passage obligé si vous êtes en visite à Soleure. Ambiance très sympathique et bel emplacement.

SCHÖNENWERD ★★

Commune du canton de Soleure, dans le district d'Olten, Schönenwerd accueille un musée des plus atypiques : le Bally Schuhmuseum. Comme son nom l'indique en allemand, cette institution est placée sous le signe... de la chaussure. La petite ville suisse accueille depuis 1942 ce musée qui retrace l'histoire de la chaussure de l'Antiquité à nos jours. Pendant votre visite, faites un détour par le Gugelmann Paul-Museum, consacré aux machines poétiques du célèbre artiste suisse. Enfin, les amateurs de nature apprécieront le Bally-Park, situé à 10 minutes à pied de la gare, un joli jardin de style anglais avec maisons sur pilotis, étangs et canaux.

BÂLE ★★★★

Située à dix kilomètres de la France et de l'Allemagne, Bâle est naturellement polyglotte, même si cette ville alémanique ne fait pas de concession au français dans les inscriptions. Elle se situe dans la vallée du Rhin et permet aux Bâlois de profiter d'un bel ensoleillement, un micro climat influencé par un flux d'air méditerranéen remontant par la vallée du Rhône et allant jusqu'à la porte de la Bourgogne. C'est la « capitale culturelle de la Suisse », réputée pour son carnaval et pour sa foire d'art contemporain Art Basel. La ville abrite une quarantaine de musées, galeries, monuments historiques, bâtiments contemporains qui placent l'art au premier plan. La vieille ville moyenâgeuse, avec ses ruelles étroites et pentues, sa belle cathédrale, les méandres du Rhin ses tramways anciens et les grandes demeures bourgeoises du XIXe siècle concourent au charme de cette cité d'art et d'histoire. L'économie bâloise repose principalement sur l'industrie chimique et pharmaceutique des groupes Roche et Novartis.

Pratique

Mobility Ticket. Lors de votre enregistrement à l'hôtel, n'oubliez pas de demander le Mobility Ticket. Gratuit mais soumis à une taxe de séjour (3,50 CHF par nuit), il permet d'utiliser librement les transports publics dans la ville de Bâle et ses environs (zone 10, 11 et EuroAriport) pendant votre séjour au sein de l'un des établissements hôteliers de la ville (maximum 30 jours).

Quartiers

Am-Ring. Il forme le pourtour du centre historique et des faubourgs, le long des anciens fossés de protection de la ville fortifiée. Construit en grande partie entre 1871 et 1900 suite à la démolition des remparts, il forme une bande qui s'étale du nord au sud, délimitée à l'ouest par le St. Johanns-Ring, le Spalenring, le Steinenring et la Viaduktstraße, à l'est par la Schanzenstraße et ses prolongements jusqu'à la gare centrale. Les constructions qui virent le jour dans ce quartier sont de taille généreuse, et très souvent agrémentées de grands jardins privatifs, comme c'est le cas de la Missionshaus. Le quartier est aujourd'hui très prisé et séduit notamment par sa situation centrale, bien que de nombreuses maisons du XIXe siècle aient été remplacées par de nouveaux blocs de qualité médiocre. Proche de la gare centrale, le bâtiment de la Markthalle est un incontournable du quartier. Depuis janvier 2014, il a abandonné sa vocation maraîchère au profit de magasins, restaurants et autres activités. Non loin de là, les bâtiments de l'architecte Richard Meier ont également un certain prestige : le bâtiment blanc Euroregio est un incontournable de l'architecture moderne.

Matthäus. C'est le quartier multiculturel de Bâle par excellence, qui compte une proportion d'étrangers d'environ 50 %, d'où son appellation quelque peu stéréotypée de *Klein Istanbul* (« Petit Istanbul »). Proche de la Claraplatz, il est l'un des quartiers les plus animés de la ville et le plus densément peuplé. Le quartier s'est développé avec l'ère industrielle et l'arrivée massive de travailleurs étrangers à Bâle. À l'aube du XXe siècle, le quartier est déjà presque entièrement construit, avec des magasins au rez-de-chaussée et des habitations dans les étages pour la plupart des bâtiments. Le centre du quartier se situe autour de l'église baroque Saint-Joseph, construite en 1902 par August Hardegger. Aujourd'hui, de nombreux bars et petites scènes font de ce quartier un lieu privilégié de la vie nocturne.

Gundeldingen, que les Bâlois appellent plus familièrement « Gundeli », est une véritable petite ville au sein de la ville. Au sud de la gare centrale, le quartier forme un rectangle délimité par les rails du côté nord et les pentes du quartier de Bruderholz au sud. On dit qu'il est le quartier le plus autonome de Bâle. Un coup d'œil sur le plan de la ville permet de se rendre compte de la rectitude du tracé des rues : ce quartier est le résultat d'une spéculation immobilière dans les années 1870. Le quartier, avant l'ouverture de la gare centrale en 1860, était le paradis des châtelains. La quasi-totalité des espaces verts étaient déjà construits à la fin des années 1870.
Le centre du quartier se trouve autour de la Tellplatz, desservie par les lignes de trams 15 et 16. Non loin de là, le Gundeldingerfeld est l'une des attractions : après la fermeture de l'usine Sulzer-Burckhardt, c'est tout un ensemble industriel qui était voué à disparaître. Il fut aménagé, les bâtiments rénovés, mais en grande partie conservés, et accueille aujourd'hui une bibliothèque, une petite scène de théâtre, une auberge de jeunesse, plusieurs petits restaurants et plusieurs bars. Une réhabilitation très réussie !

Se loger

Pour chaque nuit passée dans un hôtel de Bâle, vous bénéficierez de la gratuité des transports de Bâle durant une journée (« Mobility Ticket »).

Transports

Voiture. Depuis la Suisse, prendre la sortie Bâle City (autoroute A2).
Depuis la France : poste de douanes Bâle/St. Louis (autoroute A35), douanes Hüningen, douanes Burgfelden (uniquement pour

l'entrée), douanes Hegenheimen et douanes Allschwilerstrasse (attention aux limitations de vitesse et à coller la vignette obligatoire sur le pare-brise).

▸ Trams et bus desservent plus de 384 stations, même au-delà des frontières française et allemande. Les tramways verts sillonnent la ville, sans sortir des limites du canton (Bâle-ville). Les tramways jaunes sont ceux qui s'aventurent au-delà des frontières, vers Bâle-campagne.

ANTIKENMUSEUM (MUSÉE DES ANTIQUITÉS) ★

Sankt Alban-Graben 5 ✆ +41 61 201 12 12
www.antikenmuseumbasel.ch
Ouvert du samedi au mercredi (sauf lundi) de 11h à 17h, les jeudi et vendredi de 11h à 22h. Tarif adulte 12 CHF.

L'Antikenmuseum de Bâle (musée d'Arts antiques) fait aujourd'hui partie intégrante de l'administration cantonale bâloise. C'est pour le compte de celle-ci que ses collaborateurs préservent et transmettent ce patrimoine. Le musée conserve une collection exceptionnelle d'œuvres d'art égyptiennes, grecques, étrusques et romaines. Le musée propose des expositions sur l'histoire, la religion, l'art et la vie quotidienne au cours des diverses époques culturelles.

BASLER PAPIERMUHLE (MUSÉE DU PAPIER) ★★

37 Sankt Alban-Tal
✆ +41 61 225 90 90
www.papiermuseum.ch
Ouvert du mardi au vendredi et le dimanche de 11h à 17h, le samedi de 13h à 17h. Adulte : 15 CHF.

Ce magnifique moulin à papier d'époque médiévale, restauré et reconverti en musée, est doté d'un bar-restaurant avec une belle terrasse. Le site, en bordure du Rhin, est privilégié. Les collections retracent l'histoire du moulin et les étapes de la fabrication traditionnelle du papier, avec de nombreux documents et photographies. On peut voir les machines fonctionner lors d'ateliers organisés pour les scolaires, le musée ayant une mission pédagogique. Un vrai bond dans le passé.

BASLER MUNSTER (CATHÉDRALE) ★★★

9 Münsterplatz
✆ +41 61 272 91 57
www.baslermuenster.ch
Ouvert tous les jours de 11h à 16h en hiver, de 10h à 17h en été. Horaires selon les saisons. Visites guidées.

© NORT - ISTOCKPHOTO

S'il y n'avait qu'un monument à visiter, ce serait la cathédrale. Construite entre le XIIe et le XVe siècle, elle tire son charme du grès rose qui la compose. Partiellement détruite lors du tremblement de terre de 1356, elle a subi de nombreuses restaurations. Célèbre pour son toit de tuiles vernissées et l'asymétrie des deux flèches, la cathédrale regorge de trésors : crypte, vitraux, porte de Saint-Gall et bas-reliefs. Prenez de la hauteur : la vue sur la ville est magnifique.

CARTOONMUSEUM (MUSÉE DU DESSIN HUMORISTIQUE) ★★

28 St. Alban-Vorstadt ✆ +41 61 226 33 60
www.cartoonmuseum.ch
Ouvert du mardi au dimanche de 11h à 17h. Entrée adulte : 12 CHF, tarif réduit : 7 CHF, gratuit jusqu'à 10 ans.

Le musée de la Bande dessinée est le seul musée en Suisse consacré à l'art de la caricature, au dessin humoristique et à la bande dessinée. Exposées sur trois étages, dans un bâtiment étonnamment moderne, en plein cœur du quartier de St. Alban, les quelque 3 400 œuvres originales présentes au musée sont complétées par 2 000 ouvrages en prêt. Des expositions temporaires sont régulièrement organisées, ainsi que des visites guidées en français. À découvrir en famille !

SUISSE ALÉMANIQUE

DAS RATHAUS (HÔTEL DE VILLE) ★★

Marktplatz

Entrée libre. Visite guidée possible : se renseigner auprès de l'office de tourisme.

© OMERSUKRUGOKSU - ISTOCKPHOTO.COM

L'hôtel de ville trône sur la place du marché et frappe par ses couleurs flamboyantes et sa tour. Construit en grès rose au début du XVe siècle, il a remplacé le premier hôtel de ville qui avait été détruit en 1356 par le tremblement de terre de Bâle. C'est le siège du gouvernement de Bâle et du parlement. Dans sa cour intérieure, richement décorée, se trouve la statue de Munatius Plancus, le fondateur de la première colonie romaine de la région bâloise.

FONDATION BEYELER ★★★★

Baselstrasse 101

✆ +41 61 645 97 00

www.fondationbeyeler.ch

Ouvert du lundi au dimanche de 10h à 18h, mercredi de 10h à 20h. Tarifs exposition permanente et temporaire : 30 CHF.

La Fondation Beyeler est un magnifique édifice conçu par l'architecte italien Renzo Piano, à qui l'on doit également le Centre Pompidou à Paris. Dans un écrin de verdure, au milieu des champs de blé et des étangs de nénuphars, cette structure très lumineuse grâce à un toit en verre se fond dans le paysage et est entourée d'un jardin d'hiver et de la villa Berower de style rococo où se trouve le restaurant du musée. La collection permanente est assez réduite : 300 toiles et sculptures parmi lesquelles les œuvres d'Arp, Braque, Picasso, Bacon, Bourgeois…

FONDATION HERZOG (PHOTOGRAPHIE) ★

20 Leimenstrasse

✆ +41 61 333 11 85

www.fondation-herzog.ch

Durant les expositions : du mercredi au vendredi de 14h à 18h, et le samedi de 14h à 17h ou sur rendez-vous.

Le « laboratoire » de photographie de la Fondation Herzog s'est développé au cours des trente dernières années et compte aujourd'hui plus de 30 000 photographies de grands professionnels et d'amateurs. Au travers d'expositions pointues et thématiques, la démarche du musée est d'amener les visiteurs à la réflexion. De quoi interroger ! Une très belle bibliothèque permet aussi de compléter l'étude sur l'histoire de la photographie. Visites guidées privées possibles.

GUNDELDINGER FELD ★★

192 Dornacherstrasse

✆ +41 61 333 70 70

www.gundeldingerfeld.ch

Entrée libre.

Dans le quartier de Gundeldinger, ce centre culturel et de loisirs s'est installé sur un site industriel historique : une ancienne fabrique de soie. Vendu en 1999, le site s'est reconverti et regroupe aujourd'hui des restaurants (dont le Blindekuh, où l'on mange dans l'obscurité), des cafés, des collectifs d'artistes, d'immenses murs d'escalade (Hall 7), des entreprises et une auberge de jeunesse, dans une ambiance légèrement underground. Dès le début, un projet de réduction de consommation d'énergie a été mis en place, un bel exemple d'éco-quartier.

HEK (HOUSE OF ELECTRONIC ARTS BASEL) ★★

Freilager-Platz 9

✆ +41 61 283 60 50

www.hek.ch

Du mercredi au dimanche de 12h à 18h (lors des expositions). Tarif 9 CHF, réduit 6 CHF.

Le HeK, la Maison des arts électroniques, est axée sur les cultures numériques. Lieu synergique et interdisciplinaire, le HeK interroge les arts, les médias et les nouvelles technologies. Basé à Münchenstein, sur la Freilager Platz en pleine transformation, ici l'art plastique, la musique, le théâtre, la danse, les performances et le design sont à l'honneur et mis en avant avec une programmation rythmée par des expositions, des minifestivals, des performances, des concerts…

Vieille-ville de Bâle.

HOLZPARK KLYBECK ★★

40 Uferstrasse
holzpark-klybeck.ch

Il souffle, sur les bords du Rhin comme un air de Berlin ! Depuis 2014, une incubatrice de projets urbains expérimentaux, créatifs et alternatifs y est installée. Holzpark Klybeck développe petit à petit un nouvel espace artistique et culturel autour du théâtre, de la musique, de la danse et des arts visuels mais pas que ! Une réflexion plus poussée est aussi menée sur le rapport à l'espace, à l'architecture et à la consommation. Dans ce quartier des artistes, deux bars et un restaurant vous accueillent. On y déjeune au bord de l'eau !

KUNSTHALLE BASEL ★★

Steinenberg 7 ✆ +41 61 206 99 00
www.kunsthallebasel.ch

Ouvert mardi, mercredi et vendredi de 11h à 18h, jeudi jusqu'à 20h30, le week-end jusqu'à 17h. Adulte : 12 CHF.

Ayant révélé quelques grands noms, la Kunsthalle s'est taillé une réputation de choix sur la scène internationale en présentant les actuels et les nouvelles tendances. Suite à sa rénovation par les architectes Miller & Maranta, le bâtiment abrite depuis 2004 le musée de l'Architecture, qui propose de nombreuses manifestations et expositions autour des thèmes liés à l'architecture et l'urbanisme. Un agréable restaurant accolé au musée avec une terrasse donnant sur la fontaine Tinguley, parfait pour se restaurer en toute tranquillité après une belle visite.

KUNSTMUSEUM BASEL [MUSÉE D'ARTS] ★★★

St. Alban Graben 16
✆ +41 61 206 62 62
www.kunstmuseumbasel.ch

Hauptbau/Neubau mardi-dimanche 10h-18h et mercredi de 10h-20h, Gegenwart mardi-dimanche 11h-18h. Adulte 16 CHF.

Le Kunstmuseum regroupe trois espaces d'exposition distincts : Kunstmuseum *bâtiment principal*, Kunstmuseum *nouveau bâtiment* et Kunstmuseum *Gegenwart*. Les habitués connaissaient déjà le bâtiment principal aux collections s'articulant autour de 7 siècles d'histoire de l'art occidental. Le repère en est toujours l'entrée par la cour aux *Bourgeois de Calais* de Rodin et son restaurant tout en longueur. On y retrouvera, dans le désordre, une importante collection d'œuvres de la famille Holbein, les tableaux profondément religieux de Fries, les portraits et scènes de la vie quotidienne de Van Ostade et Teniers. La fine fleur de la peinture française du XIXe est aussi représentée, avec des œuvres des plus grands : Van Gogh, Gauguin, Cézanne, Corot, Courbet, Degas, Delacroix, Monet... Les collections couvrent largement le XXe siècle avec le cubisme, l'expressionnisme allemand, l'expressionnisme abstrait et le pop-art. Ce musée incontournable est à la hauteur de l'étendue de ses collections qui comptent plus de 3 000 œuvres. Avec la construction, par l'architecte suisse Emanuel CHRist, du Kunstmuseum *nouveau bâtiment*, à quelques mètres de là, cette ambition est atteinte. La nouvelle aile du musée frappe d'entrée par le côté monumental, monolithique, de son escalier central. Les salles du haut magnifient les œuvres exposées sous un éclairage au zénith, dans un espace épuré. Le Kunstmuseum *Gegenwart* (sur un site différent) est dédié à l'art contemporain.

MUSÉE D'ART CONTEMPORAIN ★★★

St. Alban-Rheinweg 60 ✆ +41 61 206 62 62
www.kunstmuseumbasel.ch
Ouvert du mardi au dimanche de 11h à 18h.
Tarifs : 16 CHF pour les adultes, 8 CHF pour ados et tarif réduit.

Depuis 2016, le Gegenwart (Musée d'Art contemporain) fait partie intégrante du Kunstmuseum, bien que situé à St Alban-Rheinweg. C'est le troisième espace d'exposition du nouveau Kunstmuseum, totalement dédié à l'art contemporain avec des œuvres issues des collections du Kunstmuseum et de la fondation Emanuel Hoffmann. Trois niveaux d'exposition sont ouverts dans cette ancienne usine de papier du XIXe siècle. Magnifiquement restauré, cet espace aux salles épurées présente des expositions permanentes et temporaires, des installations et des vidéos.

MUSÉE HISTORIQUE DE BÂLE ★★

Barfüsserplatz ✆ +41 61 205 86 00
www.hmb.ch
Ouvert du mardi au dimanche de 10h à 17h.
Entrée adulte 15 CHF, tarif réduit 8 CHF. Gratuit pour les moins de 13 ans.

Avec ses trois bâtiments très différents, le musée historique de Bâle est le plus important musée consacré à l'histoire culturelle du Rhin supérieur. L'église Barfüsserkirche accueille depuis 1894 les trésors du passé : le trésor de la cathédrale de Bâle, les fragments du Totentanz et des tapisseries médiévales. L'accent est résolument porté sur l'identité de la ville de Bâle, et le musée traite également de sa situation insolite, aux trois frontières. Le musée de la Musique, une ancienne prison, couvre cinq siècles d'histoire de la musique européenne.

MUSEUM DER KULTUREN [MUSÉE DES CULTURES] ★★

Münsterplatz 20
✆ +41 61 266 56 00
www.mkb.ch
Ouvert mardi au dimanche de 10h à 17h. Entrée gratuite et nocturne jusqu'à 20h le premier mercredi du mois.

Le plus grand musée ethnologique de Suisse ! Il abrite l'une des plus importantes collections sur les cultures européennes et extraeuropéennes. Surprise dès l'entrée : le bâtiment, complètement rénové en 2011 par le cabinet Herzog et de Meuron, est remarquable et tranche avec les anciennes maisons à colombages du XIXe siècle qui l'entourent. Collection permanente, expositions itinérantes présentant la diversité culturelle au travers de thématiques actuelles.

MUSEUM JEAN TINGUELY ★★

2 Paul Sacher-Anlage
✆ +41 61 681 93 20
www.tinguely.ch
Ouvert du mardi au dimanche de 11h à 18h.
Entrée adulte 18 CHF, tarif réduit 12 CHF. Gratuit pour les moins de 16 ans.

Ce bâtiment moderne en bord de Rhin, œuvre de Mario Botta, est un hommage à l'artiste suisse Jean Tinguely. Dessinateur, peintre et sculpteur sur métal, Jean Tinguely a beaucoup travaillé autour du mouvement perpétuel : une de ses sculptures, poétique et marquante, est au centre de Bâle, dans la fontaine, sur la place du théâtre. Construites avec des matériaux recyclés, ses créations cinétiques mettent l'art en mouvement. Parallèlement à la collection permanente, le musée propose des expositions interactives en lien avec son univers artistique.

MUSIKMUSEUM - MUSÉE DE LA MUSIQUE ★

9 Im Lohnhof
✆ +41 61 205 86 00
www.hmb.ch
Ouvert mercredi au dimanche de 11h à 17h.
Entrée à 10 CHF, tarif réduit à 5 CHF.

Depuis 2000, le Musée de la Musique est installé dans les bâtiments de l'ancienne prison qui surplombent la place des Cordeliers. Il abrite la plus grande collection d'instruments de musique de Suisse. Dans les anciennes cellules ont été aménagées des salles thématiques équipées d'écrans multimédias, sur lesquels les informations sont aussi accessibles en français. Vous pourrez découvrir l'évolution de la musique à travers les siècles et comprendre la formation d'un son.

SKULPTURHALLE BASEL ★★

Mittlere Strasse 17
✆ +41 61 260 25 00
www.antikenmuseumbasel.ch
Ouvert lundi de 12h à 17h, mercredi de 10h à 14h et dimanche de 11h à 17h. Entrée libre.

L'origine de la Skulpturhalle remonte à la fin du XVIIIe siècle, bien qu'elle ne fût officiellement ouverte au public qu'en 1887. C'est le passementier bâlois Johann Rudolf Burckhardt (encore lui !) qui offrit sa collection de sculptures de plâtre à l'association d'artistes de la ville en 1813. Le musée comptabilise environ 2 200 moulages de sculptures de l'Antiquité, ce qui fait de lui le plus important de toute la Suisse et une référence au niveau mondial. On y croise de nombreux étudiants en art qui viennent y croquer les 1001 nus de la collection.

SPIELZEUG WELTEN MUSEUM BASEL (JOUETS DU MONDE) ★

1 Steinenvorstadt ✆ +41 61 225 95 95

www.spielzeug-welten-museum-basel.ch

Ouvert du mardi au dimanche 10h-18h. En décembre, tous les jours de 10h à 18h. Fermé pendant le carnaval.

Situé en plein cœur de la ville, le musée expose plus de 6 000 objets sur 4 étages et près de 1 000 m² : poupées et leurs maisons, ours en peluche (les plus vieux datent de 1904) et miniatures. La collection absolument gigantesque et unique, n'est pas présentée de façon CHRonologique mais cherche à recréer une ambiance particulière. Jusqu'au 13 février 2022, vous pourrez découvrir l'exposition « Ho Ho Ho », consacré au Père Noël. Pour tous ceux qui ont gardé leur âme d'enfant !

SWISS ARCHITECTURE MUSEUM ★★

7 Steinenberg

✆ +41 61 261 14 13

www.sam-basel.org

Le mardi, le mercredi et le vendredi de 11h à 18h, le jeudi de 11h à 20h30 et le week-end de 11h à 17h. Entrée : 12 CHF.

Architecturalement parlant, Bâle est une ville riche en contrastes et en mixité. Cette fondation privée est une belle passerelle entre professionnels et grand public. Spécialisée dans les expositions temporaires, son objectif est de rendre l'architecture contemporaine accessible à tous. Les constructions bâloises sont mises à l'honneur. Un bon moyen de comprendre les liens entre le passé et le présent dans le développement urbain de l'architecture.

TOUR DE L'ÉGLISE SAINTE-ELISABETH ★★

14 Elisabethenstrasse

Ouvert du mardi au vendredi de 10h à 19h, le samedi de 10h à 17h et le dimanche de 13h à 17h. Entrée : 3 CHF.

Vouée à la démolition dans les années 1980, l'église a été sauvée par un groupe de citoyens. En entrant par la porte principale, vous trouverez à droite l'issue vers la tour. Les escaliers conduisent à l'horloge. Attention, pour monter au sommet de la tour, il faut être un peu sportif : 215 marches dans un escalier très étroit, pour une vue panoramique à couper le souffle sur la ville. En récompense de ces efforts, un petit bar vous ouvre ses portes au beau milieu de l'église !

TOURIST INFORMATION - OFFICE DE TOURISME

Au Stadtcasino de la Barfüsserplatz

✆ +41 61 268 68 68

www.basel.com

Ouvert du lundi au vendredi de 9h à 18h30, le samedi de 9h à 17 et le dimanche de 10h à 15h.

C'est le point de départ idéal pour les Français qui souhaitent s'immerger et découvrir le *lifestyle* bâlois : toutes les infos nécessaires à la découverte de cette métropole au format poche et une boutique qui regorge d'idées cadeaux. Ici vous pourrez vous procurer la BaselCard, véritable passeport de la visite : 50 % de réduction sur les musées, visite guidée de la ville et transports en commun gratuits. Il existe cinq visites autoguidées à pied gratuites.

COMPAGNIE BASLER PERSONENSCHIFFAHRT ★

Westquaistrasse 62 ✆ +41 61 639 95 00

www.bpg.ch

Croisière sur le Rhin à partir de 15 CHF adulte, 5 CHF enfant. Brunch samedi et dimanche de 10h à 14h à 59 CHF.

La compagnie Basler Personenschiffahrt propose des promenades en bateau sur le Rhin pour découvrir la ville de Bâle autrement. Depuis le fleuve, admirez les monuments : la cathédrale, la tour Roche et les maisons pittoresques de la vieille ville. Différentes formules sont au choix toute l'année pour toute la famille et tous les budgets, avec ou sans repas : brunch à bord le week-end, croisière avec écluse, promenade au coucher du soleil ou fondue un soir de décembre.

ROCHE-TURM (BAU 1) ★★

Grenzacherstrasse 124

✆ +41 61 688 11 11

Ouvert du lundi au vendredi de 7h30 à 17h30.

La Roche Tower est un gratte-ciel de 178 mètres de hauteur : un immeuble d'avant-garde dont on aperçoit la Tour 1 depuis la périphérie de Bâle. Inaugurée en 2016, c'est la tour la plus haute de Suisse avec ses 38 étages. Chaque samedi, vous pouvez participer à une visite d'une heure pour découvrir les éléments phares du bâtiment et notamment les espaces de travail pouvant accueillir 2 000 employés, l'auditorium de 500 places, les caractéristiques du langage architectural d'Otto Rudolf Salvisberg, d'Herzog & de Meuron, et une magnifique vue plongeante sur Bâle.

EUROAIRPORT BÂLE-MULHOUSE-FREIBURG

L'aérogare est accessible 24h/24.

Troisième aéroport suisse, cinquième français et européen, l'EuroAirport est le seul à abriter une frontière en son centre : d'un côté la France, de l'autre la Suisse. Il bénéfice d'une excellente situation au centre de l'Europe de l'Ouest et de trois régions économiquement fortes : l'Alsace, le nord-ouest de la Suisse et le Bade-Wurtemberg. Un projet de raccordement par le tram et par le rail devrait aboutir, en 2030, à l'unique réseau express trinational Trireno.

GARE SBB - CFF

Centralbahnstrasse 20
✆ +41 900 300 300
www.sbb.ch

Office de tourisme. Change. Location de vélo au sous-sol. Consignes. Parking à vélos.

La gare de Bâle CFF est la plus grande gare-frontière d'Europe. Le train est le moyen idéal pour venir en ville depuis Mulhouse, cela permet d'éviter la voiture (la vignette et les parkings sont assez chers) et le stress de la circulation en ville (nombreux vélos, trams et bus). Proche de la vieille ville, la gare est desservie par les lignes de tramway et de bus, ce qui rend la visite encore plus facile. En cas de problème, de nombreux agents trilingues sont à votre service : ici les trains vont et viennent de Suisse, de France et d'Allemagne !

FÄHRI-VEREIN BASEL

Postfach 1353
✆ +41 76 424 77 77
www.faehri.ch

Les quatre bacs circulent tous les jours, différents horaires en fonction des saisons. 1,60 CHF par adulte.

Quatre bacs, « Wilde Maa », « Leu », « Vogel Gryff » et « Ueli », circulent entre les cinq ponts sur le Rhin. C'est un moyen de transport étonnant et écologique pour traverser le fleuve. Les bateaux sont reliés par un câble et poussés par le courant : un système ingénieux qui permet d'éviter le gaspillage d'énergie. D'une grande utilité pour les habitants de Bâle, il évite de refaire le tour des quais pour rejoindre un pont. Une expérience très agréable car la traversée permet de se reposer quelques minutes et offre un autre point de vue sur les maisons bâloises.

VÉLO - RENT A BIKE

Centralbahnplatz
✆ +41 51 229 23 45
www.rentabike.ch

Ouvert du lundi au vendredi de 8h à 19h et le week-end à partir de 9h.

Bâle, ville verte, possède de nombreuses pistes cyclables balisées en continu, ce qui rend le vélo le moyen idéal pour se déplacer et découvrir la ville de façon sûre, confortable et écologique. Des parkings pour vélo sont disponibles dans toute la ville. Rent a Bike est le leader suisse de la location de vélo et de E-bike. Ils sont présents dans toutes les régions avec plus de 200 stations de location. La possibilité de restituer les vélos dans une autre gare que celle de retrait est unique et donne le loisir d'élaborer beaucoup de circuits.

HYVE €

Gempenstrasse 64
✆ +41 61 311 16 16
www.hyve.ch

Capsule à partir de 40 €, chambre simple à partir de 69 €, double à partir de 89 €.

Située à 300 m de la gare, voici une auberge de jeunesse avec chambres en capsule, en dortoir ou en individuel et qui offre également un espace de travail, du *coworking*, un beau billard quand les futés cessent de discuter dans un immense canapé lobby en cuir. Un établissement très confortable et propre qui propose ce qui a fait l'esprit de ces auberges : une aire de rencontre et d'échanges. Ici, tout est prévu pour vous : bien dormir, pouvoir travailler et être en mesure de rencontrer des personnes aisément afin de préparer les prochaines étapes du voyage.

JUGENHERBERGE SAINT ALBAN €

St. Alban-Kirchrain 10
✆ +41 61 272 05 72
www.youthhostel.ch/basel

À partir de 48 CHF avec petit déjeuner.
Demi-pension ou pension complète possible.

L'auberge de jeunesse Saint Alban constitue un objet unique : d'un point de vue architectural et aménagement d'intérieur, environnement et ambiance, c'est en soi une véritable expérience. Nous ne saurions que trop conseiller nos petits futés de chercher au moins à la voir ! Ici, 234 lits sont proposés sous différents formats de chambres (allant de la chambre double au microdortoir de six lits) et où tout est jeux de volumes, de transparence et de charpente de bois.

DER TEUFELHOF BASEL €€

Leonhardsgraben 47-49

✆ +41 61 261 10 10

www.teufelhof.com

Prix moyen 110 à 150 CHF la nuit pour les premières chambres.

Idéalement situé au cœur de la ville de Bâle, l'établissement Teufelhof combine un hôtel, un restaurant, une cave à vin et un brasseur, un concept trois en un qui ne manque pas de charme et d'atouts. Ici, les prestations proposées sont de qualité dans un environnement très agréable. L'hôtel de 36 chambres invite à la détente et la créativité avec notamment une aire de repos. La décoration des chambres lumineuses est soignée, dans un esprit joliment bohème. Un espace vraiment intéressant pour un séjour à Bâle en amoureux ou en famille.

DORINT HOTEL BASEL €€

Schönaustrasse 10

✆ +41 61 695 70 00

www.hotel-basel.dorint.com

Chambre double à partir de 135 CHF. Appartement à partir de 207 CHF.

À deux pas du Musical Theater de Bâle, le Dorint Hotel compte 171 chambres de trois catégories différentes : supérieure, exécutive et studios. Une petite salle de jeux (non surveillée) est accessible gratuitement pour les plus petits entre 9h et 20h. Au rez-de-chaussée, le bar vous accueille 24h/24, et le restaurant est ouvert de 6h30 à 14h30 et de 18h à 23h ; on y sert une cuisine internationale. Idéal pour partir à la découverte de la ville : des vélos sont mis gratuitement à votre disposition. Une adresse à retenir pour les familles.

HOTEL KRAFFT BASEL €€

Rheingasse 12 ✆ +41 61 690 91 30

www.krafftbasel.ch

Chambre simple à partir de 150 CHF, double à partir de 180 CHF. Petit déjeuner inclus. Wifi. Offres sur Internet.

Idéalement placé près de pont Mittlere Brücke Hôtel, ce confortable hôtel est situé dans le quartier de la vieille ville du Petit-Bâle. Le Krafft Basel propose des chambres de charme dont certaines jouissent d'un balcon et d'une vue splendide sur le Rhin. Cet hôtel historique est une très bonne adresse de par ses prestations et la terrasse du restaurant face au fleuve : divine ! La décoration est soignée et épurée, les prestations sont nombreuses, avec notamment un service de navette gratuite depuis l'aéroport ou la gare, proposé avec votre réservation à l'hôtel.

HOTEL SPALENTOR €€

Schönbeinstrasse 1

✆ +41 61 262 26 26

www.hotelspalentor.ch

Chambre double à partir de 160 CHF, buffet petit déjeuner compris.

Ouvert en février 2002, l'Hôtel Spalentor se situe à quelques mètres de l'imposante porte médiévale Spalentor, sur lequel beaucoup de chambres ont une vue directe. En poussant la porte de la réception, ce sont les tons rouges qui attirent l'œil. Dans les chambres d'environ 30 m², on apprécie les petits plus comme le lecteur DVD (on peut emprunter des films gratuitement à la réception), le peignoir et les pantoufles. La réception vous réserve un accueil très sympathique et professionnel, et met des vélos gratuitement à votre disposition.

NOMAD DESIGN & LIFESTYLE HOTEL €€

Brunngässlein 8

✆ +41 61 690 91 60

www.nomad.ch

Chambre simple à partir de 160 CHF, double 190 CHF. Parking privé accessible sur place.

Arty, urbain et douillet : bienvenue chez Nomad ! Situé à 200 m du Kunstmuseum, à deux pas du centre-ville de Bâle dans le quartier de Vorstädte, il est idéal pour les jeunes actifs et couples qui aiment l'ambiance loft et les meubles design. Décoré avec goût, on s'y sent bien. Le petit plus se trouve au sous-sol : un espace gym avec sauna et tapis de yoga est vraiment appréciable pour se détendre. Fruits de saison, eau, bar à thé et à café gratuit à chaque étage.

PIADINA BAR €

Steinenvorstadt 60

✆ +41 61 272 20 44

www.piadina-bar.ch

Ouvert du lundi au mercredi de 11h à 22h et jeudi au samedi de 11h à 23h. Piadine à partir de 12 CHF.

En plein centre ville de Bâle, ce petit repère italien est idéal pour commander une piadine, ces galettes traditionnelles italiennes remplies d'ingrédients délicieux : gorgonzola, jambon, mozzarella di buffala, roquette, tomates séchées, le choix est vaste... Vous pourrez savourer votre repas en salle, dans une atmosphère confortable et intime ou prendre à emporter si le temps le permet ! À la carte, vous trouverez également des plats et des pizzas italiennes. Le Piadina Bar est aussi installé à côté du musée historique de Bâle et à Zurich.

SUTTER BEGG – BÄCKEREI, KONDITOREI & CAFÉ €

Aeschenvorstadt 6
✆ +41 61 271 49 52
www.sutterbegg.ch
Ouvert du lundi au vendredi de 6h à 19h, et le samedi de 7h30 à 18h.

Dans cette filiale de la célèbre chaîne de boulangeries bâloise Sutter Begg, on peut s'arrêter pour prendre une bonne boisson chaude, dévorer de délicieux croissants ou des pains au chocolat, ou encore, acheter un sandwich consistant et frais. Aux quatre coins de la ville de Bâle, vous trouverez plusieurs établissements de la chaîne, proposant un joli choix de snacks à emporter. Idéal pour faire une petite halte déjeuner ou goûter pendant votre visite.

CAFE RESTAURANT ZUM SCHMALEN WURF €

Rheingasse 10
✆ +41 61 683 33 25
www.gastrosophen.ch
Ouvert du lundi au dimanche de 11h à 23h. Plat du jour de 19 CHF à 44,50 CHF.

Bar, café et restaurant, Zum Schmalen Wurf est un célèbre lieu de rencontre de Bâle, car il est convivial, on partage la table avec ses voisins, serrés mais contents, on sympathise avec le personnel... Rien à redire sur les plats, ils sont bons, surtout les pâtes fraîches et les moules frites. Un incontournable de la jeunesse bâloise, surtout pour les habitués du quartier qui, les jours de beau temps, s'agglutinent sur sa terrasse depuis laquelle on a une belle vue sur le fleuve.

CAFE ZUM ROTEN ENGEL €

Andreasplatz 15
✆ +41 61 501 78 87
Lundi de 8h30 à 20h, mardi au jeudi de 8h30 à 22h, vendredi de 8h30 à 23h, samedi de 9h à 23h, dimanche de 10h à 20h.

Un oasis de calme et de verdure, en plein coeur de la ville ! Ce café-restaurant est l'un de nos préférés. Sa petite terrasse invite à la détente et à la lecture, avec le clapotis de la jolie fontaine pour fond musical. Il faut parfois s'armer de patience pour trouver une place libre, en journée comme le soir. On y vient pour les parties d'échecs entre habitués et le regard moqueur du singe perché sur la fontaine. On y trouve un grand choix de thés et des pâtisseries maison aux prix raisonnables. En été, le thé glacé maison est un must !

IL GATTO NERO €

Oetlingerstrasse 63
✆ +41 61 681 50 56
Ouvert du mardi au vendredi de 11h30 à 14h et de 18h à 23h, le samedi de 18h à 23h. Comptez de 22 à 28 CHF le plat.

Un coin de rue en vitrine, quelques tables conviviales, une carte réduite à une dizaine de propositions, toutes délicieuses à prix très abordables, voilà « le chat noir » en italien. Une petite cantine de quartier où il fait bon papoter devant un spritz à l'apéro, où l'on se sent un peu comme chez des amis. Derrière le comptoir, deux Italiens très sympathiques et attentifs à leurs clients, qui préparent leurs petits plats savoureux et de saison, avec beaucoup de simplicité. Les recettes sont celles de la *mamma*. Une adresse à retenir !

LA MANUFACTURE €

Hochestrasse 56
✆ +41 61 55 45 250
www.lamanufacture-restaurant.com
Ouvert du lundi au samedi de 11h30 à 14h et 17h30 à 22h, le dimanche de 10h à 13h30 et de 17h30 à 21h.

La Manufacture est un restaurant *trendy* fréquenté par la jeunesse du quartier qui propose d'excellents burgers gourmets, dont une formule française (avec brie et moutarde à l'ancienne), et des tartines (la chèvre, thym et miel est délicieuse). À la carte, d'autres burgers vous tenteront comme l'épicé Taj Mahaal ou le Suisse préparé avec des produits locaux... Des options veggie et vegan sont également proposées. La salle est très agréable et le lieu toujours plein, l'avantage c'est aussi le service en continu, tous les jours et assez tard.

RESTAURANT CANTINA DON CAMILLO €

Burgweg 7
✆ +41 61 693 05 07
www.cantina-doncamillo.ch
Ouvert du lundi au samedi de 17h à 23h. Menu trois plats à 55 CHF.

À quelques minutes du musée Tinguely et du parc de la Solitude, la Cantina Don Camillo propose une cuisine fusion. À la carte des plats d'inspirations diverses dont des recettes végétariennes. Avec sa magnifique terrasse qui surplombe le quartier, la Cantina séduit par son cadre et sa cuisine. Une fois par mois, des happenings sont organisés dans la salle adjacente. Et si vous voulez poursuivre la soirée, le Grand Café au rez-de-chaussée vous tend les bras !

RESTAURANT PAVILLON IM PARK €

1 Schützenmattpark
✆ +41 61 302 10 40
www.parkpavillon.ch
Ouvert du mardi au samedi de 14h à 18h et le dimanche de 10h à 17h30. Pizza à partir de 9 CHF.

Dans une grande hutte en bois en plein milieu du Schützenmattpark, c'est le paradis des enfants et de leurs parents dès que les beaux jours arrivent ! On trouve des tables en extérieur dès que le temps le permet. La carte de pizzas et snacks est efficace et est servie avec le sourire. Des petites tables avec jeux et coloriages pour enfants sont à disposition, ainsi que des balançoires et des jeux, juste en face. Une halte qui ressource toute la famille !

RISTORANTE DA ROBERTO €

Küchengasse 3
www.da-roberto.ch
Ouvert du lundi au vendredi de 11h45 à 14h et de 18h à 21h30. Pizza à partir de 16 CHF.

Idéalement situé à deux pas de la gare routière de Bâle se tient le restaurant de Roberto. Un établissement qui sent bon le soleil de l'Italie ! Dans une atmosphère traditionnelle et chaleureuse, le chef propose de délicieux plats typiques dont les cannelloni ricotta et épinard, les spaghetti à la carbonara ou encore le risotto au cognac... Sans oublier une jolie carte de pizzas faites maison dont certaines recettes sont végétariennes. Pour accompagner, vous trouverez à la carte une sélection de vins, d'apéritifs et de digestifs.

RESTAURANT RESSLIRYTTI €

Theodorsgraben 42
✆ +41 61 691 66 41
www.resslirytti.ch
Ouvert tous les jours midi et soir. Menu du jour de 21 à 23,50 CHF. Plats de 26 à 40 CHF. Pâtes à partir de 23 CHF.

Dans un carrousel géant ! À l'angle de la Wettsteinplatz, vous quitterez la Suisse pour l'Italie en poussant la porte du Resslirytti. L'accent chantant et l'accueil chaleureux de l'équipe du restaurant ne laissent pas de place au doute. Ambiance carrousel un peu rétro, où des chevaux en bois côtoient des murs en pierres apparentes et des frises colorées qui rappellent le carnaval. Le must sont les pizzas, à la pâte fine et croustillante et cuites au feu de bois. Chaque jour deux menus sont proposés à prix abordables. Assez fréquenté le soir et le week-end.

UNION €

Klybeckstrasse 95
✆ +41 61 683 77 70
www.union-restaurant.com
Ouvert du lundi au vendredi de 11h30 à 14h et de 17h à 23h, le samedi et dimanche soir. Burgers à partir de 24 CHF.

A proximité de l'église Saint-Joseph, dans le quartier animé de Matthäus, ce café-restaurant séduit par son décor épuré et son ambiance tamisée. Ici, vous mangerez sur de belles tablées en bois sous de vastes luminaires dorés. Les hamburgers sont très prisés : le plus dur sera de faire votre choix, il y en a une dizaine à la carte, tous gourmets préparés avec des ingrédients de qualité, accompagnés de frites maison. Pas mal d'options végétariennes à la carte également. En été, on s'installe sur une très belle terrasse dans la cour intérieure au calme.

RESTAURANT ZUR HARMONIE €

Petersgraben 71
✆ +41 61 261 07 18
www.harmonie-basel.ch
Ouvert tous les jours. Plats végétariens (pâtes). Plats de viandes de 18 à 38,50 CHF. Menu à midi en semaine : 21 CHF.

Ce restaurant de tradition de la vieille ville, à deux pas de l'université, existe depuis plus de 100 ans. Dans un décor rétro de grand cachet où le bois est à l'honneur, les spécialités suisses sont à l'honneur. À la carte, vous pourrez notamment goûter aux Kutteln (abats de veau) servis en sauce avec des pommes de terre. Les étudiants y prennent souvent des salades (servies dans de grands bols). Une carte de saison vous est également proposée (asperges, moules, etc.). Une bonne adresse et une clientèle incroyablement variée.

BISTRO KUNSTMUSEUM €€

St. Alban-Graben 16
✆ +41 61 271 55 22
www.bistrokunstmuseumbasel.ch
Ouvert du mardi au dimanche de 9h à 19h. Formule déjeuner à 23 CHF. Panini à 11,50 CHF.

Dans les locaux du musée des Beaux-Arts, ce bistrot joue sur les contrastes, les murs blancs tranchent avec les tables noires et le parquet sombre. La salle s'étend sur tout un côté du musée et offre une belle vue sur les sculptures exposées dans la cour (*Les Bourgeois de Calais* de Rodin), où l'on place des tables agréables à la belle saison. Côté *food*, la formule de midi vaut le détour, on y trouve une soupe et deux plats dont un végétarien. Quelques sandwichs panini et la soupe du jour sont également proposés pour un déjeuner sur le pouce.

CHEZ JEANNOT €€

1 Paul Sacher-Anlage
✆ +41 61 688 94 58
www.tinguely.ch
Ouvert du mardi au dimanche de 10h à 18h. Menu bistro à 32 CHF.

Le bistrot Chez Jeannot est le restaurant du musée Tinguely, au rez-de-chaussée de l'édifice. Avec sa baie vitrée face au Rhin, son cadre est vraiment très agréable et sa terrasse très poétique. L'architecture pensée par Mario Botta et la décoration inspirée des affiches de Jean Tinguely lui confère une ambiance spéciale. On peut y déjeuner le midi avant ou après la visite du musée. Au choix à la carte quelques plats de saison appétissants et à prix raisonnables. A la carte également des snacks à picorer sur le pouce et des sandwichs.

KAFKA AM STRAND €€

Barfüssergasse 3
✆ +41 61 228 75 15
www.literaturhaus-basel.ch/cafe-kafka
Ouvert du lundi au vendredi de 9h à 19h et le samedi de 9h à 18h. Menu du jour à 19,50 CHF et 21,50 CHF.

A quelques pas de la Barfüsserplatz, dans une petite rue à l'écart de l'agitation de la Freie Strasse, ressourcez-vous et descendez au plus profond de votre âme dans ce café qui porte le nom du célèbre roman d'Haruki Murakami. Dans cet intérieur très chic, l'élite de la ville se donne rendez-vous pour assister à des lectures et autres manifestations autour de la littérature. Une petite étagère propose quelques classiques de la littérature germanophone. Parfait pour se restaurer à midi ou prendre l'apéritif en lisant Goethe ou le dernier philosophe en date.

RESTAURANT DER VIERTE KÖNIG €€

Blumenrain 20
✆ +41 61 261 54 42
www.jakobrestaurants.ch/basel/
Ouvert du lundi au vendredi de 11h30 à 14h30 et de 17h à 23h, le samedi de 11h à 23h.

Le restaurant Der Vierte König est avant tout un lieu pour les amateurs de vins ! On en trouve de tous les pays, de tous les cépages et de toutes les années… Les plats, bien que tout à fait recommandables, ne sont ici que des accompagnements pour de bonnes bouteilles. Ce restaurant profite en outre d'un cadre exceptionnel. Des formules intéressantes vous sont proposées, comme le Menu du Roi ou la fondue bourguignonne à volonté. Cher pour la qualité des plats néanmoins.

BAR GRENZWERT

3 Rheingasse
✆ +41 61 681 02 82
www.grenzwert.ch
Ouvert du lundi au jeudi et le dimanche de 17h à 1h, vendredi et samedi de 17h à 2h. Bière à partir de 5 CHF les 25 cl.

Bar local très sympa, le Grenzwert ne désemplit jamais ! Avec sa musique *lounge*, l'ambiance est conviviale. On y joue au baby, on s'installe sur les fauteuils et canapés à l'entrée, au comptoir, ou dans l'espace tout en bois un peu à l'écart, au fond du bar. Pour les aventuriers, vous retrouverez (de juin à août à partir de 18h quand le soleil est au rendez-vous) le Sonnendeck avec l'équipe du Grenzwert sur les terrain du NT Areal, un espace alternatif et culturel installé sur les terrains d'une gare de marchandises désaffectée, au numéro 80 de l'Ufferstrasse.

BOULANGERIE-PATISSERIE RIEDER'S

Allschwilerstrasse 30
✆ +41 61 302 55 34
www.whiskytruffes.ch
Ouvert du lundi au vendredi de 6h15 à 18h30, le samedi de 6h15 à 17h, et le dimanche de 9h à 17h.

Dans cette boulangerie à la devanture trendy, vous trouverez quelques tables pour vous installer à l'heure du café. La spécialité de la maison, à côté des traditionnels Basler Leckerli, sont les délicieuses truffes au whisky. Une spécialité à découvrir lors de votre visite de la ville ! On les retrouve dans d'autres pâtisseries, mais on raconte que la recette serait née ici. La boulangerie propose également des boissons chaudes et de bonnes viennoiseries.

BÜCHELI CAFFÉ BAR LOUNGE

Steinenvorstadt 50
✆ +41 61 281 41 41
www.buechelibar.ch
Ouvert du lundi au jeudi de 8h à 1h, le vendredi de 8h à 3h, le samedi de 9h à 3h, et le dimanche de 13h à 1h.

Le Bücheli Caffé Bar Lounge est un lieu de rencontre branché de la vie nocturne bâloise. En plein cœur de la ville, ce bar vous accueille dans un grand espace avec tables hautes et tabourets, sans oublier un espace *lounge* avec canapés en cuir et tables basses. L'immensité du bar donne le tournis, tout comme la généreuse carte des cocktails, que l'on vend aussi au litre ! De grandes tables aux accents du Sud vous accueillent l'été sur la zone piétonne. Un endroit des plus chaleureux à tester entre amis lors de votre passage à Bâle !

CAFÉ-BAR DE L'ÉGLISE SAINTE-ELISABETH

Elisabethenstrasse 14
✆ +41 61 271 12 25
Ouvert du mardi au vendredi de 7h à 19h, samedi et dimanche de 10h à 18h. Petite restauration.

Voilà une surprise comme on en trouve quelques-unes dans la ville. En façade de l'église, la porte latérale gauche vous conduit dans un minuscule café. Vous y trouverez toutes les boissons d'un café traditionnel, à la seule différence que vous êtes dans une église. A gauche du bar, si l'on pousse la porte, on se retrouve dans la nef où quelques tables vous attendent. On peut donc boire un verre au beau milieu d'un lieu de culte. Un lieu insolite à découvrir.

CARGO KULTUR BAR

St. Johanns-Rheinweg 46
✆ +41 61 321 00 72
www.cargobar.ch
Ouvert du dimanche au jeudi de 16h à 1h, et les vendredis et samedis de 16h à 2h30.

Le Cargo Bar est une institution à Bâle. Plus qu'un bar, c'est un véritable lieu culturel. Campé au pied de Johanniterbrücke, il faut descendre les marches jusqu'à la rive gauche du Rhin pour découvrir ce petit café toujours bondé. Claude Gaçon, le patron, *French touch* à souhait, s'est entouré d'une équipe dynamique pour faire de ce lieu l'un des bars les plus plébiscités de Bâle. Le Cargo s'inscrit dans tous les grands événements culturels de la ville : un des meilleurs lieux pour prendre un apéro ou passer une belle soirée entre amis.

CONSUM WINE BAR

Rheingasse 19
✆ +41 61 690 91 30
www.consumbasel.ch
Ouvert du lundi au vendredi de 16h30 à 23h, le samedi et dimanche de 13h à 23h.

Après une promenade sur les quais du Rhin ou après une séance de shopping, une pause dans ce bar à vin s'impose ! Au cœur du Petit-Bâle (le Kleinbasel), on déguste des spécialités de charcuterie et de fromage accompagnées par l'un des cent vins proposés. C'est un lieu simple et cosy. L'établissement propose des spécialités méditerranéennes à l'espace magasin près du bar, afin d'emporter le Sud à Bâle : de l'huile d'olive de Cantucci en passant par Celestino. Goûtez au plaisir simple d'un moment convivial entre amis au bord de l'eau !

FRUHLING

69 Klybeckstrasse
✆ +41 61 544 80 38
www.cafe-fruehling.ch
Ouvert du lundi au vendredi de 8h à 18h ; le week-end de 9h à 18h. Formule déjeuner à partir de 11,50 CHF.

La passion pour le café, un savoir pointu, des méthodes de torréfaction et différents modes de préparation : bienvenue chez Früling. Le lieu est simple et décomplexé, avec une orientation affichée pour le bio et le soutien aux producteurs locaux. Ouvert tous les jours, vous pourrez profiter également de plusieurs formules de petit déjeuner bio et local. Le midi, salades et légumes, fruits accompagnés de jus frais ou limonades. Et le week-end, vous pouvez petit déjeuner tout au long de la journée sans vous préoccuper de l'heure !

LÄCKERLI HUUS

Gerbergasse 57
✆ +41 61 264 22 05
www.laeckerli-huus.ch
Ouvert du lundi au vendredi de 9h à 18h30 et le samedi de 9h à 18h. Le magasin de la gare SBB est ouvert 7j/7.

Le Basler läckerli, dont l'origine remonte à 1720, est une petite gourmandise composée de farine, de miel, d'amandes et de fruits confits. C'est LA spécialité gourmande de Bâle : un pain d'épice d'une finesse et délicatesse incomparables. La marque Läckerli Huus est aujourd'hui une véritable chaîne présente dans les principales villes de Suisse. Ne manquez pas de les déguster lors de votre visite. Présentés dans de jolis sachets ou de ravissantes boîtes en métal, ces biscuits constituent un excellent souvenir à rapporter ou à offrir.

LÄDERACH CHOCOLATIER SUISSE

Marktplatz 18 ✆ +41 61 261 54 47
www.laederach.com
Ouvert du lundi au mercredi de 9h à 18h30, les jeudis et vendredis jusqu'à 20h, et le samedi de 9h à 18h.

Fondée en 1905, la maison Merkur commença par commercialiser thé, café et chocolat. Reprise en 2004 par le chocolatier Läderach, la boutique Merkur de Bâle sur la place du Marché est la plus célèbre d'entre elles. Une vraie réussite ! On y trouve une magnifique collection de chocolats emballés ou à la pesée. En été, ne manquez pas de déguster le chocolat au lait et à la fraise. Un lieu de gourmandises que l'on peut retrouver de l'autre côté du Rhin, en Allemagne, à Fribourg-en-Brisgau.

SCHLUGGSTUBE ANTIQUITÄTENBAR

Gerbergässlein 28
✆ +41 61 261 48 61
www.schluggstube.ch
Ouvert du lundi au jeudi de 16h à 1h, et les vendredis et samedis jusqu'à 2h.

Endroit insolite de Bâle, le Schluggstube Antiquitätenbar est situé dans les petites ruelles du centre-ville. Petit comme un mouchoir de poche, c'est une véritable caverne d'Ali Baba qui doit beaucoup à l'état d'esprit des patrons. C'est un lieu à part qui concentre une bonne partie du charme de Bâle. Ici, les tables se partagent et la promiscuité favorise les rencontres d'un autre style. Un établissement atypique à découvrir lors de votre visite.

TEEGARTEN MINIATURES

Tellstrasse 3
✆ +41 61 361 90 11
www.teegarten-miniatures.ch
Ouvert du mardi au vendredi de 11h à 18h30, et le samedi de 10h à 16h.

Vous cherchez un salon de thé convivial et chaleureux ? Rendez-vous chez Teegarten Miniatures, situé à deux pas de la gare routière de Bâle. Vous trouverez chez Béatrice des thés de qualité du monde entier, tous les accessoires pour l'apprécier au mieux et de nombreux conseils précieux. Ici, un petit salon de quelques fauteuils verts au fond du magasin se prête à la dégustation, avec une jolie sélection gâteaux faits maison pour la pause goûter. L'accueil et l'atmosphère y sont très plaisantes. Idéal pour un *tea time* au calme.

PATINOIRE MARGARETHEN

Margarethenpark
✆ +41 61 267 49 40
www.jfs.bs.ch/
Ouvert jusqu'au 4 mars, lundi, mercredi, vendredi, samedi de 10h à 22h, mardi-jeudi de 9h à 22h, dimanche de 10h à 19h.

Ouverte à partir de la fin octobre jusqu'à début mars, la patinoire couverte Margarethen est un rendez-vous incontournable. Elle dispose d'une surface de glace de 6 000 m² pour le plaisir de la glisse. Des cours privés de patinage sont dispensés par des moniteurs en semaine. Des matchs de hockey sur glace improvisés peuvent être disputés la semaine et des réservations pour des matchs amicaux peuvent être passées auprès de la patinoire. Un espace réservé est spécialement dédié aux parents et aux tout petits enfants, pour un apprentissage en douceur.

PISCINE HALLENBAD RIALTO

Birsigstrasse 45
✆ +41 61 205 58 50
www.badi-info.ch/bs/rialto.html
Le lundi de 8h à 16h30, du mardi au vendredi de 8h à 21h30 et week-end de 9h à 18h. Adulte 7,50 CHF, enfant 3 CHF.

Située à quelques encablures de la gare SBB, cette piscine publique existe depuis 1934. Au fil des années, les installations se sont modernisées et comprennent désormais deux bassins différents, un plongeoir, un centre de remise en forme et de bien-être (en supplément) avec salle de fitness, sauna et solarium, un espace tennis de table et même un petit restaurant. Comme c'est la seule piscine couverte de Bâle, elle est très souvent prise d'assaut le week-end. Petit bémol, elle n'est pas adaptée aux enfants qui ne savent pas nager.

BAR ROUGE

Messeplatz 10
✆ +41 61 361 30 31
www.barrouge.ch
Ouvert de 17h à 2h le mercredi, le jeudi jusqu'à 3h, et les vendredis et samedis jusqu'à 4h. Entrée : 10 ou 20 CHF.

Au dernier étage de la tour de la foire, à plus de 100 m de hauteur, le Bar Rouge séduit avant tout par la vue panoramique imprenable sur la ville. Ambiance *lounge* avec longs canapés en cuir et une superbe carte de cocktails. En *afterwork* ou en début de soirée, c'est l'adresse idéale pour prendre un verre ou prendre des cours de création de cocktails. Plus tard, les noctambules apprécieront de danser sur les toits de Bâle. Le lieu est surtout fréquenté par la jeunesse aimant la fête, les soirées DJ et clubbing rythment les nuits bâloises tout au long de l'année !

CINÉMA STADTKINO

Klostergasse 5
✆ +41 61 272 66 88
www.stadtkinobasel.ch
Séances tous les jours. Billet : 17 CHF par adulte et 13 CHF pour les moins de 16 ans, réduction le lundi : 12 CHF.

À quelques pas de la fontaine Tinguely, le Stadtkino est le repaire des amateurs de cinéma d'art et d'essai. Dans une salle épurée, conçue comme une boîte noire, sont diffusées les productions de réalisateurs méconnus, nationaux comme internationaux, souvent présents pour présenter leurs films. Tous les films sont en version originale, sous-titrés quand il le faut, et très souvent de façon bilingue ! Le Stadtkino s'est fixé pour objectif d'initier les jeunes à l'histoire du cinéma et conçoit ses programmes en collaboration avec plusieurs écoles.

FLOSS FESTIVAL

✆ +41 76 338 80 60
www.imfluss.ch
Du 26 juillet au 13 août 2022.

Le Floss Festival est une scène-radeau posée sur le Rhin qui propose une programmation musicale éclectique de très belle facture. Depuis plus de vingt ans, Bâle vit au rythme des concerts pendant trois semaines dès fin juillet. La scène à voile flotte est en mouvement et le public, lui, est assis sur les berges. Sur scène, les groupes jouent devant des centaines de spectateurs qui se promènent et s'arrêtent sur les bords du Rhin. Floss Festival est gratuit : pour contribuer, il suffit de jeter quelques pièces dans les filets des matelots lors de la collecte.

KASERNE

Klybeckstrasse 1b
✆ +41 61 666 60 00
www.kaserne-basel.ch
Tarif théâtre et danse à 35 CHF.

Kaserne ou le plus grand centre pour la scène théâtre, danse et performance de Suisse, qui organise près de 270 événements et accueille 60 000 visiteurs avec de nombreuses programmations pop culturelles. Un partenaire incontournable des grands événements de la scène locale, nationale et internationale. Des locaux sont mis à disposition d'associations locales et des cours de théâtre et de danse sont donnés tout au long de l'année. Le lieu est aussi une résidence d'artistes. De nombreux projets continuent d'émerger dans ce lieu vivant, en perpétuelle évolution !

MUSICAL THEATER BASEL

151 Feldbergstrasse
✆ +41 61 699 88 99
www.musicaltheaterbasel.ch
Programmation sur le site Internet.

Dans un bâtiment moderne à l'écart de l'agitation de la foire de Bâle, le Musical Theater est l'une des plus grandes salles de spectacle avec une capacité de plus de 1 500 places. Concerts, comédies musicales, spectacles : la programmation est variée avec des artistes de réputation internationale. La caisse ouvre en général une heure avant la représentation, et une fois votre billet acheté vous pourrez patienter dans l'un des cinq bars du complexe. La très bonne acoustique de la salle est parfaite pour les comédies musicales et spectacles musicaux.

STAHLWERK

Hagenaustrasse 29
✆ +41 61 322 07 89
www.clubstahlwerk.ch
Tous les samedis soir. Programmation sur Internet.

Le club Stahlwerk, c'est LE lieu incontournable des sons électro du quartier de Sankt Johann. Meilleur club *underground* de Suisse, il propose une programmation diversifiée et n'hésite pas à programmer des styles émergents tout en restant fidèle à l'esprit de départ. L'expérience est incroyable ! Plusieurs espaces, une sono à couper le souffle, un *staff* génial, c'est *the place to be* pour les amateurs de tech house. Ouvert tous les week-ends, mieux vaut passer par le site pour se faire une idée de la programmation. Sensations assurées !

THE BIRD'S EYE JAZZ CLUB

Kohlenberg 20
✆ +41 61 263 33 41
www.birdseye.ch
Ouvert du mardi au samedi de 20h30 à 22h45. Fermé le mardi en été. Entrée : de 8 à 14 CHF selon la programmation.

Le Bird's Eye est un lieu incontournable pour qui aime le jazz ! Ce club a très bonne réputation, pas uniquement à Bâle mais dans un très large périmètre autour de la ville, au-delà des frontières. Dans une ancienne cave voûtée du Moyen Âge, le lieu possède une très belle acoustique et on peut profiter de l'ambiance autour d'un verre. Pendant la semaine, des petits groupes de jazz s'y produisent, le jeudi étant réservé aux styles plus inhabituels. Le week-end, on s'y donne rendez-vous pour écouter les plus grands noms de la scène jazzy internationale.

THEATER BASEL - STADTTHEATER

Elisabethenstrasse 16 ✆ +41 61 295 11 33
www.theater-basel.ch
Billetterie ouverte du lundi au samedi de 11h à 19h. Entrée de 30 à 150 CHF. Programmation sur le site Internet.

Dans un bâtiment moderne au toit arqué du centre-ville, le Stadttheater (Théâtre de la Ville) dispose de deux salles de représentation, une de 1 000 places et une de 320 places. Au programme, un vaste répertoire : opéras, ballets et pièces de théâtre. Bon à savoir, le Théâtre de Bâle propose de passer de l'autre côté du rideau le temps de visites guidées en groupe. En outre, il s'engage activement pour la jeunesse en soutenant des projets expérimentaux dans tous les genres artistiques.

AARAU ★

Née officiellement en 1248, Aarau (20 000 habitants) fut la première capitale de la Suisse (de mars à septembre 1798) et le chef-lieu du canton d'Argovie. La ville offre encore un vieux centre historique ; il est donc très agréable de flâner au hasard dans ses rues pavées, bordées de nombreux bâtiments historiques, avec de très beaux avant-toits peints, les *Dachhimmel*.
La rue In der Halde est sûrement la plus typique de la vieille ville, avec un ensemble de maisons très homogène, dont l'ancien couvent de femmes de Sainte-Ursule (XIIIe siècle). Un peu plus loin, une austère silhouette aux pierres apparentes : la Turm Rore, vestige des fortifications.

OBEREN TURM

Graben 42,

Cette porte des anciens remparts flanquée d'une tour remonte au XIIIe siècle mais a été largement modifiée au XVIe. Vous la reconnaîtrez à son horloge du XVe siècle et à sa taille imposante : avec ses 61 m, c'est la plus haute de son espèce en Suisse. Ne manquez pas, sur sa face sud, *La Danse Macabre* réalisée par le peintre Félix Hoffmann. Les cinq étages inférieurs de la tour servaient autrefois de cellules de prison, l'appartement du gardien se trouvait au dixième étage, tandis que le dernier étage abrite un carillon composé de onze cloches.

OFFICE DU TOURISME D'AARAU

Schlossplatz 1 ✆ +41 62 834 10 34
www.aarauinfo.ch
Ouvert le lundi de 13h30 à 18h, du mardi au vendredi de 9h à 18h, le samedi de 9h à 12h et de 13h à 17h.

Le canton d'Argovie est très vert et vous offre pas moins 1 600 km de sentiers, 1 000 km de postes cyclables. C'est le paradis des activités en pleine nature et du tourisme vert. Profitez d'être dans cette région de bien-être pour plongez dans les eaux chaudes des sources thermales comme aux Thermabald de Zurzach. Toutes les idées de découvertes culturelles ou les échappées naturelles vous seront détaillées dans cet office de tourisme. Une halte s'impose pour découvrir les châteaux.

FURTER

Bahnhofstrasse 9
✆ +41 62 822 38 19
Ouvert du mardi au samedi de 7h15 à 18h30. Fermeture le samedi à 14h.

À deux pas de la gare routière d'Aarau se trouve cette délicieuse boulangerie, idéalement située. Ici, la qualité est au rendez-vous. Les pains bio sont fabriqués avec le plus grand soin artisanal, uniquement avec des matières premières sélectionnées. Même la farine pour les pains complets est fraîchement moulue chaque jour afin de garantir la meilleure qualité possible. Le résultat est à la hauteur : des sandwichs simples et efficaces. Vous trouverez également des salades, des soupes ainsi que de nombreuses viennoiseries pour le petit déjeuner.

CAFÉ BAR LOCKENTOPF €€

Zwischen den Toren 18
✆ +41 62 824 37 84
www.lockentopf.ch
Ouvert du lundi au vendredi de 11h à 23h, le samedi de 10h à minuit.

Au cœur de la ville d'Aarau se tient ce café-restaurant très cosy, à la décoration chaleureuse. Ouvert toute la journée en continu, l'établissement vous accueille pour le déjeuner, le dîner ou pour un simple café. Le midi, en plus de la salade ou de la soupe du jour, le chef propose des plats gourmands aux accents exotiques à l'image de la salade au poulet et sa vinaigrette à la mangue. Le soir, les recettes sont elles aussi influencées par la cuisine fusion avec de nombreuses notes asiatiques. Des planches apéritives sont également à la carte.

MÜRSET RESTAURANTS €€

Schachen 18
✆ +41 62 822 13 72
www.muerset.ch
Ouvert du lundi au samedi de 11h à 23h, le dimanche de 10h30 à 22h.

Les restaurants Mürset sont un ensemble trois en un, combinant un restaurant gastronomique, une brasserie et une taverne à vin. Sous le même toit, vous pourrez prendre un café ou un apéritif, profiter de la chaleur d'un banquet ou de l'élégance d'un dîner gastronomique. Le restaurant Mürset se distingue par la qualité de ses mets que l'on savoure dans une ambiance raffinée. Le Weinstube est plus décontracté et propose une belle sélection de vins, tandis que la brasserie Mürset offre une cuisine de bistrot dans une ambiance de brasserie à la française.

BADEN ★★

Située dans l'agglomération zurichoise, Baden doit beaucoup aux thermes (son nom signifie « les bains »). « Ville de cure et de culture », clame le slogan de la ville. Une escapade idéale pour combattre les rhumatismes et les maladies liées à la circulation sanguine. Comme la tradition de l'utilisation de cette eau soufrée, qui jaillit à 47 °C, remonte aux Romains et aux Helvètes, Baden est aussi une ville historique : le vieux quartier, sur les rives de la Limmat, avec des collines boisées à l'arrière-plan, a beaucoup de charme. La ville historique est d'ailleurs considérée par beaucoup comme l'une des plus pittoresques cités médiévales.

Balade

La vieille ville, autour de sa Stadtkirche, garantit des flâneries bien agréables. Les maisons gaiement colorées s'étalent sur différents niveaux jusqu'à la Limmat. Deux édifices dominent la ville, la Stadtkirche donc, de style gothique tardif, avec sa flèche recouverte de tuiles vernissées qui évoquent irrésistiblement nos toits bourguignons, et la Stadtturm, un peu plus loin, au toit pareillement décoré. On redescend vers la Limmat pour profiter de ses rives largement arborées et y admirer le pont de bois couvert, qui l'enjambe vers le château des Baillis. Celui-ci abrite un musée historique, avec les témoignages de différentes époques qui ont été découverts sur le canton ; l'occasion surtout d'escalader le donjon et d'y découvrir une jolie vue sur la vieille ville.
Dans le reste du canton, ces villes restent à découvrir :

- **Bremgarten,** petite ville historique sur la Reuss ;
- **Brugg,** région des châteaux et des rivières ;
- **Laufenburg,** petite ville typique des Habsbourg sur le Rhin ;
- **Lenzburg,** ville accueillante au pied de l'imposant château ;
- **Muri,** ville construite autour d'une abbaye dans le Freiamt, une région de culture et de loisirs ;
- **Rheinfelden,** ville de la santé, du bien-être, de l'art et de la culture ;
- **Wohlen,** siège principal de l'ancienne industrie du tressage de paille dans le Freiamt ;
- **Zofingen,** ville dont la partie ancienne, bien conservée, est la plus grande du canton.

CHÂTEAU DE STEIN

Schlossbergweg
✆ +41 56 200 87 87
www.baden.ch
Ouvert toute l'année. Entrée libre.

© MARIO KRPAN/SHUTTERSTOCK.COM

En plein cœur de la vile de Baden se trouve les ruines du château de Stein. Si sa construction originelle remonte à l'an 1000, il a depuis été détruit deux fois : une fois en 1415 par les confédérés, puis une seconde fois en 1712 pendant la seconde guerre de Villmergen. Aujourd'hui, il ne reste que des ruines de l'ancien château qui a appartenu un temps aux Habsbourg. Surplombant la ville, la visite du château vaut le détour pour la vue panoramique sur la vieille ville et les vignobles environnants. Une belle découverte à faire en famille.

MUSÉE LANGMATT 🏛 ★

Römerstrasse 30
✆ +41 56 200 86 70
www.langmatt.ch
Ouvert de mars à début décembre du mardi au vendredi de 14h à 17h et le week-end de 11h à 17h. Entrée adulte 12 CHF.

Le legs de la riche famille d'industriels et de collectionneurs Sidney et Jenny Brown-Sulzer a permis à Baden de proposer, dans une charmante maison blanche et verte, une remarquable collection d'artistes impressionnistes français, à laquelle s'ajoutent quelques œuvres du XVIIIe siècle. Dans ce sublime musée ouvert en 1990, le travail d'immenses artistes (notamment Renoir et Cézanne) peut être admiré dans un cadre agréable (collection de mobilier des XVIIIe et XIXe siècles), pour une visite qu'on ne saurait que trop recommander.

SUISSE ALÉMANIQUE

Horloge du clocher de Baden.

ATRIUM HOTEL BLUME €€

Kurplatz 4
✆ +41 56 200 02 00
www.blume-baden.ch

Chambre simple à partir de 135 CHF, double à partir de 220 CHF, suite à partir de 280 CHF.

Construit en 1840, cet élégant hôtel a conservé tout son charme d'antan. Sa galerie centrale, égayée par des plantes vertes et des chants d'oiseaux, est un enchantement. Au sous-sol, les bains d'eau thermale sont un véritable apaisement. Récemment rénovées dans un style design, les chambres offrent le plus grand confort. Le restaurant, ouvert tous les jours midi et soir, propose de savourer de délicieuses soupes et des plats à tarifs abordables dans une atmosphère fin XIXe siècle. L'accueil est par ailleurs jeune et chaleureux : une excellente adresse !

SEEROSE RESORT & SPA €€€

Seerosenstrasse 1
✆ +41 56 676 68 68
www.seerose.ch

Chambre double à partir de 228 CHF, suite à partir de 388 CHF.

Au bord du superbe lac Hallwil, l'hôtel Seerose dispose d'un cadre très agréable pour offrir calme et confort. Ici, les chambres sont décorées avec soin et certaines jouissent d'une terrasse ensoleillée. La vue panoramique sur le lac vaut le détour ! En plus de cette belle situation, l'établissement propose un restaurant avec jardin d'hiver, une cave à vin, un bar, un restaurant de plage, ainsi que des espaces conceptuels autour des thèmes de l'air, de l'eau et du feu. Superbement design, épuré et luxueux. Ce travail mérite le détour.

MOSER'S BACKPARADIES €

Schlossbergplatz 2
✆ +41 56 222 42 55
www.backparadies.ch

Ouvert du lundi au vendredi de 6h à 18h30 (18h le samedi), le dimanche de 8h30 à 18h.

Le Moser's Backparadies fait partie d'une chaîne de boulangerie-chocolaterie suisse. Il est réputé pour servir vite et bien des plats sur le pouce. Dans cet établissement, vous trouverez un large choix de pains et de viennoiseries, ainsi que des snacks salés : salades, sandwichs, bowls, paninis… Moser's Backparadies propose également du sucré pour le petit déjeuner ou l'heure du goûter à savourer sur l'agréable terrasse sur la Schlossbergplatz. Enfin, goûtez à la spécialité, la « pierre de Baden », un chocolat avec fourrage au biscuit et au kirsch.

HIRSCHLI €€

Badstrasse 9
✆ +41 56 210 09 55
www.hirschli.ch

Ouvert du lundi au samedi de 11h à minuit.
Formule déjeuner à partir de 23 CHF.

Au cœur de Baden se tient Hirschli, un restaurant très élégant proposant une excellente cuisine moderne et inventive. Les inspirations du chef sont diverses, avec des notes françaises, italiennes, japonaises… Une cuisine fusion maîtrisée qui mélange les saveurs avec brio. Cet établissement est très appréciable pour la qualité de sa carte, des produits sélectionnés et pour le choix des vins, mais également pour son ambiance feutrée. En été, le jardin et les guirlandes lumineuses offrent une nouvelle atmosphère à ce restaurant.

LUCERNE ★★★★

Bien que hautement touristique, Lucerne est une très belle ville dans laquelle on aime flâner sur les quais, entourée du lac des Quatre-Cantons et des montagnes Rigi, Pilate et Stanserhorn. Si aujourd'hui elle est la septième ville du pays, au début du XIXe siècle, elle ne comptait que 4 300 habitants. C'est l'essor du tourisme, à partir de 1830, qui va permettre son développement et de nombreux aménagements. La ville abrite aujourd'hui près de 79 000 habitants. Le festival de Musique classique et le World Band Festival sont quelques moments à ne pas manquer. Renseignez-vous sur les dates et sur la programmation lors de votre visite.

Balade

Balade rive gauche

De ce côté du pont, la ville moderne avec son quadrillage orthogonal rompt un peu l'harmonie des paysages courbes, tout en douceur, de la ville alanguie sur son lac. D'ailleurs, dans cette partie moderne, on va éventuellement boire un verre du côté du théâtre, ou simplement dormir dans l'un des nombreux hôtels à proximité de la gare. En se rapprochant de la rivière, quelques monuments à voir, comme celui de l'église des Jésuites (Jesuitenkirche), le palais Ritterscher et l'église des Franciscains. Ces trois monuments sont regroupés dans un triangle en face de la vieille ville.

Lucerne, ville des ponts

Le plus célèbre, et également le plus beau, est sans conteste Kapellbrücke (pont de la Chapelle), magnifique pont couvert en bois, construit vers 1300. C'est le plus vieux pont en bois d'Europe et il fait la fierté de la ville. Quand on le contemple, on comprend pourquoi : cet ancien élément des fortifications de la ville, reconstruit récemment à la suite d'un incendie, est décoré d'une centaine de peintures du XVIIe siècle (copies depuis l'incendie) retraçant l'histoire de la ville et de ses saints patrons. Les 200 m de cet ouvrage prennent appui sur la Wasserturm, une tour octogonale recouverte de tuiles, qui date de la même époque.

Elle fut, au fil des siècles, archives municipales, salle du trésor, prison ou chambre de torture ; aujourd'hui elle se contente d'être le monument le plus photographié de Suisse. S'il est le plus célèbre, le Kapellbrücke n'est pas le seul pont en bois de Lucerne : son petit frère, le Spreuerbrücke (pont de l'Ivraie), fut construit en 1408. Situé un peu plus en aval sur la Reuss, il est à la hauteur de son prestigieux aîné, décoré comme lui de tableaux du XVIIe siècle, *La Danse de la Mort*, de Caspar Meglinger. Bel ensemble avec le barrage à aiguilles, construit au XIXe siècle pour réguler le cours de la Reuss. Les autres ponts de la ville, en pierre et plus récents, sont évidemment moins beaux, mais du Seebrücke, voisin de Kapellbrücke, vous avez une belle vue sur le lac, ses canards, ses cygnes et ses mouettes. Les rives qui vous font face, moins construites, gardent un aspect boisé bien agréable. Entre Kapellbrücke et Seebrücke, une sculpture dans l'eau représente la queue d'une baleine qui semble plonger dans le lac.

La vieille ville

La vieille ville se résume à quelques rues, ce qui ne nuit pas à son charme : on s'attarde d'abord sur les quais avant de rejoindre Sternenplatz, avant d'enchaîner avec Weggisgasse, Hertensteinstrasse et Falkengasse.

▶ **Le Rathaus, situé sur le Kornmarkt,** a perdu son rôle politique, mais le bâtiment est toujours là. De style Renaissance italienne (1602-1606), ses arcades et son toit de ferme (d'origine bernoise) lui donnent une allure particulière. Les arcades, face à la rivière, accueillent toujours le marché hebdomadaire.

▶ **Tout près du Kornmarkt,** un bâtiment à l'aspect extérieur assez désespérant, pour ne pas dire moche, abrite le musée Picasso. L'intérieur est heureusement plus chaleureux, avec son plafond en ogive soutenu par des colonnes et, bien sûr, les toiles du maître. Nous avons déjà évoqué le Kornmarkt, mais la vieille ville compte d'autres belles places. Leur point commun est d'être bordées de grandes maisons abondamment décorées de grandes fresques. Remarquez également la très belle enseigne dorée sur la maison du cabaret Hirschen.

▶ **Sur Weinmarkt,** la fontaine est sans intérêt, mais trois maisons décorées offrent le charme d'un enduit patiné par les ans. Au fond, sur la gauche, ne pas manquer les trois très belles maisons, toujours en enduit décoré, mais avec également de beaux toits en tuiles vernissées (dans Metzgerrainle).

▶ **Sur Kapellplatz,** la chapelle est sans charme, mais une fontaine amusante y a élu domicile.

▶ **Plus haut dans la vieille ville,** sur Sternenplatz, on remarquera une belle enseigne verte et, sur une maison, un décor peint étonnant, évoquant des sorcières.

▶ **Le mur Musegg.** Sur les hauteurs de la ville, le mur d'enceinte est partiellement mais remarquablement conservé, avec ses neufs tours. C'est surtout joli vu de derrière. Vous découvrez alors un quartier résidentiel aéré et verdoyant, avec un terrain de sport ; très agréable. Vous pouvez visiter trois tours (Schimmer, Zyt et Männli) et admirer, sur Zyt, la plus ancienne horloge de la ville (1535) qui, privilège de l'âge, sonne une minute avant toutes les autres.

Haldenstrasse. Cette avenue longe le lac, sur la rive côté vieille ville. En la remontant, vous apercevez plus vers les hauteurs quelques jolies maisons, mais on perd alors la vue sur le lac ! À la jonction avec Speizerhofquai, vous profitez d'une perspective dégagée sur la jolie église en bois de Sankt Leodegar Strasse. Il s'agit de la Hofkirche, initialement l'église d'un monastère bâti au VIIIe siècle ; reconstruite en 1645, c'est la plus grande église Renaissance de Suisse. Admirez notamment la façade et le maître-autel, avec un relief de 1500. Toujours sur Haldenstrasse, en s'éloignant du centre, on croise nombre d'antiquaires, et notamment au numéro 19-27, la galerie Fischer, aux dimensions et aux articles impressionnants (par exemple, lors de notre passage, harnachements et armures de guerriers samouraïs). En poursuivant dans la même direction, à Haldensteig, une petite chapelle en face du casino, Markuskirche ; elle est très mignonne avec ses arbres et pierres apparentes, mais malheureusement un peu étouffée par les bâtiments qui l'entourent.

***Le Lion agonisant*.** Situé sur les hauteurs de la ville, au-dessus de Haldenstrasse, ce monument célèbre, réalisé par le sculpteur danois Thorwaldsen, évoque de façon émouvante le sacrifice des gardes suisses lors de l'attaque du palais des Tuileries du 10 août 1792. L'écrivain et humoriste Mark Twain l'a qualifiée de « sculpture la plus triste du monde ».

Le Panorama Bourbaki. Ce monument est situé dans Löwenstrasse et consiste en une toile circulaire géante (1 100 m²), une des dernières du genre, qui évoque un épisode poignant de la guerre franco-allemande de 1870, le passage en Suisse de l'armée du général Bourbaki. Le travail du peintre Édouard Castres est remarquable.

Histoire

À l'origine, Lucerne est un petit village de pêcheurs qui prend réellement de l'importance vers 1220, à la suite de l'ouverture du col du Saint-Gothard. Celui-ci favorise l'essor de la ville, en reliant la Suisse allemande au Tessin et en servant de voie commerciale à travers les Alpes ; c'est de cette époque que date le premier mur d'enceinte. En 1291, la ville est achetée par les Habsbourg, au grand dam de ses citoyens (les « bourgeois », le terme désignant ici les personnes qui ont droit de cité dans une commune) qui voient leur autonomie largement réduite. Pour lutter contre cet état de fait, ils s'allient, en 1332, avec les autres cantons du lac : c'est l'alliance historique des Waldstätter.

Cet accord marque la naissance de ce qui va devenir la Confédération helvétique. Ce n'est plus à prouver, l'union fait la force et c'est ainsi que les confédérés, par la victoire de Sempach, s'affranchissent, en 1386, de l'encombrante tutelle autrichienne. Dès lors, la ville va accroître son pouvoir pour devenir le centre de la Suisse catholique. Sa position géographique relativement centrale était un argument de plus et Lucerne aurait dû devenir la capitale du pays. Mais en 1847, elle perd la guerre du Sonderbund, la guerre de sécession ; en 1848, décidément incorrigible, elle rejette la Constitution fédérale. On comprend dans ces conditions que Berne ait été finalement choisie.

Sports / Loisirs

La région de Lucerne vous invite à pratiquer tous les sports d'hiver, ski, luge et autres glisses, tous les sports nautiques, sans oublier à la belle saison la randonnée en montagne. Idéal pour se ressourcer et se remettre en forme.

La montée du Pilatus, ou mont Pilate, est un incontournable. Depuis Lucerne, le téléphérique (impressionnant) vous propulse à 2 100 m d'altitude pour jouir d'une vue exceptionnelle sur les régions du lac des Quatre-Cantons. Depuis Alpnachstad vous pouvez emprunter le train à crémaillère le plus raide du monde (impressionnant aussi). Un circuit bateau à vapeur, train et bus peut-être combiné avec randonnée et descente sur la piste de luge d'été (en hiver en luge, bien entendu, sur cette piste mythique de 6 km de long).

Escapade à Stanserhorn. Vous pouvez rejoindre la station Stans depuis Lucerne, puis en 5 minutes de marche vous gagnez la station inférieure pour emprunter le funiculaire à wagon ouvert jusqu'au Kälti avant de gagner le Stanserhorn en CabriO. Hébergement possible à Stans (pas sur le Stanserhorn).

Transports

Train. Trains directs en provenance de Zurich, Bâle, Berne, Interlaken et du Tessin.

Bateau. Liaisons régulières entre les bourgs bordant le lac des Quatre-Cantons.

Voiture. Par les autoroutes de Zurich, Bâle, du Saint-Gothard et de Berne.

Déplacez-vous à pied ou en bus ! Nous vous déconseillons d'essayer de vous garer dans le centre-ville.

Le fameux pont en bois de Lucerne.

ÉGLISE DES FRANCISCAINS ★★

Hirschengraben

La construction initiale, intégrée à un monastère, date du XIIIe siècle et était de style roman. En 1561-1562, elle fut agrandie et presque entièrement reconstruite, cette fois en style gothique. Elle a ensuite été plusieurs fois remaniée, en style Renaissance, baroque et rococo. Remarquez les peintures de drapeaux, illustrant les conquêtes de la ville de Lucerne lors de son expansion maximale. Cette rive est aussi l'occasion de voir et de photographier les quais de la rive droite. On passe d'une rive à l'autre en empruntant le Kapellbrücke.

KAPPELBRUCKE [PONT DE LA CHAPELLE] ★

Entre Rathausquai et Bahnhofstrasse

Accès libre.

Ce pont couvert en bois, long de 204 m, est l'emblème de Lucerne ! Il a été construit dans la première moitié du XIVe siècle et tire son nom de la chapelle Saint-Pierre voisine. Sa charpente est ornée depuis le XVIIe siècle de nombreux tableaux retraçant des scènes de l'histoire du pays, ainsi que des saints patrons de la ville, saint Léodégar et saint Maurice. Au milieu du pont, arrêtez-vous admirer la tour d'eau qui servit autrefois de prison et de chambre de torture.

SUISSE ALÉMANIQUE

JARDIN DES GLACIERS ★

4 Denkmalstrasse

✆ +41 410 43 40

www.gletschergarten.ch

Ouvert tous les jours. Adulte : 15 CHF, étudiant : 12 CHF, enfant (de 6 à 16 ans) : 8 CHF.

C'est tout à la fois un parc, un musée et une oasis de calme. On y apprend que des marmites glaciaires de grande taille prouvent qu'il y a 20 000 ans, lors de la dernière glaciation, Lucerne était recouverte par des glaciers. Des fossiles de coquillages et de feuilles de palmier montrent par ailleurs qu'il y a 20 millions d'années, la région de Lucerne était une plage avec un climat subtropical. Le Jardin des Glaciers possède, en outre, le plus ancien relief alpin de F. L. Pfyffer von Wyher et abrite un labyrinthe de miroirs dans le style de l'Alhambra de Grenade.

KUNSTMUSEUM [MUSÉE DES BEAUX-ARTS] ★

Europaplatz 1 ✆ +41 41 226 78 00

www.kunstmuseumluzern.ch

Ouvert du mardi au dimanche de 11h à 18h. Fermeture à 19h le mercredi. Adultes : 15 CHF, étudiants : 6 CHF.

Dans l'immense bâtiment du Centre de Culture et des Congrès (KKL) conçu par l'architecte Jean Nouvel, ce musée couvre une période picturale s'étendant du XVIe siècle à nos jours, avec plus particulièrement des paysages suisses du XIXe siècle, une collection expressionniste et d'art contemporain. Sur une superficie de 2 000 m^2, le musée propose trois expositions en même temps dans une scénographie des plus modernes. Une expérience pour les amateurs d'art.

GOTTHARD PANORAMA EXPRESS

11 Vulkanplatz - ZÜRICH
www.sbb.ch/gotthard-panorama-express

Au cœur du pays, c'est un véritable voyage panoramique à 360 degrés qui vous est proposé ! L'évasion est garantie à bord du Gotthard Panorama Express qui relie deux magnifiques régions de Suisse, le centre de la Suisse et le canton du Tessin. Toute l'histoire du pays défile devant vous et, au gré de vos haltes, vous plongez dans le passé vibrant des mythes ancestraux comme celui de Guillaume Tell. Vous avez tout le loisir de choisir le sens de votre itinéraire avec les différents points de départ comme Lugano, Bellinzona, Lucerne ou Arth-Goldau par la Rigi. Le circuit est optimal si vous combinez le bateau et le train panoramique car ils vous garantissent des sensations et vues totalement différentes et complémentaires. Il est également conseillé de prendre votre temps afin d'optimiser votre découverte. Nous vous suggérons également de vous laisser tenter par la restauration à bord avec sa carte de plats authentiques et typiques.

- Départ en bateau à vapeur : à Lucerne, embarquez pour un voyage aux airs de Belle Époque à bord de votre bateau équipé de roues à aubes. Vous sillonnez sur les eaux cristallines du lac des Quatre-Cantons, plongez votre regard vers la prairie du Grütli, le Schillerstein, la chapelle de Tell et d'autres sites historiques des cantons fondateurs en 1291.
- Parcours en train panoramique : l'expérience se vit intensément en poursuivant le périple à bord du train panoramique de la ligne historique du Saint-Gotthard au départ de Flüelen. Confortablement installé, les commentaires des guides présents sur tout le parcours sont un vrai plus pour ne rien manquer durant le trajet. Que d'émotions au rendez-vous à voir défiler ce condensé de paysages des plus alpins aux plus méridionaux ! Un des passages emblématiques est la traversée du tunnel ferroviaire du Saint-Gotthard sur 15 km. Cet ouvrage titanesque date de 1882. Ce « passage secret » dans la montagne est une prouesse d'ingénierie et un véritable lieu de légendes qui vous sont commentées. Après cette traversée insolite, votre train panoramique poursuit sa route à l'extrême sud de la Suisse jusqu'à Bellinzona et Lugano. Après cette épopée inoubliable sur la route historique du rail suisse, la *dolce vita* tessinoise vous charmera. Le Tessin vous tend les bras : autre panorama, autre lac, autre langue et surtout autres saveurs à déguster comme le vin plein de soleil.

Le Gotthard Panorama Express est définitivement une expérience complète aux ambiances multiples !

MUSÉE D'HISTOIRE NATURELLE ★

Kasernenplatz 6 ✆ +41 41 228 54 11
www.naturmuseum.ch

Ouvert du mardi au dimanche ainsi que les jours fériés de 10h à 17h. Entrée adulte 10 CHF, étudiant 8 CHF, enfant 2 CHF.

Le musée d'Histoire naturelle de Lucerne est un musée vivant et interactif situé non loin de la rivière Reuss sur la Kasernenplatz. Les expositions permanentes «Sciences de la terre», «Biologie» et «Monde merveilleux des insectes» mettent en valeur la biodiversité de la Suisse centrale et s'attachent à son histoire et à sa préhistoire. Trois étages pour ces expositions permanentes qui sont complétées par d'attrayantes expositions temporaires. À découvrir en famille.

MUSÉE SUISSE DES TRANSPORTS

Lidostrasse 5
✆ +41 41 375 75 75
www.verkehrshaus.ch

Ouvert tous les jours de 10h à 18h (17h en hiver). Entrée : 32 CHF. Planétarium : 16 CHF.

Il existe depuis 1959 et c'est l'un des musées les plus populaires du pays ! Le Musée suisse des transports présente l'histoire de la mobilité et de la communication à travers des expositions, des bornes interactives et des films. Il rassemble plus de 3 000 objets sur plus de 20 ha, évoquant l'histoire de la circulation sur la route, le rail et l'eau, dans les airs et dans l'espace. Un simulateur de train permet même de se mettre dans la peau d'un conducteur de locomotive.

PALAIS RITTER

Krongasse
✆ +41 41 227 17 17
www.luzern.com

Ce palais date de 1557, d'où son style Renaissance italienne. Il a été commencé pour Luzius Ritter, enrichi par ses troupes de mercenaires, et achevé par la ville après la mort de celui-ci. En 1577, il a été donné aux jésuites, qui construisirent à proximité une église et une école. Quand ils furent bannis, c'est le gouvernement qui occupa le palais en 1804. A son tour, il compléta le complexe en 1841-1843 par un hall semi-circulaire, puis par d'autres constructions au cours des décennies suivantes. Le palais est aujourd'hui le siège du gouvernement cantonal.

STANSERHORN

19 Stansstaderstrasse 19

✆ +41 41 618 80 40

www.stanserhorn.ch

Ouvert dès avril. Tarifs : aller 37 CHF et aller-retour 74 CHF adultes.

Des pionniers ont permis de rejoindre le Stanserhorn en construisant un chemin de fer dont l'inauguration date du 23 août 1893. C'est en mai 1975 que le premier téléphérique Kälti est activé. Depuis cette date, les aménagements n'ont pas cessé dans le seul but de faire profiter les passionnés des beautés de la montagne (vue sur dix lacs et pas moins de 100 km de chaîne alpine). Pour rejoindre le sommet, vous pouvez tenter l'expérience rétro avec ancien funiculaire, ou la télécabine Cabrio. Sur place, déjeunez dans le restaurant tournant Rondorama.

CROISIÈRES SUR LE LAC

Werftestrasse 5

✆ +41 41 367 67 67

www.lakelucerne.ch

Différents circuits : grand tour du lac (5h30), croisières du midi (1h45). Tous les tarifs sur le site.

Une croisière sur le lac des Quatre-Cantons est incontournable et toutes les saisons apportent leurs attraits. Au simple plaisir de naviguer et de profiter de paysages somptueux sur les montagnes et sur la ville (les lumières de la ville de nuit sont éblouissantes !) s'ajoute l'avantage de relier des zones intéressantes sans prendre votre voiture. Avec ses cinq bateaux à roues à aubes historiques et ses quinze élégants bateaux-salons à moteur, vous voyagerez dans le temps et accéderez aux plus importantes destinations touristiques de la région.

CAPSULE HOTEL LUCERNE €

Hirschengraben 40

✆ +41 77 526 33 75

www.capsulehotel.ch

Cabine-lit à partir de 48 CHF (avec TV 50 CHF), Premium cabine-lit à partir de 60 CHF.

Voilà le premier *capsule hotel* de Suisse ! Unique en son genre, ce nouvel établissement offre la possibilité à toutes les bourses de visiter Lucerne sans se ruiner. Et c'est réussi, les tarifs en vigueur sont imbattables ! Inspiré des *capsule hotels* japonais, les visiteurs dorment ici dans des cabines-lits au design évoquant les astres. Situé au cinquième étage d'un espace de *coworking* branché dans la vieille ville, les salons et la cuisine sont conviviaux et rassemblent touristes, entrepreneurs et artistes en tout genre. Prêt à tenter l'aventure ?

HOTEL ALPHA €

Zähringerstrasse 24

✆ +41 41 240 42 80

www.hotelalpha.ch

Chambre simple à partir de 75 CHF, chambre double à partir de 112 CHF, chambre triple à partir de 150 CHF.

Très bien situé, l'hôtel Alpha de Lucerne réserve un accueil chaleureux à sa clientèle. Ce charmant hôtel sans prétention se révèle pourtant être un bon compromis pour les petits et les moyens budgets à la recherche d'un minimum de confort. Les chambres sont simples bien que coquettes pour leur prix. Certaines disposent d'une salle de bains, pour les autres il faudra utiliser celles de l'étage. Deux salles de télévision sont à votre disposition, ainsi qu'une salle de lecture. Un très bon rapport qualité/prix au cœur de la ville.

HOTEL DES BALANCES €€

Weinmarkt

✆ +41 41 418 28 28

www.balances.ch

Chambre simple à partir de 150 CHF, double à partir de 180 CHF, suite à partir de 345 CHF.

« Charme et excellence », voilà le slogan de cet établissement qui le mérite bien ! Idéalement situé au bord de la Reuss, cet élégant hôtel a une histoire qui remonte au XIIe siècle. Sa magnifique façade est d'ailleurs l'un des lieux les plus photographiés de la ville ! Les chambres et les salles communes ont été décorées avec goût et mêlent avec harmonie classicisme européen et modernité. Le bar-lounge est un lieu chic et *trendy* où l'on se sent bien et le restaurant aux 14 points *Gault & Millau* propose une gastronomie créative haut de gamme.

HÔTEL-RESTAURANT DES ALPES €€

Rathausquai 5

✆ +41 41 417 20 60

www.desalpes-luzern.ch

Chambre double à partir de 180 CHF. Vue sur la rivière à partir de 234 CHF.

Situé au cœur du centre-ville historique et piétonnier de Lucerne, l'hôtel-restaurant des Alpes 3 étoiles est idéal pour tous les voyageurs qui veulent visiter la ville à pied. Superbement placé, cet hôtel qui jouit d'une merveilleuse vue sur le pont de bois et la rivière propose des chambres coquettes et confortables. Ce n'est pas un palace, mais bien une adresse de charme qu'il faut retenir. La terrasse du restaurant au bord de l'eau est un grand plus !

SUISSE ALÉMANIQUE

WALDSTÄTTERHOF HOTEL €€

4 Zentralstrasse
✆ 04 12 271 271
www.hotel-waldstaetterhof.ch
Chambre simple dès 124 CHF, double dès 198 CHF, inclus petit déjeuner.

Quelle belle allure pour ce monument historique ! Avec ses deux tourelles qui s'élancent dans le ciel lucernois, le Waldstätterhof a de la prestance. Ses 94 chambres nous promettent un bel accueil. À deux pas de la gare, de l'office de tourisme et de la vieille ville, il est l'endroit parfait pour partir à la découverte de Lucerne. Les chambres sont mises en valeur avec du mobilier classique, ce qui donne une touche personnalisée et un petit retour dans passé. Le restaurant de l'hôtel permet la découverte de plats traditionnels lucernois.

ART DECO HOTEL MONTANA €€€

22 Adligenswilerstrasse ✆ +41 41 419 00 00
www.hotel-montana.ch
Chambre à partir de 180 CHF. Nuit romantique Junior Suite avec vue sur le lac à 1 025 CHF. Restaurant.

Cet hôtel de style Art déco situé sur les hauteurs de Lucerne est absolument superbe. Ici, les chambres récemment refaites sont un enchantement. Le service, impeccable, est assuré principalement par des stagiaires de l'école d'hôtellerie située dans le même bâtiment et le petit déjeuner est digne d'un hôtel 5 étoiles. On y accède par un funiculaire privé ! C'est ici que Jean Nouvel a séjourné lors de la construction du KKL (Centre de la Culture et des Congrès) situé de l'autre côté du fleuve. À tester pour une escapade amoureuse.

GRAND HOTEL NATIONAL €€€

Haldenstrasse 4
✆ +41 41 419 09 09
www.grandhotel-national.com
Chambre à partir de 247 CHF.

Avec son emplacement privilégié en bord du lac, ce majestueux palace de type néo-Renaissance accueille des visiteurs depuis cent cinquante ans. Dès qu'on y pose le pied, on est plongé dans une autre époque faite de faste et d'élégance et on tombe sous le charme de ce lieu chargé d'histoire ! La décoration subtile et luxueuse est composée d'objets et de pièces d'art. Le service sans fausse note est digne de l'établissement. Enfin, en fin de journée, ne manquez pas de vous régaler au National Bar qui enchante par son ambiance feutrée et ses lumières chaudes.

THE HOTEL, AUTOGRAPH COLLECTION €€€

Sempacherstrasse 14
✆ +41 41 226 86 86
www.the-hotel.ch
Studio de luxe à partir de 230 CHF, loft à partir de 328 CHF et suite à partir de 499 CHF. Petit déjeuner : 30 CHF.

Situé du côté de la nouvelle ville, ce *design hotel* a été entièrement revu et corrigé par le célèbre architecte parisien Jean Nouvel. On y retrouve sa (fameuse) patte dans le faste épuré des chambres et des salles communes qui marient avec beaucoup de goût le bois et l'acier. Chaque chambre a ses particularités et ses atouts, apprêtez-vous à être plongé dans un univers cinématographique ! Sans doute un des établissements les plus impressionnants à Lucerne.

DEAN & DAVID €

Morgartenstrasse 4
✆ +41 41 220 02 22
www.deananddavid.ch
Ouvert du lundi au vendredi de 11h à 20h.

Envie d'une pause déjeuner rapide à Lucerne conjuguant gourmandise et cuisine équilibrée ? Direction chez Dean & David ! Le duo mise sur la fraîcheur des ingrédients sourcés localement et sur une cuisine légère, saine et nutritive. Ici, vous trouverez une ambiance naturelle aux tons clairs et des classiques au menu : salades, soupes, curry et des *good life bowl* (plats servis dans des bols), la grande tendance du moment de la *healthy food*. Un large choix d'options végétaliennes et végétariennes sont également proposées à la carte.

KARL'S KRAUT €

St. Karliquai 7
✆ +41 41 534 77 77
www.karlskraut.ch
Ouvert du mercredi au vendredi de 11h30 à 14h et de 17h30 à 23h, et le samedi de 11h30 à 23h. Environ 50 CHF le menu.

On craque pour ce restaurant résolument vert ! 100 % vegan, bio, sain, sans additifs, de saison… Voilà le créneau de ce nouveau lieu *in* au décor lumineux mi-brut mi-naturel. Chez Karls Kraut, la chef et son équipe, jeune et branchée, prouvent que *healthy food* rime avec plaisir ! Tous les dimanches, un délicieux brunch est proposé. Au choix, trois formules selon vos envies : brunch salé avec tofu brouillé épicé avec des patates douces, haricots blancs à la tomate avec rösti ou smoothie bowl avec baies fraîches et granola. Gourmand !

LUZ SEEBISTRO €

Landungsbrücke 1
✆ +41 41 367 68 72
www.luzseebistro.ch

Ouvert du mercredi au dimanche de 9h à minuit. Fermeture à 22h le mercredi et dimanche. Petit déjeuner à 16,50 CHF.

Que ce soit pour y déguster une petite restauration appétissante ou pour un café, vous adorerez le cadre de cet élégant kiosque au bord du lac avec sa terrasse sur pilotis. Entourée de fenêtres, cette jolie adresse à l'esprit « fin de siècle » est parfaite pour un apéro entre amis autour de l'un des mojitos maison ! À la carte, des salades, de délicieux burgers, sans oublier des viandes cuites au gril. Quelques desserts viennent compléter la sélection (muffin à la myrtille, carrot cake suisse, cinnamon roll, brownie...) pour une pause goûter gourmande.

MELISSA'S KITCHEN €

Hirschengraben 19
✆ +41 41 260 33 33
www.melissas.ch

Ouvert du mardi au samedi de 7h à 17h et le dimanche de 9h à 15h. Brunch à partir de 28 CHF.

Éloigné des sentiers touristiques, ce charmant café-restaurant est apprécié des locaux qui viennent y déguster une petite restauration de qualité ou papoter entre amis autour d'un thé et de pâtisseries gourmandes. Décoré avec goût dans un esprit cosy, Melissa's Kitchen est un lieu chaleureux : on s'y sent comme à la maison. Pour démarrer la journée du bon pied, tester la formule petit déjeuner (dès 6h du matin pour les lève-tôt) ! La maison propose également un brunch le samedi, encore plus gourmand le dimanche et les jours fériés.

LA CUCINA €€

Pilatusstrasse 29
✆ +41 41 226 88 88
www.lacucina-luzern.ch

Ouvert du mardi au vendredi de 11h30 à 14h et du 18h à 23h30 (minuit le vendredi), le week-end de 18h à minuit.

Désignée comme l'un des meilleurs restaurants italiens de Suisse, La Cucina est un vrai plaisir ! Le décor est élégant avec ses boiseries, son beau plafond et ses imposants lustres, tout en étant décontracté. Au fond de la salle, la cuisine ouverte permet d'admirer les pizzaïolos s'affairer avec grâce. Cela met l'eau à la bouche ! Le service, aux accents italiens, est vif et sympathique. Enfin, dans l'assiette, les spécialités italiennes sont excellentes, légères et goûteuses. Le restaurant est vite complet, pensez à réserver !

HELVETIA €€

Waldstätterstrasse 9
✆ +41 41 2104450
www.helvetialuzern.ch

Ouvert du lundi au samedi de 8h à 23h et le dimanche de 10h à 22h. Petit déjeuner à 13,50 CHF.

Au cœur de Lucerne, cette belle brasserie boisée offre une plaisante ambiance bistrot de quartier. Toujours bondé, l'Helvetia sert une bonne gourmande mêlant tradition suisse et créativité moderne. Les produits sont issus de producteurs et commerçants locaux et mettent en valeur la diversité de la Suisse centrale. Un grande terrasse sous les marronniers avec sièges en teck ou fauteuils en rotin assure une ambiance très estivale ! Et il ne faut pas hésiter à y retourner : la carte change régulièrement, au fil des saisons. À tester !

RESTAURANT HOTEL REBSTOCK €€

St. Leodegarstrasse 3
✆ +41 41 417 18 19
www.rebstock-luzern.ch

Ouvert tous les jours de 11h30 à 23h. Plats entre 20 CHF et 40 CHF.

À l'extérieur, une impressionnante façade à colombages rouge et blanc datant du Moyen Âge. À l'intérieur, un espace bistro d'un côté, une salle chaleureuse aux poutres en bois apparentes de l'autre. La carte met en avant une cuisine suisse, du terroir et saisonnière, à l'image du traditionnel pain de viande, des filets de perche ou du veau à la zurichoise. À la belle saison, choisissez entre la terrasse aux pieds de l'église Saint-Léger ou la charmante arrière-cour.

WEISSES SCHLOSS €€

Moosstrasse 7
✆ +41 41 227 00 00
www.weissesschloss.ch

Ouvert du lundi au vendredi de 11h30 à 14h et de 18h à 23h, le samedi de 18h à 23h. Formule midi à partir de 19 CHF.

Loin de la foule de touristes, on est séduit par cette adresse au style de brasserie élégante au décor Art nouveau. Sur l'ardoise : émincé de veau à la crème, cordon bleu, escalope panée, röstis, bref, des spécialités helvétiques aux couleurs du terroir. Chaque jour, le chef propose plusieurs plats du jour, dont une recette végétarienne. Aux beaux jours, on prend volontiers d'assaut la superbe terrasse aux vignes grimpantes, pour un air de vacances assuré. Le tout dans une ambiance conviviale et décontractée ! Une belle adresse à tester.

WIRTSHAUS TAUBE €€

Burgerstrasse 3
✆ +41 41 2100747
www.taube-luzern.ch

Ouvert du lundi au samedi de 11h30 à 23h30. Menu et plats dans les 20 CHF.

Le Wirtshaus Taube est un restaurant traditionnel à la décoration rustique. L'établissement sert des spécialités suisses allemandes et lucernoises selon d'anciennes recettes originales, dans une ambiance chaleureuse. La carte est petite mais il y en a pour tous les goûts. Nous vous recommandons les röstis au bacon, fromage et œufs et le cordon bleu. La terrasse est superbe au bord de la Reuss avec une très jolie vue sur la vieille ville. Service souriant et efficace. Idéal pour savourer la gastronomie lucernoise et faire une pause !

OLD SWISS HOUSE €€€

Löwenplatz 4
✆ +41 41 410 61 71
www.oldswisshouse.ch

Ouvert du mardi au samedi de 11h30 à 14h30 et de 18h à 23h. Plats entre 40 et 60 CHF.

Cette « vieille maison suisse » se distingue par sa belle façade à colombages rouges et s'ouvre sur une grande salle à la décoration élégante. Le chef Fabien Ballosch propose une cuisine très raffinée, inventive et élaborée à base d'ingrédients d'une grande fraîcheur. La spécialité de la maison ? L'escalope de veau à la façon du patron : une escalope viennoise, préparée à la table, rôtie au beurre dans des poêles en cuivre et servie et accompagnée de délicieuses airelles rouges. Le plat signature de cette Old Swiss House depuis soixante-dix ans !

RESTAURANT DES BALANCES €€€

Weinmarkt ✆ +41 41 418 28 28
www.balances.ch

Ouvert tous les jours de 7h à minuit 30. Menu déjeuner à 43 CHF.

Aux beaux jours, quel bonheur d'investir l'une des plus belles terrasses de la région les pieds dans l'eau. La vue y est spectaculaire. La décoraton intérieure est tout aussi invitante avec son esprit chic-élégant et ses touches *trendy*. Mention spéciale pour le feu de cheminée et son joli rideau de flammes si réconfortant. Au menu, une délicate carte de saison qui fait la part belle au gril et à une cuisine classique rehaussée d'une belle créativité, sans oublier un accord mets-vin idéal, de quoi éveiller vos papilles ! Incontournable.

BACKEREI HUG

Schwanenplatz 2
✆ +41 410 10 59

Du lundi au mercredi et vendredi de 6h30 à 19h, jeudi jusqu'à 20h, samedi de 6h30 à 17h et dimanche de 8h à 17h.

Cette chaîne de boulangeries est une institution suisse depuis 1877 ! Pendant votre séjour à Lucerne, vous trouverez plusieurs établissements Bäckerei Hug. L'accueil est y toujours très serviable et la qualité est au rendez-vous. En plus des pâtisseries classiques, les équipes préparent des spécialités lucernoises comme le pain au levain ou le fameux pain d'épice de Lucerne. Pour une pause gourmande à toute heure de la journée : Bäckerei Hug propose également des sandwichs. Idéal pour faire une petite halte entre deux visites de la ville.

CONFISERIE BACHMANN

Schwanenplatz 7
✆ +41 41 227 70 70

Ouvert du lundi au vendredi de 7h à 19h, 21h le jeudi, 17h30 le samedi et le dimanche de 9h30 à 18h.

Véritable institution à Lucerne, les confiseries Bachmann sont un incontournable ! Cela fait cent vingt ans que la famille régale les palais les plus gourmands. Avec dix boutiques dispersées dans la ville et des devantures violettes pétantes, vous ne pouvez pas les manquer. Dans l'une située sur la Schwanenplatz coule un mur de chocolat ruisselant de 750 kg. Chaque boutique est un véritable palais de douceurs en tout genre : pain frais, chocolats, pralines et spécialités lucernoises. La qualité des confiseries est telle qu'il faut les croquer sans attendre !

PARTERRE

Mythenstrasse 7 ✆ +41 41 220 20 43
www.parterre.ch

Ouvert du lundi au vendredi de 11h à 23h, le week-end de 9h à minuit. Menu du jour à partir de 19 CHF.

Parterre est un café branché tendance *bobo* situé derrière la gare, dans un quartier plutôt résidentiel mais animé de nombreuses boutiques de jeunes créateurs. Le décor un brin industriel est *design* avec une grande table au centre assurant une ambiance conviviale. Tous les midis, un menu du jour est proposé avec systématiquement une version vegan, ainsi que des paninis pour manger sur le pouce. Le week-end, le restaurant propose un délicieux brunch. Des événements, culinaires et musicaux, sont organisés tout au long de l'année attirant une foule plutôt *in*.

PENTHOUSE

Pilatusstrasse 29

✆ +41 41 226 88 88

www.astoria-luzern.ch

Ouvert du dimanche au mercredi de 17h à minuit 30, le jeudi jusqu'à 1h30, le vendredi et samedi jusqu'à 3h30.

Vous cherchez un endroit pour s'amuser à Lucerne ? Direction Penthouse ! Ce *rooftop* bar très branché offre l'une des meilleures vues de la ville dans une ambiance *lounge* un brin bling-bling. Niché au huitième étage de l'hôtel Astoria, c'est l'endroit idéal pour admirer la magie de Lucerne en dégustant un cocktail. La vue panoramique sur Lucerne et les Alpes depuis le toit-terrasse vaut largement le détour. En week-end, les soirées avec DJ sont prisées des jeunes Lucernois. Renseignez-vous sur Internet pour connaître le programme.

PLAGE DU LIDO

Lidostrasse 6a

✆ +41 41 370 38 06

www.lido-luzern.ch/

Ouvert de mai à septembre de 10h à 19h, jusqu'à 20h de juin à août.

Une plage de sable au bord des Alpes ! La plage du Lido est située sur le lac des Quatre-Cantons, avec un panorama alpin à couper le souffle. Lucerne bénéficie d'un temps clément l'été, alors quoi de mieux pour se rafraîchir que de piquer une tête dans les eaux pures du lac ? Si l'eau est trop froide, direction la piscine chauffée pour le plus grand plaisir des jeunes et des moins jeunes. Vous trouverez des installations pour enfants, des jeux ainsi qu'un restaurant avec vue sur lac, bref de quoi passer une belle journée de détente !

GRAND CASINO LUZERN

Haldenstrasse 6

✆ +41 41 418 56 56

www.grandcasinoluzern.ch

Ouvert tous les jours de 9h à 4h (jusqu'à 5h le week-end). Interdit aux moins de 18 ans.

Sur les rives du lac des Quatre-Cantons, cet établissement somptueux, construit dans le style néobaroque du début du siècle est parmi les plus beaux casinos du pays. Au Grand Casino Luzern, vous pourrez jouer toute la soirée : poker, roulette, jassino, black jack, crazy poker, baccarat, machines à sous… Pour faire une pause, optez pour l'un des deux restaurants du casino (le Olivo et le Dolce Vita) ou l'un des nombreux bars proposant cocktails et snacks. L'établissement propose des offres avantageuses si vous combinez dîner et casino.

MONT PILATE ★★★

Si vous séjournez dans la région de Lucerne, l'ascension au mont Pilatus est incontournable. Cet ensemble culmine au Tomlishorn, à 2 129 m d'altitude, à cheval sur les cantons d'Obwald et de Nidwald. La station la plus haute est celle du Pilatus-Kulm. Comme le Pilate domine le lac des Quatre-Cantons, la vue est vraiment magnifique, avec une multitude de nuances de couleurs entre bleu et vert en été, bleu et blanc en hiver. Cette excursion spectaculaire est une épopée dans les hauts sommets suisses mais aussi dans un lieu mythique hanté de légendes. Un chemin verglacé en hiver (accrochez-vous à la rampe) mène au sommet du site. La vue est spectaculaire.

CIRCUIT DORÉ ★

Possible de mai à mi-octobre, pour des excursions d'une demi-journée ou d'une journée.

Joliment surnommé le Circuit doré, cette association de plusieurs types de transports permet de réaliser une boucle autour du mont Pilate : en bateau, chemin de fer à crémaillère, téléphérique et télécabines. Ainsi, vous découvrirez toutes les facettes du mont Pilate : le magnifique lac des Quatre-Cantons de Lucerne à Alpnachstad, le chemin de fer à crémaillère, les alpages, rivières, aplombs démesurés, la faune et la flore, les délicates enzianes et, bien sûr, les Alpes suisses avec pas moins de 73 sommets. Une visite incontournable.

TÉLÉCABINES ET TÉLÉPHÉRIQUE

Schlossweg 1

✆ +41 41 329 11 11

www.pilatus.ch

Ouvert tous les jours de 8h30 à 17H. Aller-retour Kriens-Pilate adulte 72 CHF, enfant 36 CHF.

Depuis Lucerne, l'accès est aisé et ouvert toute l'année, il suffit de se garer sur le parking en bas du téléphérique ou de s'y rendre en bus depuis le centre. L'ascension se déroule en deux temps. On prend d'abord des télécabines, qui servent de remontées mécaniques en hiver lorsque la neige recouvre les basses altitudes. Ne descendez pas à la première arrivée, pour vous rendre au Pilatus il faut poursuivre jusqu'à Fräkmüntegg. Le téléphérique prend le relais jusqu'à Pilatus Kulm.

SEMPACH ★

Sempach est un petit bourg plein de charme posé au bord du lac du même nom. Avec plus de 4 000 habitants, cette commune suisse mérite le détour, notamment pour la découverte de son centre médiéval. Vous y découvrirez la tour des Sorcières, le bel hôtel de ville, la Baseltor, vestige des remparts, ou encore les nombreuses maisons de la rue principale avec leurs fenêtres à meneaux, si typiques. Pendant votre séjour, faites également une halte à la station ornithologique suisse où vous pourrez observer, au musée ou en volières, les oiseaux de la région. Enfin, à proximité, le petit lac de Mauensee avec son château mérite qu'on s'y arrête.

ENGELBERG ★

La haute vallée d'Engelberg est un paradis pour les activités de plein air. Le village d'Engelberg abrite un monastère bénédictin, fondé en 1120 dans cette « montagne des anges », où vivent encore une trentaine de moines. On peut rejoindre le site depuis Lucerne en train. D'ici vous avez accès au Titlis, le plus haut parc glaciaire, paradis du ski et du snowboard, accessible par le Rotair, un téléphérique tournant qui vous emmène à 3 020 m d'altitude. Quant à la vallée, vous pouvez la découvrir en ski de fond, nordic walking, en luge ou en calèche. En été, un important réseau de sentiers de randonnée vous permet de sillonner ce beau pays de montagne.

LES LÉGENDES DES DRAGONS DU MONT PILATUS

La pierre de sang de dragon. La légende veut qu'en 1421 un dragon blessé se soit écrasé près de la ferme Stempflin dans les environs. Arrivé sur les lieux, on découvrit une goutte de sang de dragon transformée en une unique pierre dotée de pouvoirs surnaturels, drainant le poison hors du corps, supprimant les inflammations en une journée, arrêtant les hémorragies…

Pilatus, la montagne des visions. De nombreux dragons apparurent aux yeux des habitants selon les légendes au fil des siècles. Les dragons étaient souterrains, ailés, fumant et crachant du feu, des créatures hybrides entre le paradis et un monde inconnu où ils gardaient leurs trésors secrets et régnaient sur le feu et des palais secrets. À l'occasion, ils gardaient de jolies jeunes filles captives et provoquaient quelque héros pour les libérer.

Le fantôme du Pilatus et la montagne oubliée. En raison des phénomènes surnaturels de tempêtes et pluies diluviennes qui se déroulaient régulièrement sur le mont Pilatus, il était interdit de gravir la montagne. Mais six clercs rebelles furent incarcérés pour avoir planifié l'ascension interdite. On raconte que l'âme tourmentée de ces hommes bannis des verts pâturages se manifeste chaque vendredi saint à Pâques.

SUISSE ALÉMANIQUE

ABBAYE BÉNÉDICTINE

CH-6390 Engelberg
✆ +41 41 639 61 19
www.kloster-engelberg.ch
Visites guidées publiques de l'abbaye le mardi, jeudi et samedi à 16h.

Fondée en 1120, et reconstruite en 1730 à la suite d'un incendie, elle accueille encore aujourd'hui un collège religieux de 200 élèves, en internat. C'est une des plus grandes du genre en Suisse et son influence sur la vallée était essentielle jusqu'à ce que les révolutionnaires français, en bons anticléricaux, ne viennent y mettre bon ordre en 1798. De nos jours, le couvent abrite encore une communauté de moines bénédictins. Des visites guidées publiques de l'abbaye sont organisées toutes les semaines et peuvent être réservées en ligne.

TITLIS

Gerschnistrasse 1
✆ +41 41 639 50 50
www.titlis.ch
Horaires télécabine depuis Engelberg : première montée 8h30, dernier retour selon la saison (à consulter sur le site).

Au-dessus d'Engelberg, en montant à 3 020 m d'altitude dans un pays de lacs et de montagnes, la vue est évidemment magnifique. Pour en profiter au maximum, il est possible de monter depuis Engelberg par le téléphérique Rotair, qui a la particularité d'être à cabine orientable. L'expérience continue avec de multiples activités sur place comme le Titlis Cliff Walk à 3 041 m d'altitude. Pour une activité plus fun à faire aussi en famille, le *snowtubing* (une large bouée sur la neige) vous emmènera dans de grands moments de fou rire.

OFFICE DU TOURISME D'ENGELBERG

Klosterstrasse 3
✆ +41 41 639 77 77
www.engelberg.ch
Ouvert tous les jours de 8h à 12h et de 13h à 17h et le dimanche jusqu'à 13h.

Afin de préparer au mieux vos vacances dans la région, n'hésitez pas à passer à l'office de tourisme d'Engelberg à votre arrivée. Dans cet établissement situé dans le centre du bourg, le personnel extrêmement serviable vous donnera une mine d'informations pour la préparation de votre séjour. Avec eux, vous aurez la possibilité de réserver votre hôtel, vos excursions, vos packages remontées mécaniques et profiterez des bons plans du moment selon la saison.

AUBERGE DE JEUNESSE BERGHAUS €

Dorfstrasse 80
✆ +41 41 6371292
www.familienherberge.ch
Chambre double à partir de 116 €. Chambre en dortoir à partir de 56 €.

Idéalement situé à 500 m du téléphérique de Titlis Rotair, l'auberge de jeunesse Berghaus est idéale pour loger sans se ruiner. Dans cette pension familiale et confortable, abritée dans un beau chalet, vous trouverez tout le confort recherché. Vous pourrez dîner dans la pièce commune, profiter de la salle de jeux pour les enfants et adultes (billard, ping-pong…) ainsi qu'une grande cour de jeu avec des équipements de barbecue. Ambiance conviviale assurée.

HÔTEL GARNI HOSTATT €€

Schweizerhausstrasse 22
✆ +41 41 637 17 07
www.hostatt.ch
Chambre simple à partir de 94 CHF, chambre double de 150 CHF, chambre familiale dès 210 CHF. Petit déjeuner compris.

Entouré par de fabuleuses montagnes, cet hôtel familial traditionnel est situé dans un environnement parfaitement calme, propice à la détente. Cet établissement propose des chambres décorées simplement mais avec goût. La propriétaire de l'établissement, Susanne Steger-Kiener, saura vous indiquer les meilleurs endroits à visiter dans la région. D'ailleurs, elle propose un large choix d'activités pour profiter au mieux de cadre idyllique : *Nordic Walking*, balades à pied ou en vélo… Profitez de ses conseils pour un séjour réussi !

VITZNAU ★

Niché dans une baie idyllique du lac des Quatre-Cantons et au pied du Rigi, la commune de Vitznau est un lieu de villégiature très réputé, notamment grâce à ses deux tables étoilées au guide Michelin et quelques hôtels de grand luxe. Ce village du canton de Lucerne constitue par ailleurs un point de départ pour de nombreuses excursions autour et sur le lac, et bien sûr vers sa montagne que l'on peut rejoindre avec l'emblématique train de la montagne. Vous pouvez accéder à Vitznau en bateau à partir de Lucerne. C'est le chemin idéal pour profiter des vues magnifiques sur les sommets montagneux du Pilatus et du Rigi. À découvrir !

MUSÉE RÉGIONAL - REGIONALMUSEUM VITZNAU-RIGI ★

Postfach 148
✆ +41 41 227 18 10
www.regionalmuseum.ch
Ouvert du 24 mai au 20 septembre. Entrée libre.

Le musée régional de Vitznau-Rigi est installé dans une ancienne école aux couleurs douces et aux volets verts. Cette institution est consacrée à l'histoire de la construction du premier chemin de fer de montagne en Europe, à savoir le chemin de fer de Vitznau-Rigi. Le musée aborde également d'autres thématiques comme le développement du tourisme dans la commune, ainsi que les grandes étapes de la navigation sur le lac des Quatre-Cantons. Ludique !

RIGI ET LAC DES QUATRE-CANTONS

www.rigi.ch

Une demi-heure de train sépare Vitznau au bord du lac (435 m d'altitude) et le sommet du Rigi (1 798 m). Du sommet du Rigi, on jouit d'une vue panoramique époustouflante sur les Alpes, 13 lacs et tout le Mittelland jusqu'en Allemagne et en France. Les deux trains à crémaillère de Vitznau (l'ouverture de la première ligne ferroviaire à crémaillère date de 1871) et de Goldau ou le téléphérique panoramique de Weggis font de votre arrivée en montagne une aventure à elle seule.

SCHWYZ ★★

Chef-lieu du canton, Schwyz (ou Schwytz en français) est entouré de montagnes, les Mythen et le Rotenfluh, qui dominent à près de 1 900 m. La ville elle-même est riche en dénivelés, idéale pour muscler les mollets avant de partir à l'assaut des sommets. Avis aux skieurs et snowboardeurs, le canton est le point de départ de trois domaines skiables : Mythen, Stoos et Sattel-Hochstuckli. Les marcheurs trouveront également leur bonheur grâce à de jolis chemins de randonnée. Du côté culturel, la commune accueille un musée : le Forum de l'histoire suisse, riche de dizaines de collections d'objets divers (orfèvrerie, véhicules, numismatique…).

ARCHIVES DES CHARTES FÉDÉRALES

Bahnhofstrasse 20
✆ +41 41 8192064
www.bundesbriefmuseum.ch
Ouvert du mardi au dimanche de 10 à 17h. Entrée 4 CHF. Visite guidée possible de 60 minutes.

Le musée des Chartes fédérales est consacré à la Confédération présentée sous deux volets : l'histoire de l'ancienne Confédération et les mythes qui lui sont liés. La célèbre charte fédérale signée le [1er] août 1291 entre les cantons de Schwyz, d'Uri et d'Unterwald est, au cœur de cette exposition ou prennent également place le serment du Grütli (1307), l'histoire de Guillaume Tell (1307), les batailles de Morgarten (1315) et de Marignan (1515), et le pacte de Brunnen (1315).

FORUM DE L'HISTOIRE SUISSE

Hofmatt, Zeughausstrasse 5
✆ +41 41 811 60 11
www.forumschwyz.ch
Ouvert du mardi au dimanche de 10h à 17h. Entrée 10 CHF.

Le Forum de l'histoire suisse se situe dans un bâtiment datant de 1711, un ancien dépôt à blé entièrement rénové et modernisé. Il est le siège du Musée national suisse en Suisse centrale. Sur trois étages, le musée présente et explique les conditions qui ont vu naître l'ancienne Confédération au Moyen Âge. Des expositions temporaires à la muséographie contemporaine organisées au sous-sol font du musée une plate-forme culturelle incontournable. Cafétéria et boutique.

HÔTEL DE VILLE ★

Construit entre 1642 et 1646, l'hôtel de ville de Schwyz se remarque à sa façade richement décorée par Ferdinand Wagner à l'occasion des 600 ans de la fondation de la Confédération, en 1891. La fresque représente la fameuse bataille de Morgarten, qui eut lieu en 1315 entre la Confédération suisse et les soldats du duc Léopold Ier d'Autriche, seigneur de Habsbourg. La victoire suisse instaure le pacte de Brunnen, un accord entre les cantons suisses d'Uri, de Schwyz et d'Unterwald. À l'intérieur, on admirera le riche travail sur les boiseries.

SUISSE ALÉMANIQUE

Schwyz.

MUSEUM ITAL REDING-HOFSTATT ★

Rickenbachstrasse 24 ✆ +41 41 811 45 05
www.irh.ch

Ouvert de mai à octobre, du mardi au vendredi de 14h à 17h ; le week-end de 10h à 12h et de 14h à 17h. Entrée 5 CHF.

Ital Reding commença la construction de la maison seigneuriale en 1609. Devant la maison se trouve un jardin baroque, entouré de deux pavillons. Mais c'est à l'intérieur que se trouvent les joyaux de la résidence : la grande salle de jardin au rez-de-chaussée, la cave voûtée et, au premier étage suivant la tradition, les chambres ornées de riches lambris et plafonds de bois. Sur un soubassement en pierre, on admire une salle décorée de peintures murales, aménagée au XVIe siècle.

HIRSCHEN BACKPACKER-HOTEL & PUB €

Hinterdorfstrasse 14
✆ +41 41 811 12 76
www.hirschen-schwyz.ch

Lit en dortoir 39 CHF ; chambre double à partir de 62 CHF.

Hôtel et auberge de jeunesse à la fois, cet établissement réserve un accueil chaleureux dans une ambiance jeune et dynamique. Les chambres n'ont rien d'exceptionnel mais sont bien tenues. Composée de trois grands sportifs, l'équipe saura vous donner de très bons conseils pour vos excursions. Un pub est ouvert tous les jours de 17h à minuit, jusqu'à 2h le vendredi et le samedi. Un lieu sympathique où boire une bière le soir, surtout en été dans le jardin.

CAMPING BUCHENHOF €€

Joseph Reichlin. Seebad, Steinen
✆ +41 41 8321429
www.camping-buchenhof.ch

Ouvert du 1er avril au 31 octobre. La nuit, emplacement de 8 à 11 CHF selon saison.

Le camping 3 étoiles Buchenhof est un lieu calme, situé directement au bord du lac de Lauer, dans le canton de Schwyz. Entouré par les montagnes Mythen, le camping bénéficie d'un cadre admirable en plus d'un accès direct au lac. Le printemps, les cerisiers sont en fleur, ce qui donne une touche poétique. Les équipements sont confortables et de nombreuses activités sont proposées : bateau à pédales à disposition, location de bateaux, pêche, etc. En plus, un agréable restaurant avec une belle terrasse et une magnifique vue sur le lac invite à la détente.

CAMPING D'EUTHAL €€

Euthalerstrasse
✆ +41 55 4122718

Ouvert de mai à octobre. Tarif adulte 10 CHF, enfant 6 CHF.

Situé dans le canton de Schwyz, dans le petit village d'Euthal à 895 m d'altitude se trouve ce camping familial de taille moyenne. Sur place, vous serez au bord du lac de Sihl, dans un cadre d'exception, propice à la détente et aux activités sportives. 60 emplacements et un grand terrain de camping directement au bord du lac sont à disposition. Sa proximité du plan d'eau est un plus pour la baignade et la pratique des sports nautiques. Location de bateaux, terrain de jeux et salle de séjour viennent compléter l'offre de l'établissement.

WYSSES RÖSSLI €€

Am Hauptplatz
✆ +41 41 811 19 22
www.wysses-roessli-schwyz.ch

Chambre simple à partir de 125 CHF et chambre double à partir de 175 CHF. Petit déjeuner compris.

Wysses Rössli est un hôtel-restaurant installé sur la place principale de Schwyz. Très traditionnelle, cette grande et belle maison propose des chambres spacieuses et agréablement décorées. Les 27 chambres sont aménagées avec sobriété mais confort pour un séjour reposant. Pour dîner, vous trouverez un service de restauration sur place : le chef propose des plats de saison, gourmands et réconfortants, à l'image de la fameuse flammeküeche, tarte flambée à la sauce au raifort, saumon fumé et épinards. Excellent rapport qualité/prix !

GASTHAUS SCHWYZER-STUBLI €€

Riedstrasse 3 ✆ +41 41 811 10 66
www.schwyzer-stubli.ch

Ouvert du mardi au vendredi de 11h à 14h et de 18h à minuit, le samedi de 18h à minuit.

Dans une ambiance boisée et chaleureuse, le chef a fait de la fondue au fromage une spécialité. À la carte, vous trouverez également de délicieuses recettes préparées avec des produits régionaux : filet de sandre et risotto aux épinards, tête de veau braisée avec ses légumes du marché, médaillons de filet de veau et raviolis aux truffes… En dessert, optez pour le parfait glacé au café et ses gaufres chaudes. L'établissement propose aussi une sélection de glaces et de sorbets, ainsi qu'une belle de carte de vins suisses, français et italiens.

BRUNNEN ★★

Jouissant de son implantation au bord du lac des Quatre-Cantons, Brunnen fut dès le Moyen Âge un lieu de rencontre privilégié des hommes importants d'Uri, Schwyz et Unterwald. Situé dans un cadre idyllique, le village offre une vue spectaculaire sur le lac et les montagnes, raison pour laquelle le tourisme s'y est fortement développé à partir du XIXe siècle. Pendant votre séjour, si vous voulez repartir avec un souvenir, passez par la Swiss Knife Valley, une boutique-musée qui retrace l'histoire du couteau suisse de la marque Victorinox. Vous pourrez assembler votre propre couteau suisse et le faire graver. Une belle idée de cadeau à rapporter !

La côte de Brunnen.

SWISS KNIFE VALLEY - CENTRE POUR VISITEURS

Bahnhofstrasse 3

✆ +41 41 825 60 20

www.victorinox.com

Ouvert du mardi au dimanche (au samedi en hiver). Entrée libre. Gravure d'un couteau 35 CHF.

Sur 365 m², vous plongerez à la découverte de l'entreprise qui a donné naissance au célèbre couteau suisse de la marque Victorinox. Votre visite commence par un court film pour découvrir les plus beaux endroits de la Swiss Knife Valley, la « vallée des couteaux suisses ». Ce musée permet de saisir toute l'épopée de la marque depuis le premier couteau conçu en 1884. La maison promeut le couteau suisse avec des expositions interactives et un atelier d'assemblage du modèle Spartan.

GASTHAUS OCHSEN €€

Bahnhofstrasse 18

✆ +41 41 820 11 59

www.hotelochsen.ch

Chambre simple à partir de 90 CHF, double à partir de 160 CHF. Petit déjeuner compris.

Jolie maison traditionnelle construite en 1740, le Gasthaus Ochsen est l'une des pus anciennes auberges de Brunnen. Cette pension de cinq chambres simples et fonctionnelles offre tout le confort moderne : salle d'eau individuelle, armoire à glace et sèche-cheveux. La décoration est sobre avec juste le charme des poutres apparentes. Du côté du restaurant, la spécialité est le poulet au chörbli, décliné en plusieurs recettes. À la carte, vous trouverez également des soupes, salades, sandwichs, bruschetta, escalope de porc et filet de perche.

QUAI 2 €

Waldstätterquai 2

✆ + 41 41 820 02 20

www.quai2.ch

Ouvert du lundi au jeudi de 9h à minuit, vendredi et samedi de 9h à 1h, dimanche de 9h à 22h.

Quai 2 offre une agréable terrasse en été d'où l'on entend le son des sirènes de bateaux qui défilent sous nos yeux. En effet, l'établissement se situe sur la promenade du lac de Brunnen, au bord du lac des Quatre-Cantons, au milieu d'un décor de montagne. La carte propose des snacks à commander à toute heure, idéale pour une pause en cours de balade. Quai 2 propose également du bon café, que l'on accompagne d'une part de gâteau ou de tarte. Pour le midi, en fonction de la saison, optez pour une salade fraîche ou une délicieuse tarte flambée à l'alsacienne.

LA VOIE SUISSE

✆ +41 41 825 00 46

www.weg-der-schweiz.ch

La Voie Suisse a été aménagée à l'occasion du 700e anniversaire de la Confédération (1291-1991). Cet itinéraire de 35 kilomètres, à la construction duquel ont participé tous les cantons suisses, débute au Grütli, berceau de la Confédération. Il longe ensuite les rives du lac d'Uri pour aboutir à Brunnen, sur la place des Suisses de l'étranger. Ce chemin thématique balisé et bien entretenu relie des sites intéressants comme le rocher de Schiller, la chapelle de pèlerinage consacrée à Maria Sonnenberg et les petits châteaux de Beroldinge.

EINSIEDELN ★★

Cette ville, située à une trentaine de kilomètres de Schwyz, est le plus important lieu de pèlerinage de Suisse. L'abbaye territoriale d'Einsiedeln, monastère bénédictin dédié à Notre-Dame des Ermites, constitue une étape majeure du pèlerinage de Saint-Jacques-de-Compostelle. Son joyau, la « Vierge noire » d'Einsiedeln, visible dans la Gnadenkapelle, attire près d'un million de pèlerins et touristes chaque année. Le lieu est également un paradis pour les amateurs de marche et de nature avec un gigantesque réseau de chemins de randonnée (près de 400 km). Einsiedeln abrite également des musées atypiques comme le musée du pain d'épice.

HÔTEL LINDE €€

Schmiedenstrasse 28
✆ +41 55 4184848
www.linde-einsiedeln.ch

Chambre simple à partir de 110 CHF, chambre double à 165 CHF. Petit déjeuner compris.

L'hôtel Linde, c'est la bonne adresse du coin pour séjourner et rayonner dans la région des lacs. Situé à deux pas du superbe monastère bénédictin, cet établissement familial est une maison de bon confort, bien tenue, aux tarifs ajustés dans une moyenne honnête. Attention, certaines chambres ont seulement accès à une salle de bains commune. Au restaurant, la cuisine est guidée par les produits locaux et récompensée par plusieurs guides culinaires. Un bar est également ouvert sur le toit-terrasse et un café est installé en plein air.

ÉGLISE ABBATIALE (KLOSTERKIRCHE) ★

Entourée par un lac d'exception et des montagnes à perte de vue, la Kloster Einsiedeln, ou en français, l'abbaye bénédictine d'Einsiedeln est un lieu de pèlerinage depuis plus de mille ans. C'est un monument splendide dont la construction date du début du XVIIIe siècle. Cette église abbatiale représente l'un des plus beaux exemples de style baroque visibles dans le pays. Dans cet immense monastère édifié d'après les plans d'un moine, Kaspar Moosbrugger, se trouve la chapelle des Grâces en marbre noir dans laquelle se dresse la célèbre Vierge noire, datant du XVe siècle, sous une coupole ornée de fresques. L'extérieur est très imposant, avec des dimensions dignes des châteaux de Schönbrunn ou de Versailles. Le style baroque donne une magnificence indiscutable à cet ensemble élevé sur le site d'un premier couvent du IXe siècle. L'intérieur, encore plus remarquable, est d'une profusion baroque à faire pâlir les plus beaux monuments italiens. La longueur totale de l'église dépasse les 100 m. La nef, de plus de 40 m, est un joyau que prolonge le chœur dessiné par Kraus. L'abbaye d'Einsiedeln est une abbaye bénédictine riche en traditions, le foyer d'une cinquantaine de moines et le lieu de pèlerinage le plus important de Suisse. En plus de la résidence des moines, l'abbaye comprend une école, dix ateliers, une cave pour le vin et des écuries. Les moines proposent également des concerts, des visites guidées et des messes. Un lieu à ne pas manquer.

Église Abbatiale (Klosterkirche).

© STEFANO EMBER - SHUTTERSTOCK.COM

Sarnen.

SARNEN ★

Avec plus de 10 000 habitants, le chef-lieu du canton d'Oberwald bénéficie d'une situation des plus enviables. Avec son lac de plus de 7 km² et ses montagnes à perte de vue tout autour, le panorama est certes classique mais fait toujours son effet. Une vue dont on ne se lasse pas ! Autour du Sarnersee, l'habitat est typique et dispersé et forme un joli paysage de carte postale. La commune, qui oscille entre son statut de petite ville traditionnelle et celui de capitale moderne de Suisse, ne laisse toutefois pas vraiment un souvenir impérissable. S'il est possible de loger chez l'habitant, le mieux est de passer par l'office de tourisme.

STANS ★

Chef-lieu et principal attrait du canton de Nidwald, Stans est le point de départ vers le panorama du Stanserhorn, qui permet, grâce à ses 1 900 m d'altitude, de découvrir un superbe kaléidoscope de couleurs, entre le vert des pâturages et des forêts, le bleu des lacs et du ciel et le blanc des neiges éternelles. Par temps clair, la vue panoramique s'étend jusqu'à la Forêt-Noire. L'accès se fait par téléphérique. Pendant votre séjour, vous pourrez également jeter un œil à l'église, avec son clocher roman et son intérieur baroque, et passer au musée d'histoire locale. Il est possible de loger chez l'habitant. Renseignez-vous à l'office de tourisme.

AIOLA €

Brünigstrasse 158
✆ +41 41 660 15 15
www.ristorante-mediterraneo.ch
Ouvert tous les jours de 8h à 23h30. Pizza à partir de 17,50 CHF.

Pizza, pasta, risotto… Il souffle un air de Méditerranée dans la ville suisse de Sarnen. Pendant votre balade dans le centre, faites une halte gourmande dans ce restaurant italien. Ici, les recettes sont préparées maison, tout comme les *gelati* artisanales. À la carte, les antipasti (bruschetta, focaccia, carpaccio…) se mêlent aux salades et aux plats du Sud. Pour accompagner votre escalope à la milanaise ou votre saumon à l'aneth (ou juste pour trinquer), l'établissement propose une jolie sélection d'apéritifs et de vins italiens.

LE MIRAGE €€

Stansstaderstrasse 90
✆ +41 41 611 08 30
www.brasserie-lemirage.ch
Ouvert de 10h à 23h. Formule du midi à 23 CHF.

Au cœur de Stans, cet établissement vous accueille dans une ambiance chaleureuse et une salle décorée avec soin façon Belle Époque. Dans l'assiette, une gastronomie rustique et française : terrine de foie gras de canard, escargots de Bourgogne, salade lyonnaise, soupe à l'oignon gratinée, émincé de filet de bœuf… Chaque jour, la brasserie Le Mirage met à l'honneur la cuisine française. Côté sucré, vous retrouverez également toutes les gourmandises de notre pays : tarte Tatin, soufflé glacé au Grand Marnier, crème brûlée catalane, profiteroles au fromage blanc…

ZOUG ★★★

Un port de plaisance sur le lac, un attractif centre moderne et quelques belles pierres, Zoug est une cité complète et l'une des plus riches de Suisse. Ce chef-lieu du canton, peuplé par plus de 29 000 habitants, possède un intéressant quartier médiéval et une spécialité de kirsch, avec ses variations en apéritif ou en tarte. Au-delà du centre historique, le développement s'est accompli de manière harmonieuse et l'aménagement urbain montre homogénéité et qualité architecturale. Enfin, Zoug est un paradis fiscal et le siège de nombreuses entreprises. La ville occupe d'ailleurs la seconde place en pourcentage de millionnaires par rapport à la population.

Balade

▸ **Landsgemeindeplatz.** Trois vieux bâtiments dans le même style fin XIXe siècle (Rathaus, Poste, Kantonalwervaltung). Vous partez à droite dans Neugasse, où d'assez jolies vieilles maisons sont classiquement enduites de couleurs assez vives. Quelques oriels et de vieux toits de tuiles percent çà et là. Au numéro 14, décors peints sous la gouttière.

▸ **Hirschenplatz,** fontaine à colonne (soldat, polychrome bordeaux, or et vert). Vous redescendez alors vers le lac par une rue pavée, jusqu'à la place du marché : vieilles maisons et bars-restaurants. Gasthaus Widder dans l'angle à gauche, une cuisine classique (rösti), mais aussi de spécialités sud-africaines. Remontez par Widdergässli et Kolinplatz dans la Neugasse pour redescendre ensuite dans la vieille ville.

▸ **Vous entrez** par une tour en pierre, avec meurtrières, ornée d'une horloge astronomique et de blasons : Zytturm (XIIe siècle puis remaniée).

▸ **Vous êtes dans Fischmarkt ;** sur une des maisons, une vaste fresque représente une bataille. Des maisons classées, toujours très colorées, parfois portant de belles enseignes.

▸ **À gauche, c'est Unteraltstadt ;** l'ancien hôtel de ville présente un style gothique tardif assez sobre (1505-1509), et toujours des géraniums aux fenêtres. Cette rue pavée est bordée de belles maisons qui abritent des boutiques assez mode. Au numéro 5, une très belle vieille maison entièrement en bois abrite une galerie d'art. Il s'agit du magasin Sust (XVe siècle).

▸ **Sur Swannengasse,** une autre maison en bois, dans sa partie supérieure. Arrivée à l'église Liebfrauenkapelle. Elle est de style baroque (rénovation de 1725-1728) et il vous faut la contourner pour découvrir, sans leur traditionnel enduit, les murs de pierre témoins de la construction originale (XIIIe siècle).

▸ **Redescendez vers le lac,** le long d'un bâtiment moderne rose ; remarquez la maison Santa Maria sur la droite, jaune et verte. Vous arrivez sur une baignade (pontons, cabines, plongeoir). La vue est assez jolie, notamment vers la gauche. En rebroussant chemin vers Grabenstrasse, grande artère dans le prolongement de Neugasse, vous apercevrez la façade du grand bâtiment rose, c'est le théâtre-casino, au hall moderne très aéré, avec quelques colonnes.

▸ **Montez en face dans Zugerbergstrasse** en direction du parking du casino, vers un autre quartier de vieilles maisons. Une grande tour ronde, Zurlaubenhof, avec un bâtiment municipal de même style en face, le Kunsthaus, et une belle grande maison derrière. Là, une église assez jolie présente quelques fantaisies tortueuses (style néoroman), l'église Saint-Michel (1898-1902).

▸ **En redescendant, à droite, on débouche dans Saint-Oswaldgasse,** on passe devant le Musée africain entouré de belles vieilles maisons, très hautes, en forme de chalets jusqu'à l'église Saint-Oswald (1479-1558), dans le même style gothique tardif sobre que le Rathaus, avec des statues le long du mur. À gauche, un bâtiment blanc, derrière un muret, c'est le Museum in der Burg (musée du Château fort).

▸ **On rejoint Neugasse,** en passant par Kolinplatz et son café Internet dans une maison médiévale, puis un peu au-dessus de la rue, vous verrez le Münz, l'ancien atelier de monnaie (1580-1627).

▸ **Le port de plaisance** est à l'entrée de la ville en venant de Cham. À partir du port, en poursuivant vers la vieille ville, les bords du lac ont été aménagés en promenade fleurie, avec une animation de jets d'eau. La perspective sur le lac encadré de montagnes est agréable.

▸ **À présent,** on ne peut que vous encourager à aller voir de près, à partir de Bundesplatz, la galerie commerciale Metalli. En revenant vers l'hôtel de ville, le Metalli Passage se prolonge en Neustadt Passage, où l'on s'arrêtera dans la meilleure fromagerie de la ville, Dubach.

▸ **Quartier calme et résidentiel,** entre la gare et le lac, autour de l'hôtel de ville : de jolies maisons, mélange d'ancien et de moderne, une atmosphère paisible.

Se restaurer

Au bord du lac, vous trouverez plusieurs restaurants qui proposent des mets de poisson.

MUSÉE DE LA PRÉHISTOIRE - MUSEUM FÜR URGESCHICHTE

Hofstrasse 15
✆ +41 41 7282880
www.urgeschichte-zug.ch
Ouvert du mardi au dimanche de 14h à 17h. Entrée : adulte 5 CHF, réduction 3 CHF, gratuit pour les enfants.

Le Kantonales Museum für Urgeschichte ou le musée de la Préhistoire de Zoug a ouvert ses portes en 1997, avant de s'agrandir en 2003. Cette jeune institution rappelle le quotidien de l'époque, avec des scènes grandeur nature et de nombreuses maquettes d'habitat, le tout rendu plus clair par des textes. Les expositions retracent les six importantes périodes qui rythment l'histoire, du paléolithique au haut Moyen Âge, à travers un parcours interactif.

MUSÉE DES BEAUX-ARTS DE ZOUG ★

Dorfstrasse 27
✆ +41 41 725 33 44
www.kunsthauszug.ch
Ouvert du mardi au vendredi de 12h à 18h, le week-end de 10h à 17h. Entrée de 12 et 15 CHF, gratuit pour les enfants.

Le musée des Beau-Arts de Zoug expose des œuvres contemporaines en privilégiant le surréalisme suisse et l'art fantastique, mais pas seulement. La variété des œuvres est impressionnante, tout autant que la qualité des expositions, nombreuses à l'année. Pendant votre visite, vous pourrez admirer la collection la plus importante des artistes modernes viennois, dont Gustav Klimt et Egon Schiele sont les principaux représentants. À découvrir en famille.

MUSÉE DU CHÂTEAU FORT ★

Kirchenstrasse 11
✆ +41 41 728 29 70
www.burgzug.ch
Ouvert du mardi au vendredi de 14h à 17h, les samedi et dimanche de 10h à 17h. Entrée : adulte 10 CHF.

Situé en bordure de la vieille ville de Zoug, cet édifice a connu d'importants travaux de restauration entre 1979 à 1982. Depuis le château de Zoug est devenu un musée d'histoire culturelle pour la ville et le canton de Zoug. Le bâtiment, d'origine médiévale (début XIIIe siècle), présente aujourd'hui plutôt un aspect baroque. Le musée se fait le témoin du passé de la ville, selon trois axes principaux : la vie religieuse (statues, etc.), la bourgeoisie (ameublement, costumes, portraits, etc.) et l'artisanat (orfèvrerie, étain, pendules, etc.).

© SERGIYN - ISTOCKPHOTO

Eglise de Zoug.

OFFICE DU TOURISME DE ZOUG

Bahnhofplatz
✆ +41 41 723 68 00
www.zug-tourismus.ch
Ouvert du lundi au vendredi de 9h à 17h, le samedi jusqu'à 16h, fermé le dimanche.

Zoug, c'est la cerise sur le gâteau ! La ville est parsemée de cerisiers et bien sûr elle en devient la spécialité. Vous trouverez des confitures, des gâteaux et même des plats avec ce fruit délicieux. L'office de tourisme vous guidera vers les beaux sites de la vieille ville et les coins secrets au bord du lac. L'office du tourisme de Zoug organise des visites guidées dans la vieille ville le samedi de fin mai à fin septembre. C'est l'idéal pour tout savoir !

LOCATION DE VÉLOS

Bundesplatz
Prêt de vélos selon la saison.

Sillonner le tour du lac de Zoug en vélo est une belle échappée à organiser. La Gemeinnützige Gesellschaft Zug (GGZ, association à but non lucratif) est en charge du service de location de vélos populaire de la Dorfstrasse 5a à Baar. Les vélos peuvent être empruntés contre dépôt d'une pièce d'identité. Des casques pour votre sécurité personnelle sont disponibles. Vous recevrez la carte du réseau des pistes cyclables de Zoug. Les vélos sont disponibles gratuitement et doivent être retournés le soir. Les réservations ne sont pas possibles.

SUISSE ALÉMANIQUE

CITY-HOTEL OCHSEN €€€

Kolinplatz 11

✆ +41 41 729 32 32

www.ochsen-zug.ch

Chambre simple à 245 CHF, double à 316 CHF. Petit déjeuner inclus.

Datant de 1543, cet imposant bâtiment historique est parfaitement situé en plein dans la vieille ville et non loin du lac de Zoug. Au City-Hotel Ochsen, les chambres sont traditionnelles et décorées simplement, mais avec tout le confort nécessaire et des produits biologiques. Le buffet du petit déjeuner est très apprécié des clients ainsi que le Restaurant au Premier (c'est son nom), un établissement tout aussi chic qui prépare une cuisine du terroir fraîche et gourmande. Le service est attentif : un plus des plus appréciables !

GRAND CAFE €

Bahnhofstrasse 22

✆ +41 41 711 20 21

https://grandcafe.ch

Ouvert du mardi au mercredi de 8h30 à 16h, le jeudi de 8h30 à minuit et les vendredi et samedi de 8h30 à 2h.

Voilà un concept trois en un : café, restaurant et bar à la fois, il y en a pour tout le monde au Grand Cafe ! Dès le matin, on y savoure de savoureux *frühstück* (petit déjeuners) avec des pâtisseries faites maison et une belle sélection de boissons chaudes. À l'heure du déjeuner, la carte propose une cuisine gourmande et efficace : escalope à la viennoise, salade avec saucisses et fromage… Le soir, le lieu à la déco urbaine se transforme en un bar animé très prisé des locaux, proposant une jolie carte de cocktails. À tester entre amis !

GASTHAUS RATHAUSKELLER AG €€

Ober Altstadt 1

✆ 41 41 711 00 58

https://rathauskeller.ch/

Ouvert du mardi au samedi de 11h à 23h. Plats entre 35 CHF et 65 CHF.

Dans un bâtiment historique à la façade joliment ornementée, on déguste une cuisine suisse créative aux accents français. La fraîcheur des ingrédients est mise à l'honneur ainsi qu'une certaine pureté des goûts. Fidèle à sa passion des produits régionaux, le restaurant propose une carte de saison à côté des grands classiques. Pour accompagner, une belle carte de vins français, parmi lesquels des grands crus bordelais. En plus d'être attentionnée, l'équipe est efficace et souriante.

RESTAURANT AKLIN €€

Kolinplatz 10

✆ +41 41 711 18 66

www.restaurantaklin.ch

Ouvert du lundi au vendredi de 11h30 à 14h30 et de 18h à 23h, le samedi en soirée. Le midi : plats dans les 25 CHF.

Au pied de la tour de l'Horloge à Zoug, le restaurant Aklin possède une salle Renaissance élégante avec un poêle en faïence. Les boiseries et les chandelles lui confèrent une atmosphère chic et feutrée, tandis que les grandes tablées assurent une ambiance conviviale. Le chef Olivier Rossdeutsch et sa brigade proposent des plats de saison avec des poissons fraîchement pêchés du lac, ainsi que des recettes végétariennes. La spécialité de la maison Aklin ? Les nouilles au homard, avec ragoût et sauce au homard, accompagnées de légumes du marché.

RESTAURANT SCHIFF & CATERING

Graben 2

✆ +41 41 711 00 55

www.restaurant-schiff.ch

Ouvert du lundi au samedi de 11h30 à minuit 30.

Chez Schiff, la devise est « 100 % bio » ! Ici, tous les produits sont sélectionnés avec soin : poisson frais, légumes issus de l'agriculture biologique, viande issue d'élevage respectueux des animaux… Parmi les spécialités, citons l'émincé de foie de veau suisse avec ses röstis au beurre et légumes du marché. On vient ici pour manger ou boire un verre dans une ambiance reposante ou pour admirer le coucher de soleil depuis la terrasse, le « Deck ».

AEGERITAL

La vallée d'Ägeri-Sattel doit son nom au lac qui la dessine. Vallée préalpine d'altitude assez élevée, son air est pur et on peut l'avaler à pleins poumons en fournissant un peu d'effort physique sur le chemin panoramique ou le sentier de VTT. C'est ça aussi, la Suisse ! Bien sûr, qui dit lac dit promenade en bateau pour profiter d'une exceptionnelle vue panoramique. Les amateurs de nordic walking seront notamment comblés avec pas moins de quatre sentiers balisés entre 5 et 15 km. À choisir en fonction de nos envies : que l'on cherche une randonnée tranquille ou encore un itinéraire plus exigeant. Entre 730 m (lac) et 975 m d'altitude.

ALTDORF ★

Altdorf, le chef-lieu du canton d'Uri, se trouve dans la vallée inférieure de la Reuss, au sud du lac des Quatre-Cantons. C'est le village de Guillaume Tell, héros suisse s'il en est ! L'emblème de la cité est donc une pomme traversée d'une flèche. Au centre-ville, le célèbre monument de Tell, en hommage au héros local et national, rappelle l'histoire de la fondation de la Suisse. Aujourd'hui, avec des animations des plus traditionnelles comme les Jeux de Tell ou plus branchées comme le festival de musique moderne Alpentöne, Altdorf rayonne bien au-delà des limites du canton. Le bourg est un point de départ idéal pour des excursions.

OFFICE DU TOURISME D'URI

Schützengasse 11
✆ +41 41 874 80 00
www.uri.info
Ouvert du lundi au vendredi de 9h à 11h30 et de 13h30 à 17h30, le samedi de 9h à 11h30.

Entre le lac des Quatre-Cantons et le massif du Saint-Gothard, la vallée Urserntal propose 13 remontées mécaniques reliant plus de 74 km de pistes. C'est aussi bien agréable pour les activités à dimension familiale en hiver que les balades au bord du lac d'Uri en été. L'office de tourisme oriente ses conseils vers des sorties naturelles et traditionnelles. Ne manquez pas d'opter pour une excursion sur le lac d'Uri ou de prendre la télécabine du Schattdorf-Haldi pour approcher les sommets et déguster une spécialité au fromage dans une des buvettes d'alpage.

CHAPELLE DE TELL BÜRGLEN

Bürglen
www.tellmuseum.ch/language/fr/
Édifice religieux, chapelle.

Construite en 1585, la chapelle de Tell, proche de l'église paroissiale, a été construite par le landaman Peter Gisler et par Johan Scherer. Elle se situe à l'emplacement présumé de la maison de Tell. Les fresques d'Heinrich Gessner sont le témoin d'une illustration du XVIe siècle : ces fresques sont très précieuses historiquement car elles représentent le mythe de Guillaume Tell et la vie du héros suisse. Les rénovations de 1949 ont permis de faire revivre l'œuvre en respectant l'original. Une autre chapelle se visite sur le lac d'Uri pour compléter l'histoire.

BERGGASTHAUS EGGBERGE €€

Eggberge 2
✆ +41 41 870 28 66
www.berggasthaus-eggberge.ch
Chambre double à partir de 140 CHF.

Le Berggasthaus Eggberge est une belle auberge de montagne, située à 1 450 m d'altitude au-dessus d'Altdorf et de Flüelen. Elle est implantée dans le village sans voiture d'Eggberge. L'établissement est d'ailleurs uniquement accessible en téléphérique (moins 30 % sur le prix du billet avec une réservation) en 9 minutes depuis Flüelen où vous pourrez garer votre véhicule. L'hôtel, dont les chambres au joli décor bois ont été récemment rénovées et modernisées, dispose également d'un jardin, d'une terrasse et d'un excellent restaurant.

MUSÉE GUILLAUME TELL

Postplatz
✆ +41 41 870 41 55
Ouvert de mi-mai à mi-octobre du mardi au dimanche, fermé le lundi.

Guillaume Tell est un héros national. Qui ne connaît pas sa célèbre audace et sa dextérité à magner l'arbalète avec une si grande précision que celle-ci est devenue une qualité suisse par excellence ? Sa vie reste encore entourée de mystère pour les historiens. Dans cet petit village de Bürglen, le musée couvre six siècles de documentations, représentations et objets qui nous renvoient dans l'univers de la Suisse primitive. Il abrite la collection du Bâlois Ernst Stückelberg, connu pour avoir peint les fresques de la chapelle de Guillaume Tell au lac d'Uri.

RESTAURANT SCHUTZENMATT €€

Hellgasse 1 ✆ +41 41 870 11 60
www.restaurant-schuetzenmatt.ch
Ouvert du mercredi au dimanche. Compter 35-40 CHF.

Le restaurant Schützenmatt, inauguré en 2016 en partenariat avec la Croix-Rouge suisse, offre du travail à des personnes réfugiées afin de les former et de les aider à s'intégrer dans la vie professionnelle. L'établissement est supervisé par un jeune chef talentueux, Sören Wirth, qui réalise une cuisine savoureuse et déjà réputée parmi les critiques gastronomiques. Cette brasserie de quartier, très bien située dans le centre d'Altdorf, bénéficie d'une belle terrasse ombragée et propose des menus aux tarifs imbattables. Service impeccable et accueil chaleureux.

Andermatt.

ANDERMATT ★

Ski de fond en hiver, randonnée en été, et toujours le même paysage de montagne magnifique : Andermatt, 1 440 m d'altitude, au bord de l'Unteralp Reuss, est le plus grand des trois villages de la vallée d'Ursern. Au carrefour des routes nord-sud et ouest-est, c'est une petite ville de montagne préservée qui était déjà appréciée par Goethe : « De toutes les régions que je connais, c'est la plus intéressante et celle que je préfère. » Le tourisme est en plein essor dans cette station moins connue que ses voisines des Grisons. C'est que la vallée d'Ursen, au pied du col du Gothard, est au nombre des hautes vallées les plus impressionnantes de Suisse.

HÔTEL SONNE €€

Gotthardstrasse 76
✆ +41 41 8771226
www.hotelsonneandermatt.ch
Ouvert tous les jours midi et soir. Compter 35-40 CHR.

L'hôtel Zur Sonne, à l'angle des Gotthardstrasse et Kirchgasse, est un imposant chalet qui figure à n'en pas douter parmi les plus beaux et les plus typiques de la station. L'établissement assure aussi bien l'hébergement, avec des chambres douillettes à souhait, que le couvert. Son restaurant traditionnel vous accueille dans une salle entièrement boisée ou en terrasse, et vous propose des plats typiques de la région où la fondue a bien entendu sa place. Une excellente adresse et une halte bienvenue pour un déjeuner à mi-parcours.

TUNNEL DU SAINT-GOTHARD

Tunnel ferroviaire.

Le plus long tunnel ferroviaire du monde ! Ce projet est pharaonique : imaginez le tunnel le plus long du monde (57 km) et le plus enfoui : il est creusé sous 2300 mètres de roche ! Un vrai trou dans la croûte terrestre ! En s'enfouissant et traversant le massif d'où jaillissent le Rhin et le Rhône, le tunnel du Saint-Gothard a modifié la carte du transport routier européen. Il relie les cantons alémaniques d'Uri (Erstfeld) et celui italien du Tessin (Bodio). Les premiers essais de trains à grande vitesse ont été réalisés fin novembre 2016.

GLARIS ★

Glaris est le plus petit chef-lieu de canton de Suisse. C'est une petite ville tranquille, le plus souvent un simple passage pour le voyageur. Le pays, peu fréquenté, est pourtant bien avenant, ne serait-ce que pour sa tranquillité, à l'écart de tout circuit touristique. La ville est dominée par les deux flèches en bronze de son église, rénovée et briquée, parfaitement à la même heure. Arrêtez-vous pour voir, outre cette église Sankt Fridolin, les vestiges d'une citadelle et de sa chapelle. L'animation de la ville se concentre dans la rue principale et aux environs de la gare. Sur la Landgemeindeplatz se trouve le musée local à découvrir.

COIRE - CHUR ★★★

Centre administratif, religieux et historique du canton des Grisons, la commune de Coire est marquée par son histoire. Des traces de peuplement remontent à cinq mille ans. Ancien centre de la province romaine de Rhétie, Coire est actuellement une ville de charme en plein développement touristique et industriel. Avec près de 34 000 habitants, son dynamisme est également visible grâce à son transport ferroviaire. La ville dessert la plupart des grandes stations des Grisons, et notamment la commune d'Arosa, à 30 km. Pour l'anecdote, sachez que Coire se targue d'un double privilège en Suisse : être la ville la plus chaude en été et la plus ancienne.

POURQUOI LES GRISONS ?

Les Grisons, Graubunden, Grischuns, il Grischunni... Pour un pays si coloré ? Aux XIVe et XVe siècles, les princes-évêques, principaux souverains temporels, sont alliés aux Habsbourg, ducs d'Autriche. Afin de résister à leur autorité féodale et à leurs choix diplomatiques, trois petits territoires rhétiques se dotent chacun d'un organisme appelé alors une ligue. L'une de ces trois ligues, celle couvrant le territoire du bassin supérieur du Rhin, se donne le nom de Graue Bund ou Ligue grise. À la fin du XVe siècle, ces trois ligues se regroupent sous le nom allemand de Graubunden : les Ligues grises, en français « les Grisons ».

CATHÉDRALE ✝ ★

À son emplacement, les archéologues ont trouvé une abside datant du Ve siècle attestant une vie religieuse. Construite entre 1151 et 1272, elle arbore un style roman tardif. Elle est néanmoins la seule église épiscopale de Suisse. À l'intérieur, la cathédrale recèle des trésors architecturaux et décoratifs avec deux grands triptyques richement ornés et dorés, ainsi qu'un puits romain, de plus de 800 ans. Parmi les trésors, vous apprécierez les autels, les fresques et les orgues. L'église a le privilège d'avoir été sauvegardée comme tous les bâtiments de l'évêché.

MUSÉE DES BEAUX ARTS DES GRISONS 🏛 ★

Postplatz ✆ +41 81 257 28 68

www.buendner-kunstmuseum.ch

Ouvert du mardi au dimanche de 10h à 17h, jeudi nocturne jusqu'à 20h. Entrée : adulte 15 CHF, gratuit jusqu'à 16 ans.

Deux bâtiments complètement différents composent le musée des Beaux-Arts. L'un est très moderne avec des ornements en béton qui rappellent la fresque de la première construction. Le Bündner Kunstmuseum date des années 1900 et raconte la vie des habitants des Grisons. La culture et les traditions des hommes d'ici sont mis en valeur. Des collections d'artistes suisses des XVIIe et XVIIIe siècles illustrent la belle maison de maître, comme les œuvres d'Angelika Kauffmann.

La ville de Coire.

LE BERNINA EXPRESS

Le *Bernina Express*, qui a fêté ses cent ans d'existence en 2010, possède des charmes particuliers : en seulement quatre heures d'incroyables serpentines, il relie Coire, la plus ancienne ville de Suisse, à Tirano en Italie ! Au programme : 55 tunnels, 196 ponts, des dénivelés atteignant les 70 %, des monuments historiques et des villages pittoresques. Depuis l'été 2008, le trajet entre Thusis et Tirano, partant des glaciers pour accoster à l'ombre des palmiers, est inscrit au patrimoine mondial de l'Unesco. Une spectaculaire traversée panoramique des Alpes en somme, du nord au sud de l'Europe. La construction de la ligne n'a toutefois pas été de tout repos. Après l'achèvement de la ligne de l'Albula en 1904, c'est au tour du *Bernina-Bahngesellschaft* (BB) d'être édifiée dans les montagnes suisses. La voie de chemin de fer doit permettre de relier, l'été, les villes de St-Moritz et de Tirano, via le col de la Bernina. Les travaux s'organisent rapidement, mais non sans quelques difficultés : le 5 juillet 1910, la totalité de la ligne est opérationnelle. Trois ans plus tard, le BB ouvre un service passager en hiver également : les constructeurs n'ayant pas prévu la météo plutôt coriace dans les montagnes suisses, des barrières anti-avalanches sont installées. Le BB est malgré tout en permanence sur le fil du rasoir financier. L'introduction d'une voiture-restaurant en 1928 et de forfaits pour les touristes n'y font rien, le petit chemin de fer semble promis à la ruine. Mais c'était sans compter sur les Chemins de Fer Rhétiques (RhB) qui, au beau milieu de la Seconde Guerre mondiale, rachète la BB, en modernise la ligne principale et la section du col de Bernina tout en en sécurisant le trajet. Puis, dans les années 1980, les RhB réalisent de véritables prouesses techniques, améliorant le tracé et les performances du petit train : la ligne devient une attraction touristique ! Depuis, le Bernina Express se fraye été comme hiver un chemin dans la très belle région des Grisons, dévoilant des paysages de montagnes tels qu'on les rêve, dans un environnement préservé : sommets aux neiges éternelles, glaciers vierges et spectaculaires... Ces paysages ont notamment inspiré Marcel Proust, Hermann Hesse, Friedrich Nietzsche, Jean Cocteau ou encore Alberto Giacometti.

Infos pratiques. Pour réserver un billet de train à bord du petit Bernina, consultez le site Internet des RhB : www.rhb.ch.

RATHAUS ★

33 Poststrasse

Hôtel de ville.

L'hôtel de ville mérite une visite avant tout pour sa superbe cour à colonnades et voûtée d'ogives. De style gothique tardif, il fut construit en 1465 suite au terrible incendie qui dévasta la ville de Coire en 1464. Au préalable, trois entités existaient et on décida d'unifier le bâtiment lors de la reconstruction. Il compte quelques belles pièces de la période Renaissance, notamment la Ratssaal ou salle du Conseil (1494), décorée avec des médaillons sculptés au plafond. Un des objets les plus insolites est le poêle-tour dans la salle du Grand Conseil.

RÄTISCHE MUSEUM ★

Hofstrasse 1

✆ +41 81 257 28 89

www.raetischesmuseum.gr.ch

Ouvert du mardi au dimanche de 10h à 17h. Entrée : adulte 6 CHF, réduction 4 CHF, gratuit enfant de moins de 16 ans.

Situé dans la très belle Haus Buol, le Musée rhétique raconte l'histoire de la ville et de la région. Il rassemble des objets archéologiques, culturels et folkloriques de tout le canton et couvre les époques de la préhistoire au XXe siècle, en passant par le Moyen Âge, la Renaissance, le baroque et le XIXe siècle. L'exposition permanente se divise en plusieurs sections réparties sur différents niveaux : découvertes archéologiques, pouvoir et politique, le monde du travail, la foi et la connaissance. L'ensemble est complété par des expositions temporaires.

VILLAGE DE HEIDI - HEIDIDORF

✆ +41 81 330 19 12

www.heididorf.ch/

Ouvert selon saison. Village d'Heidi : animations, musée et exposition, boutique. Adulte 13,90 CHF, enfant 5,90 CHF.

La petite fille des montagnes Heidi imaginée par l'écrivaine suisse alémanique Johanna Spyri nous rappelle notre enfance. Cette mignonnette espiègle et vive incarne la liberté, la nature, les valeurs de la famille et l'amitié. Au sommet du village de Maienfield dans les pâturages, vous déambulez au travers du chalet du grand-père de Heidi, de l'école et de la ferme. Des ateliers de fabrique de fromage et de découvertes d'herbes médicinales rythment la visite en été.

BERNINA EXPRESS

www.rhb.ch

Prix selon les classes (seconde ou première) pour un trajet Coire-Tirano : 78 CHF en aller simple.

C'est la compagnie suisse des Chemins de fer rhétiques (ou RhB, pour Rhätische Bahn en allemand) qui propose cette ligne à vocation essentiellement touristique : le Bernina Express. Il circule dans toute la région des Grisons (au sud-est de la Suisse), de la mi-mai à la mi-octobre. Les 4 heures de trajet permettent de profiter de paysages grandioses, jusqu'à des altitudes de plus de 2 000 m. Splendide, le trajet du Bernina Express entre Thusis et Tirano a même été inscrit au patrimoine de l'Unesco. Une expérience tout bonnement époustouflante.

CHEMINS DE FER RHÉTIQUES SA (RHÄTISCHE BAHN)

Bahnhofstrasse 25

www.rhb.ch

Trains touristiques.

Les Chemins de fer rhétiques, compagnie ferroviaire suisse, proposent de nombreux voyages à thème dans les Grisons, en Suisse orientale : Heidiland, Glacier Express, Cheveux au vent (en wagon panoramique), Nostalgie (en train à vapeur), vers les stations thermales. Les Grisons sont ainsi une des régions traversées par le Glacier Express, qui permet un voyage de 7h30 à travers quelques-uns des plus beaux paysages suisses (Grisons, Suisse centrale et Valais).

HÔTEL CHUR €€

Welschdörfli 2

✆ +41 81 2543400

www.hotelchur.ch

Chambre simple à partir de 88 CHF, double de 175 CHF, chambre familiale, 240 CHF. Petit déjeuner compris.

Hôtel Chur, c'est tout d'abord un établissement imposant à proximité du fleuve qui attire immédiatement le regard. Le bâtiment date de 1760 et a de nombreuses fois été remis aux normes et revalorisé. Il dispose de 110 chambres de différentes catégories (budget, standard et confort). Certaines d'entre elles sont mansardées et ajoutent un cachet non négligeable à l'offre hôtelière déjà importante. Un sauna finlandais est à votre disposition au troisième étage. Deux salles de restaurant et une belle terrasse sont également prêtes à vous accueillir.

DISENTIS ★

On se trouve ici à la pointe des Grisons, vers l'ouest et l'Oberland bernois. Disentis est une petite ville montagneuse qui possède une curiosité : un monastère fameux, construit à l'emplacement d'une abbaye fondée au VIIIe siècle. L'église abbatiale, avec ses deux clochers à bulbe, est intéressante, tout comme, dans le centre du village, l'église paroissiale, à bulbe également. Deux monuments qui valent le détour. Le village est un mélange relativement harmonieux de styles traditionnel – fenêtres décorées, balcons sculptés – et moderne. À la sortie de la commune, en partant vers Ilanz, vous pourrez admirer une chapelle à large coupole.

Communication

Dans cette région, les indications commencent à devenir moins faciles à déchiffrer, recourant aux divers dialectes, dont notamment le romanche. À titre d'exemple, et si vous en cherchiez la signification, *ustria* signifie « auberge » (à rapprocher de *osteria*), tandis que *combras per passants* se traduit par « chambres pour voyageurs ». De Disentis à Sedrun, prudence au volant car la route est escarpée et assez étroite : ce ne sont pas les petites barrières de bois qui retiendront votre limousine si vous décidez d'aller tout droit, et l'à-pic est assez impressionnant. Pendant la saison d'hiver, les équipements spéciaux sont bien sûr obligatoires si la route n'a pas été complètement dégagée.

STIVA GRISCHUNA €€

Via Cavardiras 3

✆ +41 81 947 52 36

www.stivagrischuna.ch

Ouvert le vendredi et le dimanche de 9h à 22h.

Historiquement, la Stiva Grischuna était un lieu de rencontre apprécié lors du premier essor du tourisme à Disentis dans les années 1890-1914. En 1985, Hanni et Norbert Maissen l'ont racheté et en ont fait ce restaurant de charme. La pièce maîtresse est le grand poêle au milieu du restaurant, très appréciable lors des froides journées d'hiver. Lors des journées ensoleillées, la terrasse couverte est exquise ! Parmi les spécialités, la charbonnade : vous grillez vous-même à table, sur un gril au charbon de bois, les morceaux de bœuf les plus tendres.

Laax.

LAAX ★

Laax est réputée pour son très vaste domaine skiable qui s'étend sur tout le massif nord jusqu'au Vorab, à plus de 3 000 m d'altitude. Les skieurs et snowboardeurs s'en donneront à cœur joie. Le village lui-même a gardé sa simplicité. Parmi les monuments à voir, citons la jolie église, ainsi que le Museum Laax, un petit musée d'histoire local, et quelques vieux chalets. Pour profiter d'une vue imprenable, direction la plateforme Crap Signina. Vous trouverez quelques hôtels de charme à prix correct, ainsi que quelques appartements chalets. Les hameaux périphériques ont pour la plupart les équipements nécessaires en matière touristique et sportive.

FLIMS ★

La ville elle-même est sans grand intérêt, mais la région… Au cœur de ce qu'on appelle « l'Arène alpine », un concentré de tout ce que la montagne peut offrir de plus beau, pour l'été ou pour l'hiver. Flims est la voisine de Laax et une autre station importante des Grisons « Bienvegni a Flem », entourée de bois, les sapins étant même plantés dans le centre, dans la partie Waldhaus. De beaux hôtels de tradition et une plaisante partie village (Flims-Dorf).

Sports / Loisirs

Plus de 230 km de pistes de VTT et 250 km de sentiers de randonnée conduisent à des espaces extraordinaires offrant une vue sur les montagnes des Grisons. Tous les sports y sont représentés : badminton, golf, randonnée à thème, prairies de montagne, lacs, chacun trouvera son bonheur du moment. Les gorges du Rhin, surnommées aussi Grand Canyon de Suisse, charment les marcheurs et adeptes de rafting.

- **Une jolie balade en forêt**, allant de Flims à Conn (1 heure de marche), conduit à une vue magnifique sur le petit Grand Canyon.
- **Pour les plus romantiques,** pourquoi pas une balade en calèche. En collaboration avec les établissements répartis dans la montagne, l'Alpenarena offre deux chemins culinaires « forêt et eau » ainsi que « montagne et vue », mêlant ainsi la nature avec le plaisir gastronomique.
- **Le lac de Cauma**, la perle de Flims, est alimenté par des sources souterraines et offre une eau turquoise idéale pour la baignade estivale.

POSTA VEGLIA LAAX €€

Via Principala 19
✆ +41 81 921 44 66
www.postaveglia.ch

Chambre double à partir de 150 CHF, petit déjeuner inclus. Suite junior à partir de 210 CHF.

Voici un établissement typique ! L'hôtel Posta Veglia de Laax est décoré dans un style alpin et reconnaissable de loin avec sa grande façade rouge et vert pin. L'établissement propose plusieurs chambres, un studio et trois suites, dont la suite panorama, jouissant d'une splendide vue, d'un coin salon, d'un grand lit (180 x 220), ainsi qu'une baignoire ouverte sur les étoiles. Depuis l'hôtel, vous pourrez rejoindre le Laaxersee à seulement cinq minutes à pied. Un arrêt de bus est également situé à proximité, pour vous emmener au domaine skiable de Weisse Arena.

WALDHAUS FILMS €€€

Alpine Grand Hotel & Spa Via dil Parc 3
✆ +41 81 9284848
www.waldhaus-flims.ch

Chambre simple à partir de 480 CHF et chambre à partir de 520 CHF.

Dans le cadre idyllique d'un bois de sapins, le Waldhaus est un établissement d'exception ! Vous avez le choix des hébergements : le grand hôtel majestueux et le plus classieux avec un service classique, la villa Silvana avec sa poignée de chambres et suites plus intimes et romantiques ou le chalet Belmont plus rustique... Au programme : haute table gastronomique, bar et spa avec hammam, sauna, soins beauté, salle de fitness et spectaculaires piscines intérieure et extérieure vitrées et chauffées en hiver (avec pool bar en été).

DAVOS ★★

Davos est l'une des plus grandes stations de vacances à la montagne, de sport et de congrès des Alpes, ainsi que la ville la plus haute d'Europe avec un point culminant à 1 560 m. Elle est aujourd'hui connue dans le monde entier pour accueillir chaque année un congrès international majeur, le World Economic Forum. On ne peut reprocher aux congressistes le choix du site : moins tape-à-l'œil que Saint-Moritz, moins pittoresque que Gstaad, moins villégiature que Montreux... Grâce à la notoriété de cet événement, les congrès s'y multiplient désormais tout au long de l'année et la fréquentation hôtelière ne connaît pas de baisse spectaculaire hors saison.

Balade

Les voyageurs qui arrivent par le train sont plongés dans une ambiance favorable dès leur descente sur le quai. La montagne en décor de fond, la gare et ses bâtiments de bois type chalet, les beaux trains rouges, le chef de gare aux étoiles lustrées et, à la sortie, déjà les vacances, avec la station un peu plus haut.

La balade à pied est assez vite faite : elle se résume à déambuler sur la Promenade, qui représente le cœur unique de la station (pas vraiment de charme) et regroupe toute l'animation commerciale de Davos Platz. À mi-chemin entre les deux gares, à l'entrée de Davos Platz, on trouve le palais des Congrès et le centre sportif (Sport Zentrum), principal « monument » de l'architecture moderne locale, avec la patinoire (Eisstadion) en son centre et quelques grands hôtels à proximité. Juste à côté, un vaste parc où les sportifs viennent s'oxygéner, faire leur gym et leur jogging.

À côté de la poste, le Wintersportmuseum. Après avoir arpenté la Promenade, la rue commerçante principale, le quartier le plus plaisant pour se balader se trouve autour de la petite église en surplomb ; on y retrouve un brin l'atmosphère d'un village de montagne. On grimpe au coin de l'hôtel National pour découvrir une belle nature autour de l'édifice religieux (ou par Praviganweg à partir de l'hôtel Strella). Les promeneurs seront sans doute tentés de poursuivre leur marche vers le ciel et les sapins, un sentier panoramique étant aménagé à leur intention (Höhe Promenade). Sans vouloir faire de hiérarchie un peu trop directive parmi les hôtels, il semble certain que l'agrément augmente au fur et à mesure que l'on grimpe : depuis Talstrasse vers la Promenade et, au-dessus, vers la montagne.

Parcourir le centre en voiture ne pose pas de difficultés : Davos Dorf et Davos Platz sont reliées par deux voies principales, la Promenade dans un sens (unique) et Talstrasse, en contrebas dans l'autre, avec quelques routes transversales pour passer de l'une à l'autre.

Histoire

Fondée au XIIIe siècle par les Walser, des Valaisans de langue allemande, Davos doit son développement touristique au docteur Alexandre Spengler, au milieu du XIXe siècle, qui décrivit les vertus de son climat sec et de son air pur dans le traitement de la tuberculose. À l'heure où les antibiotiques n'existaient pas encore, on venait se ressourcer dans les nombreux sanatoriums de la station, dont celui de l'actuelle auberge de jeunesse, le Youthpalace. La ville abrite d'ailleurs encore plusieurs instituts spécialisés dans le traitement des maladies respiratoires. Dans son roman *La Montagne magique*, l'écrivain Thomas Mann s'inspire d'ailleurs d'un séjour qu'il a effectué en 1912 pour décrire l'univers du sanatorium.

Transports

Dès votre arrivée à Davos, demandez une carte de séjour à la réception de votre hôtel ou directement à l'office de tourisme (délivrée par Destination Davos Klosters). Celle-ci vous permettra d'utiliser gratuitement les bus locaux à Davos et Klosters (sauf les lignes 8, 10 et 13) et de bénéficier de réductions sur certaines activités.

Davos est un peu isolée des grandes villes suisses, comptez 1h45 en voiture depuis Zurich (2h30 en train), 2h en voiture depuis Lucerne (3h20 en train), 1h45 de Saint-Moritz et 2h en train.

La ville de Davos.

SUISSE ALÉMANIQUE

DAVOS SCHATZALP

✆ +41 81 415 51 51
www.schatzalp.ch
Ouvert du 1er décembre au 30 mars. Funiculaire aller simple 8 CHF, ado 6 CHF, enfant 4 CHF.

Ce complexe au sommet du mont Schatzalp est desservi par un funiculaire qui mène à deux pistes de luge, dont l'une est illuminée (en couleur !) la nuit. La location de luges est possible directement au funiculaire, ouvert en été et en hiver avec deux types de piste et luges différents. Quelques pistes de ski bleues et rouges en hiver sont également proposées avec le funiculaire comme remontée mécanique. L'hôtel-restaurant panoramique en haut est une excellente adresse pour déjeuner avec une vue sublime sur les montagnes de Davos.

OFFICE DE TOURISME DE DAVOS

Promenade 67
✆ +41 81 4152121
www.davos.ch
Deux points d'information : Davos-Klosters et en face de la gare de Davos Dorf. Horaire d'ouverture sur le site.

Davos est surtout connu pour ses sommets politiques très médiatisés, mais c'est bien pus que ça ! La station vous attend pour un séjour en pleine poudreuse en hiver et de nombreuses activités en été. L'office de tourisme est là pour vous aider à organiser votre séjour. Afin d'en profiter un maximum et de dépenser toute votre énergie, des pass d'activités vous permettent de vivre la montagne selon vos envies. Il existe des pass famille, activités, vélos…

HEIMATMUSEUM

Museumstrasse 1, Davos Dorf
✆ +41 81 416 26 66
www.heimatmuseum-davos.ch
Ouvert du dimanche au mercredi de 15h à 17h. Entrée adulte 10 CHF, gratuit jusqu'à 16 ans.

Vous voulez en apprendre plus sur la ville et son histoire ? Rendez-vous à l'Heimatmuseum. Ce musée local installé à Davos s'est donné pour mission de retracer l'évolution de cet ancien village agricole en une ville moderne, développée grâce au tourisme, et d'instruire le public sur la vie quotidienne d'autrefois, les coutumes et l'artisanat local. Pour ce faire, une riche collection d'objets et de documents historiques est exposée dans ce bâtiment construit au XVIe siècle, devenu maison bourgeoise, puis aujourd'hui musée familial.

JUGENDHERBERGE DAVOS €

Horlaubenstrasse 27
✆ +41 81 4101920
www.youthhostel.ch/de/hostels/davos
À partir de 47 CHF par personne en dortoir, 115 CHF en chambre individuelle. Petit déjeuner compris.

Situé en hauteur, cet ancien sanatorium construit en 1913 a été transformé en auberge de jeunesse en 2002. Il abrite depuis aussi bien des chambres doubles que des dortoirs de 3 à 6 lits, tous dotés d'une salle de bains. Ceux situés vers la station bénéficient d'un balcon avec chaise longue. Au rez-de-chaussée, de confortables fauteuils pour se détendre et un espace de jeux est à disposition avec jeux de société, billard, babyfoot et flipper. Les remontées mécaniques de Parsenn (à partir de Promenade) sont à 8 minutes de marche (ça grimpe !).

KIRCHNER MUSEUM ★★

Ernst Ludwig Kirchner Platz, Davos Platz
✆ +41 81 410 63 00
www.kirchnermuseum.ch
Ouvert du mardi au jeudi de 11h à 18h. Entrée 12 CHF, réduction 10 CHF.

Le musée Kirchner est un bâtiment à l'architecture remarquable. À l'intérieur sont exposées les œuvres du peintre Ernst Ludwig Kirchner. C'est la plus grande collection au monde consacrée à cet expressionniste allemand, qui tomba sous le charme de Davos en 1917 et y demeura jusqu'à sa mort en 1938. Le musée Kirchner de Davos offre au visiteur l'expérience exceptionnelle d'imaginer l'artiste sur le lieu même de sa création. Fin 2021, l'exposition temporaire était consacrée à l'époque des sanatoriums de Davos. Programmation sur le site Internet.

SPENGLERS INN HOTEL DAVOS €

Tobelmühlestrasse 2
✆ +41 81 415 16 00
www.spenglerhostel.ch
Chambre simple à partir de 81 CHF, double à partir de 139 CHF, triple 169 CHF.

Située au cœur de la commune de Davos à côté de la Promenade et du funiculaire Schatzalp, cette auberge de jeunesse propose des chambres de type chalet, claires et modernes, à des prix attractifs et avec salle de bain communes ou individuelles. L'ensemble est très confortable et douillet. Un bon plan pour les petits budgets mais attention, vérifiez bien que votre formule comprenne le petit déjeuner. Un parking moyennant des frais est en également disponible.

PARSENN HOTEL €€

Promenade 152, Davos Dorf
✆ +41 81 4163232
www.hotelparsenn.ch
Chambre simple à partir de 145 CHF, double 220 CHF, petit déjeuner inclus.

L'Hotel Parsenn, situé dans le centre de Davos, est l'un des plus beaux de la station avec sa façade traditionnelle. L'intérieur est décoré dans un style montagnard et rustique qui lui confère beaucoup de charme et d'authenticité. Les chambres sont douillettes et bien équipées. Excellent petit déjeuner à base de produits frais. Le restaurant Parsenn Stübli sert une cuisine typiquement suisse et propose une belle sélection de vins. Terrasse en façade de l'établissement. Parking privé disponible. Des tarifs à la hauteur des prestations… et du lieu.

HOTEL SEEHOF DAVOS €€€

Promenade 159
✆ +41 81 417 94 44
www.seehofdavos.ch
Chambre simple à partir de 245 CHF, double à 400 CHF.

Connu pour être l'un des plus anciens hôtels de Suisse, le Seehof se distingue par son cadre idyllique et ses aménagements très modernes. L'établissement, situé aux pieds des pistes et accessible depuis l'aéroport grâce à une navette possède en plus de sa petite sœur Waldhuus, un grand spa Bella Vita unique en son genre. Au programme, sauna, hammam, bain à remous et espace de détente. Plusieurs lieux de restauration sont proposés, notamment le sublime Panoramarestaurant. À découvrir lors d'un voyage d'affaires ou simplement en couple.

SCHATZALP €€€

En haut du funiculaire Schatzalp, depuis Davos Platz.
✆ +41 81 4155151
www.schatzalp.ch
Chambre double à partir de 310 CHF en hiver.

Loin du trafic de la station, cet ancien sanatorium de style Art nouveau, situé en hauteur dans un paysage presque irréel, vous promet un séjour hors du temps. Sa vaste terrasse très agréable surplombant Davos et son excellent restaurant panoramique sont des atouts majeurs. On y accède en 4 min depuis Davos Platz par le funiculaire privé Schatzalp (gratuit pour les clients de l'hôtel). L'établissement propose des chambres décorées dans le style alpin et très confortables. Le Schatzalp Hotel dispose même de son propre domaine skiable privé.

KAFFEE KLATSCH €

Promenade 72
✆ +41 81 413 30 16
www.kaffee-klatsch.ch
Ouvert tous les jours de 7h30 à 22h. Fermeture à 18h le samedi.

Kaffee Klatsch est un café à la décoration alpine situé dans le centre-ville de Davos. Ce ravissant café-restaurant ressemble davantage à une boutique de décoration, avec tables en bois anciennes, ardoises et coussins en feutre. À la carte, des burgers faits maison, dont le fameux Swiss Burger, avec bœuf suisse, fromage de montagne de Davos, œuf au plat et marmelade d'oignons maison. Foccacia, salade, pizza et soupe viennent compléter la carte du déjeuner. Vous pouvez également venir pour le petit déjeuner ou le goûter. Les pâtisseries sont excellentes !

RESTAURANT WEISSFLUHGIPFEL €

Parsenn
✆ +41 81 417 66 44
www.restaurant-weissfluhgipfel.ch
Ouvert tous les jour de 8h30 à 16h30.

Quel panorama ! Situé dans le domaine skiable de Davos/Parsenn, ce très bon restaurant sur les pistes, à 2 880 m d'altitude, propose une cuisine toujours préparée à partir de produits frais. Pendant le repas, vous pourrez profiter d'une vue panoramique à couper le souffle sur les Alpes grisonnes. Le sommet est accessible en téléphérique depuis le Weissfluhjoch. À la carte, des tartes flambées et de bons burgers réconfortants. Une halte gourmande comme on les aime !

SCHRAEMLI'S LENGMATTA €€

Lengmattastrasse 19
✆ +41 81 4135579
www.lengmatta.ch
Ouvert tous les jours. Compter 40-50 CHF. Chambres à partir de 95 CHF et 110 CHF.

Vous trouverez le Lengmatta Schraemli's, un hôtel-restaurant familial, près de la gare de Frauenkirch. Ce bel établissements est implanté dans une ancienne ferme où la décoration tout en bois est soignée et l'ambiance authentique. On sert dans sa partie restaurant d'excellentes spécialités suisses telles que les fondues au fromage ou à la viande et de grands classiques comme le veau à la zurichoise ou les röstis. Vous pourrez également profiter de la magnifique terrasse ensoleillée, de la vue sur la vallée et compter sur l'accueil chaleureux des propriétaires.

STEAKHOUSE OCHSEN €€

Talstrasse 10
+41 81 417 64 49
www.ochsen-davos.ch
Ouvert tous les jours midi et soir. Compter 40 à 60 CHF.

Depuis de nombreuses années, le Steakhouse Ochsen est connu pour la qualité de ses viandes servies sur plaque chaude. Ces viandes sont pour certaines différentes de nos habitudes. Viande de bison, de zèbre, d'autruche ou encore de cheval viennent en effet s'ajouter à celle de bœuf, de porc et de poulet que nous connaissons bien. Évidemment, le coût d'un repas est à la hauteur de l'originalité des plats choisis. On peut alors plutôt choisir un poisson, par exemple thon ou saumon, des gnocchis au parmesan, un risotto ou des pâtes délicieusement préparées.

BAR ALTE POST

Berglistutz 4, Davos Platz
+41 81 413 54 03
www.altepostdavos.ch
Ouvert du mercredi au samedi de 16h30 à 23h.

Le restaurant et bar Alte Post est un établissement spécialisé dans la fondue. Servie à discrétion à partir de deux personnes, elle est proposée avec du fromage à fondue et déclinée au choix avec des herbes, du jambon speck, des champignons ou des cordons-bleus de veau. La fondue à la truffe vaut le détour ! Parmi les autres spécialités de la maison, goûtez aux fameux Der Poststempel, un cordon-bleu de porc et fromage d'alpage de Davos avec ses brocolis grillés et pommes frites. Une jolie carte des vins vient accompagner le repas.

SUISSE ALÉMANIQUE

THE DAVOS KLOSTERS MOUNTAINS

Promenade 157,
www.davosklosters.ch
Tarifs des remontées mécaniques valables sur l'ensemble du domaine : adulte 69 CHF, enfant 48 CHF.

Les montagnes de Davos Klosters sont situées dans les montagnes des Grisons autour des deux villes de Davos et de Klosters. En hiver, ces Davos Klosters Mountains regroupent cinq domaines skiables de Parsenn (Davos + Klosters), Jakobshorn, Rinerhorn, Pischa et Madrisa. En tout, c'est un ensemble de plus de 300 km de pistes de ski et 30 km de sentiers de randonnée qui s'offrent à vous. Le lieu est particulièrement apprécié par les snowboarders. Incontournable.

KLOSTERS ★

À quelques kilomètres de Davos, Klosters est la première station importante en venant de Coire. Une station familiale, à l'atmosphère légèrement britannique, et pour cause : elle accueille régulièrement le prince Charles. La station s'est fortement développée ces dernières années, avec de nombreux chalets récents élevés à tour de bras dans les environs immédiats. Cela aboutit à une deuxième partie (vers Davos), beaucoup plus moderne. Le domaine skiable de Klosters rejoint celui de Davos. Les deux stations sont séparées par la route, d'une dizaine de kilomètres. Il s'agit de l'un des domaines skiables les plus intéressants de Suisse – une référence !

Sports / Loisirs

- **La région de Klosters-Davos** est l'une des plus fameuses régions de ski du monde : 7 domaines, 53 remontées, 344 km de pistes, dont les 12 km de la célèbre piste du Parsenn-Gotschna, entre Weissfluh et Küblis. Les amateurs de snowboard peuvent profiter des espaces aménagés à Davos-Parsenn, Jakobshorn et Kloster-Madrisa.
- **Les autres domaines de la région** sont plus petits (1 à 8 remontées, 5 à 30 km de pistes) : il s'agit de Grüsch-Danusa, Fideris, Pany, Seewis, St. Antönien et Wiesen. Kloster dispose également de 50 km de pistes de fond. Le forfait-abonnement couvrant non seulement les remontées et téléphériques, mais aussi le train, vous pouvez très bien descendre manger un morceau à Klosters, remonter par le train, reprendre la cabine jusqu'au sommet pour repartir de plus belle sur un autre versant. Ainsi, dans un séjour d'une semaine environ, chaque journée de ski permet d'explorer de nouvelles voies.
- **Dans la Jakobshorn,** la neige est un peu plus facile, et ce domaine convient très bien aux adeptes des nouvelles disciplines de glisse : snowboard, half-pipe, etc. Les deux massifs encadrant le Jakobshorn sont destinés aux skieurs moyens et débutants pour une glisse familiale, ce qui n'exclut pas des pistes intéressantes avec quelques embûches. Les adeptes du ski de fond disposent quant à eux à Davos de 75 km de pistes, dont 35 pour le skating, 2 km éclairés la nuit et 20 km accessibles aux chiens de traîneau. Klosters propose diverses activités pour séduire le touriste, dont naturellement la découverte de la région en randonnée pédestre : à votre disposition, 250 km de sentiers, un circuit jusqu'en Autriche et un chemin de 4,5 km avec pancartes d'informations (départ à Bad Serneus). Carte des chemins à l'office de tourisme, possibilité de randonnées avec guide de juillet à septembre.

VTT. Le vélo est également à l'honneur : 120 km de pistes et des excursions avec guide. La ville propose par ailleurs, de la mi-juin à la mi-septembre, un programme baptisé Klosters Adventure. Les sports proposés sont en rapport avec la qualité des paysages environnants : excursions à pied, à VTT ou à cheval, hydrospeed, rafting, descente en rappel sous une cascade, etc. Possibilité de tarifs préférentiels (ou gratuité sur certaines activités) si vous êtes hébergé dans un des hôtels partenaires. Renseignements à l'office de tourisme.

SPORT-LODGE KLOSTERS €

Talstrasse 73
✆ +41 81 422 12 56
www.sport-lodge.ch

Accès : à 10 minutes à pied de la station Klosters. En dortoir 34 à 42 CHF par personne.

Le Sport-Lodge de Klosters est un établissement agréable pour passer un séjour entre amis. Le cadre est des plus idylliques, dans une belle maison en bois, qui accueillait autrefois des convalescents dans les années 1950. L'environnement est calme, le panorama majestueux sur le mont Gotschna, la terrasse ensoleillée... Un sans-faute pour cette adresse idéale pour les petits budgets. Le petit déjeuner servi en buffet est particulièrement bon avec une jolie sélection de produits faits maison. Salle de jeux avec billard et babyfoot sont à disposition.

MAISON NUTLI-HÜSCHI

Monbielerstrasse 11
✆ +41 79 440 69 48

Ouvert de fin juin à mi-octobre, les mercredis et vendredis de 15h à 17h.

Dans le dialecte suisse du coin, un *hüschi* est une petite maison. La Nutli Hüschi de Klosters a été construite en 1565 par un certain CHRistian Nutli et elle abrite aujourd'hui le musée de la ville. Installé dans cette ancienne ferme walser (les premiers habitants de la région) du XVIe siècle, ce musée régional regroupe des outils et des meubles illustrant la vie quotidienne passée de la région. L'occasion de découvrir le mode de vie traditionnel de l'époque. Une vraie plongée dans la Suisse d'autrefois passionnante et instructive.

RESIDENZ VEREINA €€€

Lansdstrasse 179
✆ +41 81 4102727
www.hotelvereina.ch/

Chambre à partir de 216 CHF. Petit déjeuner compris.

Cette grande maison de style manoir abrite un hôtel de grand standing, un restaurant de cuisine raffinée et un Spa incroyable... Le paradis au sommet ! Récemment rénovées, les chambres allient un mobilier élégant avec des équipements modernes, tout cela dans un grand confort. Chacune d'entre elles dispose d'un lit spacieux, d'une salle de bains en marbre et d'un balcon offrant une vue vertigineuse sur les montagnes alentour. Du côté du restaurant, on vous recommande de dîner dans le Vereina Stübli, le jardin d'hiver, exceptionnel !

Vue sur Klosters.

AROSA ★

Nichée au creux de la belle vallée de Schanfigg, Arosa est une station-village charmante, et si vous avez la chance de vous y rendre par le train montagnard, l'arrivée est absolument féerique. Cette station en cul-de-sac sur la montagne a ses fidèles, et on les comprend ! Si vous voulez découvrir la vallée de manière plus authentique, venez hors saison, au printemps ou même à l'automne, le charme opère toujours. Le domaine de ski est magnifique, varié et sauvage, et la vallée parsemée de quelques bâtisses historiques, notamment la chapelle de montagne Bergkirchli édifiée il y a cinq siècles. La station compte 130 hôtels dans toutes les catégories.

Sports / Loisirs

Les domaines les plus célèbres de la région sont ceux d'Arosa et de Lenzerheide-Valbella-Löschen. La région Arosa Lenzerheide offre 13 remontées et 225 km de pistes. Le domaine global de Lenzerheide-Valbella, Parpan et Churwalden est le plus important avec 37 remontées et 155 km de pistes. La région s'est mise résolument à l'heure du snowboard, avec des équipements complets : à Arosa, snowboard fun park, quater-pipes, funboxes, handrails, pistes à tremplins et obstacles ; à Lenzerheide, half-pipe naturel, parc à obstacles et fun-park. Pour les amateurs de fond, 150 km de pistes classiques sont disponibles, 25 km de skating et 10 km sont ouverts aux chiens de traîneau. Enfin, presque tous les domaines ont leur piste de luge.

PARC AROSA TERRE DES OURS

Arosa Bärenland
✆ +41 81 378 84 84
www.arosabaerenland.ch

Parc animalier, horaires d'ouverture selon saison de 9h à 17h20 tous les jours. 20 CHF adultes, 10 CHF enfants.

Proche du téléphérique Weisshorn, le parc Arosa Terre des ours est une véritable expérience pour grands et petits. À Arosa, on accueille des ours maltraités et on leur offre un foyer adapté à leur espèce. Au cœur du paysage montagneux naturel avec ses prairies, ses arbustes, ses rochers, ses petits torrents et ses forêts, les ours apprennent à vivre comme ils le feraient s'ils n'étaient pas nés captifs. Les visiteurs peuvent les observer dans leur vie au quotidien.

OFFICE DU TOURISME D'AROSA

Poststrasse
✆ +41 81 378 70 20
www.arosa.ch

Ouvert du lundi au vendredi de 8h à 18h, le samedi de 9h à 16h et le dimanche de 16h à 17h30.

En plein cœur des Grisons, Arosa vous accueille à 1 800 m d'altitude. Munissez-vous de la carte d'Arosa, libre à tous les invités séjournant une nuit dans la station, de nombreuses activités loisirs dans la région sont gratuites. Elle donne l'utilisation illimitée au service d'autobus, téléphérique d'Arosa-Weisshorn, téléphérique de gondole de Hörnli, Montagne Langwies ferroviaire de RhB, location de pédalo, patinoire intérieure, musée local. Vous serez renseigné à l'office.

MOUNTAIN LODGE AROSA €€

✆ +41 81 3788423
mountainlodge-arosa.ch

Été dès 40 CHF par nuit, petit déjeuner compris. Hiver dès 110 CHF par nuit, y compris forfait de ski et demi-pension.

Logé dans la forêt, l'Hostel Mountain Lodge Arosa propose un séjour authentique. Les chambres sont très agréables avec un confort simple. Sur place, vous trouverez tout le confort nécessaire pour passer des moments en famille ou entre amis. Vous avez une très belle vue sur le village et vous bénéficiez d'un climat sain pour vous ravigoter. C'est d'ailleurs a cet emplacement que se situait l'ancien sanatorium Florentinum entre 1929 et 1996. L'hiver, vous êtes à deux pas des premières pistes de ski et l'été les sentiers de randonnée vous tendent les bras.

WALDHOTEL NATIONAL AROSA €€€

Schulhausweg ✆ +41 81 3785555
www.waldhotel.ch

Chambre simple à partir de 185 CHF en été, hiver 220 CHF. Restaurant, sauna et piscine.

Jouissant d'une situation enviable, proche du départ du télécabine pour le Weisshorn et des parcours VTT, les séjours au Waldhotel sont rythmés par des sorties dans la nature et sportives. C'est dans un cadre magnifique où vous être chaleureusement accueilli dans cet hôtel historique, adresse de référence. Les chambres sont spacieuses et lumineuses. Certaines donnent sur un balcon pour respirer dès le petit matin le bon air environnant. La qualité de la restauration est excellente et vous pouvez tenter la Küche Party avec douze buffets de spécialités suisses.

SUISSE ALÉMANIQUE

ST. MORITZ ★★★

Le gotha séjourne régulièrement à Saint-Moritz, surnommée la métropole des Alpes. Au milieu des lacs et des sommets, cette station abrite de nombreux hôtels et boutiques de luxe, des centres de bien-être et des infrastructures haut de gamme pour pratiquer le ski, le golf et autres activités pour *happy few*. C'est la station reine des Grisons, voire de Suisse, voire, selon le slogan, « top of the world », du monde. La ville est pourtant modeste avec ses 5 500 habitants à l'année, auxquels viennent s'ajouter environ 3 000 travailleurs saisonniers. Les raisons du succès sont nombreuses : le climat sec et ensoleillé (le soleil selon le logo de la station brille plus de 322 jours par an), la beauté des paysages, une longue tradition d'accueil et enfin une clientèle cosmopolite et très *select* qui côtoie des familles tranquilles. Cette station huppée garde le charme et la décontraction liés à la proximité de l'Italie. Le lac, les montagnes et leurs rencontres sont féeriques.
La station est composée de deux entités : St. Moritz Dorf et St. Moritz Bad. Le bourg principal (Dorf), légèrement en surplomb en bordure du lac, se déploie en différents gradins au pied des pentes boisées du Piz Nair (3 057 m). Le centre associe ruelles et places pavées de boutiques élégantes, de luxueux hôtels de prestiges, une tour penchée romane (Schiefer Turm), témoin de la vieille église paroissiale Mauritius, démolie en 1890. Des immeubles cossus mais à l'architecture moins typée entourent un stade ouvert, le manège, la patinoire et la piscine olympique. Légèrement en contrebas, en surplomb du lac, se développe la gare terminus des Chemins de fer rhétiques, desservant les Grisons, avec leurs typiques petits trains rouges. A environ un kilomètre du bourg principal, le second noyau de la station (Bad) occupe les espaces plats, l'extrémité du lac et les rives de l'Inn. À proximité, se trouve le nouvel établissement des sources d'eau minérale, ouvert en 1976, donnant sur le jardin ombragé du Kurpark.

Sports / Loisirs

Randonnées. L'été, de nombreuses pistes deviennent des sentiers de randonnée pour un réseau d'un total de 300 km vers Celerina, Samedan ou Pontresina, toujours reliés à un réseau de bus, de trains ou même de calèches. Le tour du lac Saint-Moritz peut s'effectuer à pied en 1 heure. La promenade au lac de Staz est également aisée (1 heure), de même que la marche jusqu'à Pontresina (retour possible par le train).

© SONGTAM SRINAKARIN - SHUTTERSTOCK.COM

Téléphérique pour Diavolezza.

CABANE DU GRAND-PÈRE DE HEIDI ★

À Salastrains, à 200 m au-dessus de Saint-Moritz Dorf. Ne se visite pas.

C'est au dessus de Saint-Moritz, que vous pourrez découvrir la cabane d'alpage originale du film *Heidi*. À titre informatif, les aventures de la petite fille des alpages avaient été situées par leur auteur, l'écrivaine zurichoise Johanna Spyri, sur les pentes du Falknis, tout près de Maienfeld, à la frontière autrichienne. Le film a été tourné en 1952 et a rendu célèbre dans le monde entier la petite suissesse des montagnes, courageuse et si attachante.

SEGANTINI MUSEUM ★

Via Somplaz 30
✆ +41 81 8334454
www.segantini-museum.ch
Ouvert du 20 mai au 20 octobre et du 10 décembre au 20 avril, du mardi au dimanche, de 11h à 17h.

Ouvert en 1908 et conçu par l'architecte Nicolaus Hartmann, ce musée est entièrement consacré à l'artiste Giovanni Segantini, peintre des paysages alpins. L'Italien issu du courant du symbolisme de la fin du XIXe siècle, passa en effet les cinq dernières années de sa vie à St. Moritz. Ce bâtiment créé seulement neuf ans après sa mort est une sorte de mémorial. C'est là qu'est exposée son œuvre la plus célèbre, le triptyque *Werden, Sein, Vergehen* (*Devenir, Être, Disparaître*), chef-d'œuvre éblouissant par le réalisme de la lumière et des couleurs.

SUISSE ALÉMANIQUE

TOUR PENCHÉE ★

Cette tour penchée, curiosité dans la ville, remonte au XIIIe siècle. De 33 m de haut et inclinée à 5,5 degrés (son inclinaison est plus élevée que celle de la tour de Pise), elle est le dernier vestige de l'église St. Mauritius, partiellement démolie en 1893. Des travaux de réhabilitation ont régulièrement été entrepris : les derniers en date ont eu lieu en 2013 pour réduire l'angle d'inclinaison. Si vous passez par Saint-Moritz en hiver, arrêtez-vous ici : le spectacle sous la neige vaut le détour. Une excursion à faire en famille pour prendre des photos.

HÔTEL HAUSER €€

Via Traunter Plazzas 7
© +41 81 837 50 50
www.hotelhauser.ch
Chambre double à partir de 171 CHF.

Implanté sur une jolie petite place du centre-ville, l'hôtel Hauser présente le double avantage de tarifs raisonnables pour Saint-Moritz et d'une situation centrale qui permet d'accéder rapidement à toute la ville. 51 chambres tout confort sont proposées dans le bâtiment de cinq étages. Un restaurant permet de prendre ses repas en salle ou en terrasse. La confiserie (pâtisserie) de l'établissement est particulièrement renommée pour ses spécialités de l'Engadine. Celles-ci sont à déguster au petit déjeuner ou au cours de la journée.

BADRUTT'S PALACE €€€

Via Serlas 27
© + 41 81 837 1000
www.badruttspalace.com
Chambre simple standard à partir de 430 CHF en hiver, double 680 CHF.

Le Badrutt's Palace Hotel, c'est le très grand luxe version *british*. Ce palace mythique convient à une clientèle internationale, mais il est certain que les Anglo-Saxons s'y sentent comme chez eux. Attention, les prix sont à la hauteur de la légende, du cadre et des prestations. La vue panoramique sur les Alpes de l'Engadine et le lac de Saint-Moritz est un paysage des plus délicieux. À l'intérieur de cet établissement 5 étoiles, un service de voiturier, une piscine intérieure, six restaurants et des chambres à la décoration des plus élégantes.

KEMPINSKI GRAND HOTEL DES BAINS €€€

Via Mezdi 27
© +41 81 8383838
www.kempinski.com
Tarifs 5 étoiles. Chambre double environ 800 CHF avec petit déjeuner, ajouter 310 CHF pour le dîner.

C'est l'un des trois établissements de la chaîne de luxe en Suisse. Il est implanté dans un établissement thermal réhabilité avec faste, datant de 1864. Ce palace au luxe inouï et au charme inégalable dans son genre dispose d'un accès direct à des départs de ski de piste et à des pistes de ski de fond. Des chambres aux restaurants, en passant par le très distingué St. Moritz Spa de plus de 2 500 m², l'atmosphère souffle la grâce, l'art de vivre. Pour un séjour de rêve.

LA STALLA €

Plazza dal Mulin 2
© +41 81 837 58 59
www.lastalla-stmoritz.ch
Ouvert tous les jours de 11h30 à 15h et de 18h à 23h. Compter 30-35 CHF. Fondue à partir de 35 CHF.

Ce restaurant pizzeria se situe dans la rue principale de Saint-Moritz. La salle bénéficie d'un joli cadre, où le bois clair du mobilier et le gris de la pierre des murs prédominent. L'ambiance de ce chalet de montagne en pleine ville est vraiment réussie et invite à savourer comme il se doit les recettes italiennes et les plats régionaux proposés. Soupes, salades, fondues, pâtes, pizzas… Tout cela servi en portions généreuses et à des tarifs tout à fait abordables. Une toute petite (vraiment petite) terrasse extérieure peut également vous accueillir.

ÉCOLE DE SKI DE ST. MORITZ

© +41 081 830 01 01

La plus ancienne au monde (1927), les deux éditions des Jeux olympiques d'hiver ou encore les Championnats du monde de ski alpin de 2003 attestent d'une tradition solide et d'équipements uniques. Pour le ski de descente, il s'agit des aménagements sur le versant du Piz Nair depuis Corviglia (80 km de pistes, 23 remontées mécaniques) et de ceux sur le versant du Piz Corvatsch, à sept kilomètres de St. Moritz (65 km de pistes). Cours de ski, snowboard, freestyle…

SUISSE ALÉMANIQUE

VELVET
★★★★★
CLUB
V
- GENÈVE -
★ CABARET ★
DANSE PRIVÉE
OUVERT TOUS LES JOURS
21h30 - 5h00
www.velvet-club.swiss
+41 22 735 00 00
Rue du Jeu-de-l'Arc 7 - 1207 Genève
NOUVEAU PROPRIÉTAIRE

my petit fute
mon guide sur mesure
A CHACUN SON GUIDE !
1,99 € SEULEMENT
Le lieu exact de votre séjour
Les escapades à 20, 50 ou 100 km
Vos catégories de bons plans préférés
petit futé
HONFLEUR
20 KM
HONFLEUR
TROUVILLE-SUR-MER
petit futé
ESSAOUIRA
petit futé
ESPELETTE
100 KM
UZÈS
VÉZÉNOBRES
A CE PRIX-LÀ, JE N'HÉSITE PAS !
MYPETITFUTE.FR

OLYMPIA BOB RUN ★★

St. Moritz-Celerina,
✆ +41 81 830 02 00
www.olympia-bobrun.ch
Tarif d'une descente en « guest ride » entre 219 et 269 CHF.

Avis aux amateurs de sensations fortes : la descente de cette piste en 75 secondes vous procurera un shoot d'adrénaline pure ! L'Olympia Bob Run est une piste de glace reliant Saint-Moritz et Celerina à 1 612 m d'altitude. Un incontournable en hiver, d'autant plus que c'est l'unique piste de bobsleigh en glace naturelle au monde. Vous pouvez également la descendre en luge ou en skeleton. De la glisse à grande vitesse ! Des courses nationales et internationales ont régulièrement lieu sur cette piste longue de plus de 1 700 m.

SILVAPLANA ★★

À seulement 6 km au sud-ouest de Saint-Moritz, posée sur le plateau des lacs de la haute Engadine, au cœur d'une nature intacte, c'est une destination phare en Engadine qui attire des sportifs amoureux d'espaces vierges. À peine 900 habitants à l'année pour cette commune devenue une élégante station de villégiature qui bénéficie d'un vent puissant et régulier, ce qui lui confère une excellente réputation pour les sports nautiques sur le lac, surf tracté, planches à voile, dériveurs, mais aussi pour la pratique du cerf-volant sur une prairie dédiée. En août, Silvaplana accueille l'Engadinwind, la plus importante régate des Alpes.

HÔTEL ALBANA €€

Via vers Mulin 5
✆ +41 81 8387878
www.albana-silvaplana.ch
Chambre double à partir de 135 CHF en hiver, 145 CHF en été.

L'Albana Hotel est une grande maison avec des chambres élégantes, confortables et chaleureuses avec beaucoup de boiseries. Le point fort ? La terrasse avec la vue merveilleuse sur les montagnes. Une clientèle aisée fréquente cet élégant chalet et profite de chambres grand confort et de prestations parfaites. Un espace de bien-être avec bain bouillonnant, sauna, hammam et massages est proposé, ainsi que deux restaurants : Thailando, de gastronomie fusion thaïlandaise, et Spunta Engiadina qui propose une cuisine naturelle agrémentée d'une touche suisse.

ZUOZ ★★★

En retrait de la route, ce village pittoresque figure sur tous les dépliants touristiques. L'environnement montagnard est magnifique et le centre typique ravissant. La commune de Zuoz est réputée pour être le village engadinois le mieux conservé, avec de nombreuses maisons anciennes du XVIe siècle. Les touristes admirent ses chalets alternant rondins et murs grossièrement enduits, ses maisons aux fenêtres fleuries, ses rues pavées, son atmosphère d'exquise tranquillité et montagnarde. L'église abrite, comme beaucoup d'autres dans la région, des vitraux signés Giacometti. Pour le logement, on trouve des chambres chez l'habitant à tarif avantageux.

Histoire

En 1136, Zuoz est racheté par l'évêque de Coire ; la ville devient alors le centre du pouvoir épiscopal de la région et le reste pendant moins de quatre cents ans, jusqu'à la fin du XVe siècle. En 1499, l'armée autrichienne menace de prendre Zuoz. Les habitants dissimulent les vivres disponibles, incendient toutes les maisons et se cachent dans les montagnes. Devant tant de détermination, les Autrichiens renoncent, et la ville ne sera plus jamais inquiétée. C'est pourquoi elle garde encore aujourd'hui l'aspect hérité de la reconstruction du tout début du XVIe siècle. Économiquement, Zuoz s'est développée, comme l'ensemble des Grisons, grâce au trafic commercial vers l'Italie.

SCUOL ★

Le centre du village abrite des maisons engadinoises ornées de *sgraffiti*. La place du Bügl-grond et la place à la fontaine d'eau minérale valent également le détour. Le paysage est aussi marqué par l'église gothique Sankt Georg avec sa tour romantique piquée sur un rocher majestueux offrant une vue imprenable sur Scuol et le parc national de Suisse. Scuol est connu aussi comme centre thermal « le plus moderne de la côte atlantique à l'Oural », avec bain romain-islandais, saunas, solariums et bains de vapeur. Parmi les incontournables à visiter, le château de Tarasp qui domine la vallée et le parc national de Suisse et ses 80 km de sentiers balisés.

POSCHIAVO ★

Le Val Poschiavo est une vallée de montagne, isolée, permettant d'accéder en Engadine depuis la Valteline, en Italie (lac de Come, vallée de l'Adda). Sur une trentaine de kilomètres de longueur, le Poschiavo, torrent drainant la vallée, descend vers le sud depuis le lac Blanc (2 300 m) au col de la Bernina jusqu'à son confluent avec l'Adda à Tirano, à proximité de la frontière italienne (429 m). Le paysage est d'une grande beauté et d'un aspect inhabituel : dans le sens de la montée, il n'y a aucune région de Suisse où le passage d'une végétation submédíterranéenne à une végétation alpine et nivale ne puisse être observé aussi franchement.

Balade

Pour les amoureux de la nature, la descente de la vallée à pied par le sentier de randonnée, parfaitement aménagé, depuis l'Alpgrün et jusqu'à Poschiavo (puis reprendre le train), est un souvenir inoubliable.

- **Alta Valle.** Les changements saisonniers subtils du climat alpestre du haut Val Poschiavo vous fascineront. Les excursions impressionnantes de beauté et d'accueil vous font découvrir la réserve de Val di Campo Nature et le panorama splendide du Sassal Masone.
- **Fondovalle.** La région entre les hameaux San Carlo et Campocologno dans la vallée inférieure fournit d'innombrables possibilités de balades à apprécier en famille, pour tester votre forme physique ou vous détendre simplement.

Transports

Vous pouvez découvrir la vallée en train par le col de Bernina (en hiver la route du col est fermée), de Saint-Moritz au Val Poschiavo, et jusqu'à Tirano en Italie. Une expérience très impressionnante avec des vues époustouflantes sur le glacier de Morteratsch, la Diavolezza ou la Lagalb. D'Alp Grüm, on jouit d'un panorama sur l'imposant glacier de Palü et, en même temps, une vue s'ouvre sur le lac de Poschiavo, tout au fond de la vallée. Cette ligne desservant le Val Poschiavo est la plus haute transversale des Alpes et, avec une pente de 70 ‰, l'un des tracés les plus abrupts du monde sur voie étroite, sur laquelle les trains circulent sans crémaillère – une véritable performance technique.

BREGAGLIA ★★

La vallée de Bregaglia qui s'étend sur environ 20 km jusqu'à la frontière italienne à Castagna, 1 100 m plus bas, est un enchantement. On peut y pratiquer l'escalade sur des éperons granitiques propices, la randonnée dans les alpages, apprécier la forêt de mélèzes progressivement remplacée par la plus grande châtaigneraie d'Europe, la vigne et les arbres fruitiers. Le sentier historique Sentiero Storico, d'une vingtaine de kilomètres, entre Majola et Castasegan, à la frontière, est l'un des plus beaux des Grisons. Il croise les villages de Casaccia, de Stampa, de Soglio ou encore de Promontagno, où vécurent notamment Rilkem et Giacometti.

© PIXELJOY - SHUTTERSTOCK.COM

Le village de Promontagno.

PARC NATIONAL SUISSE ★★

✆ + 41 81 56 12 82

www.nationalpark.ch

Renseignements au Schloss Planta-Wildenberg, à Zernez.

Le parc national suisse est une réserve naturelle protégée de toutes les influences et interventions humaines. La fondation du parc national suisse a été une étape capitale dans l'histoire de la protection de la nature. C'était le premier parc national dans les Alpes et en Europe centrale. Avec ses 172 km², c'est la réserve naturelle la plus étendue de la Suisse. Il est selon les critères de l'International Union of the Conservation of Nature (IUCN) une réserve de catégorie 1, protection la plus élevée. À découvrir le temps d'une randonnée.

SUISSE ALÉMANIQUE

SAINT-GALL ★★★

Avec son quartier de l'ancien couvent classé au patrimoine mondial de l'Unesco, la ville de Saint-Gall, posée entre les collines d'Appenzell et le lac de Constance, montre à la fois de la personnalité et du charme, avec ce petit plus qui rend vraiment le séjour agréable. La magie opère avec ces vieilles pierres et la centaine d'oriels ou encorbellements – ces drôles de fenêtres qui permettaient d'agrandir une maison et de témoigner de la richesse de ses propriétaires. Septième ville de Suisse derrière Winterthur, Saint-Gall est toujours animée avec ses 76 000 habitants dont presque 8 500 étudiants et son marché tous les mercredis et le samedi.

Balade

Une balade à Saint-Gall ? Ici, c'est le paradis des piétons. Dans cette ville, vous ne verrez pas de voitures stationner dans la vieille ville, car elle est entièrement piétonne.

▸ **Lorsque vous sortez de la gare,** le gigantesque bâtiment qui abrite aujourd'hui la poste vous accueille. Traversez la place et contournez l'hôtel Metropol par la gauche pour arriver à l'office de tourisme, où vous pouvez alors vous munir d'un plan, ce qui est tout de même plus pratique pour se repérer.

▸ **Sur Kornhausstrasse,** on réalise la taille impressionnante de ces immeubles pour une ville plutôt petite : à cette époque, l'industrie textile battait son plein, notamment grâce aux exportations vers les États-Unis, où la guerre de Sécession venait de prendre fin.

▸ **De là, prenez à gauche dans St. Leonhard-strasse** pour trouver, au numéro 20, la maison d'Océanie et les sculptures des cinq Parques sur la façade. Au bout se trouve une magnifique fontaine.

▸ **Descendez à droite sur Oberer Graben,** emplacement des anciennes murailles, et vous entrez dans le cœur historique de la ville. Puis à gauche sur Multergasse, où vous verrez de magnifiques maisons de style Art nouveau, symbole du développement de la ville.

▸ **À l'intersection avec Neugasse (n° 28),** sur une maison on aperçoit une balance et des têtes représentant différentes origines ethniques : ce serait un symbole de l'ouverture de la ville aux étrangers. Vous arrivez sur Bärenplatz. Sur cette place se trouvait la maison où l'on jugeait de la qualité des textiles. Sur la place, remarquez une petite statue d'un ours. Vous notez également l'omniprésence de l'ours, emblème de la ville. La légende raconte que Gallus s'est installé là où il avait chuté en s'accrochant à un buisson ; en se relevant, il était nez à nez avec un ours, qu'il chargea de chercher du bois pour construire un abri car, épuisé par sa maladie, il était incapable de le faire lui-même.

▸ **La rue Marktgasse,** d'une largeur impressionnante, vous amène à Marktplatz (marché tous les jours). Vous arrivez face à une statue de Vadian, le réformateur de la ville. Il symbolise toutes les facettes de Saint-Gall à lui tout seul : fils d'un marchand de toile, historiographe de l'abbaye, médecin de ville, membre du conseil municipal, puis bourgmestre (1526), artisan de la Réforme, enfin, par le legs de sa collection de livres, initiateur de la bibliothèque. Après de brillantes études à Vienne, il est revenu au pays où il a été élu syndic (maire) au début du XVIe siècle. Cette place marque la limite de la vieille ville.

▸ **Poursuivez sur votre droite par la place Bohl** où vous apercevrez la Waaghaus am Bohl, une maison de 1584, avec une grande horloge verte. Elle servait d'entrepôt jusqu'au XIXe siècle : les chariots passaient sous les grandes voûtes du rez-de-chaussée pour hisser les marchandises au premier. Au début des années 1960, cette maison a failli disparaître pour faciliter la circulation, mais un référendum de 1963 a heureusement décidé de son maintien et de sa restauration.

▸ **Au départ de la place, un petit détour par Katharinengasse** vous amène au couvent Sainte-Catherine. De retour sur la place, en passant devant l'ancien entrepôt, vous vous engagez dans Brühlgasse.

▸ **Vous partez sur la gauche pour rattraper Spisergasse.** Admirez les nombreux oriels qui donnent beaucoup de charme au quartier. Intéressez-vous, au n° 22 et en face au n° 19, à ces avancées vitrées richement décorées. La ville en compte encore 110. Le rôle de ces ornements était double : pour la maîtresse de maison, ils offraient un gain d'espace et de luminosité ainsi qu'un point de vue sur la rue ; pour le maître de maison, il s'agissait d'exposer, par des ornements judicieusement choisis, sa richesse intellectuelle et financière. Au bout, une petite fontaine où vous avez une jolie vue sur le clocher de l'église Saint-Laurent.

▸ **Longez l'édifice sur la gauche,** pour arriver de nouveau sur Marktgasse. De là, le grand clocher de la cathédrale est magnifique. Prenez alors le temps de découvrir la somptueuse abbatiale, la magnifique bibliothèque, le lapidarium mais également Karlstor, la dernière porte d'enceinte encore debout, sur Klosterhof. Elle date de 1570 et abrite encore aujourd'hui une prison préventive. Côté extérieur, elle porte un des plus beaux motifs Renaissance visibles en Suisse.

▸ **Continuez sur Gallusstrasse** en longeant la cathédrale. De la place Gallusplatz, prendre à droite sur une petite rue Webergasse et ensuite à gauche pour traverser Oberer Graben.

Continuez en face par Vadianstrasse. De là, très vite vous apercevrez un sol rouge qui orne le quartier, c'est le Stadtlounge, dessiné par l'architecte Carlos Martínez et l'artiste Pipilotti Rist. Après un moment de détente dans le salon, rattrapez Kornhausstrasse.

Se restaurer

Une particularité à Saint-Gall, les *erststockbeizli*, des petits restaurants situés au premier étage de maisons médiévales, avec vue sur la rue.

Sports / Loisirs

Le canton de Saint-Gall mise avant tout sur le tourisme vert, tendance sportive, grâce à de nombreux sentiers fort bien aménagés. Des cartes sont disponibles dans la plupart des offices de tourisme. Itinéraires de cyclotourisme autour du lac de Constance, dans la vallée du Rhin, le Werdenberg et le Sarganserland : le long de cours d'eau, à travers des réserves naturelles, etc. Parcours bien indiqués. VTT dans le Toggenburg et en montagne, autour de Flums et Amden. Randonnées dans le Sankt Gallerland, avec des paysages de lacs et de montagne.

Le chemin des ponts. Les chemins de randonnée du canton de Saint-Gall (Kantonale St. Gallische Wanderwege) proposent un intéressant circuit autour de la ville, d'une longueur de 7,5 km, qui permet de voir une grande variété d'ouvrages, dans leur conception et les matériaux utilisés : joli pont de bois au-dessus d'un ruisseau, vieux pont de pierre, pont-passerelle, pont métallique, pont couvert. Des sites pittoresques et quelques ouvrages réellement artistiques. Brochure disponible à l'office de tourisme.

Transports

Train. De nombreux trains desservent la gare de Saint-Gall, en provenance de toute la Suisse et de l'Allemagne. On circule ensuite très facilement à pied dans le centre-ville.

Voiture. L'autoroute reliant Zurich à la Bavière allemande traverse Saint-Gall. En revanche, vous ne verrez aucune voiture garée dans les rues du centre-ville. Il existe des parkings souterrains dans le centre mais très chers. Privilégiez les parkings excentrés et prenez un bus.

ABBAYE DE SAINT-GALL ✝ ★★★

Klosterhof 6B

L'abbaye de Saint-Gall est un remarquable ensemble architectural qui vit le jour en 747 et qui se compose de plusieurs bâtiments regroupés autour de la place du couvent, dont les principales composantes sont la magnifique cathédrale baroque et l'ancien cloître, dont les ailes abritent la bibliothèque abbatiale, l'une des plus anciennes du monde. Illustration parfaite du grand monastère carolingien, l'ensemble est depuis 1983 l'un des douze sites suisses inscrits au patrimoine mondial de l'Unesco. LA visite recommandée de Saint-Gall.

BIBLIOTHÈQUE ABBATIALE ★★★

Dans la vieille ville à 2 minutes à pied de la cathédrale. ✆ +41 71 227 34 16 - www.stibi.ch

Ouvert tous les jours de 10h à 17h. Entrée adulte 12 CHF, tarif réduit 9 CHF.

Le portail de la salle porte l'inscription *Psyches latreion* (pharmacie de l'âme), empruntée à la bibliothèque de Ramsès II. Construite entre 1758 et 1767, cette bibliothèque est la plus belle réalisation de style baroque profane du pays. L'architecture de la salle, due à Peter Thumb, est baroque, et la décoration rococo. Les peintures du plafond sont de Joseph Wannenmacher et représentent les quatre conciles. Sous chacune de ces fresques, le parquet, lui aussi superbe, s'orne d'une étoile. Les colonnes sont surmontées d'angelots en différentes tenues qui servaient à indiquer les différentes catégories d'ouvrages par spécialités, avant le classement alphabétique. Trois des colonnes sont mobiles et dévoilent la liste des ouvrages qui étaient contenus dans les vitrines afférentes. Au-delà de la beauté de « l'emballage », la bibliothèque, qui n'est pas un simple musée, est surtout un trésor pour les médiévistes, avec une impressionnante collection de manuscrits originaux. Une partie est exposée dans la salle principale en une exposition renouvelée tous les ans ; le reste est soigneusement conservé dans les étages. Au total, la bibliothèque conserve plus de 160 000 ouvrages. Dans un coin de la bibliothèque sont exposés une maquette de l'abbatiale, un plan de l'ancienne abbaye et un cadeau rapporté de France par le maire lors de la fondation du canton de Saint-Gall : une momie héritée des campagnes napoléoniennes d'Egypte. Madame n'en ayant pas voulu chez elle, la momie est conservée à la bibliothèque avec le sarcophage.

SUISSE ALÉMANIQUE

© CELESTE CLOCHARD - FOTOLIA

Saint-Gall, carrefour culturel.

CATHÉDRALE DE SAINT-GALL ★★★

Klosterhof

Ouvert en dehors des offices, en général du lundi au samedi de 9h à 18h, le dimanche de 12h15 à 17h30.

Tout comme son abbaye, la cathédrale de Saint-Gall compte parmi les immanquables de la ville. Trônant au milieu de la cour, elle constitue un bel exemple de baroque tardif, de style Bodensee Barok, le baroque du lac de Constance. La première partie est particulièrement jolie, avec ses deux tours, mais la seconde a dû subir une restauration (1961-1967) qui lui a fait perdre le charme de l'ancien. Bâtie en 1755 sur un plan de Peter Thumb, la cathédrale est richement décorée de figures, fresques, sculptures et tableaux d'autel illustrant l'histoire de l'abbaye, notamment à travers les figures de Gallus et d'Otmar. Les éléments les plus remarquables sont certainement les confessionnaux, la chaire rococo et le jubé. Parmi les artistes ayant travaillé à ces décors, citons le peintre Joseph Wannenmacher, les stucateurs Johann Georg et Mathias Gil de Wessobrunn et les sculpteurs sur bois Fidel Sporer et Gabriel Loser. Egalement remarquable, d'un style différent du reste du bâtiment, le maître-autel (1808-1810) est de style rococo tardif. A noter : les nombreuses roses sculptées dans le bois des confessionnaux, la rose étant la fleur des secrets. Autre détail intéressant pour les Français : la petite taille de la porte d'entrée de la cathédrale aurait eu pour but d'empêcher Napoléon d'entrer avec son cheval !

▸ **Lapidarium :** il se trouve à l'entrée ouest et regroupe une précieuse collection de pierres à bâtir, couvrant une période allant du VIIIe au XVIIe siècle (ouvert tous les jours de 14h à 16h).

COUR DE L'ABBAYE DE SAINT-GALL ★★★

Klosterhof 6B

✆ +41 71 227 33 40

Très vaste, l'abbaye de Saint-Gall a toujours les dimensions qu'elle avait à sa fondation. Sur la gauche, vous remarquerez une porte avec des armoiries ; elle marque la limite entre les bâtiments appartenant à l'État (vers vous) et ceux appartenant à l'Eglise (au-delà de la porte). En sortant de la bibliothèque vers la gauche, vous apercevrez la cellule de Gallus, étant arrivé à Saint-Gall avec des reliques de deux saints, Didier et Maurice, aujourd'hui protecteurs de la ville.

BIERFLASCHENMUSEUM - MUSÉE DES BOUTEILLES DE BIÈRE

St. Jakobstrasse 37

✆ +41 71 243 43 43

www.schuetzengarten.ch

Ouvert du lundi au vendredi de 8h à 12h15 et de 13h30 à 18h, le samedi de 8h à 16h30. Entrée libre.

Voici un musée des plus insolites ! À Saint-Gall, le musée des Bouteilles de bière est le premier établissement de ce genre en Suisse. Ici, vous trouverez l'impressionnante collection de CHRistian Bischof avec plus de 3 000 bouteilles de 260 brasseries différentes. Les échantillons les plus anciens, des bouteilles en terre cuite, datent tout de même de plus de cent quarante ans. La visite vaut le détour pour les amateurs de bières suisses et pour les curieux.

JARDIN BOTANIQUE [BOTANISCHER GARTEN]

Stephanshornstrasse 4
✆ +41 71 224 45 14
www.stadt.sg.ch
Ouvert tous les jours de 8h à 17h. Entrée libre.

Non loin du cimetière de l'Ostfriedhof se tient le jardin botanique de Saint-Gall, un lieu magnifique et bien entretenu. Pour profiter au mieux de ses trésors, la visite au printemps est conseillée. Ici, près de 8 000 plantes du monde entier sont présentées au public. Divisé en plusieurs sections, le jardin est un lieu de détente, de rencontre, mais également d'instruction. En effet, de nombreuses expositions et visites guidées sont organisées pour familiariser les visiteurs.

MUSÉE D'ART [KUNSTMUSEUM ST.GALLEN] ★★

Museumstrasse 32 ✆ +41 71 242 06 71
www.kunstmuseumsg.ch
Ouvert du mardi au dimanche de 10h à 17h, jusqu'à 20h le mercredi. Adulte : 12 CHF, réduit : 6 CHF.

Ce musée d'art fut construit en 1877, à la fin du classicisme, pour accueillir une collection d'objets d'art rassemblée par la Société artistique fondée en 1827. Il réunit principalement des œuvres des XIXe et XXe siècles. Les peintures de l'académie de Munich, qui a fortement influencé les peintres suisses, sont largement exposées. Par ajouts de collections successives, le musée s'est enrichi d'œuvres des écoles allemande et française, puis des œuvres inspirées par la vie alpine.

MUSÉE DE L'HISTOIRE ET DE L'ETHNOGRAPHIE ★

Museumstrasse 50 ✆ +41 71 242 06 42
www.hmsg.ch
Ouvert du mardi au dimanche de 10h à 17h. Entrée : adulte 12 CHF, tarif réduit à 10 CHF, gratuit pour les enfants.

Fondé en 1921 grâce aux collections de la Société d'histoire du canton de Saint-Gall, il s'agit du plus important musée d'histoire de la civilisation de Suisse orientale. Il se compose d'un musée d'Histoire et d'un Musée ethnologique. Le premier abrite des documents relatifs à l'histoire de la ville et du canton, mais aussi des pièces d'époque réaménagées (salle du prince-abbé notamment). Le second abrite la collection rapportée d'un peu partout par les marchands de la ville.

MUSÉE DU TEXTILE ★

Vadianstrasse 2
✆ +41 71 228 00 10
www.textilmuseum.ch
Ouvert tous les jours de 10h à 17h. Entrée : adulte 12 CHF, gratuit pour les mineurs.

Fondé en 1886 par la Corporation commerciale, une sorte de chambre de commerce, ce musée est dédié à la tradition textile de la ville. Des donations de riches fabricants lui permettent d'exposer de très belles collections de dentelles et de broderies. Des expositions temporaires sont régulièrement organisées. En 2022, vous pourrez notamment découvrir, à l'occasion du cinquantenaire du droit de vote des femmes en Suisse, l'exposition « Robes politiques – le pouvoir des femmes et la mode du pouvoir » présentant des vêtements et accessoires de 1600 à nos jours.

MUSÉE IM LAGERHAUS

Davidstrasse 44
✆ +41 71 223 58 57
www.museumimlagerhaus.ch
Ouvert du mardi au vendredi de 14h à 18h, le week-end et les jours fériés de midi à 17h. Entrée adulte 9 CHF.

Le musée im Lagerhaus et la fondation ont été créés en 1988 par un couple de collectionneurs dans le but de faire découvrir de nombreux artistes de l'art naïf et de l'art brut suisses. Les expositions présentent différents aspects de cet art « *Outsider* » : un art qui fascine à travers sa pluralité, ses contenus extraordinaires et sa richesse créative presque sans limite. Au début de l'année 2022, ce sont les artistes Robert, Miriam, Manuel et Gilda Müller et Giovanni Abrignani qui sont à l'honneur. Un musée qui plaira aux amateurs d'art contemporain.

ZOO WALTER

Neuchlen 200
✆ +41 71 387 50 50
www.walterzoo.ch
Ouvert tous les jours de l'année de mars à octobre de 9h à 18h30 et de novembre à février de 9h à 17h.

Situé près du château d'Oberberg, le zoo Walter est le plus grand zoo privé de Suisse avec 500 animaux pour 130 espèces : chameaux, loups, tigres, léopards, lamas, kangourous, jaguars, pumas, zèbres, yacks, perroquets, ours et de nombreux oiseaux, sans oublier un parc aux chimpanzés de 1 250 m². Avant votre visite, n'oubliez pas de consulter le programme sur le site Internet, chaque journée est rythmée par des rendez-vous : promenade en poney à 10h, repas des tigres à 11h, repas des chimpanzés à 15h45… Autant de moments à ne pas manquer.

WEISSES KREUZ €

Engelgasse 9
✆ +41 71 223 28 43
www.weisseskreuz-sg.ch

Chambre simple à partir de 75 CHF, double à partir de 115 CHF et suite à partir de 175 CHF. Petit déjeuner inclus.

Situé au cœur de la vieille ville de Saint-Gall, niché derrière la place du marché, ce petit hôtel ne paie pas de mine, et pourtant ! Derrière sa façade modeste et son drapeau suisse se cachent 14 chambres modernes, lumineuses et agréables. L'aménagement des chambres et des salles de bains est propre et contemporain. Au rez-de-chaussée, le bar peut être bruyant mais il assure une ambiance animée le samedi soir ! Depuis l'hôtel Weisses Kreuz, vous pourrez rejoindre la gare en seulement quelques minutes, ainsi que le parc des Expositions.

SORELL HOTEL CITY WEISSENSTEIN €€

Davidstrasse 22
✆ +41 71 228 06 28

Chambre simple à partir de 170 CHF, chambre double à partir 200 CHF. Petit déjeuner inclus. Wifi gratuit.

Le Sorell Hotel City Weissenstein bénéficie d'une situation idéale au cœur du quartier piéton de Saint-Gall. Abritées dans un bâtiment moderne, les chambres sont décorées dans des tons clairs, apaisants, et possèdent tout le confort nécessaire pour passer un bon séjour : télévision satellite, plateau/bouilloire, salle de bains privative, sans oublier l'accès wi-fi gratuit dans toutes les chambres. Il y a également la possibilité de louer des appartements équipés d'une kitchenette.

ROMANTIK HOTEL METROPOL €€€

Bahnhofplatz 3 ✆ +41 71 228 32 32
www.hotel-metropol.ch

Chambre simple à partir de 135 CHF, double à partir de 220 CHF. Petit déjeuner inclus. Wifi inclus.

Idéalement situé en face de la gare de Saint-Gall dans la zone piétonne, le Romantik Hotel Metropol possède une façade moderne peu avenante, mais ne vous fiez pas aux apparences ! Dans cet hôtel de charme, l'intérieur a été entièrement réalisé dans un style contemporain élégant. Les chambres sont confortables, le personnel accueillant et la salle du petit déjeuner particulièrement belle et agréable. Côté restauration, l'établissement Erstock est une très belle adresse de la ville, surplombant la place de la Gare et proposant quelques délicieuses spécialités.

WIRTSCHAFT ZUR ALTEN POST €€

Gallusstrasse 4
✆ +41 71 222 66 01
www.apost.ch

Du mardi au samedi. Menus à partir de 38 CHF (midi) et de 75 CHF à 108 CHF (soir). À la carte : plats dans les 40 CHF.

Tout près de la cathédrale, un *erststockbeizli* (maison historique du XVIe siècle) avec une charmante petite salle à l'étage, typique et ravissante (boiseries sombres, bancs et tables rustiques, beaux mobiles en fer forgé). La cuisine est aussi dans la ligne : absolument locale, réussie et pleine de saveurs. Ambiance et accueil au féminin, agréable et beaucoup moins classique qu'on ne pourrait le supposer. Une petite terrasse pour l'été. À découvrir !

ZUM GOLDENEN SCHÄFLI €€

Metzergasse 5
✆ +41 71 223 37 37
www.zumgoldenenschaeflisg.ch

Ouvert du lundi au samedi de 11h à 14h et de 18h à minuit. Menu du midi à 46 CHF.

Voici le plus célèbre et certainement le meilleur des *erststockbeizli*, vieux de plus de 500 ans, les boiseries sombres en témoignent. Dans ce restaurant suisse typique, le chef prépare d'excellents *rösti*, mais également de très bons plats de chasse en hiver. À la carte, émincé de chevreuil sauce gibier accompagné de spätzli, chou rouge, marrons et poire, ou encore l'incontournable escalope de veau viennoise et ses airelles. Une particularité : le sol est en pente douce ! Le service est rapide et souriant, mais l'eau du robinet… payante.

RESTAURANT AM GALLUSPLATZ €€€

Gallusstrasse 24
✆ +41 71 223 33 30
www.gallusplatz.ch

Mardi-samedi 10h-14h et 17h-23h. Midi : menu végétarien 20 CHF, menu poisson 27 CHF, menu business dès 45 CHF.

Une salle superbe, restaurée à l'authentique, dans une demeure ancienne et qui jouxte une première salle plus contemporaine. L'ensemble a de la classe, et la prestation fait tout pour tenir le niveau. On dîne fort élégamment dans une veine traditionnelle bien modernisée, où l'on apprécie la sobriété et le respect du produit. Parmi les spécialités maison, la poularde et la bouillabaisse ! À noter que le restaurant propose aussi des plats végétariens.

PRALINÉ SCHERRER

Marktgasse 28
✆ +41 71 220 16 69
www.praline-scherrer.com
Ouvert du lundi au samedi de 9h à 18h. Fermeture à 17h30 le lundi et 17h le samedi.

Praliné Scherrer est une institution à Saint-Gall, installé à deux pas du quartier de l'abbaye classée au patrimoine mondial de l'Unesco Excellent pâtissier chocolatier, l'enseigne a fait des truffes et des pralinés ses spécialités avec toujours de nouvelles recettes gourmandes et novatrices. Parmi les créations, des truffes à la cannelle, au vin chaud ou encore au tiramisù. Le tout servi dans d'élégantes caisses en bois. Une très belle idée de cadeau si vous arrivez à résister à la tentation de tout dévorer. Également de très bons pains d'épice.

STICKEREI CAFÉ BAR

Oberer Graben 44
✆ +41 71 222 62 32
www.stickerei.sg
Ouvert le lundi de 17h à 23h, du mardi au jeudi de 11h30 à 23h, le vendredi et le samedi jusqu'à 1h.

Coup de cœur pour ce café chaleureux à l'ambiance jazzy, situé sous l'hôtel Einstein (bien indiqué). Mélange réussi de chaises bistrot et d'éléments plus *design*, coin *cosy* avec canapé, espace jeux pour les enfants, lumière douce, grandes fenêtres, bougies, livres et magazines, charme de l'ancien, tapis ancien, comptoir design ; boissons chaudes comme le café cappuccino toujours servi avec un verre d'eau. La propriétaire parle par ailleurs très bien français. Le Stickerei est également une très bonne adresse pour l'heure de l'apéritif !

DREILINDEN FREIBÄDER - ZONE DE BAIGNADE

Dreilindenstrasse 50
✆ +41 71 244 52 52
www.stadt.sg.ch
Ouvert de mai à septembre de 9h à 19h. Entrée adulte : 5,50 CHF. Entrée enfant (de 6 à 16 ans) : 2,80 CHF.

Cet étang naturel fera le bonheur des enfants et des parents avec ses nombreux toboggans. L'infrastructure de baignade d'origine date de 1896. Depuis, le lieu s'est modernisé mais ne désemplit pas. Plusieurs bassins sont proposés, ainsi qu'une aire de jeux pour les enfants, des douches chauffées à l'énergie solaire et des tables de ping-pong. Un restaurant, un kiosque et une boutique d'articles de bain viennent compléter l'offre de cette piscine familiale.

PISCINE EXTÉRIEURE LERCHENFELD

Zürcherstrasse 152
✆ +41 71 272 13 70
www.stadt.sg.ch
Ouvert tous les jours de mai à septembre de 8h à 19h. Entrée adulte : 5,50 CHF.

La piscine en plein air de Lerchenfeld est peut-être le complexe aquatique le plus complet de Saint-Gall. On trouve ici une piscine olympique, un bain pour enfants, une pataugeoire pour les plus petits mais aussi un espace de plongée sous-marine. Hors de l'eau, on peut également pratiquer le beach-volley, le street-soccer (foot de rue), le basket ou encore s'essayer à la *slackline*. Bref, tout y est pour passer une bonne journée familiale et sportive.

PISCINE EXTÉRIEURE ROTMONTEN

Waldgutstrasse 9
✆ +41 71 224 55 32
www.stadt.sg.ch
Ouvert tous les jours de mai à septembre de 8h à 19h. Entrée adulte : 5,50 CHF.

À Saint-Gall, le Freibad Rotmonten, ou « piscine en plein air de Rotmonten » en français, est un complexe aquatique ouvert seulement en été. Il dispose d'un grand bain aux dimensions olympiques (50 mètres de long), d'une piscine pour les enfants, d'une pataugeoire pour les plus petits, d'une aire de jeux ainsi que des terrains de beach-soccer et des tables de ping-pong. Avec tout ça, il n'y a pas de raison de passer une mauvaise journée en famille ou entre amis !

PISCINE INTÉRIEURE VOLKSBAD

Volksbadstrasse 6
✆ +41 71 244 77 57
www.stadt.sg.ch
Horaires selon le jour. Entrée adulte : 5,90 CHF.

Le cadre historique du Volksbad accueille la plus ancienne piscine couverte de Suisse toujours en activité, construite en 1906 dans le style Art nouveau. À l'époque, seuls 18 % de la population avaient un appartement avec leur propre salle de bains. Le mercredi après-midi, la piscine est réservée aux enfants qui ont le droit à de nombreuses activités et jeux dans l'eau. Le jeudi, l'eau est chauffée à plus de 30 °C pour le plus grand plaisir de tous.

GAMBRINUS JAZZ PLUS

Davidstrasse 40
✆ +41 71 558 88 70
www.gambrinus.ch

Depuis 1995, le nom Gambrinus est associé à la musique jazz et aux concerts live donnés dans la commune de Saint-Gall. Quelques années plus tard, en 2004, l'association Gambrinus Jazz Plus est créée et soutient le jazz en organisant des manifestations publiques dans une grande variété de styles, avec de jeunes musiciens talentueux de la région. Toute l'année, l'agenda est chargé avec des concerts tous les soirs, ou presque ! Avant votre séjour à Saint-Gall, consultez la programmation sur le site afin de prévoir une petite soirée jazzy. Ça vaut le détour !

KUGL

Güterbahnhofstrasse 4
✆ +41 71 5585710
www.kugl.ch
Horaires dépendant des événements.

Cette salle de spectacle propose une programmation éclectique mais le Kugl est bien plus qu'un lieu de concert et de fête, c'est un lieu de vie ! Dans une atmosphère urbaine et vivante à la décoration industrielle sont programmés de nombreux spectacle et événements variés : des concerts, des pièces de théâtre, des soirées comiques et des soirées clubbing. De grands noms de la scène électro et hip-hop se sont produits ici attirant un public jeune et branché. Consultez la programmation sur le site Internet afin de bien programmer votre séjour.

THEATER ST.GALLEN - THÉÂTRE SAINT-GALL

Museumsstrasse 1/24
✆ +41 71 242 06 06
www.theatersg.ch
Spectacles programmés tous les jours. Toute la programmation sur le site Web.

Ce théâtre municipal d'envergure nationale a été inauguré en 1968. Accueillant des spectacles dramatiques, de danse et musique, le lieu draine un large public et offre une programmation très fournie. Le théâtre de Saint-Gall présente chaque saison plus de vingt nouvelles mises en scène et accueille plus de 150 000 spectateurs de toute la région du lac de Constance pour environ 470 représentations (dont une cinquantaine à l'extérieur). Incontournable !

ALTSTÄTTEN ★

Au pied des monts d'Appenzell, la petite cité rurale d'Altstätten vous tend les bras. Cité fortifiée au XIIIe siècle, la ville fut incendiée en 1410. Sur place, Altstätten séduit par son charme et son centre historique. De nombreux monuments sont à admirer pendant votre visite. Les églises sont nombreuses, dont notamment l'église paroissiale Saint-Nicolas. L'hôtel de ville vaut également le détour, au même titre que la chapelle Saint-Placide, le couvent des Capucines ou encore la chapelle des Forêts. Les amateurs de shopping ne sont pas en reste avec une belle offre en centre-ville. De nombreuses randonnées pédestres ou à vélo partent de la commune.

MUSÉE HISTORIQUE DE PRESTEGG

Gerbergasse
✆ +41 71 755 20 20
www.museum-altstaetten.ch
Ouvert quelques jours d'avril à juillet. Horaires en fonction de la saison.

Installé dans la commune d'Altstätten, le musée Prestegg se trouve dans une maison ancienne de Rabengasse, et fut fondé en 1895. Restauré à la fin des années 1970, il accueille aujourd'hui différentes collections sur l'histoire et les différentes traditions régionales de la vallée du Rhin. Divers documents, mais aussi des meubles, de l'artisanat et de l'art religieux, ainsi que des armes, médailles, monnaies et instruments de musique anciens sont exposés.

OFFICE DU TOURISME D'ALSTÄTTEN

Breite 9 ✆ +41 71 757 77 11
www.altstaetten.ch
Ouvert le lundi de 8h à 11h45 et de 13h30 à 18h. Du mardi au vendredi de 8h à 11h45 et de 13h30 à 17h.

Pour tout savoir des activités et agenda de la région, l'office de tourisme d'Alstaten sera votre allié. Dans cette région, on parle l'allemand et il vous sera plus facile de vous laisser guider vers les curiosités en passant pas l'office. On vous conseillera sans doute de vous rendre à la tour d'observation construite en bordure de la réserve naturelle du Spitzmäde, ou encore de visiter Schollenmühle, cette ancienne usine de tourbe dont les plus anciens bâtiments datent de 1918.

ALTENRHEIN

Situé sur le lac de Constance, impressionnant plan d'eau à la frontière entre l'Allemagne, la Suisse et l'Autriche, la commune d'Altenrhein se distingue par sa tranquillité. D'un point de vue économique, la ville s'est développée grâce à l'implantation d'un fabricant de matériel ferroviaire, Stadler Rail. Du côté des visites, le musée de l'Aviation d'Alterhein, situé sur l'aéroport de Saint-Gall, vaut le détour. Mais le clou du spectacle est sans hésiter la halle du marché de la ville, la Markthalle, curiosité construite en 2000, œuvre de l'artiste autrichien Hundertwasser, surréaliste et non conformiste. Faites le détour pour l'admirer !

MARKTHALLE ALTENRHEIN

Knotternstrasse 2
✆ +41 79 506 47 35
www.markthalle-altenrhein.ch
Ouvert les samedi et dimanche de 13h à 17h.

La halle du marché d'Altenrhein est un exemple étonnant de la conception architecturale du peintre Friedensreich Hundertwasser, influencé par le surréalisme. Son travail est en quelque sorte une application directe de ses toiles dans la réalité, avec la prédominance de la nature, la portée de la couleur, la négation de l'uniformité. Clochers à bulbe doré, couleurs vives, lignes courbes, fenêtres inégales et sols inégaux, colonnes de céramique colorées, coursives ombragées et toits végétalisés : l'artiste repense et casse les codes existants.

EICHBERG ★

À quelques kilomètres au sud d'Altstätten, le joli village d'Eichberg est à découvrir. Situé au flanc d'un coteau couvert de vignes, le canton ne manque pas de cachet et offre de très belles vues sur les chaînes montagneuses environnantes. Sur place, néanmoins, les activités sont très limitées. Citons tout de même le zoo Gnadenhof, refuge bénévole accueillant plus d'une centaine d'animaux abandonnés. Si le zoo n'est pas ouvert à l'année faute de moyens, il organise régulièrement des portes ouvertes des écuries. Dans le centre-bourg, une poignée de bars-restaurants et d'hébergements sont proposés. Renseignez-vous auprès de la mairie avant de partir.

WERDENBERG ★★

La région de Werdenberg est située à la frontière orientale de la Suisse, dans la vallée du Rhin de Saint-Gall. Werdenberg est un beau village de bois ancien et bien préservé d'une petite centaine d'habitants. Parmi les monuments à voir, le château du XIIIe siècle, avec sa collection d'armes qui témoigne de toute l'histoire jusqu'à la Seconde Guerre mondiale. Le château abrite également le musée du Rhin dédié à la nature et aux traditions. La salle des Chevaliers est utilisée pour les réceptions. Les marcheurs apprécieront le sentier didactique Trübliweg : une randonnée pédestre de 1h30 à travers les vignes, le vin, la culture et l'écologie.

© POLINA BOYTSOVA - SHUTTERSTOCK.COM

Werdenberg.

PFÄFERS ★

Pfäfers est un site naturel étonnant. Des gorges très étroites (les gorges de la Tamina qui affichent jusqu'à 70 m de hauteur), une grotte, une source d'eau chaude... Les vertus curatives de cette source ont été découvertes dès 1240. Premier médecin de cure aux bains de Pfäfers en 1535, chercheur en sciences naturelles, médecin et philosophe, Paracelse a écrit un livre entier sur les effets bénéfiques de l'eau chaude à 36,5 °C qui émane de ces sources qui furent exploitées jusqu'en 1960. Les anciens bains de Pfäfers, édifiés au XVIIIe siècle, ont été restaurés entre 1983 et 1995. On peut y visiter le musée dédié à leur histoire.

WALENSTADT

Le lac de Walenstadt sert de frontière entre les cantons de Saint-Gall et de Glaris. Superbe, d'une belle couleur bleu nuit, il est assez peu fréquenté. Par la route, on longe la rive sud, mais la vue sur le lac est bouchée par la voie ferrée. En revanche, des chemins pédestres sont tracés pour le découvrir. La plus belle et la plus originale des balades sur le lac consiste à prendre l'embarcadère à Murg, traverser le lac et aller passer la journée, ou même plus, de l'autre côté, sur la rive nord. Cette rive, complètement dépourvue d'accès routier, est restée sauvage et superbe. D'assez belles vues sur le lac depuis l'autoroute Bad Ragaz-Zurich.

RAPPERSWIL-JONA ★

La station principale du lac de Zurich est aussi pour les Zurichois la première incursion dans le canton de Saint-Gall. Rapperswil-Jona a été fondée en 2007 par la fusion des communes de Rapperswil et de Jona pour former un ensemble de plus de 26 000 habitants. Son centre historique ravissant, ses échoppes d'artisans, ses jolies maisons sur les quais et ses vieilles pierres dominées par un beau château médiéval sont la justification principale d'une escapade autour du lac. Rapperswil, dont le blason est constitué de deux roses rouges, est surnommée « la ville aux roses ».

Balade

- **En vous dirigeant vers les quais,** vous traversez une vaste place pavée, piétonne, qui donne sur le lac. Vous y trouvez de nombreux hôtels et terrasses de café. Les quais plantés d'arbres forment une promenade agréable.
- **En direction de la ville, depuis les quais, par Seestrasse,** les premières maisons, classiquement enduites et sans grand cachet, déçoivent un peu.
- **Persévérez et vers Marktgasse,** vous commencez à en voir de plus jolies, parfois décorées de peintures évoquant des épisodes historiques ; par exemple, au n° 10, on reconnaît Guillaume Tell parmi quatre peintures, oriels et géraniums sur le reste de la maison. Vous constatez que les commerçants égayent facilement la rue en y plaçant de grosses plantes vertes. L'ensemble, plus coquet et propre que vraiment charmant, évoque une station balnéaire.
- **On se posera ensuite sur la vaste et superbe Hauptplatz,** piétonne comme le quartier environnant, avec ses vénérables immeubles aux balcons ouvragés et le château en perspective. Ensuite on rayonne, au hasard des ruelles, pour y contempler de vieux pignons, des escaliers de pierre, des arcades à colonne de bois, des enseignes en fer forgé à la salzbourgeoise et des fenêtres sculptées et peintes.
- **On ne manquera pas Kluggasse,** la rue commerçante et branchée. Prenez-la jusqu'au bout pour trouver d'autres ruelles transversales qui permettent de remonter vers le château. Parmi les autres coins à voir, vers l'église, Hintergasse et Strehlgasse. Vous y découvrez des jardins aménagés au pied des remparts et des maisons à arcades.
- **Depuis Hintergasse,** des escaliers permettent de monter vers le château. La promenade est assez sportive car le chemin grimpe allègrement, mais la récompense est au bout. Arrivé en haut, vous avez un point de vue sympathique sur la ville et le lac. On reconnaît les maisons à arcades aperçues auparavant (notamment une énorme, à boiseries rouges, sur la gauche) et on découvre les vieux toits en tuiles rondes, qui donnent à la ville un aspect plus médiéval que depuis les rues. Vous redescendez le long du château, en passant sous une voûte pour arriver sur l'église ; malgré une vieille tour en pierre et un style assez sobre, celle-ci n'est pas à la hauteur du château. Derrière, une petite chapelle avec un vieux clocheton. Vous prenez les escaliers vers la place, en passant près de la bibliothèque, mais aussi d'une fontaine à l'eau bleu piscine. Cette place vous ramène sur le Rathaus, sans charme à part celui d'un cadran solaire.

CHÂTEAU DE RAPPERSWIL - MUSÉE POLONAIS ★

Schloss

✆ +41 55 210 1862

https://polenmuseum.ch

Château : extérieurs libres. Musée : ouvert de mars à décembre, tous les jours. Adulte : 5 CHF.

Il fut édifié vers 1230. Dans un état de conservation parfaite, il est aujourd'hui réservé à l'organisation d'événements, à l'exception d'un étage réservé au Musée polonais. Ce musée a été créé en 1970 par des émigrants polonais venus se réfugier en Suisse à la suite des troubles dans leur pays (insurrection de janvier 1863). L'exposition aborde l'histoire polonaise, ses traditions, ses luttes, son indépendance retrouvée et les relations entretenues avec la Suisse à travers le temps.

SUISSE ALÉMANIQUE

KATHOLISCHE PFARRKIRCHE ST. JOHANN ★

Herrenberg 52
✆ +41 55 225 78 11

Au pied du château (Schloss Rapperswil), la Katholische Pfarrkirche St. Johann se trouve sur le flanc est montant de la colline du château, sur le Herrenberg. Sa construction date du XIIIe siècle, plus précisément en 1253 par le comte Rudolph. Suite à un incendie en 1885 épargnant seulement les tours gothiques romanes, l'église paroissiale Saint-Jean a été entièrement reconstruite dans un style néogothique. Elle a été peinte de manière décorative au XXe siècle.

ZOO POUR ENFANTS KNIES ★

Oberseestrasse 36
✆ +41 55 220 67 60
www.knieskinderzoo.ch

Ouvert du 1er mars à fin octobre, tous les jours de 9h à 18h. Entrée : adulte 22 CHF, enfant 8 CHF.

Le Knie's Kinderzoo abrite environ 400 animaux représentant 70 espèces pour le plus grand plaisir des plus jeunes... et de leurs parents. En plus de la visite classique du zoo, plusieurs activités sont proposées (certaines sont payantes) : donner le petit déjeuner des singes le matin ou encore passer une heure dans l'enclos des girafes, des chameaux ou des otaries. Il est également possible de suivre un soigneur pendant son travail pour mieux voir les coulisses. Tout est prévu pour sensibiliser les enfants. Il y a également un restaurant donnant sur le lac.

HÔTEL RÖSSLI €

Hurdnerstrasse 137
✆ +41 55 416 21 21
www.roesslihurden.swiss

Chambre simple à partir de 149 CHF, double à partir de 280 CHF. Petit déjeuner compris. Wifi gratuit.

Simples mais confortables, presque toutes les chambres de cet hôtel très calme offrent un balcon donnant sur le lac. Depuis l'hôtel Rössli, on peut rejoindre la ville de Rapperswil à pied en traversant le lac sur le plus long pont de bois de Suisse : le magnifique Holzbrücke Rapperswil-Hurden. L'accueil est courtois et le personnel disponible. L'établissement propose un très bon rapport qualité-prix et le délicieux petit déjeuner pris dans l'agréable véranda du rez-de-chaussée est délicieux. À choisir absolument pour une escapade en dehors de Zurich.

SORELL HOTEL SPEER €€

Untere Bahnhofstrasse 5
✆ +41 55 220 89 00

Chambre simple à 162 CHF, double à 175 CHF. Petit déjeuner et Wifi inclus.

Idéalement situé en plein cœur de la ville historique, l'hôtel Speer est un excellent choix pour un séjour de courte ou de longue durée. Installées dans un beau bâtiment, les chambres sont tout confort et agréables jouissant d'une belle luminosité. Dans cet établissement bien pensé, des chambres sont proposées spécialement pour les famille avec enfants (tout le nécessaire pour bébé est inclus). Le petit déjeuner propose des produits de qualité (profitez de la charmante terrasse aux beaux jours) et le service est parfait ! Une valeur sûre.

Rapperswil.

DIECI AL LAGO €€

Fischmarktplatz 1
✆ +41 55 210 90 20
www.dieci.ch
Ouvert du mardi au vendredi de 11h30 à 14h et le soir, le samedi à partir de 18h.

10' Dieci est une chaîne de restaurants italiens qui possède plusieurs établissements à Zurich et dans sa région. Ici, les serveurs s'interpellent à haute voix en italien et s'activent en tout sens pour vous servir vite et bien. On choisit l'endroit quand on a faim, qu'on souhaite être servi en vitesse et sans chichis. La salle est grande et bruyante, c'est une bonne idée de s'installer en terrasse pour profiter de la vue sur le lac. On parie que les spaghettis à la *carbonara* et le vin de Sardaigne vous feront passer un agréable dîner.

JAKOB €€€

Hauptplatz 11
✆ +41552200050
www.jakob-rapperswil.ch
Ouvert du jeudi au lundi de 9h à 23h. Plats de 327 à 58 CHF.

De la ferme à la fourchette, voilà le maître mot de ce restaurant tenu par le chef Markus Burkhard. Ici, « manger local » devient un art culinaire de haut niveau. Les produits de la ferme sont célébrés avec beaucoup de respect et la carte s'élabore en fonction de la production du coin : bouillabaisse, cordon bleu de veau avec salade de pommes de terre et légumes… Le chef propose également de bons plats végétariens ou vegan. Une gastronomie délicate et durable, un élégant espace lumineux, une riche carte des vins, une équation réussie pour une soirée distinguée.

CAFÉ GOOD

Marktgasse 11
✆ +41 77 417 12 74
cafegood.ch
Ouvert du mercredi au vendredi de 9h à 18h, le week-end de 10h à 18h. Bagel à 9,50 CHF.

Un café douillet à l'ambiance *cosy* en plein cœur de la vieille ville, c'est Café Good ! On vient y siroter d'excellents cafés accompagnés de gâteaux, de cookies et de gaufres qui sortent du four. Côté snack, vous trouverez de délicieux bagels (on adore celui à la tomme, au fromage frais, aux oignons et au miel) des salades et des soupes. On apprécie la touche citoyenne du lieu : on y vend du pain de la veille à - 50 % afin de lutter contre le gaspillage alimentaire. Dans la même lignée, un espace est dédié aux enfants pour le grand plaisir des parents !

RORSCHACH ★

Petit port idyllique aux allures méditerranéennes, sur le lac de Constance, Rorschach se déploie entre les douces collines de l'Appenzell et le lac. Dans Mariabergstrasse et Hauptstrasse, de nombreuses belles constructions de style baroque tardif témoignent, comme à Saint-Gall, de l'essor économique de la cité au XVIIIe siècle. Admirez les maisons à encorbellements et partez en promenade sur le lac. Dans les environs de Rorschach, de sympathiques petites communes sont à découvrir et quelques beaux châteaux à visiter. Rentrez pour voir le coucher du soleil sur le lac de Constance depuis le restaurant Englers am See. Un *must-see* !

LE CHÂTEAU DE WARTEGG

www.wartegg.ch

Au bord du lac de Constance, le château de Wartegg date de 1557 et est aujourd'hui privé. Il servit plusieurs fois de refuge à des personnalités importantes : pendant la Révolution française, en 1860, pour Louise de Bourbon-Parme, chassée d'Italie, et, enfin, en 1919-1921, pour la famille impériale autrichienne. De nos jours, le château, propriété de la famille Mijnssen depuis 1994, fait aussi office d'hôtel. Les 25 chambres jouissent d'une superbe vue sur le parc anglais, entouré par les collines de l'Appenzell. Un cadre idyllique pour un séjour en Suisse.

HÔTEL MOZART €€

Hafenzentrum, Rorschach
✆ +41 71 844 47 47
www.mozart-rorschach.ch
Chambre simple à partir de 120 CHF et chambre double à partir de 160 CHF. Petit déjeuner compris.

Au cœur de la commune de Rorschach, sur la rive du lac de Constance, l'Hôtel Mozart est installé dans un bâtiment Art nouveau (Jugendstil). Dans ce joli cadre à la décoration classique, vous profiterez du confort de chambres confortables donnant sur de belles salles de bains avec des produits bio Weleda. L'établissement est très calme, malgré la situation en centre-ville. Aussi, les équipements et le service sont à la hauteur des 3-étoiles revendiquées. Le restaurant est de qualité : il est très appréciable de se poser sur la terrasse avec vue sur le parc anglais.

APPENZELL ★★

Avec ses 7 000 habitants, Appenzell est le centre politique, économique et culturel du plus petit canton suisse, nommé Appenzell Rhodes-Intérieures. Dans ce lieu plein de charme, les traditions sont bien vivantes. En vous baladant dans le centre piétonnier, vous pourrez découvrir les jolies ruelles avec leurs maisons aux façades peintes typiques et leurs nombreuses boutiques qui invitent à la flânerie et au shopping. Le musée d'Appenzell, installé dans l'hôtel de ville, permet de découvrir l'histoire et la culture régionale. Pendant votre visite, n'échappez pas à la dégustation de l'appenzeller, le fromage au lait de vache de la région.

Sports / Loisirs

Les Préalpes du massif de l'Alpstein offrent randonnées et panoramas, essentiellement autour de trois points desservis par des téléphériques. C'est également, par son relief et ses paysages, un terrain de jeux privilégié pour les amateurs de deltaplane et de parapente.

- **L'Ebenalp** se présente comme un plateau montagneux bien verdoyant et vous donne accès à des excursions sur des sentiers balisés sous le nom de Rond om Ebenalp, en montée vers le sommet panoramique du Schäfler (1 923 m) ou en descente vers le charmant lac Seealp. Vous pouvez également aller visiter les grottes préhistoriques du Wildkirchli, lieu de vie des chasseurs d'ours du paléolithique. Une partie des trouvailles mises au jour sur les lieux se trouve dans l'ermitage reconstitué (collection d'ossements et d'outils en silex). Cet ermitage rappelle que des hommes se sont isolés dans ces montagnes du XVIIe au XIXe siècle – les mauvaises langues disent qu'il en reste encore beaucoup dans le canton ! On peut voir dans une caverne l'autel qui servait pour leurs célébrations.

- **Le Kronberg** offre un paysage particulièrement apaisant, avec des collines douces et des prairies très vertes. Les randonnées qui en partent sont accessibles au plus grand nombre, le panorama s'étend des Alpes suisses (plus de quarante sommets visibles par temps clair) au lac de Constance avec, plus près de vous, les paysages et les habitations typiques d'Appenzelland. Tout cela en fait le sommet le plus prisé des trois.

- **Brülisau,** le plus haut, vous mène au début du premier sentier géologique de Suisse, un haut sentier panoramique où des panneaux attirent régulièrement votre attention sur les différents phénomènes géologiques observables. Les amateurs de flore monteront au jardin alpin du Hoher Kasten (1 795 m).

MUSEUM APPENZELL

Hauptgasse 4

✆ +41 71 788 96 31

museum.ai.ch

Horaires selon saison. Adulte : 7 CHF, réduit : 4 CHF.

Installé dans deux maisons voisines, la maison Buherre Hanisef et l'hôtel de ville, le musée retrace l'histoire de la région en cinq zones, réparties sur les cinq étages du bâtiment : les deux premières dans la maison Buhere Hanisef, les trois autres dans l'hôtel de ville. On commence par une évocation de l'histoire du tourisme dans la région, puis l'artisanat est à l'honneur, avec notamment le travail du bois et la tonnellerie, sans oublier plusieurs salles consacrées à l'histoire régionale, à la broderie et au rôle de l'État.

LUFTSEILBAHN JAKOBSBAD-KRONBERG

AG 9108 Gonten

✆ +41 71 794 12 89

www.kronberg.ch

Aller simple téléphérique : 24 CHF, enfant 12 CHF.

Incroyable parcours de cordes qui relie les deux sommets Jakobsbad et Kronberg, réalisé par la société du téléphérique qui mène à ses mêmes montagnes. Le parcours Kronberg – Scheidegg – Chlepfhütte – Jakobsbad s'élève entre 3 et 8 m de hauteur, et compte plusieurs itinéraires de 6 à 8 stations avec des degrés de difficulté différents selon le niveau souhaité. Il faudra monter en téléphérique Kronberg pour le réaliser. En hiver, le parcours est également préparé tous les jours.

SONNE €

Landsgemeindeplazte 1

✆ +41 71 787 11 22

www.sonneappenzell.ch

Ouvert tous les jours de 9h à 21h. Service continu. Compter 25-30 CHF.

Une belle maison aux couleurs vives et une terrasse extérieure ombragée : voilà le premier aperçu en arrivant à proximité de ce restaurant donnant en partie sur Marktgasse. Si la salle intérieure est sans appel en cas de mauvais temps, il est vraiment préférable de s'attabler sous les arbres de la terrasse. Ici, on peut se satisfaire de très bons plats froids (salade composée, salade de cervelas, assortiment de charcuterie) ou de plats chauds plus consistants, tels que cordon bleu, steak ou escalope panée accompagnés de frites, fondue…

URNÄSCH ★

Cette petite commune de deux localités (Grünau et Schönau) se situe dans le canton de Saint-Gall. Urnäsch abrite l'Appenzeller Brauchtumsmuseum, le musée des traditions appenzelloises où l'on découvre la vie et les coutumes des Appenzellois d'autrefois : rites de la Saint-Sylvestre, cortèges traditionnels, travail des vachers, char et cabane d'alpage, artisanat ancien, atelier d'un tonnelier, sellerie, salle de musique, habitations d'autrefois, costumes traditionnels, broderies, peintures rustiques des débuts à l'époque moderne. Ce musée est une vraie escale ethnologique à la recherche des racines locales à faire en famille lors de votre séjour.

Sortir

Urnäsch est connue pour sa coutume des Silvesterkläuse d'Urnäsch, pratiquée depuis plus de deux siècles. La fête se déroule pour la Saint-Sylvestre et le 13 janvier. Elle met en avant les Schöne (les beaux) et les Wüeschte (les vilains), habillés de végétaux et dissimulés derrière des masques terrifiants. Ils se déplacent en petits groupes, visitant les maisons et souhaitant la bonne année aux familles. Tous portent de grosses cloches et des grelots. Jodles et tintement accompagnent leur périple. Les Wiiber (femmes) portent de hautes coiffures ornées de figurines, les Mannevölcher (hommes), eux, de larges couvre-chefs peints et sculptés, représentant sur un fond plat des scènes de la vie rurale.

Sports / Loisirs

Consultez les offices de tourisme, où vous trouverez une littérature abondante sur un des premiers attraits touristiques de la région (cartes, propositions de randonnée ou d'escalade). La signalétique en vigueur pour les degrés de difficulté est la suivante : balisage jaune pour les chemins abordables par tous, balisage blanc-rouge-blanc pour les chemins de montagne nécessitant des chaussures appropriées, balisage blanc-bleu-blanc pour les chemins de moyenne escalade impliquant un équipement de montagne. Autre but de qualité pour une randonnée, le Säntis et ses 2 502 m, le plus haut sommet des Préalpes (montée possible en téléphérique au départ de Schwägalp). Ce privilège lui confère un superbe panorama à 360 degrés sur six pays différents, les massifs de l'Oberland bernois, le lac de Constance et, avec un peu de chance, jusqu'au Jura. Un des plus beaux panoramas de la Suisse, qui n'est pourtant pas avare dans ce domaine. On pourra trouver énervante l'exploitation touristique qui en est faite, mais elle n'est pas pire qu'ailleurs et permet au moins un accès facile et de nombreuses activités.

Parmi celles-ci, on privilégiera bien sûr la randonnée : trois sentiers sont proposés, Urnäsch-Schwägalp (3 heures), Weissbad-Schwägalp (3 heures) ou Wasserauen-Säntisgipfel (5 heures). Le cône bizarre posé au sommet est une station météorologique. Les amateurs de VTT sont invités à choisir, quant à eux, entre la Belle-Route, balade contemplative vers Altstätten, ou la Sports-Route, par Weissbad, Brülisau vers Eggerstanden.

Urnäsch.

FRAUENFELD

Avec près de 23 000 habitants, c'est le chef-lieu de Thurgovie. C'est d'ailleurs dans les vieux quartiers dominant la Murg qu'il y a à voir et à visiter. Dans la vieille ville, quelques belles maisons anciennes sur Freiestrasse et Zürcherstrasse, ainsi que sur Bankplatz. L'ancien château des baillis abrite le musée d'Histoire qui raconte toute la région depuis la préhistoire. À proximité, il ne faut pas manquer la chartreuse d'Ittingen, aux remarquables bâtiments des XVIIe-XVIIIe siècles. L'église baroque des XVIe-XVIIIe siècle en est le plus intéressant dans un style foisonnant. On trouve également sur place un petit musée consacré à la vie monacale.

CHÂTEAU FRAUENFELD - MUSÉE HISTORIQUE DE THURGOVIE

Rathauspl. 2

✆ +41 58 345 73 80

www.historisches-museum.tg.ch

Ouvert du mardi au dimanche de 13h à 17h.

Dans la petite commune de Frauenfeld se tient le château offrant une vue panoramique sur la rivière Murg et les toits de la ville. La bâtisse accueille aujourd'hui le musée historique de Thurgovie consacré à l'histoire du canton, principalement la vie culturelle à la période médiévale. La scénographie à l'intérieur du château offre une parcours moderne et ludique avec des animations interactives pour captiver l'attention de tous les publics, même les plus petits.

GASTHOF ZUM GOLDENEN KREUZ €€

Zürcherstrasse 134

✆ +41 52 725 01 10

www.goldeneskreuz.ch

Chambre simple à partir de 105 CHF. Chambre double à partir de 165 CHF. Menu du midi à partir de 24 CHF.

Dans le chef-lieu du canton de Thurgovie se dresse cet hôtel 3 étoiles de charme. Proposant neuf chambres au centre de Frauenfeld, l'hôtel se distingue par son architecture et sa décoration épurée. L'hôtel accueille également un restaurant d'exception où fraîcheur et saisonnalité sont les maîtres mots. Le cadre est séduisant avec une belle terrasse idéale pour les beaux jours. Une adresse à retenir, que ce soit pour ses chambres ou pour la qualité de ses plats.

SCHAFFHOUSE ★★★

Le canton de Schaffhouse doit bénir le Rhin, qui lui offre une frontière naturelle avec l'Allemagne, mais surtout de magnifiques paysages, notamment les célèbres chutes du Rhin. Le canton abrite également plusieurs villes et villages médiévaux absolument remarquables. Évidemment, la fréquentation touristique, surtout allemande, est à la hauteur de la beauté des différents lieux. Les allergiques à la foule n'aimeront pas trop. Schaffhouse est connu comme un point d'accès aux chutes du Rhin (à 3 km). Cette jolie cité médiévale mérite largement qu'on s'y attarde pour les maisons historiques, les différents monuments religieux ou la forteresse du Munot.

Balade

- **La ville, dominée par son château à tour ronde,** a beaucoup de charme, en particulier son centre ancien, que l'on abordera par exemple après être passé sous le mur du musée Zu Allerheiligen pour monter vers le cœur de la ville par Beckenstube. Beaucoup de belles vieilles maisons, parfois sous les arbres ou avec des oriels, ponctuent votre montée. Admirez notamment l'Altes Zeughaus.
- **Dans Herrenmeker,** une vaste place aux maisons moins belles. Vous redescendez sur la droite, par une petite ruelle, vers le centre où vous longez le bâtiment qui abrite les archives municipales et sa ravissante cour intérieure. Juste après, le Rathaus, avec de belles portes en bois. Vous passerez sous une arche soutenue par de vieilles poutres, où l'occasion sera offerte d'apercevoir les pierres cachées habituellement sous l'enduit, avant d'arriver dans la rue principale Vordergasse très commerçante, qui abonde encore en vieilles maisons avec oriels.
- **Vers Honwannplatz,** deux belles fontaines très colorées, maisons probablement du XVIIIe siècle.
- **Parmi les rues transversales,** Sporengasse et son musée Stemmler d'histoire naturelle.
- **Un peu plus loin, la charmante Safrangasse** conduit jusqu'à la place nommée simplement Platz, la Place, avec ses maisons anciennes (à oriels), où trône un fier guerrier.
- **On enchaîne par Repfergasse,** la rue branchée de Schaffhausen.
- **On rejoindra Stadthausgasse** par Zunfthausgasse et par Kirchhofplatz, agréable place de l'église.
- **Enfin, Münsterplatz** et sa curieuse église, mélangeant l'ancien et le moderne.

ABBAYE DE TOUS-LES-SAINTS (ALLERHEILIGEN) ★★

Baumgartenstrasse 6,

Il s'agit du second plus grand cloître de Suisse après Einsiedeln ; il mélange un style roman du XIIe et un style gothique du XIIIe siècle. Sur le devant, une partie datée de 1854 et 1892 (restauration) accueille curieusement les locaux de la bibliothèque. Derrière, la partie plus ancienne en pierre correspond à l'église abbatiale construite en 1100 ; très jolie avec son architecture romane pure. On peut se promener dans le jardin des Gentilshommes, une cour encadrée d'arcades.

CHUTES DU RHIN (NEUHAUSEN AM RHEINFALL) ★★

Rheinfallquai 32

✆ +41 52 632 63 30

https://rheinfall.ch

Ouvert toute l'année, gratuit.

Les chutes du Rhin sont un incontournable du tourisme suisse ! Formée il y a environ dix-sept mille ans, la plus grande chute d'eau d'Europe est un spectacle impressionnant : plusieurs centaines de mètres cubes d'eau par seconde, 23 mètres de hauteur, 13 mètres de profondeur sur une largeur de 150 mètres. Différents points de vue permettent d'admirer (gratuitement) ces impressionnantes cascades ! Les majestueux châteaux de Wörth et de Laufen sont également accessibles en bateau.

FORTERESSE DU MUNOT ★

Munotstieg 17

✆ +41 52 625 42 25

www.munot.ch

Ouvert tous les jours. Gratuit.

Le Munot est l'emblème de Schaffhouse. Après la réformation de 1529, la ville souhaite fortifier ses défenses et décide en 1563 de construire une nouvelle forteresse d'artillerie. Mais au-delà de l'aspect stratégique, le Munot représente surtout la puissance de la ville. Au XIXe siècle, la forteresse perd son intérêt stratégique et se voit convertie en carrière. Perchée sur une colline entourée de vignes, l'imposante forteresse présente une forme circulaire. Elle permettait une défense optimale grâce à son fossé et à ses multiples ouvertures.

FRONWAGPLATZ

Fronwagplatz 12

À Schaffhouse, la Fronwagplatz est une visite incontournable. Cette ancienne place du marché, très vaste, abrite la Herrenstube, la maison de la Société des nobles schaffhousois, de style baroque tardif reconstruite au XVIIIe siècle. Au n° 3, vous trouverez notamment un très beau portail baroque. Se trouvent également la Fronwagturm de la même époque et son horloge astronomique, ainsi que deux fontaines colorées, dont la fontaine du Maure (Mohrenbrunnen) datant du XVIe siècle. Tout autour de nombreux magasins accueillent les touristes.

Visite des chutes du Rhin.

HAUS ZUM RITTER ★

Vordergasse 65

Surnommée la « maison au Chevalier », cette bâtisse est remarquable pour les peintures de sa façade, réalisées à la fin du XVIe siècle par un artiste local, Tobias Stimmer. Construite en 1492, cette maison bourgeoise doit son nom au chevalier Hans von Waldkirch qui l'a fait reconstruire une siècle plus tard. Ces peintures, dont certaines sont des scènes de *L'Odyssée* d'Homère, sont considérées comme les plus importantes fresques de style Renaissance au nord des Alpes. Découvertes en 1935, elles ont été remplacées et conservées au musée de Tous les saints.

MUSÉE DE TOUS LES SAINTS ★★

Baumgartenstrasse 6 ✆ +41 52 633 07 77
www.allerheiligen.ch

Ouvert du mardi au dimanche de 11h à 17h. Entrée à 12 CHF, réduit à 9 CHF, gratuit pour les enfants.

Hébergé dans le domaine de l'abbaye de Tous les Saints, ce magnifique cloître abrite tant de collections qu'il pourrait être à lui seul un musée historique, un musée religieux, un musée d'Histoire naturelle et un musée des Beaux-Arts ! Établissement bénédictin fondé en 1049, il est désormais devenu un lieu de culture et de savoir. Toute l'année, des expositions temporaires côtoient les collections permanentes sur de nombreux thèmes. Pendant votre visite, ne manquez pas le potager dont la réputation n'est plus à faire. À découvrir !

ZAK HOTEL BAR RENÉ LAVILLE €

Webergasse 47 ✆ +41 52 625 42 60
https://zak-ch.book.direct/

Lit en dortoir à partir de 45 CHF, chambre simple à partir de 79 CHF, double à partir de 95 CHF. Salle de bains commune.

Bien situé dans la vieille ville à seulement quelques minutes de la gare de Schaffhouse, ZAK est l'option pour les voyageurs en sac à dos et pour les petits budgets. Lit en dortoir mixte, chambre simple et double, studio… L'hôtel s'adapte à vos besoins en vous proposant le confort minimal. Ce n'est pas le grand luxe, bien sûr, mais les chambres sont basiques et propres. Attention néanmoins, dans cet établissement tout en convivialité, c'est assez bruyant !

HOTEL PARK VILLA €€

Parkstrasse 18
✆ +41 52 635 60 60
www.parkvilla.ch

Chambre simple à partir de 169 CHF, chambre double à partir de 189 CHF.

Perchée sur les hauteurs de Schaffhouse au sein d'un splendide parc, cette imposante bâtisse du XIXe siècle aux airs de manoir vous fera vivre un voyage dans le temps. Les chambres et les parties communes, vastes et confortables, sont marquées par un esprit romantique Belle Époque un peu exubérant, à la limite du kitsch. Dentelle, décor floral, tons pastel, guéridon, marbre, chandeliers… en veux-tu, en voilà. En quelques mots : un charme suranné ! L'hôtel Park Villa dispose également d'un bar confortable et d'un très beau jardin d'hiver.

SORELL HOTEL RUDEN €€

Oberstadt 20
✆ +41 52 632 36 36
https://sorellhotels.com/fr/rueden

Chambre de 145 CHF à 175 CHF (avec petit déjeuner).

Idéalement dans la pittoresque zone piétonne de la ville, le Sorell Hotel est chargé d'histoire. Abrité dans une bâtisse du XVe siècle, la façade traditionnelle, l'imposante entrée avec son escalier en bois ancien, ses chandeliers et son parquet d'origine donnent beaucoup de cachet au lieu. Les chambres jouent parfaitement avec l'espace et mêlent éléments historiques et confort moderne. Ne manquez pas d'admirer la *Zunftsaal*, le fleuron de l'hôtel, conçue au XVIIIe siècle par des architectes de Lombardie et du Tessin à l'image d'un *palazzo* italien !

VIENNA HOUSE ZUR BLEICHE SCHAFFHAUSEN €€

Bleicheplatz 1
✆ +41 52 6310000
https://schaffhausen.arcona.ch

Chambre simple à partir de 150 CHF, chambre double à partir de 189 CHF.

Situé un peu à l'extérieur de la vieille ville, cet immense hôtel moderne propose des chambres tout confort et fonctionnelles. Chacune d'entre elles dispose d'une salle de bains privative ainsi que la télévision et la climatisation. Le petit déjeuner est copieux, le service efficace et le spa à essayer. L'hôtel dispose également d'un bar. L'établissement n'offre pas de grande surprise mais la qualité est au rendez-vous et les prix sont attractifs.

D'CHUCHI €€

Brunnengasse 3/5
✆ +41 52 620 05 28
www.dchuchi.ch

Ouvert du mardi au samedi. Plats entre 35 CHF et 55 CHF.

Voilà une délicieuse trouvaille ! Caché dans une ruelle de la vieille ville, on découvre ce lieu confidentiel où trônent cinq tables vite prises d'assaut à l'heure du dîner. Le jeune et talentueux chef Jan prépare une cuisine traditionnelle avec un twist de modernité, quantité de saveurs et un grand respect du produit et des saisons. Sur l'ardoise, le chef propose une petite carte renouvelée toutes les cinq semaines (tartare de chevreuil et courge, ceviche de truite et topinambour…). Une bonne excuse pour y retourner ! Pensez à réserver.

GERBERSTUBE €€

Bachstrasse 8
✆ +41 52 625 21 55

Ouvert du mardi au vendredi de 11h30 à 14h30 et de 18h à 23h, le samedi de 11h30 à 23h.

Abrité dans une remarquable bâtisse historique, Gerberstube ravit les palais avec une cuisine italienne finement authentique depuis près d'un siècle. Les deux étages du restaurant brillent par leur esprit chic-moderne entourés d'œuvres d'art d'un artiste local de renom. Surtout, levez bien les yeux pour admirer le splendide plafond en stuc rococo du XVIIIe siècle. Dans l'assiette, des plats typiquement italiens (spaghetti à la carbonara, délicieux tiramisù…) sont servis par un personnel des plus serviables et adorables. Une très belle adresse à découvrir.

WIRTSCHAFT ZUM FRIEDEN €€

Herrenacker 11 ✆ +41 52 625 47 67
www.wirtschaft-frieden.ch

Ouvert du mardi au vendredi de 11h30 à 14h30 et de 17h à 23h30.

Depuis 2007, Heidi et Fabrice Bischoff nous accueillent dans l'une des plus vieilles demeures de la ville, son existence remontant à 1445 ! Dans un décor douillet avec mobilier ancien, boiseries et petit oriel, on savoure une cuisine du terroir aux accents français (le chef, M. Bischoff, est d'origine romande) préparée minutieusement. Ici, on se sent comme à la maison ! Aux beaux jours, la terrasse et sa pergola sont un vrai plus où l'on vient déguster les délicieux plats de saison. Parmi les spécialités, quelques viandes de gibier.

BOHNENBLÜHN KAFFEEMACHEREI

Webergasse 5
✆ +41 52 622 22 42
bohnenbluehn.ch

Ouvert les mardi, jeudi et samedi de 9h à 11h.

Ce minuscule lieu trois en un (café/boutique/torréfacteur) est tenu par CHRista, une vraie passionnée du café. On y savoure d'excellents cafés issus du commerce direct et torréfiés directement au sous-sol par CHRista dans un esprit convivial assuré ! Pendant votre visite de Schaffhouse, n'hésitez pas à passer par la boutique pour en savoir plus sur la diversité des modes de préparation du café. Vous pourrez également y savourer un café pour en lisant le journal à disposition.

CAFÉ VORDERGASSE

Vordergasse 79
✆ +41 52 625 50 30

Ouvert du lundi au vendredi de 7h45 à 18h, le samedi de 7h à 17h et le dimanche de 10h à 13h30.

C'est le café préféré des Schaffhousois et on comprend pourquoi ! Dans un décor de café parisien d'un autre temps, ultracosy, on sirote un café en partageant des pâtisseries qui font saliver. Le personnel est attentionné, l'ambiance chaleureuse et la carte très gourmande. On vous recommande chaudement une de ses spécialités : les « vermicelles » (spécialité à base de marrons et de meringue), *so Swiss* ! À essayer pour l'heure du goûter. Vous pourrez également profiter d'une boisson chaude ou fraîche sur cette jolie terrasse du centre.

IWC SCHAFFHAUSEN BOUTIQUE

Baumgartenstrasse 15
✆ +41 52 630 50 30

Ouvert du lundi au vendredi de 9h à 17h30 (jusqu'à 15h30 le samedi), fermé le dimanche.

Saviez-vous que la célèbre marque horlogère de luxe IWC venait de Schaffhouse ? Située près du Rhin, au cœur de la vieille ville, l'élégante boutique ravira les admirateurs de cette marque mythique, pour le plaisir des yeux (surtout) ou pour les gros budgets. Dans ce bâtiment historique, construit en 1875 par le fondateur d'IWC, Florentine Ariosto Jones, se trouve également le musée, devenant ainsi la première manufacture horlogère suisse ayant son propre musée.

STEIN AM RHEIN ★★★

Stein am Rhein est une petite ville touristique qui accueille les autocars tout au long de l'année à proximité de sa rencontre avec le lac de Constance (Bodensee). Stein est pratiquement frontalier avec l'Allemagne et bénéficie donc d'un afflux régulier de toutes les rives du lac. Inconvénient majeur, la concentration de visiteurs est importante car la vieille ville est petite et l'accès difficile. Vous aurez grand plaisir à voir ces maisons médiévales de guingois, à colombages et encorbellements. Avec leurs balcons de bois et leurs vieux toits de tuiles, elles constituent un ensemble authentique et un site ravissant au-dessus du Rhin fougueux.

Balade

Le centre piéton est celui d'un village rhénan typique, fleuri et accueillant. L'abbaye Saint-Georges, un couvent bénédictin vieux de près de mille ans, est bien conservé. L'ensemble, homogène et sobre, est un plaisir pour les yeux, plaisir renforcé par la douceur des tons. Malgré les inévitables modifications apportées au fil des siècles, son église est encore un exemple remarquable de basilique romane de style Constance. À proximité, au-dessus du Rhin, le très beau château de Hohenklingen domine la ville. L'Untersee, en direction du lac de Constance, est très agréable : il suffit de s'écarter un peu de la route principale pour découvrir vergers et bois en pente douce. Les bords du fleuve sont en partie aménagés surtout à proximité de Stein.

HÔTEL RHEINFELS €€

Famille E. Schwegler-Wick
✆ +41 52 7412144
www.rheinfels.ch

Chambre simple à partir de 139 CHF et chambre double à partir de 198 CHF. Petit déjeuner inclus.

Ses larges colonnes enfoncées dans l'eau lui donnent une allure de maison sur pilotis, et on ne peut guère s'approcher plus près du fleuve. Les chambres sont très spacieuses et décorées avec soin. Même si l'on peut trouver parfois un peu chargé le style adopté, nous restons dans une hôtellerie de luxe où rien n'a été laissé au hasard. Outre sa situation, le Rheinfels affiche sa valeur non seulement dans l'accueil de ses chambres mais également dans les plaisirs du palais. L'hôtel dispose en effet d'un restaurant très apprécié pour ses spécialités de poisson.

HÔTEL CHLOSTERHOF AG €€€

Oehningerstrasse 2 ✆ +41 52 742 42 42
www.chlosterhof.ch

Tarifs à actualiser à la réouverture de l'établissement après travaux.

Le palace de ce bourg pittoresque où l'on se presse pour voir les chutes du Rhin ne joue pas les fantaisistes. Les chambres sont impeccables, certaines immenses, et le confort est à la hauteur des prix. Le restaurant offre une luxueuse cuisine internationale adaptée au goût helvétique, sauces riches, présentations très soignées. Un moment d'exception. Fermé en 2019 pour rénovations, l'établissement devrait rouvrir courant 2022, avec un tout nouvel espace de bien-être, un centre de santé et plusieurs appartements en location.

SUISSE ALÉMANIQUE

© OBEBEE - SHUTTERSTOCK.COM

Panorama de Stein Am Rhein.

ZÜRICH ★★★★

Située à l'extrémité nord du lac, Zurich avec ses 415 000 habitants (1,9 million pour l'agglomération), située à l'extrémité nord du lac du même nom, est la plus grande ville de Suisse. Avec une cinquantaine de musées dans tous les domaines, la présence du lac et des montagnes alentour, de parcs et de boutiques de luxe, de bains publics et de salles de sport, de grands chocolatiers, de bars branchés et de tables gastronomiques, elle est une destination touristique de choix ! La ville se déploie sur les rives de la Limmat et abrite de magnifiques quartiers anciens et des monuments historiques incontournables. Elle se targue d'être « petite grande ville » et s'attache à maintenir une ambiance provinciale et chaleureuse en dépit de son importance économique.

Argent

Une autre clé pour comprendre le développement de Zurich est la création de la Bourse de la ville, en 1877. Aujourd'hui, la Bourse de Zurich est la quatrième place au monde ! La ville est le centre mondial de la finance et de nombreuses start-up se créent dans ses murs en toute discrétion. Le protestantisme a codifié la valeur du travail et en fait aussi son éthique. Max Weber ensuite observera que grâce à la Réforme « le travail constitue le but même de la vie (...), l'oisiveté étant le plus grand des péchés ». Cette qualité ancrée chez les citoyens zurichois ont permis d'exceller dans l'art de la finance.

Histoire

Sachez enfin que cette ville, entrée dans la Confédération en 1351, fut transformée par l'introduction de la réforme d'Ulrich Zwingli dès 1519. Une influence majeure autour de la devise « Prie et travaille » qui marque encore la mentalité actuelle des Zurichois.

Quartiers

La commune de Zurich est composée de 12 arrondissements (*Kreis*), et de 34 quartiers. La ville historique compose actuellement le Kreis 1. C'est au XIXe siècle que la ville s'est étendue au-delà des limites de ce quartier originel et que le développement urbain moderne a commencé. En 1934, la fusion avec 19 localités avoisinantes englobées dans l'agglomération a donné naissance à la commune actuelle de Zurich.

Sortir

La réputation de la vie nocturne de Zurich dépasse largement les frontières du pays : clubs dansants dans des usines, bars discrets... on trouve tout. Zurich est régulièrement élue la ville dotée de la meilleure qualité de vie au monde.

▶ Ne ratez pas l'effervescence et l'inventivité de Zurich Ouest, nouveau quartier branché de la ville. A un quart d'heure de tram du centre-ville en direction de l'ouest de la ville. Cet ancien quartier industriel avec des usines, des entrepôts, des grands hangars métalliques réhabilités en ateliers d'artistes, centres culturels, boutiques branchées et night-clubs où les jeunes Zurichois se retrouvent le soir. Une ambiance très béton/bobo. Toujours en chantier.

Sports / Loisirs

On peut quasiment pratiquer toutes les activités sportives et de loisirs à Zurich ou dans ses environs. Il y a le lac pour les pratiques nautiques, quelques pistes de ski à une vingtaine de minutes et de nombreux clubs de sport. Une brochure consacrée au sport est disponible à l'office du tourisme.

▶ **Bains.** Les Bains font partie intégrante de la culture estivale des Zurichois. Les plus agréables sont ceux réservés aux femmes la journée et accessibles aux hommes le soir.

Transports

▶ **Voiture.** Grâce au réseau très bien développé de routes nationales, vous serez très vite à Zurich depuis les grandes villes suisses ou les régions frontalières.

▶ **Tramways et bus.** De nombreux tramways et bus traversent la ville de manière régulière. Si vous comptez les utiliser fréquemment et visiter plusieurs musées dans la même journée, autant acheter la « ZürichCARD ». Elle coûte 27 CHF pour 24 heures (19 CHF pour les enfants) et inclut la gratuité des transports en plus de l'accès à de nombreux musées et à diverses activités.

▶ **S-Bahn.** Réseau de trains de type S-Bahn, desservant Zurich et sa banlieue.

▶ **Parking.** Pas facile de trouver une place de stationnement libre à Zurich... mais il existe de nombreux parkings couverts et la possibilité d'obtenir des autorisations journalières pour le stationnement en zone bleue.

La ville aujourd'hui

A la fois animée comme une métropole, à la pointe de la mode et de la modernité, elle véhicule un sentiment de quiétude et de nonchalance, particulièrement dans les ruelles de sa vieille ville. Info utile en été : l'eau des 1 200 fontaines de la ville est potable !

CATHÉDRALE GROSSMÜNSTER ★★★

Grossmünsterplatz ✆ +41 44 251 38 60
www.grossmuenster.ch
Novembre-février 10h-17h, mars-octobre 10h-18h (tour à partir de 12h30 dimanche). 5 CHF.

Sanctuaire chargé d'histoire et véritable emblème de Zurich, la cathédrale Grossmünster marque le paysage urbain et la vieille ville depuis plusieurs siècles. Selon la légende, c'est Charlemagne qui fait construire l'église lorsqu'il découvre les tombes de Félix et Régula, les saints patrons de la ville de Zurich, martyrs morts pour la foi CHRétienne contre la domination romaine. Sa construction de style roman commence en 1100 et s'étend sur une longue période avec de nombreuses rénovations et transformations au cours des siècles. Au XVIe siècle, Ulrich Zwingli, principal artisan de la Réforme à Zurich, est nommé curé de la cathédrale et fait passer la ville au protestantisme en quelques années. En 1525, les messes catholiques sont officiellement abolies, Grossmünster devient ainsi la première église réformée de Suisse. Caractéristiques de la cathédrale, les deux grandes tours identiques, autrefois en bois, furent remplacées en 1781 par des clochers néogothiques. L'une des deux tours, la tour Charlemagne (Karlsturm), possède une copie d'une statue de Charlemagne à son sommet, l'originale étant à l'abri dans la crypte, l'endroit le plus ancien du site. Le chœur abrite de magnifiques vitraux d'Augusto Giacometti datant de 1932 mettant en lumière des scènes de l'Ancien Testament. En 2009, l'artiste allemand Sigmar Polke réalise de superbes vitraux en agate dans la nef représentant des personnages clés de l'Ancien Testament. Les plus courageux escaladeront les 187 marches qui conduisent en haut de la tour Charlemagne.

ÉGLISE FRAUMÜNSTER ★★★

Münsterhof 2
✆ +41 44 221 20 63
www.fraumuenster.ch
Ouvert tous les jours. Entrée gratuite. Audioguide : 5 CHF.

Sur la rive droite de la Limmat, cette église romano-gothique est, avec la cathédrale Grossmünster, l'un des emblèmes de Zurich. L'église, dotée d'un couvent bénédictin, fut fondée en 853 par le roi Louis le Germanique dont les deux filles, Hildegarde et Berthe, furent les premières abbesses. L'abbaye abritait des femmes de la noblesse européenne et principalement d'Allemagne du Sud. L'église jouissait des faveurs royales et d'une forte influence, notamment le droit de battre la monnaie de Zurich jusqu'au XIIIe siècle. Suite au mouvement de la Réforme (1524), l'église et le couvent devinrent propriété de la ville de Zurich. Les parties les plus intéressantes sont le chœur roman de 18 mètres de hauteur et la voûte du transept. Aujourd'hui elle est appréciée des très nombreux visiteurs pour ses magnifiques vitraux, chefs-d'œuvre mondialement connus qui en font un haut lieu de l'art. Le célèbre peintre, graveur et sculpteur Marc Chagall, artiste né en Biélorussie et naturalisé français en 1937, exécuta les cinq vitraux du chœur en 1970 et la rosace au sud du transept en 1980 à un âge déjà avancé. Augusto Giacometti, l'oncle du fameux artiste suisse Alberto Giacometti, réalisa les vitraux de la fenêtre nord représentant les quatre évangélistes, Dieu, les huit prophètes et le CHRist en 1947. On admire aussi les fresques de l'artiste zurichois Paul Bodmer dans le cloître représentant la légende de la construction du couvent. L'orgue du Fraumünster inauguré en 1953 est le plus grand orgue de Zurich, composé de 5 793 tuyaux.

Croisière à la découverte de Zürich.

Zürich.

La Limmat et la cathédrale.

ÉGLISE SAINT-PIERRE ★

St Peterhofstatt
✆ +41 44 211 25 88
www.st-peter-zh.ch

Ouvert du lundi au vendredi de 8h à 18h, le samedi de 10h à 16h et le dimanche de 11h à 17h.

Cet édifice date d'avant le IXe siècle. C'est la plus ancienne église paroissiale et seule église baroque de Zurich. Il est difficile de manquer son horloge dont le cadran est le plus large d'Europe. Il mesure 8,70 m de diamètre. Jusqu'en 1911, le clocher servait de tour d'observation contre les incendies. Il abrite cinq cloches dont la plus grande pèse plus de 6 t. A l'intérieur, le chœur remonte au XIIIe siècle et la plupart du mobilier et de la décoration au XVIIIe siècle. Rudolf Brun (1290-1360), qui fut le premier maire de la ville, repose ici.

FIFA WORLD FOOTBALL MUSEUM (MUSÉE DE LA FIFA) ★

Seestrasse 27
✆ +41 43 388 25 00
http://fr.fifamuseum.com

Ouvert du mardi au jeudi de 10h à 19h, du vendredi au dimanche de 10h à 18h. Adulte 24 CHF.

Pour les amateurs du ballon rond ! Sur plus de 3 000 m² de surface d'exposition, le musée de la Fédération internationale retrace les grands moments de l'histoire du football et rend hommage à ce sport dont la capacité d'inspiration et de connexion tout autour du globe est inégalée. En plus du trophée original de la Coupe du monde de la FIFA, le musée expose plus de 1 000 objets, 4 000 livres et documents d'archives et 1 400 clichés présentant le patrimoine du football mondial.

HAUS KONSTRUKTIV

Selnaustrasse 25
✆ +41 44 217 70 80
www.hauskonstruktiv.ch

Du mardi au dimanche de 11h à 17h (20h le mercredi). Adulte : 16 CHF, tarif réduit : 12 CHF, gratuit pour les enfants.

De quoi être dans les courants artistiques du moment avec ce musée Haus Konstruktiv ! En effet, il exalte ses collections dans l'ancienne centrale électrique de Selnau. Il a été fondé par les artistes zurichois à l'origine du mouvement de l'art concret et constructif. On rappelle tout de même que l'art constructif exprime la volonté de relier les progrès techniques de la construction à l'abstraction. Le musée propose des expositions d'art contemporain concret et conceptuel. A voir notamment, « la salle à manger de Rockefeller » par l'artiste suisse Fritz Glarner.

JARDIN CHINOIS

Bellerivestrasse 144
✆ +41 44 385 86 00
www.chinagarten-zuerich.ch

Ouvert par beau temps de mars à octobre tous les jours de 11h à 19h. Entrée gratuite.

On l'atteint par une promenade très agréable le long du lac, par la rive est. A l'orée de la ville, le site est paisible et très agréable, piqué de quelques œuvres contemporaines, dont des sculptures dans le style de Tinguely. Le jardin chinois, un peu en retrait du lac, fut offert à Zürich par la ville jumelle de Kunming en 1994. Ce petit enclos est enchanteur et dépaysant avec petit pont au-dessus de l'eau, fleurs extrême-orientales, toits pagodes et bois sculptés. C'est l'un des plus importants jardins chinois à ciel ouvert en dehors de Chine.

KUNSTHALLE ★★

Limmatstrasse 270 ✆ +41 44 272 15 15
www.kunsthallezurich.ch
Ouvert du mardi au vendredi de 11h à 18h (jusqu'à 20h le jeudi), le week-end de 10h à 17h. Entrée adulte : 12 CHF.

Les 1 300 m² d'expositions de la Kunsthalle (à ne pas confondre avec le Kunsthaus de Zurich) permettent d'apprécier le passé, le présent et le futur de… l'art contemporain. Le lieu compte parmi les musées les plus influents en matière d'art contemporain et jouit d'une belle renommée internationale. On y découvre (ou redécouvre) des artistes bien établis sur la scène artistique contemporaine, mais également des talents moins connus, plus *underground*. Au programme, échanges, projections et événements sont assurés tout au long de l'année. Décoiffant !

KUNSTHAUS ZÜRICH MUSÉE DES BEAUX-ARTS ★★★

Heimplatz 1 ✆ +41 44 2538484
www.kunsthaus.ch
Mardi et vendredi-dimanche 10h-18h (20h mercredi-jeudi). Collection permanente 16 CHF (+ exposition temporaire 26 CHF).

Un musée incontournable et le plus grand musée d'art de Suisse. La collection représente toutes les périodes importantes de l'art européen du Moyen Age à l'époque actuelle. Son point fort reste l'exposition de nombreuses œuvres d'Alberto Giacometti. La collection compte aussi des toiles de Marc Chagall et de Vincent Van Gogh ainsi qu'un grand nombre d'œuvres du génie de la période romantique zurichoise, Johann Heinrich Füssli, de nombreux tableaux des grands maîtres et des représentants majeurs des courants classiques de l'Art moderne ainsi qu'un ensemble d'artistes suisses comme Ferdinand Hodler, Giovanni Segantini, Peter Fischli et David Weiss. Le Kunsthaus possède en outre une remarquable collection de photographies d'artistes suisses et internationaux. A côté de la collection permanente, le Kunsthaus propose des expositions temporaires, ce qui en fait un des premiers centres d'exposition de Suisse. Chaque année, 10 à 15 expositions sont organisées.

En 2021, le Kunsthaus accueillera la collection E. G. Bührle, l'une des collections d'art privées les plus remarquables au monde. L'impressionnisme français avec ses précurseurs et ses successeurs du début du XXe siècle est à l'honneur : Cézanne, Monet, Renoir, Van Gogh, Gauguin, Braque, Picasso. Tous ces peintres y sont représentés par des œuvres majeures. La collection compte aussi des œuvres des maîtres vénitiens du XVIIIe siècle, des maîtres hollandais du XVIIe siècle ainsi que des sculptures médiévales.

LICHTHALLEMAAG - MUSÉE DE LUMIÈRES

22 Zahnradstrasse
https://lichthallemaag.ch/
7j/7 sauf le lundi. Mardi, mercredi 10h-18h, jeudi 10h-19h, vendredi et samedi 10h-20h et dimanche 10h-18h. 28 CHF.

S'immerger dans l'art, le vivre autrement et de l'intérieur est rendu possible grâce aux expositions du Lichtalle Maag. Dans la même veine que l'Atelier des lumières de Paris, ce musée se veut interactif et souhaite que vous deveniez acteur vous même de l'œuvre. Les tableaux « volent » autour de vous par des projections, des effets lumineux, des supports futuristes. De manière immersive, vous êtes projeté dans les œuvres comme *La Nuit étoilée* de Van Gogh.

MÜHLERAMA

Seefeldstrasse 231
✆ +41 44 422 76 60
www.muehlerama.ch
Ouvert mardi, jeudi, vendredi et samedi de 14h à 18h, mercredi de 14h à 21h, le dimanche de 10h à 17h. Adultes : 15 CHF.

La Suisse était avant tout un pays agricole avec des récoltes produites par des exploitations familiales. Ce musée consacré au grain rend hommage au monde rural, aux paysans et à leurs récoltes céréalières. L'histoire de la récolte du blé et celle de la confection de la farine sont présentées ainsi que des expos spéciales sur la nutrition et la culture du boire et du manger. Découvrez également le moulin industriel centenaire de Tiefenbrunnen, qui continue à moudre. On peut également mettre la main à la pâte et faire son propre pain.

MURALES DE GIACOMETTI ★★

Bahnhofquai 3
Ouvert tous les jours de 9h à 11h et de 14h à 16h. Entrée gratuite.

Quand l'ancien orphelinat a été rénové au début du XXe siècle, la cave est devenue l'entrée de l'actuel bâtiment de la police de Zurich. En 1924, Augusto Giacometti a peint des fresques avec d'autres amis artistes qui donnent une lumière incroyable aux sombres voûtes. Les peintures représentent les métiers qui ont concouru au développement de la ville. Les plafonds sont ornés de magnifiques fleurs dans les tons orangés et brique qui ont donné leur nom à ce lieu si spécial que les Zurichois nomment *Blüemlihalle* (le hall des fleurettes). A ne pas manquer !

MUSÉE DU DESIGN ★

Toni-Areal, Pfingstweidstrasse 96
✆ +41 43 446 67 38
www.museum-gestaltung.ch
Ouvert du mardi au dimanche de 10h à 17h (jusqu'à 20h le mercredi). Entrée adulte : 12 CHF. Gratuit pour les enfants.

Le musée du Design s'est expatrié sur un second site (le premier site se trouvant sur Ausstellungsstrasse dans la ville moderne) au sein de l'espace Toni-Areal dans le quartier branché de Zurich West. Le musée propose de belles expositions autour du *design*, de la communication visuelle, des médias, de la photographie et de l'architecture. Avec notamment des collections issues des archives du musée, d'une importance internationale : affiches, art graphique, arts décoratifs… depuis le début de l'industrialisation. Des ateliers sont également proposés.

MUSÉE DU TRAM ★

Forchstrasse 260 ✆ +41 44 380 21 62
www.tram-museum.ch
Ouvert lundi, mercredi, samedi et dimanche de 13h à 18h. 12 CHF (8 CHF enfant). Gratuit avec la ZürichCard.

Le petit musée du tram raconte l'histoire de Zurich à travers ses transports urbains et spécifiquement son tramway, qui relève d'une longue tradition dans la ville. C'est un intéressant voyage dans l'univers des tramways qui est proposé aux visiteurs : véhicules anciens (de 1897 à 1960), uniformes de conducteur, distributeurs de billets, miniatures et même une maquette géante du réseau de circulation. Certains véhicules anciens roulent sur la ligne 21 du réseau VBZ entre janvier et novembre, chaque dernier week-end du mois, entre Burgwies et la vieille ville.

MUSÉE RIETBERG

Gablerstrasse 15
✆ +41 44 415 31 31
www.rietberg.ch
Du mardi au dimanche de 10h à 17h (jusqu'à 20h le mercredi). Entrée : 18 CHF, tarif réduit : 14 CHF.

Ouvert au public en 1952, ce musée se compose de trois villas d'époque (l'une fut d'ailleurs habitée par le célèbre compositeur Richard Wagner) et de son parc (le Rieterpark), l'un des plus beaux de la ville. En 2002, une extension moderne vient s'ajouter au musée à l'architecture traditionnelle (s'agrandissant ainsi de 125 %) : les salles d'exposition sont situées dans un pavillon en verre de couleur verte appelé l'émeraude. Le musée propose un panorama de l'art extra-européen et héberge des trésors d'Asie, d'Afrique, d'Amérique et d'Océanie.

MUSÉE NATIONAL SUISSE [LANDESMUSEUM] ★★★

Museumstrasse 2
✆ +41 58 466 65 11
www.nationalmuseum.ch/d/zuerich/
Mardi-dimanche 10h-17h (19h jeu). 10 CHF (gratuit pour les enfants).

Avec le château de Prangins, le Forum de l'histoire suisse de Schwyz et le centre des collections d'Affoltern am Albis, le musée national de Zurich constitue ce que l'on appelle le Musée national suisse. Situé en face de la gare centrale, le musée a été construit en 1898 dans le style historiciste par le grand architecte zurichois Gustav Gull à l'occasion du cinquantenaire de la première Constitution fédérale. S'inspirant du château Hohenzollern en Allemagne et des châteaux français de la Renaissance, l'édifice présente l'aspect d'un château de contes de fées avec tourelles et voûtes. Une fois entré à l'intérieur de la cour, c'est un tout autre visage du musée que l'on découvre : la nouvelle aile, une construction ultracontemporaine de 7 400 m², ouverte au public en 2016. L'agence CHRist & Gantenbein a conçu cette extension connue pour son aspect géométrique et monolithique, ses lignes abruptes et l'utilisation du béton et du tuf. Tradition et modernité se côtoient donc dans une belle harmonie. Le musée abrite la plus grande collection d'objets sur l'histoire culturelle de la Suisse et retrace l'histoire du pays, depuis la préhistoire jusqu'aux temps modernes. Au travers d'œuvres d'art, d'artisanat et d'objets du quotidien, la vie des habitants du pays au fil du temps est racontée. L'art du Moyen Âge y tient une place particulièrement importante. L'exposition permanente « Simplement Zurich » au premier étage du vieux bâtiment est à ne pas manquer.

MUSÉE ZURICHOIS DU JOUET - ZÜRCHER SPIELZEUGMUSEUM ★

Fortunagasse, 15 ✆ +41 44 211 93 05
www.zuercher-spielzeugmuseum.ch
Ouvert du lundi au vendredi de 14h à 17h, le samedi de 13h à 16h. Entrée adulte : 5 CHF, gratuit pour les enfants.

Comment ne pas avoir en vie de « fouiner » dans les recoins de la vielle ville pour trouver la caserne d'Ali Baba des jouets d'antan. Ce petit musée est une exquise découverte : une collection de jouets du XVIIIe au XXe siècle forme un monde miniature qui nous fait entrer dans la vie quotidienne de ces époques. Poupées, voitures, figurines et livres d'enfants magnifiquement conservés entraînent le visiteur dans le monde perdu de l'enfance. Une collection qui ne vieillit pas !

SUISSE ALÉMANIQUE

OPÉRA DE ZURICH

Opernhaus Zürich
✆ +41 44 268 64 00
www.opernhaus.ch
Horaires d'ouverture selon programme.

Un petit opéra digne des plus grands de ce monde ! Avec ses 1 100 places, l'Opéra de Zurich – ou l'Opernhaus – accueille des stars internationales. À chaque saison, ce sont au moins 250 représentions que l'orchestre de l'opéra accompagne avec passion et grande qualité artistique. Connu pour être l'un des plus renommés du monde, vous ne serez pas surpris de côtoyer les débutantes habillées de leurs robes de bal. Vous pouvez, vous aussi, esquisser quelques pas de valse, visiter la salle disco, le bar à cigare ou vous relaxer dans le lounge. Chic et cher !

PARC BELVOIR ★

Seestrasse 125
✆ +41 44 286 88 11
www.belvoirpark.ch
Entrée libre.

À Zurich, urbanisme et nature cohabitent parfaitement. Le parc Belvoir, l'un des plus anciens jardins paysagers de la région, en est une belle représentation. C'est un espace vert serein où il est bien agréable de se balader, parmi les fleurs. Le jardin d'iris et d'hémérocalies de plus de 120 espèces est un vrai enchantement. Ce qui ne gâche rien : la vue sur la ville, le lac et les montagnes est resplendissante. La villa du parc abrite une école hôtelière et un restaurant. Un parc historique plein de charme à découvrir lors de votre passage en ville.

PAVILLON LE CORBUSIER ★

Höschgasse 8
✆ +41 43 446 44 68
www.pavillon-le-corbusier.ch
Ouvert du mardi au dimanche. Adulte : 12 CHF.

Dans un cadre idyllique au bord du lac, c'est la dernière réalisation du célèbre architecte franco-suisse Le Corbusier (de son vrai nom Charles-Édouard Jeanneret – 1887-1965), l'un des plus influents urbanistes du XXe siècle. C'est également son seul ouvrage réalisé en Suisse alémanique. Inauguré en 1967, le pavillon coloré à deux étages est un joyau d'architecture entièrement conçu en verre et en acier. L'exposition suit le Modulor, une notion architecturale inventée en 1945 par Le Corbusier, basée sur le nombre d'or et la taille humaine.

THERMES ROMAINS ★

Thermengasse

Au cœur de la ville de Zurich, dans une toute petite ruelle couverte, sont présentés les vestiges de thermes romains découverts en 1983. Ils ont été laissés sur place et peuvent être observés en l'état. Les archéologues estiment que ces thermes datent de 160 après J.-C. et devaient s'étendre sur 500 m^{2}. Ils ont même été agrandis au début du IIIe siècle. Les bains avaient une grande importance dans la vie sociale des Romains et il n'est pas étonnant de les avoir découverts au cœur de la cité. La visite est gratuite et vaut le détour.

UETLIBERG ★★★

Pour accéder à l'Uetliberg, prendre le train S10 de Hauptbahnhof (gare centrale de Zurich) et descendre à la station Uetliberg. De là, on arpente un chemin boisé avant d'arriver au sommet en une dizaine de minutes.
Point de vue. Montagne.

Dominant les toits de Zurich, cette petite montagne (surtout selon les standards suisses) de 871 mètres de haut est affectueusement surnommée « la montagne des Zurichois ». Une excursion au sommet de l'Uetliberg promet une journée en pleine nature et un bon bol d'air frais aux portes de la ville (30 minutes du centre-ville). Le point fort de cette sortie ? Une splendide vue panoramique sur la ville, le lac, la Limmat et au loin les Alpes. À chaque saison son charme : en été, la montagne offre de superbes balades à pied ou à vélo, en novembre, les Zurichois viennent y chercher le soleil caché au-dessus du stratus alors qu'en hiver les sentiers de randonnée transformés en pistes de luge ravissent les jeunes (et les moins jeunes). La tour panoramique de l'hôtel Uto Kulm qui porte fièrement le titre de « Top of Zurich » assure une vue encore plus spectaculaire. La randonnée de l'Uetliberg jusqu'au col de l'Albis par la chaîne de montagnes vous offre une vue splendide sur la ville de Zurich, le lac et les Alpes de Suisse centrale. Le parcours est parfaitement fléché et il n'y a presque pas de montées. Au bout du chemin, pour vous récompenser, un trésor de la nature, le lac de Türlen, où à certains endroits vous pouvez aussi vous baigner. Lieu de départ : gare de l'Uetliberg à Zürich. Lieu d'arrivée : gare de bus de Türlen Landhus. Durée 4h. Le « sentier des planètes » relie Uetliberg à Felsenegg en 2h par un chemin de crêtes. Il propose une reconstitution du système solaire et une découverte des planètes. Ludique et insolite.

© OSCITY - SHUTTERSTOCK.COM

Magnifique vue depuis Uetliberg.

ZOO DE ZURICH ★★

Zürichbergstrasse 221 ✆ +41 44 254 25 00
www.zoo.ch

Tarifs selon saison. Entrée adulte : 26 CHF, jeune (16 à 20 ans) : 21 CHF, enfant (6 à 15 ans) : 13 CHF.

Ce magnifique zoo abrite plus de 4 000 animaux du monde entier répartis en près de 360 espèces, l'aquarium de poissons exotiques y compris. Le zoo remplit deux fonctions essentiels : la sensibilisation des visiteurs à la protection de la nature et des animaux et la préservation des espèces en danger via des programmes d'échanges avec des zoos des quatre coins de la planète En évolution permanente, ce parc a vu l'ouverture de la désormais célèbre forêt pluviale de Masoala (2003) avant la construction du dôme des éléphants (2014) et de la steppe mongole (2015).

ASSOCIATION DES ENTREPRISES SUISSES DE NAVIGATION

333 Mythenquai
✆ +41 43 243 16 57
www.vssu.ch

Informations croisières lacs de Suisse.

Cette association recense les 16 compagnies de navigation sur les lacs et fleuves du pays. Voici le détail des lacs et fleuves du pays compris dans le pass : Lac Léman, lac de Neuchatel, lac de Bienne, le Rhin à Bâle, le Rhin et l'Untersee, lac de Constance, lac de Greifen, lac de Zurich, lac de Walenstadt, lac de Hallwil, lacs de Zoug et d'Aegeri, lac des 4 cantons, lacs de Thoune et de Brienz (Interlaken), lacs Majeur, de Garde et de Côme et lac de Lugano.

OFFICE DE TOURISME

Au rez-de-chaussée de la gare central (Zurich HB)
✆ +41 44 215 40 00
www.zuerich.com

Ouvert tous les jours de 8h30 à 19h30.

Situé dans la gare centrale, l'Office de tourisme dispose de nombreuses cartes de la ville et de la région. On peut également y acheter la Zürich Card. Accueil en français. Propose des visites guidées de la ville (à pied, en bus, en Segway…) de grande qualité. Comme un couteau suisse, l'office vous propose des options de visite et des suggestions pour connaître les secrets de la ville. On vous invitera à télécharger l'application avec les rues et les incontournables de la ville. Vous serez guidé pour les visites dans la région comme le Lindt Museum.

BEST OF SWITZERLAND TOURS

Bus 31/33/34, tram 3/4/13/14/17 : arrêt Sihlquai. Départ du parking des bus près de l'arrêt de tram.
✆ +41 44 710 50 50
www.switzerland-tours.ch

Ouvert tous les jours de 7h à 22h. Excursions disponibles toute l'année.

Best of Switzerland Tours offre une large gamme d'excursions privées ou en groupes dans la ville de Zurich et les hauts lieux touristiques de Suisse alémanique. Ses guides polyglottes vous emmènent à la découverte des neiges éternelles de Jungfraujoch, au Top of Europe ou encore au Mont Titlis… C'est la formule idéale pour ceux qui apprécient les visites organisées en bus. Certains guides racontent de nombreuses anecdotes intéressantes sur les lieux visités. Réservez à l'avance !

GOTTHARD PANORAMA EXPRESS

11 Vulkanplatz
www.sbb.ch/gotthard-panorama-express

Au cœur du pays, c'est un véritable voyage panoramique à 360 degrés qui vous est proposé ! L'évasion est garantie à bord du Gotthard Panorama Express qui relie deux magnifiques régions de Suisse, le centre de la Suisse et le canton du Tessin. Toute l'histoire du pays défile devant vous et, au gré de vos haltes, vous plongez dans le passé vibrant des mythes ancestraux comme celui de Guillaume Tell. Vous avez tout le loisir de choisir le sens de votre itinéraire avec les différents points de départ comme Lugano, Bellinzona, Lucerne ou Arth-Goldau par la Rigi. Le circuit est optimal si vous combinez le bateau et le train panoramique car ils vous garantissent des sensations et vues totalement différentes et complémentaires. Il est également conseillé de prendre votre temps afin d'optimiser votre découverte. Nous vous suggérons également de vous laisser tenter par la restauration à bord avec sa carte de plats authentiques et typiques.

- Départ en bateau à vapeur : à Lucerne, embarquez pour un voyage aux airs de Belle Époque à bord de votre bateau équipé de roues à aubes. Vous sillonnez sur les eaux cristallines du lac des Quatre-Cantons, plongez votre regard vers la prairie du Grütli, le Schillerstein, la chapelle de Tell et d'autres sites historiques des cantons fondateurs en 1291.
- Parcours en train panoramique : l'expérience se vit intensément en poursuivant le périple à bord du train panoramique de la ligne historique du Saint-Gotthard au départ de Flüelen. Confortablement installé, les commentaires des guides présents sur tout le parcours sont un vrai plus pour ne rien manquer durant le trajet. Que d'émotions au rendez-vous à voir défiler ce condensé de paysages des plus alpins aux plus méridionaux ! Un des passages emblématiques est la traversée du tunnel ferroviaire du Saint-Gotthard sur 15 km. Cet ouvrage titanesque date de 1882. Ce « passage secret » dans la montagne est une prouesse d'ingénierie et un véritable lieu de légendes qui vous sont commentées. Après cette traversée insolite, votre train panoramique poursuit sa route à l'extrême sud de la Suisse jusqu'à Bellinzona et Lugano. Après cette épopée inoubliable sur la route historique du rail suisse, la *dolce vita* tessinoise vous charmera. Le Tessin vous tend les bras : autre panorama, autre lac, autre langue et surtout autres saveurs à déguster comme le vin plein de soleil.

Le Gotthard Panorama Express est définitivement une expérience complète aux ambiances multiples !

AÉROPORT INTERNATIONAL DE ZURICH

Flughafen Zürich
✆ +41 43 816 22 11
www.zurich-airport.com
À 10 minutes du centre-ville par les transports en commun.

L'aéroport international de Zurich est un nœud aérien important. Il dessert de nombreuses destinations, notamment en Europe, comme Bruxelles, Paris, Lyon et Nice, ainsi que les aéroports nationaux de Genève, Bâle-Mulhouse et Lugano. Il est très aisé de rejoindre le centre-ville en comptant une dizaine de minutes : par le train, en tram ou en bus. Pour les taxis, une borne attend les voyageurs à l'extérieur des halls d'arrivée 1 et 2 (compter dans les 70 CHF).

GARE DE ZURICH (ZURICH HB)

En plein centre. Arrêt Bahnhofplatz/Hauptbahnhof.
✆ +41 90 030 03 00
www.sbb.ch/fr

Plus de 2 900 trains transitent quotidiennement par la gare de Zurich située en plein centre. Et pour cause, cette gare construite en 1847 est l'une des plus fréquentées au monde. Elle est un véritable nœud ferroviaire pour les villes et pays limitrophes. Pour vous y rendre, vous aurez au choix le RER, le bus (lignes 31 et 46), le tram ou les bus. Bon à savoir : une consigne est ouverte du lundi au dimanche de 4h15 à 1h15. Plus d'informations sur le site Internet.

PARKING

www.plszh.ch

Si vous organisez votre voyage en Suisse en voiture, la question du parking mérite d'être posée, notamment dans la ville de Zurich. Dans les centres-ville, trouver une place de parking n'est pas toujours évident et peut vite devenir un casse-tête. Pour vous aider, vous pouvez compter sur le site Internet et l'application du Parkleitsystem Stadt Zürich. En vous connectant, vous pourrez avoir toutes les informations sur les parkings de la ville : le nombre de places libres en temps réel, les heures d'ouverture, les tarifs et un extrait du plan de la ville.

POLYBAHN

Limmatquai 142
+41 44 411 41 11
Ouvert du lundi au vendredi de 6h30 à 21h, le samedi de 7h30 à 21h et le dimanche de 9h à 21h.

Cher aux Zurichois, la polybahn, ce vieux funiculaire souvent nommé l'Express des étudiants, transporte les visiteurs de Central vers la terrasse panoramique (la Polyterrasse) située entre l'École polytechnique et l'université de Zurich, à 176 m. Les deux cabines rouges historiques peuvent accueillir 50 personnes pour un parcours de 90 secondes. Pour y accéder, vous pouvez venir à pied depuis la gare principale de Zurich au Central (place centrale). Une attraction très rapide mais incontournable pendant votre visite de la ville.

ZÜRICH CARD

+41 44 215 40 00
27 CHF pour 24h (19 CHF pour les enfants de 6 à 16 ans) et 53 CHF pour 72h (37 CHF pour les enfants).

La Zürich Card vous permet d'utiliser l'ensemble du réseau de trams, bus, trains et bateaux, ainsi que sur les funiculaires de la ville et des environs sans limite. Entrée gratuite dans la plupart des musées de la ville ainsi que 10 % de réductions sur une sélection de près de 20 magasins. Sur présentation de cette carte, plus de 30 restaurants vous offriront une surprise comme un apéritif. Il est possible de se la procurer à l'aéroport, à l'office de tourisme de la gare centrale, à la compagnie zurichoise de navigation (VBZ) ou en ligne.

ZÜRCHER VERKEHRSVERBUND (ZVV)

www.zvv.ch
Ticket à 2,70 CHF (valable 30 minutes), 2,30 CHF pour les enfants. Cartes journalières à partir de 5,40 CHF.

La ZVV est la compagnie de transport public qui gère le réseau de bus, de tramways, de navettes fluviales et de trains de banlieue (les S-Bahn) de Zurich. Le réseau de tramways et de bus est extrêmement dense, bien desservi et ponctuel. Ce mode de déplacement est idéal ! Les transports fonctionnent de 5h30 à plus de minuit puis sont relayés du vendredi au dimanche inclus par les bus et S-Bahn de nuit. Un service nocturne qui opère de 1h à 9h (il faut acheter un supplément de 5 CHF).

CALIFORNIA HOUSE €

Asylstrasse 125
+41 43 499 13 45
www.californiahouse.ch
Chambre simple à partir de 104 CHF, double à partir de 114 CHF. Wifi gratuit.

Une pension très agréable, tenue par une famille italienne dans un joli petit immeuble du quartier résidentiel de Hottingen. Au pied des collines viticoles du sud-est de Zurich, dans une zone riche en architecture Belle Époque, l'Hotel California propose des appartements simples mais bien aménagés. Ils sont équipés d'un coin cuisine, avec machine à café et micro-onde, ainsi que d'un coin bureau. La maison propose aussi d'excellentes pizzas. Les trams de l'Asylstrasse vous mènent au centre-ville en moins de 10 minutes. Halte recommandée.

ZÜRI ROULE (PRÊT DE VÉLO)

Station de vélo à Europaplatz (ouvert tous les jours de 8h30 à 21h30). De mai à octobre : station de vélo à Pestalozziwiese (Bahnhofstrasse/Globus City) et Bellevue (Utoquai) de 9h à 21h30.
+41 44 415 67 67
www.zuerirollt.ch
Prêt de vélos.

Rien de tel que de visiter Zurich en vélo : la vieille ville est en pavés et moins propice, mais le bord du lac vous promet de belles balades bucoliques. Présente dans plusieurs villes de Suisse, l'association Suisse Roule, visant à améliorer l'intégration des chômeurs et des demandeurs d'asile, prête des vélos contre une caution de 20 CHF et une pièce d'identité. Il est également possible de réserver à l'avance avec un acompte de 10 CHF. Facile et pratique, c'est idéal !

CAMPING FISCHERS FRITZ €

Seestrasse 559
+41 44 482 16 12
www.fischers-fritz.ch
Tarif adulte 20 CHF, enfant 15 CHF et famille 50 CHF. Emplacement caravane à 14,50 CHF par adulte.

Parcourir le site Internet du seul camping de Zurich donne déjà envie d'aller y planter sa tente. Avec sa superbe vue sur le lac ou sur la montagne, vous avez le choix ! Excentré et installé dans la nature, ce camping bien aménagé est le terrain idyllique : la solution idéale pour les adeptes du grand air. La ville est toute proche en bus et le restaurant du camping, une très bonne adresse. Attention, il faut réserver à l'avance pour venir installer une caravane mais pour une tente, il y a toujours une petite place. À découvrir en famille.

A DÄ GOETZSTRASS BNB €

Goetzstrasse 15
✆ +41 79 262 91 40
www.adgbnb.ch
Chambre simple à partir de 80 CHF et double à partir de 140 CHF. Petit déjeuner compris.

Situé dans un immeuble d'un quartier résidentiel calme et agréable, ce *bed and breakfast* au nom un peu curieux est l'un des meilleurs rapports qualité-prix à Zurich. Les 5 chambres à la décoration et au charme scandinave offrent de grands lits douillets et un confort parfait. La famille Voerkel qui tient les lieux sait se faire discrète. On vous prépare un petit déjeuner gargantuesque à l'heure qui vous convient. La salle de bain spacieuse est tout comme les chambres, d'une propreté immaculée. On se sent choyé pour un prix défiant toute concurrence.

HOTEL HOTTINGEN €

Hottingerstrasse 31
✆ +41 44 256 19 19
www.hotelhottingen.ch
Chambre simple à partir de 110 CHF, double à partir de 160 CHF, triple à partir de 210 CHF.

Situé dans un quartier résidentiel assez calme, l'hôtel est à seulement quelques minutes à pied du lac. Idéal pour faire de belles balades. Installé également à quelques pas du Kunsthaus (le musée des beaux-arts), cet hôtel de charme dispose de tout le confort pour votre séjour. Les chambres de cet hôtel sont toutes très fonctionnelles, propres et claires, à défaut d'être spacieuses. Les parties communes invitent à des moments de partage. Le tout est sobrement décoré dans un style épuré. Un très bon rapport qualité-prix à Zurich.

PENSION KAFISCHNAPS €

Kornhausstrasse 57
✆ +41 43 538 81 16
www.kafischnaps.ch
Chambre simple à partir de 69 CHF, chambre double de 88 CHF à 120 CHF.

Quel joli établissement ! Dans ce café-bar réputé de Zurich-West, cinq chambres sont disponibles à la nuitée. Dans cette petite pension, les chambres pour une ou deux personnes sont décorées simplement mais avec beaucoup de goût par des designers zurichois. La salle de bains est partagée avec les autres clients. Un bel endroit où séjourner si vous avez un petit budget et souhaitez expérimenter ce quartier de l'intérieur. On ne saurait que trop vous recommander le café bar pour le petit déjeuner ou pour une soirée à siroter une bière.

25 HOURS HOTEL ZÜRICH WEST €€

102 Pfingstweidstrasse
✆ +41 044 577 25 25
www.25hours-hotels.com
Chambre double à partir de 160 CHF. Petit déjeuner non compris.

25 Hours, la chaîne hôtelière allemande la plus innovante avec treize hôtels en Europe, a ouvert ses portes à Zurich West, le quartier en pleine mutation où artistes et créateurs ont élu domicile, en 2012. C'est le renommé Alfredo Häberli, un designer local, qui a pensé l'hôtel comme une ode à Zurich. On retrouve d'ailleurs l'esprit funky de la ville dans les abondants détails graphiques. Au dernier étage, ne manquez pas le sauna qui offre une vue imposante sur la ville.

© 25HOURS HOTEL ZÜRICH WEST

© 25HOURS HOTEL ZÜRICH WEST

SUISSE ALÉMANIQUE

ZUM GUTEN GLÜCK €

Stationsstrasse 7
✆ +41 43 540 72 99
www.zumgutenglueck.ch

Chambre simple à 69 CHF, chambre double de 79 à 109 CHF avec salle de bains et toilettes sur le palier.

Une décoration sympa et colorée, vintage branchée, doublée d'une propreté irréprochable pour ce petit hôtel au rapport qualité-prix exceptionnelle à Zurich. Que les toilettes et la salle de bains soient situées sur le palier, cela ne doit pas vous empêcher de réserver une chambre chez Zum Guten Glück : ces dernières sont impeccables et on apprécie la douche moderne et spacieuse. Ici, on pratique les tarifs d'une auberge de jeunesse avec le service d'un hôtel stylé. Ambiance jeune et décontractée garantie dans le café bar restaurant du rez-de-chaussée.

ZURICH YOUTH HOSTEL €

Mutschellenstrasse 114 ✆ +41 43 399 78 00
www.youthhostel.ch/zuerich

Lit en dortoir à partir de 43 CHF, chambre simple à partir de 76 CHF, double à partir de 112 CHF. Petit déjeuner inclus.

Légèrement excentrée, le Zurich Youth Hostel reste facilement accessible. Dans cette auberge de jeunesse située près des rives du lac, les chambres sont bien tenues et le bâtiment, datant des années 1960, a été nommé hôtel historique de l'année 2008 par le Conseil international des monuments et des sites (ICOMOS). Ici, l'accueil est très agréable et le personnel disponible. Le buffet du petit déjeuner est copieux et l'établissement propose également d'excellents repas du midi. Bon à savoir : on peut se procurer des tickets de transport en commun à la réception.

25HOURS HOTEL ZÜRICH LANGSTRASSE €€

Langstrasse 150 ✆ +41 44 576 50 00
www.25hours-hotels.com

Chambre dès 199 CHF avec petit déjeuner. Accessible personnes avec handicap. Cuisine à emporter. Bar, location de vélos.

Un univers où toutes les générations et nationalités se croisent. L'hôtel est à l'origine de toutes ces rencontres et dans son décor urbain, branché et cosmopolite, il souhaite aussi que ses convives s'y ressourcent. Une bulle de bien-être dans l'animation trépidante de la ville, mais également une bulle artistique. Atypique, cet hôtel promeut les artistes et la galerie vous est grande ouverte. Le plus incroyable, c'est qu'en guise de paiement vous pouvez proposer votre œuvre d'art !

ALTSTADT HOTEL €€

Kirchgasse 4
✆ +41 44 250 53 53
www.hotel-altstadt.ch

Chambre double à partir de 220 CHF. Chambre double Roof top à partir de 310 CHF.

L'Altstadt Hotel est un établissement de charme sur cinq étages. Tout est décoré avec beaucoup d'élégance. C'est l'artiste H. C. Jenssen qui a conçu une décoration intimiste et de caractère dans chacune des 25 chambres. Notre préférée ? La chambre Roof Top, belle et lumineuse, avec une terrasse privée sur le toit. La vue y est imprenable. Pour les séjours longue durée, des offres promotionnelles sont proposées. L'hôtel possède également un bar ouvert tous les jours de 7h à minuit. L'ambiance y est tamisée avec toujours une petite musique jazz.

BEST WESTERN PLUS HOTEL ZÜRCHERHOF €€

Zähringerstrasse 21
✆ +41 44 269 44 44
www.zurcherhof.ch

Chambre simple à partir de 175 CHF, chambre double à partir de 225 CHF. Petit déjeuner inclus.

Au cœur de la vieille ville historique de Zurich, l'hôtel Best Western propose des chambres propres, modernes et confortables avec en plus tout le sérieux du service helvétique. Son principal atout est sa situation puisqu'à dix minutes à peine de la gare centrale. Pour le dîner, le personnel vous orientera sûrement vers le restaurant attenant – et appartenant à l'hôtel – et il aura raison : le Walliser Keller propose l'une des meilleures fondues de la ville.

DESIGN HOTEL PLATTENHOF €€

26 Plattenstrasse
✆ +41 44 251 19 10
www.plattenhof.ch/fr

Chambre simple à partir de 215 CHF (175 CHF le week-end), chambre double à partir de 265 CHF. Petit déjeuner inclus.

Le Design Hotel Plattenhof est implanté au cœur de Zurich, dans le quartier universitaire, loin du tumulte du bord du lac et du centre-ville pourtant tout proches. Dans cet établissement familial, les 37 chambres, bien que petites pour certaines, sont agréables et modernes. Le service est jeune et détendu. Aux beaux jours, on contemple le va-et-vient des étudiants depuis la terrasse du bar. Une cuisine italienne est proposée au restaurant de l'hôtel. Petit déjeuner varié, à base de produits frais. Parking à proximité. Bon rapport qualité/prix.

HÔTEL OPERA €€

Dufourstrasse 5
✆ +41 44 258 99 99
www.operahotel.ch
Chambre simple à partir de 222 CHF, double à partir de 236 CHF et triple à partir de 313 CHF. Petit déjeuner à 28 CHF.

L'établissement Opéra est un hôtel de bon goût et de luxe à l'ancienne, romantique et moderne à la fois. Ici, vous trouverez des équipements modernes, une équipe professionnelle et de nombreux services pour faciliter votre séjour : enregistrement en ligne, borne de recharge Tesla, clé de chambre sur le mobile, assistance pour l'enregistrement de votre vol, room service... Les chambres sont toutes spacieuses et extrêmement confortables avec une literie de qualité, une machine Nespresso, ainsi qu'une sélection de café, thé et boissons.

HÔTEL SEEGARTEN €€

Seegartenstrasse 14
✆ +41 44 388 37 37
www.hotel-seegarten.ch
Chambre simple dès 140 CHF, double dès 190 CHF. Petit déjeuner compris.

A 2 minutes de la place Bellevue et du lac, le Seegarten jouit d'un beau cadre dans le quartier de Seefeld. Il se caractérise par une belle luminosité et un intérieur cosy. Les chambres sont romantiques avec des touches décoratives fleuries et du mobilier en bois. Les plantes vertes sont omniprésentes, conférant ainsi à l'hôtel une note estivale agréable. Le petit déjeuner mérite d'être apprécié car des pâtisseries maison sont proposées à la dégustation. Chaleureux, ce petit hôtel est idéal pour se sentir choyé. Excellent rapport qualité-prix.

HOTEL TOWNHOUSE €€

Schützengasse 7
✆ +41 44 200 95 95
www.townhouse.ch
Chambre simple à partir de 121 CHF, double à partir de 140 CHF, suite à partir de 229 CHF. Petit déjeuner à 21 CHF.

À quelques pas de la gare et de la Bahnofstrasse (réputée comme étant l'une des rues les plus chères d'Europe), cette petite bulle de calme au beau milieu de la frénésie du centre-ville propose 23 chambres et trois suites spacieuses. Celles-ci jouissent toutes d'une décoration originale dans le plus pur style british avec des tapisseries aux motifs luxuriants. Tout le confort y est : literie de qualité, télévision écran plat, lecteur DVD et sélection de films, équipement de salles de bains... L'excellent restaurant Palette, tout en bleu et or, y est installé.

MARKTGASSE HOTEL €€

Marktgasse 17
✆ +41 44 266 10 10
www.marktgassehotel.ch
Chambre simple dès 189 CHF, chambre double dès 249 CHF, junior suite dès 349 CHF (sans petit déjeuner).

Les 39 chambres du Marktgasse sont confortablement installées dans une bâtisse vieille de six cents ans. Jouant sur le mélange des genres, le moderne côtoie l'ancien (certains éléments sont même classés au patrimoine historique) dans un bel équilibre. Fresques murales centenaires, plancher ancien et colonnes protégées revisitent le passé tandis que le design scandinave minimaliste aux tons noir et blanc relie au présent. Le bar et le restaurant sont les repaires des Zurichois stylés, tandis que le Delish Café propose d'excellents snacks.

SORELL HOTEL SEIDENHOF €€

Sihlstrasse 9
✆ +41 44 228 75 00
Chambre simple dès 165 CHF, double 240 CHF, triple 270 CHF. Petit déjeuner inclus. Wi-fi gratuit.

Situé à deux pas de la célèbre Bahnhofstrasse, l'hôtel se trouve tout près du centre historique et du cœur moderne de la ville. L'établissement mérite tout à fait ses 3-étoiles et vous accueille avec des petits chocolats sur l'oreiller et un petit canard jaune dans la salle de bain, un souvenir à emporter. Les chambres sont chaleureuses et agréablement décorées. Le petit déjeuner se prend dans le restaurant asiatique Mishio attenant à l'hôtel (avec une belle terrasse) qui propose un buffet de qualité avec des produits maison et locaux.

SWISS CHOCOLATE BY FASSBIN €€

Zähringerstrasse 46 ✆ +41 44 267 26 70
www.byfassbind.com
Chambre simple à partir de 142 CHF, chambre double à partir de 260 CHF. Petit déjeuner buffet à 18 CHF.

Autrefois Hôtel du Théâtre, c'est désormais le Swiss Chocolate by Fassbind qui est installé dans ce bâtiment plein de charme. Comme son nom l'indique, cet hôtel a pour inspiration le chocolat suisse, de la décoration jusqu'à la fontaine de chocolat qui accueille les clients à la réception. Les chambres sont lumineuses et certaines jouissent d'une vue sublime sur le Polybahn, le célèbre funiculaire rouge, et la bien nommée *skyline* offre un panorama sur les toits de Zurich.

B2 BOUTIQUE HOTEL + SPA €€€

Brandschenkestrasse 152 ✆ +41 44 567 67 67
www.b2boutiquehotels.com
Chambre double à partir de 390 CHF, junior suite à partir de 515 CHF.

Véritable bijou dans la ville, c'est l'un de nos coups de cœur ! Bâti il y a plus de cent trente ans, l'imposant bâtiment abritait la brasserie Hürlimann (la plus importante de Suisse dans les années 1880) avant d'être converti en un splendide boutique-hotel par l'architecte de renom Ushi Tamborriello. Le trésor du lieu est la Wine Library (à la fois salon, bar et restaurant) : sous une dizaine de mètres de plafond, les murs sont couverts d'une bibliothèque regroupant 33 000 livres d'où sont suspendus d'immenses lustres en bouteilles de bière Hürlimann.

HÔTEL BAUR AU LAC €€€

Talstrasse 1
✆ +41 44 220 50 30
www.bauraulac.ch
Chambre simple à partir de 590 CHF, double à partir de 920 CHF, suite junior à partir de 1 200 CHF.

Entouré de son magnifique parc privé sur les bords du lac, à proximité de la Bahnhoftrasse, le Baur au Lac est une adresse de luxe, de confort et de modernité. Chaque chambre a été créée indépendamment par la famille propriétaire de l'hôtel. Elles se différencient toutes les unes des autres par leur type d'aménagement, de style et de couleur. L'atmosphère y est lumineuse et chaleureuse. Les salles de bains de taille généreuse sont en marbre précieux. Une vraie adresse digne de la catégorie Grand Luxe, créée en 1844. Une établissement d'exception.

PARK HYATT ZURICH €€€

Beethovenstrasse 21
✆ +41 43 883 12 34
Chambre double à partir de 600 CHF, suite dès 2 200 CHF. Petit déjeuner non-compris. Wi-fi gratuit. Parking gratuit.

L'hôtel Park Hyatt est un petit joyau situé tout près du lac. L'établissement se targue d'offrir les chambres standard les plus grandes de la ville et les préceptes du *feng shui* ont été suivis pour l'aménagement des lieux. Il règne dans tout l'hôtel une atmosphère d'élégance recherchée mais épurée. La décoration reflète tout à fait l'âme zurichoise : urbaine mais proche de la nature. Le petit Spa très agréable. Le bar et le restaurant sont également recommandés pour la qualité de leur service et de leurs cartes. Un hôtel de choix pour les amateurs de luxe.

SCHWEIZERHOF ZÜRICH €€€

Bahnhofplatz 7
✆ +41 44 218 88 88
www.hotelschweizerhof.com
Chambre double à partir de 339 CHF, suite junior à partir de 479 CHF et suite de luxe à partir de 690 CHF.

Installé depuis cent quarante ans, ce grand hôtel situé à deux pas de la gare et de la Bahnhofstrasse se trouve à l'endroit idéal pour visiter la ville ou découvrir les nombreuses boutiques de la rue commerçante. Dans cet établissement historique, la décoration est plutôt classique mais le confort au rendez-vous. Le service et la propreté sont absolument impeccables. Le restaurant de l'hôtel, La Soupière, est français. Le chef Martin Fencz sert une cuisine de saison ainsi que des spécialités suisses. Attenants, le café gourmet et la boutique du caviar.

STORCHEN €€€

Weinplatz 2
✆ +41 44 227 27 27
www.storchen.ch
Chambre simple à partir de 430 CHF, double à partir de 460 CHF, suite à partir de 1 000 CHF. Petit déjeuner inclus.

Depuis plus de 650 ans, l'Hotel Storchen est réputé pour son luxe et son hospitalité. Très bien situé en plein cœur de la vieille ville, l'hôtel propose 67 chambres haut de gamme. Les chambres sont très confortables et décorées avec goût avec salle de bains entièrement en marbre. Vous serez charmé par le petit déjeuner en terrasse, sur la rivière Limmat avec vue sur les Alpes. Un espace sur la Weinplatz est réservé à l'hôtel pour boire un verre lors des beaux jours. Le déjeuner ou le dîner dans la fameuse Rôtisserie est également possible.

THE DOLDER GRAND €€€

Kurhausstrasse 65
✆ +41 44 456 60 00
www.thedoldergrand.com
Chambres doubles à partir de 700 CHF, junior suites à partir de 1 050 CHF, suites supérieures à partir de 2 550 CHF.

Avec son emplacement privilégié sur les hauteurs de Zurich, le Dolder Grand jouit d'une vue magique sur la ville, le lac et les Alpes à l'horizon. Ancien *Curhaus* (établissement thermal) datant de 1899, l'hôtel a conservé son allure de château de contes de fées tout en se modernisant. Le spa de 4 000 m², l'un des plus prestigieux du pays, est un véritable enchantement pour le corps et l'esprit. L'élégant restaurant dirigé par le chef Heiko Nieder, 2 étoiles Michelin à son palmarès, sublime l'expérience gustative. Séjour « chicissime » assuré !

JUICE MARKET €

Augustinergasse 42
✆ +41 44 211 69 33
www.juice-market.ch
Ouvert du lundi au vendredi de 9h à 18h, le samedi de 9h à 18h.

À deux pas de la Banhhofstrasse mais encore dans la vieille ville, le Juice Market est parfait pour un déjeuner rapide et sain avec des légumes et des fruits frais, des graines germées et de la fraîcheur. À la carte : assiette de falafel avec salade, pain pita et houmous ; burrata avec légumes grillés et salade ; salade de saison… Un brunch est également proposé avec croissant, fruits frais et granola. Côté sucré, tarte aux fruits, carrot cake et gâteau au chocolat sont proposés. Une adresse toujours prise d'assaut mais au service efficace.

BLUE MONKEY €

Stüssihofstatt 3
✆ +41 44 261 76 18
www.bluemonkey.ch
Ouvert du mardi au vendredi de 11h30 à 14h et de 18h à 23h, le samedi de 15h à 23h. Plats à partir de 30 CHF.

Des spécialités thaïlandaises au cœur de Niederdorf, la vieille ville de Zurich : bienvenue chez Blue Monkey. En réalité, deux restaurants en un cohabitent : Blue Monkey au rez-de-chaussée dans un cadre boisé, et le très chic Thai Heaven au premier étage. En cuisine, la cheffe Pachara Thipanancharoen propose une cuisine gourmande authentique aux multiples influences. À la carte, de nombreuses spécialités dont le khao soy nuea, sorte de soupe de nouilles aux œufs, très populaire dans les régions montagneuses de Thaïlande, et accompagné ici de bœuf suisse.

NORDSEE €

Bahnhofplatz 15
✆ +41 44 217 15 15
www.nordsee.com
Ouvert tous les jours de 11h à 21h. Sandwichs à 8 CHF, salades à 13 CHF, plats à 17 CHF en moyenne.

Une envie de poisson ? Le *self-service* allemand Nordsee expose des rangées de sandwichs confectionnés avec les produits de la mer et agrémentés de différentes sauces. Ici, l'atmosphère *fast-food* est bruyante et animée mais la nourriture correcte. À la carte, en plus des wraps et des sandwichs, vous trouverez également des plats : *fish & chips*, colin d'Alaska avec salade de pommes de terre, paella au colin, fruits de mer et légumes… Une bonne idée pour ceux qui souhaitent acheter un repas à emporter pour le manger dans le train.

HILTL €

Sihlstrasse 28
✆ +41 44 227 70 00
www.hiltl.ch
Lundi-jeudi 6h-0h (4h vendredi, 5h samedi), dimanche 8h-4h. Plats autour de 30 CHF. Buffet à volonté à 57 CHF.

Au Hiltl, on trouve plus de 500 plats proposés au buffet ou à la carte. L'ambiance y est intergénérationnelle et tendance avec vue sur les cuisines depuis les escaliers. Un restaurant qui donne envie de devenir végétarien ou végétalien tellement on y mange bien. Les cuisiniers sont en permanence en train d'inventer de nouvelles recettes d'inspiration internationales mais toujours élaborées à partir de produits locaux et de saison. Le lieu se transforme en discothèque tous les week-ends, dès les vendredi à 23h jusqu'au dimanche soir. Un véritable concept.

SPHÈRES €

Hardturmstrasse 66
✆ +41 44 440 66 22
www.spheres.cc
Ouvert du lundi au vendredi de 8h à 23h, le samedi de 9h à 18h30 et le dimanche de 10h à 18h30.

Au bord du Limmat, dans le quartier industriel de Zürich-West, l'établissement Sphères cumule les mandats avec bonheur : café, bar, restauration rapide, librairie et même une scène de théâtre ! S'y arrêter pour un goûter ou pour l'apéro est toujours une bonne idée. À toute heure de la journée, l'ambiance est décontractée et dynamique. On peut s'y poser pour lire des livres ou journaux à disposition des clients, siroter un des délicieux cocktails de jus de fruits frais, participer aux événements culturels ou faire des rencontres.

ICHIZEN €

Kanzleistrasse 15
✆ +41 43 477 80 80
www.ichizen-japan-restaurant.ch
Ouvert du lundi au vendredi de 11h30 à 14h et de 18h30 à 22h30, le samedi uniquement en soirée.

À l'automne 2021, ce restaurant japonais s'est offert une nouvelle jeunesse. Après deux mois de rénovation, Ichizen a rouvert dans un joli cadre moderne. L'établissement offre un grand choix de plats traditionnels : nouilles *udon* et *soba*, *tofu* frit, currys et bien sûr de délicieux sushis. Une fois à table, on attend longtemps mais c'est parce que les plats sont préparés avec soin. Une adresse à tester absolument pour les inconditionnels des saveurs nippones. Mieux vaut réserver, notamment à midi : le restaurant est presque toujours plein.

JOHANNITER €

Niederdorfstrasse 70
✆ +41 44 253 62 00
www.johanniter.com
Ouvert tous les jours dès 10h. Menu midi dès 15 CHF et plat à partir de 21 CHF.

Cette ancienne bâtisse en dit long sur l'activité commerciale de cette rue dès le Moyen Âge. Autrefois maison d'artisan, l'emplacement fut substitué après un incendie en 1280 par deux maisons. Très tôt un auberge s'est installée dans ces murs, adossée à une boucherie. Le circuit court était davantage dans les mœurs ! Les hauts plafonds voûtés confèrent au lieu cette atmosphère d'antan. La cuisine est aujourd'hui celle d'une brasserie simple et authentique à l'ambiance chaleureuse. Vous plongerez dans la Suisse telle qu'on l'imagine à travers les meilleurs clichés.

KANTINE HERMETSCHLOO €

Hermetschloostrasse 70
✆ +41 44 212 77 28
www.kantine-hermetschloo.ch
Ouvert du lundi au vendredi de 9h à 16h. Menu viande ou poisson à 22 CHF et menu végétarien à 20 CHF.

Cette cantine publique est gérée par l'équipe du magasin Markt Lücke, boutique de bijoux, objets de déco, sacs et accessoires à base de matériaux recyclés. Un peu excentré, l'endroit est idéal pour se mêler aux employés zurichois durant la pause de midi. La nourriture y est très bon marché, bonne, locale et bio. À la carte, deux menus dont une offre pour les végétariens. En plus, chaque jour, le chef propose une soupe, un buffet de salades, des croissants aux amandes et des barres de céréales faits maison. Pour ne rien gâcher, la vue sur la ville est panoramique !

LILLY JO - DELI & CAFÉ €

Pfingstweidstrasse 16
✆ +41 43 543 63 51
https://lillyjo.ch
Ouvert du lundi au vendredi de 8h à 15h. Menu du jour à 24,50 CHF, version vegan à 22,50 CHF.

Au pied du dynamique Cultur Park, Lilly Jo s'inscrit dans la mouvance des *fast-foods* sains. Ici, on se met au vert : produits frais et locaux, bien-être animal, déco 100 % renouvelable, cadre aux tons doux et naturels, et en plus, c'est bon et copieux. À la carte, deux menus dont une formule vegan avec de nombreux plats copieux adaptés pour ce régime alimentaire : couscous avec fruit du jacquier, moussaka, ratatouille… Une belle adresse à découvrir au petit déjeuner avec au choix pancakes, granola, piperade ou viennoiseries.

MARKTHALLE IM VIADUKT €

Viaduktstrasse
www.im-viadukt.ch
Ouvert du lundi au samedi de 9h à 20h.

Installée dans le quartier industriel de Zürich West, cette grande halle abrite de nombreux traiteurs, charcutiers, bouchers, boulangers qui vendent leurs produits frais. Ici, plusieurs restaurants permettent de se mettre à table à toute heure. Au restaurant Markthalle, vous trouverez une cuisine authentique et gourmande (ragoût de bœuf, os à moelle…) tandis que le café-bar Ambrosi propose des pâtes fraîches et des plats d'inspiration méditerranéenne. Un lieu idéal pour combiner un repas sain, un petit verre et quelques emplettes.

MOUDI BAR & RESTAURANT €

Brandschenkestrasse 5 ✆ +41 44 390 13 14
www.moudi-bar.ch
Ouvert du lundi au vendredi de 11h30 à 23h30 et le samedi de 13h à minuit.

À deux pas du canal, la terrasse du Moudi avec ses chaises et tables colorées et ses lampions bariolés est des plus pittoresques aux beaux jours. L'intérieur n'est pas en reste avec sa déco bariolée d'où se dégage un petit air vintage et branchée à la fois. Dans l'assiette, des *mezze* parfumés et copieux qui sentent bon le Liban. Dans la soirée, le resto devient un bar prisé par la faune branchée du coin. Un bel endroit où s'attabler pour prendre le large, le temps d'un apéro ou d'un dîner détendu. Attention, c'est toujours bondé !

RESTAURANT SCHIPFE 16 €

Schipfe 16
✆ +41 44 211 21 22
www.stadt-zuerich.ch/schipfe
Ouvert du lundi au samedi de 10h à 22h.

Installé dans une maison classée monument historique, le Schipfe 16 se trouve sur les bords de la Limmat en plein cœur de la ville historique, tout près de la colline du Lindenhof. Ici, vous trouverez une cuisine bon marché et de bonne qualité à déguster en terrasse sur les berges de la rivière. Un site des plus agréables aux beaux jours ! Au menu, des plats de saison, dont certaines recettes végétariennes : orecchiette à la crème de champignons des bois, curry végétalien de légumes aux pignons grillés… Les touristes y affluent en masse pour l'incroyable vue.

RIITHALLE €

Gessnerallee 8

✆ +41 44 212 07 66

www.restaurant-reithalle.ch

Ouvert tous les jours de 9h à minuit, ouverture à 10h le week-end. Brunch de 10h à 16h à 23 ou 34 CHF.

Vous mangez dans les box ! Situé près de la gare, cet ancien centre équestre militaire a été transformé en bar-restaurant chaleureux, cosy et tendance. Tout en longueur, avec de vieilles poutres apparentes, ce vaste lieu est unique avec déco bistrot et ambiance pittoresque. On vous sert une cuisine suisse traditionnelle légèrement revisitée avec des légumes et des salades fraîches. L'été, le jardin, une vaste cour intérieure qui s'étend d'un côté sur l'arrière des écuries, est transformé en bar et illuminé de guirlandes de lampions, façon guinguette.

STERNEN GRILL €

Theaterstrasse 22

✆ +41 43 268 20 80

www.sternengrill.ch

Ouvert tous les jours de 10h30 à 23h. Bratwurst à partir de 13,50 CHF.

Voici une institution typique à Zurich ! Installé sur la place Bellevue depuis 1963, le Sternen Grill serait, parmi les connaisseur, le meilleur restaurant de saucisse de la ville. C'est en effet ici que l'on sert la fameuse *Bratwurst* : une saucisse très chaude et croustillante, accompagnée de sa moutarde extraforte. À la carte, vous trouverez plusieurs sauces ainsi que divers accompagnements au choix : petit pain (Gold Bürli), galettes de pommes de terre (rösti), œuf au plat, épinards, salade de concombres ou de pommes de terre…

THE BUTCHER €

Badenerstrasse 101

✆ +41 44 525 00 85

www.butcher.ch

Ouvert du lundi au samedi de 11h à 23h et le dimanche de midi à 22h. Formule à emporter à 6,50 CHF.

Ce spécialiste du burger n'utilise que des produits régionaux et nationaux. Et tout est « fait maison », que ce soit les petits pains faits à la main tous les jours ou le thé glacé dont la recette est jalousement gardée. Plusieurs propositions (dont des burgers au poulet ou sans viande) sont à la carte avec toujours la possibilité de l'agrémenter à sa guise. Les frites sont délicieuses. Le soir, la salle au style urbain est très sombre et il est parfois difficile de distinguer son dîner. Ambiance intimiste ou pénombre désagréable ? Chacun se fera son avis.

TIBITS €

Seefeldstrasse 2

✆ +41 44 260 32 22

www.tibits.co.uk/en/

Ouvert du lundi au jeudi de 6h30 à 22h30, le samedi de 8h à 23h30 et le dimanche de 9h à 22h30 le dimanche.

Tibits est le rêve devenu réalité de trois frères suisses passionnés par la cuisine végétarienne et végétalienne. Le concept est simple : un savoureux buffet de 40 petits plats végétariens (et végans) tous aussi frais les uns que les autres et un design branché et chaleureux à la fois. Ne manquez pas de profiter de la sympathique terrasse en été. Depuis son ouverture en 2000, Tibits a rencontré tellement de succès qu'il a fait des petits en Suisse et à Londres. Il existe aussi une branche à Falkenstrasse 12. Pour une pause gourmande 100 % *healthy* !

TSCHINGG STAUFFACHER €

Lutherstrasse 4 ✆ +41 43 210 38 13

www.tschingg.eu

Ouvert du lundi au jeudi de 7h à 22h, le vendredi de 7h à 23h et le samedi de 7h30 à 23h. Plats dans les 10 CHF.

Pâtes à la bolognaise, pâtes aux quatre fromages, à la carbonara, ravioli ricotta-épinard… Tschingg est le spécialiste des pâtes sur le pouce. À la carte, vous trouverez une dizaine de saveurs différentes que l'on peut combiner à une soupe minestrone et pour finir une petite glace évidemment. À moins que vous ne vous laissiez tenter par le « Tschinggmisu », le célèbre tiramisù. Cette petite enseigne de fast-food à l'italienne est également présente à Zurich au 2 Oberdorfstrasse et au 353 Schaffhauserstrasse. Parfait pour un repas entre deux visites.

VAPIANO €

Rämistrasse 8

✆ +41 44 252 00 62

www.vapiano.ch

Ouvert du lundi au dimanche de 11h à 22h30. Salade à partir de 9,50 CHF et pizza à partir de 17,50 CHF.

Le concept est connu mais fonctionne toujours : on se rend aux différents stands (pizzas, pâtes, salades...) pour commander et on y retourne quand le *beeper* que l'on nous a remis se met à vibrer. On s'installe alors à de grandes tablées à moins que l'on préfère une ambiance plus intimiste. Enfin, on règle tout à la sortie en donnant la carte que l'on a chargé à chaque commande. Ce système est très pratique et particulièrement efficace chez les jeunes, surtout que la qualité est au rendez-vous. D'ailleurs, tout est fait à la minute devant nous.

SUISSE ALÉMANIQUE

WEISSES KREUZ €

Falkenstrasse 27
✆ +41 44 251 49 50
www.beffa-gastro.ch

Ouvert 7j/7 de 8h30 à minuit (cuisine ouverte à partir de 11h). Plats dès 17 CHF et Menu du jour à partir de 20 CHF.

Vous cherchez une ambiance typiquement suisse ? Vous la trouverez chez Weisses Kreuz où se mêlent des clients au bel appétit, des habitués, des buveurs de bières de belle humeur... La déco est simple et rustique et la cuisine excellente, extrêmement copieuse et les prix des plus abordables. On se régale de recettes suisses comme la saucisse d'agneau accompagnée de sauce à l'oignon et de *röschtis*. Conseillé pour les grosses faims et pour ceux qui veulent découvrir les spécialités suisses en plein centre pour des prix très raisonnables...

YOOJI'S €

Seefeldstrasse 115
✆ +41 44 383 92 92
www.yoojis.com

Ouvert du lundi au samedi de 11h à 22h et le dimanche de 16h à 22h.

Installée à quelques pas du lac de Zurich et du jardin botanique, Yooji's propose des plats japonais. Cette chaîne de restaurants spécialisée dans la confection de sushis s'est faite un nom avec des créations toujours plus subtiles et originales. On en trouve plusieurs dans Zurich et on comprend mieux pourquoi quand on en ressort ! Ici, il est possible de commander à l'unité les sushis ou de prendre des plateaux variés. On apprécie particulièrement le tapis roulant à sushis. Un espace extérieur permet aux clients de se restaurer dehors pendant les beaux jours.

BRASSERIE LOUIS €€

Niederdorfstrasse 10
✆ +41 44 250 76 80
www.brasserie-louis.ch

Ouvert du jeudi au dimanche de 11h30 à 23h, du lundi au mercredi de 17h30 à 22h et les mardi et mercredi midi.

Cette grande brasserie du centre-ville rappelle étrangement celles que l'on retrouve dans nos villes. Et pour cause, cet établissement met à l'honneur la cuisine française... mais au tarif suisse ! En plus de ses très bonnes pièces de viande, la carte propose quelques spécialités de chez nous : quiche lorraine, bouillabaisse, moules marinières... Bref, il y en a pour tous les goûts. Le service, un brin impersonnel, est en revanche efficace. Juste à côté, un snack propose de sublimes « sandwichs français » jusqu'à 2h du matin le vendredi et le samedi.

CAFE BOY €€

Kochstrasse 2
✆ +41 44 240 40 24
www.cafeboy.ch

Ouvert du lundi au vendredi de 11h30 à 14h30 et de 18h à 23h. Formule midi à 25 CHF.

Au sein du toujours plus en vogue Kreis 4, Cafe Boy est un pilier pour les locaux. Dans une ambiance de bistro distingué, Jann et sa talentueuse équipe préparent une cuisine helvétique avec un joli zeste de créativité et beaucoup de goût. Privilégiant un menu de saison, l'offre est sélective alors que la carte des vins est, elle, très riche. On vous conseillera d'ailleurs sur vos accords mets-vin avec passion ! Pour le midi, deux formules du midi sont proposées dont une végétarienne. Au menu, des soupes, salades et plats gourmands.

CELIA PIZZERIA €€

Langstrasse 35
✆ +41 44 240 04 75

Ouvert du lundi au vendredi de 9h à minuit, le samedi à partir de 18h et le dimanche à partir de 17h.

On a coutume de dire qu'un restaurant italien doit être tenu par des transalpins. Eh bien le restaurant Celia nous prouve que l'on a tort ! Ici, alors que toute la carte sent bon l'huile d'olive, on ne trouve pas un ressortissant de la botte que ce soit en cuisine ou en salle... et cela n'empêche pas les pizzas de rivaliser avec n'importe quelle concurrente de Naples, de Milan ou de Rome. À noter : c'est l'un des rares restaurants ouverts le dimanche dans le quartier à vous accueillir dans un cadre chaleureux et convivial. À découvrir.

LA CÔTE €€

Aemtlerstrasse 26
✆ +41 44 241 91 91
www.restaurant-lacote.ch

Ouvert du lundi au vendredi de 11h à 14h30 et de 18h à minuit, le samedi uniquement en soirée.

Ce restaurant situé dans un quartier calme à l'ouest de Zurich fait honneur à la cuisine française. Escargots, filet de bœuf, sole meunière, escalope de veau, côtes d'agneau... tout rappelle notre bon pays (il en va de même pour la cave à vins). Parmi les spécialités, notez l'entrecôte « Café de Paris » servie avec sa sauce et les allumettes frites, et la charbonnade servie pour deux personnes le soir uniquement (rôti de bœuf aux olives, oignons perlés, piments et cinq sauces différentes). Il est conseillé de réserver pour le soir.

LE DÉZALEY €€

Römergasse 9

✆ +41 44 251 61 29

www.le-dezaley.ch

Ouvert du lundi au samedi de 11h30 à 14h30 et de 17h30 à 23h. Fondues à partir de 29 CHF.

Si les produits du terroir vous manquent, direction Le Dézaley, un restaurant vaudois en plein cœur de la vieille ville. Ici, les spécialité de fondues et de charcuteries des montagnes sont à l'honneur : fondue bourguignonne au bœuf, fondue chinoise au poulet, fondue au fromage et aux morilles, fondue au fromage et à la truffe noire… La carte est fournie. Au menu, vous trouverez également des plats de saucisses typiques, dont notamment la saucisse aux choux haricots ou la saucisse avec rösti et sauce aux oignons. À découvrir !

EICHHÖRNLI €€

Nietengasse 16

✆ +41 44 291 93 39

www.restaurant-eichhoernli.ch

Ouvert du mardi au vendredi de midi à 14h et de 18h30 à 23h30, le samedi de 18h30 à 23h30.

Implanté depuis plus de dix ans dans le Kreis 4 où les nouveaux restos à la mode poussent comme des champignons, le restaurant Eichhörnli propose une cuisine suisse aux influences italo-françaises. Ici, les plats marient gourmandise et simplicité. Les plats sont copieux, de saison et sans chichis. On se sent vite comme à la maison dans ce petit espace cosy très apprécié des Zurichois ! Parmi les spécialités, la fameuse entrecôte « Café de Paris » et le foie de veau aux oignons et à la sauge accompagné de ses fameuses rösti suisses.

JOSEPH €€

Gasometerstrasse 24

✆ +41 44 271 65 95

josef.ch

Lundi-vendredi 11h30-14h et 17h-1h (2h jeudi-vendredi), samedi 17h-2h. Assortiment de trois plats à 53 CHF.

Zurich West est le quartier qui a vu naître les restaurants les plus avant-gardistes de la ville, et Joseph est l'un d'eux ! Une ambiance festive, des carreaux multicolores effet paillette au mur, des posters *vintage*, et un concept culinaire original : une formule de trois, quatre, cinq ou six petites portions créatives et goûteuses servies sans ordre établi. De l'anticonformisme sympathique. Quelques suggestions ? Asperges et leur vinaigrette aux truffes, rouleau de crabe royal et radis mariné, pintade confite aux petits pois, et tarte rhubarbe-vanille-avoine.

NEUMARKT €€

Neumarkt 5

✆ +44 252 79 39

www.wirtschaft-neumarkt.ch

Ouvert du lundi au samedi de 11h30 à 14h et de 18h à 22h. Plats dans les 30 CHF.

Ombragée par d'imposants châtaigniers et éclairée par une ribambelle de lampions, la cour intérieure de Neumarkt est une vraie merveille à la belle saison. L'intérieur est tout aussi accueillant avec son cadre élégant et chaleureux. La carte propose une cuisine du marché, locale et bio qui mélange avec succès plats suisses et internationaux d'une grande authenticité. Enfin, la carte des vins, impressionnante, met en valeur les vins du terroir et fait la part belle aux vins suisses ! Une adresse à retenir lors de votre passage à Zurich.

ÖPFELCHAMMER €€

Rindermarkt 12

✆ +41 44 2512336

www.oepfelchammer.ch

Ouvert du mardi au vendredi de 16h à minuit et le samedi de 14h à minuit. À la carte 70 CHF environ.

Idéalement situé au cœur de Zurich, ce bar restaurant se distingue par une petite salle en boiserie sombre absolument magnifique, autrefois envahie par les corporations étudiantes. Une poutre sert d'ailleurs d'épreuve d'admission : il faut passer dessus sans renverser son verre de bière. Il se dégage de cette pièce une ambiance très chaleureuse. Du côté des plats, le chef propose quelques spécialités : soupe au potiron, émincé à la zurichoise et rösti, filet de saumon des Alpes suisses… En dessert, sorbet aux pommes et compote de pruneaux.

SANTA LUCIA €€

Marktgasse 21

✆ +41 44 262 36 26

www.bindella.ch

Ouvert du dimanche au mercredi de 11h30 à 22h30. Vente à emporter jusqu'à 22h. Plats dans les 20 CHF.

Cette trattoria italienne très classique fait salle comble tous les soirs, en semaine comme le week-end. Et ce n'est pas uniquement parce qu'elle se situe dans l'une des rues les plus touristiques de Zurich. Il est donc plus que conseillé de réserver, particulièrement le soir. Et l'on comprend pourquoi une fois à l'intérieur : chaque table est parfaitement dressée, le service toujours impeccable et les assiettes toutes plus belles les unes que les autres. Quand les beaux jours arrivent, une terrasse permet de profiter du soleil avec une bonne pizza.

VOLKSHAUS €€

Stauffacherstrasse 60 ✆ +41 44 242 11 55
www.restaurantvolkshaus.ch
Lundi-jeudi 8h-23h30 (2h vendredi), samedi 9h-2h, dimanche 10h-0h. Midi : plat 18-28 CHF. Soir : plat 22-50 CHF.

Cette brasserie typique de Zurich à quelques mètres de la Langstrasse est parfaite pour déjeuner ou boire un verre. Les locaux s'y prélassent avec un café et un bon bouquin en journée alors que les vacanciers s'y arrêtent quelques minutes avant de repartir pour de nouvelles aventures. La grande salle, décorée entre rétro et modernité, est très accueillante. Côté restauration, la carte propose du classique de la région : boulettes de viande, pâtes aux marrons et fromage bleu, ragoût de sanglier à la truffe, risotto de potiron au choix frisé et châtaignes…

WALLISER KELLER €€

21 Zähringerstrasse
✆ +41 44 269 44 44
swissalpechuchi.ch
Ouvert du lundi au vendredi midi et soir. D'octobre à février, ouvert le week-end en soirée. Plats entre 30 et 50 CHF.

Le Walliser Keller, situé un peu à l'écart de la rue touristique principale de la ville, propose de nombreuses spécialités suisses. Si les succulentes viandes servies sur plaque chaude et en portions généreuses sont bien au rendez-vous, c'est surtout pour les traditionnelles variétés de fondues et raclettes que l'on pousse la porte de ce restaurant au plafond voûté et à la décoration rustique. Vous n'aurez que l'embarras du choix. En saison, vous pourrez profiter d'une jolie terrasse au calme. Service souriant et chaleureux.

ZUM KROPF €€

Gassen 16
✆ +41 44 221 18 05
www.zumkropf.ch
Ouvert du lundi au vendredi de 11h30 à 14h et de 18h à 23h. Plat autour de 40 CHF.

Zum Kropf est un somptueux établissement rétro de toute beauté ! Pour manger traditionnel dans une authentique ambiance zurichoise, voici une adresse à la fois sympathique, située dans un quartier pittoresque et franchement animé, fréquentée autant par la clientèle locale que par les touristes. Des plats de brasserie suisse : la *Bauernbratwurst* (saucisse sur choucroute), le veau coupé avec les rösti, les viandes cuites. Pour le dessert, nous recommandons le *Palatschinken* (crêpe au chocolat) ou l'*Apfelstrudel*. Une excellente adresse !

CASA FERLIN €€€

Stampfenbachstrasse 38
✆ +41 44 362 35 09
www.casaferlin.ch
Ouvert du lundi au vendredi de 11h30 à 14h et de 18h30 à 22h. Plats de 35 CHF à 80 CHF.

Ce restaurant italien centenaire est une véritable institution à Zurich. Chez Casa Ferlin, les fameux raviolis au bœuf faits maison sont leur spécialité et valent le détour. Le choix de plats de viande et de poisson est vaste, difficile de choisir mais impossible de se tromper ! Le service est toujours courtois et discret. Malgré son décor ancien et son chic, cet établissement n'est pas guindé et on s'y sent tout de suite à l'aise. Nombre de clients sont des habitués qui reviennent ici depuis des années. Toujours un bon signe !

EQUI-TABLE €€€

Stauffacherstrasse 163
✆ +41 43 534 82 77
www.equi-table.ch
Ouvert du mardi au samedi de 18h30 à minuit. Menu 4 plats à 125 CHF, 8 plats à 180 CHF.

Dans ce bistro où l'on propose une cuisine concoctée uniquement avec des produits de commerce équitable, on offre à ses papilles des sensations fines et uniques. Comme on ne choisit pas les plats, chaque assiette est une surprise. Un régal à chaque fois et un service des plus attentionnés. La salle, décorée dans des tons bruns et blancs est simple mais conviviale. A tester par les aventuriers du goût. D'autant que tout est d'une confiance absolue : bio, régional, raisonné, de saison, équitable bien entendu... et conseillé par *Michelin* et *Gault & Millau*.

LAKE SIDE €€€

Bellerivestrasse 170
✆ +41 44 385 86 00
www.lake-side.ch
Ouvert du lundi au samedi 11h30 à 23h, le dimanche de 11h à 22h (brunch à 29 CHF de 11h à 14h30). Menu de 70 à 90 CHF.

Comme son nom l'indique, le Lake Side a pris ses marques sur les rives du lac de Zurich, au cœur du célèbre parc Zürichhorn. Dans ce lieu haut en couleur, la cuisine méditerranéenne est à l'honneur. Les recettes séduisent avec leurs associations ensoleillées à base de poissons et crustacés. L'établissement possède un autre atout de charme : le panorama splendide et son patio. On ne peut malheureusement pas en dire autant sur le bâtiment et sa décoration. La réputation s'est faite notamment grâce à ses gargantuesques *Sunday brunch*. A tester.

MARKTKÜCHE €€€

Feldstrasse 98
✆ +41 44 211 22 11
www.marktkueche.ch

Ouvert du mardi au vendredi de 17h30 à 23h30, le samedi à partir de 17h. Menu 4 plats à 79 CHF, 8 plats à 139 CHF.

Marktküche signifie « cuisine du marché » en français. Comme son nom l'indique en allemand, cet établissement ne travaille qu'avec des produits frais et locaux. De plus, le menu est strictement végétalien. Le chef propose donc une cuisine variée, créative et subtile mariant à merveille la tradition helvétique et les saveurs du monde qui émoustille les papilles. Le résultat est surprenant et réussi avec des assiettes toujours plus belles et colorées… et le sentiment profond de s'être nourrit sainement mais tout de même avec gourmandise.

RESTAURANT MUENSTERHOEFLI €€€

Münsterhof 6
✆ +41 44 262 33 00
www.mhof.ch

Mars-sept. 11h30-minuit. Oct. à février : lun. à vend. 11h30-14 et 18h-24h. Sam. et dim. 11h30-22h. Plats dès 30 CHF.

Le Muensterhoefli étincelle de nouveauté dans l'ambiance comme dans l'assiette. Fort de son étoile au Michelin, le restaurant gastronomique du premier étage tient ses promesses avec une cuisine raffinée et originale. Goûtez le plateau de fromage, la sélection est de premier choix et c'est une bonne occasion de découvrir les meilleurs produits suisses. Au rez-de-chaussée la brasserie propose d'exquis raviolis faits maison à des prix abordables. Un lieu inspirant !

TAO'S €€€

Augustinergasse 3
✆ +41 44 448 11 22
www.taos-zurich.ch

Ouvert du lundi au samedi de 11h30 à 14h et de 17h à minuit. Fermeture à 3h en fin de semaine.

En plein cœur bouillonnant de la ville, Tao's est une oasis exotique (et huppée) dans Zurich. Le cadre est enivrant : une belle terrasse en bois sous les arbres à la belle saison, une déco d'inspiration néo-asiatique branchée à la lumière tamisée et aux tons chauds à l'intérieur. Au programme, une carte fusion fidèle à son métissage asiatico-européen à l'image des raviolis chinois à la truffe et des tagliolinis à la sauce bœuf et curry rouge. Le bar adjacent désigné dans le même esprit tendance ravira les amateurs de cigares et de cocktails raffinés.

ZUNFTHAUS ZUR WAAG €€€

Münsterhof 8
✆ +41 44 216 99 66
www.zunfthaus-zur-waag.ch

Ouvert du lundi au samedi de 11h30 à 14h et de 18h à 22h. Menu à la carte environ 70 CHF.

LE restaurant à Zurich. Les Zurichois connaissent les bonnes adresses du plaisir de la table. La maison de la corporation de commerçants « Zunfthaus zur Waag », une bâtisse historique qui date de 1315, est située au Münsterhof, sur l'une des plus belles places du centre-ville de Zurich. Dans son restaurant raffiné au premier étage, des plats classiques traditionnels tiennent la balance aux créations gastronomiques modernes. Savourez un art culinaire subtil, profitez du plus grand choix de vins de la région du lac de Zurich et d'un accueil chaleureux.

APOTHEKE

17 Zürichbergstrasse
✆ +41 44 260 82 82
apotheke-zh.ch

Du lundi au vendredi de 9h à 20h, samedi de 10h à 14h.

Dans le quartier des Universités et du Platte, l'ancienne pharmacie de Zürichbergstrasse s'est reconvertie en bar, café et salon de thé. On peut dire que la tradition de « soigner les maux » se perpétue en offrant aux passants un lieu où profiter d'excellents produits qui contribuent à la bonne humeur. Des douceurs aux petits plats maison sans additifs à emporter ou déguster sur place, les préparations sont toutes savoureuses. Dans un cadre industriel-urbain chic, vous pouvez déguster un succulent cappuccino, un café italien ou encore tester les cocktails maison.

BQM CULTURE CAFÉ & BAR

Leonhardstrasse 34
✆ +41 44 632 75 03
www.bqm-bar.ch

Ouvert du lundi au vendredi de 15h30 à 23h. Fermeture à 22h le vendredi.

Depuis 1997, le bQm fait partie de l'École polytechnique fédérale de Zurich et on y trouve probablement les cocktails les moins chers de la ville. C'est dans une atmosphère détendue que se réunissent les étudiants, mais pas seulement. Le bar accueille tout le monde et propose des événements culturels gratuits deux fois par semaine, les mercredis et jeudis : concerts, soirées DJ, quiz, scène ouverte… À la carte, vous trouverez une jolie carte de boissons à prix abordable, ainsi que des snacks (sandwichs, focaccias, bretzels…).

CABARET VOLTAIRE

Spiegelgasse 1
✆ +41 43 268 57 20
www.cabaretvoltaire.ch
Réouverture avril 2022. Horaires à vérifier sur le site Internet.

Vous plongerez au cœur du mouvement dadaïste en allant boire un verre au Cabaret Voltaire. Amateurs d'art, étudiants et touristes curieux apprécient ce bar unique en son genre. Une bibliothèque Dada vous tend les bras pour vous initier à sa pensée décalée et originale. La salle est bien sûr décorée d'objets d'art dadaïste. Ce lieu polyvalent vous ouvre tous les esprits. Sur place vous attendent un restaurant et un bar, une bibliothèque, des expositions, des concerts, des ateliers, des visites guidées et des soirées à thème...

EL LOKAL

Gessnerallee 11
✆ +41 43 344 87 50
www.ellokal.ch
Lundi au jeudi 10h-minuit (1h le vendredi), samedi 14h-1h (1h dimanche). Menu dès 18,50 CHF. Le soir : tapas dès 10 CHF.

Vous aimez l'alternatif ? Vous serez agréablement servi au bar El Lokal avec son squelette phosphorescent qui surveille le zinc et la décoration hétéroclite et touffue qui habille les murs. Il y a toujours quelque chose à découvrir dans ce bar et rien que la vue sur la rivière Sihl vaut le coup de se poser en terrasse. Certains soirs c'est franchement la foule, la rançon d'un succès bien mérité pour la belle équipe qui tient cet antre magique. Sur place, vous trouverez le restaurant avec les tapas en soirée et les menus les midis.

CAFÉ & CONFISERIE 1842

Napfgasse 4
✆ +41 44 251 51 50
www.peclard-zurich.ch
Ouvert de 9h à 19h. Petit déjeuner suisse à 18 CHF. Sandwich à 9,50 CHF.

Datant de 1845, ce café romantique avec déco ancienne et peintures murales est une institution zurichoise sur laquelle il ne faut absolument pas faire l'impasse ! Que ce soit pour un simple café, une pâtisserie, un petit déjeuner, un brunch ou une coupe de glace, vous êtes assuré d'y trouver un délice à votre goût. Selon le temps et l'humeur, on s'installe dans une des six ambiances du café au style néo-baroque enivrant. Au rez-de-chaussée, la confiserie expose fièrement sur ses étals chocolats, pâtisseries aux milles couleurs et spécialités locales délectables.

JULES VERNE PANORAMABAR

Uraniastrasse 9
✆ +41 43 888 66 66
www.jules-verne.ch
Ouvert du mardi au vendredi de 17h30 à 23h et le samedi de 21h à minuit. Formule midi entre 26 et 33 CHF.

Quelle vue ! Lors de votre visite au Jules Verne Panoramabar, choisissez un jour où le ciel ne pourrait être plus bleu et montez allègrement vous installer dans un des confortables fauteuils. Ce bar qui porte le nom du célèbre romancier d'aventure français est situé en haut de l'Observatoire Urania. En sirotant un cocktail vous aurez une vue époustouflante sur la ville de Zurich et surtout, sur le lac et les Alpes en arrière-plan. L'hiver à la nuit tombée, la ville illuminée s'offrira aussi sous ses plus beaux atours. Un *must* !

CONFISERIE SPRÜNGLI

Bahnhofstrasse 21
✆ +41 44 224 47 11
www.confiserie-spruengli.ch
Ouvert du lundi au vendredi de 7h à 18h30, le samedi de 8h30 à 18h30, le dimanche de 9h30 à 17h. Petit déjeuner 39 CHF.

La Suisse jouit d'une renommée mondiale pour la qualité inégalée de ses chocolats, réputation qu'elle doit en partie à la confiserie Sprüngli de Zürich. Encore aujourd'hui, les spécialités Sprüngli, connues dans le monde entier comme les *Luxemburgerlis* (macarons), ainsi que bien d'autres douceurs très appréciées, sont fabriquées d'après des recettes traditionnelles. Leur chocolat chaud est également délicieux. C'est aussi l'un des endroits privilégiés des Zurichois pour le petit déjeuner, le brunch du dimanche midi ou la pause déjeuner.

KINO XENIX BAR

Kanzleistrasse 52
✆ +41 43 322 13 73
www.xenix.ch
Ouvert du lundi au vendredi à partir de 16h, les samedi et dimanche à partir de 11h30. Cocktail autour de 15 CHF.

Le Kino Xenix Bar est une merveilleuse salle de cinéma indépendante où l'on vient découvrir des films du monde entier et des rétrospectives. Le programme est extrêmement varié et les films pratiquement toujours sous-titrés en français ou en anglais. L'endroit possède également un bar agréable, niché dans une ancienne école maternelle : un terrain de jeu très apprécié par la jeunesse zurichoise. Un bar atypique où l'on se sent bien, surtout en été avec sa large terrasse et la possibilité de jouer à la pétanque ou au ping-pong.

MILCHBAR

Kappelergasse 16
✆ +41 44 211 90 12
www.milchbar.ch
Ouvert du lundi au vendredi de 6h30 à 22h (à partir de 8h le samedi), le dimanche de 10h à 18h.

À deux pas de la Paradeplatz, voici l'un des cafés-bars préférés des Zurichois. Après s'être faufilé à travers une charmante coursive, on tombe sur ce lieu à l'allure d'épicerie fine : beau carrelage au sol, tables en bois, bougies au sol pour un effet *cosy* assuré. Le café est ici célébré et les *baristas* s'en donnent à cœur joie. Côté cuisine, on se régale de petits déjeuners salés-sucrés, le brunch du dimanche (au champagne) est archi-gourmand ! Cerise sur le gâteau, le resto-bar-café ouvre sur une adorable cour intérieure où trône une romantique fontaine.

MÖVENPICK ICE CREAM GALLERY

Theaterstrasse 8
✆ +41 43 268 04 20
www.moevenpick-icecream.com
Ouvert tous les jours de midi à 22h. Fermeture à 23h le vendredi et samedi.

Mövenpick, glacier dont le slogan est « l'art suisse de la glace », est une institution. Ce café situé dans le quartier moderne vous accueille pour goûter des cocktails glacés ou des *smoothies* ainsi que les parfums originaux de ses glaces. Pamplemousse, meringue double-crème, noix-sirop d'érable, poire ou encore cognac sont parmi les parfums qui font saliver. On déguste en regardant passer la foule des touristes et des locaux sur un des trottoirs les plus piétinés de la ville.

LE PHILOSOPHE

Nägelihof 3
✆ +41 44 250 59 40
www.commercio.ch/en/le-philosophe
Ouvert tous les jours de 16h à 22h.

Un bar si minuscule et une ambiance si chaleureuse, cela tient de la magie ! Derrière ce nom français se cache une magnifique salle boisée à l'ancienne où les nombreux miroirs donnent tout de même une impression d'espace. Ici, on vous servira un verre de vin pour un « apéro à la française » bien sûr. Le Philosophe est l'un des bars les plus originaux de Zurich, qui vaut définitivement le détour. Bon à savoir : ce bar est rattaché au restaurant Mère Catherine. Une très belle adresse conviviale consacrée à la cuisine française.

PICCOLO GIARDINO

Schöneggplatz 9
✆ +41 43 317 91 10
www.piccologiardino.ch
Ouvert du lundi au jeudi de 11h à minuit 30 (jusqu'à 2h30 le vendredi), le samedi de 14h à 2h30 (23h30 le dimanche).

Comment ne pas tomber sous le charme de ce café installé sur la Schöneggplatz. On adore ce « petit jardin » qui contrairement au nom est bien plus grand que ce que l'on croit. Niché au cœur du IVe arrondissement de Zurich, à quelques encablures des soirées chaudes de la Langstrasse, ce petit coin paisible et verdoyant semble sorti tout d'un rêve ! À la carte, des plats fraîchement préparés en fonction des arrivages du marché. Les résidents du quartier s'y pressent également pour boire un coup tout en dévorant des planches à partager.

TEUSCHER CONFISERIE

Storchengasse 9
✆ +41 44 211 51 53
www.teuscher.com
Ouvert du lundi au samedi de 10h à 18h30 et le dimanche de 12h à 18h.

La Confiserie Teuscher a pignon sur rue à Zurich depuis plus de 80 ans et compte et des filiales à Genève, à Berlin, aux États-Unis, au Canada, à Singapour, à Hong Kong et au Japon. Dans la rue Storchengasse, la boutique ancestrale propose un choix impressionnant de gourmandises et une qualité qui a fait sa réputation. Le paradis pour les amateurs de chocolats ! Les touristes et les autochtones apprécient qu'elle soit ouverte tous les jours, y compris le dimanche. Ne passez pas à côté de la spécialité de la maison : les truffes au champagne.

VOLLENWEIDER CHOCOLATIER CONFISEUR

Theaterstrasse 1
✆ +41 43 288 04 04
www.vollenweiderchocolatier.ch
Ouvert du lundi au samedi de 9h à 18h, le dimanche de 12h à 17h.

Depuis plus de 70 ans, cette chocolaterie prépare ses bouchées à la main. C'est dans la version chocolat noir que ce chocolatier excelle avec ses pralines, truffes et bien d'autres créations. La boutique est très élégante et propose d'autres gourmandises artisanales confectionnées par la maison, dont de fameux macarons et une belle collection de glaces. À Pâques, les lapins et autres cocottes sont moulés à l'ancienne et les vitrines particulièrement alléchantes.

SUISSE ALÉMANIQUE

FREITAG

Geroldstrasse 17

✆ +41 43 366 95 20

www.freitag.ch

Ouvert du lundi au vendredi de 10h30 à 19h et le samedi de 10h à 18h. Comptez 150 CHF minimum pour un sac.

Visiter le magasin de la célèbre marque de sacs zurichoise est un *must* absolu. Et pas seulement pour les *fashion victims*. La tour du Freitag Shop a été construit avec 19 conteneurs de bateaux du haut de laquelle on peut admirer le quartier de Zürich-West. Les frères Freitag sont de Zurich et fabriquent leurs sacs dans le quartier avec des bâches de camions usagées. Le recyclage a fait la fortune de ces *designers* avant-gardistes et a lancé un concept, emblématique de la vitalité créatrice de la ville. Un grand choix de portefeuilles, housses pour iPhone et iPad...

THE GLOSS

Hardstrasse 312

✆ +41 44 271 38 06

www.thegloss.ch

Ouvert du lundi au vendredi de 11h à 19h30 et le samedi de 10h à 18h.

Ce magasin est LE bon plan pour les fans des sacs de la marque Freitag dont le magasin officiel se trouve à quelques rues de là. The Gloss offre une petite sélection de sacs à 50 %, toute l'année et sur des modèles de la saison en cours. Ces articles sont censés avoir un défaut pour mériter une telle réduction mais nous n'en avons pas trouvé un seul. Le reste de l'assortiment du magasin propose tout ce qu'il y a de nouveau et de différent, des *jeans* aux petits hauts en passant par une sélection de casques audio très colorés et très *fun*.

MARKTLÜCKE

Schipfe 24 ✆ +41 44 212 77 25

www.markt-luecke.ch

Du lundi au vendredi de 9h à 16h pour le restaurant. Boutique 10h à 19h du lundi au mardi et 10h à 17h le samedi.

Situé au bord de la Limmat dans le vieux quartier de pêcheurs de Schipfe, ce petit magasin lumineux est une caverne d'Ali Baba pour les fondus de design et de recyclage. On y trouve des objets extrêmement bien pensés et des idées novatrices à foison. L'endroit est idéal pour trouver un cadeau unique. En plus, tout est fabriqué à Zurich dans de petits ateliers de femmes en réinsertion. Marktlücke est dirigé par trois femmes souriantes. Quelques objets à découvrir : des bagues faites avec des planches de *skateboard*, des bijoux issus du métal de vieux disques durs.

URBAN FOOD STORE

46 Niederorfstrasse

✆ 0442513892

www.urbanfoodstore.ch

Fromagerie, épicerie fine de produits suisses.

Comment ne pas craquer devant tant de gourmandises provenant de toute la Suisse ? L'Urban Food Store est l'ancienne épicerie Chäs Chäller connue à Zurich depuis au moins trente-cinq ans. Il faut dire que les habitués connaissent l'endroit car il est réputé pour ses fromages. Ici et nulle par ailleurs dans la ville vous trouverez du gruyère avec deux ans d'âge. Une sélection de produits régionaux très soignée telle que de la viande séchée, des saucisses de veau, des produits vegan, des bières et spiritueux locaux et toutes sortes de souvenirs.

SIRUP

Schreinerstrasse 43 ✆ +41 44 241 41 51

www.atelier-sirup.ch

Les jeudi et vendredi de 11h à 18h30, le samedi de 11h à 16h. Comptez 80 CHF pour une bague, 200 CHF pour un bracelet.

Patricia Gottet crée des bijoux en résine très originaux et uniques. Pas une seule de ses bagues ne ressemble à sa voisine. Elle mêle des éléments naturels à ses créations comme du bois ou de la laine. Porter des œuvres uniques aux couleurs choisies a quelque chose de magique. Sans être anticonformiste, cela met en valeur votre personnalité. Les bijoux sont harmonieux et respirent la nature avec le choix des matières nobles comme le bois. Allez la rencontrer, si les tailles ou les couleurs ne vous correspondent pas, elle peut même créer votre bijou sur mesure.

BAINS THERMAUX DE ZURICH

Brandschenkestrasse 150

✆ +41 44 205 96 50

www.thermalbad-zuerich.ch

Tous les jours 9h-22h. 36 CHF (enfant 7-14 ans 18 CHF). Entrée au spa irlando-romain : 60 CHF.

Ce splendide établissement de bains, sous les voûtes centenaires de l'ancienne brasserie Hürlimann, offre les bienfaits de l'eau thermale zurichoise chaude issue de la source Aqui. Idéal pour soulager le stress ! La particularité de cet établissement est de proposer un rituel Spa irlando-romain. Et le clou, la piscine sur le toit qui offre une vue sensationnelle sur la ville. Une visite tout ce qu'il y a de plus recommandée, tant pour la beauté du lieu que pour l'incroyable sentiment de légèreté qui nous porte une fois sorti des bains.

MIGROS FITNESSPARK STOCKERHOF

Dreikönigstrasse 31a
✆ +41 44 206 50 50
www.fitnesspark.ch
Ouvert du lundi au vendredi de 6h à 22h et le week-end de 8h à 20h.

Les centres de fitness de Migros sont une institution ! Ils sont légion à Zurich et dans les autres grandes villes du pays et offrent des prestations et des équipements très complets à tarif raisonnable. Ce Fitnesspark offre tout ce dont vous pouvez rêver pour quelques heures de sport et de détente : salle de *fitness* avec toutes les machines pour la course, le vélo et la musculation. Ajoutez à cela plusieurs piscines, des bains bouillonnants, un sauna et des espaces de relaxation.

ABART MUSIC CLUB

Manessestrasse 170
✆ +41 44 201 82 45
www.abart.ch
Vendredi-samedi de 22h jusqu'à 5h (à partir de 23h de mai à août). Entrée : 15 CHF le vendredi et 18 CHF le samedi.

Zurich est une ville en perpétuelle mouvance artistique. La scène locale est toujours avant-gardiste et les artistes trouvent à s'exprimer car la culture est mise en avant. C'est au Abart que la scène alternative et *underground* de Zurich s'en donne à cœur joie. Concerts plus originaux les uns que les autres dans les styles rock, indé, gothique, punk sans oublier le métal ! Jeter un œil au programme sur leur site pour dénicher une perle à votre goût. Le club vous invite à passer des soirées endiablées où musique et danse rythment les nuits.

BILLIARDINO

Heinrichstrasse 245
✆ +41 43 960 33 33
www.billiardino.ch
Ouvert du lundi au jeudi 14h à minuit et le week-end de 14h à 3h.

Installée non loin du Migros, du musée d'Art moderne et à 50 m derrière le complexe de cinéma Abaton, l'immense salle du Billiardino est idéale pour une soirée de détente. Cet espace accueille 60 tables de billard, des jeux de fléchettes et des jeux vidéo. Tout ce qu'il faut pour s'amuser entre amis avant de sortir ou même y passer toute la soirée. Vous pourrez aussi profiter du bar et de sa carte de snacks (pizzas, pâtes, sandwichs chauds…) et de cocktails. Attention, le lieu ne prend pas le réservation le week-end : premier arrivé, premier servi.

BOWLING WEST

Ifangstrasse 8
✆ +41 44 731 02 06
Ouvert tous les jours de 14h à 23h, fermeture à 1h le week-end et 22h le dimanche. Adulte à partir de 37,60 CHF.

À quelques stations de S-Bahn de la gare centrale de Zurich, le Bowling West offre 16 pistes de bowling pour les amateurs. Dans ce lieu de divertissement, vous pourrez également jouer aux fléchettes, au Baby-foot, au billard… Dans une partie surélevée de l'établissement, se trouve le bar-restaurant pour se poser après une partie endiablée. La spécialité de la maison ? La charbonnade à discrétion (à partir de 6 personnes). À la carte également, des planches apéritives de burgers, de fajitas ou de charcuterie. À découvrir entre amis.

JAZZNOJAZZ

Gessnerallee 8
✆ +41 52 214 02 14
www.jazznojazz.ch
Du 1er au 5 novembre 2022.

Jazznojazz est le grand rendez-vous suisse pour les amateurs de jazz avec une vingtaine de concerts chaque année. En novembre 2022 aura lieu la 22e édition de ce festival tant attendu dans les salles de la Gessnerallee et du club ZKB. Au programme : des noms du jazz et de la pop, artistes confirmés ou jeunes prometteurs. De grands noms de la musique sont déjà passés à Zurich : John McLaughlin, Ashley Henry… Pour se sustenter, vous trouverez le restaurant Reithall Gessnerallee, proposant une cuisine créative dans une ambiance chaleureuse.

MEHRSPUR

Toni-Areal
✆ +41 43 446 50 76
www.mehrspur.ch
Ouvert du mardi au vendredi de midi à minuit, le samedi de 19 à 1h et le lundi de 16h à 23h.

Le Mehrspur est une adresse branchée de Zurich. À la fois bar musical, discothèque, scène publique et salle de concert, cet établissement est un vivier où se produisent les étudiants de la Haute école d'art de Zurich. Mais pas seulement. *TOUS* les styles et les nouveaux talents sont représentés. La programmation varie entre lives intimes et shows spectaculaires d'artistes internationaux. Du côté du bar, la carte propose de savoureux cocktails, une sélection de bières et de vins. Bon à savoir : l'entrée est libre, on donne ce que l'on souhaite.

OPERNHAUS ZÜRICH [OPÉRA]

Falkenstrasse 1
✆ +41 44 268 64 00
www.opernhaus.ch
Voir le programme sur le site Internet.

Installée sur les rives du lac de Zurich, l'Opernhaus est un sublime bâtiment de style néobaroque. La réputation de l'Opéra de Zurich n'est plus à faire. Plus de 300 spectacles y sont programmés chaque année dont 70 créations internes. Cette institution accueille de nombreux chanteurs et chanteuses lyriques de renommée mondiale. L'opéra de Zurich possède également son propre ballet, lui aussi de renommée internationale. Une soirée dans l'une de ses salles richement décorées reste une expérience inoubliable. À découvrir en amoureux !

RAZZIA

Seefeldstrasse 82
✆ +41 44 296 70 70
https://razzia-zuerich.ch/
Horaires variables selon les évènements. Entrée gratuite. Restaurant du mardi au samedi de 18h à minuit.

Difficile de classer le Razzia. Il y a un bar et un *lounge* mais le lieu est bien plus qu'un endroit où boire un verre. Cet ancien cinéma a été converti en un site d'expérimentation culturelle, gratuit qui plus est ! Défilés de mode, films, musique, installations artistiques, le programme change tout le temps et est plein de surprises. La salle elle-même vaut le coup d'œil : volontairement délabrée, décalée mais vraiment stylée, allez-y ! Le restaurant vous sert des mets originaux et de très bons cocktails à déguster avant une séance ciné, par exemple.

ZUKUNFT

Dienerstrasse 33
www.zukunft.cl
Ouvert le jeudi de 23h à 4h, les vendredi et samedi de 23h45 à 7h.

Vous recherchez le club le plus branché de Zurich ? Direction le Zukunft, surnommé le « Zukki » par les habitants. Cet établissement s'est autoproclamé la maison de la bonne musique et ce n'est pas faux ! Avant de rentrer dans le club, préparez-vous à faire la queue. Le Zukunft a bonne réputation. À l'intérieur, dans une salle absolument bondée, on danse au son de l'afro tech, la *deep house*, la musique indienne, le jazz… Toutes les musiques sont à l'honneur. Bon à savoir : l'entrée au club est gratuite tous les jeudis. La programmation est sur le site.

WINTERTHUR ★★

Ancienne grande ville industrielle, capitale des assurances, mais également connue sous le nom de la « ville-jardin », la septième ville de Suisse (plus de 100 000 habitants) conserve un vieux centre médiéval splendide. C'est aujourd'hui une grande ville de culture abritant 17 musées, de grandes salles de spectacle, des espaces alternatifs branchés autour du graphisme, du théâtre de la danse, du cinéma… C'est également une ville commerçante et le fief de nombreuses tables gourmandes et de grands chocolatiers. Les chutes du Rhin – les plus grandes d'Europe – ne sont qu'à 20 minutes de voiture.

Winterthur se targue de la plus grande zone piétonne d'Europe. Autour de la Marktgasse, des maisons de maître cossues, le temple, le Fischermädchenbrunnen (fontaine) ou le célèbre passage de l'hôtel de ville séduisent les visiteurs. Ne pas manquer le marché du mardi, haut en couleur et en convivialité, où s'affairent des producteurs locaux. Côté culture, faites un tour au Swiss Science Center Technorama (plus de 500 bornes interactives consacrées aux sciences naturelles et à la technique), au Centre pour la photographie (un espace européen d'envergure avec plus de 30 000 œuvres originales de photographes mondialement connus), à la collection Oskar Reinhart « Am Römerholz » (la grande villa de Reinhart accueille des œuvres de la peinture européenne couvrant cinq siècles) et au musée des Beaux-Arts (collections d'art moderne, de Picasso à Klee).

LES CHUTES DU RHIN ★★

DACHSEN
www.rheinfall.ch
Ouvert toute l'année. Entrée libre, parking 5 CHF par heure.

Très impressionnant ! Les chutes du Rhin, de 23 m de haut, sont la plus grande cascade d'Europe et attirent chaque année des centaines de milliers de touristes. Ce sont en moyenne 700 m^3 d'eau par seconde qui se jettent par-dessus les rochers sur une largeur de 150 m. Des embarcations à moteur vous mènent en toute sécurité, en évitant les remous et tourbillons, du manoir de Wörth ou du château Laufen vers le gros rocher central au milieu des chutes. Les grimpeurs peuvent escalader pour admirer les eaux mugissantes de la cascade à leurs pieds.

SUISSE ROMANDE

C'est la partie francophone de la Suisse ; on dit Suisse romande ou Romandie. Ses habitants sont appelés les Romandes et les Romands. Située à l'ouest de Confédération, elle abrite près de 2 millions d'habitants, soit un peu moins d'un quart de la population suisse. Les cantons de Genève, du Jura (à l'exception de la commune germanophone d'Ederswiler), de Neuchâtel et de Vaud et une partie des cantons de Berne (Jura bernois et Bienne), de Fribourg et du Valais constituent la Suisse romande. Les lacs Léman et de Neuchâtel favorisent les séjours balnéaires. Les vins, les bourgs aux rues pavées, la gastronomie, le shopping et bien entendu la langue sont autant d'attraits de cette Suisse « française ». S'ajoute le côté « paillettes » de la Riviera vaudoise, avec Vevey et Montreux et, du côté de Lavaux, les fameux vignobles en terrasse inscrits au patrimoine mondial de l'Unesco (2007).

Suisse Romande
FRANCE
SAIGNELÉGIER
LA CHAUX-DE-FONDS
CERNIER
LE LOCLE
VALANGIN
NEUCHÂTEL
TRAVERS
AUVERNIER
MÔTIERS
AVENCHES
ESTAVAYER
GRANDSON
PAYERNE
YVERDON-LES-BAINS
VALLORBE
FRIBOURG
ROMAINMÔTIER
ROMONT
MONT-LA-VILLE
Echallens
LES BIOUX
BULLE
LE BRASSUS
Parc Jura Vaudois
GRUYÈRES
RENENS
SAINT-SULPICE
LAUSANNE
LAVAUX
AUBONNE
Pully
CHEXBRES
MORGES
LUTRY
SAINT-CERGUE
BOURG-EN-LAVAUX
CORSEAUX
ROLLE
NYON
VEVEY
CORSIER-SUR-VEVEY
PRANGINS
Lac Léman
MONTREUX
GLAND
Géoparc du Chablais
HERMANCE
AIGLE
BELLEVUE
ANIÈRES
FRANCE
VÉSENAZ
BEX
PREGNY-CHAMBÉSY
VANDOEUVRES
Monthey
SAINT-
COLOGNY
GENÈVE
CHAMPOUSSIN
SATIGNY
CHÊNE-BOURG
LES CROSETS
VAL-D'ILLIEZ
CAROUGE
THÔNEX
CHAMPÉRY
Fully
16 KM

Laufen
Breitenbach
Gelterkinden
Wettingen
Mellingen
Rupperswil
AARAU
LENZBURG
Widen
Waldenburg
DELÉMONT
Olten
Kölliken
Villmergen
Seon
Wohlen
Balsthal
Egerkingen
Unterkulm
Oensingen
Zofingen
Muri
Bellach
Aarwangen
Roggwil
Solothurn
Langenthal
GRENCHEN
Lengnau
Kriegstetten
Rotkreuz
EL/
NNE
Buchegg
Kirchberg
Emmenbrücke
Lyss
Meggen
BURGDORF
Luzern
arberg
Stansstad
Hergiswil
Ostermundigen
Muri bei
STANS
iederwangen
Köniz
Bern
Langnau im
Emmental
Unesco
Biosphäre
Entlebuch
Sarnen
Münsingen
BERN
afers
Naturpark
Gantrisch
Steffisburg
THUN
Gwatt
Spiez
LAC-NOIR
ARMEY
Naturpark
Diemtigtal
Régional
Pays-
ut
GLETSCH
GSTAAD
tigny
Münster
BETTMERALP
Landschaftspark
Binntal
ALETSCH
CRANS-MONTANA
LEUK STADT
SIERRE
Raron
BRIG
COPPET
VISP
VAL D'ANNIVIERS
Conthey
SION
Valais
GRIMENTZ
SAAS-FEE
EVOLÈNE
Viège
e Châble
L DE
GNES
AROLLA
ZERMATT

PAGES

Le canton, très dynamique, bénéficie de la douceur du Léman et offre de belles promenades en campagne à travers ses vignobles. Un petit canton riche de culture, de vie nocturne et de nature !

Le Canton de Vaud est riche de découvertes : les vignobles de Lavaux classées au Patrimoine mondial de l'Unesco ; une gorgée de romantisme en voguant sur les eaux douces du Léman ; une séance sous les projecteurs au Montreux Jazz Festival ou au Comedy Festival ; une note de culture dans l'un des nombreux musées et galeries d'art et une vague de gourmandises entre papet vaudois ou perches du lac ! La Riviera Vaudoise s'apprécie pour un jour ou un long séjour ! Le château de Chillon, véritable pépite médiévale, vous comblera par sa beauté et son écrin. Le canton inspire par ses idées novatrices de découvertes.

SUISSE ROMANDE

PAGES

●● LE CANTON DE NEUCHÂTEL

Sans rivaliser avec des cantons comme Berne ou les Grisons, le canton de Neuchâtel ne manque pas d'attraits touristiques, à commencer par le lac, qui fait la fierté des habitants. C'est l'un des plus propres de Suisse et le plus grand du pays en superficie avec 217 km² (le Léman est franco-suisse, le lac de Constance, germano- austro-suisse et les grands lacs, tessinois italo-suisses). Les plages sont bien aménagées, avec du gazon ou des galets, des cabines, des douches. Pour déjeuner, on a même astucieusement placé des foyers fixes pour le barbecue. Le lac, dont la profondeur maximale atteint 153 m, regorge de poissons (perches, ombles chevaliers, brochets) qui terminent leur course dans les assiettes des restaurateurs de la région. Relevons enfin que le symbole même de la fameuse précision suisse a élu domicile à l'Observatoire cantonal de Neuchâtel, qui distribue l'heure exacte dans toute la Suisse et qui contribue à la formation du temps atomique international.

●● LE CANTON DU JURA

À la pointe nord-ouest du pays, ce canton est de création récente. Il a été fondé en 1978, à la suite d'une scission avec le canton de Berne. Le Jura au sens cantonal n'a guère de réalité géographique, puisqu'on parle aussi de Jura bâlois, bernois, soleurois, vaudois ou neuchâtelois, sans oublier la partie française. Hors de Suisse, le Jura a donc un peu de mal à exister en tant que canton. Pour le touriste, ce canton, tout proche de la France, offre de magnifiques paysages de montagne, avec de multiples possibilités de randonnée. Mais villes et villages vous rappellent nettement que vous avez changé de pays.

●● LE CANTON DE FRIBOURG

Pays pluriel, le canton de Fribourg conjugue montagnes du sud et lacs du nord, deux langues officielles et trois régions de vacances différentes. Dans les Préalpes, c'est le pays de Heidi, avec ses multiples possibilités de randonnées à pied ou en VTT. Fribourg, petite capitale et centre économique, est une ville étudiante au centre-ville médiéval. Morat (Murten) et Estavayer-le-Lac offrent leurs berges et une douceur presque méditerranéenne. Déjà à l'époque des Celtes et des Romains, le climat du « pays des Trois Lacs » incitait à la villégiature.

PAGES

Le Valais s'étend au sud-ouest de la Suisse, sur toute la longueur des 150 km d'une bande étroite que forme la vallée du Rhône entre le lac Léman et le glacier du Rhône. Bien abrité, le troisième plus grand canton de Suisse est entouré de 51 sommets de plus de 4 000 m, parmi lesquels le mondialement célèbre mont Cervin et la pointe Dufour qui, culminant à 4 634 m, est le point le plus élevé de Suisse. Délimitée au nord par les Alpes bernoises et au sud par les Alpes valaisannes, la vallée bénéficie d'un climat particulièrement doux et ensoleillé, d'étés peu pluvieux et d'hivers très enneigés. La frontière linguistique sépare le canton en deux régions culturelles distinctes : le haut Valais germanophone et le bas Valais francophone. Le chef-lieu du canton est Sion, ou Sitten en allemand. Du fond de la vallée, avec ses villes pittoresques ou animées, de nombreuses vallées latérales mènent à de petits villages de montagne et de fameuses stations de vacances vers d'imposants glaciers et des sources thermales bouillonnantes, ou vers de grandioses points de vue et des cabanes de montagne isolées.

GENÈVE

Une ville étonnante, loin d'être en retard sur son temps. Parce qu'elle est la capitale mondiale de la haute horlogerie, sans doute est-elle toujours en mouvement. Elle sait se réinventer en dynamisant son image et en offrant un cadre de vie de qualité et sécurisant. Ville cosmopolite, elle s'adapte à toutes les envies. Insolite et secrète, sa richesse patrimoniale est exaltée dans la vielle ville. Internationale et symbole de paix, les institutions de la Croix-Rouge, des Nations unies et de l'OMS placent la ville au centre du monde. Tendance, elle est parfaite pour une échappée shopping horloger dans les grandes maisons genevoises (Rolex, Patek Philippe). Elle regorge d'endroits à croquer gourmands et chocolatés dont elle seule a la recette. Elle vibre de culture avec ses quarante musées, sa programmation événementielle de haut vol et ses lieux branchés. Son jet d'eau, les bords du lac et ses parcs la rendent bucolique et romantique.

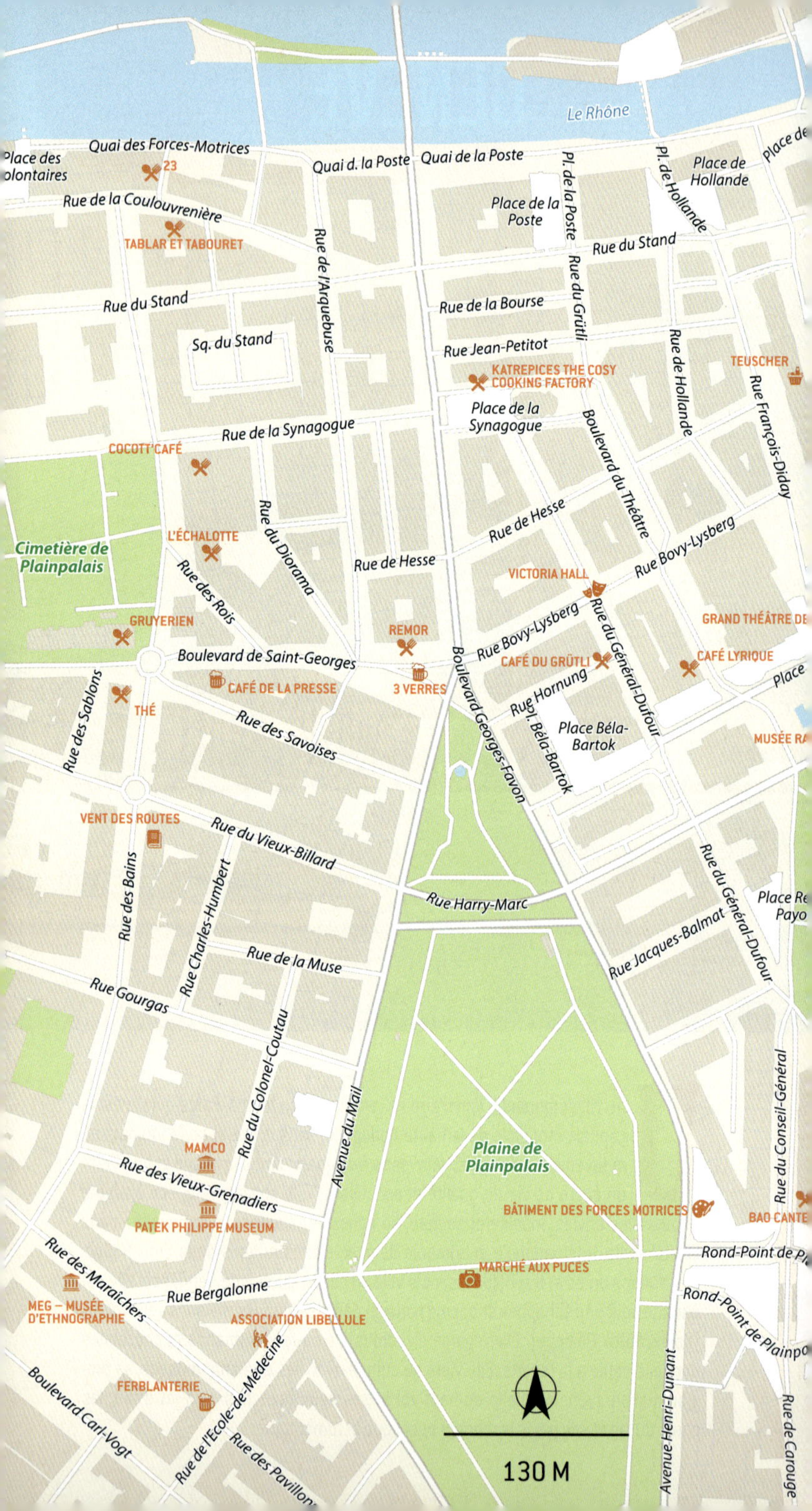

Le Rhône
Place des Volontaires
Quai des Forces-Motrices
Quai d. la Poste
Quai de la Poste
Pl. de la Poste
Pl. de Hollande
Place de Hollande
23
Rue de la Coulouvrenière
TABLAR ET TABOURET
Place de la Poste
Rue du Stand
Rue de l'Arquebuse
Rue de la Bourse
Rue du Grütli
Sq. du Stand
Rue Jean-Petitot
Rue de Hollande
KATREPICES THE COSY COOKING FACTORY
TEUSCHER
Rue François-Diday
Place de la Synagogue
Rue de la Synagogue
COCOTT'CAFÉ
Boulevard du Théâtre
Rue du Diorama
Rue de Hesse
L'ÉCHALOTTE
Cimetière de Plainpalais
Rue des Rois
Rue Bovy-Lysberg
VICTORIA HALL
GRUYERIEN
REMOR
GRAND THÉÂTRE DE
Rue du Général-Dufour
Boulevard de Saint-Georges
CAFÉ DU GRÜTLI
CAFÉ LYRIQUE
CAFÉ DE LA PRESSE
3 VERRES
Boulevard Georges-Favon
Rue Hornung
THÉ
Rue des Sablons
Pl. Béla-Bartok
Place Béla-Bartok
Rue des Savoises
MUSÉE RA
VENT DES ROUTES
Rue du Vieux-Billard
Rue des Bains
Rue Charles-Humbert
Rue Harry-Marc
Place Re Payo
Rue Jacques-Balmat
Rue de la Muse
Rue Gourgas
Rue du Colonel-Coutau
Avenue du Mail
MAMCO
Plaine de Plainpalais
Rue des Vieux-Grenadiers
Rue du Conseil-Général
PATEK PHILIPPE MUSEUM
BÂTIMENT DES FORCES MOTRICES
BAO CANTE
Rond-Point de Pl
Rue des Maraîchers
MARCHÉ AUX PUCES
Rue Bergalonne
Rond-Point de Plainpa
MEG – MUSÉE D'ETHNOGRAPHIE
ASSOCIATION LIBELLULE
FERBLANTERIE
Rue de l'Ecole-de-Médecine
Boulevard Carl-Vogt
Rue des Pavillons
Avenue Henri-Dunant
Rue de Carouge
130 M

Vieille ville et Plainpalais
Quai Hugues-Bezanson
Place de la Petite-Fusterie
Place du Rhône
Pont du Mont-Blanc
ARTHUR'S RIVE GAUCHE
ROOFTOP*42
Pass. des Lions
Rue du Commerce
Place de la Fusterie
Place de la Fusterie
Rue du Rhône
Pl. du Lac
ROHR
Place du Molard
Place du Molard
Rue Robert
Rue du Rhône
Rue de la Confédération
IBRAIRE
Rue de la Cité
Rue du Marché
Rue Neuve-du-Molard
Place Bémont
Rue Bémont
FRASER SUITES GENEVA
Place de Longemalle
Place de Longemalle
Rue de la Rôtisserie
Rue de la Croix-d'Or
Rue Frank-Martin
CANTINELLA
ALHAMBRA
Rue de Rive
Rue de la Madeleine
EDWARD'S
Rue de la Tertasse
Pl. du Grand-Mézel
Rue Jean-Calvin
MUSÉE BARBIER-MUELLER
Rue du Perron
TAVERNE DE LA MADELEINE
Place de la Madelaine
Grand-Rue
POCHE/GVE
Rue de l'Evêché
FONDATION IN MEMORIAM TATIANA ZOUBOV
Rue des Granges
MAISON TAVEL
LES ARMURES
HOME SAINT PIERRE
MIR - MUSÉE INTERNATIONAL DE LA RÉFORME
CATHÉDRALE SAINT-PIERRE
Rue Verdaine
BRASSERIE-RESTAURANT DE L'HÔTEL DE VILLE
Rue Henri-Fazy
Rue du Soleil-Levant
SITE ARCHÉOLOGIQUE DE LA CATHÉDRALE SAINT-PIERRE
Rampe de la Treille
CAFÉ PAPON
Place de la Taconnerie
Promenade de la Treille
Rue de l'Hôtel-de-Ville
Place du Bourg-de-Four
Rue de la Croix-Rouge
MUR DES RÉFORMATEURS
CLÉMENCE
Rue des Chaudronniers
CHEZ MA COUSINE
CAFÉ DU BOURG-DE-FOUR
DEMI LUNE CAFÉ & LA SALLE À MANGER
NAVY-SYRACUSE
Rue Chausse-Coq
Rue Etienne-Dumont
DEMI LUNE CAFÉ
Parc des Bastions
Promenade des Bastions
Rue Tabazan
Rue Beauregard
Promenade du Pin
Place des Casemates
Rue de l'Athénée
Rue Jean-Gabriel Eynard
Place de l'Université
ATHÉNÉE 4
Cours des Bastions
Rue de l'Athénée
Square de la Comédie
Rue Saint-Ours
Rue Saint-Léger
Rue Jean-Sénebier
Rue Jean-Imbert-Galloix
Cours Jean-Canal
Boulevard Emile-Jaques-Dalcroze
Crs. des Bastions
Boulevard Helvétique
Boulevard des Philosophes
Rue de-Candolle

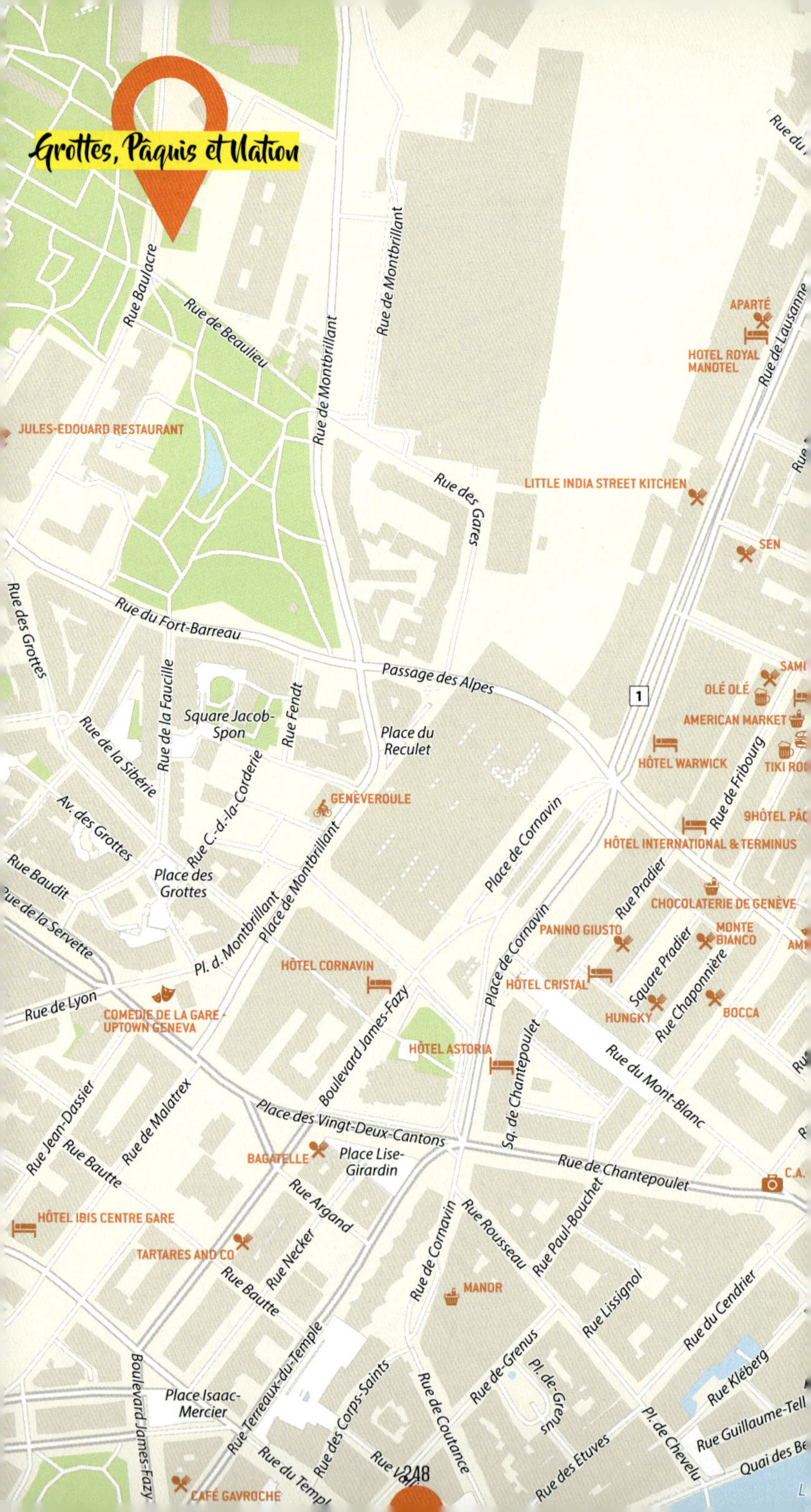
Grottes, Pâquis et Nation
Jules-Edouard Restaurant
Aparté
Hotel Royal Manotel
Little India Street Kitchen
Sen
Sami
Olé Olé
American Market
Hôtel Warwick
Tiki Roo
9Hôtel Pâq
Hôtel International & Terminus
Chocolaterie de Genève
Panino Giusto
Monte Bianco
Hôtel Cristal
Hungky
Bocca
Genèveroule
Hôtel Cornavin
Hôtel Astoria
Comédie de la Gare - Uptown Geneva
Bagatelle
Hôtel Ibis Centre Gare
Tartares and Co
Manor
C.A.
Café Gavroche
Rue Baulacre
Rue de Beaulieu
Rue de Montbrillant
Rue des Gares
Rue de Lausanne
Rue des Grottes
Rue du Fort-Barreau
Passage des Alpes
Rue de la Faucille
Square Jacob-Spon
Rue Fendt
Place du Reculet
Rue de la Sibérie
Rue C.-d.-la-Corderie
Av. des Grottes
Place des Grottes
Rue Baudit
Rue de la Servette
Pl. d. Montbrillant
Place de Montbrillant
Place de Cornavin
Rue Pradier
Rue de Fribourg
Square Pradier
Rue Chaponnière
Rue du Mont-Blanc
Rue de Lyon
Boulevard James-Fazy
Sq. de Chantepoulet
Rue Jean-Dassier
Rue de Malatrex
Place des Vingt-Deux-Cantons
Place Lise-Girardin
Rue de Chantepoulet
Rue Bautte
Rue Argand
Rue Necker
Rue de Cornavin
Rue Rousseau
Rue Paul-Bouchet
Rue Lissignol
Rue du Cendrier
Rue Kléberg
Rue Guillaume-Tell
Quai des Be
Place Isaac-Mercier
Rue Terreaux-du-Temple
Rue des Corps-Saints
Rue de Coutance
Rue de-Grenus
Pl. de-Grenus
Rue des Etuves
Pl. de Chevelu
Rue du Templ
1

HÔTEL JADE MANOTEL
HOTEL N'VY MANOTEL
Rue de Richemont
GENEVA HOSTEL
Rue Jean-Charles Amat
Rue des Buis
BAYVIEW
HÔTEL PRÉSIDENT WILSON
Rue du Prieuré
Rue Jean-Antoine-Gautier
Quai Wilson
Parc Mon-Repos
Lac Léman
Rue de Bâle
Rue Jean-Jaquet
Rue du Môle
KIPLING MANOTEL
Place Jean-Marteau
Rue des Pâquis
Rue de l'Ancien-Port
Rue de la Navigation
SAVEURS DU LIBAN'S
Pl. d. la Navigation
Place de la Navigation
Rue du Léman
Rue de Berne
Rue du Levant
ENTRE HOMARD & CÔTE
HÔTEL EDELWEISS MANOTEL
Rue de Zurich
Rue Philippe-Plantamour
Rue Barton
Jetée des Pâquis
Rue de Monthoux
BOLÉRO BAR
CAFÉ ART'S
Rue de la Cloche
Rue Abraham-Gevray
KAMPAI
BUVETTE DES BAINS DES PÂQUIS
Rue Charles-Cusin
SAM-LOR THAI
GRILL
FAIRMONT GRAND HOTEL GENEVA
BAINS DES PÂQUIS
FLOORTWO
Rue Sismondi
Rue Dr-Alfred-Vincent
AMBASSADOR LIMOUSINE ET MINIBUS
ENTRECÔTE COURONNÉE
MONUMENT BRUNSWICK
ADAGIO GENEVE MONT-BLANC
ONCLE EDOUARD
CGN – COMPAGNIE GÉNÉRALE DE NAVIGATION
Quai du Mont-Blanc
Pl. des Alpes
Rue Adhémar-Fabri
COTTAGE CAFÉ
Rue François-Bonivard
PHILIPPE PASCOET CHOCOLATIER
Rade de Genève
CÔTE SQUARE
HÔTEL BRISTOL
GENÈVE TOURISME
Pont du Mont-Blanc
Pont des Bergues
100 M

Rive et Eaux-Vives
150 M
Rade de Genève
Le Rhône
Île-Rousseau
Parc la Grange
Parc des Bastions
PARC DES EAUX-VIVES
MAISON ROYALE
JET D'EAU
CHOU
TOUT SIMPLEMENT ET PAS AUTREMENT
PHILIPPE TAILLÉ
BÂTIMENT PONT DE LA MACHINE
LACUSTRE
MONUMENT NATIONAL
POTINIERE
JARDIN ANGLAIS
BUVETTE DU BATEAU
BATEAU GENÈVE
HORLOGE FLEURIE
CROISIÈRES GOURMANDES - CGN
CAVIAR HOUSE ET PRUNIER
PHILIPPE
DENISE'S ART OF BURGER
CAFÉ DU CENTRE
GUSTO
HÔTEL MÉTROPOLE
LITTLE BARREL FINE RUM & COCKTAILS
GREGOIRE
SAN MARCO
CINÉCITTA
MARCEL
L'ATELIER COCKTAIL CLUB
ADRESSE
ALMA
23E LIEU
AUER
CAVEAU DE BACCHUS
PLANET CAVIAR
BLAOK
WASABI SUSHIS BENTO BAR
THREEKIDS
MICHEL FORESTIER OPTICIENS
MANGO DECK
L'ENVERS DU DÉCOR
CUPPIN'S TEAHOUSE & CUPCAKES
MIKADO
THE PAX HOTEL
Place des Bergues
Quai des Bergues
Pont des Bergues
Pont du Mont-Blanc
Place du Rhône
Quai du Général-Guisan
Pont du Mont-Blanc
Place de la Fusterie
Rue du Rhône
Rue du Marché
Place du Molard
Rue Neuve-du-Molard
Place de Longemalle
Rue de la Rôtisserie
Rue de la Croix-d'Or
Rue du Port
Rue du Prince
Rue de Rive
Rue d'Aoste
Rue d'Italie
Crs. d. Rive
Rue Pierre-Fatio
Boulevard Helvétique
Rue de la Scie
Rue François-Versonnex
Rue Jean-Calvin
Grand-Rue
Rue des Gran
Place de la Madelaine
Rue d. l'Evêché
Rue de la Fontaine
Rue Verdaine
Rue de la Vall.
Place de la Taconnerie
Place du Bourg-de-Four
Promenade de la Treille
Promenade de Saint-Antoine
Rue Ferdinand-Hodler
Rue Charles-Galland
Bd. Helvétique
Rue des Glacis-de-Rive
Rue de l'Est
Rlle. du Couchant
Rue de Villereuse
Rue du Parc
Place des Eaux-Vives
Rue de la Terrassière
Avenue de Frontenex
Place du Pré-l'Evêque
Avenue Pictet-de-Rochemont
Rue de la Mairie
Rue Henri-Blanvalet
Rue Muzy
Rue des Pierres-du-Niton
Rue du Lac
Rue du Simplon
Quai Gustave-Ador
Promenade du Lac
Rue du-Roveray
Rue des Eaux-Vives
Rue Maunoir 6
Rue du 31-Décembre
Rue Maunoir
Av. d. la Grenade
Rue des Vollandes
Rue de l'Avenir
Rue Sillem
Rue du Clos
Rue Merle-d'Aubigné
Avenue William-Favre
Rue de Montchoisy
Avenue Ernest-Hentsch
Rue du Nant
Rue des Cordiers
Rue Ernest-Bloch
Route de Frontenex
Rue Viollier
Avenue de Chamonix
Route de Chêne
Clos-Belmont
Avenue Théod
Rue Agas
de Roches

SE REPÉRER SE DÉPLACER

Le lac et son jet d'eau seront votre « phare » pour vous localiser ! Petite ville avec plusieurs quartiers distincts, on parle de la rive droite pour le quartier proche de la gare, des Pâquis et des Nations, et de la rive gauche pour les Eaux-Vives, la vieille ville, les Bastions et Plainpalais. Ces dernières années, Genève a considérablement développé la mobilité douce. Le réseau des transports publics est quant à lui très bien organisé et très fiable. Pour se déplacer facilement en ville, préférez les transports publics desservant d'ailleurs nombre de communes adjacentes. En période estivale, le vélo ou encore le vélo-taxi permettent une découverte originale de la ville. Les Mouettes genevoises, petits bateaux jaunes et rouges, permettent les traversées de la rade sur quatre lignes. Le Léman Express (liaison ferroviaire transfrontalière) vous attend dans ces toutes nouvelles gares pour faciliter votre découverte.

AÉROPORT DE GENÈVE

21 route de l'Aéroport
✆ +41 22 717 71 11
www.gva.ch

L'application gratuite GVApp vous permet de suivre l'évolution des vols.

L'aéroport de Genève se trouve à 4 km au nord du centre et s'appelle aussi aéroport de Genève-Cointrin. Cet aéroport est à 50 km du Jura. Il est pratique pour les arrivants des régions ouest, sud ou nord de la France. Vous trouverez à l'arrivée des agences de location de voitures, des restaurants, un point info tourisme, des banques. C'est une miniville avec en son sous-sol la gare CFF pour partir visiter la Suisse, un supermarché Migros et bien d'autres boutiques. L'aéroport enregistre une fréquentation de 17,9 millions de passagers et dessert 149 destinations.

CGN - COMPAGNIE GÉNÉRALE DE NAVIGATION

Quai du Mont-Blanc
www.cgn.ch

Croisière de 16 CHF à 51 CHF (selon la durée et le type de bateau). Croisière à thème, comme les croisières gourmandes.

Naviguer à bord de l'un des bateaux à vapeur est un voyage dans le temps. La CGN fait naviguer la plus prestigieuse flotte Belle Epoque du monde sur le lac Léman, un patrimoine unique en Suisse, classé Monument historique d'importance nationale. Toute l'année, elle propose plusieurs croisières touristiques à destination des rivages suisses et de la France. À Genève, la plupart des villes ne sont desservies que de mi-avril à mi-septembre, et éventuellement le dimanche hors saison.

FONDATION DES PARKINGS

1 carrefour de l'Etoile
✆ +41 22 827 44 90
www.geneve-parking.ch

Accueil du lundi au vendredi de 8h à 16h30 sans interruption.

Elle est en charge des parkings P+R, parkings habitants et visiteurs, la gestion des macarons et des horodateurs, ainsi que du contrôle du stationnement. Saviez-vous que vous pouvez payer votre stationnement en voirie par téléphone ? Ou que le solde de votre paiement à l'horodateur est conservé pour un stationnement futur ? Laissez votre voiture dans l'un des P+R journaliers et bénéficiez des transports publics une journée. Les macarons multizones « Tout public », vous permettent de stationner en zone bleue (hors ultra-centre) une demi-journée ou une journée.

PATRICK LOCATION

Rue Adrien-Wyss 1a
✆ 0848 000 849
www.patricklocation.ch

Un système de location pour tous types de véhicules (voiture, minibus, utilitaires et remorques) dès 15 CHF/jour.

Ils sont dynamiques chez Patrick Location. Besoin d'un minibus pour partir faire une virée sur la Riviera Vaudoise, dans la campagne Genevoise, ou en station ? Ils ont toutes les gammes pour contenter les besoins du petit groupe à l'individuel : minibus, voitures, remorques, utilitaires... Des tarifs imbattables, une flotte de voitures en très bon état, un bon service client, une équipe arrangeante. De quoi partir à la découverte de la Suisse, ou même y aménager ! Patrick Location est le leader en Suisse romande de la location à bas prix.

LES QUARTIERS DE GENÈVE

Comment résumer Genève à son jet d'eau alors qu'elle décline des ambiances si différentes selon ses principaux quartiers ? Rive droite, les quartiers des Grottes, des Pâquis et des Nations est le camp de base des citoyens du monde. Ils constituent le point commun entre ces trois quartiers, qui sont réellement multiculturels. Rive gauche, vous pourrez prendre le pouls de Genève et découvrir son histoire dans le quartier de la vieille ville, autour de la place du Bourg du Four et de la cathédrale Saint-Pierre, et continuer vers la plaine de Plainpalais pour ses marchés. Puis flânez dans le quartier des Bains avant-gardiste et artistique. Rive est un ensemble de rues dévolues aux commerces : la rue de Rive, les rues basses en contrebas de la vieille ville et le quartier des Eaux-Vives offrent un bel endroit de sortie proche du lac.

Vieille ville et Plainpalais

Où pourrez-vous prendre le pouls de Genève et découvrir son histoire ? Dans la vieille ville ! Ce centre historique s'articule autour de la place du Bourg du Four et de la cathédrale Saint-Pierre. Elle est délimitée par la Grand-Rue, côté lac au nord, et le tracé des anciennes murailles, l'actuelle promenade des Bastions au sud. À côté de la place du Bourg de Four s'élève le palais de justice, les musées, les boutiques et les terrasses de restaurant. Partez de l'autre côté de la vieille ville pour rejoindre les bastions et le quartier de Plainpalais, vers le banc en bois de la Treille, censé être le plus long du monde ! En contrebas, s'étirent la place Neuve, l'opéra, le musée Rath et le parc des Bastions. Véritable poumon vert, il abrite l'université de Genève et le célèbre mur des Réformateurs.

La vieille ville. C'est un des lieux de prédilection pour la promenade des Genevois avec les nombreuses ruelles pavées pentues et la place du Bourg de Four. La vieille ville est à parcourir tranquillement afin de saisir les deux mille ans d'histoire qu'elle renferme. Ce centre historique présente le pouvoir judiciaire *via* le bâtiment du palais de justice, des musées, des boutiques et des terrasses de restaurants. Le cadre des établissements est souvent unique comme le long de la Grand-Rue entre antiquaires et boutiques d'art, bouquinistes, galeries, chocolateries et petites boutiques de créateurs. Les nombreuses fontaines, comme celle de la place du Bourg du Four, sont des lieux de ralliement et de rendez-vous. Dans de nombreux restaurants typiques, la cuisine est délicieuse, tantôt inventive ou traditionnelle, et vous trouverez notamment de nombreux établissements proposant des spécialités suisses. Ne manquez pas de boire un verre à La Clémence, café qui rassemble depuis cinq cents ans les passants. Amusez-vous à chercher, caché dans une petite niche, le seul roi de Genève (Gondebaud, période burgonde). Centre politique, religieux et judiciaire, la vieille ville assume également les fonctions de centre culturel et éducatif. La rue des Chaudronniers qui part de la place du Bourg de Four permet de rejoindre les arcades médiévales du collège Calvin ou les colonnades néoclassiques du musée d'Art et d'Histoire (rue Charles-Galland). Un peu plus loin, les bulbes dorés de la cathédrale de l'Exaltation-de-la-Sainte-Croix étonnent par leur aspect arrondi et profondément oriental, en parfaite rupture avec les saillies aiguës de la cathédrale Saint-Pierre. La maison Tavel (p.263) (musée de la Réforme) rue Jean Calvin consiste en un ensemble architectural du Moyen Âge qui date de 1334. La chancellerie d'État, rue de l'Hôtel de Ville, abrite depuis le XVIe siècle le cœur du pouvoir politique genevois. En contrebas de la vieille ville, on trouve le quartier des « rues basses ».

Le parc des Bastions. En contrebas de la vieille ville, du côté de Plainpalais, il se rejoint par la pittoresque rue de la Terrasse ou la rampe de la Treille, depuis laquelle s'ouvre un beau panorama sur tout le sud de la ville et la France voisine. Depuis les rues basses, dans le prolongement de la rue de la Corraterie, on trouve la place Neuve avec le Grand Théâtre (p.306), le Conservatoire de musique et le musée Rath (p.265). Depuis cette place, on entre dans le parc des Bastions qui est un lieu de promenade très apprécié des locaux avec ses jeux d'échecs grandeur nature et ses belles pelouses. On trouve dans cet écrin de verdure le charmant restaurant des Bastions avec sa belle terrasse en été qui devient une patinoire en hiver. Le parc contient aussi des bâtiments de l'université de Genève érigée en 1873, comme la bibliothèque, et reste donc un point de rassemblement estudiantin. Le parc des Bastions est riche d'encore plusieurs arbres uniques du temps où il était le premier jardin botanique de la ville, en 1817. Il

© PHIL SCHUTZ

Le collège Calvin.

est surtout traversé par les visiteurs pour l'un des monuments célèbres de la ville : le mur des Réformateurs (p.264), où l'on retrouve la figure emblématique de Calvin, qui est un symbole de l'importance de la foi protestante à Genève. C'est aussi un lieu de ralliement pour les événements forts de la ville, comme la course de l'Escalade et la patinoire extérieure en hiver. Suivez le sentier culturel édité par la ville de Genève : www.ville-geneve.ch/faire-geneve/promenades/sentiers-culturels

Plainpalais est une ancienne commune du canton qui a été intégrée à la ville en 1931. Ses faubourgs, Palais (une plaine marécageuse), Saint-Léger et Saint-Victor, distribués entre Rhône et Arve, sont devenus des quartiers de Genève (Plainpalais, la Cluse, Jonction, Tranchées, Champel, Bout-du-Monde, Acacias et les Vernets). Bordé par le Rhône au nord, la vieille ville, Bastions puis Rive à l'est, l'Arve à l'ouest et au sud vers Carouge, le quartier de Plainpalais s'organise dans un losange géographique de part et d'autre de l'avenue du Mail et du boulevard Georges Favon, autour de la « plaine de Plainpalais ». Cet ancien marécage est resté libre de toute construction grâce à son classement d'utilité publique. Il demeure toujours un lieu de rassemblement privilégié et accueille des manifestations ponctuelles (grands écrans pour les grands événements sportifs, concerts, fête nationale suisse, cirque national Knie) et un grand marché aux puces les mercredi et samedi (8h-15h) et chaque premier dimanche du mois, qui séduit les chineurs et les brocanteurs avisés. Sous les platanes pour la plupart centenaires, se tient tous les mardis, vendredis et dimanches le marché de légumes et le marché aux puces tous les mercredis, samedis et premiers dimanches du mois de 6h à 18h l'hiver et de 6h à 19h l'été.

Dans un autre registre, la place accueille un immense skate parc avec *bowl* en béton qui fait également le bonheur des amateurs de glisse. Dans un tout autre registre, vous serez surpris par l'impressionnante et effrayante statue de bronze du monstre de *Frankenstein*. Dans le roman de l'auteure Mary Shelley, écrit à Cologny (environs de Genève), le monstre traverse dans sa fuite la plaine de Plainpalais.

Vous trouverez une grande variété de restaurants dans ce quartier très fréquenté par les étudiants. Le long de la cosmopolite rue de Carouge, ils sont pour la plupart bon marché, et d'orientation culinaire des saveurs du monde, un dépaysement total. Parallèle à la rue de Carouge, la rue Prévost-Martin, qui se prolonge jusqu'à la place des Augustins, est quant à elle riche de quelques bonnes adresses pour se restaurer rapidement, dans un cadre branché avec des bars design.

Le quartier de la Jonction et le quartier des Bains. De l'autre côté de la plaine de Plainpalais, dans le quartier de la Jonction, vous apprécierez les cafés-restaurants estudiantins de la rue de l'École de Médecine, les établissements raffinés, contemporains, artistiques du « quartier » des Bains, mais aussi les dernières nouveautés et les boutiques de créateurs situées le long du boulevard Carl Vogt, en pleine mutation depuis quelques années. Le quartier des Bains se veut être « la plateforme de l'art moderne » avec la présence du musée d'Art moderne et contemporain (MAMCO (p.264)). Il est délimité par la rue de l'École de Médecine, l'Arve, la rue des Bains et la rue du Stand. L'association du quartier des Bains rassemble quinze galeries d'art et institutions culturelles renommées. Son objectif ? « Faire rayonner l'art contemporain. » Dans cette perspective, elle organise, une fois par an, les fameuses Nuits des Bains.

© EMILY GOODWIN - SHUTTERSTOCK.COM

Parc de la Perle du Lac.

Poussez les portes de cafés alternatifs pour des ambiances cafés-concerts, cafés-conférences et ateliers. Côté boutiques de prêt-à-porter tendance, il vous faudra préférer les petites rues adjacentes, comme la rue Jean Violette, la rue Prévost-Martin, ou encore la place des Augustins. Boulevard Carl Vogt, votre regard sera captivé par une architecture insolite : un toit ajouré par des losanges abritant le **musée d'Ethnographie de Genève** (p.264) (MEG). Sous cet iceberg en aluminium se découvrent les vastes et riches collections d'œuvres venues des cinq continents. Un voyage grandeur nature ouvert sur la culture du monde.

La Jonction. En descendant vers le Rhône, on arrive dans un quartier que les Genevois appellent « Jonction », car il précède la confluence des eaux limpides du Rhône et celles plus troubles de l'Arve. Ce quartier rassemble de nombreux bars. C'est le cœur de l'univers alternatif genevois. Vous pourrez vous désaltérer dans les bars à proximité du bâtiment des Forces motrices. Érigé en 1883, le BFM, édifié au milieu du Rhône, était à l'origine une usine ayant pour fonction d'alimenter les fontaines, maisons et usines de Genève. Achevé en 1892, le bâtiment fut ensuite classé monument historique en 1898.

C'est un lieu fascinant, monumental. Choisi pour abriter le nouveau Grand Théâtre en 1994, sa réhabilitation et son réaménagement sont remarquables. Posé sur le Rhône, doté de ses immenses baies vitrées le long de bâtiments élégants, le site pourrait constituer une œuvre d'art en soi. Les lieux valent largement le coup d'œil. On y organise des concerts, des spectacles de danse ou encore des expositions dans un cadre absolument unique. L'Usine est un lieu de sortie incontournable, célèbre dans le monde de la nuit et des sorties genevoises. Installé dans une ancienne usine de dégrossissage d'or, cette association autogérée représente la vie culturelle alternative. Le centre culturel y organise des concerts et des pièces de théâtre. Il abrite aussi la célèbre boîte de nuit remportant tous les suffrages.

Le long du Rhône, le bar atypique de la **Barje des Lavandières** (p.293) (roulotte de mai à septembre) accueille de manière éphémère les baigneurs du Rhône.

Rive et Eaux-Vives

Rive est un ensemble de rues dévolues aux commerces : la rue de Rive, les rues basses en contrebas de la vieille ville, le cours de Rive où se succèdent de nombreuses arcades et le boulevard Helvétique qui accueille les marchés et les fameuses Halles de Rive. La célèbre rue du Rhône et les quais correspondent à des zones plus touristiques et plus bourgeoises, l'offre se diversifie en bars à tapas et lounge-bars, rooftops et restaurants gastronomiques. Le quartier des Eaux-Vives s'étend de la rade à la route de Malagnou, du rond-point de Rive aux parcs des Eaux-Vives et de la Grange. Le quartier populaire des Eaux-Vives bénéficie d'une identité qui lui est propre. La colonne vertébrale est la rue des Eaux-Vives. Tout le long se trouve divers restaurants et boutiques. Proche du lac, du centre-ville et de parcs magnifiques, il offre une palette de restaurant plus abordables que sur les quais, aux univers culinaires très divers.

Rive et les rues basses. La rue du Marché qui se transforme en rue de la Croix-d'Or en allant vers Rive représente la principale artère commerçante de la ville. Elle se révèle bondée le samedi. En Suisse, presque tous les magasins sont fermés le dimanche et il faut se dépêcher de faire les courses avant 18h le samedi. Les

« rues basses » sont réputées pour offrir un composite intéressant de bâtiments des XVIIIe et XIXe siècles ainsi que des réalisations plus récentes. On apprécie tout comme les Genevois la place du Molard et ses pavés joliment illuminés le soir. C'est un très bon endroit pour prendre un verre en terrasse et profiter de l'ambiance bigarrée du lieu entre néoclassique et médiéval. On peut également déguster un plat dans l'un des restaurants de la place ou entrer directement dans Globus, l'un des deux grands magasins de la ville, qui propose une excellente restauration au rez-de-chaussée et des rayons de vêtements bien garnis dans les étages.

Sur les Eaux-Vives. Les Eaux-Vives étaient au début du XIXe siècle une commune séparée de Genève. Il s'agissait d'un village de pêcheurs installé aux abords du lac avec plusieurs pontons où étaient arrimées leurs barques, dont le port Noir d'où partent encore les Mouettes vers la rive droite. Les rives du lac étaient alors des grèves non aménagées. Il y avait également des artisans qui occupaient les rues hautes du quartier et dont certaines des arcades sont encore visibles, notamment rue Maunoir. Le quartier se modifie surtout après les révolutions européennes des années 1840-1850, lorsque les familles aristocratiques viennent chercher dans la paisible Suisse un refuge face aux turpitudes de la création des États-nations. Le grand homme politique genevois James Fazy donne une impulsion urbaine sans précédent à la ville et transforme la rade. Le long de la nouvelle allée qui longe le lac, les maisons se construisent pendant toute la fin du siècle. Ces grandes demeures parfois excentriques, « les maisons de maître », appartiennent à de riches familles locales et européennes. Citons deux beaux exemples de cette architecture balnéaire : la maison Royale (48, quai Gustave Ador, 1885) sur la rive gauche de la rade et sur la rive droite l'hôtel Beau rivage (13, quai du Mont-Blanc, 1865) appartenant au quartier des Pâquis. La ville devient un lieu de villégiature privilégié des grands bourgeois et de l'aristocratie européenne qui ne trouvent plus le repos dans une Europe en prise aux révolutions sociales de la seconde moitié du XIXe siècle.

Cette touche balnéaire se concrétise avec les premiers bains aux Eaux-Vives, créés par la société des Bains du Soleil et du Lac en 1916. La marque du quartier aujourd'hui est à la fois très urbaine et lacustre comme son pendant de la rive droite, les Pâquis. Le quartier des Eaux-Vives est des plus agréables, il est préservé par ses magnifiques parcs. C'est aussi dans ce quartier que vous trouverez la toute nouvelle plage publique de Genève aménagée en 2019.

Grottes, Pâquis et Nations

Évoquer en quelques mots à la fois les quartiers des Grottes, des Pâquis et des Nations ? Sur la rive droite, c'est le camp de base des citoyens du monde. Ils constituent le point commun entre ces trois quartiers, qui sont réellement multiculturels. Le quartier des Grottes est caractérisé par son côté populaire et solidaire, celui des Pâquis par son aspect cosmopolite et vivant, enfin le quartier des Nations donne à Genève cette dimension vraiment internationale, par la présence du siège européen de l'ONU, du HCR, de la Croix-Rouge internationale et de deux cents autres organisations internationales. Les superbes parcs, dans le prolongement des Pâquis, s'étirant sur les rives du Léman puis conduisant à la place des Nations, point d'entrée de l'ONU, méritent largement une visite. Le Jardin botanique, en face de la WTO (OMC), est un petit paradis végétal, superbe, pour enfants et parents.

© PHIL SCHUTZ

Bains des Pâquis.

Le quartier des Pâquis. Les Pâquis situés sur la rive droite du lac Léman étaient jusqu'au XIXe siècle séparés de Genève. Ils doivent leur nom aux pâturages descendant jusqu'au Léman et appartenant à la commune de Petit-Saconnex. Des fortifications placées sur l'actuel boulevard du Mont-Blanc délimitaient le quartier. C'est un quartier dont l'urbanisation s'est faite au début du XIXe siècle, lorsqu'en 1850 les Pâquis sont rattachés à Genève et deviennent l'un de ses faubourgs. C'est cette urbanisation tardive qui donne l'homogénéité architecturale des rues formant les Pâquis. Déjà à l'époque, des hôtels et auberges s'implantent autour de la porte de Cornavin, point de convergence entre les routes desservant la Suisse et la France voisine. Avant de se rendre à Genève rive gauche, on s'arrête dans le quartier pour se remettre de son voyage et pour y passer la nuit. De plus, la situation au sud de la berge va très vite devenir un lieu de prédilection pour accueillir des hôtels de luxe qui s'implantent sur ces nouvelles terres face au lac. Parallèlement à cet aspect balnéaire, l'intérieur du quartier s'octroie les plaisirs : casinos, puis estaminets et finalement maisons closes apparaissent au début du XXe siècle. L'identité du quartier est marquée par ces contrastes, un savant mélange d'élégantes maisons bourgeoises, de palaces où séjournent les familles aristocrates et de ruelles chaudes où s'encanailler. Depuis les années 1860, l'ambiance a bien changé ! Le quartier constitue un centre touristique majeur, rassemblant hôtels, restaurants, loisirs et lieux branchés, chargés d'ambiances à la fois électriques et très diverses. Les restaurants proposent un large choix de cuisine originaire des quatre coins du monde. Le quartier concentre également de nombreux hôtels, dotés d'une large gamme de prix. Le quartier actuel des Pâquis est traversé par la rue du même nom, le long de laquelle se succèdent les bars, restaurants de tous horizons aux saveurs épicées et lieux branchés. La rue de Berne marque aussi l'entrée du *red district*, très contrôlé mais qui peut surprendre par le manque de transition avec les rives chics du quai du Mont-Blanc. La mixité culturelle du quartier favorise l'implantation de restaurants aux saveurs mondiales. Un univers hétéroclite qui représente la diversité culturelle de Genève.

La principale gare Genève, la gare Cornavin doit sans doute son nom aux vignes épiscopales cultivées jadis. Elle est un véritable carrefour pour l'ensemble des lignes de transports publics, au croisement de la remontée du pont du Mont-Blanc et de la rue de Lausanne, qui couvrent des destinations régionales, nationales et internationales. Centre névralgique de tout le quartier, il transite ici environ 15 000 personnes par jour. La gare accueille une galerie souterraine avec de nombreux magasins dont certains sont ouverts plus tardivement que d'ordinaire à Genève. Lors de l'une de ses rénovations dans les années 1930, les gravas accumulés lors de la démolition ont permis de donner naissance à Genève Plage sur la rive opposée. De ses multiples rénovations, elle a conservé sa façade et ses peintures murales, chères au cœur des Genevois et qui méritent d'arriver en avance pour les observer. Devant cet ensemble imposant, la traversée de la place, par le passage des Alpes, permet de rejoindre le quartier atypique des Grottes (à l'opposé du lac), tandis que la rue James Fazi, que croise la rue Chantepoulet, mène au quartier Saint-Gervais. La rue de Cornavin descend vers le Rhône pour rejoindre les petites rues entourant le grand magasin Manor (que les Genevois appellent la placette, à cause de la place De-Grenus). Ces ruelles centrales sont l'occasion d'une balade shopping et d'une promenade jusqu'aux quais des Bergues et les petites îles aménagées sur le Rhône comme l'île Rousseau, le pont de la Machine ou les quais de l'île. En amont, l'avenue de France, puis la route de Ferney rejoignent l'autoroute qui contourne Genève vers la France, et le lac Léman vers le reste de la Suisse.

Promenez-vous le long du quai du Mont-Blanc pour admirer le lac, qui longe le petit port de plaisance avant les Bains des Pâquis. Après la jetée, celui-ci est prolongé par le quai Wilson, s'étirant sur les rives, en face du palais du même nom, ancien siège de la Société des Nations. Il conduit ensuite au magnifique parc de la Perle du Lac (premier des six parcs composant l'ensemble des parcs de Monrepos). Par temps clair, ce parc offre un panorama somptueux sur le massif du Mont-Blanc. Il comprend la villa rose Lammermoor, siège des Hautes Études internationales, la villa Bartholoni, abritant le musée des Sciences, comme le bâtiment de l'Organisation mondiale du commerce (OMC). Ces élégantes maisons bourgeoises du XIXe siècle ont été reconverties en hôtels et palaces de luxe, la gare concentre les hôtels de moyenne gamme, les quartiers plus populaires (les Pâquis et les Grottes) des hôtels pour petits budgets et auberges de jeunesse.

Le quartier des Grottes n'a rien d'une cavité ou même d'une grotte. Son nom provient d'une petite rivière souvent boueuse, le Nant des Crottes, qui fut rebaptisée au XIXe siècle en Nant des Grottes. C'est un quartier assez atypique qu'il faut traverser à pied pour en comprendre les fondements urbanistiques et la vocation participative de ses habitants. Ceux-ci sont viscéralement attachés à leur petit quartier d'immeubles populaires rénovés début du siècle et de nouvelles constructions issues des années 1980. En effet, ce quartier avait mauvaise réputation au début du siècle. Il accueillait une foule d'immigrants et parmi eux, des réfugiés politiques recherchés par les polices de toute l'Europe (Kropotkine et Lénine y auraient séjourné). La ville comptait le détruire mais les différents projets n'aboutirent finalement pas et les années 1970 virent les Grottes devenir un quartier de squats et de lieux autogérés. Bref, un monde alternatif à la marge d'une Genève au faîte de sa gloire financière. Cette identité de squats reste très forte dans ce quartier profondément solidaire. On assiste cependant dans les années 1980 à la construction des maisons des Schtroumpfs (rue Louis Favre), des immeubles construits selon les principes architecturaux de Gaudí sans angles droits qui ressemblent à des champignons de couleur, ainsi qu'à la rénovation des façades (ce qui a donné les jolies couleurs pastel des murs). La rue des Grottes est l'épine dorsale de ce petit coin où de la rue Sibérie à la rue de Faucille, l'ombre de la révolution n'est jamais loin. Les Grottes sont donc aujourd'hui cet ensemble de petites rues arborées, de cours communicantes, de lieux associatifs, de boutiques autogérées et du charmant parc des Cropettes qui suscitent tellement l'adhésion de ses habitants. Un univers à part qu'il faut arpenter en s'immergeant totalement dans l'identité curieuse (pour Genève) du quartier. C'est le quartier alternatif de Genève avec de nombreux espaces autogérés.

Le quartier des Nations, à l'extrémité de la rive droite, jouxtant le Conservatoire, le Jardin botanique, le parc de l'Ariana et le musée du Verre et de la Céramique, occupe la colline surplombant le Léman. En face, le Salève, les Alpes et le mont Blanc offrent un magnifique panorama. C'est le quartier de la Genève internationale et le meilleur lieu pour parler diplomatie, santé, économie ou droit. C'est donc dans ce décor que se sont implantés à partir de 1945 (et auparavant la Société des Nations) les grandes institutions du multilatéralisme, ONU en tête mais aussi HCR et OPI (propriété intellectuelle). Ces organisations situées autour de l'avenue de France et du parc de l'Ariana sont aussi des lieux de visite comme le musée de la Croix-Rouge et du Croissant-Rouge ou le bâtiment du palais des Nations. La place des Nations et son emblématique chaise à trois pieds (en référence à l'appui contre les mines antipersonnelles) est le cœur des rassemblements citoyens internationaux, autour des 192 drapeaux qui la bordent. Le quartier est jeune, dynamique, multiculturel, et beaucoup de délégués du monde entier logent dans le secteur. Le Jardin botanique, que les Genevois appellent aussi jardin de l'ONU avec ses animaux et sa serre, est plébiscité par les enfants, pendant que les parents profitent de la vue exceptionnelle. Prégny-Chambésy et son domaine des Penthes avec le musée des Suisses dans le monde est à deux pas. Mis à part les organisations internationales et quelques établissements, le quartier est assez vide de boutiques et il faut retourner vers le centre, ou sur l'avenue de Lausanne, pour retrouver un peu plus d'activité shopping et des restaurants.

Les quartiers proches de l'aéroport sont situés en partie à Genève (Petit et Grand-Saconnex) et dans ses environs (Vernier). L'aéroport se trouve également tout près de Meyrin et du CERN. Aux alentours de l'aéroport, on trouve essentiellement une zone de grands commerces, Emotions Airport Shopping (ouvert le dimanche), Migros, Balextert, Ikea et des bureaux. Les restaurants sont regroupés près ou dans l'aéroport (Swiss Chalet, Montreux Jazz Café, L'Olivo, L'Altitude) et sur les communes alentour, Petit et Grand-Saconnex (Café du Soleil) puis un peu plus loin : Vernier et Satigny (café de Peney). C'est aussi l'endroit des musées et des événements avec le centre Palexpo qui accueille l'emblématique Salon de l'automobile GIMS, ou l'Arena et ses spectacles internationaux d'artistes en vogue.

GENÈVE

© SÉVERINE VULLIEZ

Place du Molard et ses terrasses en été.

AMBASSADOR TAXI

✆ + 41 22 731 92 70

www.ambassador-limousine.com

Location de voitures, de chauffeurs. Carte bancaire acceptée. Facture mensuelle possible.

Compagnie aux valeurs suisses. Pour ceux qui se refusent à utiliser les transports en commun, Taxi Ambassador est votre « homme ». Une flotte de 150 véhicules de classe supérieure (spacieux, bien équipés) qui se déplacent 24h/24. Possibilité de véhicule jusqu'à 6 passagers sur demande. Vous pouvez bénéficier de tarifs à la semaine, ou encore organiser des transferts de l'aéroport, ou demander des voitures blindées et sécurité. Ils connaissent Genève et sont de bons conseils pour vous guider et vous indiquer de bonnes adresses.

COOPÉRATIVE TAXI 202

✆ +41 22 320 22 02

www.taxis.ch

Centrale de taxis sur Genève.Disponible 24/24h, 7/7j. 190 chauffeurs. Flotte de 170 véhicules. Réservation en ligne.

Cette centrale coopérative met à votre disposition 250 véhicules équipés de GPS à votre service tous les jours 24h/24. Vous pouvez également faire appel aux services de transferts aéroport et de location de minibus. Cette compagnie va encore plus loin et offre une réponse aux demandes spéciales comme les véhicules « verts » pour réduire l'impact CO_2. Le paiement peut se faire par carte bancaire, mais il faut le préciser lors de l'appel. Réservation possible sur internet et via leur application mobile. Les dollars et les euros sont acceptés.

ECOW MOBILITY

✆ +41 22 557 19 91

www.ecow.ch

Service « chauffeur » avec flotte de véhicules électriques et hybrides.

Soyez écomobile ! Une manière peu banale de voyager avec un chauffeur tout en maîtrisant ses coûts et son bilan carbone. Il suffit de donner un coup de fil ou bien de faire sa réservation en ligne : pas de surprise, le prix annoncé est respecté, même si un trajet plus long doit être effectué, en cas de bouchon par exemple. Vous arrivez à l'aéroport ? Le chauffeur à la cravate verte vous attend au hall Arrivée. Vous avez réservé un porte-vélos ou bien un siège bébé ? Tout est compris. Il vous suffit d'embarquer à bord de la voiture électrique ou hybride.

GENÈVEROULE

17, place de Montbrillant

✆ +41 22 740 14 15

www.geneveroule.ch

Mai-octobre : 8h-20h (Montbrillant) et 9h-19h (Meyrin). Novembre-avril : 8h-18h. Prêt et location de vélos.

Optez pour la mobilité douce. Genèveroule prête gratuitement des vélos de ville et des bakfiets (vélos avec une caisse en bois à l'avant) d'avril à octobre, 7 jours sur 7 dans 7 sites de prêt. Ces vélos peuvent être rapportés dans n'importe lequel des sept lieux, de 9h à 19h et de 8h à 21h pour les arcades de Montbrillant et de la Terrassière. Les arcades de Montbrillant, Terrassière et Meyrin louent, toute l'année, des vélos pour de plus longues durées ainsi que des vélos électriques, des tandems ou des « vélos-suiveurs » pour les jeunes enfants.

MOUETTES GENEVOISES NAVIGATION

8, quai du Mont-Blanc

✆ +41 22 732 29 44

www.mouettesgenevoises.ch

Tarifs : 1 traversée : 2 CHF (saut de puce), trajet 60 min : 3 CHF.

Les fameuses *Mouettes Genevoises* jaune et rouge sont intégrées dans le réseau des transports publiques Unireso. Ces petits bateaux permettent de passer d'une rive à l'autre en quelques minutes, avec son pass transport ou un simple ticket. Elles relient les Pâquis au Molard (M1), aux Eaux-Vives (M2) et à Genève-plage (M3). Et la ligne M4 relie cette dernière à Chateaubriand (parc Mon Repos près de la Perle du Lac). Un trajet en Mouettes peut devenir une petite balade peu onéreuse.

RENT-A-BIKE

Quai 3 Gare Cornavin

✆ +41 51 225 14 82

www.rentabike.ch

Gare Cornavin du lundi au vendredi de 8h30 à 18h45. Samedi et dimanche de 9h à 13h et de 14h à 18h30.

Rent a Bike loue des vélos dans toute la Suisse, dans plus de 200 stations car c'est en partenariat avec les gares ferroviaires du pays que vous pouvez louer des vélos de ville, vélos électriques ou VTT, remorque enfant, siège bébé, combiner un circuit en train avec vélo autorisé à bord... avec la possibilité de restituer les vélos dans une autre gare que celle de retrait. Il est préférable de réserver directement son vélo sur internet que directement à votre arrivée. On apprécie la mise à disposition de vélos spécifiques pour les personnes avec handicap.

À VOIR / À FAIRE

Flâneries, visites multiculturelles et baignades se conjugueront pour découvrir l'attachante Genève ! Constituée de quartiers contrastés aux architectures variées, Genève se visite en les traversant. Dans la vieille ville, on découvre les origines de Genève où l'on prend le temps de flâner dans les rues pentues. Dans les rues basses, on se laisse séduire par les ponts sur le Rhône, le jet d'eau et des séances de shopping. Le quartier des Bains et le quartier populaire de Plainpalais offrent une immersion dans l'art contemporain, avec le réputé musée d'Art moderne (Mamco). Les cinq continents s'invitent au musée d'Ethnographie. Rive droite, le pittoresque quartier des Grottes vaut le détour et le quartier animé des Pâquis fait le bonheur des noctambules, sans oublier le quartier de la Genève internationale avec le musée de la Croix-Rouge, le jardin Botanique et le musée de l'Ariana. Une palette d'ambiances pour colorer votre séjour !

ASSOCIATION BIENVENUE

1 avenue du Mail
✆ +41 22 809 02 65
www.bienvenue-welcome.ch

Steward urbain qui informe dans les espaces publics genevois.

Osez demander, ils sont là pour vous aider ! L'association Bienvenue œuvre pour une meilleure qualité de vie en milieu urbain par l'accueil, la convivialité, le développement économique et social, l'accès à l'offre culturelle et l'aide aux personnes vulnérables (personnes âgées, femmes enceintes, personnes à mobilité réduite). Vous pourrez reconnaître les membres bénévoles grâce à leur tee-shirt « Geneva Bienvenue Welcome ». L'association propose également des parcours guidés dans le quartier international ou « Genève de la gare Cornavin à la place Neuve ».

C.A.R.

Rue du Mont-Blanc
✆ +41 22 731 46 47
www.car-ge.ch

Point informations. Ouvert de mi-juin à mi-septembre 7j/7 de 9h à 21h.

Bel accueil dès votre arrivée. La C.A.R. (Coordination Accueil et Renseignements pour les jeunes) accueille les visiteurs à leur descente du train, dans un bus stationné juste en dessous de la gare, dans la zone piétonne de la rue du Mont-Blanc. Si ses conseils visent les jeunes en priorité, ils peuvent également servir les moins jeunes en quête de bons plans à Genève, sympathiques et bon marché. Hébergement, restos, bars, sorties, concerts, musées, excursions, et même cours de français pour celles et ceux qui tombent amoureux de la ville.

CHOCO PASS GENEVA

2 Quai du Mont-Blanc ✆ +41 22 909 70 00
www.geneve.com

Choco Pass 24h (sauf week-end). Tarif adultes 25 CHF, enfants 5 CHF. Vente sur geneve.com et 2 quai du Mont-Blanc.

Quand la découverte s'associe au plaisir, le Choco Pass Geneva nous comble de gourmandise ! Renommée pour la qualité de ses artisans chocolatiers, Genève se déguste grâce au tout nouveau pass proposé par Genève Tourisme. Que vous soyez expert en chocolat ou juste curieux de saveurs subtiles, vous apprécierez la délicatesse des spécialités des artisans chocolatiers genevois lors de votre passage en boutique. Un concept novateur qui met l'eau à la bouche et vous permet de visiter en toute autonomie sur une durée de 24h. Un pass à consommer sans modération !

GENEVA CITY PASS

✆ +41 22 909 70 00
www.geneve.com

Accès à de nombreuses activités et découvertes. 30 gratuités, rabais jusqu'à 50 %. Dès 26 CHF.

C'est l'option qui saura vous séduire pour une découverte optimisée de Genève. Les curiosités ne manquent pas et la ville s'offre à vous ! Un sésame indispensable pour découvrir selon vos envies. Le pass se choisit parmi plusieurs durées : 24h, 48h ou 72h. Plus d'une cinquantaine d'activités et d'attractions proposées jusqu'en France voisine. Cap sur la culture et l'histoire avec les musées, les visites originales. Et ce ne sont que quelques exemples de ce concentré d'opportunités. C'est aussi le pass idéal pour de nombreuses réductions et plus de 30 gratuités.

GENÈVE ACCUEIL

19, quai du Mont-Blanc
www.geneve-accueil.org
Chaque 1er vendredi du mois à l'hôtel Fairmont, café « Floortwo » de 10h à 12h.

Des bénévoles veillent à bien vous encadrer lors de votre installation à Genève. Pour faciliter votre intégration en tant que francophones, ils proposent de vous rencontrer à l'hôtel Kempinski une fois par mois. Ils vous accueillent et vous aident à vous adapter, résoudre les problèmes pratiques, à rencontrer des compatriotes ou des locaux grâce à des conférences, cafés-rencontres, sorties, randonnées et ateliers. Un accueil pratique et un encadrement très utile avec la possibilité de faire des rencontres pour mieux s'établir.

VISITORS CENTER AEROPORT

21 route de l'Aéroport
✆ +41 22 717 71 11
www.gva.ch/visitors-center
Ouvert 7j/7. De 7h à 23h. Hall d'arrivée.

Lorsque vous arrivez par les airs, le guichet d'accueil à l'aéroport vous permet d'avoir des informations touristiques de Genève, de sa région et de la France voisine. Vous disposerez de toute l'aide possible pour trouver un hôtel, des idées de découvertes lors de votre séjour, des suggestions d'excursions, des conseils sur le trajet et le moyen pour vous y rendre. C'est le premier contact touristique que vous aurez avec la ville. Idéale pour partir avec toutes les idées de découvertes dès votre arrivée ! La région Auvergne-Rhône-Alpes est aussi présente.

GENÈVE TOURISME

1 Quai du Mont-Blanc
✆ +41 22 909 70 00
www.geneve.com
Ouvert 7j/7 et horaires selon saison, consultables sur le site www.geneve.com.

Dynamique, efficace, cette fondation a le rôle d'un office de tourisme en France. Répondre avec une grande exigence de qualité, aux besoins du tourisme de loisirs et d'affaires, tant dans l'accueil que l'information ; promouvoir Genève comme haute destination de tourisme, et organiser des évènements et manifestations d'intérêt touristique sont ses principales missions. Genève Tourisme & Congrès est aussi l'initiateur de projets innovants pour promouvoir Genève et permettre une découverte détaillée selon les goûts et les envies de chacun.

AVENTURES ET CIE

✆ 06 74 87 30 47
www.aventures-et-cie.com

Cette agence s'est fait un nom dans le milieu du voyage sportif et du raid d'aventures dans toutes les disciplines, que ce soit à pied, en VTT, ski, eaux-vives, 4x4, moto, quad ou motoneige... Elle propose de nombreuses randonnées en France et ailleurs. Deux formules sont au programme : la dénommée « Liberté » (avec un guide papier) et la dénommée « Accompagnée » avec un accompagnateur connaissant parfaitement le pays et sachant en parler de manière intéressante et adaptée à chaque groupe. Au programme les différentes régions françaises et de nombreux pays.

TOURIST INFORMATION CENTRE

Quai du Mont-Blanc 2
✆ +41 22 909 70 00
www.geneve.com
Pavillon d'informations ouvert selon saison. Renseignements par téléphone et e-mail : info@geneve.com

L'office de tourisme de Genève vous dévoile toutes les astuces pour visiter la ville. L'accueil de qualité est de mise ! Outre les renseignements touristiques traditionnels, de nombreux produits vous sont proposés pour optimiser votre séjour selon vos envies : visites guidées thématiques, activités, excursions et surtout le Geneva City Pass. Ce pass est un sésame à se procurer sans tarder pour bénéficier de plus de cinquante expériences gratuites et à prix préférentiels.

CHARTER SA

17, place de Montbrillant
✆ +41 22 734 35 35
www.charter.ch
Ouvert lundi de 10h à 18h30 et du mardi au vendredi de 9h à 18h30, le samedi de 9h à midi.

Cette agence généraliste recherche le tarif et le séjour bon marché. Elle fait bénéficier toute l'année ses clients d'offres de saison (par exemple, voyage en République dominicaine, circuit au Québec, visite de l'Ouest américain, Réunion, île Maurice) et de last minutes. Elle propose vols seuls, service de location de véhicules dans le monde entier, billets de train, réservations d'hôtels, location d'appartements, croisières, circuits, événements sportifs et culturels pour des voyages de tourisme ou d'affaires. Une équipe qualifiée et très à l'écoute.

CGN - COMPAGNIE GÉNÉRALE DE NAVIGATION

Quai du Mont-Blanc
www.cgn.ch
Carte journalière seconde classe : 64 CHF. Croisière de 19 CHF à 50 CHF.

La CGN, fondée en 1873, dispose d'une flotte de 19 bateaux, dont 8 bateaux Belle Epoque. Au départ des quais du Mont-Blanc, du Jardin anglais, mais aussi des Pâquis et des Eaux-Vives, on navigue le long des belles rives de la rade genevoise, ou en direction d'autres villes (Nyon, Yvoire, Evian, Lausanne). Elle offre également plusieurs possibilités de croisières gourmandes avec de nombreuses escapades à destination des rivages suisses et français.

CYCLOLITTÉRATURE

www.baladesavelo.ch
Balades littéraires et thématiques à vélo. Possibilité de sur-mesure sur l'ensemble de la Suisse.

Original ! Vous êtes un adepte des 2-roues ? Vous aimez la littérature ? Voici une manière bien originale de vous laisser guider dans une ville, en petit groupe et à vélo, sur la trace des personnalités littéraires qui ont marqué son histoire. Ce concept est le fruit de l'imagination de Sita Pottachuvera, guide de patrimoine indépendante, passionnée de littérature et éco-citoyenne. Comptez environ 2h30 par visite. Pour en savoir plus, vous pouvez vous procurer *Le guide des balades cyclolittéraires*, écrit par Sita Pottacheruva.

DIMANCHE À PIED

✆ +41 76 224 84 07
www.dimancheapied.ch
Balades en milieu urbain : dimanche à pied, une fois par mois, d'avril à octobre. 10 CHF sur inscription.

L'association Dimanche à pied fait la promotion de la marche dans le canton de Genève, organise des randonnées accompagnées et des excursions culturelles. Les promenades sont guidées par des passionnés et n'excèdent pas plus de 4 km pour maximum 2 heures. Elles sont programmées de mai à octobre. Vous avez le choix avec une thématique de 10 visites comme « La paix pour horizon », « le chant des sirènes, littérature aquatique », « Bacchus nous tend la main », etc. Elles abordent des thèmes originaux : arts, urbanisme, culture, parcs et jardins, contes urbains.

GENÈVE ESCAPADE

✆ + 41 22 772 05 02
www.geneve-escapade.ch
Visites guidées par l'association des guides du Patrimoine de Genève. 240 CHF pour un groupe de 1 à 15 personnes.

Très attachés à leur ville, les membres de l'équipe de Genève Escapade vous font partager les beautés, les richesses et le passé genevois, à travers son histoire. Escapades traditionnelles ou thèmes orignaux et insolites comme par exemple « Les ponts », internationales comme « la Genève Humanitaire » ou une visite spéciale pour les « nouveaux arrivants ». Le site Internet propose une belle sélection de visites guidées sur mesure, des événements pour les entreprises, des dégustations de produits du terroir, des visites after work.

ID.GENEVE

✆ +41 76 710 56 60
www.idgeneve.com
Visite guidée thématique, privée et sur mesure. ID'BOX coffret cadeau visites et activités sur Genève, dès 50 CHF.

Visiter autrement et en privé ! Une façon originale de connaître une ville, ses habitants, ses artisans, son esprit en optant pour une ID'BOX. Ce sont les premiers coffrets visites guidées de Genève que vous pouvez offrir ou découvrir. Le savoir du guide du Patrimoine de Genève et la connaissance du tissu artisanal local permettent une proposition de qualité. L'essentiel pour ID.GENÈVE c'est de partager, de transmettre, de faire vivre un moment convivial et surtout de combiner culture et plaisir. Thématiques variées : « l'âme suisse », « choc' visite ».

PETIT TRAIN SOLAIRE

33 Gustave Ador
✆ +41 22 735 43 00
www.petit-train-geneve.ch/fr
D'avril à octobre. En février et novembre juste le week-end. Balade commentée de 30 minutes. 8 CHF, enfants 5 CHF.

C'est un vrai plaisir pour les petits et les grands de monter dans ce petit train rouge qui fonctionne à l'énergie solaire et électrique. Cela nous évoque les temps de la locomotive à vapeur et dans le respect de l'environnement, sans bruit, sans pollution et sans odeur. Une belle promenade est proposée le long de la rade, sur la rive gauche du lac, le long des quais et des parcs jusqu'au Port-Noir, près de la Société nautique de Genève. Le petit train est doté d'un accès aux personnes handicapées. Une promende ludique pour toute la famile.

BÂTIMENT DES FORCES MOTRICES ★★

Pont de Coulouvrenière
www.bfm.ch

Monument historique. Espace culturel. Salle de concerts, théâtre et danse.

A l'origine, ce magnifique bâtiment avait une vocation industrielle d'ancienne usine hydroélectrique. C'est ici que l'on régulait l'alimentation des fontaines, maisons, usines de la ville et le barrage en rideau du pont de la Machine, et désaffectée un siècle plus tard. Il a été construit au milieu du Rhône entre 1883 et 1892 par l'ingénieur et politicien Théodore Turrettini. A juste titre, il est classé monument historique en 1988. Le bâtiment est transformé en espace culturel.

SITE ARCHÉOLOGIQUE DE LA CATHÉDRALE SAINT-PIERRE ★★

6, cour Saint-Pierre
✆ +41 22 311 75 74
www.site-archeologique.ch

Ouvert lundi au dimanche de 10h à 17h. Partiellement accessible aux personnes handicapées. Entrée : 8 CHF

Un des piliers de l'histoire de Genève ! Ce monument nous livre toute son histoire sur 3 000 m² de découverte. Sous la cathédrale Saint-Pierre, vous attend l'un des plus vastes sites archéologiques d'Europe ! C'est un passage presque obligé pour comprendre l'histoire de Genève et sa genèse. Car c'est ici, sur cet oppidum, que sa destinée a commencé. Toutes les périodes ont façonné à leur manière le bâtiment et l'organisation de la ville autour.

Une visite étonnante dans les sous-sols de la cathédrale qui nous entraîne vers ses premiers fondements et les grandes étapes de son histoire : Genève antique, romaine, médiévale. Le site s'est enrichi depuis fin 2006 d'une extension des fouilles montrant une tombe allobroge, la crypte de la cathédrale de l'an mille c'est-à-dire à l'époque carolingienne. Vous trouverez même la trace de monnaies celtiques. La présentation est entièrement refaite pour une visite facile et intéressante avec notamment une présentation visuelle de 10 minutes environ sur l'histoire de la cathédrale Saint-Pierre à travers les siècles. Des films d'animation montrent l'évolution depuis avant J.-C. Jeux de piste pour les enfants. Félicité pour ces aménagements muséographiques et ces fouilles, le site a reçu le 12 juin 2008 une médaille dans la catégorie « conservation » du prestigieux prix du « Patrimoine culturel de l'Union européenne », décerné par la Fédération européenne Europa Nostra. Un joyau architectural très bien mis en valeur.

CATHÉDRALE SAINT-PIERRE ★★★

6, cour de Saint-Pierre ✆ +41 22 311 75 75
www.saintpierre-geneve.ch

Cathédrale et chapelle des Macchabées : entrée libre. Site archéologique 8 CHF.

Le témoin religion de Genève. La cathédrale est dédiée à saint Pierre dont elle devait accueillir les reliques au XIe siècle. Sa construction a débuté en 1160 jusqu'en 1250 dans un style romano-gothique. Elle fut maintes fois modifiée au fil des siècles. Au XVIe siècle, l'édifice va subir de grands changements : l'intérieur va perdre la plupart de son mobilier, ses statues, ses peintures, son autel et les nombreux décors. La messe est abolie en août 1585. C'est la période de la Réforme où la cathédrale devint un lieu de culte protestant. L'iconoclasme est pratiqué et toutes les images religieuses sont détruites. Seuls les vitraux furent épargnés. Vous pourrez découvrir la chaise de Calvin, les stalles polychromes sculptées du chœur (milieu du XVe siècle), plus de 300 chapiteaux sculptés d'époques différentes (la plus importante concentration de chapiteaux de Suisse), un mausolée où repose le duc de Rohan, chef de file des protestants français sous Henri IV. Les plus courageux peuvent gravir les 157 marches menant au sommet de la tour nord pour admirer le panorama et la cloche. Le site archéologique montre la richesse des lieux. Notons à l'angle de la rue de l'Évêché, l'hôtel du banquier Gédéon Mallet, construit en 1721 et aujourd'hui musée international de la Réforme. La cathédrale est inscrite sur la liste du label du patrimoine européen.

- **La tour gothique** vous permet d'avoir une vue surplombante et panoramique sur Genève après un bref exercice de 157 marches à gravir. Tarif 5 CHF.
- **Site Archéologique :** sous la cathédrale, vous découvrez la Genève paléochrétienne avec des vestiges de tombes allobroges et les pierres d'un premier lieu de culte datant du IVe siècle.
- **La chapelle des Macchabées**, sur le flanc sud de la cathédrale, contraste par ses décors avec le reste de la cathédrale. Construite en 1405 en pur style gothique flamboyant, elle brille de dorures ! Elle subit de nombreux changements architecturaux à la Réforme. A noter qu'elle fut reconstruite et retrouva ses ornements au XIXe siècle.
- **La cathédrale est riche de trois orgues majestueux** dont le Grand Orgue Metzler construit en 1907. C'était un orgue à traction pneumatique. Des concerts d'orgue sont organisés par la fondation des concerts de la cathédrale. Certains concerts peuvent également avoir lieu dans la chapelle des Macchabées. Un dimanche par mois, de 18h à 19h, des célébrations musicales sont organisées. *Concert d'orgues : Fondation des Concerts de la cathédrale de février à mars. Culte tous les dimanche à 10h.* Billetterie : Service culturel Migros Balexert.

Cathédrale Saint-Pierre.

FONDATION BAUR - MUSÉE DES ARTS D'EXTRÊME-ORIENT ★★

8, rue Munier-Romilly
✆ +41 22 704 32 82
www.fondationbaur.ch
Ouvert de 14h à 18h, fermé le lundi. Entrée : 10 CHF, ou 15 CHF avec exposition.

Musée des Arts d'Extrême-Orient offre une nouvelle présentation des collections japonaises. La collection du suisse Alfred Baur (1865-1951) est exposée dans cet élégant hôtel particulier du XIXe siècle de style Louis XV. Plus de 7 000 objets d'art asiatique de la Chine et du Japon, des jades, un ensemble de céramiques chinoises du XIIe au XIXe siècles, ainsi que des objets japonais du XVIIIe au XXe siècle - pipes, blagues à tabac, *netsuke* (boutons japonais).

FONDATION IN MEMORIAM TATIANA ZOUBOV

2 Rue des Granges
Visites guidées uniquement les jeudis, trois mercredis par mois et dimanche. Tarif : 10 CHF (entrée + visite).

Le visiteur découvrira le charme plutôt austère de l'un des plus beaux hôtels particuliers de Genève, et sera plongé dans un XVIIIe siècle revisité par une collectionneuse passionnée : 500 objets d'art rassemblés et disposés avec goût. Chacun des espaces meublés offre de croiser les portraits d'illustres personnages comme Catherine II de Russie ou Louis IV enfant. La magnifique collection offerte par la comtesse Zoubov à l'État de Genève est un lieu quelque peu secret.

MAISON TAVEL ★★★

6, rue du Puits-Saint-Pierre
✆ +41 22 418 37 00
www.ville-ge.ch/mah
Ouvert de 11h à 18h, fermé le lundi. Entrée libre aux expositions permanentes.

Pour ceux qui souhaitent vraiment comprendre l'histoire de Genève, la Maison Tavel est un passage obligatoire. Cette bâtisse porte le nom d'une famille noble de Genève. Elle figure parmi les exemples importants d'architecture civile médiévale suisse. C'est aussi la plus ancienne maison privée de Genève, classée monument historique en 1923. Ce musée est consacré à l'histoire urbaine et à la vie quotidienne genevoise. Il vous plonge dans la vie des Genevois depuis le Moyen Âge jusqu'au XIXe siècle. Sa visite permet de découvrir une demeure et ses collections : monnaies, poids et mesures, portes anciennes (du XVIe au XVIIIe siècle), salon et cuisine, objets de la vie quotidienne (vaisselles, étains) ou encore indienneries du XVIIIe siècle. Ne pas manquer au dernier étage la remarquable maquette métallique, dite le relief Magnin, du nom de l'architecte genevois, achevée en 1896 et qui restitue l'image de Genève avant la démolition des fortifications en 1850. La façade gothique enrichie d'un remarquable décor sculpté de 10 figures et des armes de la famille dans une niche trilobée, revêt une importance de premier ordre, élément incontournable du patrimoine de Genève et exemple unique de la statuaire du XIVe siècle à l'échelle régionale.

- **Un parcours thématique** est organisé à travers la maison. Vous découvrirez 10 objets relatant des périodes marquantes de Genève.
- **La maquette « Relief Magnin** » : au dernier étage sur 30 m^2, à ne pas manquer pour comprendre l'organisation urbaine de Genève avant 1850.

MAMCO ★★

10, rue des Vieux-Grenadiers
✆ +41 22 320 61 22
www.mamco.ch

Musée d'art contemporain. Ouvert du mardi au vendredi de 12h à 18h et le samedi et le dimanche de 11h à 18h. 15 CHF.

Vu de l'extérieur, le bâtiment du MAMCO, installé dans un ancien édifice industriel (une usine désaffectée) dans le Bâtiment d'art contemporain (BAC), a une allure *a priori* peu avenante. Détrompez-vous ! Il doit sa création à l'Amam (Association des amis du musée d'Art moderne) née en 1973. De nombreux mécènes souhaitent partager leurs œuvres. Point n'est besoin d'être un *aficionado* d'Andy Warhol ou un expert en art contemporain pour apprécier les œuvres. Destiné à tous les publics de 0 à 150 ans, néophytes ou non, le musée d'Art moderne et contemporain de Genève dispose de 3 500 m² d'exposition répartis sur plusieurs étages, en de larges salles, très lumineuses. Comme son nom l'indique, ce musée se consacre à l'art contemporain. On aime, on n'aime pas, mais les œuvres de ce musée ne vous laisseront pas indifférents. Un fil conducteur pour le définir ? Son dynamisme ! Celui-ci ne cesse de se réinventer : en parallèle de l'exposition permanente, on y organise trois exposition annuelles temporaires. Les œuvres permanentes sont régulièrement renouvelées, se mêlant à celles de l'exposition temporaire. Vous n'aurez pas le temps de vous lasser ! L'entité a constitué une véritable collection d'œuvres importantes pour l'Art Contemporain en Suisse. Les visites guidées et les formations du public sont constantes et le musée a pour ambition d'initier le néophyte et de lui faire entrevoir la richesse de ce patrimoine. Et il y réussit ! Le MAMCO nous réserve bien des surprises ! C'est un musée vivant en renouvellement permanent.

MARCHÉ AUX PUCES

Plaine de Plainpalais
www.smpg.ch

Le mercredi et le samedi et chaque premier dimanche du mois de 8h à 18h l'hiver et 19h l'été

C'est un immanquable pour ceux qui aiment chiner ! Un lieu de rencontre entre étudiants et familles genevoises qui ne ratent pas ce grand marché aux puces. Vous pourrez côtoyer des passionnés des fonds de greniers et trouver des pièces rares et oubliées, ce qui réunit plus de 300 marchands et brocanteurs, été comme hiver, sous la pluie ou le soleil. Le plus grand marché aux puces de Suisse offre une multitude d'objets et de meubles anciens, des outils d'époque, des objets spéciaux à des prix qui peuvent frôler le dérisoire ou s'envoler selon la rareté !

MEG - MUSÉE D'ETHNOGRAPHIE ★★★★

65, 67 boulevard Carl-Vogt
✆ +41 22 418 45 50
www.meg-geneve.ch

Ouvert du mardi au dimanche de 11h à 18h. Entrée gratuite (collections permanentes). Expos temporaires payantes 9 CHF.

Dès le premier regard, l'enveloppe extérieure du MEG ne vous laissera pas indifférent. Un écrin métallique ajouré qui invite à percer le secret des œuvres qu'il abrite. Comme un iceberg, la plus grande partie de sa superficie est sous terre : avec ses 7 200 m² de surface destinée aux activités publiques, dont 2 000 m² pour les salles d'exposition d'un seul tenant au deuxième sous-sol, sans le moindre pilier, il dispose désormais de ce qui lui manquait : l'espace, avec ce luxe rare de pouvoir disposer d'une hauteur sous plafond entre 5 et 10 m. Un bijou architectural qui propose des expositions permanentes et temporaires ! Depuis sa création par Eugène Pittard (1867-1962), anthropologue de renom international, le musée, comme un nomade s'est installé dans différents lieux avant ce bâtiment emblématique. Après toutes ces années d'expositions, le MEG est riche de 70 000 pièces provenant de pas moins de 1 500 cultures différentes de la planète toute entière ! Sans compter 40 000 livres et d'innombrables documents, le MEG a fait le choix d'exposer dans le parcours permanent 1 000 pièces. Parcourir le MEG, c'est parcourir le monde et les origines de sa population. Partez pour un long voyage sur les continents, à travers le temps : Afrique : masques, sculptures ; Asie : magnifiques objets du Japon ; Amériques : objets précolombiens ou de cultures amazoniennes ; Océanie : objets de la Nouvelle-Guinée et d'Australie ; Europe : collections issues de 46 pays ou aires culturelles.

MUR DES RÉFORMATEURS ★★

Parc des Bastions

Accès libre 24h/24.

Le monument international de la Réforme est adossé à une partie des anciennes murailles de la cité datant du XVIe siècle. Quatre immenses personnages sont représentés en bas-relief sur une hauteur de 5 m : Jean Calvin (1509-1564), qui rédigera les lois civiles et religieuses, Guillaume Farel (1489-1565), prédicateur envoyé depuis Berne, Théodore de Bèze (1513-1605), successeur de Calvin, et John Knox (1505-1572), l'un des fondateurs de l'église presbytérienne en Ecosse. La devise de la Réforme et de Genève : *Post Tenebras Lux*, « après les ténèbres, la lumière ».

MUSÉE BARBIER-MUELLER ★★★

10, rue Jean-Calvin
✆ +41 22 312 02 70
www.barbier-mueller.ch
Ouvert tous les jours 11h à 17h. Entrée : 8 CHF, tarif réduit 5 CHF et gratuit pour les moins de 12 ans et les écoles.

Installé au cœur de la vieille ville depuis 1977, le musée Barbier-Mueller conserve, étudie et fait connaître des œuvres d'art provenant de cultures tribales : sculptures, tissus, effigies ancestrales océaniques. Les expositions temporaires et thématiques mettent à l'honneur l'Afrique, l'Amérique du Nord, Antiquité, Mers du Sud. Ces collections, créées à partir de 1907 par Josef Mueller puis poursuivie par ses héritiers, compte aujourd'hui quelque 7 000 pièces dont certaines viennent d'Indonésie, des masques anciens et des boucliers africains, des statues.

PATEK PHILIPPE MUSEUM ★

7, rue des Vieux-Grenadiers
✆ +41 22 807 09 10
www.patekmuseum.com
Ouvert du mardi au vendredi de 14h à 18h, le samedi de 10h à 18h. Entrée : 10 CHF. Gratuit moins de 18 ans.

L'heure est à la merveilleuse découverte des œuvres horlogères. Genève, le fleuron de l'horlogerie ! Le plus majestueux des musées de l'horlogerie. Logé dans un bâtiment Art déco érigé du début du XXe siècle, sur 4 étages, le musée Patek Philippe expose d'importantes collections d'horlogerie et d'émaillerie d'origines genevoise, suisse et européenne, allant du XVIe au XXe siècle. Un chemin de 5 siècles d'art horloger à parcourir comprenant également une bibliothèque de plus de 7 000 ouvrages relatifs à l'horlogerie et à ses branches annexes.

MUSÉE RATH

Place Neuve
✆ +41 22 418 33 40
mah-geneve.ch
Ouvert de 11h à 18h. Fermé le lundi. Entre 5 et 20 CHF, selon les expositions.

Un immanquable à Genève dans le domaine de l'art. Le Musée Rath est l'un des premiers musées de Suisse a avoir été ouvert au public. Ce joyau architectural classé monument historique en 1921, fut inauguré en 1826, offert aux Genevois selon le vœu des sœurs du défunt Simon Rath, général dans l'armée du tsar et grand amateur d'art. Sa collection va servir de base à la création de ce nouveau bâtiment : le premier musée dédié aux beaux-arts de Suisse. Dans ce quartier de la place Neuve, des Bastions, il trône majestueusement pour le partage de l'art et de la culture.

QUARTIER LIBRE SIG

1, pont de la Machine
✆ +41 844 800 808
www.sig-ge.ch/quartier-libre
Ouvert 7j/7 de 9h à 17h, le samedi et le dimanche de 10h à 17h pendant les expositions. Entrée libre.

Situé sur le pont de la Machine, Quartier Libre offre un programme d'expositions diversifié, interactif et pédagogique dans les domaines de l'environnement, du patrimoine, de l'humanitaire et de l'art. Quartier Libre est un lieu intergénérationnel de découvertes culturelles fondé par SIG (Services industriels de Genève). A travers cet espace, SIG exprime sa mission de service public et sa proximité avec les Genevois en participant à l'animation de la cité. Les expositions présentées répondent à ses engagements pour la valorisation du patrimoine.

GENÈVE

© SIVAROCK - ISTOCKPHOTO

Le mur des réformateurs, dans le parc des Bastions.

MIR - MUSÉE INTERNATIONAL DE LA RÉFORME ★★

4 rue du Cloître ✆ +41 22 310 24 31 - www.mir.ch

Ouverture du mardi au dimanche de 10h à 17h. Adultes : 13 CHF. Tarifs réduits : 8 CHF et 6 CHF. Boutique.

La Réforme est l'une des étapes clés qui a progressivement bâtie spirituellement et politiquement la Genève actuelle. Pour comprendre Genève, la cité du calvinisme et de la réforme protestante, la visite de ce musée est primordiale. Il a pour écrin un bel hôtel particulier du XVIIIe siècle, la maison Mallet. Située à deux pas de la cathédrale Saint-Pierre, la maison est en lieu et place de l'ancien cloître de la cathédrale. Surtout très symbolique comme emplacement, car le 21 mai 1536, c'est dans ces lieux que fut adoptée la Réforme. Historique, culturelle bien sûr, la visite se veut être aussi ludique et dynamique avec des animations sonores et des mises en scènes surprenantes qui incitent à vouloir en connaître davantage. Vous serez accueilli par une présentation traditionnelle. Un film présenté dans un salon retrace toute l'histoire de Luther puis celle de Calvin en passant par les guerres de religion qui déchirèrent la France. Vous déambulerez dans les 400 m² de la maison de maître, dans un décor d'époque, sur deux étages. Vous plongerez dans l'histoire de la Réforme, des thèses de Luther en passant par les persécutions des huguenots français, et le rôle de Genève dans le rayonnement et la diffusion du calvinisme... Plus de 147 ouvrages, 615 objets originaux datant des guerres de religion du XVIIIe siècle : bibles, gravures anciennes de Genève, ouvrages de Calvin dans les éditions originales, portraits des réformateurs, souvenirs des persécutions et du Refuge, et même psaumes huguenots et chants luthériens... Enfin, les caves historiques sont un regard sur le protestantisme de l'époque contemporaine à travers les pays du monde. Primé, le MIR a été récompensé pour sa qualité et son travail en recevant le prestigieux prix du Musée 2007 du Conseil de l'Europe. La visite peut se faire avec des audioguides.

▶ **« Sur les pas de la Réforme » parcours en 10 étapes dans la vielle ville,** durée du trajet : 1 heure.

Possibilité de télécharger le parcours et les dossiers pédagogiques sur **mir.ch**

▶ **Activités au MIR pour les enfants :** un parcours où les supers sont ici SuperThéo, SuperCalvin, SuperJohn et SuperFarel. Possibilité de télécharger les dossiers pédagogiques sur le site internet.

▶ **La boutique :** l'échoppe du musée vous permet de compléter votre connaissance sur la réforme avec une belle sélection d'ouvrages comme les minuscules livres *Pensées de Calvin*, des éditions Loisirs et Pédagogies, des cartes postales, des posters...

MUSÉE D'ART ET D'HISTOIRE ★★

2, rue Charles-Galland

✆ +41 22 418 26 00

www.mah-geneve.ch

Ouvert de 11h à 18h. Fermé le lundi. Entrée libre aux collections permanentes.

Profitez de votre promenade en Vieille-Ville pour vous offrir un voyage dans le temps. Le Musée d'art et d'histoire est l'un des plus grands de Suisse, 7 000 m² de visite et de découverte, 212 marches à gravir pour découvrir les joyaux de chaque étage. Ce bel édifice, construit entre 1902 et 1910 par Marc Camoletti, et dont la façade majestueuse imite celle du Petit-Palais de l'Exposition universelle de Paris de 1900, abrite des collections permanentes consacrées à l'archéologie, aux beaux-arts et aux arts appliqués. Il est le gardien de 650 000 objets, dont environ 7 000 sont exposés. Des marbres anciens de la cour intérieure aux salles consacrées à l'histoire de l'Escalade (attaque de Genève par les Savoyards, la nuit du 11 au 12 décembre 1602), le musée, par son fonds si riche, en fait la fierté de Genève. Selon votre sensibilité, vous pouvez découvrir plusieurs époques qui ont façonné notre histoire et civilisation. Il comporte une importante collection d'objets de la préhistoire et la plus grande collection d'antiquités égyptiennes de Suisse. Le Proche-Orient, la Grèce, les Étrusques et Rome dessinent un parcours qui s'achève à l'ère chrétienne. Les beaux-arts offrent des œuvres du XVe au XXe siècle, dont la fameuse *Pêche miraculeuse* de Konrad Witz (1444) qui met en lumière le paysage de Genève, et d'importants ensembles de Liotard, Hodler et Vallotton. Les écoles italiennes, françaises, hollandaises et anglaises sont également bien représentées, en peinture et dessins, de même que le XIXe siècle suisse et européen avec Corot, Renoir, Monet, Cézanne et Van Gogh. Des œuvres expressionnistes et issues du nouveau réalisme terminent ce voyage dans le temps et dans l'art. Une à deux expositions temporaires sont présentées chaque année.

▶ **Exposition janvier 2022 :** Feuilles d'éventails entre Europe et Japon – Genève et la Grèce – Jean-Marc Meunier, photographie.

▶ **Pour faire une pause :** le Barocco, restaurant du MAH, s'installe en été dans la cour intérieure du musée, dans un cadre exceptionnel ! ✆ +41 22 418 26 82.

▶ **Espace *family* :** espace dédié aux enfants et ateliers pour enfants et leurs parents.

▶ ***Afterwork* :** le MAH a pensé à tout ! Dans nos vies trépidantes, osons nous offrir des sorties détente où l'on en profite pour se cultiver. Au programme : un *speed dating*, pas avec l'éventuelle âme sœur, mais avec un tableau ! On y organise aussi des ateliers, des rencontres avec des artistes... En voilà un cadre exceptionnel pour des soirées !

BÂTIMENT PONT DE LA MACHINE ★★

1, pont de la Machine

Ouvert 7j/7, de 9h à 18h. Expositions temporaires et résidentes. Restaurant bar lounge.

Emblème genevois depuis 1840, le bâtiment a été construit pour approvisionner les fontaines publiques en eau. C'est aujourd'hui un espace conçu autour du temps et de l'art. La Cité du Temps sert aussi de lieu d'événements avec de grandes salles voûtées et une vue imprenable sur le lac et le Rhône. Des expositions artistiques voient le jour dans cet endroit stratégique pour vivre elles aussi, le temps d'une période définie, leur temps de gloire dans le temps.

JARDIN ANGLAIS

Quai du Général-Guisan

Jardin à l'anglaise.

Sur la rive gauche, proche du lac et du pont du Mont-Blanc, c'est l'un des sites les plus fréquentés par les touristes. Gagné sur le lac par le comblement du port en 1854, il fut le premier parc de la ville planté à l'anglaise. L'écrivain Dostoïevski le qualifiait alors de « vilain petit square ». On aime se perdre dans ses allées sinueuses, ses rotondes, ses pelouses, sa fontaine de bronze monumentale (1862), son kiosque à musique de la fin du XIXe siècle, sa fontaine des quatre saisons, son monument national, son pavillon rustique et la célèbre horloge fleurie.

HORLOGE FLEURIE ★

Quai du Général-Guisan

Mosaïculture. Emblème de l'horlogerie.

Si vous ne partez pas avec une montre au poignet, repartez au moins avec une photo de l'horloge fleurie. Installée depuis 1955 sur la Promenade du lac, elle est le témoin du savoir-faire helvétique et genevois de l'industrie horlogère mondiale haut de gamme. Le premier horloger à Genève est attesté en 1555. Il faut remonter le temps pour comprendre pourquoi Genève dispose d'un tel emblème à l'heure actuelle. La Réforme est adoptée en 1536 et le calvinisme n'autorise pas le port de bijoux, considéré comme ostentatoire. Les orfèvres de la ville et le savoir-faire de nombreux réfugiés protestants vont favoriser l'essor de l'horlogerie. L'horloge représente un double exploit : exploit de jardinier d'une part, de technicien d'autre part. Une mosaïque végétale qui est modifiée quatre à cinq fois par an et les aiguilles sont changées en fonction des saisons. Côté boulons, le mouvement doit animer chaque seconde la plus grande aiguille-trotteuse du monde (2,50 m, 27 cm de parcours d'une seconde à l'autre). La montre a un diamètre de 5 m. Son look change suivant les saisons et se compose de plus de 13 000 nouvelles plantes et fleurs repiquées comme des alternanthères pour la frise, des santolines pour la partie chiffres et de bégonias au cœur. La marque horlogère de renom Patek Philippe a doté de trois jeux de nouvelles aiguilles le magnifique décor. Au niveau du système de précision : elle est directement connectée à un réglage électronique de l'heure par satellite. Alors plus d'excuse d'être en retard !

MAISON ROYALE ★

46 quai Gustave Ador

Ne se visite pas. À voir de l'extérieur.

Une bâtisse royale ? Classée monument historique et artistique par le Conseil d'Etat de la Ville de Genève en 2001, la maison Royale est sans conteste le bâtiment le plus impressionnant de la rade, mais cependant n'a jamais abritée de tête couronnée ! Construite entre 1907 et 1909 par les architectes Henri Garcin et Charles Bizot, mandatés par une société anonyme, elle fut sujette à de nombreuses controverses. En effet, la Société d'art public et la mairie des Eaux-Vives lui reprochèrent notamment son important gabarit, dépassant celui prescrit par la loi.

MONUMENT NATIONAL

Quai du Général-Guisan

Statue de bronze.

Monument important et symbole du rattachement de la ville à la Confédération helvétique 1815. Situé à l'entrée du pont du Mont-Blanc, dans le Jardin anglais, ses deux jeunes femmes en habit de bronze, portant glaive et bouclier se dressent fièrement sur leur piédestal en regardant vers le pays. L'une représente la République de Genève (couvre-chef crénelé), l'autre, Helvetia (couronne de laurier). Ce monument national a été inauguré en 1869. Pour l'anecdote il paraît que le sculpteur Robert Dorer prit pour modèles deux demoiselles savoyardes.

JET D'EAU ★★★★

21 quai Gustave Avdor ✆ +41 22 418 98 70

Le jet d'eau fonctionne toute l'année, les horaires varient selon la météo et les saisons.

L'un des emblèmes de Genève. Ce jet d'eau de 140 m est la « carte postale » la plus connue de Genève. Situé sur la rive gauche dans le quartier des Eaux-Vives, il se donne en spectacle allègrement. Ce n'est pas le plus grand au monde, mais son panache est inégalable ! D'ailleurs il ne pourrait pas monter plus haut car il est en zone urbaine. A l'origine, en 1886, il agissait comme soupape de sûreté de l'usine hydraulique de la Coulouvrenière, sur le Rhône. Il jaillissait à 30 mètres de haut quand les artisans fermaient les robinets des machines et qu'alors se créait une surpression. Les artisans travaillaient pour « la Fabrique », c'est à dire le travail de l'horlogerie et ses dérivés. A l'époque ils confectionnaient les pièces dans leurs petits ateliers. C'est en 1891 que le conseil administratif de la ville eut l'idée de génie de transformer cette fontaine géante en attraction touristique. Il fut donc déplacé sur la Rade et y fonctionna pour la première fois en juillet 1891 et atteignait une hauteur de 90 mètres. Dès le mois suivant, on envisagea de l'illuminer ; ce qui fut fait aussitôt, pour célébrer les 600 ans de la Confédération. Depuis 1951, le jet est actionné par un système autonome, un petit exploit technique pour l'époque. Les deux pompes électriques qui l'animent aujourd'hui débitent 500 litres par seconde (1 000 kW, 16 bars de pression). Son aspect est déterminé par la tuyère de sortie, qui projette une colonne d'eau creuse (une colonne pleine passerait presque.

La vitesse de l'eau à la sortie est de 200 km/h, son débit est de 500 l/sec., soit l'équivalent de trois baignoires remplies par seconde. Chaque goutte met 16 secondes pour retomber et 7 tonnes d'eau sont suspendues en l'air.

- **Le saviez-vous ?** La vitesse de l'eau à la sortie est de 200 km/h, son débit est de 500 litres/seconde, soit l'équivalent de trois baignoires remplies par seconde. Chaque goutte met 16 secondes pour retomber et 7 tonnes d'eau sont suspendues en l'air.

- **Une nouvelle passerelle** a été aménagée en 2016 pour rejoindre le jet d'eau désormais accessible à tous. La valeur d'un tel ouvrage ? 4,5 millions de francs suisses financés en partie par des dons d'une fondation privée. Luxueuse promenade pour le joyau de Genève !

- **Pour le contempler** avant votre séjour ou pour les nostalgiques au retour, il a désormais sa webcam : www.sig-mobile.ch/jet_deau/jet_deau.php

- **Pour connaître tous les secrets** de ce géant emblématique de Genève, il est possible de suivre des visites guidées gratuites du 1er avril au 31 octobre. Renseignements sur : www.sig-ge.ch

MUSÉUM D'HISTOIRE NATURELLE ★★

1, route de Malagnou

✆ +41 22 418 63 00

www.ville-ge.ch/musinfo/mhng

Ouvert tous les jours de 10h à 17h, sauf le lundi. Accès facilité pour les personnes handicapées. Entrée libre.

Ce musée de Genève est le plus grand muséum d'Histoire naturelle de Suisse, avec des galeries d'exposition sur plus de 8 000 m², plus de 250 000 visiteurs par année. Il est un lieu culturel genevois très apprécié. Sur 4 étages, le musée retrace autant l'histoire de la faune régionale, des mammifères et oiseaux du monde, batraciens et reptiles, que l'histoire de la Terre et de l'Homme. Et n'oublions pas le podium des dinosaures et la reconstitution de la célèbre Lucy.

PARC DES EAUX-VIVES ★

Quai Gustave-Ador

Pique-nique possible et eau potable dans le parc. Un hôtel sur place et un restaurant gastronomique. Parc de 84 852 m².

Le parc des Eaux-Vives, créé au XVIe siècle, est l'un des plus anciens de Genève. Son nom provient des nombreuses sources présentent dans le terrain dont il reste un vestige de l'exploitation au sommet du parc. Il est acheté par la commune des Eaux-Vives en 1912 grâce aux dons des citoyens. Il est agrémenté de conifères, de séquoias géants et de vastes massifs de rhododendrons. La maison de maître du XVIIIe siècle est un restaurant gastronomique. En son centre, une rocaille où poussent des plantes alpines est animée d'un petit ruisseau sortant d'une grotte.

PARC LA GRANGE ★★

Quai Gustave-Ador

Ouvert du lever au coucher du soleil. Sur place : Buvette des Femmes abstinentes, Théâtre de l'Orangerie.

Cet emplacement privilégié semble être le belvédère du Léman. Contigu au Parc des Eaux-Vives et ouvert du lever au coucher du soleil, le Parc La Grange est sans doute l'un des parcs les plus remarquables de Genève, avec sa colline qui descend sur le lac et sa magnifique roseraie créée en 1945 abritant plus de deux cents variétés différentes. D'une imposante superficie, il renferme également les vestiges d'une villa romaine découverte à la fin du XIXe siècle. La propriété et la villa de maître fut léguée à la ville par William Favre en 1918.

BAINS DES PÂQUIS ★★★

30 quai du Mont-Blanc
✆ +41 22 732 29 74
www.bains-des-paquis.ch
Ouvert toute l'année. Bains d'été : 2 CHF dès 16 ans. Entrée hammam/sauna : 20 CHF serviette comprise et 10 CHF en été.

Des premiers bains en bois de la fin XIXe siècle, les bains ont su garder leur emplacement sur la rade rive gauche et surtout leur charme. Pour les Genevois comme pour les visiteurs, les Bains des Pâquis sont un lieu incontournable. Une longue jetée sur la rade, où on peut, grâce à l'association dynamique qui la gère, tout à la fois se baigner, se sustenter, suivre parfois un concert, un cours de tai-chi, se faire masser ou fréquenter l'un des deux saunas et hammams. Ouverts dès le 1er mai, l'un des hammams reste exclusivement l'apanage des femmes, le mardi, et l'autre est plutôt un bain turc. Un solarium à ciel ouvert, accessible durant tout l'hivernage par beau temps, complète l'offre des lieux. Une équipe de masseurs et masseuses professionnels est à disposition tous les jours de 10h à 20h, sur rendez-vous, en toute saison : massages de détente, massages musculaires, réflexologie, drainage lymphatique et shiatsu… Toute une vie s'ébroue en ces lieux où les cygnes croisent une foule hétéroclite de personnages. Menacés de disparition, sauvés il y a trente ans par la population, les lieux ont depuis connu un succès qui ne se dément plus. De l'aube à la nuit, tous les âges s'y croisent. Une restaurant (en terrasse l'été et en cabane chauffée l'hiver) complète cet espace dédié à la détente et au bien-être. Les Bains des Pâquis ; c'est une ambiance à part, bénéficiant en outre d'un très beau point de vue sur la rade et le Jet d'eau. C'est plus qu'un endroit, c'est une partie de l'histoire de Genève.

CENTRE EUROPÉEN POUR LA RECHERCHE NUCLÉAIRE ★★★

Route de Meyrin
✆ +41 22 7678484
www.cern.ch
Ouvert tous les jours sauf dimanche. Expositions permanentes « Microcosme » et « Univers des particules » gratuites.

Un centre scientifique mondialement connu qui vous livre les secrets de ses activités. Tout le monde se pose la question un jour : comment le monde a-t-il commencé ? Le CERN fondé en 1954, compte aujourd'hui 20 Etats membres qui œuvrent pour cette recherche. C'est l'un des plus grands laboratoires scientifiques du monde. Les outils particuliers utilisés sont des accélérateurs et des détecteurs de particules. Notamment le Grand collisionneur d'hadrons (LHC), le plus puissant accélérateur jamais construit. Représentant un cercle de 27 kilomètres de long à cheval sur la frontière franco-suisse, vous ne pourrez le voir car il est situé à 100 mètres sous terre. Il constitue un outil unique pour des scientifiques de plus de 100 pays. Le LHC va révolutionner notre compréhension du monde, de l'infiniment petit, à l'intérieur des atomes, à l'infiniment grand de l'Univers.

Découvrez le monde fascinant de l'infiniment petit et de l'infiniment grand en explorant la nouvelle et très spectaculaire exposition permanente « Univers de particules » située dans le Globe de la science et de l'innovation. Profitez de votre venue pour découvrir également Microcosm, le musée interactif du CERN très proche de la réception. Complètement relooké, le musée vous plonge dans des simulations de collisions de particules afin de comprendre l'objectif et le fonctionnement du LHC. Des écrans interactifs, des expériences vous transportent dans la peau d'un physicien et la passion d'un explorateur.

BASILIQUE DE NOTRE-DAME ★

Place de Cornavin
✆ +41 22 716 56 66
Messes : lundi 12h15, 18h30. Mardi-vendredi 7h, 8h, 18h30. Samedi 8h, 18h30. Dimanche 7h30, 9h, 10h, 11h30, 17h et 19h.

Cette basilique est le principal sanctuaire de l'église catholique romaine de la ville. Elle fut construite entre 1852 et 1857 sur le bastion de Cornavin. Elle est d'inspiration des grandes cathédrales gothiques du XIIIe siècle, telles que celles de Beauvais ou d'Amiens. Elle est cependant édifiée en molasse. A l'intérieur, vous pourrez notamment admirer, dans la chapelle centrale du déambulatoire, une statue de la Vierge, offerte aux catholiques de la ville en 1860 par le pape Pie IX. Elle constitue une étape du pèlerinage vers Saint-Jacques-de-Compostelle.

HAUT COMMISSARIAT POUR LES REFUGIÉS (HCR) ★

94, rue de Montbrillant
✆ +41 22 739 86 06
www.unhcr.fr
Ouverture : visite du lundi après-midi. Mardi au vendredi de 9h30 à 12h et de 14h à 16h.

Le Haut Commissariat des Nations unies pour les réfugiés a été mandaté par les Nations unies pour trouver des solutions pour les réfugiés, demandeurs d'asile, déplacés internes, les migrants, apatrides et autres personnes relevant de sa compétence, soit actuellement plus de 36 millions de personnes. C'est une organisation apolitique et humanitaire créée en 1950 par l'Assemblée générale de l'ONU. Le Centre des visiteurs se trouve en face du bâtiment principal du HCR.

CONSERVATOIRE ET JARDIN BOTANIQUES ★★

1, chemin de l'Impératrice ✆ +41 22 418 51 00
www.ville-ge.ch/cjb
Ouvert de 8h à 19h30 d'avril à octobre, et de 8h à 17h le reste de l'année. Entrée libre au Jardin. Restaurant Pyramus.

Un des parcs à ne pas manquer à Genève. Pourquoi ne pas prévoir un arrêt après la visite de la Genève Internationale par exemple et s'offrir une pause bucolique ? Un musée vivant sur 28 hectares. C'est un haut lieu de visites où se mêlent détente et découverte végétale. Sa réputation internationale est méritée. Son patrimoine scientifique et culturel né de la grande tradition botanique du début du XIXe siècle, attire annuellement 350 000 visiteurs. Les promeneurs admirent ses quelques 15 000 plantes cultivées provenant des cinq continents dont des arbres plusieurs fois séculaires, des rocailles, des massifs horticoles, un arboretum, des serres tempérées et tropicales, les Jardins ethnobotaniques et un jardin des senteurs et du toucher aménagé notamment pour les malvoyants. Un parc animalier, des jeux d'enfants, une restaurant, une aire de pique-nique permettent de passer un agréable moment. Au niveau ludique, le superbe « Carrousel des Fables » (unique en son genre) anime le Jardin botanique d'avril à octobre. Il est aussi privilégié de choisir Le Pyramus pour sa terrasse exceptionnelle en été, dans un parc de renom. On y vient en famille pour le *brunch* du dimanche, écouter les oiseaux, et respirer un air de nature en pleine ville de Genève. En 2017, le bicentenaire des Conservatoire et Jardin botaniques du parc a donné lieu à de belles manifestations.

▶ **L'Herbier** : l'un des plus grands du monde avec 6 000 000 d'échantillons. Découverte lors de visites guidées du jardin.

MONUMENT BRUNSWICK

Quai du Mont-Blanc
Mausolée néogothique.

© ELENARTS

Ce curieux édifice néogothique érigé à la gloire du duc de Brunswick (1804-1873) se dresse sur le quai du Mont-Blanc. Charles d'Este-Guelph, duc de Brunswick, est un personnage singulier doublé d'un paranoïaque. Linguiste distingué, cavalier émérite et musicien averti, il amasse une immense fortune grâce à des investissements clairvoyants. Ayant passé les trois dernières années de sa vie à Genève, il institue la ville comme légataire universelle à une condition : qu'elle lui élève un mausolée situé « dans une position proéminente et digne ».

MUSÉE ARIANA, DE LA CÉRAMIQUE ET DU VERRE ★★★

10, avenue de la Paix ✆ +41 22 418 54 50
www.ariana-geneve.ch
De 10h à 18h, sauf le lundi. Bibliothèque : mardi-vendredi de 10h à 12h et de 14h à 17h. Entrée libre. Exposition 5 CHF.

Il rassemble les collections de céramiques et de verres appartenant à la ville (20 000 objets). Construit sur l'initiative du collectionneur Gustave Revilliod (1817-1890), il est l'unique musée consacré aux arts du feu en Suisse. Grès, faïences et porcelaines y sont mis en valeur. La voûte étoilée et les colonnades du grand hall sont grandioses. Ce musée rassemble un important ensemble de porcelaines orientales et une belle collection islamique, signes des interactions Orient-Occident.

MUSÉE D'HISTOIRE DES SCIENCES ★

128, rue de Lausanne ✆ +41 22 418 50 60
www.ville-ge.ch/mhs/index.php
Ouvert tous les jours de 10h à 17h. Bibliothèque : lundi et mercredi de 9h à 12h et 14h à 17h, vendredi 9h à 13h.

Dans l'un des plus beaux parcs de Genève, la somptueuse villa néoclassique Bartholoni, datant de 1828, abrite les collections du musée d'Histoire des sciences. Des ateliers et visites commentées sont organisés avec des travaux pratiques. Des animations à destination des enfants et des adultes, dont un café scientifique, permettent d'aborder différents thèmes dans une ambiance conviviale.Et on s'y déplace pour le très bel intérieur de la maison de maître, et pour les riches collections.

MUSÉE DE LA CROIX-ROUGE ★★★

17, avenue de la Paix ✆ +41 22 748 95 11
www.redcrossmuseum.ch
Ouvert du 1er avril au 31 octobre de 10h à 18h, du 1er novembre au 31 mars de 10h à 17h. Fermé le lundi. Entrée 15 CHF.

Le musée du CICR (Croix Rouge et Croissant Rouge) est l'une des institutions les plus visitées de Genève. Au cœur de la Genève internationale, la visite du Musée se veut interactive et moderne et souhaite faire passer un message d'espoir. Il propose de connaitre les actions diverses et exemplaires de la Croix Rouge dans le monde. Douze personnes d'origines et d'horizons différents vous accompagnent (hologrammes) pour la visite de l'exposition permanente « L'Aventure humanitaire ». Ils vous conduisent naturellement à une réflexion large sur l'action humanitaire. Les salles ont été conçues par trois architectes de renom. Leur approche singulière ne manquera de vous surprendre : passage sous une pluie de chaines en acier pour évoquer la reconstruction du lien familial et découverte du métier des archives en mode réel par l'architecte Diébédo Francis Kéré (Burkina Faso). Le respect de la dignité humaine se concrétise par des actes et des accords, la salle « Défendre la dignité humaine » dessinée par l'architecte Gringo Cardia (Brésil), nous montre l'exemplaire original de la Convention de Genève de 1864. On entre dans la vie des prisonniers de guerre avec une exposition d'objets réalisés et offerts aux membres du CICR. La salle « Limiter les risques naturels » pensée par l'architecte Shigeru Ban (Japon), vous transporte dans un monde de carton et de papier évoquant le temporaire. Une activité ludique composée d'une grande roue vous invite à sauver le plus de monde et d'objets possibles face à un Tsunami.

PLACE DES NATIONS

1 place des Nations
Place de la Genève internationale.

Cette place représente le cœur de la Genève internationale ; elle est aussi le lieu de manifestations symboliques pour interpeler l'opinion publique et les organisations internationales. Au centre de la place, l'œuvre insolite de l'artiste genevois Daniel Berset : *Broken Chair* (1997), une chaise géante amputée d'un morceau d'un de ses pieds, symbole de la lutte contre les mines antipersonnel érigé par Handicap International. Face à la place, la grande entrée du Palais des Nations, une allée bordée des 192 drapeaux des Etats-membres.

ONUG - PALAIS DES NATIONS ★★★

14, avenue de la Paix ✆ +41 22 917 48 96
www.unog.ch
Entrée 15 CHF. Présentation d'une pièce d'identité obligatoire. 4 visites par jour en anglais et en français.

Le palais des Nations abrite depuis la Seconde Guerre mondiale le site européen de l'Organisation des Nations unies, dont il est le plus grand centre après le siège de New York. Ancien siège de la Société des nations, il fut construit entre 1929 et 1936 dans le Parc de l'Ariana et agrandi entre 1968 et 1973. La visite nous permet de prendre la mesure des activités et des mandats de l'ONU à Genève. Un film de présentation et un parcours dans les couloirs de ce gigantesque bâtiment à l'architecture Art déco et aux 2 000 bureaux et 34 salles de conférences, montrent les œuvres d'art du palais, les cadeaux offerts à l'ONU, la salle des Pas-Perdus (sphère armillaire et monument commémoratif de la conquête de l'espace), une salle de conférence du nouveau bâtiment, la nouvelle salle des Droits de l'homme et de l'Alliance des civilisations (décorée par l'artiste Miquel Barcelò), la grande salle des Assemblées (2 000 personnes) ou encore la salle du Conseil, théâtre de nombreuses négociations sur le désarmement. En prime, une vue imprenable sur le lac et le massif du mont Blanc.

- **Le peintre catalan Miquel Barcelò** a créé pour la salle des Droits de l'homme, à Genève, une voûte de stalactites multicolores symbolisant la multiplicité des points de vue.
- **La Place des Nations a été réaménagée en 2007** et vaut la peine d'être traversée : le sol en granit de l'esplanade est composé de grands blocs de 4 m de large provenant de pays adhérant à l'ONU. La fontaine vous rafraîchira en été avec ses 84 jets d'eau rappelant le nombre d'organisations internationales dans le quartier. Et bien sûr la « Broken Chair » reposant sur trois pieds, qui prône de façon monumentale sur la place jusqu'à 12 m de haut, rappelant le sort des victimes des mines antipersonnelles.
- **Sentier culturel à découvrir « Quartier les Nations »** : il est possible de télécharger en PDF ou Audio un itinéraire dans le quartier des Nations pour connaître les organisations internationales : www.ville-geneve.ch/faire-geneve/promenades/sentiers-culturels/sentier-1-nations/
- **Quatre visites** sont organisées par jour en anglais et en français. Sur autre demande, quinze autres langues sont proposées pour les visites. Visite guidée (1h environ) : 15 CHF, tarif réduit : 13 CHF, gratuit pour les moins de 6 ans. Visite commentée en anglais et en français. Visites à thème également : le parc de l'Ariana, les œuvres d'art exposées dans le palais, l'historique des bâtiments du palais des Nations.

SE LOGER

Genève est souvent considérée comme une ville d'affaires et de congrès, ce qui explique le nombre important d'hôtels majoritairement situés sur la rive droite de la ville. Si vous avez besoin d'être guidé dans votre choix, l'office de tourisme propose de nombreux packages avantageux négociés avec ses partenaires hôteliers. Plus de 140 hôtels de toutes les catégories, de l'auberge de jeunesse à l'hôtellerie de luxe et même sur un bateau, vous invitent à passer des nuits de rêve ! Le secteur de l'aéroport est réservé aux grandes chaînes car il est proche des centres de conférence. Le bord du lac est sublimé par des palaces et hôtels de luxe, le quartier de la gare, des Pâquis et de la vieille ville abrite des boutique-hôtels. La campagne genevoise n'est qu'à deux pas du centre et facile d'accès en transports publics pour les séjours bucoliques dans des chambres d'hôte ou campings. Impossible de ne pas trouver l'écrin qui vous convienne !

GENEVA HOSTEL €

28-30 rue Rothschild
✆ +41 22 732 62 60
www.genevahostel.ch

Réception 24h/24. Dortoir : 36 CHF. Chambre 2 lits : 100 CHF. Petit déjeuner, draps et taxes inclus.

Situé à deux pas du lac, Geneva Hostel est très prisé par les étudiants et touristes de par son emplacement stratégique et ses tarifs abordables. L'établissement propose des chambres communes à 6 lits ou des chambres doubles privatives. Vous avez à disposition le wifi, la salle de pic-nic aménagée, une bibliothèque, et des casiers sécurisés. Les chambres doubles en haut de l'hostel offrent une terrasse et une vue imprenable sur le lac. Possibilité de prendre le petit déjeuner. Parking à disposition. Pour visiter Genève, la carte de transport est gratuite.

HOME SAINT PIERRE €

4 cour de Saint-Pierre
✆ +41 22 310 37 07
www.homestpierre.ch

Dortoirs (hommes/femmes) : 36 CHF. Chambres (femmes uniquement) de 40 CHF à 50 CHF. Petit déjeuner : 7,50 CHF.

Une très bonne adresse et une véritable auberge (et aubaine) pour les petits budgets, à condition de réserver bien à l'avance. Si les dortoirs accueillent hommes (6 lits) et femmes (10 lits) séparément (douches et salles de bains séparées également), les chambres individuelles et doubles pour les séjours de longue durée sont réservées aux femmes (fondé en 1874, l'établissement appartient à l'Église luthérienne allemande de Genève et à la paroisse protestante). La terrasse au dernier étage vaut vraiment l'effort de grimpette. Une maison différente.

HÔTEL IBIS CENTRE GARE €

10, rue Voltaire
✆ +41 22 338 20 20
www.ibishotel.com

64 chambres à partir de 101 CHF. Parking payant. Restaurant. Bar (ouvert 24h/24).

Ibis se positionne dans ce quartier stratégique de la gare pour offrir des chambres insonorisées et rénovées répondant aux nouveaux standards de la chaîne. Relativement spacieuses et bien équipées, les chambres offrent un confort simple et pratique avec des chambres modernes aux couleurs et aux lignes contemporaines. Notons que le prix des chambres s'entend quel que soit le nombre de personnes et que la carte ALL permet de bénéficier de nombreux avantages. On privilégie le lieu, le prix, l'accessibilité plutôt que le cadre assez neutre de l'hôtel.

IBIS BUDGET €

26, avenue Louis-Casaï
✆ +41 22 710 46 36
www.ibis.com

204 chambres. Chambre double et triple à partir de 87 CHF. Petit déjeuner : 12 CHF. Parking 20 CHF par nuit.

Voici un hôtel économique pour Genève. Près de l'aéroport de Cointrin, face au grand centre commercial de Balexert (magasins, cinémas et supermarché), cet hôtel appartient à la chaîne Accor. Il est un peu loin du centre de Genève (environ 3 km) mais reste très accessible en transport en commun. Confort succint, pas de minibar ni de téléphone, mais une réception ouverte 24h/24. A ses pieds, le Swiss Bistro et ses spécialités helvétiques et, le soir, un bon cinéma au multiplex Pathé en face. Moderne et idéal pour les familles car chambre triple.

9HÔTEL PÂQUIS €€

12 de Neuchâtel
✆ +41 22 552 90 95
www.9-hotel-geneve-paquis.ch/fr/
Chambre supérieure dès 149 CHF, club dès 169 CHF, exécutive dès 189 CHF, junior suite dès 219 CHF. Piscine et sauna.

Hôtel résolument chic au design épuré. Dans le palpitant quartier des Pâquis, le récent 9hôtel nous surprend par ses lignes contemporaines et néanmoins chaleureuses. Véritable « refuge urbain » où il fait bon se détendre, le lobby accueille un bar ovale qui donne une ambiance vintage et actuelle. Les chambres accordent leur mobilier à ceux des espaces de vie de l'hôtel et sont résolument agréables. Très bons cocktails à savourer avant de vous relaxer dans les eaux claires de la piscine intérieure ou au sauna. Salle de fitness pour se maintenir en forme.

ADAGIO GENEVE MONT-BLANC €€

4, rue Sigismond Thalberg ✆ +41 22 716 40 00
www.adagio-city.com
Résidences hôtelières. Studios, appartement jusqu'à 4 personnes dès 180 CHF. Fitness. Petit déjeuner dès 12 CHF.

Aparthotel Adagio Genève Mont Blanc 4 étoiles vous accueille au cœur de la ville, sur les rives du Léman, à deux pas des commerces et des jardins. 102 appartements climatisés et tout équipés sont proposés, allant du studio 2 personnes au deux-pièces 4 personnes. Situé à proximité de la gare Cornavin, il est idéal pour les séjours d'affaires mais également pour les familles. Les chambres sont contemporaines et confortables. Le quartier peut s'avérer être un peu bruyant mais vous aurez l'avantage d'être situé à deux pas des rives et des attractions du lac.

FRASER SUITES GENEVA €€

3-5 Rue de la Rôtisserie
✆ +41 22 525 98 88
geneva.frasershospitality.com
67 suites dès 243 CHF en suite de luxe. Studios équipés de kitchenette et de petit salon. Espace fitness.

La résidence hôtelière Fraser Suites Geneva vous accueille dans un luxe discret et élégant au cœur du centre-ville. Un emplacement idéal pour profiter des atouts de la cité. Cadre élégant et contemporain, suites lumineuses avec cuisine équipée et salon, décorées avec soin. Agréable sentiment d'être comme chez soi, avec le service hôtelier désiré. Une bulle de tranquillité au milieu de l'activité urbaine. Grand confort et très bel accueil par l'équipe qui sait rendre votre séjour le plus agréable possible. Salle de fitness, buanderie et business corner.

HÔTEL ASTORIA €€

6, place Cornavin
✆ +41 22 544 52 52
www.astoria-geneve.ch
63 chambres de 108 CHF à 300 CHF. Petit déjeuner inclus.

Tout à côté de la gare Cornavin, l'hôtel Astoria profite d'une situation idéale. Les chambres sont fonctionnelles et confortables. En montant jusqu'au sixième étage, elles ouvrent une vue en direction des Alpes ou du Jura. Les fenêtres insonorisées couvrent l'animation urbaine du quartier. Un coin détente avec sauna après une visite de Genève est appréciable. Le petit déjeuner se prend au pub Britania du rez-de-chaussée. On peut également y manger en semaine ou y prendre un verre dans une bonne ambiance. Hôtel accueillant et bien situé pour les transports.

HÔTEL BEL'ESPÉRANCE €€

1, rue de la Vallée
✆ +41 22 818 37 37
www.hotel-bel-esperance.ch
39 chambres de 110 à 200 CHF. Chambres familiales : 230 à 290 CHF, petit déjeuner inclus. Parking public à proximité.

Loin des grandes chaînes hôtelières, donnez du sens à votre séjour genevois. Réservez votre chambre à l'hôtel Bel'Espérance. Administré par l'Armée du Salut dans le respect des valeurs CHRétiennes de l'association, l'hôtel offre un rapport qualité/prix exceptionnel au cœur de la vieille ville, mais aussi une ambiance apaisée pour bien se reposer. Chambres douillettes, spacieuses et fonctionnelles, équipées de télévision et Wifi. Les clients apprécient le grand salon, la cuisine à disposition, la terrasse fleurie avec vue sur le Jet d'eau. Coup de cœur garanti.

HÔTEL CRISTAL €€

4, rue Pradier
✆ +41 22 716 12 21
fassbindhotels.ch
78 chambres à partir de 108 CHF, chambre pour deux personnes dès 146 CHF. Petit déjeuner inclus.

À moins de 50 mètres de la gare, l'Hôtel Cristal est idéalement situé proche du quartier animé des Pâquis et de la rive droite du lac. Dans un style architectural contemporain, c'est un bâtiment serti de façades en verre. Les matériaux sont bruts comme l'inox du comptoir de la réception jusqu'aux parois vitrées du mobilier de l'intérieur des chambres. Une atmosphère épurée qui met en avant un design futuriste. Pour déjeuner, il faut monter au huitième étage et apprécier le panorama impressionnant sur les toits, le jet d'eau et parfois le mont Blanc.

HOTEL D €€

16 rue de Fribourg
✆ +41 22 777 16 16
www.hoteld-geneva.ch
57 chambres. Chambres à partir de 204 CHF. Salle de fitness.

Un tout nouvel écrin de douceur dans le dynamique quartier des Pâquis. Le boutique-hôtel D Geneva offre une expérience élégante et stylée où l'on se sent très vite comme enveloppé par le cocooning de la décoration. La célèbre architecte Sybille de Margerie a délicatement apporté sa touche artistique pour donner du panache et de la volupté à l'ensemble. 57 chambres réveillent cette bâtisse historique et vous offrent tout le confort d'un grand hôtel mais de manière intimiste. Une halte de charme en plein cœur de Genève pour vous ressourcer.

HÔTEL EDELWEISS MANOTEL €€

2, place de la Navigation
✆ +41 22 544 51 51
www.manotel.com
42 chambres de 135 CHF à 420 CHF. Restaurant Edelweiss.

L'Edelweiss, situé au centre-ville et à deux pas du lac, est un concentré de folklore suisse. L'accueil en costumes traditionnels, la décoration en bois clair ouvragé dans un style de chalet d'alpage jusque dans les chambres confortables. Vous serez logés dans un chalet suisse avec des chambres spacieuses et fonctionnelles. De quoi oublier que vous êtes en plein centre de Genève. Ici, tout est convivial et après une soirée au restaurant (uniquement le soir) de spécialités suisses, vous vous sentirez complètement helvète ! Animations folkloriques.

HÔTEL IBIS CENTRE NATIONS €€

33-35 rue du Grand Pré
✆ +41 22 919 20 30
https://all.accor.com
216 chambres à partir de 115 CHF. Parking disponible.

L'hôtel Ibis en plein centre-ville ; côté rive gauche, à une minute de la gare Cornavin, proche des organisations internationales, offre une situation pratique pour séjourner sur Genève en toutes occasions. Les chambres climatisées sont agréables, fonctionnelles et calmes. On apprécie le mobilier moderne et la gamme des matelas « sweet bed ». Un service sympathique et un bar ouvert 24h/24. Idéal pour les haltes *business* et petit budget de voyageurs.

HÔTEL INTERNATIONAL & TERMINUS €€

20, rue des Alpes
✆ +41 22 906 97 77
www.international-terminus.ch
63 chambres et suites à partir de 145 CHF. Petit déjeuner inclus. Restaurant.

L'hôtel International & Terminus est un lieu *cosy*, confortable et bien situé au cœur de Genève. Pour un séjour de longue durée, une « suite » a été aménagée en appartement moderne. Les juniors sont idéales pour les familles et logés sous les toits, c'est charmant ! Les chambres sont modernes et spacieuses. Salle de remise en forme. L'accueil est très prévenant avec un kit de courtoisie dans toutes les chambres. Le restaurant offre une cuisine familiale de qualité.

HÔTEL JADE MANOTEL €€

55, rue Rotschild
✆ +41 22 544 38 38
www.manotel.com
47 chambres de 147 à 420 CHF. Petit déjeuner inclus. Business center en libre accès. Garage.

Départ imminent pour un voyage sensoriel et une pause réconfortante. Idéalement situé au centre-ville, à deux pas de la gare, l'hôtel Jade avec sa décoration inspiré du Feng Shui et de l'art oriental est une invitation au calme et à la détente. L'espace, les couleurs, les odeurs et l'aménagement des chambres ont été étudiées pour votre bien-être. C'est une expérience à vivre ! Le petit plus de l'hôtel, un jardin intérieur qui vous permet en été de prendre le petit déjeuner en toute tranquillité. Accueil chaleureux et personnalisé. Une belle maison *by Manotel*.

HÔTEL KIPLING MANOTEL €€

27, rue de la Navigation
✆ +41 22 544 40 40
www.manotel.com
62 chambres à partir de 135 CHF à 430 CHF. Chambres exécutives de 250 CHF à 520 CHF.

À Genève, rien de vous empêche d'apporter une pointe d'exotisme à votre séjour. L'hôtel Kipling vous invite à rêver voyages lointains avec un dépaysement total par son ambiance aux tonalités chaudes, colorées et sensuelles. Les malles deviennent des autels de réception, l'acajou du mobilier vous enveloppe de douceur et les portes d'ornement orientales vous donnent juste envie de les pousser en quête d'évasion. Situé à l'orée des Pâquis, il n'est pas loin du lac. L'adresse est feutrée, confortable et on apprécie le charme épicé des Indes et de l'Orient.

HÔTEL LES NATIONS €€

62 Rue du Grand-Pré
✆ +41 22 748 08 08
fassbindhotels.ch

72 chambres, simples à partir de 75 CHF, double dès 90 CHF. Parking 25 CHF par jour.

Pour affaires ou pour un séjour plus touristique, cet hôtel est idéalement situé car proche de la gare et surtout dans un quartier tranquille. Pour les familles, il est parfait car les chambres triples sont confortables et très bien conçues. Les chambres côté cour donnent sur un grand parc intérieur. On apprécie la décoration contemporaine, les couleurs douces tons sur tons des chambres et le confort pour un sommeil réparateur ! Petit déjeuner copieux. Un hôtel calme, confortable pour un prix abordable à Genève. A privilégier en famille.

HOTEL MON-REPOS €€

Rue de Lausanne 131
✆ +41 22 909 39 09
www.hotelmonrepos.ch

75 chambres, 5 suites, appartements. Chambres à partir de 150 CHF. Parking sur réservation. Boutique-hôtel.

Idéalement situé entre le lac de Genève et le centre-ville historique, l'hôtel Mon-Repos porte bien son nom : vous y trouverez le confort et la quiétude. Cet établissement familial, géré par la quatrième génération de propriétaires, propose 85 chambres lumineuses, à la décoration contemporaine. La vue sur le parc de la Perle du Lac, depuis les chambres en étage, est magnifique. Vous pourrez profiter d'une sélection de bières de Genève au bar de l'hôtel. Le petit déjeuner est copieux et réalisé à partir de produits de qualité. Personnel irréprochable.

IBIS GENÈVE CENTRE LAC HÔTEL €€

26 rue de Berne
✆ +41 22 84 92 020

122 chambres. Chambres doubles à partir de 115 CHF.

Tout récent, cet hôtel Ibis nouvelle génération bénéficie d'une très bonne situation au cœur de l'activité trépidante de Genève, dans un quartier animé. À deux pas du lac, des commerces et entouré de restaurants, c'est un lieu parfait pour baigner dans la vie urbaine et découvrir Genève. La décoration des chambres est d'inspiration contemporaine et le côté feutré apporte un aspect intimiste. On s'y sent bien grâce au confort et à l'agencement optimisé des chambres.

THE PAX HOTEL €€

68 rue du 31-Décembre ✆ +41 22 787 50 70
www.hotel-pax-geneva.ch

2 studios. Chambre simple dès 90 CHF à 270 CHF. Double 120 à 420 CHF. Studios 200 à 540 CHF. Petit déjeuner : 10 CHF.

Laissez-vous prendre par le charme fou du Pax Hôtel. Dans le quartier de Rives et des Eaux-Vives, à quelques pas de la vieille ville, un hôtel parfaitement rénové, entièrement climatisé, dans un esprit urbain chic du meilleur goût. Des chambres personnalisées, certaines avec cheminée et balcon, adaptées aux personnes seules comme aux familles, bien-être absolu garanti. Terrasse dans la cour intérieure pour la pause café. Accueil et services associant professionnalisme et gentillesse assurent le meilleur des séjours. Hôtel hautement recommandé par *Le Petit Futé*.

FAIRMONT GRAND HOTEL GENEVA €€€

19, quai du Mont-Blanc ✆ +41 22 908 90 81
www.fairmont.fr/geneva/

419 chambres et suites. Chambre double de 490 à 1 045 CHF. Suites de 5 000 à 10 850 CHF. Piscine, spa. Parking.

Un des fleurons du luxe, le Fairmont est situé face au jet d'eau. Cet écrin de verre propose une architecture futuriste. Les eaux du lac se reflètent sur les grandes baies vitrées, véritables puits de lumière. Très spacieuses, avec une décoration d'un raffinement extrême, elles sont superbes. La Geneva suite est la plus spacieuse d'Europe. L'établissement propose une grande piscine privées, 3 restaurants, 1 bar, 1 spa, 1 centre de fitness, 1 théâtre, 13 salles de conférences.

HÔTEL BRISTOL €€€

10, rue du Mont-Blanc ✆ +41 22 716 57 00
www.bristol.ch

110 chambres. Chambres de 295 à 870 CHF. 4 appartements dès 675 CHF. Suite dès 1 500 CHF. Centre bien-être. Restaurant.

Un écrin chic, cosy et raffiné à deux pas des rives du Léman. L'Hôtel Bristol a su conserver son charme historique et se moderniser pour répondre aux exigences de sa clientèle internationale. En plus d'être propices à la rêverie, les chambres sont spacieuses. La bonne idée est d'avoir pensé aux femmes avec les chambres « Ladies First ». L'univers du spa est composé d'une salle de fitness, salle de repos, bain bouillonnant et sauna. Table prestigieuse avec le restaurant « Côté Square ». Un concentré de merveilles à s'offrir pour une douce parenthèse à Genève.

HÔTEL CORNAVIN €€€

23, boulevard James-Fazy
✆ +41 22 716 12 12
www.fassbindhotels.ch
164 chambres. Chambre double de 311 à 465 CHF. Petit déjeuner : 19 CHF. Fitness gratuit.

Tout près de la gare de Cornavin, à deux minutes du centre-ville, cet hôtel offre une halte privilégiée aussi bien pour les familles que pour les clients d'affaires. Dans l'album d'Hergé, *L'Affaire Tournesol*, on apprend que le professeur séjourne régulièrement dans ce grand hôtel, plus précisément dans la chambre 122… Sur place, fitness avec sauna. On apprécie la salle panoramique à 360° dédiée au petit déjeuner. L'hôtel détient le record de la plus grande horloge mécanique du monde dans son hall d'entrée. L'accueil y est chaleureux et professionnel.

HÔTEL MÉTROPOLE €€€

34 Quai du Général Guisan ✆ + 41 22 318 32 00
www.metropole.ch
127 chambres et suites. Chambres à partir de 690 CHF. Juniors suites et suites à partir de 890 CHF.

Imposant, majestueux et d'une élégance intemporelle, le Métropole est le seul palace de la rive gauche. Contemplant le lac Léman et le Jardin Anglais, il réserve un accueil haut de gamme à tous ses clients. Le charme raffiné s'installe dans toutes les suites et chambres de l'hôtel. Résolument contemporaine, la décoration est une réussite. Vos nuits seront douces. Le Métropole, plein d'audace, évolue avec son temps en gardant tout le panache d'un grand établissement. Palme d'or attribuée pour cette brillante association qui nous fait évoluer dans un autre monde.

HOTEL N'VY MANOTEL €€€

18 rue Richemont
✆ +41 22 544 66 66
www.manotel.com
153 chambres. Chambres doubles à partir de 240 CHF. Boutique-hôtel. Expositions artistiques. Fitness. Salons privés.

Ce boutique-hôtel au design contemporain, situé à moins de 300 m des rives du lac Léman et à 15 minutes à pied du centre-ville, comprend 153 chambres spacieuses, confortables et joliment décorées. Certaines disposent d'une très belle vue sur le lac. Très *trendy*, la décoration de l'établissement est soignée et stylée. Vous apprécierez également l'offre de restauration : cuisine à emporter ou à consommer sur place au Tag's Café, dont un célèbre graffeur a créé le design, plats gastronomiques au restaurant Trilby ou excellents burgers au N'vY Bar.

HÔTEL PRÉSIDENT WILSON €€€

47, quai Wilson
✆ + 41 22 906 66 66
www.hotelpwilson.com
180 chambres et 48 suites. Chambres de 425 CHF à 530 CHF. Suites de 625 à 6 800 CHF.

Un hôtel placé dans la haute sphère de luxe de Genève. Comme un diamant posé sur le lac, son écrin de verre scintille de mille feux. Une adresse parfaite pour allier calme, volupté et gastronomie. L'Hôtel Président Wilson s'adresse à une clientèle d'affaires avec ses suites douillettes et contemporaines. Ensemble prestigieux à la décoration intérieure urbaine. Quant à l'atmosphère chic le jour, elle devient plus détendue le soir quand les clients du monde entier se retrouvent aux bars. L'intérêt pour les Genevois réside surtout dans l'offre des restaurants.

HOTEL ROYAL MANOTEL €€€

41, rue de Lausanne
✆ +41 22 906 14 14
www.manotel.com
202 chambres et suites de 200 CHF à 655 CHF. Parking privé.

Le groupe Manotel offre des lieux de séjours toujours élégants et raffinés. Le Royal est l'un d'entre eux qui mêle tradition et modernité. Une ambiance pleine de charme au cœur de Genève, près de la gare et du lac. Cet hôtel assure des prestations haut de gamme. La décoration est classique dans les tons chauds. Les chambres sont toutes agencées avec goût et raffinement et parfaitement équipées. Accès gratuit pour les clients au centre de fitness, au sauna et au hammam. La soirée peut se prolonger dans les restaurants de l'hôtel.

HÔTEL WARWICK €€€

14, rue de Lausanne
✆ +41 22 716 80 00
warwickhotels.com/geneva
167 chambres. Chambres de 150 CHF à 390 CHF.

Un grand hôtel avec 167 chambres et suites. L'hôtel bénéficie d'une très bonne situation, en face de la gare de Cornavin, non loin des organisations internationales et à quelques encablures du lac. Les chambres sont coquettes dans un style contemporain avec toute la technologie nécessaire pour un séjour connecté. Le 7e étage abrite les juniors suite avec terrasse privée offrant une belle vue sur le mont Blanc et le Léman. Adapté pour les séjours affaires, l'hôtel est pourvu de sept salles de conférence. Restaurant sur place. Un hôtel plutôt business que cocooning.

SE RÉGALER

Genève est très cosmopolite et correspond à tous les gastronomes. C'est aussi le troisième canton viticole de Suisse. Vous avez le choix entre les restaurants haut de gamme ou de quartier et les très nombreuses auberges champêtres avoisinant Genève. Genève est internationale et elle se déguste de mille façons ! Cuisine du monde dans le quartier des Pâquis, cuisine branchée sur les bords du Rhône, cuisine élégante dans les hôtels du bord du lac… Cependant, les Genevois restent fidèles à leurs plats traditionnels, tels la longeole, les cardons ou le filet de féra, servi avec une petite sauce meunière ou citronnée et un petit vin blanc bien frais : un vrai régal ! Pour assouvir votre « swissitude », n'oubliez pas la fondue, (moitié-moitié ou fribourgeoise) servie toute l'année et dont la recette souvent bien gardée varie selon les restaurants. Les desserts les plus typiques sont, entre autres, la meringue à la double crème de gruyère.

LE 23 €

23 Rue de la Coulouvrenière
✆ +41 22 321 44 45
www.le23.ch

Côté restaurant, ouvert du lundi au vendredi de 12h à 14h – 17h30 à minuit. Samedi 18h30 à minuit. Dès 28 CHF.

Le Bistrot 23 offre un subtil compromis entre cocooning et urban style. Un lieu aux multiples facettes qui mêle à la perfection décoration stylée dans les murs d'une ancienne imprimerie et cuisine inventive. L'âme d'antan se marie à merveille avec l'esprit contemporain : vieil établi, vestige d'un système hydraulique en béton, mobilier et luminaires design. Un voyage intemporel agrémenté d'une cuisine inventive. Les calamars et sambal au piment d'Espelette, le thon rouge au curry vert se dégustent dans cette atmosphère feutrée. Une promesse de délices !

BAO CANTEEN €

11 Rue du Conseil-Général
✆ +41 22 312 24 24
www.baocanteen.com

Spécialité : Gua Bao. Ouvert du lundi au samedi de 11h30 à 21h30. Tarifs : Gua bao de 7 à 9 CHF.

Avant même de rentrer dans l'univers du Bao Canteen, l'icône de l'enseigne nous interpelle... Ce visage exclamatif, rond comme un soleil levant, semble vouloir nous prévenir : « Que c'est bon ! » Le *gua bao* trouve son origine à Taïwan. Un mono-produit autour de ce petit pain moelleux garni de produits sélectionnés. David a souhaité réinventer le Bao tout en respectant la tradition culinaire asiatique. Croquer dans un Bao c'est s'octroyer un moment de pure délectation sensorielle : texture douce et onctueuse du pain ensuite l'analyse des goûts qui se superposent.

BRASSERIE-RESTAURANT DE L'HÔTEL DE VILLE €€

39, Grand-Rue
✆ +41 22 311 70 30
www.hdvglozu.ch

Ouvert 7j/7 et restauration non stop de 11h30 à 23h. Menus : de 40 à 67 CHF.

Une légende dans la vieille ville. Situé dans un bâtiment d'habitation privé du XVIe siècle. S'il est un restaurant qui appartient à l'histoire de Genève, c'est bien la Brasserie-Restaurant de l'Hôtel de Ville. Lieu de vie par excellence, inévitable passage de la vie politique genevoise et internationale avec l'hôtel de ville en face. À la carte une cuisine de brasserie et des plats typiques comme la Trilogie genevoise, une recette de 1602, avec saucisse de sanglier, longeole.

LE CAFÉ DU BOURG-DE-FOUR €€

13, place Bourg-de-Four
✆ +41 22 311 90 76
www.cafedubourgdefour.ch

Ouvert du lundi au vendredi de 7h à minuit, le samedi de midi à minuit et le dimanche de midi à 18h. Dès 19 CHF.

Ce café brasserie est typique des bistrots d'époque. Tables en bois et proximité des convives. Ambiance simple et joyeuse, la centaine de caricatures apposées sur les murs en disent long sur les clients fidèles. On aime la musique et des artistes dès le jeudi soir s'installent pour assis sur le vieux piano pour chanter ou vous faire partager des sonorités blues jazzy. C'est aussi un restaurant de spécialités suisses et le rösti maison est ici domestiqué à toutes les sauces ! On aime cette ambiance de vieux bistrot transpirant d'histoire et de rencontres.

CAFÉ DU GRÜTLI €

16, rue Général-Dufour
✆ +41 22 321 51 58
www.cafedugrutli.ch

Ouvert de 8h à minuit du lundi au jeudi, jusqu'à 1h le vendredi, de 16h à 1h le samedi et de 16h à 23h le dimanche.

Une adresse à part. Au rez-de-chaussée de la Maison des Arts du Grütli, où se côtoient cinéma, théâtre et studios de danse, se trouve le café du Grütli. C'est à la fois un lieu d'expositions et un restaurant. On déguste une cuisine créative tout en admirant des photos d'artistes. Les plats aux influences méditerranéennes sont de toute fraîcheur (produits issus du commerce équitable) et il est très agréable de déjeuner ou dîner en terrasse l'été. Les plats sont délicatement présentés, à l'image de cette maison dédiée à l'art.

CAFÉ DU MARCHÉ €

16, avenue Henri-Dunant
✆ +41 22 320 85 46
cafedumarche-plainpalais.ch

Ouvert tous les jours sauf dimanche. Plat du jour (avec un plat végétarien) : dès 18 CHF. Le soir entre 28 et 38 CHF.

Ici, on perpétue la bonne cuisine. Et s'il y a bien un lieu où le temps s'arrête c'est au Café du Marché, un des plus anciens bistrots de la « Plaine », ouvert en 1902 mais avec une direction rajeunie et pleine d'attention. L'ambiance bistrotière de l'endroit avec tables en bois est fort sympathique. On aime ce décor qui ne triche pas. On vit dans une ambiance rétro bien réelle. Une cuisine classique avec de bons produits du terroir. Des variations inventives, tels que la soupe de betterave froide et quenelle de chèvre et à la pièce de bœuf sauce échalote.

CAFÉ LYRIQUE €€

12, boulevard du Théâtre
✆ +41 22 328 00 95
www.cafe-lyrique.ch
Ouvert du lundi au vendredi de 11h30 à 2h non stop. Carte dès 25 CHF.

Jouxtant le grand théâtre et le conservatoire de musique de Genève, il est idéalement situé sur la place Neuve. Le Café Lyrique est l'un des plus anciens restaurants de Genève où se côtoient artistes, banquiers, avocats et même politiques suivant les heures de la journée. Au sein d'un bâtiment néoclassique, l'intérieur rappelle les bistrots parisiens d'antan avec moulures et médaillons peints des illustres musiciens classiques. Une cuisine française traditionnelle revisitée 2 fois par an pour faire place à de nouveaux produits.

CAFE MUTIN €

20 Boulevard de la Cluse ✆ +41 22 566 29 25
www.cafemutin.ch
Vegan. Ouvert du mardi au dimanche pour le brunch. Plat du jour dès 14 CHF, carte de plats de 23 à 25 CHF.

Ce petit jardin d'Eden donne sur un carrefour où le bruit de l'eau de la fontaine vous accompagne lors de votre pause gourmande. Très *cosy*, la salle vous propose une assise sur des banquettes confortables où les couleurs rappellent la nature : jaune pour le soleil, vert pour les champs... C'est un challenge de proposer des burgers 100 % vegans, des *bowls* aux falafels. Une adresse pleine d'équilibre où l'on aime venir pour se délecter d'un jus de fruits aux odeurs de basilic et savourer une soupe miso aux vermicelles de riz. Une nouvelle adresse pleine de charme !

CAFÉ PAPON €€

1 rue Henri-Fazy
✆ +41 22 311 54 28
www.cafe-papon.com
Du lundi au vendredi de 7h à 22h et le samedi de 9h30 à 22h. Fermé dimanche. Plat du jour : 23 CHF. Terrasse

Par son ancienneté, l'édifice reflète l'histoire genevoise : il aurait été progressivement aménagé entre le XVe et le XVIIIe siècle. Ce monument historique est donc imprégné d'une atmosphère toute particulière. Au cœur de la vieille ville, l'établissement bénéficie d'un excellent emplacement, ouvrant sur la promenade de la Treille. La rénovation de 2021 accentue la beauté du cadre. Parmi les bonnes tables incontournables, il propose une cuisine traditionnelle. Très beau cadre en plein centre historique, pensez à réserver une table en terrasse près de la fontaine.

LA CANTINELLA €

2, rue de la Tour de Boël
✆ +41 22 301 90 90
www.lacantinellageneve.com
Ouvert toute l'année. Du mercredi au samedi jusqu'à 19h (dernier service à 21h). Menu unique à 25 CHF. Carte : 22 CHF.

Dans une ruelle de la vieille ville, la Cantinella se loge dans une maison ancienne à l'angle de la rue de la Tour de Boël. Le comptoir gourmand offre de généreuses recettes italiennes à emporter ou à consommer sur place et en terrasse. Ici tout est fait maison selon la tradition italienne. Les fromages et la charcuterie traditionnels habillent les *foccacias* et véritables *paninis* en relevant les saveurs du Sud. Pour les gourmands, commencer par les *pastas* maison et régalez-vous avec un des *tiramisus* à la pistache ou au Nutella.

CHEZ MA COUSINE €

6, place du Bourg-de-Four
✆ +41 22 310 96 96
www.chezmacousine.ch
Vieille ville : ouvert 7j/7. Spécialité poulet à la broche : 16,90 CHF.

Chez Ma Cousine, on y mange du poulet 100% suisse ! Cet établissement a choisi de faire de la volaille, d'origine suisse, sa spécialité culinaire : le poulet est sélectionné avec un soin tout particulier, (élevé en plein air) avec une alimentation naturelle. On goûtera au plat favori : un demi-poulet cuit à la broche, accompagné de pommes de terre à la provençale et de salade verte. On pourra aussi y apprécier la salade de poulet à l'indienne (composée de salade verte, tomate, poulet au curry, ananas, raisins secs, noix de coco et soja).

COCOTT'CAFÉ €

13, rue des Rois
✆ +41 22 321 40 41
www.cocottcafe.ch
Ouvert du lundi au vendredi de 6h à 17h30. Plusieurs menus (cocott, plancha, rôti, wok) du jour de 18,50 CHF à 21 CHF.

Le concept est simple : « Petite popote à manger sur place ou à emporter. » Très pratique pour qui veut manger rapidement à midi et à moindre frais, dans un joli décor contemporain où le bois et le métal sont égayés par des touches de vert vif. Bonne alternative aux fast-foods et autres sandwicheries. Le choix de plats est varié : préparations en cocotte bien sûr, mais aussi en wok, rôtis ou planchas, servis avec une salade ou un potage. Egalement une formule quiche et salade et une assiette végétarienne. L'endroit propose des formules petit déjeuner dès 6h !

DEMI LUNE CAFÉ & LA SALLE À MANGER €

3, rue Etienne-Dumont
✆ +41 22 312 12 90
www.demilune.ch

Deux établissements à la même adresse : le Demi Lune Café et la Salle à Manger.

Couleurs et déco éthnique, on aime y venir pour déguster des clubs sandwichs ou des tartares. A deux pas de la place du Bourg-de Four, rue Etienne-Dumont, deux belles arcades entièrement vitrées : la Salle à Manger vous accueille dans sa magnifique salle au plafond haut couvert de vieilles poutres apparentes. Même un arbre trône dans l'entrée. Carte soleil, dos de cabillaud skrei rôti, souricette de porc confite de Jussy, caramélisée au miel épicé. Bonne dégustation garantie.

EDWARD'S €

1, rue du Vieux-Collège
✆ +41 22 311 58 58
www.edwards-sandwiches.ch

Ouvert du lundi au vendredi de 7h30 à 18h, samedi de 9h à 18h. Carte : 15 CHF.

Un régal de fraîcheur ! Les sandwichs sur mesure d'Edward's sont d'une grande qualité. Ici, on choisit son pain (pain toast complet anglais, pain au levain, pain blanc), sa garniture (saumon, *cream cheese*, cheddar, crudités, bacon) et on se régale. On adore les bagels qui sont tout aussi bons que ceux de leur pays natal. Eté comme hiver, des salades sont proposées ainsi que des soupes froides ou chaudes. C'est l'art fin du sandwich. Les desserts typiquement américains comme les brownies sont excellents. Une pause croustillante ou moelleuse à souhait.

FOURCHETTE VERTE GENÈVE €€

45, rue Agasse
✆ +41 22 329 11 78
www.fourchetteverte.ch

Label qualité pour les restaurants.

Manger sainement, sans se priver et surtout de manière équilibrée ! C'est en 1993, à Genève, qu'est née Fourchette verte ; depuis, une dizaine de cantons propose le label. Fourchette verte Genève est inscrite dans le plan cantonal genevois de promotion de la santé et de la prévention du DARES (Département des Affaires Régionales, de l'Economie et de la Santé) : « Marchez et mangez malin ! » Fourchette verte est un label mais aussi une Fédération nationale. Par la labellisation de restaurants, de lieux de restauration collective privée et publique.

LE GRUYERIEN €€

65 Boulevard Saint-Georges
✆ + 41 22 320 81 84
www.le-gruyerien.ch

Spécialités fribourgeoises. Ouvert tous les jours sauf le dimanche. Spécialités de 12 à 29 CHF. Dès 18 CHF.

Une escapade dans les Alpages version citadine, ça vous tente ? Les bonnes odeurs du fromage fondu vous mettent l'eau à la bouche dès le passage de l'entrée du Gruyérien. Sur la table, les appareils à fondue sont une invitation au plaisir gastronomique suisse. La décoration dans les tons rouges et gris apporte une touche très contemporaine. La tradition se retrouve, elle, dans l'assiette avec toutes les spécialités régionales : fondue moitié-moitié (vacherin et gruyère), croûtes au fromage, meringues et double crème, tarte au vin cuit…

KATREPICES THE COSY COOKING FACTORY €

1, place de la Synagogue
✆ +41 22 311 44 11
www.katrepices.com

Ouvert toute l'année. Carte : 29 CHF environ (brunch à volonté). Brunch du dimanche.

Voici un bar à vins, restaurant qui sait vous surprendre de par sa restauration thématique. Toutes les saveurs du monde sont habilement mélangées pour donner naissance à des plats pétillants de couleurs. L'art de jouer avec les épices, tantôt douces pour une salade Sam Tam aux crevettes et citronnelle. Parmi ces petits encas gustatifs, l'explosion en bouche des macarons au foie gras et leur gelée de betteraves aux épices ne vous laisseront pas sans effet !

L'ÉCHALOTTE €€

17, rue des Rois
✆ +41 22 320 59 99

Cuisine lyonnaise et exotique. Ouvert du lundi au vendredi, midi et soir. Plat : 24 CH. Menu : 42 CHF. Carte : 50 CHF.

Repris par Eric Hugon, le fils de Arlette Hugon, famille légendaire par son illustre bouchon lyonnais en presqu'île lyonnaise, conserve l'équipe en cuisine mais en apportant quelques variantes notamment dans le rafraîchissement de la première salle, avec une touche d'inspiration picturale lyonnaise, ainsi que dans l'assiette avec quelques spécialités de la capitale des Gaules. Les papilles les plus capricieuses seront toujours satisfaites. Vous pourrez donc déguster les fameuses spécialités de la Maison Hugon et découvrir l'ambiance bouchon lyonnais.

LES ARMURES €€

1 rue du Puits-Saint-Pierre
✆ +41 22 310 34 42
www.hotel-les-armures.ch
Spécialités suisses et françaises. 7j/7 de 9h à 23h non stop. Plat du jour : 20 CHF. Fondues dès 26 CHF.

Déguster une fondue au restaurant des Armures est un passage obligé ! Dans une bâtisse du XIIIe siècle, déjeune ou on dîne dans ce lieu chargé d'histoire, sous des poutres apparentes en compagnie d'armures ou dans le carnotzet. On y mange des fondues et d'autres plats au fromage, mais aussi des tartares de saumon, du Schubling grillé avec salade de pommes de terre ou rösti. En somme une cuisine traditionnelle suisse et classique que continuent à apprécier de nombreuses célébrités après le passage de Bill Clinton ou George Clooney !

LE NAVY-SYRACUSE €

29-31, place du Bourg-de-Four
✆ +41 22 311 70 03
www.navyglozu.ch
Lundi-samedi dès 17h, mardi au vendredi de 11h30 à 15h et de 18h30 à 23h. Fondue au fromage « Moitié-Moitié » 25 CHF.

Le Navy Syracuse est une institution à Genève. Prêts à partir à l'abordage ? On vous propose un voyage au pays de la gastronomie locale et sans mal de mer ! Des mets à savourer sur terre, mais dans une décoration tout en bois, style bateau, créée dans les années 1950. On apprécie la noblesse des tables de 1900, style bistrot, qui ont vu passer quelques couverts et de bonnes rigolades entres amis à parler de la politique genevoise. Au sous-sol un vrai *carnotzet* avec à la carte, fondue, raclette. L'ambiance est décontractée et le personnel très à l'écoute.

LES PHILOSOPHES €€

5 rue Prévost-Martin
✆ +41 22 320 54 77
https://lesphilosophes.ch
Lundi-jeudi 11h30 à 15h et 19h à minuit. Vendredi et samedi 11h30-15h et 19h-1h. Plats dès 20. Brunch dimanche : 48 CHF.

Une harmonie parfaite se dégage de adresse. Le concept d'abord n'est pas traditionnel et on relève l'audace des idées novatrices des propriétaires : réunir une brasserie « des temps modernes », un bar à champagne et un espace de *co-working* ici très *cosy* ! Un espace généreux et superbement agencé. Le tartare de veau mi-cuit « les Philosophes » surprend d'abord par le mélange des textures et nous laisse surtout une note très positive : onctueux, frais et relevé à souhait, c'est parfait ! Goûtez à tout de plats de qualité, servis avec attention et délicatesse.

REMOR €

3, place du Cirque ✆ +41 22 328 12 70
www.remor.ch
Lundi au jeudi de 7h à 24h, le vendredi et le samedi de 7h à 1h, dimanche de 7h30 à minuit. Plat du jour dès 18 CHF.

Un indémodable très tendance, qui ne désemplit pas du matin au soir. Hamburger fabrication entièrement maison, avec 180 grammes de viande et des légumes au four.... sont à déguster à toute heure où l'on observe des étudiants tout frais, des journaleux branchés et des artistes en herbe dans le manège infini des séductions. Le piano de pâtisserie comprend les incontournables cheescakes maison. Et pour les lève-tard du dimanche, le Remor propose de petit déjeuners et brunch. Petite touche artistique : le Remor prête régulièrement ses murs à des artistes peintres.

ROOFTOP° 42 €€

42 rue du Rhône ✆ +41 22 346 77 00
www.rooftop42.com
Du mardi au samedi de 10h à 2h. Verre de vin entre 8 et 12 CHF. Cocktail 25 CHF. Plats dès 22 CHF.

Genève n'est pas la ville des gratte-ciel, mais quelques terrasses prennent de la hauteur comme le Rooftop° 42. Le rooftop jouit d'une situation exceptionnelle avec une vue imprenable sur la rade. Tendance chic avec vue depuis la terrasse sur le jet d'eau. C'est un régal en été de profiter pleinement du panorama exceptionnel. Le Rooftop° 42 décline son ambiance en fonction de l'heure de la journée, ainsi on peut apprécier un *café* à la luminosité matinale, un *lunch* entre amis, un after-work avec ses collègues ou un dîner romantique dans le charmant restaurant.

LE SOCRATE €€

6, rue Micheli-du-Crest
✆ +41 22 320 16 77
www.lesocrate.ch
Du lundi au vendredi de midi à 14h et de 19h à 22h le samedi de 19h à 22h. Plat du jour : 23 CHF. Carte : 70 CHF.

L'odeur des plats mijotés pendant plus de 4 heures vous saisit dès le pas de la porte. Peut-on imaginer que Socrate aurait aimé fréquenter ce lieu ? Sans doute lorsque l'on voit à quel point les mets sont confectionnés avec sagesse, authenticité. Une cuisine empruntée des marmites de nos grand-mères, revisitée avec une créativité audacieuse comme le Cheekburger, où la joue de bœuf est moelleuse à souhait. Dans un décor de comptoir d'antan, les objets chinés et surtout les caisses de grands millésimes posées à même le comptoir en étain

TABLAR ET TABOURET €€

38 rue de la Coulouvrenière
✆ +41 22 320 15 05
www.leneptune.ch

Gastronomique. Ouvert du lundi au vendredi midi & soir. Plat du jour 27 CHF.

L'essentiel est d'offrir le meilleur des produits en les accommodant en mets goûteux, tout en gardant leur essence même. Se concentrer sur le beau et le bon en dosant à la perfection harmonie, créativité et connaissance des produits pour en faire ressortir uniquement le meilleur. Les plats sont présentés comme des œuvres qui varient selon les inspirations du Chef. Un point d'honneur est mis sur la provenance des produits qui sont pour la majorité d'origine du canton de Genève. La surprise - chic - est toujours dans l'assiette comme avec l'Araignée de veau.

TAVERNE DE LA MADELEINE €

20, rue Toutes-Ames ✆ +41 22 310 60 70
www.tavernedelamadeleine.ch

Ouvert du lundi au vendredi de 8h30 à 16h30 en été et 15h en hiver. Service uniquement le midi. Plat du jour 18,50 CHF.

Une adresse inédite 100 % bonne conduite ! La Taverne de la Madeleine, autrefois l'Auberge de la Mule de 1430 à 1850, est l'un des plus anciens restaurants de Genève. Sa particularité est de ne servir aucun alcool depuis 1920. Une adresse hors du temps à l'atmosphère poétique et ancestrale. On partage volontiers un des incontournables de la maison comme la piccata de volaille, ou encore plus gourmand une tartine aux champignons. Une belle carte de spécialités suisses avec notamment les röstis grisonnais ou valaisans, un régal. Une belle terrasse également.

LE THÉ €

65, rue des Bains
✆ +41 79 436 77 18

Restauration chinoise, spécialités vapeur. Thés. Ouvert tous les jours de midi à 22h, sauf le dimanche. Dès 8 CHF.

Discret et pourtant si délicieux ! Véritable petit portail sur la culture chinoise, le Thé est bien loin des fast-foods asiatiques. Ici, la carte des thés n'en finit plus ; thés verts, noirs, blancs, jaunes et rouges, le choix est large. Le rythme du thé est avant tout celui de la nature, prenez donc ici le temps de savourer quelques tasses, accompagnées de délicieux raviolis vapeur aux légumes, d'une crêpe aux crevettes, de galettes à la ciboulette ou de riz gluant cuit dans une feuille de lotus. C'est un petit trésor où les places sont limitées.

TONIC €

30, boulevard Carl-Vogt
✆ +41 22 320 02 30
tonic-restaurant.ch

Végétarien, concept buffet. Ouvert tous les jours de 6h à 14h30. Accessible aux personnes à mobilité réduite.

Les végétariens et les amateurs de repas sains pour donner du peps à leur journée seront conquis ici. Voilà une adresse tout à fait dans l'air du temps. 100 % buffet (tout est au poids), restaurant 100 % végétarien, que des produits faits maison, végétaliens et sans gluten. Restaurant écologique engagé contre le gaspillage. Produits de saison et nombreux partenaires locaux. Tout est prévu et inspiré pour que les bienfaits des aliments subliment votre corps et votre esprit. Un enthousiasme culinaire que vous adopterez dans votre mode de vie.

TWINS €

101 Boulevard Carl-Vogt
✆ +41 22 320 44 22
www.twins-restaurant.ch

Ouvert 7j/7 non-stop. De 11h à 23h. Dès 16 CHF. Carte : 18 CHF

Ce restaurant-bar offre une ambiance colorée rien que par les couleurs vitaminées du mobilier. Au Twins, les deux frères allient bonne humeur et cuisine fraîche et variée pour un résultat « good food, good moon » comme le slogan du restaurant. L'endroit est surtout connu pour les amateurs de salades créatives. Plus de 30 suggestions et la proposition de la composer vous-même au goût du jour. La terrasse l'été, est propice à la détente et une pause chichas, avec, vous l'aurez compris, de nombreux goûts disponibles comme la cerise au jasmin ou encore le bubble gum.

VÉRANDA CAFÉ €

9 Rue du Vieux Collège
✆ +41 22 310 96 80
www.veranda-cafe.ch

Ouvert du lundi au vendredi de 6h à 19h, samedi 6h à 17h. Carte dès 20 CHF.

Un brin champêtre au pied de la vieille ville, le Véranda Café vous promet une halte bucolique dans un espace à l'épure chaleureuse que la terrasse, les jours ensoleillés, sublime. Fréquenté par les habitants du quartier, vous découvrez Genève de l'intérieur en toute convivialité et harmonie. L'établissement, tenu par une équipe passionnée, propose des mets qui conjuguent cuisine traditionnelle et sobriété. L'importance est d'éveiller le plaisir du palais avec des recettes familiales et patriotiques, comme le papet vaudois ou encore la tomme vaudoise chaude.

L'ADRESSE €

32, rue du 31-Décembre
✆ +41 22 736 32 32
www.ladress.ch
Ouvert du mardi au samedi de 10h à minuit. Plat du jour : 21 CHF

Cette adresse-là tient du restaurant, de l'arcade branchée, de l'endroit où il fait bon se poser pour se restaurer ou boire un verre. Il faut grimper un escalier tout rouge avant de déboucher dans une grande pièce claire où sont disposés ici et là de grands canapés, et quelques tables. La cuisine est légère et d'inspiration *world food*. Plusieurs plats végétariens figurent sur la carte des mets. Un accent particulier est mis sur les vins suisses. En attendant la commande, on peut passer dans l'espace de prêt à porter et essayer les derniers modèles.

ALMA €

6 rue Henri-Blanvalet
✆ +41 22 736 31 48
www.alma-geneve.com
Mardi et mercredi de 12h à 15h -17h30 à minuit. Jeudi, vendredi de midi à 15h 17h30 à 2h et samedi de 17h30 à 2h.

Le Pérou a ses hauts sommets, Genève a son Alma avec de la « haute » gastronomie ! Loin de nous le stéréotype du restaurant péruvien aux nappes colorées et une ambiance folklorique. Ici, on met l'accent sur les origines des saveurs d'Amérique latine et on revisite les plats pour leur donner un panache contemporain dans un univers lounge, cosy et tendance. Un décor ethni-chic et des plats savoureux à découvrir comme l'incontournable *pulpo anticuchero* (poulpe grillé, sauce anticuchera, pommes de terre et riz sauvage citronné).

BLAQK €

11 cours de Rive ✆ +41 22 300 60 06
www.blaqk.com
Livraison du lundi au vendredi de 10h à 14h et 18h à 23h, samedi et dimanche de 11h45 à 23h. Dès 13,50 CHF.

Blaqk propose un service de livraison à domicile couvrant une soixantaine de plats et boissons, dont un large choix d'hamburgers, de sandwichs, et même du caviar. Les produits se distinguent par leur fraîcheur - le pain des hamburgers est 100 % artisanal - et le service par sa rapidité. Ses formules dips et apéro dînatoire sont appréciées des entreprises. Enfin, une petite terrasse et une dizaine de couverts en intérieur permettent une restauration sur place, dans un cadre contemporain et agréable. Jus de fruits frais conçus devant vous également disponibles.

AU BON VIN €

17, rue Versonnex
✆ +41 22 736 87 90
Ouvert 7j/7 Spécialité Fondues : de 23,50 CHF à 28 CHF.

Un petit goût de terroir qui vous titille ? Quoi de plus véritable qu'une ambiance bistrot dans un cadre authentique genevois ? Réputé pour ses fondues onctueuses et crémeuses préparées dans la plus pure tradition. Les spécialités de la maison font la part belle aux mets au fromage comme également les croûtes et les steaks au fromage. Pour les hérétiques qui n'aimeraient pas le fromage fondu, l'endroit propose également des saucisses aux choux. Quand la Suisse profonde s'invite au bout du lac, on s'empresse de faire honneur à l'invitation !

LA BUVETTE DU BATEAU €

1, quai Gustave-Ador
✆ +41 22 736 07 75 - www.bateaugeneve.ch
Ouvert d'avril à mi-sept. Du mardi au vend. de 12h à 14h-17h30-minuit. Sam.17h30 -1h. Dim. 11h30-15h30. Dès 17 CHF.

Un bateau faisant partie du patrimoine lacustre et restauré en 2018 pour réduire son empreinte écologique. Changez de décor ! La Buvette vous invite à passer un moment de détente. Un lieu insolite, convivial et historique à l'orientation sociale. L'association du même nom permet de promouvoir un projet social en offrant des postes rémunérés aux personnes sans emploi. Lieu d'histoire, il a été le théâtre de l'assassinat de l'impératrice autrichienne Sissi. Aller à la Buvette du Bateau est une occasion unique de vivre pour le plaisir. Profitez aussi des évènements.

CAFÉ DU CENTRE €€

5, place du Molard
✆ +41 22 311 85 86
www.cafeducentre.ch
Produits de la mer à manger. Ouvert du lundi au vendredi de 6h30 à minuit, le samedi et le dimanche de 9h à minuit.

Traditionnel et valeur sûre. Véritable institution depuis 1933, le café du Centre est situé sur la célèbre Place du Molard et propose des menus de saison, des plats classiques et bien exécutés tels que le tartare coupé au couteau, l'os à moelle, la blanquette de veau, la choucroute du centre ou encore la fameuse marmite du pêcheur « café du centre ». Tous les plateaux de fruits de mer proposés peuvent être emportés chez soi ainsi que quelques plats cuisinés. Une cuisine traditionnelle dans un endroit mythique de la ville. Un régal.

CINÉCITTA €

17, rue de Montchoisy
✆ +41 22 736 49 59
www.restaurant-cinecitta.ch
Ouvert du lundi au samedi de 11h45 à 14h30-18h30 à 23h. Plat du jour : 19 CHF.

Un hymne au cinéma pour le Cinecitta. Il porte bien son nom avec son décor nostalgique des grandes années du cinéma italien : le *Cinéma Paradiso*. Une fois investi de l'ambiance, il ne reste plus qu'à choisir sur quel siège s'asseoir, celui de Begnini, de Bertulocci ou de Bellucci pour croquer les alléchantes pizzas, les *linguine al pesto* ou encore les *pennes a la norma* ou la *saltimboca*. Il est agréable de déguster une bonne salade aux couleurs de l'Italie. Un bel hommage décliné de manière délicate et avec goût pour les amateurs de cinéma et de cuisine italienne.

CROISIÈRES GOURMANDES - CGN €€

Jardin anglais
✆ +41 84 881 18 48
www.cgn.ch
Départ du Jardin anglais et Mont Blanc. Croisière gourmande, fondue selon saison dès 49 CHF.

Laisser votre regard flotter sur les eaux du Léman tout en dégustant votre repas, bien attablé dans le salon Belle Epoque du bateau... La CGN (Compagnie Générale de Navigation) organise des croisières gourmandes. Une évasion des sens vous attend, mêlant promenade et gourmandise. Un voyage culinaire romantique sur un des plus grands lacs d'Europe ! Le plaisir se décline en harmonie tout à la fois dans l'assiette et le paysage ! Et tous les vendredis soir, c'est fondue au fromage.

DENISE'S ART OF BURGER €

48 Rue du Rhône
✆ +41 58 578 52 47
www.denises-burger.ch
Ouvert du lundi au samedi, cuisine de 9h à 22h, burgers et hot-dogs de 15 CHF à 36 CHF.

La première enseigne du Denise's a été ouverte en 2014. Le restaurant propose un concept original de « burgers gastronomiques » du grand chef Philippe Chevrier à déguster sur place ou à l'emporter. Témoin de sa volonté de procurer du plaisir, des instants de partage conviviaux autour des meilleurs produits, le nom de cet établissement a été choisi en hommage à la maman du chef étoilé. Le « lobster roll » présente homard du Maine et sa rémoulade au citron vert, nappé d'une mousseline d'avocat. En été, des box pique-nique sont disponibles à emporter.

CHEZ GREGOIRE €

21 Rue de Montchoisy
✆ +41 22 736 33 66
chez-gregoire.ch
Gastronomie et vins locaux. Ouvert du mardi au vendredi de 12h 14h30 et 18h à minuit. Samedi de 18h à minuit.

La Suisse en un coup de fourchette ! Voilà le pari réussi de Chez Grégoire qui met à l'honneur le terroir helvète. L'essentiel est de déguster du local et de bonifier tous ces produits de qualité. La maison vous invite à parcourir la Suisse en ne bougeant pas de votre chaise. Au programme de l'escapade, les entrées telles que la burrata de Genève et sa salade mesclun de Corsier, la poire de bœuf et sa sauce à l'estragon, et pour finir l'étape, la tourte aux noix des Grisons. Une ambiance bistronomique très conviviale tenue par des connaisseurs passionnés.

GUSTO €€

34 quai du Général-Guisan
✆ + 41 22 318 34 63
Cuisine italienne. Ouvert du lundi au vendredi de 12h à 14h au samedi de 19h à 22h dîner. Dès 29 CHF.

Dans le bel écrin du prestigieux hôtel Métropole cinq étoiles de Genève, Gusto vous propose de découvrir une cuisine traditionnelle italienne. Installé dans un décor très élégant aux teintes harmonieuses d'écru et de caramel, les recettes sont fidèles à la tradition et à la générosité culinaire italienne (pâtes maison). Une présentation artistique et des produits de qualité garantissent un émerveillement des saveurs. Les mets sont alléchants avec les calamars grillés légèrement fumés et la côte de veau du pays cuite au sautoir et artichauts rôtis.

L'ENVERS DU DÉCOR €€

10, rue de la Chapelle
✆ +41 22 735 76 00
www.lenvers-du-decor.ch
Ouvert du lundi au vendredi dès 8h30. Fermé le dimanche et samedi midi. Plat du jour : 19 à 38 CHF.

L'Envers du décor nous plonge dans les coulisses d'une pièce théâtrale où « l'équipe technique » nous présente des créations culinaires très goûteuses ! Il dévoile un décor insolite où les armatures industrielles hissent les grands voilages du plafond. Le bar semble sortir tout droit d'un décor de théâtre et le mobilier de la grande salle rend cet endroit très vivant. On se laissera surprendre par les poissons dont la préparation comme la lotte au curry. Selon arrivage, il est possible d'avoir la primeur de déguster des perches 100 % lac Léman (rare à Genève).

LE LACUSTRE €

5, quai du Général-Guisan
✆ +41 22 317 40 00
www.molino.ch
Ouvert lundi au vendredi de 9h à minuit, samedi 9h à 1h, dimanche 9h minuit. Prix des plats dès 20 CHF.

Un joyau par sa situation si proche de l'eau juste en aval du pont du Mont-Blanc, là où le lac redevient fleuve, c'est une halte très appréciée des promeneurs. Un cadre lumineux, moderne et assez épuré où l'on savoure une cuisine italienne raffinée à l'image de cette « symphonie de poissons de mer et crevettes géantes ». On vous conseille de jeter un oeil sur la magnifique carte des grappas avec pas moins de 17 bouteilles différentes ou de sa belle carte des vins où figurent plus de 80 crus dont une vingtaine de millésimes rares.

MANGO DECK €

20, cours de Rive
✆ +41 22 840 20 06
www.mangodeck.ch
Ouvert du lundi au samedi de 8h à 17h. Dès 15 CHF, paniers végétariens dès 10 CHF.

Le Mango Deck offre des saveurs saines proposées dans de petites banettes en bois, garnies d'aliments frais pour faire le plein de vitalité au naturel. Sur le pouce ou pour s'accorder un petit moment de répit dans une journée trépidante en plein cœur de Genève, l'étalage des produits très colorés met à l'honneur les produits vapeur pour garder toute la qualité nutritive et la saveur des produits. Pour un déjeuner croquant, optez pour les noix de cajou de la salade de poulet Key west ; pour un fondant en bouche les pâtes à la fleur de courgette sont délicieuses.

MARCEL €€

3 rue des Eaux-Vives
✆ +41 22 735 33 33
www.restaurantmarcel.ch
Ouvert du lundi au vendredi de 10h à 23h. Spécialités anglaises. Entrées 10 à 16 CHF. Plat 22 à 30 CHF.

Marcel évoque un prénom bien français et pourtant on y sert surtout des mets d'inspiration américaine. Pour la petite confidence, Marcel est le prénom du poisson rouge de la fondatrice qui possède à ce jour trois franchises en France et en Suisse. Très poussée, la réflexion sur la décoration donne un ton industriel vintage intéressant. Ambiance tamisée et feutrée, vous serez bien installé sur les canapés vieillis à déguster votre brunch du week-end. Tout est fait maison et vous pouvez d'ailleurs suivre l'élaboration de votre repas grâce à la cuisine vitrée.

MIKADO €

23, rue de la Terrassière
✆ +41 22 700 44 77
www.sushi.ch
Sushis. Ouvert du lundi au vendredi de 10h à 21h et le Samedi 10h-21h. Assortiments de 10,80 à 28 CHF.

Mikado est l'enseigne genevoise qui a le vent en poupe en matière de sushis. C'est le choix idéal pour une pause déjeuner légère et goûteuse avec de bons assortiments de sushis et de sashimis. Un cadre design qu'on peut avoir le temps de regarder lorsque la file d'attente atteint la rue. On fait son choix comme dans un self-service avant de passer aux caisses. Le lieu est zen et design et la propreté impressionnante pour un établissement qui propose de la restauration rapide ! C'est aussi une petite épicerie, de quoi jouer au chef nippon !

CHEZ PHILIPPE €€

8 Rue du Rhône
✆ +41 22 316 16 16
www.chezphilippe.ch
Steak-house. Ouvert 7j/7, Cuisine du Bar de 11h45 à 23h et du Grill de 11h45 à 15h et de 19h à 23h. Plat du jour 18 CHF.

Un véritable Steak House comme on l'imagine, ouvert depuis fin 2015 sur la célèbre rue du Rhône. Inspiré par les voyages de Philippe Chevrier à New York, le Bar-Grill accueille ses clients dans un cadre chic aux allures de loft New-Yorkais. Grande terrasse ouverte est accessible toute l'année. Orchestrée par Gilles Granziero et Richard Terrochaire, la cuisine offre un large choix de viandes : du bœuf de Kobe, à l'agneau d'Irlande en passant par le porc genevois, les pièces sont sélectionnées et préparées par un boucher sur place.

PLANET CAVIAR €€€

7, rue Louis-Duchosal
✆ +41 22 840 40 85
www.planetcaviar.com
Ouvert du du lundi au samedi de 9h à minuit. Plats, pour la plupart froids, à partir de 20 CHF.

Un écrin de luxe pour un repas gourmet dans cette Petite « caviateria ». Une très bonne table, un cadre contemporain et intime avec 40 places, qui permet de déguster des spécialités haut de gamme même en plein après-midi ! Quelques suggestions : assortiment de saumons fumés à volonté, pattes de crabe du Kamtchatka, pomme fourchette à l'huile d'olive et au caviar Sevruga, l'œuf coque à l'osciètre, pas économique mais à découvrir. A noter aussi, une excellente cave à vins au centre du restaurant ! La boutique est ouverte jusqu'à minuit !

LA POTINIERE €

Le Jardin Anglais
✆ +41 22 310 28 28
www.lapotinieregeneve.com
Ouvert 7j/7 de midi à minuit ou 1h30 selon les jours consultables sur le site. Brunch le dimanche. Carte dès 12 CHF.

Dans un écrin de verdure et dans l'un des plus emblématiques parcs de Genève, La Potinière vous accueille dans un cadre élégant sous sa verrière ou plus champêtre sur sa terrasse en été. Rares sont les restaurants si proche du lac et La Potinière est sans doute l'un des plus renommés pour ses brunchs et ses apéritifs en fin de journée. Les Genevois adorent s'y retrouver pour déguster une cuisine déclinée selon les saveurs saisonnières. Un régal pour le palais, un endroit parfait et surtout un bel accueil efficace et courtois à privilégier.

SAN MARCO €

5 rue de la Mairie
✆ +41 22 736 95 98
www.pizzeria-san-marco.ch
Ouvert 7j/7. Midi : de 11h30 à 14h. Soir : de 18h30 à minuit. Pizzas dès 16 CHF.

Une pizzeria de quartier qui offre la possibilité aux habitants de se restaurer à l'italienne tous les jours de la semaine. Il fait bon vivre dans cette *cantina* italienne où l'on est servi copieusement avec des produits qui respirent le soleil. Bien sûr, on pense au premier abord à croquer dans une pizza à la pâte bien croustillante. Et pourquoi ne pas se laisser tenter par les *pastas* maison comme les tortellonis *Alfredo* aux petits-pois, crème et tomate, ou un risotto *Al Chiati*. Généreux, savoureux les plats font honneur à la gastronomie italienne.

THREEKIDS €

10 BIS Rue du Vieux-Collège
✆ +41 22 311 24 24
threekids.ch
Bagels. Ouvert du lundi au samedi de 11h30 à 16h30. Bagels dès 10 CHF.

Trois compères plus une, Edouard, Harold, Tourane et Juliette se sont lancés dans l'aventure des bagels. Ces petits pains croustillants sont très bien garnis de produits gourmands comme du saumon, des aubergines et tomates séchées. Tous les quartiers de Genève ont leur spécialités, comme le Plainpalais qui fait un carton à base de poulet sauce tartare, gruyère fondu AOP, oignons et cream cheese ciboulette. Le choix du pain est à votre guise avec le nature, le sésame, l'ail parmesan et l'Everything (un peu de tout). C'est simple, tout est goûteux.

TOUT SIMPLEMENT ET PAS AUTREMENT €

2, rue de Soleure ✆ +41 22 736 28 28
www.cafetoutsimplement.ch
Café-bistrot. Du lundi-vendredi de 9h à 15h et 18h30 à 22h. Brunch buffet samedi et dimanche dès 30 CHF (10h30-15h30).

Un café-bistrot à la devanture tout en bois, comme pour rappeler les anciens bistrots d'antan à deux pas du parc de la Grange dans les hauteurs du quartier des Eaux-Vives. Une cuisine à base de produits simples avec deux plats du jour plutôt inventifs au choix, dont un végétarien, des tapas le jeudi et le vendredi soir. C'est aussi le rendez-vous des adeptes des brunchs du week-end, après le footing au parc ou juste avant la balade dominicale. Toujours une bonne adresse !

LES VOILES BY GENÈVE PLAGE €€€

24 Quai Gustave-Ador
✆ + 41 22 735 18 08
www.les-voiles.ch
Restaurant éphémère de mai à septembre, à ciel ouvert. Cuisine moderne. Ouvert du mardi au dimanche dès 18h.

Jet-set, paillettes et surtout situation enviable les pieds dans l'eau du lac ! On se croirait dans un yacht à Saint-Tropez ! La grande voile suspendue au plafond est un clin d'œil à l'environnement extérieur. La cuisine est fine, subtile et délicieuse et n'utilise que des produits frais. On vous recommande l'endroit pour le cadre contemporain, et pour les poissons très bien préparés. Et tout cela les pieds dans l'eau sous les tropiques de Genève !

WASABI SUSHIS BENTO BAR €

32, boulevard Helvétique
✆ +41 22 735 32 32
www.wasabisushi.ch
Cuisine japonaise, sushis. Ouvert du lundi au samedi de 10h à 22h. A l'emporter également, livraison dès 25 CHF.

Un des références, le Wasabi Sushis est l'un des restaurants de sushis et cuisine japonaise le plus représenté à Genève avec 13 enseignes. Ce *take away* pour amateur de sushis permet de luncher sainement sans se ruiner. Grand choix de sushis, makis, californias, temakis, sashimis, et salades diverses : algues, poulpe, etc., et toutes sortes de rouleaux. Des innovations comme les Chirashi, Tartare de Thon Avocat ou les rainbow rools. Pour manger ces derniers, il faut être friand de mayonnaise ! Il y a aussi plusieurs mets chauds à midi.

AMERICAN DREAM DINER €

13 rue de Neuchâtel
✆ +41 22 732 32 01
www.americandreamdiner.com
Ouvert 7j/7 de 11h30 à minuit. Pas de réservations.

American Dream est le premier *diner* à Genève. Les amateurs n'en croiront pas leurs yeux. Bienvenue dans l'Amérique des années 1950. Pas de reproduction, la décoration y est authentique. Le distributeur de coca-cola date de 1950. Des haut-parleurs originaux diffusent des classiques des *fifties*, rock'n'roll, rockabilly, et des ballades. Les clients peuvent sélectionner leurs musiques préférées, à l'aide de 12 minis juke-box restaurés, de 1954. On trouve de copieux hot-dogs, de délicieux hamburgers (de 190 à 400 g de viande).

L'APARTÉ €€

43, rue de Lausanne ✆ +41 22 906 14 60
www.manotel.com
Gastronomique. Tarif : 3 plats le midi 49 CHF, carte de 32 à 52 CHF, desserts 16 CHF. Gault & Millau 2019.

Un petit aparté pour ce restaurant élevant la gastronomie. Choisissez votre ambiance : l'une feutrée bistro chic et l'autre resto raffiné aux lignes épurées et aériennes. Le chef Armel Bedouet veille à la qualité des plats et à parfaire son inventivité pour toujours plus de saveurs. Son audace et son savoir-faire ont d'ailleurs été reconnus par ses frères gastronomes. Un instant gourmand avec le rable de lapin Miéral, courge butternut et ses ravioles de choux, valeur sûre ! Les desserts sont renversants comme le sablé chocolat, poires confites à la vanille.

LA BAGATELLE €

20, boulevard James-Fazy
✆ +41 22 732 26 29
Ouvert 7j/7 de 8h à minuit non-stop. Plat du jour dès 17 à 19 CHF. Plats à la carte : de 22 à 26 CHF.

Une très belle salle de restaurant aux allures théâtrales : plafond à caissons, décor de velours, lampes posées sur toutes les tables et assises sur des banquettes rétro. A deux pas de la gare, la Bagatelle est ouvert tous les jours en service continu. La brasserie propose un cadre feutré, moderne avec ses immenses portraits pop'art qui ornent les murs et viennent rompre l'ambiance plus conventionnelle de l'établissement. La spécialité de la maison est l'entrecôte au beurre Bagatelle. La tarte au citron meringuée version « 3 étages » est juste succulente !

LE BAYVIEW €€€

47, quai Wilson
✆ +41 22 906 65 52
www.hotelpwilson.com
Ouvert du mardi au samedi de midi à 14h et de 19h à 22h. Menus à partir de 68 CHF à 200 CHF. Fermé en été.

Dans le prestigieux hôtel Président Wilson. Un empire des sens sur le plan gastronomique, orchestré par la chef étoilé Michel Roth, en pleine créativité. Un des meilleurs, si ce n'est le meilleur restaurant de Genève. Cuisine traditionnelle très raffinée, que l'on apprécie tout en admirant le superbe panorama ouvrant sur le lac à travers les grandes baies vitrées. Cadre élégant. Bain de luxe, plaisir des sens. La présentation des mets pourrait être une œuvre d'art, à laquelle s'enchaîne le plaisir de la dégustation. Un régal.

BUVETTE DES BAINS DES PÂQUIS €

30, quai du Mont-Blanc
✆ +41 22 738 16 16
www.buvettedesbains.ch
Ouvert tous les jours de 7h à 22h30. Plat du jour de 14 CHF. Fondues de 14 à 23 CHF.

Une bonne fondue est d'autant plus appréciable en plein hiver, mais certains la dégustent mémé l'été après une bonne baignade ! La buvette des bains des Pâquis est un incontournable de Genève. Unique, le site rassemble tous les suffrages et les citoyens de tous les horizons. Dès 7h30, démarrez votre journée avec un petit déjeuner consistant dans la superbe lumière matinale, les yeux rivés sur le lac. La rade offre un panorama magique sur le lac Léman.

CAFÉ ART'S €

17, rue des Pâquis ✆ +41 22 738 07 97
www.cafe-arts.ch
Ouvert du lundi au vendredi de 11h à 2h, le samedi et le dimanche de 8h à 2h. Plat du jour : 19 CHF. Carte dès 20 CHF.

Le Café Art's est un incontournable du quartier des Pâquis pour son charme incomparable. Ici, se croisent poètes, artistes, et personnes venues de tous les horizons. La salle est décorée avec de belles tables de bois, aux murs des expositions d'artistes. Une terrasse à même le large trottoir en été permet au client de s'imprégner de l'atmosphère du quartier. La cuisine est simple et bonne, composée de belles salades copieusement servies dont la fameuse printanière, des pâtes maison. Pour les petits creux, d'agréables paninis servis avec salade, à toute heure.

CAFÉ DU SOLEIL €€

6, place du Petit-Saconnex ✆ +41 22 733 34 17
www.cafedusoleil.ch

Lundi de 11h30 à 14h30, 16h30 à 23h15, mardi au samedi de 11h30 à 23h15 non stop, dimanche. Dès 24 CHF.-

Une des meilleures fondues de Genève ! Ce café semble avoir une histoire déjà ancienne, car sur son enseigne, on peut lire, « 1824 – à pied et à cheval ». Les mets aux fromages sont exquis : malakoffs, tommes vaudoises poêlées, et bien sûr la célébrissime fondue au fromage AOC de Gruyère. Aussi bonne soit-elle, la fondue ne contente pas tous les palais, c'est pourquoi d'autres suggestions sont proposées : la crème de courge du pays, le filet de féra du lac à déguster sur une terrasse. En somme, la panoplie gastronomique suisse à tester avant de repartir de Genève.

CAFÉ GAVROCHE €

4, boulevard James-Fazy
✆ +41 22 731 26 94

Ouvert du lundi au jeudi de 11h à 1h, le vendredi de 11h à 2h et le samedi de 18h à 2h. Galette du Gavroche dès 13 CHF.

Le Café Gavroche est également un établissement où l'on mange bien sans chichis. Une ambiance de tolérance se ressent dans ce café-restaurant. Des mezze vous sont proposés avec des portions d'hummus, de caviar d'aubergines et autres sauces délicieuses, servies avec un pain plat oriental. Mais surtout, le lieu est connu pour pratiquer une spécialité : la galette du Gavroche. Une pâte extrêmement fine, cuite de façon saine, à laquelle on ajoute, sur une base de tomates, de poivrons et d'aubergines, du poulet et du fromage de chèvre.

LE CHEF €€€

13, route de l'Aéroport
✆ +41 22 817 46 09
www.lechef-geneve.ch/site/fr/

Cuisine française, bar lounge. Ouvert 7j/7 non stop de 7h à 22h. Carte brasserie dès 13 CHF, carte dès 40 CHF.

Une ambiance bistronomique. La vue est époustouflante et insolite : un panorama sur le tarmac sur fond de montagnes jurassiennes. Les avions s'élancent dans le ciel sous vos yeux d'enfants, et surtout sans la moindre nuisance sonore ! Une cuisine de « haut vol » avec le talentueux Chef Benjamin Luzuy (l'équivalent de notre Cyril Lignac) qui dévoile dans ses plats plein de saveurs toute sa créativité. Une signature très contemporaine. Et surtout la mise en valeur de produits fins avec des plats comme les langoustines en vapeur douce et son gaspacho...

CÔTE SQUARE €€€

10 Rue du Mont-Blanc
✆ +41 22 716 57 58

Ouvert du lundi au vendredi inclus. Menu du jour en semaine : plat du jour 27 CHF.

Lorsqu'il s'agit de voir la vie du bon côté en savourant des mets délicieux et novateurs, le Côté Square est celui qu'il faut choisir ! Le chef laisse convoler toutes les influences culinaires avec les produits locaux. Plus qu'un repas bien associé, c'est une expérience en bouche comme avec le filet de cochon lardé, cromesquis de joue, jus à la grenade ou encore du côté mer, le cabillaud en voile d'épinard, huîtres pochées, ravioles de rutabaga à l'ail noir… Table raffinée qui plaît aussi bien pour les déjeuners d'affaires que les pauses pour gourmets en semaine.

COTTAGE CAFÉ €

7, rue Adhémar-Fabri
✆ +41 22 731 60 16
www.cottagecafe.ch

Ouvert du lundi au vendredi de 7h30 à minuit et le samedi de 9h à minuit. Mezze et tapas de 18h à 22h.

La campagne en plein Genève ! Pourtant les grands hôtels 5 étoiles surplombent ce cadre bucolique et hors du temps. C'est l'endroit rêvé pour se ressourcer en hiver sous la verrière et en été sur la terrasse ombragée. Face au monument de Brunswick et au Jet d'eau, le Cottage Café est un endroit charmant, très prisé par les Genevois. Insolite, pour un déjeuner « sur l'herbe » en plein centre de Genève, en face une très belle fontaine ou l'eau vous berce en sirotant, depuis votre transat, votre thé à la menthe. C'est un lieu de vie et de convivialité.

ENTRE HOMARD & CÔTE €€

6 rue de Zurich
✆ +41 22 731 26 49
www.homard-cote.ch

Du mardi au vendredi de 12h-15h et 18h-minuit. Samedi et dimanche de 18h-minuit. Homard canadien 35 CHF, breton 50 CHF.

Un concept fort original où l'on vous sert principalement du homard (canadien et breton) et du bœuf ! Une décoration industrielle branchée et tendance. Vous ne devinerez jamais à quoi correspond l'objet circulaire qui ornemente le mur : un chapeau de cheminée de train ! La créativité est donc partout. Le clou du spectacle est la dégustation de homard muni de votre serviette et vos armes... Vous avez le choix entre un homard canadien ou breton, la différence est la qualité. Le breton sera plus ferme et comme pour le poulet fermier et a plus de goût.

GENÈVE

FLOORTWO €€€

19, quai du Mont-Blanc
✆ +41 22 908 90 81
www.fairmont.fr

Ouvert du lundi au dimanche de 17h à 1h. Restaurant : du lundi au dimanche de 18h30 jusqu'à 23h. Carte dès 27 à 36 CHF.

En levant la tête à la hauteur du prestigieux hôtel Fairmont, votre regard croisera une superbe terrasse, jouissant d'une vue imprenable sur le jet d'eau et les Alpes. Il s'agit du *FloorTwo*, le restaurant-bar du deuxième étage de l'hôtel. Celui-ci vous invite à boire un verre tout au long de la journée, dans un agréable patio à la déco orientale. Vous vous régalez d'une salade, de hamburgers ou d'un repas plus copieux avec les entrecôtes, le fish and chips. La vue de la terrasse est fameuse prisée des touristes en été. Un bel endroit pour déconnecter du monde.

LE GRILL €€

19 Quai du Mont-Blanc
✆ +41 22 908 92 20

Steakhouse. Ouvert du lundi au dimanche de midi à 14h et de 19h à 22h30. Plat du jour 38 CHF.

En plein centre-ville, avec sa cuisine et sa rôtisserie ouvertes sur la salle, une vue superbe sur le lac Léman et des plats bien maîtrisés, le Grill du Fairmont Grand Hotel Geneva se révèle être un restaurant incontournable. À découvrir surtout en soirée lorsque l'ambiance est plus feutrée. Vous « grillerez » d'impatience de savourer des mets inventifs à base de produits du marché, aux portions généreuses et à la présentation soignée. Même si les pièces de viande sont magnifiques et grillées à la perfection, les produits de la mer ne sont pas en reste.

HUNGKY €€

3 rue Chaponniere
✆ 41 22 732 20 77
www.hungky.ch

Ouvert du dimanche au jeudi de 11h à minuit 30, vendredi et samedi de 11h à 1h. Plats à partir de 9,50 CHF.

Atmosphère authentiquement chinoise. Le restaurant n'a pas investi dans le décor de l'établissement mais dans la qualité de sa cuisine. C'est une bonne chose pour les voyageurs ayant déjà exploré les coulisses de la Chine, ça rappelle des souvenirs. On a l'impression d'y être transporté. La clientèle chinoise apprécie le lieu pour sa cuisine et pour son ambiance. Le restaurant propose d'excellents *dim sum*, des *baozi* (pains à la vapeur fourrés au porc) et d'excellentes spécialités de poissons, de fruits de mer et de viande. Un vrai voyage en Chine !

JULES-EDOUARD RESTAURANT €€

2 Rue du Grand-Pré
✆ +4122 734 20 98
www.jules-edouard.ch

Ouvert du lundi au jeudi de midi à 14h et de 18h à minuit. Vendredi de midi à 14h et de 18h à 2h. Samedi de 18h à 2h.

Décor très tendance qui adoucit l'œil par une déco vintage, chic et lounge choisie harmonieusement. Ce nouveau restaurant se veut créatif et plein d'idées culinaires fraîchement composées. Cette recherche associe des ingrédients d'ailleurs pour nous faire voyager par le Pérou contemporain. On se régale des ceviche, de la causa de poulpe kimchi sauce olive que l'on partage en guise d'entrée. Les plats sont hauts en couleur et épicés à la perfection. On se laisse séduire par l'aji de poulet maison avec sa crème d'aji amarillo et de noix de pécan. Un régal !

KAMPAI €€

25 rue de Monthoux ✆ +41 22 900 18 96
https://kampai.ch

Gastronomie nikkei (nippon-péruvien). Ouvert du mardi au samedi. Carte de 25 à 38 CHF. 2 plats du jour choix.

190 nationalités à Genève et certaines exaltent leurs délicatesses culinaires. Vous ne trouverez pas deux restaurants *nikkei* dans la ville. Et pas n'importe lequel, celui d'un restaurant très spécial où le métissage des cultures touche à la perfection. Cecilia Zapata, cheffe renommée et récompensée nous offre une aventure goûteuse au pays de la gastronomie *nikkei*. Dans son restaurant dessiné et décoré à son image par son frère, elle ne manque pas de faire honneur à ses origines et de composer des mets d'une rare finesse aux influences japonaises et péruviennes.

L'ENTRECÔTE COURONNÉE €€

5, rue des Pâquis
✆ +41 22 732 84 45

Ouvert du lundi au vendredi de 12h à 14h et de 19h à 22h15. Fermé le samedi matin, le dimanche et le lundi. Dès 25 CHF.

Au cœur des Pâquis, une toute bonne adresse de bistrot genevois absolument craquant, tant pour son accueil chaleureux, son décor un brin rétro, que pour sa cuisine qui tire vers la gastronomie. Produits du terroir, vins des environs, crus au verre et mets excellents ! On vient ici pour la magnifique entrecôte couronnée, son tournedos de veau et sa poêlée de lentilles rouges et cornes d'abondance, ainsi que ses délicieux plats de poisson laissent des souvenirs exquis pour les papilles. Et, en plus, il soutient la production agricole régionale.

LES LAURIERS €

5 rue Veyrassat ✆ +41 22 339 71 86
www.restaurantlauriers.ch
Lundi, mardi et dimanche de 10h à 17h30 et mercredi, jeudi, vendredi et samedi de 10h à 21h. Plat du jour 16,90 CHF.

Une grande salle traversante et très lumineuse qui donne sur une agréable et grande terrasse. Dans un style brasserie design et arty, Les Lauriers n'est pas un restaurant comme les autres ! Il laisse place aux artistes qui viennent animer les lieux de leurs œuvres et permet aux résidents de l'EMS (Etablissement Médico-Social) de déguster la cuisine de la brasserie. Dans cette ambiance généreuse, on y sert une cuisine nouvelle avec plus de 300 plats du jour différents par an et des suggestions qui s'accordent avec les évènements et reflètent les saveurs du monde.

MONTREUX JAZZ CAFÉ €

13, route de l'Aéroport
✆ +41 22 817 46 40
www.mymontreuxjazzcafe.com
Cuisine française et bar. Ouvert 7j/7 de 7h à 22h. Suggestions de 16 à 25 CHF. Tapas de 4 à 14 CHF.

C'est à Genève Aéroport que le premier Montreux Jazz Café a été créé. Des archives vidéo, en grande partie inédites, du Montreux Jazz Festival qui accueille chaque année 250 000 personnes, rythment les journées de ce lieu dédié à la musique. En fond de scène, les concerts « en live » sur l'écran géant vous garantissent un repas animé. De la cuisine ouverte sur la salle sortent des plats à tendance *finger food* comme le BB Burger, contemporains comme le fish & chips de filet de perche ou les spécialités en hommage à Claude comme les tagliatelles aux morilles.

CHEZ MA COUSINE €

2 Chemin du Petit-Saconnex
✆ +41 22 733 79 85
www.chezmacousine.ch
Spécialités : le poulet dont le demi-poulet à la broche.

Du poulet… comme s'il en pleuvait ! Rares sont les établissements qui parviennent à proposer un mono-produit. Et pourtant dans la famille des restaurants originaux, Ma Cousine relève le défi en variant selon ses envies les recettes de poulet. Qu'on le mange avec fugacité en se léchant les doigts ou en le délectant en émincé, le poulet est à l'honneur et nombreuses sont les variations au menu. Salade de poulet à l'Indienne, potage de « ma cousine » au bouillon de poulet et l'immanquable demi-poulet à la broche, fleuron de l'établissement.

ONCLE EDOUARD €

5-7 Rue Docteur Alfred Vincent
✆ +41 22 716 69 95
www.oncleedouard.com
Ouvert du lundi au vendredi dès 7h30 jusqu'à 17h. Formule plat du jour 15 CHF, pastas 10 CHF. Sur place ou à emporter.

Oncle Édouard réinvente la tradition des plats familiaux que l'on partage sur des tables d'hôte design et épurées. Les locaux s'empressent à l'heure du déjeuner de déguster les plats équilibrés concoctés maison, les *pastas* du jour du buffet. Le nom du restaurant évoque le mentor du propriétaire, dont les valeurs familiales, l'empathie, l'attachement à la cuisine inventive inspirée de voyages, se reflètent dans l'âme du lieu. En journée, on s'octroie un plaisir gourmand lové dans le coin lounge. Et on ne manque pas l'événement du mois tous les premiers jeudis !

MONTE BIANCO €

9, rue de la Chaponnière
✆ +41 22 732 41 54
Ouvert du lundi au vendredi de 7h30 à 19h30. Plat du jour entre 14 CHF et 24 CHF. Sandwichs entre 5 CHF et 20 CHF.

On se régale des meilleurs sandwichs de Genève. Outre un plat du jour, aux saveurs simples et équilibrées, précédé d'une salade, le Monte Bianco est surtout connu pour ses sandwichs copieux servis à la coupe. On sélectionne ce qu'on souhaite manger : sur une baguette, on met de l'huile d'olive ou du beurre. On opère ensuite un choix parmi les grandes pièces de viande séchée, de jambon aux herbes, de coppa… Pour ceux qui n'aiment pas la viande un excellent poulpe frais en morceaux pourra la remplacer avec un accompagnement de tomates fraîches ou séchées.

PANINO GIUSTO €

6 Rue Pradier
✆ + 41 22 547 77 01
www.paninogiusto.ch
Spécialité paninis. Ouvert tous les jours. Formules dès 16,90 CHF.

Quand le pain croustillant s'enrichit d'ingrédients d'Italie, notre pause panini prend des airs ensoleillés. Très gourmets, les sandwichs combinent des saveurs assorties comme le jambon de Parme, le speck qualité Trentino, la bresaola de Valteline… Vous avez le choix entre plusieurs propositions ou de composer vous-même votre préféré. Le tiramisù maison est à tomber et on se délecte confortablement installé dans ce décor moderne et aéré. Les serveurs ont l'accent chantant et le temps d'une pause, on semble vivre au rythme de la *dolce vita* italienne.

LE PARADIS €€

Quai Turrettini
✆ +41 76 71 583 70
www.terrasse-paradis.ch
Terrasse sur les quais du fleuve. Ouvert tous les jours d'été de mars à octobre. Petite restauration 11 CHF.

Un air de guinguette sur le Rhône, des transats qui invitent à s'offrir une parenthèse paresseuse. On attend son ouverture chaque début de saison. Cette immense terrasse à proximité de la place de Saint-Gervais, toute en transats multicolores, attire une clientèle bigarrée, des banquiers à l'heure de l'apéro, des copines qui se retrouvent, des amoureux à leur premier rendez-vous... On aime y voir et y être vu. Thé à la menthe fraîche, grands frappés glacés et copieux sandwichs à déguster, au bord du Rhône, les pieds presque dans l'eau !

LA PERLE DU LAC €€€

126 rue de Lausanne
www.laperledulac.ch
Cuisine française raffinée. Ouvert du mardi au dimanche, de 9h à 22h30.7/7 de mai à fin août. Plat du jour : 23 CHF

Une vue imprenable sur le lac. Une des perles de ce magnifique parc. Un prestigieux restaurant dans le romantique parc de la Perle du Lac. Un côté brasserie, pour prendre un verre et se sustenter d'un plat du jour, et un côté restaurant avec terrasse et vue sur le lac. La cuisine comme le cadre est classique et raffinée : saumon rôti en croûte de tapenade, langoustines poêlées sur purée de chou-fleur au curry, pavé de cabillaud à la tapenade de fèves et crème d'asperges, suprême de faisan farci aux champignons et jus aux pignons mettent l'eau à la bouche.

SAM-LOR THAI €€

17 rue de Monthoux
✆ +41 22 738 80 55
Lundi au jeudi 12h-14h30, 19h-22h30, vendredi 12h-14h30 et de 19h-23h, samedi de 19h à 23h. Dès 20 CHF.

Lorsqu'on passe la porte du Sam-Lor, nous sommes en totale immersion dans la Thaïlande du Nord : sculptures asiatiques, niches perchées favorisent l'évasion. Un voyage aux pays des bonzes fidèles serviteurs de Bouddha. Le plat dégustation vous donne un aperçu de la finesse de la cuisine subtilement épicée avec une salade de pousses de soja et cœurs de palmier, des beignets de crevettes maison. Les délicates saveurs se prolongent avec les plats principaux comme le sauté de noix de cajou (viande à votre choix) ou encore aux feuilles de basilic thaï.

LES SAVEURS DU LIBAN €

8 Place de la Navigation ✆ +41 79 448 03 76
www.lessaveursduliban.ch
Spécialités libanaises. Tarifs : Demi Mezze pour deux personnes 75 CHF 3 entrées froides et 3 entrées chaudes.

Dans un décor très chaleureux, vous succombez aux mezze finement préparés. Ici, c'est la cuisine du cœur et on aime vous faire découvrir les spécialités ensoleillées du Liban. Les mezze à déguster : les « makanek » : petites saucisses d'agneau, les « sambousek ». Les doigts dans les plats, les goûts de coriandre, de menthe fraîche vous rafraîchissent le palais. Laissez-vous surprendre par le « habra nayyeh » : tartare libanais aux épices. La fleur d'oranger dans les petits gâteaux vous fera digérer, alors succombez à la tentation avec la crème « mouhalabieh ».

SLUP €

52 rue du Grand Pré
✆ +41 22 734 84 80
Vegan, sans lactose et sans sucre raffiné. Ouvert du lundi au vendredi de 11h à 22h. Entrée et plat dès 19 CHF.

On est tout d'abord interpellé par ce nom curieux de « *Slup* ». On cherche dans quelle langue il provient, et puis très vite on comprend que « *Slup* » est ce petit bruit que l'on fait avec la bouche lorsque l'on se régale. Le but des propriétaires est pouvoir rassembler à la même table les amateurs de toutes les cuisines. Des plats vegan avec le Burger aux haricots rouge et pois chiches, des viandes bio avec le tartare printanier ou les côtelettes d'agneau du Limousin poêlées et marinées aux épices. Un restaurant phare pour les adeptes du « sain manger ».

TARTARES AND CO €€

10 Bd. James-Fazy
✆ +41 22 732 09 09
http://tartaresandco.ch
Ouvert tous les jours. Cuisine Non-Stop de 11h30 à 23h00. Dès 15 CHF.

Vous aimez les endroits branchés qui servent des produits crus de qualité ? Sans hésitation, l'équipe du Tartare & Co saura vous surprendre par l'inventivité de ses mets tous à base de produits bruts. Ici on revisite les tartares, les ceviches, les carpaccios avec audace et peps ! Toujours une base classique de produits ultra frais mais qui donne, une fois passée dans les mains des chefs, une cuisine vive et délicate, comme le *Tasty salmon* à base de saumon frais et de concombre. Les carpaccios de poulpes, les tartares de homard riment avec saveur et générosité.

FAIRE UNE PAUSE

Ville pleine d'activités en journée, les locaux aiment se retrouver pour un *afterwork* sur le bord du Rhône pour le côté branché, dans les petits bars de quartier côté Plainpalais, rue École de Médecine. Le bord du lac permet une coupure dans la journée. D'une enjambée, c'est un dépaysement total aux allures de vacances : les terrasses s'ouvrent grandes sur l'eau cristalline du Léman et favorisent le lâcher-prise. Le jardin Anglais, rive droite, et la buvette des Pâquis, rive gauche, attirent tous les adeptes épicuriens. À vous de saisir toutes les opportunités pour faire une pause : dans un parc à grignoter, dans le quartier des Eaux-Vives où s'ouvrent de nombreux bars tendance… Le week-end, la place Bourg de Four dans la vieille ville est le QG des habitants. C'est le point névralgique de Genève, à l'atmosphère paisible. On aime siroter une bière locale comme la Calvinus en regardant les passants.

23E LIEU

48, rue du 31-Décembre
✆ +41 22 735 14 10
www.le23emelieu.ch

Café-boutique et coiffeur. Du mardi au vendredi de 10h à 19h. jeudi jusqu'à 20h. Samedi 10h-18h.

Meilleur que le shampoing tout-en-1, le 23e Lieu permet de la pause café *brushing* à l'apéro *make-up* avant de continuer votre soirée dans les bars branchés du quartier des Eaux-Vives. Le 23e Lieu propose une ambiance atypique et *vintage*. D'un côté, on passe au salon pour une retouche et ensuite on se détend dans la boutique au mobilier *vintage*. Un café boutique design, déco où Paco (né un 23 !) donne le ton, les ciseaux en main pour combler sa clientèle. Débordant d'idées, il propose un forfait « bar à botox capillaire » avec une boisson rafraîchissante.

LES 3 VERRES

Place du Cirque
✆ +41 22 320 84 62
www.lestroisverres.ch

Bar à vin et restaurant. Du lundi au vendredi de 12h à 14h et de 18h30 à 23h, le samedi de 18h30 à 23h.

C'est l'endroit de prédilection pour une soirée artistique et gastronomique. La terrasse des 3 Verres est immanquable été comme hiver avec ses arbustes et ses stores rouge vif. Les Trois Verres, comme son nom le présage est une œnothèque où l'on vous suggère de fermer les yeux et de voyager au travers de toutes les régions des crus italiens. Un vaste choix de bouteilles de vin, ainsi que des vins au verre et également des découvertes de vins. Une adresse de qualité indéniable pour associer apéro dégustation et grignotage de quelques tapas.

ARTHUR'S RIVE GAUCHE

7-9, rue du Rhône
✆ +41 22 810 32 60
www.arthurs.ch

Restaurant, bar-lounge, pub. Ouvert du lundi au samedi de 11h30 h à 2h. Restauration : de 12h à 15h30 et de 19h à 23h.

Définir en trois mots l'Arthur's Rive gauche, serait luxe, champagne et volupté. Lorsqu'on se balade dans la chic rue du Rhône, l'Arthur's Rive Gauche attire les passants qui ont d'ailleurs souvent le réflexe de jeter un coup d'œil à travers les grandes baies vitrées. Un univers qui s'affiche « beau et chic » sans prétention. Un décor tape-à-l'œil et glamour tout en élégance, une clientèle huppée, un service de garçons aux petits soins. Le lieu à l'atmosphère baroque élégant, et surtout un des lounges les plus prisés de Genève.

ATHÉNÉE 4

4 rue de l'Athénée
✆ +41 22 310 11 22
www.athenee4.ch

Ouvert du lundi au vendredi de 11h à 15h. Planches de fromages à partager ou dès 16 CHF. Tapas de 8 à 16 CHF.

Un lieu emblématique pour ce bar à l'ambiance musicale. Les murs en pierre respirent l'empreinte du temps : dans les murs des anciennes fortifications de Genève, au XIXe siècle les hauts plafonds accueillaient la chapelle d'une école, puis les éditions Slatkine y entreposèrent de nombreux livres. Quel décor rêvé pour y installer un bar musical et promouvoir les nouveaux talents artistiques ! Installé sur les assises confortables du mobilier design, on partage de copieuses ardoises de tapas en sirotant gaiement les ingénieux cocktails ou bière locales.

BAR TERRASSE DES LAVANDIERES

Promenade des Lavandières
✆ +41 22 344 83 56 - www.labarje.ch
Bar associatif. Début mai : lundi à vendredi de 11h à minuit. Samedi de 12h à minuit. Dimanche 12h à 23h.

Un endroit insolite au ras du fleuve. La Barje c'est un peu la quintessence de la Genève alternative : éco, socio, éthique. Une caravane égarée au bord de l'eau, un cadre enchanteur, des produits du terroir et du recyclage de déchets, des boissons éthiques et des concerts plusieurs soirs par semaine. Tout cela sur des transats pour une envolée onirique au beau milieu de la cité. Un brin décalé pour une échappée loin de la frénésie urbaine où l'on se recentre sur la convivialité.

LE BATEAU GENÈVE

1 quai Gustave-Ador ✆ +41 22 508 56 89
www.bateaugeneve.ch
De mi-avril à fin septembre, mardi-samedi de 17h à 24h. Brunch le dimanche dès 12 CHF. Voir site Internet pour soirées.

Il s'agit du Bateau *Genève*, appartenant à l'association éponyme privée, reconnue d'utilité publique, qui a pour but d'accueillir des personnes adultes se trouvant en situation de difficulté personnelle ou sociale. Lieu chargé d'histoire (premier bateau salon à deux ponts du lac Léman et théâtre de l'assassinat de l'impératrice Sissi), le Bateau *Genève* accueille à son bord une buvette, où vous pourrez vous restaurer à midi et déguster dès 17h des tapas, de la raclette ou tout simplement boire un verre. C'est très sympa de venir y partager le brunch du dimanche.

LE BOLÉRO BAR

30 rue de Berne
✆ +41 22 731 69 40
https://bolerobar.business.site
Bar lounge. Ouvert toute l'année, 7 jours sur 7. Dès 7h à 2h. Samedi de 10h à 4h, dimanche de 10h à 2h.

Situé en plein coeur des Pâquis, le Boléro bar est unique en son genre. Sa décoration baroque aux couleurs vives, ses tableaux d'actrices mythiques américaines telles que Marylin Monroe ou Audrey Hepburn ou encore l'ambiance cool et vivante font de cet endroit un lieu idéal et convivial pour aller boire un verre en terrasse l'été, une bière entre amis ou de très bons et beaux cocktails qui font la réputation de la maison. L'établissement propose de bons cigares. Cocktails affriolants certes, mais cigares à découvrir également.

BUVETTE DES BAINS DES PÂQUIS

30, quai du Mont-Blanc
✆ +41 22 738 16 16
www.buvettedesbains.ch
Ouvert 7j/7 de 7h à 21h30. Petit déjeuner de 8h à 11h30 (10 CHF). Restauration à midi et de 18h à 21h. Dès 14 CHF.

C'est un endroit à part, loin de la frénésie luxueuse des quais. Cette buvette atypique est à la fois indépendante des Bains et en même temps liée par une Convention et une Charte à l'Association des Usagers des Bains (AUBP) ; celle-ci consiste à maintenir des prix populaires pour une nourriture saine et équilibrée. En été, grande terrasse avec vue sur la rade, et en hiver, repli dans une étonnante « cabane » équipée de fourneaux chauffés au bois.

CAFÉ ART'S

17, rue des Pâquis ✆ +41 22 738 07 97
www.cafe-arts.ch
Lundi-jeudi de 11h à 2h, le vendredi 11h-4h et le samedi et le dimanche de 8h à 2h. Tapas 15 CHF, salade, burger 23 CHF.

Voici un endroit où tout est prévu pour nous distraire et passer un bon moment. Plein hiver, quand du vague à l'âme se profile, il faut se précipiter dans ce café-bar-restaurant et en été avec la petite terrasse l'ambiance est au rendez-vous jusque tard dans la nuit. Les couleurs des murs ou des peintures superbes, le sourire jusqu'aux oreilles des serveurs ou serveuses, la musique ensoleillée, les boissons.... On y découvre des expositions artistiques, on y vient pour les concerts. C'est toujours une ambiance jeune et sympathique, qui vaut toutes les thérapies !

CAFÉ DE LA PRESSE

62-64, boulevard Saint-Georges
✆ +41 22 320 62 99
www.cafedelapresse.ch
Ouvert de 7h à 2h, du lundi au dimanche. Restauration. Plat du jour (choix de 6 plats) : 18 CHF. Tapas. Vin au verre.

Un lieu qui porte bien son nom puisqu'il est le rendez-vous de nombreux journalistes et romanciers. Cet illustre café se situe dans le quartier de la Jonction. En forme originale de pointe, on devine derrière ses baies vitrées une atmosphère chaleureuse et on va volontiers s'accouder au magnifique bar arrondi pour savourer une bière et quelques tapas du terroir. Un lieu qui ne désemplit pas, avec une terrasse agréable les soirs d'été. De quoi se restaurer également avec une carte conséquente, ou pour des petits creux en début voire en fin de soirées.

CAFÉ SLATKINE

5 rue des Chaudronniers
✆ +41 22 310 04 76
www.cafeslatkine.ch

Bar littéraire. Ouvert du lundi au vendredi de 7h à 20h. Samedi de 10h à 18h.

Un lieu unique aux mille plaisirs. Dans le cœur historique de la cité, non loin de l'agitation de la place du Bourg-de-Four, le café Slatkine offre une halte reposante et culturelle ! A ce même emplacement siégeait depuis de nombreuses années la librairie fondée en 1918 par Mendel Slatkine. Les livres des éditions genevoises Slatkine ne sont jamais bien loin et trônent dans le bar en attendant d'être feuilletés ou achetés. Il est plaisant de s'installer dans cette atmosphère littéraire et de prendre un petit déjeuner en lisant les périodiques locaux.

LA CLÉMENCE

20, place du Bourg-de-Four
✆ +41 22 312 24 98
www.laclemence.ch

Ouvert du lundi au jeudi de 7h à 1h et le vendredi et le samedi jusqu'à 2h, le dimanche de 8h à 1h.

Un lieu que l'on ne peut manquer non seulement parce qu'il se situe au centre de la Place du Bourg-de-Four en vieille ville, mais surtout car c'est une véritable institution genevoise ! Ici, habitués, promeneurs du dimanche ou jour de marché, touristes s'arrêtent un instant sur la terrasse pour saisir la vie genevoise. Clémence fait référence à la plus grande cloche de la cathédrale que l'on entend résonner au loin. Il y a toujours une animation sur la place, et les artistes de rue se prêtent au jeu pour vous distraire devant votre cappucino à la mousse onctueuse.

CHOCOLATERIE MICHELI

1, rue Micheli-du-Crest
✆ +41 22 329 90 06
www.micheli.boutique

Ouvert du lundi au vendredi de 8h30 à 18h30, le samedi de 8h30 à 17h.

Un saut dans ce quartier de Champel s'impose pour découvrir un petit joyau de boutique ! La Chocolaterie Micheli vous transporte au temps des bonbonnières d'époque. Le cadre est délicieusement rétro et ici c'est avant tout de la tradition que l'on vous sert. On se croirait presque dans le film *Amélie Poulain*. Les amateurs ne s'y trompent pas. Ils sont nombreux à composer leur assortiment parmi une cinquantaine de pralinés et truffes, dont certains en édition limitée. Les chocolats parfumés aux alcools les plus divers sont particulièrement appréciés.

CONFISERIE CARAC

6, boulevard du Pont-d'Arve
✆ +41 22 320 52 72

Pâtisserie. Ouverte du lundi au vendredi de 7h à 18h15.

Une secrète recette de chocolat vous invite la dégustation. L'arcade peinte de rouge et de blanc attire le regard ! Les recettes, elles, ne changent pas. C'est le spécialiste des caracs (les tartelettes au chocolat avec glaçage) avec du chocolat d'Amérique latine et d'Afrique. Il en confectionne 23 sortes, au thé vert, au Concha..., dont les subtils pralinés, les pains croquants à souhait, le cuchaule au safran et quelques préparations exotiques. Glaces maison en saison et service souriant. Attention, en fin de journée, il ne reste plus rien !

CHOU

79 rue des Eaux-Vives
✆ +41 22 535 79 66
www.chougeneve.ch

Ouvert tous les jours du lundi au vendredi de 7h30 à 18h30, samedi de 9h à 18h, dimanche de 9h à 16h. 2,80 CHF l'unité.

C'est chou comme tout ! Une toute nouvelle pâtisserie à croquer, où la cerise sur le gâteau est de savourer d'exquis choux en version sucrée ou salée. Les grands classiques comme le chou sont revisités grâce au grand savoir-faire et à l'inspiration artistique de Mathias et Nathanael. Pour une pause, il est alléchant de commencer par les éclairs salés comme celui garni de viande fumée artisanalement en Suisse, choux rouges marinés au soja et citron, algues wakame, et de terminer tout onctueusement par un chou fève tonka ou chocolat passion.

CONFISERIE CÉLINE ET SÉBASTIEN

7, rue des Eaux-Vives
✆ +41 22 736 78 04

Pâtisseries, sandwichs. Ouverte du lundi au vendredi de 4h30 à 18h30 et le samedi de 6h30 à 18h.

On aime cette ambiance de proximité et cette odeur de viennoiseries. Une pâtisserie qui à l'heure de la pause déjeuner, ne désemplie pas ! Pour preuve que ce couple charmant a su offrir de bons produits aux habitants du quartier qui s'empressent de venir chercher leur pain, leur brioche ou une petite douceur à déguster. Ici, on travaille les produits de manière traditionnelle, la viennoiserie est au beurre avec une spécialité, le Royal (croquant noisette – mousse au chocolat).

CUPPIN'S TEAHOUSE & CUPCAKES

13 rue de la Terrassière
✆ +41 22 700 31 32
www.cuppins.ch

Ouvert du mardi au vendredi de 9h à 18h, samedi de 10h30 à 18. Mini-cupcakes dès 2,50 CHF/ pièce.

La gourmandise n'est jamais raisonnée, et l'on craque pour les « Cupcakes », ces adorables petits gâteaux sucrés venus tout droit des États-Unis. Ils sont mis à l'honneur grâce à de la rencontre de fins gourmets. Des recettes douces sont fabriquées ici, à partir de produits naturels. Les pâtisseries artisanales sont servies en boutique chaque jour, mais il est bien évidement possible de commander des gâteaux à thème comme les assortiments Merci, Love, Bébé…

DEMI LUNE CAFÉ

3, rue Etienne-Dumont ✆ +41 22 312 12 90
www.demilune.ch

7j/7. Lundi-mardi 10h-minuit, mercredi-jeudi 10h-1h, vendredi de 10h à 2h, samedi de 11h à 2h, dimanche de 11h à minuit.

Un bel emplacement proche de la place du Bourg-de-Four, le Demi Lune Café propose le charme de son décor à une clientèle intergénérationnelle, accueillie dans la salle à manger, boire un verre et prendre du bon temps. C'est dans la convivialité que vous serez accueilli pour vous restaurer. Une belle décoration sympathique, aux teintes ocre, le rouge et le jaune s'y mariant avec bonheur, tandis qu'un éléphant trône au centre du beau parquet de bois. Parcourue par une immense table oblongue, la salle tout en longueur accueille d'authentiques tables et tabourets.

LA FERBLANTERIE

8, rue de l'Ecole-de-Médecine
✆ +41 22 320 90 42

Ouvert 7j/7. Du lundi au jeudi de 8h30 à 1h, le vendredi et le samedi jusqu'à 2h et le dimanche de 17h à minuit.

La Ferblanterie est un café incontournable de la rue de l'Ecole-de-Médecine, bien connue pour son ambiance festive et ses nombreux bars, située à deux pas des universités. Logé dans l'atelier d'une ancienne ferblanterie, il en garde quelque trace comme le comptoir servant de bar actuellement. Cadre semi-industriel, le lieu a su conserver un cachet à mi-chemin entre le bar alternatif et le café de quartier. Les lieux se sont refait une beauté en 2018. La patronne Daisy et sa fille Léa rendent ce lieu convivial. Ici, on ne vient pas pour briller, mais échanger.

L'ATELIER COCKTAIL CLUB

11 rue Henri-Blanvalet
✆ +41 22 735 22 47
www.ateliercocktailclub.ch

Mardi-jeudi 18h-1h. Vendredi et samedi 18h-2h. Dimanche et lundi fermé. Cocktail 15 CHF. Premium Dry Martini 18 CHF.

L'Atelier cocktail club cache une ambiance branchée mêlant mobilier du passé et boissons du présent ! Il est surtout populaire grâce à deux talentueux passionnés : Alirio et CHRistophe sont deux associés issus de l'hôtellerie de luxe. Alirio est un passionné de flair (l'art de faire voltiger les bouteilles et le shaker) et de la mixologie (art des mélanges les plus audacieux). Leur souhait ? Transmettre leur passion et leur philosophie. La carte propose plus de 25 cocktails et plus de 400 références d'alcools (dont 15 whiskies japonais, 30 rhums, 8 tequilas...).

LITTLE BARREL FINE RUM & COCKTAILS

15 rue du lac
✆ +41 22 700 73 40
www.littlebarrel.ch

Bar à cocktails. Ouvert du lundi au jeudi de 17h à 1h. Vendredi de 17h à 2h, samedi de 18h à 2h, dimanche de 18h à 1h.

Le Little Barrel, c'est avant tout une aventure humaine entre trois amis animés par l'art du cocktail, le goût des autres et le sens du partage. La rhumerie propose 101 notes : du rhum épicé, rond en bouche, ambré, équilibré, cuivré, avec une pointe d'amertume... un envol multi-destination favorisant les souvenirs de voyages et le retour des émotions. Repère d'épicuriens, le Little Barel est un laboratoire d'expériences créatives qui n'a pas fini de vous étonner !

AUX MERVEILLEUX DE FRED

✆ +41 22 436 80 60

Ouvert 7j/7. Lundi-vendredi de 7h30 à 18h30. Samedi de 8h à 18h30. Dimanche de 10h à 18h.

En plein cœur de la frénésie de Plainpalais, il est indispensable de s'accorder une pause légère et gourmande dans le magnifique décor XVIIIe de ce salon de thé. Levez les yeux et découvrez le splendide plafond à moulures et le lustre en cristal d'un mètre quatre-vingt de diamètre. Vous immerger dans l'ambiance fastueuse des salons particuliers du XVIIIe. Ce gâteau se présente comme un rocher parsemé de copeaux de chocolat. Toujours la même base : meringue, crème fouettée et habillage de meringue cristallisée, ou copeaux de chocolat blanc.

MET ROOFTOP LOUNGE

34 quai du Général-Guisan ✆ +41 22 318 33 55
metropole.ch

Rooftop bar lounge. De mai à septembre. Ouvert du mardi au samedi de 17h à 1h et dimanche et lundi de 17h à minuit.

Prendre de la hauteur pour s'accorder un moment magique, la tête dans les étoiles et les yeux sur la rade... Le MET Rooftop Lounge est sans aucun doute le rooftop le plus époustouflant de Genève. A ciel ouvert sur les toits du fameux hôtel Métropole, laissez-vous séduire par le panorama et l'ambiance chill décontractée, bien confortablement lové dans le mobilier contemporain. L'originalité de la carte des Finger Food vous garantit une célébration de saveurs. On craque pour le trio de mini-burgers, le pot de rillettes de féras du Léman à déguster entre amis.

POUGNIER

5 rue de la Confédération
✆ +41 22 310 37 52

Boulangerie-pâtisserie. Ouvert du lundi au vendredi de 6h à 18h45, le samedi de 7h30 à 17h30.

Pougnier est une référence sur Genève depuis 3 générations. Tout est à croquer dans ces pâtisseries ! Une farandole de pains, viennoiserie, gâteaux, chocolats, feuilletés sucrés et salés, sandwichs variés ont fait le succès de cette entreprise familiale. C'est à toute heure un défilé de gourmands à l'arcade de Cornavin. On voit les voyageurs faire leurs provisions avant de monter dans le train, et ils ont bien raison. Car, ici, tout est fabriqué avec des matières premières nobles : la baguette à l'ancienne fermente sur trois jours sans levure. Un régal !

OLÉ OLÉ

11, rue de Fribourg
✆ +41 22 731 38 71

Du lundi au vendredi de 11h à 2h et le samedi de 17h à 2h. Tapas entre 10 CHF et 14 CHF. A la carte : plats dès 18 CHF.

Décontracté mais loin d'être « Olé Olé » et plutôt très bien tenu avec une clientèle mixte branchée. C'est un endroit très plaisant pour les groupes d'amis venus se détendre dans une ambiance *afterwork*. Dans un espace à l'esprit loft caractérisé par de hauts plafonds qui laissent apparaître les gaines de ventilations, l'ambiance se veut décontractée et propice à la dégustation de tapas. La spécialité est donc de partager de copieuses assiettes aux goûts des saveurs du monde. En été devant les trois arcades vitrées du restaurant, on savoure un mojito.

LE TIKI ROCK BAR

13 rue de Neuchâtel
✆ +41 22 732 32 01
www.tikirockbar.com

Bar à thème style hawaïen. Cocktails.

Aloha ! Vous avez besoin de vacances ? De changer d'ambiance pour une destination fruitée ? Vous serez envoûté par les pouvoirs du Tiki Rock Bar ! Les tikis ne favorisent-ils pas la bonne énergie ? Juste quelques marches à descendre du restaurant de l'American Dream Diner pour vous évader le temps d'une soirée. Votre destination sera « Hawaï » dans un décor *fifties*, propice à la dégustation de cocktails hawaïens, à base de rhums tels que le Zombie. Pour une l'évasion gourmande, le thon rouge ou le saumon cru mariné aux épices accompagné de riz vous ravira !

PHILIPPE TAILLÉ

72, rue de Monchoisy ✆ +41 22 736 26 93
www.boulangerietaille.ch

Boulangerie-pâtisserie. Ouverte du mardi au samedi de 6h30 à 19h et le dimanche de 6h30 à 18h.

La gourmandise ne peut être un défaut ! C'est simple, dès le matin il y a la queue pour les viennoiseries toujours fraîches et appétissantes. On se régale avec les pains au chocolat – le *Petit Futé* craque souvent – et aussi les innombrables viennoiseries et les fameux croissants au beurre. La boutique de Montchoisy est très fréquentée par les habitués. Et pour se régaler avec finesse, l'équipe de confiseurs vous charme avec leurs petits bonbons, pralinés et chocolats ! Quelques spécialités comme le San Marco (base de crème aux œufs et caramélisé au fer).

ZOÉ LIVE BAR

23 rue Ferdinand Hodler
✆ +41 22 777 15 15

Live bar. Jeudi au samedi de 23h à 3h. Concerts à 21h30 jeudi, vendredi et samedi à 23h30. Consommation minimum 15 CHF.

Le havre des musiques live et du live bar. Le Zoé Live Bar est un lieu réputé à Genève pour sa programmation de concerts et son ambiance design et branchée. Le Zoé propose des concerts en live dans des genres différents, il y en a pour tous les goûts, pop, rock, funk, jazz et même latino. Des DJs sont également conviés et nous font danser sur des musiques actuelles. Pour ceux qui ont la folie des cocktails, ils sont excellents et rock-en-roll sous les noms de U2, Rolling Stone...et servis de manière professionnelle. Une chouette expérience noctambule à vivre.

(SE) FAIRE PLAISIR

La mode prend des allures de diva si vous sillonnez la rue du Rhône et ses boutiques haut de gamme. Cette étiquette chic et glamour n'est qu'une partie de l'iceberg. Partez à la découverte en version shopping hors des sentiers battus. Le quartier des Grottes vous réserve des surprises artisanales et des magasins autogérés. Les objets insolites des *concept stores* aux Eaux-Vives se dénichent au fil de la balade. L'ambiance « Soho » émanera du quartier des Bains. Tout proches, les galeries d'art et le Mamco réveillent les rues avec de l'art contemporain. Parsemées dans la ville, les épiceries fines vous mettent l'eau la bouche et les cadeaux chocolatés attendent leur dégustation. Carouge est une perle bohème qui fera briller vos yeux. Ville de la tentation ? Complètement ! On peut craquer pour la dernière montre tendance d'un grand maître horloger genevois ou s'émerveiller d'un vêtement seconde main au marché de Plainpalais.

CARAN D'ACHE

8 place du Bourg de Four
✆ +41 22 310 90 00
www.carandache.com
Ouvert tous les jours sauf le dimanche de 10h à 18h.

Une maison légendaire, quasi centenaire, dédiée à l'univers de l'écriture, du dessin et de la création : cela rappelle des souvenirs d'enfance, des lieux chargés de passion, imprégnés du savoir-faire de Caran d'Ache. La boutique propose une très large gamme de matériel artistique, comme les Néocolor mythiques, feutres, crayons de couleur, pastels ou stylos plume hauts de gamme à personnaliser selon vos souhaits, l'ensemble d'excellente qualité. 100 % *made in Geneva.* De quoi être inspiré pour devenir ou continuer d'être un artiste.

ISATIS

37, Grand-Rue
✆ +41 22 311 04 12
Ouvert le lundi de 14h à 18h, du mardi au vendredi de 11h à 18h30, et le samedi de 11h à 17h30.

La boutique Isatis, au cœur de la vieille ville de Genève, est une porte d'entrée vers l'exotisme… « Isatis », ville de l'or et des bijoux, un nom qui fait rêver et qui remonte loin, à l'époque de la Perse antique, étape de repos en plein désert. Les bijoux, parfums et accessoires en vente vous transportent du côté de l'Asie, sillonnée par la maîtresse des lieux, véritable globe-trotteuse ! Les parfums Réminiscence sont bien représentés avec les célèbre Patchouli, Ambre et Oud aux notes orientales. La maison Clio Blue proposent un vaste choix de bagues.

AMERICAN MARKET

13, rue de Neuchâtel
✆ +41 22 732 32 00
www.americanmarket.ch
Produits américains et Amérique latine. Ouvert 7/7.

Un bout des Amériques à Genève. C'est toujours pratique lorsque l'on organise une soirée à thème, où que l'on souhaite retrouver les goûts de son pays ou de celui que l'on a visité, que d'avoir une boutique sous la main. Ici, vous trouverez tous les produits américains pure souche et très tendance. Que vous cherchiez un 7up à la cerise ou un vin californien, ce magasin regorge des immanquables produits américains. Il propose de multiples friandises, mais aussi des céréales et pâtes à tartiner, les sauces pour barbecue et les chips, entre autres !

AUER

4, rue de Rive
✆ +41 22 311 42 86
www.chocolat-auer.ch
Ouverte le lundi de 10h à 18h45, du mardi au vendredi de 8h30 à 18h45 et le samedi de 9h à 17h30.

Une véritable institution chocolatière ! Cela fait plus de 5 générations que cette maison de confiseurs ravit les palais de plus gourmands. En 1939, la maison proposait déjà plus de cinquante sortes de pralines : au lait, noires, parfumées au rhum. Ici, la tradition de faire du bon chocolat suisse dans les règles de l'art passe avant la productivité. Tout de même les gammes se modernisent et vous pourrez y déguster les pavés (truffe glacée enrobée de chocolat). Au moment de l'escalade, les marmites sont superbement remplies.

CANONICA CHOCOLATE

21 route de l'Aéroport
✆ +41 22 717 76 19
www.canonica.com

Ouvert tous les jours, de 6h à 21h. Zone de Transit aéroport côté CFF.

Ici, on peut choisir les meilleures marques de chocolat suisses parmi les les plus connues : Lindt, Favarger Genève, Cailler, Villars, Confiland. Surtout, vous ne succomberez pas longtemps à la tentation d'un petit délice chocolaté de la gamme Canonica. Depuis 1948, le maître-chocolatier de maison Canonica confectionne ses recettes savoureuses. Les mélanges sont équilibrés, les parfums s'exhalent pleinement dans des créations singulières aux plaisirs pluriels : truffe, praliné, ganache extra-noire, épicés ou caramélisés comme le chocolat au coulis de passion.

CAVEAU DE BACCHUS

5, cours de Rive
✆ +41 22 312 41 30
www.caveaudebacchus.ch

Caviste. Ouvert du lundi au vendredi de 9h30 à 19h et le samedi jusqu'à 18h.

Le *Dieu romain* vous ouvre les portes du caveau-boutique pour un parcours découverte aux pays des élixirs vinicoles. « On aime ce qui est bon » telle est la devise des cavistes. Ils veulent développer le goût du vin chez leurs clients en leur faisant découvrir leurs grands crus comme leurs petits vins et les vins de caractère. Vins du monde, crus rares et grands flacons (jéroboams ou magnums), champagnes. De très bons conseils sont prodigués pour choisir votre vin genevois. C'est aussi un restaurant pour s'offrir un accord mets et vins sans fausse note.

CAVIAR HOUSE ET PRUNIER

30, rue du Rhône
✆ +41 22 781 02 37
www.caviarhouse-prunier.com

Caviar. Ouvert lundi, mardi, mercredi et vendredi de 10h à 18h45, le jeudi de 10h à 20h et le samedi de 10h à 18h.

Envie d'un plaisir de fine gastronomie et volupté ? Caviar House&Prunier est une référence sur Genève, un écrin de luxe sobre, habillé de noir et de blanc, pour ce caviar qui attend tranquillement maturation, exposé dans une chambre de verre, au centre du magasin. Les esturgeons sont élevés par la maison et gage de qualité, on peut ainsi être témoin des étapes que les œufs franchissent avant d'être savourés. Saumon de Baltique, caviar, huile de truffe pour aiguiser votre palais. Pour une pause gastronomique, Caviar House&Prunier propose deux Seafood Bar.

LA CHOCOLATERIE DE GENÈVE

25, rue des Alpes
✆ +41 22 732 11 35
www.la-chocolaterie-de-geneve.ch

Ouvert 7j/7 de 10h à 20h. Gamme des chocolats suisses.

C'est le temple de la gourmandise sur 100 m² dédiés au chocolat, qui présente les meilleures marques suisses : Paganel, Favarger. Le plus c'est qu'il est possible de déguster du chocolat et d'ainsi faire son choix. Sans oublier la montre en chocolat « Choco Watch ». Notre coup de cœur va aux glaces et sorbets à emporter signés Le Bougainvillier, une marque suisse artisanale. Pistache, noix de coco, meringue de gruyère, aveline, poire Williams, framboise… et à la célèbre Häagen-Dazs.

GLOBUS

48, rue du Rhône ✆ +41 58 578 50 50
www.globus.ch

Ouvert du lundi au mercredi de 9h à 19h, le jeudi de 9h à 21h, le vendredi de 9h à 19h30 et le samedi de 9h à 18h.

Inépuisable d'inspiration, que ce soit au niveau des confections, du mobilier ou de l'épicerie, Globus est un passage obligé dans la rue du Rhône pour mêler distraction, promenade et achats ciblés ou compulsifs ! En plein centre-ville, Globus est Le magasin du savoir vivre. On y propose toute la gamme classique de produits cosmétiques, de prêt-à-porter femmes, enfants et hommes, et de chaussures. Vous pourrez faire une pause déjeuner ou petit déjeuner dans l'espace gastronomique proposant des plats de cuisine du monde. Il est particulièrement attrayant.

HALLE DE RIVE

29 boulevard Helvétique ✆ 022 736 93 50
www.halle-de-rive.ch

Halle couverte. Ouvertes du lundi au vendredi de 7h à 19h, et le samedi de 6h à 16h. Bistrot : plats de 16 à 34 CHF.

Le marché couvert des Genevois est un véritable hymne au goût et à l'excellence de la gastronomie. Créée en 1877, cette halle historique accueille les producteurs régionaux. Les produits du terroir sont présents avec 23 commerces regroupés en association dans un même lieu : la Halle de Rive. Vouée au « bien-vivre » et au « bien-manger », la halle réunit des produits de qualité et même rares qui séduisent les gastronomes. On flâne parmi les étals de fromagers affineurs, artisans bouchers, volaillers, poissonniers, primeurs, boulangers, pâtissiers et fleuristes !

MANOR

6, rue Cornavin ✆ +41 22 909 46 99
www.manor.ch

Ouvert du lundi au mercredi de 9h à 19h, le jeudi de 9h à 21h, le vendredi de 9h à 19h30, le samedi de 8h30 à 18h.

Le plus grand des grands magasins genevois est réparti sur sept étages, dont un supermarché et un restaurant. Mode, accessoires, linge de maison, mercerie, papeterie, multimédia, Swiss-Shop pour les souvenirs, vous y trouverez tout ou presque, avec les marques que vous connaissez et d'autres très bien sélectionnées. Au rayon sport, les marques suisses de montagne, notamment les gourdes Sigg, peuvent être de bonnes idées de cadeaux. Au premier étage, le Swatch-Shop affiche toute la gamme de la célèbre montre suisse. Vous avez de quoi remplir la valise.

PHILIPPE PASCOET CHOCOLATIER

11 Quai du Mont Blanc
✆ +41 22 909 60 00
www.pascoet.ch

Chocolaterie fine et salon de thé. Ouvert du lundi au vendredi de 9h30 à 18h30 et le samedi de 9h à 18h.

Pour Philippe Pascoët, le chocolat est la star. Ces chocolats sont des plus raffinés et il est l'un des maître chocolatier de suisse les plus primé. Ce créateur invente et réinterprète sans cesse, avec une déclinaison subtile de gammes aromatiques inspirées du jardin qu'il fait infuser dans ses ganaches (basilic, sauge, romarin, menthe, verveine, coriandre...) pour un chocolat de très grande qualité. Les chocolats au tabac éclatent en bouche, surprenant !

DU RHÔNE CHOCOLATIER

118 Rue du Rhône
✆ +41 22 311 56 14
www.du-rhone.ch

Ouvert du lundi au vendredi de 7h à 19h et le samedi de 7h à 18h.

Fondée en 1875, la Chocolaterie du Rhône est devenue une institution. La boutique est située dans le quartier commerçant et touristique de Genève. Les amateurs de vrai chocolat seront ravis car la majorité des douceurs proposées sont de chocolat noir. Une grande variété de truffes rondes ravit les palais gourmands (truffes amères, blanches, champagne, au lait et noires). Parmi les spécialités à ne pas manquer, l'Impérial (ganache avec 2 thés) et de belles réalisations originales et gourmandes proposées pour des événements comme la Saint-Valentin.

ROHR

3, place du Molard
✆ +41 22 311 63 03
www.chocolats-rohr.ch

Chocolaterie artisanale. Ouvert du lundi au vendredi de 9h à 19h et le samedi jusqu'à 18h.

Une toute petite boutique, mais une véritable référence à Genève. La première a été ouverte par Rohr en 1950. Depuis des générations, la famille Rohr vend ses truffes au marc de champagne, ses pralinés, ses florins, ses spécialités au Grand Marnier, ses chocolats truffés, ses truffes poudrées (enrobées de poudre de cacao pur) ou encore ses fameuses poubelles. Son emblème sont les bonbons chocolat nommés calvins pralinés noirs aux éclats de noisettes. Créer un cadre en chocolat avec une photo de votre choix ou encore des médailles ou bonbonnières en chocolat !

TEUSCHER

16 Rue de la Corraterie
✆ +41 22 310 87 78
www.teuscher.com

Chocolaterie. Ouverte le lundi de 10h à 18h30, du mardi au vendredi de 9h30 à 18h30 et le samedi de 9h30 à 17h30.

Créés il y a plus de quatre-vingts ans, les chocolats suisses Teuscher sont faits avec des produits provenant des meilleurs terroirs pour une qualité indéniable. Plus d'une centaine de saveurs chocolatées dans cette arcade : nougat, champagne (Dom Perignon), truffé, Bailey's, etc. Sans oublier les abricots confits façon orangette. Le plus, de très jolis emballages cadeaux, idéals pour offrir en souvenir. Les enfants ne sont pas oubliés, avec les amusantes boîtes en forme de pantin. La maison Teuscher est présente dans le monde entier.

AESOP

15 rue de la Fontaine
✆ +41 22 311 87 00
www.aesop.com

Ouvert du lundi au vendredi, de 10h à 19h et le samedi de 10h à 18h.

La boutique AESOP de Genève est un hymne à la beauté naturelle. Ici, on peut se procurer toute la gamme des produits de cette superbe marque. Des produits exceptionnels pour la peau, les cheveux et le corps. Pas de silicone, mais un procédé innovant à base d'ingrédients naturels et d'antioxydants. Inspiré par les travaux du CERN et la réputation de Genève en tant que place financière internationale, l'architecte australien Rodney Eggleston a utilisé le cuivre, matériau utilisé en électricité et pour la monnaie, reliant ces deux mondes a priori opposés.

BOUTIQUE 15TER

15 rue de la Terrassière
✆ +41 22 735 70 87
www.15ter.ch
Lundi de 12h à 18h30, du mardi au vendredi de 10h à 18h30 et le samedi de 10h à 17h30.

Un univers féminin dans un décor *trendy*. Une boutique où l'on accorde un bel espace aux collections de mode « urban chic ». Chez 15 TER, on flâne entre les belles collections de mode urbaine. Un côté insolite avec des collections japonaises de maille en poil de furet. On craque pour Ash, Crea Concept, Inouïtoosh, Des Petits Hauts, IKKS, Sessùn, Parajumpers, Prêt pour partir, Faliero Sarti… Un équipe sympathique vous accueille et prend le temps de vous conseiller. Ne loupez pas la caisse enregistreuse National en laiton datant de 1903.

BOUTIQUE BLANCPAIN

40, rue du Rhône
✆ +41 22 312 59 39
www.blancpain.ch
Ouvert du lundi au vendredi de 10h à 18h45 et le samedi de 10h à 17h.

Cette marque de garde-temps de luxe est, depuis 1735, date de la fondation de sa manufacture en Suisse, familière des superlatifs. En 1956, elle lance en effet le modèle *Ladybird*, doté du plus petit mouvement automatique du monde, avant de présenter, en 1988, le CHRonographe automatique le plus plat du marché. Depuis, la manufacture, forte de nombreuses récompenses, s'est faite une place de choix dans les salons horlogers et les compétitions sportives, où l'élégance et la finesse de ses modèles, mixtes, suscitent émerveillement et convoitise.

BREGUET

40, rue du Rhône
✆ +41 22 317 49 20
www.breguet.ch
Ouvert du lundi au vendredi de 10h à 18h30 et le samedi de 10h à 17h.

Cette marque de montres françaises est établie en Suisse, dans la vallée de Joux, depuis 1976. Mais elle ne se distingue pas uniquement par sa production de garde-temps de luxe ; une ligne de plumes Breguet a récemment vu le jour, en hommage aux écrivains qui mentionnèrent la marque dans leurs œuvres littéraires tels que Jules Verne, qui fait porter une montre Breguet à Phileas Fogg dans *Le Tour du monde en quatre-vingts jours* ou encore Alexandre Dumas, qui choisit la marque pour orner le poignet du baron Danglars dans *Le Comte de Monte-Cristo*.

BUCHERER

45, rue du Rhône
✆ +41 22 319 62 66
www.bucherer.com
Ouvert du lundi au vendredi de 10h à 19h et le samedi de 10h à 18h.

Depuis des décennies, Bucherer travaille dans la plus pure tradition de la bijouterie-joaillerie et de spécialiste des montres. Sur ses trois étages, Bucherer propose des grands noms de l'horlogerie suisse : Rolex, dont il est le seul représentant, mais aussi Chopart, Piaget, IWC, Baume et Mercier, Piaget, Tag Heuer ainsi que ses propres créations. Un univers où l'on aime sentir les cuirs des maroquineries et faire pétiller nos yeux devant des cadrans de montres très majestueux. Très bons conseils sur les montres haut de gamme suisses.

CHLOÉ NÉE À GENÈVE

16 rue Rousseau ✆ +41 22 731 01 75
www.chloegeneve.ch
Boutique de bijoux. Ouvert le lundi de 12h à 18h30, du mardi au vendredi de 11h à 18h30 et le samedi de 12h à 18h.

Pour Chloé née à Genève, chaque jour est un cadeau. Et nous sommes bien d'accord avec cette philosophie ! Cette boutique de bijoux et d'articles de mode nous éblouit par sa décoration soignée et les dorures et brillants qui scintillent dans nos yeux. Ici, c'est avant tout l'éloge de la fantaisie, de la création et de la passion de l'accessoire. Que vous soyez romantique, branchée, *bussinesswoman* ou fleur bleue, vous trouverez l'apparat vous correspondant. On retrouve une palette colorée, une gamme semi-précieuse qui sublimeront de manière adéquate votre style.

MICHEL FORESTIER OPTICIENS

16, cours de Rive
✆ +41 22 786 07 26
www.michelforestier.ch
Ouvert du lundi au vendredi de 9h à 18h30, le samedi de 8h30 à 17h30.

Un accueil souriant et un opticien diplômé procède aux examens de vue. Le choix de montures est large : on trouve même des montures en bois ou en corne… dans un espace bien agencé pour hommes, femmes et enfants avec des marques comme Armani, Prada, Gucci, Ralph Lauren… Pour les solaires, les incontournables Ray-Ban et un immense choix de Persol, et les modèles de couturiers sont tous agréablement présentées. Au total, entre plus de 1 200 paires de lunettes et environ 500 solaires.

AU TEMPS POUR MOI

99, rue de Carouge ✆ +41 22 328 08 60
www.autempspourmoi.ch
Boutique éthique, cosmétiques bio et soins. Ouvert du mardi au vendredi de 11h à 18h30 et le samedi de 10h à 17h.

Au Temps pour moi est une boutique lumineuse et aérée où l'on trouve de cosmétiques naturels et un espace bien-être. Tout pour prendre un peu de temps pour soi et évacuer le stress de la vie urbaine. Soucieux de l'environnement, les produits sont à base de composants naturels et respectueux de la peau. Afin d'être apaisé de tout son être, l'espace détente permet de bénéficier des bienfaits d'un massage aux huiles végétales et essentielles 100 % naturelles et biologiques ou d'un drainage lymphatique manuel. Le temps ne compte pas lorsqu'on s'occupe de sa forme.

AU VIEIL HORLOGER

28, rue du Cendrier
✆ +41 22 732 37 13
www.montres-occasions-geneve.com/
Achat et vente d'occasion. Ouvert du mardi au vendredi de 9h30 à 18h et le samedi de 9h30 à 17h.

Vieil Horloger est plutôt associé au présent. Et ici le terme de « vieux » symbolise l'expertise, la connaissance de l'horlogerie, une des « vieilles » traditions de Genève. Certes les luxueuses boutiques ne manquent pas, mais vous craquez pour une montre suisse et le prix vous arrête ? Le famille d'horloger installée depuis plus de vingt ans, les Guttly présentent une sélection de montres de seconde main ou de collection de grande qualité avec des marques comme Chopard, Patek ou Rolex. Les modèles sont passés au contrôle et garantis un an.

BRACHARD CONTEMPORAIN

10 rue de la Corraterie
✆ +41 22 817 05 55
www.brachard.com
Ouvert du lundi au vendredi de 9h à 18h30 et le samedi de 9h30 à 17h30.

Des objets de bureaux très design pour faire de son lieu de travail un espace tendance et chic. On y trouve des accessoires, des fauteuils, des poufs, des portemanteaux, des horloges mais aussi des bagages pour avoir toujours la classe en voyages d'affaires. Un bon moyen de rendre le travail plus agréable et confortable, et prendre du plaisir à bosser comme un acharné. La boutique est divisée en deux arcades tout en longueur. Les produits sont disposés impeccablement, d'où l'impression de pénétrer directement dans une vitrine d'exposition.

PAYOT LIBRAIRE

7 rue de la Confédération
✆ +41 22 316 19 00
www.payot.ch
Horaires d'ouvertures : lundi, mardi, mercredi, vendredi de 9h à 19h, jeudi de 9h à 20h, samedi de 9h à 18h.

Tellement agréable de flâner à la librairie Payot, vous évoluez au gré de vos recherches sur 4 étages, consacrés à la lecture et la découverte littéraire. Aussi riche qu'une bibliothèque municipale, la librairie Payot Confédération, est idéalement située dans les rues basses de Genève. Riche de 100 000 références francophones et internationales. De plus, pour que votre connaissance soit sans limite, et votre curiosité rassasiée, un « shop in shop » Nature & Découvertes vous fait découvrir de nombreux objets et expériences insolites.

LES RECYCLABLES

53, rue de Carouge
✆ +41 22 328 60 44
www.recyclables.ch
Librairie-restaurant ouverte du lundi au vendredi de 10h à 18h30 et le samedi de 11h à 17h.

C'est plus qu'un café littéraire, c'est une bibliothèque équitable de plus 11 000 ouvrages et un café à part entière. Impossible de repartir après son café et sans trois bouquins, un guide de voyage, un roman en anglais et un essai philosophique. Les livres d'occasion d'édition récente sont sélectionnés par thème et auteur, leur qualité et état. Un lieu multi-fonction et surtout axé sur l'échange et le respect de l'environnement. Ici tout s'achète ou se lit sur place en dégustant un jus bio et une salade fraîcheur, côté restaurant.

LE VENT DES ROUTES

50 rue des Bains
✆ +412 28 00 33 81
www.vdr.ch
Du lundi au vendredi de 9h à 18h30 et le samedi de 9h à 17h

En 1979 on propose à deux amis bourlingueurs, Philippe et Alain d'ouvrir une librairie de voyage. Ils ont voyagé aux quatre coins du monde, Inde, Panama… Après avoir travaillé pendant 21 ans pour d'autres, nos deux amis décident d'ouvrir en 2000 leur propre boutique. Le vent des routes dispose d'un site internet nourri régulièrement de conseils coup de coeur. Bref de quoi vous satisfaire dans le pays d'un des plus célèbres bourlingueurs Nicolas Bouvier auteur du fameux ouvrage *Usage du monde*, auquel une partie de la décoration murale de la librairie est dédiée.

BOUGER & BULLER

Le lac Léman comme terrain de jeu, la vieille ville comme terrain de découvertes historiques… Genève est de loin une ville où il fait bon vivre, buller et bouger en toute saison ! Prendre son petit café du matin dans un *tea-room* de la ville agrémenté d'un délicieux chocolat artisanal, puis se promener au gré des parcs (deuxième ville verte après Londres, quarante parcs et espaces verts) ou le jardin Botanique, finir sa journée par une baignade, un tour en pédalo, ou une séance de paddle dans la rade à contempler le jet d'eau… n'est-ce pas idyllique ? L'hiver, elle s'habille de lumière et les visites se font contemporaines et féeriques avec le festival GenevaLux, ou traditionnelles dans les marchés de Noël de Carouge et de Genève. Glissez sur les nombreuses patinoires éphémères. Les bains d'été se transforment en bulles chaudes près de Genève plage où piscines et hammams vous enveloppent de douceur. Vos envies seront forcément comblées !

GENÈVE PLAGE

Port-Noir
✆ +41 22 736 24 82
www.geneve-plage.ch
Ouvert de mi-mai à mi-septembre, 7j/7 de 10h à 20h. Entrée : 7 CHF

Genève est une ville balnéaire ! Le bonheur de goûter aux plaisirs de la baignade débute en 1916 les Bains de Soleil et du Lac sont fondés sur la grève des Eaux-Vives. Cet aménagement donnera naissance en 1932 à Genève Plage. Proche du centre-ville, cet oasis balnéaire voué entièrement aux loisirs aquatiques est très prisé des Genevois qui viennent s'y détendre. Il leur est proposé : baignade surveillée dans le lac ou dans le bassin olympique, un toboggan aquatique de 9 m de haut, des activités sportives (tennis de table, pétanque, basket, volley), une buvette.

PATINOIRE DES BASTIONS

Parc des Bastions
✆ +41 76 615 51 58
La patinoire extérieure est ouverte de mi-novembre à mi-février. Du mardi au dimanche. Gratuit. Location patins 2 CHF.

Le parc des Bastions est un lieu très fréquenté par sa situation centrale. On le traverse, on s'y installe en été dans un transat, et l'hiver on y glisse ! Dans ce cadre bucolique, c'est devenu une tradition de partager un moment glacé en famille ou entre amis, ou juste après les cours de l'université toute proche. Une patinoire conviviale garantit des moments de rigolade, quelques bousculades amicales et surtout le plaisir de s'amuser en plein air aux pieds des remparts et sous les arbres centenaires. Pour vous réchauffer, finissez par un chocolat chaud !

RAFTING.CH

8 Quai des Vernets ✆ +41 79 301 41 40
www.rafting.ch
Sortie sur les rivières aux abords de Genève. En canoë, en rafting, en hydrospeed. De 65 CHF à 110 CHF.

Besoin d'adrénaline ou tout simplement besoin de découvrir les cours d'eau qui traversent Genève de manière sportive ou rafraîchissante ? Rafting.ch vous permet toutes ces expériences avec du rafting sur l'Arve au centre de Genève où sur 8 km et 6 rapides vous dompterez la rivière grâce aux conseils avisés des guides diplômés. Ou encore en sortie familiale, la découverte des berges du Rhône pour une balade en canoë plus paisible avec le temps d'admirer le paysage verdoyant aux abords de Genève. La promenade vous emmènera sur les traces des cabanes des castors.

SCUBA-DREAM

146, route de Thonon
✆ +41 22 752 56 26
www.scuba-dream.ch
Cours de plongée. Ouvert mercredi, vendredi et samedi de 13h à 19h.

Patty Moll, une spécialiste de la plongée, dans le monde entier, et des sports extrêmes, sait guider et conseiller aussi bien les amateurs que les passionnés ! Depuis 1992, les spécialistes et débutants se transmettent l'adresse car il y a sur place tout le matériel pour la plongée, la natation, le triathlon. C'est le repère des plongeurs tous niveaux. Et il est aussi possible de passer votre formation PADI 5 étoiles. C'est aussi toute l'équipe de Scuba-Dream qui organise la journée du nettoyage du lac (rade de Genève) chaque année.

BAIN-BLEU HAMMAN & SPA

5 Quai de Cologny ✆ +41 22 318 48 28
bain-bleu.ch

Réservation conseillée en ligne. Entrée dès 35 CHF. Plusieurs packages possibles espace bains ou hammam.

S'octroyer une parenthèse de volupté et goûter aux bienfaits de l'eau : voilà ce que cache ce surprenant cube blanc sur les quais de Cologny ! Dans un cadre d'exception, le Bain Bleu offre une expérience inédite de spa et hammam à Genève. Comme une boîte à secrets, on a envie de percer tous les mystères de ce lieu de bien-être qui s'étend sur plusieurs étages : on serpente dans les eaux chaudes, on se faufile dans les cachettes, on s'immerge sous la douche de pluie… Poussez les portes du hammam et laissez-vous guider dans le parcours relaxant en six étapes.

SPA VALMONT HOTEL FAIRMONT GENEVE

19 Quai du Mont Blanc
✆ +41 22 908 94 44

Réception Spa : de 10h à 21h du lundi au vendredi (20h le week-end). Piscine et Fitness de 5h à minuit.

Dans cet univers de luxe et de raffinement, le temps semble comme suspendu. Sur près de 1 000 m², 12 cabines dont 2 suites couples vous permettent des soins en toute intimité. Le cadre est épuré et des touches décoratives rappellent une ambiance coloniale. Le spa prodigue les soins Valmont dont les recettes de cosmétiques sont mondialement connues pour leurs bienfaits notamment anti-âge : composants à l'eau des glaciers et plantes sauvages suisses.

BAINS DES PÂQUIS ★★

30 quai du Mont-Blanc
✆ +41 22 732 29 74
www.bains-des-paquis.ch

Ouvert toute l'année, horaires selon saison. Entrée Bains d'été : 2 CHF. Entrée aux hammams/ sauna : 20 CHF.

Un lieu à ne pas manquer lors de votre escapade à Genève. Lieu historique, un brin alternatif qui se veut fédérateur et intergénérationel. Il se passe toujours quelque choses aux Bains des Pâquis ! Sur la jetée qui s'avance dans le lac côté rive droite, c'est un lieu dévolu à la baignade et à la détente puisqu'il dispose de installations suivantes : sauna, bain turc et hammam, avec massages sur rendez-vous. Un lieu culte pour les genevois qui viennent se détendre en toute simplicité. « The place to be » lorsqu'on est de passage à Genève.

AU TEMPS POUR MOI

99, rue de Carouge
✆ +41 22 328 08 60
www.autempspourmoi.ch

Concept store : vêtements, cosmétiques bio, bijoux, papeterie, accessoires, etc. Soins thérapeutiques.

Concept store qui prend soin de vous en profondeur. Un moment pour soi et une boutique pleine de bonnes odeurs relaxantes et rafraîchissantes. Des massages relaxants, prénatals, drainages lymphatique et réflexologie plantaire, soins du visage avec les produits Dr Hauschka. Les soins sont prodigués sur prise de rendez-vous en dehors des heures d'ouverture du magasin. Et tout est pensé pour une décontraction et un lâcher-prise complet. Laissez-vous chouchouter, fermez les yeux et laissez votre montre et téléphone au tiroir ! On s'occupe de vous.

ENTRE CIEL ET TERRE

2, boulevard du Pont-d'Arve
✆ +41 22 321 86 60

Coiffeur. Ouvert du mardi au vendredi de 9h à 19h et le samedi de 9h à 16h.

Nadège et Vincent sont des passionnés et bichonnent leurs clients. Ambiance loft, décoration épurée, à la fois urbaine et chic pour ce salon à l'élégance contemporaine. Salon à la pointe de la modernité pour oser décliner toutes les tendances et trouver la coupe, la couleur qui vous ressemble. Le personnel est très souriant et à l'écoute des envies des clients. Alliant créativité et savoir-faire, les coupes sont toujours à la pointe de la tendance. Les prix restent néanmoins accessibles. Compter environ 100 CHF pour une coupe mi-long.

ASSOCIATION LIBELLULE

4, rue de l'Ecole-de-Médecine
✆ +41 22 732 37 76
www.lalibellule.ch

Tarifs découverte pour les moins de 12 ans pour une demi-journée 15 CHF, adultes 30 CHF.

L'association organise des escapades nature en semaine ou le week-end, en journée ou en soirée, auxquelles les enfants dès 6 ans peuvent se joindre : soirées crapauds, être à l'affût des traces et à l'écoute des bruits, observer les petites bêtes qui se cachent. Il existe aussi des stages réservés aux enfants les mercredis. Des sorties spéciales peuvent être mises sur pied. On peut également se rendre au centre nature de l'association situé dans le parc Mont-Repos, le Pavillon Plantamour, propose de multiples activités autour de la nature.

SORTIR

Genève semble discrète mais elle sait être surprenante. Quai des Bergues, rue du Rhône, elle se plaît à aimer le luxe du Rooftop 42 au Java Club de l'hôtel Fairmont. Créative, artistique, elle a plus d'un tour dans son sac et sait marier les contrastes. À la regarder de plus près, on la découvre coquine et festive dans le quartier des Pâquis, regroupant des bars branchés, des discothèques et des cabarets. Au cœur de Plainpalais, de la rue de Carouge au boulevard Saint-Georges et au boulevard Carl-Vogt aussi dans le quartier des Grottes, elle se veut estudiantine et décontractée. Amatrice de théâtre et mélomane accomplie, elle sait rassembler en son centre les goûts les plus divers. Alternative, elle regorge de lieux où s'amuser : L'Usine, lieu incontournable en la matière, ou La Barje et, un peu plus éloigné, le Motel Campo, sans oublier les concerts du prestigieux Grand Théâtre, le Victoria Hall ou, dans un style plus urbain, l'AMR.

LE BAROQUE

12 place de la Fusterie
✆ +41 22 849 86 86
www.lebaroque.com

Discothèque. Ouvert jeudi de minuit à 4h, vendredi et samedi de minuit à 5h.

Le Baroque Club est un lieu exceptionnel des sorties nocturnes du Bout du Lac tenu par les frères Ghadiali. Une ambiance baroque luxe, très feutrée aux couleurs veloutées et glamour. Tout cela dans une orientation moderne chic et ultra tendance. Un lieu festif et urbain qui ne lésine pas sur le thème et joue le jeu Baroque jusqu'au moindre détail. Une bonne adresse qui séduit une clientèle de tout âge en quête de sorties stylées et pailletées. Le Baroque Club attire attire de nombreuses personnalités et il faut admettre que c'est tout de même un brin VIP.

BY PASS

1 carrefour de l'Etoile ✆ +41 22 300 65 65
www.bypassclub.ch

Nightclub. Ouvert le vendredi, le samedi et les veilles de jours fériés (23h à 5h). Entrée payante selon programmation.

Lieu unique pour les soirées branchées du *nightclub* genevois. Le ByPass située au carrefour de l'Etoile est une boîte de nuit de 500 m² répartis sur 3 espaces. Dans un cadre ultra contemporain et de belle facture architecturale (verre, bois, marbre, cuir blanc), les noctambules se trémoussent au son de la musique electro, techno, house grand public ou RNB avec des DJ confirmés et parfois, dans la salle, quelques célébrités. Un univers baroque réservé au carré VIP sur réservation. Belle programmation avec présence d'artistes et animateurs des *dancefloors*.

L'USINE

4, place des Volontaires
✆ +41 22 781 34 90
www.usine.ch

Une véritable institution genevoise pour la programmation culturelle autogérée (concert, théâtre, cinéma) Ouvert 7/7.

Dans un cadre industriel et logé dans une ancienne usine de dégrossissement d'or, le bâtiment abrite pas moins de 18 collectifs et associations tous voués à la promotion culturelle de manière autogérée et non lucratif. C'est un lieu incontournable des nuits endiablées genevoises. L'Usine est une plate-forme d'expressions artistiques et insuffle une alternative aux représentations conventionnelles. L'objectif de cette association est de répondre à l'anticonformiste et de créer une ouverture sur toutes sortes d'expressions culturelles et sociales.

ALHAMBRA

10, rue de la Rôtisserie
✆ + 41 78 966 07 97
www.alhambra-geneve.ch

Salle de spectacle. Scène très dynamique dotée d'une riche programmation.

Une des places incontournables de la Genève culturelle. En plein centre de Genève, rive gauche, cet établissement classé monument historique en 1996 a fait peau neuve et accueille des spectacles musicaux dans un intérieur design baroque dans une très belle enveloppe. C'est une des scènes culturelles des musiques actuelles, une référence genevoise organisant des concerts de jazz et de musiques du monde comme de la soul brésilienne, des musiques africaines, orientales ou méditerranéennes, et bien d'autres encore. Programmation dynamique et très riche.

AM STRAM GRAM

56, route de Frontenex
✆ +41 22 735 79 24
www.amstramgram.ch
Location sur place du lundi au vendredi de 8h30 à 12h30 et de 13h30 à 17h30 (répondeur le samedi et le dimanche).

Am Stram Gram est un espace pluridisciplinaire et transgénérationnel dirigé par l'auteur de théâtre Fabrice Melquiot. Les orientations artistiques s'adressent à tous les publics et en particulier à un public dès le plus jeune âge. Véritable centre de création, le théâtre est un lieu d'expression de la danse contemporaine, musique, arts de la piste. Am Stram Gram propose au-delà des représentations traditionnelles, des animations et spectacles thématiques, la bibliothèque des enfants, les expositions de photos et une librairie spéciale jeunesse.

AMR

10, rue des Alpes ✆ +41 22 716 56 30
www.amr-geneve.ch
Entrée de 15 CHF à 35 CHF. Accueil du lundi au vendredi de 9h à 20h (mercredi jusqu'à 19h) et samedi de 12h à 18h.

Un des pôles de la vie culturelle genevoise. L'Association pour l'encouragement de la musique improvisée a été créée en 1973 par des musiciens genevois impliqués dans la scène des musiques de jazz et d'improvisation. Depuis lors, l'AMR et son centre musical, le « Sud des Alpes », offre une programmation musicale régulière et de très reconnue, de mi-septembre à mi-juin, des jam sessions tous les mardis, une fête et un festival annuels (l'AMR Jazz Festival au printemps et l'AMR aux Cropettes à la fin juin). L'AMR publie également son propre journal *Viva la Musica.*

CASINO-THÉÂTRE

42, rue de Carouge
✆ +41 22 418 44 00
www.ville-ge.ch/culture/casinotheatre/
Tarif selon les spectacles.

Une des scènes culturelles de Genève et pôle d'attraction des nuits genevoises. Construit à la fin du XIXe siècle, le Casino-Théâtre a été entièrement restauré lors de son rachat par la Ville en 1983. Il offre une programmation variée tout au long de la saison : théâtre de boulevard, opérettes, concerts, matchs d'improvisation, humoristes, festivals, toujours fidèle à sa vocation initiale de divertissement. Une belle salle toute de velours rouge vêtue, magnifique pour les opérettes ! Cette salle est connue pour abriter la fameuse Revue genevoise.

LA COMEDIE DE GENEVE

6, boulevard des Philosophes
✆ +41 22 320 50 01
www.comedie.ch
Location sur place le lundi au vendredi de 10h30 à 18h. De 30 CHF à 45 CHF suivant le spectacle.

Choisie pour être le théâtre de l'art dramatique, la Comédie est une scène prestigieuse propice aux rencontres avec de beaux textes, choisis pour leur actualité, une programmation qui vous permettra de découvrir ou redécouvrir des grands auteurs de théâtre. Le lieu reste un lieu privilégié de création, de débats et de réflexion. Pour vous plonger dans l'univers artistique, plusieurs salles selon les spectacles : une salle à l'italienne de 476 places ou dans le studio André Steiger de 86 places, ou le studio Claude Stratz pouvant accueillir jusqu'à 100 personnes.

COMEDIE DE LA GARE - UPTOWN GENEVA

2 rue de la Servette
✆ +41 900 907 907
www.comediedelagare.ch
Spectacles du mardi au samedi, à 19h30 ou à 21h. Tarif selon spectacle dès 29 CHF.

La Comédie de la Gare est partenaire de l'Uptown Geneva – Business & Arts Center, avec 3 salles de spectacles : Rive (160 places), Broadway (460 places) et Concorde (une salle modulable idéale pour les présentations et réceptions, pouvant accueillir de 150 à 300 personnes). Mais aussi un *lounge* bar et une programmation riche de cette diversité, avec des concerts, des évènements et des comédies. Un partenariat qui séduira les Genevois ! Cultivez-vous et distrayez-vous !

FESTIVAL ANTIGEL

www.antigel.ch/fr/accueil/
Musique, danse et toutes disciplines artistiques et dans différents lieux.

De prime abord, cette manifestation hivernale peut nous sembler désorganisée étant donné la diversité de son programme : musique, théâtre, danse, disco, piscine, marchés, apéros, *clubbing*, sport... Ce festival séduit les 21 communes qui l'accueillent pour le plus grand bonheur du public. Il faut dire que choisir une piscine, une église ou une citerne comme lieu de spectacle et de concert est peu ordinaire. Un festival musical atypique et givré avec une programmation qui excelle d'année en année. Les organisateurs favorisent également des lieux de représentations.

VELVET CLUB

7, rue du Jeu-de-l'Arc
✆ +41 22 735 00 00 - www.velvet-club.ch
Ouvert tous les jours de 21h à 5h. Spectacles en continu. Entrée libre et consommation obligatoire.

Un des *must* de la vie genevoise. Le Velvet Club est un endroit rêvé pour passer une nuit endiablée. Cela fait plus de quarante-cinq ans que ce club amuse les oiseaux de nuit. Dans une ambiance feutrée et sous les lumières tamisées, vous apprécierez le spectacle des danseuses professionnelles et de la très bonne atmosphère qui règne. L'endroit est favorable aux belles rencontres et, pour les danseurs, la piste les accueille volontiers. Une adresse connue des Genevois et de surcroît de très bonne qualité pour ceux qui aiment le monde de la nuit.

GRAND THÉÂTRE DE GENÈVE

3, place Neuve
✆ +41 22 322 50 50
Billetterie sur place dans le hall du lundi au samedi de 10h à 18h ou sur Internet. De 23 CHF à 229 CHF pour un opéra.

Après trois ans de travaux intenses, lever de rideau sur le tout nouveau Grand Théâtre de Genève. Embelli de modernité, il brille par la restauration minutieuse de son enveloppe classique. Avec des airs architecturaux du Palais Garnier à Paris, il est aussi majestueux dans son bâti que dans sa programmation de haute qualité. L'intérieur a été repensé, l'atrium expose ses magnifiques plafonds avec moulures et ses peintures sur de faux marbres de très grande qualité dans le foyer des fresques. Ce lieu est une véritable institution. Programme en ligne.

POCHE/GVE

7, rue du Cheval-Blanc
✆ +41 22 310 37 59
http://poche---gve.ch
Billetterie : de 14h à 18h du lundi au vendredi et samedi et dimanche pendant les représentations. Tarifs dès 35 CHF.

Chapeau le Poche ! Un théâtre qui déroute, qui révolutionne le monde de l'art vivant par son esprit contemporain et participatif. Acteurs vous le serez, acteurs vous les verrez. Une réelle interaction avec le public dans cette petite salle de 130 places. Avec pas moins de 140 représentations par année, vous serez en ébullition à chaque ouverture de rideaux. POCHE /GVE est un théâtre exclusivement consacré aux écritures d'aujourd'hui : vous n'y verrez et n'y entendrez que des pièces écrites au cours des années 2010 et des poussières.

VICTORIA HALL

14, rue Général-Dufour ✆ 0800 418 418
www.ville-ge.ch/vh
Salle de spectacle. Points de location variant selon les spectacles et au théâtre une heure avant le spectacle.

Un très bel écrin pour cette salle de concert emblématique. Erigé de 1891 à 1894, l'édifice vaut le déplacement, et ses balcons sur trois niveaux possèdent un charme désuet qui rend tout concert inoubliable. L'intérieur de l'édifice est magnifique avec un décor néo-baroque : colonnes ioniques, balustrades ornementées, fausse loggia, médaillons peints au plafond, sans oublier son orgue majestueux qui remplace celui de 1894. Temple de la musique classique. Des concerts de jazz, des chorales, des symphonies, des concerts de chambre, et concertos vous attendent.

THÉÂTRE DU LÉMAN

19, quai du Mont-Blanc
✆ +41 22 732 06 00
www.theatreduleman.com
Spectacles, concerts, conférences. Points de vente habituels (FNAC, ticketcorner) Spectacles à 20h30.

C'est une des salles les plus actives en matière de programmation culturelle hétéroclite de la ville. Situé juste en face du lac Léman, rive droite dans le sublime habit de verre de l'hôtel Fairmont, le Théâtre de Léman propose 140 spectacles tous les ans, certains coproduits, d'autres hébergés. Beaucoup d'opéras et de ballets, mais aussi de la musique classique, chanson, gospel, humour, théâtre. Les grandes stars en vogue passent souvent par le grand théâtre. La salle est très agréable, toute vêtue de rouge velours et on apprécie le parking souterrain.

CABARET L'AIGLE D'OR & TABLE DANCE

31 Rue Docteur-Alfred-Vincent
✆ +41 22 738 30 65
laiglenoir.ch/club_fr/
Du lundi au vendredi de 18h à 5h et le samedi de 22h à 5h. Shows topless à partir de 23h30, toutes les 15 minutes.

C'est le genre d'endroit que l'on peut souhaiter pour un enterrement de vie de garçon ou une sortie, un peu coquine tout de même ! L'Aigle Noir se laisse vite capturer et même apprivoiser... Dans ce cadre 1900, sensualité et plaisir des yeux sont les mots d'ordre. Canapés en velours rouges, lustre rococo, miroirs dorés confèrent à ce cabaret une ambiance délicieusement rétro. Les spectacles de danses érotiques participent à rendre l'ambiance voluptueuse.

CAROUGE ★

Les Genevois et les artistes aiment s'y promener pour humer un air un peu différent. Elle est parfois surnommée le « Greenwich Village » de Genève ! En effet, Carouge a un statut particulier dans l'histoire du canton. Petite ville détachée de la rive gauche par le cours de l'Arve, elle fut construite au XVIIIe siècle sur ordre du roi de Sardaigne pour concurrencer Genève. Depuis, elle est devenue une ville industrieuse tout en préservant le cœur de sa ville ancienne où il fait bon se promener le long du canal et dans les rues ombragées. Classée « ville d'importance nationale », elle est un exemple unique en Europe d'urbanisme postmédiéval.

Histoire

Le nom de Carouge viendrait de *quadruvium*, « carrefour » au centre duquel Sigismond fut couronné roi des Burgondes en 516. Elle garde cette qualité de ville ouverte, après avoir été tantôt française, italienne et sous la tutelle de Genève, elle affirme son identité singulière. Phénomène rare en sa position de frontière, elle n'a jamais eu de fortifications. Actuelle commune du canton de Genève, elle a été souvent assimilée à un quartier de la cité de Calvin. A l'origine, elle était formée de quelques maisons et appartenait au hameau de Lancy. Entre 1772 et 1783 se développe une ville nouvelle et ouverte à l'urbanisme piémontais moderne, sans fortification ni rempart avec des rues alignées et de vastes places. Des privilèges sont accordés aux étrangers pour favoriser leurs installations et ainsi dynamiser l'économie de Carouge. Le pouvoir turinois en fait un îlot de tolérance civile avec 143 auberges et cabarets en 1792 mais aussi religieuse puisque s'y installent catholiques, francs-maçons, protestants, juifs... Grâce à sa position stratégique au bord de l'Arve qui permettait le transport de marchandises sur l'axe Rhin-Rhône, sans passer par Genève, et son Pont de l'Arve (véritable carrefour routier en direction de l'Ain et de la Savoie), Carouge deviendra un important centre du commerce et de l'artisanat. Elle est élevée au rang de ville royale en 1786 par le roi Victor Amédée III. Cédée en 1816 par le traité de Turin, elle devient une des communes du canton de Genève.

Quartiers

La ville s'est construite et développée de part et d'autre de la rue Ancienne qui la traverse depuis l'anse de l'Arve en diagonale.

FONDATION BRUCKNER

38 chemin de Grange-Collomb
✆ +41 22 300 07 18
www.ceramique-bruckner.ch
Permanences lundi - mer. de 9h à 12h et jeudi de 12h30 à 15h30, fermé les jours fériés. Entrée libre. Ateliers payants.

Cette fondation a été créée en 1998 par la ville de Carouge à partir du legs de Charlotte Bruckner qui souhaitait contribuer à l'essor culturel de la ville. Pour promouvoir le travail de la céramique au sens large, la ville renoue ainsi avec une activité historique : d'importantes manufactures de céramique y était en effet implantée de 1803 à 1933. La Fondation favorise la rencontre du public avec les arts céramiques et gère des ateliers. Les ateliers peuvent être mis à disposition pour des particuliers ou des institutions. C'est un lieu vivant où artistes et amateurs du monde entier peuvent demander résidence pour développer leur art. Un service de cuisson est également proposé dans les fours à disposition et des cours de modelage, de tournage ou de moulage peuvent sont proposés. La Fondation Bruckner organise le Parcours Céramique Carougeois. Cette biennale internationale de céramique contemporaine (en septembre tous les deux ans, prochaine édition en 2022) invite le public à découvrir dans divers lieux de la ville et du canton la céramique contemporaine avec la présence de 45 artistes. Le Parcours Céramique Carougeois est un festival de céramique offrant un panorama de la céramique contemporaine varié, mais d'un haut niveau avec des expositions, des conférences, des visites commentées, des cuissons spectaculaires en plein air, des projections, des ateliers pour les enfants. Ce lieu de création laisse place à l'imaginaire et à la poésie. Cette Fondation place la ville de Carouge comme centre artistique reconnu.

FONTAINES BLAVIGNAC

Place du Temple
4 Fontaines classées Monument Historique.

Lorsque la cité sarde installe une machine hydraulique et pose ses premiers tuyaux de plomb, J.D. Blavignac, imagine quelques fontaines monumentales et fantaisistes qui datent des années 1867-1868. Elles servaient à alimenter en eau les Carougeois. Elles sont visibles à la place du Marché (la plus monumentale dédiée à l'Arve), place du Temple (connue pour ses chimères en forme de dragons), rue Ancienne (bassin orné de deux cygnes de bronze) et rue Jacques-Dalphin. Les fontaines de Blavignac sont signées de sa marque, un escargot.

GALERIE ANNICK ZUFFEREY ★★

1 place de Charmettes
✆ +41 22 343 03 05
www.galerie-annickzufferey.ch
Galerie Bijoux d'auteurs. Ouvert du mardi au vendredi de 13h à 18h30, le samedi de 11h à 17h et sur rendez-vous.

Subtilité, finesse, délicatesse composent les bijoux présentés dans cette galerie. Chaque exposition est unique, empreinte d'un sens profond résultant de l'inspiration singulière du créateur. Chaque créateur raconte son histoire dans ces bijoux. Plusieurs univers, des innovations et surtout des pièces exclusives pour vous combler. Annick Zufferey est aussi designer créatrice et ses modèles sont composés avec une fantaisie discrète. Les perles, les pierres précieuses et semi-précieuses viennent réveiller les métaux travaillés avec finesse.

MUSÉE DE CAROUGE ★★

2 place de Sardaigne
✆ +41 22 307 93 80
www.carouge.ch
Ouvert pour les expositions (entrée libre) : du mardi au dimanche, de 14h à 18h.

Si vous souhaitez découvrir une maison typique de la ville de Carouge alors c'est l'occasion de vous rendre au Musée de Carouge. Un très beau jardin particulier en pleine ville et une ambiance bucolique à souhait vous accueille avant de découvrir l'édifice. Cette charmante bâtisse abrite des collections d'artistes locaux, des céramiques contemporaines qui illustrent l'activité artistique si intense de la ville, des œuvres Beaux-Arts… Le concours de céramique de la ville est organisé tous les deux ans par le musée. Un lieu patrimonial à ne pas louper !

PLACE DU RONDEAU

Place du Rondeau

C'est le « Quadruvium » (carrefour en latin) où fut couronné Sigismond (roi des Burgondes) et auquel la ville doit son nom. Le nom de cette place est dû à sa forme circulaire et sa fonction de croisement entre deux grandes voies de circulation. Ce lieu de rencontre était très fréquenté par les Carougeois et les Savoyards qui s'adonnaient à la discute en toute convivialité. On peut y voir le monument des Neuf Communes réunies ; cette œuvre d'un élève de Rodin, James Vibert, date de 1925 et ses 11 figures de femmes célèbrent le rattachement au canton de Genève.

LE TEMPLE

Place du Temple
✆ +33 22 343 17 40
www.protestant.ch
Edifice religieux.

Bâti en 1818 et 1822, ce temple néoclassique mérite une visite pour ses étonnantes sculptures sur bois romano-byzantines (1919-1930) d'Ernest CHRisten, pasteur et artiste. C'est un édifice réputé pour ses peintures intérieures : des peintures d'Eric Hermès et des vitraux du maître-verrier Charles Wasem (sur des modèles d'Eric Hermès) complètent la décoration. Certaines des fresques évoquent d'ailleurs l'ancienne paroisse de Carouge. Les vitraux sont également des chefs-d'œuvre pour leur époque de réalisation. Outre le culte, des concerts sont organisés.

© MIHAI-BOGDAN LAZAR - SHUTTERSTOCK.COM

Carouge.

VIEUX CAROUGE

www.carouge.ch/decouvrir

Ancien quartier de Carouge.

Carouge était une ville bouillante d'activités avec pas moins de 450 artisans au XVIIIe siècle. Sur ce lieu de passage et d'échange, tous les corps de métier venaient s'y installer. La toponymie des routes et l'architecture des maisons de la ville témoignent de cette richesse passée. Ville nouvelle réalisée suivant un plan en damier, les anciens quartiers s'articulent géographiquement autour des actuelles rues Ancienne et Vautier. Il est charmant de sillonner les rues de Carouge et de ressentir le côté « bohème » et pittoresque qu'elle a su garder.

IBIS STYLES GENÈVE CAROUGE €€

3 Route de Saint Julien

✆ +41 22 544 86 00

Chambre standard (1 lit double ou 2 lits simples) à partir de 130 CHF petit déjeuner buffet inclus.

Voici le premier hôtel entièrement dédié à la bande dessinée ! Inauguré en février 2018, il a été décoré par sept dessinateurs genevois. Chaque chambre possède sa propre fresque à découvrir et des bandes dessinées sont à disposition à l'accueil. Cet hôtel de la gamme Ibis Styles nous rappelle que la bande dessinée a été « inventée » au XIXe siècle par un Genevois, Rodolphe Töppfer ! Le thème choisi est celui du rêve. Idéal pour passer une bonne nuit... à buller.

STARLING RESIDENCE GENÈVE €

4 route des Acacias

✆ +41 22 304 03 00

www.shresidence.ch

Résidence hôtelière. 4 chambres standards sans kitchenette. 90 logements. Prix dès 119 CHF.

Pratique, confortable et moderne, le Starling Residence Genève offre une large gamme de logements adaptés à chaque situation. Les studios sont lumineux, spacieux et meublés de manière contemporaine. Vous avez l'impression d'être comme à la maison mais en Suisse ! De nombreuses offres toute l'année permettent de séjourner à Carouge/Genève en bénéficiant d'avantages. Une bonne adresse pour des congés en famille, en amoureux ou pour les déplacements d'affaires.

RAMADA ENCORE GENÈVE €€

10-12 route des Jeunes

✆ +41 22 309 50 00

www.ramada-encore-geneve.ch

154 chambres. Chambre standard à partir de 159 à 330 CHF. Parking 10 CHF.

Un style moderne au confort agréable et design. Le Ramada Encore Genève offre tout ce que l'on attend d'un grand hôtel. Il est facile d'accès. Toutes les chambres sont spacieuses, minimum 24 m², à la décoration plurielle et colorée, équipées d'un vrai bureau et d'un accès wi-fi payant. Le café-restaurant The Hub est pratique pour les déjeuners d'affaires ou pour une journée shopping dans le centre commercial (8 restaurants et 80 commerces) adjacent. Un hébergement urbain et fonctionnel pour un séjour efficace à la périphérie du centre de Genève.

AUBERGE COMMUNALE DE CAROUGE €€

39 rue Ancienne ✆ +41 22 338 07 10

www.hotelcarouge.ch

Hôtel deux étoiles comportant 13 chambres. Dès CHF pour une chambre simple et 180 CHF pour une chambre double.

Ce charmant hôtel situé en plein cœur du vieux Carouge se distingue par son calme et son confort. Toutes les chambres sont sur le thème des arts carougeois, chacune est différente et décorée avec beaucoup de goût. Un confort romantique et harmonieux pour des chambres aux noms évoquant le riche passé de Carouge : chambre de l'horlogerie, chambre de la sculpture, chambre de la mode... Fonctionnelles, elles donnent soit sur la rue Ancienne, soit sur un petit jardin, très tranquille !

Ô CALME €

36 rue Ancienne

✆ +41 22 301 22 20

www.ocalme.com

Lundi au vendredi 10h à 16h, le samedi et dimanche de 10 à 18h (sauf l'été de 10h à 17h). Dès 22 CHF. Terrasse ombragée.

Envie de se sentir chouchouté et de retrouver une ambiance comme à la maison ? Situé en plein cœur de Carouge, l'Ô Calme est un refuge qui saura vous apaiser. Entrée atypique, par la cuisine, comme à l'ancienne dans les maisons. On peut ainsi voir l'élaboration des plats et surtout découvrir les tartes salées du jour exposées sur le comptoir. Les crumbles, moelleux au chocolat et autres douceurs se dégustent également à l'heure du thé, qui se veut original. Le week-end, les brunchs conséquents sont très courus ! L'endroit a beaucoup de cachet !

GUINGUETTE DU BOULODROME €

57 route de Veyrier

✆ +41 22 343 31 33

Guiguette les vendredis et samedis de 18h à 1h.

Quand l'envie de danser vous titille, la Guinguette du Boulodrome est un endroit très convivial pour partager quelques pas en musique. Cette guinguette s'anime les week-end en soirée avec l'organisation de concerts divers. Un lieu original à l'ambiance bon enfant et atypique que les Carougeois aiment garder presque secret. C'est une très bonne adresse pour rencontrer des personnes locales qui ont a cœur de festoyer et s'amuser en toute simplicité. L'équipe vous attend les vendredis et samedis de 18h à 1h dans la bonne humeur.

L'AIGLE D'OR €

13 rue de la Filature

✆ +41 22 342 05 47

www.laigledor.ch

Ouvert du lundi au samedi de 11h à 15h et de 18h à minuit. Fermé le dimanche. Plat du jour : 18,50 CHF.

Véritable vieux bistrot carougeois, légendaire par son authenticité, L'Aigle d'or vous accueille dans son cadre mis au goût du jour, depuis l'arrivée de la nouvelle direction en février 2013. Le chef André Mulato, présent aux fourneaux depuis plus de 28 ans vous le dira avec un sourire aussi généreux que sa cuisine : « ici on se sent entre Lyon et Venise ». Il puise son inspiration au marché et propose au quotidien de nouvelles suggestions, avec un poisson du jour à la plancha qui fait fureur. Même si la spécialité de la maison est le fameux risotto.

LE MARCHAND DE SABLE €

4 Rue Vautier

✆ +41 22 342 10 75

Restauration et événements. Fermé le samedi midi et dimanche toute la journée.

Le Marchand de Sable est bien connu pour son ambiance, surtout en fin de semaine. Il est devenu un bistrot en vogue et propose des soirées à thèmes comme « Dégustation de foie gras et bières artisanales » ou encore « Apéro-dégustation et la chasse façon marchand ». Animations tendance, et carte moderne idéale pour un apéro dînatoire. C'est un endroit que l'on fréquente entre amis après les journées de travail. Vous saisirez toute l'ambiance locale et la joie de vivre des Carougeois. Profitez-en pour déguster une bière locale.

Ô5 €

5, rue des Caroubiers

✆ +41 22 309 11 05

www.foyer-handicap.ch

Ouvert du lundi au vendredi de 7h à 19h. Brunch le week-end. Comptez 25 CHF l'assiette.

Situé dans une petite rue carougeoise, ce café-restaurant fort convivial fait le bonheur d'une clientèle variée travaillant ou vivant dans le quartier, heureuse de se ressourcer pour une pause déjeuner couleur citron vert où se mêlent cuisine créative et savoir-être. La décoration est composée de délicates plantes aromatiques produites par l'équipe du service horticulture de la Fondation Foyer-Handicap. Coup de cœur pour les pains, confectionnés avec des matières premières de la région, dans la Boulangerie 7Extra, dépendant elle aussi de la Fondation.

PIZZA VINO €

10 rue Saint-Victor

✆ +41 22 342 48 09

www.pizza-vino.ch

Lundi au vendredi de 11h30 à 14h30 et de 18h30 à minuit. Samedi de 11h30 à 15h30 et 18h30 à minuit. Pizzas dès 18 CHF.

Dans une ambiance bistro, on aime partager des pizzas croustillantes maison à la pâte fine. Vous serez conquis par la pizza Caprices des Dieux ou la pizza Dolce Vita. La carte fait également la part belle aux pâtes préparées *al dente* comme les pennes tartufo ou, plus exotique, la Lola Montes aux épices mexicaines. Une belle décoration avec le joli détail des nappes à petits carreaux vichy et les galeries de photos noir et blanc. C'est en toute convivialité que l'on déguste ces plats pleins de soleil. L'été, la terrasse est des plus agréables.

LE SAINT JOSEPH €

42 rue Saint Joseph

✆ +33 22 300 12 05

Ouvert : Mardi 11h-14h. Mercredi au vendredi 11h-14h et 19h-23h. Samedi 9h-15h et 19h-23h.

Dans un cadre à l'ambiance carnotzet, confortablement lové dans une banquette en bois, on se régale de fondues au fromage et de spécialités bouchères comme la potence. La potence est une manière ludique de présenter la viande sur une brochette tenue en verticale. Ce qui fait le succès et l'originalité du restaurant, c'est le côté challenge qu'il propose avec leur *giant burger* d'1,3 kg au total ! Alors, prêt à relever le défi ? La maison offre le plat si votre appétit vous permet de terminer le burger dans les 15 min. Bonne ambiance, conviviale et service efficace.

AU VIEUX CAROUGE €

27 rue Jacques-Dalphin
✆ +41 22 342 64 98
www.auvieuxcarouge.com
Spécialités suisses. Du mardi au samedi de 10h à 15h et de 17h à minuit. Plat du jour : 18 CHF. Fondue dès 24 CHF.

Ce bistrot est un incontournable pour qui veut savourer une fondue dans les règles de l'art. Les Carougeois vous diront qu'on y mange la meilleure du canton mais pas toujours la moins chère, ainsi que d'autres spécialités comme la tête de veau. La petite salle ne désemplit pas du tout l'hiver. L'endroit est plein du charme, rappelant les guinguettes carougeoises. Ne pas s'offusquer s'il faut partager sa tablée avec des touristes en goguette La cuisine familiale offre aussi d'autres plats typiquement suisses : rösti, croûtes aux fromages ou saucisson vaudois.

CAFÉ DU MARCHÉ €€

4 place du Marché
✆ +41 22 301 26 47
Ouvert du lundi au samedi de 6h30 à 23h30 et le dimanche de 11h30 à 23h30. Formules le midi dès 19 CHF.

Ce vieux bistrot chic : à l'intérieur, le cadre est chaleureux et l'on vient facilement, à toute heure, prendre un verre ou un café. Très appétissante, la carte est poétique et vous invite *aux Flaveurs de l'instant* avec les entrées comme le tartare de dorade et perles de Yuzu, ou *l'Appétit vient en mangeant* avec en plat principal, la Vapeur de Saint-Jacques et légumes et pour finir avec un *Succombons à la tentation* et la salade fraises, glace à l'huile d'olive et poivre de Tasmanie. Ambiance bistronomique, avec toutes ces belles saveurs astucieusement pensées.

LA BOURSE €€

7 place du Marché
✆ +41 22 342 04 66
www.la-bourse.ch
Ouvert 7 jours / 7, de 08h à 1h. La carte est servie de 12h à 14h et de 19h à 23h. Plat du jour : 20 CHF

C'est l'un des restaurants emblématiques de la place du Marché. La Bourse a le charme des grandes brasseries parisiennes. Du style, avec ses garçons de café aux petits soins, des salles claires séparées par des voûtes, une brasserie et au sous-sol, de superbes caves du XVIIIe siècle qui abritent un carnotzet où l'on sert raclette « du pays d'en haut », fondues et pierrades, mais aussi des pizzas. La Bourse c'est aussi une belle carte de brasserie française avec entrecôte et frites maison, choucroutes et fruits de mer en saison, onglet à l'échalote.

CHAT NOIR €€

13 rue Vautier
✆ +41 22 307 10 40
www.chatnoir.ch
Ouvert 7j/7, dimanche-jeudi 16h-2h, vendredi-samedi 16h-4h. Entrée libre.

A s'en lécher les babines, le Chat Noir est ici loin d'être un mauvais présage ! Le talent est bien dans l'assiette, avec les succulentes bouchées du monde et du terroir suisse. Ne pas manquer de goûter aux savoureuses bouchées de poulet Satay, de noix de Saint-Jacques, de keftas d'agneau accompagnés d'un merveilleux vin de Genève (la cave est de qualité). La carte des cocktails propose des élixirs à l'élaboration particulièrement créative. On trouve l'espace bar, déplacé et relooké, et dans le prolongement, une salle de 200 places et disposant d'un fumoir.

CAFÉ DES NÉGOCIANTS €€

29 rue de la Filature
✆ +41 22 300 31 30
www.negociants.ch
Du lundi au samedi et les dimanches de décembre de 12h à 15h et 19h à 22h30. Plat du jour 21 CHF, menu 31CHF.

Dans la belle petite cité sarde de Carouge, le Café des Négociants est une halte gourmande dans une ambiance bistrot d'antan. Le cadre est lumineux et boisé, avec un joli bar en zinc et un esprit de bouchon lyonnais. La cuisine est savoureuse, de marché, à base de produits frais de saison. Elle fait vibrer les papilles au rythme des flots méditerranéens. C'est également le lieu propice pour déguster du vin avec une cave exceptionnelle. Beaucoup de charme émane de ce lieu où les convives viennent retrouver l'âme conviviale de bistrot.

LE DIX VINS €€

29 rue Jacques-Dalphin
✆ +41 22 342 40 10
Du lundi au ven. de 12h à 13h15 et de 19h à 21h15, sam. en oct., nov. et dec. 19h à 21h15. Carte : 80 CHF.

Une cuisine d'antan dans un écrin au charme insolite mariant authenticité et fantaisie. On entre dans un lieu au cachet unique : un entrelacement de boîtes de carton, panneaux de direction, plaquettes publicitaires anciennes, tableaux et touches vintage. Petites salles au charme bohème, ambiance conviviale, terrasse en été. La cuisine de René Fracheboud est excellente : française, aux saveurs à la fois traditionnelles, délicates et aventureuses comme les crevettes au curry rouge, sauce chocolat blanc, ou le poussin à la harissa !

LE FLACON €€

45 rue Vautier ✆ +41 22 342 15 20
www.leflacon.ch

Restaurant bistronomique. Ouvert du mardi au samedi de 12 à 14h et de 19 à 22h30. Menu découverte à partir de 105 CHF.

Le Quimporte a son bar, et le Flacon a son restaurant. Les deux sont indissociables et pour reprendre la citation de Musset, qu'importe le Flacon, pourvu qu'il y ait l'ivresse. C'est tout le plaisir de la bonne table, version contemporaine et inventive. L'audace et le raffinement, une créativité débordante et une spontanéité sont harmonieusement réunis pour nous surprendre et bouleverser nos papilles. Les suggestions dansent au rythme des saisons. Un festival ! Une ivresse, à vivre et n'enfermer dans aucun flacon ! Et surtout une table bonne et décontractée.

LA FUMISTERIE CHEZ ERNEST €€

21 rue des Noirettes ✆ +41 22 342 00 43
www.fumisterie.ch

Lundi et mardi 10h-23h. Mercredi et jeudi de 10h à minuit, vendredi de 10h à 1h, et samedi de 18h à minuit. Dès 19 CHF.

Étrange nom pour ce bar atypique. Cette dénomination provient de la profession de fumiste, celui qui entretient et répare les cheminées. Un hommage au métier pratiqué en ces lieux autrefois par Ernest, l'ancêtre des actuels propriétaires. Le bar restaurant navigue entre cuisine italienne (avec les fameux antipasti, ou les pâtes maison comme ces ravioles aux épinards et à l'huile de truffe) et les accents méditerranéens. Le côté open-space peut engendrer un peu de résonance. Terrasse.

PAKUPAKU €€

43 rue Vautier
✆ +41 22 301 00 03
www.pakupaku.ch

Cuisine japonaise. Ouvert du mardi au samedi, de midi à 14h30 et de 18h à minuit. Carte : 60 CHF.

Ici, la cuisine est composée de petits plats à commander pour toute la table, en toute convivialité. On se croirait dans un *isakaya* (sorte de bistrot japonais), où chacun pioche selon ses goûts et ses envies et partage avec son voisin, dans un cadre contemporain et soigné. Plats végétariens, salades, *sashimi* (poisson cru), brochettes (poulet, anguille, crevette), *dim-sum* (rouleau de printemps), *noodles* (nouilles aux légumes ou à la viande), plats de poisson (saumon *teriyaki*), viandes et volailles (bœuf *takaki*, poulet Karaage).

BRASSERIE DES TOURS (BDT)

18 avenue Vibert
✆ +41 22 343 00 44
www.bdt.ch

Bières locales. Ouvert du dimanche au mercredi de 9h à minuit, jeudi, vendredi, samedi de 9h à 1h. Carte dès 17 CHF.

Une brasserie artisanale située juste sur la place des célèbres fontaines de Carouge, à l'angle de la rue Vibert et du boulevard des Promenades. Dès l'entrée, sur la gauche, trônent majestueusement 2 grosses cuves en acier. L'une des cuves sert à la cuisson et la seconde filtre, et c'est au sous-sol que 9 fermenteurs de 1 000 litres font le reste du travail. La star de la BDT, c'est La Carougeoise, la seule bière artisanale de Carouge, déclinée en brune, ambrée, blonde.

CHAT NOIR

13 rue Vautier ✆ +41 22 307 10 40
www.chatnoir.ch

Club, bar, restaurant. Du mardi au jeudi de 18h à 4h, et les vendredis et samedis de 18h à 5h. Cocktails de 15 à 17 CHF.

Un incontournable des nuits genevoises et carougeoises ! Le Chat Noir est tout un concept, il est un lieu convivial pour un repas inspiré de saveurs du monde comme les crevettes grillées à la mexicaine ou le tataki de bœuf en croute de sel. Ici se marie à merveille, sens du rythme avec la salle de concerts, dégustation avec le restaurant et sa cuisine de mélanges gustatifs, et bar club avec une équipe de « mixologues » et adeptes du Flair (jonglage spectaculaire de bouteilles). Le délicieux *Havana passion* a été primé lors des compétitions Havana club à Genève.

LE CHEVAL BLANC

15 place de l'Octroi
✆ +41 22 343 61 61
www.lechevalblanc.ch

Du mardi au vendredi de 17h à minuit, le samedi dès 11h, et le dimanche dès 10h30. Tapas à partir de 17h.

Sur la Place de l'Octroi, un bar connu des carougeois. Tapas le soir. A la mise en valeur du lieu (pierres apparentes sur murs blanchis) s'ajoute une touche contemporaine. La terrasse abritée de bambous donne sur la petite place aux Platanes. La sélection de vins au verre est excellente et la mise en valeur des bières des micro brasseries locales est une évidence. Une ambiance rythmée relayée par la salle du bas : *Le Box*. Parfum de nuit parisienne avec pour chaque soirée une originalité. Une équipe vraiment sympathique anime ce bel endroit.

LA CHOCOLATIÈRE

13 place de l'Octroi
✆ +41 22 343 45 00
http://lachocolatiere.ch
Ouvert le lundi : 13h30 à 18h30, mardi à vendredi de 9h à 12h30 et de 13h30 à 18h30. Samedi de 9h à 13h30 et 14h à 18h.

Le chocolat est une thématique à privilégier lors de votre venue en Suisse. Douce odeur de gourmandise, et surtout de chocolat sur la place de l'Octroi à Carouge. De manière artisanale, les douceurs sont confectionnées dans les règles de l'art du chocolat suisse. Ces petits bijoux sont délectables de mille façons. On découvrira un petit salon de thé classique, doublé d'une charmante terrasse avec des tables à l'abri du vent. Les glaces maison en été sont à en oublier le maillot de bain et leurs parfums sont empreints d'originalité.

VERT BOUTEILLE

7 rue Vautier
✆ +41 22 557 49 79
http://vert-bouteille.thefork.rest
Dîner : de 17h à 2h (sauf dimanche. Samedi : service continu dès 12h Vins. Carte dès 6 CHF. Tartines dès 9 CHF.

Un bistrot, bar à vin où l'on aime vivre et partager le bonheur authentique autour d'un verre entre amis. Le Vert Bouteille se veut être lieu de rencontre agréable aux tons olive et une paroi habillée de bouteilles vides. On retrouve un style « scandinave », un peu loft industriel, avec des meubles dépareillés, en bois ou Formica, un magnifique bar en zinc et des tabourets design. L'accent est mis sur le naturel et on y sert des vins dits naturels dont le choix est vaste. On ne se lasse pas des tapas en version planchettes ou ardoises avec des produits du terroir.

30.48 CENTIMETRES

9 rue Saint-Victor
✆ +41 22 300 02 48
Chaussures. Ouvert du mardi au vendredi de 10h30 à 18h30, samedi de 10h à 17h.

Une boutique très contemporaine où les chaussures sont exposées dans des étagères blanches rehaussant la particularité de l'objet. C'est plus qu'une simple boutique où l'on vient dénicher notre paire de chaussures. C'est un univers à part où l'on sent que notre souhait, notre désir de revêtir la « parure » idéale nous sera amenée sur un plateau avec grande écoute et ouverture. On se sent chouchouter et notre achat devient un moment de plaisir. Un vaste choix pour toute la famille pour vous chausser en mode séductrice, discrète, sportive, artistique...

AL MERCATO

2 place du Marché
✆ +41 22 342 41 20
Epicerie fine italienne. Sur place ou à emporter. Ouvert du lundi au vendredi de 7h à 21h30, samedi de 7h à 14h.

Pour une pause façon *Dolce Vita* et une dégustation de café italien sur la place du Marché, Al Mercato est l'endroit rêvé. La carte propose d'alléchantes salades et des *pastas* maison, à déguster sur place ou à l'emporter. L'endroit est paisible, accueillant et les produits d'une grande fraîcheur. Les odeurs et les saveurs nous projettent dans une ambiance méditerranéenne et nous éveillent les papilles. Les salades sont toujours très goûteuses. L'été, la terrasse promet de bons moments et de belles soirées étoilées en dégustant un vin italien.

ATELIER MIREILLE DONZE ET DJEIHNE

31, rue Saint-Joseph
✆ +41 22 345 55 21
www.djeihne.ch
Stylistes. Ouvert mardi à vendredi de 14h à 18h30 et samedi de 10 à 17h.

Dans cet atelier, deux stylistes travaillent ensemble et proposent deux collections par année et du sur-mesure. Mireille Donzé, styliste maille, crée en utilisant des matériaux naturels, mohair, soie, chanvre, lin... Djeihne exprime ses talents avec le chanvre, le lin et les matériaux imperméables. La touche des stylistes se retrouve dans des créations aux lignes épurées et des formes asymétriques. Elles aiment jouer avec les matières et bousculent les conventions.

BETJEMAN AND BARTON

35 rue Saint-Joseph
✆ +41 22 301 20 30
www.barton.ch
Boutique de thé et cadeaux. Ouvert le lundi de 14h à 18h30, mardi au vendredi de 9h30 à 18h30 et le samedi de 9h à 18h.

Thé en folie, c'est par ici ! Partez à la découverte de plus de 130 thés... Ici, c'est plus qu'une boutique de thé, c'est une passion à l'état pur. Celle de nous envoûter avec ce breuvage tantôt foncé, tantôt ambré... Le temple du thé par excellence, sans aucun doute ! Les vitrines changent de décoration au fil du temps et subliment l'assortiment des cent trente thés différents que l'on peut apprivoiser lors des deux dégustations annuelles d'une vingtaine de thés dans les règles de l'Art du Thé. Une boutique qui donne de l'inspiration !

BRONNIMANN

4 rue du Marché
+41 22 342 00 79
www.boucherie-bronnimannfils.ch

Boucherie. Ouverte du mardi au vendredi de 8h à 12h30 et de 14h30 à 18h30 et le samedi de 8h à 14h.

C'est l'endroit parfait pour découvrir le terroir genevois et profiter pour remplir votre valise de gourmandises locales. Elles seront fort appréciées au moment de l'apéritif avec un vin de la région. Une alléchante boucherie au cœur de Carouge. On se retient, car tout est alléchant : les pâtés à la viande succulents, les merguez, un régal, les viandes rougeoyantes, qu'il s'agisse du bœuf haché, des cordons bleus à la pièce ou de la farce, tous les produits sont de grande qualité. Aussi saucisses à rôtir, boule de Bâle, cervelas, schübling ou saucisse de Vienne.

CENTRE COMMERCIAL ET DE LOISIRS - LA PRAILLE

10, route des Jeunes
+41 22 304 80 00
www.la-praille.ch

Complexe sur plusieurs étages. Ouvert du lundi au samedi dès 8h30. Parking payant.

La Praille accueille plus de 65 enseignes de mode, de services et d'accessoires, la Praille est le plus grand hypermarché Coop du canton de Genève. Cet espace de loisirs est un lieu de vie, avec même un espace allaitement pour les mamans. Sur place, de nombreuses boutiques. Au deuxième étage le centre offre un large éventail d'activités pour petits et grands, dont le plus grand bowling de Suisse (26 pistes), un cinéma multiplex, une halte-garderie, un fitness, un espace restauration.

CHOCOLATERIE PASCOËT

12 rue Saint-Joseph
+41 22 818 11 40
www.philippe-pascoet.ch

Ouvert le lundi de 13h à 18h, du mardi au vendredi de 10h30 à 19h et le samedi de 10h à 17h30.

Un écrin de choix pour ce maître chocolatier d'origine bretonne, toujours très inspiré, qui a déjà pignon sur rue à Carouge, mais aussi à Saint-Germain-des-Prés, à Paris. Vous trouvez à cette adresse toute la gamme des chocolats, ganaches et pralines de Philippe Pascoët, mais aussi ses tablettes et ses chocolats à casser. Ses spécialités sont nombreuses, comme les ganaches aux saveurs de verveine ou de menthe, ou des moelleux au coeur fondant. Le chocolat est un art qu'il réveille par de la créativité et de la modernité. Chocolatier reconnu à Genève.

L'ANTRE-PEAUX

43 rue Ancienne
+41 22 342 72 25
www.chrismurner.ch

Maroquinerie confection atelier. Boutique ouverte selon saison, information sur le site Internet.

Des créations de maroquinerie originales et de très belle qualité que l'artiste CHRis Murner met en forme dans son atelier de Carouge. Le côté pratique et fonctionnel de l'accessoire prend sous ses mains et son goût du style, une dimension artistique. Chaque collection de sacs et d'accessoires est prétexte à une nouvelle aventure de création personnelle ou en collaboration avec d'autres artistes. Les thèmes sont à eux seuls une invitation au voyage. CHRis Murner est Genevoise et la dernière maroquinière artisanale, formatrice aujourd'hui en Suisse.

L'ENVIE

2 Rue St-Joseph
+41 22 301 68 58
https://lenvie.ch

Ouvert le lundi de 13h30 à 18h30, du mardi au vendredi de 10h à 18h30 et le samedi de 10h à 17h30.

L'Envie offre sur deux niveaux un vaste choix de cartes, d'articles de papeterie, de boîtes à messages, de cadres, de vaisselle et de produits pour le corps, mais aussi des objets plus conséquents comme des sacs, des paniers, des meubles… C'est une boutique qui fait le bonheur des adeptes d'écriture et de petites fantaisies. Vous trouverez de quoi faire le plein de couleur, de gaieté et d'originalité ! Ce bric à brac est le lieu parfait pour les cadeaux, les emballages uniques et personnalisés et les souvenirs décalés et originaux.

LIBRAIRIE DES LIVRES ET VOUS

10, route des Jeunes +41 22 301 55 67
www.deslivresetvous.ch

Ouvert du lundi au mercredi de 9h à 19h, le jeudi de 9h à 21h, le vendredi de 9h à 19h30 et le samedi de 9h à 18h.

Les livres sont là pour nous délivrer d'un quotidien auquel on souhaite échapper. Jolie formule qui s'applique aux nombreux rayonnages de cette librairie, dotée d'une impressionnante sélection de titres pour la jeunesse. Les amoureux de la Suisse feront leur marché pour dénicher des recettes du pays et des livres sur les légendes. Sans compter les guides, livres de photos du monde, BD, romans policiers, science-fiction, ésotérisme, beaux-arts ou littérature étrangère.

LOCASKI

34, avenue Vibert
✆ + 41 058 573 42 60
www.locaski.ch

Octobre à fin avril. Lundi 8h à 19h, mardi et mercredi 8h30 à 19h30, jeudi et vendredi 8h30 à 19h30 et samedi 8h à 18h.

Ce magasin répond à la demande hivernale en matière de sports. Il contente tous les besoins : matériel de ski alpin, randonnée, telemark, free style, free ride, ski de fond, snowboard ou encore luges, patins de loisirs ou de hockey sur glace. La location-vente est également possible pour tout le matériel neuf loué à la saison. Près de 30 000 articles sont proposés à la location journalière, pour un week-end, une semaine ou même une saison si besoin. Les prix sont dégressifs et très abordables. De quoi être équipé avant votre ascension en station !

RAMDAME

10, rue Ancienne
✆ +41 22 700 79 39
www.ramdame.ch

Mode féminine. Ouvert du mardi au vendredi de 10h à 18h30, et le samedi de 10h à 18h. Boutique en ligne.

La boutique Ramdame propose à la fois des bijoux et des accessoires. Béatrice imagine et sélectionne ses collections de bijoux et d'étoles lors de ses voyages en Inde. Il y a une très belle diversité de bijoux montés sur argent ou vermeil avec des pierres semi-précieuses aux couleurs chatoyantes, des étoles en soie, cachemire et pashminas. Ce lieu est aussi un « patchwork » de cultures à l'image de la propriétaire, qui côtoie l'Orient et l'Occident au quotidien. C'est un lieu hors du temps où l'on aime flâner pour regarder les nouveautés.

FACTORY COIFFEURS

25, Rue du Pont-Neuf
✆ +41 22 301 10 51

Ouvert du mardi au vendredi 9h-19h, samedi 9h-17h. Coupe, soin et brushing : à partir de 100 CHF. Coloriste et manucure.

Factory coiffeurs, ou « l'usine à coiffeurs » est endroit atypique et funky. Une ambiance pas comme les autres où le conseil des coiffeurs dynamiques et sympathiques est très personnalisé. C'est un espace créatif où vos cheveux sont des œuvres d'art à sublimer ! Un lieu zen aux couleurs apaisantes, où l'on se détend en se faisant dorloter. Aucun risque ! Avec une expérience de plus de 10 ans, et de nombreuses formations à Paris, Londres et Barcelone, ils savent respecter les chevelures différentes et proposer un style qui correspond à chaque client.

YOGA DE LA FONDERIE

23 clos de la Fonderie
✆ +41 22 320 00 07
www.yoga-carouge.com

1 cours 26 CHF ; 5 cours 120 CHF, validité 6 mois ; 10 cours 210 CHF, validité 6 mois.

Ici, on vous enseigne toutes sortes de yoga. C'est sûr, vous trouverez la technique qui vous correspond entre yoga vinyasa, yoga ashtanga, yoga iyengar, yoga du dos, yoga doux, yin yoga, power yoga, yoga prénatal, yoga postnatal. Le studio Yoga de la Fonderie est un ancien entrepôt industriel d'une surface de 80 m2, reconverti en espace pour le yoga et les pilates en 2015. Idéalement situé à deux pas du Vieux-Carouge, entre l'Arve et la vieille fonderie d'or, vous croiserez peut-être des mamans avec leurs enfants, des promeneurs de chiens et des joggeurs.

BOWLING DE LA PRAILLE

10, route des Jeunes
✆ +41 22 301 66 63
www.bowlingdelapraille.ch

Du lundi au jeudi de 11h à 1h, vendredi de 11h à 2h, le samedi de 10h à 2h, dimanche de 10h à 1h. Partie dès 9,50 CHF

26 pistes informatisées et fluo, 8 billards, jeux vidéo, ping-pong, baby-foot, Bar PanoramiK (bar à cocktails), solarium, accès aux personnes handicapées, accès TPG. Espace climatisé capable d'accueillir jusqu'à 400 personnes. Formules entreprises, formules anniversaires (enfants, ados). C'est le plus grand centre du canton et nombreux sont les jeunes et les familles qui profitent de ce bel espace. Logé dans le centre commercial, c'est aussi une bonne alternative que de faire une partie pendant que d'autres font les magasins.

LE BOX

15 place de l'Octroi ✆ +41 22 343 61 61
www.lebox.ch

Ouvert le week end dès 11h et le soir à partir de 17h. Une programmation diversifiée en spectacles et concerts.

Une boîte à musique ? Le Box est une association de programmation musicale, et dispose d'une salle de concerts ou de spectacles au-sous sol (descendre quelques marches) du restaurant le Cheval Blanc, à Carouge. D'ailleurs l'enseigne annonce « Le Box - Cheval Blanc ». Deux univers inséparables et si complémentaires où passer de bons moments entres amis noctambules, ou en familles le week-end. Avec les *tapas* en soirée ou les *brunch* à volonté le week-end au Cheval Blanc, et les concerts, spectacles de qualité ou soirées à thèmes, caf-contes proposé par le Box.

CINÉMA BIO

47 rue Saint-Joseph
✆ +41 22 301 54 43
www.cinema-bio.ch
Bar et salles de cinéma. Ouvert de 13h45 à 23h. Carte dès 16,50 CHF.

La programmation est très hétéroclite et favorise la projection d'œuvres d'auteurs helvètes et de réalisateurs internationaux. La programmation Ciné Seniors propose un jeudi par mois de grands classiques du septième art de thèmes allant de la comédie à la tragédie. L'association met à jour très régulièrement le site et envoie chaque semaine une newsletter à près de 4 000 personnes qui se sont inscrites. Le lieu accueille également des événements culturels et des soirées à thème. On peut aussi y prendre un verre et grignoter des *empanadas*.

THÉÂTRE ALCHIMIC

10 avenue Industrielle
✆ +41 22 301 68 38
www.alchimic.ch
Programmation sur le site Internet.

Lieu chargé d'histoire et brillante reconversion d'un ancien cinéma de quartier en un théâtre de 100 places. La mise en valeur des artistes locaux et des œuvres indépendantes sont primordiales pour favoriser l'effervescence de la création artistique. Ses mots d'ordre sont la pluridisciplinarité, le divertissement et la modernité des pièces. Théâtre de création par excellence et non de représentation comme certains à Genève, sa petite salle faite de gradins, reste cosy et favorise la proximité et l'intimité avec les artistes.

THÉÂTRE DE CAROUGE - ATELIER DE GENÈVE

39 rue Ancienne
✆ +41 22 343 43 43
www.tcag.ch
Programmation sur le site Internet.

Le Théâtre de Carouge créé en 1958 dispose de deux salles de spectacles (la grande salle François-Simon (au 39 de la rue Ancienne) et la petite salle Gérard-Carrat (au 57 de la même rue), pour deux ambiances différentes. Jean Liermier, directeur depuis 2008 veille à l'innovation constante des représentations théâtrales par une programmation riche et diversifiée revue par saison. C'est une fierté culturelle pour les Carougeois et 50 000 personnes le fréquentent chaque année.

ANIERES ★

Bordée par le lac, Anières est une charmante commune genevoise, proche d'Hermance, de Corsier et de la France voisine. Elle comprend le village d'Anières et deux hameaux, Chevrens et Bassy. La commune est un lieu idéal pour une escapade gourmande et gastronomique au restaurant Le Floris, ou pour une virée viticole au domaine des Champs-Lingot. D'autres lieux valent le détour comme le restaurant Le Cottage qu'on adore pour son côté bucolique et sa jolie terrasse en été. Terre fertile, la commune est tournée vers l'agriculture et la vigne. De bons produits du terroir sont à se procurer directement auprès des producteurs locaux et des domaines viticoles.

DOMAINE DES CHAMPS-LINGOT

158-160, route de Chevrens
✆ +41 22 751 07 25
www.champs-lingot.ch
Cave ouverte tous les samedis matins et du lundi au vendredi sur rendez-vous.

Une très belle vue depuis les vignes sur le lac Léman. Le Domaine des Champs-Lingot à Anières vous suggère une halte gustative des bons crus genevois. Claude-Alain Chollet est un passionné et ses vins le lui rendent bien. Il produit du chasselas et du viognier qu'un intéressant assemblage de chardonnay et de sauvignon, le chardvignon. Le rouge et le rosé sont également à l'honneur avec du gamay, du pinot noir et l'assemblage lingot noir. Un bel endroit !

LE COTTAGE €

38 RUE CENTRALE
✆ +41 22 751 16 17
www.lecottage.ch
Ouvert 7/7 jours. Plat du jour 19.50 CHF. Suggestions coquelet à la broche le dimanche soir 39 CHF. Carte dès 24 CHF.

Dans une des 45 communes du canton de Genève se cache un « cottage » à l'ambiance bucolique, loin du tumulte de la grande ville. Des airs champêtres et pourtant le Cottage sert une cuisine moderne, pleine de fraîcheur. On accorde volontiers la carte avec les saveurs du marché. L'hiver sera réchauffé par de la selle de chevreuil, des entrecôte de cerf, des fondues de l'Armailli. Et l'été, c'est le plaisir de déjeuner en terrasse une cuisine inventive et gourmande : le carré d'agneau ou encore le tataki de thon rouge, vinaigrette mangue-gingembre.

LE FLORIS €€€

287, route d'Hermance
✆ +41 22 751 20 20
www.lefloris.com

Cuisine gastronomique. Ouvert du mardi au samedi, midi et soir. Côté bistrot : menu à 53 CHF.

Cela fait déjà 20 ans que cette merveilleuse adresse illumine le lac ! C'est l'une des meilleures tables de Genève et sans aucun doute l'une des plus belles terrasses ! Quand toutes les conditions se réunissent pour créer un endroit magique... Et c'est surtout, le talent et la générosité du chef Claude qui unit simplement amour de la grande cuisine, respect des produits, et partage d'humilité. Le dynamisme et la créativité des plats vous surprendront comme le brochet en quenelle et son coulis d'écrevisses, et la mise en avant des produits locaux.

PREGNY-CHAMBESY ★

Aux portes de la campagne genevoise, cette commune résidentielle se situe sur la rive droite du lac, tout près des musées de la Genève internationale. Sa population est composée de très nombreux étrangers, notamment des fonctionnaires internationaux. Par ailleurs, elle abrite plusieurs missions diplomatiques. Le cadre de vie est exceptionnel : il suffit de se promener dans le domaine de Penthes pour en apprécier la quiétude. La commune garde une âme d'antan et un esprit de village en organisant des événements pour sa population. À seulement 3 km de Genève, ce village a quelque chose de bucolique où l'on se verrait bien séjourner paisiblement.

DOMAINE DE PENTHES ★

18, chemin de l' Impératrice
✆ +41 22 734 90 21
www.penthes.ch

Ouvert au public 7j/7 de 9h à 19h. Salon de thé et restaurant.

Au cœur de la Genève internationale se niche un havre de verdure. Le domaine de Penthes s'étale en pente douce sur le flanc d'une colline, dévoilant au gré de la promenade des vues spectaculaires sur le lac Léman. Au centre de cet espace vert se dresse le château de Penthes, maison de maître du XIXe siècle. Entre tradition et modernité, le Restaurant gastronomique du Château de Penthes permet une halte rafraîchissante sur le parcours. Structure moderne dont le toit semble flotter, l'Espace Piccard éveille la curiosité. Un bien culturel à visiter !

BELLEVUE

Le village de Bellevue, enserré entre une ville, un lac et une frontière, offre une campagne généreuse aux promeneurs. Que ce soit dans les Bois d'Avault ou les méandres secrets du Gobé, vous ne manquerez pas de vous émerveiller devant le Mont-Blanc dans cette charmante ville. Résidentiel, l'esprit de village est bien présent. Les fêtes locales lient les habitants et les bords de lac permettent les rencontres. Bellevue est enviable pour sa situation sur le lac avec l'esplanade Gitana et son espace de baignade et de loisirs et la plage de Vengeron à cheval sur les communes de Bellevue et Genthod. L'été les pelouses sont animées de vacanciers.

GENTHOD

La commune de Genthod se situe sur la rive droite du lac Léman, au nord-est du canton de Genève, entre Bellevue et Versoix. Perdue aux milieux des champs et des bois, un grand nombre de promenades s'offrent aux marcheurs. La ville est riche d'anciennes bâtisses datant des XVIIe, XVIIIe et XIXe siècles qui donnent de l'allure à la bourgade. Sa situation sur les rives du Léman en fait une destination enviable qui a d'ailleurs plu à des célébrités comme l'empereur du Japon, Ronald Reagan, Mikhaïl Gorbatchev, Jacques Chirac et Yasser Arafat. Elle abrite également la prestigieuse fabrique horlogère Franck Muller. Une halte romantique à prévoir.

VERSOIX

Traversée par la rivière du même nom, la ville de Versoix est considérée comme moyenne au niveau de sa population, avec 13 000 habitants. Elle se situe à la frontière avec le canton de Vaud. Elle bénéficie d'un atout majeur, sa place privilégiée sur le lac Léman avec sa plage du Port-Choiseul très appréciée en été. C'est aussi une des communes qui perpétuent la tradition et le savoir-faire chocolatier suisse. Deux grandes maisons sont domiciliées à Versoix : la chocolaterie Cartier fondée et établie à Versoix depuis 1858 et la fabrique des Chocolats Favarger, fondée en 1826 et établie à Versoix depuis 1875.

MANUFACTURE CHOCOLATS FAVARGER

27 Rue du Vieux-Moulin ✆ +41 22 775 11 00
www.favarger.com
Visite de la Manufacture sur demande : Histoire de la Famille Favarger et de la fabrication du chocolat.

La Manufacture Favarger vous ouvre ses portes et vous livre quelques-uns de ses secrets. Laissez-vous guider et découvrez la belle aventure de la famille Favarger. Pas de mise en scène ici ! On souhaite vous immerger de manière réelle dans le procédé de fabrication artisanale. Revêtu de votre charlotte et habit de protection, vous partez à la découverte de chaque étape de production : de la sélection des matières premières, la torréfaction des fèves et la création en chocolat.

LAKE GENEVA HOTEL €€

79 Route de Suisse ✆ + 41 22 907 81 11
lakegenevahotel.ch
102 chambres. Chambres pleine vue lac dès 155 CHF en semaine. Tarif spécial le week-end dès 135 CHF.

Baigner votre regard sur les eaux limpides du Léman, scruter l'horizon à la recherche d'un bateau à vapeur, voilà ce qui vous attend au Lake Geneva Hotel. L'évasion est garantie dans cet hôtel les pieds dans l'eau. A seulement 10 min du centre-ville en voiture, vous bénéficiez d'un cadre d'exception pour un séjour « villégiature » tout proche de la frénésie genevoise. Une architecture extérieure très design avec des baies vitrées tournées vers les eaux. Les chambres sont pétillantes, au confort haut de gamme et disposent d'une vue à couper le souffle.

O' FIVE €€

79 Route de Suisse ✆ + 41 22 907 81 11
www.lakegenevahotel.ch/restauration/
Cuisine cosmopolite à tendance méditerranéenne. Restaurant ouvert de 9h à 23h. Plat du jour 19 CHF.

Ô que la vue est belle ! Le O' Five vous promet une parenthèse de raffinement, une cuisine contemporaine et une vue imprenable sur le Léman et les Alpes françaises. Prenez part au spectacle, il est devant vous tel un miroir reflétant les différents bleus du lac. La carte vous suggère d'embarquer pour un croisière culinaire. Prêt au décollage avec l'Agnolotti au crabe, purée de petits pois et lard fumé croustillant, et moelleux de Saint-Jacques et son riz basmati en guise d'atterrissage, une petite douceur sucrée avec la truffe glacée au chocolat Valrhona.

COLLEX

Collex-Bossy est limitrophe de Versoix et Bellevue, ainsi que de la France côté Divonne. Elle a une vocation plutôt agricole et on retrouve comme paysages des champs de céréales, des vignobles et des maraîchers. Elle comprend les localités de Collex, Bossy, Crest d'El et Vireloup. Elle est plutôt résidentielle et seulement quelques immeubles se sont implantés en gardant parfaitement le caractère villageois de l'architecture locale. C'est un village plaisant où les citadins aiment venir se promener et rencontrer ce qui est presque devenu l'emblème de la bourgade : les bisons !

SATIGNY ★

Satigny est la plus grande commune viticole de Suisse. Elle regroupe six villages et hameaux voués à l'agriculture ou à la viticulture : Satigny, « la capitale », Bourdigny, Choully, Montfleury, Peissy et Peney. Ils sont très réputés pour leurs nombreux vignobles et leurs beaux domaines, mais aussi pour leurs restaurants gastronomiques. Chaque année, le samedi qui précède la Saint-Martin, une fête se déroule dans le village de Peissy. C'est l'occasion de découvrir le vin nouveau, le « bourru » (vin encore trouble), que l'on peut déguster à cette occasion.

Satigny.

DOMAINE DE CHÂTEAUVIEUX €€€

16, chemin de Châteauvieux ✆ +41 22 753 15 11
www.chateauvieux.ch

Cuisine gastronomique. Du mardi au samedi midi et soir. Menu du marché à 96 CHF. Le soir, menus à 190 et 290 CHF.

Au cœur d'une bâtisse du XIVe siècle, la table du talentueux chef Philippe Chevrier séduit le convive à plus d'un titre. C'est un des points d'ancrage de la haute gastronomie genevoise. Et lorsque l'on parle de Châteauvieux, c'est un poème culinaire qui vient à l'esprit. Dans une vaste demeure, des mets raffinés, de deux chefs de haut niveau qui savent allier la plus pure tradition à la modernité. La cuisine est inventive et sublime des produits de grande qualité qu'accompagne une sélection exigeante de vins de Genève et de grands crus du monde.

DOMAINE DU CLOS DU CHATEAU

29 route du Crêt-de-Choully
✆ +41 79 642 56 32
www.closduchateau.ch

Dégustation le vendredi de 17h à 19h30, le samedi de 9h30 à 12h. Plusieurs salle de location.

Un choix de culture respectant l'environnement et les produits sans insecticides et selon les normes de la production intégrée. La nature est respectée, les travaux viticoles sont principalement effectués à la main Tous les coteaux du domaine sont en AOC 1er cru, et les vins sont mûrs et concentrés. Les sauvignons sont fruités, les merlots barriqués. Et plusieurs cépages rouges sont élevés en fûts de chêne. Une belle rencontre avec des passionnés du terroir.

DOMAINE DU PARADIS

275, route de Mandement
✆ +41 22 753 18 55
www.domaine-du-paradis.ch

Caveau des propriétaires Roger et Rosette Burgdorfer. Rive droite. Ouvert le samedi de 9h à 17h et sur rendez-vous.

Le Paradis de Bacchus, c'est certain ! Une équipe d'anges, passionnément, travaille au rythme de la nature. Dans ce respect du terroir, naissent des vins blancs de Choully et Peissy : chasselas, aligoté, pinot blanc, chardonnay de Peissy, sauvignon et paradidoux (vin doux). Vins rosé et rouge de Choully : gamay, rosé de gamay, pinot noir, pont des soupirs, pour vous, Madame, pinot blanc, pinot noir, diable rouge (syrah), pont des soupirs blanc (viognier et sémillons) et diable blanc (merlot). Dans la cave voûtée, vous serez subjugués par tant d'émotions.

VEYRIER

Au pied du Salève, massif français, et au bord de l'Arve, Veyrier est une commune de la couronne urbaine genevoise. Elle affiche une identité plutôt semi-urbaine. Elle compte pas moins de 11 000 habitants qui sont parsemés essentiellement dans des zones de villas. Sa situation proche du Salève lui confère un atout nature riche aux yeux des Genevois. D'ailleurs, la montagne qui culmine à 1 100 m, est un site sportif important. On y pratique le parapente, la randonnée, l'escalade et le VTT. Tout cela est accessible par téléphérique que vous pouvez rejoindre depuis Veyrier. Depuis Genève, prendre la ligne 8, arrêt Veyrier Douane.

THÔNEX

À la frontière de la France, Thônex est l'une des portes de la Haute-Savoie en jouxtant la ville voisine d'Annemasse (douane de Moillesulaz). Les communes, toutes très proches, donnent l'illusion d'une immense agglomération : c'est le grand Genève. Thônex est une ville étendue et périurbaine avec des centres commerciaux et des infrastructures telles que piscine, bowling et une salle de concert à la programmation très riche et diversifiée. Des sociétés de renom y sont installées comme Caran d'Ache (crayons et stylos) et Rolex. Comme toute la région, Thônex subit la pression immobilière et il reste très peu d'espaces voués à la nature.

CHÊNE-BOURG

Chêne-Bourg est l'une des trois communes constituant la région des Trois Chêne. Un chêne au milieu des anciens pâturages aurait donné son nom à ces communes (d'où « Chêne » sans « S »). Riche de 8 000 habitants environ, elle est limitrophe de la frontière française et reste l'axe principal qui relie Genève à la France depuis l'agglomération annemassienne. Outre le flux routier, la ville dispose d'un beau cadre de vie, avec notamment le parc Floraire et son jardin séculaire. Le vieux chêne est très pittoresque et garde les traces du passage des marchands partant venus de France et se rendant à Genève.

PARC FLORAIRE

Avenue Petit-Senn

Ouvert tous les jours de 7h30 à 22h d'avril à octobre et de 8h à 18h le reste de l'année.

Grâce à la passion d'un homme, Henry Correvon, botaniste vaudois, en 1902, ce terrain a progressivement pris des allures de parc avec la création de rocailles et la construction de son chalet. Entre jardin alpin et parc urbain avec ses rocailles, arbres, buisson, étangs, haies, jeux, pavillon et pergola, le parc floral se développe autour de son parcours d'eau, bassin de 120 m de long ponctué de cascades, îles, grotte, passerelle et brodé d'un chemin dallé. Il est une source de repos et d'inspiration pour les citadins et les promeneurs.

CHÊNE-BOUGERIES

Chêne-Bougeries est une commune du canton de Genève qui englobe plusieurs quartiers à la périphérie est de la ville de Genève. Le centre historique est très pittoresque avec des bâtisses anciennes et il est plaisant de venir s'y restaurer. Autrefois, elle était une zone importante de passage entre Genève et la France voisine. À titre d'exemple, en mai 1860, pas moins de 2 350 chars traversaient la bourgade en une journée. Ensuite le tramway vient moderniser les modèles de circulation. A présent, c'est un axe très utilisé qui mène à la frontière française. La ville est dynamique et propose des sentiers nature pour le bien vivre des habitants.

COLOGNY ★

Cologny est une charmante commune résidentielle, qui prolonge le parc des Eaux-Vives en direction de Vésenaz et Collonge-Bellerive. Sa vue panoramique sur le Léman fait de la commune une des plus chères et prisées du canton où séjournent de nombreuses personnalités suisses et internationales. Il fait bon se promener sur les coteaux, au chemin des Fourches, jusqu'à son rocher en lisière du chemin de Ruth, d'où l'on contemple Genève, avec le Jura en toile de fond – ou encore le long des quais, de Port-Noir à la Belotte. Le premier roman de science-fiction *Frankenstein* fut écrit dans la villa Diodati par Mary Shelley un soir de tempête.

FONDATION MARTIN BODMER

19, route Martin Bodmer

© +41 22 707 44 36 - www.fondationbodmer.ch

Ouvert du mardi au dimanche de 14h à 18h. Fermé le lundi. Entrée : 15 CHF.

Musée unique pour la thématique qu'il aborde, lové dans un superbe parc à quelques encablures du centre de Genève, c'est un dépaysement que de le rejoindre. Lorsqu'on est enfant, il y a des souvenirs qui restent ! Martin Bodmer, né d'une famille de soyeux, découvre grâce à sa mère les livres et l'univers des bibliothèques. Sa première acquisition fut une édition illustrée de La Tempête de Shakespeare. Initié à la littérature, et passionné des écrits, Martin Bodmer va dédier le reste de sa vie à sélectionner les meilleurs auteurs du monde dans tous les domaines d'activité de l'écrit. L'objectif est de garder ces ouvrages comme bien commun de l'humanité : un panorama de la pensée humaine qui a affecté les différentes époques depuis notre création. La bibliothèque privée de 150 000 ouvrages est d'abord réservée aux plus érudits, puis l'action philanthropique de Martin Bodmer s'étend. Afin de pérenniser son action et de favoriser l'instruction publique, la fondation de droit privé Martin Bodmer est créée en 1971. L'œuvre d'une vie, celle de ce collectionneur érudit de Zurich et vice-président du CICR, trouve comme écrin un musée et une bibliothèque exceptionnelle. Le musée conçu par Mario Botta présente les témoins de la création de l'esprit, à travers tous les âges et dans toutes les parties du monde. Il rassemble une collection constituée de papyrus, de manuscrits, d'incunables, d'éditions originales, de pièces uniques ou rares, d'autographes, mais aussi de pièces archéologiques, sculptures, peintures, tapisseries et partitions musicales. Toutes ces œuvres retracent l'évolution des grandes avancées intellectuelles et spirituelles de l'humanité, chacun de ces objets étant le témoin d'un moment clé dans l'histoire des civilisations. Sur deux étages, parmi les 200 pièces originales exposées avec lesquelles on parcourt le monde et les siècles, de la Mésopotamie à la Grèce. On découvre dès l'entrée un scribe datant de l'époque de Ramsès II, un manuscrit précieux et rare sur parchemin comme cet Évangile de Matthieu du Ve siècle en langue copte ouvert à la page du baiser de Judas, un des seuls exemplaires au monde de la Bible de Gutenberg et bien d'autres trésors écrits. Grâce à la réussite ingénieuse d'une muséographie très moderne, les livres semblent voler vers vous, prêts à vous dévoiler les secrets de la vie des hommes ! Captivante, intrigante et d'une richesse inégalable, la visite ne laissera personne de marbre. Renseignez-vous sur les expositions temporaires sur le site Internet. Suivez une visite par audioguide.

B-

VANDŒUVRES ★★

Vandœuvres est une petite commune comprenant les hameaux de Chougny, Crête et Pressy. Elle offre des chemins et des bocages parmi les plus remarquables et caractéristiques du canton, notamment dans le secteur de Chougny, avec ses chênes centenaires. La tradition veut d'ailleurs qu'il y ait un chêne par habitant de la commune (soit 2 400 arbres !). Le bocage de Vandœuvres offre de véritables tunnels verts au détour desquels on peut voir quelques belles propriétés. La mairie, ancienne maison de maître du XVIIIe siècle, offre un exemple rare dans la région de Genève de construction en pisé sous le mortier, et son parc au charme agreste est des plus agréables.

DARDAGNY ★★

En 1536, Dardagny entre dans la république de Genève. Le village affirme encore aujourd'hui sa vocation agricole et viticole. Au Moyen Âge, deux maisons fortes se font face, abritant aujourd'hui l'école et la mairie. On admire la salle des Chevaliers, décorée de fresques à l'italienne et ornée d'un orgue ainsi que le fronton triangulaire aux armes des Vasserot, propriétaires des lieux au XVIIIe siècle. Le village de vieilles pierres apparentes est entouré de vignobles. C'est une promenade idéale dans la campagne genevoise pour déguster les vins locaux et apprécier la diversité des cépages genevois. Les samedis, les caves sont ouvertes à la dégustation.

CHOULEX

Choulex se niche autour de champs cultivés et de vignobles aux cépages mondeuse, sauvignon, merlot ou cabernet. À l'écart du flux et de la grande circulation, c'est un endroit plaisant de la campagne genevoise qui a su rénover ses anciennes bâtisses et garder tout son cachet. Loin de la cité, il est plaisant de se promener le long de la Seymaz à vélo, ou encore de parcourir les vignobles. Sur place, vous pouvez trouver des restaurants champêtres proposant de bonnes spécialités du terroir. Choulex est la halte favorite des cyclistes qui s'évadent en campagne genevoise. Une belle petite bourgade résidentielle, pleine de charme et calme.

COLLONGE-BELLERIVE

Cette commune de presque 8 000 habitants comprend les localités de Bellerive, Collonge, Vésenaz, La Capite, La Pallanterie et Saint-Maurice. Une trace de son histoire catholique est déjà présente au XIe siècle et son église est le témoignage cette richesse. Autrefois très agricole, la ville est surtout devenue résidentielle et sa situation proche du lac attire les plus fortunés à l'installation. C'est une colline très résidentielle avec de magnifiques propriétés. La vue sur lac est exceptionnelle et c'est sans nul doute un des plus beaux panoramas de Genève. La plage de la Savonnière est très appréciée pour ses ombrages et ses espaces barbecue en été.

DOMAINE DE CRÈVE-COEUR €

190, route de Chouley
✆ +41 22 750 17 66
www.creve-coeur.ch

Vins de la Cave (chasselas ; mondeuse rouge, mondeuse blanche). Tables d'hôtes. Chambres d'hôtes. Sur rendez-vous.

L'histoire connue du Domaine de Crève-Coeur remonte au XVIIIe siècle, et déjà la famille Rivollet oeuvrait à son entretien et à son exploitation ! En plein cœur de la campagne genevoise, vous pouvez séjourner à un prix très intéressant dans un univers bucolique et champêtre. Les chambres d'hôte sont de confort agréable. Autour du domaine, vous pourrez vous ressourcer par une balade en plein air et la dégustation de produits locaux. La table d'hôte propose de vous faire découvrir les spécialités des producteurs environnants et le vin du domaine.

HERMANCE

Petite cité médiévale au bord du lac, Hermance est l'un des plus pittoresques villages du canton. Le site est occupé dès l'âge de la pierre taillée, et des traces d'habitants de différentes époques y sont retrouvées. En 1471, Isabelle de Menthon fait bâtir la chapelle de la Visitation de la Vierge, dite chapelle Sainte-Catherine, petit bijou gothique reconstitué aujourd'hui à côté de l'église. Après le premier coup porté par l'occupation bernoise de 1536, Hermance ne se relèvera pas et demeurera un modeste village dont une partie est rattachée au canton de Genève en 1816. C'est aujourd'hui un lieu de promenade au bord du lac prisée des Genevois.

LAUSANNE

© SAMUEL BORGES PHOTOGRAPHY / SHUTTERSTOCK.COM

À la fois urbaine et balnéaire, entre lac, montagnes, vignobles et forêts, Lausanne séduit par sa douceur de vivre. Élue meilleure petite ville du monde, elle offre toutes les caractéristiques d'une métropole, mais à taille humaine : découvrez des musées uniques comme Plateforme 10, le nouveau quartier des arts de Lausanne ou la Collection de l'Art Brut, revivez les valeurs de l'Olympisme en entrant au Musée Olympique, lieu unique au monde, profitez des soirées animées au cœur de la ville. Laissez-vous tenter par une gastronomie innovante qui revisite la tradition et met à l'honneur le local. Et puis, respirez ! C'est aussi un environnement naturel à couper le souffle avec le lac Léman, les Alpes et le Jura en toile de fond et les vignobles en terrasses de Lavaux, classés au patrimoine de l'Unesco. Profitez de l'offre « Lausanne City Pass ». Grâce à ce billet unique, partez à la découverte des incontournables touristiques de la région.

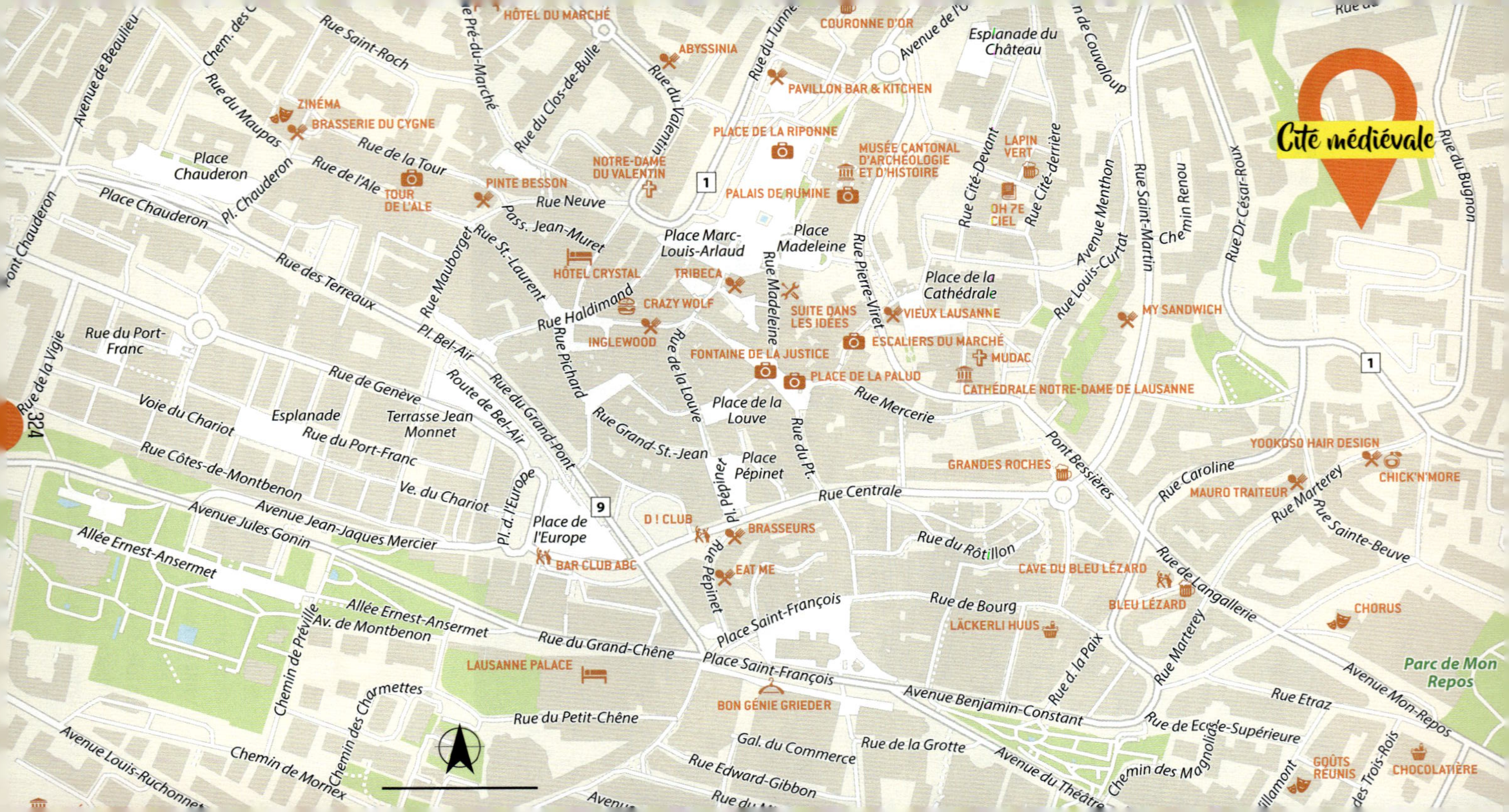

Cité médiévale
HÔTEL DU MARCHÉ
COURONNE D'OR
ABYSSINIA
PAVILLON BAR & KITCHEN
ZINÉMA
BRASSERIE DU CYGNE
PLACE DE LA RIPONNE
NOTRE-DAME DU VALENTIN
MUSÉE CANTONAL D'ARCHÉOLOGIE ET D'HISTOIRE
LAPIN VERT
PINTE BESSON
TOUR DE L'ALE
PALAIS DE RUMINE
OH 7E CIEL
HÔTEL CRYSTAL
TRIBECA
CRAZY WOLF
SUITE DANS LES IDÉES
VIEUX LAUSANNE
MY SANDWICH
INGLEWOOD
ESCALIERS DU MARCHÉ
FONTAINE DE LA JUSTICE
MUDAC
PLACE DE LA PALUD
CATHÉDRALE NOTRE-DAME DE LAUSANNE
YOOKOSO HAIR DESIGN
CHICK'N'MORE
GRANDES ROCHES
MAURO TRAITEUR
D ! CLUB
BRASSEURS
BAR CLUB ABC
EAT ME
CAVE DU BLEU LÉZARD
BLEU LÉZARD
CHORUS
LÄCKERLI HUUS
LAUSANNE PALACE
BON GÉNIE GRIEDER
GOÛTS RÉUNIS
CHOCOLATIÈRE
Parc de Mon Repos
Esplanade du Château
Place Chauderon
Place Marc-Louis-Arlaud
Place Madeleine
Place de la Cathédrale
Place de la Louve
Place Pépinet
Place de l'Europe
Esplanade
Terrasse Jean Monnet
Rue du Port-Franc
Place Saint-François
Avenue de Beaulieu
Rue Saint-Roch
Rue du Maupas
Rue de la Tour
Rue de l'Ale
Pl. Chauderon
Place Chauderon
Pont Chauderon
Rue du Clos-de-Bulle
Rue du Valentin
Rue Neuve
Pass. Jean-Muret
Rue St.-Laurent
Rue Mauborget
Rue des Terreaux
Rue Haldimand
Rue Pichard
Pl. Bel-Air
Route de Bel-Air
Rue du Grand-Pont
Rue de Genève
Voie du Chariot
Rue Côtes-de-Montbenon
Ve. du Chariot
Pl. d. l'Europe
Avenue Jules Gonin
Avenue Jean-Jacques Mercier
Allée Ernest-Ansermet
Av. de Montbenon
Chemin de Préville
Chemin des Charmettes
Chemin de Mornex
Avenue Louis-Ruchonnet
Rue de la Vigie
Rue du Grand-Chêne
Rue du Petit-Chêne
Gal. du Commerce
Rue Edward-Gibbon
Rue de la Grotte
Avenue du Théâtre
Avenue Benjamin-Constant
Rue de la Louve
Rue Grand-St.-Jean
Pl. Pépinet
Rue Pépinet
Rue du Pt.
Rue Centrale
Rue Madeleine
Rue Pierre-Viret
Rue Mercerie
Rue du Rôtillon
Rue de Bourg
Rue d. la Paix
Rue Marterey
Rue de Langallerie
Pont Bessières
Rue Caroline
Rue Sainte-Beuve
Avenue Mon-Repos
Rue Etraz
Rue de l'Ecole-Supérieure
Chemin des Magnolias
Rue du Tunnel
Rue Cité-Devant
Rue Cité-derrière
Avenue Menthon
Rue Louis-Curtat
Rue Saint-Martin
Chemin Renou
Rue Dr César-Roux
Rue du Bugnon
Chem. des
Rue du Pré-du-Marché
Chemin de Couvaloup
1
9

Ouchy et les rives
200 M
Lac Léman
MUSÉE ROMAIN DE VIDY
ESPACE DES INVENTIONS
PARC LOUIS BOURGET
HÔTEL BELLERIVE
BNBLAUSANNE.CH
CHEMIN DU SPORT
MUSÉE DE L'ELYSÉE
MUSÉE OLYMPIQUE
BEAU-RIVAGE PALACE
SAVEURS D'AILLEURS
BRASSERIE DE LA RIVIERA
CRÊPERIE D'OUCHY
CHÂTEAU D'OUCHY
VIEIL OUCHY
Place de la Navigation
Jardin Botanique de Lausanne
Plaines-de-Vidy
Place de la Fontaine-de-Cuivre
Esplanade des Cantons (Expo 64)
Route de Chavannes
Route de Vidy
Avenue de Montoie
Avenue des Figuiers
Avenue de Cour
Chemin de Contigny
Chem. de Bon-Abri
Chem. du Languedoc
Avenue Marc-Dufour
Avenue du Mont-d'Or
Chemin des Fleurettes
Chemin du Mont-Tendre
Chemin de Villard
Av. Marc-Dufour
Chem. des Croix-Rouges
Av. du Belvédère
Chemin du Couchant
Chem. de Florency
Allée Ernest-Ansermet
Avenue Louis-Ruchonnet
Chemin de Mornex
Av. Agassiz
Avenue Sainte-Luce
Av. de la Gare
Rue du Simplon
Boulevard de Grancy
Avenue de Milan
Avenue Pierre-de-Coubertin
Allée du Bornan
Chemin des Tennis
Chemin des Plaines
Avenue des Bains
Avenue de Rhodanie
Avenue Gustave-Doret
Av. de Cr.
Chemin de Bellerive
Avenue Edouard-Rod
Avenue de la Harpe
Avenue Floréal
Avenue Dapples
Av. des Acacias
Avenue de Montchoisi
Avenue d'Ouchy
Av. du Servan
Avenue de l'Elysée
Chemin de Beau-Rivage
Quai de Belgique
Quai des Savoyards
Chemin des Pêcheurs
Av. Tissot

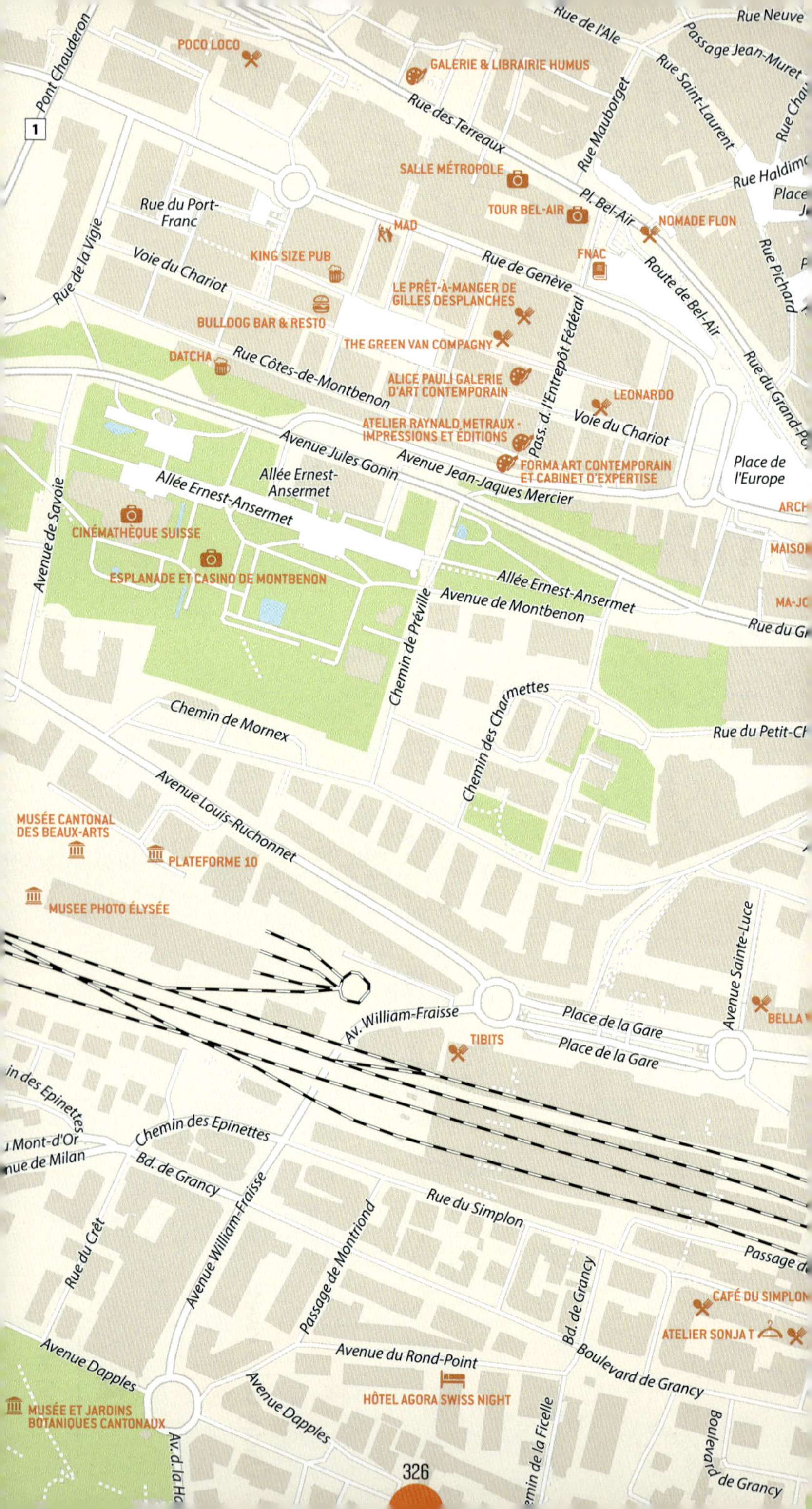
1
POCO LOCO
GALERIE & LIBRAIRIE HUMUS
SALLE MÉTROPOLE
TOUR BEL-AIR
NOMADE FLON
MAD
KING SIZE PUB
FNAC
LE PRÊT-À-MANGER DE GILLES DESPLANCHES
BULLDOG BAR & RESTO
THE GREEN VAN COMPAGNY
DATCHA
ALICE PAULI GALERIE D'ART CONTEMPORAIN
LEONARDO
ATELIER RAYNALD METRAUX - IMPRESSIONS ET ÉDITIONS
FORMA ART CONTEMPORAIN ET CABINET D'EXPERTISE
CINÉMATHÈQUE SUISSE
ESPLANADE ET CASINO DE MONTBENON
MUSÉE CANTONAL DES BEAUX-ARTS
PLATEFORME 10
MUSEE PHOTO ÉLYSÉE
TIBITS
BELLA
CAFÉ DU SIMPLON
ATELIER SONJA T
HÔTEL AGORA SWISS NIGHT
MUSÉE ET JARDINS BOTANIQUES CANTONAUX
Pont Chauderon
Rue de l'Ale
Rue Neuve
Passage Jean-Muret
Rue Saint-Laurent
Rue des Terreaux
Rue Mauborget
Rue Haldimand
Pl. Bel-Air
Route de Bel-Air
Rue Pichard
Rue du Port-Franc
Rue de la Vigie
Voie du Chariot
Rue de Genève
Pass. d. l'Entrepôt Fédéral
Rue Côtes-de-Montbenon
Rue du Grand-Pont
Place de l'Europe
Avenue Jules Gonin
Avenue Jean-Jaques Mercier
Allée Ernest-Ansermet
Avenue de Savoie
Avenue de Montbenon
Chemin de Préville
Chemin de Mornex
Chemin des Charmettes
Rue du Petit-Chêne
Avenue Louis-Ruchonnet
Avenue Sainte-Luce
Av. William-Fraisse
Place de la Gare
Chemin des Epinettes
Bd. de Grancy
Avenue William-Fraisse
Rue du Simplon
Rue du Crêt
Passage de Montriond
Avenue du Rond-Point
Boulevard de Grancy
Avenue Dapples
Av. d. la Harpe

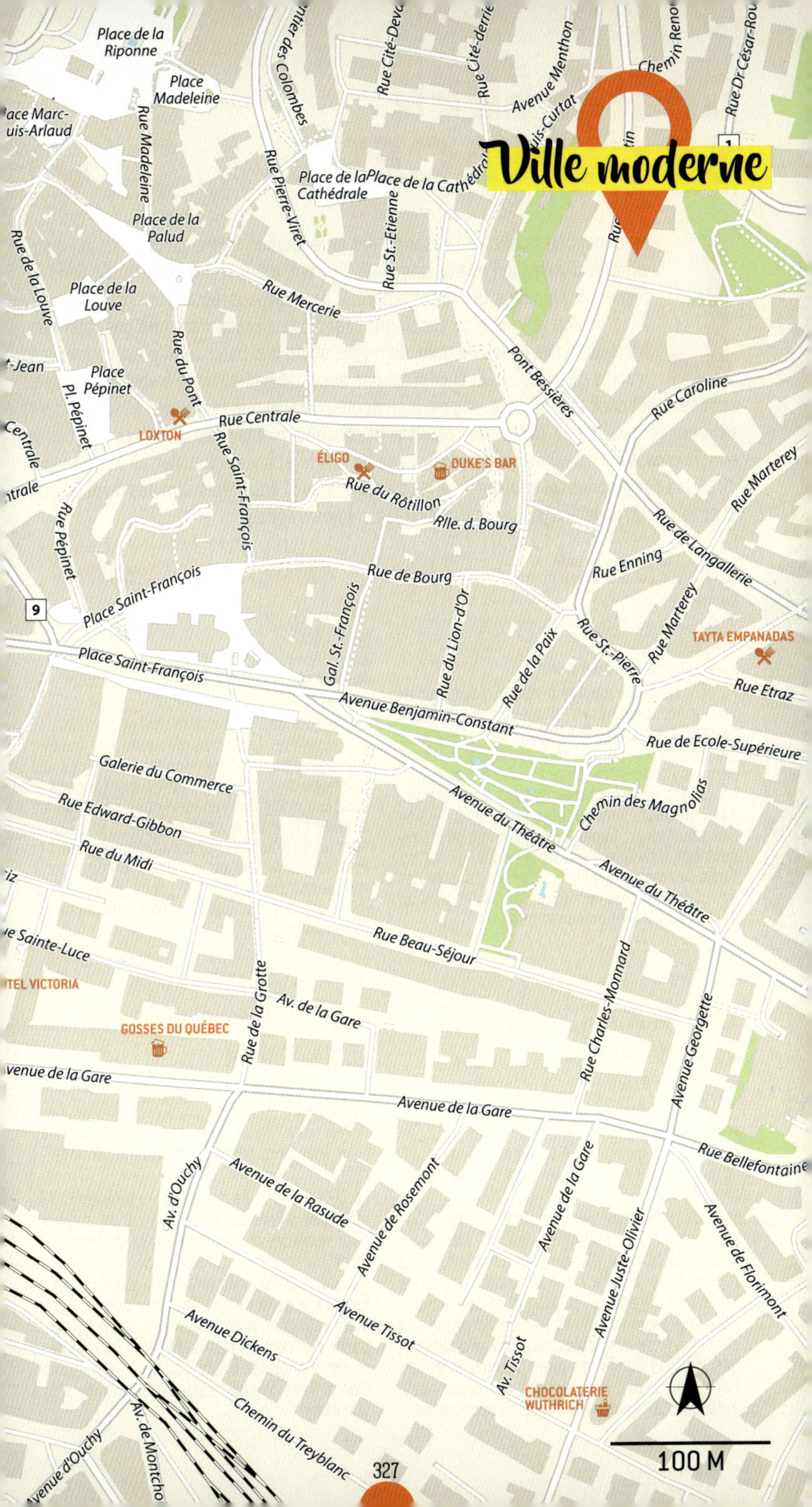

Ville moderne
Place de la Riponne
Place Madeleine
Rue Madeleine
Place de la Cathédrale
Place de la Cathédrale
Rue Pierre-Viret
Rue St.-Etienne
Rue Cité-Derrière
Avenue Menthon
Chemin Renou
Place de la Palud
Rue de la Louve
Place de la Louve
Rue Mercerie
Place Pépinet
Pl. Pépinet
Rue du Pont
Rue Centrale
LOXTON
Rue Saint-François
ÉLIGO
DUKE'S BAR
Rue du Rôtillon
Rlle. d. Bourg
Pont Bessières
Rue Caroline
Rue Marterey
Rue de Langallerie
Rue Enning
Rue Pépinet
Place Saint-François
Rue de Bourg
Gal. St.-François
Rue du Lion-d'Or
Rue de la Paix
Rue St.-Pierre
Rue Marterey
TAYTA EMPANADAS
Rue Etraz
9
1
Place Saint-François
Avenue Benjamin-Constant
Rue de Ecole-Supérieure
Galerie du Commerce
Rue Edward-Gibbon
Rue du Midi
Avenue du Théâtre
Chemin des Magnolias
Avenue du Théâtre
Rue Beau-Séjour
Rue de la Grotte
Av. de la Gare
GOSSES DU QUÉBEC
Rue Charles-Monnard
Avenue Georgette
Avenue de la Gare
Rue Bellefontaine
Av. d'Ouchy
Avenue de la Rasude
Avenue de Rosemont
Avenue de la Gare
Avenue Juste-Olivier
Avenue de Florimont
Avenue Dickens
Avenue Tissot
Av. Tissot
CHOCOLATERIE WUTHRICH
Chemin du Treyblanc
100 M

SE REPÉRER SE DÉPLACER

Les transports publics à Lausanne ont la réputation d'être assez onéreux, mais simples d'utilisation et très complets. Surtout, on apprécie l'exactitude dans le respect des horaires. Quoi de plus normal, dans un pays réputé pour ses montres ? Sans vouloir renforcer ce cliché, ne soyez pas en retard pour ne pas rater vos transports. Les lignes de train, de métro, ou de bus parcourent presque tous les recoins de la région. Et si ce n'est pas assez, le bateau vient à votre rescousse. Le réseau est donc très efficace, et c'est bien heureux, parce que la ville de Lausanne étant extrêmement vallonnée, les cuisses peuvent vite chauffer même si les distances à parcourir sont faibles. Mais n'hésitez pas à monter dans un wagon et à vous installer, on est bien loin du stress des grandes métropoles dans les transports. Les Lausannois sont très respectueux et se feront un plaisir de laisser leur place aux personnes âgées.

GARE FERROVIAIRE

Centre-ville
✆ 0848 44 66 88
www.sbb.ch
Gare principale de Lausanne.

Le TGV reste la meilleure option pour gagner Lausanne, la gare étant située au centre-ville. Il est assez facile de s'y repérer. Vous y trouverez des panneaux (jaune pour les départs, blanc pour les arrivées) indiquant tous les horaires et le numéro de voie correspondant à votre train, ainsi que des panneaux électroniques à l'entrée des sous-voies. Cependant, tous les arrêts ne sont pas indiqués sur les panneaux, ni sur les titres de transport. Si votre trajet comporte des correspondances, pensez à demander plus de détails au guichet ou au contrôleur.

TPC (TRANSPORTS PUBLICS DU CHABLAIS)

38 Rue de la Gare
✆ +41 24 468 03 30
www.tpc.ch
Offres touristiques régulières, réservations en ligne, chiens et vélo acceptés avec supplément tarifaire.

Trait d'union entre deux cantons (Vaud et Valais), reliant 23 communes, les TPC offrent un réseau idéal pour découvrir le Chablais, cette région du bout du lac riche d'attraits. Au gré des reliefs, ils offrent des paysages et des panoramas impressionnants. L'occasion de partir à la découverte des vignobles, de la plaine du Rhône, des stations de ski des Alpes vaudoises et des Portes du Soleil, des sentiers de randonnées, ainsi que de la nature sauvage ou apprivoisée.

TL - TRANSPORTS LAUSANNOIS - BUS

www.t-l.ch
Billet unitaire : 3,7 CHF. Pour la journée : 9,3 CHF. Possibilité d'achat aux guichets ou via l'application.

Le réseau des bus est dense et la desserte est régulière. Le temps d'attente est indiqué sur des panneaux électroniques. Achetez les billets au distributeur avant de monter dans le bus (le conducteur n'en vend pas). Sélectionnez la zone (11 pour le centre-ville ; 11 et 12 pour aller jusqu'à Saint-Sulpice par exemple, etc.) et insérez les pièces ou le billet (le distributeur rend la monnaie). Pratique : vous pouvez également acheter les billets sur votre téléphone *via* l'application.

CGN - COMPAGNIE GÉNÉRALE DE NAVIGATION

17 avenue de Rhodanie ✆ +41 900 929 929
www.cgn.ch
Ouvert toute l'année. Tous les jours. Tarif variable selon les trajets. Aller-retour : 36 € (Lausanne-Evan).

La CGN propose de nombreuses croisières thématiques à faire sur le lac Léman, par exemple pour rejoindre le festival de jazz de Montreux. Et de nombreuses croisières durant la période estivale sur l'un des bateaux à vapeur « Belle Époque » de la flotte CGN. Vous pouvez également regagner la côte lausannoise en bateau à partir des ports français d'Évian (35 minutes) et de Thonon-les-Bains (50 minutes). L'occasion de faire une jolie balade et de profiter d'une vue magnifique.

LES QUARTIERS DE LAUSANNE

En 1845, dans un ouvrage intitulé *Le Rhin*, Victor Hugo décrivait ainsi la capitale vaudoise : « Lausanne est un bloc de maisons pittoresques, répandu sur deux ou trois collines, qui partent du même nœud central, et coiffé de la cathédrale comme d'une tiare. J'étais sur l'esplanade de l'église, devant le portail, et pour ainsi dire sur la tête de la ville. Je voyais le lac au-dessus des toits, les montagnes au-dessus du lac, les nuages au-dessus des montagnes, et les étoiles au-dessus des nuages. » En effet, la configuration de cette ville bâtie sur trois collines n'est pas simple à comprendre de prime abord, même à l'aide d'une carte (sauf si celle-ci est en relief !). Mais en localisant les principaux sites que sont la cathédrale, la place de la Riponne, la place de la Palud, Saint-François, Bel Air-Chauderon, la gare et Ouchy, ainsi que les trois ponts – le Grand-Pont, le pont Bessières et le pont Chauderon –, on sait rapidement dans quelle direction aller.

La cité médiévale

Habitée dès le IIIe siècle, la colline de la Cité constituait une place protégée. Lausanne s'est ainsi développée en partant du haut et en descendant petit à petit sur les pans de deux autres collines. Le centre de la capitale vaudoise est ainsi bâti sur les trois collines de la Cité, du bourg et de Saint-Laurent, reliées entre elles par le Grand-Pont, le pont Bessières et le pont Chauderon. Avec ses ruelles pavées et ses maisons traditionnelles, la cité médiévale a gardé beaucoup de son charme. On y retrouve inscrits les premiers moments de l'histoire locale, notamment en visitant la cathédrale, et on y fait du lèche-vitrines, la grande majorité des magasins s'étant installés ici et l'on sillonne agréablement les rues les jours de marché. On peut lui donner comme limites géographiques la place du Tunnel, au nord, le pont Chauderon, à l'ouest, le Grand-Pont et la gare, au sud, et le parc de Mon-Repos, à l'est.

La ville moderne

On entend par ville moderne tout l'espace qui s'est construit sous la gare, à partir de la deuxième moitié du XIXe siècle, ainsi qu'au Flon et à Sévelin, ce qui comprend habitations et entrepôts. Autrefois recouvert de vignes, cet espace avait été simplement aménagé en parcs en certains endroits, par de riches Lausannois qui y avaient fait également construire des résidences secondaires ; de cette époque datent les parcs de Mon-Repos, de Montbenon et de Milan. Le quartier situé sous la gare prend aujourd'hui un caractère bourgeois bohème.

LAUSANNE

© ROMAN BABAKIN - SHUTTERSTOCK.COM

Balade dans les rue de Lausanne.

© PHILIPPE GUERSAN - AUTHOR'S IMAGE

Les rives de Vidy.

Tandis que le Flon, dont les entrepôts ont été tout d'abord investis par des artistes et des associations, est en pleine transition vers une existence plus clinquante : enseignes huppées, restaurants branchés, magasins de luxe et banques. Galeries d'art, magasins de seconde main et clubs mythiques, tels que le MAD et le Xoxo Club, existent encore, mais il semblerait que les nouveaux quartiers « alternatifs » se dirigent vers l'ouest : Sébeillon, Malley, voire Renens.

Zoom sur le novateur quartier du Flon. Nous sommes bien loin de l'ancienne vallée naturelle où coulait la rivière du Flon ! Entièrement remblayée lors de la création des tunnels entre Ouchy et Lausanne à la fin du XIXe siècle, la vallée se transforme en grande plateforme avec de nouveaux terrains aplanis. Ils accueillent des entrepôts et l'endroit deviendra la première gare de marchandises de Lausanne au XXe siècle. Le quartier fait peau neuve et entame une nouvelle réhabilitation dès 2009 avec une promenade urbaine. C'est aujourd'hui un lieu de vie, de travail et de création. Sur 55 000 m^2 on déambule sur la très belle esplanade de jour comme de nuit pour faire du shopping ou juste sortir dans pas moins de 28 restaurants et bars. Un quartier qui a su se réinventer en gardant les empreintes du passé comme la mise en valeur du cheminement du Flon.

Ouchy et les rives

Au-delà du centre-ville, on peut dire que, de manière générale, l'ouest de Lausanne a toujours été pauvre, alors que l'est, vers les vignes, a attiré davantage de richesse, ce dont témoignent ses belles constructions. Les quartiers situés entre Lausanne et Renens ont été ainsi longtemps délaissés et sont aujourd'hui réinvestis par les artistes principalement. Cette division est encore plus flagrante sur le port d'Ouchy : d'un côté ont poussé de magnifiques palaces, de l'autre, c'étaient et ce sont encore divers entrepôts. Le quartier du Flon a été complètement réhabilité pour devenir un lieu plein de vie, novateur et créatif aussi bien de jour que de nuit. On peut diviser Lausanne en quatre grandes zones : la vieille ville qu'on appellera la cité médiévale, la ville moderne, Ouchy et les rives, enfin les hauteurs. Petit port de pêcheurs à l'origine, plus modeste que celui de Morges, Ouchy s'est construit grâce au tourisme. Avec l'arrivée du chemin de fer et des premiers bateaux à vapeur en 1823 dont le fameux Guillaume Tell, on a aménagé des quais et construit de magnifiques palaces en direction de Montreux. Aujourd'hui, vous y flânez, à pied ou à vélo. Vous y attendez un bateau, mais vous n'y restez pas vraiment. Côté ouest, vous vous dirigez vers la piscine de Bellerive, puis les rives de Vidy pour un barbecue, ou les ruines romaines et le cimetière de Bois-de-Vaux. Côté est, vous pouvez admirer les trois magnifiques hôtels d'Angleterre, le Beau-rivage Palace et le château d'Ouchy ou découvrir le Musée olympique, la plage de Lutry et les vignobles de Lavaux.

Les hauteurs

Bien que ce quartier fasse intégralement partie de Lausanne, ici, on quitte véritablement la ville. C'est un coin où il fait bon se promener, dans le parc de l'Hermitage ou dans le bois de Sauvabelin, et même tout en haut de la tour en bois, où un panorama imprenable s'étend sur toute l'agglomération lausannoise. Sauvabelin constitue le premier espace arboré, avant les nombreux autres bois, notamment celui du Grand-Jorat, près de Chalet-à-Gobet, avant de passer dans le Gros-de-Vaud, dans les verts pâturages… Mais ce quartier est surtout fier aujourd'hui d'accueillir un nouvel outil culturel, scientifique et touristique avec Aquatis (aquarium et vivarium), l'Hôtel Aquatis (3 étoiles supérieur), le restaurant et un centre de conférences. Un espace ambitieux desservi par le métro Vennes, au 150 de la route de Berne.

PORT D'OUCHY

Place de la Navigation
✆ +41 21 315 32 35
Port de 745 places.

C'est presque l'idéal de venir en bateau à Lausanne ! Depuis de nombreuses villes alentour, il est possible de relier ce port. Différents commerces, bars et restaurants se trouvent aux alentours et vous donneront envie de flâner à Ouchy, que ce soit en attendant d'embarquer ou en venant à peine de débarquer. La grande esplanade face au lac accueille même différents événements les soirs et week-ends. Facile d'accès également depuis la terre, le métro ligne 2 relie le débarcadère du port d'Ouchy au centre médiéval et à l'aquarium Aquatis.

ALOC-BIKE

3 place de la Gare
✆ +41 21 312 12 58
www.aloc-bike.ch
A partir de 45 CHF le 50cc pour la location sur une journée. 520 CHF le mois.

Pour faire un petit tour à deux et en deux-roues, Aloc-Bike vous propose de louer un scooter à la journée, sur un week-end de deux ou trois jours, à la semaine ou même au mois. Au choix : 50 ou 125 cc. Idéal pour se déplacer en ville ou faire un tour plus lointain que ne le permettrait le vélo (même si on est moins écolo), dans tous les cas, ça reste une solution très intéressante et à petit prix pour prendre le grand air frais et sentir la liberté. Une bonne solution également pour essayer la formule avant de se décider pour l'achat d'un scooter.

MAISON DU VÉLO

1B Place de l'Europe
Du lundi au vendredi de 8h midi et de 13h à 17h.

La Maison du Vélo regroupe plusieurs acteurs du vélo lausannois (dont l'association Pro Vélo, qui s'engage à promouvoir les intérêts des cyclistes). Dans les locaux de la Maison du Vélo, vous trouverez donc un point d'information de PubliBike, pour les vélos en libre service, ainsi que des cargobikes en location. Mais surtout, ce qui pourra ravir ici est l'atelier en libre service gratuit, qui propose également un service de petites réparations assurées par des bénévoles, ou bien même des cours de mécanique (sur inscription).

PUBLIBIKE

✆ 058 453 50 50
www.publibike.ch/fr/publibike/
Vélos en libre-service. 30 premières minutes 2,9 CHF, ensuite 0,1 CHF par minute. Vélos électriques 4,90 CHF.

Facile à utiliser et facile à trouver. Les stations de vélos Publibike sont facilement reconnaissables et leur accès est disponible au prêt 24h/24 tous les jours. Que vous soyez en mode découverte avec un petit trajet à effectuer ou en mode exploration avec une grande balade en prévision, vous trouverez vélo à vos pieds, électrique ou normal. Sur Lausanne, 20 vélos en attente et d'autres villes Publibike vous attendent comme Lugano et Lucerne. Pour être sûr de ne pas rater la borne d'à côté, l'application mobile est téléchargeable gratuitement.

SERVICE PYJAMA

Tarif : titre de transport et supplément « pyjama » de 4 CHF.

Vous pensiez être coincé dans le centre alors que vous aviez raté le dernier métro ? Pas du tout ! Un service de transports publics au départ de la gare CFF ou du Flon dessert plus de 40 communes du canton de Vaud, les nuits du vendredi au samedi et du samedi au dimanche. On adore cette initiative nocturne proposée par les Transports publics de la région lausannoise ! Les six différentes lignes de bus partent vers leur destination respective au départ de Saint-François à la même heure : 1h30, 3h et 4h30. Cette fois-là, ne ratez pas votre bus !

TL - TRANSPORTS LAUSANNOIS - MÉTRO

15 chemin du Closel ✆ +41 90 056 49 00
www.t-l.ch
Billet unitaire : 3,70 CHF. Pour la journée : 9,30 CHF. Possibilité d'achat aux guichets ou via l'application.

Concernant le métro, les transports de Lausanne proposent deux lignes : la M1 et la M2. La ligne M1 fonctionne à partir du Flon, pour aller en direction de la gare de Renens, en passant par l'Université de Lausanne et l'EPFL. La ligne M2, copie conforme de la ligne 14 à Paris pour son côté 100 % automatisé, traverse Lausanne du sud au nord, depuis le port d'Ouchy jusqu'à Épalinges. Si vous séjournez dans un hébergement partenaire, vous recevrez gratuitement un titre de transport.

À VOIR / À FAIRE

Lausanne est une ville douce et harmonieuse, où la transition vers la modernité s'est opérée dans une certaine douceur architecturale. Malgré tout, des quartiers très différents se côtoient. Le quartier central tout d'abord, véritable cœur historique bâti autour de la cathédrale, aux petites rues pavées et propices aux déambulations pédestres (malgré les nombreuses pentes à gravir !). Puis, les villas chics sur les hauteurs ou les plus gros immeubles aux abords du lac. Parmi tout cela, à l'ouest de la ville, on trouve le quartier étudiant ainsi que des grands entrepôts servant à l'expression du côté plus alternatif de la ville. Parce que oui, malgré la douceur généralisée de vivre qu'il y fait, Lausanne propose des ambiances très éclectiques. Les balades qu'on vous propose ici se feront donc dans tous les quartiers pour s'imprégner de toute cette diversité, ainsi que dans les villes alentour constituant la Riviera suisse.

OFFICE DU TOURISME ET DES CONGRÈS DE LAUSANNE

✆ +41 21 613 73 73

www.lausanne-tourisme.ch

Renseignements touristiques du lundi au vendredi de 8h à midi et 13h à 17h. Le week-end de 9h à 17h non stop.

Très utile, le site Internet permet de planifier son séjour grâce à l'agenda complet des manifestations en cours, et donne de très bonnes suggestions de balades, d'activités, de sports à pratiquer, d'hôtels et de restaurants. Vous pouvez réserver un hôtel à partir du site. Sur place, n'hésitez pas à vous rendre dans l'un des bureaux de renseignements pour recevoir des conseils et de bonnes adresses locales. Retrouvez les horaires sur www.lausanne-tourisme.ch/bureau-info.

GUIDES D'ACCUEIL DU MDA

Pl. de la Riponne 5

✆ +41 21 320 12 61

www.mda-vaud.ch

Ouverture des locaux du lundi au vendredi, de 8h à 12h et de 13h30 à 17h.

Passionnés par l'histoire de Lausanne, les guides d'accueil du Mouvement des aînés (MDA) sont des retraités bénévoles qui ont suivi une formation pour vous guider. Départ place de la Palud, devant l'hôtel de ville. La balade dure environ 2 heures et les visites sont orientées en fonction du temps dont disposent les visiteurs et de leurs intérêts. Outre la visite classique du centre-ville, les guides proposent des balades à thème, des excursions et des accès aux loisirs à prix négociés à condition de devenir membre de l'association.

CGN – COMPAGNIE GÉNÉRALE DE NAVIGATION ★★★

17 avenue de Rhodanie ✆ +41 900 929 929

www.cgn.ch

Croisière du dimanche au départ de Lausanne avec petit déjeuner : 35 CHF. Croisière « fondue » : 49 CHF.

La CGN propose de nombreuses croisières tout au long de l'année avec visites touristiques à la clé. Individuels ou groupes peuvent alors naviguer sur le lac Léman pour apprécier la beauté des paysages, mais surtout pour découvrir les étapes incontournables du coin comme les villages du vignoble de Lavaux, le château de Chillon ou le village médiéval français d'Yvoire. Vous avez le choix des embarcations dans une flotte Belle Époque, option vapeur et roues à aube du plus bel effet.

PETIT TRAIN DE VIDY

Place Emile-Henri-Jaques-Dalcroze

✆ +41 21 617 91 53

www.petittrainlausanne.ch

De mars à novembre : mercredi, samedi et dimanche. Durant les vacances scolaires : 7j/7 sauf vendredi. Tarif 3 CHF.

Ce minitrain est fait pour se promener dans le parc avec ses enfants, et il existe depuis 1964 ! Ce train électrique emmènera donc petits et grands sur ses rails en suivant un circuit sur les terrains de Vidy, en bordure du lac reliant le port de Vidy, la fontaine de cuivre et le théâtre de Vidy. Très agréable, la locomotive miniature emmène tranquillement les enfants qui visitent tout en s'amusant. Et les parents peuvent se reposer. C'est une manière ludique de se promener, les bambins adorent et crient « tchou-tchou » à tout-va… Peut-être pas si reposant !

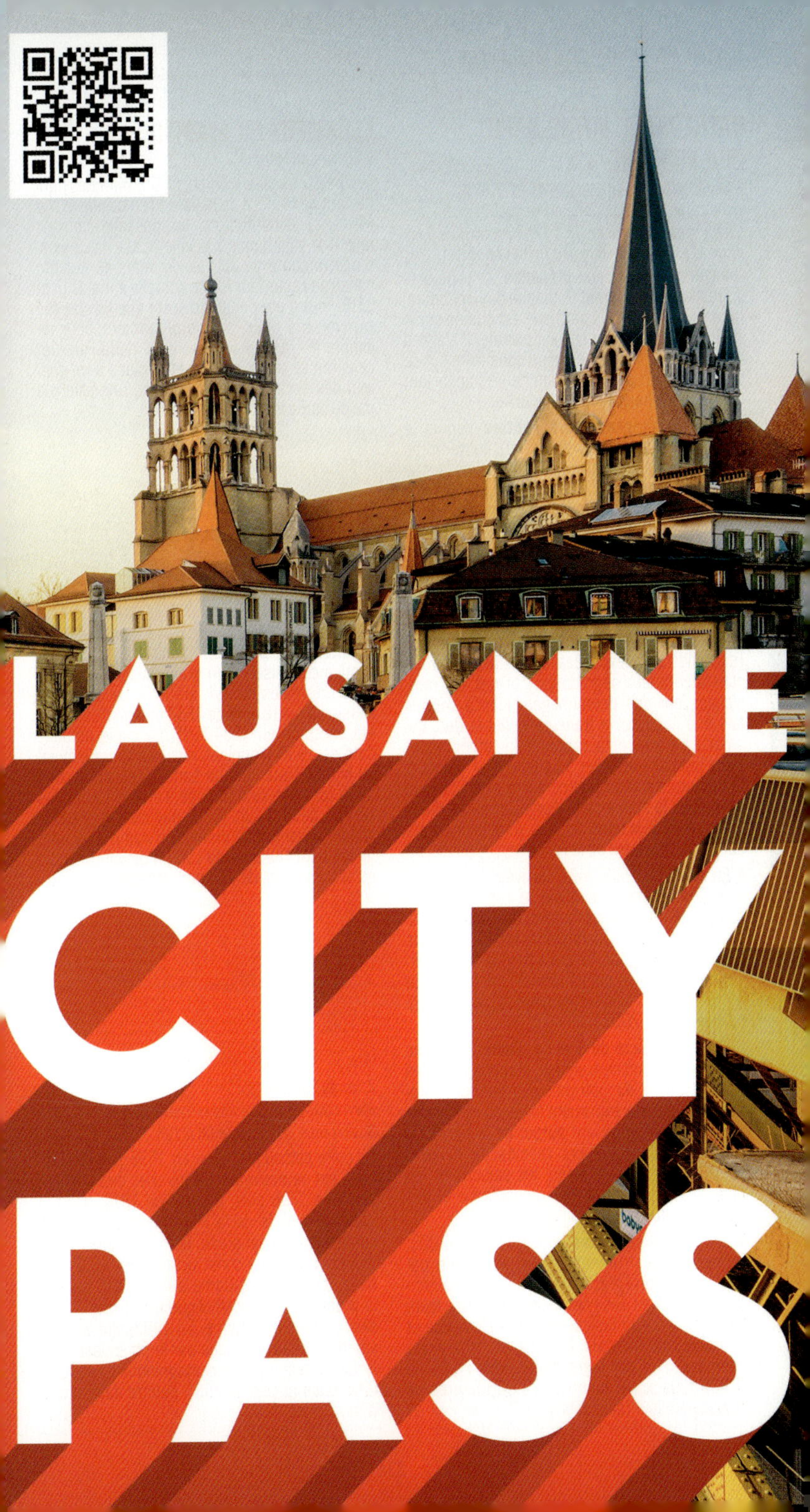
LAUSANNE
CITY
PASS

CATHÉDRALE NOTRE-DAME DE LAUSANNE ★★

6 place de la Cathédrale ✆ +41 21 3167161
www.cathedrale-lausanne.ch/accueil
L'édifice est ouverte de 9h à 17h30 d'octobre à fin mars et jusqu'à 19h d'avril à fin septembre.

Inaugurée en 1275, en présence du pape Grégoire X et de l'empereur Rodolphe de Habsbourg, la cathédrale de style gothique est édifiée sur la colline de l'ancienne cité médiévale. Il s'agit à l'époque de la troisième église construite sur ce site. Les cloches sonnent les heures apportant une touche chaleureuse au quartier.

▸ **En vous dirigeant vers l'entrée** depuis le Café de l'Evêché, vous apercevez, juste après la vitre teintée, les traces d'une porte (arche en pierre) autour d'une fenêtre actuelle. Il s'agit d'un ancien passage car la cathédrale était alors ouverte et les voitures à cheval la traversaient.

▸ **Au début du XVIe siècle,** l'évêque Aymon de Montfalcon fait boucher ce passage et fait percer une nouvelle entrée. Celle que vous pouvez voir actuellement est une copie car, au fil du temps, les statues en molasse se sont abîmées (certaines sont exposées à l'intérieur et vous constaterez leur dégradation) et ont été remplacées par des personnages publics connus tels que l'architecte français Viollet-le-Duc, qui a participé à la restauration de la cathédrale et qui a fini par s'installer à Lausanne. A l'époque, cette entrée n'avait pas de porte et on pouvait apercevoir la statue de la Vierge, entourée du roi Salomon et de la reine de Saba, dont la tête a été coupée au moment de la Réforme.

▸ **En effet,** en 1536, avec l'arrivée des Bernois et l'adoption de la Réforme, la cathédrale est consacrée au culte protestant. Des statues disparaissent et les décors peints sont recouverts d'une peinture grise, ce qui a permis de conserver de très belles polychromies, mises au jour au début du XXe siècle et protégées par une vitre teintée depuis 2007.

▸ **Enfin, la rosace de 9 m de diamètre**, visible sur le pignon sud du transept, compte parmi les chefs-d'œuvre du patrimoine artistique européen. Les vitraux expriment la vision médiévale du monde en proposant autour de la figure du Dieu créateur les divers thèmes de la terre et de la mer, l'air et le feu, les saisons et les mois de l'année, les signes du zodiaque et des monstres aux confins de l'univers...

▸ **Les nouvelles orgues**, inaugurées en 2003, forment un instrument unique au monde par leur conception (grâce à la manufacture américaine Fisk et au designer italien Giugiaro), leurs caractéristiques musicales (styles classique et symphonique français, baroque et romantique allemands) et par leurs dimensions (près de 7 000 tuyaux, 40 tonnes, 150 000 heures de travail pour leur réalisation).

ESCALIERS DU MARCHÉ ★★

Escaliers du Marché

Ces beaux escaliers en bois (177 marches) qui partent de la place de la Palud (en bas de la rue Mercerie) constituaient un passage couvert reliant la ville haute à la ville basse. Leur existence remonte au XIIIe siècle, mais ils ont été construits sous leur forme actuelle entre 1717 et 1719. Tout a été pensé de sorte que l'on puisse s'y croiser à deux, chargé de paniers, pour rejoindre les deux marchés : celui de la Palud et celui qui se tenait sur la petite place à mi-chemin des escaliers. Parallèlement, une jolie rue pavée borde les escaliers.

FONTAINE DE LA JUSTICE ★

Place de la Palud
Monument historique.

Les fontaines pourvues d'une allégorie de la Justice connaissent un grand succès dans les cités réformées du XVIe siècle. À Lausanne, le bassin en pierre date de 1557 et la statue aurait été exécutée en 1584-1585. La copie actuelle date de 1930 (l'original, non peint, est exposé au Musée historique de Lausanne). Au-dessus de la fontaine, une horloge s'anime toutes les heures, de 9h à 19h. Accompagnée par une musique carillonnante, une voix d'homme raconte brièvement l'histoire du canton de Vaud, tandis qu'apparaissent de jolis personnages.

NOTRE-DAME DU VALENTIN ★★

2 rue du Valentin
www.cath-vd.ch/paroisses/notre-dame
Ouvert tous les jours de 9h à 19h.

Le culte catholique, aboli en 1536 par les Bernois, est de nouveau célébré chez des particuliers dès 1798 puis, à partir de 1812, dans le nouveau temple de la Mercerie, avec d'autres confessions. Insatisfaits, les catholiques commencent d'autres constructions. En 1832, est bâtie l'église Notre-Dame du Valentin, qui est la première église catholique construite à Lausanne après la Réforme. En 1992, elle est élevée au rang de basilique par le pape Jean-Paul II. Vous y remarquerez la magnifique fresque de Gino Severini (1883-1966), peintre italien futuriste cubiste.

MUSÉE CANTONAL D'ARCHÉOLOGIE ET D'HISTOIRE ★★

6 place de la Riponne ✆ +41 21 316 34 30
www.mcah.ch

Ouvert du mardi au jeudi de 11h à 18h et du vendredi au dimanche de 11h à 17h. Entrée gratuite.

Ce sont 15 000 ans d'histoire vaudoise, des derniers chasseurs de la fin du paléolithique jusqu'aux temps modernes, qui sont réunis ici à travers divers objets découverts lors de fouilles. Les collections sont très variées et reflètent l'activité des archéologues dans le canton de Vaud depuis le XIXe siècle. Vous pouvez notamment y voir de nombreux objets provenant des habitats lacustres du lac Léman, premier lieu d'installation humaine avant la colline de la Cité, ainsi que de riches mobiliers funéraires des cimetières néolithiques, de l'âge de fer, du bronze et du haut Moyen Âge, avec l'arrivée des Burgondes. Reconstitutions, maquettes et supports audiovisuels contribuent également à une meilleure compréhension de l'histoire. Chaque salle définit une époque, celle de la préhistoire puis celle de l'histoire.

Les expositions temporaires présentent des facettes particulières de ces collections et permettent aussi de révéler des découvertes inédites provenant de fouilles récentes et dont les objets sont encore en cours d'étude. Le musée est très complet, très bien ficelé, et le bâtiment accueillant les expositions mérite vraiment le détour. Nul doute que pendant quelques heures de pluie, il devrait attirer votre attention et la retenir peut-être encore davantage ! En plus, on apprécie vraiment l'initiative de la ville de proposer certains de ses musées, notamment ceux du palais de Rumine, en entrée entièrement gratuite. Alors, n'hésitez plus !

PALAIS DE RUMINE ★★★

6 place de la Riponne
✆ +41 21 316 33 10
www.palaisderumine.ch/accueil

Horaires du bâtiment : lundi au vendredi de 7h à 22h, samedi de 7h à 17h, dimanche de 10h à 17h.

Construit sur concours entre 1892 et 1904, grâce à un legs de Gabriel de Rumine, fils de princes russes, cet édifice de style néo-Renaissance florentine rassemblait alors l'université, la bibliothèque ainsi que les musées des Beaux-Arts et des Sciences. Dans les années 1980, l'université a été déplacée sur le site actuel de Dorigny, pour abriter trois nouveaux musées (archéologie et histoire, géologie, zoologie) ainsi que la bibliothèque cantonale universitaire. S'y ajoute encore une annexe, l'Espace Arlaud, destinée à accueillir des expositions temporaires.

PLACE DE LA PALUD ★★

Lieu stratégique de la ville, la place de la Palud voyait autrefois se croiser les pèlerins qui montaient à la cathédrale et les commerçants qui vendaient leurs produits sur le marché. Située en zone piétonne, c'est encore l'un des lieux les plus pittoresques de Lausanne. L'étymologie du mot Palud viendrait du paludisme qui fait référence à cette partie de Lausanne très marécageuse à l'époque. Depuis là, on accède à l'hôtel de ville, la fontaine de la Justice, l'horloge et les escaliers du marché. N'oubliez pas de vous arrêter pour boire un chocolat au Barbare !

PLACE DE LA RIPONNE ★★

Place de la Riponne

Marché campagnard tous les mercredis et samedis.

Mis à part l'imposant palais de Rumine, cette place a longtemps été considérée comme l'échec de l'urbanisation de Lausanne. En voulant en faire un lieu de rencontre, les autorités avaient fait une surface bétonnée ceinturée d'affreux bâtiments et d'un parking, où seuls quelques toxicomanes se réunissaient. Mais depuis fin 2008, grâce à l'arrivée du métro M2 et avec quelques travaux d'aménagement, la place de la Riponne a repris vie. Des marchés s'y tiennent et un espace avec des camions de *street food* apportent désormais une touche vivante et conviviale.

RUE DE BOURG ★

Rue de Bourg

Rue avec intérêt de visite.

La rue de Bourg, qui descend du pont Bessières à Saint-François, était l'artère principale par laquelle passait tout le trafic jusqu'au début du XIXe siècle. Il y avait alors un relais de chevaux à Saint-François. Au XIXe siècle, on a ouvert la rue de Bourg sur le lac, avec des rues et des passages perpendiculaires, comme la galerie Saint-François, la seule en Europe construite en escaliers. Vous y apercevrez le plus ancien magasin de Lausanne : Blondel. Ses chocolats sont incontournables ! Aujourd'hui, la rue de Bourg est emblématique du shopping de luxe.

ABSTRACT ART CONTEMPORAIN

19 route de Genève
www.abstract.li
Ouvert vendredi et samedi de 16h30 à 18h30 et sur rendez-vous.

Situé au cœur du Flon, l'Abstract expose des travaux d'artistes contemporains, mais aussi les nouvelles acquisitions de collectionneurs. On y trouve des installations, des peintures ou encore des photographies. L'espace est très sobre et abrite des expositions engagées, qui relèvent souvent d'une inspiration intime, voir intuitive. En plus de cela, il y a une boutique dans la galerie, où vous pourrez trouver par exemple le livre *Forever Young* commémorant les vingt ans d'Abstract.

CINÉMATHÈQUE SUISSE ★★

3 allée Ernest-Ansermet ✆ +41 58 800 02 00
www.cinematheque.ch
Trois projections par jour en hiver. L'été à 18h30, 21h et 23h (le vendredi et le samedi). Entrée 8 et 10 CHF.

Construit en 1908, le casino de Montbenon abrite la Cinémathèque suisse, seul musée du cinéma dans tous le pays, riche de plus de 85 000 titres équivalant à 700 000 bobines. On y projette des films anciens et récents, des chefs-d'œuvre ou des bobines oubliées, des hommages à des réalisateurs, des acteurs ou des sélections autour d'un thème particulier. Il paraît que Jean-Luc Godard y est venu à plusieurs reprises ! Il y a également des projections de la Cinémathèque suisse au cinéma du Capitole. Chaque mois des rétrospectives sont organisées.

ESPLANADE ET CASINO DE MONTBENON ★★

3 allée Ernest-Ansermet

Belvédère aménagé au XVIIe siècle, Montbenon a servi de place d'armes jusqu'au XIXe. On y a ensuite construit un élégant bâtiment inspiré de la Renaissance italienne pour y abriter un casino (1908), de magnifiques jardins (1949) et une esplanade (1982). Depuis, c'est devenu un endroit très agréable pour une petite halte, sur un banc face à une magnifique vue sur le lac ou pour boire un verre au Grand Café aménagé dans la rotonde. Le site est un lieu d'animation sociale et culturelle.

LE FLON ★★★

Le Flon

Actuellement très prisé par les différents milieux culturels lausannois et par les promoteurs immobiliers, le quartier des anciens entrepôts du Flon contraste fortement avec la cité médiévale.

Au XIXe siècle, les marchandises arrivaient du port d'Ouchy ou de la gare. En faisant creuser le métro, l'homme d'affaires Jean-Jacques Mercier a facilité le trafic. Les marchandises étaient déposées sur des rails et prenaient l'ascenseur Bel-Air (qui mène aujourd'hui à la Fnac) pour continuer vers l'ouest, jusqu'à la gare de Chauderon. Le trafic a cessé en 1974 et les anciens entrepôts ont été investis par la culture avant de devenir objets de convoitise pour de grands groupes. Aujourd'hui, parmi les bâtiments du Flon datant du XIXe siècle à avoir été conservés, figurent ceux du bar N20 et du magasin Butterfly. Pour la famille Mercier, constituée en LO Holding, le Flon a longtemps été un trou à valoriser. Dans plusieurs anciens entrepôts, les caves sont magnifiques et encore non mises en valeur. Entrez notamment dans l'ancien entrepôt des douanes, au n° 17 (en face de Maniak) : vous verrez d'abord une grande verrière et, au sous-sol, un vaste espace sous des arches mais qui sert simplement de réserve aux magasins du rez-de-chaussée.

Depuis le Flon, vous pouvez voir, juste au-dessus, le bâtiment du centre commercial Métropole Lausanne, récemment rénové, ainsi que la tour Bel-Air, le premier « gratte-ciel » suisse, qui apparaît ici beaucoup plus long que haut. Vous apercevez également la Maison du peuple, appelée parfois avec humour le « Kremlin ». Elle abrite les sièges du Parti socialiste et du Parti ouvrier populaire.

Aujourd'hui, outre les galeries d'art, le quartier du Flon abrite les discothèques très connues du MAD et de l'Atelier volant (ouvertes dans les années 1980), des bars branchés comme le Pur et le N20, des appartements et des studios de photographes et d'architectes aux loyers très élevés, une école de jazz, et de plus en plus de magasins.

Ainsi, le Flon a gagné ses lettres de noblesse et de nombreux Lausannois disent que le nouveau centre alternatif de leur ville se déplace désormais plus à l'ouest. Les artistes ont plutôt tendance à s'installer vers Sébeillon et Malley. La gare de Sévelin, désaffectée, a ainsi été transformée en école professionnelle et la culture a investi les anciens entrepôts : les Docks, l'école de danse Sévelin 36, le théâtre de l'Arsenic. Plus loin, à Malley, le théâtre Kléber Méleau est situé dans l'ancienne usine à gaz.

▶ **En hiver, une patinoire** gratuite est aménagée au Flon.

PLATEFORME 10
PLATEFORME
Le nouveau Quartier des Arts
En plein cœur de Lausanne
Ouverture:
18 juin 2022
→ 3 musées
→ 1 Plateforme
→ Evénements
→ Concerts
→ Performances
→ Restaurants
plateforme10.ch

MUDAC ★

17 place de la Gare - Plateforme 10
✆ +41 21 315 25 30 - www.mudac.ch
Mardi au dimanche de 11h à 18h ainsi que le lundi en juillet et août. Entrée plein tarif : 10 CHF. Fermé temporairement.

Succédant au musée des Arts décoratifs en 2000, le MUDAC se consacre à la création actuelle, en présentant de belles collections d'arts appliqués contemporains. Les expositions temporaires ont lieu au rez-de-chaussée et au premier étage. Au deuxième, on trouve notamment des œuvres de Chagall, Picasso, Arp et Salvador Dalí. Assez surprenant et fascinant, le sous-sol accueille la collection privée d'art égyptien et chinois de l'ancien conservateur du musée cantonal des Beaux-Arts. Le musée est actuellement fermé en attendant son emménagement dans la Plateforme 10.

MUSÉE ET JARDINS BOTANIQUES CANTONAUX ★★

14 bis avenue de Cour
✆ +41 21 316 99 88
www.botanique.vd.ch
Jardin 7j/7 10h-17h (18h30 l'été). Musée ouvert pendant les expositions de 10h à 17h. Entrée libre.

Véritable musée vivant au pied de la colline de Montriond et à deux pas du parc de Milan et de ses aires de jeux, le Jardin botanique cultive plus de 6 000 espèces de végétaux du monde entier dans ses rocailles, ses pièces d'eau et ses plates-bandes. Ce petit coin de paradis déborde de couleurs et propose une visite sereine des plus agréables. Le musée et le jardin proposent des expositions botaniques et artistiques temporaires qui agrémentent la visite.

MUSÉE CANTONAL DES BEAUX-ARTS ★★★

Place de la Gare 16
Plateforme 10
✆ +41 21 316 34 45
www.mcba.ch
Ouvert les mardi, mercredi, vendredi, samedi et dimanche de 10h à 18h, le jeudi jusqu'à 20h.

Fondé dans la première moitié du XIXe siècle, ce musée conserve près de 11 000 œuvres, dont la majorité date de la seconde moitié du XVIIIe siècle à aujourd'hui. Tout en offrant des comparaisons avec les courants internationaux, le patrimoine réuni donne la mesure de la création des artistes d'origine vaudoise et plus largement suisse romande, qu'ils aient poursuivi leur carrière dans leur pays ou à l'étranger. Quelques points forts se dégagent : le néoclassicisme, l'académisme, le réalisme, le symbolisme et le postimpressionnisme, la peinture abstraite en Europe et aux États-Unis, l'art vidéo suisse et international, la nouvelle figuration, l'abstraction géométrique et, toutes périodes confondues, les pratiques artistiques attestant d'un engagement politique et social. On citera encore d'importants fonds monographiques, parmi lesquels ceux de Charles Gleyre, Félix Vallotton, Louis Soutter, Pierre Soulages ou encore Giuseppe Penone. Le nouveau bâtiment du MCBA, à deux pas de la gare de Lausanne, a été inauguré en octobre 2019. Ses espaces généreux accueillent une programmation ambitieuse comptant dix expositions temporaires par an consacrées à l'art ancien, moderne et contemporain, ainsi que la présentation permanente de la collection. Pour associer culture et découverte ne manquez pas de visiter les autres musées de Plateforme 10.

Palais de Justice sur l'esplanade de Montbenon.

MUSÉE PHOTO ÉLYSÉE ★★

Place de la Gare 17
Plateforme 10
✆ +41 21 316 99 11
https://elysee.ch/
Réouverture en juin 2022.

Dans le quartier des Arts de Plateforme 10, un tout nouvel écrin a été réfléchi pour accueillir des collections uniques de plus de 1,2 million de phototypes. Des expositions de photographes renommés, tels que Robert Doisneau ou Irving Penn, et celles de jeunes talents seront mises en valeur tout au long de l'année dans la collection permanente et lors d'expositions temporaires. Diverses rencontres et conférences sont organisées tout au long de l'année. Le musée nouvelle génération partage son espace muséal avec le MUDAC, musée du Design.

PLATEFORME 10

Place de la Gare 16-17
✆ +41 26 316 25 55 - www.plateforme10.ch
Plateforme (quartier) des arts avec la collaboration de plusieurs musées.

Plateforme 10 est le nouveau quartier des arts de la ville de Lausanne et du canton de Vaud. Ce lieu unique, d'une surface de plus de 25 000 m², se trouve à deux pas de la gare de Lausanne et sera inauguré le 18 juin 2022. Il réunit en un seul site le musée cantonal des Beaux-Arts (MCBA), Photo Élysée (musée cantonal de la photographie) et le MUDAC (Musée cantonal de design et d'arts appliqués contemporains). Plateforme 10 offre un large programme complémentaire avec des événements, ainsi que plusieurs restaurants et espaces publics accessibles à toutes et tous.

ROLEX LEARNING CENTER

EPFL
Ecublens
✆ +41 21 693 42 14
Ouvert au public de 7h à minuit.

Œuvre monumentale et spectaculaire réalisée en 2010 par le bureau d'architecture japonais de renommée internationale SANAA, ce centre d'information lumineux qui « ondule » fait partie de l'EPFL et abrite, sur une surface continue de 20 000 m², une bibliothèque, des espaces sociaux, des lieux d'études, des restaurants et des cafés, face au lac Léman. Les concepteurs du Rolex Learning Center, les architectes Kazuyo Sejima et Ryue Nishizawa, ont reçu pour cette réalisation le prix Pritzker, la plus haute et la plus prestigieuse distinction en matière d'architecture.

PARC MON REPOS ★

Parc Mon Repos

Ce parc à l'anglaise entoure une maison de maître construite pour le riche financier Vincent Perdonnet (1768-1850). Sur la façade arrière, vous pouvez encore lire la devise de la famille : *Toujours agité, jamais abattu !*

Les bourgeois qui habitaient la rue de Bourg possédaient souvent une résidence secondaire en dehors de Lausanne, du temps où la ville était encore ceinturée de fortifications et entourée de vignes (les vignes appartenaient à l'évêque puis ont été rachetées par des privés, dont la Ville de Lausanne). On appelait alors ces demeures des « maisons de maître », et le parc qui les entourait, la « campagne ». Ainsi, on parle également de la campagne du Désert et de la campagne de l'Hermitage. Le parc de Mon-Repos était à l'époque encore plus grand puisqu'il recouvrait aussi le terrain du Tribunal fédéral, actuellement au-dessus.

La maison et le parc appartiennent aujourd'hui à la Ville de Lausanne, qui y organise ses réceptions (parallèlement avec la maison de l'Élysée) et y reçoit ses hôtes les plus prestigieux. Devant la maison, les anneaux olympiques dessinés au sol rappellent que c'est ici que se trouvait à l'origine le siège du Comité olympique. Voltaire y avait également aménagé un petit théâtre, le pavillon Voltaire, aujourd'hui transformé en charmant salon de thé en été, la Folie Voltaire.

L'été, des concerts et des projections de films en plein air ont lieu dans ce cadre idyllique et hautement romantique, avec cascade, grotte, souterrain et volière aux centaines d'oiseaux multicolores.

BEAU-RIVAGE PALACE ★

17-19 Place du Port
✆ +41 21 613 33 39
www.brp.ch
Bâtiment d'intérêt architectural.

L'un des fleurons des bords du lac. Ouvert en 1861, ce mythique hôtel 5 étoiles lausannois a été décoré par les plus grands artisans de la Belle Époque. En 1857, alors que le tourisme est en plein développement, une société immobilière locale rachète de vastes terrains d'Ouchy à la famille anglaise Allott pour y faire construire un grand complexe hôtelier. Les travaux sont confiés à Achille de La Harpe et à Jean-Baptiste Bartholoni, lauréats du concours d'architecture, et l'hôtel Beau-Rivage est inauguré quatre ans plus tard. Des clients prestigieux y séjournent, notamment Albert Cohen, qui s'inspire du décor du Beau-Rivage pour son roman ***Belle du Seigneur***, Mais aussi Victor Hugo, Camille Saint-Saëns, Charlie Chaplin, Coco Chanel, Gary Cooper, Sacha Guitry, l'empereur du Japon Hirohito, Nelson Mandela, le roi Hussein de Jordanie, Phil Collins… C'est aussi dans ces beaux salons en marbre et de velours rouge qu'a été signé le traité de Lausanne (dernier traité de la Première Guerre mondiale), en 1923.

Aujourd'hui, vous pouvez y aller bien évidemment pour séjourner à l'hôtel, mais aussi pour déguster de bons plats dans un des nombreux restaurants comblant toutes vos envies : restaurant gastronomique, brasserie de luxe, cuisine japonaise mais aussi italienne, avec lobby lounge et terrasse d'été. À noter en plus de cela que le Spa 5 Mondes propose de belles prestations de soins et de bien-être puisées sur les cinq continents. Bien évidemment, les petits curieux pourront simplement profiter de la beauté des lieux !

CHÂTEAU D'OUCHY

2 place du Port
✆ +41 21 331 32 32
www.chateaudouchy.ch

Ancienne résidence des évêques, ce château du XIIe siècle n'a gardé de son passé que la tour du donjon. Vers la fin du XIXe siècle, Jean-Jacques Mercier a en effet demandé à l'architecte Francis Isoz d'y construire un hôtel de luxe, de style néogothique, très en vogue à l'époque. Il y a quelques années, il a été question d'en faire un casino, mais la Loterie romande, qui a racheté le château, n'a pas obtenu la licence. Elle loue donc le château au Lausanne Palace & Spa, qui gère le nouvel hôtel et sa merveilleuse terrasse donnant directement sur le lac.

CIMETIÈRE DU BOIS-DE-VAUX

Chemin du Bois-de-Vaux
✆ +41 21 315 57 53
Ouvert 7j/7. D'avril à septembre de 06h30 à 20h, d'octobre à mars de 7h30 à 19h.

Il s'agit d'un cimetière, mais l'architecte Alphonse Laverrière a décidé que l'endroit serait aussi un parc public. N'hésitez donc pas à vous balader le long de ses rangées d'arbres et au bord de l'un de ses bassins. Demandez à l'accueil la brochure « Quelques personnalités inhumées dans les cimetières lausannois », car c'est là que sont notamment enterrés Pierre de Coubertin, rénovateur des Jeux olympiques, et Coco Chanel, dont la tombe est ornée d'un parterre de pivoines blanches.

LAUSANNE

© PHILIPPE GUERSAN - AUTHOR'S IMAGE

Tombe de Coco Chanel au cimetière du Bois-de-Vaux.

MUSÉE OLYMPIQUE ★★★

1 quai d'Ouchy ✆ +41 21 621 65 11
https://olympics.com/museum/
De 9h à 18h toute l'année du mardi au dimanche. Adulte + 16 ans : 20 CHF, réduit 14 CHF. Enfant - 16 ans : gratuit.

Vous trouverez ici le seul musée au monde consacré à l'olympisme. À noter qu'à chaque nouveaux Jeux olympiques des expositions inédites leur sont dédiées, et ce musée ne cesse donc de se renouveler. Pas étonnant alors qu'entre sa création en 1993 et 2013, pour travaux, il a été visité par 3 millions de personnes ! Ce musée emblématique a rouvert après deux ans de travaux et une complète restructuration de ses trois étages et de ses 3 000 m². En marge de son exposition permanente où l'on découvre l'univers des Jeux : le monde olympique, les Jeux olympiques, l'esprit olympique et toute l'histoire et la culture des JO, ce musée abrite des espaces pédagogiques et culturels. Sa muséographie est ultraconnectée et très ludique pour captiver le visiteur qui se laisse prendre au jeu. Très interactives, les animations font partie intégrante de la visite. Parmi les lieux à ne pas manquer, on optera pour l'espace dédié aux cinquante torches depuis la première créée en 1936. Il n'est ainsi pas rare d'y passer plusieurs heures, entre les nombreuses activités ludiques en intérieur ou les parcours dans le jardin extérieur. Bien évidemment, un café-brasserie, le TOM Café, permet de prolonger la détente en s'accordant un peu de repos avec une magnifique vue sur le lac.

- **Le musée en chiffres :** 3 000 m² dédiés aux expositions, 1 500 objets, 150 écrans.
- **Le parc :** 43 sculptures dédiées à la culture olympique dont celles de Niki de Saint Phalle, Botero, Tàpies, Calder. Piste d'athlétisme de 100 m, peinture murale d'Antoni Tàpies.

MUSÉE ROMAIN DE VIDY ★★

24 chemin du Bois-de-Vaux
✆ +41 21 315 41 85
www.lausanne.ch/mrv
Ouvert du mardi au dimanche de 11h à 18h. Entrée 8 CHF.

Voisin des ruines romaines, le Musée romain, ouvert en 1934 pour abriter les vestiges mis au jour lors de fouilles archéologiques, retrace l'histoire de la ville depuis ses origines romaines, du temps où elle s'appelait Lousonna. Les principaux moments de son histoire sont évoqués de manière ludique, sous forme d'articles de presse, où Jules César devient un *people* et où Lousonna fait partie des « pages locales ». Des expositions thématiques et des ateliers pour enfants explorent des thèmes particuliers du quotidien : cuisine, écriture, artisanats de l'Antiquité.

PARC GALLO-ROMAIN DE VIDY ★

Chemin du Bois-de-Vaux
Ouvert en permanence.

Site archéologique de Lousonna situé à proximité du lac, l'accès aux ruines romaines est désormais beaucoup plus facile depuis le Musée romain de Lausanne grâce à un nouveau parcours fléché. La promenade est possible en permanence et comporte aussi des panneaux explicatifs. Vous pouvez y observer les fondations des maisons du bourg romain de Lousonna, remontant jusqu'à 15 av. J.-C. Au IVe siècle, ses habitants ont quitté le site pour la colline de la Cité, mieux protégée.

ESPACE DES INVENTIONS

1 vallée de la Jeunesse ✆ +41 21 315 68 80
www.espace-des-inventions.ch
Ouvert du mardi au samedi de 14h à 18h, les dimanches et jours fériés de 10h à 18h. Entrée 10 CHF.

Logé dans un bâtiment à l'architecture cylindrique, on tourne autour d'un grand pylône à la découverte d'expériences mises en scène par l'équipe composée de scientifiques et graphistes. Destiné aux jeunes et moins jeunes, l'Espace des inventions est un lieu d'éveil à la science et à la technique, de découverte et d'expérimentation. Autour d'un thème scientifique choisi, un ensemble de jeux et d'expériences à manipuler est proposé aux mains curieuses, aux regards critiques et aux cerveaux agiles des visiteurs. Idéal pour les petits professeurs Tournesol en herbe !

PARC LOUIS BOURGET

Route de Vidy
Parc. Entrée libre.

Proche du lac, le parc Bourget est le royaume des oiseaux et des promeneurs qui s'attardent près de l'étang romantique. C'est aussi le site historique des exécutions capitales, symbolisé par le monument du major Davel. L'ensemble du parc a été recensé dans la liste des jardins historiques. Un parcours de santé est aménagé dans ce parc boisé. Les soirs d'été et les week-ends, de nombreuses familles et des groupes d'amis viennent jouer au volley, se baigner dans le lac, pique-niquer ou préparer un barbecue sur des grils prévus par la Ville de Lausanne.

AQUATIS

144 route de Berne
✆ + 41021 654 23 23
www.aquatis.ch
Ouvert 7j/7. Période hivernale : 10h-18h, et estivale : 9h-19h. Nocturnes le jeudi. Tarifs : adultes : 29 CHF.

En octobre 2017, sur les hauteurs de Lausanne, Aquatis a ouvert ses portes afin de vous proposer son concept novateur. Il s'agit du plus grand aquarium-vivarium d'eau douce d'Europe, rien de moins que ça ! En vous immergeant dans le voyage que vous propose Aquatis, vous pourrez à la fois découvrir les écosystèmes des cours d'eau suisses, ses habitants, mais aussi de nombreuses autres curiosités telles que le varan de Komodo. Au fil de la visite, Aquatis vous emmène à travers cinq continents en vous incitant à réfléchir sur les problématiques liées à l'eau douce (produits chimiques, usage ménager, etc.) tout en vous proposant une scénographie novatrice et ludique (maquettes, 3D, vidéos). Grâce à sa mise en scène, Aquatis fait de ses locataires le centre d'intérêt prioritaire et devient ainsi une découverte unique pour les grands et les petits. Aquatis est idéalement situé à Lausanne Vennes, relativement excentré pour pouvoir s'étendre confortablement, mais facile d'accès en métro ou en voiture. Vous y trouverez également une boutique de souvenirs, un hôtel et deux restaurants. Aquatis est accessible à tous et adapté aux personnes à mobilité réduite. À noter qu'en achetant vos billets à l'avance sur le site Internet, vous bénéficierez de réductions allant jusqu'à 30 %. Toujours bon à savoir, surtout pour les familles nombreuses !

- **Aquatis en chiffres :** 5 continents ; 2 millions de litres d'eau ; 46 aquariums, terrariums et aqua-terrariums ; 10 000 poissons et 100 reptiles ; 300 espèces végétales.

COLLECTION DE L'ART BRUT ★★★

11 avenue des Bergières
✆ +41 21 315 25 70
www.artbrut.ch
Ouvert du mardi au dimanche de 11h à 18h et le lundi en juillet-août. Entrée 10 CHF.

Intrigante, la collection réunit plus de 60 000 pièces (dessins, sculptures, lettres) réalisées par des créateurs amateurs qui, pour des raisons diverses, ont échappé au conditionnement culturel et au conformisme social. Autodidactes, souvent internés en hôpital psychiatrique, ils ont donné forme à des œuvres originales n'obéissant à aucune règle artistique et reflétant, de manière parfois crue, conflits et tourments de leur inconscient. Ce musée a vu le jour en 1976, grâce à la donation de Jean Dubuffet, profondément intéressé par ces créations marginales.

FONDATION DE L'HERMITAGE ★★

2 route du Signal ✆ +41 21 312 50 13
www.fondation-hermitage.ch
Ouvert du mardi au dimanche de 10h à 18h, le jeudi jusqu'à 21h. Entrée 19 CHF. Brunch « Art et Brunch » 65 CHF.

Lors de votre balade au cœur du parc de Sauvabelin, on vous conseille fortement de prendre le temps de vous y arrêter pour la visite ! Ce musée est installé dans la belle demeure de maître construite en 1850 par le banquier Charles-Juste Bugnion, au cœur d'un grand parc aux essences rares. Elle a accueilli la grande bourgeoisie de Lausanne à l'occasion des soirées mondaines. En 1976, la famille Bugnion a fait don de la maison de ses ancêtres et d'une partie du parc à la Ville de Lausanne. Deux à trois expositions très courues y sont organisées chaque année, consacrées aux beaux-arts, plus particulièrement à l'art occidental des XIXe-XXe siècles, et sont accompagnées d'interventions par des conférenciers de qualité. On a ainsi vu, ces dernières années, des œuvres de Monet, de Magritte et de Van Gogh. Par ailleurs, la collection de la Fondation de l'Hermitage comprend aujourd'hui plus de 600 œuvres de peintres impressionnistes et postimpressionnistes ainsi que des artistes vaudois. Une sélection de cet ensemble est présentée régulièrement au public parallèlement aux expositions temporaires.

- **Le parc de la Fondation :** des arbres aux essences rares s'épanouissent depuis des décennies dans ce parc magnifique. Cette beauté, on la doit à Jeanne-Marie Bugnion, l'épouse du premier propriétaire.
- **L'espace librairie** comporte de beaux livres d'art ; le restaurant L'Esquisse, situé en face du musée, est très agréable.
- **Animations :** dimanche « Art et Brunch », visites commentées pour les adultes et les enfants…

TOUR DE SAUVABELIN ★★

Bus 16, arrêt Signal ou Lac de Sauvabelin.
✆ +41 21 315 42 74
www.tour-de-sauvabelin-lausanne.ch
Entrée libre. En cas de mauvais temps (vent tempétueux, neige ou glace) la tour est fermée par sécurité.

Situé dans le bois de Sauvabelin, poumon vert de Lausanne, ce belvédère conique offre une vue imprenable sur le lac, la ville et le Jura, avec un panorama à 360 degrés. Construit en bois massif dans un esprit de respect de l'environnement, la tour fait 35 m de haut (équivalent d'un immeuble d'onze ou douze étages) et pèse près de 90 t. Au fur et à mesure que vous montez les 302 marches, la tour se met à trembler… ce n'est pas rassurant, mais c'est normal ! Il est tout aussi normal de croiser des sportifs faisant la course pour arriver le plus vite au sommet.

SE LOGER

Les tarifs hôteliers sont, à prestation égale, presque deux fois plus élevés ici qu'en France. Pas de chambre double agréable à moins de 180 CHF. Se loger en Suisse coûte donc cher mais les hôtels sont, de manière générale, très bien tenus et de qualité. Au top généralement : la literie et la propreté. Du reste, la présence de nombreuses écoles hôtelières dans la région lémanique, dont celle très réputée de Lausanne, témoigne de cette vieille tradition locale, et notamment en matière de service, quasiment irréprochable. Sachez toutefois que les salles de bains sont souvent les dernières à être rénovées, et il n'est pas rare, même dans un 4 étoiles, de trouver des équipements étonnamment désuets. Pensez à vous connecter directement sur les sites des hôtels qui pratiquent des prix selon l'occupation et les périodes. Vous pourriez être agréablement surpris de vous trouver dans un 4 étoiles au prix d'un 2 !

BNBLAUSANNE.CH €

23 Av Dapples
✆ +41 21 616 77 22
www.bnblausanne.ch

3 chambres d'hôte personnalisées. Occupation simple 100 CHF, double 120 CHF.

Ce qui fait la différence ici, c'est bel et bien l'accueil d'Ariane et James qui vous permettront de vous sentir chez vous en un rien de temps et orientent leurs clients selon leurs désirs de découvertes. Leur appartement se situe aux abords d'un magnifique parc centenaire, entre le lac Léman et la gare de Lausanne. Vous serez accueillis avec chaleur et simplicité dans ce vaste appartement du début du XXe siècle. Les trois chambres, décorés avec goût et charme, et le petit salon offrent un séjour douillet alliant confort, convivialité et authenticité.

IBIS STYLES LAUSANNE CENTER MADHOUSE €

6 place de l'Europe
✆ +41 21 340 69 99
www.mad-house.ch

Chambre simple ou double à partir de 100 CHF.

Cet établissement hôtelier trendy est situé dans le centre de Lausanne, sur la Place de l'Europe, à proximité du quartier du Flon et de ses animations. Avec ses 26 petites chambres à la décoration jeune et originale, un bar-restaurant qui propose des collations et des apéritifs, une terrasse sur le toit avec une superbe vue panoramique et un petit déjeuner copieux, c'est un excellent choix au niveau rapport qualité/prix pour Lausanne. Personnel efficace et souriant.

HÔTEL DU MARCHÉ €

42 rue Pré-du-Marché
✆ +41 21 647 99 00
www.hoteldumarche-lausanne.ch

De 135 à 200 CHF en simple et de 170 à 275 en double. Petit déjeuner express : 5 CHF, buffet 15 CHF. Wifi.

C'est notre coup de cœur et notre camp de base préféré à Lausanne ! L'Hôtel du Marché est un petit hôtel très bien tenu, à proximité de la place de la Riponne. La décoration est soignée pour un séjour des plus agréables, pour une nuit ou pour des chambres au mois. On adore l'ambiance familiale, avec un excellent accueil et des prix abordables. Situé dans une rue peu fréquentée par les voitures, ce logement permet de profiter commodément de Lausanne, dans la tranquillité. Non loin de votre chambre, le bus 1 pour Ouchy est à deux pas, le métro à trois pas.

AQUATIS HÔTEL €€

Route de Berne 150
✆ +41 21 654 24 24
www.aquatis-hotel.ch

143 chambres entre 135 et 270 CHF. Espace détente, spa et fitness. Package avec entrée à l'Aquatis aquarium-vivarium.

Sur les hauteurs de Lausanne, situé devant la belle façade en écailles du musée Aquatis et à deux pas du métro (Vennes), cet hôtel moderne est un agréable lieu d'étape. Ouvert en 2015, cet hôtel 3 étoiles supérieur est lumineux et confortable, avec des chambres au design épuré. Plus particulièrement dédié aux hommes d'affaires et aux congressistes, il est également apprécié des touristes pour son calme, sa vue et la possibilité de se garer facilement. Sur place, une brasserie bénéficiant d'une grande terrasse, un spa avec hammam et fitness.

HÔTEL AGORA SWISS NIGHT €€

9 avenue du Rond-Point
✆ +41 21 555 59 55
www.fassbindhotels.com
Chambre simple à partir de 155 CHF, double à partir de 170 CHF. Wi-Fi.

Entièrement reconstruit en 2013, l'ancien Hôtel Agora est devenu l'Agora Swiss Night by Fassbind (grand groupe hôtelier suisse). Il est tout proche de la gare de Lausanne. Dans un bâtiment moderne, chic et design, on trouve des chambres confortables et lumineuses (avec télé câblée, air conditionné). Des studios sont proposés avec une kitchenette. Son atout charme : une salle panoramique au neuvième étage pour prendre son petit déjeuner avec une vue splendide sur les Alpes, le lac Léman et le Jura. Egalement, une salle de fitness avec sauna et un parking optionnel.

HÔTEL BELLERIVE €€

99 avenue de Cour
✆ +41 21 614 90 00
www.hotelbellerive.ch
38 chambres. Chambre simple à partir de 128 CHF, chambre double à partir de 142 CHF. Petit déjeuner buffet à 15 CHF.

Très agréable de séjourner dans cet hôtel familial avec multitude de « plus » : des chambres rénovées à la vue imprenable sur le lac, un salon/salle de réunion avec une bibliothèque multilingue, le calme à Ouchy, un parking gratuit, un café-pub chaleureux avec une terrasse lounge et petite restauration jusqu'à 22h30, une gestion familiale, un espace wellness gratuit pour les clients, avec sauna et salle de fitness. Un camp de base sympathique et idéal pour se ressourcer. À deux pas, les bus 1 et 25 vous mènent au centre-ville.

HÔTEL CRYSTAL €€

5 rue Chaucrau
✆ +41 21 317 03 03
www.crystal-lausanne.ch
Chambre simple dès 121 CHF, double dès 161 CHF. Petit déjeuner buffet à volonté offert. Parking : 20 CHF. Wifi gratuit.

Ne pas se fier à l'entrée désuète et discrète de cet hôtel. Situé dans une rue piétonne du centre-ville (accès en voiture autorisé), l'hôtel Crystal bénéficie d'une superbe terrasse au dernier étage avec vue sur Lausanne. Vous serez séduit par les styles pop art, vintage, en passant par l'art contemporain ; aucune chambre ne se ressemble. Rénovées au fur et à mesure selon ses idées créatives, le propriétaire tient à conserver les valeurs familiales. Une adresse économique, centrale, pratique. Copieux petit déjeuner pour bien commencer la journée.

CHÂTEAU D'OUCHY €€€

2 place du Port
✆ +41 21 331 32 32
www.chateaudouchy.ch
Chambre simple de 290 à 450 CHF, chambre double de 330 à 520 CHF. Suite à partir de 800 CHF. Petit déjeuner 30 CHF.

Entièrement rénové par le Lausanne Palace & Spa, le château d'Ouchy, datant du XIIe siècle, se dresse directement au bord du lac, tel un décor de théâtre. Surprenant, déroutant, l'hôtel tranche parmi le décor environnant et mérite vraiment le coup d'œil. Ce lieu étonnant renferme 50 chambres et 17 suites, alliant matières nobles, objets design et raffinement. L'hôtel est agrémenté d'une belle piscine en été, également d'un sauna et d'un hammam, ainsi que d'une terrasse prise d'assaut dès les premiers rayons de soleil. Un coup de cœur !

HÔTEL VICTORIA €€€

46 avenue de la Gare
✆ +41 21 342 02 02
www.hotelvictoria.ch
59 chambres et suites. Chambre simple à partir de 144 CHF, double à partir de 168 CHF. Petit déjeuner 20 €.

À une petite minute de la gare, dans une belle bâtisse historique, l'hôtel Victoria est un 4 étoiles chaleureux et calme, plein de charme et de personnalité, où la décoration est enrichie de nombreux objets chinés aux quatre coins du monde par un propriétaire voyageur. La devise est simple : « On voyage pour changer, non de lieu, mais d'idées » (Hippolyte Taine). Ainsi, toutes les chambres sont différentes et les habitués demandent souvent à retrouver la leur ! Accès gratuit à la salle de fitness, sauna payant. Wifi gratuit et 6 places de parking gratuites.

LAUSANNE PALACE €€€

7-9 rue du Grand-Chêne
✆ +41 21 331 31 31
www.lausanne-palace.ch
Chambres simples de 440 à 650 CHF. Petit déjeuner 40 CHF. Parking 30 CHF. Libre accès au Centre de bien-être.

Inauguré en 1915, ce palace 5 étoiles est situé en plein centre-ville. Il a accueilli de nombreuses personnalités et, depuis 1980, le président du Comité international olympique (CIO) y a son appartement, d'où le drapeau olympique au-dessus de l'entrée. Si des transformations importantes ont eu lieu ces dernières années, la plupart des éléments Belle Époque ont été conservés. Les 140 chambres sont spacieuses, avec des balcons donnant sur le lac ou sur la cathédrale et le Flon. Les installations de loisirs incluent spa, piscine, équipements sportifs…

SE RÉGALER

À Lausanne, les spécialités fromagères cohabitent avec la nouvelle cuisine moléculaire ! Fondues, croûtes au fromage, papet vaudois et autres monts-d'or chauds sont toujours inscrits sur toutes les cartes des restaurants traditionnels, et sont toujours très consistants... Parfois trop même, surtout si vous optez pour des fondues à volonté (oui, ça existe dans certains restaurants !). Pour plus de finesse, les étoiles Michelin sont aussi présentes dans les palaces 5 étoiles. Mais les vraies pépites se cachent le plus souvent dans de charmants petits villages avec, en arrière-plan, le lac et les Alpes. Ces restaurants gastronomiques, aménagés de manière sympathique, permettent de goûter à des saveurs divines dans une ambiance qui n'est jamais guindée. Dernier point, mais pas des moindres pour les amateurs de poissons (et parce qu'il n'y a pas que le fromage suisse) : ne partez pas sans avoir goûté les filets de perches du lac.

Papet Vaudois.

À LA BOSSETTE €

4 place du Nord
✆ +41 21 320 15 85
www.bossette.ch
Du lundi au jeudi, 10h à 14h et 16h à minuit. Vendredi 10h à 2h, samedi 17h à 2h. Plats du jour à partir de 19 CHF.

Plus de cent ans que cette bâtisse accueille un petit bistrot. Très sympathique, il a la réputation d'accueillir les jeunes artistes. La cuisine est d'un très bon rapport qualité/prix, avec une excellente soupe thaïe et une fondue au fromage de chèvre tous les dimanches et lundis soir. À goûter : le paillasson du tsar (une galette de pommes de terre avec saumon fumé, œufs de lump et shot de vodka). Tableau d'excellence pour le personnel souriant, qui vous servira une carafe d'eau spontanément. Parmi les boissons : plus de 40 bières.

BRASSERIE DU CYGNE €

2 rue du Maupas
✆ +41 21 312 21 80
www.lecygnebrasserie.ch
Le lundi de 10h à 14h30. Du mardi au Samedi de 10h à 23h30. Menu du jour 21,50 CHF.

Adresse idéale pour déguster des plats de brasserie et de terroir à des prix raisonnables. La carte vous emmène dans les quatre coins de l'établissement avec aussi bien fondues que mets cuits en cocotte, papet vaudois ou poisson du Léman. Ce restaurant existait déjà en 1912, il était à l'époque une étape pour les conducteurs de diligences en partance pour la France. Le décor, à peine changé, peut paraître aujourd'hui quelque peu démodé. Mais les murs, s'ils pouvaient parler, vous raconteraient de bien drôles d'histoires ! Atmosphère traditionnelle garantie.

LES BRASSEURS €€

4 rue Centrale
✆ +41 21 351 14 24
www.les-brasseurs.ch/site/fr/
Ouvert du lundi au samedi dès 11h, le dimanche dès 16h. Flammekueche de 16,50 à 24,20 CHF. Plats du jour à 18,50 CHF.

Cette enseigne n'usurpe pas son nom : les bières sont brassées sur place : blondes, brunes, ambrées ! Incontournable pour de nombreux Lausannois, cette brasserie propose une cuisine très variée et de qualité. Elle a notamment construit sa réputation sur ses *flammekueches*, mais aussi avec ses choucroutes servies toute l'année, ses tartares et ses hamburgers. Chaque jour le plat du jour vous propose une surprise culinaire. L'ambiance chaleureuse de ce lieu de rencontre et de convivialité est à programmer lors d'une visite de Lausanne.

CHICK'N'MORE €

72 rue Marterey
✆ +41 21 312 16 01
www.chicknmore.com
Ouvert du lundi au samedi de 10h à 22h. Comptez entre 7 et 15 CHF pour un sandwich, 18 CHF pour un menu.

Le but de Chick'n'more est de réconcilier les amateurs de nourriture équilibrée avec le fast-food ! La devise de Bettina Klinger, c'est « pas trop de gras mais beaucoup de goût ! » Les burgers sont préparés au grill ou au four, avec du pain au maïs ou des galettes. Façon pain-pizza, les petits buns sont craquants et pleins de goût. Le plus original ? Le Jack Daniel's, à la sauce du même nom. Un régal ! Pour les amateurs de pâtes, les pasta-box se conjuguent avec quatre sortes de pâtes différentes (gnocchi, spaghetti, fusilli, penne).

CRAZY WOLF €

9 rue Haldimand
✆ +41 21 323 40 00
www.crazywolf-lausanne.com
7j/7 de 11h15 à 14h et de 17h30 à 22h. Menu burger à partir de 22 CHF. Brunch entre 22 et 26 CHF.

L'entrée est originale car nous sommes invités à suivre le chemin d'un endroit secret, caché de la rue piétonne… Notre curiosité est à son comble jusqu'au sommet des escaliers où l'on découvre une grande salle parée de bois avec d'accueillantes tables d'hôte et des bancs confortables. Notre appétit s'éveille à vitesse grand V, avec au menu des burgers au poulet, au bœuf, végétariens, et des menus grill avec les ribbs, les tandooris tikka, les chicken wings, l'entrecôte… Une décoration vintage et ranch, qui plaira pour sa singularité.

EAT ME €€

3 rue Pépinet
✆ +41 21 311 76 59
www.eat-me.ch
Du mardi au samedi de 12h à 14h et de 17h30 à 23h. Formules de 22 à 34 CHF le midi. Uniquement à la carte le soir.

Un tour du monde culinaire mêlant souvenirs, épices et bons petits plats. Le principe : le monde sur de petites assiettes. Ici, place à la convivialité, au partage et au voyage. Que ce soit entrée, plat ou dessert, les portions sont de petite taille, façon tapas, dans le but de sélectionner plusieurs mets à partager entre convives. La qualité des produits et les senteurs du monde sont au rendez-vous. Asie, Italie, Afrique ou Amérique du Sud, il y en a pour tous les goûts ! Belle carte des vins et des cocktails pour accompagner vos petites assiettes.

INGLEWOOD €

14 Rue Saint-Laurent
✆ +41 21 323 63 88
inglewood.ch

Du lundi au samedi, midi et soir. Burger autour de 20 CHF. Terrasse.

Inglewood revendique le burger local… et peut-être même le meilleur de la ville ! Les burgers sont très copieux et les choix variés, avec de bonnes frites maison en accompagnement. A noter : possibilité de demander un steak de légumes pour les végétariens. L'ambiance en salle est agréable, avec une belle décoration tendance et colorée. Une petite terrasse peut vous accueillir, pour le dessert par exemple (quels délices, ces cheesecakes !). Pensez à réserver, l'enseigne affiche très souvent complet. On vous disait bien que c'était le meilleur burger de la ville !

MAURO TRAITEUR €

4 rue de l'Ancienne-Douane
✆ +41 21 323 16 67
www.maurotraiteur.com

Ouvert du lundi au vendredi de 8h à 18h et le samedi jusqu'à 16h. Part de pizza à partir de 4,50 CHF.

Traiteur et épicerie fine italienne proposant des pizzas et des foccacias à emporter que les lycéens des alentours connaissent bien. Si vous y allez à midi, prenez votre mal en patience car la file est parfois très longue. Il est d'ailleurs conseillé de réserver avant 11h30. Il faut dire que la cuisine est excellente et très bon marché. Mauro Bottazzi et son épouse préparent également du risotto, des aubergines frites, de délicieux gnocchi mascarpone et noix, et bien plus encore qu'on vous invite à découvrir. L'Italie dans toute sa splendeur gastronomique.

PAVILLON BAR & KITCHEN €

10 Place de la Riponne
✆ +41 21 320 95 95
pavillonbar.ch

Ouvert du lundi au samedi de 9h à 1h (jusqu'à 2h vendredi et samedi). Terrasse. Menu du jour à partir de 21 CHF.

Située en plein cœur de Lausanne, la grande terrasse du Pavillon s'étale jusqu'à la place de la Riponne. Dans cet établissement, on vient à toute heure pour déguster un café au soleil (ou sous la terrasse couverte, selon le temps), ainsi que de très bons cocktails. La carte affiche également de bons petits plats pour accompagner vos verres. Les suggestions changent de manière hebdomadaire, mais les habitués apprécient également de déguster une bonne pizza, servie sur sa planche en bois. Accueil agréable et belle déco en salle.

PINTE BESSON €

4 rue de l'Ale
✆ +41 21 312 59 69
www.pinte-besson.com

Ouvert du lundi au samedi de 9h30 à 23h. Suggestions et spécialités 26 ou 30 CHF.

Lieu historique, inégalable… cet endroit bien sombre, avec ses fenêtres en cul de bouteille, est le plus ancien café de Lausanne, classé monument historique. C'est en 1780 qu'un commerçant en vins a décidé d'ouvrir cette pinte destinée à vendre sa production. Depuis, la Pinte Besson n'a jamais changé de nom. Ayant pu échapper à une modernisation éventuelle en 2000, elle a été reprise par Carlos Beiro, qui a décidé de la conserver telle quelle en proposant des plats traditionnels et une cuisine de saison. Petite terrasse en été, plus lumineuse que l'intérieur.

TRIBECA €€

4 place de la Riponne
✆ +41 21 311 11 33
www.tribeca-lausanne.ch

Du lundi au vendredi de 9h à minuit et le samedi de 8h à minuit. Menu du jour formule dès 24 CHF.

Du nom d'un quartier « people » de New York, le Tribeca est un bar lounge restaurant au décor tendance : cuir crème, bois foncé et éclairage orangé derrière le comptoir. Côté lounge, fauteuils en cuir rouge et noir. Une adresse plutôt élégante et relaxante, qui propose une cuisine créative avec des produits nobles et des circuits courts. Que vous veniez pour partager quelques petits plats ou boire un verre, l'ambiance est agréable à toute heure de la journée. La terrasse est merveilleuse l'été ! Réservation conseillée en fin de semaine.

LE VIEUX LAUSANNE €€

6 avenue Pierre-Viret
✆ +41 21 323 53 90

Du lundi au vendredi de 11h30 à 14h30 et de 18h30 à 23h. Samedi de 18h30 à minuit. Plats du midi à partir de 22 CHF.

Au pied de la cathédrale, cette jolie maison aux volets verts classée monument historique prépare une cuisine classique de type auberge, mais également des spécialités scandinaves. Deux cuisines, et deux ambiances au choix également (avec menu identique) : la brasserie, sympathique mais un peu bruyante, ou l'élégant couloir à l'atmosphère plus intime. Pour couronner le tout, l'accueil est sympathique et la terrasse très agréable en été. L'établissement abrite aussi le bar Giraf (boissons et cocktails dans une ambiance musicale années 1980).

ÄTA MANGER NORDIQUE €

22 Avenue de Rumine ✆ 021 312 09 09
www.atalausanne.ch

Du lundi au vendredi de 7h à 23h. Samedi de 9h à minuit et dimanche de 9h à 17h. Plat du jour 19 CHF. Livraison.

Äta signifie « manger » en suédois, et l'on comprend mieux l'ambiance boisée et scandinave qui règne dans ce tout nouvel établissement. La cuisine est intégralement d'inspiration nordique, à base de produits 100 % frais et locaux. On découvrira donc ce qu'est le *smørrebrød* (une tartine danoise), ou l'on se surprendra à oser le hareng aux épices. Les connaisseurs apprécieront les nombreuses déclinaisons de saumon gravlax. L'équipe est dynamique et a mis tout son cœur à l'ouvrage pour créer le seul restaurant nordique de la ville. On a adoré… Alors, « äta'ble » !

CAFÉ DU SIMPLON €

17 rue du Simplon ✆ +41 21 616 31 04
www.cafedusimplon.ch

Ouvert du lundi au vendredi de 7h à minuit et le samedi de 17h à minuit. Compter 22 CHF pour un plat. Terrasse.

Le Café du Simplon est en fait deux établissements en un. D'un côté, le restaurant de cuisine méditerranéenne branché, très épuré, avec murs immaculés et parquet en bois brut. Mais ce lieu n'en est pas moins convivial, surtout en été lorsque la terrasse donne un air de fête de village à ce quartier sous la gare. La carte propose aussi bien des plats de viande issue du boucher voisin que du poisson livré quotidiennement et des plats végétariens, avec des spécialités chères au propriétaire d'origine macédonienne. De l'autre, le bistrot pour prendre de bonnes bières.

BELLA VITA €

52 avenue de la Gare
✆ +41 22 312 12 60
www.restaurant-bellavita.com/

Cuisine non-stop de 11h30 à 22h30, tous les jours. Menus formules dès 21 CHF à 23 CHF le midi. Menu week-end 26 CHF.

La vie est belle, c'est bien vrai, surtout lorsqu'il s'agit de passer un bon moment dans un vrai restaurant italien. Aussi généreuse que les pizzas, la carte est à rallonge et on note les 20 sortes de sauces proposées pour agrémenter vos pâtes. L'ambiance est chaleureuse, et vous serez accueillis avec un apéritif maison offert. Les deux salles sont souvent bien remplies. On apprécie les menus conçus pour rassasier tous les appétits et surtout celui du week-end avec choix de pâtes, de risottos et de pizzas. C'est idéal en famille.

ÉLIGO €€€

8 rue du Flon
✆ +41 21 320 00 03
www.eligo-restaurant.ch

Ouvert du mardi au samedi de 12h à 14h et de 19h à minuit. A midi, l'assiette du jour est à environ 27 CHF.

Encore l'une de ces nouvelles tables branchées qui déplacent les Lausannois en quête d'ambiance différente et de plats inventifs. Éligo propose une gastronomie italienne raffinée, goûteuse et généreuse, basée sur des produits frais et de saison. Le chef Enrico Ferrari fait partie de la nouvelle génération de cuisiniers italiens qui se caractérisent par leur créativité et leur modernité. Ce n'est pas donné, souvent complet, mais ça vaut le coup d'essayer ! Pourquoi Éligo ? Cela veut dire « faire un choix ». Vous êtes prévenu, mais tout le plaisir est pour vous.

BULLDOG BAR & RESTO €

17 Rue du Port-Franc ✆ 021 311 99 33
bulldogbar.ch

Ouvert 7j/7 de 9h à minuit (vendredi et samedi jusqu'à 2h). Burgers à partir de 15 CHF. Plats à partager 20 CHF.

Avec plus d'une dizaine d'écrans géants disséminés à travers le bar, le Bulldog est l'endroit pour regarder tous vos événements sportifs : football, rugby, tennis, basket, sports mécaniques, hockey sur glace… Rien n'est oublié, et l'ambiance est toujours garantie ! Pour accompagner ces retransmissions, la carte affiche un large de choix de plats (en plus des bières ou des cocktails). Des pâtes ou des burgers, en passant par les pizzas, les tartines ou les plats à partager (pilons de poulet, nachos, calamars frits…), vous trouverez sûrement votre bonheur.

AUX FLEURS DE LA TERRE €

74 avenue de Cour ✆ 021 617 85 25
auxfleursdelaterre.ch

Ouvert 7j/7, midi et soir en semaine, et de 18h à 23h30 samedi et dimanche. Buffet du midi à 19,90 CHF.

Aux Fleurs de la Terre est un très bon établissement de gastronomie indienne, et plus particulièrement aux influences de la région du Kerala (sud de l'Inde). Le buffet du midi en semaine, avec ses diverses options (notamment végétariennes), ravira tous les goûts et même les grosses faims. En soirée, l'ambiance devient plus tamisée et intimiste. Mais qu'importe l'heure de la journée, l'accueil est toujours des plus agréables afin de vous conseiller les meilleures viandes sauce tandoori, tikka ou massala, accompagnées d'un délicieux dahl de lentilles.

HOLY COW ! €

10 rue des Terreaux
www.holycow.ch
Ouvert du lundi au dimanche de 11h à 23h. Burger à partir de 9,90 CHF. Menu étudiants à partir de 13,90 CHF.

Ce fast-food nature et *casual*, décoré de manière simple avec du bois clair, sert d'authentiques burgers 100 % suisses. La liste est longue : au bœuf, au poulet, végétarien, version enfant, au camembert, saveur indienne, mexicaine ou japonaise… le tout accompagné de bonnes frites. Petit bémol, il faut quand même s'armer de patience pour trouver une place aux heures de pointe. Mais telle est la rançon du succès ! Dans tous les cas, l'enseigne possède aussi d'autres locaux, au 17 rue Cheneau-De-Bourg et même sur le campus de l'EPFL, au niveau des arcades.

LE PRÊT-À-MANGER DE GILLES DESPLANCHES €

17 rue de Genève ✆ +41 21 320 14 10
www.pretamanger.ch
Du lundi au jeudi de 7h à 16h. Vendredi de 7h à 20h. Samedi de 8h à 20h. Comptez 16 CHF pour un menu sandwich.

Le concept, c'est de se sentir comme à la maison. Ambiance conviviale, déco agréable et sandwiches originaux, tartes, salades, plats du jour « rajeunissants » et jus de fruits biologiques. Ici on travaille les ingrédients sains et on se soucie de votre santé (voir les menus diététiques de la semaine sur le site Internet). Vous pouvez venir boire un café ou un jus de fruits pressés, faire un vrai lunch. Déjà 10 adresses de l'enseigne de Genève à Fribourg en passant par Lausanne.

LEONARDO €

6 voie du Chariot
✆ +41 21 311 49 70
www.focacceria-leonardo.ch
Ouvert du lundi au samedi de 8h à 23h (vendredi et samedi jusqu'à 1h). Pizza à partir de 15 CHF.

En plein cœur du Flon, le Leonardo propose une cuisine italienne tournée vers le bien-être. En plus des traditionnelles pizzas, des légumes frais, des pâtes fraîches, des viandes et poissons à la plancha, il y surtout le produit phare : la focaccia, venue tout droit de Pane, Amore e Fantasia. Pour compléter cette cuisine de qualité, des plats sans gluten son également proposés. Vous dégustez le tout dans une atmosphère épurée et design (plats aussi à emporter). Petit plus pour la grande terrasse sur la place pavée les jours de beau temps.

LOXTON €

22 Rue du Pont
✆ 21 351 81 81
www.loxton.ch
Ouvert du lundi au vendredi de 11h30 à 23h. Samedi de 10h à 23h. Dimanche de 10h à 16h. Menu midi. Brunch.

Le Loxton est notre gros coup de cœur du centre-ville : un bar-restaurant cosy à l'ambiance branchée, où l'on se sent comme à la maison. On a plaisir à s'y arrêter à toutes les heures de la journée : pour un petit déjeuner copieux, un bon plat du midi ou des spécialités à partager entre amis le soir. Même le week-end, les brunchs donnent envie d'y retourner. L'atmosphère est des plus vibrantes et les plats sont délicieux. La décoration est soignée et il y a même un petit balcon. Que vous dire de plus, si ce n'est qu'il faut y aller sans tarder !

MA-JONG €

3 escaliers du Grand-Pont
✆ +41 21 329 05 25
majong.ch
Du lundi au samedi de 10h30 à 22h (vendredi et samedi jusqu'à 22h30) et le dimanche de 18h30 à 22h. Plats dès 18 CHF.

Le Ma-Jong est un fast-food asiatique qui nous sort des standards suisses avec boîtes de nouilles chinoises à emporter ou plats plus élaborés sur place. Excellent pad thaï et ramens très copieux ! L'endroit a ouvert un deuxième étage qui fait sushi-bar et karaoké (jeudi, vendredi et samedi). Le patron, ayant travaillé dix ans avec des Japonais, a décidé d'offrir des sushis dans la plus pure tradition et à des prix accessibles. À tester également : les bières asiatiques comme la Tsingtao. Une adresse bien connue des habitués.

NOMADE FLON €€

9 place de l'Europe ✆ +41 21 320 13 13
www.nomadeflon.ch
Bar, restaurant, vinothèque. Ouvert du lundi au samedi de 8h à 23h. Menu du midi : 22 CHF. Plats autour de 40 CHF.

Au début du Flon, le Nomade est un bar restaurant chic et tendance, connu pour son grand choix de vins de Suisse et du monde entier. Côté cuisine, vous savourez des recettes d'inspiration française et italienne revisitées et à la présentation soignée. Le menu établi à l'avance pour la semaine est différent d'un midi à l'autre. Le soir, on apprécie le Nomade pour son ambiance souvent considérée comme mondaine et branchée. C'est aussi un restaurant où les habitués commencent la soirée, avant de poursuivre au D ! ou au MAD. Terrasse très agréable en été.

POCO LOCO €

5 place Chauderon
✆ +41 21 329 11 11
pocoloco-movida.ch
Ouvert du lundi au vendredi de 11h30 à 14h et de 18h à minuit. Samedi de 18h à 2h. Burger dès 14,50 CHF.

Le Poco Loco est un restaurant de gastronomie mexicaine qui fait ses preuves depuis plus de vingt ans. L'ambiance est résolument tex-mex, avec chaises en bois peintes de couleurs vives, murs jaunes et colonnes turquoise. Ce bar-restaurant sert une cuisine mexicaine classique ainsi que des préparations plus originales à base de poulet sauté ou de crevettes. Les ingrédients sont frais et bien épicés. Le cadre est très agréable, allez-y surtout pour passer une soirée 100 % *latina* et danser la salsa après dans le bar Movida attenant !

TAYTA EMPANADAS €

2 Avenue du Tribunal-Fédéral
✆ 076 209 42 12
www.empanadas-tayta.com
Du lundi au vendredi de 11h30 à 15h et de 17h30 à 19h. Le samedi, de 12h à 16h. Empanadas à 5,90 CHF. À emporter.

Né de l'union entre le patron suisse et la cuisinière péruvienne, voilà un petit établissement basé sur *la* spécialité du Pérou : les empanadas ! Vous en trouverez à tous les goûts, des plus traditionnels d'Amérique du Sud aux nouveautés du mois dont l'inspiration sera plutôt européenne. En plus, des plats préparés sous forme de bowl complètent la carte : chili con carne ou aji de gallina (crème de piment au poulet). Même s'il y a quelques places assises, Tayta met plutôt en avant la vente à emporter. Alors pour un petit en-cas, pensez empanada !

THE GREEN VAN COMPAGNY €

8 Rue du Port-Franc
✆ +41 79 945 00 69
www.thegreenvan.ch
De dimanche à jeudi, de 11h à 23h. Vendredi et samedi : de 11h à minuit. Burgers entre 12,5 et 27 CHF.

La burger mania n'est pas prête de s'estomper avec des établissements comme celui-ci qui propose des burgers gourmets. Tout a commencé en 2014 avec leur premier Citroën HY transformé en cuisine sur roues. Depuis, ce sont food-trucks qui sillonnent les festivals de la vallée romande, et depuis 2017, un restaurant installé au Flon à Lausanne et même à Genève. Au L'équipe vous oriente vers des burgers à base de produits frais ou vers les recettes du mois. Frites craquantes et légumes goûteux composent votre assortiment créatif.

TIBITS €

11 Place de la Gare
✆ 032 531 38 88
www.tibits.ch/fr/home
Ouvert la semaine de 6h à 23h, le samedi de 7h à minuit et le dimanche de 8h à 23h. Service non stop. À emporter.

Vous souhaitez bien manger à n'importe quelle heure de la journée ? Tibits va vous ravir ! Ce buffet végétarien et végétalien fonctionne selon un principe simple : vous choisissez ce que vous voulez et vous pesez ensuite votre nourriture. Les plats sont variés et délicieux, on a envie de tout goûter… Mais gardez un peu de place pour le buffet de desserts ! Un sans faute culinaire, doublé d'un décor historique datant de 1916, entièrement revêtu de boiseries avec une grande hauteur sous plafond. Un de ces rares buffets de gare qui a su garder son âme.

TIFF-IN €

29 avenue d'Ouchy
✆ +41 21 616 02 32
Fermé le dimanche. Comptez 7,50 CHF pour un sandwich, 10 CHF pour des pâtes, 20 CHF pour des plats plus conséquents.

Tiff-in offre un grand choix de mets sur place ou à l'emporter. Avec une dizaine de légumes de saison pour les plats de midi, les végétariens seront ravis ! Et pour les autres, il n'y a qu'à choisir parmi les nombreux plats italiens et français, sandwichs et foccace. Ici, tout est fait maison, même les pâtisseries. Les personnes allergiques au gluten et au lactose y trouveront leur bonheur. Si l'endroit ne dispose que de quelques tables, Tanguy le patron mise sur la convivialité et l'ambiance «comme à la maison» ! A noter qu'il est possible de bruncher sur place.

LES TROIS ROIS €

7 rue du Simplon
✆ +41 21 616 38 22
www.brasserie-lestroisrois.ch
Ouvert du mardi au samedi de 11h à 23h30. Comptez 29 CHF en moyenne pour un plat.

Située dans la rue directement sous la gare et existant depuis plus de vingt ans, cette brasserie est une adresse à ne pas manquer si vous aimez les frites. Croustillantes, ce sont les meilleures de Lausanne. Pour les accompagner (et non l'inverse !), un délicieux steak tartare ou une entrecôte, d'un très bon rapport qualité/prix. Le cadre est typique de vieilles brasseries Art déco, on y retrouve même des bancs de gare. L'ambiance y est familiale, avec un accueil sans faille. Une large terrasse envahit le trottoir en été, pour profiter de ses frites au soleil.

BEAU-RIVAGE PALACE €€€

17-19 Place du Port
✆ +41 21 613 33 39
www.brp.ch

Ouvert du mardi au samedi. Déjeuners d'affaires du mardi au vendredi : 95 CHF. Menu Émotions : dès 210 CHF.

Anne-Sophie Pic, la célèbre cheffe française trois fois étoilée pour sa maison de Valence, orchestre avec le brio qui est le sien une table gastronomique dans ce palace. En commandant l'un des menus, vous savourerez une suite incroyable de plats aux saveurs exquises et aux textures étonnantes, et vous ne résisterez pas à l'impressionnant chariot de fromages. La carte change à chaque saison et dès les beaux jours, vous pourrez profiter de la terrasse en teck surplombant le parc et le lac. L'une des meilleures tables de Lausanne. Cocorico !

BRASSERIE DE LA RIVIERA €

8 place de la Navigation
✆ +41 21 616 53 09
www.brasserieriviera.com

Ouvert tous les jours de 9h à 23. Cuisine non stop les week-ends. Comptez de 20 à 30 CHF pour un plat.

Véritable pinte vaudoise, la Brasserie de la Riviera, ex-Café de la Gare à la fin du XIXe siècle, est le seul des restaurants d'Ouchy à avoir gardé son authenticité. Si depuis mars 2012, l'endroit a été rafraîchi, les habitués ont tenu à ce que l'on garde le mobilier qui donne cet esprit bistro ancien ! On y sert ainsi une cuisine de brasserie traditionnelle, qui n'est malheureusement pas toujours à la hauteur du cadre. L'accueil est également assez froid, peut-être parce que la clientèle est principalement touristique... Belle et grande terrasse pour l'été.

CRÊPERIE D'OUCHY €

Place du port 7
✆ +41 216162607
www.ouchycrep.ch

Ouvert tous les jours (restauration non stop) de 11h les week-ends et de midi en semaine à 22h. Suggestions dès 22 CHF.

Une grande terrasse face au lac et au château d'Ouchy où l'été on aime se régaler d'une délicieuse crêpe sucrée. Spacieuse, la salle intérieure vous accueille pour déguster une galette vaudoise (tomme vaudoise, épinards à la crème et saucisson vaudois). On apprécie les galettes sans gluten pour la découverte de nouvelles saveurs, une crêpe à décliner selon vos goûts sucrés ou salés. Les photos noir en blanc illustrant la Lausanne d'antan animent le lieu d'une tonalité nostalgique. Une équipe accueillante vous permettra de passer un très bon moment.

SAVEURS D'AILLEURS €

67 avenue d'Ouchy ✆ +41 21 601 67 67
www.saveursdailleurs.ch

Mardi de 17h30 à 22h, du mercredi au vendredi de 10h30 à 14h30 et de 17h30 à 22h. Non stop le week-end de 11h à 22h.

Petite devanture qui ne paye pas de mine mais qui est très bien placée à proximité du lac et propose une gamme de plats à emporter de grande saveur et de grande fraîcheur. Quelques tables permettent de se restaurer sur place dans une ambiance *peps* aux couleurs vert pomme. Les bonnes odeurs d'épices et de condiments s'échappent de la cuisine et ici tout est fait maison. Les riverains ne s'y trompent pas, qui plébiscitent cette maison où la cuisine thaïe est à l'honneur. Curry délicieux, nouilles sautées au poulet, plats végétariens aussi goûteux qu'en Thaïlande.

TOM CAFÉ €€

1 quai d'Ouchy
✆ +41 21 621 67 08
www.olympic.org/museum/visit/tom-cafe

Ouvert tous les jours d'ouverture du musée de 9h à 18h. Plat du jour à partir de 18 CHF, brunch du week-end 43 CHF.

Au dernier étage du Musée Olympique ce café-restaurant est lumineux et design. Vous avez le choix entre une carte légère avec ses plats du jour, des mets plus raffinés, ou une simple consommation l'après-midi sur la grande terrasse panoramique. Vous avez aussi le choix des saveurs d'origine : potage des Grisons (Saint-Moritz), parmentier de joue de bœuf au foie gras (Paris), brochettes de wapiti au sirop d'érable et vinaigre de sureau, purée de panais (Vancouver)... Le brunch du samedi et du dimanche a également beaucoup de succès.

LE VIEIL OUCHY €

3 place du Vieux-Port
✆ +41 21 616 21 94
www.vieilouchy.ch

Ouvert tous les jours de 11h30 à 22h. Cuisine non stop. Formules à midi à partir de 18,50 CHF.

Dans sa charmante bâtisse ancienne du petit port d'Ouchy, ce restaurant attire forcément les touristes. Mais c'est aussi un rendez-vous de locaux. Depuis la reprise de l'établissement par Carine, d'origine italienne, l'adresse a beaucoup gagné en qualité, en authenticité et en chaleur. À l'ardoise : fondue, jambon à l'os, rösti, croûte au fromage, plats du jour bien mijotés dont le fameux pot-au-feu. Le tout savoureux, odorant et généreux. En été, terrasse agréable. Coup de cœur pour les fauteuils et les banquettes couverts d'imprimés vache, tigre ou panthère.

LES ALLIÉS €

48 rue de la Pontaise
✆ +41 21 648 69 40
www.lesallies.ch

Ouvert du lundi au vendredi de 11h à 14h30 et de 18h à minuit (cuisine jusqu'à 14h et 22h). Plat du jour 17 CHF.

C'est l'ancien bistrot de quartier où il est plaisant de venir partager les nouvelles. La décoration est faite d'objets de brocante, avec grand tableau noir et vieille balance. Une cuisine de marché, des plats de brasserie revisités et de grandes salades. Vous les dégusterez dans une atmosphère *cosy* l'hiver et dans l'adorable cour intérieure par beau temps, sur de grandes nappes à carreaux rouge et blanc et sous des guirlandes d'ampoules… Un petit coin de paradis ! À noter que la terrasse est convertie en jardin d'hiver pour fumeurs lors de la saison froide.

LE BERCEAU DES SENS €€

18 route de Cojonnex
✆ +41 21 785 12 21
www.berceau-des-sens.ch

Ouvert midi et soir du lundi au vendredi. Plats de 30 à 54 CHF. Réservation indispensable.

C'est le restaurant de la fameuse École hôtelière de Lausanne. Dans un cadre élégant, il offre une ambiance feutrée et chic, au milieu de la verdure. Encadrés par des professionnels, les étudiants s'initient à la cuisine, au service et à l'art de recevoir. La carte, imaginée par les étudiants, change régulièrement, les mets sont fins et la sélection des vins très bonne. Les repas sont semi-gastronomiques, avec plusieurs menus – comprenant aussi des plats végétariens – et une carte des mets qui change au gré des produits et des saisons.

LA CANTINE POP UP €

56 avenue de France
✆ +41 76 411 12 05
www.lacantinepopup.com

Cuisine participative, pops up et street art cuisine. Événements culinaires selon programmation sur la page Facebook.

Une cuisine un brin décalée et presque débridée qui rime avec créativité, rencontres, saveurs et changement ! La Cantine Pop Up pratique la cuisine participative, avec des restaurateurs qui investissent différents lieux pendant plusieurs semaines ou le temps d'un week-end. Un concept plus qu'original et qui profite à tout le monde. Pour les gourmands que nous sommes, c'est l'occasion d'une éternelle découverte et pour les restaurateurs le plaisir de se faire connaître ! C'est tout l'art du *street food* et de la cuisine *pop up*.

LE CHALET SUISSE €

40 route du Signal
✆ +41 21 312 23 12
www.chaletsuisse.ch

Ouvert tous les jours de 11h30 à 14h et de 18h30 à 22h (non stop le week-end). Plats du jour le midi à 19,50 CHF.

Charmant chalet à l'orée du bois de Sauvabelin. Vous y viendrez pour une fondue, une raclette, de la savoureuse charcuterie ou encore pour les rösti au délice de la tomme de la Venoge. Dans un décor très *swississime* avec abat-jour en vichy rouge, cloches et autres clichés helvétiques, c'est évidemment le repaire des touristes. Tous les vendredi et samedi, la soirée est accompagnée d'un ou plusieurs artistes divers. À la fois typique et folklorique, la cuisine est bonne avec des produits du terroir et des vins locaux. En été, la terrasse est exceptionnelle.

ESQUISSE €€

2 route du Signal
✆ +41 21 320 50 07
www.lesquisse.ch

Ouvert du mardi au samedi 11h30 à 14h et 18h30 à 23h. Dimanche 10h30 à 15h30. Plats de 28 à 43 CHF. Terrasse ombragée.

Abritée dans une magnifique orangerie classique, L'Esquisse présente une décoration intérieure résolument moderne : parquet sombre, murs rouges, abat-jour design. Été comme hiver, tables et chaises de jardin sont installées sur la terrasse, dans une atmosphère paisible, loin de la circulation. Un cocon de nature et un espace préservé pour déguster une cuisine fine grâce à la fraîcheur et à la qualité des produits, et toujours joliment présentée. Idéal après la visite de l'Hermitage. Le week-end, le brunch remporte un franc succès dans ce cadre romantique.

LA PINTE DU LAC DE SAUVABELIN €

Chemin des Celtes ✆ +41 21 647 39 29
www.pinte-de-sauvabelin.ch

7j/7 8h à 23h, cuisine de 11h30 à 22h non-stop. Tous les lundi et mercredi soir : soirée fondue 12,50 CHF.

Au cœur du bois de Sauvabelin, vous vous sustentez d'une cuisine du terroir avec des produits frais cuisinés exclusivement à la minute. Tous les mets et vins sont exclusivement d'origine suisse. A la carte, vous trouverez une grande variété de fondues, röstis, tartare de bœuf, tartes maison, filets de perches. L'ambiance veut dépeindre une Suisse d'antan dans un décor sobre élégant. Après une bonne dose de mets copieux, rien de tel que faire le tour du petit lac de Sauvabelin.

FAIRE UNE PAUSE

Lausanne n'est pas la dernière ville pour trouver un endroit sympa où boire un verre ! Entre les bars étudiants, les bars à bières, les bars à vins ou les établissements plus chics, la diversité est de mise. Pour pimenter vos balades d'une petite pause sucrée, n'hésitez pas non plus à vous arrêter en terrasse pour déguster une glace, ou pour prendre un délicieux chocolat chaud. D'ailleurs, puisqu'on en parle, l'été, les terrasses sont littéralement envahies de monde, surtout si l'établissement offre une vue dégagée sur le lac et les montagnes. Le quartier du Flon a subi une grande métamorphose et tout a été pensé pour devenir un lieu de sortie branché et animé. Même l'hiver, vous risquez de trouver les Lausannois dehors : ils ne sont pas du genre à se laisser décourager par un petit coup de froid pour s'empêcher de trinquer entre amis ! L'ambiance est toujours bon enfant et décontractée, alors profitez-en !

LES ARCHES !

Place de l'Europe
www.lesarches.ch
Ouvert dès le mois de mars, du lundi au dimanche de 11h à minuit (vendredi et samedi jusqu'à 2h). Petite restauration.

Dominant la place de l'Europe, niché sous les pierres majestueuses du Grand Pont, la terrasse Les Arches ! est l'un des meilleurs spots du cœur de Lausanne pour lézarder au soleil. Pause café le matin ou le week-end, apéro entre amis ou rendez-vous professionnel : quand vous y aurez goûté, vous ne les quitterez plus ! Cette adresse design et abordable, à l'architecture unique, vous propose un vaste choix de boissons et de cocktail adaptées à toutes les heures du jour comme du soir. À la nuit tombée, les éclairages rendent l'atmosphère plus festive.

BLEU LÉZARD

10 rue Enning
✆ +41 21 321 38 30
www.bleu-lezard.ch
Ouvert du lundi au dimanche de 7h30 à minuit. Vendredi et samedi jusqu'à 1h. Plats à partir de 19,50 CHF. Brunch.

Lézarder dans ce charmant bistrot de quartier et bar branché est un passage presque obligé lorsqu'on est de passage à Lausanne. C'est une adresse bien connue des Lausannois avec lesquels vous pouvez converser, particulièrement en période estivale lorsque la terrasse est installée. On y vient pour déguster une cuisine classique et raffinée, mais aussi pour boire un verre avant de descendre à la cave écouter un concert, participer aux très courus blind tests, jam-sessions ou iPod battles, ou danser toute la nuit. Expositions et soirées privées.

CHOCOLATERIE WUTHRICH

11 avenue Juste-Olivier ✆ +41 21 312 58 88
www.wuthrich.ch
Ouvert du mardi au vendredi de 7h30 à 18h30, le samedi de 7h30 à 17h. Ouvert 7j/7 en décembre et durant les fêtes.

Cette chocolaterie est réputée pour ses giscards… Oui, vous avez bien lu ! À l'origine, ces petits chocolats recouverts d'une couche de caramel s'appelaient les rigolettos et Valéry Giscard d'Estaing les appréciait beaucoup. Mme Wüthrich lui en envoyait une boîte chaque année à Noël, puis a fini par les baptiser du nom de leur amateur. Le salon de thé en arc de cercle, à l'atmosphère très *British*, est le rendez-vous des dames respectables du quartier. On s'y fournit aussi en truffes, pralinés et gâteaux. Une pâtisserie animée par la passion des bons produits.

LA CHOCOLATIÈRE

14 avenue Mon-Repos
✆ +41 21 323 68 84
www.lachocolatiere.ch/fr
Ouvert du lundi au vendredi de 8h30 à 18h30 et le samedi de 9h à 18h.

Une valeur sûre du chocolat suisse. La maison existe depuis 1970. Ici vous dégustez l'un des meilleurs chocolats chauds du coin, et bien d'autres gourmandises. Aux commandes jusqu'en 2011, Jean-Claude Currat, le maître chocolatier fondateur de l'enseigne, a réussi à se forger une réputation grâce à sa maîtrise du chocolat et son talent. En 2012, après rénovation et modernisation, il a transmis son savoir et sa maison à une nouvelle équipe qui a repris les rênes tout en continuant à bénéficier des conseils éclairés du maître chocolatier. Pour votre bonheur !

LA COURONNE D'OR

13 rue des Deux-Marchés ✆ +41 21 311 38 17
www.couronnedor.ch

Ouvert le lundi de 16h à 23h, mardi à vendredi de 8h à 1h, samedi de 9h à 1h, dimanche de 11h à 22h.

Coup de cœur pour cette ancienne pinte datant de 1895, sauvée par deux journalistes et un diététicien fribourgeois. Ces trois anciens compagnons de voyage et amis de longue date l'ont entièrement restaurée avec du goût : le linoléum a fait place à un beau parquet, les néons ont été remplacés par des lampes suspendues plus chaleureuses. Sympathique pour un verre de bière artisanale le soir ou pour un quatre-heures (avec limonade, tartines et bonbons), dans un cadre accueillant et avec un service attentionné. Terrasse dans une rue très calme, bien agréable en été.

LES GRANDES ROCHES

Pont Bessières
✆ + 41 21 312 34 18
lesgrandesroches.ch

Ouvert horaires d'été tous les jours de 14h à minuit, samedi de 11h à minuit.

L'ancien Bourg Plage s'émancipe et prend du large pour devenir la terrasse des Grandes Roches. Ouvert tout l'été, ce bar terrasse à l'esprit guinguette, situé sous l'arche ouest du pont Bessières, fait l'unanimité. Quelques palmiers, des guirlandes d'ampoules multicolores, un billard, un Baby-foot, un mobilier de jardin éclectique et le nouveau décor décontracté est planté. Vous regretterez seulement de devoir quitter les lieux à minuit, mais le vendredi et le samedi, un *aftershow* est proposé au café-théâtre, quelques mètres plus loin.

LÄCKERLI HUUS

28 rue de Bourg
✆ +41 21 351 61 25
www.laeckerli-huus.ch

Ouvert du lundi au vendredi de 9h à 18h30 et le samedi jusqu'à 18h.

Läckerli Huus est une confiserie bâloise dont la spécialité est le Basler Läckerli Original, un biscuit moelleux qui pourrait faire penser au pain d'épice et qui contient du miel, des amandes, des noisettes, de l'orangeat, du citronnat, des épices et du kirsch de Bâle-Campagne. La petit boutique propose aussi des chocolats, biscuits et bonbons. Jolies boîtes décoratives, idéales pour faire un joli petit cadeau. Si vous ratez l'établissement lors de votre visite en ville, vous pourrez toujours commander *via* sa boutique en ligne.

LE LAPIN VERT

2 ruelle du Lapin-Vert ✆ +41 21 312 13 17
www.lapinvert.ch

Ouvert mardi et mercredi de 20h à 1h. Jeudi de 20h à 2h, vendredi et samedi de 20h à 3h. Baby-foot.

Bar musical rock ouvert en 1983, Le Lapin Vert ne désemplit pas. Niché en plein cœur du centre historique, c'est devenu une véritable institution à Lausanne. Sous les poutres apparentes, le long de l'immense bar ou sur les banquettes en bois, les chopes de bière s'entrechoquent. Pour des shots à partager, on vous conseille d'essayer les shakers, il y en a pour tous les goûts (mais attention, c'est assez traître !). Toutes générations confondues et dès 16 ans, on danse au rythme de musiques surtout rock, parfois pop, voire métal, toujours dans la bonne ambiance.

NOZ

11 rue Marterey
✆ +41 21 323 39 76
www.noz-chocolatier.ch

Ouvert du lundi au vendredi de 6h30 à 19h et le samedi de 7h à 17h30.

Vous aimez les truffes ? C'est la bonne adresse ! Osez les truffes Maracaïbo… Nicolas Noz est un passionné pour qui la créativité est un moteur. Il prépare aussi des Prunoz, de tendres pruneaux farcis de ganache à l'eau-de-vie de prune vaudoise, roulés dans du cacao amer ou encore les Cigarinoz, un chocolat noir en forme de cigare, fourré avec une ganache parfumée au thé vert et au whisky pur malt. Mais la liste est encore longue : des truffes et des pralines, des ganaches, des fruités, des épicés, à l'eau-de-vie et des chocolats grands crus d'origine.

OFFICINE

12 Rue des Côtes-de-Montbenon
✆ +41 21 311 14 32

Ouvert du mardi au samedi de 11h à 23h. Bières pression locales dès 4,50 CHF.

Décor sobre et industriel, Officine est loin d'être une pharmacie, même si les breuvages peuvent parfois calmer les maux ! Ce bar contemporain accueille une clientèle urbaine, jeune et branchée. On y vient pour déguster les bières locales pression et surtout celles confectionnées par la maison (Officine spéciale ou Officine blanche). Le quartier du Flon est très vivant et la terrasse du bar est bondée en été. Les planches mixtes, les miniburgers et les wraps accompagnent votre pause apéritive de bons produits gourmands de très bonne qualité.

(SE) FAIRE PLAISIR

Lausanne n'est pas une grande ville, ce n'est peut-être pas non plus là où l'on penserait en tout premier lieu venir pour faire du shopping... Mais elle propose de belles adresses qualitatives ! À son avantage, sa petite taille permet de regrouper le shopping en plein cœur de la ville, où quelques rues sont spécialisées plutôt dans les petits boutiques chics et branchées, dans le quartier médiéval. Si vous êtes plutôt centres commerciaux et grandes boutiques, ce sera dans les alentours. Ainsi, entre les boutiques de luxe (mention spéciale aux marques horlogères, bien évidemment), les boutiques de vêtements ou d'accessoires griffés, il y en a pour toutes les envies. Il faut goûter aussi aux événements typiques que constituent les marchés sur la place de la Riponne ou dans les rues piétonnes, et particulièrement le marché de Noël avec ses espaces conviviaux. Profitez-en pour vous régaler chez les chocolatiers locaux.

LAUSANNE

BON GÉNIE GRIEDER

Place Saint-François
✆ 022818 11 11
www.bongenie-grieder.ch
Ouvert du lundi au vendredi de 9h30 à 18h45, le samedi de 9h à 18h.

Le Bon Génie Grieder est un grand magasin chic spécialisé dans le domaine de la mode et des accessoires, qui propose les marques les plus connues de prêt-à-porter. Pour femmes et hommes, tout le monde y trouvera son bonheur. Déployé sur plusieurs étages et 3 000 m^2, nul doute que vous dénicherez une idée brillante ou une tenue scintillante. Le BG possède également un café situé au troisième étage du magasin et ouvert tout au long de la journée, avec son restaurant qui vous propose de bons petits plats légers le midi et de quoi grignoter à toute heure.

ART SUISSE

1 place du Port
✆ +41 21 320 81 80
Ouvert du mardi au samedi de 12h30 à 18h. D'avril à septembre, ouvert aussi le dimanche.

Ce ravissant magasin situé sur le port d'Ouchy propose de nombreuses créations d'artisans suisses : bijoux, vaisselle, tabliers brodés, adorables pochettes antimites, etc., mais surtout une très belle collection de découpages traditionnels joliment encadrés. Liliane Guinard tient ce magasin depuis plus de vingt ans et ses conseils sont avisés. Alors si vous voulez rapporter à vos proches un souvenir bien typique sans tomber dans l'attrape-touriste, on vous conseille d'aller y faire un tour... pour découvrir l'authentique Art Suisse.

DE LA SUITE DANS LES IDÉES

14 rue de la Madeleine
✆ +41 21 312 34 59
www.delasuitedanslesidees.ch
Ouvert du lundi au vendredi de 10h30 a 18h30/19h (selon l'affluence) et le samedi jusqu'à 18h.

Dans cet espace coloré, Murielle et Sara ont décidé de recréer une petite maison. En effet, on y retrouve l'espace cuisine, le salon, ou encore la salle de bains avec huiles, vinaigres, savons, coussins, sacs, et bien d'autres idées déco cadeaux, de marques connues ou de petits créateurs. Dans tous les cas, vous ne sortirez pas d'ici les mains vides ! Car si vous pensez être à court d'idées cadeau, vous l'avez bien compris, les créatrices s'occuperont de la suite.

OH 7E CIEL

4 rue de l'Académie
✆ +41 21 329 09 06
www.oh7eciel.ch
Ouvert du mardi au vendredi de 14h à 18h30, le samedi de 10h à 12h et de 14h à 17h ainsi que sur rendez-vous.

« Livres rares, p'tites graines de folie et brouillon de culture », tel est l'esprit de cette librairie. Oh 7e Ciel, on ne vous promet pas d'y monter, mais les libraires feront de leur mieux pour vous conseiller à travers leur catalogue varié. Pour découvrir des auteurs suisses, des livres d'art, des photographies, des collections gastronomiques ou d'œnologie, ou même pour le plaisir des yeux, il y aura de quoi vous combler. Après tout cela, rien ne vaut un petit café pour se détendre sur la terrasse ouverte en été. Un moment hors du temps.

BOUGER & BULLER

Si vous avez été en reste jusqu'à présent (ce qu'on n'espère pas !), c'est clairement là où vous allez pouvoir trouver votre compte, tant la ville rime avec les grands espaces verts, blancs (pour les montagnes enneigées) ou bleus (pour le lac). Car on ne cessera de le répéter, mais la variété des paysages est vraiment à couper le souffle. Les plus sportifs auront plaisir à faire un footing au bord du lac pour finir une journée en beauté, tandis que les autres, qui aiment simplement se détendre, profiteront des plages du lac pour observer le coucher de soleil. Mais à tous, on conseille vraiment de prendre une journée pour s'évader en pleine montagne. Le grand air est revigorant et les transports peuvent même permettre d'accéder à quelques sommets par le train ou le funiculaire. Tout est fait pour se détendre en communion avec la nature. Lausanne est une capitale olympique, le sport est omniprésent.

AQUASPLASH

36 avenue du Censuy
✆ +41 21 632 50 60
www.aquasplash.ch
De juillet à mi-septembre. Tarifs : 8 CHF adultes et 4 CHF jusqu'à 18 ans.

Dans ce complexe aquatique de Renens, vous attendent : 5 bassins d'eau chauffée, 2 toboggans de type familial, 5 toboggans géants, un plongeoir de 10 m, des terrains de sport (beach-volley, badminton), des tables de ping-pong, 3 trampolines... de quoi s'amuser en famille ou entre amis ! Et des attractions nouvelles sont proposées : mur de grimpe sur la fosse de plonge, rivière à contre-courant et bassin à vagues. Animations toute la journée, ainsi qu'une salle de remise en forme, une salle de massage et un *bubbler* dans la fosse aux plongeons.

BELLERIVE-PLAGE

23 avenue de Rhodanie
✆ +41 21 3154860
Ouvert de mi-mai à début septembre, de 9h30 à 20h30.

À proximité directe du lac, dans un écrin naturel à couper le souffle, le site de Bellerive-Plage propose des infrastructures de qualité pour petits et grands, depuis 1937. L'endroit est idéal pour vous prélasser au soleil, allongé sur les grandes pelouses parfaitement tondues. En plus des deux piscines en plein air et de plusieurs plongeoirs, il y a également la possibilité de vous baigner aussi dans le lac à partir de ses pelouses privées. Bellerive possède aussi une buvette, des tables de ping-pong, filets de beach-volley et paniers de basket.

CHEMIN DU SPORT

Bus 2, arrêt Théâtre de Vidy. Situé à 20 minutes à pied d'Ouchy en longeant le lac. En voiture, autoroute A1, sortie Lausanne Sud, au rond-point, suivez direction Ouchy sur 400 m, puis tournez à droite sur l'avenue Pierre de Coubertin. Stationnement à proximité. ✆ +41 21 613 73 73
Promenade didactique en plein air. Circuit gratuit.

À Lausanne, le sport se pratique aussi et surtout en plein air. Avec cette boucle de 4 km, le Chemin du sport est une promenade didactique balisée par 22 stations symbolisées par les dates des Jeux olympiques, qui permettent d'avoir un bon panorama des différentes disciplines sportives. Au fil de l'itinéraire, vous croisez le siège du CIO, les stades Pierre de Coubertin et Juan Antonio Samaranch, la Maison du sport international, un minigolf, la piscine olympique de Bellerive et le port de plaisance de Vidy. Balade d'environ 1h30, sur du plat.

LAUSANNE MARATHON

Avenue de Rhodanie 54
CH 1007
✆ + 41 21 806 30 16
www.lausanne-marathon.com
En octobre.

Le marathon de Lausanne est à la fois populaire et athlétique qui réunit de nombreux adeptes chaque année, avec comme toile de fond le magnifique lac Léman. Depuis sa première édition en 1993, le Lausanne Marathon comptabilise plus de 230 000 coureurs. On espère que l'événement sera maintenu malgré le contexte sanitaire actuel, tant il transcende la ville et offre une énergie unique à tous les participants. Possibilité de s'inscrire aussi pour un semi-marathon et un 10 km.

SORTIR

Les nuits lausannoises sont pleines de vie et réputées à travers toute la Suisse. Le week-end, les riverains, les frontaliers et les voisins affluent vers le centre-ville de Lausanne pour faire la fête. Ils viennent de Strasbourg, d'Annecy, de Genève et de tout le canton pour profiter de l'ambiance branchée et décontractée de la capitale vaudoise. Un véritable brassage cosmopolite s'opère donc lorsque le soleil se couche.

Moins « snob » que Genève, Lausanne affirme son attractivité. C'est une des villes phares en Suisse pour les sorties nocturnes. Club, bars branchés, soirées à thème et insolites remplissent votre planning ! Les soirées gays sont d'une grande diversité dans la capitale olympique. De nouveaux bars remplacent les enseignes vieillissantes, ou s'installent à côté des adresses bien ancrées dans la ville. La liste qui suit n'étant pas exhaustive, nous vous encourageons à faire aussi vos propres découvertes !

BAR CLUB ABC

Passerelle du Grand-Pont
✆ +41 021 351 51 40
www.barclub-abc.ch
Ouvert de 23h à 6h de jeudi à samedi. Les autres jours selon soirée.

Des avions de manège au plafond reproduisant une scène décalée de Star Wars. Des projecteurs imposants dénichés dans un chantier naval du Havre. Des tables rescapées de l'ancien cabaret lausannois La Belle Époque, ainsi que son enseigne géante qui donnait sur le Rôtillon. L'ambiance est résolument rock-chic dans ce nouveau bar-club qui propose chaque week-end des soirées décalées pour une clientèle plus âgée qui souhaite se retrouver pour boire un verre ou pour danser dès 23h. Programmation funk, disco, électro, hip hop et R&B.

CAVE DU BLEU LÉZARD

10 rue Enning
✆ +41 21 321 38 30
www.bleu-lezard.ch
Ouvert le lundi, mercredi, jeudi de 7h30 à minuit et mardi, vendredi, samedi jusqu'à 1h. Entrée libre.

Sous le restaurant-bar, un escalier en colimaçon mène à cette ancienne cave qui servait jadis à entreposer les skis des propriétaires. Depuis qu'elle a été transformée en club et salle de concert, la Cave du Bleu Lézard n'a plus cessé d'inviter des musiciens et d'organiser des soirées à thème tout au long de la semaine, alternant concerts et soirées interactives ludiques, comme les *blind tests* ou les iPod *battles*. Les soirs de week-end sont consacrés à la danse et aux DJ lausannois, avec des hits pop, rock, funk, balkan beats, R'n'B, house et latino.

D ! CLUB

Place Centrale
✆ +41 21 351 51 40
www.dclub.ch
Ouvert du jeudi au samedi à partir de 23h ou selon la programmation les mercredis ou dimanches. Entrée de 10 à 25 CHF.

Ancien théâtre converti en cinéma puis en club, le D ! Club est incontestablement, et ce depuis bientôt vingt ans, l'un des clubs les plus réputés de Suisse. Il attire une clientèle de toute la Suisse romande et même parfois des pays voisins grâce à une programmation très alléchante (Stev Aoki, Kavinsky, Crookers et bien d'autres). Le dancefloor est spacieux et peut être fusionné avec l'ABC Bar lors de grosses soirées ou de concerts, devenant l'ABCD !, et permettant un confort optimal tant au niveau du son que de la vision de la scène.

LE MAD

23 route de Genève
✆ +41 21 340 69 69
www.mad.club
Ouvert du jeudi au dimanche à partir de 23h. Entrée de 15 à 25 CHF.

Le MAD a ouvert ses portes dans les années 1980, alors que le Flon était considéré comme le quartier malfamé de Lausanne et que l'établissement n'était qu'un hangar. Depuis, ce club est devenu le temple de la musique électronique, avec cinq niveaux dont trois pistes de danse aux ambiances différentes qui s'offrent aux *night-clubbers*. Pour les petites faims, il y a même un restaurant. Le club accueille les meilleurs DJ de la planète et organise régulièrement des soirées à thème, ou même carrément plus déjantées, en cherchant constamment à se renouveler.

LE PUNK BAR

9 place de l'Europe
✆ +41 21 312 77 12
www.punkbar.ch
Ouvert le jeudi jusqu'à 1h, le vendredi et le samedi jusqu'à 2h.

Ce bar situé en sous-sol est tout sauf punk ! L'endroit de style baroque, riche en lustres, canapés de cuir noir et textiles de couleur pourpre offre une ambiance plutôt lounge. Celle-ci se prête ainsi à la détente autour d'un alcool fort le soir, après le travail. Mais dès 22h, Le Punk se métamorphose en véritable lieu de clubbing ! Jam-sessions et autres concerts live sont organisés régulièrement. Devenu au fil des ans un lieu mythique et incontournable, il a très régulièrement été nommé comme l'un des meilleurs bars de Suisse.

CHORUS

3 avenue de Mon-Repos
✆ +41 21 323 22 33
www.chorus.ch
Ouvert les soirs de concert dès 19h (jeudi, vendredi, samedi). De gratuit à 35 CHF.

Besoin d'une ambiance jazzy ? Situé sous le parc de Mon-Repos, ce club de jazz est une adresse très conviviale où défilent les plus grands musiciens comme des groupes moins connus. On entre d'abord dans une première salle où se trouvent le bar et quelques tables pour se restaurer avant le début du concert. Souvent installés à la table d'à côté, les musiciens montent ensuite sur la scène, tandis que les spectateurs descendent quelques marches et prennent place autour des tables en commandant un verre de vin. L'idéal pour profiter d'un bon concert !

LES DOCKS

34 avenue de Sévelin
✆ +41 21 623 44 44
www.lesdocks.ch
Guichet ouvert de 9h30 à 12h et de 13h30 à 18h, ainsi que les soirs de concerts. Billets entre 25 et 65 CHF.

C'est un des endroits les plus branchés de Lausanne où l'on met l'accent sur la promotion de la scène locale. Les Docks attirent un public toujours plus nombreux, avec des artistes connus ou plus alternatifs. Située dans le quartier de Sévelin, proche du Flon, et plus précisément à côté du théâtre Sévelin 36, la salle des Docks ouvre sa scène aux musiques actuelles : rock, pop, chanson française, *songwriters*, hip-hop et *urban beats*. La salle est modulable pour accueillir de 200 à 1 000 personnes, avec également un café et une galerie d'exposition.

LES GOÛTS RÉUNIS

13 avenue de Villamont
✆ +41 21 311 00 48
www.lesgoutsreunis.com
Ouvert de janvier à juin, les samedis à 18h30. Programmation des concerts sur Internet. Billets de 15 à 30 CHF.

Spécialisée dans la musique ancienne, l'association des Goûts réunis organise des concerts dans l'église de Villamont (avenue de Villamont 13) dont l'orgue favorise le répertoire baroque, instrumental et vocal allemand ; mais aussi dans l'église Saint-Laurent, qui se prête bien à l'écoute des œuvres à double chœur ; ainsi que dans le salon du musée historique de Lausanne, pour une atmosphère plus intime. La saison des concerts a lieu de janvier à juin, n'hésitez pas à aller sur le site pour voir les concerts qui vous sont proposés.

OPÉRA DE LAUSANNE

12 avenue du Théâtre
✆ + 41 21 315 40 40
www.opera-lausanne.ch
Réservations en ligne sur le site Internet, sur place du lundi au vendredi de midi à 18h. Places de 20 à 170 CHF.

Implanté au cœur de la ville depuis 1871, l'Opéra participe à son rayonnement culturel. Après une rénovation complète et un agrandissement, l'Opéra de Lausanne, et sa nouvelle façade tout en facettes, a rouvert en 2012. Cette salle de grande qualité assure une programmation de concerts et de ballets prestigieux. La diversité artistique s'étend des spectacles lyriques aux concerts uniques, en passant par les ballets, et parcourt un répertoire entre les XVIIe et XXIe siècles. Tout cela comblera le public et contribue à sa renommée.

ZINÉMA

4 rue du Maupas ✆ +41 21 311 29 30
www.zinema.ch
Ouvert tous les jours de 15h30 à minuit. Projections à 16h, 18h, 20h et 22h. Billet 14 CHF. Brunch à partir de 18 CHF.

Petit cinéma d'art et d'essai géré par une association qui propose une programmation variée faite de courts et de longs-métrages, fictions et documentaires inédits. Chaque été, Zinéma organise des projections en plein air dans le parc de Mon-Repos, 10 Toiles sous les Étoiles, et gratuitement ! On aime aussi beaucoup cette adresse pour le brunch proposé le dimanche de 10h à 14h qui permet de voyager autour du monde et surfer sur les nouvelles tendances culinaires grâce aux savoir-faire des restaurateurs invités. Un lieu incontournable pour bon nombre d'occasions !

SAINT-SULPICE ★

Voici une halte agréable dans votre périple touristique, où vous rencontrerez aussi de nombreux locaux. En effet, les Lausannois viennent à Saint-Sulpice pour sa plage, car l'eau y est réputée de très bonne qualité. Pour vous y rendre depuis Lausanne, prenez le bus 2 jusqu'à l'arrêt Bourdonnette, puis le bus 30 jusqu'à l'arrêt Saint-Sulpice. Ou prenez le métro M1, station EPFL, et descendez quelques mètres en direction du lac. Il y a encore la possibilité d'y accéder en bateau (à vapeur, à moteur ou solaire) ou à pied en empruntant le ravissant sentier qui longe le lac. De très belles maisons et des chalets bordent le chemin.

ÉGLISE ROMANE ★★

Située à côté du débarcadère de St-Sulpice.

Fondée au XIe siècle par des moines rattachés à l'abbaye de Cluny (en Bourgogne), cette belle église romane, étape du chemin de Compostelle, a été achevée au XIIe siècle. Au XVe siècle, une vaste nef s'est effondrée, faute d'entretien, et n'a jamais été reconstruite. Malgré l'absence de la nef, cette église est l'un des plus beaux édifices romans de Suisse, classé monument historique. Les fresques datent du XIVe siècle et n'ont été découvertes qu'à partir de 1897, car elles ont longtemps été recouvertes d'un badigeon gris posé par les Bernois protestants.

RÉSERVE NATURELLE L'ÎLE AUX OISEAUX DE PRÉVERENGES ★

Vers l'embouchure de la Venoge

✆ 021 963 19 55

De nombreux oiseaux migrateurs se déplacent dans la région (plus de 230 espèces identifiées à ce jour). Une île artificielle a été élaborée pour eux, pour qu'ils puissent jouir d'une certaine tranquillité tout en dévoilant de leur superbe aux curieux et amoureux de la nature. Vous aurez donc la possibilité de les observer dans d'excellentes conditions et de vous renseigner grâce à des panneaux d'informations. N'oubliez pas vos lunettes d'approche !

LAVAUX ★★

À partir d'Ouchy, on commence à apercevoir les longues parcelles de vignes en gradins face au lac et aux Alpes. Paysage étonnant et intrigant qui sépare ces importantes agglomérations que sont Lausanne et Vevey-Montreux. C'est une région à laquelle l'Unesco s'est intéressé aussi bien pour son histoire remontant au XIIe siècle que pour la manière dont les hommes ont su façonner, au fil des siècles, un environnement contraignant, pour le transformer en une sorte d'œuvre d'art.

En raison des pentes très abruptes, de 13 à 43 %, les vignobles de Lavaux ont dû être construits en terrasses. Sur plus de 800 ha, ceps et petits murets de pierre tracent de longues lignes parallèles à la route et au lac, pour atteindre 18 km de long, voire un peu plus si l'on compte les débordements côté Lausanne et côté Vevey-Montreux.

La particularité de Lavaux, c'est la qualité de son vin, qualité due non seulement à la terre, mais aussi aux « Trois soleils » : celui qui vient directement du ciel, celui que réverbère le lac Léman, enfin celui que les murets des terrasses ont emmagasiné sous forme de chaleur.

Par ailleurs, la grande diversité des sols et le microclimat qui y règne, très doux grâce au lac, même sur un espace si réduit, permettent au vigneron de mettre à profit son savoir-faire afin de produire une large gamme de vins.

Enfin, les pentes à pic et l'espace étroit empêchent une trop grande mécanisation. La récolte est donc faite en grande majorité à la main, le plus souvent par une main-d'œuvre étrangère saisonnière. Seul un monorail à crémaillère permet de faire glisser un siège et des wagons de raisins. Et sur la pente très abrupte du Dézaley, un funiculaire a été spécialement mis en place.

Ainsi, Lavaux a été inscrite sur la Liste du patrimoine mondial de l'Unesco le 28 juin 2007, une belle récompense pour les générations successives de vignerons qui ont su conserver un tel héritage. Et une chance pour les visiteurs qui peuvent se balader dans un si beau paysage !

Un paysage qui a d'ailleurs inspiré de nombreux artistes tels que Gustave Courbet, et qui a servi de cadre à plusieurs films, dont *Merci pour le chocolat*, de Claude Chabrol (2000).

LUTRY ★

À l'origine de Lutry, il y avait un couvent bénédictin, fondé au XIe siècle. Ce couvent, dépendant de l'abbaye de Savigny-en-Lyonnais, en France, possédait de vastes propriétés, dont des vignobles dans le pays de Vaud. La conquête bernoise et la Réforme mettront fin à cette situation en 1536 et les vignes des monastères seront sécularisées, vendues ou offertes à diverses institutions ou à des particuliers.

Histoire

Pourquoi appelle-t-on les habitants de Lutry les « singes » ? Ce surnom trouverait son origine au XVIe siècle, chez un certain Bodmer, tailleur de pierre descendant d'une famille d'artisans de Val Sesia, en Italie du Nord. En effet, entre 1556 et 1562, celui-ci appartient à l'importante corporation Zum Affen (« Au singe ») de Berne, regroupant les métiers de la pierre. Lors de la reconstruction de l'église de Lutry, entre 1569 et 1571, Bodmer dirige les travaux et c'est lui qui taille les singes enchaînés dans la grande fenêtre ouest. Les petits singes du château de Lutry, visibles sur le linteau d'une porte datée de 1573, sont quant à eux attribués à son frère. Une autre légende raconte que Berthe au Grand Pied, l'épouse de Pépin le Bref, avait reçu en hommage un singe. Alors qu'elle visite la Suisse, elle s'arrête à Lutry et remercie les habitants de leur hospitalité, en leur offrant un singe.

Les villages de Lutry et Pully.

CHÂTEAU DE LUTRY ★★

Château de Lutry

À l'angle de la route de Lavaux (route nationale) et de la rue de Bourg.

Les premiers bâtiments dateraient du XIVe siècle, mais l'allure actuelle du château correspond aux travaux d'agrandissement entrepris au XVIe siècle et à la rénovation des façades en 1729. La tour d'escalier monumentale et le grand portail de la cour occidentale (1573-1576) sont marqués de l'empreinte des frères Bodmer, artisans valsésiens (en Italie du Nord). Légué à la ville de Lutry, en 1854, par Juste-Charles-Antoine de Crousaz, descendant de la famille propriétaire depuis 1640, le château abrite, depuis 1942, l'administration communale. Visites possibles.

PAROISSE ET COUVENT ★★

Place du Temple

Après avoir franchi l'imposant portail de l'édifice, vous pourrez admirer à l'intérieur une voûte ornée d'une belle fresque. Sur le mur adjacent de l'église, vous pouvez lire l'histoire de la paroisse (église et couvent de Lutry). L'origine de Lutry est attestée par quelques notes mentionnant l'existence d'un *castrum* et d'un village de pêcheurs (*lustriacum*). Cependant, la ville a pris son essor au XIe siècle, grâce à l'établissement du couvent bénédictin. Très modeste à l'origine, celui-ci se limitait à un simple *claustrum* situé au sud de l'église ; ses bâtiments se sont développés aux XIIIe et XIVe siècles pour former un vaste complexe monastique. En 1577, les voûtes de la nef et du chœur de l'église ont été entièrement couvertes de peintures maniéristes, œuvre du peintre flamand Humbert Mareschet. Elles représentent en Suisse l'une des plus riches décorations du XVIe siècle. Une rareté en Suisse, surtout après la Réforme qui interdisait et même démolissait ce genre de peintures. On raconte qu'elles ont été en fait offertes à la paroisse par les autorités en échange de l'acceptation de la Réforme par les paroissiens. Le peintre évite toutefois toute figure religieuse et biblique, proscrite par la Réforme, et les remplace par des personnages zoomorphes : atlantes, satyres, faunes, chimères. Un « décor à grotesques » avec lacis de rinceaux et animaux gracieux, des coqs, lapins et grues, ainsi qu'un *putto* (amour) au masque face à un dindon. Métaphore possible de la vanité de ceux qui dissimulent leur personnalité.

SAINT-SAPHORIN ★

C'est dans ce très bel endroit que le chansonnier Jean Villard Gilles s'est installé après avoir vécu de nombreuses années à Paris. Mais Saint-Saphorin est également connu pour son plongeoir installé sur un rocher, qui fera aussi bien le bonheur des baigneurs en quête de grands sauts que des photographes en herbe. Et puis ici, on parle aussi bien évidemment de vin ! On dit que le vin de Saint-Saphorin est corsé mais fin, avec des arômes de cerise, soutenus par un mélange de parfums subtils qui rappellent une eau-de-vie fraîchement distillée. Son caractère est à la fois riche et racé. Mais pour en savoir plus, allez en déguster un verre au caveau !

CAVEAU DES VIGNERONS

route Cantonale
✆ +41 21 921 13 05
www.caveaubar.ch/vignerons/

Ouvert du 14 avril au 29 octobre, du vendredi au dimanche, de 16h à 19h.

Un véritable lieu d'échange où les vignerons associés parlent de leur travail, de leurs vignes et de leur savoir-faire. Les vignerons de Saint-Saphorin vous accueillent chacun leur tour et prennent le temps de vous initier aux particularités de leur terroir. Sur le site Internet, vous découvrez quel sera le domaine exposant lors de votre visite. Le caveau permet de faire la connaissance de récoltants et surtout d'avoir une vision plus large des cépages cultivés dans le Lavaux. De belles rencontres et dégustations en perspective.

CHÂTEAU DE GLÉROLLES

Cave du Château de Glérolles
✆ +41 21 946 25 30
www.glerolles.ch

Ouvert du mardi au vendredi de 9h à midi et de 14h à 18h, le samedi de 10h à 13h et sur rendez-vous.

Posé sur un rocher du lac Léman, le château de Glérolles est situé un peu plus à l'ouest de Saint-Saphorin, près de Rivaz. Depuis 1802, qui marque la révolution vaudoise, le château est une propriété privée, mais qui reste ouverte au public pour les dégustations de vins du domaine. On raconte que Rousseau s'y était rendu en marchant depuis Vevey et que, fatigué, il avait demandé à boire. On lui avait alors servi de la piquette mais, à partir du moment où le philosophe s'était mis à parler, on était vite allé lui chercher une bonne bouteille !

DOMAINE DES FAVERGES

Route cantonale
✆ +41 26 305 22 65
www.vignoblesdeletat.ch

Ouvert le samedi de 10h à midi et sur réservation. Visites : 20 CHF.

Offrant une magnifique vue sur le lac et les Alpes, le Domaine des Faverges (15,4 ha) était propriété de l'abbaye d'Hauterive pendant près de sept cents ans avant d'appartenir à l'État de Fribourg. Possibilité de visiter le bâtiment historique et la cave, dégustation des traditionnels grands crus du Lavaux comme les vins certifiés bio Domaine des Faverges, chasselas Saint-Saphorin grand cru, AOC Lavaux ou des innovations comme L'Évidence, pinot noir, ou certifiés bio suisse également. Un très beau domaine avec une vue inégalable sur les vignes et le Léman.

AUBERGE DE L'ONDE €€

Centre du Village
✆ +41 21 925 49 00
www.aubergedelonde.ch

Fermé lundi et mardi. La Rôtisserie est ouverte le soir, la Pinte de 12h à 14h et de 19h à 21h30.

L'auberge de l'Onde, une étoile au guide Michelin, occupe trois étages d'une magnifique maison (XIIIe siècle) carrée orange aux volets verts, dans le centre de Saint-Saphorin : une rôtisserie, deux salles de restaurant, une pinte (très lumineuse), un caveau-lounge pour des concerts. Chaque pièce est décorée de façon moderne et élégante. Cette adresse devrait figurer dans notre section « Luxe », mais sa pinte, qui sert une cuisine à des prix accessibles, lui vaut ce classement plus modeste. Il paraît que Charlie Chaplin aimait à s'y restaurer !

LES FOUS DU ROI : VINS D'ICI ET D'AILLEURS

chemin du Chapon
✆ +41 21 921 54 78
www.lesfousduroi.ch

Boutique de vin.

Créée en 2008, cette cave à vin est aujourd'hui dirigée par quatre amis passionnés, compétents et talentueux – un vigneron, un caviste œnologue, un ingénieur œnologue et un imprimeur. Le soin rigoureux apporté au travail de la vigne et à la vinification leur a permis d'élaborer une gamme de vins d'ici novatrice et variée. La boutique des Fous du Roi propose aussi une belle sélection de vins découverts à travers toute l'Europe. Commandes en ligne possibles. Animations régulières.

CHEXBRES

Surnommé « le balcon du Léman », le village de Chexbres offre un magnifique panorama sur le lac et les Alpes. C'est un camp de base idéal pour parcourir les vignobles. Avant d'y aller, attention tout de même à la manière dont vous allez prononcer son nom : le x et le b sont muets, ça se dit donc comme la chèvre ! Pourtant vous n'y verrez pas d'animaux, mais c'est bien des vignes qui s'étendent à perte de vue. Pour y accéder, rien de plus simple : en voiture, c'est proche de la sortie d'autoroute et en train direction Palézieux, et descendez à Puidoux-Chexbres. C'est une halte qui restera mémorable lors de votre passage dans le Lavaux.

CHÂTEAU DE CROUSAZ ★

En train, gare de Chexbres-Village.

Crousaz, l'un des trois hameaux à la base de la commune de Chexbres, était jadis un bourg fortifié. Dominant le lac, le château se situe sur un promontoire qui permet à Chexbres de se présenter comme « le balcon du Léman ». Malgré cela, le château a été plusieurs fois incendié, et l'édifice a été reconstruit de 1603 à 1607. Il abritait alors une salle de justice. Aujourd'hui, le château est devenu propriété privée. Depuis 1999, il est le siège d'un réseau universitaire international regroupant des chercheurs spécialisés en management de la qualité.

LE BARON TAVERNIER €€

Route de la Corniche
✆ +41 21 926 60 00
www.barontavernier.ch

26 chambres. Chambre simple de 150 à 200 CHF, chambre double de 190 à 390 CHF.

Une adresse de charme. Un écrin au milieu des vignes, Le Baron Tavernier est suffisamment en hauteur pour bénéficier d'un des plus beaux panoramas sur le lac et les Alpes. Ouvert en novembre 2005, il n'a gardé que les murs de l'ancien hôtel Bellevue pour en faire une maison chaleureuse, avec un petit côté demeure seigneuriale. Au total, 26 chambres et suites (la plupart possèdent un balcon) réparties entre deux bâtiments. Parfait pour les voyageurs aimant le calme et les beaux paysages, Le Baron Tavernier est doté d'un spa et d'un restaurant panoramique (Le Deck).

LE BON SAUVAGE €

Route de la Corniche
✆ +41 21 926 60 00
www.barontavernier.ch

Ouvert tous les jours de 7h à 23h (service bar), pour les repas ouvert du lundi au samedi de 12h à 14h et de 19h à 21h.

Quand terroir et traditions sont l'âme d'un lieu, cela donne Le Bon Sauvage : un *wine tasting bar*. Cet établissement est en fait la pinte vaudoise de l'hôtel du Baron Tavernier, véritable auberge des temps modernes, qui se veut le lieu de rassemblement populaire par excellence, puisqu'on y vient aussi bien pour discuter le bout de gras devant un verre de vin que pour y manger. On y valorise les produits régionaux et la noblesse des plats traditionnels ; un endroit convivial où la cuisine fait la part belle aux richesses du terroir Vaudois.

LE DECK

Route de la Corniche ✆ +41 21 926 60 00
www.barontavernier.ch

7j/7 11h-23h d'avril à fin novembre. Plat du jour à 19,90 CHF le midi. Le soir menu 98 CHF. Vue panoramique. Lounge bar.

Surplombant les vignes et le lac, la terrasse-lounge du Deck (un établissement du Baron Tavernier) offre l'un des plus beaux panoramas de la région. Sous de grandes toiles blanches, les confortables canapés donnent à cette longue terrasse en teck une touche élégante et branchée. Le panorama unique que nous offre le Léman et ses montagnes est d'une rare beauté. Laissez-vous surprendre par les créations du chef et sa cuisine raffinée mêlant saveurs du monde et cuisine française. Nous conseillons également d'y aller pour profiter d'un verre dans ce cadre idyllique.

MOUTARLIER, LES ARTISANS DU GOÛT

Grand-Rue
✆ +41 21 946 18 15
www.moutarlier.ch

Ouvert le lundi de 7h à 17h30, du mardi au vendredi de 7h à 18h30 et le week-end de 7h30 à 17h.

Pâtissier, confiseur et traiteur, Moutarlier est installé à Chexbres depuis plus de vingt ans. L'endroit fait également restaurant et salon de thé. En plus de la trentaine de places assises à l'intérieur, il y a également une terrasse. C'est un passage gourmand après une balade dans les vignes. Vous craquerez sans doute pour la finesse de ses chocolats ou la créativité de ses pâtisseries comme avec le mille-feuille Mont-Blanc à base de crème de marrons.

LES FILS ROGIVUE

6 rue du Cotterd
+41 21 946 17 39
www.rogivue.ch
Domaine viticole.

Ici c'est une famille de vignerons-encaveurs qui vous accueille. Vous pouvez découvrir les vins récompensé comme la Tour de la Paleyre, Saint-Saphorin ou encore le grand cru AOC Les Embleyres Dézaley. La boutique Saveurs de vignes vous offre tous les bons produits de la région. La passion et l'amour de la terre, le goût de transmettre les valeurs paysannes font de ce domaine un lieu de prédilection pour découvrir tous les arômes subtils des vins du Lavaux. La visite de caves s'impose pour saisir toutes les étapes de la vinification.

ASSOCIATION LAVAUX-PANORAMIC

Rue du Théâtre 5 +41 21 946 23 50
www.lavaux-panoramic.ch
De mi-avril à fin octobre. Durée des parcours : de 60 à 120 minutes selon les circuits. Prix adulte entre 10 ou 16 CHF.

Le train Lavaux-Panoramic propose deux itinéraires au départ de Chexbres :

- **À la découverte de Saint-Saphorin :** Chexbres – Saint-Saphorin – Rivaz – Puidoux – Chexbres (durée 50 minutes).
- **Le Chemin des vignes :** Chexbres – Chardonne (durée 35 minutes).

L'un comme l'autre empruntera des chemins pittoresques et, surtout, vous permettra toujours une petite dégustation chez un vigneron.

CAVEAU DU COEUR D'OR

22 rue du Bourg
+41 79 708 21 86
www.coeurdor.ch
Ouvert seulement les jours d'événements, ouverture des portes 1h avant. Entrée libre, chapeau pour les artistes.

Le Caveau du Cœur d'Or, c'est un lieu de rencontres musicales et culturelles fondé en 2010. Depuis 2012, il est géré par l'association l'Accroch'Cœur. Scène intimiste, mais ambiance très chaleureuses, pouvant accueillir jusqu'à 70 personnes assises et 100 personnes debout. S'agissant d'un très beau caveau voûté, l'apéro est bien évidemment au rendez-vous ! Le lieu est ouvert uniquement lors des jours d'événements programmés, généralement entre le jeudi et le dimanche, en soirée. Nous fonctionnons au chapeau et quelques événements sont payants.

PUIDOUX

D'une superficie de 3 800 ha, la commune de Puidoux est la plus vaste du district de Lavaux. Elle se déploie ainsi d'espaces de vignobles du côté de Treytorrens et Dézaley, en campagne du côté de Cremières et des flancs du Mont-Pèlerin. Puidoux est aussi le seul village vaudois de plaine à posséder un lac dans sa totalité : le lac de Bret. Sa chapelle et la tour de Marsens (construite par l'évêque de Lausanne aux alentours du XIIe siècle et qui aurait servi de refuge pour les moines qui défrichaient les alentours) sont des monuments historiques, alors que Crêt-Bérard et son petit cloître, transformés en salles de conférence, datent seulement de 1953.

BOURG-EN-LAVAUX

Bourg-en-Lavaux, 5 000 habitants, est né le 1er juillet 2011, suite à la fusion des communes de Cully, Epesses, Grandvaux, Riex et Villette. La commune se déploie dans un site inscrit au patrimoine mondial de l'Unesco depuis 2007. Sur un terroir aux reliefs uniques au monde, elle produit sur 270 ha de vignobles en terrasses, vieux de plus de douze cents ans, des nectars d'exception. Cette région viticole se distingue également par quelques manifestations culturelles devenues incontournables dont Cully Jazz, Cully Classique ou Cully Bazar, et des infrastructures de qualité : établissements hôteliers, restaurants, salles de spectacle et d'exposition…

Village d'Epesses.

LA TOUR DE GOURZE ★

Route de la Tour de Gourze
✆ +41 21 78 114 74
www.gourze.ch
Ouvert du mardi au samedi de 10h à 23h. Dimanche de 10h à 21h.

La tour de Gourze est le vestige d'une tour de guet médiévale située sur le mont de Gourze. De forme cubique, elle fait environ 9 m de haut et domine le bassin lémanique. Elle offre un panorama exceptionnel sur les Alpes. Ses origines n'ont jamais été clairement déterminées : la reine Berthe l'aurait construite au IXe siècle pour protéger Lavaux des invasions sarrasines ; on évoque également l'action des évêques de Lausanne au XIe siècle. Aujourd'hui, on trouve à ses pieds un café-restaurant qui vous propose de prendre le temps de profiter du panorama.

LAVAUX EXPRESS

✆ +41 848 848 791
www.lavauxexpress.ch
D'avril à octobre. Tarif adulte 16 CHF (25 CHF pour le « Train du caveau » avec dégustation de vins). Enfants : 6 CHF.

Le petit train des vignes sillonne les pentes et les coteaux de cette région viticole forgée par des générations de viticulteurs. À l'image des crus de Lavaux, ce décor enchanteur ne manquera pas de vous séduire. Pour ceux qui ne veulent ou ne peuvent pas faire de longues marches, le Lavaux Express est une solution très sympathique. Ce petit train propose deux itinéraires au départ de Lutry ou de Cully, d'environ une heure chacun. De mai à septembre, les soirs de week-end la course « Train du caveau » inclut même une virée dans un caveau avec dégustation de vins.

AUBERGE DU RAISIN €€

1 place de l'Hôtel-de-Ville
✆ +41 21 799 21 31
www.aubergeduraisin.ch
Chambre simple de 145 CHF, chambre double de 165 CHF. Petit déjeuner inclus. Parking 15 CHF par jour.

Dans le joli village de Cully, une maison de caractère tenue par Brice et ouverte par son grand-père au siècle dernier (il y a plus de soixante ans !), comprenant 10 chambres de style : lits à baldaquin aux rideaux fleuris et baignoires à pieds dorés. Cette auberge familiale respire le calme. La vieille bâtisse est pleine de charme, de coins et de recoins, chargée d'histoire et chaleureuse. Le restaurant gastronomique est très réputé. Après l'accueil au coin du feu, on vous conseille donc d'aller y découvrir les recettes traditionnelles et novatrices.

DOMAINE CROIX DUPLEX ★

2 route de Chenaux
✆ +41 021 799 15 31
www.croix-duplex.ch
Vente et dégustation. Ouvert du lundi au vendredi de 10 à 18h, samedi de 10 à 15h, toute l'année.

Pour une dégustation avec vue panoramique sur le lac ! Le domaine est géré par Maude et Simon Vogel, frère et sœur, héritiers d'une grande famille vigneronne. Ces viticulteurs passionnés se mettent en quatre pour trouver les nectars qui vous correspondent. Vous risquerez d'ailleurs de repartir avec quelques bonnes bouteilles pour retrouver le goût de Lavaux chez vous. Le domaine propose aussi des forfaits dégustation sans alcool. Idéal pour les enfants et les chauffeurs, avec jus de fruits produits par un artisan local 100 % naturel. Un délice !

© DS

© DS

SUISSE ROMANDE

HÔTEL LAVAUX €€

Route Cantonale

✆ +41 21 799 93 93

www.hotellavaux.ch

Chambre simple de 120 à 180 CHF, chambre double de 160 à 380 CHF, chambre familiale de 245 à 420 CHF.

L'hôtel Lavaux dispose de 64 chambres, confortables et modernes déclinées en huit catégories (chambre simple, double, junior suite, appartement...). Une terrasse sur le toit offre une vue panoramique sur le lac et le vignoble. Idéalement situé entre Lausanne et Vevey/Montreux, à 1 min à pied de la gare d'Epesses, l'Hôtel Lavaux est un nid douillet pour vos excursions dans les terrasses viticoles de Lavaux. Une perle au bord du lac pour se ressourcer et apprécier les beautés de cette région. Le restaurant L'Atelier propose une cuisine italienne.

RESTAURANT DE LA TOUR DE GOURZE €

Au Sommet

✆ +41 21 781 14 74

www.gourze.ch

Ouvert du mardi 10h au samedi jusqu'à 23h et le dimanche de 10h jusqu'à 21h. Comptez 25 CHF pour un plat.

Petit havre de paix entre vaches et panorama à couper le souffle, le café restaurant de la tour de Gourze est un joli chalet doté d'une grande terrasse. On y sert des plats traditionnels roboratifs : fondue, croûte au fromage ou saucisse au chou et rösti ; et en dessert, des meringues à la double-crème de gruyère ! Ce lieu haut perché vous fera donc l'étalage de toute la gastronomie vaudoise. Des spécialités fromagères à consommer sans modération !

L'ATELIER €€€

Route cantonale

✆ +41 21 799 10 88

www.atelier-restaurant.ch

Fermeture le dimanche. Plats autour de 30-60 CHF. Menus à partir de 80 CHF.

C'est le restaurant de l'hôtel Lavaux, à Cully, au bord du Léman, doté d'une salle à la décoration design chic et confortable et d'une terrasse panoramique. L'atelier propose une cuisine de saison autour des spécialités italiennes avec des produits de la région lémanique, dans des déclinaisons créatives et colorées. Les vins du Lavaux accompagnent ces saveurs raffinées. Pâtes fraîches, risottos, burgers et tartares sont un incontournable de la maison, mais bien d'autres assiettes élégantes et savoureuses méritent d'être testées !

LE VERRE GOURMAND

29 route de la Corniche

✆ +41 021 799 34 31

www.le-verre-gourmand.ch

Du jeudi au dimanche de 17h à 21h. Formule : une bouteille de vin d'Epesses et planchette de charcuterie 50 CHF.

Rouge pour un viticulteur cela ne s'invente pas ! Au cœur d'Epesses, la famille Rouge, enracinée dans ce terroir d'exception, vous propose ce nouvel espace, ouvert en 2015. Au programme : une halte gourmande dans un magnifique bar pour un café, un verre de vin ou alors une petite faim (également à l'emporter), un camp de base idéal pour profiter du magnifique vignoble au cœur du Lavaux. Eté comme hiver c'est un rendez-vous sympathique où l'on se régale de charcuterie (Martin à Puidoux) que l'on marie à merveille avec l'un des crus de Lavaux.

CAVEAU CORTO ★

Chemin du Four ✆ +41 21 799 28 96

www.caveaucorto.ch

Ouvert tous les week-ends d'avril à novembre : le vendredi de 17h à 21h, les samedi et dimanche de 16h à 21 h.

Hommage à Corto Maltèse, le héros d'Hugo Pratt, célèbre habitant de Grandvaux jusqu'à sa mort en 1995, pour ce caveau contemporain. La décoration est faite avec goût et de manière design, avec une terrasse sublime qui surplombe tout Lavaux. Les dix vignerons représentés ici cultivent tous leurs vignes dans le village de Grandvaux, et se relaient à tour de rôle pour assurer les dégustations dans une ambiance conviviale. L'endroit est donc propice pour aller à leur rencontre et leur poser toutes vos questions sur leur métier-passion, accompagnées de mets froids.

CAVEAU DES VIGNERONS D'EPESSES

Sur la route de la Corniche. 10 min à pied depuis la gare d'Epesses. ✆ +41 79 378 42 49

www.caveau-epesses.ch

De mai à novembre, ouvert du jeudi au dimanche de 16h à 20h. En basse saison, horaires variables.

Belle et authentique cave voûtée où vous dégustez les vins du domaine, dont les appellations épesses, calamin et dézaley. On dit que les vins d'Epesses sont robustes et dotés d'une forte personnalité qui s'affirme par des arômes fruités et épicés rappelant l'ananas, le poivre ou encore la truffe noire. Les Grands Crus de Calamin sont quant à eux racés et virils, avec un terroir en puissance qui imprègne les vins d'une légère amertume et de saveurs séveuses. Une halte qui rafraîchit !

SUISSE ROMANDE

AU CAVEAU DES VIGNERONS DE CULLY

16 place d'Armes
✆ +41 79 767 72 66
www.caveau-cully.ch
Ouvert de 17h à 21h du jeudi au dimanche, d'avril à octobre, ou sur demande.

Encore une belle dégustation à faire dans le coin, avec une magnifique vue sur le vignoble ! Situé au bord du lac, à l'ombre de la place d'Armes, la vue est imprenable sur le vignoble. Entièrement voué à la dégustation, le Caveau des Vignerons est un lieu chaleureux pour la découverte des vins de Lavaux. En été, les Apéro Lac font un carton avec à votre disposition une chaise et un panier garni de bons produits : une bouteille de vin et de la tomme vaudoise.

AU CLOS DE LA REPUBLIQUE - PATRICK FONJALLAZ ★

Ruelle du Petit-Crêt
✆ +41 21 799 14 44
closdelarepublique.ch
Dégustation et vente directe du mardi au vendredi de 9h à midi et de 14h à 17h, le samedi de 9h30 à 12h30.

Le domaine de Patrick Fonjallaz constitue peut-être l'une des plus belles caves à visiter. L'activité des Fonjallaz dans le vignoble de Lavaux remonte au XVIe siècle et en fait ainsi l'entreprise familiale la plus ancienne de Suisse. Le domaine représente 35 ha qui sont vinifiés à la propriété, et bénéficie en outre d'une incroyable terrasse. En plus des dégustations, on vous y accueille pour différents types d'événements, notamment des mariages.

HEGG ET FILS VIGNERON - ENCAVEURS

La Mottaz
✆ +41 21 799 14 51
www.hegg-fils.ch
Ouvert le samedi de 10h à 13h ou sur rendez-vous.

Cette petite exploitation familiale au tempérament joyeux vous propose des cépages Chasselas avec le vin Epesses « La Boursière », AOC Lavaux, un Dézaley « La Gruyre », AOC Grand Cru, un Calamin AOC grand cru. Du cépage Merlot avec un Merlot grand cru. Des arômes tantôt doux ou minéraux, doux ou fruités. En dégustation tous les samedis en été et sur rendez-vous hors saison. La famille Hegg attache beaucoup d'importance à l'authenticité des produits.

VEVEY ★★★

Située directement sur le lac, Vevey bénéficie d'un cadre enchanteur. Quel plaisir de se promener sur les quais, en croisant poussettes et joggers ! Il est possible de se baigner à partir du Centre balnéaire, légèrement bétonné toutefois. Jean-Jacques Rousseau lui-même, dans *Les Confessions*, en 1782, signifia tout son amour pour Vevey : « Je pris pour cette ville un amour qui m'a suivi dans tous mes voyages. » De Vevey, vous accédez facilement à Lavaux, mais aussi au sommet des Pléiades d'où le panorama est exceptionnel. Charmante petite ville (20 000 habitants). Elle conjugue modernité et créativité tout en demeurant attachée à son passé.

Balade

- La visite commence sur la place du Marché, où vous pourrez observer la Grenette, cet ancien grenier à grain aux allures de temple grec. En vous tournant côté lac, vous jetterez un coup d'œil sur le lugubre château de l'Aile et sur la dalle des fêtes des vignerons. Puis vous vous dirigerez vers le théâtre sur la gauche, dans la rue du Théâtre. En passant derrière la Grenette, vous irez voir le restaurant de la Clef où a logé Rousseau. Vous remontez ensuite la rue du Théâtre et vous arrivez sur la place Étienne Ronjat, anciennement place au Beurre, où l'on vendait crèmes, fromages, etc. Étienne Ronjat était médecin français à la cour d'Angleterre. Lors d'un voyage dans ces parages, il s'est étonné du nombre d'enfants traînant dans la rue et il a fait un don à la ville pour que ces enfants soient scolarisés.
- Vous traversez ensuite la rue du Simplon, pour emprunter le chemin sous l'immeuble moderne en face. Dans la cour, les deux piliers visibles près d'un palmier sont des restes de remparts de la vieille ville. Vous sortez de l'autre côté et vous tournez à droite dans l'avenue de la Gare en continuant jusqu'au musée Jenisch. Sur le mur, une plaque commémorative rend hommage à l'écrivain polonais Henryk Sienkiewicz (1846-1916), auteur de *Quo Vadis ?*. L'écrivain est mort à Vevey, mais sa dépouille ne pouvant être rapatriée à Cracovie, on l'a cachée dans l'église Notre-Dame puis ses cendres ont été envoyées en Pologne.
- Après avoir contourné le musée sur la droite, vous prenez la rue des Communaux et vous admirez l'église orthodoxe russe. D'ici, vous apercevez l'église Saint-Martin, en hauteur. Vous redescendez ensuite vers la vieille ville, vers la rue des Deux-Marchés et la fontaine Saint-Martin. Avant de vous diriger vers l'hôtel de ville, en prenant la rue du Centre puis la rue du Lac à gauche, où sont regroupés tous les antiquaires.

SUISSE ROMANDE

Vous ne sauriez omettre une petite incursion vers l'est très chic de Vevey. Ceux que cela intéresse peuvent demander la permission d'entrer dans le hall des Trois Couronnes.
Enfin, vous tournerez à droite dans la rue du Château pour visiter le Musée historique et celui de la Confrérie des vignerons, logés dans le « château », l'ancienne maison des baillis bernois.

Histoire

Point idéal pour le commerce et le transit, Vevey attire très tôt les Romains, qui développent cette bourgade, fort bien située au bord du Léman, à la jonction des routes d'Avenches et de Lausanne conduisant à Martigny et, de là, en Italie. Viviscus, à l'époque romaine, est essentiellement un lieu de passage, une étape routière et, sans doute, un port de transit.
C'est au Moyen Âge que Vevey devient une véritable agglomération, constituée de plusieurs bourgs fortifiés. À cette époque, le cœur de la ville se développe face aux coteaux, loin de la proximité du lac. La ville connaît diverses juridictions : ainsi, en 1157, l'évêque de Lausanne, Amédée de Hauterive, cède ses droits sur Vevey à Amédée Ier, comte du Genevois. Ce dernier confie la régie de sa nouvelle possession à deux de ses vassaux : les sires de Blonay et d'Oron. Dès lors, ces deux seigneurs, puis leurs héritiers, seront les principaux maîtres de la ville.
En 1250, nouveau changement, Vevey passe sous la protection de la maison de Savoie et, bien que jouissant de nombreuses franchises, le reste jusqu'en 1536, date de la conquête du pays de Vaud par les Bernois. Devenue protestante sous le régime bernois, Vevey accueille de nombreux réfugiés, surtout après la révocation de l'édit de Nantes, en 1685. L'afflux de protestants français contribue à la prospérité de la ville, qui se développe considérablement au XVIIIe siècle. En 1798, alors que la Révolution française résonne en Europe, Vevey participe à la Révolution vaudoise et se libère de la domination de Leurs Excellences de Berne. Elle devient dès lors un centre urbain important du nouveau canton de Vaud, fondé en 1803.
Au XIXe siècle, grâce à sa situation géographique et à son climat doux, la ville développe son hôtellerie pour accueillir un tourisme florissant. Grâce à son agriculture et la richesse de ses vignobles, elle entretient sa vocation commerçante et connaît une forte industrialisation. Elle se tourne naturellement vers l'agroalimentaire grâce entre autres à ses célèbres chocolatiers, ses fabriques de cigares et ses entreprises d'arts graphiques. Elle mêle culture, agriculture, technologie avec harmonie. Au début du XXe siècle, Vevey est ainsi la première ville ouvrière du canton.

Sortir

- La fête des Vignerons : À l'origine, la fête des vignerons (ou la Févi, pour les intimes) rassemble un cortège de propriétaires de vignes, les Confrères, et leurs vignerons tâcherons. Ils vérifient si tous les travaux de la vigne ont été faits correctement et fêtent ensuite le travail des ouvriers à travers les rues de la ville. Sous la domination bernoise, les spectacles sont rares et les populations attendent donc avec impatience ces défilés. C'est vers la fin du XVIIIe siècle que cette fête prend de l'ampleur. Les Confrères souhaitent en effet encourager leurs vignerons et valoriser davantage leur travail. Ils décident ainsi de couronner les meilleurs et distribuent médailles et primes. La première véritable fête des Vignerons a lieu en 1797, sur la place du Marché. Une manifestation qui perdure jusqu'à nos jours, mais seulement tous les vingt ou vingt-cinq ans environ, et donc très attendue par les Veveysans. Sa préparation exige toute une mise en scène. Des figurants bénévoles chantent et dansent pour fêter la vie, leur patrie et leurs racines, et les vignerons sont placés au centre du spectacle, avec notamment l'un d'entre eux qui doit jouer le roi Bacchus. Le couronnement est un grand moment de la cérémonie. La dernière fête a eu lieu en été 2019, et celle d'avant en 1999. La prochaine n'est pas encore planifiée.

Tourisme

La très précieuse Riviera Card : à votre arrivée dans un hôtel ou une guest house, vous aurez le plaisir de vous voir remettre une Riviera Card à votre nom valable durant la durée de votre séjour. Un précieux sésame qui peut vous faire économiser beaucoup d'argent ! Vous avez, en effet, droit à la gratuité pour les transports en commun sur la Riviera suisse et l'équivalent de plus de 500 CHF d'avantages sur les trains, les bateaux, les musées, les attractions, le château de Chillon, le casino. La Riviera Card vous permet de parfaitement visiter la région tout en économisant votre budget :

- Gratuité sur le réseau de transports publics (Mobilis) de la Riviera (zones 70, 72, 73, 74, 75, 76, 77 et 78). 50 % de réduction sur les billets de train suivants : Montreux – Rochers-de-Naye (gratuit jusqu'à Haut-de-Caux, ensuite 50 %). Vevey – Les Pléiades (gratuit jusqu'aux Chevalleyres, ensuite 50 %). Funiculaire Les Avants – Sonloup.
- 50 % de réduction sur les croisières en bateaux CGN, au départ et à destination de : Vevey, Clarens, Montreux, Territet, château de Chillon, Villeneuve, Le Bouveret ou encore Saint-Gingolph.

- 50 % de réduction sur les entrées des musées suivants : musée Jenisch de Vevey. Musée suisse de l'Appareil photographique de Vevey. Musée de l'Alimentation (Alimentarium) de Vevey. Musée historique de Vevey. Musée de la Confrérie des vignerons. Musée suisse du Jeu de La Tour-de-Peilz. Musée du Chemin de fer Blonay-Chamby. Musée de Montreux. Château de Chillon. Chaplin's World. Nest, musée Henri Nestlé.
- 50 % de réduction sur les entrées des parcs d'attraction suivants : Aquaparc, Le Bouveret. Swiss Vapeur Parc, Le Bouveret. Mines de sel de Bex.
- 20 % de réduction pour un aller-retour Les Diablerets et Glacier 3000.

La ville aujourd'hui

Connue pour abriter le siège de Nestlé, elle ne manque pas de séduire les visiteurs avec sa vieille ville aux ruelles pavées, bordées de magasins et d'une variété de restaurants sympathiques. À ne pas manquer : le marché du samedi matin, très animé, sur la Grand-Place. Vevey, c'est aussi une concentration importante de musées thématiques et prestigieux. Culture et saveur font bon ménage dans la petite ville vaudoise qui ajoute des charmes à son charme. La ville est très dynamique mais reste dans l'esprit de « grand village ». Le petit plus est d'arriver par le lac avec les bateaux à vapeur.

ALIMENTARIUM ★★★

25 quai Perdonnet
✆ +41 21 924 41 11
www.alimentarium.ch

Ouvert du mardi au samedi de 10h à 17h en basse saison, de 10h à 18h en haute saison. Entrée adultes 13 CHF.

Incontournable, gourmand et passionnant, voilà comment qualifier cet Alimentarium ! Le musée de l'alimentation de Nestlé existe depuis 1985, sur le front de lac, en face de la fourchette géante plantée dans l'eau en 1995 pour ses dix ans. Il occupe un bâtiment historique remarquable construit entre 1918 et 1920 pour abriter le siège administratif de Nestlé. L'Alimentarium s'articule autour d'une observation scientifique et ethnologique de l'alimentation à travers des programmes dynamiques et ludiques. Ce que nous apprécions : une scénographie, un parcours et des ateliers interactifs et ludiques, une terrasse, un espace de vente dans le jardin, un restaurant. Trois thèmes sont développés : l'aliment et sa production, l'aliment et la société (autres cultures, tabous, rites), l'aliment et la santé. Dans le jardin les plantes sont comestibles. Pour que la visite ne s'arrête pas après le passage au musée, visitez le site Internet pour faire le plein de gourmandises et de choses à apprendre : le tour du monde des saveurs, des recettes, des photos du potager à l'assiette.

- **Menus Découvertes,** inspirés par la thématique des expositions et des saisons, à savourer au café-restaurant du musée, de midi à 14h.
- **Ateliers culinaires :** tout au long de l'année, l'équipe de l'Alimentarium vous accueille aussi pour des ateliers afin de partager savoir-faire, bons produits et bonne humeur. Au programme : friandises chocolatées, fève, roi et frangipane, départ imminent pour un paris-brest, Pâques et les délices en chocolat.

SUISSE ROMANDE

Croisière sur le lac.

CHÂTEAU DE L'AILE ★

Grand-Place

Privatisation et hébergement possible.

Édifié par deux architectes, Philippe Franel et Jacques-Louis Brocher, entre 1840 et 1846, ce château tout tarabiscoté témoigne du style troubadour en vogue à cette époque, lequel n'a eu toutefois que très peu d'influence en Suisse. On peut dire aussi que son architecture est néogothique. Il a été vendu, en 2007, pour 1 CHF symbolique, à un Allemand, qui a entrepris une rénovation titanesque (30 millions de francs suisses pendant près de dix ans avec plus de quatre-vingt-dix intervenants) dans le respect du patrimoine et pour abriter des appartements de luxe.

ÉGLISE RÉFORMÉE SAINT-MARTIN

Boulevard Saint-Martin

Situé en hauteur (au-dessus de l'église russe), ce site était peut-être une nécropole romaine (on y a découvert des tombes de cette époque). En 1497, une tour et quatre tourelles ont été ajoutées à la première église. Une architecture qui a beaucoup plu à Victor Hugo, venu plusieurs fois à Vevey. Au point qu'il en aurait fait un croquis pour en faire faire une réplique dans les Pays de la Loire. Au fond de l'église, un vitrail représente saint Martin partageant son manteau en deux.

LA CLEF

1 rue du Théâtre

Ouvert du lundi au vendredi de 5h30 à 23h et le samedi jusqu'à 15h. Comptez 30 CHF en moyenne pour un plat.

Adresse mythique de Vevey, c'est à cette auberge que Jean-Jacques Rousseau loge en 1732. Une plaque cite un passage très poétique des *Confessions* : « J'allai à Vevey, dit-il, loger à La Clef. Je pris pour cette ville un amour qui m'a suivi dans tous mes voyages. » Rousseau est d'abord venu à Lausanne, à 18 ans, préparer un concours de musique. Ayant opté finalement pour l'écriture, il rédigera en Suisse *Julie ou la Nouvelle Héloïse*, en prenant Clarens pour décor de l'ouvrage. On dit que de sa fenêtre, il pouvait voir la maison de Mme de Warens.

ESPACE IMAGES ★★

3 place de la Gare

✆ + 41 21 922 48 54

www.images.ch

Entrée libre. Ouvert jeudi et vendredi 17h à 19h, samedi et dimanche de 14h à 18h ou sur rendez-vous.

L'Espace images de Vevey est la vitrine permanente des activités d'Images Vevey, consacrée à la présentation de photographes contemporains. Ouvert en 2010, l'espace Images est le fruit d'une étroite collaboration entre le Service culturel de la ville de Vevey et le Festival des Arts Visuels. Des expositions sont proposées et les photographes sont uniquement choisis parmi les participants au Grand Prix International de photographie de Vevey. Cela permet de mettre durablement en valeur l'incroyable patrimoine visuel qui arrive tous les deux ans à Vevey.

ÉGLISE ORTHODOXE RUSSE ★★

12 rue des Communaux

www.orthodoxie.ch

Ouverte au public le mardi de 14h à 17h et à tous lors des services religieux. Visite de groupe sur rendez vous.

Il s'agit de la deuxième église russe de Suisse, avec celle de Genève. Au XIXe siècle, beaucoup de familles de l'aristocratie russe viennent passer l'hiver à Vevey. La famille Shouvalov a deux filles dont Barbara, morte en couches à Vevey, en 1872. Sa famille a alors fait un don à la Ville, pour qu'on y construise une église en son honneur. Typique de l'architecture slave, elle est conçue par Ippolito Antonovitch Monighetti entre 1875 et 1878 et menée à son terme par l'architecte de la ville Samuel Késer. Cette église est classée monument historique en 1979.

FONTAINE SAINT-MARTIN

Cette fontaine de 1633 représente saint Martin, le patron de Vevey, qui appartenait à l'armée romaine. Il aurait rencontré un mendiant aux portes d'Amiens. Voyant le misérable état de ce dernier, Martin aurait coupé son manteau en deux pour lui en donner la moitié. En effet, dans l'armée romaine, seule la moitié du manteau appartenait au soldat.

▸ **Correspondant à la fin des travaux des champs,** à la mi-novembre, la Saint-Martin est une grande fête traditionnelle. On prépare alors de nombreux plats à base de porc et c'est l'occasion de déguster des produits du terroir.

HÔTEL DE VILLE ★★

2 rue du Lac

L'hôtel de ville de Vevey est un bâtiment de style français, avec beffroi et perron, qui était en 1327 un hôpital. Plus tard, en 1702, il a été tenu par des religieuses, d'où une chapelle dont il reste la tour Saint-Jean, derrière l'édifice (on devine encore la porte de l'église à travers les deux arceaux entourés de fleurs). Vous pouvez entrer dans le bâtiment par le côté et monter à l'étage vers le panneau indiquant « bâtiment historique ». Vous y trouverez de belles pièces entièrement en boiseries et des éléments historiques.

MAISON MADAME DE WARENS ★★

2 place du Marché

Aujourd'hui conservatoire de musique et école de jazz, cette maison du XVIIIe siècle appartenait à celle qui se faisait appeler Mme de Warens. De son vrai nom Louise de La Tour, née à Vevey en 1699 et mariée à quatorze ans à Sébastien de Loys, seigneur de Vuarrens, elle aurait ruiné son mari en bonnes œuvres en faveur des marginaux et se serait ensuite enfuie à Évian (1726) pour éviter le fisc bernois. C'est là qu'elle aurait rencontré Rousseau. On dit à Vevey que le philosophe était tellement amoureux d'elle qu'il embrassait chaque carreau où elle posait un pied.

HÔTEL DES TROIS COURONNES ★

49 rue d'Italie ✆ +41 21 923 32 00

www.hoteltroiscouronnes.ch

71 Chambres et 21 suites. Tarifs de 450 à 700 CHF, suite de 600 à 6 000 CHF. Petit déjeuner buffet 40 CHF.

Ce somptueux hôtel construit en 1842 abrite des colonnes en faux marbre (qui aurait coûté plus cher que du vrai !), cheminées et fontaines. Bon nombre de personnalités sont descendues ici : Gounod, Sacha Guitry, Edouard VII quand il était prince de Galles pour y fêter ses 20 ans…

L'Hôtel des Trois Couronnes fait partie des monuments de Vevey à « visiter » pour gravir les marches de l'escalier de l'entrée et lever les yeux sur les cours et balcons intérieurs. Dans la salle à manger, les peintures aux murs ont été restaurées et, sur l'un d'eux, vous pouvez encore voir un minuscule carré de la peinture de l'époque : à vous de le trouver (en allant y boire un café par exemple) !

On retrouve l'élégance chargée d'histoire dans les 71 chambres, richement décorées, qui allient un style classique à un mobilier plus contemporain. La terrasse, surélevée par rapport à la promenade du lac, offre une vue magnifique sur le lac et les montagnes. Pour vivre un moment majestueux dans ce lieu de prestige, le restaurant gastronomique des Trois Couronnes est ouvert le soir, du mardi au samedi, et le restaurant Le 3C ouvre tous les jours midi et soir pour une cuisine plus légère.

- **Le brunch du dimanche** est servi au restaurant des Trois Couronnes avec un buffet de hors-d'œuvre et de plats variés et de qualité.
- **Puressens Spa.** Piscine couverte avec lumière tamisée, musique subaquatique et voilages permettant de voir le lac, hammam, salle de fitness et soins au sein du plus bel hôtel de Vevey.

MUSÉE DE L'APPAREIL PHOTOGRAPHIQUE ★

99 Grand-Place

✆ +41 21 925 34 80

www.cameramuseum.ch

Ouvert du mardi au dimanche et les lundis fériés de 11h à 17h30. Entrée 9 CHF.

L'entrée étroite du musée débouche sur un espace de 500 m² où se trouve retracée toute l'histoire de la photographie, depuis les lanternes magiques jusqu'à l'ère numérique. La collection d'appareils photo est impressionnante et les explications sont détaillées, notamment en ce qui concerne toute une série d'inventions étonnantes comme la canne photographique, en 1902, qui permettait de prendre des photos en toute discrétion ! Un parcours spécial a été prévu pour les plus jeunes.

MUSÉE DE LA CONFRÉRIE DES VIGNERONS ★★

2 rue du Château

✆ +41 21 923 87 05

www.fetedesvignerons.ch

Ouvert du mardi au dimanche de 11h à 17h. Entrée libre.

Le premier étage du château (où se trouve le musée historique) est consacré à tous les souvenirs des fêtes des vignerons passées : costumes, maquettes, drapeaux, archives, films, gravures, photographies…, tout pour se plonger dans cette tradition originale de la vie veveysanne. C'est également ici que le conseil de la confrérie se réunit pour préparer les fêtes à venir, notamment la fameuse fête des vignerons, qui a lieu environ une fois tous les vingt-cinq ans.

MUSÉE HISTORIQUE DE VEVEY ★

2 rue du Château ✆ +41021 925 51 64
www.museehistoriquevevey.ch
Ouvert du mardi au dimanche de 11h à 17h. Entrée 5 CHF, réduit 4 CHF.

Après la guerre, cette demeure du XVIe siècle, menacée de démolition, est sauvée par une banque et accueille le musée historique de Vevey ainsi que la confrérie des Vignerons, laquelle en devient propriétaire en 1986. Elle restaure le bâtiment et notamment le grenier, où l'on découvre à cette occasion des valises et autres objets ayant appartenu aux différents pensionnaires.

Le restaurant gastronomique (cuisine moléculaire) de Denis Martin est au rez-de-chaussée du château.

MUSÉE JENISH VEVEY ★

2 avenue de la Gare
✆ +41 21 925 35 20
www.museejenisch.ch
Ouvert du mardi au dimanche de 11h à 18h, le jeudi jusqu'à 20h. Entrée adultes 12 CHF.

Installé dans un bâtiment de style néoclassique, le musée doit son nom à Fanny Jenisch, mécène qui permit sa création en 1897. Siège du Cabinet cantonal des estampes et de la Fondation Oskar Kokoschka, le musée fait la part belle aux œuvres sur papier, qui constituent plus de 95 % de ses fonds (35 000 gravures, 9 500 dessins, 1 000 peintures). Les dessins et estampes vont de la Renaissance à nos jours et sont présentés en alternance sous forme d'accrochages – Balthus, Bonnard, Hodler. Ingres, Giacometti, Picasso, Rembrandt, Tiepolo, Vallotton.

NESTLÉ - SIÈGE SOCIAL

55 avenue Nestlé
www.nestle.ch

C'est à Vevey qu'Henri Nestlé a mis au point la recette qui a fait le succès du groupe et la joie des mères pour nourrir leur enfant : le lait en poudre. La renommée de Nestlé a atteint très vite des sommets et a contribué au développement de la ville. En 1950, l'entreprise a décidé d'y bâtir son siège administratif et a chargé l'architecte suisse Jean Tschumi d'en dessiner les plans. Influencés par Le Corbusier, sa forme générale en *Y*, son rez-de-chaussée monté sur pilotis et sa façade de verre en font un bel exemple du style international en Suisse.

QUARTIER DE LA VALSAINTE ★★

Rue du Collège

Dans la rue du Collège, les n° 8 à 14 constituent un joli ensemble, en forme d'*U*, de petits immeubles charmants, avec portes peintes en rouge, vert et bleu, et tables et chaises de jardin. Les habitants de ce quartier se sont réunis en association de défense de la Valsainte et offrent, depuis 1990, des spectacles et manifestations culturelles dans la cour. Le n° 4 est une ancienne prison dont il reste la tour, adossée aux anciens remparts (qu'il faut imaginer). C'était la maison du chapitre, dépendant de la cathédrale de Lausanne.

VEVEY PLAGE

Place du Marché
www.veveyplage.ch
Plage publique

En mars 2012, les autorités veveysannes ont décidé de ne plus mettre à disposition le bas de la place du Marché pour l'animation Vevey Plage. Celle-ci permettait de se détendre sur une chaise-longue, et de siroter un cocktail les pieds enfoncés dans le sable, ou de faire une partie de beach-volley et de la pétanque.

En lieu et place, les autorités proposent d'installer une plage avec sable et parasols, avec diverses animations (beach-volley et boulodrome), mais sans débit de boisson. Le lac s'apprécie pour les baignades d'été.

LIGNE VEVEY-LES PLÉIADES

Gare de Blonay
✆ +41 21 989 81 90
mob.ch/line/ligne-vevey-les-pleiades
Tarif aller-retour : 37,20 CHF 2e classe, CHF 65,2 CHF 1re classe.

Un trajet de 40 minutes… à un prix qui pourrait en rebuter plus d'un ! Pourtant, au bout d'un très bel itinéraire, le Train des Étoiles nous dépose aux Pléiades, à 1 360 m d'altitude. De là, vous surplombez tout le lac Léman. Les Pléiades constituent un point de départ idéal de randonnées. Parmi les nombreux circuits pédestres, vous trouverez celui de la Digestion (30 minutes) ou celui des Poussettes (1h30). Alors, êtes-vous prêt à embarquer dans ce qui n'est rien de moins qu'une des portions de train les plus chères du monde ?

HOSTELLERIE DE GENÈVE €

11 place du Marché
✆ +41 21 921 45 77
www.hotelgeneve.ch
22 chambres plusieurs catégories de 150 à 270 CHF, suite pour 3 personnes 320 CHF.

Avec sa jolie façade donnant sur la place du Marché (appelée aussi Grand-Place), l'hostellerie de Genève, joliment rénovée, est une adresse familiale. Les chambres ont des petits noms très originaux : Marguerite, Orient Express, Romantique, Design…, des noms évocateurs pour des chambres personnalisées. Elles affichent un décor recherché différent (par exemple design ou chalet) et sont d'un haut niveau de confort. Demandez à choisir si c'est possible. Également deux restaurants : le CHRistopher Bar et La Cantina, la table des horlogers.

VEVEY HOUSE €

5 Grand Place
✆ +41 21 922 35 32
www.veveyhouse.com
22 chambres. À partir de 90 CHF la chambre double. Buffet petit déjeuner 10 CHF.

Une belle demeure historique du XIXe siècle idéalement placée à 50 m du lac Léman. Le bâtiment accueille les familles, les groupes, les entreprises, les backpackers, dans des chambres privatives doubles avec des salles de bains à chaque étage. Les chambres ont été fraichement décorées dans des tons sobres et modernes. L'ambiance semble intemporelle, à la fois empreinte de modernité et rehaussée de touches du passé. De la terrasse sur le toit, vous apercevrez les vignobles et le lac. À disposition, une télévision, une cuisine très bien équipée et une buanderie.

GRAND HÔTEL DU LAC €€€

1 rue d'Italie ✆ +41 21 925 06 06
www.ghdl.ch
Relais et châteaux. Chambre simple de 279 à 425 CHF, chambre double de 425 à 525 CHF. Petit déjeuner 39 CHF.

Devant cet hôtel ouvert en 1867, on ressent toute l'atmosphère des premières escapades touristiques du XIXe siècle. Le Grand Hôtel du Lac offre un accueil très personnalisé et digne des palaces : pas de comptoir classique mais un bureau. Axé prioritairement sur le confort et un décor contemporain chic, chaque chambre est personnalisée et associe harmonieusement les plus belles matières, souvent dans les tons bleu-gris et crème, avec toile de Jouy revisitée et lustres contemporains. Allez boire un thé et commander l'une des nombreuses pâtisseries fines.

LE CHARLOT €

5 place du Marché
✆ +41 21 922 28 58
www.lecharlot.com
Ouvert tous les jours. De 5 à 10 CHF.

Une institution à Vevey. Le temps d'un sandwich original, sain et abordable. Situé sur la place du Marché, cette sandwicherie tombe à pic si vous avez un petit creux. Le concept : des sandwichs sur mesure, faits minute avec des produits frais. Vous choisissez parmi une vingtaine de garnitures (viande, poisson, végétarien…) et 9 sauces. On y sert aussi quelques sandwichs chauds et, de temps en temps des salades. Possibilité de manger sur place et sur la terrasse, mais en étant aussi près du lac, manger un sandwich les pieds dans l'eau, c'est tentant !

SAVEURS & TARTARE €

18 rue des 2 Marchés
✆ +41 79 433 45 12
saveurs-tartare.ch
Ouvert du mardi au vendredi de 11h à 19h. Les soirs du jeudi et vendredi sur réservation. Samedi 10h à 17h.

C'est original ! Un bar à tartares... Dans un tout petit espace qui peut accueillir 9 personnes, le menu propose un tartare de bœuf, accompagné de pain et de salade, en sauce traditionnelle ou au piment d'Espelette. Également une version saumon, citron vert, aneth et ciboulette. Si les places sont prises, il y a toujours la possibilité de prendre à emporter. Il n'y aura plus qu'à mélanger la viande et l'assaisonnement et se régaler ! La carte propose aussi des tartares en sandwichs. La formule du soir propose une entrée de saison et une boule de glace en dessert.

LE «CENTRAL» NOCENTE €

14 rue du Centre
✆ +41 21 921 38 51
www.central-nocente.ch
Ouvert du mardi au samedi de 10h à 15h et de 17h30 à minuit. Plats entre 26 et 45 CHF.

Vous cherchez l'atmosphère d'une pinte vaudoise ? Ici, c'est le vrai bistrot de quartier, sans chichis, mais très exigeant quant à la qualité de la cuisine. Le café Central dirigé par le chef Nocente et sa femme Stefania vous prépare de délicieuses spécialités italiennes : les orecchiette au cime di rapa avec saucisse fraîche au fenouil, la fameuse burratina des Pouilles, les salamis piquants calabrais (la schiacciata)… Se dégustent derrière les rideaux en dentelle et sous les abat-jour tulipes. De l'authentique qui s'assume !

BLA BLA €

5 Grand Place
✆ + 41 21 922 35 33 - www.blablavevey.com
Café Restaurant Bar & Party, 7j/7, de midi à minuit. Pizza au mètre dès 24 CHF, la double 48 CHF.

Ce n'est pas du bla-bla si l'on vous assure que passer un moment de votre journée au sein de ce bar plein d'entrain, c'est une vraie cure d'optimisme ! Logé au sein du Tralala Hôtel, maison de maître du début du siècle, le bar se transforme au gré des heures. Le matin, le réveil se veut énergique avec un bon petit déjeuner vitaminé, le midi on adore grignoter la pizza au mètre, le goûter se veut gourmand avec d'excellentes pâtisseries maison et de saison, et le soir devient beaucoup plus festif avec des apéros terroir où le vin de la région coule à flots.

LES TROIS SIFFLETS €

1 rue du Simplon
✆ +41 21 921 14 13
www.3sifflets.ch
Ouvert du mardi au samedi de 11h à 14 et de 18h30 à 23h. Dimanche et lundi, de 18h30 à 22h. Plat du jour à 19 CHF.

Un restaurant traditionnel qui témoigne que l'on peut être rustique sans être kitsch. Devant une croûte ou une fondue (servie avec marche militaire et drapeau suisse… soyez prêts à entendre la musique militaire plus d'une fois dans la soirée !), ce sont des clients de tout âge qui se retrouvent aux Trois Sifflets. Il paraît que le nom de cette pinte se réfère aux trois sifflets que le premier gérant entendait tous les jours à 11h : le train, le bateau puis le sien, pour prévenir sa femme et ses filles qu'il était temps de se mettre à la cuisine !

CAFÉ LITTERAIRE €

33 quai Perdonnet
✆ +41 21 922 42 00
http://lecafelitteraire.ch
Ouvert mardi, mercredi et jeudi de 9h à 23h, vendredi et samedi de 9h à minuit, dimanche de 10h à 21h.

Au bord du lac Léman, le Café littéraire propose une restauration de planchettes à base de produits régionaux, de brunchs gourmands et de plats du jour équilibrés. Vous pouvez vous y attabler tout au long de la journée pour un thé, un chocolat, une tartine gourmande et en soirée pour prendre une bière artisanale de pays. Voici un lieu chaleureux et convivial qui invite aussi aux plaisirs littéraires. Vous avez le choix des livres sur les étagères et tout au long de l'année une programmation culturelle variée selon les possibilités.

ZE FORK ON THE WATER €€

2 rue du Léman
✆ +41 21 922 18 13
www.zefork.ch
Ouvert du lundi au dimanche de 8h30 à 00h. Plat du jour 18 ou 21 CHF. Suggestions 35 ou 45 CHF.

Une adresse très typée, tenue par un groupe de joyeux drilles efficaces et sympathiques. La terrasse donne sur le quai Perdonnet, le lac et bien entendu la fourchette géante plantée dans l'eau qui a donné son nom au restaurant et qui est l'emblème de Vevey. Cette fourchette face à l'Alimentarium inspire certainement le chef… Les plats sont créatifs. Signature gourmande de la maison : les assiettes thématiques (le lac, le potager, le foie gras, la terre…). C'est beau, c'est bon ; dommage que le service manque parfois de douceur. Jolies salles design.

LE MAZOT €

7 rue du Conseil
✆ +41 21 921 78 22
Ouvert du lundi au samedi de 11h à 14h et dès 18h. Plats de 15 à 40 CHF. Réservation conseillée.

Un mazot, c'est un chalet miniature, souvent l'annexe d'un chalet plus grand. Ainsi, ce bistroquet traditionnel, tout en bois et en longueur, avec, d'un côté, des chaises, de l'autre, des bancs, semble tout droit descendu de la montagne. Les petites fenêtres donnent l'illusion d'être dans un chalet d'alpage avec encore les anciens moulins à café, les barattes à fromage… Dans ce cadre rustique, les habitués viennent principalement pour la viande, dont le fameux steak de cheval sauce mazot, mais aussi pour des plats au fromage avec les excellents röstis.

LE PATIO €€€

5 chemin de l'Hôtel du Mirador
✆ +41 021 925 11 11
www.mirador.ch
Ouvert tous les jours pour le petit déjeuner, le déjeuner et le dîner. Plats dès 26 CHF.

Sur le mont Pèlerin, l'hôtel Mirador Resort & Spa vous offre l'une des plus belles terrasses avec vue panoramique sur la région de Vevey-Montreux. C'est un voyage gastronomique et une belle expérience culinaire avec le talent incontesté du chef Philippe Bossert, nouvellement récompensé. Le Patio sert une cuisine raffinée et de saison qui saura faire frétiller de plaisir les plus gourmets. Pour profiter plus longuement de l'instant de bonheur, l'offre « swim and eat » vous permet d'allier relaxation, piscine et repas. Un vrai moment de bonheur.

RESTAURANT DENIS MARTIN €€€

2 rue du Château ✆ +41 21 921 12 10
www.denismartin.ch

Ouvert du mardi au samedi dès 19h, uniquement le soir. Menu initiation 280 CHF, évolution à 360 CHF. Sur réservation.

Le cuisinier étoilé Denis Martin est un ambassadeur de la cuisine moléculaire. Venir dîner ici, c'est venir assister à des expériences. Il a été sacré chevalier de l'ordre des Arts et des Lettres par Frédéric Mitterrand en 2011. Au rez-de-chaussée de cette maison historique de Vevey, Denis Martin marie arômes et épices avec virtuosité. La présentation est également très intéressante. Les menus déclinent une multitude de découvertes : langoustine/cédrat/cacahuètes/figues… Autant d'associations à découvrir les yeux fermés ! En été, belle terrasse au bord du lac.

LE BOUT DU MONDE

24 rue d'Italie
✆ +41 21 921 40 04
www.leboutdumonde.ch

Du lundi au dimanche de 16h30 à 23h (22h le dimanche).

Créé par un groupe d'amis, le Bout du Monde est à la fois un bar à bières et une cave pour des concerts souvent gratuits (chanson française, rock, jazz), du théâtre, des contes, des lectures, des soirées impro… Jeunes et moins jeunes s'y réunissent dans une ambiance chaleureuse. Le genre de café d'où l'on ne vous chasse pas si vous ne consommez pas plus que ça. L'endroit propose aussi des soupes maisons délicieuses le midi durant les froides journées d'hiver ! De bonnes énergies qui débordent de créativité pour ravir un public voulu proche.

CATHY'S BISCUITS

7 rue de l'Hôtel-de-Ville
✆ +41 21 921 26 62

Ouvert du mardi au vendredi de 11h30 à 18h30, le samedi jusqu'à 17h.

Une adresse charmante et gourmande au centre-ville, côté lac. Après avoir été gestionnaire de fortune, Catherine Celotti a fait de son hobby un métier, en transformant l'ancien magasin d'antiquités de son père en biscuiterie : macarons, cookies, sablés, pains d'épice remplissent ses bocaux en verre, tous préparés avec des produits biologiques, sans colorant, sans conservateur et très peu de sucre. Vous pouvez même vous asseoir pour boire un thé et goûter une de ses glaces. Confitures et sirops maison également, avec des fleurs et fruits cueillis à la main.

KAVO

5 rue Jean-Jacques Rousseau
✆ + 41 21 921 24 25
www.kavo-vevey.ch/bar-a-vins

Mardi et mercredi de 16h à 22h, du jeudi au samedi de 17h à minuit.

Le Kavo est un bar à vin branché et raffiné avec son mobilier design et son mur de verdure. Ici l'accent est mis sur le vin suisse, en témoigne la cave en verre qui vous accompagne dans l'antre du Kavo. La Suisse possède plus de 40 cépages et ce bar lounge propose plus de 200 encaveurs, soit une vingtaine de vins et pétillants au verre. Très tendance, la grande table d'hôte vous invite à la dégustation d'un Blanc réserve comme un Dézaley grand cru, accompagné d'une ardoise tapas. Une ambiance musicale. Tout pour passer un bon moment.

LÄDERACH CHOCOLATIER

8 rue du Théâtre ✆ +41 21 921 37 37
eu.laderach.com/fr

Ouvert du lundi au vendredi de 9h à 18h30 et le samedi de 8h à 17h. Fermé le dimanche.

Parmi les chocolats de ce confiseur réputé, les Chaussures de Charlie Chaplin, 61 % de cacao et une bonne dose de caramel tendre, sont un régal ! On y trouve aussi des créations originales de bonbons chocolat, réalisés pour des occasions spéciales. L'artisanat et la tradition des deux entreprises familiales Poyet et Läderach se sont associées. Même sous le nom de « Läderach », vous trouvez toujours, au 8 rue du Théâtre, à Vevey, de savoureuses spécialités chocolatières confectionnées de manière artisanale et quotidienne...

- **Salon de thé** sur place.

LE V ÈME

Place de la Gare
✆ +41 0 21 922 40 32
www.veme.ch

Du lundi au dimanche de 10h à minuit (vendredi et samedi jusqu'à 2h). Burgers dès 13 CHF. Soirées concerts.

À deux pas de la gare, un bar où se détendre, boire et manger des burgers de qualité sans casser sa tirelire. Le cadre est très sympa, on adore cette déco, boisée et design, avec une belle bibliothèque, qui donne envie de s'y arrêter à toute heure de la journée. Les burgers nommés par des prénoms comme le Jean-Claude sont gourmands et bien servis. Accompagnés d'une des nombreuses bières proposées, votre soirée sera festive et détendue ! Soirées et afterworks avec une belle programmation toute l'année à consulter sur le site Internet.

BRAVO

9 Rue du lac
✆ + 41 21 922 62 62
www.bravo.swiss
Du mardi au samedi de 9h à 18h30. Le jeudi jusqu'à 20h, samedi à 17h. Le dimanche selon planning pour les brunchs.

Un grand « bravo » pour avoir redonné vie à ce lieu qui fut jadis une ancienne brasserie, une salle de jeu de quilles, une salle de bal, une salle de cinéma… Sur deux étages, vous déambulez dans ce grand espace, en passant sous la coupole en pavés de verre à la découverte du savoir-faire local. Les produits sont 100 % *Swiss made*, tous éthiques, ingénieux et originaux. On prolonge volontiers cette découverte au café. De cet endroit se dégage une effervescente créative : si vous aimez les objets design, la mode ou les vêtements, c'est le coup de cœur assuré !

CÔTÉ POTAGER

59 rue d'Italie
✆ +41 21 921 37 75
www.cotepotager.ch
Ouvert du mardi au vendredi de 9h à 12h30 et de 14h à 18h30, le samedi de 9h à 16h.

Manger ses légumes cultivés en Suisse est une devise chez Côté Potager ! Dans le petit magasin d'Emmanuelle Forney ouvert depuis 2008, vous ne trouverez que des produits suisses, de quelque cent petits producteurs. Si les beaux fruits et légumes de saison prennent une place importante, n'hésitez pas à y passer pour acheter des pâtes, des flûtes, des sirops et bien d'autres produits régionaux et locaux. Nous vous recommandons également les paniers-cadeaux. Pour une dimension essentielle de la vie : de la bonne nourriture, de préférence crue et croquante.

LAITERIE DE LA GRENETTE, FROMAGERIE LA CHAUDIÈRE

27 rue des Deux-Marchés ✆ +41 21 921 23 45
www.lachaudiere.ch/shop/
Ouvert le lundi au vendredi de 10h à 12h30 et de 14h à 18h30, samedi de 8h à 17h. Achat en ligne possible.

Une bonne dose de fromages suisses à glisser dans ses valises s'impose ! Alors pour cela, au cœur de la vieille ville, la laiterie de la Grenette, fromagerie et crémerie, est l'adresse idéale pour acheter des fromages de la région, dont les fondues maisons de Wysmüller ainsi que des meringues, de la double crème et autres produits du terroir. Les sachets de bricelets sont une bonne idée de cadeau. Également des confitures de lait et des spécialités sucrées à tartiner.

CORSIER-SUR-VEVEY ★★

Commune résidentielle située sur les hauteurs de Vevey, Corsier est surtout connue pour avoir accueilli Charlie Chaplin. Eh oui, c'est bien ici, ne vous y trompez pas ! Car même si une statue de celui-ci vous regarde à Vevey d'un air attendri, une rose serrée contre son cœur et sa fameuse canne dans l'autre main, c'est en réalité à Corsier qu'il a vécu avec sa famille durant les vingt-cinq dernières années de sa vie, au manoir de Ban. Cette belle demeure fait l'objet d'un musée qu'il ne faut absolument pas manquer. Pour y accéder, les bus 211 et 212 s'arrêtent à Corsier-Village. Sinon comptez une petite demi-heure à pied depuis Vevey.

Histoire

Charlie Chaplin a été à Corsier-sur-Vevey. Au sommet de sa carrière, Charles Spencer Chaplin épouse, en 1943, Oona, fille d'Eugene O'Neill, auteur dramatique américain. À l'époque du maccarthysme, il décide de s'exiler en Europe. En 1953, il s'installe avec sa famille au manoir de Ban, à Corsier. On raconte qu'il assistait chaque année au spectacle du cirque Knie. Sa carrière fut d'une belle longévité : plus de soixante-cinq ans, du music-hall en Angleterre jusqu'à sa mort en Suisse. Quant aux chefs-d'œuvre de ce maître, doit-on encore les nommer ? De *La Ruée vers l'or* aux *Temps modernes*, *Le Dictateur*, la liste est longue ! Décédé en 1977, il repose au cimetière de Corsier. Le musée offre un beau parcours sur sa vie et ses œuvres.

CORSEAUX

Charmant village, la petite plage de la Crottaz (suivez le panneau Camping) permet de vous baigner facilement. Ce cadre privilégié a attiré plusieurs personnalités connues, dont le journaliste et écrivain Graham Greene. Ce dernier n'aura vécu ici qu'une année, avant d'aller mourir près de sa fille, en 1991, à Vevey. Un « banc parlant », au bout du chemin du Grand-Pin, lui rend hommage. Sa tombe se trouve dans le cimetière du village. Plusieurs bus font régulièrement la liaison Vevey-Corseaux. Pour vous rendre dans le centre, en hauteur, vous pouvez aussi emprunter le funiculaire Vevey-Mont-Pèlerin (station Corseaux).

© DS

© DS

VILLA «LE LAC» LE CORBUSIER ★★

Bus VMCV 201, arrêt Bergère, à 5 min à pied. Au bord de la route de Lavaux, entre Corseaux-Plage et les Gonelles.

www.villalelac.ch

Adultes 12 CHF, étudiants 10 CHF, enfants 6 CHF.

Cet archétype de la maison minimale (64 m^2) est une contribution exceptionnelle au Mouvement Moderne. Elle est inscrite sur la liste du patrimoine mondial de l'Unesco. La fenêtre de 11 m de longueur permet de baigner toutes les pièces de lumière. Les meubles dessinés par Le Corbusier dans ses années de jeunesse y sont toujours visibles. Selon le vœu de Le Corbusier, la villa est aujourd'hui un musée qui présente des expositions d'artistes et d'architectes de renommée internationale.

© DS

© DS

© DS

CHAPLIN'S WORLD ★★★

2 route de Fenil ✆ +41 842 422 422
www.chaplinsworld.com

Ouvert 7j/7. Basse saison : de 10h à 17h. Haute saison : de 9h à 18h. Tarif adulte 27 CHF. Durée des visites : 2h30.

Le monde de Chaplin ! L'ouverture de cette structure très attendue a eu lieu le 17 avril 2016. Un espace grandiose dédié à un artiste génial, sa vie et son œuvre... Monsieur Charles Chaplin : il est vrai que c'est un homme hors du commun, un très grand Monsieur, à la fois compositeur, danseur, réalisateur et producteur. C'est simple, il excelle incroyablement au niveau professionnel. On lui doit l'art d'avoir intégré la pantomime dans le cinéma muet. Ce grand voyageur, épris d'humanisme et ouvert sur le monde, se dévoile intimement au fil de la visite. Le nouveau musée est tout à la fois un lieu de divertissement culturel et un incroyable voyage dans le temps sur les traces de Charlot et de son « inventeur ». Vous allez entrer dans l'intimité familiale du cinéaste, déambuler dans un studio de cinéma hollywoodien et profiter en vous promenant dans le parc de cet écrin de verdure, joyau entre montagne et lac, qui avait séduit Charlie Chaplin. Un grand moment d'émotion et de plaisir à partager en famille. Rendez-vous à la cabane de « La ruée vers l'or » ou devant les rouages des machines des « Temps modernes ». Le décor est planté !

Le site se déploie sur 5 hectares et autour de trois espaces phares :

- **Les 500 m² du Manoir de Ban,** édifice néoclassique construit en 1840, où vivait la famille Chaplin.
- **Les 1 350 m² du studio,** nouveau bâtiment d'exposition dédié à l'œuvre de Charlie Chaplin.
- **Les 4 hectares du parc** intégrés au parcours de visite. Sans compter la billetterie-boutique et le café-restaurant.

PISCINE DE VEVEY - CORSEAUX PLAGE

19 route de Lavaux
✆ +41 21 921 23 68

Bassin couvert ouvert 7j/7 sauf juillet août. Bassin extérieur ouvert tous les jours de 9h à 20h à partir de mi-mai.

La piscine de Vevey-Corseaux plage est une belle installation dans un cadre somptueux pour toutes les saisons ! Une piscine olympique en plein air très agréable en été, avec accès au lac. Un bassin couvert pour le reste de l'année. Attenant à la piscine, le restaurant La Trattoria offre les saveurs de l'Italie sur la plage. Au menu : pâtes, pizzas, risotto, viandes et poissons du lac, très bien préparés. Plat du jour autour de 20 CHF, plats de 20 à 40 CHF. Ouvert toute l'année.

LA TOUR-DE-PEILZ ★

Entre Vevey et Montreux, relié par le bus 201 à la promenade de Montreux et à quelques tours de pédales des principales scènes, La Tour-de-Peilz constitue un excellent point de chute pour ceux qui souhaitent éviter la cohue, ou qui se sont organisés un peu tard pour assister confortablement au festival de Jazz. En lui-même, il vaut également le détour pour quelques visites du village. Du haut de la tour du château, vous pouvez admirer les dents de Morcles et les dents du Midi, à l'est, qui encadrent le majestueux Catogne. En face, vous pouvez voir le Grammont et, plus à l'ouest, vous apercevez la chaîne du Jura.

MUSÉE SUISSE DU JEU ★

Au château ✆ +41 21 977 23 00
http://museedujeu.ch/fr/

Ouvert du mardi au dimanche de 11h à 17h30, et les lundis fériés. Entrée adulte 12 CHF.

Abrité, depuis plus d'un quart de siècle, dans un très beau château du XIIIe siècle, le musée du Jeu propose un panorama de l'univers ludique, à travers 250 jeux de tous les pays, de l'Antiquité à nos jours. Depuis juin 2012, un espace est même consacré à l'histoire de la loterie. Les enfants peuvent également construire un château de cartes géant et découvrir l'ancêtre de la Game Boy. Parcours ludique à l'extérieur et boutique proposant un grand choix de jeux de société.

- **Le musée organise** des ateliers, des visites guidées et même des *team building*.

HÔTEL BON RIVAGE €€

18 route de Saint-Maurice
✆ +41 21 977 07 07
www.bon-rivage.ch

Chambre standard côté nord de 110 à 180 CHF, standard vue sur le lac de 160 à 220 CHF.

Une ode au romantisme en bord de lac. Construit en 1864, l'hôtel a été totalement rénové en 2001. 60 chambres confortables et modernes sont à disposition des clients qui désirent se reposer au calme. L'hôtel abrite un restaurant gourmand, accueille des séminaires et programme des animations culturelles. Le jardin donne directement accès au lac. Pour la petite histoire, l'endroit a accueilli le célèbre compositeur allemand Richard Wagner et était avant géré par la congrégation des sœurs de Saint-Joseph d'Annecy, en tant que pensionnat puis comme maison de repos.

THE GARDEN ON THE LAKE €€

18 route de Saint-Maurice
✆ +41 21 977 07 07
www.bon-rivage.ch/the-garden/
Ouvert du mardi au samedi soir. Menu midi : 3 plats 58 CHF, 2 plats 49 CHF. Menu du soir de 62 à 75 CHF.

Une très belle terrasse dans un parc face au lac. Légèrement en retrait de La Tour-de-Peilz, le restaurant de l'hôtel Bon-Rivage est un havre de paix. Rosiers et jardin potager entourent la belle terrasse et confèrent une atmosphère romantique au lieu. On y sert une cuisine tendance gastronomique pleine de saveurs. Au menu inspiration d'hiver : fricassée de homard et ris de veau laqué au vin jaune, noisettes de selle de chevreuil rôties aux poivres parfumés, fondue d'épinards frais et févettes. Le ton est donné… Agréable terrasse en été avec vue sur le lac.

CERCLE DE LA VOILE VEVEY - LA TOUR

✆ +41 21 944 50 41
www.cvvt.ch
Cours de voile, organisation de régates.

Vous voulez apprendre à naviguer ou vous perfectionner ? L'école de voile du CVVT vous fera découvrir l'univers du nautisme dans le cadre naturel agréable proposé par le lac. De nombreux cours de voile sont destinés aux navigateurs de tous niveaux, enfants, ados et adultes, et modulables à la demande, sous forme de stage, de cours hebdomadaire ou de leçon particulière. Location de petits voiliers sans permis possible (sortes de dériveurs très stables).

LES PLÉIADES ★

Prendre le petit train de montagne Vevey-Blonay-Les Pléiades pour la petite station de sports d'hiver et d'été à 1 360 m d'altitude. La montagne des Pléiades offrent une multitude d'activités à seulement 40 minutes de Vevey. Outre le parcours Astropléiades, ce lieu enchantera les randonneurs et les adeptes de VTT en été. En hiver, 8 km de pistes de ski alpin et 10 km de pistes de ski nordique satisferont les skieurs débutants et moyens. Des parcours balisés sont également à disposition des randonneurs en raquettes. Marquant le début de la chaîne des Préalpes depuis l'ouest, on aperçoit les Rochers de Naye, la plaine du Rhône et les Dents du Midi.

MONTREUX ★★★

Longtemps simple région agricole, la ville s'est véritablement développée avec le tourisme à la fin du XIXe siècle. La clientèle des personnalités du monde entier a été remplacée de nos jours par une clientèle d'affaires et de tourisme de luxe, Montreux a conservé le charme de ses anciens hôtels Belle Époque. Ainsi qu'une sorte de nostalgie constamment présente, au bord du lac ou dans les hauteurs, du côté de Caux et de Glion. Deux grands événements rythment l'année : le Montreux Jazz Festival, en été, et, en hiver, le marché de Noël, parmi les plus grands de Suisse. Et en troisième, le Montreux Comedy Festival.

Balade

Autour de Montreux, il existe un réseau étendu d'itinéraires pédestres, de la promenade courte à la randonnée vers la dent de Jaman et les rochers de Naye. C'est également un petit paradis pour le parapente et le ski (même si les plus belles stations se trouvent plutôt côté Valais).

▶ **Les sentiers pédestres.** Une carte très détaillée des sentiers pédestres est disponible à l'office de tourisme, avec des indications sur tous les points d'intérêt. Parmi les sentiers balisés les plus connus : le sentier des Tenasses et la haute route de la Riviera (itinéraire sur la carte « Hauts de Montreux » en vente dans les points d'informations à 9,50 CHF). L'office de tourisme des Paccots organise « les sentiers gourmands », des parcours jalonnés de haltes gastronomiques, avec excursions à l'alpage dans des restaurants où vous dégusterez divers mets du terroir, dans une ambiance champêtre.

▶ **La gorge du Chauderon.** À partir du vieux Montreux, prenez la ruelle du Chauderon et continuez jusqu'aux gorges du Chauderon, en pleine forêt vierge ! Très jolie balade, à faire avec des chaussures de marche normales. Comptez 2 heures jusqu'aux Avants. Vous pouvez ensuite reprendre un train pour Montreux.

▶ **Montreux et son cœur de rocker.** Freddie Mercury est dans le cœur de tous les Montrusiens car après son installation à Montreux en 1978, il ne cessera d'admirer sa nouvelle ville, la quiétude et la beauté des lieux. La discrétion suisse lui permet de vivre une vie paisible et d'enregistrer ses chansons jusqu'au dernier album en 1991. **Alors, êtes-vous prêt à aller sur les traces de Freddie Mercury ?**

▶ Le Casino – studio d'enregistrement : après avoir emprunté la passerelle et surplombé la grande salle des machines de jeux, vous découvrez le Mountain Studios où Freddie Mercury a enregistré plusieurs de ses albums, dont le dernier, *Made in Heaven*.

Des vitrines évoquent l'univers du chanteur comme les feuilles de chanson griffonnées à la main, des disques, des photos de son appartement à Territet (quartier de Montreux), des objets personnels et des instruments de musique. Ensuite, très ludique, on vous invite dans la salle de mixage The Control Room à monter le son en puissance sur la console et chanter du vrai rock. Une expérience inédite !

▸ Le mur des hommages à Queen : sur la façade ouest du casino, des messages dans toutes les langues tapissent le mur blanc. Le Queen Tribute Wall est un mur d'expressions et un beau témoignage d'amour à ce groupe légendaire.

▸ La statue de bronze : en sortant du casino, dirigez-vous vers le bord du lac et admirez la statue offerte par Queen en 1996. Freddie Mercury regarde le lac qu'il a tant apprécié.

Quartiers

▸ La voie de chemin de fer sépare la ville en deux : en dessous, un petit Monaco avec lac, palaces et gens de passage venus pour une conférence ou en villégiature de loisir, représentés par la « promenade ». Au-dessus, une vieille ville souvent ignorée, avec quelques commerçants qui ne bénéficient pas toujours des différentes manifestations côté lac. Pourtant, c'est ici que se trouve le véritable Montreux, dans ces anciennes petites communes du Châtelard et des Planches réunies en 1961 seulement pour former la ville de Montreux.

▸ **Le vieux Montreux :** à l'origine de la commune de Montreux, on trouve la paroisse, ou un « arrondissement », du même nom. Elle dépend alors de l'évêque de Sion, avant de passer aux mains des comtes de Savoie. L'église Saint-Vincent, qui domine le bourg du « vieux Montreux », est le centre de cette paroisse. Longtemps divisée en deux communes distinctes (Les Planches et Le Châtelard), l'ancienne paroisse retrouve son unité lors de leur fusion en 1961, pour former la commune de Montreux. La vieille ville, avec ses petites rues pavées et ses maisons anciennes, témoigne de ce passé

Sortir

C'est dans les pintes (auberges vaudoises) que l'on fait honneur au Bacchus vaudois avec le partage généreux du vin aux appellations locales (cépage chasselas) qui coule en abondance. Ambiance vigneronne et du terroir conservée aux antipodes des strass des festivals, qui compose aussi le Montreux actuel.

AS'CRÉATIONS - LE STUDIO ★★

18 route du Pont ✆ +41 21 96 302 96

ascreations.ch

Librairie, galerie et café. Ouvert mardi de 13h à 19h. Mercredi à vendredi de 10h à 19h et samedi de 10h à 16h.

Un espace plein de promesses, à découvrir dans le vieux quartier des Planches, tout à la fois lieu d'exposition, café et boutique, le tout à vocation culturelle et conviviale, partage et découverte. Il s'agit ici de défendre des coups de cœur et de créer du lien social. À l'initiative du studio As'Créations, Flore et Arnaud. Arnaud est le fils du dessinateur suisse bien connu Derib (*Yakari*, *Pour toi Sandra*, etc.) et de Dominique de Ribaupierre, également dessinatrice de BD (*Autrefois à Évolène*). Sur place, un petit comptoir de bois blond et deux tables, quelques objets artisanaux de créateurs (ceux qui font les choses à la main et avec beaucoup de cœur) et un rayon librairie. C'est que As est la petite maison d'édition que vient de fonder Arnaud pour éditer les nouveaux ouvrages de ses parents et quelques autres coups de cœur. Au catalogue, deux ouvrages superbes de Derib, *Tu seras la reine*, histoire autour des vaches d'Hérens, et *Le Galop du silence* sur les chevaux des Franches Montagnes (Jura suisse). De beaux ouvrages qui mettent en valeur et font mieux connaître des races locales. En projet : le récit en BD de trois ans en vélo autour du monde par un jeune qui vient de rentrer en Suisse. As'Créations dispose d'une petite galerie d'exposition dont l'accrochage change tous les mois. La première avait été consacrée aux cinquante ans de carrière de Derib avec des dessins inédits de Derib signés à 17 ans qui présageaient largement de son talent futur. En vente des reproductions d'affiches et des dessins. Ateliers.

HÔTEL FAIRMONT LE MONTREUX PALACE ★★

2 avenue Claude Nobs

✆ +41 21 962 1212

m.fairmont.fr/montreux

Superbe édifice de la Belle Époque, emblématique de la Riviera vaudoise, construit en deux ans seulement, 1905 et 1906, par l'architecte Eugène Jost. En raison du nouvel engouement dont jouissait le sport à cette époque, on y ajouta un « Pavillon des sports », devenu aujourd'hui un restaurant. Parmi les nombreuses personnalités qui y ont séjourné, citons Richard Strauss (1947), Vladimir Nabokov (de 1961 jusqu'à sa mort en 1977), Mikael Gorbatchev (1994), ou Michael Jackson (1997).

CHÂTEAU DE CHILLON ★★★

Avenue de Chillon
www.chillon.ch
Ouvert d'avril à septembre de 9 à 19h et d'octobre à mars de 9h30 à 18h. Tarifs adulte 13,50 CHF.

Majestueux, il s'intègre naturellement sur les eaux du Léman. Sans doute l'une des silhouettes les plus célèbres au monde, le château de Chillon est un symbole de la Suisse, belle illustration du pays par l'harmonie des ses formes [vingt-cinq corps de bâtiments] et l'impression de solidité et d'équilibre qui s'en dégage. Forteresse posée sur l'eau, véritable verrou surveillant l'ancienne route d'Italie, passage obligé – en raison de l'étroitesse des lieux – sur l'axe nord-sud, c'est aussi, face au lac, une résidence ducale. Difficile de dater précisément cette place forte, mais la présence d'un poste romain y semble déjà attestée par des monnaies et des vestiges trouvés sur le site. Pendant tout le Moyen Âge, le château fut le siège des puissants comtes de Savoie, implantés dans la région. En 1536, Chillon est connu des baillis bernois, qui en font d'abord leur résidence, avant d'aménager à Vevey, au XVIIIe siècle ; le goût de la vie en société se répandant, ils commençaient à s'ennuyer entre ces murs solitaires. Berne a pitié de ses baillis et achète la maison des Tavel, à Vevey, pour en faire leur nouvelle résidence. Il est alors question de démolir le château de Chillon ; heureusement, le coût de l'opération est trop élevé. Enfin, la Révolution française entraînera la chute de Berne. En 1798, le pays de Vaud se libère de la tutelle bernoise et depuis, le château de Chillon appartient au canton de Vaud.

Sur place : Une muséographie moderne, des expositions temporaires, vins du pays en vente, boutique de souvenirs et plage.

© KAVRAM - SHUTTERSTOCK.COM

ROUSSEAU, PROMOTEUR DU TOURISME SUISSE

Le pays de Vaud est encore sous domination bernoise quand le philosophe genevois Jean-Jacques Rousseau arrive à Clarens, fait qui contribuera considérablement à l'essor du tourisme en Suisse. La publication de *La Nouvelle Héloïse* attire l'attention de l'Europe sur la Riviera suisse. Dans une étude intitulée *Paysages suisses dans la littérature romantique*, l'écrivain suisse romand Guy de Pourtalès [1881-1941] écrit : « Au temps du carnaval de l'année 1761, parut un roman qui bouleversa la société française. On ne parlait que de ce livre à la ville et à la cour, et une mondaine qui l'avait commencé un soir, avant d'aller au bal, renvoya sa voiture, la fit revenir deux heures plus tard, la renvoya à nouveau, et se résolut enfin à faire dételer ses chevaux pour n'être plus dérangée dans sa lecture. » Ce livre s'appelait *La Nouvelle Héloïse* et portait en sous-titre : *Lettres de deux amants, habitants d'une petite ville au pied des Alpes*. C'est ainsi que la Suisse est entrée dans la littérature française…

De nombreuses célébrités sont ensuite venues sur les traces de Rousseau. L'écrivain russe, Nicolas Karamzine [1766 - 1826], écrit des choses charmantes : « À cinq heures du matin, je sortis de Lausanne, la joie dans le cœur et l'*Héloïse* de Rousseau dans ma main. Vous devinez sans doute le but de mon voyage. Je voulais voir de mes propres yeux les beaux sites dans lesquels l'immortel Rousseau plaça ses amants romantiques… Beaucoup d'habitants que j'ai rencontrés connaissent l'Héloïse et sont très fiers que Rousseau ait glorifié leur pays en le choisissant comme décor de son roman. Le cultivateur en vous rencontrant vous dit : "Monsieur a sans doute lu *La Nouvelle Héloïse*". » Léon Tolstoï vient également s'installer à Clarens, « dans ce même village où a demeuré la Julie de Rousseau », écrit-il, en 1857, à sa tante Toinette. Lord Byron vient en 1816, nourri, lui aussi, de ce roman. Après s'être trouvé pris dans une tempête sur le Léman, il s'inspirera du prisonnier Bonivard du château de Chillon pour écrire *Le Prisonnier de Chillon*, un poème qui jouera lui aussi un rôle considérable dans l'attrait exercé par la Riviera vaudoise. La Maison Rousseau et de la littérature [MRL] à Genève propose une immersion philosophique au travers d'un parcours en images et musique dans la maison natale de l'écrivain. Les thèmes abordés sont la nature, l'enfance, la liberté, le sentiment, le bonheur et Genève.

SUISSE ROMANDE

Les quais fleuris de Montreux.

IMPÉRATRICE SISSI

Place des Roses

Avenue de la Riviera, peu avant Saint John's Church en direction de Chillon.

L'impératrice d'Autriche Élisabeth de Bavière (1837-1898), dite Sissi, aimait séjourner dans la région. Elle se rendait alors au Grand Hôtel de Territet, depuis transformé en appartements, qui abrite également le musée de l'Audiorama. Ses nombreuses promenades la conduisaient à Caux, où elle a séjourné en août 1898, avant d'être assassinée le 10 septembre à Genève. Une statue a été élevée en son honneur dans le jardin des Roses. Vous pouvez y lire : « À la mémoire de Sa Majesté l'impératrice et reine Élisabeth en souvenir de ses nombreux séjours à Montreux. »

MUSÉE DE MONTREUX ★★

40 rue de la Gare

✆ +41 21 963 13 53

www.museemontreux.ch

Ouvert tous les jours d'avril à novembre, de 10h à midi et de 14h à 17h. Adulte : 8 CHF. Gratuit jusqu'à 16 ans.

Le musée de Montreux, dont l'origine remonte à 1874, présente de nombreuses facettes de la région montreusienne, dans un groupe de maisons vigneronnes du XVIIe siècle reconstituées. L'exposition retrace la ville et sa région à travers 4 thèmes : histoire, terroir, tourisme et hôtellerie. Des collections de monnaies, de marques à feu, de rabots et d'outils de menuiserie contribuent à la compréhension du sujet. Une dame ayant fait don au musée de sa collection de dés à coudre, une salle supplémentaire a été ouverte pour accueillir 2 100 petits bijoux !

LA MAISON DU PÈRE NOËL AUX ROCHERS-DE-NAYE

les Rochers-de-Naye

✆ +41 90 024 52 45

www.mob.ch

Du mercredi au dimanche, pendant toute la durée de Montreux Noël. Train et entrée 39 CHF, 19 CHF pour les enfants.

Ne manquez pas la visite de la Maison du véritable Père Noël, dans sa grotte au sommet des rochers de Naye, à 2 042 m ! Pour y arriver, on vous propose une grimpée en train pour rejoindre le merveilleux pays du Père Noël. Pour les enfants, la découverte de son repaire, installée aux rochers de Naye, est toujours un moment magique dans l'attente du jour J. Maquillage, coin jeux, chasse au trésor… Petit cadeau et diplôme récompensent les enfants sages.

STATUE DE FREDDIE MERCURY ★

En bas de la Place du marché

Le chanteur de Queen est tombé amoureux de Montreux lors de l'enregistrement d'un album en 1978. Il aurait même affirmé : « Si tu veux la paix de l'âme, viens à Montreux. » Le groupe enregistrera également ses derniers albums au studio de Montreux et notamment de grands titres tels que *Mother Love*. Freddie Mercury vivra ses derniers mois ici, avant de mourir en 1991. Depuis, d'autres musiciens sont venus lui tenir compagnie : Ella Fitzgerald, Ray Charles, Quincy Jones, BB King…

TEMPLE SAINT-VINCENT ★★

30 Rue du Temple

L'église aurait été construite au XVe siècle sur les ruines d'un *monasteriolum*, une petite église datant peut-être du XIe siècle. Elle est dotée d'une tour carrée surmontée d'une flèche à huit pans incurvés de 7,5 m de côté. Peu de temps après, à l'arrivée des Bernois (1536), l'église devient un temple protestant, ce qu'elle est d'ailleurs encore de nos jours. Les vieux Montreusiens appellent Saint-Vincent le temple des Planches. Les vitraux, modernes, sont signés par l'artiste vaudois Jean Prahin. De la terrasse, très belle vue sur l'agglomération montreusienne.

SWISS RIVIERA WINE TOURS ★★

45 avenue des Alpes

✆ +41 21 965 32 37

www.swissrivierawinetours.com/fr

A partir de 200 CHF / pers pour 5h de circuit.

Ces circuits d'une durée d'environ 5 heures ont été initiés en 2012. Au programme : visites guidées en petit comité (7 personnes max.) dans vignobles du Chablais ou dans ceux du Lavaux, avec dégustation de vin et repas inclus. Une manière très privilégiée de découvrir les particularités des vins du Lavaux. Vous suivez la côte en mini bus avec des guides et bénéficiez d'accès privilégiés dans les domaines. Le prix est dégressif pour les groupes, mais même si la qualité est au rendez-vous, il pourra tout de même en rebuter certains.

MONTREUX RIVIERA

5 rue du Théâtre

✆ +41 848 86 84 84

www.montreuxriviera.com

Office de tourisme, informations et réservations.

Page Internet de l'office du tourisme de Lavaux et de la Riviera vaudoise (de Vevey à Villeneuve). La colonne Events et News sur la gauche permet de repérer très rapidement les spectacles et autres manifestations en cours. Il est également possible de réserver directement un hôtel, de trouver des idées de randonnées et de sports à pratiquer dans la région. C'est un allié pour organiser votre découverte et vous pouvez également réserver en direct des expériences thématiques comme Panoramic Vine, des visites guidées, des balades musicales…

GOLDENPASSLINE

Gare de Montreux

✆ +41 21 989 81 90

www.goldenpassline.ch

Dès 89 CHF en première classe pour l'expérience complète.

Évasion panoramique pour le GoldenPass MOB Panoramic, et ambiance rétro pour le GoldenPass Belle Époque. Le Panoramic est un train moderne, équipé de larges fenêtres, quitte le lac Léman à partir de Montreux pour s'engouffrer dans un tunnel et continuer vers Château d'Oex et Gstaad, avant d'arriver à Zweisimmen. Bien entendu le parcours est magnifique avec une immersion alpestre. Les plus nostalgiques apprécieront le GoldenPass Classic « Belle Époque » aux allures d'Orient Express. Il suit le même trajet que le Panoramic, mais dans une ambiance Belle Époque.

GOLDENPASS MOB

Gare de Montreux ✆ +41 21 989 81 90

www.mob.ch

Au départ de Montreux, des trains en direction du pays de Gruyères, de Château-d'Oex, de Zweisimmen, de Lucerne…

Cette ligne à vocation touristique propose un voyage extraordinaire dans 2 trains différents, avec vue panoramique sur des paysages époustouflants, entre lacs et sommets. Un spectacle permanent ponctué par trois cols, les célèbres 4 000 des Alpes, et huit lacs. Les plus nostalgiques apprécieront le GoldenPass MOB Belle Époque, aux allures d'Orient Express. Il suit le même trajet que le Panoramic… Dans sa version gourmande et saisonnière, il y a, en été, le Train du chocolat, puis, en hiver, le Train du fromage. Le prix comprend le voyage en train et les visites.

LE COUCOU €€

Route des Monts 31 – CH-1824 Caux

✆ +41 21 961 25 91 - www.coucoumontreux.com

Tarifs de la nuitée : dès 80 CHF en chambre alpine suivant la saison. Restaurant : de 10h à 22h tous les jours.

Le Coucou Hotel & restaurant est un chalet où le cocooning, la bonne ambiance et l'art du lâcher-prise sont de mise. Sur la terrasse, lové dans notre transat, on est ébloui par la vue sublime sur le lac Léman bordé de ses montagnes. Depuis sa construction en 1959 où Vera Rust a lancé sa rôtisserie, le restaurant d'altitude reste un endroit de prédilection pour se retrouver en famille ou entre amis après une échappée alpine. Le chalet très *cosy* bénéficie d'une décoration tendance montagne où peaux de bêtes, bougies, musique d'ambiance s'associent harmonieusement.

HÔTEL BON-PORT €€

4 bis rue du Théâtre
✆ +41 21 962 80 70
www.hotelbonport.ch
Chambre simple à quadruple de 70 à 240 CHF.

Une halte s'impose sur les bords du lac Léman ! Ici vous serez à Bon-Port pour flâner le long des quais et vivre le romantisme de la Riviera vaudoise. L'hôtel Bon-Port constitue une excellente adresse située dans un quartier calme, à seulement 100 m du lac et à deux pas du casino. Les 30 chambres sont confortables et décorées avec beaucoup de goût, dans des tons chaleureux. Certaines proposent des kitchenettes pour être installé comme à la maison. Wi-fi gratuit dans tout l'hôtel. Cinq places de parking gratuites sur demande.

LE MÉTROPOLE €

55 Grand' Rue
✆ 021 963 75 58
www.lemetropole.ch
Brasserie ouverte tous les jours de 10h à 22h. Bar ouvert de 15h à minuit en semaine (jusqu'à 1h le week-end). Terrasse.

Face au lac, entre l'office de tourisme et le débarcadère, Le Métropole a un emplacement des plus remarquables pour tirer tout le meilleur de son espace. Divisé en deux salles, vous pourrez soit profiter d'un verre dans le coin bar, ou bien déguster les délicieuses spécialités suisses ou les pizzas dans la brasserie. Mais ce qu'on apprécie surtout, c'est cette grande terrasse qui nous accueille en toute saison, permettant d'admirer le magnifique paysage et de nous relaxer. Attention tout de même à la forte affluence en raison de sa position stratégique.

HÔTEL LA ROUVENAZ €€

1 rue du Marché
✆ +41 21 963 27 36
rouvenaz.ch
Chambre à partir de 100 à 350 CHF selon saison. Petit déjeuner 14 CHF.

Un hôtel plein de charme aux accents du Sud ! Situé en plein centre, La Rouvenaz propose des chambres très confortables dans une enveloppe cosy et moderne. Certaines offrent une vue sur le lac comme la suite avec sa terrasse panoramique. L'hôtel dispose également d'un appartement 3 chambres. Pour qui cherche à profiter de Montreux et de la proximité du lac à des prix attractifs, c'est ici qu'il faut séjourner ! Sur place et au bord du lac, deux restaurants vous proposent des mets italiens et le deuxième des fruits de mer d'octobre à mars.

TAVERNE DU CHÂTEAU DE CHILLON €

24 avenue de Chillon ✆ +41 21 961 19 70
www.tavernechillon.ch
Ouvert tous les jours de 9h à 23h (petite carte de 14h à 19h). Plats de 30 à 38 CHF, pizzas de 17 à 23 CHF.

À quelques pas seulement du château de Chillon, voici une adresse idéale où vous poser après la visite, dans le décor rustique de la brasserie ou derrière les grandes baies vitrées de la véranda. La cuisine y est classique et parfois réinventée. Leur lapin à la moutarde ou encore le filet de féra et le papet vaudois évoquent les repas de famille. Une bonne adresse pour déguster des spécialités du terroir. Attention, ils accueillent parfois des groupes visitant le Château de Chillon.

CAVEAU DES VIGNERONS €

30 bis Rue Industrielle
✆ +41 21 963 25 70
www.caveau-des-vignerons-montreux.ch
Ouvert tous les jours de 8h à minuit (samedi dès 10h). Comptez 25 CHF pour une fondue.

Cette belle brasserie traditionnelle, située dans la vieille ville de Montreux, dispose d'une salle de restaurant classique et d'un grand carnotzet voûté au décor rustique. Si vous voulez déguster une fondue à Montreux, dans un cadre typique, c'est ici qu'il faut venir. Mais le meilleur de la maison, ce sont les viandes sur ardoise et autres röstis, qui vous permettent de découvrir et d'apprécier la cuisine suisse tout en dégustant des vins locaux de Lavaux, Villeneuve et Montreux. Parce que, bien évidemment, le vin est toujours bien choisi !

LA ROUVENAZ €€

1 rue du Marché ✆ +41 21 963 27 36
www.rouvenaz.ch
Ouvert tous les jours, midi et soir, de midi à 15h et de 18h30 à 23h30. Comptez 40 CHF un plat de viande ou de poisson.

Ce restaurant italien de plus de 50 ans d'existence sert de très bonnes pâtes et pizzas ainsi que de magnifiques plateaux de fruits de mer (de novembre à mars). La carte des mets varie selon les saisons. Le décor est plutôt contemporain, avec sièges en cuir beige et banquettes léopard. Cet établissement a su fédérer tous les publics : ambiances multi-générationnelles où se rencontrent aussi bien les locaux que les touristes ou stars de passage. Service jeune et efficace, une bonne adresse, réservation vivement conseillée. C'est aussi un hôtel à deux pas du lac.

HOTEL VICTORIA €€

16 Route de Caux
www.victoria-glion.ch
56 chambres. Restaurant gastronomique. Piscine et très belle vue.

Glion offre un magnifique panorama sur le lac. Belle demeure située dans les hauteurs de Montreux dans un lieu magique qui respire le calme et l'authenticité avec une vue plongeante sur le lac Léman. Disposant de chambres spacieuses et décorées avec des meubles d'époque, le cadre, le confort, l'accueil et la table se complètent dans une ambiance unique. L'hôtel est imprégné de l'art de vivre de la Belle Époque. Antoine Mittermair, le propriétaire, et son équipe garantissent un accueil privilégié à leurs hôtes. Un lieu très recommandé !

MONTREUX JAZZ CAFÉ €€€

2 avenue Claude Nobs ✆ +41 21 962 13 00
www.montreuxjazzcafe.com/fr

Ouvert tous les jours, de 11h30 à 22h30. Plats à partir de 28 CHF. Formule concert ou théâtre et repas 49 CHF.

Il y avait déjà le Montreux Jazz Café de Genève… Le voici dans sa ville ! Luxe détendu et décor inspiré par l'environnement du célèbre festival du même nom. Cuisine généreuse, sélection des meilleurs crus de la région entouré des archives des plus grands concerts et dans un décor imprégné d'émotions qui remontent à 1967. Que ce soit pour partager quelques tapas dans une ambiance musicale avant d'assister à un concert ou pièce de théâtre, c'est toujours un endroit plein d'énergie ! Ne vous privez pas de cocktails au Funky Claude's bar. Programmation de concerts.

TRALALA HOTEL €€

2 rue du Temple ✆ +41 21 963 49 73
www.tralalahotel.ch

Chambre simples, doubles et suite de 120 à 240 CHF (tarif en ligne). Petit déjeuner buffet compris.

Une adresse jazzy ! Installé dans une maison de maître de 1616, le Tralala Hôtel, hôtel de charme, abrite un décor résolument design aux tons rouge, blanc et noir. Les 35 chambres, de haut confort, ont toutes pour thème la musique ! La décoration se décline autour d'artistes connus : David Bowie, Deep Purple, Miles Davis ou encore Carlos Santana. L'hôtel dispose aussi d'un Lounge Bar, le Tralala bar, pour une ambiance agréable et… musicale. Pour les ventres creux, le Tralala Eatery vous offre de quoi vous restaurer tout au long de la journée.

SUISSE ROMANDE

CONFISERIE ZURCHER

45 avenue du Casino ✆ +41 21 963 59 63
www.confiserie-zurcher.ch

Ouvert du mardi au dimanche de 8h à 18h. Formules petit déjeuner de 7,90 à 26 CHF. Assiette du jour à 21 CHF.

La fameuse maison Zurcher existe depuis 1879. Ce grand chocolatier de Montreux nous ouvre sa boutique et son salon de thé raffiné très Belle Époque. Espace feutré et moquette profonde, chocolats et pâtisseries haut de gamme. 3 formules petit déjeuner pour satisfaire tous les appétits, une bonne restauration pour le déjeuner et des gourmandises pour les après-midi. On vous recommande les recettes maison du grand-père : le chocolat chaud et le thé froid. Très sympathique, Anne qui dirige la maison est de la 5e génération de la famille.

LUCIEN MOUTARLIER

44 grand-Rue
✆ +41 21 963 21 14
www.moutarlier.ch

Ouvert du lundi au vendredi de 7h30 à 18h30, le week-end de 7h30 à 17h.

L'excellent confiseur de Chexbres est également installé à Montreux depuis 2005. Les membres de la famille Moutarlier se revendiquent comme des artisans du goût, et on comprend mieux pourquoi lorsqu'on entre dans cet établissement au décor gourmand. Sa boutique tout en longueur permet de déguster sur place les spécialités de chocolat très haut de gamme parmi le grand choix de truffes : au whisky, au rhum ou encore au Grand Marnier. En été, rien de mieux que d'y acheter une pâtisserie ou une glace maison et d'aller la déguster sur le quai en face.

Le CouCou
tralala hotel
★★★
montreux
Le CouCou
Le Tralala
CAUX / MONTREUX
MONTREUX
+41 21 961 25 91
The Best of Riviera
+41 21 963 49 73
Bla Bla
VEVEY HOUSE
Le BlaBla
Vevey House
VEVEY
VEVEY
+41 21 922 35 33
+41 21 922 35 32

LAITERIE DE GRUYÈRE

9 rue de l'Eglise Catholique
✆ +41 21 963 25 22
Ouvert du lundi au samedi de 8h à 18h30 et le dimanche de 12h à 17h.

Depuis 1982, Alfred Trioud vous accueille dans sa boutique où il propose plus de 10 sortes de fondues maison. Il produit pas moins d'une tonne de fondue par an et fournit tous les restaurateurs de la région ! Vous trouverez d'autres gourmandises locales comme les meringues, la crème double, les caramels de fabrication artisanale, plus de 300 sortes de fromages à la coupe et une sélection de vins pour des alliages parfaits. S'il ne fallait choisir que 3 fromages on vous conseille le Julius, le fromage de brebis de Leysin bio et le fameux vacherin de Marsens.

PAYOT LIBRAIRIE

49 avenue du Casino
✆ +41 21 963 06 07
www.payot.ch
Ouvert du lundi de 14h à 18h30, mardi à vendredi : de 9h à 18h30, samedi 9h à 17h.

La librairie lausannoise est également implantée à Montreux. Un seul étage mais un large choix ! Vous trouverez de quoi occuper vos jours et nuits de lecture. Un choix très large de romans dans plusieurs langues dont beaucoup en anglais, des illustrés sur la région et la Suisse, des ebooks et bien sûr des guides touristiques. Le cadre est spacieux et propice à la suggestion de nouveautés. Vous trouverez également des idées de cadeaux et l'invitation à partager des événements comme des vernissages ou des conférences thématiques.

LES BAINS THERMAUX DE LAVEY

48 route des Bains ✆ +41 24 486 15 55
www.bains-lavey.ch/fr
Ouverts tous les jours de 9h à 21h, le vendredi et le samedi jusqu'à 22h. Entrée adulte 27 CHF pour 3 heures.

L'eau thermale la plus chaude de Suisse : bassins intérieur et extérieur à 36 °C d'eau thermale dans un cadre majestueux de montagnes et de verdure. En plus des bains thermaux, un espace oriental avec hammam et bains turcs. Ainsi qu'un pavillon nordique avec saunas et puits d'eau froide, et encore un pavillon sérénité avec salles de repos (luminothérapie, musique douce, cheminée). Le Centre Wellness propose massages et gamme complète de soins. Idéal après une journée de ski !

ROCHERS-DE-NAYE ★

Les rochers de Naye constituent l'un des plus beaux belvédères romands, à 2 045 m d'altitude, avec vue sur tout le bassin lémanique et les Alpes suisses. De nombreuses attractions sont proposées par la société GoldenPass : observation de marmottes (parc et exposition), jardin alpin de Rambertia et, en hiver, la maison du Père Noël. La montée se fait uniquement à la marche ou en train à crémaillère. Pour une escapade atypique, vous pouvez choisir de déguster une fondue le soir dans l'un des restaurants et dormir presque à la belle étoile dans une yourte ou dans l'auberge sur place. Unique et atypique, la destination ravira les amoureux de la nature.

Balade

Il semblerait que tous les chemins mènent aux rochers de Naye ou presque, tant les itinéraires sont variés pour arriver jusqu'au sommet. On vous a concocté un mélange d'itinéraires sportifs et/ou touristiques.

- Première possibilité pour y accéder, prenez le petit train à crémaillère depuis Montreux pour les rochers de Naye. Celui-ci s'agrippe à flanc de montagne sur une pente vertigineuse.
Autre possibilité : de Montreux, prenez la route en direction de Glion puis Caux. Possibilité de vous garer à côté de la gare. Puis prenez le petit train à crémaillère à partir de Caux.

- Pour redescendre des rochers de Naye, vous pouvez reprendre le même train à crémaillère, dans le sens inverse, jusqu'à Montreux, ou bien, si vous voulez un deuxième itinéraire touristique qui vous fera faire une boucle en visitant de nouveaux endroits, prenez le train à crémaillère jusqu'à Glion puis le funiculaire jusqu'à Territet et marchez 5 à 10 minutes à pied jusqu'au château de Chillon. Vous pouvez reprendre le bus (ligne 1) ou le bateau depuis Chillon.

- Troisième possibilité : à pied, mais avec de bonnes chaussures de marche. Un chemin parfaitement balisé court au fond de la gorge du Chauderon. Comptez 1 heure 30 pour la descente. Vous pouvez toujours tenter de reprendre le train en route !

JARDIN ALPIN DE LA RAMBERTIA ★

✆ +41 21 989 81 90
www.rambertia.ch/accueil
Ouvert de juin à septembre. Entrée libre.

Multicolore et parfumé, le jardin alpin de la Rambertia enivre du parfum de son millier de fleurs et plantes alpines, qui proviennent pour moitié d'autres pays d'Europe, d'Amérique, d'Asie et du Népal en particulier. L'emplacement du jardin, à 1 980 m, sur la crête est dominant la combe des Rochers-de-Naye, a été choisi pour son climat propice. Ce jardin est dédié à Eugène Rambert, un poète de Montreux. Il est accessible par un sentier de 400 m depuis le terminus du petit train.

MARMOTTES PARADIS ★★

✆ +41 21 989 81 90
www.mob.ch
D'avril à septembre, de 9h à 18h. Entrée libre.

Sur les 14 espèces recensées dans le monde, Marmottes Paradis en accueille 5, en provenance de Russie et d'Amérique du Nord. Logées dans des parcs de 400 m², celles-ci sont protégées des prédateurs par des clôtures. En empruntant un tunnel, vous pouvez observer, dans l'un des parcs, l'intérieur des terriers à travers de grands hublots. Deux autres parcs sont équipés de caméras afin de pouvoir examiner l'activité souterraine des marmottes. Un centre didactique donne des informations sur les différentes espèces de marmottes dans le monde.

TRAIN MONTREUX - GLION - CAUX - ROCHERS-DE-NAYE

Rue de la Gare 22
✆ +41 21 989 81 90
www.mob.ch
Tarif aller-retour depuis Montreux adulte 70 CHF. En décembre : maison du Père Noël 39 CHF avec train + visite.

Un bien charmant train à crémaillère qui mène, en moins d'une heure, des palaces de Montreux au paysage de montagne des Rochers-de-Naye, à 2 045 m d'altitude. Le chemin passe par Glion et Caux pour vous permettre de découvrir d'autres points de vue. Vertigineux et majestueux pour le décor grandeur nature, le trajet peut même se faire à bord d'un train Belle Époque durant l'été et les week-ends d'octobre. Une montée et une vue à vous couper le souffle !

RESTAURANT ALPIN €

✆ +41 21 989 81 90
Ouvert tous les jours. Horaire d'hiver, de 10h à 15h30. Horaire d'été (dès début mai jusqu'à mi-octobre) de 10h à 17h.

Après avoir apprécié la vue, deux restaurants vous accueilleront au niveau de la gare d'altitude, pour un bon repas ou simplement un verre, le choix d'une restauration rapide (ou pas) pour le restaurant-cafétéria Alpin. Il se trouve à l'arrivée des trains et bénéficie d'une très grande terrasse avec vue sur les montagnes. Un bel espace pour reprendre de l'énergie après une randonnée, pour partager une fondue entre amis ou encore pour faire une pause sucrée avant de repartir. Il y a aussi une boutique de souvenirs pour les cadeaux d'altitude !

SUISSE ROMANDE

Joueurs de cor des Alpes au sommet des Rochers-de-Naye.

RESTAURANT PANORAMIQUE PLEIN ROC €

✆ +41 21 989 81 90

Du mercredi au dimanche. Horaire d'hiver de 10h à 15h30. Horaire d'été (début mai à mi octobre) de 10h à 17h.

Situé au sommet des Rochers-de-Naye, il se rejoint par le passage sous un tunnel de 200 mètres. Cet espace ayant été creusé dans la falaise par des militaires (ancienne zone de l'armée). Un spectacle pour les yeux à travers la baie vitrée et bonne cuisine traditionnelle : fondues, croûtes au fromage, assiettes froides, le tout maison et à base de produits frais acheminés tous les jours par le train. Service sur la magnifique terrasse en été devant un paysage époustouflant !

LES ROCHERS-DE-NAYE

Forfaits journaliers train et ski.

Entre 1 150 et 2 042 m, cinq installations vous attendent avec 8 km de pistes, pour tous niveaux. Le domaine est assez petit, mais il est vraiment magnifique, grâce à sa vue impressionnante sur les Alpes et le lac Léman. Il a aussi la particularité d'être accessible uniquement par le petit train à crémaillère. Sur place, l'école de ski de Montreux vous permet de suivre des cours collectifs ou individuels. Vous pouvez également en profiter pour découvrir de belles balades en raquettes, ou même vous essayer aux 5 km de pistes de ski de fond.

AIGLE ★

Une petite ville au centre typique. Aigle a connu des dominations diverses, celle de la Bourgogne, de la Savoie ou de Berne. En 1798, elle fut rattachée au canton de Vaud. On peut y voir le château où l'on produit un bon vin appelé l'aigle royal et ses différentes versions (yvorne, sang royal), mais aussi d'excellents vins blancs secs et moelleux dont les origines remontent au Xe siècle. Voir aussi l'église du Prieuré dédiée à saint Maurice. Aigle se situe au carrefour d'un réseau ferroviaire et routier conduisant directement au cœur de 9 stations alpines connues.

PARC AVENTURE

Chemin de Fahy ✆ +41 24 466 30 30
www.parc-aventure.ch

Du vendredi 30 mars au dimanche 28 octobre 2018. Pour 3 heures d'activités : entrée adultes 39 CHF, enfant dès 15 CHF.

Balade de 3 heures dans les arbres : 8 parcours avec ponts de singe, tyroliennes (de 250 m), tonneaux et autres échelles. Parcours de difficulté croissante. Plus de 200 ateliers sont proposées pour vous distraire et vous instruire. Vous allez rentrer dans une forêt enchantée et peut-être que vous croiserez des esprits maléfiques. Didactique et pédagogique, vous vous amusez en apprenant. Pour les accros de sensations fortes, les tyroliennes, ponts suspendus et descentes vertigineuses vous attendent. Possibilité de pique-niquer sur place (terrasse et yourte).

LEYSIN ★★

Un petit bourg de montagne que nous apprécions tout particulièrement. Il y a tout d'abord, pour ceux qui feront le trajet en train, cette incroyable montée ! Partis du centre-ville d'Aigle, à bord de ce que vous prenez pour un funiculaire, vous allez découvrir un véritable train à crémaillère, franchissant les dénivelés impressionnants, parmi les ceps de vigne pour atteindre 1 263 m d'altitude. Somptueux. Et puis, Leysin, c'est aussi un ancien site de sanatorium, où l'air est frais, pur… Revigorant. De nombreux chalets semblent encore se protéger de l'envahisseur par les remparts de pierre naturelle, qui permirent aux paysans dans le passé de se défendre des attaques des Barbares. Vieux village de montagne, Leysin a conservé son âme : on croise des troupeaux, on entend sonner les clarines. Les randonnées et les sports pratiquables toute l'année sont légion. Un endroit à la fois très calme et réellement dynamique qui possède de nombreuses écoles internationales, des salles de congrès et… de vastes zones d'atterrissage pour les parapentes ! A découvrir absolument, si votre chemin passe par Leysin. L'endroit est unique car on peut tout y faire : visiter, boire et manger. En effet, le matin et l'après-midi, a lieu ici la fabrication du fromage (vacherin suisse), et l'on peut vraiment se régaler de tous les produits vaudois, dans un chalet insolite.

LES DIABLERETS ★★★

Typique station-village de montagne, les Diablerets déploie un beau paysage de chalets, de champs et de forêts. Au cœur des Alpes vaudoises, entre les pâturages d'Anzeindaz au sud et la vallée des Ormonts au nord, qui s'étend depuis Aigle jusqu'au massif des Diablerets sur une longueur de 26 km. La commune est étagée de 1 094 m (le Rosex) à 3 209 m d'altitude (sommet de la station au Glacier 3000). C'est un luxe d'avoir permis une telle sauvegarde architecturale et ne pas avoir succombé à la construction de grands établissements touristiques.

Histoire

La tradition touristique est centenaire : à partir de la seconde moitié du XIXe siècle, le développement du réseau routier, des postes et chemins de fer a permis l'essor rapide du tourisme, entraînant l'installation d'hôtels et de pensions. La première auberge (Relais de poste) accueillant des dortoirs date de 1789.

Shopping

▸ Le Bitter des Diablerets : un apéritif aux herbes enrichi d'une légende. C'est au XIXe siècle que les apéritifs et digestifs connaissent leur expansion pour les vertus médicinales qu'on leur attribuait. Le Bitter des Diablerets, en vente exclusivement dans cette partie de la région, est, selon la légende, né de la maladresse du Diable. Celui-ci provoqua un éboulement après avoir tenté un lancer de pierres. Parmi la population beaucoup de décès furent à déplorer et les habitants au-dessus des alpages se nourrirent de racines, ce qui leur permis de survivre... La recette du Bitter est composée de racines telles que la gentiane, de 15 autres différentes et de plantes. Il est né en 1876 grâce à la recette secrète de François Leyvraz. Ses vertus digestives et réconfortantes sont très appréciées en digestif, mais il se consomme en guise d'apéritif accompagné d'eau minérale ou de soda... c'est le Surf.

Sports / Loisirs

Aujourd'hui, les Diablerets comptent près de 10 000 habitants en hiver, 1 500 en été. C'est l'une des stations de ski familiales les plus complètes de Suisse, permettant la glisse, le ski de randonnée, les promenades en raquettes au grand air de 1 200 à 3 200 m, avec un domaine de 125 km qui compte le Glacier 3000, Meilleret, Isenau, Villars et Gryon. Les Diablerets est devenue la première station romande labellisée « Perle des Alpes » grâce à son centre à circulation réduite, nouveau bus-navette gratuit (le Diablobus été comme hiver), centrale de chauffe à bois, achat de véhicules électriques, préservation de l'architecture alpine régionale, promotion des produits du terroir, autant d'emplois pour la population locale dans un environnement privilégié, ainsi qu'un soutien culturel diversifié. En été, le domaine compte 250 km de sentiers pédestres, 100 km de parcours VTT, une via ferrata avec escalade, des excursions en canyoning, un parcours d'accrobranche, parapente, la luge sur rail la plus longue d'Europe.

▸ Le mythique Glacier 3000 et le pont suspendu Peak Walk. Imaginez un panorama de 24 sommets de plus de 4 000 mètres, des parois vertigineuses, un champ de nuages alentour, le tout à plus de 3 000 mètres d'altitude. C'est l'époustouflante vue qu'offre le Glacier 3 000 à ses visiteurs, été comme hiver, chaussés de ski ou non, spécialement le panorama autour de la roche dressée, la Quille du Diable (2908 m). Au-delà du ski alpin, il offre une palette d'activités hiver comme été. Depuis un an, le glacier compte une spectaculaire attraction :

▸ **Le Peak Walk (by Tissot)**, premier pont suspendu au monde reliant 2 sommets, d'une longueur de 108 mètres, accessible gratuitement toute l'année, qui permet aux visiteurs de découvrir un panorama exceptionnel de chaînes de montagnes dont tous les noms s'affichent à l'intérieur des longue-vues au fur et à mesure que vous les orientez, ingénieux et ludique. Le restaurant bar Botta est un élégant bâtiment vitré.

▸ **On trouve également un fun park** avec des luges, des traîneaux avec des chiens Husky pour faire une petite balade. Enfin, nous vous recommandons la randonnée via un chemin damé en hiver jusqu'à l'incroyable Quille du Diable, un piton rocheux dressé au milieu du glacier, avec un resto-bar d'altitude à sa base.

▸ **Pendant la saison d'été, le glacier propose l'Alpine Coaster**, la plus haute piste de luge sur rails d'Europe ! En été, ce sont plus de 75 km de chemins balisés offerts aux randonnées, des simples sentiers très faciles aux randonnées pour alpinistes chevronnés, une via ferrata...

Transports

Nombreux trains et bus depuis Aigle. Le trajet du train à crémaillère à travers la montagne est fantastique ! Le ski bus du glacier 3000 (col du Pillon) relie les Diablerets à la ville de Gstaad. Premier départ 9h22 des Diablerets, 10h15 de Gstaad. Dernier départ du col du Pillon après la fermeture du téléphérique. Gratuit. www.villars-diablerets.ch

SUISSE ROMANDE

DIABLERETS TOURISME

2 Ch. du Collège
✆ +41 24 492 00 10
www.villars-diablerets.ch

En hiver, ouvert tous les jours de 8h30 à 18h30. L'école de Ski se trouve dans le même espace.

Un très bel accueil avec des thématiques spécifiques à la région des Diablerets : cartes diverses comme celles de sentiers de randonnées été et hiver, sentiers raquettes, sentiers pédestres en hiver damés, sentiers vélos sur route et VTT et bien sûr carte des pistes de ski. La Free Access card en été : fin mai début octobre. Lorsque vous séjournez une nuit dans un établissement des Diablerets et de Villars-Gryon, vous recevez un bon pour retirer votre Free Access card à l'Office de tourisme. Elle vous donne accès à plus de 35 activités et transport inclus.

HÔTEL LES SOURCES €

Chemin du Vernex
✆ +41 24 492 01 00
www.hotel-les-sources.ch

Chambre double dès 156 CHF en été, 168 CHF en hiver. Chambre familiale possible. Petit déjeuner inclus.

Cet hôtel-chalet de 48 chambres spacieuses et confortables, de 2 à 4 lits, accueille ses hôtes dans un décor chaleureux, avec pour vis-à-vis le glacier des Diablerets. Des salons, un baby-foot, un table de ping-pong et un mini-golf font le bonheur des familles et des groupes d'amis. Le restaurant propose une carte variée et abordable de spécialités vaudoises et internationales. Les truites élevées dans un vivier attenant à l'hôtel que le chef vous déclinera au bleu, meunière ou aux amandes. On aime l'accueil de son sympathique patron et son équipe.

RESTAURANT COL DU PILLON €

251 route du Pillon
✆ +41 24 492 10 00
www.col-du-pillon.ch

Ouvert 7j/7 de 8h30 à 18h tous les jours sauf mardi. Plats brasserie de 15 à 42 CHF, spécialités fromage de 21 à 24 CHF.

Le col du Pillon situé à 1 550 m est un passage étroit qui relie Les Diablerets (canton de Vaud) à Gstaad (canton de Berne). Face au Massif des Diablerets, le restaurant est une halte très appréciée des promeneurs et skieurs qui tentent l'ascension au Glacier 3000 par le téléphérique. En hiver sur la terrasse, goûter aux rayons du soleil qui se réverbèrent dans les parois enneigées procurent un doux moment de bonheur ! L'été, après une randonnée c'est également un endroit remarquable pour déguster un des plats typiques comme un *malakoff*.

LA POTINIERE €€

7 route du Col de la Croix
✆ +41 24 492 12 17
www.lapotiniere.ch

Cuisine traditionnelle. Ouvert de 8h à 23h. Cuisine de 11h30 à 14h et de 18h30 à 21h30. Week-end non-stop.

Au cœur des établissements sportifs de la station (patinoire en hiver, piscine en été, tennis...), la Potinière est un lieu de rassemblement où les habitants aiment venir partager les nouvelles autour d'un petit café ou d'un vin blanc de pays (Yvorne, Aigle...). Joliment agencé avec de petites niches en bois à la décoration joyeuse et colorée, il est agréable de partager les fondues locales à base de fromage. La spécialité du chef est l'os à moelle, servi sur la pièce de viande. Admirez les cloches en décoration portées par les vaches lors de la Désalpe.

SUISSE ROMANDE

Ecole des Diablerets.

LES DIABLERETS

✆ +41 24 495 81 13
www.villars-diablerets.ch/fr/Z7298
Forfait journée Diablerets-Villars (sans le Glacier 3000) adulte 54 CHF, enfant de 6 à 15 ans 36 CHF.

La station des Diablerets est reliée directement par télésiège à Isenau - pistes rouges et bleues qui culminent à Floriette (2120 m) - et au pic de Meilleret (1949), qui permet de basculer vers la station de Villars, elle-même reliée au domaine de Gryon via la combe de la Rasse. Les neiges éternelles du Glacier 3000 sont isolées : il faut se rendre par la route au col du Pillon (1 600 m) avec le bus navette gratuit Diablobus (en saison) qui relie Les Diablerets à Gstaad. Le domaine Isenau - Meillerets - Villard - Gryon compte près de 100 km de pistes.

DOMAINE DE SKI GLACIER 3000

235 Route du Pillon 235
✆ +41 24 492 33 77
glacier3000.ch/fr
Forfait jour Glacier 3000 : adultes 70 CHF, enfants 46 CHF.

Pour les skieurs, c'est le paradis des *free riders*, mais c'est aussi le seul domaine skiable sur glacier des Alpes vaudoises, ouvert d'octobre à mai, et c'est l'un des rares à disposer dès octobre d'un *snowpark* bien aménagé. Autant dire qu'en cas de neige tardive ou de printemps précoce, le Glacier est une valeur sûre avec de la bonne neige éternelle et souvent de l'excellente poudreuse. Il est intégré au domaine des Diablerets - Villars (125 km de pistes). Deux téléphériques impressionnants de 15 minutes chacun mènent aux sommets merveilleux du Glacier 3000. Ne manquez pas de scruter les flancs ravinés sous les téléphériques, il est très fréquent de voir passer des chamois qui vivent ici. L'offre est très complémentaire de celle des Diablerets car le glacier, avec 25 km de pistes bleues peu pentues et une très longue piste noire descendant une combe sur 7 km, est immanquable pour la vue fantastique qu'il offre, l'expérience des sommets pour de la glisse en douceur, en remontant avec des arbalètes, et de la neige toujours bonne à toute saison, voire de l'excellente poudreuse ! Pour les itinéraires en *free ride*, il est recommandé de faire appel à un guide pour raison évidente de sécurité. Les endroits rêvés pour faire du free style sont le sommet du Dôme (3 016 m) ; la pierre Pointe près du restaurant Botta (2 971 m) ; la station en aval du col du Pillon (1 546 m), la région du Martisberg (2 525 m) et les descentes dans la vallée d'Oldenegg.

COPPET ★

Dans cette ville, fondée fin du XIIIe siècle, vécu Necker, Genevois et homme politique français. Directeur des finances sous Louis XVI, sa femme, animatrice d'un célèbre salon parisien et bienfaitrice de l'hôpital, porte toujours son nom. Leur fille, future Madame de Staël s'opposa à Napoléon. Elle anima l'un des premiers salons romantiques à Coppet, recevant Schiller, Goethe et Benjamin Constant. Coppet conserve d'intéressants points du passé, de jolies maisons, une église des Dominicains de style gothique et un remarquable château. Profitez de ce bourg dans la Grand-Rue, avec ses façades et ses arcades qui rappellent celles de la capitale, Berne.

NYON ★

Nyon, jolie ville au bord du Léman, entre Genève et Lausanne, est une capitale cantonale dynamique, marquée par la présence du laboratoire Novartis. Les rives, les boutiques diverses, la vieille ville, où se dressent le château et les vestiges de l'importante ville romaine, valent le détour. Des traces de populations remontent à l'époque lacustre. En 46 av. J.-C., une colonie y fut créée par les Romains. Au Ve siècle, la région entra dans le giron des Burgondes. C'est au XVIIIe siècle que le village se développa, notamment grâce à sa fabrique de porcelaine. En 1803, Nyon entra dans la Confédération helvétique avec le canton de Vaud.

CHÂTEAU DE NYON ★★

Place du Château 5
✆ +41 22 363 83 51
www.chateaudenyon.ch
Ouvert toute l'année du mardi au dimanche. Entrée adulte 8 CHF. Gratuit moins de 16 ans et premier dimanche du mois.

Construit à la fin du XIIe siècle, puis agrandi au XVIe, le château de Nyon a vu son pont-levis détruit et ses fossés bouchés en 1820. L'édifice abrite aujourd'hui une vaste collection de faïences et de porcelaines du XVIIIe au XXe siècle provenant des ateliers de la ville et organise des expositions temporaires de qualité. Le musée valorise également les artistes de la région. Il est possible d'effectuer une visite virtuelle du musée. De la terrasse, vue magnifique sur les toits de la vieille ville et, si le temps est clément, le mont Blanc.

MUSÉE DU LÉMAN

Quai Louis-Bonnard 8
© +41 22 3610949
www.museeduleman.ch
Ouvert toute l'année du mardi au dimanche. Entrée adulte 8 CHF, tarif réduit 6 CHF. Gratuit le premier dimanche du mois.

Le Musée du Léman présente la culture et la nature du lac, de manière ludique et interactive. Invitez-vous dans une authentique cabane de pêche, à bord d'une vedette de sauvetage ou sur un bateau à vapeur. Revivez les aventures de la famille Piccard avec les sous-marins et ballons qui ont fait leur renommée. Rencontrez les gens du lac au travers d'une collection de modèles réduits de bateaux. Suivez les aventures d'une goutte d'eau à la découverte de la flore et de la faune lacustre. Rêvez devant les aquariums géants et le ballet des poissons de cette région.

MUSÉE ROMAIN

Rue Maupertuis 9
© +41 22 316 42 80
www.mrn.ch
Ouvert toute l'année du mardi au dimanche. Entrée adulte 8 CHF, tarif réduit 6 CHF. Gratuit le premier dimanche du mois.

Comment vivait-on à Colonia Lulia Equestris ? Installé dans les fondations de la basilique datant du Ier siècle apr. J.-C., ce musée nous rappelle que Nyon fut chef-lieu d'un territoire d'Empire. Il présente des témoignages de la vie dans la cité antique : objets archéologiques d'époque romaine mis au jour sur le territoire de la colonie de Nyon (amphores, bijoux, monnaies, objets de culte), maquette du centre de la ville antique, exposition du résultat des dernières fouilles. Une visite intéressante pour les férus d'histoire comme pour les néophytes.

ZOO LA GARENNE

Le Vaud
© +41 22 366 11 14
www.lagarenne.ch
Ouvert de 9h à 18h. Entrée : 15 CHF, réduit : 13 CHF, enfants de 5 à 15 ans : 7 CHF et gratuit pour les moins de 5 ans.

C'est un zoo un peu particulier puisque sa première tâche est de soigner les animaux sauvages qui en ont besoin. Deuxième tâche : la réintroduction d'espèces menacées comme le gypaète barbu ; la onzième est partie en Italie. Enfin, c'est un zoo qui s'est agrandi ! Pour présenter aux enfants la faune européenne. Des projections de films sur les soins et l'élevage sensibiliseront chacun à la nature. Notons un espace de 1 000 m² dédié à la détente, avec des jeux pour les enfants et une grande et belle salle avec boissons et petite restauration.

PATRICK LOCATION

Quai des Alpes 2
© +41 22 362 57 47
Location de voitures dès CHF 15/jour, utilitaires dès CHF 20/jour, minibus dès CHF 40/jour.

Patrick Location est une agence très fiable et très professionnelle pour ceux qui veulent se déplacer en voiture. Les tarifs sont imbattables, un bon service client, une équipe arrangeante. L'agence est au bord du lac et facile d'accès. La flotte est aussi bien composée d'utilitaires, de deux-roues, de minibus et même de petits camping-cars. Le low cost en Suisse ça existe avec en privilège la qualité du service. L'agence Patrick Location est présente également à Genève, Bussigny et Martigny. Également un garage si vous avez besoin d'une réparation.

SAINT-CERGUE ★

Saint-Cergue constitue l'étape sportive à votre parcours : été comme hiver, on y trouve de nombreuses activités. On fait du ski sur le vaste domaine desservi par 19 remontées mécaniques ou, plus curieux et original, on se promène en attelages de chiens de traîneau. Les enfants trouvent des pistes à leur niveau, et les plus grands iront sur les Jouvencelles, dans le massif de la Dôle, vers les Rousses. Également de très beaux parcours pour le ski de fond et les randonnées en raquettes, suivis de fondue ou de raclette… Le petit train orange peut également vous y conduire ; tous les renseignements sont disponibles à l'office de tourisme de Saint-Cergue.

ROLLE

Au bord du Lac Léman, entre Genève et Lausanne, dans la région de la Côte, Rolle est un bourg charmant de 5 900 habitants aux belles bâtisses anciennes, aux petites venelles rejoignant des quais fort bien aménagés. A voir : le château médiéval du XIIIe siècle et l'île de la Harpe, créée en 1835 pour protéger le port. Le prestigieux Institut Le Rosey, qui a vu passer de nombreux futurs rois et stars, est également implanté à Rolle. On fait vite le tour de cette petite ville, donc autant prendre de la hauteur pour une balade dans le vignoble de Mont-sur-Rolle et une halte dans un restaurant de malakoffs.

MORGES ★

Jusqu'au XIIIe siècle, Morges n'était qu'un petit village. En 1286, le comte Louis de Savoie y fait construire un château afin d'empêcher l'évêque de Lausanne d'étendre ses territoires, et la ville se développe alors. Le port prend vite de l'importance et ne sera concurrencé par celui d'Ouchy, à Lausanne, qu'au XIXe siècle. Morges a gardé beaucoup de son cachet médiéval. En plus de ce côté historique, sachez qu'en mai-juin, Morges accueille un festival d'humour, Morges-sous-Rire, assez prisé, et, en avril-mai, une fête de la Tulipe qui transforme la ville en cité des fleurs.

Balade

Pour mieux vous repérer dans la ville, il existe un itinéraire culturel fléché, accompagné d'un dépliant disponible gratuitement à l'office de tourisme. Les habitations débordent de charme. La promenade, qui longe le lac, est délicieuse et les visiteurs ayant bon pied bon œil peuvent rejoindre Lausanne en 3h.

Transports

Le train est le moyen de transport le plus simple pour aller à Morges. Six trains par heure, pour un trajet de 8 à 14 minutes. Vous pouvez aussi prendre le métro M1 jusqu'à l'EPFL puis le bus 701 qui passe par Saint-Sulpice et Préverenges, si vous désirez vous arrêter à la plage entre deux. Il est aussi possible de se rendre en bateau (renseignez-vous avant, les horaires sont changeants).

MUSÉE DU BOIS DE L'ARBORETUM

92 chemin de Plan ✆ +4121 808 51 83

www.arboretum.ch

Le Musée du Bois est ouvert d'avril à octobre, de 14h à 17h30, les mercredi et dimanche. Entrée libre.

Une promenade en pleine nature ! Unique en Suisse, l'Arboretum est un vaste parc où sont présentées 4 000 espèces et variétés d'arbres et d'arbustes de tous les continents pouvant être acclimatées dans cette belle région. En plein cœur de ce parc, le musée du Bois rassemble une collection d'outils pour le travail du bois. Les outils du charpentier, du vanneur, du luthier ou du sabotier figurent parmi les 1 500 objets exposés, sur les 6 000 que compte la collection.

AUBONNE

Entouré de vignes et dominant le lac, Aubonne est un bourg médiéval situé au cœur de la Côte vaudoise. Situé dans un cadre idyllique, il offre à ses visiteurs de multiples sources de découvertes et d'enrichissement. Ses château et caveau qui organisent des concours de dégustation de vins, son arboretum national ainsi qu'une promenade en pleine nature, à la découverte d'arbres du monde entier, méritent le détour. À deux pas, toute la Côte et ses vignobles vous tendent les bras. Le village est souvent associé à son *outlet* où vous trouverez de nombreux magasins à prix préférentiels. Ikea est également implanté dans ce quartier commerçant.

L'ESPLANADE €€€

42, avenue du Chêne

✆ +41 21 808 03 03

Du mardi au samedi de 9h à 23h. Dimanche et lundi de 9h à 18h. Menu-Carte avec plats autour de 40 CHF. Dès 25 CHF.

Déjeuner ou dîner à L'Esplanade vaut incontestablement le voyage à travers les vignes genevoises le long de la Côte. Un endroit magique à la vue imprenable. La brasserie et le restaurant auparavant séparés ont été réunis en un seul espace, qui offre des mets délicats à des prix restant modestes. Formule originale, les menus à la carte, permettent de composer son repas en choisissant parmi les différentes entrées, plats de poissons, viandes ou volailles et desserts. Les gourmets plus aventureux préféreront le menu dégustation surprise.

OUTLET AUBONNE

Chemin d'Es-Bons 14

✆ +41 58 853 786 00

www.outlet-aubonne.ch

Ouvert du lundi au mercredi de 10h à 19h, le jeudi et vendredi de 10h à 21h et le samedi de 9h à 19h.

Implanté juste à côté du magasin Ikéa d'Aubonne, c'est le plus grand centre de marques de Suisse romande. Selon le principe des villages de marques, vous y trouvez de belles collections à prix réduits toute l'année. Une quarantaine de boutiques pour autant de griffes vous proposent un grand choix d'articles de mode, de vêtements et équipements de sport, de bijoux ou encore d'articles ménagers, toute dans le haut de gamme à prix réduits de - 30 % et jusqu'à 70% selon les périodes et les articles. Plus d'une raison de faire une escale shopping à Aubonne !

CHÂTEAU-D'OEX ★

Au Moyen Âge, le Pays-d'Enhaut et la tour d'Oex (construite au XIe siècle) appartenaient au comté de Gruyère. En 1555, le Pays-d'Enhaut entre dans le giron de Berne et de la Réforme. En 1803, il devient district du canton de Vaud. À voir l'église, sur une butte avec son clocher, dont le toit à bords relevés évoque les chapeaux savoyards. La ville est réputée pour son festival d'aérostiers qui chaque année viennent très nombreux illuminer le ciel de leurs ballons multicolore. L'enfant du pays, Bertrand Piccard y est pour beaucoup. L'espace Ballon vous permet de découvrir cet univers peu connu avec des expositions, des animations, un cinéma 3D.

PAYERNE ★★

Jusqu'à la réforme protestante de 1536, le prieuré de Payerne demeure un haut lieu de la civilisation clunisienne au cœur d'un bourg prospère et actif. Au centre de la vieille ville, domine l'abbatiale du XIe siècle, chef-d'œuvre de l'architecture clunisienne et plus important témoignage de l'art roman en Suisse. Située à mi-chemin entre Berne et Lausanne, Payerne est une ville d'affaires, de commerces et de loisirs. L'accueil y est chaleureux, le rire facile et le tire-bouchon adroit. Les charcuteries payernoises connues loin à la ronde méritent une dégustation tout comme les vins provenant des vignobles en Lavaux.

ESPACE BALLON ★

Chemin des Ballons 2
✆ +41 78 723 78 33
www.espace-ballon.ch
Entrée : 8 CHF, gratuit enfant de moins de 9 ans. Ouvert du mardi au dimanche de 14h à 17h.

Le premier tour du monde sans escale en montgolfière est parti en 1999 de Château-d'Œx. Bertrand Piccard et Brian Jone, qui ont réalisé ce pari fou à bord du *Breitling Orbiter 3*, ont inspiré la création de ce musée dans l'ancien hôtel de ville. On y trouve un espace d'accueil, une boutique et une exposition en partie multimédia qui présente l'histoire du ballon à air chaud. Invention, technologie, aventure : tout a été fait pour restituer l'univers des aérostiers. Près de l'aire de décollage des montgolfières, on peut voir la capsule du *Breitling Orbiter 1*.

LE CHALET €

2 Rue de la gare
✆ 0041 26 924 66 77
www.lechalet-fromagerie.ch
Fromagerie, magasin et restaurant. Ouvert tous les jours sauf le mardi.

Plonger dans l'authenticité des fermes d'alpages avec le restaurant Le Chalet ! Le beau chaudron en cuivre au milieu de la salle de restaurant sert à chauffer le lait pour la fabrication hebdomadaire de la raclette. Ne manquez pas ce partage de savoir-faire les week-ends. Ici, on vous accueille en costume traditionnel et le service est tout sourire dans la simplicité du caractère des habitants du pays d'En Haut. Le fromage se déguste en fondue, en röstis maison, en raclette et en croûte au fromage. La soupe du chalet et les desserts sont faits maison. Un régal !

ABBATIALE ROMANE

Pl. du marché 3 - Case postale 23
✆ +41 26 662 67 04
www.abbatiale-payerne.ch
Sept à juin : mardi-dimanche 10h-17h30. Juillet et août lundi à dimanche de 10h à 17h30. Adultes 15 CHF, enfants 9 CHF.

Construite au XIe siècle par les moines clunisiens, l'Abbatiale est l'un des plus importants témoignages de l'art roman en Suisse. Edifiée selon un schéma typiquement clunisien, elle se distingue par une unité de style remarquablement conservé. La pureté et la majesté de son architecture font de ce monument un chef-d'œuvre de l'art roman à son épanouissement. L'Abbatiale bénéficie actuellement d'une rénovation, mais durant les travaux, les visites sont toujours possibles. Comptez 1h30 pour suivre le parcours de la visite audioguidée.

MUSÉE CLIN D'AILES

Base aérienne -
✆ +41 26 662 21 20
www.clindailes.ch
Horaires selon saison, voir sur le site internet. Entrée adulte : 10 CHF, enfant 5 CHF.

Situé sur la principale base opérationnelle de l'aviation militaire suisse du côté du centre névralgique de la base aérienne de Payerne, ce musée présente l'aéronautique militaire de la deuxième moitié du XXe siècle. Depuis le musée, vous pouvez voir décoller les avions militaires à tout moment. L'exposition présente sur 3 500 m² une collection de neuf avions et deux hélicoptères. Les jets constituent une curiosité unique. À l'étage, vous découvrez l'univers d'un atelier de maintenance, des expositions sur les escadrilles et une collection de modèles réduits.

MUSÉE DE L'ABBATIALE

Place du tribunal ✆ +41 26 662 67 04
www.abbatiale-payerne.ch
Septembre-juin : mardi-dimanche 10h-17h30. Juillet-août : lundi-dimanche 10h-17h30, adultes 7 CHF, 6-12 ans 3 CHF.

L'un des monuments romans les plus vastes de Suisse. Aménagé dans les anciens bâtiments conventuels du monastère, le musée de Payerne présente les collections permanentes du général Jomini, le devin de Napoléon, et de la peintre Aimée Rapin (née sans bras). La galerie organise tout au long de l'année des expositions d'art de prestige comme Utrillo, Manessier, Le Corbusier, Hans Erni ou encore Pietro Sarto. Le parcours découverte « Une si belle histoire » offre une expérience immersive et interactive en vingt postes audioguidés pour connaître tous les secrets.

HÔTEL LA SUITE €

Rue du Temple 10
✆ +41 26 662 00 20
www.la-suite.ch
30 chambres. Chambre simple dès 110 CHF, chambre double dès 175 CHF. Triple dès 245 CHF. Quadruple dès 260 CHF.

Situé en centre-ville, en face de la gare, l'Hôtel La Suite offre un accueil familial et soigné. Toutes sont désormais très confortables et élégantes. Le restaurant, ouvert tous les jours, arbore un décor moderne stylé et propose une cuisine internationale originale et soignée. Le cadre *cosy* et élégant est propice aux tête-à-tête en amoureux ou aux sorties chic entre amis. Les enfants pourront patienter jusqu'à la fin du repas dans la salle de jeux attenante spécialement aménagée à leur attention. Sur place, le restaurant met en avant les spécialités locales.

GOLF DE PAYERNE

Les Invuardes, 1
✆ +41 26 662 42 20
www.golfpayerne.ch
Golf 18 trous. Restaurant sur place.

Dans le cadre somptueux du club de Payerne, le parcours varié et agréablement arborisé allie détente, plaisir et esprit de compétition. Possibilité pour les golfeurs de pratiquer le parcours 18-trous ou de s'entraîner au « driving range ». Les débutants pourront s'initier à la pratique du golf en prenant un cours individuel. Le golf, c'est une chose, mais l'après-golf en est une autre ! Le restaurant propose des mets de qualité adaptés à la saison comme le menu chasse en hiver ou le menu terre et mer. Le côté classique épuré est très élégant.

AVENCHES ★

Avenches conserve des vestiges romains qui rappellent que le village fut la capitale de l'Helvétie romaine. Au IIe siècle, 20 000 habitants occupaient la ville. Ses limites étaient plus vastes. Il suffit de voir combien certains vestiges sont éloignés du centre. L'actuelle Avenches se limite au capitole de la cité antique. L'amphithéâtre, le théâtre ou le sanctuaire du Cigognier témoignent de l'importance avant sa chute causée par les invasions barbares (IIIe siècle). De belles pierres médiévales ajoutent du cachet à la ville, tout comme son château Renaissance du XVIe siècle. Avenches est réputée pour ses festivals dans les arènes, à la fin de l'été.

YVERDON-LES-BAINS ★

Réputée depuis mille cinq cents ans pour la qualité de son eau thermale, Yverdon-les-Bains bénéficie de la présence de sources sulfureuses qui surgissent de terre à 29 °C. Son établissement thermal et de suivi pour sportifs d'élite attire touristes et curistes. La présence de 45 menhirs néolithiques, d'un château médiéval construit par la Maison de Savoie et d'un centre-ville historique bien conservé sont autant d'atouts. S'ajoute un patrimoine naturel exceptionnel avec la réserve de la Grande Cariçaie, le plus grand marais lacustre de Suisse, et les 40 km de rives, réparties en plages et espaces verts, au bord du lac entre Yverdon-les-Bains et Morat.

GRANDSON ★★

Situé au bord du lac de Neuchâtel, ce village est une halte agréable. Répertorié dans la liste des plus beaux villages de Suisse, les ruelles du centre vous conduisent sur les bords du lac. Voir en priorité le château et l'église du XIe siècle, de style roman, qui abrite une remarquable chaise du prieur. Autour de Grandson, de jolies escapades sont à programmer sur la route du vignoble qui mène à Concise. Ne manquez pas également les menhirs sur le territoire de Grandson. Véritable patrimoine naturel, le mégalithe du néolithique atteint les 4 m de hauteur. Lieu de villégiature, il est plaisant de séjourner à Grandson pour sillonner la région.

LES VOIES HISTORIQUES

Route touristique.

Les routes touristiques passant par Yverdon :

- **La Via Francigena** (littéralement la « Voie des Français ») est un réseau de routes et chemins empruntés par les pèlerins pour se rendre à Rome. Ouverte il y a 2 000 ans, la Via Francigena est devenue au Moyen Age un des principaux chemins de pèlerinage européen. Elle traverse le canton de Vaud de l'Auberson à Bex. Franchir le Jura, longer la Venoge et s'aventurer dans le Lavaux sont gages de panoramas superbes et de visites culturelles variées.
- **La Via Romana** suit une partie de l'itinéraire qui, dans l'Antiquité, reliait Rome à ce qui était alors la Germanie, via Genève, Orbe, Avenches et Augst. Elle permet de visiter de nombreuses ruines ainsi que les musées où sont conservés les principaux vestiges de l'empire romain découverts en Suisse. Le canton de Vaud compte de nombreux sites de l'époque romaine, grâce à cette via, tous les principaux sites se visitent aisément des portes de Genève jusqu'à Avenches.
- **La Via Salina**. A l'époque, la Route du Sel était particulièrement importante pour Berne qui dut rechercher cette précieuse denrée auprès de la Franche-Comté jusqu'en 1830. Elle suit donc le chemin du sel (porté par des mulets) entre la fameuse ancienne saline royale d'Arc-et-Senans et Berne en passant par Yverdon-les-Bains et sa région dans un décor déconcertant, semé de découvertes telles que forteresses, postes de douane, anciens dépôts de sel, etc. Il existe plusieurs itinéraires successifs, tels que Berne – Yverdon-les-Bains ou Yverdon-les-Bains – Vuiteboeuf Sainte-Croix.

CHÂTEAU DE GRANDSON

Rue Basse 57 ✆ +41 24 445 29 26

www.chateau-grandson.ch

7j/7 8h-17h de novembre à mars 8h à 18h d'avril à octobre. Adultes 12 CHF, enfants (7 à 16 ans) 5 CHF, étudiants 10 CHF.

Monument d'intérêt national, placé sous la protection de la Confédération et de la section des monuments historiques du canton de Vaud. Dans ce grand château fort datant du Xe siècle, sont installés plusieurs musées. Le Musée historique, qui relate en particulier la bataille de Grandson (1476), le Musée régional et, surtout, le musée des Vieilles Voitures. Ce dernier présente une belle collection d'automobiles anciennes. On y voit la Rolls de Greta Garbo ou la Voisin C7 de Le Corbusier. D'autres expositions temporaires complètent la visite. Bar et diaporama.

BATEAUX SOLAIRES

Chemin du Grand Champ, Giez

✆ +41 24 445 46 88

www.sol-a-flots.ch

Fermé en hiver. Possibilité de louer jusqu'à 2 bateaux solaires. Location 150 CHF par bateau : sortie d'environ 3h.

L'objectif de Sol-à-Flots est la sauvegarde et l'utilisation des bateaux à propulsion électro solaire, sans but lucratif et au profit de l'éducation à l'environnement, dans la région du bout du lac de Neuchâtel, plus particulièrement à Grandson. Cette activité permet de vous immerger en pleine nature et de vous laisser bercer par les flots et le clapotis des eaux. Vous pourrez apercevoir les oiseaux des marais et la flore lacustre. Cela donne une vision différente des berges et vous invite à déconnecter. Le temps idéal de croisière est de 2h30.

HÔTEL-RESTAURANT BELLEVUE €€

Onnens

✆ +41 24 436 13 26

www.bellevue-onnens.ch

Chambre simple à partir de 110 CHF, double à partir de 175 CHF.

Ancien relais de poste du XVIe siècle qui offre calme et une vue imprenable sur le lac de Neuchâtel et les Alpes. On apprécie les chambres agréables et la terrasse à l'ombre du platane. Des escaliers en pierre magnifiques, la cheminée d'époque et deux poêles classés monuments historiques se marient avec un confort moderne et raffiné. Cette culture du bien-être se décline à tous les niveaux. Le restaurant propose une cuisine semi-gastro avec une carte bistro ou restaurant.

CAVE DE BONVILLARS

Bonvillars

✆ +41 24 436 04 36

www.cavedebonvillars.ch

Ouvert du lundi au vendredi de 8h à 12h et 13h30 à 18h00, le samedi de 9h à 12h30. Visites et dégustations.

Bonvillars est l'une des 26 appellations vaudoises. Elle se situe sur les rives du lac de Neuchâtel, s'étend de Grandson à Concise et bénéficie d'un microclimat particulièrement favorable pour la vinification du chardonnay, chasselas, gamaret, gamay, garanoir, pinot blanc, gris et noir. La palette des vins proposée est donc large pour des prix très doux. Une bonne adresse pour déguster et acheter des vins souvent primés et élaborés selon des principes respectueux de l'environnement. La visite de la cave permet d'avoir un accueil privilégié.

ORBE ★

Belle petite cité historique, avec des pierres médiévales et romaines. Les rues piétonnes inspirent des balades pittoresques avec des arrêts dans les jolies petites boutiques artisanales. Sur votre parcours historique, jetez un œil aux mosaïques romaines, à l'église du XVe siècle et au donjon du XVIIIe siècle. Vous serez peut-être guidé par les effluves de café de la torréfaction du caveau du musée pour faire une pause dégustation. N'hésitez pas à vous percher au sommet de la tour ronde de l'ancien château pour bénéficier d'un magnifique panorama à 360 degrés sur les Alpes et le Jura ou de prendre un bon bol d'air sur l'esplanade du château.

SAINTE-CROIX ★

Sainte-Croix se trouve sur les contreforts du Jura vaudois, entre la frontière franco-suisse et les beaux lacets de la route d'Yverdon-les-Bains, à hauteur du col des Étroits (alt. 1 052 m). Après que son économie se soit d'abord développée dans la sidérurgie et l'horlogerie, le village produisit dès le début du XIXe siècle des boîtes à musique. À cette époque, on comptait 40 entreprises et près de 600 ouvriers qui fabriquaient des automates et des oiseaux chantants mécaniques. On s'y arrête aujourd'hui pour visiter le CIMA, le Centre international de la Mécanique d'Art, qui perpétue le souvenir d'un savoir-faire encore bien présent dans le village.

ROMAINMÔTIER ★★

Le magnifique site clunisien de Romainmôtier vit au rythme de son abbatiale romane : concerts le dimanche ou mariages, sans oublier les délicieuses tartes servies à la maison du prieur. Voir la tour de l'Horloge, la porte d'entrée du monastère du XVe siècle, la tour Saint-Georges, la maison des Moines du XVIe siècle. Voir aussi la maison de Lerber, sur la route de Vaulion, construite au XVIe siècle, remaniée au XVIIIe et, en face, la tour maçonnique de 1707. Pensez à goûter les fameuses tartes de l'abbaye pour une pause terroir. Une visite intimiste du bourg médiéval est rendue possible avec les visites guidées proposées par l'office de tourisme.

CIMA - CENTRE INTERNATIONAL DE LA MÉCANIQUE D'ART

Rue de l'Industrie 2
✆ +41 24 454 44 77
www.musees.ch

Toutes les visites sont guidées. Entrée : adulte 14 CHF, étudiant 12 CHF, enfants 7 CHF.

« Bienvenue au pays des rêves mécaniques », c'est ainsi que vous accueille l'écriteau à l'entrée du village de Sainte-Croix. C'est en 1796 qu'on attribue à l'horloger genevois Antoine Favre l'invention de la boîte à musique. Depuis un siècle, Sainte-Croix est devenue la capitale mondiale de cet objet merveilleux. De Vaucanson aux créateurs contemporains, le spectacle des automates vous surprendra. Une histoire d'artisans où le merveilleux côtoie la magie.

Romainmôtier.

MUSÉE BAUD

Grand-Rue 23, L'Auberson ✆ +41 24 454 24 84
www.museebaud.ch
Dimanche 10h-12h et 14h-18h. Samedi 14h-17h. Juillet à septembre 7j/7 de 14h à 17h. Adultes 10 CHF, enfants 6 CHF.

À l'origine, ce sont trois frères qui se sont associés pour conserver des instruments à musique dans les années 1920. Visiter ce musée, c'est un peu comme ouvrir une boîte à bijoux... Ce musée enchanteur abrite une soixantaine de pièces exceptionnelles manufacturées entre 1750 et 1940. Vos yeux brillent en découvrant les horloges, les tabatières, les poupées, les instruments de musique mécaniques ou les vieux objets artisanaux du quotidien. L'élément le plus emblématique est l'orgue de foire de 1900 et un orchestre composé de dix instruments différents.

CAMPING VD28 €

Les Cluds, Bullet
✆ +41 24 454 14 40
www.campings-ccyverdon.ch
Du 1er avril au 30 septembre. Forfait 35 CHF par jour pour l'emplacement, deux adultes et les enfants, une voiture.

Situé à 1 200 m d'altitude en plein pâturage jurassien, la tranquillité est absolue, l'air pur et le cadre agreste. Ce camping est très bien situé pour qui veut vivre une expérience nordique et profiter des 9 remontées mécaniques, des 100 km de pistes de ski de fond et des 40 km de chemins balisés pour raquettes. L'été, c'est un super-spot pour profiter des activités lacustres avec un accès direct à la baignade, une plage de sable fin comme sous les tropiques, des location de bateaux et le départ idéal pour des balades le long du lac et dans la réserve naturelle.

GRAND HÔTEL DES RASSES €€

25 Route des Alpes ✆ +41024 454 19 61
www.grandhotelrasses.ch
44 chambres dès CHF 99 à CHF 290. Piscine et fitness.

Cet hôtel 3-étoiles de charme datant de la fin du XIXe siècle, se situe à 1 200 m d'altitude, au cœur d'un parc avec pour toile de fond, la magnifique chaîne des Alpes. L'accueil est digne d'un palace avec une attention particulière pour chaque hôte. L'hôtel se compose de 44 chambres spacieuses et confortables, toutes différentes. Le hall d'accueil et le salon sont somptueux. Avec ses deux restaurants, offrant une cuisine tout en finesse, et ses activités de détente et sportives, le Grand Hôtel des Rasses est un lieu de choix pour un séjour raffiné.

BISTRO 77 €

25 Rue Centrale
✆ 024 454 38 21
www.hotelfrance.ch
Ouvert de lundi à vendredi pour le repas de midi, ouvert tous les soirs. Plats entre 26 et 32 CHF.

C'est le resto de l'Hôtel de France. Pourquoi 77 ? Pour qualifier un établissement ouvert 7j/7 et une cuisine basée sur des produits disponibles (dans la mesure du possible) dans un rayon de 77 kilomètres. Beau projet ! La cuisine est donc de saison et de pays mais néanmoins inventive : flan de carottes, œufs de caille et roquette, lapin de Sainte-Croix au vin rouge, légumes et polenta. Il vous faudra déguster absolument le nectar local qui a suscité tellement de polémiques : l'absinthe. Cette plante était cultivée dans les Franches Montagnes.

LE CHASSERON

✆ +41 24 454 23 88
www.chasseron.ch
Chambres familiales dès 159 CHF, dortoir dès 45 CHF par personne avec petit déjeuner.

Les sentiers escarpés qui mènent au sommet du Chasseron ne sont pas de tout repos mais promettent une immersion au cœur de la nature jurassienne. Parvenu au sommet, on profite d'un panorama à couper le souffle : le massif du Jura dans toute son étendue côtés français et suisse. L'hôtel du Chasseron propose d'excellents mets typiques de la région. Plusieurs catégories d'hébergements vous attendent, comme une nuit insolite dans un grand tonneau avec vue panoramique, une chambre familiale et une nuit en dortoir pour le choix le plus économique.

GORGES DE COVATANNAZ

Vuiteboeuf
Départ : gare de Vuiteboeuf, alt. 589 m ou gare de Baulmes, Durée : environ 2h30 pour la montée, 2h pour la descente.

Un véritable trait d'union entre le Jura et la Plaine, ce sentier au cœur du Jura serpente entre Sainte-Croix et Vuiteboeuf (alternative jusqu'à Baulmes). Suivre le logo vert numéro 107 pour une randonnée accessible également aux enfants. Le tracé offre de véritables paysages de carte postale sur la plaine, le lac de Neuchâtel et au-delà sur les Alpes. Vous pourrez admirer au gré de vos foulées les pâturages et les pittoresques chalets isolés et des chutes d'eau dans les gorges de Covatannaz. Pour se distraire, il est même possible de grimper sur les rochers.

VALLORBE

Située dans un cadre de verdure exceptionnel, entre les falaises du Mont d'Or et de la Dent de Vaulion, Vallorbe ne manque pas de charme. Cette petite ville de 3 300 habitants qui prospéra dès la fin du XIIIe siècle autour de l'industrie du fer, devint par la suite célèbre pour ses serrures et limes ; une réputation qui perdure aujourd'hui. A 3 km au sud, en direction du col du Mont d'Orzeires (alt.1 061 m.) et du lac de Joux, on trouve les grottes de Vallorbe et, un peu plus loin, le parc animalier Juraparc. A 5 km à l'est, via la Route de Lausanne et perché à 1 000 d'altitude, le fort de Pré-Giroux et l'autre grande attraction des environs.

MUSÉE DU FER ET DU CHEMIN DE FER

Passage du Temple, 11 ✆ +41 21 843 25 83
www.museedufer.ch
Avril-octobre : tous les jours 10h-18h (fermé le lundi matin). Novembre-mars, sur demande. Entrée : 12 CHF.

Installé sur le site classé des Grandes-Forges, au cœur de Vallorbe, ce musée retrace l'histoire du minerai à l'origine de la prospérité de la ville, mais aussi du chemin de fer, qui joua également un rôle important dans le développement de la région. Il faut donc non seulement voir la forge en activité, avec le halètement des roues à aubes, le bruissement des courroies et le bruit de ses enclumes, mais aussi découvrir l'épopée du rail dans le Vaudois présentée aux étages supérieurs.

LE SENTIER

Au bord du lac de Joux, ce bourg est réputé pour ses activités horlogères. On nomme d'ailleurs la vallée la *Watches Valley*. Dans un tout autre registre, son tournoi de hockey sur glace d'avant-saison, qui réunit des équipes professionnelles suisses et étrangères est très couru également. En été : sports nautiques, VTT et randonnées pédestres dans les forêts du Jura ou dans les alpages. En hiver : ski nordique, raquettes à neige, patinage sur la plus grande patinoire naturelle de Suisse romande ou encore du ski alpin aux Esserts. Les beaux paysages vallonnés invitent à prendre une bouffée d'air pur dans la Vallée de Joux, quelle que soit la saison.

ESPACE HORLOGER DE LA VALLÉE DE JOUX

Grand-Rue 2
✆ +41 21 845 75 45
https://espacehorloger.ch
Mardi-dimanche : 13h-17h. Fermé le lundi. Adulte 12 CHF. Enfant (10 à 16 ans) 6 CHF.

Rénové en 2012, ce musée présente une riche collection de pendules anciennes, du XVIe au XIXe siècle, et retrace les débuts de l'horlogerie dans la région. Également une collection d'horloges comtoises, remises en état par les élèves de l'Ecole technique de la vallée, futurs horlogers, mais aussi des montres créées par les entreprises de la vallée au XXIe siècle. La rénovation a permis de moderniser l'espace désormais interactif et qui présente une horlogerie tournée vers l'avenir.

LE BRASSUS

L'une des petites stations de la vallée de Joux qui évoque le grand nord canadien... Des kilomètres de pistes de fond au milieu d'un environnement sauvage majestueux. Au sein du parc naturel régional Jura vaudois. C'est aussi le village natal de Jules Louis Audemars et d'Edward Auguste Piguet, qui à l'âge de vingt ans ont ouvert un atelier pour les ouvrages horlogers. Le village vit au rythme de l'horlogerie et peut être fier de cette tradition ancestrale très minutieuse. Vous pourrez visiter le musée atelier Audemars Piguet et même séjourner dans un hôtel ultra contemporain aux lignes épurées et tout cela en respirant le bon air de la montagne.

HÔTEL DES HORLOGERS - VALLÉE DE JOUX €€

Route de France 8
✆ +41 21 845 08 45
www.hoteldeshorlogers.com
Hôtel construit par la manufacture horlogère Audemars Piguet.

Situé au cœur de la vallée de Joux, ce bâtiment a été conçu par l'étude d'architecture Bjarke Ingles Group. Les 50 chambres et suites donnent sur la forêt du Risoud et présentent un décor chaleureux avec des matières premières de la région. La restauration est signée par le chef Emmanuel Renaut, récompensé de 3 étoiles Michelin et élu meilleur ouvrier de France. Les edelweiss et les narcisses des Alpes suisses sont les ingrédients phares de leurs soins proposés dans Le Spa by Alpeor.

NEUCHÂTEL ★★★

Neuchâtel (39 000 habitants) est une jolie vieille ville face aux Alpes et au bord du lac, vivante et commerçante. Elle mêle histoire et modernité et il est très intéressant d'explorer le centre-ville pour en percer ses vieux secrets. Les bords du lac peuvent faire l'objet d'une balade romantique ou d'une baignade fortuite. Un golf 9 trous, une piscine, la proximité des pistes de fond et de ski alpin de La Brévine, la possibilité de naviguer sur le lac, la présence de musées originaux dont celui consacré aux automates, font de Neuchâtel un camp de base apprécié des sportifs et des familles. Une atmosphère proche de la nature règne sur cette bourgade.

Balade

La visite du centre-ville se fait facilement à pied.

▶ **Vous pouvez partir de la poste** (où se trouve également l'office de tourisme) et longer le bord du lac jusqu'à l'esplanade du Mont Blanc, où vous admirerez quelques sculptures d'artistes de renommée internationale, tels que Vasarely.

▶ **De là, remontez vers la place Pury,** où se trouve la statue à l'effigie du grand mécène de la ville David de Pury. Celui-ci a en effet fait don de sa fortune pour des œuvres d'utilité publique. Un ruisseau urbain établi en un petit canal part de la place Pury et ondule dans la rue du Seyon. Il emprunte le dessin de l'ancienne rivière du Seyon qui parcourait à l'époque le centre de Neuchâtel avant de déboucher sur le lac.

▶ **Prendre ensuite la jolie petite rue des Flandres** pour arriver à la magistrale place des Halles où se tient la maison des Halles. Ce bâtiment fut au début de son histoire un marché couvert pour les grains et les draps. Son bâtisseur Laurent Perroud donna à la décoration un style Renaissance. La maison accueille aujourd'hui le restaurant gastronomique des Halles. À l'entrée figurent les armes des Orléans-Longueville, princes souverains de Neuchâtel à partir de 1504. Voir aussi les belles façades du XVIIe siècle et la fontaine des Halles, ancien puits, bâtie en 1681.

▶ **Continuez sur la rue du Trésor** avec ses maisons des XVIe et XVIIe siècles et prenez à gauche la rue Croix du Marché. C'est le plus ancien carrefour de la ville, avec de jolies façades du XIXe siècle, une fontaine colorée surmontée d'une statue du XVIe siècle et l'hôtel du Banneret, en pierre jaune, bel exemple de style Renaissance tardif. Sur la petite place s'érige la fontaine du Banneret qui fut la première fontaine construite en dehors de la cité primitive.

▶ **Vous rejoignez alors la rue du Château.** Pavée et bien escarpée, elle ne manque pas de charme avec ses maisons de styles différents : au n° 6, une construction en grosse pierre du XIIe siècle, peut-être défensive, au n° 9, une habitation bourgeoise du XVIIIe siècle et, au n° 12, un édifice du XVIe siècle qui servait de chancellerie et logeait le secrétaire d'État. On passe aussi le n° 23, autrefois auberge qui a accueilli Rousseau ou Mirabeau, puis une fontaine datant de 1785. La rue se prolonge à droite par l'escalier du château qui mène logiquement à la collégiale et au château.

▶ **Après la visite de ces édifices, redescendre pour reprendre la rue Croix du Marché** et continuer, sur la gauche, rue des Moulins. Le parcours se fait à l'évidence par la rue des Moulins qui étale commerces et petits cafés, mais présente aussi de belles maisons comme la toute première, dont la façade peinte en rose date de 1714.

▶ **Prenez le passage des Boucheries** et rattrapez la Grand-Rue. Au carrefour de celle-ci et de la rue de l'Hôpital se trouve la fontaine de la Justice, construite par Laurent Perroud entre 1545 et 1547. Quatre personnages entourent la statue de la Justice, qui représentent les différentes formes du gouvernement : un pape, un avoyer, un empereur et un grand-duc. Comme la fontaine du Banneret, elle a été restaurée selon les règles de la polychromie de l'époque.

▶ **Poursuivez par la rue de l'Hôpital** pour arriver à la place regroupant les administrations officielles de la ville : hôtel de ville, administration communale et la police. L'hôtel de ville est un magnifique bâtiment datant de la fin du XVIIIe siècle et œuvre de l'architecte Pierre-Adrien Pâris. Pierre-Adrien Pâris est un architecte, peintre et décorateur français né à Besançon en 1745 et mort dans la même ville en 1819. Fils d'un architecte et topographe officiel de la cour du prince-évêque de Bâle, il édifia de nombreuses œuvres aussi bien extérieures qu'intérieures telles que l'hôtel Depont des Granges à La Rochelle et des décors pour l'Opéra de Paris.

▶ **Prenez le petit passage entre l'hôtel de ville et la maison du Concert** pour voir le temple du Bas. Descendre ensuite la rue du Bassin pour apercevoir l'important bâtiment qui abrite aujourd'hui la bibliothèque.

Histoire

La ville est d'abord connue sous le nom de Novum Castellum (« nouveau château », construit sur une falaise) et mentionnée pour la première fois en 1011. Les Neuchâtel furent en fait, au milieu du XIIe siècle, de puissants seigneurs qui donnèrent leur nom à la cité.

Au XVIIe siècle, c'est déjà un bourg important avec des tours protectrices. À partir de 1707, les rois de Prusse règnent sur Neuchâtel et aménagent une promenade sur les rives du lac. Le XIXe siècle est une période prospère. En 1814, Neuchâtel devient Suisse et, tout au long du XIXe siècle, on révise l'urbanisme de la ville. En 1848, elle obtient son indépendance complète.

Transports

Si vous arrivez en train, sachez que la gare est excentrée. Vous pouvez descendre vers le centre en marchant 10 bonnes minutes ou prendre le funiculaire puis marcher 5 minutes vers le centre, ou encore prendre un bus 7, 9 ou 9b.

CAN - CENTRE D'ART NEUCHATEL ★

Rue des Moulins 37
✆ +41 32 724 01 60
www.can.ch
Ouverture du mercredi au dimanche de 14h à 18h, le jeudi jusqu'à 20h. Entrée libre.

Inscrit dans la philosophie de découverte et d'expérimentation de l'art contemporain à travers la présentation d'œuvres d'artistes locaux et internationaux. Il abrite une bibliothèque, une vidéothèque et une salle de projection.

Le Centre d'art Neuchâtel est géré une association à but non lucratif qui choisit la programmation d'art pour répondre aux exigences de la production d'expositions d'art contemporain et leur médiation publique. Des animations viennent rythmer l'année culturelle.

DÉCOUVRIR L'HORLOGERIE

L'heure est à la découverte du génie de ces paysans-horlogers qui ont façonné la vallée d'un urbanisme unique au monde comme au Locle et à La Chaux-de-Fonds. Dès le XVIe siècle, les hommes de la terre meublent les hivers en travaillant dans l'horlogerie. Pour devenir horloger, il faut pouvoir rentrer dans une corporation. Mais dans cette région nommée Franches Montagnes, il était possible d'exercer sans titre. À 1 000 m, dans les confins du Jura, au cœur des forêts de sapins, vont naître deux villes complètement dédiées à l'horlogerie. L'afflux d'étrangers venus avec leur savoir-faire va favoriser l'expansion des connaissances et développer la production. À la fin du XVIIe siècle, les montres produites sont expédiées dans le monde entier et en 1914, 55 % de la production mondiale provenait de La Chaux-de-Fonds. Les fermes sont aménagées avec des ateliers en bois au rez-de-chaussée pour favoriser la lumière directe, des manufactures voient le jour et des inventions favorisent l'essor de l'horlogerie, comme celle d'Abraham Breguet, né à Neuchâtel, qui conçoit en 1801 le « tourbillon », qui permet de donner du rythme au balancier et à la roue d'échappement des montres mécaniques : c'est le fameux tic-tac ! Pour remonter le temps, comprendre l'épopée horlogère du pays de Neuchâtel, découvrir La Chaux-de-Fonds et la ville du Locle, l'urbanisme horloger classé au patrimoine mondial de l'Unesco, optez pour l'expérience horlogère proposée par Explore Swiss Watchmaking.

SUISSE ROMANDE

Neuchâtel.

CENTRE DÜRRENMATT ★★

74 Chemin du Pertuis-du-Sault
✆ +41 58 466 70 60
www.bundesmuseen.ch/cdn
Du mercredi au dimanche de 11h à 17h. Entrée : adulte 8 CHF, enfant/étudiant 5 CHF.

Abrité dans un bâtiment du célèbre architecte suisse Mario Botta, intégrant l'ancienne maison de Friedrich Dürrenmatt (1921-1990) et situé sur les hauteurs de Neuchâtel dans un cadre verdoyant, ce centre est principalement dédié à l'œuvre picturale de l'écrivain et dramaturge. Avant tout connu comme écrivain, sa passion pour le dessin et la peinture est ici mise en valeur. Gouaches, huiles, dessins et lithographies se découvrent au fil de la visite dans une muséographie didactique originale. Il propose un espace consacré à l'œuvre littéraire et dramaturgique.

CHÂTEAU DE NEUCHÂTEL ★

Rue du Château, 1
✆ +41 32 889 40 03
Avril-septembre. Mardi-vendredi à de 10h à 16h. Week-end, lundi et jours fériés de 14h à 16h. Gratuit.

© VALERY SHANIN - SHUTTERSTOCK.COM

Situé sur un éperon rocheux, le château domine Neuchâtel avec la collégiale. Construit à partir du XIe siècle, il fut la principale demeure des seigneurs de Neuchâtel. C'est un bel exemple (unique en Suisse) d'architecture romane non religieuse. La façade ouest, restaurée en 1866, est divisée par des cordons sculptés et possède une seule fenêtre, ornée d'une sculpture représentant deux chiens. La partie méridionale et la partie supérieure sont du XVe siècle. Au sud, on trouve les deux jardins et la galerie Philippe de Hocheberg.

COLLÉGIALE ✝ ★★

Rue de la Collégiale 3
www.collegiale.ch

Construite sous Ulrich, seigneur de Neuchâtel, à partir de 1185 et terminée en 1276, la collégiale, qui jouxte le château, est de style roman tardif. En 1530, la Réforme arrive à Neuchâtel ; on vide la collégiale de ses autels et de son décor et on l'affecte à un nouveau culte. Elle est restaurée à la fin du XIXe siècle. A l'intérieur, un chœur roman assez sombre, la nef plus claire, un beau monument funéraire des comtes datant des XIVe et XVe siècles, restauré en 1840. Devant l'entrée principale se trouve une statue du réformateur Guillaume Farel. Joli cloître.

LATENIUM PARC ET MUSÉE D'ARCHÉOLOGIE ★★

Espace Paul Vouga, Hauterive
✆ +41 32 889 69 10
www.latenium.ch
Mardi au dimanche de 10h à 17h. Gratuit chaque premier dimanche du mois. Tarifs : adulte 9 CHF, enfant 7 à 16 ans 4 CHF

Situé au bord du lac (et de l'autoroute d'ailleurs) et entouré d'un grand parc, le Laténium nous emmène sur les traces de l'histoire de l'homme à travers des mises en scène en plein air et des reconstitutions archéologiques. La visite commence par l'époque du Moyen Âge et se poursuit pour finir à la période de l'homme Néandertal, à travers la présentation de divers objets : bijoux, objets du quotidien, bateaux, armes, sculptures faisant partie de l'univers du passé.

SOCIÉTÉ DE NAVIGATION LNM

Port de Neuchâtel
✆ +41 32 729 96 00
www.navig.ch
Navigation sur les 3 lacs dès 6h30 et jusqu'à 21h, billet dès 20 CHF.

La société de navigation propose de nombreuses croisières sur les lacs de Neuchâtel, Morat et Bienne à des prix faisant de cette compagnie l'une des plus économiques d'Europe et sans aucun doute celle qui propose la plus grande surface navigable entièrement en Suisse. En une journée, vous pouvez relier par des canaux les 3 lacs en bateau. Des croisières thématiques sont également organisées comme la croisière Pyromélodique pour fêter la fin des vendanges.

MARINE SERVICE LOISIRS

Port de la ville
✆ +41 32 724 61 82
www.msloisirs.ch
Location d'un pédalo 2 places pour 1 heure : 15 CHF ; 4 places : 25 CHF. Et bateau sans permis.

Location de bateaux et de pédalos sur le lac pour faire une balade aquatique ludique. Cela fait plus de quarante-cinq ans que cette société propose de révéler le petit marin qui est en vous ! Elle connaît tout des bateaux et prodigue même des conseils pour l'achat. En tant que visiteurs, vous pourrez réserver des bateaux sans permis ou avec, et même des vélos pour faciliter les visites lors de vos amarrages. Cap sur la découverte ou tout simplement le *farniente* à lézarder au soleil sur la proue ! C'est toujours une autre façon de voir les panoramas depuis l'eau.

NEUCHÂTEL ROULE

Esplanade Léopold-Robert
✆ +41 76 417 50 91
Citybikes en libre service 7j/7 de 7h30 à 21h30 (non-stop). Forfait 4 heures, 2 CHF, forfait journée 6 CHF.

Neuchâtel Roule prête des vélos gratuitement. Seules conditions : avoir plus de 18 ans, présenter une carte d'identité et déposer une caution. Comme toutes les autres stations de prêt de vélos en Suisse, Neuchâtel Roule vise la protection de l'environnement, mais aussi à aider l'intégration des requérants d'asile et des chômeurs en fin de droits. Les cheveux dans le vent, vous pouvez choisir parmi les 440 vélos disponibles aux 45 bornes en libre service. L'accès est très facile par smartphone, il suffit de télécharger l'application Donkey Republi.

HOTEL - CAFÉ L'AUBIER €

Rue du Château 1 ✆ +41 32 710 18 58
www.aubier.ch
Chambres avec salle de bain privative : simple 130 CHF ; double 180 CHF. Petit déjeuner non compris.

Au sein d'une ancienne demeure, situé en plein cœur de la vieille ville, cet hôtel-café propose neuf chambres douillettes à la décoration contemporaine et chaleureuse, toutes différentes car aménagés dans les murs anciens, mais très lumineuses car l'édifice est à l'angle de plusieurs rues. C'est une excellente adresse pour les budgets moyens comme pour les petits budgets, car on trouve aussi quelques chambres avec salle de bain partagée, à prix plancher. Des assiettes à prix raisonnables délicieuses, des options végétariennes, de petit déjeuner, des vins, thés…

HÔTEL DES ARTS €€

Rue J.-L. Pourtalès 3
✆ +41 32 727 61 61
www.hoteldesarts.ch
À partir de 113 CHF la simple, 174 CHF la double, petit déjeuner compris. Lit additionnel 40 CHF.

A deux pas du centre-ville, du lac, de la piscine et de la patinoire, l'Hôtel des Arts, est un trois-étoiles rénové récemment, un espace chaleureux, dans un décor sobre avec des touches *arty*, qui vient cette année d'ouvrir quatre nouvelles chambres. Pour les petits budgets, des chambres simples mansardées de 11 m² sont à prix plancher. Les chambres simples et doubles classiques sont aussi très agréables. Un cadre propice à la détente, notamment dans l'une des deux suites Wellness avec douche cabine hammam, CHRomothérapie, baignoire à bulle (Jacuzzi).

CHEZ BACH ET BUCK €

Avenue du 1er Mars 20
✆ +41 32 725 63 53
www.bachetbuck.ch/neuchatel/
Ouvert du lundi au vendredi de 13h30 à 18h30 et le samedi de 11h à 17h. Crêpes : 7/10 CHF.

Bien que légèrement excentré, ce café-crêperie à l'atmosphère cosy vaut le détour (notamment l'été pour sa terrasse à l'arrière). Le choix des crêpes salées est large et les végétariens ne seront pas déçus. Avec un grand nombre de crêpes sucrées aux titres alléchants et une variété incroyable de thés : un beau choix également de crêpes salées pour une pause copieuse et gourmande. C'est l'endroit idéal pour faire une pause après une visite de la ville et avant de reprendre un train. A la même adresse Art'thé, vous propose des dégustations de thés.

PINTE DE PIERRE À BOT €

106 Pierre-à-Bot
✆ +41 032 725 33 80
www.pintedepierreabot.ch
Ouvert tous les jours. Assiette du jour en semaine : 15 CHF. Assiette repas du week-end : 34 CHF.

Situé dans un parc, un peu à l'extérieur de la ville et jouissant d'une terrasse avec vue panoramique sur la région, ce restaurant à l'ambiance chalet propose une restauration traditionnelle avec pour grande spécialité la fondue. La carte en compte plus d'une vingtaine ! Elles se déclinent avec différents fromages et peuvent être agrémentées d'épices, de champignons (morilles, truffes, etc.) ou être parfumées à l'alcool (absinthe, Guinness, cidre). Une bonne adresse pour un repas copieux et savoureux. L'accueil est simple mais chaleureux.

LA MAISON DES HALLES €€

Place du Marché/rue du Trésor 4
✆ +41 32 724 31 41
www.maisondeshalles.ch
Fermé le lundi. Monument historique abritant café et restaurant.

Dans une très belle bâtisse de 1569 magnifiquement conservée se loge un bar, une brasserie et un restaurant... Sur la table, une belle variété classique qui emprunte aux gastronomies périphériques, française et italienne notamment. Tout est irréprochablement fait, la cave est intéressante et les prix relativement serrés. Au menu, un bon choix de poissons de l'arrivage. Les gérants de ce lieu prestigieux offrent un moment unique de gastronomie, le tout dans un cadre d'antan revisité pour assurer charme et qualité. Festoyez gaiement !

OBSERVATOIRE DE NEUCHÂTEL

Rue de l'observatoire
✆ +41 79 502 87 38
https://observatoire-neuchatel.ch/
Soirées d'observation organisées tout au long de l'année, généralement les vendredis à partir de 20h.

L'observatoire date de 1858 et fut créé par le Département de l'économie publique du canton de Neuchâtel. Comme pour beaucoup d'autres observatoires astronomiques de cette époque, son rôle était de calculer très précisément l'heure et d'améliorer les techniques de mesures, un travail primordial pour aider à la navigation et au transport maritime dont les besoins s'accrurent fortement à partir de la seconde moitié du XIXe siècle. Mais cet observatoire n'était pas que cela et il faut aussi souligner la présence sous sa coupole d'une lunette de grande classe encore en activité aujourd'hui : la lunette Zeiss de 300 mm de diamètre de conception très atypique ! En effet, en plus de son tube principal possédant une longueur de 4 500 mm, elle est dotée de deux instruments destinés à la photographie, de 360 mm de diamètre chacun, donnant à l'ensemble un aspect pour le moins impressionnant. Les visiteurs avertis se demanderont sans doute à quoi pouvaient bien servir ces deux astrographes de caractéristiques identiques montés en parallèle... Ils servaient en fait à l'étude du rayonnement ultraviolet en provenance des astres, étude en pratique pénalisée par l'absorption naturelle de notre atmosphère dans ce domaine particulier de la lumière, et dont on n'avait pas vraiment idée à l'époque ! Ciel dégradé par la pollution lumineuse oblige, les observations lors des soirées publiques sont pour l'essentiel orientées vers les objets célestes suffisamment lumineux, Lune et planètes.

AUVERNIER ★

Ce village vigneron, situé à 5 minutes de Neuchâtel, a été investi par la bourgeoisie locale qui a trouvé les petites ruelles de la vieille ville tout à fait à son goût et y vit paisiblement et un brin cachée. C'est que les impôts locaux sont ici parmi les moins chers du canton ! Il est bien agréable de flâner dans la Grand-Rue aux belles façades de maisons vigneronnes aux volets peints de couleurs différentes, et dans les rues adjacentes... Cherchez la Maison Carrée, toute bleue. Beaucoup viennent aussi à Auvernier pour une escapade gourmande.

L'AUBIER €€€

Les Murailles 5, Montezillon ✆ +41 32 732 22 11
www.aubier.ch
Dans le bâtiment principal : chambre simple à partir de 130 CHF et chambre double à partir de 170 CHF.

Au sein de l'éco-quartier les Murmures. Superbe hôtel de charme et écologique avec vue sur le lac de Neuchâtel et les Alpes, à l'orée d'une ferme biodynamique qui fournit le restaurant maison. L'hiver, alors que la ville est dans la brume, le chalet est souvent ensoleillé sur les hauteurs. L'été, l'air y est plus frais. La décoration associe le bois naturel au design pour une atmosphère contemporaine en pleine campagne.Les chambres bénéficient d'un balcon ou d'une fenêtre mansardée donnant sur le jardin. On apprécie le restaurant et l'espace de bien-être.

L'AUBIER €€

Les Murailles 5, Montezillon
✆ +41 32 732 22 11
www.aubier.ch
Ouvert tous les jours de 8h à 18h. Plats du jour 18 CHF et 20 CHF à midi. Le soir plats de 22 à 45 CHF.

Dans un cadre 100 % naturel, ce restaurant, situé à l'orée d'Auvernier, propose une cuisine entièrement bio, préparée avec les produits de la ferme attenante. Salades, jus de carottes, plats végétariens... mais aussi saumon grillé à la provençale, hamburger maison ou encore le fameux couscous de l'Aubier, les plats sont fins et savoureux. De nombreuses options végétariennes sont à découvrir. Mais à L'Aubier, c'est surtout la sérénité, la tranquillité et les grands bols d'air pur que l'on vient consommer en toute discrétion. Ici vous serez aux petits soins !

BOUDRY ★

Ravissant village protégé par un château, à 3 km de Colombier, Boudry tire sa fierté des célébrités qu'il a vues naître : le révolutionnaire Marat, assassiné par Charlotte Corday, mais aussi Philippe Suchard, grand chocolatier suisse. Vous apprécierez le côté bucolique du lac avec sa toute petite plage de galets. Une buvette se trouve sur place pour profiter de ce lieu connu mais discret. Les vignes autour de Boudry produisent de bons nectars que vous pouvez découvrir en visitant l'œnothèque du château de Boudry où pas moins de cinquante vignerons proposent leurs vins. Sur place, le musée de la Vigne et du Vin vous en apprendra sur le savoir-faire local.

CHÂTEAU DE BOUDRY ★★

✆ +41 32 842 10 98

www.chateaudeboudry.ch

Ouverture du mercredi au dimanche de 14h à 18h. Tarifs : adulte 7 CHF, enfant/retraité 5 CHF. Musée du Vin et œnothèque.

Bâti au XIIe siècle, ce château fut vraisemblablement maintes fois détruit et restauré, pour devenir roman au XIIIe siècle, gothique au XVe… Ses ultimes remaniements, de 1955 à 1958, en firent le musée que l'on connaît aujourd'hui et qui apporte de nombreuses explications sur la production de vins en pays de Neuchâtel. Le musée de la Vigne retrace l'histoire de la viticulture locale et des techniques de production. Vous pourrez découvrir les cépages utilisés localement comme le chasselas ou le pinot noir gris et toutes les avancées au niveau des assemblages.

LE LANDERON ★

Ce village proche de Neuchâtel est connu pour sa brocante et sa culture viticole. Ses vieilles rues bordées de maisons aux toits serrés en enceinte abritent des magasins d'antiquité ou d'artisanat. Voir l'hôtel de ville et la chapelle des Dix Mille Martyrs, édifiée entre les XIVe et XVIIe siècles. On se promène sur les bords de la Thielle, rivière romantique bordée de vignes et de forêts. Une ville fortifiée, bâtie sur le coteau en face du lac et nommée Nugerol, précéda le village que nous connaissons aujourd'hui. Détruite au XIIe siècle, elle fut reconstruite au XIVe siècle.

MÔTIERS ★★

Chef-lieu du district du Val-de-Travers, Môtiers abrite un beau prieuré du Xe siècle ouvert à la visite, une Grand-Rue bordée de charmantes maisons et un musée des Mascarons. On verra, adjacente à la Grand-Rue, la rue Jean-Jacques Rousseau et la maison où séjourna l'écrivain de 1762 à 1765. Elle est transformée en musée où l'œuvre de Rousseau est évoquée à travers des manuscrits et des éditions originales. Voir aussi l'Hôtel des Six-Communes, marché couvert rappelant l'union des 6 communes du haut Val-de-Travers. Au n° 12 de la Grand-Rue, ne pas manquer la laiterie-crèmerie Pitteloud pour faire provision de bon gruyère et de tomme neuchâteloise.

MAISON DE L'ABSINTHE ★★

Grande Rue 10 ✆ +41 32 860 10 00

www.maison-absinthe.ch

Du mardi au samedi de 10h à 18h, dimanche de 10h à 17h. Adulte 11 CHF. Formules avec dégustation incluse possibles.

Ce véritable temple de l'absinthe est incontournable pour mieux connaître l'histoire mouvementée de la fée verte. En effet, cette liqueur au secret de fabrication jalousement gardé fut longtemps interdite en Suisse (comme en France, d'où elle originaire). Sa commercialisation n'a été autorisée qu'en 2005 et elle peut aujourd'hui être dégustée aux quatre coins du monde. L'exposition présente également plus de 1 200 plantes, dont certaines utilisées dans la fabrication du breuvage magique. Un bar propose de déguster une quinzaine de productions régionales.

LA BRÉVINE ★

Situé sur les hauteurs du canton de Neuchâtel, à la frontière de la France, la commune de la Brévine et logée derrière la montagne du Crêt du Cervelet. Elle est connue pour ses pistes de ski de fond et ses chemins de randonnées hivernales car elle est surnommée la Sibérie de Suisse : c'est ici que le record de froid de - 30°C a été enregistré sur plusieurs régions de Suisse à seulement 1 000 m d'altitude ! Elle est due à sa situation géographique et topographique particulière. La topologie de la région, une vallée fermée entre 1 030 et 1 300 mètres d'altitude, provoque un phénomène d'inversion de température, qui augmente donc avec l'altitude au lieu de diminuer.

TRAVERS ★

Travers abrite 1 200 habitants. Le village est traversé par la route de l'Absinthe, un itinéraire culturel et touristique qui relie Pontarlier à Noiraigue, à quelques kilomètres au nord sur la route de Neuchâtel. C'est en 1711 que de l'asphalte est découvert sur le territoire de la commune. Son exploitation durera de 1717 à 1986, notamment dans la mine de la Presta, sur ce qui deviendra le plus grand gisement de ce type en Europe. Le site est aujourd'hui ouvert à la visite. Sur place, le Café des Mines sert notamment le fameux jambon cuit dans l'asphalte (à 160° C), un plat traditionnel de mineur qu'il serait dommage de ne pas goûter.

NOIRAIGUE ★

Noiraigue tire son nom d'un mot latin signifiant « eau noire ». Un demi-millier d'habitants à peine pour ce village, point de départ de belles excursions accessibles à tous vers la réserve naturelle de Creux-du-Van et les gorges de l'Areuse. Ce cours d'eau puissant et sauvage se contemple lors de balades où vous traverserez des passerelles et l'étonnant Saut du Brot, pont qui intrigue les promeneurs. Il est plus prudent d'éviter les promenades par temps de pluie car l'Areuse est capricieuse. La réserve naturelle de Creux-du-Van offre une diversité naturelle et une flore alpine exceptionnelle. Le cirque rocheux est très impressionnant également.

MINES D'ASPHALTE ★★

Site de la Presta

✆ +41 32 864 90 64

Ouvert tous les jours en été, le dimanche après-midi en hiver. Tarifs : adulte 16 CHF.

Les mines de La Presta furent exploitées à partir de 1711 pour extraire l'asphalte, d'abord à destination du secteur médical. Ce n'est qu'en 1812 que l'exploitation industrielle, avec plus de 100 km de galeries, permit d'exporter le minerai pour la construction de routes aux quatre coins du monde. Les mines ont fermé en 1986. Le gisement était le plus important d'Europe. La visite permet de comprendre comment l'eau était évacuée des profondeurs et l'asphalte remonté à la surface par des chevaux, remplacés au XXe siècle par des locomotives électriques.

CAFÉ-RESTAURANT DES MINES €

Site de la Presta

✆ +41 32 864 90 64

https://www.mines-asphalte.ch/cafe/

Ouvert tous les jours en été ; seulement le dimanche en hiver de 11h à 16h30. Compter 25 CHF.

Une escale sympathique et originale. Sur la terrasse ou devant la cheminée, on déguste la spécialité de la maison : le jambon cuit dans l'asphalte. Autrefois, il était préparé par les mineurs en l'honneur de Sainte-Barbe. Les produits proposés à la carte sont tous issus du terroir local ou suisse. L'atmosphère est simple et conviviale où les familles locales viennent partager le fameux plat les week-ends en hiver sans oublier le dessert à l'absinthe.

RÉSERVE NATURELLE DU CREUX-DU-VAN ★★

Réserve naturelle.

Située dans un cirque rocheux, c'est la plus importante réserve naturelle du canton (15,2 km²). On peut y observer en liberté des marmottes, des chamois, des chevreuils… dans un cadre majestueux. Au pied de l'amphithéâtre, la Ferme-Robert (972 m), bâtie en 1750 et qui fut le théâtre d'un fameux combat entre le bûcheron David Robert et le dernier ours de la région, est un bon but de promenade depuis Noiraigue (50 min à pied). Belle vue depuis le chalet d'alpage domine la vallée.

LA FERME-ROBERT €

Située à 10 minutes en voiture ou 50 minutes à pied de la gare de Noiraigue (suivre les panneaux jaunes tourisme pédestre). ✆ +41 32 863 31 40

www.ferme-robert.ch

Fin mars à mi-décembre, ouvert tous les jours sauf le mardi. En été, ouvert tous les jours. Hiver, consultez le site.

Dans un cadre typiquement rustique, avec nappes à carreaux vichy rouge et blanc et rideaux en dentelle, la Ferme-Robert propose une carte variée avec aussi bien des mets traditionnels au fromage que des assiettes végétariennes. Leur spécialité est l'Ardoise du Van, une entrecôte (bœuf ou cheval) sur ardoise accompagnée de gratin dauphinois et salade. Le mot d'ordre est d'apporter de l'authenticité dans la cuisine tout comme dans l'accueil. La Ferme-Robert possède aussi quelques lits en chambres de 2, 4 ou 6 lits, à prix très abordable.

LA CHAUX-DE-FONDS ★★

Berceau mondial de l'horlogerie, La Chaux-de-Fonds est la troisième ville romande avec 38 700 habitants. Située à 1 000 m d'altitude, c'est la deuxième ville la plus haute de Suisse derrière Davos. Ville natale de Le Corbusier, La Chaux-de-Fonds abrite une série de grands ensembles architecturaux modernes, à rapprocher des œuvres les plus controversées du maître, et une église moderne qui fait penser à Notre-Dame-du-Haut à Ronchamp. On a souvent qualifié cette ville, également nommée plus familièrement La Tchaux, de cité grise et morne, mais aujourd'hui, les façades arborent des couleurs joyeuses. L'architecture reflète l'esprit de l'horlogerie.

LA MAISON BLANCHE ★★

Chemin de Pouillerel 12
✆ +41 32 910 90 30
www.maisonblanche.ch
Ouvert du vendredi au dimanche de 10h à 17h. Entrée adulte 10 CHF, tarif réduit 7 CHF, famille 25 CHF.

La maison blanche est la première œuvre architecturale réalisée par Le Corbusier, seul. Pour cet artiste complet, la maison s'adapte à l'homme. Il l'a construite pour ses parents en 1912, à son retour d'Orient. Classée monument d'importance nationale, la Maison blanche a pu revivre grâce à l'engagement citoyen de personnes de tous horizons qui créèrent une association. Pourquoi blanche ? Cela provient de son toit qui, grâce à la lumière nous apparaît comme blanc. Le Corbusier a réalisé d'autres maisons comme la Maison de la Forêt et la Villa Turque.

LE CORBUSIER

Charles-Edouard Jeanneret-Gris dit Le Corbusier, architecte, urbaniste, peintre et homme de lettres, est né à La Chaux-de-Fonds en 1887 et mort à Roquebrune-Cap-Martin (France) au cours d'une baignade le 27 août 1965. Son père, Georges-Edouard Jeanneret-Gris, un des fondateurs du Club alpin, était émailleur de cadrans de montres et sa mère, Marie-Charlotte Amélie née Perret, pianiste. En 1968, Le Corbusier, qui n'avait pas d'héritiers, créa la fondation qui porte son nom afin d'éviter la dispersion de ses œuvres et de ses archives et pour les confier à un organisme qui aurait pour mission de les conserver et de les diffuser. La Ville de La Chaux-de-Fonds est membre de l'Association des sites Le Corbusier depuis sa création en 2010.

Visites guidées en ville : Pour tout connaitre de la vie de l'architecte (sa maison natale, anecdotes sur sa jeunesse, ses premières réalisations), Tourisme neuchâtelois (www.j3l.ch) propose des visites guidées Le Corbusier à pied les jeudis à 14h (en juillet et en août) ainsi que sur demande tout au long de l'année. La découverte du patrimoine Le Corbusier à La Chaux-de-Fonds peut se faire librement au moyen de la brochure :

Villa Fallet, 1906 (chemin de Pouillerel 1)

Villa Jaquemet, 1908 (chemin de Pouillerel 8)

Villa Stotzer, 1908 (chemin de Pouillerel 6)

La Maison blanche, 1912 (chemin de Pouillerel 12), maison construite par Le Corbusier pour ses parents (se visite) Cinéma Scala, 1916 (rue de la Serre 52)

Villa turque, 1917 (rue du Doubs 167

Dès 12 CHF.

SUISSE ROMANDE

© PECOLD - SHUTTERSTOCK.COM

La Chaux-de-Fonds.

EXPLORE SWISS WATCHMAKING

✆ +41 32 889 68 82
www.explorewatch.swiss
Expérience horlogère : 334 CHF pour 2 personnes ou 262 CHF pour 1 personne

Tic-Tac, une pause s'impose dans les deux villes considérées comme le fleuron de l'horlogerie suisse de luxe. La Chaux-de-Fonds et Le Locle sont deux villes humanistes à l'architecture industrielle si particulière ; elles sont depuis 2009 inscrites sur la liste du patrimoine de l'Unesco. Explore Swiss Watchmaking offre une expérience intemporelle au cœur de l'industrie horlogère. On découvre l'activité des hommes dès le XVIIIe siècle, l'urbanisme avant-gardiste du Locle : ville construite comme une grande manufacture, « un miracle urbain, ville carrefour au cœur des forêts sur le massif jurassien », au travers d'une visite guidée de la ville accompagnée d'un passionné. La visite du musée international de l'Horlogerie de La Chaux-de-Fonds vous aiguillera sur les secrets de l'horlogerie. La soirée se termine dans une ferme jurassienne où l'on savoure un jambon de campagne devant l'ancien atelier horloger de la maison. Votre nuit sera douillette au sein d'une des chambres la maison Dubois (ancienne maison horlogère) grâce à la décoration très cocooning et à la mise en valeur créative des chambres. Le lendemain, vous deviendrez un vrai horloger en assemblant vous-même une montre. Une expérience très complète rythmée par d'enrichissantes découvertes. C'est sans doute un *package* très complet à un prix fort concurrentiel qui permet de saisir toute la vie des gens de cette vallée. Un bel aperçu historique et actuel dans l'univers horloger et les montagnes du Jura.

MUSÉE D'HISTOIRE

Rue des Musées 31
✆ +41 32 967 60 88
www.chaux-de-fonds.ch/musees/mh
Mardi-dimanche 10h-17h. Tarifs : adultes : 10 CHF, enfants (0-16 ans) : gratuit. Dimanche 10h-midi.

Installé dans une villa bourgeoise du XIXe siècle, à deux pas du musée international d'Horlogerie et du musée des Beaux-Arts, le musée d'Histoire jouit d'une nouvelle muséographie. L'exposition permanente retrace de façon CHRonologique et thématique l'histoire de la cité horlogère qui a vu naître Le Corbusier. Au gré d'un parcours richement documenté, le visiteur part sur les traces des hommes, des femmes et des faits d'histoire qui ont contribué à façonner l'identité de la ville horlogère, classée au patrimoine mondial de l'Unesco.

MUSÉE DES BEAUX-ARTS ★

Rue des Musées 33
✆ +41 32 967 60 77
www.mbac.ch
Ouvert du mardi au dimanche de 10h à 17h.
Tarifs : adulte 15 CHF, étudiant 12,50 CHF, famille 30 CHF.

Dans un bâtiment construit en 1923-1926 revivent des œuvres d'artistes célèbres. L'architecture du bâtiment est un bel exemple d' Art déco inspiré par l'architecte René Chapallaz et l'artiste Charles L'Eplattenier, maître du futur Le Corbusier à l'École d'art de la ville. Vous pourrez admirer de très belle collection d'art suisse et international des XIXe et XXe siècles, léguée par Mme Junod, comportant de grands noms d'artistes : Matisse, Derain, Le Corbusier évidemment. Le XIXe siècle est représenté par Van Gogh, Pissarro…

MUSÉE INTERNATIONAL D'HORLOGERIE (MIH) ★

Rue des Musées 29
✆ +41 32 967 68 61
www.mih.ch
Ouvert du mardi au dimanche de 10h à 17h.
Tarifs : adulte 15 CHF, enfant 7,50 CHF.

Le bâtiment abrite une riche collection d'horlogerie (4 500 pièces) dont certaines d'une grande rareté : montres du XVIIe siècle, horloges astronomiques et des montres du XXIe siècle des plus sophistiquées. Depuis 1989, le musée est aussi un centre de restauration d'horlogerie ancienne. Vous découvrirez des pièces uniques d'horloges et montres mécaniques et toute l'histoire de l'horlogerie : des CHRonomètres marins, des montres aux émaux d'une grande rareté.

LA VILLA TURQUE (LE CORBUSIER) ★

Rue du Doubs 167
✆ +41 32 912 31 31
Visites guidées pour individuels. Juillet et août : jeudi à 14h : Adultes 12 CHF, étudiants et AVS 9 CHF.

Une des premières constructions du célèbre artiste Le Corbusier dans sa ville natale en 1917. Ce fut une commande de M. Schwob, un riche horloger de la ville, qui n'honora pas la facture dont le montant initial avait été dépassé. A la suite de cette mésaventure, le célèbre architecte quitta la ville. La Villa turque, de style mauresque très raffiné et osé pour l'époque, à la décoration intérieure très travaillée, a été rachetée par l'entreprise horlogère Ebel.

ZOO ET VIVARIUM DU BOIS DU PETIT-CHÂTEAU ★

Bois du Petit-Château ✆ +41 32 967 60 71
www.chaux-de-fonds.ch/musees/zoo

Zoo : 7j/7 de 8h à 18h (17h en hiver). Vivarium 7j/7, sauf le mercredi matin, de 9h à 12h et de 14h à 18h Entrée libre.

Ce parc zoologique présente environ 230 animaux de la région : 84 mammifères de 20 espèces et 146 oiseaux de 30 espèces y sont ainsi représentés. Cet ensemble est enrichi de la présence dans l'espace du parc du Vivarium de la Chaux-de-Fonds, qui présente quant à lui près de 290 vertébrés de 97 espèces et 240 invertébrés de 46 espèces. C'est un « mu-zoo » car vous découvrez aussi des collections de faune africaine rapportées d'expéditions par Albert Monnard.

OFFICE DU TOURISME DE LA CHAUX-DE-FONDS

Place Le Corbusier
✆ +41 32 889 68 95
www.neuchateltourisme.ch

Lundi-vendredi : 9h-12h et 13h30-17h30. Samedi : 9h-12h. Point d'accueil touristique (rue Jaquet-Droz 23).

Pour tout savoir sur cette région particulière, berceau de l'industrie horlogère, rendez-vous à l'office de tourisme. Vous avez une multitude de découvertes à faire dans cette ville inscrite au patrimoine mondial de l'Unesco. Réputée pour son Art nouveau, connue pour être la ville de Le Corbusier et la cité de l'horlogerie, La Chaux-de-Fonds est à elle seule une destination. Jeux de pistes, visites guidées, musées, tout vous sera proposé selon vos besoins.

FAMILLE STERCHI €

Petites-Crosettes 29
✆ +41 32 968 28 37
www.fermesterchi.weebly.com

Chambre : 73 CHF avec petit déjeuner. Dormir dans la paille : adulte 30 CHF, enfant 12 CHF avec petit déjeuner.

Qui n'a jamais rêvé de s'endormir avec la douce odeur de la paille ? La ferme Sterchi accueille les touristes qui veulent dormir à la ferme, à 2 km du centre de La-Chaux-de-Fonds. L'option bucolique et très économique, c'est de dormir... sur la paille ! Peut-être amusant en randonnée familiale, le prix incluant le petit déjeuner et la douche. Pour plus de confort, des chambres (avec petit déjeuner, douche et toilettes communes), studios et des appartements familiaux (avec cuisine, salle de bain et salon) sont également disponibles à la location.

IMMEUBLE DOUBS 34 €

Rue du Doubs 34
✆ +41 32 968 43 15

Auberge de jeunesse. Réception ouverte en semaine de 8h30 à 11h30. Tarif : 35 CHF sans petit déjeuner.

Plutôt occupées par des étudiants durant l'année, les chambres du Doubs 34, ancienne auberge de jeunesse, sont disponibles pour les touristes pendant les vacances. Les 12 chambres d'hôte sont meublées simplement, avec W.-C. et douches à l'étage, mais constituent une halte parfaite pour les petits budgets. Vous serez logé au calme et au pied des sorties en plein air. Il vous suffit de chausser à vos pieds des raquettes et de partir vous enivrer des senteurs hivernales des sous-bois. En été, les randonnées et les visites culturelles sont à votre portée.

ATHMOS HÔTEL CENTRE €€

Avenue Léopold-Robert 45 ✆ +41 32 910 22 22
www.athmoshotel.ch

Chambre simple à partir de 150 CHF et chambre double à partir de 225 CHF. Petit déjeuner compris.

Vivre une parenthèse Belle Époque dans cet immeuble construit en 1952 et au centre névralgique de la ville. Les chambres sont très confortables. L'ambiance piano bar vous plonge dans cette atmosphère Belle Époque le temps d'un apéritif. Une adresse hors du temps parfaite justement pour découvrir comment l'homme dompte le temps depuis des millénaires. Le musée international de l'Horlogerie se trouve à 3 minutes et vous plonge dans cet univers qui rythme la vie de La Chaux-de-Fonds. L'ambiance est en totale adéquation avec les caractéristiques de cette ville.

CRÊPERIE BACH ET BUCK €

Serre 97
✆ +41 32 913 53 76
www.creperie-bach-buck.ch

Ouvert 7j/7 sauf le lundi de 11h30 à 13h30 et de 18h à 21h30 ; vendredi et samedi jusqu'à 22h30. Dès 13 CHF une crêpe.

Comme chez Bach et Buck à Neuchâtel, avec un cadre rétro en plus, vous avez le choix parmi 100 crêpes différentes et une grande variété de thés en vrac. C'est incroyable de voyager à travers le monde en dégustant une crêpe : provençale, indienne… toutes les saveurs éveillent les sens. Les sauces sont toutes préparées maison et vous avez un choix de galettes au sarrasin. Pour ceux qui voudraient faire une vraie pause, plus de 300 bandes dessinées sont à votre disposition ! Avec ses trente-cinq ans d'existence, c'est une institution pour les habitués.

RESTAURANT DU JURASSIEN €€

Numa-Droz 1
✆ +41 32 968 72 77
www.lejurassien.ch
Lundi au jeudi 10h-1h, vendredi de 10h à 2h, samedi de 10h30 à 2h, dim. de 16h à 23h. Spécialités suisses, grillades.

Ne vous fiez pas au cadre qui est quelconque, c'est une très bonne adresse pour ceux qui aiment la viande grillée. Les tables sont équipées pour les grillades et d'autres vous accueillent pour déguster des menus plus traditionnels. Les viandes séchés neuchâteloises sont fort appréciées accompagnées de plats au fromage. Le restaurant dispose également d'un bar à chicha et organise des événements. À ne pas manquer tous les premiers samedis du mois, le fameux karaoké. De belles soirées en perspective et des repas à partager dans la simplicité.

FERME DES BRANDT €€€

Petites Crosettes 6
✆ +41 32 968 59 89
www.fermedesbrandt.ch
De 11h à 15h et de 18h30 à 00h. Le dimanche jusqu'à 17h. Fermé lundi et mercredi toute la journée. Carte dès 9 CHF.

En pleine campagne, l'odeur des prés nous invite à faire une halte dans cette ancienne ferme construite en 1614. Le restaurant offre une vraie cuisine de terroir authentique et raffinée. Les salles portent l'empreinte même de l'activité paysanne et horlogère d'antan : atelier accolé à la fenêtre pour les travaux d'horlogerie, cheminée imposante, dalles en pierre d'époque. Les mets rappellent les longues soirées d'hiver avec le cochon de lait rôti au four à pain, les filets de cailles au miel de pissenlit, les desserts à la Fée Verte (Absinthe).

PARC ACROLAND

Succès 62
✆ +41 32 926 70 84
www.acroland.ch
De juin à octobre, mercredi de 13h à 19h, week-end 10h-19h. 7/7 les vacances scolaires. Adultes 28 CHF, enfants 18 CHF.

Au milieu des forêts de mélèzes, vous passez d'arbre en arbre avec adresse et détermination. Le parcours du parc Acroland est ouvert à toutes les personnes en quête de vertigineuses expériences. Les quatre parcours dans les arbres permettent d'utiliser des échelles, des filets et des passerelles. De quoi vous faire oublier pendant au moins 1h20 les petits tracas du quotidien vu la concentration qu'il faut avoir. Un bon moyen de prendre la hauteur en s'amusant et partageant de bons moments. Une belle idée de sortie estivale pour toute la famille.

LE LOCLE ★

Deuxième cité horlogère après la Chaux-de-Fonds, Le Locle, 10 400 habitants, s'est développée dans un contexte socioculturel et urbanistique identique à celui de son aînée. Rien de pittoresque donc, mais une histoire industrielle intéressante et de beaux musées. Admirez l'hôtel de ville et son architecture de style néo-Renaissance, orné de fresques et de mosaïques. Le Locle est toujours très active dans le domaine de l'horlogerie et de belles manufactures y sont installées, comme Certina,

▸ Audemars Piguet, Zentith et bien d'autres. Profitez pour séjourner sur place afin de vivre l'expérience horlogère de l'intérieur et faire une visite guidée.

L'hôtel de ville, Le Locle.

LAC DES BRENETS ★

Le Pré du Lac
✆ +41 32 932 14 14
www.nlb.ch
Ouvert d'avril à fin octobre. Tarif A/R adulte 14 CHF, enfant 8 CHF.

Croisière féerique de 1h25 sur ce lac naturel qui est en fait un élargissement du Doubs. La chute d'eau du saut du Doubs, de 27 m, est spectaculaire ! Vous pourriez être tenté par une journée franco-suisse avec, au programme, un tour en calèche et une descente en bateau après avoir vu le beau spectacle naturel. Il existe donc différentes manières de découvrir la rivière enchantée durant l'été, soit en optant pour une croisière en boucle, soit en bateau taxi avec une halte au saut du Doubs. En hiver, le lac se transforme en une immense patinoire naturelle

MOULINS SOUTERRAINS DU COL-DES-ROCHES ★★

Col-des-Roches
✆ +41 32 931 89 89
www.lesmoulins.ch
Mai à octobre, 7j/7 de 10h à 17h ; novembre à avril, ouvert de 14h à 17h sauf le lundi. Adultes 14 CHF, enfant 7 CHF.

Unique en Europe, cette grotte abrite une usine souterraine qui fonctionna jusqu'au XIXe siècle. Des guides, compétents et affables, vous font visiter les lieux. Une visite à ne pas manquer. Depuis le centre-ville du Locle, suivre la rue du Temple, puis la rue de France, direction ouest pour trouver les moulins. Pour rendre la promenade plus agréable, il est possible, à la sortie de la ville, de passer derrière l'usine Rolex et de suivre le cours du Bied.

MUSÉE D'HORLOGERIE DU CHATEAU DE MONTS ★

Route des Monts 65 ✆ +41 32 931 16 80
www.mhl-monts.ch
Mai à octobre : du mardi au dimanche 10h-17h. Novembre à avril : du mardi au dimanche 14h-17h. Entrée adulte 10 CHF.

Quel magnifique écrin pour abriter un musée de l'horlogerie ! Dans cette demeure patricienne style Louis XVI, le château des Monts était autrefois la résidence de la famille Dubois. Le château a gardé leur apparat d'antan et l'importante collection de pendules, de montres et d'automates vient sublimer la bâtisse. Le savoir-faire des horlogers est relaté dans un film et un diaporama. Vous déambulez dans chaque salle du château en découvrant des ouvrages et des pièces horlogères.

MUSÉE DES BEAUX-ARTS ★

Rue M.-A. Calame 6 ✆ +41 32 931 13 33
www.mbal.ch
Mercredi-vendredi 11h-17h, samedi et dimanche 11h-17h. Adultes 8 CHF, enfant gratuit, premier dimanche du mois gratuit.

Proche de la place centrale, le musée des Beaux-Arts vous tend les bras de ses belles pièces régionales des XIXe et XXe siècles, ainsi que des œuvres d'artistes majeurs dont Dufy ou Renoir. Les collections du musée sont riches de plus de 3 500 pièces dont de nombreuses peintures, aquarelles et dessins. Un accent est mis sur les artistes suisses, mais des expositions d'œuvres internationales de qualité sont programmées toute l'année. Des conférences et visites commentées viennent ponctuer l'agenda du musée et faire vivre les œuvres au travers de passionnés.

VILLA FAVRE-JACOT ★

Côte-des-Billodes 6
Monument historique Le Corbusier.

Dans ce quartier où résidait la grande bourgeoisie, la Villa Favre-Jacot de Charles-Edouard Jeanneret deviendra en 1912 une œuvre de Le Corbusier, marquée par l'influence néoclassique. Cette bâtisse ne se visite pas mais reste visible depuis l'extérieur. Elle est le témoignage des valeurs architecturales de Le Corbusier avec le jeu des formes, ses façades blanches et lisses qui tranchent avec l'époque, ses fenêtres à bandeau… Un révolutionnaire qui est reconnu comme précurseur de l'architecture modèle et optimisée selon son environnement.

LE LOCLE HORLOGER ★★

Parcours horloger pédestre. Gratuit.

Se mettre dans la peau d'un horloger d'autrefois, comprendre comment l'architecture de la ville a été pensée pour le bien-être des horlogers et de la qualité de leur travail… La Balade vous emmène en 36 étapes à travers l'histoire de l'horlogerie locloise, depuis la place du marché. Les visages des artisans horlogers n'auront plus de secrets pour vous, comme Charles-Émile Tissot ou Daniel-Jean Richard. Vous pouvez recevoir un guide gratuit disponible à l'hôtel de ville et chez quelques commerçants, ainsi qu'à l'office du tourisme de La Chaux-de-Fonds.

MAISON DUBOIS €€

Grande-Rue 22 ✆ +41 79 342 25 37
www.maisondubois.ch
Chambre simple à partir de 80 CHF et chambre double à partir de 110 CHF. Petit déjeuner compris.

Un cocon tout douillet pour apprécier le Jura ! Une maison d'hôte magnifique dans une ancienne maison horlogère (1785) en plein cœur du centre-ville. Les chambres sont somptueusement décorées dans des styles différents : baroque, esprit d'antan, zen, bohème et safari. Toutes sont équipées d'une salle de bains, d'une télévision et d'un accès Internet wifi. Le charmant salon de thé propose des menus déjeuner à des tarifs modestes ; repas du soir sur demande. Sur un authentique établi d'horloger, on savoure des produits maison ou un *brunch* le week-end.

SUISSE ROMANDE

DELÉMONT ★

Ancienne propriété des ducs d'Alsace. Cité épiscopale jusqu'à la fin du XVIIIe siècle, Delémont fut annexée à la France. Rattachée à la Suisse en 1815 lors du Congrès de Vienne, elle devint un bailliage, puis un district du canton de Berne avant de constituer le plus important district du canton du Jura. C'est, par ailleurs, depuis 1979, le chef-lieu du canton et la ville la plus peuplée, avec aujourd'hui plus de 12 000 habitants. La vieille ville, charmante propice aux balades est imprégnée d'influences bâloise et alsacienne, caractéristiques avec ses maisons bourgeoises gothiques, ses fontaines Renaissance et ses imposants monuments baroques.

CHÂTEAU ★

Site historique

Construit par l'architecte Pierre Racine entre 1716 et 1721, dans un style baroque, le château de Delémont était la résidence d'été du prince-évêque Jean-Conrad de Reinach. Le château a été racheté par la ville en 1821. Vous n'avez pas l'accès à tout le château en tant que visiteur, mais vous pourrez apprécier depuis la cour les façades et l'escalier monumental. La cour d'honneur servait de lieu à l'évêque pour le serment de fidélité. Par le parking de la place Monsieur, vous accédez côté sud aux jardins du château et à sa belle fontaine.

MUSÉE JURASSIEN D'ART ET D'HISTOIRE ★

Rue du 23-Juin 52

© +41 32 422 80 77

www.mjah.ch

Ouvert du mardi au dimanche de 14h à 17h. Entrée adulte 6 CHF, retraité/étudiant/chômeur 4 CHF, gratuit jusqu'à 16 ans.

Ce musée est une porte d'entrée sur le Jura et l'histoire de la région. Assis sur le rempart de la vieille ville, la bâtisse fait partie d'un ensemble architectural des XVIIIe et XIXe siècles. Jurassique, Tête de moine, Bout du monde... en partant de clichés ou de symboles sur le dernier-né des cantons suisses, l'exposition éclaire les événements qui ont marqué la région et ses habitants. S'ajoutent des expositions temporaires dont le but est de pointer des enjeux de société.

PORRENTRUY ★★

Nous voici dans l'Ajoie, au cœur d'un paysage de plaine, à la nature verdoyante qui reposera les amateurs de randonnée épuisés par la montagne : enfin un peu de plat ! A environ 40 km de Belfort et de Mulhouse, sur quelque 300 km², l'Ajoie couvre de bas plateaux calcaires jurassiens. Souvent nommée le « verger du Jura », l'Ajoie offre ses damassiniers (dont on tire l'excellent digestif local, la damassine), ses grottes, un parc préhistorique et d'innombrables possibilités de circuits en roulotte. Porrentruy, 6 600 habitants, est la deuxième ville du Jura et sa capitale historique. La vieille ville est intéressante au pied de l'impressionnante masse claire du château dont les parties les plus anciennes datent du XIe siècle (à voir de nuit, tout illuminé).

Histoire

Promue au rang de ville au XIIIe siècle par Rodolphe de Habsbourg, Porrentruy devint la résidence du prince-évêque Jacques-Christophe Blarer de Wartensee au début du XVIe siècle. Ce dernier, tout en reconstruisant son château incendié, fonda un collège rapidement renommé et le dota d'une riche bibliothèque. Cela explique, à l'entrée de la ville, un panneau qui peut sembler surprenant au visiteur non averti : « Porrentruy, ville de culture et d'études » ! Au XVIIIe siècle, la ville s'embellit de remarquables édifices, tels l'hôtel de ville, l'hôtel des Halles, l'hôtel de Gléresse ou l'hôtel-Dieu. Ce dernier abrite le Musée municipal exposant une remarquable pharmacie du XIXe siècle (www.mhdp.ch).

Sortir

- La ville n'est guère réputée pour sa vie nocturne, bien qu'elle soit souvent prise d'assaut, le soir, par les artilleurs basés dans la caserne de Bure (à 10 km de la ville) qui envahissent lors de leurs sorties les restaurants et les rares bars. Mais le nombre des militaires diminue avec la réforme de l'armée suisse.
- L'événement majeur de l'année s'articule autour du marché de Saint-Martin (en novembre), une manifestation gastronomique qui attire chaque année en Ajoie plusieurs milliers de visiteurs.

SUISSE ROMANDE

Les escaliers de la tour du château de Porrentruy.

SAIGNELÉGIER ★★

Ce village est le chef-lieu des Franches-Montagnes, la région du haut plateau jurassien. Sur cette terre des hautes Joux (grandes forêts), l'homme ne s'installe qu'à partir du XIVe siècle. La suppression d'impôts et de redevances, grâce à la signature de la charte de franchises du prince-évêque Imier de Ramstein, explique l'appellation « Franches-Montagnes », toujours en vigueur. La géographie et les paysages de la région en font un paradis de la randonnée, particulièrement à cheval. L'équitation est ainsi à l'honneur dans cette région qui possède d'ailleurs sa propre race de chevaux, des traits légers à l'allure bourrue et sympathique.

GROTTES ET PRÉHISTO-PARC DE RÉCLÈRE ★★

Réclère ✆ +41 32 476 61 55
www.prehisto.ch

Préhisto-parc ouvert selon saison, voir sur le site. Visites des grottes. Entrée combinée dès 15 CHF adulte.

Sur la route de Besançon, à environ 15 km, les grottes de Réclère sont remarquables pour leurs stalagmites et stalactites. À proximité se trouve le Préhisto-Parc, qui présente quelques reproductions d'animaux préhistoriques. Vous sillonnez le parc à la rencontre de 45 dinosaures grandeur nature et vous remontez le temps des poissons amphibiens à notre espèce humaine. Sur place des écuries, un restaurant, un hôtel, des bungalows, un camping et même des yourtes.

CENTRE NATURE LES CERLATEZ ★

✆ +41 32 951 12 69
www.centre-cerlatez.ch

En été, 7j/7 de 10h à 17h30. Horaires variés en basse saison. Entrée adulte 8 CHF, étudiant 7 CHF, enfant 6 CHF.

La Fondation Les Cerlatez, créée en 1993 et située à 3 km de Saignelégier, développe des activités en matière d'information, de recherches et de protection sur le thème des zones humides et notamment sur les tourbières. Vous découvrez les particularités des tourbières qui, en Suisse, ont commencé à la fin de la glaciation, il y a 12 000 ans. À visiter également sur place, la Maison de la réserve naturelle de l'étang de la Gruère, le vivarium et le petit jardin botanique.

JURASSICA ★

Route de Fontenais 21
✆ +41 32 420 37 10
www.mjsn.ch

Ouvert du mardi au dimanche de 14h à 17h. Entrée adulte 6 CHF, enfant 4 CHF.

La collection du musée comprend 3 500 fossiles provenant essentiellement du canton du Jura, dont près de 400 sont exposés dans les vitrines. Pour chaque groupe, les fossiles sont confrontés aux espèces actuelles apparentées. Autour du musée s'étendent le Jardin botanique, l'Arboretum et les serres où sont conservées d'anciennes variétés fruitières d'Ajoie. Il est possible de s'inscrire à des visites thématiques comme celle de la Dinotec ou des fouilles du Banné. Les expositions permanentes vous permettent de voir de près la faune jurassienne.

FROMAGERIE DE TÊTE DE MOINE ★

Chemin du Finage 19 ✆ +41 32 95242 20
www.tetedemoine.ch

Ouvert vendredi de 15h à 17h, en saison haute. Visite avec dégustation : 8 CHF adulte, 5 CHF enfant au-delà de 6 ans.

C'est un drôle de nom pour un drôle de fromage. Eh oui, cette mini-meule qui tient dans la main est l'un des fleurons fromagers de la Suisse. Les saveurs de la pâte mi-dure de la tête de moine se dévoilent grâce à la coupe caressante de la girolle. Cet outil transforme les lamelles en petits copeaux onctueux que l'on déguste avec gourmandise. L'histoire et l'originalité de ce fromage, spécialité jurassienne et AOP, de sa fabrication à sa dégustation, se découvrent à la fromagerie.

BRASSERIE DES FRANCHES-MONTAGNES ★

Ch. des Buissons 8
+41 32 951 26 26
www.brasseriebfm.ch
Visite possible de la brasserie à partir de 4 personnes : 20 CHF/personne (visite + dégustation).
Les amateurs de bières connaissent tous les Torpille, Salamandre, Mandragore et autres Meule issues de cette brasserie artisanale du Jura. Si le cœur vous en dit, il est possible de la visiter et, bien sûr, de participer à une dégustation de ces bières à fermentation haute, brassées selon certaines recettes ancestrales de maîtres artisans brasseurs. Fermentées une seconde fois en bouteille, elles ne sont ni filtrées ni pasteurisées, pour préserver leur maximum d'arômes et de finesse.

CLOÎTRE ★

www.ursinia.ch/cloitre/
Édifice religieux.
Le cloître se trouve au nord de la collégiale du XIIe siècle. Il a subi un agrandissement en 1380 et on admire l'architecture gothique de ses voûtes en pierre. La collégiale mêle harmonieusement les styles roman (chœur et crypte), gothique primitif (nef) et baroque (autel). La collégiale cache sous le maître-autel les reliques de saint Ursanne. Les ossements sont conservés dans un cercueil de pierre datant de l'époque gallo-romaine. Lieu de culte très ancien, on a retrouvé lors de fouilles une cinquantaine de sarcophages monolithiques.

HÔTEL CRISTAL €€

Chemin des Sports 10
+41 32 951 24 74
www.centredeloisirs.ch
Chambre simple à partir de 115 CHF, double à partir de 152 CHF. Petit déjeuner et entrée piscine intérieure compris.
Situé dans la région des Franches-Montagnes, l'hôtel du centre de loisirs offre 41 chambres spacieuses au confort moderne. Le dépaysement est le mot d'ordre, tout comme la détente. Il est très plaisant de séjourner au milieu de la nature. Loger ici permet de profiter du complexe sportif abritant piscine, sauna, hammam, bain bouillonnant, fitness, patinoire, etc. Excellent point de départ également pour des excursions à pied, à vélo, ski de fond et raquettes. Le restaurant vous propose d'éveiller vos papilles aux saveurs régionales avec le papet vaudois.

CENTRE DE VACANCES TARICHE €

Tariche
+41 32 433 46 19
www.tariche.ch
Chambre double 100 CHF, dortoir 30 CHF, grange 20 CHF ; camping : adultes 9 CHF, tente dès 8 CHF ; chalet dès 150 CHF.
Des vacances à la campagne comme vous en rêviez : sur place la rivière vous attend pour les baignades ou taquiner la truite et le centre de vacances vous accueille selon votre désir de couchage. Vous avez le choix ! Au cœur de la réserve naturelle du Doubs, ce complexe propose des chambres d'hôtel, un camping, des chambres d'hôtes, des chalets et une grange. Il s'offre à vous une échappée nature avec toute option : pêche, canoë, barque, balades à pied.

SAINT-URSANNE ★★

Ici, l'eau est reine, vous êtes dans le Clos-du-Doubs. Comme son nom l'indique, la région met la rivière à l'honneur, notamment dans les assiettes, avec la truite, reine de la gastronomie locale. Les amateurs de vieilles pierres trouveront également matière à se régaler lors de la visite de Saint-Ursanne, ancienne petite cité médiévale, théâtre d'une histoire prestigieuse aux témoins séculaires, tels la collégiale et le cloître. Autour du pont Saint-Jean Népomucène, se déploie la vieille ville aux maisons rustiques perchées au-dessus de la rivière. Sur les hauteurs, découvrez les ruines d'un château du XIVe siècle.

GÎTE LA COMBE €

La Combe 49
+41 32 466 59 07
www.gitelacombe.ch
Appartements de 55 CHF la nuit (jusqu'à 4 personnes) minimum 2 jours. Tarifs dégressifs.
Situé dans un vallon du Clos-du-Doubs, le gîte La Combe vous reçoit pour des séjours à la carte au cœur d'une nature protégée. Le gîte se trouve sur le sentier 66 du Doubs. Installé dans une ancienne ferme jurassienne, le gîte a conservé indemne le charme rustique de l'habitat champêtre. Il offre cinq appartements avec des capacités d'accueil variant de 2 à 14 personnes. Vous êtes en plein cœur de la forêt pour faire le plein de bonne énergie et vous ressourcer grâce au ruisseau qui serpente. Confort et charme sont au rendez-vous.

FRIBOURG ★★★

La ville des ponts ! 34 000 habitants dont 8 000 étudiants : Fribourg est une ville particulière, vivante, joyeuse, mouvante, culturelle et novatrice. Construite sur des falaises, avec des remparts naturels en molasse, Fribourg garde tout son cachet médiéval. Le centre historique aux anciennes maisons bourgeoises et aux places charmantes fait de cette ville l'une des plus belles de Suisse. Le patrimoine architectural religieux (églises, monastères...) est exceptionnel. Si vous entendez parler essentiellement français, sachez que cette ville est bilingue !

Histoire

Fribourg a été fondée vers 1157 par le duc Berthold IV de Zähringen pour consolider la puissance de sa famille en ceinturant de villes les rivières de l'Aare et de la Sarine. En 1218, la ville passe sous la houlette des comtes de Kybourg, qui la vendent en 1277 aux Habsbourg. Tout au long du XIIIe siècle, la ville s'étend et prospère grâce à l'activité des tisserands et des tanneurs. En 1452, elle passe dans le giron de la Savoie, puis devient ville d'Empire en 1478. Fribourg entre dans la Confédération helvétique en 1481, en tant que premier canton romand. Le XVe et le XVIe siècle sont particulièrement favorables à Fribourg, qui devient le centre d'une véritable petite république, saine, riche et importante. La première moitié du XIXe siècle voit le début d'un déclin, dû en particulier à la structure de cette société oligarchique de type patricien. Puis vient l'industrialisation : au début du XXe, la cité retrouve son dynamisme et s'agrandit par le nord, en particulier dans le quartier de la gare. Conséquence de cette entrée dans le modernisme, on ne parle plus guère le bolze, patois local mariant français et allemand.

Quartiers

Trois quartiers anciens se partagent le gros des visites touristiques : le quartier du Bourg, le quartier de l'Auge et le quartier de la Neuveville.

- **Dans le quartier du Bourg,** on ressent plutôt l'influence française. La Grand-Rue, appelée en allemand rue des Riches ou rue des Patriciens, date du XVIIIe siècle, époque où elle fut reconstruite après un incendie dû à une chandelle mal éteinte. On pourra y admirer des bâtisses d'inspiration française, habitations en pierre de trois ou quatre étages avec, de temps en temps, des portes travaillées, comme au n° 55. La rue accueille aussi le marché, le samedi matin. Une statue de saint CHRistophe, gravée dans la molasse d'une façade, marquait l'emplacement de l'unique cabinet de médecin de Fribourg.

- **À voir également le pont de Zähringen** (à sa construction, en 1834, le plus long pont suspendu d'Europe), avec, à côté, une terrasse donnant sur le quartier de l'Auge, une partie des fortifications, des remparts avec les trois tours, le pont de bois de Berne et, dans la forêt, le château de la Poya, ancienne demeure palatine. On y voit couler aussi la Sarine, qui autrefois séparait le quartier germanophone du quartier francophone. En revanche, dans le quartier de l'Auge (et dans la vieille ville) construit au XVe siècle, c'est l'influence du sud de l'Allemagne qui prédomine, notamment dans l'architecture.

- **La Planche Supérieure est un joli quartier, avec la place du même nom** où l'on pourra séjourner à l'hôtel du Sauvage et se restaurer au très chic restaurant Schild. De la place, on peut descendre vers la Planche Inférieure, très beau quartier médiéval où rien ne semble avoir changé. Sans les quelques voitures, on pourrait se croire en plein Moyen Âge. On peut ensuite prendre la rue des Forgerons qui se termine par une vieille porte médiévale donnant sur la forêt.

- **Le quartier de la gare est totalement moderne et dépourvu de charme** (nombreuses façades d'après-guerre), mais il présente un bel exemple d'architecture contemporaine de l'architecte suisse Mario Botta (construction en face de l'office de tourisme). On remarque le bel hôtel de ville, sur la place du même nom, de style gothique tardif, avec des jacquemarts qui frappent les cloches.

- **Sur la place du Petit-Saint-Jean,** on peut visiter l'église Saint-Jean-des-Chevaliers-de-Malte. Au n° 29, une maison typique du gothique tardif de la ville avec, au-dessus des fenêtres, des remplages aveugles.

Sports / Loisirs

Ville étudiante, Fribourg offre de nombreuses possibilités de pratiquer des activités sportives. Parmi les équipements citons :

- **Le golf** du centre-ville de 9 ou 18 trous à parcourir tout en profitant des richesses historiques de la vieille ville.

- **Le mur d'escalade** de la porte de Morat, *outdoor*, une trentaine de voies de 10 m de haut, du 4a au 7a, ouvert tous les jours de 8h à 22h.

- **Bains** de la Motta avec piscine, beach volley, tennis de table, basket (fermés en hiver).

SUISSE ROMANDE

ANCIEN COUVENT DES AUGUSTINS ✞ ★★★

Édifice religieux.

Le monastère du XIIIe siècle est, depuis 1916, un bâtiment d'Etat, mais l'église Saint-Maurice est paroissiale depuis 1872. Voir les vitraux d'Aloys Balmer datant de 1896 et le magnifique retable de Peter Spring de 1593 de l'époque maniériste. Aussi le mobilier liturgique avec des sculptures fribourgeoises du gothique tardif et deux retables de l'atelier Reyff du XVIIe siècle. Dans le couvent, le plafond du réfectoire fut peint en 1748 par Melchior Eggmann.

ÉGLISE DES CORDELIERS ★★

Place de Notre Dame

www.cordeliers.ch

Édifice religieux.

La première construction date de 1281, mais l'essentiel de l'édifice encore visible a été construit au XVIIIe siècle. A l'intérieur sont abritées les stalles les plus anciennes de Suisse puisqu'elles datent de 1280. L'église possède un magnifique retable des maîtres à l'Œillet. Il a été effectué à Soleure, en 1480. Ouverts, les retables montrent l'Adoration des Bergers et celle des Mages ; fermés, l'Annonciation, avec les saintes Claire d'Assise et Elisabeth de Hongrie. Dans les chapelles latérales, on verra les onze autels baroques.

CATHÉDRALE SAINT-NICOLAS ✞ ★★★

Rue des Chanoines 3,

Ouverte du lundi au samedi de 7h30 à 19h et le dimanche de 8h30 à 21h30.

Ce remarquable édifice de style gothique rayonnant fut construit à partir du XIIIe siècle et achevé en 1490. La tour, du gothique tardif, est haute de 74 m et contient treize cloches, parmi les plus anciennes de Suisse. Le portail principal est orné de belles sculptures (copies des originales du XVe siècle) et d'une statue en bois de saint Nicolas de Myre, du XVIIe siècle. La porte du Dimanche était le portail principal à l'origine. Des statues encadrées par des arcades surplombent une porte en chêne style Louis XVI avec, au centre, une Vierge à l'Enfant, à gauche, une statue de saint Nicolas et des trois jeunes filles qu'il sauva, et, à droite, les Rois Mages. A l'intérieur, on verra le chœur, surélevé par rapport à la nef, et l'ancienne sacristie datant du XVIIe siècle. Au-dessus des stalles du XVe, de beaux cadres de Jean-François Reyff entourent deux peintures de Nicolas de Hoey, peintre de la cour d'Henri IV. Le maître-autel, du XIXe siècle, est de style néogothique. Les chapelles latérales sont éclairées par des baies à doubles lancettes et s'ouvrent vers la nef par des arcades en plein cintre. Dans la chapelle du Saint-Sépulcre, le groupe de personnages qui composent la Mise au Tombeau constitue l'ensemble le plus important de la sculpture monumentale de la fin du Moyen Age et le groupe funéraire médiéval le plus considérable de Suisse. Beaux vitraux de Manessier. Le sommet de la tour, accessible en été, offre une belle vue sur la ville. C'est aussi un lieu de pèlerinage lié à Saint-Jacques-de-Compostelle.

Lac de Gruyère.

ÉGLISE NOTRE-DAME ★★

Place de Notre Dame

Édifice religieux.

Cette église romane date de la seconde moitié du XIIe siècle. A la fin du XVIIIe siècle, l'édifice fut totalement remanié par les frères Berchtold. La façade en molasse présente un style classique français. A l'intérieur, on verra les stucs classiques et les peintures XVIIIe de Gottfried Locher dans le chœur et dans la nef. La chapelle Notre-Dame-du-Rosaire, au rez-de-chaussée de la tour, abrite une grande toile de Pierre Wuilleret, de 1635, représentant la victoire sur les Turcs à Lépante, et une statuette en argent de Notre-Dame de Rosaire de la fin du XVIIIe.

ESPACE JEAN TINGUELY NIKI DE SAINT-PHALLE ★★

Rue de Morat 2

✆ +41 26 305 51 40

www.fr.ch/mahf

Ouvert du mercredi au dimanche de 11h à 18h et le jeudi de 11h à 20h. Entrée adulte 7 CHF.

Abrité dans un ancien dépôt des tramways, édifié au début du XXe siècle, l'Espace accueille les œuvres de Jean Tinguely et de sa femme, l'artiste française Niki de Saint-Phalle qui en a fait don à la ville de Fribourg. On peut y voir une de ses œuvres maîtresses : le « Retable de l'Abondance occidentale et du Mercantilisme totalitaire », mais aussi les 22 reliefs intitulés « Remembering » en polyester peint (1997/98) de Niki de Saint-Phalle. Expositions temporaires également.

LA FONTAINE TINGUELY ★★

Près de la gare, dans le jardin des Grands-Places.

Fontaine.

Jean Tinguely était un artiste fribourgeois contemporain. Cette fontaine animée de l'artiste est la petite sœur de celle de Bâle. Le bassin en pierre est associé esthétiquement à la sculpture moderne composée de roues, d'éléments métalliques, ainsi que de tuyaux flexibles. Elle est animée par moteur et par l'eau, et c'est un hommage à Jo Siffert, un pilote automobile suisse des années 1960 natif de Fribourg. A voir en hiver car elle est particulièrement impressionnante quand l'eau gèle, formant de belles sculptures de glace spontanées.

FRI-ART ★★

Petites Rames 22

✆ +41 26 323 23 51

www.fri-art.ch

Mercredi, jeudi et vendredi de 12h à 18h. Samedi et dimanche de 13h à 18h. Adulte 8 CHF, étudiant 5 CHF.

Le Fri-Art, fondé à la fin des années 1970 dans l'ancien séminaire de Fribourg, installé depuis 1990 dans une ancienne usine du XIXe siècle, à proximité des bains de la Motta, dans la vieille ville, est un ambitieux centre d'art contemporain attaché à la médiation entre la scène suisse et internationale dans ses développements les plus actuels. Un laboratoire des divers mouvements artistiques de l'art actuel. De nombreuses expositions ponctuent l'année de découvertes artistiques et culturelles. C'est aussi un lieu d'échanges avec les artistes.

HÔTEL DE VILLE ★

Grand-Rue 6,

Il fut bâti entre 1501 et 1522 sur l'ancien emplacement du château des ducs de Zaehringen, fondateurs de la ville. Sa façade de trois étages, symétrique, comporte au centre un escalier à double volée. L'édifice est coiffé d'une toiture en croupe. La tour présente une horloge et deux cloches accompagnées de leurs jacquemarts. A l'intérieur, la salle du Grand Conseil, du XVIIIe siècle, est revêtue d'une boiserie Louis XVI. La salle du Tribunal cantonal abrite deux beaux poêles Louis XV-Louis XVI. A côté, la Maison de Ville est du XVIIIe.

MONASTÈRE DE LA VISITATION ★★

Rue de Morat 16

Édifice religieux.

C'est l'œuvre principale de Jean-François Reyff. Bel édifice gothique tardif, avec des éléments début du baroque et Renaissance datant de 1653-1656, l'église montre la première façade baroque à tracé curviligne de Suisse et une belle coupole octogonale. A l'intérieur, on admire, à de nombreux endroits, le décor sculpté XVIIe et XIXe siècle, dans la sacristie, de jolies pièces d'orfèvrerie. Les bâtiments conventuels présentent de belles façades XVIIe.

MUSÉE D'ART ET D'HISTOIRE ★★

Rue de Morat 12 ✆ +41 26 305 51 40

www.fr.ch/mahf

Ouvert du mardi au dim. de 11h à 18h, jusqu'à 20h le jeudi. Adultes 10 CHF, étudiant 8 CHF, gratuit moins de 16 ans.

Abrité dans l'Hôtel Ratzé, unique bâtiment Renaissance de Fribourg, ainsi que dans un abattoir, un arsenal du XIXe siècle, le MAHF expose des sculptures, des peintures et des objets. Sur plusieurs étages, on découvre les sculptures de Jean-François Reyff, les peintures de Hans Geiler, des collections archéologiques avec. Les anciens abattoirs abritent de belles pièces d'orfèvrerie religieuses. Les XIXe et XXe siècles sont représentés par quelques grands noms : Delacroix, Courbet...

MUSÉE SUISSE DE LA MARIONNETTE

Derrière-les-jardins 2

✆ +41 26 322 85 13

www.marionnette.ch

Ouvert du mercredi au dimanche de 10h à 17h. Entrée adulte 5 CHF, enfant/étudiant 3 CHF.

Fondé en 1985 par Jean Bindschedler et Marie-José Aebi, alors marionnettistes de rue de la Samaritaine à Fribourg, ce musée présente la riche collection rassemblée par les deux artistes au cours de leurs voyages. Celle-ci compte des ombres et des marionnettes de différentes techniques de jeu du monde entier, Chine, Inde, Indonésie, Afrique, Amérique du Sud et de divers pays européens dont la Suisse. Elle comprend également de magnifiques théâtres de papier, des masques et des décors.

LA PORTE ET LA CHAPELLE DE LORETTE ★

Près de la porte de Bourguillon.

Édifice historique.

Anciennes fortifications du XVIIe siècle qui abritaient une poudrière et qui ont explosé. Reconstruites depuis, elles constituent un beau belvédère sur Fribourg avec une vue sur ses quartiers anciens, l'université toute blanche et une partie de la tour Henri. La chapelle de la Lorette datant de 1646 est une petite réplique de la Santa Casa de Loreto en Italie. Le petit chemin de Lorette, très joli vous invite à descendre à pied ou en voiture et vous conduit à la Planche Supérieure.

LE TILLEUL DE MORAT ★★

Visible devant l'hôtel de ville

Arbre emblématique.

C'est le véritable descendant de sève de l'ancien tilleul associé à la bataille de Morat. Associé à un événement historique, le « tilleul de Morat » se trouve en réalité à 17 kilomètres de Morat. Il commémore la bataille de Morat (1476), qui vit les troupes suisses infliger une sévère défaite à l'armée bourguignonne de Charles le Téméraire. D'après la légende, un messager courut porter jusqu'à Fribourg la bonne nouvelle, agitant en signe de victoire un rameau. Epuisé, il s'effondra à son arrivée. On dit que la branche aurait pris racine à cet endroit précis...

PETIT TRAIN DE FRIBOURG

Georges-Python

www.fribourgtourisme.ch

D'avril au 31 octobre. Horaires de départ selon saison : se renseigner à l'office du tourisme. Prix : adultes 15 CHF.

De certains transports touristiques, on ne se lasse pas. Ce petit train permet de visiter la ville de manière ludique et sans trop vous fatiguer. Vous aurez bien le temps de grimper les ruelles lors de votre visite libre. Il fait le tour de la ville et se prend place Georges-Python. Facilement reconnaissable avec ses couleurs blanches et bleues, il vous conduit dans le centre historique et reste une variante au funiculaire, par exemple. Il fonctionne comme un *hop-on, hop-off*, ce qui vous permet de faire des arrêts et le reprendre quand vous le souhaitez.

CHEMINS DE FER DU KAESERBERG

Impasse des Ecureuils 9 ✆ +41 26 467 70 40

www.kaeserberg.ch

Réservation OT, site, mercredi, samedi et dimanche de 9h30 à 17h. Minimum 7 ans. Tarif 18 CHF adultes, 10 CHF enfants.

Entrez dans le monde merveilleux des Chemins de fer du Kaeserberg, une prouesse technique pour un voyage en miniature. La reconstitution est saisissante et vous invite à voyager à travers les paysages helvétiques. Construit sur trois niveaux, ce réseau compte 2 045 m de voies, 87 trains prêts à rouler, 120 locomotives qui tractent 1 250 wagons. 17 années de réflexion et de travail d'une minutie d'horloger ont permis la réalisation de ce rêve d'enfance, celui de Marc Antiglio. Unique !

FUNICULAIRE

Rue de la Sarine 6,
✆ +41 26 351 02 00
www.tpf.ch
Ouvert de 9h30 à 19h. Prix d'un billet de transport.

C'est une des curiosités de la ville. Les Fribourgeois sont très attachés à leur funiculaire unique en son genre. Classé monument historique, il date de 1899. Il fonctionne grâce à l'énergie des eaux usées de la ville, via un système de contrepoids. Le trajet est court (2 minutes) mais tellement efficace pour rejoindre la basse ville (Neuveville et Auge) au centre. Il est emprunté de manière régulière par les habitants et fait partie intégrante de la falaise. C'est comme un décor, une sculpture vivante qui anime tantôt un quartier, tantôt l'autre.

TPF - TRANSPORTS PUBLICS FRIBOURGEOIS

www.tpf.ch
Réseau des transports fribourgeois.

Dans le canton de Fribourg, les TPF sont en charge de la plupart des lignes de transports publics. Partez à la découverte de la ville grâce à ce réseau dense. Vous avez le choix du bus, du train dans la région de Fribourg et même du funiculaire. Autant de moyens d'arpenter dans les moindres recoins la ville comme la campagne. Vous pouvez acheter vos tickets directement en ligne sur le site. Sur WhatsApp, vous recevez même les informations importantes quant aux lignes.

HÔTEL HINE ADON €

Rue Pierre-Aeby 11
✆ +41 26 322 37 77
www.hineadon.ch
Chambre double à partir de 100 CHF. Locations possibles à la semaine ou au mois.

Cet aparthotel propose des studios de différente taille, tous avec cuisine, qu'il est possible de louer pour une nuit ou une longue période. Les chambres disposent d'un mobilier confortable et classique. Au rez-de-chaussée, une boulangerie associée à l'hôtel diffuse de délicieuses odeurs de croissant et de pain frais dès le matin. Les hôtes souhaitent plus que tout que vous vous sentiez comme chez vous et vous dorlotent. Vous serez pourtant très indépendant car chaque appartement possède un interphone pour garantir votre autonomie.

AUBERGE AUX 4 VENTS €€

Grandfey 124
✆ +41 26 347 36 00
https://auberge4vents.ch/fr/
Lundi et mardi fermé. 8 chambres personnalisées dès 140 CHF.

Un havre de paix situé aux portes de la ville. Cet hôtel à l'esprit maison de famille est un havre de paix et une mine de créativité. Ses 8 chambres, décorées avec goût et agencées selon un thème différent, offrent repos et évasion. La palme revient à la chambre Bleue dont la baignoire peut être tirée à l'extérieur, en suspension ! L'Auberge des 4 Vents dispose également d'un parc avec jeux pour les enfants, d'un salon, d'une bibliothèque et d'un bar-restaurant avec véranda. Une adresse incontournable à Fribourg pour qui veut passer une nuit hors norme.

HÔTEL DE LA ROSE €€

Rue de Morat 1
✆ +41 26 351 01 01
www.hoteldelarose.ch
40 chambres (single, double, triple et famille) de 99 à 250 CHF avec petit déjeuner.

Situé au cœur de la cité médiévale de Fribourg, l'Hôtel de la Rose jouit d'une situation privilégiée proche de la cathédrale, du quartier historique et du centre d'expositions Forum Fribourg. La bâtisse est un monument classé datant du XVIIe siècle qui allie le charme d'antan à une atmosphère contemporaine et intime. On notera la beauté des poutres peintes aux couleurs locales dans le lobby. Vous apprécierez cet établissement de charme offrant 39 chambres récemment rénovées et de grand confort. Une très bonne adresse pour qui veut profiter en toute quiétude.

HÔTEL GOLF DE LA GRUYÈRE €€

Route du Château, 1 ✆ +41 26 414 94 00
www.golfresort-lagruyere.ch
Chambre simple dès 100 à 195 CHF, double de 150 à 180 CHF. Suite 200 CHF. Petit déjeuner 15 CHF. Wi-Fi.

Situé entre Fribourg et Bulle, surplombant le lac de la Gruyère et une campagne environnante restée authentique avec, en fond, les Préalpes fribourgeoises, cet hôtel offre un cadre de vie digne des plus grands établissements à des prix abordables. A la fois golf (18 trous), restaurant gastronomique mais aussi typique, voici un endroit idéal pour profiter de ce que la Gruyère a de plus raffiné. Le golf sera réhabilité en *resort* avec des appartement et un hôtel 5 étoiles, spa inédit de 3 000 m², trois restaurants, un *beach club* privatif au bord du lac…

AUBERGE AUX 4 VENTS €

Grandfey 124
✆ +41 26 347 36 00
https://auberge4vents.ch/fr/
Mercredi-jeudi de 10h à 23h. Vendredi et samedi de 10h à 23h30. Dimanche de 10h à 23h. Dès 35 CHF, plat du jour 25 CHF.

Dans une ambiance campagnarde et bucolique, l'Auberge des 4 Vents propose une carte au choix. De très grande qualité, les mets sont choisis en fonction de la saison. L'automne, on apprécie le menu Chasse avec les joues de cerf confites, l'été les légumes et les poissons. Les recettes sont maison et on décèle bien l'amour de la cuisine à chaque bouchée. L'été, la véranda s'ouvre sur le parc joliment fleuri et on apprécie de lézarder longuement en terminant le repas par un café et un bon dessert. Pour faire perdurer le plaisir, l'hôtel vous accueille.

CAFÉ DES ARCADES €

Rue des Ormeaux 1
✆ +41 26 321 48 40
www.cafedesarcades.ch
Ouvert 7j/7 dès 7h et jusqu'à 22h, 23h30 ou minuit selon les jours. Formule à 18 CHF. Terrasse.

Ouverte depuis 1861, cette belle brasserie entièrement boisée n'a pas perdu de son cachet d'antan (vieux comptoir de bistrot). On y sert des mets bien préparés d'inspiration française et italienne comme le gratin de ravioles d'asperges ou le filet de truite du Gotteion et bien sûr les plats de chasse (gibier) en automne. L'après-midi, on profite de l'ambiance chaleureuse et détendue de la terrasse. Le soir, on peut assister à des concerts, soirées DJ ou encore matchs de foot sur grand écran. C'est une véritable institution à Fribourg.

CAFÉ DU GOTHARD €

Place du Pont-Muré 16
✆ +41 26 322 32 85
www.le-gothard.ch
Ouvert du mardi au dimanche. Plats de 16 à 36 CHF. Assiette menu à partir de 25 CHF. Spécialités suisses dès 20 CHF.

Chaleureux et authentique ! C'était la cantine fribourgeoise de Jean Tinguely et celle du gotha fribourgeois. Petite cuisine bon marché : filets de perche meunière bien garnis, croûte au fromage à l'œuf et salade riche, rösti excellent, fondues fondantes, ragoûts et tête de veau, jambon de la borne, etc. Les murs racontent toute l'histoire locale de la région : témoignage de la politique et surtout objets insolites comme *La Wassmerveilleuse*, une sculpture cinétique créée par Pascal Bettex qui anime de mouvement le mur de la première salle.

CAFE DU MIDI €

rue du Romont 25
✆ +41 26 322 31 33
www.lemidi.ch
Ouvert 7j/7 de 7h30 à 23h30. Menu du jour 19,50 CHF. Spécialité fondue dès 26 CHF. Grillades dès 25 CHF.

Dans l'une des plus anciennes pintes de Fribourg, les habitués viennent partager l'une des spécialités locales : la fondue. Ici, elle est servie depuis 1877 à toutes les sauces, aux herbes, aux truffes, au chèvre… L'entrecôte au beurre provençal est également une spécialité incontournable du bistro. Surtout ne manquez pas de terminer onctueusement votre repas avec une meringue à la double crème de gruyère. Toutes les saveurs laitières de la Suisse sont déclinées dans les copieux plats du Café. Une ambiance agréable à la décoration boisée.

RESTAURANT LE PINGOUIN €

18 Grand Place
✆ +41 26 322 77 22
www.lepingouin.ch
Lundi-jeudi : 10h30 à 23h30, vendredi-samedi : 10h30 à minuit. Menu du jour : 20,90 CHF. Menu fitness : 24,50 CHF.

Non, les pingouins ne sont pas encore en Suisse ! Le propriétaire des lieux, passionné par l'Antarctique, a souhaité marquer l'identité de son restaurant par le pingouin. Situé à 2 minutes à pied de la gare, sur une place à l'écart de la circulation, le Pingouin, ouvert depuis 2003, vous propose une cuisine internationale dans un décor moderne, chaleureux et pour le moins original avec ses pingouins ici et là. Spécialités de grillades au charbon de bois : viandes, poissons, légumes. Une terrasse au soleil couchant pour un début de soirée des plus agréables.

LE BELVÉDÈRE €€

Grand-Rue 36
✆ +41 26 323 44 08
www.cafedubelvedere.ch
Lundi, mardi 11h30-14h, mercredi-vendredi 11h30 à 14h-18h à 23h30, samedi dès 18h, dimanche de 10h à 13h30. Dès 21 CHF.

Comme dans un nid d'aigle, vous surplombez la rivière et Fribourg du premier étage du restaurant. Une échappée bucolique pour une pause déjeuner où les saveurs exaltent l'authenticité, comme avec les raviolis maison au potiron ou encore au citron. On apprécie les rencontres autour du brunch du dimanche très sollicité par les locaux. Les petites verrines inspirent la fraîcheur des pâturages et les baies cachées dans les panna cota les fruits des sous-bois des forêts des alentours. Un endroit atypique et au charme fribourgeois.

RESTAURANT DE L'HÔTEL DE VILLE €€

Grand-Rue 6 ✆ +41 26 321 23 67

www.restaurant-hotel-de-ville.ch

Ouvert du mardi soir au samedi soir. Menu 79 CHF (93 CHF avec le fromage). Plats entre 23 et 64 CHF.

Incontournable à Fribourg, cet établissement a été repris il y a quelques années par Frédérik Kondratowicz, cuisinier franco-suisse promu Romand de l'année GaultMillau en 2011 : un amoureux des livres et de l'art qui habite le restaurant. Dans une ambiance brasserie populaire à midi et une atmosphère plus intimiste et distinguée le soir, il propose une cuisine raffinée et généreuse, avec toujours une touche d'originalité. Trés belle vue sur la basse ville et la cathédrale.

LES TROIS TOURS €€€

Route de Bourguillon 15

✆ +41 26 322 30 69

www.troistours.ch

Ouvert du mardi au samedi de 9h à 24h. Menu huit plats : 178 CHF. Menu de midi, trois plats : 75 CHF.

Ici officie Alain Bächler, une étoile au guide Michelin. Vous êtes dans une maison datant de 1839, dans le ravissant quartier de Bourguillon, au-dessus de Fribourg. Le chef propose une cuisine inventive, généreuse et riche en saveurs. Un voyage pour les papilles ! Les assiettes sont dignes des œuvres d'art et le décor épuré et chic magnifie tout le repas. Le service est à la hauteur de la qualité du lieu, donc parfait ! La jolie terrasse à l'ombre des marronniers vous invite à prendre le dernier verre. Le menu dégustation du marché compte 8 plats. Du grand art.

LE BELVÉDÈRE

Grand-Rue 36

✆ +41 26 323 44 08

www.cafedubelvedere.ch

Ouvert tous les jours de 11h (14h le lundi, 10h le samedi) à 23h30 (2h vendredi et samedi).

Ce café réunit tous les étudiants et les trentenaires de Fribourg, avec enfants le dimanche. On resterait des heures dans son intérieur rétro et chaleureux, fait de bric et de broc, à jouer au babyfoot, à lire des BD ou à surfer sur la Toile grâce au wi-fi gratuit. Dès les beaux jours, la terrasse (considérée comme une des plus belles de Suisse) et son ambiance guinguette est l'endroit où il faut être. Petite restauration froide, grande variété de bières et de sirops maison. Le soir, vous pourrez profiter des concerts au Mouton Noir.

CAFÉ DE L'ANCIENNE GARE

3 Esplanade de l'Ancienne-Gare

✆ +41 26 322 57 72

www.cafeanciennegare.ch

Ouvert du lundi au jeudi de 9h à 23h30, vendredi de 9h à 3h, samedi de 13h à 3h, dimanche de 13h30 à 20h.

À côté de la gare, cet espace multiculturel qui accueille 4 associations est un lieu branché qui réunit les Fribourgeois, toutes générations confondues. Un lieu qui fourmille de créativité et d'humanisme. La restauration se décline en formules plat du jour carnivore ou végétarien, *brunch* le dimanche midi à la carte... Produit de saison, limonade maison, bonne sélection de bières locales et autres, soucis de l'écologie et du commerce équitable. Plus d'une raison pour venir passer des moments conviviaux et joyeux, festifs et culturels. Très bonne adresse.

MAGASIN DE LA CHOCOLATERIE VILLARS

Route de la Fonderie 2 ✆ +41 26 426 65 49

www.villars.com

Ouvert du lundi au vendredi de 8h30 à 17h30 (en juillet et août de 8H à 17H) et le samedi de 9h à 12h.

Le magasin de la Chocolaterie vous propose dans un cadre authentique et convivial, toute la gamme des produits chocolatés ainsi que les différents cafés de la maison. L'occasion de se pencher sur l'histoire de ce grand nom du chocolat suisse, dont l'origine remonte à 1901. Une exclusivité du magasin de la Chocolaterie, les Chocolats frais entièrement réalisés à la main à Fribourg. Des ganaches et pralinés à tester absolument ! Les chocolats Villars sont très connus en Suisse.

CHEZ BLANC

Route Champ de Croix 1

✆ +41 26 402 30 30

www.chez-blanc.ch

Ouvert du lundi au samedi de 8h à 19h. Le dimanche : uniquement table d'hôtes le soir.

Une institution de la gastronomie de terroir ! Chez Blanc est l'adresse idéale pour vous initier à la cuisine locale et faire provision de spécialités de la région élaborées dans les règles de l'art. Provenant des petits producteurs de la région, jambon à la borne, meringues, bricelets, poires à botzi... réjouiront vos papilles. Sur place espace vous attend tout une farandole de gourmandises, du menu complet aux assiettes de dégustations. Des animations sont organisées pour la mise en valeur du savoir-faire local. C'est l'ambassade du bon goût du terroir !

CB CONCEPT STORE

rue de la Cathédrale St. Nicolas 1
✆ +41 26 321 32 62
www.carele-b.ch
Ouvert du lundi au samedi de 10h à 12h et 14h à 18h30. Samedi de 9h à 16h.

Il faut vous aventurer dans le quartier du bourg pour mériter cette belle découverte. Passer un pas chez CB Concept booste notre créativité tant les objets exposés nous donnent de l'inspiration. Concept store tourné vers la décoration, les bijoux fantaisie, les bougies, l'ameublement. Vous serez inspiré par toute cette créativité et vous vous laisserez porter par les idées nouvelles. C'est un bel endroit plein de beaux produits choisis chez des fournisseurs de qualité. Vous pourrez également vous faire conseiller pour la décoration de vos espaces intérieurs.

MARCHÉ AUX PUCES

Place Petit-Saint-Jean
De 6h à 15h chaque premier samedi d'avril à novembre.

Dans un décor qui semble immuable sur la place de Saint-Jean, les façades défraîchies donnent une totalité antique à ce marché aux puces. La brocante se tient tous les premiers samedis du mois, d'avril à novembre. Sur place, c'est une cinquantaine de marchands qui vous dévoilent leurs dernières trouvailles. Parmi les objets exposés, vous dénicherez de petites antiquités, de la vaisselle, des tableaux, des meubles anciens, de vieux tissus et des livres. C'est toujours très intéressant car certains objets très ruraux appartiennent au patrimoine suisse.

OBSERVATOIRE D'ÉPENDES

Route du Petit-Épendes
www.observatoire-ependes.ch
L'observatoire est ouvert gratuitement au public tous les vendredis soir par tous les temps. Horaires sur le site.

L'association qui gère ce bel observatoire est fondée en avril 1977. Très rapidement, elle est déclarée d'intérêt public, peut ainsi se développer et en 1981, la commune d'Épendes décide de céder un terrain de 1 000 m² pour implanter son observatoire. En 1983, les travaux commencent et en 1984 a lieu son inauguration. À partir de la fin des années 1980, le site s'agrandit et se modernise, avec notamment la construction d'une terrasse panoramique avec toit mobile, et d'un planétarium. Jusqu'à aujourd'hui, l'observatoire axe beaucoup son travail sur la vulgarisation de l'astronomie auprès du grand public. Si cette association a été créée c'est à l'initiative de Mme Daisy Naef-Ryter qui souhaitait qu'on honore la mémoire de son époux, Robert A. Naef, en installant son télescope Reinfelder et Hertel dans un observatoire astronomique de qualité. En effet, pendant 50 ans, Robert Adolf Naef, qui travaillait à l'Observatoire Urania de Zurich, consacra tout son temps et son énergie à populariser l'astronomie. Un nouveau télescope Keller a été inauguré le 21 mai 2004, de nouvelle génération, et possédant des performances de haut niveau. Pour les connaisseurs, il s'agit d'un télescope de type Cassegrain, équipé d'un miroir de 500 mm de diamètre pour une distance focale de 5 000 mm. La monture sur laquelle il est fixé est pilotée par ordinateur. Il est notamment spécialisé dans la prise de vues d'objets du ciel profond, nébuleuses et galaxies entre autres. Des soirées et visites guidées sont organisées régulièrement.

GOLF URBAIN

Centre-ville
✆ +41 26 350 11 11
www.fribourgtourisme.ch
Réservation et matériel à l'office du tourisme. Tarif adulte 9 CHF, enfant 5 CHF.

Envie de sport en mêlant découverte et activité ludique ? Le parcours de golf tout tracé au centre-ville de Fribourg vous permet de vous épanouir sur 8,7 km ! Il faut bien compter 3 à 5 heures pour bien effectuer le parcours de 18 trous. C'est une bonne idée lorsqu'on souhaite varier la découverte en y ajoutant de l'originalité. Vous allez parcourir le centre historique et vous pouvez cumuler avec d'autres visites comme un musée. C'est bien sûr très agréable en été car vous traversez des pelouses, des places et leurs fontaines en vous amusant.

LE FRI-SON

Route de la Fonderie 13
✆ +41 26 424 36 25
www.fri-son.ch
Billets : de moins de 20 CHF à plus de 50 CHF selon les concerts.

Un des lieux connus des festifs locaux pour la diversité de l'offre culturelle. Salle de concert alternative créée en 1983, d'abord dans l'ancien hôpital (remplacée par l'auberge de jeunesse) puis dans différentes usines, et qui propose une programmation de très bonne qualité, avec des artistes suisses et étrangers. Cette association bilingue organise des concerts en semaine de têtes d'affiches internationales dans tous les styles musicaux, et des Djs en live plutôt techno électro house le week-end. Une belle dynamique et toujours Une bonne adresse !

LES PACCOTS ★

Petite station de ski familiale et village idyllique situé entre Vevey et Fribourg, les Paccots offre un cadre bucolique avec buvettes d'alpage et spécialités locales. En été, il est possible de s'adonner au VTT, à l'équitation, à des balades didactiques ou encore à des « sentiers gourmands », trois parcours jalonnés de dégustations dans des buvettes d'alpage. Sur place ne manquez pas de découvrir la fabrication du fromage cuit au feu de bois et bien sûr de le déguster. Le mini-zoo ravira les petits. Et pour ceux qui veulent jouer les prolongations, il est possible de dormir dans les granges de ces chalets. Se renseigner à l'office du tourisme.

SCHWARZSEE ★★

Situé à 1 047 m d'altitude, à la frontière de la Romandie avec la Suisse alémanique, Schwarzsee offre un paysage majestueux, dont la perle est le Lac Noir. Cette petite station de sports d'hiver s'est tout d'abord fait connaître, dès 1784, pour ses sources d'eau minérale aux vertus curatives. Familiale, la petite station du Lac Noir vous promet de belles réjouissances, telles que des descentes en luges avec fondue à la clef et du ski sur le 20 kms de pistes. L'été, laisse la place aux trottinettes sur herbes, luges d'été et randonnées sur des sentiers balisés. Les restaurants vous accueillent pour apprécier les délicatesses fromagères suisses.

OFFICE DE TOURISME

Hauptstrasse 522
✆ +41 26 412 13 13
www.schwarzsee.ch
Ouverture selon saison à voir sur le site.

La forêt à perte de vue et de belles randonnées en perspective, voilà ce qui vous attend dans la région du Schwarzsee. Ne manquez pas de vous restaurer dans les petites buvettes d'alpage pour déguster les produits du terroir comme la saucisse sèche ou le fromage typique ou commander votre panier pique-nique. Les membres de l'office de tourisme vous aideront à organiser vos visites du parc naturel du Gantrisch et la région de Guin. Profitez de votre escale ou votre séjour pour participer aux manifestations folkloriques et événements traditionnels.

MURTEN ★★★

Murten, Morat en français, 6 000 habitants, étant restée sous influence germanique, la plupart des inscriptions de cette petite cité fortifiée sont en allemand. L'allemand y est en effet parlé par une majorité de la population, contre 12 % seulement pour le français. La ville est située sur la route nord-sud, entre Berne et Lausanne, et c'est le chef-lieu du district du Lac, comme on l'appelle dans le canton de Fribourg. Ne passez pas à côté du fameux gâteau à la crème de Morat. Pour rythmer l'hiver, le marché de Noël dans cette ville médiévale a quelque chose de féerique.

Balade

Le moyen le plus agréable de se laisser séduire par la ville est de flâner dans ses ruelles pittoresques. On pourra aussi opter pour la visite complète proposée par l'office de tourisme. Le meilleur point de départ pour le tour de la ville est la plateforme de l'église française qui offre un magnifique point de vue sur le lac ; on peut y admirer la ligne des massifs montagneux du Jura qui s'étendent de la France jusqu'au Weissenstein. Au cours de cette balade en ville, vous découvrirez l'église française, la cure française, la porte de Berne, le bâtiment scolaire, intéressant car construit par l'architecte Johann Jakob Weibel, natif de Morat. L'église catholique, qui se trouve à l'extérieur des remparts, fut construite par Adolphe Fraisse (1885), et servira de transition avant la visite de l'église et de la cure allemande. Puis, après avoir fait le tour de cet exemplaire patrimoine religieux, la visite s'oriente vers le cœur de la cité. On y découvre donc la Grand-Rue (Reichengasse), son style baroque et ses arcades datant des XVIIe-XVIIIe siècles. Elle se termine par un joyau du gothique flamboyant, le Rueben-loch. Ensuite, on peut voir la maison de Ville (1416), le palais de Justice, puis le fameux Moulin (1524) que l'on aperçoit en contrebas du château et qui abrite aujourd'hui la collection du musée d'Histoire de Morat.

Sports / Loisirs

- **La randonnée pour le mont Vully** prend environ 4 heures. Situé entre les trois lacs de Morat, de Neuchâtel et de Bienne, le mont Vully est divisé au nord par des territoires maraîchers et au sud par des territoires viticoles. Cette randonnée vous donnera la chance d'avoir un point de vue unique sur le lac de Morat, les Préalpes et les Alpes.
- **Randonnée Morat-Avenches** par les villages de Greng, Chandossel et Villarepos (2 heures).

PAPILIORAMA TROPICAL GARDENS ★

3210 Kerzers
✆ +41 31 756 04 61
www.papiliorama.ch

En été, 7j/7 9h à 18h. En hiver, ouvert de 10h à 17h. Tarifs : adultes 19 CHF, étudiants 15 CHF, enfants 9,50 CHF.

Le but de la fondation Papiliorama est de vous faire découvrir la biodiversité de la forêt tropicale. Dans ce petit bout de jungle helvétique, les papillons et les colibris multicolores tournicotent autour de vous en toute liberté. Ne pas manquer le Jungle Trek ! Vous sentirez virevolter les quelque 1 000 papillons dans le dôme de 1 200 m². Le plus : les chiens ne sont pas admis dans cette jungle, mais un dog hôtel gratuit est à leur disposition à l'entrée.

HOTEL MURTENHOF & KRONE €€

3 Rathausgasse ✆ +41 26 672 90 30
www.murtenhof.ch

Chambre simple dès 120 CHF. Double dès 160 CHF. Chambre triple de 220 à 280 CHF. Petit déjeuner inclus. Wifi.

Situé au cœur du centre historique de Morat, cet hôtel de charme tenu par la sympathique famille Joachim est implanté dans une bâtisse historique et propose des chambres personnalisées et confortables, donnant sur la rue principale ou sur le lac de Morat. Le petit déjeuner à buffet très copieux se prend dans une magnifique salle avec baie vitrée ouvrant sur le lac. Le restaurant panoramique propose une cuisine de saison régionale et raffinée (fermeture en hiver). Accueil chaleureux, décoration *cosy*, personnel compétent et disponible, ambiance très agréable.

HÔTEL-RESTAURANT SEEPARK €€

25 Muntelierstrasse ✆ +41 26 672 66 66
http://hotel-seepark.ch

34 chambres. Chambre simple dès 170 CHF, double dès 220 CHF, dès 300 CHF. Petit déjeuner buffet inclus.

Situé au pied de la vieille ville de Morat, en bordure du lac dans une zone verdoyante, cet hôtel moderne offre 34 chambres spacieuses, lumineuses et agencées dans un style italien, idéales pour se relaxer. Vous pouvez prendre un verre le soir au bar, profiter du solarium situé sur le toit offrant une vue à 360° sur le lac, Morat et les environs. Un grand nombre d'activités vous sont proposées et organisées selon la saison (cours de golf, windsurfing, visites guidées, etc.) ainsi que des cours de cuisine sur mesure avec les chefs de La Vague Bleue.

PARKHOTEL SCHLOSS MÜNCHENWILER €€

Münchenwiler ✆ +41 26 672 81 81
www.schlossmuenchenwiler.ch

De 120 CHF la chambre simple à 450 CHF la suite dans la maison d'hôtes. Petit déjeuner compris. Restaurant sur place.

Successivement prieuré roman, château de la Renaissance, résidence seigneuriale baroque et maison de campagne romantique, le château de Villars-les-Moines accueille aujourd'hui ce magnifique établissement hôtelier. Des chambres modernes et élégantes et grandes prestations à la hauteur du site historique qui l'abrite. Le jardin invite à un moment de détente. Vivez comme des rois avec à certaines occasions des menus à thème. Le parc appelle à la contemplation et au romantisme.

CHESERY MURTEN €

Rathausgasse 28 ✆ +41 026 670 65 77
www.chesery-murten.ch

Ouvert du lundi au dimanche de 11h à 23h30 (22h le dimanche). Compter 30 à 50 CHF/personne.

Concept brocante/boutique, salon de thé/restaurant. Un salon *vintage*, des produits locaux délicieux, l'endroit idéal pour papoter des heures ou lire son livre en se régalant sur des canapés confortables ou sur la terrasse. Au menu 40 fromages, mousse de canard, *chutney* à l'orange, moutarde de figue, croûte au fromage (tranche de pain cuisinée avec du vin fromage et œuf), soupe fraîche tous les jours, saucisse sèche ou blanche à la moutarde. Au dessert la fameuse meringue au kirsh. Suivez les événements organisés au cours de l'année sur le site internet.

FREIBURGER FALLE / LA TRAPPE FRIBOURGEOISE €

Hauptgasse 43 ✆ 02 66 721 222
www.ff-murten.ch

Du 1er mai au 15 octobre 11h30 à 15h et 17h30 à 23h30. Hiver du 16 octobre au 30 avril : mardi à vendredi 17h30 à 23h30.

Installé dans la plus ancienne cave de Murten ou en terrasse, on vous sert la cuisine régionale du canton de Fribourg : les meilleurs fromages de la région (notamment ceux de la Fromagerie de Marsens-Vuippens) et des viandes rassies jusqu'à 8 semaines dans une armoire à viande sur place. Ici la fondue est l'une des dix meilleures de Suisse. L'accueil est chaleureux et on parle parfaitement le français. Le patron Gilles, est restaurateur à Murten comme tous les membres de sa famille.

ROMONT ★

A mi-parcours entre Lausanne et Berne par le train, à 10 km du réseau des autoroutes suisses, au cœur du canton de Fribourg et de la Suisse romande, Romont, accueillante et animée, est une jolie cité médiévale perchée sur sa colline. Fondée en 1239 par Pierre II de Savoie, elle garde encore des témoignages du Moyen Age. Le château, protégé par un imposant donjon, est ceinturé par un chemin de ronde offrant une belle vue sur la campagne et les Alpes ; il compte aussi des remparts et des tours, des fontaines et une admirable collégiale. Voir aussi le couvent des Capucins et l'église datant du XVIIe siècle. Les commerces sont tous, ou presque, dans la rue principale de Romont.

BROC ★

Établi sur la rive sud du lac de la Gruyère, immense point d'eau artificiel de près de 13 km de long, le village de Broc (prononcer Brô) abrite 2 200 habitants. Il est principalement connu pour la chocolaterie Maison Cailler (et groupe Nestlé), implantée dans la commune depuis 1898. Ses deux principaux point d'intérêt sont la visite de la chocolaterie et la chapelle Notre-Dame-des-Marches (XVIIIe siècle), à la sortie sud du village. Cette petite chapelle se fit connaître hors des frontières de la paroisse à la suite de deux guérisons miraculeuses au cours des années 1880. Deux pèlerinages y ont lieu chaque année, en mai et en septembre.

MAISON CAILLER - CHOCOLATERIE SUISSE

Rue Jules Bellet 7
© +41 26 921 59 60
www.cailler.ch
Avril-octobre : tous les jours 10h-18h (17h en hiver). Visite libre 1h30. Adulte 10 CHF.

La chocolaterie Cailler, créée en 1898, vous accueille dans sa maison nouvellement réorganisée pour un voyage dans le monde fantastique du chocolat. Très bien pensée, cette visite gourmande se veut à la fois ludique, éducative et même féerique. L'occasion de découvrir, au travers d'un parcours audiovisuel interactif et guidé, l'or noir suisse depuis la culture du cacao jusqu'à sa dégustation. Odeurs, sons, images et dégustation se conjuguent pour une expérience sensorielle inédite.

ESTAVAYER-LE-LAC ★★

Située sur la rive sud du Lac de Neuchâtel, au cœur de la réserve naturelle de la Grande Cariçaie, Estavayer-le-Lac est une jolie ville médiévale préservée et charmante, forte de 6 000 habitants. Ruelles pavées, portes cochères et maisons pittoresques donnent toute sa poésie à la cité à la Rose. Les amateurs de vacances actives apprécieront les multiples activités dans un environnement protégé. Haut lieu du nautisme, Estavayer-le-Lac possède l'un des centres de sports nautiques les mieux équipés du pays. Et pour se détendre : plages de sable agrémentées de roseaux et eaux peu profondes, idéales pour les enfants et les jeux d'eaux. La joie de vivre !

CHÂTEAU DE CHENAUX ★★

Ne se visite pas en dehors de certains événements. Jardins du château ouvert toute l'année en libre accès.

Ce puissant édifice datant du XIIIe siècle témoigne du riche passé de la cité d'Estavayer-le-Lac. Construit d'une seule pièce, il rappelle le style savoyard avec ses quatre tours rondes disposées en carré. A l'origine, ses angles étaient défendus par des tourelles à deux étages et par une grande tour commandant l'entrée, mais entre 1433 et 1443, les tourelles du côté lac ont été remplacées par deux tours de briques. Incendié durant les guerres de Bourgogne, le château fut reconstruit dès 1503. Le château ne se visite pas à l'intérieur.

MUSÉE DES GRENOUILLES ★

Rue du Musée 13
© +41 26 664 80 65
www.museedesgrenouilles.ch/
Ouvert de mars à décembre du mardi au dimanche 13h à 18h. Fermé janvier et février. Entrée 5 CHF, enfants 3 CHF.

Une idée de visite hors du commun. Dans une ancienne bâtisse de 1406, un lieu amusant et unique au monde, proche du lac, regroupe une collection de 108 grenouilles naturalisées, prenant des postures humaines et évoquant des scènes de la vie quotidienne du XIXe siècle (bistrot, réunion électorale, scène de famille...). Voir aussi la belle collection de lanternes des Chemins de fer fédéraux fonctionnant au pétrole ou au gaz, de 1880 à nos jours. Et de nombreux objets et décorations du folklore national. Un musée rare qui vaut vraiment la visite.

RÉSERVE NATURELLE DE LA GRANDE CARIÇAIE ★

www.grande-caricaie.ch

Entrée libre.

L'une des plus remarquables réserves lacustres d'Europe. La Grande Cariçaie, immense marais en bordure du lac, abrite un tiers de la flore, un quart de la faune du pays et de très nombreuses espèces rares et menacées. Un refuge précieux pour les oiseaux qui s'y reproduisent ou y font halte durant les périodes de migration. Des chemins balisés permettent de parcourir la réserve à pied ou à vélo, d'Yverdon-les-Bains à Cudrefin. Une balade didactique où règnent 800 espèces végétales.

LA FERME DE LA CORBIÈRE / MAÏS HÔTEL €

La Corbière ✆ +41 26 663 36 19

www.corbiere.ch

Camping ad. 14 CHF, dortoir ad. 20 CHF, nuit dans les maïs 30 CHF, caravane 4 pers. 80 CHF, ch. d'hôte double 90 CHF.

Ce complexe original au bord de l'eau propose plusieurs possibilités d'hébergements économiques : camping, dortoir, chambre d'hôte, caravane, mobilhome, un original lit au milieu d'un champ de maïs. Une plage privée est réservée pour les hôtes. Une péniche aménagée offre la possibilité de séjourner sur l'eau, en première ligne pour assister au lever et au coucher du soleil sur le lac. Pour les amateurs de séjours grandeur nature, c'est l'endroit idéal à la campagne et proche du lac.

RIPPER RESTAURANT DES LACUSTRES

Route des Lacustres

✆ +41 26 663 11 96

www.leslacustres.ch

Ripper et restaurant Les Lacustres. Ouvert 7j/7 de début mai à fin août pour Ripper.

Un petit coin de paradis sur le lac avec une vue magnifique sur le Jura. C'est un *spot* idéal pour déconnecter, faire du paddle (location au restaurant) et surtout se restaurer sur la terrasse nature. En marge du restaurant des Lacustres, le Ripper est aménagé dans une paillote en bois et entouré de palmiers. Presque comme sous les tropiques ! On sert dans une ambiance détendue des pizzas, des burgers, des salades et des cocktails maison. Soirées à thème et musique live en été.

BULLE ★

Le chef-lieu du district de la Gruyère fut presque entièrement reconstruit après un incendie en 1805. Cette jolie petite ville de 18 000 habitants a préservé son patrimoine en s'adaptant à son époque : l'ensemble est plaisant et homogène, le centre animé. La forteresse piquée de tours est en excellent état. La Grand-Rue commerçante ne manque pas de charme. La ville s'enorgueillit de solides traditions culinaires. C'est ici que l'on produit le meilleur des gruyères, la double crème de la Gruyère, la moutarde de Bénichon (un délice de saveurs) ou les poires à botzi. Voir aussi le couvent de la Part-Dieu, ouvert à la visite toute l'année.

CHARMEY ★

Malgré quelques constructions modernes à l'entrée du village, cette petite station de sports d'hiver (6 téléskis), au cœur de la Gruyère et de la vallée de la Jogne, a conservé toute son authenticité. Il semblerait que le tourisme existe ici depuis fort longtemps : les premières pintes (petits cabarets de village) dateraient du XVIIIe siècle, et Le Sapin (l'hôtel du centre-ville), toujours debout, tient bon depuis 1756. En 1955-1960, on a doté le village de remontées mécaniques, et le nombre des touristes s'est encore accru.

LES BAINS DE LA GRUYÈRE

Gros Plan 30 ✆ +41 26 927 67 67

www.bainsdelagruyere.ch

Une palette de 50 soins différents. Bains ouverts jusqu'à 21h. Adulte pour 3h, 26 CHF, enfant 14 CHF.

Un espace design perché à 900 m d'altitude, pour ce centre thermoludique d'architecture moderne, largement ouvert sur le somptueux panomara des montagnes. Deux piscines intérieure/extérieure, avec jets, bulles, hammam, sauna, massages et soins. Au programme : bains, saunas, hammam, massages, soins esthétiques. Une vraie pause wellness... Petite restauration sur place (La Cascade). Le plus : les enfants sont admis dès l'âge de 4 ans. Si vous souhaitez faire durer le plaisir, l'hôtel adjacent communique directement avec les bains par un tunnel.

SUISSE ROMANDE

GRUYÈRES ★★

Destination touristique s'il en est, Gruyères en français, Greyerz en allemand, est l'une des localités les plus typiques de la Suisse romande. Avis aux amateurs de géraniums, d'accordéon et… de fromage bien sûr ! À 33 kilomètres de Fribourg et 5 de Bulle, cette petite ville aux portes des Alpes a donné son nom au célèbre fromage né dans ses montagnes. Dans un décor riant, à une altitude de 830 mètres, elle se niche au pied du Moléson, de la Dent de Broc et de la Dent du Chamois. En fait, Gruyères est composé de quatre entités distinctes : la vieille ville perchée sur une colline et, plus bas, reliés par une petite route sinueuse, les quartiers plus modernes : Épagny au nord, Pringy et Moléson-Village. Les quartiers de Prâ-Dêré et Pra-Riond sont tournés naturellement vers la commune de Broc, tandis que les habitants du hameau de la Part-Dieu s'orientent plutôt vers Bulle ou Vuadens. L'ancienne cité fortifiée de Gruyères est un joyau. Interdite aux voitures (mais que cela ne vous empêche pas de visiter Gruyères en garant le camping-car en contrebas), les piétons du monde entier foulent sa célèbre rue principale pavée sur laquelle se serrent de remarquables habitations qui arborent de fières grues héraldiques, symboles de la ville d'où elle tire son nom. Sur les hauteurs se dresse le château des comtes de Gruyères dont les fondations remontent au XIIe siècle. Gruyères abrite un musée consacré au plasticien grison H. R. Giger, créateur du monstre *Alien*, récompensé d'un Oscar en 1980.

CHÂTEAU DE GRUYÈRES ★★★

Rue du Château
✆ +41 26 921 21 02
www.chateau-gruyeres.ch
Ouvert tous les jours de 9h à 18h d'avril à octobre, et de 10h à 17h de novembre à mars. Adultes 12 CHF.

Les fondations et les remparts datent du XIIe siècle. On entre d'abord dans une salle voûtée qui abrite une collection d'art fantastique et des expositions temporaires. La salle des comtes de Gruyère présente un décor et un mobilier Renaissance, avec de belles tapisseries et des vitraux. Dans la salle des Chevaliers, les peintures du XIXe siècle relatent les faits importants de l'histoire de la région. La chambre de la Belle Luce nous rappelle que les comtes de Gruyère auraient été amoureux d'une jeune paysanne d'une grande beauté prénommée Luce.

MUSÉE H.R. GIGER

Rue du Château, 2
✆ +41 26 921 22 00
www.hrgigermuseum.com
Avril-octobre : tous les jours. Novembre-mars : mardi-vendredi et week-end. Adulte 8,50 CHF.

Plongez dans le monde de l'art fantastique et torturé de H. R. Giger, artiste suisse qui a reçu en 1980 l'Oscar des meilleurs effets visuels pour sa participation artistique dans le film *Alien*. Le musée se situe dans le château Saint-Germain, au cœur de la cité. Il contient la plus grande collection existante d'œuvres de H.R. Giger : peintures, sculptures, mobilier, décors de cinéma… Entre réalité, fiction, passé et futur, ce musée vous fera voyager dans un monde fascinant et troublant. Le bar associé au musée, situé en face, vaut également une visite.

Château de Gruyères.

© DENIS PEPIN - FOTOLIA

Les environs de Gruyères.

TIBET MUSEUM - FONDATION ALAIN BORDIER

Rue du Château, 4
✆ +41 26 921 30 10
www.tibetmuseum.ch
Ouvert tous les jours en saison estivale. Adulte 10 CHF.

Le musée du Tibet se trouve à quelques mètres du château. Il a été créé en 2009 par la fondation Alain Bordier. Plus de 400 œuvres et objets divers (sculptures, peintures, objets rituels…) en provenance du Tibet et des régions voisines sont présentés dans l'ancienne chapelle Saint-Joseph (XIXe siècle). Les œuvres exposées proviennent de la collection personnelle du collectionneur d'art et ont été réunies au cours de trente années. Une application pour mobiles est disponible.

CHALET DE GRUYÈRES €€

53 Rue du Bourg
✆ +41 26 921 21 54
www.gruyereshotels.ch
Ouvert tous les jours. Compter 35-50 CHF.

Situé au cœur du village médiéval de Gruyères et à 100 m à pied du château, le Chalet est l'endroit parfait pour déjeuner ou dîner d'une fondue moitié-moitié, d'une raclette, d'une croûte au fromage ou d'une planchette de fromages ou de salaisons et leurs crudités. Si vous avez encore faim, vous pourrez enchaîner avec un délicieux dessert à la crème double. Le décor, authentique, est typique des chalets d'alpage de la région. La vue depuis la salle à l'étage est superbe et la terrasse très agréable. Pensez à réserver en saison.

LE SAINT GEORGES €

22 Rue du Bourg
✆ +41 26 921 83 00
http://www.lesaintgeorges.ch
Ouvert tous jours. Terrasse sur la ville et le Moléson.

C'est vrai qu'il n'est pas facile de trouver un restaurant qui sorte du lot à Gruyère. Le Saint-Georges propose une cuisine traditionnelle en favorisant le terroir de la région dans un cadre plutôt moderne. Ce que l'on apprécie, c'est sa terrasse semi-couverte sur le Moléson et le village en contrebas. Le chef propose d'excellentes pizzas, la spécialité de la maison qu'il faut privilégier ici. Les mets au fromage comme les röstis sont cuisinés mais non totalement faits maison pour les experts ! Les fondues et raclettes se dégustent toute l'année.

LA MAISON DU GRUYÈRE

Gruyères - Pringy
✆ 41 26 921 84 00
www.lamaisondugruyere.ch
Ouvert d'octobre à mai de 9h à 18h, de juin à septembre de 9h à 18h30. Fabrication du fromage 9h et 11h-12h30 et 14h30.

Attraction du canton de Fribourg. Le Gruyère AOP suisse est un fromage de tradition dont la recette ancestrale est maintenue et transmise, de génération en génération, que ce soit dans les alpages ou dans les fromageries de plaine. Une visite moderne vous attend. L'exposition vous emmène au cœur des sens. Vous découvrez tous les secrets de fabrication du Gruyère AOP suisse, petite dégustation à l'appui. De plus, un film tourné à la Maison du Gruyère relate toutes les phases de sa fabrication. Vous pouvez déguster sur place le célèbre fromage.

SION ★★★

C'est la plus provençale des capitales et l'une des plus riches historiquement. La capitale du Valais, 30 000 habitants, bénéficie de la proximité des montagnes, d'un climat doux, d'un centre-ville médiéval et de la présence de quatre châteaux. Deux grandes zones piétonnes, la place du Midi et la place des Remparts donnent à Sion un cachet tout particulier. C'est très agréable de flâner dans les rues pavées les jours de marché, et de s'attabler à l'une des innombrables terrasses ensoleillées. Les sportifs et les amateurs de montagne sont à la fête avec la proximité des stations de ski et un important réseau de sentiers de randonnée…

Balade

Pour une balade historique, vous pourriez partir de la place Planta, où se trouve l'office de tourisme, le musée de l'Evêché et le palais du Gouvernement. Prendre ensuite la rue de la Tour, où se trouve l'église Saint-Théodule. Plusieurs fois remanié, cet édifice aurait été érigé sur des vestiges de constructions romaines et carolingiennes. La reconstruction, par Ulrich Ruffiner, date de 1514-1516. A l'intérieur, on verra une chaire baroque du XVIIe siècle. Vous vous aventurerez dans la rue des Tanneries qui longe la rivière (la Sionne). Monter vers la basilique de Valère par des rues assez escarpées. Du haut de la colline, le panorama sur la ville et les montagnes valaisannes est magnifique. En redescendant, on pourra passer par la rue du Vieux-Collège. Vous vous dirigez vers la rue Saint-Théodule et reprenez la rue de Conthey et de suite à droite Supersaxo. Vous apercevrez alors la maison Supersaxo, bâtisse édifiée par Georges Supersaxo entre 1515 et 1528, sur des plans d'Ulrich Ruffiner. A l'intérieur, vous observerez des peintures héraldiques attribuées à Ludwig Dub et datées de 1609.

Histoire

Sion est l'une des plus vieilles villes de Suisse puisqu'on y a trouvé des traces de population datant du néolithique (site sur la rue du Petit-Chasseur). Au Ier siècle av. J.-C., Sion appartient à Rome, et la ville s'agrandit. Du IVe au Xe siècle, Sion devient un important foyer du CHRistianisme. La construction de la cathédrale de Valère débute à la fin du XIe siècle. De nombreux régimes se succèdent tout au long du Moyen Âge. L'année 1788 est certainement la plus terrible pour les Sédunois, car un violent incendie détruit les deux tiers de la ville. Au milieu du XIXe siècle, elle s'agrandit et se transforme. L'urbanisme de la ville est profondément modifié à l'occasion de l'arrivée du chemin de fer en 1860 et de la création de la promenade de la Gare. Au XXe siècle, les mutations sont également nombreuses, avec la construction des quartiers modernes à la Planta et surtout à l'ouest. Cependant, les instances locales entendent bien préserver le centre historique avec l'aide de la Société pour la sauvegarde de la cité historique et artistique fondée en 1970. Aujourd'hui, l'industrie horlogère de la ville prend une importance assez considérable, le géant Swatch y ayant implanté une usine qui emploie de nombreux Sédunois.

Quartiers

- La place Planta, où se trouve l'office du tourisme, le musée de l'Evêché et le Palais du Gouvernement. On prend ensuite la rue de la Tour, où se trouve l'église Saint-Théodule. Plusieurs fois remanié, cet édifice aurait été érigé sur des vestiges de constructions romaines et carolingiennes. La reconstruction, par Ulrich Ruffiner, date de 1514-1516. A l'intérieur, on verra une chaire baroque du XVIIe siècle.
- La rue des Tanneries qui longe la rivière (la Sionne). On monte vers la basilique de Valère par des rues assez escarpées. Du haut de la colline, le panorama sur la ville et les montagnesvalaisannes est magnifique. En redescendant, on pourra passer par la rue du Vieux-Collège
- La rue St-Théodule et reprenez la rue de Conthey et de suite à droite Supersaxo. Vous apercevrez alors la Maison Supersaxo. Bâtisse édifiée par Georges Supersaxo entre 1515 et 1528, sur des plansd'Ulrich Ruffiner. A l'intérieur, on verra des peintures héraldiques attribuées à Ludwig Dub et datées de 1609.

Tourisme

5 259 ha de vignes sont situés dans le Valais et Sion en détient la plus grande superficie. Pour mettre en valeur ce patrimoine, l'office de tourisme a concocté une visite 100 % gustative pour mettre vos sens en ébullition : le Sion Wine Tour. Vous sillonnez la ville en buvant les paroles d'un guide expérimenté, découvrez des lieux insolites accessibles comme les thermes romains sous la cathédrale Notre-Dame, la place de la Planta, la tour des Sorciers, et surtout dégustez chaque étape un différent cépage. Cinq vins et une assiette valaisanne vous seront servis. Un moment de partage à s'offrir pour la qualité et l'originalité de la visite. https://siontourisme.ch/fr/sion-wine-tour

UN HÔTEL EN PAILLE

Un détour s'impose ! Rien de tel que prendre de la hauteur et de se rendre sur le Balcon du Valais pour profiter d'une magnifique vue à 1 300 m d'altitude et surtout d'une halte intimiste et gastronomique dans le seul hôtel de Suisse à ce jour construit en bottes de paille ! C'est le pari fou du couple Lisa et Louis d'associer un accueil de qualité et un tourisme écologique et écoresponsable en altitude. Le choix de Nax n'est pas anodin, c'est aussi une station de ski connue pour sa neige 100 % naturelle sans canons. C'est en 2009 qu'ils choisissent de bâtir leur rêve dans ce village authentique bénéficiant d'une vue à couper le souffle à seulement 20 minutes de Sion. Les murs de l'établissement sont en bottes de paille pour garantir un habitat sain et bien isolé, les murs sont recouverts de pigments naturels, le choix du mobilier est composé de matériaux nobles comme le bois, la pierre ou encore l'ardoise.

Aussi bien dans la chambre que dans la salle de restaurant, on se sent enveloppé par une décoration naturelle, très chaleureuse et harmonieuse. Sur la grande terrasse de la chambre, lové dans les fauteuils arrondis, on sent la poésie du lieu et vivre l'instant du soleil couchant procure une béatitude intense : le relief des sommets touche le ciel et du côté de la forêt, les sapins jouent à faire danser les étoiles. Le Maya est aussi une très bonne table avec Louis aux fourneaux et Lisa au service. Ils vous font partager avec intensité les saveurs des Alpes suisses.

BASILIQUE NOTRE-DAME-DE-VALÈRE ★

Rue des Châteaux

Ouvert d'octobre à mai : du mardi au dimanche 11h-17h et de juin à septembre : 7j/7 11h-18h. Tarif : adultes 8 CHF,

Construit entre le XIIe et le XIIIe siècle, l'édifice marie harmonieusement les styles roman et gothique. Voir l'autel et la statue de la Vierge du XIVe siècle. Sur les parois et la voûte de l'abside, l'ensemble des peintures a été réalisé au XVe siècle, notamment le deuxième registre avec la représentation de douze prophètes. Dans le chœur se trouvent le tableau de l'Adoration des Mages et des stalles sculptées que cache une fresque du XVe représentant l'Annonciation.

CHÂTEAU CONSTELLATION ★★

Route de Nendaz, 1

✆ +41 27 324 43 24

chateauconstellation.ch

Ouvert du lundi au samedi et le dimanche sur demande.

Pour tout savoir des crus spécifiques du Valais, voici une immense cave où découvrir tous les aspects de l'élaboration du vin. De la réception des vendanges à la mise en bouteille et de finir la visite à l'œnothèque où vous dégusterez une sélection de vins selon la formule choisie. Ici on vous montrera tout jusqu'à la cave de vieillissement du vin où les fûts de chêne reposent. Tradition, technologie et respect de l'environnement sont les maîtres mots de cet établissement. Divers cépages AOC suisses représentés, plus de 500 crus à déguster ou acheter.

CHÂTEAU DE TOURBILLON ★★

Tourbillon

Ouvert tous les jours sauf lundi de mi-mars à mi-novembre de 11h à 17h. En été, de 10h à 18h. Entrée gratuite.

Majestueux, le château prône sur la Vallée du Rhône, en face du château de Valère. C'est l'un des quatre châteaux de Sion. Edifié au XIIIe siècle par Boniface de Challant, il fut endommagé au XVe siècle par les patriotes valaisans, puis retapé par Guillaume VI de Rarogne qui le compléta d'une chapelle. Le château de Tourbillon sera dès lors la résidence d'été des évêques jusqu'à l'incendie de 1788. Classé monument historique par le canton du Valais au début du siècle passé, Tourbillon est reconnu d'importance nationale par la Confédération en 1970.

CHÂTEAU DE VALÈRE ★★

Rue des Châteaux

✆ +41 27 606 47 15

www.musees-valais.ch

Ouvert toute l'année. Entrée : adulte 8 CHF, enfants, étudiants et retraités 4 CHF.

Un site magnifique tant au niveau naturel que patrimonial ! Propriété du Chapitre, cité aux XIe-XIIe siècles, ce château servait de résidence aux chanoines. Le site est composé d'une enceinte de quatre tours qui enserrait les maisons individuelles des résidents et leur église fortifiée. L'enceinte date du XIIe siècle. A l'intérieur se trouve le musée qui présente des collections hétéroclites : des meubles valaisans de l'époque romaine à nos jours, des pièces d'orfèvrerie, d'étain, de ferronnerie, des costumes, des portraits, des statues romanes et gothiques.

Château de Tourbillon.

MUSÉE CANTONAL DES BEAUX-ARTS ★

place de la Majorie 15 ✆ +41 27 606 46 90
www.musees-valais.ch
Horaires selon saison consultables sur le site. Entrée adulte 8 CHF. Billet 3 musées. Plein tarif : 14 CHF.

Ce bâtiment du XIIIe siècle, plusieurs fois remanié et qui fut une résidence épiscopale, abrite désormais un foisonnant musée. Les peintres du Valais y sont très bien représentés avec, en particulier, les œuvres de Raphaël Ritz et de Raphy Dallèves, léguées par leurs auteurs. Peintures contemporaines du valaisan Edouard Vallet. Voir aussi le cabinet des Estampes. Ce musée vous emmène dans une découverte de cinquante mille ans d'histoire de l'évolution des cultures migratoires.

MUSÉE D'HISTOIRE DU VALAIS ★

Château Valère ✆ +41 27 606 47 15
www.musees-valais.ch
Octobre à mai, du mardi au dimanche 11h-17h et de juin à septembre, 7j/7 11h-18h. Entrée adulte 8 CHF. Enfants 4 CHF.

Cette ancienne résidence épiscopale, aménagée en musée abrite les trouvailles archéologiques du site du Petit-Chasseur. Composé de deux grandes parties historiques allant de 50 000 av. J.-C. jusqu'à 2150 ! On chemine sur les traces de l'histoire du Valais. On découvre des vestiges en céramique de l'époque romaine, de la monnaie. Une salle entière est consacrée aux magnifiques coffres en bois datant des XIIIe et XIVe siècles, connus pour être l'un des plus beaux ensemble d'Europe.

MUSÉE VALAISAN DES BISSES

1966 Botyre (Ayent)
L'Info-shop et la buvette Le Bisse'Troquet. Horaires de saison sur le site.

Logé dans une bâtisse datant de 1618 aux façades peintes en style maniériste, le musée permet de saisir toute l'ampleur de ces constructions qui ont façonné les paysages des montagnes. Les bisses sont des petits canaux d'irrigation de faibles pentes (0,5 à 1 %). Ils sont l'héritage de l'ingéniosité romaine, mais c'est à partir du Moyen Âge que les paysans vont dompter les eaux de ruissellement. L'effigie du billet de 100 CHF depuis 2019 est d'ailleurs le grand bisse d'Ayent.

RÉSERVE DE DERBORENCE

Derborence
www.derborence.ch
Site naturel.

Au XVIIIe siècle, un pan de montagne s'est effondré, transformant un charmant alpage en un champ de rochers. Le second étant plus rare en Suisse que le premier, Derborence y a au moins gagné la célébrité, bien aidée par le roman éponyme de Ramuz. La vallée est propice pour l'exploration de la nature environnante où vous apercevrez les vaches noires originaires du Val d'Hérens. Vous êtes au cœur des alpages et de nombreuses promenades depuis le lac sont très accessibles à tous. Authentiques, les *mayens* sont l'habitat rural typique de ces alpages.

OFFICE DU TOURISME DE SION

2 Place de la Planta
✆ +41 27 327 77 27
siontourisme.ch
Du lundi au vendredi de 9h à 12h30 et de 13h30 à 18h. Samedi de 9h à 12h30. Horaires d'été sur le site. Visites guidées.

La charmante équipe de l'office aura de nombreuses idées de visites à vous suggérer. Car la capitale du Valais aux accents du Sud offre une grande palette de découvertes. Culture, gastronomie, sports, événements, la ville est dynamique et a su conserver son charme d'antan. Perdez-vous dans les rues pavées, grimpez à l'assaut des châteaux de Valère ou de Tourbillon...Partez à pied pour une balade de 2,5 km à la découverte de sept mille ans d'histoire au travers de la vieille-ville.

OFFICE DU TOURISME DU VALAIS

Rue Pré-Fleuri 6
✆ +41 27 327 35 90
www.valais.ch
Ouvert du lundi au jeudi de 8h à 12h et de 13h30 à 17h30 et le vendredi de 8h à 12h et de 13h30 à 17h.

L'office de tourisme du Valais assure la promotion de la destination. Il est possible de s'inscrire à la *newsletter* pour recevoir toutes les actualités et événements qui se déroulent dans le Valais. Le site Internet est truffé de belles idées de découvertes, des reportages, de portraits… En plus d'être une mine d'information, vous pouvez composer votre séjour avec les hôtels répertoriés, choisir de forfaits de ski, des activités, vos titres de transports publics. Rien ne manque !

TRAIN TOURISTIQUE « LE P'TIT SÉDUNOIS »

✆ +41 58 341 24 00
www.carpostal.ch/valais
Train touristique ouvert de fin mai à mi-septembre. Tarifs : 8 CHF adultes, 4 CHF de 6 à 16 ans.

Une façon très ludique de découvrir le centre historique de la ville de Sion mais également d'autres parcours sont possibles comme le lac de Montorge et le Domaine des Iles. Les enfants adorent ce petit train rouge et blanc qui ressemble à un grand ! Pour les adultes, c'est une bonne idée de découverte en s'économisant un peu. Il fonctionne tout l'été mais peut aussi être privatisé pour des événements dès dix personnes. Au cours du parcours, écoutez les informations historiques.

GARE CFF

Gare
✆ +41 900 300 300
www.sbb.ch
Gare ferroviaire.

Liaisons directes de Bâle, Berne, Genève/aéroport, Lausanne et Zurich/aéroport toutes les 30 min. Et correspondances directes avec plusieurs villes d'Allemagne, mais également Bruxelles, Florence, Rome, Venise-Milan (Cisalpino), Paris (TGV) et Strasbourg. La gare routière se trouve juste en face la gare CFF et permet de rejoindre de nombreux villages dans les vallées aux alentours. Pensez à vous renseigner sur le Swisspass. Ce forfait vous permet de voyager plusieurs jours à des prix concurrentiels sur les lignes CFF, incluant les compagnies de navigation.

ELITE HOTEL €€

6 Avenue du Midi
✆ +41 027 322 03 27
www.hotelelitesion.ch
35 chambres à partir de 118 CHF. Petit déjeuner compris.

Pratique d'accès dans l'avenue du Midi, au cœur de la cité et à 5 minutes de la gare CFF, l'hôtel Elite propose des chambres fonctionnelles pour une halte urbaine. Très optimisées, les chambres allient modernité et qualité. Elles sont préconisées pour une halte urbaine plus que pour un séjour de villégiature. Ce petit hôtel familial dispose également d'un restaurant qui met en scène des saveurs régionales comme les épices du Grand-Saint-Bernard ou encore la viande de bœuf de Glareyarde. Bien sûr, c'est aussi l'occasion de découvrir les vins régionaux.

HÔTEL DES VIGNES €€€

Rue du Pont 9
✆ +41 27 203 16 71
www.hoteldesvignes.ch
30 chambres. Simple 150/270 CHF, double 190/365 CHF, famille à partir de 238 CHF. Petit déjeuner compris. Grand parc.

Un peu en dehors de la ville, cet hôtel bénéficie d'une vue imprenable sur les deux forteresses de Sion et sur les vignes du Valais. Les chambres sont de style classique, calmes et spacieuses. Très agréables et lumineuses, les chambres inspirent au repos avec des boiseries claires et de belles ouvertures sur l'extérieur. Un confort chaleureux et un accueil de qualité vous attendent. Par ailleurs, le sport est ici à l'honneur, avec un parc privé pour se promener. Sur place le restaurant gastronomique, Au Cep de vigne vous régale de produits locaux.

MAYA BOUTIQUE HÔTEL €€€

Linzerbot 25

✆ +41 27 565 51 55

www.maya-boutique-hotel.ch

Hôtel écologique construit avec une isolation en bottes de paille. Chambres à partir de 190 CHF.

À quelques encablures de Sion et après quelques petits virages, vous arrivez à Nax. Sur ce plateau à la vue époustouflante sur la vallée, le Maya Boutique Hôtel & Spa est un hôtel inspiré par de bonnes intentions. Construit avec une isolation en bottes de pailles, tout est réfléchi pour vous faire lâcher prise dans un environnement respectueux et dans un cadre cocooning et artistique. Les chambres sont propices à la détente et à la déconnexion totale. Sur place, le spa (Hot-Tub, sauna panoramique) vous invite à prendre soin de vous. Un lieu pas comme les autres !

AU CHEVAL BLANC €€

23 Grand Pont

✆ +41 27 322 18 67

www.au-cheval-blanc.ch

Mardi au vendredi 10h-14h30 et 18h à minuit. Samedi de 11h à 14h30 et de 18h à minuit. Menu midi dès 29 CHF.

Une jolie escale aux abords du centre historique de la ville. Les chefs excellent aussi bien avec les produits de la mer qu'avec ceux de la terre. A tester, les moules ou encore le bœuf de la race d'Hérens servi en plusieurs variations : épaule de bœuf pochée, en tartare, en carpaccio, à la florentine, en pavé. Il émane de ce restaurant une ambiance d'antan avec la décoration rustique et les lumières tamisées. C'est une bonne adresse typique pour tester toutes les saveurs locales et valaisannes et pour profiter de la belle terrasse en été.

L'ENCLOS DE VALÈRE €€

Rue des Châteaux 18

✆ +41 27 323 32 30

www.enclosdevalere.ch

Ouvert du mardi au samedi de 10h30 à 14h et de 18h à minuit. Menu à partir de 58 CHF. Plats dès 23 CHF.

Il faut vous aventurer dans les recoins de la ville de Sion pour trouver L'Enclos de Valère, comme le nom d'un des châteaux qui dominent la ville. Un endroit magnifique au sommet de la rue des Châteaux. On se croirait dans le Sud et la terrasse l'été est une oasis de verdure. Table réputée de la région, l'Enclos de Valère se prête particulièrement bien à des dîners romantiques. La salle de décoration plutôt rustique s'associe parfaitement à la cuisine du terroir et raffinée proposée. On aime venir y savourer des filets de perche ou le menu de la chasse en automne.

LE RELAIS DU MONT D'ORGE €€

99 Route du Sanetsch

✆ +41 27 395 33 46

www.ricou.ch

Ouvert de 10h30 à minuit, réservation conseillée. Fermé dimanche 16h au mercredi 10h30. Carte de 36 à 75 CHF.

Au milieu des vignes et proche d'un petit lac très apprécié des locaux et visiteurs estivaux, ce restaurant au cadre élégant et tenu par Bernard Ricou propose une cuisine gastronomique où la rigueur des produits sélectionnés, le talent du chef, la qualité du service et le cadre font de ce lieu une des meilleures tables de la région. Une cuisine de saison se déclinant autour de 6 cartes dans l'année mettant en valeur des fleurons culinaires comme la truffe noire du Périgord, la morille, l'asperge, le homard breton, le saumon sauvage, le gibier en saison, etc.

RESTAURANT-CAFÉ DES CHÂTEAUX €€

3 Rue des Châteaux

✆ +41 27 322 13 96

www.cafedeschateaux.ch

Ouvert tous les jours, cuisine non stop. Terrasse. Compter 30-35 CHF.

Situé au cœur de la vieille ville, ce café-restaurant historique a changé de propriétaire en 2019. Dans sa belle salle, on apprécie aussi bien le petit déjeuner servi dès 9h que les brunchs des châteaux, servis le week-end de 10h30 à 13h30 (brunch suisse, français, végétarien, du Nord, de saison… ou brunch sur mesure à composer soi-même). À la carte, vous trouverez soupes, salades, burgers, tartines salées, viandes et poissons, ainsi que des propositions pour les enfants.

BOULANGERIE PÂTISSERIE CONFISERIE GAILLARD

Rue du Grand-Pont 4

http://boulangerie-gaillard.ch/

Ouvert tous les jours de 7h à 19h.

Une boulangerie renommée dans la ville de Sion et pour cause, cela fait 5 générations que le savoir-faire se perpétue ! C'est un bonheur de croquer dans la spécialité sucrée de la maison et de la ville, les mini-galette abricots (du Valais) en se délectant d'un verre du Soleil du Valais ou un Fendant Caillasse. À savourer également : le pain de seigle. La terrasse sur la rue du Grand-Pont est toujours très animée et c'est un véritable spectacle le jour du marché.

SUISSE ROMANDE

PAYOT

Avenue du Midi 14
✆ +41 27 322 52 72
www.payot.ch
Ouvert de lundi à vendredi de 9h à 18h30, samedi de 9h à 17h.

Payot est la référence au niveau des librairies en Suisse ! Vous trouverez toujours votre bonheur tant la sélection des ouvrages est large. Payot a l'avantage de proposer un panel très large d'ouvrages sur la découverte de la Suisse, des guides et cartes de randonnées et de nombreux livres sur les traditions locales. De plus, c'est aussi une librairie qui conseille sur les nouveautés en organisant des lancements et rencontres avec les auteurs. Les guides touristiques sont à l'honneur et devinez : *Le Petit Futé* est bien sûr un de leur préféré !

LES BISSES DU VALAIS

www.les-bisses-du-valais.ch
Curiosités rurales

Construits au XIVe siècle, ces bisses (canaux d'irrigation) devaient irriguer les prairies trop sèches du Valais, entre Conches et Martigny. Au début du siècle, il en restait 207, représentant au total un réseau de 1 750 km. Aujourd'hui, une grande partie est abandonnée, mais on peut se balader le long des sentiers qui les longent en traversant les champs, les forêts, les plaines… Une promenade à ne pas manquer ! Les bisses sont fragiles donc lors de votre balade, respectez-les en ne jetant rien et en n'obstruant pas le passage de l'eau.

DOMAINE DES ÎLES

www.bourgeoisie-de-sion.ch
Domaine aux multiples activités. Lac et promenade.

Le Domaine tel que vous le découvrirez actuellement est le témoin d'une curieuse histoire. À une époque, cette zone était très marécageuse et donc inexploitable. Lors de la construction du chemin de fer en 1860, l'eau des terrains à dû être canalisée par un système d'écluses. Les bourgeois de Sion se sont vu attribuer un lot à condition de l'entretenir. Depuis, c'est devenu un lieu de villégiature en pleine nature, une oasis de calme très apprécié pour la baignade en été : restaurant, camping, mur de grimpe, un centre de sport.

ÉVOLÈNE ★★

Situé avant les Haudères sur la route de Sion, Evolène est un village authentique de grand cachet en raison de ses chalets de bois aux immenses ardoises, caractéristiques des paysages de la région. Certains sont vraiment très anciens et l'ensemble architectural du village, au milieu de la vallée, est remarquable. On se sentira tout de suite à son aise dans la rue principale du village où les quelques commerçants réservent un accueil chaleureux à leurs clients. N'oubliez pas de regarder l'heure sur le beau cadran solaire qui fait office d'horloge en haut de l'église paroissiale. L'hiver, les sentiers sont parfaits pour les balades en raquettes.

FERME DU CLOS LOMBARD ★

✆ +41 27 283 31 75
www.giteruralevolene.ch
Dortoir dès 40 CHF, chambre simple 80 CHF, double 150 CHF. Visite de l'exploitation de la race d'Hérens : adultes 5 CHF.

Une échappée à la ferme depuis la vallée du Rhône s'impose ! Pour qui passe par le Val d'Hérens, voici une bonne adresse pour découvrir les coulisses de la fameuse vache d'Hérens (celle du combat des reines avant de monter sur l'alpage !), le carnaval d'Evolène internationalement connu et tout ce qui touche à la culture de la région. Une visite qui ravira petits et grands. La ferme propose un séjour rural avec des chambres très bien agencées à petit prix, surtout les dortoirs collectifs. Ne ratez pas de réserver un brunch campagnard composé de produits locaux.

HÔTEL ARZINOL €

Bus n° 4 gare de Sion.
✆ +41 27 283 16 65
www.hotel-arzinol.ch
Par personne, chambre dès 45 CHF selon saison.

Non, Arzinol n'est pas un nom de médicament mais bien le nom du sommet de 2 997 m, le pic d'Arzinol. Avec son soubassement en pierre, ce chalet est très bien restauré. Situé au centre du village d'Evolène, à l'écart du bruit, l'hôtel est confortable. L'ambiance chalet renforcée par les tons de bois clair vous enveloppe de douceur. L'établissement dispose de chambres confortables pour 18 personnes avec balcon, un salon avec cheminée dans l'espace commun. Et pour les beaux jours, un jardin avec vue sur la Dent-Blanche et les Dents-de-Veisivi.

HÔTEL DE LA SAGE €€

La Sage
✆ +41 27 283 24 20
www.hoteldelasage.com
Chambre de 110 à 190 CHF selon la chambre et la saison. Suite à 280 CHF. Petit déjeuner inclus. Menu pension : 34 CHF.

Un hôtel entièrement rénové aux allures de boutique hôtel, alliant confort moderne et tradition dans un cadre magnifique offrant un ensoleillement permanent et une vue imprenable sur les Dents. Avec son salon spacieux et lumineux, doté d'une cheminée, vous pourrez profiter de soirées où les mots d'ordre sont détente, calme, chaleur, convivialité. Table d'hôtes le soir sur réservation, avec une cuisine de qualité, originale, offrant un savoureux mélange de tradition et d'exotisme utilisant plantes et fleurs sauvages du Val d'Hérens.

AU VIEUX MAZOT [CHEZ RAYMONDE] €

✆ +41 27 283 11 25
Ouvert toute l'année de 10h à minuit. Fermeture hebdomadaire le lundi.

Une adresse de terroir, authentique et conviviale. Dans un cadre authentique et fleuri (sa terrasse est répertoriée comme l'une des plus belles de Suisse romande), Raymonde vous accueille en costume évolènard. On y parle parfois le patois et on se retrouve autour d'une table pour déguster ce que le Val d'Hérens a de meilleur. L'occasion de savourer la raclette et la fameuse viande de bœuf d'Hérens cuite au feu de bois, la potée évolènarde préparée dans un chaudron et les fondues.

SPORT ÉVASION « GAUDIN SPORTS »

Situé à l'entrée du village.
✆ +41 27 283 22 11
www.sport-evasion.ch
Ouvert tous les jours de 8h30 à 12h30 et de 14h à 18h30.

En version été comme hiver, il est possible de trouver de quoi s'évader et booster notre adrénaline. Location, ventes de matériels, ski, *freeride*, *snowboard*, ski de fond (classique et skating), alpinisme, VTT, via ferrata, sorties parapente en bi-place ou solo. Samuel et Sandrine vous proposent une gamme de produits variés et de qualité, en location ou vente. Un service complet et un accueil chaleureux font de ce magasin le passage obligé des sportifs tous niveaux.

VIA FERRATA

www.viaferrata.org
Parcours sportif.

Le matériel indispensable peut être loué dans les magasins de sport de la région d'Evolène. Des guides sont à votre disposition pour vous accompagner ou vous renseigner. Infos et réservations à l'office du tourisme. L'itinéraire alpin est équipé de câbles et d'échelons de caractère aérien, et il est interdit de s'y engager sans le matériel adéquat et sans une parfaite connaissance de son utilisation. La via ferrata d'Evolène vous garantit le passage d'une échelle, de trois surplombs à bras et surtout une très belle vue sur le village.

Évolène.

Les Haudères.

LES HAUDÈRES ★

Un bijou de la vallée d'Hérens. Magnifique et petit village abritant les plus imposantes maisons en bois du Valais. Situé entre les stations d'Evolène et d'Arolla pour le ski alpin, le village des Haudères propose des pistes de ski nordique, des itinéraires de randonnées en haute montagne à la rencontre des glaciers fascinants, des sentiers de randonnées pédestres, des parcours VTT ainsi que de nombreuses activités culturelles : expositions, concerts et fêtes alpestres. Au cœur du village, vous trouverez l'une des meilleures fromageries de la vallée.

AROLLA ★

Aux confins du Val d'Hérens, au cœur des Alpes valaisannes, Arolla est un petit village pittoresque à 14 km d'Évolène et une station de ski familiale, perché à 2 000 m d'altitude, avec à la fois de belles maisons en pierre et des chalets typiques en bois brun avec de grandes ardoises anciennes sur les toits, un lieu enchanteur au milieu de la forêt et avec de nombreux chemins de randonnées pour grimper sur les sommets. Pour atteindre le village, la route depuis les Haudères est vertigineuse, pas très bien entretenue, avec un véritable passage taillé dans la roche où il faudra laisser passer les voitures en face en se nichant dans des refuges.

HÔTEL-RESTAURANT LES MÉLÈZES €

Route principale

✆ +41 27 283 11 55

www.hotelmelezes.ch

Chambre simple dès 115 CHF, double de 150 à 175 CHF, déjeuner compris. Connexion Wifi.

Ce petit établissement offre 9 chambres tout confort, décorées avec goût dans un style chalet. L'ambiance y est conviviale et des soirées raclette et accordéon sont régulièrement organisées. Une bonne adresse pour qui veut se fondre dans la culture locale, avec les propriétaires Claudia et Michel Anzévui Métrailler, heureux de partager leurs racines. La restauration est familiale avec quelques spécialités maison comme la fondue vigneronne ou les truites pêchées dans la rivière en face.

BUREAU DES GUIDES DE RANDONNÉES EN MONTAGNE

www.herens-montagne.ch

Guides de randonnées

S'aventurer dans les montagnes demande de bien connaître cet environnement. Des guides expérimentés sont là pour vous accompagner et vous faire découvrir grandeur nature le Val d'Hérens. Ils partagent avec vous tout leur savoir sur la faune et la flore et vous orientent en toute sécurité. Été comme hiver, les guides de montagne sont là pour vous faire vivre de belles émotions et pour faire partager toutes leurs connaissances sur la région. Leurs conseils sont très enrichissants.

GRAND HÔTEL KURHAUS €

En hiver, navette gratuite pour l'accès aux pistes.
✆ +41 27 283 70 00
www.hotel-kurhaus.arolla.com
Chambre dès 115 à 184 CHF par personne. Forfait famille. Forfait pension. Ouverture saisonnière.

Classé Swiss Historic Hotel d'Europe, le Kurhaus se situe en plein cœur de la montagne, à 2 100 m d'altitude, au milieu d'une superbe forêt d'arolles. Cet établissement construit en 1896 vous plonge dans un décor d'antan fait de boiseries et souvenirs. On passe ses soirées à lire au coin de la cheminée à côté du piano et de la bibliothèque. Accessible en ski, il est idéal pour les amoureux de montagne préservée. Les chambres comportent des murs en lambris chaleureux, constitués avec les essences de la région (arolle, mélèze), provenant d'anciennes poutres.

HÔTEL-RESTAURANT DU GLACIER AROLLA €

✆ +41 27 283 12 18
www.hotelduglacier.ch
Dortoir 44 CHF, chambre privée dès 58 CHF par jour et par personne avec petit déjeuner. Bains à remous.

Un hôtel couvert de fleurs en été et privilégiant un accueil sympa et montagnard. Les chambres doubles sont belles et confortables avec une vue panoramique sur les alpages et dortoirs pour les budgets serrés qui veulent séjourner dans cette belle région. L'accueil est familial et tout est fait pour que vous vous sentiez à l'aise. Bonne cuisine valaisanne pour des tarifs amicaux : opulente croûte au fromage, raclette servie avec entrée et dessert, magnifique fondue.

ÉCOLE SUISSE DE SKI

✆ +41 27 283 15 50
www.arolla.com/new/ESS.php
Forfait ski demi-journée 36 CHF, journée 40 CHF. Sorties raquettes le samedi après-midi.

Arolla se prête au ski de randonnée, ski hors piste et randonnées en raquette dans cette nature intacte. La longue piste principale et les autres pistes de cette modeste station sont à prix raisonnables pour les skieurs modérés qui voudraient se payer du bon temps de glisse. C'est idéal pour les familles et pour débuter le ski dans les Alpes suisses. Passer par l'École de ski permet de vous assurez que vous serez bien encadrés. Les moniteurs connaissent parfaitement la station et vous la feront découvrir de manière ludique ou sportive selon votre niveau de ski.

SIERRE ★

Petite ville de caractère de 17 000 habitants à 17 km de Sion, Sierre (Siders en allemand) est une commune viticole de la vallée du Rhône, réputée comme capitale du vin suisse et pour être la cité plus ensoleillée du pays. C'est un point de croisement des touristes en route pour la station de Crans-Montana et de ceux qui rejoignent le Val d'Anniviers, mais aussi le chef-lieu du plus important district du Valais, qui porte son nom. Le site est connu depuis les Romains, qui s'établirent dans cette cité alors baptisée Sirrum Amaenum. On peut se balader dans la rue du Bourg, sur les pas de Rainer Maria Rilke qui séjourna dans l'actuel hôtel de ville.

Sports / Loisirs

▶ **Le Sentier viticole** est un sentier découverte, reliant Sierre et Salgesch de 6 à 7 km. Durée : 2h à 2h30. Se visite toute l'année. Un sentier viticole balisé et pourvu de panneaux explicatifs très complets traverse le vignoble entre Sierre et Salgesch. On peut même pousser jusqu'à Loèche (Leuk). On passe devant le beau site naturel des gorges de la Raspille et on découvre l'étendue des vignes valaisannes aux différents cépages qui font ce vin si caractéristique. À Sierre, on passera devant le château de Villa, qui mérite une visite. Ensuite Varone, puis le panorama sur la forêt de Finges et, enfin, Loèche, pour une halte.

▶ **Le sentier du Lézard Vert.** Il s'agit d'un projet unique en Suisse qui rend possible la coexistence d'espaces naturels et cultivés par l'homme. Environ un quart du terrain a été mis à disposition par leurs propriétaires afin de conserver et développer des espaces protégés hébergeant des espèces végétales et animales rares. Durée : 1h30.

▶ **Sierre.** 5 circuits de Saint-Léonard à Loèche-la-Ville (Leuk-Stadt), 120 km à parcourir pour découvrir la région des coteaux de Sierre.

Tourisme

Sierre est appréciée à plus d'un titre par les touristes, pour sa proximité avec les stations de ski, son environnement naturel, mais aussi son engagement dans l'écotourisme et l'œnotourisme. On élabore ici un muscat de Sierre assez semblable à celui de ses confrères français, ainsi que la dôle, un vin rouge apprécié dans tout le pays. Il faut également tester la petite arvine, blanc fruité et sucré produit dans la région.

ÉGLISE SAINTE-CATHERINE ★

Avenue Max Huber 16

Édifice religieux.

Les portes de l'église Saint-Catherine ne demandent qu'à être poussées pour découvrir le bel ensemble architectural de style baroque. C'est l'un des plus vieux bâtiments religieux de la ville. Cet édifice du XVIIe siècle fut restauré et modifié au XXe siècle, d'abord en 1920-1921, puis en 1994. Le tremblement de terre de 1946 l'ayant bien endommagé. A l'intérieur, il faut voir ses vitraux singulièrement disposés, les petits en bas et les grands au sommet. L'orgue en hauteur est magnifiquement mis en valeur dans son écrin de boiseries.

LAC DE GÉRONDE ★

Patrimoine naturel.

Ce lac en rassemble en réalité deux petits. On les trouve en prenant la route de Chippis vers Sion. Le plus grand plan d'eau, où la baignade est recommandée, est dominé par la colline du même nom et le couvent du XIVe siècle qui abrite une congrégation de religieuses bernardines depuis 1935. C'est une étape vraiment agréable que les Sierrois chérissent en été pour venir se rafraîchir. Aménagé avec des jeux ludiques, c'est aussi le paradis des enfants qui viennent se distraire. Le plus petit lac est propice à la promenade et reste plus sauvage.

FONDATION RAINER MARIA RILKE ★

Rue du Bourg 30

✆ +41 27 456 26 46

www.fondationrilke.ch

Ouvert du mardi au dimanche de 14h à 18h. Prix d'entrée : adulte 6 CHF, étudiants 4 CHF.

La magnifique maison de Courten (XVIIIe siècle) abrite la fondation et le musée Rainer Maria Rilke. Rainer Maria Rilke (1875-1926) est un écrivain autrichien qui vécut les quatre dernières années de sa vie à Sierre, où il fut emporté par la leucémie qu'il était venu soigner. Une exposition permanente retrace les années valaisannes de l'écrivain : 1921-1926. On y évoque les œuvres écrites (Elégies de Duino, Sonnets à Orphée, poèmes, lettres…) et les amis fréquentés durant ces années.

MUSÉE VALAISAN DE LA VIGNE ET DU VIN ★

Rue Sainte Catherine 6

✆ +41 27 456 45 25

www.museevalaisanduvin.ch

Ouvert d'avril à novembre du mardi au dimanche de 14h à 17h. Prix d'entrée adulte 6 CHF.

Cette gentilhommière du XVIe siècle abrite un musée du Vieux Valais et de la vigne et du vin, qui présente des collections intéressantes, avec des objets traditionnels et anciens comme des outils de vignerons. D'autres salles exposent des peintures. Mais des plaisirs bien plus terrestres sont aussi au rendez-vous grâce au restaurant qui sert d'opulentes raclettes qu'accompagnent ces fameux vins du Valais qui, après la visite du musée, n'auront plus de secrets pour vous.

HÔTEL DE VILLE ★

Rue du Bourg 14

✆ +41 027 452 01 11

www.sierre.ch

Ouvert du lundi au vendredi.

Cette demeure patricienne a été commencée au XVIIe siècle par Jean-François de Courten. Anciennement château de la Cour, l'édifice devient l'Hôtel Château Bellevue en 1888. L'hôtel reçoit alors des visiteurs illustres tels que l'écrivain Rainer Maria Rilke. En 1964, la ville de Sierre rachète l'édifice et l'Hôtel Château Bellevue devient l'actuel hôtel de ville. Cette demeure patricienne est très bien conservée et toujours pleine de charme. L'intérieur est d'une grande élégance avec de magnifiques plafonds peints et fresques murales.

ŒNOTHÈQUE DU CHÂTEAU DE VILLA ★

Rue Sainte-Catherine 4

✆ +41 27 456 24 29

www.chateaudevilla.ch

Ouvert tous les jours de 10h30 à 13h et de 16h30 à 20h30.

L'Œnothèque du château de Villa est le lieu de rendez-vous privilégié des amateurs de vin. Elle invite à découvrir, dans un cadre convivial et exclusif, un choix de 550 des meilleurs crus provenant de plus de 100 caves du Valais, quelques bouteilles rares et des eaux-de-vie de fruits des vergers valaisans. Profitez des conseils avisés des barmans formés pour la dégustation et partez à la découverte des vins, avec pour décoration un magnifique pressoir et des murs entiers de bouteilles.

CASTEL DE DAVAL €€

5 colline de Daval
✆ +41 27 458 45 15
www.collinededaval.ch

De 110 à 130 CHF la chambre simple, de 130 à 180 CHF la chambre double. Petit déjeuner compris.

Un cadre enjôleur au milieu des vignes centenaires. Monique et Bertrand Caloz se sont lancés dans l'agrotourisme en 2009. C'est à la force de leurs bras et avec l'aide des artisans de la région que le couple a rénové et transformé l'ancien château d'eau en un petit paradis au milieu des vignes. Au total 5 chambres au nom de cépages régionaux. C'est que les propriétaires sont également viticulteurs. Ils se feront d'ailleurs un plaisir de vous renseigner sur les environs et de vous faire déguster leur production, tel que le pinot noir vieille vignes.

HÔTEL CASINO €€

Av. Général Guisan 19
✆ +41 27 451 23 93
www.hotelcasinosierre.ch

Chambre simple à partir de 110/165 CHF, double 150/205 CHF. Petit déjeuner 15 CHF.

Cet hôtel situé au cœur de la ville offre des chambres spacieuses, tout confort et insonorisées qui assurent calme et tranquillité. Localisation idéale pour qui veut se rendre sur les pistes (achat billet funiculaire et ski-pass Crans-Montana à la réception) ou rayonner dans les environs. Le bar de l'hôtel est ouvert tous les jours et permet de rencontrer les habitants fidèles de cet établissement qui sait recevoir. Vous pouvez vous relaxer de votre journée de visite au sauna et centre de bien-être avant d'aller vous restaurer au restaurant sur place.

LA VILLA €€

Avenue Général-Guisan 27
✆ +41 27 456 10 94
www.la-villa-vs.ch

Chambre simple dès 70 CHF, double 130 CHF, petit déjeuner compris. Wi-fi gratuit. Compter 35 CHF pour un plat.

À seulement 12 minutes en voiture de la station de Crans-Montana, vous logez dans une maison qui a une âme et où l'accueil est particulièrement chaleureux. Belle maison de 1892, la Villa a été restaurée avec goût pour y créer des chambres d'hôtes spacieuses et au décor différent - on aime les chambres zen. Certes, le décor est simple mais toutes les chambres sont lumineuses. Le restaurant de cuisine d'inspiration française est très apprécié des locaux. Dès les beaux jours, le jardin, avec buvette et chaises longues, est un délice bucolique.

CAFÉ DES VOYAGEURS €

Rue de Plantassage 2
✆ +41 27 455 13 54

Fermé le mercredi et le dimanche. Fondue de 23 à 46 CHF (de nature à truffe noire...).

Le voyageur, c'est vous, et le restaurant est là pour vous faire passer un bon moment avant d'en repartir. L'endroit est idéal pour déguster des plats 100 % suisses concoctés dans la pure tradition familiale. Ici, il faut se laisser tenter par une fondue et toute autre spécialité de la région. À l'automne, la chasse est servie sous forme de duo de chevreuil et de cerf sur ardoise. Sans chichi sur la décoration mais avec l'essentiel : de bons produits. Et une très bonne ambiance pour un établissement où les habitués se mêlent aux visiteurs.

LE POSTILLON €

4 Plantassage (dans la commune de Noës qui jouxte Sierre) ✆ +41 027 455 33 31
www.lepostillon.ch

7j/7 sauf le lundi de 8h à 23h (minuit le samedi) et le dimanche pour le déjeuner uniquement. Dès 30 CHF pour un plat.

Le décor est rustique, mais la cuisine y est de grande qualité. Ici pas de snobisme mais des produits du terroir et de saison cuisinés avec soin. Vous pénétrez dans les antres de la cuisine purement suisse avec une mise en avant du terroir local. Des valeurs simples qui promettent une cuisine vraie. Les plus affamés prennent place au fond pour déguster une Charboise (spécialité de viandes grillées) ou autre spécialité de saison comme la chasse à l'automne. Les habitués s'installent au bar pour siroter une bière et discuter jusqu'à la fermeture.

RELAIS DU CHÂTEAU DE VILLA €

Route Sainte-Catherine 4
✆ +41 27 455 18 96
www.chateaudevilla.ch

Ouvert tous les jours. Compter 23 CHF pour un plat traditionnel, 39 CHF pour un plat de saison.

On déguste ici les spécialités les plus réputées du terroir valaisan dans un cadre exceptionnel et d'époque. À l'honneur, les mets au fromage, la raclette s'y décline en 5 produits de montagne AOC, la fondue en 5 variétés, mais aussi les plats de viande séchée aromatique, la brisolée d'automne (châtaignes rôties) et de nombreuses recettes de saison traditionnelles. Plusieurs salles du Château sont destinées à des réceptions, à des séminaires ou à des cours sur le vin.

CHOCOLATERIE DE JÉRÉMY RAMSAUER

5 avenue Générale Guisan
✆ +41 27 455 31 01
Ouvert du mardi au vendredi de 7h30 à 18h30, le samedi de 7h30 à 17h.

La Chocolaterie de Jérémy Ramsauer vous accueille dans son magasin de chocolat, atelier de dégustation, pâtisserie et bar à chocolat. Jérémy Ramsauer est un passionné du goût qui vous surprendra tant par des saveurs inédites que par des textures innovantes. Cet artisan chocolatier associe les meilleurs cacaos au monde avec des infusions et épices exotiques, du poivre de Tasmanie ou de la vanille de Tahiti. La maison a pour spécialité, entre autres, les feuilles de chocolat.

BRASSERIE LA SIERRVOISE

Z-I Ile Falcon
✆ +41 27 456 59 08
www.sierrvoise.ch
Vente directe toute la semaine à la Brasserie, visite possible, bar-dégustation ouvert tous les vendredis de 17h à 22h.

Cette brasserie artisanale produit une bière valaisanne de caractère qui se décline en fermentation haute (Claire et Noire), en fermentation sur lie (Blanche et Rousse). S'ajoutent la Génépi et la bière de Noël. Toutes développent des arômes particuliers qui ont valu de nombreux prix à la Sierrvoise. Ouvert en fin de semaine, le bar de cette brasserie aux couleurs chaleureuses, disposant d'une terrasse très agréable à la belle saison, vous permettra de déguster des petits plats valaisans ou des moules-frites dans une ambiance conviviale.

CAVES DE COURTEN

Rue du Bourg 30
✆ +41 27 456 26 88
Édifice architectural. Salle de concert.

C'est l'une des plus remarquables maisons patriciennes du XVIIIe siècle en Valais. Elle est en face de la belle église médiévale Sainte-Catherine. Cette bâtisse abrite la Fondation Rainer Maria Rilke (entrée payante). C'est dans cet écrin qu'a logé le poète et écrivain Rainer Maria Rilke. Ses promenades poétiques et la mise en valeur du Valais se découvrent dans l'exposition permanente. La Haute École de musique (HEMU) anime régulièrement ces caves voûtées à travers l'organisation de concerts comme la Nuit du piano très appréciés des Sierrois.

CRANS-MONTANA ★★

Une station qui a du « cran », du charme et cultive l'art du bon accueil ! Les amateurs de stations typiques et animées trouveront leur bonheur dans le charmant village de Crans. L'une des plus grandes stations du Valais, implantée à 1 500 m d'altitude, sait combiner ambiance traditionnelle et dynamisme moderne. Autrefois réputée pour son climat bénéfique aux malades atteints de la tuberculose, elle accueillit son premier sanatorium en 1899. Force est de reconnaître le mérite de la station qui a su développer depuis 125 ans des activités de qualité en respectant le caractère local. C'est une des pionnières en Suisse en matière d'aménagement touristique.

Sports / Loisirs

La vie est rythmée par des activités variées haut de gamme et des animations exclusives, comme l'organisation de compétitions (Coupe du monde ski alpin dames), ses parcours de golf et l'Omega European Masters (tournoi de golf réunissant les meilleurs golfeurs au monde), qui en font une destination de prédilection.

- Randonnée. Cinq circuits balisés de vélo de montagne (140 km), 280 km de promenades pédestres balisées. Promenades accompagnées tous les mardis et jeudis de juin à septembre et promenade botanique tous les mercredis de juillet et août.
- **Trail running.** Pour les débutants comme les *trailer* chevronnés, Crans-Montana propose cinq routes de 200 km, soit un total de 15 800 m de dénivelé positif ! Pour tous les niveaux avec 2 km à 55 km de long et une dénivellation de 300 m à 4 200 m.
- **Vélos, VTT.** Ça roule pour les adeptes du vélo ! La station se veut une destination phare pour les fous des deux-roues. À votre disposition : une carte d'enduro et de vélo de montagne de *cross-country* proposant des balades sur sentiers balisés. Plus de 200 km de pistes cyclables routières autour de Crans-Montana, dont dix sont conçues, testées et approuvées par Steve Morabito (carte délivrée par l'office de tourisme). Pour le côté écoresponsable, plusieurs stations de recharge pour vélos électriques ont été installées.
- Ski. Ski alpin (140 km) et ski de fond sur 40 km de pistes classiques et 30 km de pistes skating. 1 funiculaire, 1 téléphérique, 5 télécabines, 6 télésièges et 15 téléskis. Possibilités de skier à la belle étoile. La zone du Cry d'Er offre deux *snowparks* pour évoluer en toute sécurité. Ski de fond en été : monter au glacier de la Plaine Morte (3 000 m) ; on y trouve 6 km de pistes de ski de fond, spécialement aménagées pour l'été.

▶ Golf. Héritage golfique indéniable ! Depuis 1939, Crans-Montana organise en septembre l'Omega European Masters. Les *greens* rendent célèbre la station et la place au top niveau. Un *package* gagnant : parcours de championnat de 18 trous « Severiano Ballesteros », parcours 9 trous « Jack Nicklaus » et ses trois 18 trous, qui en font une destination de prédilection.

▶ **En bref :**

– altitude de Crans-Montana : 1 500 mètres ;
– 6 villages = 3 communes : Icogne, Lens et Crans-Montana ;
(Chermignon, Montana, Randogne, Mollens)
– superficie : 97,8 km^2 ;
– population : un peu plus de 15 000 habitants ;
– population résidant en station : environ 6 000 personnes ;
– population en haute saison : environ 50 000 personnes

Transports

Depuis la plaine, Crans-Montana est joignable en 30 minutes en bus ou avec le funiculaire (12 minutes), et la vue est somptueuse. Le plus : les bus navettes de la compagnie SMC, qui relient régulièrement les divers points névralgiques des six communes impliquées dans cette station. En voiture depuis la France et la Suisse romande, suivre l'autoroute A9 jusqu'à Sierre *via* Lausanne, puis poursuivre en direction de Crans-Montana (15 km). Le col de la Forclaz relie la Haute-Savoie au canton du Valais par la vallée du Trient *via* Chamonix.

ÉCOMUSÉE D'ALPAGE DE COLOMBIRE ★

✆ +41 27 485 04 04
www.colombire.ch
Horaire sur demande. Entrée adulte 10 CHF, enfant 5 CHF.

Situé au bord du bisse du Tsittoret, on peut y accéder par la télécabine d'Aminona. Le musée évoque la vie dans les alpages, avec ses traditions comme l'inalpe et la désalpe et les productions locales (lait, beurre, fromage). Il est installé dans trois mayens (petites maisons traditionnelles valaisannes) de la région de Crans-Montana qui ont été démontés et reconstruits selon les règles architecturales traditionnelles. A côté : un centre d'accueil avec restaurant et terrasse.

FONDATION OPALE

1 route de Crans
✆ +41 27 483 46 10
www.fondationopale.ch
Centre d'art : mercredi au dimanche de 10h à 18h. Tarifs : adultes 14 CHF, séniors 11 CHF.

Le centre d'art de la Fondation Pierre Arnaud nous ouvre ses portes sur l'exploration de l'art contemporain au sens large. Plusieurs thèmes universels sont développés lors d'expositions temporaires. Des œuvres incontournables sont présentées comme celles de Georg Baselitz ou encore d'Étienne Krähenbühl. La Fondation propose de nombreuses activités comme des visites guidées, des ateliers, des séances de yoga… L'objectif est de montrer que l'homme s'est toujours exprimé artistiquement depuis la nuit des temps. Le restaurant L'Opale propose une cuisine créative.

SUISSE ROMANDE

© SÉVERINE VULLIEZ

Village de Crans Montana.

FONDATION SUISSE DES TRAINS MINIATURES

Route de Clovelli 7
✆ +41 27 565 47 47
www.trains-miniatures.ch
Ouvert tous les jours (y compris le week-end) de 10h à 13h et de 15h à 19h. Tarifs : adultes 12 CHF, enfants 6 CHF.

Les trains en Suisse font vraiment partie intégrante du pays. Ce musée les met à l'honneur à travers des modèles réduits anciens et plus modernes. Vous sillonnez entre des maquettes sur le grand réseau modulaire de trains américains ou en apprendrez sur l'histoire des trains jouets. Espace de 700 m² d'expositions, 43 vitrines qui retracent également les 160 ans de l'histoire suisse des trains. Quel que soit l'âge, notre âme d'enfant sera réveillée.

CRANS-MONTANA TOURISME

Immeuble Stéphani - Route des Arolles 4
✆ 027 485 04 04
www.crans-montana.ch
Accueil, réservation, organisation d'événements. Ouvert tous les jours sauf le dimanche en basse saison.

L'office de tourisme de Crans-Montana s'engage à vous donner toutes les informations de qualité sur les activités touristiques pour répondre à votre demande de séjours, d'excursions, de visites... Vous serez orienté, aidé dans votre recherche d'hébergement, de restauration, de loisirs, de culture. La mise en valeur des produits du terroir et du savoir-faire local fait partie de ses missions. Accueil de passionnés pour que votre séjour ou sa préparation soient simplifiés. Le site Internet vous permet de faire des réservations en direct.

AUBERGE DU PETIT PARADIS €

3975 Bluche-Randogne
✆ +41 27 481 21 48
www.petit-paradis.com
Double bain 150 CHF, avec lavabo 100 CHF. Chambre simple douche commune 90 CHF. Petit déjeuner 10 CHF. Restaurant.

L'établissement porte bien son nom. Cette auberge à l'accueil chaleureux est située à Bluche, un petit village à seulement 5 minutes en-dessous de Crans-Montana. Les chambres sont confortables et calmes. La décoration est soignée et on se sent tout de suite enveloppé par l'ambiance chaleureuse qui s'en dégage. La décoration « chalet » est mise à l'honneur mais sans rien à voir avec le grand luxe et le chichi de certains hôtels de la station. La table est savoureuse et propose des produits locaux en passant par les inévitables fondues suisses.

HÔTEL ROBINSON €

Rue du Pas-de-l'Ours 2,
✆ 027 481 13 53
https://alaialodge.ch
Chambre simple dès 105 CHF en basse saison et double 160 CHF en haute saison. Consultez les prix sur le site.

L'hôtel se situe à 1 km du centre de Crans-Montana et est proche proche de la télécabine Crans-Cry d'Err et Golf Club Crans-sur-Sierre. C'est un 3 étoiles confortable où la simplicité est un atout de taille. Pour bénéficier de nuits tranquilles et de prix plutôt doux pour l'endroit. De confort simple mais une adresse pratique et confortable vers laquelle se tourner en toute confiance. C'est idéal pour venir y séjourner en famille et bénéficier de l'ambiance de station à prix raisonnables. À moins de 100 m, vous trouverez des restaurants italiens et traditionnels.

HÔTEL APPARTHÔTEL HELVETIA INTERGOLF €€

Route de la Moubra 8 ✆ +41 27 485 88 88
www.helvetia-intergolf.ch
Chambres, suites et appartements. Dès 177 CHF, chambre double dès 226 CHF. Restaurant Helvetia Intergolf, spa wellness.

L'Helvetia est la porte ouverte à un séjour de luxe, ensoleillé et intime dans une ambiance paisible qui séduit beaucoup de sportifs – des golfeurs du monde entier – et à laquelle s'ajoute une qualité de service parfaite. Pour ceux qui aiment l'ambiance des clubs house (avec les plus de la piscine couverte, des bains vapeur, bain bouillonnant...) et les vues somptueuses. Une belle et sûre adresse qui propose des appartements, des suites avec balcon et vue panoramique.

HÔTEL DU LAC €€

Lac Grénon ✆ +41 27 481 34 14
www.boutique-hotel-du-lac.ch
Boutique hôtel. Chambre simple dès 65 CHF à 105 CHF, double de 68 CHF à 92 CHF par personne, petit déjeuner inclus.

Situé au cœur de Crans-Montana et pourtant isolé, cet hôtel vous accueille au bord du charmant lac du Grenon côté nord et offre un panorama imprenable sur les montagnes côté sud. Tout est fait pour que l'on se sente chez soi. Ambiance conviviale dans un cadre traditionnel type chalet où s'invitent des éléments de décoration années 1970. Les chambres sont spacieuses. Une restauration personnalisée et de qualité. A savourer, la bière La Marmotte (www.brasserie-la-marmotte.ch), brassée à côté de l'hôtel par le propriétaire. Repas au bar Garage conseillé.

HÔTEL LE MONT-PAISIBLE €€

Chemin du Mont-Paisible 12
✆ +41 27 480 21 61
www.montpaisible.ch
Chambre simple de 130 CHF à 170 CHF, chambre double de 98 CHF à 133 CHF par personne, avec petit déjeuner.

Entièrement rénové, avec une vue panoramique à couper le souffle, cet hôtel est tranquille et fort bien pensé dans l'écrin des belles Alpes valaisannes. Belles chambres boisées. A 200 m de la télécabine « Violettes/Plaine Morte » (1 500-3 000 m) et au pied des pistes de Crans-Montana-Aminona. Au départ de nombreuses randonnées d'été, il est équipé d'un court de tennis extérieur, d'un sauna et d'un espace massage. Le restaurant vous régalera d'une cuisine alliant modernité, créativité et mise en valeur des saveurs traditionnelles valaisannes.

HOTEL VALAISIA €€

✆ +41 27 481 26 12
www.hotel-valaisia.ch/fr/
111 chambres. Restaurants et wellness avec bain saline 33 °C et piscine extérieure. Chambre double DP dès 98 CHF.

Crans-Montana est une station étendue géographiquement et il est fort appréciable de trouver un hôtel qui combine tous les atouts ! Le Valaisia est le plus proche hôtel des remontées mécaniques et se situe au cœur du centre névralgique de la station. Construit en 1900, l'établissement est riche d'un passé lié au thermalisme et le traitement en sanatorium. De cette époque, l'hôtel a su garder dans toutes les chambres ses très grandes terrasses. L'accueil est familial et tourné vers la détente avec un espace bien-être exceptionnel à l'eau saline à 33 °C.

CHETZERON €€€

2112, Rue de Chetzeron ✆ 41274850800
www.chetzeron.ch
16 chambres « Allée supérieure », « Angle de luxe » ou « Junior suites » dès 300 CHF et l'occupation. Restaurant.

Une pure pépite à 2 112 mètres d'altitude ! C'est la tête dans les étoiles et les pieds dans la poudreuse que vous apprécierez ce moment intemporel en séjournant au Chetzeron. Dans l'ancienne gare d'arrivée de la mythique télécabine de Chetzeron, votre logement s'ouvre sur les grands espaces alpins et vous garantit un moment de déconnexion totale. La maison prend en compte la préservation de l'écosystème et la défense de l'environnement dans sa construction et son fonctionnement. Vous avez l'impression de vivre en perpétuel connexion avec la nature environnante.

CHETZERON €€€

2112, Rue de Chetzeron ✆ 41274850800
www.chetzeron.ch
Petit déjeuner de 8h à 10h30, service jusqu'à 21h30. Soirée en chenillette, selon horaires. 115 CHF par adulte.

Bien plus qu'un simple restaurant d'altitude, c'est une expérience à vivre. Chaque épicurien enfoui en nous revivra après un passage au Chetzeron ! 2 112 m de plaisir, tant le lieu est insolite et grandiose. Dans une bâtisse écoresponsable, le restaurant propose un cadre contemporain avec une vue panoramique sur les plus beaux sommets des Alpes. Une cuisine de haut vol qui s'apprécie en journée comme en soirée avec possibilité de transfert en chenillette. Proche des étoiles, le chef est primé aux guides Michelin et Gault & Millau. Une table qui se mérite.

INSTANT CHOCOLAT

Avenue de la Gare 6
✆ +41 27 481 45 12
www.instant-chocolat.ch/
Ouvert en saison 7j/7 du lundi au samedi de 9h30 à 12h30 et de 14h30 à 19h, dimanche de 10h à 12h et de 16h à 18h.

Tablettes, chocolat chaud, caramel et pâte à tartiner, un vrai paradis à s'en lécher les babines et en saliver devant l'alléchante vitrine. C'est bien plus qu'un instant qu'il faut consacrer à cette boutique gourmande de chocolat haut de gamme. Comme le veut la tradition suisse, c'est de la pure excellence en bouche. On se délecte des 35 variétés de grand cru sélectionnés parmi les meilleures fèves de cacao de la planète, de bonbons ganache, de chocolat nougat… Des créations qui mettent votre palais en effervescence et vos sens dans tous leurs états !

LE MEMPHIS

19 rue du Prado ✆ +41 27 480 44 20
www.lememphis.ch
Ouvert 7j/7, 8h-21h. Bar lounge et restaurant italien. Carte dès 16 à 46 CHF, plats 22 à 59 CHF, pizzas dès 16 CHF.

Al dente et toujours plein de créativité. C'est l'endroit tendance de Crans-Montana où l'on aime prendre un verre en dégustant pizzas ou plats italiens contemporains. Chic mais décontracté, on se laisse guider parmi les 24 gins, les bitters maison (assemblage d'herbes aromatiques et d'épices macérées) que Miguel ou Lorenzo nous conseillent pour un cocktail concocté selon nos goûts. Les soirées se terminent à 21h, mais l'ambiance de lounge branchée opère toute la journée. Ne manquez pas les DJ'set et autres animations à thème comme des défilés de mode.

BOUCHERIE DU RAWYL

La Boucherie du Rawyl est une entreprise située en plein cœur de la station de Crans-Montana.
✆ +41 27 481 23 35 - www.boucherie-rawyl.ch
Ouvert du lundi au vendredi de 7h30 à 12h15 et de 14h14 à 18h30, samedi de 7h30 à 12h30, 14h à 17h30.

Une boucherie de grande qualité avec une éthique particulière visant à ne proposer que des produits de gamme supérieure. Garantir la très bonne qualité des produits est une valeur que la famille perpétue depuis 1957. Les étals sont alléchants et la viande semble être disposée minutieusement de manière très harmonieuse, presque artistiquement. Du poisson, de la volaille, de la vénerie et des produits traiteur s'installeront sur vos tables prêts à être savourés. La viande séchées du Valais accompagnera les bonnes raclettes d'hiver ou les apéros d'été.

LAITERIE AU PETIT CHALET

Avenue de la Gare 4
✆ +41 27 481 22 46
www.laiterieaupetitchalet.ch/contact
Lundi-vendredi 8h-12h30 et 14h-19h, samedi de 8h à 12h30 et de 14h à 18h30, dimanche de 10h à 12h30 et de 16h à 18h30.

L'un des meilleurs produits de la Suisse est son fromage au bon lait des Alpes. Déjà dans les années 1930, les habitués venaient chercher des produits locaux, des produits de la ferme. La tradition se respecte et ici tous les produits sont issus du terroir suisse. Vous pouvez commander vos plateaux de fromages, acheter votre double crème de gruyère à délicatement verser sur vos meringues, et bien sûr les préparations de fondue sont succulentes. Tout est fait pour vous assurer un bon repas et la fromagerie met à votre disposition des caquelons (appareils à fondue).

LE TIREBOUCHON

Avenue de la Gare
✆ +41 79 541 34 45
www.letirbouchon.ch
Du mardi au jeudi 16h30 à 20h30, vendredi et samedi de 10h30 à 13h, 16h30 à 21h, dimanche de 10h30 à 13h et de 16h à 20h

Au pays du fromage, le vin n'est pas sans reste ! Le Tirebouchon vous invite à la découverte de nouveaux vins, vous parle de cépage et surtout vous conseille à la dégustation. Chaque semaine est mis en scène un nouveau cépage, un nouveau vin issu des caves valaisannes pour éveiller votre palais sous les conseils affûtés des sommelières. En été, la terrasse colorée suggère une pause décontractée autour d'un bon vin qui dévoilera ses meilleures saveurs. Un lieu sympathique et chaleureux pour la dégustation de vins et de produits du terroir.

VAL D'ANNIVIERS ★★★

Entouré par un chapelet de sommets de plus de 4 000 mètres d'altitude, le val d'Anniviers est l'une des vallées alpines latérales du pays. Elle relie Sierre aux stations de Saint-Luc, Chandolin, Zinal, Grimentz et Vercorin. Cette vallée se distingue par une beauté naturelle saisissante, des villages à l'architecture montagnarde préservée et la vivacité de ses traditions. De Sierre, dans la vallée du Rhône, à la station de Grimentz, on croise une multitude de villages de montagne authentiques avec leurs maisons de bois bien entretenues sous la neige en hier, sous les géraniums en été. Une vallée vraiment précieuse et unique au charme fou !

Sports / Loisirs

La vallée attire les amateurs de randonnées en montagne ainsi que les adeptes des sports d'hiver et de quelques beaux domaines sauvages. Elle s'ouvre vers le sud et se sépare en deux vallées dans sa partie supérieure, le val de Moiry à l'ouest et la vallée de Zinal à l'est. www.valdanniviers.ch

Un forfait unique (adulte 1 jour 58 CHF, enfant 35 CHF) permet d'accéder aux quatre domaines skiables du val d'Anniviers, Grimentz, Saint-Luc/Chandolin, Vercorin et Zinal, soit 43 installations avec 220 kilomètres de pistes pour les skieurs et surfeurs. Les fondeurs peuvent profiter de 19 kilomètres de pistes à Zinal. Toutes les stations proposent un vaste choix d'activités sportives : ski alpin, raquettes, ski nordique, ski de randonnée, patin à glace.

LOÈCHE-LES-BAINS ★★

Loèche-les-Bains (1590 habitants – alt. 1 402 m.), la plus grande station thermale des Alpes, apparaît comme une riche villégiature. Les sources d'eau chaude gisent dans les profondeurs de la montagne, et c'est dès 1315 que cette eau fut reconnue bienfaisante. Au XVe siècle, on commence à exploiter ce patrimoine naturel grâce au cardinal Schiner et à l'évêque de Sion. Aujourd'hui, environ 4 millions de litres d'une eau atteignant jusqu'a 51° C. jaillissent chaque jour à Loèche-les-Bains des sources de la montagne. Plusieurs remontées mécaniques permettent d'atteindre les sommets voisins et de nombreuses randonnées sont possibles aux alentours.

BOIS DE FINGES ★

Réserve naturelle. Forêt de pins. Un sentier pédestre permet de découvrir ce biotope.

Un endroit où l'on sauvegarde la faune et surtout la flore. Le bois de Finges est une des dernières et la plus grande forêt de pins d'Europe. Cette réserve naturelle de plus de 1 000 ha accueille une faune et une flore exceptionnelles. 470 espèces de plantes provenant d'Asie centrale et de la région méditerranéenne s'y épanouissent. Dans le ciel évoluent 132 espèces d'oiseaux, certaines menacées à l'instar du gypaète barbu, réintroduit en Valais il y a une dizaine d'années. A la gare de Loèche-les-Bains se trouve le monument historique du bois de Finges.

CENTRE THERMAL

Rathausstrasse 32

✆ +41 27 472 20 20

www.leukerbad-therme.ch

Bains thermaux ouvert 7j/7 de 8h à 20h, dès 10h sauna et hammam, tous Entrée 3h : 28 CHF. Journée 25 CHF

C'est le plus grand centre thermal des Alpes. Aux thermes du Leukerbad Therme à Loèche-les-Bains, à 1 400 m d'altitude, vous pouvez profiter d'un des 10 bassins (de 28 °C jusqu'à 43 °C) et d'une offre bien-être particulièrement variée avec des massages. Le vrai paradis de la détente avec des bains à bulles et douches aquatiques à l'extérieur. Il est préconisé de rester 3h au minimum afin d'en ressortir avec tous les bienfaits. Vous bénéficiez ici d'une eau thermale minéralisée de source au cœur d'un magnifique écrin de montagnes.

VIÈGE - VISP

Viège ou Visp en allemand est un village assez moderne à 20 km de la frontière italienne, sur la ligne du célèbre Paris-Milan. C'est le cours d'eau Vispa qui a donné le nom à la vallée. Moderne, mais riche d'un passé lointain : des fouilles y ont mis au jour des tombes préhistoriques et des vestiges gallo-romains. Un tremblement de terre détruisit la ville en 1855, ce qui explique la reconstruction contemporaine. Il lui reste toutefois un centre historique assez préservé. Voir la paroisse antérieure à l'an 1000. La vieille-ville présente des rues charmantes avec des petites placettes où il est plaisant de boire un verre de fendant.

BRIGUE - BRIG ★

Située au pied du glacier d'Aletsch et du Cervin, Brig (Brigue en français), nœud ferroviaire et routier, chef-lieu du district du même nom, est à l'orée de la Suisse alémanique du Valais. Les habitants sont donc germanophones, mais ils parlent aussi français, italien ou anglais. Les visites s'orientent à l'évidence vers le remarquable château de Stockalper. Charmant marché paysan le samedi matin avec des nombreux producteurs bio. Encerclée par les montagnes, la ville ne souffre pas de la pollution et l'atmosphère y est saine et vivifiante. Et surtout la ville de Brig est très réputée pour son centre thermal avec son eau avoisinant 30 degrés.

Balade

La ville se découvre par un itinéraire tout simple. En face de la gare, on prend la Bahnhofstrasse, caractérisée par ses belles maisons patriciennes aux façades colorées. A l'orée de cette rue centrale, on trouve la Stadtplatz, pimpante, flanquée de monuments imposants et de cafés- terrasses. On se rend au château de Stockalper par la Simplonstrasse, à gauche de la place. On verra de belles demeures et on fera, si nécessaire, une halte gourmande au Schlosskeller. Autre parcours, à droite de la Stadtplatz, on retrouve le Rhône, bien discipliné par de solides murs de béton. C'est beaucoup moins joli, mais de ce côté-ci de la ville, hôtels et restaurants sont meilleur marché.

Sports / Loisirs

- Le col du Simplon. Le col du Simplon possède une longue histoire. Il était un passage important entre le Valais et l'Italie du Nord, pour les commerçants, et même l'illustre Napoléon usa de cette route. De nos jours, la région du Simplon propose aux marcheurs de magnifiques paysages montagneux. Le chemin pédestre du col du Simplon débute vers l'Hospice et se poursuit du côté gauche de la vallée vers le sud pour approcher du village Simplon. Après une brève montée, le paysage débouche sur le sommet du Fletschhorn enneigé. Depuis ici, le parcours jusqu'à Homatta traverse les pâturages recouverts de fleurs des Alpes. Arrivé à Egga, franchissez le ruisseau et poursuivez ensuite le long de celui-ci jusqu'au village de Simplon. Départ : arrêt du bus Simplon Hospice. Arrivée : arrêt du bus Simplon village, poste. Prenez le bus depuis Brigue et pour le retour, reprenez le bus pour Brigue. Durée : 3 heures 45.

SUISSE ROMANDE

© 100ZAX

Sur la route de Chandolin.

CHÂTEAU DE STOCKALPER ★★

Alte Simplonstrasse 28 ✆ +41 27 921 60 30
www.brig-glis.ch

Ouvert de décembre à avril. Entrée : adulte 8 CHF, enfant 7-16 ans 3 CHF.

C'est la plus grande construction seigneuriale de Suisse ! Il fut érigé entre 1658 et 1678 par Kaspar Jodok de Stockalper sur les plans des architectes Bolmer et Prismell. Le bâtiment principal et la cour aux arcades de style Renaissance sont protégés par les trois tours baroques surmontées de toitures à bulbe. Impressionnantes, elles symbolisaient le pouvoir de Stockalper. En effet, cet homme, né en 1609, marqua considérablement la ville. A la fois avocat réputé, homme politique respecté, il devint très vite un des personnages les plus puissants du Valais.

MUSÉE ALPIN

Tschill 7, Naters
✆ +41 79 290 90 23

Musée avec atelier et démonstration de fabrication de fromage.

Ce chalet alpin Nagulschbalmu, construit en 1606 par la famille Schweri, fut à l'origine une étape recommandée de l'alpage de Riederalp. Aujourd'hui, on visite le musée, sa cuisine équipée pour la fabrication des fromages, la cave à fromages, l'étable avec les chaînes d'attache forgées à la main et l'annexe qui servait à stocker le foin et qui fait désormais office de salle d'exposition consacrée à l'économie alpestre. Des rencontres sont organisées comme la fabrique du beurre avec les commentaires de locaux qui font perdurer ce savoir-faire.

WALLISER WII STUBA €

Bahnhofstrasse 9
✆ +41 27 923 14 28
www.wii-stuba.ch

Ouvert du lundi au samedi de 10h à minuit, le dimanche jusqu'à 16h.

On mange ici une cuisine valaisanne préparée et servie richement. De bonnes fondues, aussi réussies dans les exercices imposés (fondue aux bolets) que dans le programme libre (fondue aux poires Williams). L'intérieur est parfaitement rustique mais élégant, comme la cuisine. Le service est plein d'attentions et d'aisance, et les prix restent étonnamment doux. Pour vous mettre l'eau à la bouche, vous voyez venir à vous une moitié de meule de fromage à raclette dont la partie supérieure dégouline gracieusement dans votre assiette.

SCHLOSSKELLER ALTE €€

Alte Simplonstrasse 26
✆ +41 27 923 33 52
www.schlosskeller-brig.ch

Fermé dimanche et lundi. Compter 40 CHF pour un plat.

Ici, près du magnifique château de Brigue, tout est d'époque (salle de 1640 et gril de 1530). Comme les seigneurs du temps passé à l'appétit gargantuesque, on peut s'attaquer au solide menu et ses six plats : terrine de brochet, consommé de julienne et paillettes au pavot, salade, steak de porc forestière, fromage et dessert du confiseur. On y vient surtout pour le cadre et la belle terrasse sous les arcades. L'accueil est féminin et on ressent le dynamisme de cette jeune équipe à toujours chercher la créativité. Les prix sont sans concession.

STATION THERMALE BRIGERBAD

Thermalbad Brigerbad
✆ +41 27 946 46 88
www.brigerbad.ch

Ouvert tous les jours de 9h à 21h. Thermes adulte : 21 CHF pour 3h, 27 CHF pour la journée.

Plonger dans les eaux thermales en Suisse est assez courant. Ces thermes étaient déjà connus à l'époque romaine ! Les sources jaillissent entre 21°C et 50 °C ici. Les plus grandes piscines thermales de plein air en Suisse (de 27 à 37 °C) de 2 600 m^2 avec la grotte, le toboggan alpin (182 m), le bassin-rivière, le château flottant, la piscine olympique, la piscine couverte. Le cadre épuré des bains thermaux intérieurs est une vraie oasis de bien-être.

GLETSCH ★★

On s'enfonce dans la Suisse germanophone profonde, par cette vallée de Conches. Gletsch est le dernier village valaisan sur le Rhône avant le canton d'Uri. Gletsch signifie « glacier », et une ville qui porte ce nom doit certainement se trouver à proximité immédiate d'un tel phénomène naturel. On aura l'occasion d'admirer le glacier du Rhône, qui permit de classer l'ensemble du site, monument d'importance nationale. A Gletsch, un domaine skiable est appréciable, avec 6 remonte-pentes, 85 km de pistes de ski alpin et 5 km de ski de fond. C'est le paradis de la glisse quelque soit votre niveau. C'est une station famille avec un accueil adapté.

Sports / Loisirs

A Fiesch, le domaine skiable est suffisamment vaste pour ne pas souffrir des pics de concentration sur les pistes. Bel équipement : 7 téléskis et 1 télésiège. On fait aussi du ski de fond. On peut monter jusqu'à lad'Eggishorn, à 2 900 m d'altitude.

- Randonnées. 200 km de sentiers de randonnées balisés pour se promener dans la région.
- Randonnée royale dans la vallée de Conches Fiesch. Découverte de toute la beauté des panoramas du haut Valais. Ce chemin longe le haut du versant de la vallée, franchissant des forêts denses et des pâturages. En bas, dans la vallée, on voit des villages et des hameaux typiques. Le sommet majestueux du Weisshorn se montre régulièrement à l'horizon. La randonnée royale commence à Bellwald, un petit village dominant Fiesch sur une terrasse ensoleillée. Depuis la station supérieure du téléphérique, le parcours commence par la route en direction de Wiler et Münster. Un peu plus loin, le parcours diverge à droite et descend vers Willer. La direction principale reste toutefois Münster. Après une longue montée, on arrive au Walibach. Après le Walibach, on poursuit *via* Bächital vers Münster, le chef-lieu de la vallée. C'est dans ce village pittoresque que se termine cette magnifique randonnée. Départ : station du téléphérique Bellwald. Arrivée : gare de Münster. Accès en téléphérique de Fiesch à Bellwald ; retour en train de Münster à Fiesch. Durée : 5 heures 15.

GRAND HÔTEL GLACIER DU RHÔNE €

✆ +41 27 973 15 15

www.glacier-du-rhone.ch

Chambre simple à partir de 75 CHF et chambre double à partir de 65 CHF par personne.

Le Grand Hôtel Glacier du Rhône est une institution à Gletsh. Tout y a commencé en 1830, avec une simple auberge d'une douzaine de lits. À la Belle Époque et au sommet de sa gloire, le bâtiment s'était élevé et développé comme à l'heure actuelle et accueillait jusqu'à 320 lits (150 dans les années 1980). Le restaurant propose une restauration en salle, mais aussi en terrasse avec des plats traditionnels ou de type snack. La vue sur le glacier, bien entendu, est magnifique.

GRIMENTZ ★

La station reine du val d'Anniviers a de beaux arguments : 60 km de pistes (200 dans toute la vallée avec le même abonnement) et des altitudes vertigineuses (on atteint 3 000 m). Les estivants ne sont pas oubliés, avec des circuits VTT dans la montagne. On pratique également l'escalade et le parapente. Été comme hiver, le sport est à l'honneur. Le vallon de Moiry offre de nombreuses possibilités d'excursions mais aussi des restaurants et buvettes pour se détendre après l'escapade. On peut donc admirer le lac, le glacier, les alpages et le mur du barrage au gré des randonnées proposées. En tout, 120 km de sentiers pédestres et 80 km d'itinéraires VTT.

SAAS-FEE ★★★

Ce village de montagne a le bon goût d'être interdit aux voitures ! Dans son écrin de treize sommets culminant à plus de 4 000 m d'altitude, dont l'Allalin. Swiss Glacier Mountain, c'est un petit paradis alpin. Cette station est plus récente que sa consœur Zermatt. Si les hôtels se sont multipliés, l'ancien village agricole a gardé ses étables et ses chalets. Les chalets-hôtels y forment donc un ensemble assez joli et homogène. Venir à Saas-Fee signifie se retrouver au cœur des plus hautes montagnes suisses avec en hiver une garantie de neige et un climat méridional doux. À faire, le chemin des Quinze-Chapelles qui commence sur une rive de la Viège.

ZERMATT ★★★

C'est la crème de la crème des stations de ski. Zermatt, 1 600 m d'altitude, est une ville piétonne ! Et oui cela existe et fait sa renommée. La station allie typicité, pistes de ski ouvertes toute l'année et sentiers splendides. Elle excelle dans les équipements invraisemblables rendant accessibles des sommets de toute beauté. Les panoramas sont tout simplement exceptionnels. La seule vue du Cervin (Matterhorn, en allemand) dressé à 4 478 m, doigt de Dieu, invraisemblable sommet, impose le respect... Les plus gourmands reconnaîtront cette montagne conique qui estampille les barres de chocolat Toblerone. Alentour : 29 sommets de plus de 4 000 m d'altitude.

Pratique

Zermatt émane de *zur matte*, « alpages » en allemand. Animé été comme hiver, Zermatt ouvre ses commerces, hôtels et restaurants à l'année et particulièrement ceux de la rue principale, la Bahnofstrasse qui aligne d'énormes chalets. Plus vous vous éloignez de la gare et plus l'escarpement gagne : l'occasion de faire travailler ses mollets. Les hôtels possèdent généralement des ascenseurs puissants, comme autant de prouesses techniques, au fond de longs tunnels creusés dans les parois rocheuses. Tunnels aussi pour les remonte-pentes privés ou les minifuniculaires !

Se loger

Malgré un nombre de lits très important, l'hébergement, en haute saison, est assez problématique à Zermatt. Il vaut mieux réserver. Sinon, c'est prendre le risque d'errer quelque temps dans les rues... Mais ce peut être aussi l'occasion de belles découvertes !

Sports / Loisirs

En été comme en hiver, l'offre de balades et d'excursions organisées est large. Randonnées pédestres ou VTT, via ferrata, tour ou ascension du mont Cervin, circuits en traîneaux, balades en raquettes, descentes au clair de lune depuis le Rothorn paradise... Le mieux est de se renseigner auprès de l'office de tourisme de Zermatt ou de s'y procurer le guide Magie de la montagne.

▶ **Été.** De début juillet à fin octobre, six téléskis ainsi qu'un téléphérique servent le plus haut domaine de ski d'été dans les Alpes. Ne ratez pas la découverte du palais de glace ! Un palais de glace naturel campé aux environs de la station du Petit Cervin (Matterhorn Glacier Paradise), à 3 810 m au-dessus du niveau de la mer, offre à ses visiteurs une vue captivante de l'univers de la neige et de la glace. Pour les amoureux de la nature et de la randonnée, 400 km de chemins balisés s'offrent à vous.

▶ **Ski.** 313 km de pistes, avec une coulisse unique dans le domaine skiable international suisse- italien, vous feront vivre des moments très diversifiés. A noter qu'il existe des casiers au départ et à l'arrivée du télécabine pour laisser vos sacs à dos, chaussures, etc. (2 CHF pour 24 heures). Les tarifs des forfaits sont indécents, mais le domaine en vaut toutefois la peine.

▶ **L'ascension du mont Cervin** est l'une des plus prisées avec le mont Blanc. La plupart des alpi- nistes choisissent aujourd'hui l'arête nord-est (le Hörnligrat), en partant du Schwarzsee paradise au Hörnlihhütte (refuge du Hörnli). A partir d'ici, il faut compter 5 heures d'escalade. Attention, cette ascension n'est accessible qu'aux randonneurs confirmés et il est important d'être accompagné par un guide (se renseigner au centre alpin).

Transports

Zermatt est une station sans voitures ! On vient donc en train jusqu'à la gare de Zermatt ou on laisse sa voiture au parking du Matterhorn Terminal Täsch (2 000 places) pour prendre une navette (12 minutes). Chaque hôtel dispose ensuite de petites navettes électriques qui peuvent venir vous chercher à la gare. Il existe également des bus et des taxis électriques. Les horaires des bus sont affichés à chaque arrêt.

Glacier du Cervin.

ZERMATLANTIS-MUSÉE DU MONT CERVIN

Kirchpl
✆ +41 27 967 41 00
www.zermatt.ch/fr/musee
En tournant à droite, en face de l'hôtel Mont Cervin.

Le Cervin n'aura plus de secrets pour vous. Vous y trouverez toutes les informations nécessaires sur les ascensions historiques et mythiques comme celle de la première le 14 juillet 1865. Cette ascension suscite toujours le questionnement car la corde s'est rompue dans la descente. Juste à côté a été édifiée une église anglaise, avec son petit cimetière, et une minuscule bibliothèque où les habitants peuvent emprunter des romans en anglais. Des offices ont lieu dans cette même langue.

ZERMATT TOURISME

Bahnhofplatz 5
✆ +41 27 966 81 00
www.zermatt.ch
Ouvert de 8h à 20h tous les jours.

Très dynamique, très sportif et très accueillant. L'office de tourisme de Zermatt vous accueille tous les jours pour vous orienter et vous conseiller sur les activités à faire durant votre séjour. L'équipe vous guide dans le choix de vos activités suivant votre saison de visite. En été, il ne faut pas manquer la traditionnelle promenade des chèvres ou encore les visites guidées du village pour saisir l'histoire et connaître le terroir. Bien sûr, c'est un excellent point d'information sur les ascensions à faire en train comme le Gornergrat Bahn.

GLACIER EXPRESS

✆ +41 848 642 442
www.glacierexpress.ch
Départ de Zermatt à 8h52, arrivée à Saint-Moritz à 16h55. Dès 152 CHF en seconde classe et de 268 CHF en première.

Votre immersion dans les Alpes par le train commence au pied du Cervin. Le Glacier Express détient le record du monde de la lenteur, soit 36 km/h. En 8 heures, il parcourt 270 km, entre Zermatt et Saint-Moritz. Mais cette route montagneuse est ce qui rend le voyage si merveilleux. Spectaculaire, vous traversez la ligne de l'Albula (six viaducs vertigineux et trois tunnels), d'ailleurs inscrite au patrimoine mondial de l'Unesco, le viaduc de Landwasser... Tout au long du trajet, des informations vous sont partagées. Vous pouvez également profiter d'un repas à bord.

WEISSHORN €

Am Bach 6
✆ +41 27 967 11 12
www.holidaynet.ch/weisshorn
Chambre simple à partir de 66 CHF, chambre double à partir de 128 CHF. Petit déjeuner inclus.

Le cinquième plus haut sommet des Alpes suisses prête son nom à cet hôtel. Parfois, on n'ose pas imaginer séjourner dans une des stations les plus connues de Suisse par peur du prix. Le Weisshorn est un petit hôtel simple et charmant qui bénéficie d'un bon environnement (à la fois la vue et les commerces) et vous permet de profiter de l'atmosphère authentique de Zermatt. La décoration des chambres est un peu vieillotte mais on ne s'arrête pas à ce petit détail quand le reste de l'hôtel offre une bonne qualité d'accueil. Profitez de la vue sur le Cervin.

HÔTEL ADONIS €€

Luchernstrasse 31
✆ +41 27 966 25 00
www.hotel-adonis.ch
Chambre simple à partir de 95 CHF, chambre double à partir de 160 CHF. Petit déjeuner inclus.

Situé à 5 minutes à pied du centre de Zermatt, l'hôtel Adonis est un établissement confortable au décor de montagne chaleureux. Les chambres, bien qu'un peu datées, sont agréables et comportent un balcon. Au rez-de-chaussée, le bar-salon permet de boire un verre en toute tranquillité. Au pied de l'hôtel, vous pourrez profiter du grand jardin. Il existe également une petite salle de sport et un sauna. Le petit déjeuner complet et le service personnalisé promettent un séjour de tout repos. Très bon rapport qualité/prix pour Zermatt.

HÔTEL MATTERHORNBLICK €€

Kirchstrasse 38 ✆ +41 27 967 2017
www.matterhornblick.ch
Chambre simple dès 90 CHF et chambre double dès 158 CHF. Petit déjeuner inclus.

Avec un nom si honorifique Matterhorn, l'hôtel se doit être à la hauteur du Cervin. Tenu par la famille Julen, cet hôtel vous assurera un accueil personnalisé et des conseils sportifs avisés dans tous les domaines ! Confortablement lové dans votre fauteuil, la cheminée vous attend pour lire ou siroter un chocolat chaud. L'hôtel offre toutes les commodités dont on peut rêver, pour un très bon rapport qualité/prix. De plus, outre l'excellent service, les saunas, bain turc et bain bouillonnant sont bien agréables après une journée de ski ou une balade en montagne.

WALLISERHOF HOTEL €€

Bahnhofstrasse 30
www.walliserhof-zermatt.ch
Hôtel familial. Chambres dès 220 CHF double avec petit déjeuner et minispa.

Quand trois générations partagent la passion du bon accueil, cela donne l'hôtel Walliserhof ! Cet hôtel de 23 chambres et appartements, ouvert pour la première fois en 1896, raconte une vraie histoire. Le charme d'autrefois est mis en relief par une décoration soignée. Chaque chambre bénéficie d'une atmosphère authentique. Dans la lignée des boutique-hôtels, avec une « âme » en plus, ce charmant hôtel nous gâte par ses surprises, comme le minispa et le bain bouillonnant. Cette maison perpétue la convivialité et garde les traces des joyeuses rencontres d'antan.

PARKHOTEL BEAU-SITE €€€

Brunnmattgasse 9,
✆ +41 27 966 68 68
www.parkhotel-beausite.ch
Chambre simple dès 190 CHF, chambre double dès 330 CHF. Petit déjeuner inclus.

L'un des très nombreux hôtels de luxe de Zermatt. Magnifique palace superbement éclairé en hiver, le Parkhôtel Beau-Site a fait rêver plus d'un passant. Après une journée bien remplie, se lover dans un confortable fauteuil au piano-bar est une belle parenthèse à s'accorder. Si vous avez la chance de privilégier une chambre avec vue sur le Cervin, votre bonheur sera à son comble. Plusieurs restaurants sur place proposent des cuisines locales et du monde pour s'évader sans bouger. Le centre wellness est particulièrement réussi. Un 4-étoiles qui en vaut... cinq.

WALLISERKANNE €

Bahnhofstrasse 32
✆ +41 27 966 46 10
www.walliserkanne.ch
Cuisine ouverte tous les jours de 11h30 à 14h et de 18h à 22h ; pizzeria de 11h30 à 23h. Plat dès 23 CHF.

Dans la rue principale, le cadre typique d'un chalet ancien (1889) et sa terrasse rouge et fleurie vous tape à l'œil. On vous propose de savourer des spécialités valaisannes (fondues, croûte au fromage...) et surtout les copieux röstis maison (pommes de terres coupées en lamelles, rissolées et garnies de lard et de fromage à raclette). De quoi vous caler ou vous récompenser après avoir gravi des montagnes ! Les pizzas cuites au feu de bois sont également délicieuses. L'accueil est chaleureux, le service attentionné et la note équilibrée.

CHEZ HEINI €€

Wiestistrasse 45
✆ +41 27 967 16 30
www.dandaniell.ch
Ouvert tous les jours en hiver, du mardi au samedi en été. Fermé au printemps et en automne. Plats à partir de 23 CHF.

Certainement l'un des meilleurs restaurant de Zermatt et l'ambiance la plus sympathique grâce à un propriétaire à la fois chef et artiste. Certains soirs, Dan Daniell, qui gère le restaurant depuis plus de vingt-cinq ans, aime faire découvrir ses chansons. On y goûte une cuisine raffinée avec ce qu'il faut d'inventivité. Mais l'agneau local fait encore partie des spécialités de la maison. Parfumée aux herbes et grillée au feu de bois, la viande est tendre et la cuisson parfaitement maîtrisée. Cette adresse étant très prisée, il est préférable de réserver.

BROKEN BAR DISCO

Hotel Post. Bahnhofstrasse 41
✆ +41 27 967 19 31
www.hotelpost.ch
Ouvert tous les jours de 22h à 3h30.

Situé au sous-sol de l'hôtel Post, le Broken Bar est la plus ancienne cave à voûtes de Zermatt et constitue LA boîte de la station où tous les skieurs du jour revêtent leurs plus beaux atours de *night clubber*. La piste est en réalité un fût de vin, tout naturellement. Toutes les générations aiment s'y retrouver et de nombreux *lives* sont produits sous les voûtes en pierre du Broken Bar. L'établissement offre également d'autres ambiances comme le Pink (*live music bar*), le Loft Club dès vingt-cinq ans, le Papa Ceasar et le fameux pub Brown Cow.

GRAMPI'S PUB

Bahnhofstrasse 70
✆ +41 27 967 77 75
www.grampis.ch
Ouvert tous les jours de 9h à 2h.

Quand il y a le choix, pas facile de décider où passer la soirée. Ici, l'endroit idéal pour boire un verre après une journée de ski, confortablement installé sur les canapés du fond, près de la cheminée, ou debout devant l'un des grands écrans, les jours de matchs importants. Le soir, le piano à queue blanc laqué prend toute son importance quand son musicien-humoriste s'y installe, pour jouer du blues ou du jazz, avec ses pieds parfois ! Leur slogan – « The place to be in Zermatt ! Where people meet & eat ! » – est assez vrai !

ALETSCH ★

Le plus long glacier d'Europe (24 km de longueur pour une surface totale de 86 km²) est encerclé par les montagnes. Ce chef-d'œuvre de la nature se trouve en bordure de la forêt d'Aletsch. La forêt d'Aletsch avec ses arbres séculaires et ses nombreux animaux sauvages est un des plus étonnants chemins de randonnées de la région d'Aletsch. Au cœur de la réserve naturelle d'Aletsch et de la région inscrite au patrimoine mondial naturel de l'Unesco, la forêt d'Aletsch offre des panoramas mystérieux. Vous pouvez aussi traverser cette région fantastique en hiver en raquettes à neige avec un guide pour découvrir la flore et la faune alpine.

MARTIGNY ★★

Dans cette petite ville de 19 000 habitants, située au coude du Rhône, se mêlent histoire et culture. Durant la belle saison ne manquez pas la visite du château de la Bâtiaz, dont la construction remonte au XIIIe siècle. Du haut de son donjon, vous admirez un magnifique panorama sur toute la plaine du Rhône. Valent également le détour : le Manoir de la ville, imposante maison patricienne du XVIIIe siècle aménagée en lieu d'expositions, l'église paroissiale qui abrite les vestiges de la première cathédrale paléochrétienne du Valais et le moulin Semblanet classé monument historique. Mais surtout, Martigny abrite la fameuse Fondation Pierre Gianadda qui propose des expositions artistiques de très haut niveau. Autre point d'intérêt : le musée dédié au col et aux chiens Saint-Bernard. L'été, les routes des alentours de Martigny sont bordées de vergers d'abricotiers. Vente directe chez les producteurs de fruits à maturité.

Tourisme

Surtout, Martigny abrite la fameuse Fondation Pierre Gianadda qui propose des expositions artistiques de très haut niveau. Autre point d'intérêt : le musée dédié au col et aux chiens saint-bernard.

Transports

Comptez 30 minutes en voiture ou en train depuis Montreux.

BARRYLAND ★

Rue du Levant 34 ✆ +41 27 720 53 53
www.barryland.ch

Ouvert tous les jours de 10h à 18h. Tarifs : adulte 12 CHF, sénior 10 CHF, enfant/étudiant 7 CHF, famille 25 CHF.

Ce musée vivant est situé dans l'ancien arsenal jouxtant l'amphithéâtre romain. Ouvert depuis 2005, il est consacré aux chiens saint-bernard issus du chenil du col éponyme, autrefois tenu par les chanoines. L'observation du nourrissage et du toilettage des animaux est évidement très populaire, mais il est également possible de partir en randonnée accompagné de l'un d'eux. On peut s'attendrir devant les chiots et assister à des séances d'information sur la vie de ces animaux. Le centre accueille également des expositions temporaires. Restaurant et bar sur site.

FONDATION PIERRE GIANADDA ★★★

Rue du Forum 59 ✆ +41 27 722 39 78
www.gianadda.ch

Ouvert tous les jours de 9h à 19h (juin-novembre) et de 10h à 18h (novembre-juin). Entrée 20 CHF.

Martigny se place au centre du monde d'un point de vue artistique grâce à sa Fondation si célèbre. Fondé par Léonard Gianadda, en mémoire de son frère décédé, ce musée, fleuron de la ville, propose des expositions de niveau international. Une fondation d'art unique en Suisse romande par la qualité de ses expositions. Au cœur d'un magnifique parc arboré où des sculptures se mettent en scène, la Fondation accueille près de 10 millions de visiteurs par an. Les œuvres des plus grands artistes de ce monde ont trouvé un jour comme écrin les murs de ce musée illustre : Goya, Rodin, Giacometti, Schiele, Toulouse-Lautrec, Moore, Modigliani, Claudel, Chagall, Braque, Degas, Nicolas de Staël, Manet, Dufy, Miró, Gauguin, Bonnard, Kandinsky, Van Gogh, Picasso, Renoir, Matisse, Zao Wou-ki...

- **Musée de l'Automobile.** Cet espace abrite une riche collection d'une quarantaine de véhicules rares en état de marche : Stanley à vapeur, Benz de 1897, Delaunay-Belleville du tsar Nicolas II de Russie, Rolls-Royce Silver Ghost, Hispano-Suiza, Mercedes-Benz SS... Plus curieux, des voitures de fabrication suisse, comme ces Pic-Pic, ces Martini ou ces Turicum.
- **Le Vieil Arsenal.** Ouvert d'avril à octobre. Situé dans les jardins de la Fondation, le Vieil Arsenal présente une exposition passionnante : Léonard de Vinci, l'inventeur. Plus d'une centaine de fac-similés de maquettes illustrent la puissance créatrice de cet artiste.
- **Et aussi :** le parc de sculptures et le Musée Gallo Romain.

MUSÉE DE L'AUTOMOBILE FONDATION PIERRE-GIANADDA

Rue du Forum 59,
www.gianadda.ch
Dans la Fondation Pierre-Gianadda.

Au sein de la Fondation Pierre Gianadda, un espace musée abrite une riche collection d'une cinquantaine de véhicules rares en état de marche : Stanley à vapeur, Benz de 1897, Delauney-Belleville du tsar Nicolas II de Russie, Rolls-Royce Silver Ghost, Hispano-Suiza, Mercedes SSK… Plus curieux, des voitures de fabrication suisse, comme ces Pic-Pic, ces Martini ou ces Turicum. De quoi faire saliver les collectionneurs et les amateurs de modèles uniques.

LA VACHE QUI VOLE €

2 B place centrale
✆ +41 27 722 38 33
www.lavachequivole.ch
Tous les jours de 10h30 à 1h du matin. Plat : 25 CHF.

Établi dans l'un des plus anciens immeubles de la place, voici un restaurant branché au nom bien poétique ! L'endroit idéal pour faire une halte gourmande. La viande est ici à l'honneur et vous ne devriez pas être déçu. Midi et soir, le restaurant propose une gamme variée de tapas accompagnées de vins de la région. En matinée, profitez d'un café confortablement installé au soleil sur la terrasse. La Vache qui Vole propose également deux chambres d'hôtes qui donnent côté cour, sur le vignoble de Martigny et le château de la Batiaz.

LA BOUTIQUE DE LA DISTILLERIE MORAND

Rue de plaisance, 2
✆ +41 27 722 20 36
www.morand.ch
Tous les samedis. Consulter les dates sur Martigny.com. Tarif par personne : 15 CHF.

Un plongeon dans l'eau-de-vie est indissociable d'une visite chez Morand. Depuis quatre générations, la maison s'impose lorsqu'on traverse le Valais ! La distillerie fonctionne depuis 1889 et fabrique le produit le plus emblématique du Valais : son eau-de-vie. La visite vous explique comment se fabrique la fameuse eau-de-vie Abricotine AOP, Williamine. Vous déambulerez autour des alambics et découvrirez tous les secrets de fabrication : de la sélection des fruits à la fermentation.

CAFE NATIONAL €

25 Rue du Bourg ✆ +41 27 722 53 90
www.cafenational.ch
Ouvert tous les jours sauf dimanche et lundi. Entrées de 8 à 19 CHF, carte de 22 à 46 CHF, desserts dès 10 CHF.

Dans le vieux quartier de Martigny règne une ambiance toute particulière. Lydie, Daniel et leur fille exercent en famille dans une allégresse qui se ressent jusque dans les plats. Passionnés de voyage, ils agrémentent leurs mets de délicates touches d'ailleurs. On déguste des produits locaux comme les asperges de Saillon accompagnées de gambas et piment d'Espelette. L'ambiance « bouchon lyonnais » se traduit aussi dans la carte avec quelques recettes typiquement françaises comme la côte de cochon gratinée ou encore le ris de veau aux morilles et asperges.

LA BOUTIQUE DE LA DISTILLERIE MORAND

Rue de plaisance, 2
✆ +41 27 722 20 36
www.morand.ch
Lundi au vendredi de 9h à 12h et de 13h30 à 18h30, le samedi de 9h à 12h et de 13h30 à 17h.

La vie sans eau-de-vie, est-ce possible ? A chaque eau-de-vie sa terre d'élection. La poire Williamine a trouvé la sienne en Valais, à Martigny, où André Morand a commencé à extraire de ce fruit, dans les années 1940, ses arômes essentiels, ses fragrances et les rassembler dans un spiritueux aujourd'hui mondialement connu. Morand a élargi sa gamme avec une version douce de ses Williamine et Abricotine, deux liqueurs d'eaux-de-vie bien équilibrées et qui se marient à merveille, par exemple, avec un plateau de fromage. Le magasin de la distillerie vous donne l'occasion de découvrir l'ensemble de la gamme des produits Morand dans un cadre authentique, boisé, à deux pas de la Fondation Giannada et du vieux et charmant bourg de Martigny. Sirops, liqueurs, eaux-de-vie… depuis plus de 70 ans la maison a renforcé sa réputation et a développé ses compétences et ses spécialités. Parmi les produits de la maison, la liqueur de génépi et une gamme de produits bio alcoolisés ou non (les tisanes, par exemple). Cette distillerie de tradition associe techniques anciennes et modernes mais toujours respectueuses de l'environnement, notamment en pratiquant la culture raisonnée. Un AOP Valais incontournable et un magasin à visiter absolument. L'office de tourisme organise des visites guidées de la distillerie Morand tous les samedis matin, réservation obligatoire. Cette visite est très intéressante et authentique car vous déambulez parmi les alambics remplis d'eau-de-vie.

LIBRAIRIE BAOBAB

Avenue de la Gare 42
✆ +41 27 722 34 10
www.librairie-baobab.ch
Ouvert du mardi au vendredi de 9h à 18h30 et le samedi de 9h à 17h.

Non, vous n'êtes pas en Afrique et ce sont bien les mélèzes et sapins qui sont les essences locales. Cette charmante librairie est tenue par une équipe de femmes très accueillantes qui sauront vous donner le goût des livres et trouver l'ouvrage qui vous correspond. Dans un décor design et coloré, la librairie se veut avant-gardiste et souhaite réinventer le goût de lire. Le Baobab fait référence à l'arbre à palabres cher aux Africains. Ici, il est donc conseillé de faire appel aux spécialistes plutôt que de chercher par soi-même.

OVRONNAZ ★

Au pied de la chaine de montagnes des Muverand, une petite halte à Ovronnaz permet d'apprécier le calme et la détente, version Suisse. Station de ski renommée Ovronnaz est aussi une station thermale appréciée des locaux comme des visiteurs. Très reconnue pour la qualité de son eau sulfatée, calcique, magnésienne, fluorée, les vertus de la source de Leytron favorisent les bienfaits pour les maladies cardiovasculaires et de l'appareil locomoteur. C'est idéal de séjourner dans la station et profiter de vous prélasser au spa thermal. Sur place respirez le bon air d'altitude et profitez des nombreux kilomètres de sentiers pour vivre intensément la montagne.

THERMALP LES BAINS D'OVRONNAZ

✆ +41 27 305 11 00
www.thermalp.ch
Ouvert 7j/7 de 8h à 20h30 et en hiver jusqu'à 21h. Entrée adulte 21 CHF, bain et spa pour 41 CHF.

Rien de mieux que de profiter des vertus et des bienfaits des eaux thermales tout en jouissant d'une vue et d'un ensoleillement uniques. Trois piscines thermales intérieure et extérieure avec jets de massage, cascades, cols de cygne, etc. Pour approfondir ces moments de détente, les Bains d'Ovronnaz proposent également le Panoramic Alpine Spa, un espace de 1000 m². Hammam et sauna sont séparés en deux zones distinctes, l'une naturiste, l'autre conventionnelle avec costume de bain.

SAINT-MAURICE ★

L'histoire de Saint-Maurice (aujourd'hui 4 000 habitants) commence avant l'ère CHRétienne. D'abord celtique et connue sous le nom d'Acauno, elle est le chef-lieu de la tribu des Nantuates. Sa position stratégique, à l'entrée de la vallée du Rhône, et à l'orée de plusieurs vallées, attire les Romains, qui y établissent une garnison militaire et un poste de douane lors de la conquête de la Gaule. Elle est aussi un lieu de passage commercial pour les marchandises transitant de l'Italie à la Gaule. Maurice était un chef de légion thébaine, qui subit le martyre dans la ville, avec tous ses soldats, à la fin du IIIe siècle. C'est ainsi qu'Acauno est devenu Saint-Maurice d'Agaune. Une halte historique peut être couplée avec la visite de la grotte aux Fées.

Histoire

À partir du VIe siècle, la ville est un important centre religieux, avec une abbaye très fréquentée. Aujourd'hui encore, ce chef-lieu du district du bas Valais est le siège de plusieurs monastères et congrégations religieuses. L'abbaye vient de connaître d'importantes rénovations : publications et animations dans le cadre des festivités de son mille cinq centième anniversaire. Un joyau pour la région.

Tourisme

Pour toutes questions touristiques, vous pouvez joindre Saint-Maurice Tourisme : Avenue des Terreaux 1, ✆ +41 24 485 40 40, www.saint-maurice.ch, tourisme@st-maurice.ch. Ouvert le lundi au vendredi de 9h à 12h et de 14h à 18h. Le samedi (de juillet à septembre), de 9h à 12h.

CAFE RESTAURANT DE LA GARE €

Place de la Gare ✆ +41 24 485 13 60
www.caferestaurantdelagare.ch
Côté restaurant, dès 45 CHF pour un plat. Le menu du jour bistrot est à 20 CHF Fermé le dimanche et lundi soir.

La seule étape réellement gastronomique à Saint-Maurice se situe assez judicieusement en face de la gare. Dans un grand bâtiment se trouve une salle chaleureuse et familiale. La cuisine est goûteuse et raffinée, à base d'honnêtes produits comme l'agneau du Saint-Bernard ou les asperges de Saxon. On boit le bon fendant de M. Zufferey et on se plaît à découvrir les subtilités des vins locaux. Le service, assuré par Patricia, la femme du chef, n'est pas guindé mais très professionnel.

SUISSE ROMANDE

ABBAYE DE SAINT-MAURICE ★★

Avenue d'Agaune 19 ✆ +41 24 485 15 34
www.abbaye-stmaurice.ch

Ouvert à la visite du mardi au samedi. Entrée adulte 15 CHF, réduit 13 CHF, enfant 9 CHF. Famille : 36 CHF.

L'abbaye de Saint-Maurice doit son origine au sanctuaire élevé sur le tombeau de saint Maurice et de ses compagnons martyrs, soldats thébains morts témoins de leur foi vers l'an 300. Vers 380, saint Théodore, dit aussi saint Théodule, évêque d'Octodure (Martigny), dépose les reliques des martyrs dans un sanctuaire au pied de la falaise. Le 22 septembre 515, le roi burgonde saint Sigismond fonde le monastère et inaugure la « laus perennis », — la louange perpétuelle —, sur le tombeau des martyrs. Le monastère d'Agaune ainsi fondé abrite une communauté de moines préposés à la garde du sanctuaire et à l'accueil des pèlerins. Au IXe siècle, des chanoines succèdent aux moines, qui adoptent en 1128 la règle de saint Augustin. Le culte des martyrs se développe et se répand dans toute l'Europe. La terre d'Agaune devient un centre spirituel du second royaume de Bourgogne (888), puis de la dynastie des Savoie.

Aujourd'hui, l'abbaye poursuit sa vocation liturgique sur le tombeau des martyrs, veillant à demeurer un centre de prière, d'accueil, de rencontre et d'étude. Les 48 religieux exercent leur ministère dans les paroisses voisines, dans l'enseignement au collège-lycée de l'abbaye et dans les missions. Au sein de la basilique, une nouvelle chapelle dédiée aux martyrs a été récemment inaugurée. Elle est de toute beauté et invite à la méditation et à la paix.

Quant au parcours de visite, il est basé sur la lumière et l'image, symboles de la connaissance et de la foi. Il témoigne d'une histoire exceptionnelle.

LE PHILOSOPHE €

Avenue d'Agaune 3
✆ + 41 24 485 22 03
www.lephilosophe.ch

Lundi, jeudi 9h-23h, mardi 9h-18h, vendredi 9h-minuit, samedi 9h-minuit, dimanche 9h-23h. Menu du jour dès 18 CHF.

Une adresse de pays vivante et chaleureuse. Au centre-ville, à deux pas du lycée de l'abbaye, une grande salle vitrée avec comptoir et buffet vous accueille. Depuis 20 ans, ce Philosophe anime le quartier et régale ses clients d'une cuisine française traditionnelle avec des spécificités locales comme le menu « chasse » à l'automne, bien connu des habitants. On apprécie ici les menus du jour qui commencent tous avec un large buffet d'entrées décliné selon la saison. Le service est rapide et sympathique dans une ambiance joyeuse et populaire.

LES MARÉCOTTES ★

Le village Les Marécottes tire son nom de « marais » bien présents dans la Vallée du Trient. Le bourg à l'allure d'un village typiquement suisse avec ses chalets de bois directement construits sur un socle de pierre. Très connu pour abriter un des zoos les plus hauts d'Europe (1 100 m), vous découvrez plus de 150 espèces sur 35 000 m². L'été, c'est une découverte très agréable et ludique, car en plus de découvrir la faune et la fore alpine, vous pouvez vous rafraichir dans la belle piscine naturelle. L'hiver, le village se transforme en petite station de ski et propose 28 km de pistes au débutant. C'est l'endroit rêvé pour les familles !

LES GORGES DU TRIENT

www.trientnature.ch

Ouvert de 9h30 à 18h non-stop. Visite d'une demi-heure. Tarifs : 6 CHF enfant, 8 CHF adulte. Réouverture mai 2022.

A partir de Vernayaz, une excursion d'une demi-heure magique dans ces gorges, au fond desquelles coule un torrent. Vous cheminez le long de la paroi rocheuse avec la vue sur les gorges en contrebas sur une distance de 600 m de long. C'est à la fois captivant et cela vous charge en adrénaline. Toutefois, il est possible de s'y rendre en famille car l'accès est très sécurisé. Il faut prévoir de faire demi-tour car ce n'est pas une boucle. On marche sur l'un des plus hauts ponts d'Europe puisqu'il atteint 200 m. Époustouflant et magnifique.

TRIENT ★

Petit village de 150 âmes au pied du glacier du même nom. Le glacier du Trient et le col de la Forclaz sont les sites les plus connus de la commune, petit coin de paradis dans une nature restée sauvage. Le village a quelques particularités comme son église à la façade peu commune rose framboise ou encore les forts militaires de Litroz et de la Forclaz. De nombreux randonneurs y font escale en été, en suivant le tracé du Tour du Mont-Blanc et profitent pour découvrir les bisses de Trient. À 1 300 m d'altitude, toutes les activités de montagnes vous sont proposées. En hiver, Trient devient le camp de base idéal pour les amateurs de randonnée à ski.

VERBIER ★★

Le Val de Bagnes et Verbier ont leurs fidèles. Cette station de ski réputée et en pleine expansion est particulièrement fréquentée par la jeunesse. Jolie alliance entre architecture contemporaine et traditionnelle, entre charme authentique du paysage alpin et confort des infrastructures modernes, orientées familles, Verbier est à découvrir absolument en toute saison ! Les sports sont le point fort de la région. Aux 2 500 habitants à l'année, s'ajoutent 30 000 touristes en haute saison. Cette station très vivante offre un panel complet d'activités sportives, une multitude de commerces, de restaurants et d'hébergements, du plus simple au plus luxueux.

Pratique

Se garer à Verbier est un vrai casse-tête donc pour accéder à la station, mieux vaut laisser votre voiture au parking (gratuit) du Châble et prendre les télécabines Châble-Verbier (compris dans le forfait remontées mécaniques). Si vous arrivez en train, vous descendrez dans tous les cas à Châble.

Sports / Loisirs

▸ Un réseau de 400 km de parcours pédestres attend les marcheurs. Les bisses sont plutôt conseillés pour les familles. Ce parcours qui part de La Chaux (montée en remontée mécanique) à Verbier, offre un joli panorama sur la ville.

▸ VTT. 250 km de pistes traversent toute la région. La ville de Verbier est même le point de départ de la plus longue course en VTT au monde en une seule étape le Grand Raid Cristalp Verbier- Grimentz avec 131 km, en août. Deux tours VTT guidés gratuits sont préparés, chaque semaine en saison, par l'office du tourisme.

▸ Les Hauts de Verbier. Au départ de Verbier on descend au vieux village de Verbier, on poursuit le parcours par la route du Soleil avant de regagner à près de 2 000 m le petit village les Shlérondes. Puis de la Chaux jusqu'à la Croix-de-Cœur, on avance sur route de la Planie dominant la station. Puis la descente sur Verbier est exaltante, sur des routes de montagne.

▸ Verbier Bike Park. Différents itinéraires de cross-country et de descente sont fléchés et uniquement réservés aux VTT.

▸ Ski. Verbier, c'est le ski avant tout ! La station ouvre le domaine des Quatre vallées, côté ouest, et propose de nombreuses activités pour les passionnés de ski. Il comprend Les Attelas, le Mont-Fort, la Chaux et Savoleyres. Verbier est cité parmi les 10 meilleures stations de ski au monde. Le domaine skiable des 4 vallées offre 410 km de pistes. Deux pistes pour les débutants se trouvent en plein centre de la station. Le secteur de Savoleyres avec ses pentes douces est parfait pour les familles. Les amateurs de sensation pourront se rendre au mont Fort à 3 330 m d'altitude, le point culminant du domaine, ou au mont Gelé ou à Tortin. A noter que la location du matériel est assez chère dans cette station.

▸ Pour des randonnées en toute sécurité, le Bureau des Guides de montagne vous accompagne. Place de Medran, ✆ +41 27 775 33 63 - +41 27 775 33 69 www.guideverbier.com. guide@verbiersportplus.ch

HORIZONS NOUVEAUX

Rue de Médran 6
✆ +41 27 761 71 71
horizonsnouveaux.swiss
Ouvert du lundi au vendredi de 9h à 13h et de 14h à 18h.

Voici trente ans que Nicolas et Paul, les fondateurs d'Horizons Nouveaux, parcourent les différentes parties de la planète pour tisser des réseaux qui prendront le relais lorsque vous serez vous-mêmes en voyage à leur place. En Namibie la société propose deux formules : « Going Wild » permet sur seize jours de ***self-drive*** de se rendre à Etosha, dans le Damaraland, sur la côte et dans le désert du Namib, tandis que « Révélations vues du ciel » permet, grâce aux transferts en avion, de se rendre jusque dans le Kaokoland et d'apprécier le désert depuis les airs.

LA FANTASTIQUE

Bureau des guides Rue de Médran
✆ +41 27 771 41 41
www.lafantastique.com
École de ski. Cours privé, cours collectifs, stages.

C'est la référence pour ceux qui aiment vivre la montagne en toute sécurité. Les 27 guides de montagne UIAGM et accompagnateurs en moyenne montagne ASAM connaissent les dangers et sont formés vous accompagner. Avec quarante ans d'expérience, le ski c'est Fantastique avec l'équipe professionnelle, dynamique et passionnée. Que vous souhaitiez vous perfectionner, débuter avec souplesse et compréhension ou skier comme un fou, les moniteurs sauront se calibrer à votre envie. De quoi vous rassurer d'arpenter les pistes avec cette équipe !

SUISSE ROMANDE

HÔTEL LES TOURISTES €

Route de Verbier 134
✆ +41 27 771 21 47
Chambre simple 60/70 CHF, chambre double 110/175 CHF. Petit déjeuner compris.

Un petit hôtel comme on n'en fait plus ! Cette petite pension offre une atmosphère familiale dans un logement rustique baigné dans les traditions locales. Les 16 chambres sont assez petites mais agréables qui sent bon l'atmosphère montagnarde. Séjourner dans ce havre authentique, c'est comme passer des vacances en famille sous la grande bienveillance des propriétaires toujours là pour vous donner des conseils. Dans cette station devenue haut de gamme, cela fait plaisir de rencontrer des établissements à l'ambiance locale et non surfaits.

MAISON D'ACCUEIL DE LA PAROISSE CATHOLIQUE [MAP] €

Route de Verbier 140 - www.mapverbier.ch
Fermé en basse saison. Adultes 50 CHF, enfants 40 CHF, chambre triple 150 CHF, pour 6, 300 CHF. Petit déjeuner 14 CHF.

C'est l'ancienne cure du village. Ouverte à tous à condition de respecter les valeurs CHRétiennes, cette maison propose 18 lits répartis en 5 chambres simples mais parfaitement tenues. L'esprit est convivial et on se lie très facilement avec les personnes y séjournant. Cet établissement a le grand avantage de pratiquer des prix très intéressants et vous préserver du tumulte des animations si vous souhaitez de la tranquillité. La cuisine commune sert à tous et le partage est de mise.

HÔTEL FARINET €€

Place Centrale
✆ +41 27 771 66 26
www.hotelfarinet.com
Chambre double à partir 420 CHF. Petit déjeuner compris.

L'Hôtel Farinet se trouve en plein centre de Verbier et à 5 min à pied de la télécabine principale au Médran. Belles chambres douillettes et très bien décorées, avec tout le confort nécessaire. Ce boutique-hôtel mise sur une décoration à la fois intimiste et voluptueuse. Les meubles s'habillent de peaux de bêtes et le vieux bois réchauffe les pièces. Votre espace de nuit est cocooning à souhait. On trouve aussi un bar d'after-ski avec des groupes en live, le lounge bar, un bar à cocktails aux couleurs boisées et une boîte de nuit, le Casbah.

CHALET DE FLORE €€€

Rue de Medran 20
✆ +41 27 775 33 45
www.chalet-flore.ch
Chambre de 230 à 650 CHF. Petit déjeuner : 30 CHF.

Cet établissement de grand charme, authentique chalet au cœur de la ville, est situé à 200 m du départ principal des remontées mécaniques (Médran). Chambres spacieuses et très calmes avec une décoration de boiserie chaleureuse. Salon avec feu de cheminée, bar, garages privés et parking extérieur, ski-room, séchage quotidien de vos chaussures, sauna privé et accès direct au magasin de sport attenant. À quelques mètres des remontées mécaniques du Medran, vous n'avez plus qu'à sauter sur vos skis pour passer une journée folle sur les pistes !

Verbier.

LE FER A CHEVAL €€

Rue de Médran
✆ +41 27 771 26 69
feracheval.ch

Restaurant pizzeria. Cuisine ouverte tous les jours de 8h à 22h. Comptez à partir de 25 CHF le plat.

Bravo ! vous avez de la chance de repérer un Fer à cheval. L'offre culinaire est nombreuse et large d'une cuisine traditionnelle, gastronomique ou/et internationale ! Difficile de faire un choix. Ce restaurant est l'un des lieux préférés des habitués de Verbier, notamment pour son ambiance animée (et ses soirées déguisées !) au premier étage. On y sert des plats du jour, un bon choix de viandes, des pâtes et des pizzas. On aime l'ambiance décontractée et la qualité de la cuisine toujours au point. Les végétariens ne sont pas oubliés avec de belles propositions.

LA GALERIE DU CHOCOLAT

Route de Verbier station 65
✆ +41 27 565 46 46

Ouvert tous les jours de 9h à 12h15 et de 14h à 18h.

De quoi fondre de plaisir ! Cette chocolaterie est la première galerie en Suisse à présenter les créations de plusieurs chocolatiers suisses et étrangers. Le principe ? Comme une galerie d'art, la maison invite chaque année plusieurs artisans maîtres chocolatiers. Également à la vente : un large choix de thés de la prestigieuse maison Dammann Frères. Sans oublier une cave à champagne avec la présentation de la maison Pol Roger et de Louis Casters. On craque pour le kit de survie chocolat dans sa belle boîte et le chocolat chaud servi sur place.

PUB MONT FORT

Chemin de la Tinte 10
✆ +41 27 771 48 98
www.pubmontfort.com

Pub. Ouvert tous les jours. Tapas dès 7 CHF, salade dès 17 CHF, burger 20 CHF.

Une ambiance festive… LE bar mythique de Verbier, qui réunit une clientèle plutôt jeune et sportive depuis les années 1970. Côté boisson, le choix de cocktails inventifs est large. 30 shakers, 5 shots à la carte ! Et si la faim vous prend, commandez sans hésiter le Mont Fort Burger ! Les soirées sont toujours animées quelle que soit la saison. Ne manquez pas les happy hours entre 16h et 17 pour partager ente amis les planchettes apéritives et autres bonnes collations. Des DJ sets, concerts et événements sportifs en live accompagnent également vos soirées.

CHAMPEX LAC ★★

Petite station touristique située sur les terres d'alpage de la commune d'Orsières, à 1 400 m d'altitude, qui s'est développée à partir de 1892 et de la construction de l'Hôtel de la Poste. L'attrait du village, outre ses petits chalets typiques, est incontestablement son petit lac aux eaux cristallines qui attirent les familles en été venues partager un pique-nique. L'hiver, le plan d'eau prend une tout autre allure avec les patineurs qui s'aventurent sur l'eau glacée. On y vient aussi pour profiter des pistes de la petite station de ski et la visite du Jardin botanique alpin Flore-Alpe en été. C'est une station dite village avec une âme familiale.

HÔTEL LE SPLENDIDE €

22 route du Signal
✆ +41 27 783 11 45
www.hotel-splendide.ch

De 100 à 115 CHF la nuit, forfait 3 jours dès 282 CHF. Demi-pension incluse et pass ski.

Cet hôtel historique début XXe siècle est splendide. Des chambres spacieuses, un service hôtelier impeccable, un personnel compétent et disponible, une restauration de qualité, un cadre lumineux et reposant, tout y est pour passer un très agréable séjour. L'été, la grande terrasse à la vue panoramique est idéale pour profiter de moments exclusifs et reposants. L'hiver, le ski est à l'honneur et se pratique en famille avec des forfaits attrayants. Cet établissement à l'ambiance familiale et traditionnelle est sans doute l'une des meilleures adresses de la région.

LE CABANON €

Route du Lac 3
✆ +41 027 783 11 72
http://le-cabanon.ch/

Ouvert 7j/7 de 9h à 19h en saison, restauration en continu. Terrasse, location de chambres avec salle de bains

Aux allures de guinguette, ce petit établissement en bord de lac est l'endroit idéal pour profiter du cadre et de l'ensoleillement tout en profitant de la montagne. C'est tout décontracté que le restaurant vous accueille autour de plats simples et de qualité ou pour boire un verre. Un petit conseil de gourmand toutefois, osez le délicieux rösti à la valaisanne maison que l'on tentera d'éliminer avec une bonne promenade digestive autour du lac. L'accueil très chaleureux et c'est une bonne adresse que les locaux adorent indiquer.

CHAMPÉRY ★★

C'est un village suisse de carte postale. Typique et plein de charme qui a su se préserver des constructions massives que l'on peut trouver ailleurs dans le Valais. Côté Suisse, Champéry est la station-reine des Portes du Soleil, un immense domaine skiable qui s'étend jusqu'à la France et permet de rejoindre les stations d'Avoriaz, d'Abondance, de Châtel, des Gets, de Montriond, de Morgins, de Morzine, de Saint-Jean-d'Aulps, de Torgon, de Val-d'Illiez, des Crosets et de Champoussin. En tout, 650 km de pistes et 230 remontées mécaniques. De nombreux hôtels accueillent les touristes dans toutes les gammes de prix avec confort et qualité.

LA VALLÉE D'ILLIEZ

Gardiennes de ce lieu préservé, les Dents du Midi trônent fièrement au-dessus la vallée d'Illiez. Villages de montagne aux chalets marqués par la rudesse des hivers passés, petits sentiers balisés à perte de vue, neige favorisant les sports d'hiver et une odeur de campagne en été : cette région est loin d'être superficielle et son charme opère dès la montée en petit train depuis Monthey. Les communes se complètent pour dynamiser le territoire tout en sauvegardant l'âme traditionnelle et le respect de la nature. Vous serez surpris de constater l'harmonie architecturale locale : pas de grands établissements voués au tourisme de masse. On favorise l'esprit familial et l'accueil de qualité. La dynamique locale est engendrée par la passion des habitants à vouloir favoriser les échanges. Une vallée certes géographiquement escarpée, car entourée de proches montagnes, mais ouverte lorsqu'il s'agit de promouvoir les activités locales. Les amateurs de montagne et de ski ont de quoi satisfaire leurs passions dans le domaine des Portes du Soleil (600 km de pistes) et pour les autres, il sera impossible de s'ennuyer tant les activités sont variées : récréatives, détente, sportives. Champéry et ses voisines ont plus de mille tours dans leur poche : cours de formation au curling au Palladium, course cycliste, trail des Dents du Midi, défilé de chars, pêche à la truite, artisanat des fondeurs de cloches, course de caisses à savon, via ferrata, accrobranche et le Maxi-Rires Festival...

LE PETIT BAROUDEUR - BACKPACKER €

11 route de la Fin ✆ +41 24 479 14 07
www.lebaroudeur.ch

5 chambres de 4 à 10 personnes. Dortoir dès 36 CHF adultes, enfants 26 CHF. Quadruple 42 CHF adultes et 28 CHF enfants.

Voilà une jolie auberge de jeunesse aux couleurs chaleureuses et chatoyantes qui reflète la gaieté des lieux.

Catherine aime son village et surtout aime à recevoir « comme à la maison » les hôtes de passage. L'accueil est amical et tout est conçu pour savourer ses vacances agréablement. Rapport qualité-prix tout à fait unique car ici tout le monde séjourne en dortoir ou chambre quadruple, et profite d'une vaste salle de bain et d'une cuisine totalement équipée.

BEAU-SÉJOUR €€

114 rue du Village
✆ +41 24 479 58 58
www.beausejour.ch

Ouvert toute l'année sauf en avant-saison. Chambre dès 99 à 380 CHF. Petit déjeuner inclus. Espace wellness.

Proche des télécabines mais au calme et juste en face des Dents-du-Midi, cet hôtel cocooning au décor artistique, vous plonge dès la première nuit dans une ambiance de chalet de rêve ! De taille humaine, l'intimité est préservée et les nombreuses pièces de détente permettent à chacun de trouver sa place. Les enfants ont deux salles de jeux, les adultes un salon donnant sur une jolie terrasse avec vue sur les Dents du Midi. Les chambres sont toutes personnalisées avec goût et une attention particulière est donnée aux matériaux nobles comme la pierre et le bois.

HÔTEL SUISSE €€

Rue du Village
✆ +41 24 479 07 07
www.hotel-champery.ch

40 chambres. Chambre double à partir de 132 CHF selon la saison. Chambre familiale dès 178 CHF Petit déjeuner compris.

Vous séjournez ici dans un écrin purement authentique des anciens chalets de Champéry. L'architecture extérieure est restée typique et c'est d'ailleurs ce qui fait le charme de l'hôtel. Un agréable chalet qui allie le service d'un grand hôtel à l'intimité d'un établissement familial. Les chambre vous accueillent dans un décor simple et soigné avec vue sur la montagne. On apprécie les *tea time* et *wine time* proposé par l'hôtel en pleine saison et surtout le confort simple des après-ski. Pas de chichis, on se sent ici comme à la maison !

HÔTEL LE NATIONAL €€€

Rue du Village 47 ✆ +41 24 479 11 30
www.lenational.ch

Resort et Spa. Chambre dès 121 CHF avec petit déjeuner. Bar lounge, fumoir, restaurant, Wellness, piscine extérieure.

Un décor harmonieux que l'on retrouve de manière personnalisée dans les 16 chambres et suites (six catégories). Toutes les chambres profitent d'un agencement différent et favorisent l'intimité. Propice aux instants de rêverie, nombreuses ont des balcons avec vue sur les majestueuses Dents du Midi et Dents Blanches. Une parenthèse enchantée où l'on communique avec les montagnes dans un cadre où luxe et convivialité s'associent à la perfection. Le spa et l'espace bien-être sont une ode à la détente et vous invitent à déconnecter dans le calme et le raffinement.

CANTINE SUR COUX €

Route de Sur Coux 83 - Valais ✆ 41244791044
www.cantinesurcoux.net

Hiver de mi-décembre à début avril, été dès le 25 mai à début octobre. Chalet d'alpage avec restauration traditionnelle.

Depuis 1928. cette cantine comme on les appelle en Suisse séduit les amateurs de repas du terroir. Un beau panorama à 240° pour cette cantine typique du Val d'Illiez qui vous accueille autour de plats typiques comme les röesti campagnard (lardons, fromage, œufs), croûte aux champignons ou fromage et une fondue légendaire ! C'est dans la plus pure tradition hospitalière valaisanne que votre halte gourmande prendra des saveurs authentiques. Sur place, vous apprécierez de partager une pétanque avec les convives et déguster les vins locaux du pays.

LA CROIX DE CULET €

Au sommet du téléphérique et également via les télésièges Planachaux et Marcheson.
✆ +41 24 479 23 34 - www.lacroixdeculet.ch

Bistronomie-restaurant d'altitude. Ouvert selon saison à consulter sur le site. Spécialités du terroir dès 26 CHF.

Une envolée dans les airs en grimpant dans le téléphérique pour rejoindre le restaurant fait partie de l'expérience. Au-dessus des nuages, au cœur des Portes du Soleil, ce restaurant d'altitude mérite que l'on gravisse les montagnes pour savourer sa bonne cuisine. Une ambiance trendy grâce à la touche de Julien Texier, chef inspiré et passionné de recettes du terroir. Un lieu qui défie tous les sommets grâce à une équipe soudée en quête de créativité, qui n'a de cesse d'élever la cuisine traditionnelle grâce à la qualité des produits proposés.

L'ANNEXE €

116 rue du village
✆ +41 24 479 19 74
www.vieuxchaletchampery.ch

Bar-brasserie. Ouvert selon saison à consulter sur le site. Plat dès 16 CHF, plat dès 18 CHF, menu enfant 16 CHF.

Après avoir foulé les sentiers de randonnée de la nature préservée de la Vallée, ou après une sortie poudrée de neige en hiver, choisir l'ambiance feutrée de la brasserie L'Annexe vous apparaît comme une évidence ! Le décor boisé, le bar en étain, les rideaux et les tissus à carreaux subliment le décor pour créer une harmonie chaleureuse et joyeuse. L'Annexe, se veut plus typique et propose des mets simples et bons comme l'os à moelle et une farandole de fondues (fromage, chinoise, Bacchus, à la viande). Un endroit que l'on ne cessera pas de revisiter !

LE NORD €

106 rue du village
✆ +41 24 479 11 26
www.lenord.ch

Cuisine traditionnelle et insolite, brasserie et spécialités au fromage. Ouvert tous les jours midi et soir.

Une ambiance feutrée et chaleureuse pour l'un des plus vieux bistrots de Champéry. La carte est alléchante et au gré des inspirations du chef, elle peut devenir très originale. Il réinvente la fondue traditionnelle en ajoutant au fromage de la bière forte de la brasserie 7 Peaks au lieu du vin blanc, quelques doses de charbon végétal pour accentuer le goût fumé et l'apparence finale donne une fondue noire très surprenante. Niveau sensation, cela ne vous fera pas prendre le Nord ! Ici, on aime la cuisine locale et y apporter quelques originalités savoureuses.

CAFÉ RESTAURANT LE GUEULLHI €€

Place du téléphérique
✆ +41 24 479 35 55
www.legueullhi.ch

Ouvert 7j/7 sauf le lundi hors (juin, octobre et novembre), fermeture annuelle en mars. Dès 29 CHF.

Situé en face du téléphérique, au cœur de la station, ce chalet accueille les skieurs venus se réchauffer autour d'un vin chaud en fin de journée. La carte est large, propose des plats typiques valaisans mais aussi une cuisine de saison d'influences française et internationale. Parmi les spécialités, on notera le carré d'agneau, l'osso bucco ou encore le coq au vin jaune et morilles ou les poissons selon le marché. Une adresse conviviale avec souvent des concerts en live.

CANTINE DES RIVES €€

12 Route des Rives
✆ +41 24 479 11 71
www.lesrives.ch

Cantine d'alpage et buvette. Ouvert 7j/7 jusqu'à mi-septembre puis fermé le mercredi.

En altitude situé sur la piste Ripaille-Grand-Paradis, c'est sans conteste le lieu où venir reprendre des forces après une journée dans la poudreuse. La charmante bâtisse se situe à l'arrivée des galeries Défago en face de Champéry. La raclette au feu de bois ainsi que la broche du dimanche midi sont les spécialités de la maison. Une aire de jeux pour les petits ainsi qu'un terrain de pétanque pour les plus grands sont à disposition, sans oublier la terrasse panoramique avec vue sur le Val d'Illiez. Un décor champêtre pour une halte en toute simplicité.

CHEZ COQUOZ €€

Planachaux
✆ +41 24 479 12 55
http://restaurant-coquoz.ch

Tous les jours de 9h à 16h45, réservation conseillée. Tarifs plats dès 20 CHF.

Vous êtes ici dans l'antre du spécialiste des vins. Au choix, près de 200 crus qui mettent à l'honneur les spécialités maison : filet d'agneau et son crumble, jus à la menthe, ris de veau au miel de montagne et ses abricots fondants ou encore coq au vin à l'ancienne. Particulièrement recommandé, les jours de grand froid ! Ce restaurant est l'un des pionniers aux Portes du Soleil à proposer une vraie gastronomie alpine dès 1953. Depuis la tradition se perpétue et les recettes s'enrichissent sans jamais trahir les originales !

LE VIEUX CHALET €€

116 rue du village ✆ +41 24 479 19 74
www.vieuxchaletchampery.ch/

Du mardi au dimanche dès 18h en basse saison. Haute saison 7j/7 (dès le 13 juillet). Carte dès 16 CHF. Fumoir. Terrasse.

Cocooning et chaleureux, ce restaurant, tenu par le sympathique couple propriétaire de l'Art Boutique-Hôtel Beau-Séjour, est installé dans une bâtisse historique du village. On vous y accueille dans une ambiance montagnarde et conviviale. La décoration est soignée, que l'on s'installe au coin du feu, au bar, à une petite table romantique comme à une grande table d'hôtes, au fumoir ou encore en terrasse. La spécialité de la maison est la grillade au feu de bois. La carte propose d'alléchantes variations de viandes comme le filet de bœuf Simmental, sauce à la syrah.

LE CHALET DES SAVEURS

69 Rue du Village
✆ +41 24 479 11 31

Ouvert tous les jours dès 7h30.

Un chalet en bois très bien fourni en gourmandises et idées de cadeaux de toutes sortes. Votre panier se remplira vite tellement l'agencement et choix des produits exposés est sympathique. De l'utile, du superflu, des spécialités, des confections artisanales... tout est alléchant ! Une caverne d'Ali Baba de souvenirs et de produits d'épicerie fine. C'est appréciable de retrouver les spécialités locales comme des biscuits ou de la confiture. Le petit plus, c'est l'accueil qui est des plus charmants et on saura très bien vous renseigner sur le cadeau à privilégier.

DOMAINE DE SKI CHAMPÉRY

✆ +41 24 479 20 20
www.champery.ch

Côté suisse adultes dès 39 CHF, enfants 27 CHF. Domaine des Portes du Soleil adultes à partir de 57 CHF, enfants 43 CHF.

Station regroupée avec Les Crosets - Champoussin - Foilleuse/Morgins côté Suisse, appartenant au domaine des Portes du Soleil et Dents du Midi, entre la France et la Suisse, reliées avec 8 stations côté France, dont Avoriaz et Morzine, Les Gets, Saint Jean d'Aulps, Montriond, Abondace et Chêtel ! La Vallée d'Illiez du côté suisse est comprise entre 1 050 et 2 250 m d'altitude, compte 37 remontées mécaniques - 100 km de pistes. Le réseau des Portes du Soleil compte 600 km de pistes, 286 pistes, 30 snowparks, 196 remontées mécaniques... une immensité de glisse !

FLY AWAY MOBILE

Les Apics, val d'Illiez
✆ +41 79 435 26 17
www.parafly.ch

Inscription au moins 1 jour à l'avance. Ouvert toute l'année. Vols et initiation de 70 à 160 CHF.

Cette excellente école de parapente, ouverte en 1985 par Jean-Philippe Jaton, fut la première officielle de Suisse. Les tarifs sont abordables et corrects, surtout si l'on prend en compte le sérieux de l'instruction. La topologie de la vallée est propice à son premier vol en parapente. Départ en pente douce dans un terrain herbeux pour s'élancer en toute liberté mais accompagné d'un moniteur hors pair vers les beautés du Val d'Illiez. C'est magique de toucher des yeux les Dents du Midi et de caresser du regard les cimes des forêts. Une expérience à vivre !

CHAMPOUSSIN

Les poussins devaient courir dans les champs autrefois pour donner ce nom typique à la Station-village ! Sur la route des Crosets, ce village est intégré à la commune de Val - d'Illiez et fait partie du domaine de ski les Portes du Soleil. L'école de Ski vous propose des cours débutant au de perfectionnement. L'hiver est très propice aux sorites ski et sur place des hôtels, chalets et appartements vous invitent à passer plusieurs jours. Le petit village est surtout animé en hiver. L'été est très calme et favorable pour se ressourcer. De bonnes tables de pays vous attendent et des produits fermiers sont en vente directe à la chèvrerie.

VAL-D'ILLIEZ

Un petit coin de suissitude à visiter absolument ! Le Val d'Illiez est une vallée latérale à celle du Rhône et à Monthey. Du passé, on semble avoir gardé le meilleur : les chalets en bois gardent leurs origines rustiques et les nouvelles constructions se font timides pour ne pas dénaturer le paysage. L'âme de la vallée se ressent dans le contact authentique, mais d'une vraie intensité conférée par les habitants. Ici, on veille à sauvegarder l'identité alpine tout en améliorant l'accueil touristique. Les sources d'eau chaude sulfurée sont reconnues salvatrices et nous sommes en attente d'une réouverture prochaine de l'espace thermal.

CHAMPOUSSIN LODGE €€

20 Route de Champoussin 20
✆ +41 24 476 8300
www.champoussin-lodge.com
Chambres doubles dès 180 CHF, duplex dès 250 CHF, triples dès 250 CHF, family dès 400 CHF. Lounge, piscine, massages.

Au pied des pistes de la jolie petite station de Champoussin, ce grand chalet type lodge bénéficie d'une situation privilégiée et de toutes les commodités. loest, le propriétaire des lieux, connaît la station et la clientèle depuis des années. Très spacieux, l'hôtel est idéal pour se détendre après le ski, lové près de la cheminée dans un canapé vintage. La piscine et le fitness permettent de pratiquer toutes les activités détente. Dans un esprit scandinave, les chambres sont coquettes, modernes et permettent le repos après ces belles journées à la montagne.

LA FERME A GABY €

✆ +41 24 477 30 88
www.lafermeagaby.ch
Juin à octobre de 10h à 18h et de décembre à avril de 10h à 19h. Chèvrerie sur place et musée sur la vie en montagne.

Les amateurs d'authenticité et d'agro-tourisme seront enchantés par cette ferme construite en 1998 selon l'architecture de la vallée. Dans le grand chaudron en cuivre de 1 400 litres sera déversé le lait aux douces saveurs des pâturages pour la fabrication d'un fromage exquis. Le magasin et la table d'hôtes vous permettent de savourer des fromages de chèvres, de vaches (raclette), de la charcuterie, des confitures maison, des liqueurs... La ferme dispose également de chambres d'hôtes pour se sentir au cœur de l'activité en été et des pistes en hiver !

OFFICE DE TOURISME

11 Place du village
✆ +41 24 477 20 77
regiondentsdumidi.ch
Ouvert du lundi au samedi de 8h30 à 12h et de 13h30 à 18h. Dimanche de 8h30 à 12h.

L'Office de tourisme de la Région Dents du Midi assure la promotion des villages de Champéry, Morgins, Torgon, Val d'Illiez – Les Crosets – Champoussin. Véritable vitrine et ambassadeur de son territoire, l'office vous accueille dans ses différents bureaux pour vous faire découvrir les richesses de la région. Que vous soyez grand sportif axé sur les sports d'hiver ou plutôt randonneur bucolique en été, une pléiade d'idées et d'activités vous sont proposées. Vous pouvez demander votre sésame des activités des Portes du Soleil : le Multipass.

MOUNTAIN RIVER APPARTEMENTS €€

2 Route des Crettex
✆ +41 79 260 47 61
https://mountain-river.ch/
Appartements en location à la nuitée. Studio dès 121 CHF, 2,5 pièces dès 165 CHF, 3,5 pièces 220 CHF, 4,5 pièces 374 CHF

Là où coule une rivière, l'atmosphère est forcément paisible ! Une vingtaine d'appartements de taille différente vous attendent au creux de la vallée pour un séjour bucolique au cœur de la nature. Tous très bien équipés à la décoration moderne, ils sont l'endroit idéal pour séjourner dans le Val d'Illiez. Sur place, en toute saison, les Portes du Soleil vous invitent à vivre des journées en plein air mémorables. Service et accueil de qualité pour un séjour inoubliable.

LA BERGERIE €

1 Route des Crettex
✆ +41 24 476 80 45
Cuisine traditionnelle. Ouvert du mercredi au dimanche de 12h à 14h et de 18h30 à 21h30. Terrasse. Carte 16 CHF.

Au nom évocateur de terroir, La Bergerie oriente sa carte vers des plats aux saveurs traditionnelles comme les croûtes au fromage, fondue, raclette... Au premier étage de ce chalet, la décoration boisée du restaurant nous donne l'impression d'être en plein alpage alors que le restaurant se situe proche de l'ancien Thermes Parc. Les pizzas sont très croustillantes et de trois tailles différentes. La géante est idéale pour partager en famille ou entre amis un moment de fringale après une bonne détente aux Bains. Une bonne adresse dans le creux de la vallée.

7PEAKS BRASSERIE

Route de Bas-Vièze 83,
✆ +41 24 565 18 72
www.7peaksbrasserie.ch
7Peaks Ze'Bar : ouvert les jeudi, samedi et dimanche de 16h à 20h, vendredi de 16h à 21h.

Apprendre le nom des sommets valaisans grâce à la bière de 7Peaks, en voilà une belle tentation ! La bière artisanale de Corinne et Robby a conquis la région. Les sept bières se nomment Dent Jaune, Forteresse, Cathédrale, Eperon, les Doigts, Cime de l'Est, Haute-Cime. Elles sont toutes fabriquées de manière artisanale selon des recettes maison, dans les sept cuves de la brasserie de Morgins. Chaque bière correspond aux caractéristiques d'un sommet, du plus doux au plus robuste. Une belle ascension qui demande des efforts uniquement gustatifs.

LES CROSETS

Au cœur du domaine des Portes du Soleil, la station familiale des Crosets, située à 1 668 m, est idéale pour les familles qui aiment le ski, les randonnées et les grands espaces. Dynamique la petite station a tout d'une grande avec ses commerces, ses services et surtout des animations durant les périodes touristiques. L'avantage connu des adeptes du ski, c'est que le domaine convient à tout le monde : les personnes qui débutent et ceux qui visent les grands espaces comme les Portes du Soleil. En été, les beaux sentiers dans les pâturages vous garantissent des panoramas à couper le souffle avec des haltes alléchantes dans les « cantines » d'alpage.

MICHEL SPORTS LES CROSETS

Le Hameau
✆ +41 24 479 16 39
www.michelsports.ch/fr/Contact
Ouvert du lundi au vendredi de 8h30 à midi et de 13h30 à 18h. Samedi et dimanche de 8h30 à 18h selon saison.

Michel est un enfant du pays : il marchait à peine que déjà il était sur les pistes où arpentait les chemins de randonnées en été. Tenir des magasins de sports et offrir aux visiteurs la possibilité de s'équiper pour mieux appréhender la montagne, c'est une affaire de cœur qui dure depuis plusieurs années et deux générations. Tout l'univers de la montagne est présenté : ski de randonnée, ski alpin, snowboard, raquette, luge, vêtements d'hiver et d'été, chaussures de marche.

Dents du Midi depuis le village des Crosets.

SUISSE ITALIENNE

Joliment nommée la Toscane de la Suisse, la région du Tessin est caractérisée par une magnifique variété de reliefs. Au nord, des montagnes massives et puissantes, séparées par des vallées profondément entaillées, s'avancent vers le bassin du lac Majeur. Au sud, comme un ample balcon, des vallées moins profondes descendent doucement vers le lac de Lugano. Enfin, des montagnes et des collines dans la partie méridionale, là où le sol transforme ses dernières rides en douces ondulations, semblent se diriger vers la vaste plaine du Pô. De plus, le Tessin jouit d'un excellent ensoleillement avec 2 286 heures de soleil à Locarno. Surnommée la perle du lac Majeur, Ascona est une invitation à explorer les autres villages lacustres. Savourez une cuisine italienne raffinée ou, tout simplement, bronzez sur un pédalo. Le Tessin est une petite Italie, avec ses charcuteries, ses herbes et ses légumes odorants.

Suisse italienne
A2
AIROLO
2
Piotta
Ambrí
OLIVONE
416
Faido
LOTTIGNA
PRUGIASCO
Acquarossa
SEMIONE
Chiesa
GIORNICO
Bodio
SONOGNO
Personico
Biasca
Cavergno
BOSCO GURIN
CEVIO
BRIONE
Osogna
A2
MAGGIA
CORIPPO
VOGORNO
Arbedo
CARDADA
INTRAGNA
TENERO
Sementina
BELLINZONE
CENTOVALLI
A13
LOCARNO
ASCONA
Quartino
Cadenazzo
Sant'Antonino
PALAGNEDRA
MONTE TAMARO
RIVERA
ISOLE DI BRISSAGO
Gambarogno
SS394
CAPRIASCA
TESSERETE
Torricella
Cannobio
Maccagno
MONTE LEMA
MIGLIEGLIA
ITALIE
Luino
CURIO
LUGANO
MONTE BRÈ
CASTAGNOLA
MAGLIASO
CASLANO
MONTE SAN SALVADORE
Porto Valtravaglia
CARONA
MELIDE
ITALIE
Cunardo
Laveno
Casalzuigno
MORCOTE
CAPOLAGO
Cuveglio
MERIDE
Besano
A2
MENDRISIO
Leggiuno
Gemonio
Mendrisio
Besozzo
Maslianico
8 KM
Gavirate
Novazzano
464
Cassiago
CHIASSO

PAGES

LE CANTON DU TESSIN

PAGES

© SYOLACAN - ISTOCKPHOTO.COM

Morcote.

LOTTIGNA ★

Un charmant petit hameau du Val Blenio situé à 656 mètres d'altitude. La paisible vallée est riche de torrents et forêts de châtaigniers sur la route du col du Lukmanier. La rivière *Brenno* qui serpente proche du village promet de jolies balades et pour les amateurs de pêche en torrent, de belles prises sauvages. Les bâtisses du village sont d'architecture montagnarde avec la pierre en soubassement et le bois en ossature. C'est une halte intéressante pour visiter la maison des baillis, vieille bâtisse qui abrite le musée du Blenio.

AIROLO ★

Le bourg d'Airolo, 1 600 habitants, est situé à l'orée de la vallée Leventina, à l'embranchement du Val Bedretto qui, par le col du Nüfenen, relie le Tessin au Valais (très belle route de montagne). On y accède donc soit par la route reliant le Saint-Gothard à l'Italie, soit par la ligne ferroviaire CFF (ligne du Saint-Gothard). Airolo est un point de départ de nombreuses randonnées. Profitez d'être dans le village pour visiter le Sasso sangottardo (https://fr.sasso-sangottardo.ch), l'ancienne forteresse secrète du St Gothard qui abrite des cristaux géants, un cabinet de curiosités. Pour une vue panoramique, grimpez dans le téléphérique d'Airolo.

Fromagerie du Gothard.

FORTE AIROLO ★

Caserna
✆ +41 79 794 32 92
http://fortearirolo.ch

Visite guidée chaque premier samedi du mois de juin à octobre. Durée 60-90 minutes. Adulte : 10 CHF.

Construite de 1886 à 1890, la forteresse avait pour mission de protéger le tunnel ferroviaire du Saint-Gothard, ouvert en 1885, et d'empêcher une invasion du pays par le sud, à l'époque où l'état des relations internationales et la Triple-Entente faisaient naître des inquiétudes chez les autorités suisses. Le fort, enterré, rappelle les fortifications enfouies mises au point au XVIe siècle pour échapper au tir rasant des canons (château de Salses). Il est à présent utilisé pour loger les recrues. Un musée qui occupe la moitié du site y a été ouvert en 1898.

FORTERESSE DE SASSO DA PIGNA

Tremola
✆ +41 844 11 66 00
www.sasso-sangottardo.ch

Ouvert tous les jours, de juin à mi-octobre. Adulte : à partir de 18 CHF.

Le site est à l'origine un ouvrage d'artillerie creusé dans la roche. Construit en 1943, il a été abandonné par l'armée en 1998 et le musée Sasso San Gottardo y a pris place en 2012. La visite permet d'un côté de visiter les vestiges de la fortification et ses tunnels, avec notamment l'emprunt d'un funiculaire, de l'autre, de projeter le visiteur dans les problématiques liées au climat, à la météorologie, à la gestion de l'eau, à la mobilité, à l'habitat et à l'énergie.

MUSÉE NATIONAL DU SAINT-GOTHARD ★

Tremola
✆ +41 91 869 12 35

Ouvert tous les jours de juin à octobre, de 9h à 18h. Entrée libre.

Le musée est installé dans un imposant bâtiment datant de 1834, qui fut à la fois poste de douane et auberge. Il rassemble une grande collection d'objets, documents, peintures et gravures, minéraux, armes et véhicules qui retracent l'histoire de cette voie de communication stratégique à travers les Alpes du Sud. Sont évoquées également ses influences sur le plan économique, politique et culturel. Les légendes explicatives sont en quatre langues. Des visites guidées sont proposées.

SONOGNO ★

Dernier village tout en haut de la vallée de Verzasca, le petit centre est bien préservé avec ses maisons anciennes en pierre et ses ruelles pittoresques. Sur la piazzetta du village, la Casa Genardini, une résidence typique, abrite le musée de Verzasca qui met en avant les souvenirs de la vallée et les traditions populaires. Vous pouvez aussi y trouver la Maison de la laine qui revalorise le travail artisanal de la laine et repartir avec un très beau pull pour les hivers à venir. Attachés aux produits du terroir, les habitants organisent l'été des marchés pour faire découvrir leurs spécialités. Une visite à vivre et à goûter également !

ÉGLISE SAN CARLO DU NEGRENTINO ★

Monument religieux d'art roman.

L'église San Carlo est un monument représentatif de l'art roman lombard des XIe et XIIIe siècles. Elle a la particularité de posséder deux absides, construites lors de deux phases de construction bien distinctes. Toute seule sur son alpage, elle y gagne en majesté, d'autant qu'elle domine les alentours. Son intérieur est tout aussi remarquable avec ses nombreuses fresques. On remarquera sur certaines d'entre elles des personnages qui paraissent être des Byzantins.

GROTTO EFRA €

Cascata Froda
✆ +41 91 746 11 73
http://grottoefra.ch
Ouvert de 11h à 23h.

Si vous voulez vous plonger dans la vraie gastronomie tessinoise, venez à ce grotto. L'idyllique Grotto Efra Valle Redorta se situe à l'ombre des arbres entre le village paisible de Sonogno et la Valle Redorta. Un chalet de bois et de pierre sèche au pied de la montagne. Le charme typiquement tessinois est au rendez-vous : la cuisine avec son bon pain, servie avec du merlot, le soleil, le jeu de boules, bref un vrai moment de détente ! Le plus : vous êtes à deux pas d'une très belle cascade. Terroir, convivialité et simplicité au rendez-vous !

PRUGIASCO

Tout comme Lottigna, ce village appartient à la commune d'Acquarossa, de près de 2 000 habitants, dans le Val Blenio, sur la route du col du Lukmanier. Une petite promenade s'impose pour visiter l'Église paroissiale de Sant'Ambrogio vecchio (XVIIe siècle) aujourd'hui dédiée à San Carlo Borromeo, dans la localité de Negrentino (attestée en 1224). Son église romane San Carlo du Negrentino mérite le détour pour les fresques polychromes. Pour un logement authentique et vous immerger dans la vie alpine, ce petit village offre des locations dans les maisons à l'architecture typique de la vallée. Séjour au vert 100% garanti avec l'ensoleillement en plus !

GIORNICO ★★

Ce village de près de 1000 habitants, construit autour de la rivière du Tessin est historiquement connu pour la bataille de Sassi Grossi (ou simplement bataille de Giornico), qui eut lieu en 1478. Le duc de Milan n'avait pas respecté sa promesse de rendre la Valle Leventina au canton d'Uri. Les Uranais, alors aidés par un régiment de 600 confédérés, ont pu résister aux Milanais et reprendre la Léventine. C'est aujourd'hui une escale paisible avec des vignobles environnants et de nombreux édifices religieux. Il est agréable se promener dans les vignobles ou le long de la rivière où l'île située au milieu est une curiosité à ne pas manquer.

Sports / Loisirs

Un riche réseau de chemins traverse la vallée de la Léventine. Le sentier Alto del Tremorgio et la Strada degli Alpi du Val Bedretto ont tous les deux comme point de départ Pesciüm. Les deux itinéraires suivent un parcours sans dénivelé important tout en offrant au promeneur un beau panorama alpin. On peut aussi citer la célèbre Strada Alta, une excursion qui se fait en trois étapes (une par jour) : le sentier longe le flanc gauche de la vallée dans son intégralité, en partant d'Airolo jusqu'à Biasca. Les sentiers qui permettent d'accéder aux nombreux lacs alpins présents en Léventine sont de même attractifs.

LA CASA STANGA ★

Casa Stanga

Musée di Leventina.

Cette maison, qui abritait une auberge aux XVe et XVIe siècles, et où a élu domicile aujourd'hui le musée de la Leventine, possède une façade richement décorée de fresques datant de 1589. On peut y apercevoir également les armoiries des personnages illustres qui y ont séjourné. L'art populaire orne les expositions du musée : collections d'objets de la vie ordinaire, œuvres artistiques, objets sacrés. La vie simple et dure des habitants de la montagne est mise en valeur de manière sincère. Ce musée se veut « ethnographique » et patrimonial.

ÉGLISE DE SANTA MARIA DEL CASTELLO ★

Édifice religieux.

Du haut de leur promontoire rocheux, les églises présentent un site patrimonial intéressant. À l'emplacement d'un ancien château médiéval, les deux édifices religieux en pierre ont la particularité de posséder un cycle imposant de fresques datant de la fin du XVIe siècle. L'intérieur de l'église est entièrement recouvert d'un intéressant plafond à caissons en bois, daté de 1575. Les bâtiments attirent le regard et nous vous conseillons d'aller percer leurs secrets architecturaux.

ÉGLISE SAINT-NICOLAS ★

Giornico

© STEFANO EMBER - SHUTTERSTOCK.COM

Cette belle église romane de la Valle Leventina, construite au cours du XIIe siècle, offre un grand intérêt sur le plan architectural, en raison de la grande perfection des blocs de pierres de taille qui la constituent et sur le plan artistique, pour les quelques sculptures qui l'ornent. On remarquera notamment les deux lions qui encadrent son portail occidental, ou encore les chapiteaux finement ouvragés représentant tout un bestiaire fantastique (lions, têtes de bélier). L'abside renferme des fresques réalisées par Nicolao da Seregno en 1478.

CAMPING GOTTARDO €

Chiggiogna

✆ +41 91 866 15 62

www.campingottardo.ch

Accès : tout proche de la sortie de l'autoroute Faido. Tarif adulte 8 CHF, enfant 6 CHF, tente 10 CHF

Sur la route du Gotthard, au pied de la falaise, un camping idéal pour des vacances en famille. Avec des installations sanitaires récentes et nombreuses possibilités d'excursions montagnardes ou lacustres, ce camping à dimension humaine est idéal pour découvrir la pleine nature de la région. Sur place, la piscine chauffée, le restaurant-pizzeria, la boulangerie-pâtisserie avec des produits typiques, la petite boutique favorisent l'organisation de votre séjour. Une ambiance villageoise et familiale pour tous les adeptes des petits campings.

CHALET STELLA ALPINA €

6781 Ronco Bedretto

✆ +41 91 869 17 14

www.stellaalpina.ch/Home_it

Chambre simple à partir de 65 CHF, double à partir de 84 CHF, chambre triple supérieure à partir de 199 CHF. Wellness.

Une chaleureuse maison de montagne idéale pour une escale. L'auberge et le village sont ravissants. Un vrai bonheur, pour le séjour et pour la gourmandise. Cuisine rustique à l'italienne, bien aromatisée, agréablement servie. Chambres douillettes dans un environnement paisible et décorée avec des matériaux nobles des montagnes : ardoise, bois massif. Le *must* est d'associer découvertes et relâchement à l'espace *wellness*. Tout est prévu pour vous ressourcer en pleine nature dans un confort douillet à la décoration montagnarde.

SEMIONE ★

Situé au sud du Val Blenio, Semione se situe à quelques kilomètres de la ville de Biasca. On y vient en général pour la visite de son château, le Castello di Serravalle dont demeurent d'importantes ruines. Cette forteresse avait pour mission de contrôler et de protéger le passage des biens et des personnes sur la route du col de Lukmanier, importance capitale pour le haut Moyen Age (comme le col du Saint-Gothard). Construite vers 1170, la citadelle fut détruite par les habitants du Val Blenio en 1402. Presque accolée au château, on peut voir la chapelle Santa Maria del Castello où, étaient célébrés les offices pour les gens du château.

BOSCO-GURIN ★★

Le village de Bosco Gurin peut se vanter d'une certaine originalité : c'est l'unique du canton où l'on parle l'allemand, et c'est aussi la plus haute localité tessinoise habitée toute l'année (1 507 m). Elle offre un choix varié aux amateurs de randonnées, soit des itinéraires dans les environs, soit le passage des cols qui la relie au Val Calneggia, au nord (difficile et très long), au Val Formazza, à l'ouest (long) et à la vallée de Campo, au sud. Le petit village de Walser Bosco Gurin est un îlot germanophone dans un canton italophone. Le mot *walser* vient du mot allemand *Walliser* signifiant « Valaisan » ou « d'origine valaisanne ».

CEVIO ★★

Cevio est situé au carrefour de quatre grandes vallées latérales à la Valle Maggia (la Valle Rovana, la Valle di Campo, le Val Bavona et le Val Lavizzara). Le bourg possède un riche patrimoine architectural. La place principale de Cevio est entourée de très beaux édifices comme celui de la préfecture avec les armoiries des baillis, l'église de la Rovana ainsi que la partie ancienne de Cevio avec ses maisons patriciennes datant du XVIIe siècle. L'une d'une bâtisse est très intéressante avec sa façade richement décorée qui affiche des armoiries des baillis du XVIIe siècle. Non loin de là, la maison Franzoni fut la résidence des baillis confédérés.

Bosco-Gurin.

MUSÉE DU VALLEMAGGIA ★

Museo di Valmaggia
✆ +41 91 7541340
www.museovalmaggia.ch
Du 1er avril au 31 octobre du mardi au dimanche de 13h30 à 17h. Fermé le lundi. Entrée 6 CHF adultes, 3 CHF enfants.

Le musée du Valmaggia, par ses études et ses expositions thématiques, donne à voir la réalité d'une vallée alpine, son patrimoine architectural, ses traditions, ses richesses. Remarquez le portail, qui date du XVIIe siècle, placé dans le mur d'enceinte du bourg, donne accès à la bâtisse qui abrite le musée. Ne manquez pas d'admirer la porte monumentale, un portail qui date du XVIIe siècle, placée dans le mur d'enceinte du bourg, qui donne accès à une bâtisse qui abrite le musée de Vallemaggia. Parcourez les divers lieux historiques comme le pressoir ou le grotti.

WALSERHAUS ★

✆ +41 91 754 18 19
www.walserhaus.ch
1er avril-31 octobre, mardi au samedi 10h-11h30 et 13h30-17h, le dimanche de 13h30 à 17h. 5 CHF adultes, 1 CHF enfants.

C'est perché à 1 500 m d'altitude que cet écomusée constitué d'un ensemble de chalets en bois préserve le patrimoine architectural de la région. Les habitations en bois sont typiques du lieu : la Walserhaus. Dans cette région, les habitants parlent un ancien dialecte walser, dont les origines remontent au Moyen Âge. Grâce à ce musée, les traditions perdurent. Les éléments architecturaux, tels que les bâtiments avec des murs en poutres de mélèze et les toits en peuplier, sont conservés. On trouve dans le musée de riches objets de la tradition walser.

VOGORNO ★

Longtemps inconnu, ce site, un lac artificiel où la Verzasca prend sa source, a acquis la célébrité grâce au cinéma. Regardez bien le barrage… il ne vous rappelle rien ? C'est le cadre de la scène d'ouverture incroyable du James Bond *Golden Eye*. Il est possible de marcher sur les traces du mythe et de tenter, vous aussi, le saut à l'élastique. Cœur bien accroché exigé (plus de 200 m). Renseignements à l'office de tourisme de Tenero.

La Valle Verzasca est d'une beauté inégalable. Parcourir la vallée à pied, en VTT, en bus ou tout simplement en voiture est un régal pour les yeux. La beauté sauvage des plages rocheuses du Val Verzasca se miroite dans l'eau translucide couleur émeraude de la rivière Verzasca. Les eaux cristallines ont depuis des millénaires sculpté la roche pour nous offrir ce majestueux spectacle naturel si prodigieux. Une véritable sculpture à l'état pur ! À ne pas manquer :

- **Le pont en pierre** à deux arcades d'origine médiévale, connu sous le nom de « pont romain » ou *dei salti* (des sauts) qui enjambe la Verzasca à Lavertezzo. Reconstruit en 1960, il surplombe la rivière et permet aux plus intrépides des plongeons grandeur nature et des possibilités de baignade.
- **Les pozzi**, points de baignade, se trouvent à Lavertezzo et Brione Verzasca. Il est également possible de pratiquer de la plongée sous-marine dans les meilleurs *spots* de la Misura, celui des Posse et celui des Salti.

Corippo.

MAGGIA ★

Idyllique cette vallée de la Maggia comme les gens l'appellent ici ! Le village de Maggia se situe dans la partie inférieure/moyenne de la vallée à 332 m d'altitude. Le village est surtout intéressant pour son église Madonna delle Grazie qui surplombe le lieu. C'est définitivement un coin pour de belles balades avec plus de 700 km de sentiers. Vous pouvez suivre la Maggia, la rivière qui se jette ensuite dans le Lac Majeur. Vous serez conquis par la beauté des lieux où la pierre grise se reflète dans les eaux vert émeraude. Les belles journées d'été, il est difficile de ne pas succomber à la baignade sauvage dans les de cette belle rivière.

CORIPPO ★★★

C'est l'un des plus beaux et des plus typiques villages du Tessin logé dans cette magnifique vallée de la Verzasca. C'est aussi le plus petit village suisse ! Surplombant le lac Vogorno, la pente à laquelle il s'accroche est si escarpée que, dans la plupart des maisons, les chambres aménagées au-dessus de la cuisine sont accessibles… de plain-pied. Très bien préservé, l'harmonie du lieu vient de ses maisons en pierres sèches, appelées *rustici*, aux toits d'ardoise, toutes conçues de la même façon. Corippo est protégé depuis 1975 en tant que monument national d'architecture. C'est un immanquable dans la rubrique « authentique » à privilégier.

ÉGLISE MADONNA DELLE GRAZIE ★

Ouverte du 1er mai au 5 octobre du mardi au samedi de 14h à 16h. Fermée les dimanches et lundis.

Elle abrite des fresques importantes de la Renaissance, de nombreux ex-voto du peintre Giovan Antonio Vanoni (1810-1886), maître dans l'art de représenter des scènes de vie rurale. Datant de 1500, elle est l'une des plus anciennes de la vallée. Les Franciscains sont à l'origine de l'ouvrage et cela se reflète dans l'architecture sobre de l'édifice. La beauté de cette église se retrouve aussi au travers des toiles des XVIIe et XVIIIe siècles qui demeurent les plus belles de la région.

LOCARNO ★★★

Un ville pleine de douceur au riche passé. Le point central et le lieu de rencontre le plus animé de la ville est la Piazza Grande, de style lombard, l'une des plus grandes places de Suisse. Cette belle place colorée, encerclée de boutiques et de cafés, doit surtout sa renommée au célèbre Locarno Festival qui s'y déroule chaque année, en août. La ville est également connue pour le sanctuaire de la Madonna del Sasso, posé sur les hauteurs de la ville et qui offre un panorama sur la ville, le lac et les montagnes à couper le souffle. De grandes manifestations font sa renommé comme le Locarno Film Festival en été consacré au cinéma d'auteur.

Balade

L'important centre historique de Locarno est riche des traces de son passé. Le long des ruelles tortueuses de la vieille ville, de nombreux monuments et détails architecturaux sont à découvrir.

▶ **La piazza Grande** au cœur de la ville, c'est de là que tout part et c'est là que tout va se passer. Son côté nord est bordé par les arcades de style lombard qui abritent aujourd'hui des magasins. Elle accueille de grandes manifestations locales et internationales telles que le festival international du Film de Locarno qui se déroule pendant l'été. L'hiver, elle voit son sol se transformer en une grande patinoire.

▶ **En haut de la rue Marcacci,** côté opposé à la Poste, se trouve la bibliothèque cantonale de la ville abritée dans le palais Morettini, édifié en 1703.

▶ **En revenant sur vos pas, vous arrivez à la rue Citadella.** Dans cette même rue se trouve la Chiesa Nuova. Bâtie au XVIIe siècle, elle est reconnue pour sa décoration de stucs et fresques baroques.

▶ **Poursuivez sur votre droite dans la rue San Antonio,** au bout se trouve l'église du même nom. Elle fut construite entre 1668 et 1674. Sa façade et une partie de l'intérieur de style classique sont en très bon état de conservation.

▶ **Tout près se trouve la Pinacoteca comunale-Casa Rusca.** Vous apercevrez d'ici un important édifice qui est l'église San Francesco. La coupole et le chœur datent du XIVe siècle, mais l'église a été reconstruite par Giovanni Beretta en 1538.

▶ **En descendant, vous trouverez le château de Visconteo.** À côté, se trouve la Casorella, magnifique édifice offrant des stucs parfaitement conservés et des décors dans le salon d'honneur et celui du plafond voûté.

Histoire

Jusqu'au XIVe siècle, l'histoire de la petite bourgade se confond avec celle des États italiens de Côme et de Milan. Mais Locarno, au cours du XVIe siècle (après la prise de Bellinzona par les confédérés), devient un enjeu stratégique important de la vallée du Tessin pour les Milanais et les confédérés, qui finissent par l'emporter. L'événement majeur de son histoire reste la conférence qui s'y tint en 1925, dans le but de réviser le traité de Versailles de 1919 et qui aboutit à la signature des accords de Locarno par les principaux acteurs de la Grande Guerre (France, Belgique, Grande-Bretagne, Allemagne et Italie) ; ces accords reconnaissaient les frontières des pays signataires et visaient à établir une paix durable en Europe.

Se loger

Si vous souhaitez séjourner en août à Locarno, pensez à réserver votre hébergement suffisamment en avance car le festival du Film attire beaucoup de monde.

Se restaurer

Les Grotti, *i grotti* en italien, sont la spécialité de la région tessinoise. Ce sont des maisons rustiques localisées dans des lieux calmes et souvent excentrés. La cuisine qu'on y sert est faite de produits et plats de la région.

Sports / Loisirs

▶ **Jolie initiative pour l'écologie,** vous pouvez louer un vélo électrique. Se renseigner à l'office de tourisme.

▶ **Mais si vous préférez faire un peu d'exercice,** vous pouvez louer un vélo de ville et un VTT à la gare. Se renseigner à la gare ferroviaire de Locarno.

▶ **Randonnée des palmiers aux glaciers.** Cette randonnée de sept jours forme presque une ligne droite allant de Locarno *via* Isola di Brissago, Centovalli, Valle Onsernone, Valle di Campo, Valle di Bosco, Col de Cazzola, Pian di Crest, Val Formazza (I) et Bochetta di Valle Maggia jusqu'à Robiei. Cette randonnée est accessible aux marcheurs expérimentés, mais elle vaut vraiment le coup. Vous serez face à une diversité de paysages qui font la beauté de la Suisse.

Transports

▶ **Voiture.** Très bien indiqué depuis Bellinzona.

▶ **Bateau.** Le bateau est le moyen le plus agréable pour rejoindre les autres rives du lac Majeur, suisses et italiennes, excepté de mi-octobre à mi-mars. Il existe des forfaits journaliers. Renseignements directement à l'embarcadère ou à l'office de tourisme.

CHÂTEAU VISCONTEO ★

Piazza Castello
✆ +41 91 756 31 70
Entrée 7 CHF, ouvert d'avril à octobre du mardi au dimanche de 10h à 12h et de 14h à 17h.

Le château, édifié entre 1575 et 1593, a des origines incertaines et une partie de l'édifice daterait même de 1342. D'après des études, c'est Léonard de Vinci qui aurait dessiné les plans actuels. L'extérieur – remarquable exemple du style de la Renaissance – a été restauré en 1923. Il abrite aujourd'hui le musée archéologique constitué d'objets découverts dans la région de Locarno depuis la fin de l'âge de bronze jusqu'au haut Moyen Age, en passant par les vestiges romains. Une section du musée est dédiée à l'histoire de la réforme protestante à Locarno.

PARC BOTANIQUE DU GAMBAROGNO ★

✆ +41 91 7951866
www.gambarognoturismo.ch
Ouvert tous les jours de 9h à 18h. Entrée : 5 CHF, gratuit pour les - 14 ans

Ce parc est situé sur la Riviera del Gambarogno, entre les petits villages de Vairano et de Piazzogna. Occupant les hauteurs d'une petite élévation, il doit sa création au pépiniériste Otto Eisenhut qui, sur une surface de 17 000 m², a rassemblé plus de 950 espèces de fleurs (camélias, magnolias, azalées, genévriers, sapins exotiques). On peut y accéder en voiture et en bus (arrêt devant le restaurant Gambarogno ; le parc est à 2 minutes de là, juste après le pont).

PINACOTECA COMUNALE CASA RUSCA ★

Piazza San Antonio
✆ +41 91 7563185
www.museocasarusca.ch
Ouvert du mardi au dimanche de 10h à 12 et de 14h à 17h. Entrée 12 CHF.

La Pinacothèque Casa Rusca est installée dans un bâtiment restauré du XVIIIe siècle. Elle a été inaugurée en 1987 et abrite les collections d'art de la ville. Au total elle compte 4 500 œuvres - peintures, sculptures et arts graphiques. Principalement des artistes du XXe siècle modernistes. La collection compte des œuvres de Theo Van Doesburg, Alexander Calder... Le musée n'a pas d'expo permanente et met en valeur sa collection lors d'expos temporaires. Se renseigner sur leur site.

SANTUARIO DELLA MADONNA DEL SASSO ★★

Via Santuario
✆ +41 91 7436265
madonnadelsasso.org/madonnadelsasso
Entrée libre.

© ELITRAVO - SHUTTERSTOCK.COM

Le sanctuaire est un vrai chef d'œuvre autant par son architecture et son décor extérieur que pour les œuvres d'art de grande valeur qu'il abrite. Il renferme dans les chapelles de ses nefs latérales des peintures de maîtres illustres dont la *Madone au Chardonneret* de Raphaël, copiée par Romanino. Dans celle de droite en particulier, *la Fuite en Egypte* de Bramantino, réalisée en 1522, alors que dans la première chapelle à gauche, on admirera une *Mise au tombeau* d'Antonio Ciseri.

GARE DE LOCARNO

A 5 minutes à pied du centre-ville.
Gare centrale

La gare de Locarno est à 5 min à pied du centre-ville. Trains réguliers entre Bellinzone et Locarno (30 minutes). Pas de trains directs entre Lugano et Locarno (arrêt à Bellinzone ou Giubiasco). Depuis une autre région, il vous faudra passer par Domodossola, en Italie, avant de revenir dans le Tessin. Les changements pouvant être nombreux, avec certains tronçons en car postal, n'oubliez pas de demander l'itinéraire de votre trajet au guichet de la gare avant de partir. C'est aussi depuis cette gare que vous pouvez prendre le Gotthard Panorama Express.

SUISSE ITALIENNE

« PALAGIOVANI » [PALAIS DES JEUNES] €

Via Varenna 18
✆ +41 91 7561500
www.youthhostel.ch/locarno
Lit en dortoir dès 42 CHF selon la saison. Double avec salle de bains privée dès 124 CHF.

Cette jolie demeure en bordure de la vieille ville abrite également la radio locale tessinoise et l'école de musique ! Une auberge de jeunesse bien tenue qui comporte une salle de jeux, un jardin, une cour intérieure, avec table de ping-pong… Pratique et très bon rapport qualité/prix. Au choix plusieurs types de chambres : simples, doubles, familiales ou dortoirs de six places. Le plus : coin pour les enfants, local à vélo, jeux de société mis à disposition…

CAFFE DELL' ARTE €€

Via Cittadella 9
✆ +41 91 751 93 33
www.caffedellarte.ch
Chambre double dès 140 CHF.

Situé au-dessus de la galerie d'art de la Fondation Patrizio Patelli, le Caffè dell'Arte est un *B&B* boutique-hôtel de charme au décor très stylé et branché, dans une des maisons historiques de la ville. Il abrite seulement huit chambres et une suite, toutes différentes décorées selon des thématiques, certaines excentriques ou africanisées, mais toujours de très bon goût, modernes et cosy. Le petit déjeuner à base de produits frais et locaux est servi dans la merveilleuse cour intérieure du café. Le plus : la présence de la galerie d'art dans l'espace central.

HÔTEL DELL'ANGELO €

Piazza Grande
✆ +41 91 759 68 68
www.dellangelo.ch
Chambre double dès 50 CHF.

Situé sur la place la plus importante de la ville, l'hôtel Dell'Angelo, installé dans une bâtisse ancienne, propose 55 chambres confortables, avec un accueil familial. La déco est un peu vieillotte mais l'hôtel très bien placé. Le plus : sa terrasse en hauteur, bien agréable en été tant pour bronzer que pour lire ou siroter un verre tranquillement. Le restaurant du rez-de-chaussée propose des tarifs attractifs mais la cuisine est décevante. On apprécie aussi le parking, l'espace pour les vélos et le buffet simple mais copieux du petit déjeuner.

HÔTEL ALEXANDRA €€

Via San Gottardo 43
✆ +41 91 743 25 23
www.hotel-alexandra.ch
Chambre double dès 100 CHF.

L'hôtel Alexandra vous offre de très bonnes prestations dans une jolie maison tessinoise, à la belle façade rose sculptée, au cœur d'un environnement chaleureux et convivial. Cette ancienne villa Liberty des années 1800 offre un peu moins d'une vingtaine de chambres. Elles sont charmantes, confortables et bien équipées. Le plus : la terrasse extérieure, la location de vélo possible, le parking… Pour ceux qui souhaitent plus d'intimité et d'indépendance, l'hôtel met à disposition trois appartements pour deux personnes. Une adresse complète.

ALBERGO CASTELLO SCHLOSSHOTEL €€

Via S. Francesco 7a/Via B. Rusca 9
✆ +41 91 751 23 61
www.castello-seeschloss.ch/fr/
Chambre double dès 162 CHF. Fermé en hiver.

C'est un hôtel de charme situé au centre de la vieille ville, au début de la zone piétonne, dans un bâtiment historique et romantique sur les vestiges du château des Visconti. Les plus : le grand jardin et la piscine chauffée à 24 °C de mi-avril à mi-octobre. Au total, 45 chambres vous attendent : la standard, la « easy », des chambres au sous-sol, la « supérieure », ou encore des chambres dans la tour médiévale, la suite junior dans la tour, face à la piscine. Hors du temps.

MILLENNIUM HÔTEL GARNI €€

Via Dogana Nuova 2
✆ +41 91 7596767
www.millennium-hotel.ch
Chambre double dès 124 CHF.

Cet hôtel charmant, situé en face du débarcadère, dispose d'une belle vue sur le lac. Rénové en 2018, Millennium Hôtel dispose de 11 chambres et d'une penthouse avec vue panoramique sur le lac. Les chambres, jolies et très confortables, portent toutes le nom d'un célèbre musicien de jazz. C'est d'ailleurs sur cette même musique douce que l'on savoure un délicieux petit déjeuner : viennoiseries, fruits, œufs, charcuterie… Tout pour faire le plein de vitamines et d'énergie. L'accueil est particulièrement chaleureux et attentionné.

HOTEL BELVEDERE LOCARNO €€€

Via ai Monti della Trinità 44
✆ +41 91 751 03 63
www.belvedere-locarno.com/fr
Chambre double dès 229 CHF.

L'hôtel, véritable palais historique, a été construit par une famille noble au XVe siècle. La majestueuse demeure fut ensuite convertie en hôtel au XIXe siècle. Depuis, tout a été modernisé dans le meilleur goût. Les chambres modernes dégagent une atmosphère agréable et possèdent une vue dégagée sur la ville, le lac et les montagnes. En plus de son élégance, l'autre point fort de l'établissement est son jardin qui donne sur le mont Cardada et son spa. L'hôtel bénéficie d'une position stratégique pour les excursions. Une adresse de haut standing.

GOVINDA €

Via della motta 10
✆ +41 91 7523852
www.govinda-locarno.ch
Du lundi au mercredi 9h-15h, du jeudi au samedi 9h-15h et 18h30-22h30. Menu dès 35 CHF.

Au fond d'une jolie cour pavée, ce restaurant végétarien d'inspiration indienne respire la sérénité. Le menu est copieux et d'une qualité irréprochable. Vous serez séduit ! Le menu et la carte varient en fonction des saisons et de l'humeur du chef : des samossas de légumes, du curry aux légumes ou au tofu, des chapatis ou encore des dhal. Côté sucré, on se laisse surprendre par les crumbles de mangues : un régal ! L'été, les tables sortent sous la tonnelle. A côté du restaurant, boutique de produits bio, massages, cours de yoga et centre culturel.

OSTERIA BORGHESE €

Via Borghese, 20
✆ +41 91 7510498
Ouvert tous les soirs de 18h minuit, fermé le midi. Menu du jour à 35 CHF.

Ce petit restaurant-bar offre une ambiance chaleureuse : un des seuls dans la ville qui a conservé cet esprit du temps passé et qui a accroché de jolis tableaux sur des murs orangés. On y sert une bonne cuisine et pendant l'hiver on peut y déguster une fondue ou une raclette – sur réservation souvent. Sur la page Facebook, on s'informe des menus du moment, de l'agenda des soirées, on réserve. En bref, on se fait déjà envie ! L'été, on n'hésite pas à réserver sur le patio extérieur, très prisé. Excellent rapport qualité/prix.

PIZZERIA PRIMAVERA €

Via all'Ospeldale 4
✆ +41 91 751 77 36
www.pizzeriaprimavera.ch
Ouvert tous les jours sauf le mardi, de 9h à minuit (10h le dimanche). Environ 18 CHF la pizza.

Une pizzeria de quartier dans un décor sans chichis avec un service convivial et souriant offrant une vraie cuisine italienne. Loin des pizzerias pour les touristes, cet établissement, qui a fêté ses trente-cinq ans en 2019, sert des pizzas avec du goût comme on les aime et ceci à petit prix. Pour les gourmands, cet établissement est également une bonne adresse pour les glaces… un régal jusqu'au bout ! Seul hic : le personnel ne parle pas français mais comme la langue des pizzas est universelle, on arrive toujours à se faire comprendre.

RISTORANTE AL GROTTINO €€

Via Calvario 6
✆ +41 091 743 44 08
www.grottino-orselina.ch
Ouvert du mardi au dimanche de 18h à 22h30 (fermé le lundi et mardi en hiver). Plats entre 20 CHF et 40 CHF.

À un peu moins de 10 minutes en voiture de Locarno, voilà un petit *grotto* comme on les aime. Le cadre est à la fois rustique et élégant, la terrasse avec sa pergola et sa vigne grimpante est charmante et l'intérieur avec tables en bois, murs en pierre et une imposante cheminée est chaleureux. Dans l'assiette, Ornella et Kurt concoctent une cuisine locale avec une pointe d'innovation délicatement présentée et tout simplement délicieuse. Les plats coups de cœur : les penne à la vodka, tortelloni à la sauce aux truffes… Une adresse à retenir !

RISTORANTE CITTADELLA €€

Via Citadella 18
✆ +41 91 7515885
www.cittadella.ch
Fermé le lundi. Plat dès 38 CHF. Compter 70 CHF pour un repas complet à la carte.

Dans une ambiance rustique et élégante, vous goûterez à une cuisine raffinée au restaurant gastronomique du premier étage, réputé pour ses plats de poissons (beaucoup de choix), de crustacés et ses grillades. Si les prix sont assez élevés, la cuisine est vraiment excellente. Pour les petits budgets, bonne nouvelle, au rez-de-chaussée, la trattoria-pizzeria est plus abordable. Sur place également, deux charmantes chambres vintage à la déco joliment arrangée d'objets chinés. Côté accueil, le service est à la hauteur de la cuisine.

LA TRATTORIA CIBO & PASSIONE €€€

Via Marcacci 9 ✆ +41 091 751 64 44
www.latrattorialocarno.ch

Ouvert du mardi au samedi de midi à 14h et de 18h45 à 22h30 (jusqu'à 23h30 le week-end). Plats entre 22 CHF et 45 CHF.

Cachée dans une petite cour, La Trattoria nous a conquis par son élégance simple, sa chaleur et son intimité. Décoré de bougies, de fleurs et de bouteilles de vin, le cadre est exquis aussi bien à l'intérieur que sur la terrasse extérieure. Le chef Simone et son équipe préparent une cuisine d'origine italienne délicate, fine et délicieuse. Tout y est fait maison, du pain à la *pasta*, et un menu de saison propose des spécialités originales. On a beaucoup aimé ce lieu plein de charme !

BAR FESTIVAL

Viale Balli 2
✆ +41 91 7521259

Ouvert du lundi au jeudi de 7h30 à 21h, le vendredi et samedi de 7h30 à 1h du matin.

Ce bar est parfait pour toutes les heures de la journée. Le matin, on s'installe au comptoir pour un café. À midi, on y grignote un morceau tout en sirotant un verre. Mais c'est surtout en fin d'après-midi et en soirée que l'ambiance devient intéressante. Le bar organise des concerts live et soirées DJ en soirée en fin de semaine, l'ambiance est alors très conviviale. La serveuse est adorable et à l'heure de l'apéro – sauf le dimanche – on sert avec son verre quelques accompagnements à grignoter. Egalement un café internet haut débit.

SPORT CAFE LOCARNO

4 Via della Posta
✆ +41 91 751 22 33
www.sportcafelocarno.ch

Ouvert du lundi au jeudi de 7h à 1h, vendredi de 7h à 2h, samedi de 16h à 2h.

Résolument contemporain avec un design épuré et stylisé, le Bar Sport plaît à la clientèle branchée qui savoure les *aperitivi* fort généreux. Le soir, la lumière se tamise, le bar s'illumine en rose et les cocktails deviennent des prouesses architecturales. Une ambiance élégante aux douceurs italiennes pour passer des moments agréables et déguster des planches aux saveurs du Tessin. L'équipe est jeune et dynamique et conseille à merveille sur le vin de la région à choisir. C'est un lieu de vie qui évolue selon l'heure de la journée.

BELLINZONA ★★★★

Bellinzona est devenue la capitale du canton, siège du gouvernement et du parlement tessinois, ce qui contribue fortement à son développement. Aujourd'hui, la ville compte 17 700 habitants et connaît un afflux touristique conséquent. Les châteaux de Bellinzona et leurs murailles, vestiges de l'architecture militaire de l'arc alpin au Moyen Âge, figurent depuis l'an 2000 sur la liste du patrimoine culturel mondial de l'Unesco car ils sont les plus impressionnants de Suisse. La vieille ville est reconnue également pour abriter une très belle collégiale des Santi Pietro e Stefano et d'autres beaux sites comme la piazza Nosetto et ses arcades.

Balade

Autour de Bellinzona, les promenades sont nombreuses : pas de très haute montagne, mais des paysages vallonnés qui rappellent les Alpes-de-Haute-Provence et la Corse, même si les maisons sont davantage de style piémontais.

Histoire

Des fortifications classées au patrimoine mondial par l'Unesco. L'histoire de Bellinzona est intimement liée à celle de ses trois châteaux – Castelgrande, Montebello et Sasso Corbaro – qui constituent l'ensemble de fortifications le plus important de Suisse. Au XVe siècle, les ducs de Milan qui gouvernaient la région fortifièrent Bellinzona afin de contrôler la route du Saint-Gothard et, surtout, prévenir une invasion des cantons confédérés. Ville frontière, Bellinzona ne résista pas longtemps aux assauts répétés de ces derniers, qui emportèrent la forteresse au début du XVIe siècle. Les châteaux sont aujourd'hui remarquables et témoignent de l'importance au Moyen Âge d'ériger des murs d'enceintes et des forteresses imprenables dans la stratégie militaire de l'époque.

Sports / Loisirs

Piste cyclable agréable, pratiquement sans voitures, à travers la plus grande zone agricole du Tessin. Sentier didactique de 28 km consacré au tourisme agricole, possibilité d'acheter des produits agricoles locaux, aires de pique-nique sur les bords de la rivière Ticino ainsi que dans quelques fermes.

CHÂTEAU CASTELGRANDE ★★★★

Salita Castelgrande 18 ✆ +41 91 825 81 45
www.fortezzabellinzona.ch

Accès aux trois châteaux : 18 CHF. D'avril à novembre de 10h à 18h, de novembre à mars de 10h30 à 16h.

Le château Castelgrande est un imposant château dans ses murailles, classé patrimoine mondial de l'Humanité par l'Unesco comme ses voisins. Il domine la ville et pour s'y rendre à pied il faudra grimper des escaliers. Mais le jeu en vaut la chandelle car, en plus, la vue est superbe de là-haut. Parmi les trois châteaux qui composaient le système de défense médiéval de la ville de Bellinzona, Castelgrande en est le plus imposant et même – le plus important de Suisse ! Remanié au XVe siècle par les ingénieurs des ducs milanais en même temps que le reste des fortifications, il devint la clé de voûte de la puissante muraille, longue de près de 500 m, qui barrait alors la vallée du Tessin afin de protéger le duché de Milan et de contrôler la route menant au col du Gothard. Entre 1980 et 1991, Castelgrande fit l'objet d'une restauration, dirigée par l'architecte Aurelio Galfetti, qui mêla de façon fort réussie le moderne à l'ancien. Aujourd'hui, ce château abrite un musée, celui d'histoire-archéologie et d'histoire de l'art qui raconte l'histoire de la ville depuis 6 500 ans. Pour compléter les lieux, plusieurs établissements, dont un restaurant gastronomique (40 places) et une taverne tessinoise (40 places), ont élu domicile dans la grande cour intérieure du château. Une vaste terrasse panoramique a été également aménagée au pied de l'aile sud du château (80 places). A visiter également avec un passo commun aux 3 lieux : le Castello di Sasso Corbaro et le Castello di Montebello et son musée archéologique.

CITTÀ DI BELLINZONA

1 Piazza Grande - Giubiasco
✆ +41 58 203 14 00 - www.bellinzona.ch

Ville classée au patrimoine mondial de l'Unesco.

La forteresse de Bellinzona est inscrite au patrimoine mondial de l'UNESCO depuis 2000. Le complexe fortifié de Bellinzona, composé de trois châteaux avec leurs murs d'enceinte et d'une grande muraille, est un exemple extraordinaire de structure défensive de la fin du Moyen Âge, situé en un point stratégique clé de la traversée des Alpes. Quant à la Villa dei Cedri, elle raconte l'histoire de la vie moderne, entre le XIXe et le XXe siècle. Sise au sud-est de la commune de Bellinzona, dans une fraction connue comme « le Nice de Bellinzona » en raison de sa situation particulièrement ensoleillée, elle est entourée d'un parc d'arbres centenaires donnant sur la place de l'ancienne église de San Biagio. Le bâtiment est le résultat de la transformation en style palladien, vers 1920, du bâtiment néoclassique d'origine datant de 1860. Musée d'art moderne et contemporain depuis 1985, la Villa dei Cedri accueille deux à trois expositions temporaires par an, privilégiant l'art du XIXe au XXIe siècle, avec une attention particulière pour les œuvres sur papier. La nature est également un thème fortement ancré dans l'identité du musée Villa dei Cedri, en raison aussi de sa situation, autrefois au milieu de terres agricoles et aujourd'hui immergé dans la verdure d'un parc historique. Au musée Villa dei Cedri se conjuguent patrimoine artistique, patrimoine architectural et patrimoine végétal.

Afin de bénéficier d'un tarif unique, optez pour le Bellinzona Pass qui donne accès à l'entrée des trois châteaux de la ville.

Bellinzona.

CHÂTEAU MONTEBELLO ★★

Via Artore 4
✆ +41 91 825 13 42
www.fortezzabellinzona.ch
Pass pour les trois châteaux : 18 CHF adulte.

Il fait partie de l'enceinte défensive de la ville fortifiée entre les XIIIe et XVe siècles. Véritables vestiges intacts du Moyen Âge, ils témoignent de l'importance militaire d'élever de grandes murailles protectrices autour des villes. Décoré par les architectes Mario Campiet Franco Pessina, il est distribué en deux cellules. Des chapiteaux du XVe siècle, des dessins, des esquisses et des gravures d'artistes, des armes blanches et à feu constituent la première partie. La deuxième section, dite archéologique, propose de nombreux objets tessinois. Magnifique !

CHÂTEAU SASSO CORBARO ★★★

Via Sasso Carbaro 44
✆ +41 91 825 59 06
www.fortezzabellinzona.ch
Ouvert de mars-avril à novembre tous les jours de 10h à 18h. Pass trois châteaux adulte 18 CHF.

Perchée sur son rocher à 230 mètres de hauteur, cette forteresse ducale fait partie de l'enceinte fortifiée de la ville classée par l'Unesco au patrimoine mondial de l'Humanité (année 2000) avec les châteaux de Castelgrande et Montebello. Elle tire son nom de sa situation, en haut d'un rocher, comme les plumes d'un corbeau – en dialecte *corbatt*. Elle est typique des Sforza avec une tour quadrangulaire, un donjon et des murailles impressionnantes d'une épaisseur de 4,70 mètres ! C'est un ingénieur militaire de Florence, Benedetto Ferrini, qui s'attela à sa réalisation en 1479, mais il mourut de la peste avant d'avoir pu le voir achevé. D'ailleurs, c'est le seul des trois châteaux qui dispose d'une date de construction précise ! Il fut construit en un peu plus de six mois, pour compléter la ligne de défense et barrer la route de Milan aux Confédérés. La salle Emma Poglia à l'intérieur du château est particulièrement cossue et raffinée, de style baroque et nordique, tout en noyer massif. Elle date du XVIIe siècle. Cette salle servait également de « stüva », de chauffage, comme en témoigne le fourneau en pierre de la pièce qui porte les armoiries de la famille. Ne manquez pas la vue sur la ville depuis le Belvédère du château qui abrite des expositions temporaires. L'hiver, le château est fermé mais les cours extérieures et intérieures peuvent toutefois être visitées. Le plus : les travaux de restauration de 2004-2006 ont permis de réaménager le réseau de sentiers environnants dans le respect de la nature.

LA CIVICA GALLERIA D'ARTE ★

Piazza S.Biagio
✆ +41 91 203 27 21
www.villacedri.ch
Entrée : 10 CHF. Musée : mercredi-jeudi 14h-18h, vendredi, samedi, dimanche et jours fériés 10h-18h.

La galerie d'art municipale propose chaque année des expositions temporaires venant enrichir la présentation de sa propre collection sur la culture figurative suisse et italienne des XIXe et XXe siècles. Cette collection comprend en particulier des œuvres d'artistes du XIXe siècle tels que Chiesa, Feragutti, Visconti. La galerie vient de bénéficier d'importantes rénovations. On peut ensuite prendre le temps dans le superbe parc, qui mérite le détour.

ÉGLISE DE SANTA MARIA DELLE GRAZIE ★

Piazza di Santa Maria delle Grazie

Cette église date de la fin du XVe siècle. Il en est fait mention pour la première fois en 1480. L'intérieur partagé par une large cloison latérale, selon l'usage franciscain, est d'une exquise inspiration. Elle est totalement peinte d'une fresque où on peut remarquer que le raffinement de la Renaissance laisse libre cours à une sincérité ornementale envahie par la grâce. En son centre, se trouve la Crucifixion, et autour quinze tableaux exprimant la vie du CHRist.

MUSÉE ET CENTRE D'ART CONTEMPORAIN

Via Tamaro 3
✆ +41 91 825 40 85
www.cacticino.net/
Ouvert du vendredi au dimanche de 14h à 18h. Entrée : 5 CHF.

Créé en 1994, c'est le Centre d'art contemporain du canton du Tessin (CACT). Vous être sûr d'être au cœur des tendances culturelles car la mission du musée consiste à promouvoir des expositions aux thématiques variées. Il promeut également le lancement de publications thématiques. Il met en relation de nouveaux artistes et participe aux échanges de collections dans le cadre des musées d'art contemporain du Tessin. Le musée est très moderne et très agréable à visiter.

PIAZZA INDIPENDENZA ET EGLISE SAN ROCCO ★

Piazza Indipendenza

Lors de la célébration du centenaire de l'Acte de médiation de Napoléon qui fixa l'autonomie du canton, cette place prit son nom actuel. La place coïncide avec l'accès sud de la ville médiévale et fait écho à la Piazza del Sole, qui donnait accès à la ville à ceux qui arrivaient du Nord. De nos jours, la Piazza del Sole a été totalement restaurée par l'architecte Livio Vacchini. Un peu plus loin, une autre place importante : la Piazza della Collegiata appelée Piazza Grande.

PIAZZA NOSETTO ★

Via Nosetto

Elle est la plus ancienne place de la ville, la seule dont le nom soit mentionné dès le Moyen Age. C'est ici que se trouvait le puits communal où les habitants s'y approvisionner et que se situe l'hôtel de ville. Le bâtiment actuel du début du XXe siècle est reconstruit sur les vestiges d'un édifice antérieur, datant du XIVe siècle, et qui correspondait au Copertum comunis. C'est ici qu'on administrait la justice. Au XVe siècle, il fut rénové et comprenait alors les salles de réunion du gouvernement local, la chancellerie et la résidence des officiers milanais.

OFFICE DE TOURISME

Piazza Collegiata

✆ +41 91 825 21 31

Ouvert de 9h à 18h30 du lundi au vendredi et le week-end de 10h à 14h.

L'office de tourisme propose de vous guider dans la visite des trois châteaux qui font la réputation de Bellinzona. La Guest Card vous permettra la visite des châteaux de Bellinzona, des expositions permanentes et temporaires dans les châteaux et l'entrée à la villa dei Cedri. Les incontournables de la région vous seront suggérés en visite comme les villes de Leventina, la vallée de Blenio, Biasca et Riviera. La vielle ville de Bellinzona semble provinciale et cela se retrouve dans la gastronomie locale. Faites-vous conseiller pour déguster le fromage local.

HOTEL & SPA INTERNAZIONALE BELLINZONA €€

35 Viale Stazione

✆ +41 91 825 43 33

www.hotel-internazionale.ch/

Chambre simple à partir de 145 CHF, double à partir de 170 CHF.

Un hôtel mythique des années 1900 en face de la gare. Il garde le panache de cette belle époque et a su s'adapter aux nouvelles exigences touristiques. L'aile supplémentaire ouverte en 2014 amène un caractère plus moderne et se marie parfaitement avec l'architecture de l'édifice ancien. Les chambres sont charmantes, surtout celles mansardées où les poutres en bois réveillent l'esprit d'antan. Un service digne d'un palace, une équipe à votre écoute et une gastronomie soignée.

© DS

© DS

SUISSE ITALIENNE

GARE CFF DE BELLINZONA

Gare
✆ 0848 44 66 88
Gare centrale.

C'est un peu la « porta del Ticino », car c'est la première gare en arrivant au Tessin. Si vous empruntez le Gotthard Panorama Express, cette gare est sur la ligne. C'est une gare assez importante pour le fret et le transport des passagers. La gare se situe à 10 minutes à pied du centre historique. Trains réguliers entre Bellinzona et Locarno (20 minutes). Depuis une autre région, les changements peuvent être nombreux, n'oubliez pas de demander l'itinéraire de votre trajet au guichet de la gare avant de partir. Avec le train, on découvre autrement !

ALBERGO LEON D'OR €

Via Ludovico il Moro 5
✆ +41 91 825 11 79
www.leondor.ch
Chambre simple sans/avec salle de bains privative 70/80 CHF, double 100/110 CHF.

Cette jolie bâtisse rose propose des chambres à petits budgets, dont certaines (économiques) ont des salles de bain communes sur palier. D'ailleurs, on est un peu plus dans un type d'auberge de jeunesse que dans un vrai style hôtelier. Central et tranquille, il est idéalement situé dans le centre historique de Bellinzona. Côté nuit, les chambres sont simples, avec du plancher mais confortables. Rien à redire sur la propreté : c 'est impeccable. Le plus : petit déjeuner inclus assez simple, le parking. Très bon rapport qualité/prix.

AUBERGE DE JEUNESSE MONTEBELLO €

Via Nocca 4 ✆ +41 91 8251522
www.youthhostels.ch/bellinzona
Fermé de fin décembre à mi-mars. Lit en dortoir à partir de 30 CHF sans petit déjeuner, 34 CHF avec. Chambre dès 51 CHF.

Située au pied du château Montebello, à 10 minutes de la gare et tout près du centre historique, cette belle auberge fait partie des auberges de jeunesse suisses. L'établissement a l'avantage de proposer plusieurs catégories de chambres très bien aménagées et d'une rare propreté. Les chambres peuvent être individuelles ou avec deux lits simples pour plus d'intimité. Pour un prix plus avantageux, préférez une place dans les dortoirs de dix lits. Profitez aussi du jardin.

FATTORIA L'AMOROSA €€

Via Moyar
✆ +41 91 840 29 50
www.amorosa.ch
Chambres simple à partir de 90 CHF, double à partir de 130 CHF, suites 350 CHF.

Située légèrement à l'écart de la ville, au sein d'une grande propriété, cette ferme familiale offre 10 chambres de charme entourées de vignes, d'oliviers, de pâturages et de forêt. Dans cette ambiance délicieusement calme, vous pouvez aussi vous attabler pour déguster les vins de Petit Verdot cultivés sur place et une bonne cuisine du terroir un brin gastronomique. Les chambres sont jolies et douillettes, chacune portant le nom d'une vigne. La suite Isabella est dotée d'une baignoire en pierre fantaisiste très impressionnante.

GROTTO SAN MICHELE €

Castelgrande
✆ +41 91 814 87 81
www.ristorantecastelgrande.ch
Fermé le lundi et le soir de janvier à mars. Menu gastro à 64 et 72 CHF. Plat dès 24 CHF.

Bonne cuisine d'inspiration méditerranéenne et vins du Tessin servis sur de longues tables en pierre et sous une belle tonnelle, avec vue sur les toits de Bellinzona. Par mauvais temps, on peut se réfugier dans la salle voûtée, moins chaleureuse toutefois. On apprécie la diversité de la carte : côté terre avec des raviolis de porc aux champignons, côté mer avec du poulpe, la pêche du jour… Un plat végan est aussi à la carte pour ceux qui souhaitent. On termine par une sélection de fromages et/ou un dessert qu'on peut accompagner par une belle carte de vins.

BRÈ?
WOW!
montebre.ch
SUISSE - SWITZERLAND - TICINO
FMB

BRÈ?
WOW!
montebre.ch
SUISSE - SWITZERLAND - TICINO
Funicolare Monte Brè Via Ceresio di Suvigliana 36 6977 Ruvigliana
Tél. +41(0)91 971 31 71 - Fax +41(0)91 972 37 48 - info@ ntebre.ch

© DS

© DS

© DS

LA TURETA €€€

43 Piazza Grande

✆ +41 0 91 857 40 40

www.latureta.ch

Chambres doubles à partir de 170 CHF.

Situé à Giubiasco sur une charmante place, à quelques kilomètres de la vieille ville et des fameux châteaux, c'est l'un des plus beaux hôtels dans les environs de Bellinzona. Lové dans du palais Scalabrini du XVIIIe siècle, l'hôtel, qui a été modernisé avec goût, a conservé son élégance d'autrefois. Très classe, le service y est impeccable et attentionné et le petit déjeuner excellent. Les 31 chambres sont spacieuses, bien éclairées et élégantes. Le plus : le parking disponible et la location de vélos. Un petit bijou, en bref !

© DS

© DS

IL PIAZZA RISTORANTE €

3 Piazza Governo
✆ +41 91 826 26 88
www.ilpiazza.ch/index.php/en/
Ouvert tous les jours de 6h à minuit. Entrées dans les 20 CHF, plats dans les 30 CHF, pizzas dans les 20 CHF.

Accueil fort sympathique à l'italienne pour cette pizzeria bien connue de la place. Nombreux sont les locaux qui viennent apprécier le plat du jour sur la terrasse ombragée en été. La carte est alléchante et très complète avec à l'honneur les pizzas et les pâtes. Les risottos sont à découvrir et nous vous invitons à déguster le fameux risotto *al merlot del Ticino* qui émane de saveurs locales. Mais on peut aussi venir à Il Piazza pour prendre son petit déjeuner avec un journal, un café et une viennoiserie. Parfait pour bien commencer la journée.

ALPE CARDADA ★

La montagne de Cardada, également connue sous le nom de « perle du lac Majeur », offre de son sommet (1 340 m d'altitude) une vue époustouflante sur le lac Majeur et toute la région du Locarnese. En continuant encore plus haut, à 1 670 m d'altitude, on arrive à Cimetta. Elle permet d'admirer les deux extrêmes de la Suisse : le point le plus bas, le miroir d'eau du lac Majeur, et le point le plus haut, la pointe Dufour. Au-delà de son grandiose point de vue, la montagne est aussi un excellent point de départ pour découvrir les vallons et forêts de la région. Avec ses sentiers balisés, le site offre des itinéraires variés, adaptés à tous les niveaux.

LOCANDA ORICO €€€

13 via Orico
✆ +41 91 825 15 18
www.locandaorico.ch
Fermé dimanche et lundi. Ouvert midi (11h45/14h) et soir (18h45/24h). Menu gastronomique 140 CHF, menu du jour 50 CHF.

Une adresse gastronomique dans le centre-ville orchestrée avec brio et générosité par le chef et propriétaire Lorenzo Albrici. À l'intérieur, une atmosphère et une décoration cosy et élégante. Elégance qu'on retrouve aussi dans les assiettes avec une cuisine à base de bons produits du Tessin présentés avec sophistication. Cette maison est la porte ouverte à beaucoup de plaisir et à une escale mémorable. C'est beau et bon. Le plus : pour les végétariens, le chef s'adapte et vous proposera des plats en fonction des produits de saison.

OFFICE DU TOURISME

Via Santuario
✆ +41 91 735 30 30
www.cardada.ch
Point d'information.

Jamais les sommets ne s'égalent en Suisse car chaque panorama offre une beauté époustouflante différente. Avec ses 1 340 m d'altitude, la Cardada offre un spectacle magnifique sur le lac Majeur. L'office de tourisme vous proposera de vous élever en 5 minutes par le téléphérique d'Orselina, à 395 m d'altitude, et à Cardada, à 1 340 m. Après de belles balades revigorantes ou après avoir dévalé les pistes de ski, rien de tel que de déguster un mets local comme de la charcuterie et la polenta. Même en été, ce plat consistant passe très bien.

PANETTERIA PEVERELLI

8 Piazza Collegiata
✆ +41 91 825 60 03
https://www.panetteriapeverelli.ch
Ouvert tous les jours de 7h à 19h, le dimanche de 9h à 18h.

Depuis 1888, le savoir-faire pâtissier de la famille Peverelli se transmet ! Les bonbonnières colorent de leurs dragées et sucreries la boutique. Bel endroit pour un petit déjeuner typique ou une pause gourmande sur la belle place Collegiata. On s'y presse surtout pour déguster les célèbres *bissoli* à la farine de châtaignes et au chocolat. Les glaces sont à tomber avec des parfums très originaux comme la lavande ou l'amande. Si vous souhaitez faire passer un message, il est tout à fait possible de le faire inscrire sur une couronne de pain.

CAPANNA LO STALLONE €

Alpe Cardada
✆ +41 91 743 61 46
www.stallone.ch
48 CHF par personne, petit déjeuner compris.

Ce refuge situé sur les hauteurs de Cardada est idéal pour un séjour de campagne et montagne, avec 7 chambres de 56 lits au total. Terrain de volley, table de ping-pong, jeux de société... sont à la disposition des randonneurs. Dans l'esprit auberge, les salles de bains collectives sont très bien tenues. Le restaurant sur place propose comme spécialité la polenta cuite au feu de bois et déclinée à la figue, à la tomate, à la verdure... Pour profiter des activités en plein air, le décor est parfait ! Parapente, la nature vous offre un terrain de jeu exceptionnel.

ASCONA ★★★

Ascona a été, dès le début du XXe siècle, un lieu très prisé par les artistes et les intellectuels. Vers la fin du XIXe siècle et le début de XXe siècle, Ascona connut une curieuse expérience culturelle : un groupe de personnes qui préconisaient le retour à la nature s'installa sur sa colline, lui donnant le nom de Monte Verità. Sous l'impulsion de la baronne Antoinette de Saint-Léger, il devint un lieu de réalisation utopique, attirant ainsi les regards – et les tentatives politiques et artistiques . Autour de ce mouvement se développa un vaste projet culturel et spirituel regroupant révolutionnaires, philosophes, artistes de renommée internationale.

MUSÉE COMMUNAL D'ART MODERNE ★

Palazzo Pancaldi, via Borgo 34
✆ +41 91 759 81 40
www.museoascona.ch
Entrée : adulte 15 CHF et réduit 10 CHF. Heures d'ouverture selon saison, sur le site Internet.

Abrité dans une maison patricienne, il présente des expositions temporaires d'artistes modernistes. Dans la première moitié du XXe siècle, de nombreux peintres ont choisi Ascona comme retraite, pensant trouver l'inspiration dans ce lieu propice au travail. Certains même s'y sont installés et ont fini par léguer à la ville quelques-unes de leurs œuvres, ce qui a permis de constituer un musée communal comme Paul Klee, Richard Seewald ou encore Italo Valenti...

ÉGLISE SAN PIETRO E PAOLO ★

Sur une petite place du centre historique d'Ascona, se dresse l'église San Pietro e Paolo, datant du XVIe siècle. On ne manquera pas d'admirer son beau clocher et son magnifique cadran solaire. Cette église est surtout célèbre pour les peintures qu'elle abrite, en particulier les trois tableaux suivant : Le *Couronnement de la Vierge, Les Fils de Zébédée, L'Invitation à Emmaüs* du maître Giovanni Serodine, originaire de la ville. Né vers le début du XVIIe, il fut l'élève de Caravage.

ASCONA LOCARNO

C/o Stazione FFS
✆ +41 848 091 091
www.ascona-locarno.com
Horaires d'ouverture selon saison. Vérifier sur le site Internet.

Ce point d'information vous aiguillera dans le choix de vos visites dans la région d'Ascona et de Locarno. Mais avant de partir à la découverte des autres villes du Tessin, prenez le temps de déguster une bonne glace en terrasse ou un délicieux plat aux poissons du lac. Ascona respire le charme à l'italienne. Couleurs, saveurs et surtout bonne humeur en font une ville agréable pour y séjourner. Vous trouverez de bons conseils sur les logements à l'office de tourisme. Surtout, n'oubliez pas de demander les meilleurs sites pour plonger dans le lac Majeur.

© ROMAN BABAKIN - SHUTTERSTOCK.COM

Ascona.

FONDAZIONE MONTE VERITÀ ★★

Strada Collina 84 ✆ +41 91 7854040
www.monteverita.org
Entrée 12 CHF, réduit 8 CHF, gratuit moins de 16 ans.

Le Monte Verità, situé sur les collines qui dominent Ascona et le lac Majeur, a toujours été un pôle d'attraction et de convergence d'idées, de tendances, d'expérimentations et de personnalités historiques. La colonie alternative et végétarienne du début du XXe siècle a créé le mythe du Monte Verità, qui est rapidement devenu un lieu de rencontre d'anarchistes, de philosophes et d'intellectuels. La colline d'Ascona a d'abord accueilli un sanatorium, puis une communauté d'artistes autour des années 1920, avant d'être achetée par Eduard von der Heydt, un banquier et collectionneur d'art allemand. Le Monte Verità est alors devenu un centre hôtelier moderne, accueillant des célébrités des milieux artistiques, politiques et culturels. À la mort du baron, le Monte Verità a été cédé au canton du Tessin. Aujourd'hui, c'est une institution polyvalente comprenant un centre culturel et muséal, un hôtel, un restaurant et un centre de congrès. Dans le parc, on admire la **Casa Selma,** maison construite en 1904 par les premiers colons, et la **Casa Anatta** (bâtiment principal du musée consacré à l'histoire du site). La Casa Anatta (autrefois habitation et siège de la coopérative) a été restaurée pour devenir un centre d'exposition varié abordant l'utopie, la réforme de l'âme... Le **Padiglione Elisarioni** (pavillon Elisarioni) situé dans le parc abrite le tableau *Chiaro mondo dei beati* (*Monde limpide des bienheureux*) réalisé entre 1919 et 1929 par Elisar von Kupffer, peintre, poète, historien et auteur dramatique, issu de la noblesse balte.

HÔTEL-RESTAURANT ANTICA POSTA €

Via Borgo, Contrada Maggiore 4
✆ +41 91 791 04 26
www.anticaposta.ch
9 chambres simple de 110 à 180 CHF et 1 appartement. Petit déjeuner inclus.

Si petit et si charmant, il s'agit d'un lieu intimiste où l'on se sent tout de suite très à l'aise comme dans un cocon feutré. La bâtisse possède une jolie cour intérieure, plusieurs petites chambres modernes et décorées avec soin. Connu par son Beefsteak-Tartare et le coquelet à la broche, la table de l'Antica Posta impose une halte. Situé dans la zone piétonne de la pittoresque Via Borgo, non loin de la fameuse Piazza di Ascona, ce boutique-hôtel et restaurant vous séduira.

CASA DELLE OLIVE €€

Vicolo delle Olive 11
✆ +41 91 7911181
www.olive-ascona.ch
Chambre double à partir de 138 CHF. Petit déjeuner 17 CHF. Restaurant dès 19 CHF.

Sur les bord du lac Majeur, la petite dépendance pleine de charme de l'hôtel Piazza nous invite à passer un moment bucolique. La Casa delle Olive attire les gourmets des saveurs méditerranéennes. Ici, la cuisine est légère comme l'huile d'olive qui ravive le goût des tomates rougies de soleil. L'ambiance est vivante et détendue et, l'été, la terrasse est très convoitée. L'hôtel Piazza vous accueille pour prolonger tous ces bons moments que la vie vous offre. Un très bon rapport qualité/prix pour cet établissement au bord du lac.

HÔTEL RONCO €€

Piazza della Madonna 1 ✆ +41 91 7915265
www.hotel-ronco.ch
Chambre simple de 80 à 270 CHF et chambre double de 150 à 300 CHF. Petit déjeuner compris. Fermeture en hiver.

Comme dans un nid perché dans les montagnes. Située à Ronco sur les hauteurs du lac, cette auberge est un écrin de bonheur jouissant d'une vue magnifique sur le lac Majeur, d'une atmosphère paisible, avec piscine et vue panoramique. Un service plein de menues attentions qui séduit un nombre de fidèles toujours plus grand. Restaurant sur place et, bien entendu, vue sur le lac. Vous disposez de tous les agréments pour passer un séjour bucolique aux allures de *dolce vita* suisse italienne. Sur place, ne manquez pas une croisière sur les eaux paisibles du lac.

SEVEN BOUTIQUE HOTEL €€

21 + 25 Piazza G. Motta
✆ +41 091 780 77 77
Chambres doubles à partir de 130 CHF. Ouvert toute l'année.

L'un de nos gros coups de cœur ! Avec son emplacement parfait sur la Piazza en face du lac Majeur, ce boutique hotel a misé sur un esprit casual-chic tout en respectant l'architecture traditionnelle. Le design est résolument moderne et les tons gris clair apporte un je-ne-sais-quoi de classe et d'intemporel. Épurées et chaleureuses à la fois, les lumineuses chambres invitent à la détente. L'ambiance méditerranéenne est également à l'honneur avec la charmante cour intérieure et le jardin où il fait bon se reposer. Charme, style et qualité au rendez-vous !

monte verità

Fondazione Monte Verità
Strada Collina 84
6612 Ascona - Suisse
info@monteverita.org

www.monteverita.org

CASTELLO DEL SOLE €€€

Via Muraccio 142
✆ +41 91 7910202
www.castellodelsole.com
Fermé en hiver. Chambre à partir de 300 CHF. Petit déjeuner compris.

Un petit paradis bucolique alliant architecture ancienne et contemporaine avec succès, situé dans un beau parc avec plage privée sur le lac Majeur et sublime Spa. Les chambres luxueuses, tournées vers le parc, sont dotées de cours intérieures pour de belles nuits d'été... Sur place, le restaurant gastronomique « Locanda Barbarossa », très réputé, propose une cuisine italienne et française à base de produits soigneusement sélectionnés et accompagnée de vins du domaine. Un refuge où le luxe atteint de sommets tout en gardant une vraie identité régionale.

HÔTEL EDEN ROC €€€

Via Albarelle 16
✆ +41 91 785 71 71
www.edenroc.ch
Chambre simple à partir de 300 CHF, double à partir de 400 CHF.

Son entrée majestueuse nous met directement dans le bain : très haut standing. De grandes chambres avec tout le confort exigé pour ce type d'établissement et un service de qualité. Vous rêviez de palmiers et d'eau à perte de vue, vous avez trouvé votre éden ! Agencé comme un véritable *beach hotel*, l'hôtel dépayse par son environnement et par le choix contemporain de sa décoration. La mer à la montagne, c'est un rêve accessible. Le spa de luxe avec une belle et grande piscine extérieure et une marina, vous promet des moments de grande relaxation.

GROTTO BALDORIA €

via Sant' Omobono 9
✆ +41 91 791 32 98
Menu unique de six plats à 25 CHF par personne sans les boissons.

À seulement une centaine de mètres des rives du lac, dans une petite ruelle comme Ascona en a le secret, voici un lieu tout à fait exceptionnel. Ici on vient à la bonne franquette déguster un menu de cuisine de terroir unique et au même prix pour tous. Par exemple : pour l'entrée, salade mélangée ainsi que salami et mortadelle servis sur planche en bois, puis, en plat, viande de veau à la sauce champignon et polenta, fromage à l'issue. Le cadre est agréable et l'accueil chaleureux. Le jardin est particulièrement charmant. Une table d'hôtes comme on en fait plus.

MADONNA DELLA FONTANA €

via Madonna della Fontana
✆ +41 91 791 12 09
Gastronomie locale. Comptez à partir de 30 CHF par personne. Ouvert midi et soir jusqu'à 23h, fermé le lundi.

Paolo propose une cuisine régionale de saison mitonnée selon les recettes de grand-mère tessinoise avec une touche personnelle. Tout est simple et délicieux, une polenta avec des ossobuco, ou des pièces de gibier comme du chevreuil avec son bouquet de marrons, *spätzle*, poires et choux rouge. Fromages locaux délicieux. Les prix sont imbattables et les portions généreuses. C'est une cuisine du terroir qui réchauffe les cœurs par les goûts et les saveurs. Un bon moment de partage en perspective à prévoir lors de votre passage. On recommande !

ANTICO RISTORANTE BORROMEO €€

via Collegio 16
✆ +41 91 791 92 81
www.antico-borromeo.ch
Ouvert midi et soir toute l'année, fermé le lundi et mardi. Dès 20 CHF.

Dans ce restaurant familial tenu par les frères Iacomini, on goûte des plats typiques italiens et des spécialités tessinoises. Tout est délicieux et préparé dans la tradition. De la cuisine charpentée goûteuse, à l'image de ce bœuf braisé au merlot et son risotto de parmesan, un délice. Le cadre est des plus magnifiques, aussi bien le jardin en été avec sa terrasse que la salle avec la cheminée en hiver. On apprécie la chaleur de ce lieu de convivialité.

GROTTINO TICINESE €€

10 via S. Materno
✆ +41 091 791 32 30
www.grottino-ticinese.ch/
Ouvert tous les jours (sauf le mercredi) de 11h30 à 14h et de 17h30 à 23h. Plats entre 20 et 40 CHF.

À ne manquer sous aucun prétexte ! Ce *grotto* à quelques kilomètres d'Ascona (un peu plus de 5 minutes en voiture) vaut le détour. Dans un cadre rustique aux tables en bois et murs en pierre, on y savoure une cuisine authentiquement tessinoise : charcuterie, fromages et saucisses du coin, polenta cuite au feu de bois (à essayer !), risotto et plats de viande (lapin servi tous les dimanches). Tout est excellent et sent bon la cuisine familiale. Les curieux apprécieront le menu en dialecte et l'équipe, francophone, est on ne peut plus chaleureuse.

CENTOVALLI ★★

Pour découvrir cette vallée pittoresque toute proche de Locarno, il est possible de combiner plusieurs moyens de transport mais le plus emblématique et romantique est sans conteste le train (le train des Centovalli). Reliant Locarno à Domodossola en Italie en deux heures de trajet, le train passe par des paysages d'une grande beauté : précipices, cascades, vignes, viaducs, châtaigniers et de nombreux villages authentiques où les traditions sont encore bien vivantes. Il est intéressant de prendre le train à Locarno, de descendre en Italie à Domodossola (juste après le Saint-Plon). Changer pour Stresa puis prendre le bateau et retourner à Locarno-Ascona.

INTRAGNA ★

Il y a de petits villages qui sont connus pour les œuvres qui les composent. Ici, c'est sans nul doute le viaduc ferroviaire haut de 80 mètre qui domine la vallée. Le village est agréable avec des ruelles tortueuses et aux maisons ramassées autour de l'église au clocher campanile le plus haut du Tessin avec 65 mètres. Il abrite le musée des Centovallis et des Pedemonte. Les habitants du village étaient connus autrefois pour exercer le métier de ramoneurs en Italie voisine. C'est aussi dans ce village qu'étaient fabriquées les chaussures en toile style espadrille. Des visites guidées sont proposées pour découvrir tout ce patrimoine ayant marqué la cité.

MUSÉE DES CENTOVALLI ET PEDEMONTE ★

Casa Maggetti, Intragna
✆ +41 91 7962577

Ouvert de Pâques à octobre du mardi au dimanche, de 14h à 18h. Entrée 5 CHF.

Dans une très belle bâtisse du XIXe siècle loge l'un des premiers musées ethnographiques du canton. Vous trouverez surtout des œuvres d'artistes locaux, à travers la collection permanente, mais également des manifestations et expositions ponctuelles. Vous découvrirez un pressoir à huile et un four à bois utilisés à l'époque. En parcourant les deux étages, vous découvrirez une cuisine reconstituée et une fabrication d'espadrilles rappelant qu'à Intragna existait une fabrique.

VILLA EDERA WILD VALLEY HOSTEL €

14 Via Cantonale 14
✆ +41 09 17 97 10 00
www.wildvalley.ch

Tarifs : 30 CHF dortoir (mixte ou homme/femme), 55 CHF chambre simple, 80 CHF chambre double.

A la frontière italo-suisse, à 30 minutes de Locarno on trouve une des vallées les plus sauvages de Suisse. C'est là qu'on trouve la magnifique villa Edera. Construite en 1888 et ensuite donnée au village d'Auressio, elle a été transformée en auberge il a bien longtemps, puis reprise et rénovée par l'équipe actuelle en 2017. L'auberge accueille les voyageurs dans un ambiance *backpacker*. L'intérieur est délicieux, moderne et élégant. Une adresse coup de cœur géré par équipe sympathique.

ISOLE DI BRISSAGO ★★

Isole di Brissago sont des îles qui dépendent administrativement du canton du Tessin. Elles sont situées à 900 m de distance du village de Porto Ronco. Bénéficiant comme le reste du bassin du lac Majeur d'un climat quasi méditerranéen, elles constituent un véritable sanctuaire de plantes subtropicales et exotiques que l'on peut découvrir au très renommé Jardin botanique. Ces îles, au nombre de deux, répondent aux doux noms de Saint-Apollinaire pour la plus grande et de Saint-Pancrace pour la plus petite. Saint-Apollinaire est ouvert au public depuis 1950. La petite n'est pas accessible. Un point information vous guide sur place.

PARC BOTANIQUE ★

Isole de Brissago
✆ +41 91 791 43 61
www.isolebrissago.ch

Ouvert de mi-mars à mi-octobre. Tous les jours de 9h à 18h. Entrées individuelles : adulte 7 CHF, enfant gratuit.

Ancienne propriété d'un riche commerçant allemand, le parc botanique fut repris par le canton du Tessin et ouvert au public en 1950. Le Jardin botanique (2,5 ha) abrite plus de 1 500 espèces de plantes provenant de la Méditerranée, de l'Asie subtropicale, de l'Afrique du Sud, des Amériques et de l'Océanie. Les plages sont attirantes, mais la baignade est interdite ! C'est une belle visite à faire, encore plus en famille, avec une petite balade en bateau pour accéder à l'île. À côté : restaurant, bar et hôtel pour profiter un maximum des lieux.

GARDEN HOTEL PRIMAVERA €€

19 Via costa di dento ✆ +41 766 991 401
www.gardenhotelbrissago.com
18 chambres dès 100 CHF selon taux d'occupation. Parking et jardin.

Notre regard se perd dans les reflets des montagnes des eaux du lac Majeur. Comment ne pas prolonger ce moment de pur délice en séjournant dans ce cocon de bien-être ? Le petit hôtel de 18 chambres favorise un accueil familial et de grande qualité. Les chambres sont décorées avec soin et très bon goût avec pour petit plus un balcon avec vue sur le lac. L'été, le jardin est propice à la détente et la relaxation allongé sur les transats à profiter du bel endroit. Un cadre romantique idéal comme pied-à-terre pour visiter le Tessin.

PALAGNEDRA ★

Ce bourg du Centovalli est perché sur la rive droite de la rivière Melezza. On y accède par une route aux nombreux lacets. Il doit son attrait à son cadre naturel, mais aussi à son église, dédiée à San Michele. Ce petit village dépendait de l'agriculture de montagne et de l'élevage de petits bétails. La proximité avec l'Italie favorisait la contrebande de diverses marchandises. De nombreux habitants travaillaient de manière saisonnière en Toscane. Le village possède de jolies maisons patriciennes et quelques maisons de vacances. C'est aussi proche du village que fût construit le barrage hydroélectrique à 660 mètres d'altitude.

ÉGLISE SAN MICHELE ★

Ouverte toute la journée.

Cet édifice a été remanié à plusieurs occasions. La chapelle sur la droite semble avoir été le chœur d'une construction antérieure. On y admirera de splendides fresques du XVe siècle, réalisées par le peintre Antonio de Tradate. Ces scènes rustiques, qui racontent les cycles de la vie paysanne (correspondant aux différents mois de l'année), sont conservées dans un excellent état. Elles sont le chef-d'œuvre du maître. Le bâtiment actuel date du XVIIe siècle et le clocher de l'époque romaine a été remanié pour s'adapter à l'architecture baroque.

MONTE CARASSO ★

Ce village est situé à quelques kilomètres au sud de Bellinzona, au pied du Monti di Mornera. Plusieurs de ses monuments méritent le détour : l'ancien Monastero delle Agostiniane, qui date du XVe siècle, comme l'église San Bernardino et Girolamo toute proche. C'est surtout d'ici que l'on prend le téléphérique pour rejoindre les Monti di Mornera (en un peu plus de 10 minutes). Mornera est une terrasse naturelle, baignée de soleil, avec une vue imprenable sur les montagnes du Sottoceneri et la région de Bellinzona. À mi-parcours entre le Monte Carasso et Mornera (400 m plus haut que le Monte Carasso) se trouve le joli hameau de Curzutt.

MONTE TAMARO

Entre Lugano et Bellinzona se trouve le Monte Tamaro. Du sommet (1 962 m), la vue sur les paysages préalpins, les lacs et les sommets alpins enneigés est imprenable ! De nombreuses activités y sont possibles : parc d'aventure (avec une tyrolienne de 400 m de long, la plus longue de Suisse, une piste de luge et du saut à l'élastique), itinéraires pour VTT, spa. De belles randonnées sont possibles comme la plus spectaculaire de Tamaro-Lema qui conduit du Monte Tamaro au Monte Lema en environ 5 heures. Tout au long de la marche, on admire le lac Majeur, la fameuse vallée de Verzasca, les villes de Bellinzona, Locarno, de l'autre côté la cité de Lugan.

TENERO ★

Tenero-Contra est une petite ville située à l'est de Locarno, sur les bords du lac Majeur, connue comme étant l'une des capitales européennes du camping. Très fréquentée, elle offre en effet de par sa situation entre lac et montagne un grand choix d'activités sportives et récréatives. À l'entrée de la Valle Verzasca, c'est un point de départ idéal pour partir découvrir cet espace des plus traditionnels. Le barrage de Contra, situé à l'entrée de la commune, est impressionnant à voir, du haut de ses 220 m. Pour les plus téméraires, c'est le lieu idéal pour un petit saut à l'élastique, comme James Bond dans *Golden Eye*.

CAMPING LAGO MAGGIORE €

Via Lido 2 ✆ +41 91 7451848
www.clm.ch

Comptez de 29 à 52 CHF pour deux personnes pour un emplacement avec électricité selon la saison.

Un camping de rêve au bord de la plage et aux installations sanitaires modernes et propres. Pas moins de 280 emplacements vous attendent, aux tarifs variables en fonction de la taille, de la saison et des suppléments choisis. Le plus : la plage de sable fin attenante au camping et les vastes zones boisées pour manger ou se relaxer à l'ombre. Dans la zone de baignade, un petit toboggan pour amuser les enfants et les adolescents. Possibilité de pratiquer de nombreux sports et point de départ de très belles excursions. Excellent choix pour se poser !

RIVERA

Cette petite localité située sur le trajet entre Bellinzone et Lugano est intéressante pour son église Santa Maria, réalisé par un architecte tessinois de renommée, Mario Botta. Typiquement tessinoise, elle est perchée en hauteur au niveau de l'Alpe Foppa. La région du Monte Tamaro est riche en matière de loisirs outdoor. Sur place, vous pouvez profiter de la nature au nature sur les sentiers balisés, ou vous divertir au Parc Aventure ou encore sur la piste de luge. Depuis Rivera vous pouvez atteindre en télécabine l'Alpe Foppa (1530 m) et ensuite continuer à pied jusqu'au sommet du Monte Tamaro où vous attend une vue à couper le souffle.

SPLASH & SPA

1 Via Campagnole - **RIVERA**
✆ +41 919 362 222 - www.splashespa.ch

Ouvert de 11h à 18h. Entrée dès 27 CHF et enfants 17 CHF.

Plouf ! De quoi s'éclabousser de rire au Spash & Spa de Rivera, un endroit de loisirs comme on les aime, avec des piscines couvertes et extérieures, et des toboggans aquatiques pour tous les goûts : pas moins de 14 000 m² dédiés au bien-être aquatique. Le côté spa et ses 3 000 m² forment un un espace de relaxation pensé pour favoriser votre lâcher-prise. L'élégance des lieux est égale à la qualité des infrastructures, avec des saunas au bois de châtaignier, un parcours hammam… Le côté Splash est plus ludique avec des toboggans et des piscines chauffées.

LUGANO ★★★

Lugano, c'est le soleil du Sud qui se reflète dans l'eau de son lac et se réfléchit dans les montagnes. Simplement un endroit géographiquement béni des dieux ! Si vous venez d'une ville du nord, comme Zurich ou Bâle, vous serez certainement surpris par cette ville lacustre et pas seulement par l'éventuelle différence de température ou par la langue. Les habitués de l'Italie du Nord jugeront même certainement Lugano comme étant plus méridionale que Côme et Bergame, qui sont pourtant vraiment italiennes et plus au sud. Avec sa nature et son patrimoine valorisés, elle est devenue un haut lieu touristique. Lugano s'apprécie en toute saison.

Histoire

Au cours du XIXe siècle, Lugano a joué un rôle essentiel pour l'unification de l'Italie. Les frères Ciani, avec d'autres Luganais, ont organisé un réseau de structures d'accueil pour les réfugiés italiens de la lutte du Risorgimento qui fuyaient la répression autrichienne. Ce long chapitre d'histoire court de Napoléon Ier à 1859. Parmi ces réfugiés accueillis ici, Giuseppe Mazzini, Carlo Cattaneo, Ugo Foscolo, Filippo del Mester. La villa Ciani, aujourd'hui musée de la ville, fut au centre de cette activité.

Shopping

L'atmosphère est fort décontractée, on lézarde sur les terrasses, on découvre les vitrines des magasins de mode et surtout de luxe : Lugano est la troisième place financière de Suisse, pour seulement 63 000 habitants. Proche de Lugano, Fox Town est un village de marques.

LAC (LUGANO ARTE E CULTURA) ★★

6 Piazza Bernardino Luini
✆ +41 58 866 42 00
www.luganolac.ch

Ouvert du mardi au dimanche de 10h à 18h, le jeudi jusqu'à 20h. Entrée à 20 CHF.

Le relativement nouveau centre Culturel de Lugano - LAC est consacré aux arts visuels et scéniques, ainsi qu'à la musique. Face au lac, dans un style architectural très contemporain qu'on ne peut pas louper (volume de 180 000 m³), le complexe s'expose sur trois étages et bénéfice d'un immense hall, d'une salle de spectacle avant-gardiste et d'un espace muséal. Il est le siège du musée d'Art de la Suisse italienne centré sur l'art moderne et contemporain.

MASI - MUSEE D'ART DE LA SUISSE ITALIENNE ★★

Deux sites pour un même musée : au LAC - Piazza Bernardino Luini 6 et à Palazzo Reali Via Canova 10 (rénovation en cours) ✆ +41 58 866 42 40
www.masilugano.ch

Mardi, mercredi et vendredi 11h-17h, jeudi 11h-20h, samedi 10h-18h. Tarif LAC 15 CHF, combiné avec Palazzo Reali 18 CHF.

Voilà un nouveau musée né de la fusion du musée d'Art moderne de Lugano et du musée cantonal d'Art de la ville. Une partie du musée se trouve sur le nouveau site du LAC - Lugano Arte Cultura. On y trouve notamment la collection permanente (gratuite) qui compte des œuvres notables d'artistes. Mais aussi de expositions temporaires éclairent les visiteurs sur des artistes modernistes et contemporains internationaux. L'autre partie du musée est aménagée dans le Palazzo Reali.

MUSEC LUGANO ★

Via Cortivo 24
✆ +41 58 866 69 60
www.musec.ch

Ouvert du mardi au dimanche de 11h à 18h. Entrée 15 CHF.

Ouvert en 1989, ce musée expose de façon permanente la fameuse donation Brignoni-Aramis. Serge Brignoni (1903-2002) était un artiste suisse italien – peintre et sculpteur – qui décida en 1985 de léguer sa collection à la ville de Lugano. Depuis complétée par d'autres donations, à l'intérieur de ce musée, on découvre une riche collection d'objets d'intérêt ethnologique, historique et artistique provenant d'Océanie (Mélanésie, Polynésie), d'Indonésie (Kalimatam, Bali…) et d'Afrique (Ibo, Senufo…). Expositions temporaires régulières.

MUSÉE EN HERBE ★

Riva Caccia 1 Central Park, 1° étage
✆ +41 91 835 52 54
www.museoinerba.com

Ouvert du mardi au jeudi 9h30-12h. Entrée à 5 CHF.

Premier et unique musée tessinois destiné aux enfants, c'est aussi la première antenne externe du Musée en herbe de Paris. Il propose des expositions éducatives et interactives attachées au monde de l'art. Toute la muséographie est fondée sur l'humour et le jeu, c'est l'idéal pour intéresser les enfants sans qu'ils s'ennuient. Il y a de nombreux ateliers proposés soit pour les enfants seuls, soit en duo avec un adulte. Un beau moment de partage en prévision ! Comptez entre deux et quatre heures pour faire le tour sans se presser.

PARC TASSINO ★

A quelques pas de la gare.

Entrée libre. Ouverture de 6h jusqu'à 23h30 (21h en hiver).

Immense parc (21 000 m^2) avec de nombreuses activités : jeux pour les enfants, espace clôturé avec des animaux, chemins jusqu'à la tour Enderlin, du nom de la famille de l'ancien propriétaire du parc. Le parc Tassino offre en plus une magnifique vue panoramique. Grâce à sa position ensoleillée, la flore y est particulièrement généreuse : rosiers, magnolias, glycines… L'été, on vient s'y installer et profiter du soleil pour faire une pause. Le plus : si vous voyagez avec votre animal de compagnie, le parc abrite une zone clôturée et réservée aux chiens.

© TRABANTOS - SHUTTERSTOCK.COM

Vue sur le lac de Lugano.

SUISSE ITALIENNE

PARCO CIANI ★

Palazzo Civico,

La villa est ouverte de 10h à 18h.

Considéré comme l'un des plus beaux jardins du pays, ce parc de 6 hectares, poumon vert de Lugano sur les berges du lac, est l'un des lieux les plus étonnants du golfe, avec pelouses anglaises, palmiers, magnolias et camélias, parterres fleuris et statues. Il abrite l'historique Villa Ciani, le palais des Congrès, l'embarcadère et la bibliothèque cantonale. En se baladant dans le parc, on profite d'une belle vue sur Lugano et les monts environnants : le mont Bré, le mont San Salvatore, mais aussi la ville de Campione d'Italia.

PUBLIBIKE

✆ 058 453 50 50

www.publibike.ch

Location 3 CHF les premières 30 minutes.

A l'instar des Vélib' parisiens, Lugano a ses Publibike : 45 stations et 14 communes impliquées dans le projet. Il faut dire que le vélo a le vent en poupe et que c'est une très belle manière de circuler en appréciant le paysage aux abords des lacs. À ce jour, 750 vélos sont répartis sur tout le réseau. On peut louer à la journée à petit prix avec sa CB à la borne automatique pour se balader. Très facile à utiliser et surtout très pratique. Tout est optimisé pour favoriser la mobilité douce. Surtout, pensez à prendre votre temps pour visiter.

AÉROPORT DE LUGANO

Via Aeroporto

✆ +41 91 610 11 11

www.lugano-airport.ch

Vols réguliers avec Genève et Zurich. L'aéroport n'est pas le plus grand de Suisse mais il peut être utile. Son flux est de 150 000 voyageurs par an. Il est situé à 6 km de Lugano et seuls 30 km le séparent de la frontière italienne. Il opère sur les vols régionaux et ne peut accueillir de long-courriers. Il est facile de regagner l'aéroport par les transports publics avec le train Lugano Ponte-Tresa qui part depuis la gare de Lugano. La compagnie Swiss assure la majorité des vols à destination de Lugano et en provenance de Zurich.

SOCIÉTÉ DE NAVIGATION DU LAC DE LUGANO

Viale Castagnola 12

✆ +41 91 222 11 11

www.lakelugano.ch

Compter entre 27 CHF et 40 CHF aller-retour en fonction du circuit.

La Société de navigation du lac de Lugano propose de nombreuses excursions à thème, par exemple un dîner sur l'eau ou une balade en Vedetta 1908 (un bateau électrique respectueux de l'environnement)... Pour voir l'agenda et les événements, direction le site Internet avec toutes les informations. D'avril à octobre, de nombreux circuits sont organisés à destination des villes lacustres comme Gandria, Porlezza, Melide, Brusino, Morcote, Porto Ceresio.

AJ LUGANO €

Via Cantonale 13

✆ +41 91 9662728

www.youthhostels.ch/lugano

Lit en dortoir dès 41 CHF, chambre simple dès 92 CHF, draps inclus. Petit déjeuner : 10 CHF.

Une belle auberge de jeunesse aux allures de villa méditerranéenne, dans un parc de 10 hectares, avec palmiers et même une agréable et grande piscine. Côté espaces communs, on profite d'un salon avec télévision, mise à disposition de jeux, coin Internet, etc. Une très bonne adresse aussi bien pour les backpackers que pour les familles. Au choix des dortoirs de six ou huit lits, avec salle de bains et toilettes partagées sur le palier, ou des chambres individuelles. Réduction au-delà de 4 nuits – voir offre sur le site Internet.

HOTEL & HOSTEL MONTARINA €

Via Montarina 1 ✆ +41 91 966 72 72

www.montarina.com

Dortoir dès 29 CHF, chambre double avec salle de bains dès 95 CHF.

Cette auberge de jeunesse de luxe a un atout majeur : c'est une belle villa bourgeoise de 1860 avec piscine sur les hauteurs de la ville, proche de la gare. Les chambres doubles ont du cachet avec du plancher ancien et des jolis meubles, l'ensemble est charmant. L'endroit parfait pour des vacances ! Cuisine collective, parking gratuit, informations sur les excursions et les visites. Une très belle adresse pour les petits budgets. Sur place, un restaurant avec des produits frais et une cuisine locale complète parfaitement l'offre.

SAN CARLO GARNI €

Via Nassa 28
✆ +41 91 922 7107
www.hotelsancarlolugano.ch
Chambres doubles à partir de 86 CHF.

Hôtel à l'ancienne très bien situé sur via Nassa (l'artère commerçante de la ville) tout près du lac. L'établissement propose 20 chambres toutes charmantes et bien tenues, avec salle de bain privative très bien équipée. La décoration reste minimaliste mais l'ensemble est relevé par la présence de mobilier en bois clair et la luminosité des peintures murales. Consigne à bagage. Wifi gratuit. Au vu des tarifs habituellement pratiqués à Lugano, le prix à la nuitée est très raisonnable. Personnel aimable et excellent petit déjeuner.

HÔTEL FEDERALE €€

Via Paolo Regazzoni 8
✆ +41 91 910 08 08
www.hotel-federale.ch
Chambre simple dès 149 CHF, chambre double dès 179 CHF.

Placé entre la gare et le centre-ville, cet hôtel 3 étoiles possède 48 chambres confortables, récemment rénovées dans un style moderne et agréable. On apprécie les chambres familiales allant de quatre à cinq couchages. Le petit déjeuner est spécialement bon et abondant. Le jardin en été est très sympathique. Si on veut un peu plus d'indépendance, on peut louer le studio disponible pour deux personnes, situé dans le centre, à proximité du funiculaire et de la cathédrale. Offres et avantages si on réserve directement *via* le site Internet.

INTERNATIONAL AU LAC HISTORIC LAKESIDE HOTEL €€

Via Nassa 68
✆ +41 91 922 75 41
www.hotel-international.ch
Ouvert d'avril à octobre. Chambre double à partir de 180 CHF.

Beau bâtiment de 1906 situé face au lac et proposant des chambres confortables et climatisées au décor romantique. Du mois d'avril au mois d'octobre, la piscine au cœur d'un jardin verdoyant est un délice. Pourquoi ne pas profiter du jeu d'échecs ou du ping-pong ? Un cadre très agréable. Insolite : au premier étage, l'hôtel a créé un petit musée du centenaire ouvert aux clients, qui met à l'honneur les histoires et objets de la famille et de l'hôtel. Hôtel avec parking.

VILLA PRINCIPE LEOPOLDO €€€

Via Montalbano 5 ✆ +41 91 985 88 55
www.leopoldohotel.com
Chambre double à partir de 224 CHF.

Très haut standing pour cet établissement installé dans une magnifique villa construite en 1926 sur la colline d'Oro. Un lieu de paix magique aux abords de la ville offrant une vue sublime sur la baie de Lugano. Les chambres au charme royal sont élégantes et très spacieuses. L'accueil est d'un grand professionnalisme. Une adresse de haute qualité, avec piscine, sauna et terrains de tennis ! Le spa offre de nombreux choix de prestations de bien-être : massages, traitements… Pour parfaire le tout, on n'hésite pas à découvrir la table gastronomique lors d'un dîner.

ANTICO APPRODO €

5 piazza Lucchini
www.antico-approdo.ch
Tarifs location 100 CHF la nuit pendant l'année, 1 000 CHF la semaine pendant la haute saison.

Dans le cœur historique du village de Gandria, dans un écrin noble du XVe siècle, le logement a non seulement un indéniable cachet historique, mais privilégie la fraîcheur en été et la chaleur en hiver, grâce à l'épaisseur de ses murs. Bucolique, votre séjour le sera grâce à la situation les pieds dans l'eau de la maison. Idéalement agencée pour 4 personnes, vous bénéficiez de toutes les commodités avec deux chambres à coucher et une cuisine. Lumineuse, reposante et accueillante, il sera plaisant d'observer la vie lacustre depuis votre balcon.

ACQUA E FARINA €

Via Canova 9
✆ +41 77 953 49 99
Ouvert tous les jours de 11h30 à 14h30 et de 18h à 23h30, jusqu'à 00 : 30 le week-end. Pizza de 9 CHF à 25 CHF.

Coincée dans une ruelle presque introuvable, cette petite pizzeria sans prétention est séduisante. L'espace intérieur, très soigné, alliant déco végétale, bois clair, luminaires suspendus et touches de couleur nous a conquis. Une mention spéciale pour le bel olivier qui trône fièrement au milieu d'une table. Côté papilles, c'est la pizza qui est reine ici : à côté des grands classiques, on trouve aussi des pâtes frites, à l'orge, ou des options plus originales comme celles au ragoût de poulpe ou au ragoût napolitain… Un délice !

BISTROT & PIZZA ARGENTINO €

1 Crocicchio Cortogna
✆ +41 91 922 90 49
www.ristoranteargentino.ch
Bistrot et Pizzeria. Du dimanche au jeudi 11h30-22h30, vendredi et samedi jusqu'à 23h.

Sous les arcades devant la Piazza Riforma, ce restaurant se tient l'emplacement d'un ancien bistrot existant déjà dans les années 1930. Une place très agréable en été avec une terrasse aérée. Une bonne cuisine italienne à la fois traditionnelle et servie de manière contemporaine. Les pizzas sont croustillantes à souhait. Le *must* est de pouvoir choisir 2 pizzas en une ! La pâte est extrêmement fine et même la plus grande taille se laisse dévorer sans en laisser une miette !

LA TINERA €

Via dei Gorini 2
✆ +41 91 923 52 19
Ouvert de 11h30 à 15h et de 17h30 à 23h, fermé le dimanche. Compter de 25 à 35 CHF pour un plat.

Atypique dans un Lugano chic et branché, cette auberge située en sous-sol, dans une cave voûtée, propose une ambiance rustique et chaleureuse. Les recettes traditionnelles tessinoises sont abondantes, les risottos délicieux, les assiettes de fromages incroyables et le tiramisu très réussi. On comprend vite son succès, la qualité de la nourriture fait l'unanimité. Pour compléter le tout, on trouve une belle carte des vins pour accompagner son repas. Service efficace et attentionné. Patron sympathique. Vous ne serez pas déçus !

LA FERMATA €

16° Viale Castagnola
✆ +41 91 225 79 77
Restaurant Burger et Tex-Mex. Tarifs tapas dès 9 CHF, tacos de 19 à 25 CHF, Burgers dès 19 CHF. Terrasse.

Nouvelle tendance, la Fermata offre une carte de tacos, fajitas et burgers très gourmets que l'on se presse de dévorer. Un décor vintage rappelant l'univers des trains, avec des tables hautes pour une assise décontractée. Un régal à déguster sans complexe car tout est fait maison. Notre coup de cœur : les frites au parmesan et à la truffe. Côté boissons, les cocktails à base de gin sont excellents. Le service est rapide et accueillant, l'ambiance très sympa. Si on aime les burgers, c'est une adresse à ne pas louper qu'on ne peut que recommander !

ANACAPRI RISTORANTE €€

Via Clemente Maraini
✆ +41 091 922 53 00
www.anacapri.ch/
Du lundi au vendredi de 8h à minuit, à partir de 10 le week-end. Plats de 18 CHF à 45 CHF. Pizzeria à partir de 15 CHF.

À quelques pas de la gare, le grand plus de ce lieu est sa superbe vue sur la ville et le lac ! Sinon, on y déguste de bons plats italiens. Ce jour-là, on s'est laissé tenter par un tartare de saumon mariné, avant de craquer sur les tagliatelles aux champignons. On peut se laisser séduire sinon par les salades, les soupes, les risottos et autres pâtes, ou même les délicieuses pizzas. Côté dessert, on est séduit par les propositions parfois originales comme le couscous sucré à la pistache, au miel et à la menthe. Bon appétit !

MAURI CONCEPT €

Via Gerolamo Vegezzi 4 ✆ +41 091 923 45 70
www.mauriconcept.ch
Ouvert du lundi au vendredi de 7h à 19h, jusqu'à 17h le samedi. Pâtisseries dans les 6 CHF, plats dans les 20 CHF.

Figurant dans la famille des établissements branchés de Lugano, Mauri Concept est un concept store qui attire : boutique de designers, salon de beauté et café-restaurant tout en un. Sous de belles arcades entourées de plantes en extérieur ou à l'intérieur dans une déco design, c'est un bon choix pour un petit déjeuner entouré d'hommes d'affaires qui avalent leur café. Les pâtisseries, à la française ou à l'italienne, la large gamme de thés et la petite restauration de qualité (salades, tartares, bagels, mais également un vrai menu hebdomadaire) valent le détour.

BOTTEGONE DEL VINO €€

Via Magatti 3
✆ +41 091 922 76 89
Ouvert du lundi au samedi de 11h30 à 23h45. Plats dans les 25 CHF.

Depuis plus de vingt-cinq ans, ce bistro aux accents méridionaux sert une cuisine de saison, fraîche, familiale et réjouissante ! La petite carte – quelques plats affichés sur une ardoise – est énoncée par les serveurs vêtus de noir et blanc à la fois courtois et décontractés. *Il vino* est à l'honneur ici, glorifié par d'impressionnants magnums décorant les murs. Que ce soit à l'intérieur ou sur la terrasse, on est sûr d'y passer un moment de plaisir. Le plus qui fait beaucoup : les amuse-gueules (fromages, *bruschetta*…) servis dès votre arrivée.

GRAND CAFÉ AL PORTO €€

Via Pessina 3
✆ +41 91 910 51 30
www.grand-cafe-lugano.ch
Ouvert du lundi au samedi de 8h à 18h30. Comptez à partir de 25 CHF le plat.

C'est une véritable institution à Lugano. Cet établissement d'une grandiose élégance est ouvert depuis… 1803 ! Il abrite une salle de restaurant, un patio et une bibliothèque et il offre une cuisine raffinée dans un cadre distingué. On le recommande vraiment pour un cappuccino accompagné d'une de leurs merveilleuses pâtisseries dans la partie café/confiserie Al Porto. Ne manquez pas de lever les yeux et d'admirer le plafond datant de 1500 orné de fresques attribuées à l'artiste florentin Carlo Bonafedi. Le plus : salle de réunion allant de 2 à 44 personnes.

OSTERIA TRANI €€

Via Cattedrale 12,
✆ +41 091 922 05 05
www.trani.ch/
Du lundi au vendredi de 11h45 à 14h et de 18h45 à minuit, seulement le soir le samedi. Plats entre 20 CHF et 49 CHF.

Cachée dans une ruelle qui descend de la cathédrale, le restaurant Osteria Trani est une petite trouvaille ! L'équipe propose une cuisine méditerranéenne raffinée et une impressionnante liste de vins (plus de 350 !) dans un cadre cosy sous une voûte en pierre. Que vous craquiez pour les raviolis du moment, les *scottadito* d'agneau au thym ou le poulpe à la sauce mozzarella, vous ne serez pas déçu. En 2018, le *New York Times* a même fait un élogieux article sur la qualité des raviolis… L'adresse est incontournable si on veut en tester !

BAR CAFFÉ LA CHICCHERA DI JESUS TELLEZ RUBIO

15 Via Pietro Peri
✆ +41 76 546 13 37
Ouvert du lundi au samedi de 7h30 à 19h30, le samedi de 10h à 18h. Terrasse.

Au fond d'une petite impasse, notre curiosité nous a poussé à visiter le café-bar à vins espagnols la Chicchera di Jesus. Une petite salle très *cosy* avec des tables bistrots qui rappellent l'ambiance des vieux cafés. On aime à siroter un vin espagnol parmi la sélection du patron, ou un très bon cappuccino dehors sur la petite terrasse installée à même les pavés de la rue. C'est une ambiance colorée dans une ville pleine de couleurs. Une halte pleine de saveurs et engorgée de soleil !

LÄDERACH

17 Via Pessina
✆ 091 923 19 00
Ouvert du lundi au vendredi de 9h à 18h30, jusqu'à 21h le jeudi et le samedi de 9h à 18h

Qui dit Suisse, dit fromage, mais aussi inévitablement chocolat ! Cette belle petite ville touristique et chocolatière au bord de son lac est un écrin de choix pour le chocolatier suisse Läderer dont les points de vente sont déployés dans plus d'une vingtaine de villes à travers toute la confédération. Läderer tient ici une élégante boutique au 17 de la rue Pessina, où l'on vient faire provision de tablettes, de chocolat à la casse, de chocolats fins et de saison… En toute confiance : c'est la qualité suisse et c'est un vrai régal !

VANINI

1 Piazza della Riforma
✆ +41 91 923 82 84
www.vanini-dolce-caffe.ch
Ouvert du lundi au vendredi 7h à minuit, samedi de 8h à 1h, dimanche de 9h à minuit.

Superbe, la magnifique Piazza Riforma, le lieu bien connu à Lugano pour ses bonnes glaces (cornets faits maison) et pâtisseries que l'on apprécie à tout moment de la journée. Vanini est aussi un bar où les Spritz fleurissent les terrasses en été ! Une maison ancienne qui joue avec l'air du temps et propose un accueil design et professionnel. Les Tessinois aiment s'y rejoindre pour le petit déjeuner du week-end et profiter du très bon chocolat chaud maison : élégance du cadre, dégustation délicate de produits de qualité et ambiance intimiste.

RENT A BIKE - LOCATION DE VTT

Gare ferroviaire de Lugano ✆ +41 41 921 05 75
www.rentabike.ch
Ouvert tous les jours de 8h45 à 17h45. Demi-journée 27 CHF, journée 35 CHF. Tarif pour les enfants : 22 et 30 CHF.

Comme dans de nombreuses gares de Suisse, il est possible de louer un vélo ou VTT à la gare, très pratique pour aller se balader et découvrir de manière responsable. L'agence peut vous prodiguer de très bons contacts pratiques et surtout vous guider sur les tracés pour des randonnées VTT. Vous pouvez obtenir des circuits pour les randonnées. Son site Internet vous propose également des rubriques sur les stations, les routes et les tours possibles. La réservation se fait en ligne.

CASTAGNOLA ★

Limitrophe de Lugano (bus n° 11 pour vous y rendre), Castagnola est une petite ville installée au pied du Monte Brè. Un air léger et ensoleillé souffle sur cette bourgade au tempérament du Sud. Pour découvrir tranquillement les bords du lac et vous immerger dans la quiétude locale, rien de tel que d'emprunter le sentier des Oliviers qui vous mène de Gandria à Castognola. 18 tables explicatives sur la botanique, les oliviers, l'histoire jalonnent votre parcours de 3,3 km. Votre balade bucolique vous permet de voir une ancienne oliveraie et de nouvelles zones de réintroduction de l'arbre, un vieux pressoir et le parc des oliviers à Castagnola.

ÉGLISE SAN GIORGIO ★

Piazza St. Giorgio
Édifice religieux.

© SMARTVIEWPHOTO.CH - SHUTTERSTOCK.COM

Cet édifice du XVIIe siècle abrite des fresques et des stucs du XVIIIe siècle. Son clocher est particulièrement beau, et depuis son esplanade la vue sur le lac est sublime. L'église est sur le chemin du Monte Brè, le célèbre sommet de Lugano. L'église a quelque chose de méridional dans son architecture rehaussée d'un campanile et de façades en pierres de taille. Le bel escalier pour la rejoindre lui donne des allures de belle demeure aristocratique. Le village est aussi très charmant et de belles promenades vous tendent les bras.

SUISSE ITALIENNE

MONTE BRÈ ★

Culminant à 933 m, cette montagne domine la ville de Lugano et, comme de nombreux autres sommets de la région, offre un magnifique panorama sur le bassin du lac de Lugano, le San Salvatore, le Monte San Giorgio ainsi que sur les Alpes bernoises et valaisannes. Grâce à son record d'ensoleillement (la région du Monte Brè serait la plus ensoleillée de tout le pays), des roses de Noël, une fleur à floraison hivernale qui ne vit que dans la partie méridionale de l'Europe, y poussent. Au sommet, restaurants avec terrasses ensoleillées et point de départ pour des randonnées de tous niveaux, notamment l'excursion vers le joli village de Brè (accessible en 15 minutes de marche).

▶ **Le village de Brè,** un pittoresque village rural, est surnommé le « village des artistes » du fait du grand nombre d'artistes qui y vécurent. Au cœur de la localité, un aménagement artistique appelé la « voie de l'art » permet de découvrir le village tout en admirant des œuvres d'artistes à la renommée nationale et internationale. Le musée Wilhelm Schmid, niché dans la maison où vécut cet artiste (1892-1971), abrite une belle collection d'œuvres du peintre considéré en Suisse comme le précurseur de la nouvelle objectivité. Pour ne rien gâcher, les *grotti* avec vue ne manquent pas !

Sports / Loisirs

Il est possible de découvrir le Monte Bré à vélo. Depuis l'arrivée du funiculaire, descendez en direction du village de Brè et continuez vers Lugano en faisant une halte au village de Suvigliana (environ une demi-heure de parcours). Plus difficile, vous pouvez partir de l'arrivée du funiculaire, descendre vers le village de Brè, poursuivre vers le village de Cureggia, puis Pregassona, puis finir par Suvigliana (environ 3 heures 30 de parcours). Si vous préférez la marche, le Monte Brè offre de nombreux itinéraires qui vous permettront de découvrir la diversité de la végétation et la vue imprenable sur la baie de Lugano et ses environs.

Tourisme

L'association Circolo Pasquale Gilardi Lelèn a collaboré avec Visarte pour mettre en place un parcours ponctué d'œuvres d'artistes tels que Luigi Taddei, Wilhelm Schmid qui ont vécu dans le village de Brè. Ce chemin permet de découvrir de manière fort agréable ce village typiquement tessinois.

FUNICULAIRE MONTE BRÈ

www.montebre.ch

Fermé en janvier et février. Tarifs (aller-retour) à 25 CHF pour les adultes, 12,50 CHF pour les jeunes.

De la gare de Lugano, prendre un bus urbain en direction de Cassarate. De là, une ascension fulgurante d'environ 20 minutes pour rejoindre le Monte Bré et son air rafraîchissant vous attend, soit un parcours de 1 599 mètres et un dénivelé de 629 mètres. Depuis 1908, le funiculaire transporte les Luganais et les visiteurs au petit village du Mont Brè. Une belle promenade qui est en plus récompensée par un incroyable panorama. Sur les hauteurs, profitez-en pour faire une promenade en admirant la vue.

CAMPIONE ★

Campione est une enclave italienne (à 23 km de l'Italie) de 1 km^2 en territoire suisse, sise entre le lac de Lugano et les premières pentes du Monte Generoso. La petite ville de 2 000 habitants a été pendant longtemps très fréquentée pour son casino, autrefois le plus grand d'Europe. Depuis juillet 2018 et la faillite du célèbre casino, la situation économique de la commune est catastrophique. Cela faisait deux siècles que la petite ville vivait sous le giron helvète et depuis avril 2020, la petite bourgade est de nouveau italienne. Aucune formalité douanière n'est exigée pour s'y rendre. Sur place, visitez les belles églises richement décorées.

MONTE SANS SALVATORE ★

Dominant la petite ville de Paradiso de ses 912 m de haut, cette montagne a été équipée, comme ses consœurs autour du lac, d'un funiculaire qui relie Paradiso à son sommet en 15 minutes. Ce gros caillou, comme abandonné sur la rive, a la particularité de tomber presque verticalement dans le lac de Lugano. Au sommet, un parc naturaliste avec des itinéraires botaniques a été aménagé, ainsi qu'un musée abritant une exposition de fossiles et de minéraux. Le Monte San Salvatore est un lieu idéal pour partir à la découverte de la région de Ceresio et des villages de Carona, Melide et Morcote. Un décor naturel époustouflant !

© ALTRENDO IMAGES - SHUTTERSTOCK.COM

Campione.

FUNICULAIRE

✆ +41 91 985 28 28

www.montesansalvatore.ch

Tarif adulte (aller-retour) à 30 CHF, enfant à 13 CHF. Horaires variables.

Le funiculaire se trouve à 5 minutes de la gare CFF de Paradiso. Pour le rejoindre, prendre le bus 2 jusqu'à l'arrêt Paradiso, Geretta, ou le bus 431/434 jusqu'à Paradiso au départ de la gare de Lugano. Du centre de Lugano, prendre le bus 1 jusqu'à Paradiso, Stazione/Scuole. Compter environ 12 minutes pour atteindre le sommet et sa majestueuse vue. Pour les sportifs et les amateurs d'escalade, le Monte Salvadore possède une via ferrata aménagée sur ses pentes rocheuses. N'hésitez pas à vous renseigner auprès de l'office de tourisme.

CHIESA SANTA MARIA DEI GHIRLI (DES HIRONDELLES) ★

Ouverte en été.

L'église est située à l'entrée de Campione en venant de Bissone. Elle aurait été fondée aux IXe et Xe siècles. Son escalier monumental à double rampe entrecroisée descend majestueusement du porche d'entrée jusqu'au lac. L'église possède, sur le mur sud de sa nef, une admirable fresque peinte par Lanfranco et Filippolo De Veris, en 1400, qui représente le Jugement dernier. Elle abrite également d'autres peintures, dont celles réalisées par Campione Isidoro Bianchi (1602-1662).

SUISSE ITALIENNE

CARONA ★

Le village historique de Carona situé tout près de Melide, sur la colline qui s'étend au sud du Monte Salvatore, constitue l'une des attractions de la région de Ceresio. En empruntant les rues du village, on rencontre de belles maisons patriciennes aux façades décorées de stucs, de sculptures et de fresques. À voir également : la place du village, avec la maison communale, sa loggia (fresque en trompe l'œil) et son complexe ecclésiastique. L'église San Giorgio mêle styles roman, Renaissance et baroque. À l'intérieur, on trouve l'une des rares copies du *Jugement dernier* de Michel-Ange, réalisée par Domenico Pezzi en 1585.

VILLA CARONA €€

Piazza noseed

✆ +41 91 6 49 70 55

www.villacarona.ch

Chambres simples de 145 à 185 CHF, doubles de 180 à 235 CHF.

La villa Carona est une demeure patricienne bicentenaire avec une longue histoire, encadrée d'un pittoresque village d'artistes, dans lequel Hermann Hesse a passé de nombreuses heures agréables. Ce havre de silence possède des chambres (40 lits) aux décorations chaque fois différentes et dotées de nombreux joyaux antiques. Le jardin est somptueux. Une halte de charme dans un merveilleux village. On peut aussi s'arrêter un midi ou un soir pour découvrir le restaurant La Sosta : belle carte des vins, sur réservation de préférence.

PARCO SAN GRATO ★

San Grato

À 690 m d'altitude, surplombant le village, ce joyau de 60 000 m² invite le visiteur à le découvrir à pied. Les rhododendrons et les azalées en fleurs ainsi que la grande variété de plantes enchanteront tout amateur de jardin et l'obligeront à revenir. Sur place, cinq sentiers botaniques et un sentier sensoriel vous attendent (botanique, relax, détente, panoramique, artistique et de la fable) pour vous évader. Pour les enfants, une aire de jeux est là pour les occuper et les divertir. On prend son temps, on flâne et on profite… On recommande !

MELIDE ★

Capitale administrative du Ceresio, Melide est le point de passage obligatoire pour qui veut se rendre en voiture dans le Mendrisiotto. En effet, un simple bras de terre relie les deux parties de la région du lac de Lugano entre Melide et Bissone. La ville n'a pas beaucoup de charme mais mérite une escale pour découvrir le Swissminiatur, musée de miniatures des grands monuments suisses, et profiter de sa plage du Lido où vous pouvez pique-niquer. Dans les environs, de nombreuses excursions de randonnées – par exemple le long du lac jusqu'à Bissone en une vingtaine de minutes, à moins de 2 km – ou encore de balades en bateau sur le lac.

SANCTUAIRE DE LA MADONNA D'ONGERO ★

✆ +41 91 649 70 55

Cette église de style baroque, un peu excentrée dans un petit bois au-dessus de Carona, est l'un des plus beaux exemples de l'art décoratif baroque. L'édifice, bâti au XVIIe siècle sur une petite chapelle de 1515, présente plusieurs jolies arcades extérieures. Elle abrite notamment des fresques réalisées par Giuseppe Antonio Petrini (1667-1759) ainsi que des sculptures d'Alessandro Casella datant de 1646. On y accède par un chemin de croix ombragé.

SWISSMINIATUR ★

Via Cantonale 3

✆ +41 91 640 10 60

www.swissminiatur.ch

Ouvert de mars à novembre, tous les jours de 9h à 18h. Entrée : 19,50 CHF adultes, 12,50 CHF enfants.

Plus grand parc miniature de Suisse, ce parc d'attraction est aménagé dans un vaste parc où sont reconstitués les sites les plus pittoresques de Suisse : ses villes, ses monuments (châteaux et cathédrales se taillant la part du lion) et ses moyens de communication. Le tout est représenté bien sûr à une échelle 25 fois plus petite que la normale. L'effet est vraiment très surprenant. Le réseau de chemin de fer suisse reconstitué s'étend, à lui seul, sur une longueur de 3 650 m. Une visite incontournable pour les enfants ! Un restaurant sur place.

CANTINE RIVA MÖRCOTE

28 Via Cantine di Cima
✆ +41 79 253 33 39
www.cantinerivamorcote.ch
Viticulteurs. Vins blancs, rouges et rosés.

Retrouvez l'authentique, le vrai, celui des pratiques d'autrefois qui permettent au raisin de devenir un élixir pur au goût sacré ! La Cantine Riva Mörcote produit des vins blancs, rouges et rosés en respectant l'essence même de la fermentation. Une fois les raisins récoltés, la fermentation est naturelle sans ajout d'enzymes ni de levure. Le produit se révèle comme par enchantement pour donner un vin subtil et surtout très naturel. Les producteurs sont attachés aux valeurs simples de convivialité et leur vin leur ressemble : noble, sincère et sans tricherie.

© DS

© DS

MORCOTE ★★★

Ce ravissant village de pêcheurs, assez touristique en été, est situé à l'extrémité de la péninsule de Ceresio, au bord du lac de Lugano, et est ainsi nommé la « perle du Ceresio ». Il abrite deux édifices religieux remarquables, tant par le site dans lequel ils s'inscrivent que par les fresques qu'ils abritent. On y accède par de longs escaliers de pierre interminables mais à la vue magique. On redescend au lac par les multiples ruelles pleines de charme. Très facile d'accès depuis Lugano, il vous faudra 10 minutes en voiture, ou avec les transports commun (en train jusqu'à Melide, puis en bus) ou encore à pied depuis Melide (balade 2h20).

© UWPHOTO - ISTOCKPHOTO.COM

Morcote.

CHAPELLE SAN ANTONIO ABATE ✝ ★

Cette petite chapelle est située entre l'église Santa Maria del Sasso et le village de Morcote. Ce petit édifice datant du bas Moyen Age mérite d'être visité pour les surprenantes peintures de son mur sud : une vingtaine d'âmes, représentées sous la forme d'hommes entièrement nus, sont prises au piège d'un filet (le Purgatoire) et tentent d'en sortir ; celles qui arrivent à se libérer sont sauvées par les anges. Quant aux autres, elles sont entraînées par les démons.

ÉGLISE SANTA MARIA DEL SASSO ★

Cette église et la chapelle qui l'accompagne sont installées sur une terrasse panoramique qui surplombe Morcote. On y accède par un long escalier (montée sportive !). L'intérieur présente des fresques datant de la Renaissance, mais en partie cachées par un orgue, d'ailleurs remarquable (XVIIe siècle), et d'autres, du XVIIIe siècle, également peintes sur le buffet de cet orgue. Quelques marches supplémentaires et vous accédez au cimetière d'où la vue est particulièrement splendide.

CAPOLAGO

Un des plus beaux panoramas du Tessin. On y accède par un petit train à crémaillère qui part du village de Capolago, au bord du lac, et qui, en 40 minutes, rejoint le site de Vett (1 704 m), c'est-à-dire le sommet du Monte Generoso. De là, on peut admirer la région des lacs (de Lugano, de Côme, de Varese et le lac Majeur), la ville de Lugano jusqu'à Capolago en passant par Morcote et la chaîne alpine du Grand Paradis au massif du Saint-Gothard, en passant par le mont Rose, le Cervin et la Jungfrau. Posée sur la crête rocheuse, la nouvelle œuvre architecturale *Fiore di pietra*, signée par le Mario Botta, est devenue le nouvel emblème du Monte Generoso.

PARCO SCHERRER ★

Riva da Sant Antoni
✆ +41 91 986 00 00
Ouvert du 15 mars au 31 octobre, de 10h à 17h (jusqu'à 18h en juillet et août). Entrée adulte à 7 CHF, enfant à 2 CHF.

Né de l'imagination d'un commerçant en textile et voyageur farfelu, Arthur Scherrer (1818-1956), ce parc étonnant rassemble des statues et autres objets d'art du monde entier, au milieu d'une végétation exotique et luxuriante. Le tout d'un grand romantisme… La balade est très agréable à travers les différentes plantes : palmiers, camélias, glycines, lauriers-roses, cèdres, cyprès, camphriers et eucalyptus... Le tout avec une superbe vue par moment sur le lac de Lugano, en contrebas. Le plus : pourquoi ne pas venir en bateau depuis Lugano ?

TRAIN À CRÉMAILLÈRE

www.montegeneroso.ch
Fin mars à début novembre. Départs toutes les heures de 9h25 à 16h35. Tarifs (aller-retour) : 54 CHF adultes.

Une ascension généreuse à bord d'un train à crémaillère partant de Capolago sur les bords du lac et rejoignant le sommet du Monte Generoso à 1 704 m en 40 minutes. Un parcours à flanc de montagnes sur 9 kilomètres qui a débuté il y a 125 ans. Du sommet, vous serez aux premières loges pour admirer le magnifique panorama sur le lac, la ville de Lugano, la plaine du Pô et les montagnes, des Apennins au massif du Saint-Gothard et à la chaîne de la Bernina. Approcher le Monte Generoso grâce au train, c'est la garantie de s'offrir une vision sensationnelle.

GROTTO DEL PARCO €

24 Riva di Pilastri
✆ +41 91 996 22 07
www.grottodelparco.ch
Ouvert de 11h30 à 23h fermé le mardi et de mi-décembre à fin février. Réservation indispensable en été.

A l'orée du parco Scherrer. On pourrait choisir de venir à Morcote uniquement pour cette adresse, tellement la cuisine et l'accueil y sont extraordinaires. L'été, on se prélasse sur la terrasse avec vue sur le lac, entourés d'arbres fruitiers. Dès l'automne, on se réfugie au coin du feu dans une atmosphère cosy. Il existe une carte, mais le mieux est de se fier aux suggestions du Chef, un amoureux des bons produits, qui propose chaque semaine des recettes de saison différentes. Les desserts sont divins ! Excellents vins également.

ALBERGO SVIZZERO €€

via Fam. Carlo Scacchi 13
✆ +41 91 6481975
www.albergoristorantesvizzero.com/fr/
Chambres simples à partir de 80 CHF, chambres doubles à partir de 130 CHF.

Un hôtel qui prône le confort simple mais convivial. L'auberge date du XIXe siècle et on ressent la passion des propriétaires de tenir cet endroit familial. Le restaurant propose une cuisine traditionnelle faite à base de fromages et des fondues de viande, poisson. Ainsi que des mets cuisinés au charbon et des pizzas au feu de bois. Tout comme la cuisine, l'accueil est généreux et chaleureux. La famille bichonne ses clients qu'elle considère comme des invités. Un endroit qui inspire et qui permet de se ressourcer en profitant du cadre et des promenades.

MERIDE ★

Meride fut le berceau de stucateurs et de peintres célèbres qui durent immigrer en Allemagne, en France et en Russie, en raison de la pauvreté de la région durant les XVIe et XVIIe siècles. Admirez les remarquables œuvres d'art que ces artistes ont laissées dans les ruelles et les courtines. Le Monte San Giorgio offre de superbes promenades à travers bois et forêts. Classé au patrimoine de l'Unesco, le lieu a donné une importante diversité de fossiles, certains d'entre eux dans un état de conservation exceptionnel. Ses ressources ont permis de créer une importante collection de spécimens garantissant une riche littérature géologique.

MUSÉE DES FOSSILES ★★

Via Bernardo Peyer 9
✆ + 41 91 640 00 80
https://museodeifossili.ch/
Ouvert du mardi au dimanche de 9h à 17h. Adulte 12 CHF, enfant 6 CHF.

La région était, il y a 200 millions d'années, immergée sous les eaux de la Méditerranée. Ce petit musée illustre le passé géologique du Monte San Giorgio. L'édifice, pensé par le célèbre architecte Mario Botta, a été inauguré en 2012 et s'élève sur 4 étages. Il met en valeur les fossiles de plantes et d'animaux extraordinaires ayant vécu il y a 240 à 180 millions d'années (Trias) et retrouvés ici. On y admire une belle variété de fossiles marins. Ce musée, entièrement rénové, est passionnant et interactif : idéal pour emmener les enfants.

MIGLIEGLIA ★

Ce petit village, à 17 km de Lugano, est situé au pied du Monte Lema et de sa station de sports d'hiver, dont il tire de substantiels revenus. En dehors du fait qu'il est le point de départ pour le Monte Lema, on y vient pour la vue qu'il offre de la montagne de Malcantone. Le village a gardé quelques traces de son passé médiéval, comme les églises San Ambrogio et Santo Stefano qui possèdent encore leurs clochers romans et qui renferment des fresques des XIIe et XIIIe siècles. Le bus postal assure quotidiennement des liaisons entre Lugano et Miglieglia.

RIVA SAN VITALE

L'origine du charmant village de Riva San Vitale situé sur les rives du lac de Lugano remonte à des millénaires. C'est avec la diffusion du christianisme (autour du Ve siècle) que le village lacustre prend de l'importance et devient un centre de rayonnement religieux dans le Tessin. Le bourg témoigne encore du passage des Romains, avec notamment son remarquable baptistère, l'un des plus anciens monuments chrétiens conservés en Suisse. L'église Santa Croce vaut également le détour avec un décor renaissance du XVIe siècle et dans le village la maison Bianchi présente une architecture contemporaine qui surprend et suscite de l'intérêt.

BAPTISTERE DE RIVA SAN VITALE

Édifice religieux.

Important du point de vue historique et religieux, ce baptistère est le plus ancien monument CHRétien existant encore en Suisse. Il date du Ve siècle, époque qui vit les premières tentatives d'introduction du CHRistianisme dans la région. De petite dimension, de forme octogonale, il renferme un bassin taillé dans la pierre assez rare, datant du Moyen Âge, dans lequel avait lieu les baptêmes par immersion. On peut également y admirer de remarquables fresques romanes du XIIe siècle.

HÔTEL CONCA BELLA €€

Via Concabella 2
✆ +41 91 697 50 40
www.concabella.ch
Chambre simple à partir de 125 CHF, chambre double à partir de 160 CHF. Petit déjeuner compris.

Un excellent lieu de villégiature pour passer quelques jours en Tessin. Une architecture étonnante où se marient l'ancien et le moderne. Les chambres de Bella Conca sont très agréables, et la proximité des lacs de Côme et de Lugano rend les balades environnantes bien plaisantes. D'autre part, une cuisine de haut niveau fait qu'on se réjouit d'y être pensionnaire : elle associe le terroir tessinois à des préparations plus internationales, sans perdre en personnalité. Une très belle cave qui vous invite à déguster les vins locaux.

CASLANO ★

Dominé par une colline de 500 m, le charmant bourg typique de 4 000 habitants situé au bord du lac de Lugano abrite des constructions anciennes et de beaux édifices religieux. Le mont a été classé site naturel protégé par la Confédération suisse pour sa variété botanique et son fort intérêt géologique. Il est fort appréciable de se promener sur les sentiers bordant le lac et ceux qui vous révèlent un panorama bucolique. La culture se partage lors des visites des musées de la ville, comme le musée du chocolat, de la photographie et le musée de la pêche. Un lieu de villégiature idéal pour saisir toutes les spécificités que réserve le Tessin.

MUSÉE DU CHOCOLAT ALPROSE ★★

36 via Rompada ✆ +41 (0) 91 611 88 56
www.alprose.ch
Du lundi au samedi de 9h à 17h. Magasin jusqu'à 17h30. Entrée musée : 5 CHF, 2 CHF de 7 à 16 ans et plus de 65 ans.

Le musée du chocolat de l'entreprise chocolatière Alprose, dont l'origine remonte à 1957, présente le monde du chocolat de ses origines à nos jours. On est immergé au cœur du chocolat ! En plus de son rôle didactique précieux, le musée contribue à affirmer la tradition du chocolat suisse. Au sein même de la fabrique Alprose, on peut observer du haut d'une passerelle les différentes phases de la fabrication du chocolat : de la liquéfaction du cacao à l'emballage du produit fini.

HÔTEL CACCIATORI €€

Cademario
✆ +41 91 605 22 36
www.hotelcacciatori.ch
Chambre simple dès 125 CHF et chambre double dès 105 CHF par personne. Petit déjeuner compris, demi-pension possible.

À 800 m d'altitude, un charmant hôtel vous attend dans une ambiance presque méditerranéenne. Belle piscine, beaux espaces de verdure et surtout belle harmonie au niveau de la résidence. Un hôtel qui permet aux familles de bénéficier d'un ensemble de services dans un endroit tranquille et ensoleillé. Le privilège est de se relaxer dans l'espace spa de 1 000 m² dans des piscines d'eau douce et d'eau thermale. Sur place, vous prolongez le plaisir en éveillant vos papilles au restaurant du Grotto. Un lieu de villégiature idéal pour découvrir le Tessin.

CADEMARIO

Distant seulement d'une quinzaine de kilomètres de Lugano, on peut s'y rendre en voiture ou en car postal (liaisons quotidiennes à partir de Lugano). L'endroit est surtout connu des touristes pour son Kurhaus. Cet hôtel de prestige trône majestueusement à 850 m d'altitude. Les clients peuvent se relaxer dans le centre de remise en forme avec une vue imprenable sur le lac. Comme beaucoup d'autres villages du Malcantone, Cademario est un point de départ idéal pour se lancer dans une randonnée pédestre. Plusieurs parcours existent pour pratiquer la marche nordique et profiter des trajets adaptés avoisinants les boucles de 3 à 4 km.

AL PONTE ALBERGO RISTORANTE €€

Cademario ✆ +41 91 6052492
www.al-ponte.ch
Chambre dès 120 CHF, chambre double dès 180 CHF, deluxe dès 240 CHF, famille dès 260 CHF. Petit déjeuner compris.

Pour être décontracté, vivez perché ! Cette très charmante auberge de 12 chambres bénéficie d'un beau panorama et d'une piscine couverte ainsi que d'un espace bien-être pour une détente absolue. Vous serez logé dans des chambres intimistes avec balcon et vue sur la vallée. Vous aurez le plaisir de vivre des moments conviviaux dans une maison chaleureuse. La décoration des chambres est sobre, mais les pièces sont lumineuses et présentent de grands espaces.

CURIO

Petit village de 600 habitants dans la Vallée du Malcantone. Cette vallée est connue pour ses châtaigniers que les habitants cultivaient en châtaigneraies. Le «Mal Cantone» signifiait mauvaise région et pourtant le paysage valloné et agrémenté de châtaigniers a vraiment quelque chose de séduisant. Sans doute que cette notion peut honorifique fait référence aux mines de fer exploitées dans le passé. Vous pourrez suivre le «Sentiero delle meraviglie» pour marcher sur les pas des forges et le «Sentiero del castagno», autour d'Arosio pour la production de châtaignes. Curio, est surtout connu pour son musée qui conserve la patrimoine d'autrefois.

MUSÉE DU MALCANTONE

✆ +41 91 6063172
www.museodelmalcantone.ch
Ouvert d'avril à octobre du mercredi au dimanche, de 14h à 17h. Entrée : adulte 5 CHF, enfant 3 CHF.

Installé dans une demeure de style néoclassique construite par l'architecte Luigi Fontana, ce musée a été créé en 1985 afin de présenter au public une collection de matériaux ethnographiques touchant en particulier aux activités économiques traditionnelles ainsi qu'à la vie sociale et religieuse de la région. L'exposition permanente met en relief la civilisation rustique, les activités et les moments de la vie de la population du Malcantone jusqu'au milieu de notre siècle : chasse, pêche, agriculture, artisanat et élevage de moutons.

MAGLIASO

Magliaso, posé au bord de la rivière Magliasina, est le point de départ de la randonnée « Giro del Malcantone », à travers de ravissants chemins forestiers et de jolis villages de montagne. Depuis Magliaso, montez à Novaggio et Miglieglia. Une courte descente, puis suivez la rivière Magliasina jusqu'en haut à Arosio. Continuez de grimper jusqu'à l'Alpe di Agra (le point le plus haut et le plus beau), redescendez à Cademario et retournez, par une dernière montée en traversant Vernate jusqu'à Magliaso. Environ 3 heures de marche et un magnifique panorama sur le lac de Lugano ! On accède facilement à Magliaso par un petit train depuis Lugano.

ZOO AL MAGLIO

Via ai Mulini 14
✆ +41 91 606 14 93
www.zooalmaglio.ch
Ouvert d'avril à octobre de 9h à 18h ; de novembre à mars de 10h à 17h. Tarifs entrées : adulte 12 CHF, enfant 6 CHF.

C'est l'unique zoo du Tessin avec plus de 100 animaux. Passer une journée au zoo permet aux familles d'approcher de très près les animaux enfermés comme les lions, les kangourous, les serpents… et de profiter des aires de jeux et de pique-nique. Cet espace de loisirs et de découverte fait la renommée de Magliaso. Des ateliers sont organisés pour les enfants afin de les sensibiliser au monde animal. Le zoo raconte une « belle » histoire : celle d'un couple entiché d'un lionceau qui devait être euthanasié et qu'il a « sauvé » en le ramenant en Suisse.

MONTE LEMA

Avec ses 1 624 m, le Monte Lema est un des sommets les plus élevés de la région de Lugano. Le panorama y est donc époustouflant : on y admire le Malcantone, le Monte Bre, le Monte Generoso, la plaine du Pô en direction de Milan, le lac Majeur et les montagnes du Valais. C'est aussi un site parfait pour la pratique du parapente et du deltaplane. Le petit village de Miglieglia est situé au pied du Monte Lema et de sa station de sports d'hiver. C'est idéal pour les familles. Le village a gardé quelques traces de son passé médiéval, comme les églises San Ambrogio et Santo Stefano qui possèdent des clochers romans et des fresques des XIIe et XIIIe siècles.

TESSERETE

La bourgade de Tesserete, située à 532 m d'altitude, est le chef-lieu politique de la Capriasca, petite région de collines boisées truffée de lacs et de rivières. Située à seulement 10 km de Lugano, on y accède en voiture, en bus ou en car postal. D'un point de vue touristique, le village de Tesserete abrite une très jolie église de l'époque médiévale de Santo Stefano. Les alentours offrent de belles balades et des panoramas sur les Denti della Vecchia. Dans les alentours, le couvent Santa Maria del Bigorio du XVIe siècle vaut le détour car c'est le premier construit par des capucins en Suisse en 1535. Le musée conserve des meubles et objets.

CAPRIASCA

L'atmosphère méditerranéenne règne dans le Tessin même dans les hauteurs. On s'arrête à Capriasca pour visiter l'église San Ambrogio et partir à la découverte des cabanes alpines présentes dans la région. Depuis Capriasca, de belles promenades sont à programmées qui vous permettent d'arpenter des petits chemins, traverser des hameaux et surtout vous immerger dans les forêts de bois de bouleaux. La Via dei sapori in Capriasca créé par l'office du Tourisme vous invite par un parcours à découvrir les saveurs de l'agriculture locale et tous les secrets de la production d'animaux, tel que le porc. Un voyage au cœur des valeurs alpines.

MENDRISIO ★

Mendrisio est une bourgade de près de 12 000 habitants à la pointe de la Suisse italienne, connue pour ses édifices néoclassiques son musée et son université d'architecture. On est ici très proche de Côme et de son lac éponyme en Italie. La Villa Argentina est un ancien palais construit par Antonio Croci pour un immigré de Tessin qui s'est enrichi en Argentine. Le célèbre architecte Mario Botta est d'ailleurs né ici. Pour saisir l'identité historique de la vielle-ville, rien de tel que de vous munir d'un audio-guide à l'office de tourisme et de saisir l'évolution de la cité. Aujourd'hui, Mendrisio est une ville idéale pour le shopping.

Mendrisio.

COUVENT DEI SERVITI

Piazza San Giovanni

Édifice religieux. Ouvert toute la journée.

L'ensemble comprend une chapelle médiévale dédiée à la Vierge, plus exactement à Santa Maria delle Grazie, le couvent proprement dit et enfin l'église San Giovanni. Du couvent original construit en 1477, il ne reste plus que le Au niveau de l'autel, vous remarquerez une fresque datant du XIVe siècle attribuée au groupe de Giovanni da Milano. L'église à nef unique, enfin, est un exemple significatif du baroque tardif. Elle renferme une multitude de sculptures et de reliefs en stuc ainsi que de nombreuses fresques réalisées par des artistes locaux.

ÉGLISE SAN GIOVANNI BATTISTA

Site religieux. Entrée libre.

Construite de 1723 à 1738, d'après les plans de l'architecte Giovan Pietro Magni, elle possède elle aussi de nombreuses œuvres d'art : de beaux stucs du XVIIIe siècle de Francesco Catenazzi et Giovanni Battista Bagutti ; les quatre tableaux de Giovanni Battista Bagutti (1744) dans la voûte sont très riches en couleur. L'édifice a eu la chance de bénéficier de restaurations, en 1994, qui ont redonné à l'église sa beauté originale. Elle bénéficie d'un très beau cloître du XVIe siècle.

GALERIE BAUMGARTNER

Via Franscini 24

✆ +41 91 6400400

www.gb-trains.ch

Ouvert les mercredi, samedi et dimanche de 9h30 à 17h30. Tarifs : adulte 12 CHF, enfant 6 CHF.

Dans un lieu insolite, une ancienne fabrique de pâtes, se cache un musée pas comme les autres. Les amateurs de trains miniatures seront ici aux anges : trains miniatures, modèles entièrement contrôlés digitalement, trains électriques, les nouveautés des constructeurs. Sur 2 320 m^{2} et trois étages, c'est l'équivalent de 2 500 m de rails qui mettent en scène les 3 000 modèles de la collection GB et de nombreuses collections privées. Des trains napoléoniens aux blindés militaires, le modélisme est ici l'acteur principal du musée.

MUSÉE D'ART

Piazza San Giovanni

✆ +41 91 640 33 50

www.mendrisio.ch/museo

Mardi-vendredi 10h-12h et 14h-17h, samedi et dimanche de 10h à 18h. Tarifs : 10 CHF adultes, 8 CHF pour les enfants.

Installé au sein du magnifique cadre de l'ancien couvent des pères servites, le musée présente une collection permanente de 400 objets d'art, mais ce sont les expositions temporaires qui sont les plus intéressantes. Le musée d'Art offre des expositions d'artistes de grand renom. Ces dernières années, elles ont été consacrées à Klee, Braque, Giacometti, Wotruba et autres grands artistes locaux. Les immanquables du musée sont les 650 transparents exécutés à la fin du XVIIIe siècle et la collection du XVIe au XXe siècle des œuvres illustrant la vie locale.

ORGANISER SON SÉJOUR

La Suisse est typiquement un pays où l'on peut se rendre seul sans aucun problème. C'est une destination très sûre. Sur place, l'organisation est parfaite. Les offices de tourisme vous renseignent et vous aident. Les réservations par Internet pour les hébergements sont une pratique largement rodée. La langue française est parlée dans de nombreux cantons. Les vols depuis la France avec des compagnies à bas prix ou non sont nombreux. Aucune difficulté pour se déplacer en voiture. Le réseau des chemins de fer est très efficace et la qualité des transports hors pair. La Suisse ne demande pas de préparatifs particuliers et il est facile de s'y rendre pour une escapade également.

Il est vrai que la destination est une des plus chères d'Europe. C'est à vous de jongler pour organiser votre séjour sans vous ruiner. De nombreuses offres promotionnelles sont accessibles hors saison et côté culture, les musées sont souvent gratuits.

ARGENT

La monnaie est le franc suisse (CHF, 100 CHF ≃ 95 €), en allemand *schweizer Franken*, en italien *franco svizzero*, en romanche *franc svizra*. Les coupures vont de 10 à 1 000 CHF, avec des couleurs et des effigies différentes : 10 CHF (jaune/Le Corbusier), 20 CHF (rouge/Honegger), 50 CHF (vert/Taeuber-Arp), 100 CHF (bleu/Giacometti), 200 CHF (orange/Ramuz), 1 000 CHF (violet/Burckhardt). Inutile de prendre un air gêné si vous tendez un billet de 200 CHF pour un achat de moins de 5 CHF : c'est assez courant en Suisse ! Les pièces ont les valeurs suivantes : 5 centimes (parfois appelés « 1 sou »),10 centimes (« 2 sous » ou « 1 batz »), 20 centimes (« 4 sous »), 50 centimes, 1 CHF, 2 CHF, 5 CHF (« 100 sous » ou « 1 thune »). Attention, la taille des pièces ne correspond pas forcément à leur valeur !

Il est recommandé de faire du change avant votre départ pour la Suisse. La Suisse ne fait pas partie de l'Union européenne et des frais bancaires peuvent s'appliquer. Les frais de retrait varient selon les banques et se composent en général d'un frais fixe d'en moyenne 3 € et d'une commission entre 2 et 3 % du montant retiré. Certaines banques ont des partenariats avec des banques étrangères ou vous font bénéficier de leur réseau et vous proposent des frais avantageux ou même la gratuité des retraits. Renseignez-vous auprès de votre conseiller bancaire. Notez également que certains distributeurs peuvent appliquer une commission, auquel cas celle-ci sera mentionnée lors du retrait. Dans tous les aéroports et même les gares du pays, vous trouverez des bureaux de change. Nous pouvons vous recommander les changes Migros (enseigne du groupe Migros), très performants.

Les banques : la plupart des banques sont ouvertes du lundi au vendredi, de 8h30 à 12h15 et de 13h30 à 16h30.

BUDGET / BONS PLANS

Niveau de vie: Le coût de la vie est-il réellement plus élevé en Suisse ? Oui, c'est certain ! Certaines villes, comme Genève et Zurich, sont en effet réputées comme étant excessivement chères, mais il ne faut pas oublier que les salariés suisses sont les mieux payés d'Europe. Avec moins d'impôts qu'en France et un taux de chômage qui reste inférieur à 5 %, même si sa tendance à la hausse se confirme, la Suisse bénéficie donc d'un niveau de vie sensiblement plus confortable que celui des autres pays européens. Concernant les touristes, le prix de l'alimentation (viande, fruits et légumes...) a en effet de quoi effrayer. En revanche, le prix de l'essence et de l'électronique est plus raisonnable. Par ailleurs, les prix sont relativement stables (moins de 1 % d'inflation).

Francs suisses.

INTERVIEW

L'ASSURANCE VOYAGE, LE BON RÉFLEXE POUR PARTIR L'ESPRIT TRANQUILLE

avec CATHERINE DIBOUES, responsable du marché voyage, loisir et mobilités chez Allianz TraveL

En cas d'annulation de voyage, peut-on bénéficier d'un remboursement des frais engagés ?

L'assurance voyage propose une indemnisation lorsque l'on doit abandonner son projet de séjour pour une raison indépendante de sa volonté. Contrairement aux idées reçues, les assurances liées aux cartes bancaires ne proposent pas toutes une assurance annulation.

Que se passe-t-il en cas de retard de vol ?

Avec l'assurance voyage Allianz Travel, les frais supplémentaires liés à l'attente sont pris en charge, à partir de 2h de retard. Il peut s'agir des frais de restauration, de transport lors d'un changement d'aéroport ou d'une éventuelle nuit d'hôtel.

L'assurance voyage couvre-t-elle la perte ou le dommage des bagages ?

Allianz Travel indemnise les voyageurs en cas de bagages endommagés ou perdus par la compagnie aérienne. Cela comprend l'indemnisation du bagage et son contenu.

Quelles sont les destinations couvertes par votre zoning Europe svp ? Est-ce uniquement l'UE ou l'ensemble du continent européen ?

Les pays européens ont des accords avec l'administration française. Avant de partir, il faut demander la carte européenne d'assurance maladie. La sécurité sociale et la mutuelle prennent alors en charge les frais médicaux, selon leurs barèmes. Les frais médicaux étant majoritairement plus élevés qu'en France, l'assurance voyage permet de se voir remboursé du reste à charge.

En cas de souci de santé sur place, que faut-il faire ?

En cas de doute ou pour des symptômes légers, nous proposons un service de téléconsultation médicale, par téléphone et en visio, qui permet d'être conseillé et orienté par un professionnel ainsi que d'obtenir une ordonnance si besoin. Pour une situation plus grave, il est nécessaire d'appeler les urgences locales, dont les numéros sont disponibles sur notre application mobile. Une fois à l'hôpital et dans un état stable, on appelle Allianz Travel pour déclencher les procédures de prises en charge. Notre centre d'assistance fonctionne 24h/24, 7j/7.

Une bouteille de Coca-Cola sera 40 % plus onéreuse qu'en France. La Suisse est un îlot de cherté, c'est évident, mais vous êtes là de passage, en vacances, donc pour en profiter ! Cependant, il existe des bons plans à tous les niveaux et il s'agit de vous préparer pour optimiser et surtout économiser. Il serait fort regrettable de renoncer à la Suisse avec comme seul frein votre pouvoir d'achat.

- Quelques idées de prix : express (café) : 3,70 CHF, bière : 5 CHF, menu du jour à midi : 22 CHF, plat principal hors menu : 28 CHF, ticket de bus : 3 CHF.

Petit budget : 100 CHF/jour (nuit en auberge de jeunesse ou en camping, deux repas « sur le pouce », bus, un verre le soir, frais annexes). Budget moyen : 200 CHF/jour (nuit en petit hôtel, deux repas dans des restaurants « biens et pas chers », bus, un verre le soir, frais annexes). Gros budget : à partir de 300 CHF/jour (nuit en hôtel de charme, deux repas dans de bons restaurants, bus, taxi, un verre le soir, frais annexes).

- Le site de Suisse Tourisme www.myswitzerland.com consacre un thématique sur « la Suisse à petit prix » et vous oriente vers de belles découvertes gratuites. Les deux sites indispensables pour l'organisation de votre voyage son www.suisse.com et mystsnet.com. et www.myswitzerland.com/fr-ch/.

- Bon plan pour les familles : ce site vous permet de faire des économies : www.ausflugsziele.ch

Il existe également des portails comme Loisirs.ch (www.loisirs.ch) pour la Suisse romande qui répertorie les meilleures offres des partenaires touristiques, ou encore, plus artisanal, le site de Torpille.ch.

- Bon plan au niveau culturel : très nombreux sont les musées gratuits. En général, ce sont les musées de la ville ou cantonaux. Vous pourrez trouver la liste et tous les détails sur le site de l'Association des musées de Suisse : www.museums.ch/fr/home

- Taxes. Une TVA de 7,7 % est incluse dans le prix de vente des marchandises. Elle l'est aussi dans les tarifs d'hébergement. Si ce n'est pas le cas, celles-ci ne dépasseront jamais 3 CHF par personne.

- Vivre ou voyager en Suisse est coûteux selon le mode de vie choisi. Cependant, selon les cantons, la vie est plus ou moins accessible. Les régions plus montagneuses et rurales sont à privilégier. Le canton d'Uri est celui où le coût de la vie est le moins cher. Il s'agit de bien comparer les avantages fiscaux et les prix des logements selon le canton. En tant que voyageur, vous avez la chance de bénéficier de « packages exclusifs » pour circuler en train et sillonner le pays. Pour un compromis efficace et rentable, armez-vous du Swiss Travel Pass. Plus de 500 musées gratuits sont inclus et de nombreuses réductions sont inclus dans le pass. Il n'est pas rare d'être surpris par des offres hôtelières très intéressantes et favorisant les familles. Suisse Tourisme propose de nombreuses idées de découvertes thématiques.

PASSEPORT ET VISAS

La Suisse ne fait pas partie de l'Union européenne. Elle fait partie de l'espace Schengen. Une carte d'identité est donc suffisante pour tous les ressortissants de l'Union européenne pour tout séjour inférieur à trois mois. Pensez quand même à votre carte européenne d'assurance maladie comme partout en Europe. Pour tout connaître des formalités d'entrée, rien ne vaut le site de la Confédération www.eda.admin.ch. Il vous renseigne sur les règles applicables suivant la durée et suivant votre nationalité. Le site ch.ch pourra complétera toutes les questions diplomatiques et pratiques d'un voyage en Suisse. Au-delà de trois mois, un visa est nécessaire. Avant de partir, pensez à photocopier tous les documents que vous comptez emporter avec vous. Emportez un exemplaire et laissez l'autre à quelqu'un dans votre pays de résidence. En cas de perte ou de vol, les démarches de renouvellement de vos papiers auprès des autorités consulaires en seront simplifiées.

PERMIS DE CONDUIRE

Il est tout à fait possible de conduire avec un permis de conduire français en Suisse.

SANTÉ

- La Suisse a une très bonne réputation en matière de soins. Évidemment, les prix ne sont pas les mêmes qu'en France… La plupart des médicaments qui s'obtiennent sans ordonnance en France sont aussi délivrés sans ordonnance en Suisse. Il y a bien sûr des exceptions mais qui ne concernent pas les médicaments usuels ; pour les autres et les traitements, prenez ce dont vous avez besoin avec vous.

- Trousse à pharmacie : pas de recommandations particulières. Vous trouverez tout sur place. Dans les pharmacies, vous pouvez même obtenir des médicaments comme des anti-inflammatoires, type Algifor, qui sont normalement vendus sur ordonnance en France.
- L'eau est potable : on appelle la Suisse le château d'eau de l'Europe, notamment à cause de ses nombreux lacs et de ses glaciers. Munissez-vous de votre gourde et profitez des nombreuses fontaines d'eau potable gratuites à disposition dans les lieux publics. Par exemple, la seule ville de Genève compte plus de 330 points d'eau.

Vous pouvez boire l'eau du robinet dans les chambres d'hôtel (sauf si cela vous est déconseillé par l'hébergeur, dans un refuge par exemple).

SÉCURITÉ

Fidèle à sa réputation de pays sûr, la Suisse offre au touriste un confort de sécurité quasi absolu. Les enfants sont presque toujours pris en considération dans les musées et autres lieux culturels ainsi qu'à bord des moyens de transport, à travers diverses réductions et autres petites attentions telles que des programmes de visites adaptés ou des coins de jeux (notamment dans certains restaurants). Des sites Web existent pour les activités avec les enfants par canton comme www.genevefamille.ch ou encore www.vaudfamille.ch.

© JURGAR - ISTOCKPHOTO.COM

La Suisse est une destination idéale pour voyager en famille.

DÉCALAGE HORAIRE

Il n'y a pas de décalage horaire par rapport à la France ou à la Belgique. Comptez six heures de plus par rapport au Québec.

LANGUES PARLÉES

Les langues officielles de la Suisse sont l'allemand, le français, l'italien et le romanche. Ne soyez pas surpris de l'allemand parlé dans les rues suisses alémaniques, vous entendrez sûrement le dialecte suisse allemand qui diffère entre les cantons. Par exemple, à Berne vous pourrez saluer par un *grüessech* mais vous direz *grüezi* à un Zurichois.
https://www.eda.admin.ch/aboutswitzerland/fr/home/gesellschaft/sprachen/die-sprachen--fakten-und-zahlen.html

COMMUNIQUER

Si le Wifi est répandu dans toute la Suisse et est proposé gratuitement dans de nombreux cafés ainsi que dans certaines villes, il n'est pas toujours évident de trouver des cybercafés (compter environ 5 CHF de l'heure). Dans les hôtels, le Wifi est souvent gratuit, mais parfois payant et alors cher !

ELECTRICITÉ ET MESURES

- L'électricité est de 220 volts AC et 50 Hz. Les prises électriques diffèrent des prises françaises. Vous pouvez toutefois y brancher vos prises « plates ». Pour les prises de terre, vous trouverez des adaptateurs dans la plupart des centres commerciaux.

BAGAGES

La Suisse n'a rien d'exotique, donc pas de recommandations particulières, tout dépendra de la saison, de votre lieu de destination et de vos activités : chaussures de randonnée, maillot de bain, doudoune, short cycliste ou lunettes de ski. Si vous avez oublié une petite chose dans votre valise, vous pourrez toujours l'acheter dans les nombreuses boutiques, supermarchés, centre commerciaux, marchés et même marchés aux puces.

S'Y RENDRE

Située au cœur de l'Europe, la Suisse se prévaut d'une situation privilégiée pour un séjour et même pour une escapade. Depuis la capitale française, il faut à peine une matinée en TGV pour rejoindre l'extrême ouest avec Genève et le Léman. En voiture, les autoroutes françaises vous conduisent directement aux douanes principales comme celles de Bâle, Vallorbe ou encore Genève. Trois grands aéroports (Cointrin à Genève, aéroports de Bâle-Mulhouse ou de Zurich) vous permettent de cibler quelles parties de la Suisse que vous souhaitez visiter : Suisse romande ou alémanique. Des lignes de bus internationaux offrent des prix très compétitifs au départ de grandes villes de France, comme Lyon ou Paris. Vous n'aurez donc aucune difficulté pour rejoindre cet écrin préservé au milieu des Alpes. Les escapades thématiques ont le vent en poupe, comme une virée shopping de luxe ou une sortie de ski.

AIR FRANCE

✆ 36 54

www.airfrance.fr

Réservations en ligne ou par téléphone, tous les jours de 8h à 20h.

La compagnie, qui existe depuis 1933, est synonyme de qualité, de service et de confort. Sa flotte est majoritairement constituée d'Airbus âgés d'une dizaine d'années. Au départ de Paris-CDG, Air France propose plusieurs vols directs et quotidiens pour Genève et Zurich (1h à 1h20 de vol). Des vols sont également assurés entre Lyon et Zurich. Les tarifs varient selon les périodes et le taux de remplissage, mais avec de la chance vous pouvez trouver des vols à 52 CHF l'aller pour Genève ou Zurich. Le site de la compagnie offre des idées de découvertes.

SWISS INTERNATIONAL AIRLINES

✆ +41 43 547 9919

www.swiss.com

Swiss est la compagnie aérienne nationale. Elle transporte plus de 16 millions de passagers et couvre 102 destinations dans 46 pays. Son activité est tournée vers le commerce florissant du *low-cost* en proposant des vols réguliers au départ de Genève pour Bâle, Lugano et Zurich ainsi que des vols pour une trentaine de destinations en Europe. La flotte est riche de 82 appareils. Comptez 100 CHF pour un aller-retour Paris-Genève. Le vol dure environ une heure.

EASYJET

✆ 09 77 40 77 70

Compagnie aérienne low cost.

La compagnie low cost Easyjet propose 3 liaisons directes par jour entre Paris-Orly et Genève. Premier prix à 50 €. Au départ de Nice, Easyjet assure également 3 vols directs par jour. Comptez environ 1 heure de vol. Comme toutes les compagnies *low cost*, il faut compter des frais supplémentaires pour les grands bagages, les repas à bord, l'option de cartes annuelles pour de meilleurs tarifs, le choix d'assurances spécifiques ou de bonnes places réservées à l'avance. Les accros des escapades prévoient de multiples trajets pour la Suisse été comme hiver.

VUELING

✆ 08 99 23 24 00

www.vueling.com

La compagnie low cost espagnole, qui a fêté ses 15 ans d'existence en 2019, propose de nombreuses liaisons en Europe depuis Paris, Toulouse, Lyon, Rennes et Bordeaux. Le prix sans option permet de voyager avec un bagage à main et un petit sac, mais pour ne pas avoir à se limiter sur place, il est possible de retenir l'option « optima » (plus 40 € par personne) qui inclut un bagage de 25 kg et le choix des places et l'enregistrement instantané. Vols directs depuis Bruxelles et Paris pour Genève. De nombreuses promotions sont proposées toute l'année sur le site.

TGV LYRIA

tgv-lyria.com

Pourquoi ne pas privilégier le train plutôt que l'avion ? Le TGV Lyria (www.tgv-lyria.com) permet de rejoindre La Suisse efficacement. La Suisse est très bien desservie et une fois sur place le système ferroviaire est très performant. Plusieurs villes sont connectées à la France depuis Paris (départ de Paris Gare de Lyon). Visitez Genève n'est qu'à un saut de puce !

- **Genève ou Bâle :** environ 3h de trajet. Pour Genève, jusqu'à 8 allers par jour depuis Paris.
- **Lausanne :** environ 3h40 de trajet, jusqu'à 4 allers par jour depuis Paris.
- **Zurich** : environ 4h de trajet

GENÈVE AEROPORT

21 route de l'Aéroport
GENÈVE
✆ +41 848 192 020
www.gva.ch

Un des plus vieux aéroports du vieux continent puisque, créé le 11 octobre 1919, il a dépassé le siècle d'existence. L'aéroport de Genève-Cointrin est desservi en transports en commun par trains ou bus. L'option du train est clairement la meilleure vu qu'elle permet de relier l'aéroport au centre-ville et la gare de Genève Cornavin en 7 minutes CHRono. Autrement, les lignes de bus 5, 10, 23, 28, 50, 56, 57, 59 et 66 peuvent aussi vous y emmener (le 66 part de Ferney-Voltaire, à la frontière, et relie l'aéroport en 15 minutes).

GLACIER EXPRESS

ZERMATT ✆ +41 848 642 442
www.glacierexpress.ch

Départ de Zermatt à 8h52, arrivée à Saint-Moritz à 16h55. Dès 152 CHF en seconde classe et de 268 CHF en première.

Votre immersion dans les Alpes par le train commence au pied du Cervin. Le Glacier Express détient le record du monde de la lenteur, soit 36 km/h. En 8 heures, il parcourt 270 km, entre Zermatt et Saint-Moritz. Mais cette route montagneuse est ce qui rend le voyage si merveilleux. Spectaculaire, vous traversez la ligne de l'Albula (six viaducs vertigineux et trois tunnels), d'ailleurs inscrite au patrimoine mondial de l'Unesco, le viaduc de Landwasser… Tout au long du trajet, des informations vous sont partagées. Vous pouvez également profiter d'un repas à bord.

TRAINLINE

www.trainline.fr

Un vrai bon plan qui permet d'acheter un billet de train en moins d'une minute. Il suffit de créer une première fois son profil de voyageur (nom, prénom, âge, carte SNCF) qui sera enregistré pour les recherches suivantes. La recherche/réservation du billet se fait ensuite très rapidement et regroupe toutes les offres de la SNCF et d'autres compagnies européennes (Thalys, Eurostar, Deutsche Bahn, Renfe, Trenitalia...). Devenir le premier guichet du monde libre est le but affiché de ce site pratique et malin, de quoi vous mettre en confiance, non ?

KELBILLET

www.kelbillet.com

Kelbillet est un site comparateur regroupant les principales compagnies desservant les meilleures destinations européennes : SNCF, BlaBlaCar, Thalys, OuiBus, Air France, EasyJet, Flixbus, Air France, Thalys, etc. Vous souhaitez trouver un billet de train pas cher, mais aussi un billet de bus, avion, ou du covoiturage ? Ou bien acheter un billet de train à un autre voyageur ? Revendre un billet que vous ne pouvez utiliser ou vous faire rembourser ? KelBillet.com est un très bon plan. Ce site propose de nombreux billets pour voyager en France et en Europe.

TROC DES TRAINS

www.trocdestrains.com

Voici un site malin, gratuit et facile d'utilisation, consacré aux annonces de reventes de billets de train à petits prix, ni échangeables ni remboursables. Vous pouvez soit y rechercher un billet, soit en déposer un et ainsi le proposer à d'autres utilisateurs. Toute transaction est garantie sans enchères, sans frais et sans commission ! Bon à savoir également, le site Troc de Trains contrôle la validité des billets de train proposés à la vente et indique la fiabilité du billet. Enfin, bien pratique, il existe un service d'alerte.

SÉJOURS ET CIRCUITS

Pour ne manquer aucun lieu incontournable comme le Jet d'eau de Genève, le village d'Heidi dans les Grisons, les glaciers comme celui d'Aletsch, le château de Chillon, la Jungfraujoch, optez pour un circuit à travers la Suisse. Ces paysages, ses ambiances, ses langues vous ferons découvrir non pas une Suisse mais bien plusieurs ! De nombreuses agences de voyages et réceptifs sur place vous aident dans la planification de votre itinéraire. Les Offices de Tourisme proposent des séjours clef en main thématiques. Suisse Tourisme vous invite à vivre un road trip avec des étapes Grand Tour de Suisse. Pays de tradition horlogère, le petit conseil sera de composer votre circuit dans le sens des aiguilles d'une montre. En effet, la circulation est plus fluide dans ce sens ! Et pour ceux qui souhaitent s'évader après leur visite en Suisse, des tours opérateurs et agences vous accueillent pour le prochain voyage.

ARTS ET VIE

251, rue de Vaugirard
75015 PARIS (France)
✆ 01 40 43 20 21 - www.artsetvie.com
Autres agences : Grenoble, Lyon, Marseille et Nice. Du lundi au vendredi de 9h à 12h30 et de 14h à 17h.

Depuis 60 ans, Arts et Vie, association culturelle de voyages et de loisirs, développe un tourisme ouvert au savoir et à la découverte culturelle et humaine. L'esprit des voyages s'inscrit dans une tradition associative caractérisée par une ambiance conviviale, riche en rencontres, en patrimoine et civilisations du monde. Tous les circuits sont animés et conduits par des accompagnateurs passionnés, formés par l'association, soucieux de faire partager leur enthousiasme. En Suisse, deux circuits en train sont proposés, dont un circuit « Flâneries suisses ».

CLIO

34, rue du Hameau
75015 PARIS (France)
✆ 01 53 68 82 82
www.clio.fr
Agence ouverte du lundi au vendredi de 10h à 18h, le samedi de 10h à 13h et de 14h à 16h.

En choisissant Clio, vous optez pour une conception du voyage originale et enrichissante. Le succès des voyages Clio est basé sur trois principes. On vous propose un itinéraire pour vous faire découvrir les différentes facettes d'un pays, d'une ville ou d'une région. On vous apporte l'éclairage nécessaire pour mieux apprécier son histoire et son patrimoine lors d'une escapade à l'occasion d'une exposition ou d'un festival musical. En Suisse, l'agence propose trois circuits : une escapade à Bâle, ou un passage à Lucerne lors du festival d'été.

HUWANS

18, rue Séguier
PARIS (6e)
✆ 01 44 32 09 30
www.huwans.com
Ouvert du lundi au vendredi de 10h à 19h et le samedi de 10h à 18h.

Club Aventure, engagé dans une logique de tourisme responsable, attache une grande importance à la préservation de l'environnement et souhaite respecter l'héritage culturel des populations rencontrées lors des voyages. Spécialiste des voyages randonnée, trekking et aventure, le tour-opérateur propose de découvrir le val d'Anniviers en 7 jours et en liberté. Un voyage trek et randonnée de difficulté modérée dans le Valais. Une belle échappée dans l'authentique Suisse avec des rencontres locales et vraies au cœur des montagnes.

INTERMÈDES

10, rue de Mézières - **PARIS** (6e)
✆ 01 45 61 90 90
www.intermedes.com
Du lundi au jeudi 9h-19h, vendredi 18h. Samedi 9h30-16h de janvier à mars et septembre, octobre.

Intermèdes propose des voyages d'exception et des circuits culturels sur des thèmes très variés. Les voyages proposés sont encadrés par des conférenciers, historiens ou historiens d'art. Parmi les nombreux voyages culturels proposés pour la Suisse, les séjours « La suisse en train panoramique » (7 jours), « Genève, «cité du refuge» » (jours), « Carpe Diem en Suisse, sur le lac des Quatre-Cantons » (5 jours), ou encore « L'Engadine et Sils-Maria » (7 jours), représentent de bonnes options pour découvrir le pays sous toutes ses coutures.

INTERVIEW

LE VOYAGE-SUR-MESURE

AVEC STEVEN LE CHEVALIER ET MATHIEU VALLY DE QUOTATRIP

Quel est le concept de l'agence QuotaTrip ?

Quotatrip est la première plateforme de mise en relation entre voyageurs et agences locales. Grâce à elle, les voyageurs peuvent enfin échanger en direct avec des agences qui sont sur place et concevoir un voyage unique, au meilleur prix et 100% personnalisé.

Pourquoi voyager avec des agences locales ?

À l'inverse des agences traditionnelles, les agences locales sont des expertes de la destination choisie. Ce sont aussi les mieux placées pour concevoir des séjours qui sortent des sentiers battus. Elles sont ainsi en mesure de répondre à l'ensemble des envies, le voyageur rentre dans l'univers de l'equi-tourisme = le tourisme sans intermédiaire.

Quels sont les autres avantages pour les voyageurs ?

Il y a une multitude d'avantages. Cela permet notamment de ne pas voyager comme tout le monde, d'organiser de manière simple et rapide un séjour sur mesure et au meilleur prix. Fini les mauvaises surprises, les voyageurs posent toutes les questions qu'ils souhaitent et bénéficient d'un accompagnement sur mesure, de la conception du projet jusqu'à sa réalisation en toute sécurité car les agences référencées sont sélectionnées et recommandées par les journalistes des guides du Petitfute en toute impartialité.

Les démarches sont-elle simples à effectuer ?

Les sites de voyage en ligne font perdre beaucoup de temps aux internautes sans pour autant répondre entièrement à leurs désirs. QuotaTrip propose un formulaire simple et rapide qui permet de décrire les souhaits, les envies et les besoins. L'internaute reçoit aussitôt gratuitement et sans engagement les offres de trois ou quatre agences locales avec qui il peut ensuite échanger afin de personnaliser son projet grâce à la messagerie mise en place.

Quelles sont les destinations proposées ?

Notre plateforme propose plus de 21 000 projets de voyage sur plus de 100 destinations à travers le monde. De l'Amérique latine en passant par l'Asie et l'Afrique, nos mille agences partenaires sont là pour répondre à vos projets de voyage.

Décrivez votre projet de voyage. Echangez en direct avec les agences locales et partez au meilleur prix.

Plus d'informations : *quotatrip.com*

© D.R

© D.R

© D.R

MONDORAMAS

943, Voie Antiope, ZI – Athelia III - **LA CIOTAT**
✆ 04 42 36 03 60
www.mondoramas.com

Circuits de mars à octobre, voyage en mini-groupe, en avion, autocar, ferry.

Spécialiste des voyages de groupes sur mesure, Mondoramas propose notamment deux séjours de trois jours autour de Genève et du lac Léman avec visite et découverte de la ville, de ses charmes, de ses trésors et de ses commerces, parade navale sur le lac Léman… Des séjours sont également proposés dans les Grisons, dans les glaciers, à Zurich. En tout, une quinzaine de séjours et circuits sont organisés en Suisse. Depuis 25 ans, cette agence méridionale travaille avec des autocaristes, tour-opérateurs et prestataires spécialistes dans les voyages de groupes.

ROYER VOYAGES

23, route de Drusenheim
HERRLISHEIM
✆ 03 88 96 98 33
www.royer-voyages.fr

Agence de voyage

Royer Voyages propose des voyages en autocar, avion et des croisières. La Suisse est programmée pour plusieurs occasions (concert à Bâle, Salon de l'auto à Genève, fête à Saas-Fee, Noël dans le Valais) ou simplement pour partir à la découverte d'une ville/région ou d'une « activité ». Parmi les thèmes proposés vous pouvez découvrir Zermatt sur 4 jours, les Trains de Légende avec Le Glacier Express, Le Bernina Express et le train de la Jungfrau ou encore « la Suisse des glaciers aux Palmiers » sur 7 jours. Il suffit de se rendre dans l'une de ses agences.

ALTIPLANO VOYAGE

3 place du Temple
CAROUGE
✆ 04 50 46 90 25
www.altiplano-voyage.com

Agence de voyages spécialisée Amérique Latine et Asie.

Historiquement dédiée aux destinations d'Amérique latine, l'agence ouvre en 2008 son horizon pour proposer des voyages en Asie, sous la marque Jaipur. L'équipe de Carouge est très attentionnée et prend le temps qu'il faut pour vous concocter un voyage qui vous ressemble. Ici le voyage est organisé par vous et surtout pour vous, avec l'aide et l'expertise de l'équipe d'Altiplano. Aucun voyage n'est identique. Ici, vos souhaits, vos désirs et bien sûr votre budget sont respectés. Altiplano se charge du moindre détail pour que votre rêve devienne réalité.

AVENTURES ET CIE

✆ 06 74 87 30 47
www.aventures-et-cie.com

Cette agence s'est fait un nom dans le milieu du voyage sportif et du raid d'aventures dans toutes les disciplines, que ce soit à pied, en VTT, ski, eaux-vives, 4x4, moto, quad ou motoneige… Elle propose de nombreuses randonnées en France et ailleurs. Deux formules sont au programme : la dénommée « Liberté » (avec un guide papier) et la dénommée « Accompagnée » avec un accompagnateur connaissant parfaitement le pays et sachant en parler de manière intéressante et adaptée à chaque groupe. Au programme les différentes régions françaises et de nombreux pays.

QUOTATRIP

www.quotatrip.com

QuotaTrip est une nouvelle plateforme de réservation de voyage en ligne qui met en relation des voyageurs à la recherche d'expériences authentiques et uniques et des agences de voyages locales sélectionnées pour leurs compétences et leur sérieux. Le réseau de QuotaTrip couvre près de 200 destinations du monde entier. Le but de ce rapprochement est simple : proposer un séjour entièrement personnalisé aux utilisateurs. QuotaTrip promet ainsi l'assurance d'un voyage serein, sur mesure, sans intermédiaires et sans frais supplémentaires.

SE LOGER

Envie d'une nuit transparente dans une bulle en pleine campagne, d'une chambre à deux pas de sources d'eau chaude, d'un palace les pieds dans les eaux d'un lac ou d'une chambre d'hôte stylée dans un véritable chalet d'alpage ? Glamping, camping, résidences hôtelières, châteaux, hôtels, bateaux et même champs de maïs... vous serez comblé par la diversité des hébergements en Suisse. Des plus insolites aux plus traditionnelles, les idées ne manquent pas pour offrir tout le confort et la *Swiss touch* aux vacanciers. Le petit chocolat déposé sur votre oreiller avant le coucher, les conseils spécialisés des hôtes vous permettent de vous sentir véritablement en vacances. Il reste toutefois quelques adresses rustiques qui semblent vouloir rester dans l'authenticité et pour qui le petit coup de fraîcheur est encore superflu. Pensez à réserver en direct pour saisir les meilleures offres et packages thématiques et saisonniers.

SWISS CHARME HOTELS €€

BERNE

✆ +41 31 378 18 35

www.rooms.ch

Site de réservations d'hôtels de charme. Avec le pass Swiss Charme Hotel, la 6e nuit est offerte.

Une sélection d'hôtels, de dortoirs, d'auberges et de pensions qui permettent de séjourner en Suisse de manière confortable et à prix abordable. Ils sont classés de 1 à 3 étoiles, leur confort est souvent simple, mais ici on mise sur la relation clientèle et la garantie d'un accueil unique et chaleureux. Ambiance familiale à partager et vous serez conseillés de manière personnalisée grâce aux connaissances des gens du « cru ». Une bonne alternative après un séjour luxueux. Excellent pour un retour aux sources pour connaître les hôtes suisses.

HOME EXCHANGE

www.homeexchange.fr

Abonnement annuel 130 €.

Et si vous échangiez votre maison avec d'autres pour partir en vacances ? HomeExchange est une plateforme d'échange de maisons et d'appartements entre particuliers. L'idée : un site Internet pour échanger son logement (studio, appartement, villa...) moyennant un abonnement annuel à l'agence en ligne, qui se charge de la présentation du bien et de la mise en contact des intéressés. Un excellent moyen de faire des économies pour partir en vacances et économiser ainsi les frais d'hébergement sur place. Le choix est large avec plus de 400 000 offres dans 159 pays.

AGRITOURISME SUISSE €

✆ +41 21 613 11 35

www.myfarm.ch

Chambre en agritourisme.

Une aventure sur la paille, une soirée au chalet ou un bivouac dans les arbres ? Dans toute la Suisse, des exploitants agricoles proposent des chambres et appartements à louer, dans une atmosphère chaleureuse et parfois insolite. Un site qui permet à la fois des découvertes d'évènements et la réservation de votre séjour. Bien sûr, pas d'adresse dans Genève même, mais à proximité avec le domaine de Crève-Cœur à Choulex et la ferme Pittet à Russins. Une autre façon de séjourner au plus près des habitants dans une nature préservée.

REFUGES DU CLUB ALPIN SUISSE [CAS] €

Geschäftsstelle Monbijoustrasse 61 - **BERNE**

✆ +41 31 370 18 18

www.sac-cas.ch

Ouvert du lundi au jeudi de 8h à 12h et de 13h30 à 17h, et le vendredi de 8h à 12h et de 13h30 à 16h.

S'immerger dans un décor alpin et respirer dès le petit matin le bon air pur des montagnes, cela fait rêver plus d'un aventurier ! Les Refuges du Club alpin vous suggèrent une multitude d'adresses pour séjourner en pleine nature. Des cabanes, des chalets, des maisons de pierre vous attendent pour profiter de la nature des Alpes suisses. Sur le site, vous trouverez également des informations sur l'environnement, la protection de la nature, les courses et les modalités d'inscription.

SE DÉPLACER

Très réputée pour l'efficacité de ses transports publics, il sera très facile de vous déplacer partout en Suisse. Dans le pays, le train est le moyen le plus sûr pour gagner du temps. Même les vallées alpines les plus reculées sont accessibles grâce aux cars postaux, trains CFF (Chemins de Fer Fédéraux) et trains à crémaillère. Le plus haut des sommets, la Jungfraujoch peut être touchée du doigt grâce au train ! La gare, la plus haute d'Europe, culmine à 3 454 mètres d'altitude. La mobilité est au centre des initiatives politiques et tout est mis en œuvre pour vous faciliter le transport. Le réseau autoroutier nécessite une vignette à l'année et le tour est joué pour circuler. Des voitures électriques sont en location dans les villes. Dans tout le pays, la mobilité douce est préconisée et les pistes cyclables fleurissent comme les zones piétonnières. Location ou prêt de vélos sont disponibles dans la majorité des cités.

SWISS TRAVEL PASS

www.swiss-pass.ch/fr

Pass pour voyage en train en Suisse.

Sachez que le Swiss Travel Pass, et ses variantes (jeune, senior, family), ne peuvent pas s'acheter en Suisse, mais uniquement sur Internet ou dans les gares françaises SNCF. En revanche le pass Swiss Half Fare Card est achetable à Basel EuroAirport, Basel SBB, Brig, Buchs (SG), Chiasso, Genève, Genève-Aéroport, Koblenz, Konstanz, Schaffhausen, St. Margrethen, Tirano, Zurich Airport et Zurich Main Station. Les pass régionaux : Regional Pass Lac Léman–Alpes, Tell Pass – Suisse centrale et Regional-Pass l'Oberland bernois sont disponibles en ligne également.

LA SUISSE À VÉLO

✆ +41 31 318 01 28

www.schweizmobil.ch/fr

Réseau national suisse destiné à la mobilité douce (vélo, roller, canoë, etc.)

Toutes les informations pour faciliter la découverte de la Suisse à votre rythme et hors des sentiers battus ! Que ce soit à vélo, en roller, à pied, à VTT ou en canoë, le site vous aide à programmer votre circuit grâce à ses rubriques itinéraires nationaux, régionaux et ses carnets de route. De nombreux services vous permettent d'accéder à la météo, au calendrier des événements relatifs à votre moyen de locomotion ou encore à la plate-forme des hébergements. Il est possible d'accéder aux cartes hors ligne de Swisstopo avec l'application SuisseMobile.

FONDATION DES PARKINGS

1 carrefour de l'Etoile - **GENÈVE**

✆ +41 22 827 44 90

www.geneve-parking.ch

Accueil du lundi au vendredi de 8h à 16h30 sans interruption.

Elle est en charge des parkings P+R, parkings habitants et visiteurs, la gestion des macarons et des horodateurs, ainsi que du contrôle du stationnement. Saviez-vous que vous pouvez payer votre stationnement en voirie par téléphone ? Ou que le solde de votre paiement à l'horodateur est conservé pour un stationnement futur ? Laissez votre voiture dans l'un des P+R journaliers et bénéficiez des transports publics une journée. Les macarons multizones « Tout public », vous permettent de stationner en zone bleue (hors ultra-centre) une demi-journée ou une journée.

CARTRIBE

GENÈVE

www.cartribe.ch

Plateforme d'auto-partage de voitures. Application iPhone disponible.

Très collaboratif et dans l'air du temps, il est bon de partager une partie de son itinéraire avec un automobiliste. La mobilité partagée est en vogue. Rien de plus simple pour partager une voiture et du coup faire un geste solidaire ! Cet outil informatique est une plateforme de partage de voiture. Le principe est simple, vous prêtez votre voiture à la tribu d'auto-partage puis vous mutualisez votre véhicule et favorisez une personne qui n'en possède peut-être pas à l'endroit où elle se trouve. Il suffit de vous inscrire sur le site.

S'INFORMER

Que vous voyagiez avec votre propre véhicule, en sac à dos, en train ou à vélo, la Suisse est véritablement un pays où vous trouverez avec facilité toutes les informations pour vous organiser et vous informer avant le grand départ. Pour vous guider au préalable, laissez-vous tenter par les suggestions de séjours, de découvertes, d'expériences et d'activités de Suisse Tourisme (www.myswitzerland.com). Les nombreux offices de tourisme vous suggèrent de l'évasion pure en fonction de vos attentes. Les stations de ski mettent en avant des produits alléchants été comme hiver, les villes proposent des packages culturels « tout en un » et thématiques, et les villes de campagne de belles escapades du terroir. Ces entités sont à la page pour vous guider sur les événements partout en Suisse. Le site de la Confédération suisse (www.admin.ch) vous sera d'une aide précieuse pour récolter les informations institutionnelles du pays.

CARNETS DE VOYAGE

36, Boulevard de la Bastille
PARIS (12e)
phoenix-publications.com
Trimestriel consacré à des destinations de voyage avec des focus dédiés à la découverte des régions.

Trimestriel consacré à des destinations de voyage avec des focus dédiés à la découverte des régions, *Carnets de Voyage*, le magazine des voyages réussis. Tous les 3 mois, la revue vous invite à découvrir à travers ses reportages le meilleur des destinations. Grande ou petite escapade à la découverte d'une ville, d'une région, en France, en Europe ou dans le monde à travers des reportages photo uniques complétés de conseils pratiques et de bonnes adresses pour nous faciliter le voyage avec enfin, un agenda des rendez-vous à ne pas manquer.

CHOISIS TON RESTO

GENÈVE
www.choisistonresto.com
Site Internet proposant une sélection d'adresses gastronomiques et de coups de cœur.

Addict de la bonne humeur, Amélie Nouhad Monpays est une croqueuse de vie, tout simplement ! Ce qu'elle aime par-dessus tout, c'est partager tous ses bons plans gourmands et ses découvertes gastronomiques. En véritable reporter, elle déniche les nouveautés à Genève : bars, restaurants, boutiques gourmandes… Surtout, elle partage sur la Toile et sur son blog toutes ses impressions afin de nous retranscrire de manière authentique son expérience, pour découvrir et faire découvrir un lieu pour son ambiance, pour sa cuisine, afin de guider les gourmands !

MUSEUMS.CH

Schweizerisches Landesmuseum Postfach
www.museums.ch
Association des musées suisses.

Museum est le site de l'association faîtière pour les musées en Suisse (Association des musées suisses). Outre promouvoir la diversité et le patrimoine muséal du pays, l'association permet grâce à son site Internet de faire une recherche par catégorie des visites à programmer. C'est un sésame incroyable pour bénéficier de tous les détails concernant aussi bien le côté pratique (horaires, tarifs d'entrée) que le côté culturel (expositions temporaires). Ne manquez pas l'événement phare organisée chaque année : la nuit des musées. C'est une façon insolite de visiter.

MYSWITZERLAND.COM

✆ 00800 100 200 29
www.myswitzerland.com
Site de la Suisse touristique pour préparer votre voyage.

Un site alléchant qui vous dévoile dans les moindres détails tous les atouts touristiques du pays. Un passage est inévitable pour organiser votre escapade. Plein d'astuces, d'informations pratiques et d'idées de séjour sur le site de l'office de tourisme Suisse. Il vous permet, entre autres, d'acheter à l'avance la vignette autoroute nécessaire pour circuler avec votre véhicule dans le pays. Des suggestions d'itinéraires, des réservations d'hôtels, des conseils, la météo, etc., autant d'articles utiles à votre préparation de voyage en terre helvétique.

RESTER

L'ambiance chalet vous fait de l'œil et votre décision est prise, cap vers le paradis helvète ! S'installer en Suisse, c'est comme gravir les plus hauts sommets, il faut de l'entrainement pour dompter l'altitude et les attitudes des confédérés. Il vous faudra choisir votre canton de prédilection et attention sur les 26, seulement 4 sont uniquement francophones. Etat Fédéral oblige, les décisions politiques ont des valeurs communes mais certaines législations sont cantonales. Un pêle-mêle qui peut paraître compliqué au début mais rassurez-vous toutes les démarches administratives sont souvent plus faciles qu'en France. Nombreuses s'associations sont présentes pour vous aider dans vos démarches. Rester signifiera trouver un logement et ils sont souvent onéreux. Le coût de la vie est un des plus élevés d'Europe, voir du monde, mais la qualité de vie est exemplaire. Vous serez vite très attaché à ce petit pays qui a beaucoup à vous offrir.

ACTION CONTRE LA FAIM

14, boulevard de Douaumont
PARIS (17e)
✆ 01 70 84 70 70
www.actioncontrelafaim.org/
Par téléphone de 9h à 13h et de 14h à 18h.

ONG internationale spécialisée dans la lutte contre la faim dans le monde, active dans les domaines de la nutrition, santé, sécurité alimentaire, de l'eau, de l'assainissement. L'association intervient dans des situations de crise. Le but étant de rendre les populations autonomes d'un point de vue de la nutrition, en apportant une aide concrète et en formant les intervenants locaux qui prendront le relais. Ses missions de volontariat durent de trois mois à un an en Afrique, Asie, Amérique, Europe centrale, dans le Caucase, au Moyen-Orient et dans les Caraïbes.

WEP FRANCE

95, avenue Ledru Rollin
PARIS (12e)
✆ 01 48 06 26 26
www.wep.fr

WEP propose plus de 50 projets éducatifs et séjours linguistiques dans une trentaine de pays pour une durée allant de une semaine à 18 mois. Quel que soit votre projet d'études ou de volontariat à l'étranger, vous trouverez sur le site de WEP une rubrique qui y sera consacrée : étudier au lycée, dans une université, partir en séjour linguistique, faire une expérience professionnelle dans le cadre d'un stage ou vivre en immersion dans une famille. Possibilité également de planifier des programmes combinés (études et projet humanitaire par exemple).

BUSINESS FRANCE

77, Boulevard Saint-Jacques
PARIS (14e)
✆ 01 40 73 30 00
Ouvert en semaine de 8h30 à 18h30.

L'Agence pour le développement international des entreprises françaises travaille en étroite collaboration avec les missions économiques. Le site Internet recense toutes les actions menées, les ouvrages publiés, les événements programmés et renvoie sur la page du Volontariat International en Entreprise (VIE). Fondée en 2015, cette structure est née de la fusion entre Ubifrance et l'Agence française pour les investissements internationaux. Elle est affiliée au Ministère de l'Europe et des Affaires étrangères et au Ministère de l'Économie et des Finances.

VIE - VOLONTARIAT INTERNATIONAL EN ENTREPRISE

www.civiweb.com

Si vous avez entre 18 et 28 ans et êtes ressortissant de l'Espace économique européen, vous pouvez partir en volontariat international en entreprise (VIE) ou en administration (VIA). Il s'agit d'un contrat de 6 à 24 mois rémunéré (avec un renouvellement de 24 mois possible) et placé sous la tutelle de l'ambassade de France. Tous les secteurs et métiers sont concernés et vous bénéficiez d'un statut public protecteur. Offres à consulter sur le site Internet.

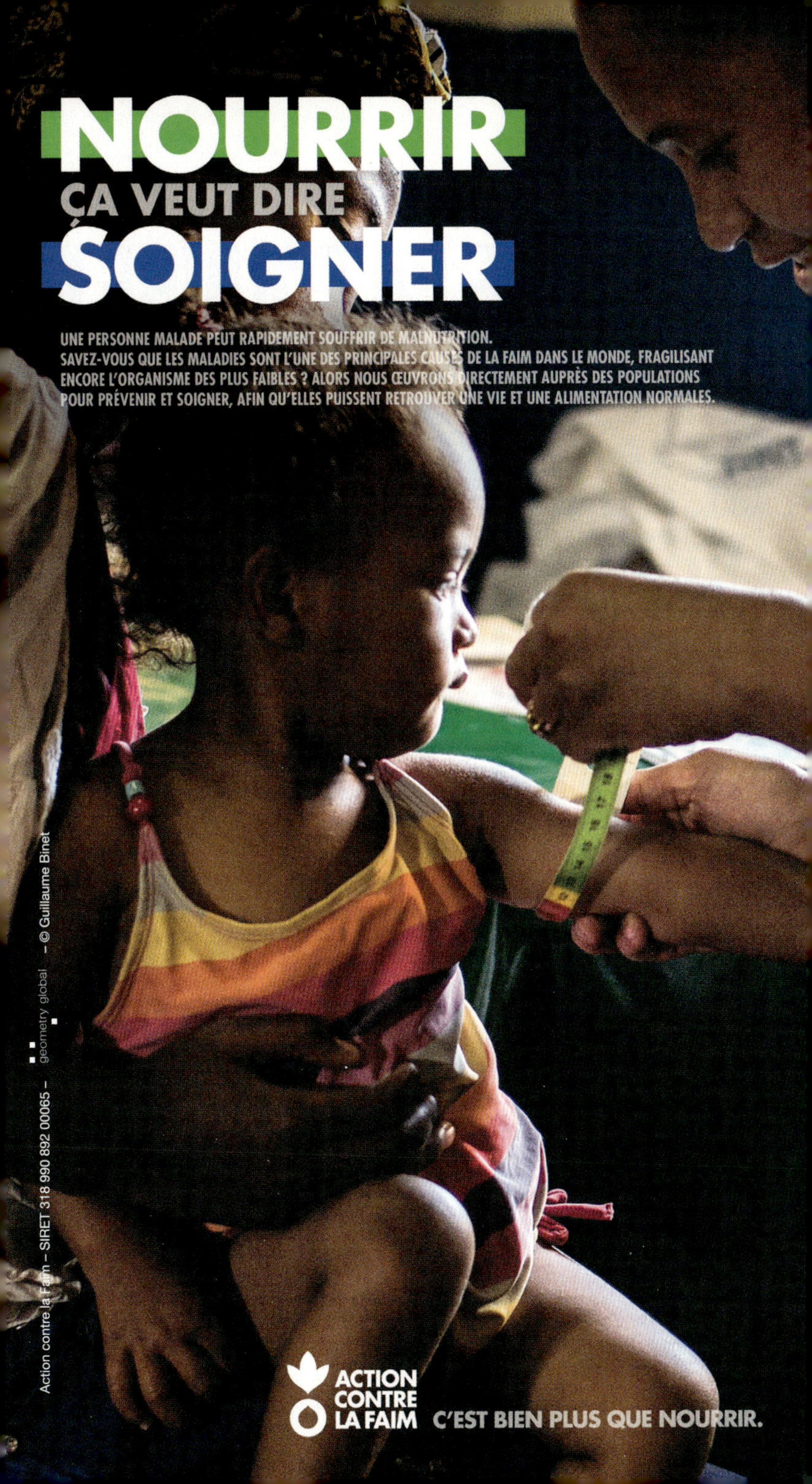

NOURRIR
ÇA VEUT DIRE
SOIGNER
UNE PERSONNE MALADE PEUT RAPIDEMENT SOUFFRIR DE MALNUTRITION.
SAVEZ-VOUS QUE LES MALADIES SONT L'UNE DES PRINCIPALES CAUSES DE LA FAIM DANS LE MONDE, FRAGILISANT ENCORE L'ORGANISME DES PLUS FAIBLES ? ALORS NOUS ŒUVRONS DIRECTEMENT AUPRÈS DES POPULATIONS POUR PRÉVENIR ET SOIGNER, AFIN QU'ELLES PUISSENT RETROUVER UNE VIE ET UNE ALIMENTATION NORMALES.
Action contre la Faim – SIRET 318 990 892 00065 – geometry global – © Guillaume Binet
ACTION CONTRE LA FAIM
C'EST BIEN PLUS QUE NOURRIR.

INDEX

© PIXELJOY - SHUTTERSTOCK.COM

Basilique Notre-Dame-de-Valère, Sion.

EDITION

Directeurs de collection et auteurs : Dominique AUZIAS et Jean-Paul LABOURDETTE

Auteurs : Camille KOESSLER, Séverine VULLIEZ, Romain RISSO, Amandine GLEVAREC, Sylvie DEL COTTO, Juliette COURTOIS, Baptiste THARREAU, Priscilla PARARD, Mathias DESHOURS, Corentin LAPLANCHE-TSUTSUI, Camille GRIFFOULIERES, Corine LACRAMPE, Chloé CONSIGNY, Jean-Paul LABOURDETTE, Dominique AUZIAS et alter

Directeur Editorial : Stéphan SZEREMETA

Rédaction Monde : Laure CHATAIGNON, Morgane VESLIN, Pierre-Yves SOUCHET, Natalia COLLIER

Rédaction France : Briséis CREAC'H-MENUT, Tony DE SOUSA, Mélanie COTTARD, Audrey VEDOVOTTO

FABRICATION

Maquette et Montage : Romain AUDREN, Julie BORDES, Delphine PAGANO

Iconographie et Cartographie : Anne DIOT, Julien DOUCET

WEB ET NUMERIQUE

Directeur Web : Louis GENEAU de LAMARLIERE

Développeurs : Guillaume BARBET, Adeline CAUX et Roland SPOUTIL

Intégrateur Web : Mickael LATTES, Antoine DION

Webdesigner : Caroline LAFFAITEUR

Community Traffic Manager : Alice BARBIER, Mariana BURLAMAQUI et Noémie LE SAUX

DIRECTION COMMERCIALE

Directeur commercial : Guillaume VORBURGER

Coordinatrice des Régies commerciales : Manon GUERIN

Account Manager Marketplace : Leila ROUGEOT assistée de Lola FAVRE-MOT

Responsable Régies locales : Michel GRANSEIGNE

Responsables Développement régie inter : Jean-Marc FARAGUET et Guillaume LABOUREUR

Chefs de Publicité Régie internationale : Camille ESMIEU

Chefs de Publicité Régie nationale : Caroline AUBRY, François BRIANCON-MARJOLLET, Perrine DE CARNE MARCEIN, Yannick LE MARRE

Regie Suisse : SANTOS Dahlia, PUSHKAREVA Oxana

DIFFUSION ET PROMOTION

Directrice des Ventes : Bénédicte MOULET assistée d'Aissatou DIOP

Responsable des ventes : Jean-Pierre GHEZ assisté de Nelly BRION

Relations Presse-Partenariats : Jean-Mary MARCHAL

ADMINISTRATION

Président : Jean-Paul LABOURDETTE

Directrice des Ressources Humaines : Dina BOURDEAU assistée de Sandra DOS REIS et Eva BAELEN

Directrice Administrative et Financière : Valérie DECOTTIGNIES

Comptabilité : Guillaume PETIT, Aminata BAGAYOKO, Jeannine DEMIRDJIAN

Recouvrement : Fabien BONNAN assisté de Sandra BRIJLALL

Responsable informatique : Elie NZUZI-LEBA

PETIT FUTÉ SUISSE

LES NOUVELLES EDITIONS DE L'UNIVERSITE
18, rue des Volontaires - 75015 Paris.
✆ 01 53 69 70 00 - Fax 01 42 73 15 24
Internet : www.petitfute.com
SAS au capital de 1 000 000 € - RC PARIS B 309 769 966
Couverture : © Lausanne Tourisme / www.diapo.ch
Régis Colombo, photographe
Impression : IMPRIMERIE CHIRAT - 42540 Saint-Just-la-Pendue
Achevé d'imprimer : janvier 2022
Dépôt légal : 03/03/2022
ISBN : 9782305068572

Pour nous contacter par email, indiquez le nom de famille en minuscule suivi de @petitfute.com
Pour le courrier des lecteurs : info@petitfute.com

IMPRIMÉ EN FRANCE

COLLABOREZ
À LA PROCHAINE ÉDITION

COLLABOREZ
À LA PROCHAINE ÉDITION